U0907188

Yearbook of China's Poverty Alleviation and Development

# 中国扶贫开发

2015

国务院扶贫开发领导小组办公室　主管
《中国扶贫开发年鉴》编委会　编

UNITY PRESS
團结出版社

图书在版编目（CIP）数据

中国扶贫开发年鉴. 2015 / 《中国扶贫开发年鉴》编委会编. -- 北京 : 团结出版社, 2015.10
ISBN 978-7-5126-2446-7

Ⅰ. ①中… Ⅱ. ①中… Ⅲ. ①扶贫－中国－2015－年鉴 Ⅳ. ①F323.8-54

中国版本图书馆CIP数据核字（2015）第062423号

出　版：团结出版社
（北京市东城区东皇城根南街84号　邮编：100006）
电　话：（010）65228880　65244790　（出版社）
（010）65238766　85113874　65133603　（发行部）
（010）65133603（邮购）
网　址：http://www.tjpress.com
Email：65244790@163.com（出版社）
fx65133603@163.com（发行部邮购）
印　装：三河市东方印刷有限公司

开　本：185mm×260mm　1/16
印　张：62.75
字　数：1063千字
印　数：5000
版　次：2015年10月　第1版
印　次：2015年10月　第1次印刷

书　号：978-7-5126-2446-7
定　价：380.00元

# 《中国扶贫开发年鉴》
# 编辑委员会

# 《中国扶贫开发年鉴》
# 编辑部

张　媛　张世学　张向荣　张庆元　张秀兰　张君华
张建明　张思剑　张洪波　张晓松　张晓晖　张晨亮
张新楠　张德亮　陆　东　陆春生　陈　功　陈　刚
陈庆客　陈金炜　陈建生　陈培成　陈植奎　陈韶光
邵　军　林　源　林江平　苗慧波　茅江锋　罗　筱
罗元开　房　季　郑大为　居　伟　胡茂根　胡晓勇
胡熳华　赵冬民　赵玲娟　赵懂文　修红丽　侯永健
侯京妙　段俊英　信　心　施　燕　姜　峰　秦　镝
秦丹丹　聂　晶　聂亚城　夏　智　夏成楼　夏宇光
徐　晖　徐建新　徐炳天　郭　哲　郭正华　郭可伟
郭志恒　郭奇峰　郭建龙　郭建军　高　辉　高　睿
高凤义　高海林　高继辉　唐　凯　凌海泉　黄　丽
曹振华　龚亮保　崔鹏伟　康　明　梁　怡　梁振国
韩易霖　董小丽　董建武　董惠池　蒋升凯　程荣霞
储荣生　童福林　曾　伟　曾凡学　谢　宇　甄　智
虞　泽　裴清宁　裴智奇　谭海滨　潘　静　戴飞翔
戴常亮

# 亲切关怀

2014 年 4 月 28 日，中共中央总书记、国家主席、中央军委主席习近平在新疆维吾尔自治区考察。图为习近平在疏附县托克扎克镇阿亚格曼干村村民阿卜都克尤木·肉孜家同村民座谈。

新华社记者　兰红光　摄

2014 年 1 月 26 日，中共中央总书记、国家主席、中央军委主席习近平赴内蒙古自治区调研看望各族干部群众。图为习近平来到兴安盟阿尔山市伊尔施镇，看望慰问贫困林业职工郭永财一家。

新华社记者　兰红光　摄

2014 年 5 月 9 日，中共中央总书记、国家主席、中央军委主席习近平在河南省考察工作。图为习近平在尉氏县张市镇高标准粮田察看小麦长势。

新华社记者　张铎　摄

# 亲切关怀

2014 年 8 月 4 日，中共中央政治局常委、国务院总理李克强在云南省鲁甸地震的震中龙头山镇龙泉村，实地察看灾情，指挥抗震救灾工作，看望慰问受灾群众。图为李克强与路旁受灾群众交谈。

新华社记者　姚大伟　摄

2014 年 1 月 27 日，中共中央政治局常委、国务院总理李克强在陕西省考察扶贫工作。图为李克强在旬阳县金坡村查看旱情。

新华社记者　丁林　摄

2014 年 3 月 27 日，中共中央政治局常委、国务院总理李克强在内蒙古自治区翁牛特旗桥头镇太平庄村看望贫困户。

新华社记者　黄敬文　摄

2014 年 3 月 24 日，中共中央政治局委员、国务院副总理、国务院扶贫开发领导小组组长汪洋在北京市出席国务院扶贫开发领导小组第二次全体会议并讲话。

新华社记者　谢环驰　摄

2014 年 7 月 31 日，中共中央政治局委员、国务院副总理、国务院扶贫开发领导小组组长汪洋，在北京市主持召开国务院扶贫开发领导小组第三次全体会议。

新华社记者　丁林　摄

2014 年 9 月 22 日，中共中央政治局委员、国务院副总理、国务院扶贫开发领导小组组长汪洋在宁夏回族自治区永宁县闽宁镇原隆村，实地了解原隆村扶贫情况，并与群众热情交谈。

宁夏日报社记者　左鸣远　摄

2014 年 10 月 16 日，在首个中国“扶贫日”来临之际，由北京大学、清华大学、中国科学院地理科学与资源研究所、中国社会科学院社会学研究所、国务院发展研究中心农村经济研究部、中国扶贫发展中心、中国国际扶贫中心等单位联合发起的首届“10 · 17 论坛”在北京市举办。中外专家共商“扶贫开发与全面小康”。

2014 年 7 月，“生态文明贵阳国际论坛”在贵州省贵阳市召开。图为国务院扶贫开发领导小组副组长、办公室主任刘永富在“生态文明与反贫困”分论坛上发表讲话。

2014 年 12 月 15 日，国务院扶贫办“12317”扶贫监督举报电话正式开通，主要受理扶贫资金管理、分配、使用中的问题，扶贫项目实施管理中的问题以及挤占、贪污、挪用扶贫资金的行为。

2014年10月17日，国务院召开全国社会扶贫工作电视电话会议。中共中央政治局委员、国务院副总理、国务院扶贫开发领导小组组长汪洋宣布我国首个“扶贫日”活动正式启动，国务院扶贫开发领导小组副组长、办公室主任刘永富宣读了《关于表彰全国社会扶贫先进集体和先进个人的决定》。

2014年10月，我国首个“扶贫日”和社会扶贫工作情况新闻发布会现场。

广西壮族自治区“扶贫日”活动之一——“千企扶千村动员会”会议现场。

# 扶贫日活动

云南省2014年“扶贫日”特别节目录制现场。

湖北省十堰市茅箭区在我国首个“扶贫日”组织送科技下乡活动。

在四川省“扶贫日”活动中，首个个人捐款者——78岁老人李国宾捐出了自己多年省下的4万多元。

2014 年 7 月，国务院扶贫开发领导小组副组长、办公室主任刘永富在贵州省赫章县海雀村调研建档立卡工作进展情况。

2014 年 5 月，重庆市尖山子村召开村民议事代表大会，会上民主评议产生了建档立卡初选名单。

四川省通江县村民对贫困对象评选方案进行表决。

# 金融扶贫

2014 年 2 月，国务院扶贫办副主任王国良在湖北省大悟县调研金融扶贫工作。

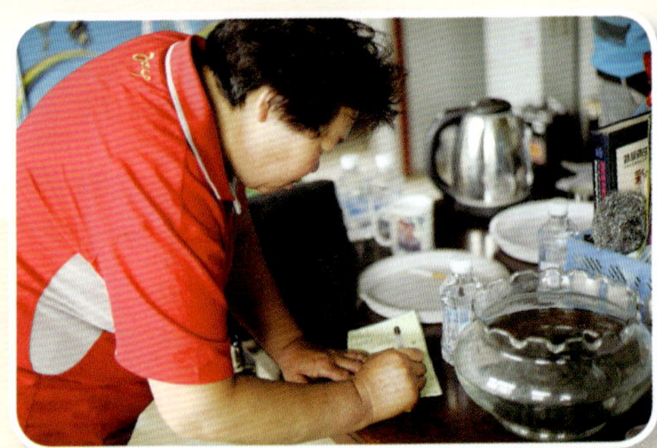

在河北省怀安县左卫镇叶家辛村的农香蔬菜专业合作社内，中和农信项目管理公司的信贷员正在回收村民的还款。

内蒙古自治区科尔沁左翼后旗金融扶贫富民工程大力支持黄牛产业发展。

江苏省丰县扶贫办和信用联社送扶贫小额贷款到农户。

2014 年 1 月，国务院扶贫办副主任郑文凯在辽宁省阜新蒙古族自治县调研易地扶贫搬迁工作。

甘肃省玛曲县沃特村的游牧民定居点。

重庆市武隆县的村民热议扶贫移民规划。

2014 年 11 月，国务院扶贫办副主任欧青平在广西壮族自治区田东县调研。

四川省广元市朝天区柏树村 5 组灵芝生产基地生产现场。

武陵山区内的重庆市黔江区中元村大力发展蚕桑产业。

2014 年 10 月，国务院扶贫办副主任洪天云在安徽省岳西县叶河村考察杂交构树产业扶贫项目。

广西壮族自治区龙州县安镇村那雷屯龟鳖寄养基地。

甘肃省民勤县小西村发展辣椒产业。图为村民在晒辣椒。

# 雨露计划

广西壮族自治区贺州市平桂管理区扶贫办举办“茶叶修剪及管护”现场培训班。

甘肃省东乡族自治县的牛肉拉面制作技术培训现场。

江西省都昌县工业园举办劳动技能培训班。

# 基础设施建设

2014年4月，金沙江上最大的一座水电站——溪洛渡电站建成并正式投产发电。

云南省镇雄县花山乡连片特困地区扶贫开发综合示范项目——集镇新貌。

江西省吉安县天河镇横林村村庄整治。

# 整村推进

四川省广安市广安区代市镇岳庙水淹区新村。

云南省贡山独龙族怒族自治县独龙江乡开展整乡推进、整族帮扶项目。图为独龙江乡新貌。

河北省曲阳县齐村乡“万亩光伏发电基地”。

河南省洛宁县西山底乡农业产业园里的“光伏大棚”。

安徽省金寨县沙河店村的“屋顶电站”。

# 民族地区扶贫

四川省阿坝藏族羌族自治州红原县牧民在新房前抛撒“龙达”庆祝乔迁新居。

新疆生产建设兵团医院院长史晨辉为少数民族老人做检查。

甘肃省和政县“良种肉牛扩繁及秸秆育肥技术”培训现场。

云南省维西县科技人员指导村民种植中药材重楼。

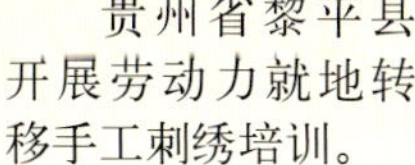

贵州省黎平县开展劳动力就地转移手工刺绣培训。

# 驻村帮扶

江西省赣州市地税局扶贫驻点干部入户调查贫困户家庭状况。

广西壮族自治区党委组织部选派的朱慧涛（左二）在凌云县沙里瑶族乡弄塘村担任第一书记，在工作中与群众共商农村发展大计。

四川省平昌县农业局何国卿驻村帮扶元丰村，为元丰村兴建蔬菜名优新品种展示园和先进栽培技术示范园。

上海对口帮扶云南省香格里拉县建塘镇吉迪村援建的藏房屋面改造工程。

中国远洋运输集团在湖南省沅陵县借母溪乡援建的“中远幸福苑”福利院。

2014 年，中国光大集团股份公司在湖南省新化县援建的金凤乡光大希望小学。

云南省施甸县老麦中学的孩子们正在吃午餐。“营养改善计划”给山区的孩子们带来了福音，让他们告别了带冷饭到校的历史。

新疆生产建设兵团一师青松建材化工集团无偿向三师 53 团捐赠物资。图为首发车队出发现场。

贫困地区大学生村官在陕西省靖边县拱棚瓜果种植基地参观。

华南理工大学“三下乡”支教团赴云南省云县支教。

中国民生银行为定点帮扶的河南省、甘肃省贫困县的初中教师举办培训班。

中国西部人才开发基金会为西部小学捐赠的图书。

2014 年 8 月，国务院扶贫开发领导小组副组长、办公室主任刘永富一行赴老挝万象市三通县考察。

2014 年 11 月，第五届“中非减贫与发展会议”在埃塞俄比亚首都亚的斯亚贝巴召开。本届会议由非洲联盟、埃塞俄比亚工业部、中国国际扶贫中心和联合国开发计划署共同举办。

2014 年 8 月，第八届“中国—东盟社会发展与减贫论坛”以“深化中国—东盟减贫区域合作”为主题，在缅甸内比都成功召开。论坛由中国国务院扶贫办与缅甸畜牧业、渔业和农村发展部共同主办，中国国际扶贫中心与缅甸畜牧业、渔业和农村发展部农村发展司共同承办。

# 目　录

**2014 年度中央领导同志重要指示** …………………………………………（1）

**一、年度综述篇** …………………………………………………………（19）

**二、扶贫改革篇** …………………………………………………………（27）

**三、专项扶贫篇** …………………………………………………………（39）

（一）主要成效 ……………………………………………………………（41）

（二）重点工作 ……………………………………………………………（47）

（三）扶贫宣传 ……………………………………………………………（61）

**四、行业扶贫篇** …………………………………………………………（65）

综述 ………………………………………………………………………（67）

国家发展和改革委员会扶贫 ……………………………………………（69）

教育部扶贫 ………………………………………………………………（71）

科学技术部扶贫 …………………………………………………………（74）

工业和信息化部扶贫 ……………………………………………………（78）

国家民族事务委员会扶贫 ………………………………………………（81）

民政部扶贫 ………………………………………………………………（83）

人力资源和社会保障部扶贫 ……………………………………………（87）

国土资源部扶贫 …………………………………………………………（90）

环境保护部扶贫 …………………………………………………………（94）

住房和城乡建设部扶贫 …………………………………………………… (96)
交通运输部扶贫 ………………………………………………………… (98)
水利部扶贫 ……………………………………………………………… (101)
农业部扶贫 ……………………………………………………………… (104)
商务部扶贫 ……………………………………………………………… (108)
文化部扶贫 ……………………………………………………………… (111)
国家卫生和计划生育委员会扶贫 ……………………………………… (113)
中国人民银行扶贫 ……………………………………………………… (115)
国务院国有资产监督管理委员会扶贫 ………………………………… (119)
国家新闻出版广电总局扶贫 …………………………………………… (122)
国家林业局扶贫 ………………………………………………………… (125)
国家旅游局扶贫 ………………………………………………………… (128)
国家烟草专卖局扶贫 …………………………………………………… (130)
国家能源局扶贫 ………………………………………………………… (132)
中国铁路总公司扶贫 …………………………………………………… (134)
中国银行业监督管理委员会扶贫 ……………………………………… (138)
中国保险监督管理委员会扶贫 ………………………………………… (140)
中国农业银行扶贫 ……………………………………………………… (143)
中华全国供销合作总社扶贫 …………………………………………… (146)
中华全国总工会扶贫 …………………………………………………… (148)
中国共产主义青年团中央委员会扶贫 ………………………………… (150)
中华全国妇女联合会扶贫 ……………………………………………… (153)
中国残疾人联合会扶贫 ………………………………………………… (156)
中华全国工商业联合会扶贫 …………………………………………… (158)

**五、地方扶贫篇** ………………………………………………………… (161)
综述 ……………………………………………………………………… (163)
河北省扶贫开发 ………………………………………………………… (166)
山西省扶贫开发 ………………………………………………………… (171)
内蒙古自治区扶贫开发 ………………………………………………… (176)
辽宁省扶贫开发 ………………………………………………………… (181)

吉林省扶贫开发 …………………………………………………………………… (184)
黑龙江省扶贫开发 ………………………………………………………………… (188)
江苏省扶贫开发 …………………………………………………………………… (192)
浙江省扶贫开发 …………………………………………………………………… (195)
安徽省扶贫开发 …………………………………………………………………… (201)
福建省扶贫开发 …………………………………………………………………… (204)
江西省扶贫开发 …………………………………………………………………… (207)
山东省扶贫开发 …………………………………………………………………… (212)
河南省扶贫开发 …………………………………………………………………… (216)
湖北省扶贫开发 …………………………………………………………………… (220)
湖南省扶贫开发 …………………………………………………………………… (224)
广东省扶贫开发 …………………………………………………………………… (227)
广西壮族自治区扶贫开发 ………………………………………………………… (229)
海南省扶贫开发 …………………………………………………………………… (234)
重庆市扶贫开发 …………………………………………………………………… (237)
四川省扶贫开发 …………………………………………………………………… (241)
贵州省扶贫开发 …………………………………………………………………… (245)
云南省扶贫开发 …………………………………………………………………… (251)
西藏自治区扶贫开发 ……………………………………………………………… (256)
陕西省扶贫开发 …………………………………………………………………… (259)
甘肃省扶贫开发 …………………………………………………………………… (262)
青海省扶贫开发 …………………………………………………………………… (267)
宁夏回族自治区扶贫开发 ………………………………………………………… (271)
新疆维吾尔自治区扶贫开发 ……………………………………………………… (274)
新疆生产建设兵团扶贫开发 ……………………………………………………… (279)

**六、社会扶贫篇** ………………………………………………………………… (281)
（一）定点扶贫 …………………………………………………………………… (283)
综述 ………………………………………………………………………………… (285)
中国人民政治协商会议全国委员会办公厅定点扶贫 …………………………… (287)
中共中央宣传部定点扶贫 ………………………………………………………… (290)

中共中央统一战线工作部定点扶贫 …………………………………… (294)
中共中央对外联络部定点扶贫 ………………………………………… (297)
中共中央政法委员会机关定点扶贫 …………………………………… (299)
中共中央国家机关工作委员会定点扶贫 ……………………………… (302)
中国科学技术协会定点扶贫 …………………………………………… (305)
光明日报社定点扶贫 …………………………………………………… (308)
经济日报社定点扶贫 …………………………………………………… (310)
中华人民共和国最高人民检察院定点扶贫 …………………………… (312)
外交部定点扶贫 ………………………………………………………… (316)
公安部定点扶贫 ………………………………………………………… (319)
财政部定点扶贫 ………………………………………………………… (321)
国家审计署定点扶贫 …………………………………………………… (324)
海关总署定点扶贫 ……………………………………………………… (326)
国家质量监督检验检疫总局定点扶贫 ………………………………… (328)
国家安全生产监督管理总局定点扶贫 ………………………………… (331)
国家统计局定点扶贫 …………………………………………………… (333)
国家知识产权局定点扶贫 ……………………………………………… (335)
国家机关事务管理局定点扶贫 ………………………………………… (339)
国务院侨务办公室定点扶贫 …………………………………………… (343)
中国证券监督管理委员会定点扶贫 …………………………………… (346)
国务院扶贫开发领导小组办公室定点扶贫 …………………………… (349)
国务院南水北调办公室定点扶贫 ……………………………………… (351)
国家开发银行定点扶贫 ………………………………………………… (353)
中国农业发展银行定点扶贫 …………………………………………… (357)
中国工商银行股份有限公司定点扶贫 ………………………………… (359)
中国银行股份有限公司定点扶贫 ……………………………………… (363)
交通银行股份有限公司定点扶贫 ……………………………………… (365)
中国光大集团股份公司定点扶贫 ……………………………………… (367)
国家信访局定点扶贫 …………………………………………………… (371)
国家中医药管理局定点扶贫 …………………………………………… (373)
中国华融资产管理股份有限公司定点扶贫 …………………………… (375)

招商银行股份有限公司定点扶贫 …………………………………………… (377)
中国民生银行股份有限公司定点扶贫 ……………………………………… (379)
包商银行股份有限公司定点扶贫 …………………………………………… (381)
中国航天科技集团公司定点扶贫 …………………………………………… (385)
中国航天科工集团公司定点扶贫 …………………………………………… (388)
中国船舶工业集团公司定点扶贫 …………………………………………… (392)
中国电子科技集团公司定点扶贫 …………………………………………… (394)
中国石油天然气集团公司定点扶贫 ………………………………………… (398)
中国石油化工集团公司定点扶贫 …………………………………………… (400)
中国海洋石油总公司定点扶贫 ……………………………………………… (402)
国家电网公司定点扶贫 ……………………………………………………… (404)
中国华能集团公司定点扶贫 ………………………………………………… (408)
神华集团有限责任公司定点扶贫 …………………………………………… (411)
中国移动通信集团公司定点扶贫 …………………………………………… (414)
中国电子信息产业集团有限公司定点扶贫 ………………………………… (417)
中国第一汽车集团公司定点扶贫 …………………………………………… (419)
中国铝业股份有限公司定点扶贫 …………………………………………… (422)
中国远洋运输（集团）总公司定点扶贫 …………………………………… (424)
中国海运（集团）总公司定点扶贫 ………………………………………… (428)
中国建筑工程总公司定点扶贫 ……………………………………………… (430)
国家开发投资公司定点扶贫 ………………………………………………… (433)
招商局集团有限公司定点扶贫 ……………………………………………… (435)
华润（集团）有限公司定点扶贫 …………………………………………… (438)
中国节能环保集团公司定点扶贫 …………………………………………… (439)
中国诚通控股集团有限公司定点扶贫 ……………………………………… (441)
中国中煤能源集团有限公司定点扶贫 ……………………………………… (444)
中国有色矿业集团有限公司定点扶贫 ……………………………………… (446)
中国国际技术智力合作公司定点扶贫 ……………………………………… (448)
中国北方机车车辆工业集团公司定点扶贫 ………………………………… (451)
中国南车集团公司定点扶贫 ………………………………………………… (454)
中国铁路工程总公司定点扶贫 ……………………………………………… (455)

中国航空油料集团公司定点扶贫 …………………………………………… (457)
中国能源建设股份有限公司定点扶贫 ………………………………………… (459)
中国民主促进会中央委员会定点扶贫 ………………………………………… (462)
中国农工民主党中央委员会定点扶贫 ………………………………………… (464)
中国人民保险集团股份有限公司定点扶贫 …………………………………… (466)
中国人寿保险（集团）公司定点扶贫 ………………………………………… (469)
中国太平保险集团有限责任公司定点扶贫 …………………………………… (471)
清华大学定点扶贫 ……………………………………………………………… (474)
北京科技大学定点扶贫 ………………………………………………………… (476)
北京交通大学定点扶贫 ………………………………………………………… (478)
中国矿业大学（北京）定点扶贫 ……………………………………………… (480)
南开大学定点扶贫 ……………………………………………………………… (482)
天津大学定点扶贫 ……………………………………………………………… (483)
山东大学定点扶贫 ……………………………………………………………… (485)
同济大学定点扶贫 ……………………………………………………………… (488)
上海交通大学定点扶贫 ………………………………………………………… (490)
华东理工大学定点扶贫 ………………………………………………………… (493)
南京大学定点扶贫 ……………………………………………………………… (495)
河海大学定点扶贫 ……………………………………………………………… (498)
浙江大学定点扶贫 ……………………………………………………………… (500)
华中农业大学定点扶贫 ………………………………………………………… (504)
中南大学定点扶贫 ……………………………………………………………… (507)
中山大学定点扶贫 ……………………………………………………………… (511)
西安交通大学定点扶贫 ………………………………………………………… (514)
2014年度中央、国家机关和有关单位定点扶贫情况统计表 ………… (517)
（二）东西扶贫协作 ……………………………………………………………… (527)
综述 ……………………………………………………………………………… (529)
北京市—内蒙古自治区东西扶贫协作 ……………………………………… (531)
天津市—甘肃省东西扶贫协作 ……………………………………………… (534)
上海市—云南省东西扶贫协作 ……………………………………………… (536)
辽宁省—青海省东西扶贫协作 ……………………………………………… (539)

江苏省—陕西省东西扶贫协作 …………………………………………… (541)
浙江省—四川省东西扶贫协作 …………………………………………… (543)
福建省—宁夏回族自治区东西扶贫协作 ………………………………… (546)
山东省—重庆市东西扶贫协作 …………………………………………… (549)
广东省—广西壮族自治区东西扶贫协作 ………………………………… (552)
上海市—贵州省遵义市东西扶贫协作 …………………………………… (554)
大连市—贵州省六盘水市东西扶贫协作 ………………………………… (557)
苏州市—贵州省铜仁市东西扶贫协作 …………………………………… (559)
宁波市—贵州省黔西南布依族苗族自治州东西扶贫协作 ……………… (562)
青岛市—贵州省安顺市东西扶贫协作 …………………………………… (565)
广州市—贵州省黔南布依族苗族自治州东西扶贫协作 ………………… (568)
深圳市—贵州省毕节市东西扶贫协作 …………………………………… (570)
厦门市—甘肃省临夏回族自治州东西扶贫协作 ………………………… (571)
珠海市—四川省凉山彝族自治州东西扶贫协作 ………………………… (574)
（三）军队和武警部队扶贫 …………………………………………………… (577)
军队和武警部队扶贫 …………………………………………………… (579)
（四）社会组织扶贫 …………………………………………………………… (583)
中国扶贫基金会扶贫 …………………………………………………… (585)
中国扶贫开发协会扶贫 ………………………………………………… (589)
友成企业家扶贫基金会扶贫 …………………………………………… (591)
中国红十字会总会扶贫 ………………………………………………… (595)
中国妇女发展基金会扶贫 ……………………………………………… (597)
中国残疾人福利基金会扶贫 …………………………………………… (599)
中国儿童少年基金会扶贫 ……………………………………………… (602)
中国西部人才开发基金会扶贫 ………………………………………… (605)
重庆市扶贫开发协会扶贫 ……………………………………………… (607)
河仁慈善基金会扶贫 …………………………………………………… (610)
（五）企业扶贫 ………………………………………………………………… (613)
河南华英农业发展股份有限公司扶贫 ………………………………… (615)
湖北省鄂西生态文化旅游圈投资有限公司扶贫 ……………………… (618)
安徽天鹅科技实业（集团）有限公司扶贫 …………………………… (622)

安徽绿之洲农业发展有限公司扶贫 …… (625)
四川省甘孜藏族自治州扶贫开发 …… (628)
四川省达州市扶贫开发 …… (630)
广东省云浮市扶贫开发 …… (633)
福建省宁德市扶贫开发 …… (635)
四川省旺苍县扶贫开发 …… (638)
广西壮族自治区罗城仫佬族自治县扶贫开发 …… (642)
云南省剑川县扶贫开发 …… (646)
重庆市武隆县扶贫开发 …… (649)
中国农业银行西藏自治区分行扶贫 …… (652)
陕西安康京康建筑工程有限公司扶贫 …… (655)
青海兴旺集团扶贫 …… (656)

**七、国际合作篇** …… (659)
综述 …… (661)
国际减贫交流 …… (662)
国际会议及重要活动 …… (666)
国际减贫研究 …… (669)
国际减贫经验分享 …… (671)
国际减贫合作 …… (674)

**八、专题研究篇** …… (675)
打赢全面建成小康社会的扶贫攻坚战 …… (677)
继续向贫困宣战 …… (681)
试论邓小平共同富裕思想与扶贫开发 …… (686)
坚持改革创新　推进扶贫攻坚 …… (694)
扶贫开发与全面小康 …… (696)
深化中国—东盟区域减贫合作 …… (703)
城市贫困问题研究 …… (706)
2014 年我国扶贫脱贫研究成果综述 …… (724)

九、扶贫数据篇 …………………………………………………………… (737)

表 1　中国农村贫困人口数量（按国家 20 世纪 80 年代标准，
1978—2007 年） ……………………………………………………… (739)

表 2　中国农村贫困人口数量（分别按国家低收入标准、1196 元
标准和 2300 元标准，2000—2014 年） ………………………… (740)

表 3　2014 年全国各地区农村贫困人口变化情况 …………………… (741)

表 4　2014 年全国农村贫困人口数量和贫困发生率
（分省区市、重点县） ……………………………………………… (742)

表 5　2014 年连片特困地区贫困人口数量和贫困发生率 ………… (743)

表 6　全国农民人均纯收入及相关情况（2001—2014 年） ……… (744)

表 7　2014 年贫困地区农村居民收入情况 ………………………… (745)

表 8　2014 年贫困地区基础设施状况 ……………………………… (746)

表 9　2014 年贫困地区文化教育卫生情况 ………………………… (747)

表 10　2014 年连片特困地区基础设施状况 ……………………… (748)

表 11　2014 年连片特困地区文化教育卫生情况 ………………… (749)

表 12　2014 年扶贫重点县基础设施状况 ………………………… (750)

表 13　2014 年扶贫重点县文化教育卫生情况 …………………… (751)

表 14　中央扶贫资金历年投入情况（1980—2014 年） ………… (752)

表 15　2014 年扶贫部门易地扶贫搬迁实施情况统计表 ………… (753)

表 16　中央、国家机关和有关单位定点扶贫情况统计表
（2002—2014 年） ……………………………………………… (754)

表 17　东西扶贫协作情况统计（2011—2014 年） ……………… (755)

附录 …………………………………………………………………… (757)

（一）有关文件汇编 ………………………………………………… (759)

中央文件 …………………………………………………………… (760)

行业文件 …………………………………………………………… (789)

扶贫文件 …………………………………………………………… (807)

（二）年度领导重要讲话 …………………………………………… (877)

（三）年度重要专访 ………………………………………………… (924)

# 2014年度中央领导同志重要指示

# 习近平总书记在内蒙古考察时的讲话（摘要）

（2014年1月27日）

我们党员干部都要有这样一个意识：只要还有一家一户乃至一个人没有解决基本生活问题，我们就不能安之若素；只要群众对幸福生活的憧憬还没有变成现实，我们就要毫不懈怠团结带领群众一起奋斗。

要加快传统畜牧业向现代畜牧业转变步伐，探索一些好办法，帮助农牧民更多分享产业利润效益，真正同龙头企业等经营主体形成利益共同体。

（资料来源：《人民日报》2014年1月30日1版）

# 习近平总书记
# 在河南考察的报道（摘要）

（2014 年 3 月 17 日）

习近平叮嘱当地干部要切实关心农村每个家庭特别是贫困家庭，通过因地制宜发展产业促进农民增收致富。

习近平还对兰考县结合教育实践活动抓好当前改革发展稳定各项工作提出明确要求，希望他们把强县和富民统一起来，把改革和发展结合起来，把城镇和乡村贯通起来，不断取得事业发展新成绩。

调研期间，习近平考察了黄河兰考东坝头段，了解黄河防汛和滩区群众生产生活情况，叮嘱当地干部要切实关心贫困群众，带领群众艰苦奋斗，早日脱贫致富。

（资料来源：《人民日报》2014 年 3 月 9 日 1 版）

# 习近平总书记在新疆考察时的讲话（摘要）

（2014 年 4 月 28 日）

要坚定不移实现新疆跨越式发展，同时必须紧紧围绕改善民生、争取人心来推动经济发展。发展要落实到改善民生上，落实到惠及当地上，落实到增进团结上。特别是要全面深化改革，扎实做好农业农村农民工作、大力推进就业创业、扎实推进农村扶贫开发、加强生态环境保护、积极参与丝绸之路经济带建设。

（资料来源：《人民日报》2014 年 5 月 1 日 1 版）

习近平总书记在首个“扶贫日”之际
作出的重要批示

# 全党全社会继续共同努力　形成扶贫开发工作强大合力（摘要）

（2014 年 10 月 17 日）

习近平强调，我国将每年 10 月 17 日设立为“扶贫日”，并于今年第一个“扶贫日”之际表彰社会扶贫先进集体和先进个人，进一步部署社会扶贫工作，对于弘扬中华民族扶贫济困的传统美德，培育和践行社会主义核心价值观，动员社会各方面力量共同向贫困宣战，继续打好扶贫攻坚战，具有重要意义。习近平指出，消除贫困，改善民生，逐步实现全体人民共同富裕，是社会主义的本质要求。改革开放以来，我国扶贫开发取得了举世瞩目的成就，为人类减贫事业作出了巨大贡献。习近平强调，全面建成小康社会，最艰巨最繁重的任务在贫困地区。全党全社会要继续共同努力，形成扶贫开发工作强大合力。各级党委、政府和领导干部对贫困地区和贫困群众要格外关注、格外关爱，履行领导职责，创新思路方法，加大扶持力度，善于因地制宜，注重精准发力，充分发挥贫困地区广大干部群众能动作用，扎扎实实做好新形势下扶贫开发工作，推动贫困地区和贫困群众加快脱贫致富奔小康的步伐。

（资料来源：《人民日报》2014 年 10 月 17 日 1 版）

# 习近平总书记在福建考察时的讲话（摘要）

（2014 年 11 月 1 日至 2 日）

福建山区多、老区多，当年苏区老区人民为了革命和新中国的成立不惜流血牺牲，今天这些地区有的还比较贫困，要通过领导联系、山海协作、对口帮扶，加快科学扶贫和精准扶贫，办好教育、就业、医疗、社会保障等民生实事，支持和帮助贫困地区和贫困群众尽快脱贫致富奔小康，决不能让一个苏区老区掉队。

（资料来源：《人民日报》2014 年 11 月 3 日 1 版）

# 习近平总书记
# 在南京军区考察时的讲话（摘要）

（2014 年 12 月 14 日）

要满腔热忱做好扶贫帮困、助学兴教、医疗卫生服务等工作，把党的关怀送到老区人民心坎上。

（资料来源：《人民日报》2014 年 12 月 16 日 1 版）

# 李克强总理在陕西考察时的讲话（摘要）

（2014 年 1 月 26 日至 28 日）

扶贫是衡量社会公平、民生福祉的“温度计”。改革开放以来，我国已使 6 亿人口脱贫，成就举世公认，靠的是市场化改革激发了社会发展活力，靠的是政府不断加大扶贫力度改善了群众发展环境。目前，仍未脱贫的地区大多自然环境恶劣、生存条件艰苦，脱贫任务很重，我们要以更大的决心继续向贫困宣战，绝不能让贫困代代相传。

当前扶贫进入了新的攻坚期，要在坚持扶贫大战略不变的基础上，总结经验，调整战术，实行更科学更有效的扶贫。做到发展与扶贫、整体推进与扶贫到户相辅相成、相互促进。这需要我们不断创新理念，持续探索，以更大的努力啃下这些“硬骨头”，打赢这场持久战。

要通过区域整体开发，创造有利于“造血式”扶贫的大环境，使贫困群众有更多公平的发展机会，推动精准扶贫更加有效，更可持续。要对不具生存条件的地方进行整体搬迁，通过发展小城镇，一方面不把扶贫资金投到那些该搬迁的村，避免浪费；另一方面也可使搬迁的群众享受城里人一样的公共服务。要把扶贫规划、城镇化规划、综合交通规划统筹起来，加快发展中西部交通设施特别是铁路，这是当地群众翘首以盼的大事，可以带动产业转移和脱贫致富。要合理划分中央和地方扶贫事权，大的区域开发由国家综合考虑，同时，整合扶贫资金，尽可能“打捆”由地方按照中央要求统筹使用，而贫困群众技能培训、基本生活兜底、拓展致富门路等，也都由地方负责，实施更有针对性的扶贫，一个一个拔掉“穷根子”。同时，发扬传统，动员社会力量积极健康发展慈善事业，促进扶贫济困。

（资料来源：《人民日报》2014 年 1 月 28 日 2 版）

# 李克强总理
# 在北京考察时的讲话（摘要）

（2014 年 5 月 30 日）

党和政府始终高度重视少年儿童的成长，关爱和保障残疾孤儿等的生活、成长，是民生工作的重点，也是社会文明程度的重要标志。要进一步加大投入，支持“明天计划”拓展规模、提高水平，使更多患儿特别是农村和贫困地区的孩子受益。要动员更大慈善力量和社会资源，把千千万万爱的力量汇聚起来，防止发生冲击道德底线的事，让残疾孤儿拥有灿烂的明天。

（资料来源：新华网 2014 年 5 月 30 日）

# 李克强总理
# 在湖南考察时的讲话（摘要）

（2014 年 7 月 3 日至 4 日）

沪昆高铁是连接我国东中西部用时最短的高速铁路，绝大部分里程在中西部省份，途经很多贫困山区，既能便利山里群众出行，带动产业转移，帮助他们脱贫致富，也会拉近东中西部空间和心理距离，对缩小地区差距、促进社会公平意义重大。

（资料来源：《人民日报》2014 年 7 月 6 日 1 版）

# 李克强总理
# 在首个“扶贫日”之际作出的批示（摘要）

中共中央政治局常委、国务院总理李克强作出批示强调，当前扶贫已进入新的攻坚期，要通过进一步深化改革、创新机制、完善政策，增强贫困地区“造血”功能和发展后劲，实行更科学更有效的扶贫。坚持把集中连片地区作为主战场，注重整体推进与精准到户、加快发展与保护生态、各方支持与贫困地区自身奋斗相结合，汇聚强大力量，努力啃下扶贫攻坚的“硬骨头”，戮力同心打赢这场硬仗。

（资料来源：《人民日报》2014 年 10 月 17 日 1 版）

# 汪洋副总理<br>在青海调研时的讲话（摘要）

（2014年1月9日至10日）

消除贫困，实现共同富裕，是社会主义的本质要求。各地区各有关部门要进一步增强责任感、紧迫感，认真落实中央关于扶贫开发工作的部署，把扶贫工作摆到更加重要的位置，加大扶持力度，创新体制机制，增强内生动力，加快推动贫困人口脱贫致富。

摸清贫困人口的分布、贫困户的贫困程度及贫困原因，是搞好扶贫工作的重要基础。要加快对贫困户建档立卡，做好精准识别、因户施策，把“大水漫灌”式的扶贫变成有针对性的“滴灌”式扶贫，建立干部驻村帮扶制度，使帮扶措施直接到村到户到人，全面提高扶贫开发工作的实效。

要因地制宜，多方面采取措施，帮助贫困农民脱贫致富。要加强技术培训，使有条件的贫困农户掌握一两项实用技术，至少参与一项养殖、种植等增收项目。要加快发展贫困地区职业教育，促进农民转移就业。积极发展农民专业合作、股份合作，吸纳贫困户参与，带动贫困户脱贫。大力办好农村义务教育、合作医疗等公共服务，落实养老保险等政策，解决好贫困农户住房安全问题，逐步改善贫困地区农民的生活条件。春节即将来临，要切实关心贫困群众疾苦，帮助解决实际困难，让他们过一个美满祥和的节日。

要认真总结抗震救灾和恢复重建的成功经验，弘扬伟大的抗震救灾精神，加强三江源生态保护和建设，促进生态保护、经济发展和民生改善协调联动，不断开创发展振兴新局面。

（资料来源：新华网2014年1月10日）

# 汪洋副总理
# 在江西调研时的讲话（摘要）

（2014 年 3 月 25 日至 28 日）

要认真贯彻中央关于“三农”工作的部署，全面深化农村改革，着力构建新型农业经营体系，规范农村承包地流转；加快地方食品药品监管体制改革，强化基层监管能力，进一步提高食品药品安全工作水平。

促进农村承包地流转，发展适度规模经营，是农业现代化的客观要求，要积极稳妥推进。土地流转要充分发挥市场的作用，让农民自己做主，使农民真正受益，不能搞大跃进，不能搞强迫命令，不能搞行政瞎指挥。政府部门和村集体组织主要提供政策咨询、信息沟通、合同规范等服务，不能越俎代庖替农民决策。要守住耕地保护红线，坚决防止非农化倾向。抓紧推进承包地确权登记颁证，保护农民权益。要面向市场，发展规模化服务，提升新型经营主体发展质量。要推进精准扶贫，突出抓好扶贫对象建档立卡工作，搞好干部驻村帮扶，送政策、送温暖、送服务，提升连片特困地区基础设施和基本公共服务水平，加快贫困群众脱贫致富步伐。

（资料来源：中央政府门户网站 2014 年 3 月 28 日）

# 汪洋副总理在广西调研的报道（摘要）

（2014 年 5 月 4 日至 6 日）

国务院副总理汪洋 4 日至 6 日在广西考察调研扶贫和农业工作。他强调，贫困地区的脱贫致富是全面建成小康社会的难点所在。要进一步增强责任感、紧迫感，认真落实中央关于扶贫开发工作的部署，转变思想观念，创新体制机制，最大限度地激发贫困地区和贫困群众的内生发展动力，着力搞好精准扶贫，明确时间进度，确保如期完成扶贫开发任务。

汪洋先后到都安、马山等国家扶贫开发工作重点县，深入村屯农户，了解扶贫进展。他强调，要认真做好贫困人口建档立卡，因地制宜，因户施策，从贫困群众的需要出发，着力解决突出问题，通过劳务输出、特色种养、开发乡村旅游等多种途径，提高扶贫开发实效。要把扶贫成效作为贫困县主要考核指标，建立约束和退出机制，调动脱贫积极性。当地基层干部群众提出要以“雄心征服千层岭，壮志压倒万重山”精神搞扶贫开发，苦干加实干，尽早实现脱贫致富梦想。汪洋对此表示赞赏，他鼓励当地干部群众在国家支持和社会帮扶下，自力更生、艰苦奋斗，用自己的双手创造美好生活。

在武鸣县、扶绥县，汪洋深入田间地头，考察农业生产情况。他强调，要毫不放松地抓好粮食生产，立足资源优势，以市场需求为导向，积极推进农业结构调整，着力培育壮大特色优势产业，不断提高农业综合效益和农民收入水平。要发展农业适度规模经营，培育新型经营主体，健全农业社会化服务体系。要加快转变政府职能，加强农业基础设施建设，搞好农业公共服务。

汪洋还就农垦改革发展问题进行了调研。他强调，要充分认识新时期农垦的重要作用，完善农垦管理体制、经营体系和运行机制，发挥组织优势、规模优势，培育大型企业集团，增强农垦市场竞争能力和示范带动作用。

（资料来源：新华网 2014 年 5 月 6 日）

# 汪洋副总理在青海调研时的讲话（摘要）

（2014年7月24日至26日）

牧区在我国经济社会发展中具有重要地位和作用，要认真贯彻落实中央牧区工作方针政策，创新草原生态保护和建设机制，大力转变发展方式，积极发展现代草原畜牧业、特色农业、旅游业等优势产业，促进农牧民增收致富，努力建设生态良好、生活宽裕、经济发展、民族团结、社会和谐的新牧区。

要把草原生态保护建设作为牧区发展的切入点和着力点，建立长效机制，遏制草原超载过牧，防止草原退化沙化盐碱化，加快草原改良，扩大人工种草，加强鼠害等防治，提高草原质量和可持续发展能力。要积极引导和帮助牧民创新经营模式，发展生态畜牧业，扩大牛羊舍饲圈养，推进草原畜牧业由粗放型向质量效益型转变。要认真实施游牧民定居工程，立足牧区优势，大力发展特色产业，拓宽牧民增收和就业渠道。

要认真抓好中央扶贫政策的落实，加快贫困户建档立卡，有针对性地开展帮扶。加强贫困地区职业教育和技术培训，帮助贫困农户开展特色种植养殖。重视发掘贫困地区民族文化、民俗文化、草原文化，发展以自然风光、民族风情等为特色的旅游业，加强旅游景区基础设施建设，打造精品旅游产品。

（资料来源：新华网2014年7月26日）

# 汪洋副总理
# 在宁夏调研时的讲话（摘要）

（2014年9月21日至23日）

要紧紧围绕党中央、国务院确定的扶贫开发目标，着力抓好政策、责任和工作落实，提高扶贫成效，加快贫困地区群众脱贫步伐。

要根据不同贫困类型和致贫原因，因地制宜、因户施策，提高扶贫开发的针对性和有效性。要逐步将生活在不适宜居住环境的贫困人口搬迁出来，围绕“移得出、稳得住、逐步能致富”的目标，从当地实际出发，发展现代农业和二、三产业，拓展就业空间。要加强移民的职业培训，增强就业致富能力。

实施精准扶贫是新时期加快推进扶贫开发的重要举措。要把建档立卡工作搞扎实，使扶贫工作真正瞄准需要扶持的贫困对象，量身定制帮扶方案。扶贫资金的分配要引入竞争机制，与扶贫工作考核、资金使用绩效相挂钩。要加强资金监管，坚决杜绝“跑冒滴漏”。要明确扶贫任务、贫困人口脱贫时限，将扶贫责任落到实处。

要创新农业科技进步机制，加大科技成果推广力度，重视运用市场的办法调动农业科技人员创新创业积极性。要完善农业科技特派员制度，加强农村科技信息服务，使科技在农业发展和扶贫开发中发挥更大作用。

（资料来源：新华网2014年9月23日）

# 一

# 年度综述篇

2014年是全面贯彻落实《中共中央办公厅国务院办公厅印发〈关于创新机制扎实推进农村扶贫开发工作的意见〉的通知》（中办发〔2013〕25号，以下简称《意见》）的第一年，也是精准扶贫的开局之年。一年来，全党全社会共同努力，扶贫开发在新的起点上高位推进，机制创新取得突破，重点工作全面铺开，片区规划顺利实施。2014年，中央财政安排专项扶贫资金432.87亿元，比2013年增长10%；省级财政安排专项扶贫资金267亿元，比2013年增长28%。全国农村贫困人口从2013年的8249万人减少到7017万人，减少了1232万人，贫困发生率由8.5%下降到7.2%，下降1.3个百分点，超额完成了2014年政府工作报告中提出的再减少农村贫困人口1000万人以上的年度减贫任务。国家扶贫开发工作重点县农民人均纯收入达6090元，比2013年增长13%，增幅继续高于全国农民平均水平。

## 一、机制创新取得突破

全国有扶贫任务的28个省（区、市）都制定了《意见》实施方案。国务院有关行业部门对《意见》提出的改革措施和重点工作，出台了实施方案或与“十二五”行业规划衔接，分年度落实。

**（一）推进贫困县三项机制改革。**印发《关于改进贫困县党政领导班子和领导干部经济社会发展实绩考核工作的意见》，修订《扶贫开发工作考核办法》。印发《关于建立贫困县约束机制的通知》，对贫困县必须和提倡作为事项、禁止作为事项和督促检查三个方面作出规定、提出要求。总结地方经验，研究探索贫困县退出机制。

**（二）推进建立精准扶贫工作机制。**一是精准识别。将建档立卡作为2014年的一号工程，印发《建立精准扶贫工作机制实施方案》，制定《扶贫开发建档立卡工作方案》和《扶贫开发建档立卡指标体系》，对建档立卡工作作出全面部署，全国识别贫困村12.8万个，贫困户2932万户，贫困人口8862万人。二是精准帮扶。安排雨露计划资金15亿元，补助贫困家庭子女和培训贫困劳动力364万人。发放扶贫小额信贷近1000亿元，比2013年翻了一番多。安排扶贫搬迁资金126.3亿元，对居住在不具备基本生存发展条件的199.7万人实施搬迁。三是精准管理。国务院扶贫办组织编制了《全国扶贫开发信息化建设规划》和《全国扶贫信息网络系统项目可行性研究报告》，以信息化推动精准管理的实施。

**（三）推进健全干部驻村帮扶机制。**各地把派驻驻村工作队与第二批党的群众路线教育实践活动相结合，在原有工作基础上，对干部驻村帮扶进行安排部署，已向贫困村派出12.5万个工作队、干部43万人，基本实现对贫困村全覆盖。

**（四）改革财政专项扶贫资金管理机制。**印发《关于改革财政专项扶贫资金管理机制的意见》，要求建立竞争性分配机制，以减贫成效为导向，将扶贫资金分配与扶贫目标任务、减贫效果挂钩；改革资金使用机制，财政专项扶贫资金项目审批权限原则上下放到县；改革资金监管机制，强化地方监管责任，完善信息披露，坚持公告公示、第三方监督、扶贫对象参与。开通“12317”扶贫监督举报电话。对2013年审计6省19县扶贫资金发现的问题加大整改力度，2.34亿元违规资金已全部整改到位，制定或修订规范性文件41件。

**（五）推进金融扶贫方式创新**。印发了《关于全面做好扶贫开发金融服务工作的指导意见》，并联合召开全国扶贫开发金融服务电视电话会议，部署扶贫开发金融服务工作。印发《关于创新发展扶贫小额信贷的指导意见》，对扶贫小额信贷目标原则、扶持范围和方式、政策措施和组织保障提出明确要求。全国妇女联合会扎实推进妇女小额担保贷款，中国残疾人联合会协调推动康复扶贫贴息贷款。

**（六）推进创新社会扶贫机制**。一是对社会扶贫进行全面部署。国务院第一次召开全国社会扶贫工作电视电话会议，国务院扶贫开发领导小组第一次表彰社会扶贫先进集体和先进个人，国务院办公厅第一次印发社会扶贫指导性文件，全面部署新阶段社会扶贫工作。将电子商务扶贫、光伏扶贫等新业态、新科技引入扶贫领域。二是组织开展首个“扶贫日”活动。国务院将10月17日设立为“扶贫日”，为广泛动员社会各方面力量参与扶贫开发搭建了制度平台。中共中央总书记习近平、国务院总理李克强专门作出重要批示，产生了广泛深刻的社会影响。各地各部门积极响应，开展了丰富多彩的“扶贫日”活动。省级层面在“扶贫日”期间募集社会扶贫资金50多亿元。三是社会扶贫取得新成效。定点扶贫、东西部扶贫协作继续发挥示范引领作用，军队和武警部队继续扎实推进对全国63个贫困县、547个贫困乡镇、2856个贫困村的帮扶工作。参与定点扶贫的310个中央和国家机关等单位直接投入重点县的帮扶资金28.8亿元。参与东西部扶贫协作的东部省市普遍加大了扶贫协作力度，2014年投入的政府援助资金为12亿元。

## 二、重点工作全面推进

**（一）村级道路畅通工作**。扎实推进《农村公路建设规划》《集中连片特困地区交通建设扶贫规划纲要（2011—2020年）》和《“溜索改桥”建设规划（2013—2015年）》实施。交通运输部印发《交通扶贫2014年工作要点》，安排1041亿元车辆购置税资金，支持14个片区改造建设3.17万千米的高速公路和普通国省道，安排超过500亿元支持14个片区建设9.6万千米农村公路和一批农村客运站点，解决片区93个乡镇、1.05万个建制村的道路通畅问题。安排7亿元资金，推进138个“溜索改桥”项目建设。

**（二）饮水安全工作**。安排农村饮水安全工程中央投资238亿元，解决了6600多万农村人口的饮水安全问题。水利部印发了《关于贯彻中办发25号文件精神进一步加强水利扶贫工作的指导意见》等多个水利扶贫工作文件，采取综合措施加强贫困地区民生水利建设强化监督检查。

**（三）电力保障工作**。落实《全面解决无电人口用电问题三年行动计划（2013—2015年）》，安排农网改造升级工程总投资449.9亿元，其中，中央资金85亿元。新建和改造变电站944座，线路22.6万千米，配变压器8.9万台，户表381.4万户，重点扶持中西部欠发达地区，特别是少数民族地区和革命老区等。安排无电地区电力建设工程总投资87.1亿元，其中，中央资金45亿元，解决84万无电人口用电问题。2013—2014年已累计解决245万无电人口用电问题。

**（四）危房改造工作**。印发《关于做好2014年农村危房改造工作的通知》，明确了2014年支持贫困地区农村危房改造政策。2014年中央安排补助资金230亿元支持全国266万贫困地区农户改造危房，其中连片特困地区县和国家扶贫开发工作重点县等贫困地区105万户。对贫困地区的中央补助标准在户均补助7500元的基础上增加1000元。印发《关于全面开展农村危房现状调查的通知》，已有2100万户农村危房信息录入系统。

**（五）特色产业增收工作**。印发《特色产业增收工作实施方案》，明确了贫困地区特色产业增收的总体思路、发展目标、建设重点和保障措施等。农业部印发了《特色农产品区域布局规划（2013—2020年）》，涵盖14个片区96个品种；在贫困地区实施了种子工程、良种工程、标准化规模养殖场（小区）建设、基层农技推广体系、退牧还草、农村沼气等基本项目建设；遴选推介了14个片区205个农业适用品种和120项农业适用技术。科技部大力开展科技特派员创业链建设工作。认真组织实施“三区”人才支持计划科技人员专项计划。

**（六）乡村旅游扶贫工作**。印发《关于实施乡村旅游富民工程推进旅游扶贫工作的通知》，全面启动乡村旅游扶贫工作。组织各省（区、市）旅游部门从全国832个贫困县中挑选出6130个具备发展乡村旅游基本条件的行政村，作为乡村旅游重点村，其中贫困村有2000多个。实施乡村旅游扶贫重点村村官培训计划。

**（七）教育扶贫工作**。安排中央专项资金310亿元，支持改善贫困地区义务教育薄弱学校基本办学条件。继续实施农村义务教育营养改善计划，保证3200万贫困地区儿童每天能吃上营养餐。中央和地方财政安排专项资金5.5亿元，用于改善中西部贫困地区涉及45县45所学校的办学条件。继续实施中等职业教育学生免学费、补助生活费政策，对连片特困地区农村学生实现了全覆盖。继续扩大实施支援中西部地区招生协作计划、面向贫困地区定向招生专项计划、农村学生单独招生政策和地方重点高校招收农村学生专项计划，完成了贫困地区农村学生上重点高校人数增长10%以上的目标。

**（八）卫生和计划生育工作**。印发《关于扎实推进农村卫生和计划生育扶贫工作的实施方案》，明确支持贫困地区卫生计生事业发展的主要任务和政策措施，安排专项资金重点支持贫困地区卫生计生事业发展。完善新型农村合作医疗制度，人均财政补助标准达到320元，个人缴费标准同步提高到90元，政策范围内报销比例达到75%左右，在贫困地区全面推开城乡居民大病保险。安排中央专项投资198.5亿元支持贫困地区4.7万个卫生计生机构基础设施建设。公共卫生服务项目覆盖面继续扩大，人均基本公共卫生服务经费补助标准提高至35元。设立“健康暖心”扶贫基金，为计划生育困难家庭提供大病救助、医疗补助、养老救助及实施先天性心脏病儿童免费救治等“一免三助”服务。实施儿童营养改善和新生儿疾病筛查项目。

**（九）文化建设工作**。文化部印发了《贫困地区公共文化服务体系建设工作方案》。中央财政拨付专项资金8592万元，购置流动图书车358辆，使连片特困地区全部县级公共图书馆的流动图书车全部配送到位。继续组织举办“春雨工程”——全国文化志愿者边疆行活动。中央财政2014年安排“盲村”广播电视覆盖资金18亿元，完成约65万个20户以下已通电自然村“盲村”广播电视建设任务；高山台站建设已全面开展，中央财政累计安排资金10亿元，其中2014年安排7亿元。中央财政下达补助资金7.14亿元补助59.06万个行政村实施农村电影放映。

**（十）贫困村信息化工作**。印发《贫困村信息化工作实施方案的通知》，结合“宽带中国”2014专项行动、“通信村村通工程”和“宽带乡村”试点工程（一期），扎实推进贫困村信息化工作。村村通工程安排3.5亿元电信普遍服务专项补贴资金，完成超过1.4万个扶贫目标村通宽带项目。实现连片特困地区1.8万个行政村互联网全覆盖，并实施1000所农村学校宽带接入。教育部组织开发“全国教育信息化工作进展信息系统”，加快推进包括连片特困地区学校在内的农村义务教育薄弱学校网络教学环境建设。农业部开展信息进村入户试点工作，依托“12316”打造“三农”综合信息服务平台。科技部依托“12396”构建农村科技信息化服务平台，开展“国家农村信息化科技示范省建设”。

## 三、推进重点区域扶贫

**（一）加快实施片区规划**。相关地方认真履行主体责任，片区联系单位认真履行牵头责任，行业部门积极履行行业责任，国家发展和改革委员会、国务院扶贫办落实协调责任，截至2014年年底，片区交通、水利、能源重大建设项目“十二五”开工率80%左右，十项重点工作项目开工率

70%左右。

**（二）支持革命老区加快发展**。财政部安排彩票公益金15亿元，用于支持贫困革命老区扶贫项目。国务院国有资产监督管理委员会与国务院扶贫办确定开展“中央企业定点帮扶贫困革命老区百县万村”专项行动，定点帮扶108个贫困老区县的68家中央企业，计划用3年左右时间，加快实施一批路、水、电等小型基础设施项目，解决贫困老区县部分贫困村行路难、用水难、用电难问题。

**（三）加强民族地区和边远地区扶贫工作**。2014年用于5个自治区和云南、贵州、青海3个多民族省份财政专项扶贫资金185亿元，占全国总量的42.7%。国家发展和改革委员会安排中央预算内投资24亿元，实施民族地区教育基础薄弱普通高中建设项目，比2013年增加14亿元。安排中央财政专项资金2.57亿元，引导1.6万名优秀文化工作者到边远贫困地区、边疆民族地区和革命老区开展服务，并为“三区”培养1676名急需紧缺的文化工作者。

（国务院扶贫办政策法规司）

# 扶贫改革篇

【改进贫困县考核机制】 2014年，中共中央组织部（以下简称“中组部”）和国务院扶贫办印发《关于改进贫困县党政领导班子和领导干部经济社会发展实绩考核工作的意见》（以下简称“《意见》”）。《意见》的主要目的是改进考核方式，充分发挥考核作为指挥棒的重要作用，将提高贫困人口生活水平和减少贫困人口数量作为主要指标，引导贫困地区党政领导班子和领导干部把工作重点放在扶贫开发上。《意见》主要内容包括六个方面：

（一）提出改进贫困县考核的总体要求。要从贫困县实际出发来考核。体现贫困地区发展的特殊性和主体功能定位，不能把考核其他市县的指标简单套用到对贫困县的考核。要树立正确的考核导向。把发展作为解决贫困的根本出路，把尽快实现脱贫致富作为首要任务，通过考核明确和落实发展责任。

（二）改进经济社会发展实绩考核指标。合理设置经济发展考核指标。增加特色优势产业指标和权重，弱化贫困县地区生产总值、工业增加值、固定资产投资等指标的考核。限制开发区域和生态脆弱的国家扶贫开发工作重点县取消地区生产总值考核。把扶贫开发作为经济社会发展实绩考核的主要内容。把提高贫困人口生活水平、减少贫困人口数量和改善贫困地区生产生活条件作为考核评价扶贫开发成效的主要指标。注重对减贫脱贫紧密关联的民生改善、社会事业发展情况的考核。着重围绕改善贫困地区群众生产生活条件，提高脱贫致富能力，考核基础设施建设、教育、医疗卫生、住房、养老保障、公共文化服务体系建设等情况。强化生态环境保护情况的考核。加大生态文明建设的考核力度，提高生态效益、资源消耗、环境损害等指标的权重，引导贫困县正确处理经济发展、资源开发与环境保护的关系。

（三）把党的建设纳入实绩考核。要把党的建设情况作为考核贫困县党委及其主要负责人的实绩重要内容，以党的建设考核推动扶贫开发工作，以扶贫开发的实际成效检验党建工作成效。

（四）改进完善考核评价方法。坚持分类考核，注重纵向比较。既看发展成效，又看客观条件、主观努力情况，既考核量力而行，又考核尽力而为，使贫困县党政领导班子和领导干部的努力程度和作风状况得到客观公正的评价。同时，把群众的切身感受和满意度作为考核评价实绩的重要依据。

（五）强化考核结果的运用。把考核结果作为年度考核等级、干部选拔任用、激励约束和问责的重要依据，作为资金倾斜安排的依据。

（六）加强组织领导。强调改进贫困县党政领导班子和领导干部经济社会发展实绩考核，要在各省（区、市）党委统一领导下，由组织部门组织实施，扶贫、发改、统计等职能部门配合。要切实把《意见》

要求落实到国家扶贫开发工作重点县、集中连片特殊困难地区县党政领导班子和领导干部的考核工作中。对其他贫困地区和落后地区党政领导班子和领导干部的考核，也可参照本意见要求，结合实际进行改进完善。同时，强调要加强考核工作统筹，避免重复考核、多头考核，减少贫困县迎评迎考的负担。

（国务院扶贫办规划财务司）

**【建立贫困县约束机制】** 针对少数地方贫困县超标准修建办公楼，超能力举办大型庆典，超水平建设标志性建筑，甚至公款吃喝、铺张浪费，一边享受贫困县政策一边过“富裕县”日子等突出问题，引导贫困地区党政领导班子和领导干部把工作重点放在扶贫开发上，2014 年 3 月召开的国务院扶贫开发领导小组第二次全体会议提出，要研究建立贫困县约束机制。12 月，国务院扶贫开发领导小组印发《国务院扶贫开发领导小组关于建立贫困县约束机制的通知》（以下简称“《通知》”）。

《通知》主要内容为：一是切实加强对扶贫工作的领导。强调各地党政一把手和扶贫领导小组的责任，要求县级领导班子成员原则上每月应到贫困村驻点调研，要确保每个贫困村都有驻村工作队，每个贫困户都有帮扶责任人。二是明确任期内扶贫开发责任。强调贫困县要树立加快发展、科学发展的导向，把提高贫困人口生活水平和减少贫困人口数量作为工作的出发点和落脚点。贫困县领导班子要提出年度或任期内扶贫开发目标，包括减少贫困人口、增加城乡居民收入特别是贫困人口收入、改善贫困乡村基础设施和公共服务等事项。三是努力增加扶贫开发投入。要求贫困县要把更多的财力投入到扶贫开发上。四是严格管理扶贫资金。强调针对贫困农户的财政扶贫资金使用要与建档立卡结果相衔接，使资金直接惠及扶贫对象。建立扶贫资金信息公开制度，完善扶贫资金项目公告公示制度，对贪污、挤占、挪用、冒领扶贫资金等违法违规行为，要依法严厉打击。五是统筹城乡建设规划。规定贫困县城市规划、城镇规模和建设要与当地经济社会发展水平相适应。县级财政用于基础设施、公共服务设施的建设资金，主要投向乡镇、村组，改善乡村人居环境。六是严格控制办公用房建设。强调贫困县要严格执行中共中央办公厅、国务院办公厅《关于党政机关停止新建楼堂馆所和清理办公用房的通知》（中办发〔2013〕17 号），自通知印发之日起 5 年内，各级党政机关一律不准以任何形式和理由新建楼堂馆所。七是严禁享乐主义奢靡之风。要求贫困县严格控制“三公”经费，自觉抵制形式主义、官僚主义、享乐主义和奢靡之风。八是杜绝不切实际的形象工程。规定贫困县不得搞形式主义的达标升级活动，不得向基层单位下达招商引资指标，不得参与民间组织开展的各类“百强县”“小康县”等活动的申报。九是加强督促检查和激励。要求各地要加强对贫困县工作的指导，改革贫困县考核制度，引导贫困县将工作重点放在扶贫开发上。各省（区、市）扶贫开发领导小组每年对贫困县开展一次专项检查。

《通知》适用范围是国家扶贫开发工作重点县和连片特困地区县，共832个县。省级扶贫工作重点县和片区县参照执行。

（国务院扶贫办政策法规司）

**【建立精准扶贫工作机制】** 国务院扶贫开发领导小组将建档立卡作为2014年的“一号工程”，精准扶贫的第一战役，国务院扶贫办会同中央农村工作领导小组办公室（以下简称“中央农办”）等7部门联合印发《建立精准扶贫工作机制实施方案》，制定并印发《扶贫开发建档立卡工作方案》和《扶贫开发建档立卡指标体系》。按照“精准识别、精准帮扶、精准管理和精准考核”的总体要求，组织全国28个省（区、市）及新疆生产建设兵团全面开展了扶贫对象的识别、数据采集，共识别出建档立卡贫困村12.8万个，贫困户2948万户、贫困人口8962万。全国扶贫信息化建设稳步推进，各地贫困村、贫困户、贫困人口的相关数据全部录入信息系统，实现全国联网，可实时查询贫困人口在哪、贫困程度如何、致贫的原因、谁来帮扶等信息，为精准扶贫奠定了较好的基础。

（国务院扶贫办规划财务司规划统计处）

**【健全干部驻村帮扶机制】** 中共中央办公厅、国务院办公厅印发的《关于创新机制扎实推进农村扶贫开发工作的意见》（中办发〔2013〕25号，以下简称“中办发〔2013〕25号文件”）要求，在各省（区、市）现有工作基础上，普遍建立驻村工作队（组）制度。截至2014年底，共有21个省份出台干部驻村工作意见、通知或管理办法，对驻村工作提出明确要求。全国共派出驻贫困村工作队12.5万个，派出干部人数43万人。在加强驻村帮扶方面，主要做了以下工作：

一、明确工作任务。干部驻村帮扶的任务主要有五个方面：贯彻落实党和政府在农村的各项方针政策；协调落实干部包户结对帮扶工作，参与制定贫困村整村扶贫规划和管理扶贫项目；配合村“两委”完成贫困村、贫困人口建档立卡和动态管理工作，逐户落实帮扶措施；监督使用好扶贫资金，推进基础设施、公共服务建设和产业发展；帮助推进基层党组织建设，协助当地排查突出问题和群众反映的热点难点问题，促进村级班子提高能力。

二、健全管理机制。在工作实践中，不断完善驻村工作队管理机制。一是加强驻村干部培训。各地在干部派驻前，相关部门对驻村干部联合开展培训，使其尽快进入角色，适应农村工作。二是强化对干部驻村工作的宣传。各地对干部驻村帮扶先进典型、经验做法进行了大量宣传，提振驻村干部的信心和决心。三是加强日常管理。明确组织人事部门、派出单位、扶贫部门、驻点乡镇党委政府等的职责。建立驻村干部考勤、请销假等制度。四是后勤保障到位。各地对驻村工作队安排了一定的项目经费，充分调动驻村干部主观能动性。按照相关规定报销交通、生活补助等费用，切实保障驻村干部工作条件。五是建立考核评价机制，把干部驻村帮扶工作纳入领导班子、干部考核的内容，并作为各级党委、政府督查工作的重点。

三、加强督促检查。2014 年 3 月、6 月和 11 月，国务院扶贫办先后开展了 3 次综合性调研，覆盖大部分有扶贫任务的省份，重点调研驻村帮扶工作。通过查看地方驻村帮扶文件、驻村队员工作日志、贫困村发展规划等资料，召开基层干部群众和驻村工作队员座谈会，深入了解情况，与省扶贫开发领导小组交换意见，推动驻村帮扶工作健康发展。

四、推广成功经验。2014 年 11 月，在四川巴中举办业务培训班，各省（自治区、直辖市）干部驻村工作负责同志交流工作经验，现场观摩巴中市干部驻村工作做法，研究改进工作的思路。

（国务院扶贫办政策法规司）

**【改革财政专项扶贫资金管理机制】** 2014 年，为贯彻落实党中央、国务院关于加强扶贫资金管理的要求，按照国务院扶贫开发领导小组部署，由财政部会同国务院扶贫办、国家发展和改革委员会（以下简称“国家发展改革委”）、中共中央纪律检查委员会（以下简称“中央纪委”）、监察部、审计署等部门，锐意改革，开拓创新，突出重点，深入推进财政专项扶贫资金管理机制改革。

一是推动改革财政扶贫资金管理机制，完成中央深化改革重点任务。改革财政扶贫资金管理机制是中办发〔2013〕25 号文件提出的明确要求，也是中央确定的 2014 年重点改革任务之一。经国务院同意，2014 年 8 月，以国务院扶贫开发领导小组名义印发了《关于改革财政专项扶贫资金管理机制的意见》（国开发〔2014〕9 号）。针对财政扶贫资金使用管理中存在的突出问题，从资金分配机制、使用机制和监管机制三个方面，有针对性地提出了多项改革措施。

二是开展集中力量解决突出贫困问题试点，支持地方推进重点扶贫工程。安排中央财政扶贫资金 10 亿元，用于支持开展集中力量解决突出贫困问题试点。试点支持河北等 11 个省份优先解决一批政治影响大、问题较为迫切、脱贫带动效果好的贫困问题。试点工作的开展，为地方整合资金、集中资源推进扶贫攻坚，特别是啃下当前扶贫领域的一些“硬骨头”摸索了经验。

三是完善财政扶贫资金绩效评价体系，强化结果导向的资金分配机制。2014 年，财政部会同国务院扶贫办进一步完善了财政扶贫资金绩效评价指标体系，对各地全面开展绩效评价，将评价结果在全国范围内通报。同时，加大了财政专项扶贫资金的奖励力度，根据 2013 年地方财政扶贫资金绩效评价结果，和减贫成效情况给予奖励。绩效评价和奖励机制的逐步完善和强化，进一步调动了基层政府推进农村扶贫攻坚的积极性，增强了地方政府管好用好财政扶贫资金的责任意识。

四是引导金融资本、社会资本支持农村扶贫开发，充分发挥财政资金的放大效应。2014 年，财政部会同相关部门推进多方面的改革创新，积极引导金融和社会资本支持农村扶贫开发。下放扶贫贷款财政贴息资金管理权限，不再单独对各地下达贴息资金额度，地方政府可根据当地扶贫贷款运行情况，统筹使用财政扶贫资金自主加大扶贫贷款贴息力度。探索在放大财政资金投入规模的同时，提升对扶贫对象的精确瞄准水平。此外，中央财政与中国烟草总公司、国家开发投资公司共同出资成立了贫困地区产业发展基金，探索通过市场化机制带动企业和社会资本支持贫困地区经济发展。

（财政部农业司）

**【完善金融服务机制】** 扶贫小额信贷取得新突破。推动出台两个文件：中国人民银行、国务院扶贫办等 7 部门联合印发《关于全面做好扶贫开发金融服务工作的指导意见》，国务院扶贫办、财政部、中国人民银行、银监会、保监会 5 家联合印发《创新发展扶贫小额信贷的指导意见》。督促指导 22 个省（区、市）出台金融扶贫或扶贫小额信贷政策文件。扶贫小额信贷实现翻番。

金融扶贫合作取得新进展。分别与 3 家银行签署《金融扶贫合作协议》。与国家开发银行签署了《开发性金融扶贫合作协议》，加大对基础设施、特色优势扶贫产业和扶贫小额信贷的支持。与中国农业银行签署了《金融扶贫合作协议》，在 832 个片区县和重点县每年新增信贷投放 1000 亿元以上。与中国进出口银行签署了《金融扶贫合作协议》，发挥政策性银行的优势，优先支持贫困村旅游扶贫、特色优势扶贫产业和扶贫小额信贷。

贫困村互助金规范发展。与中国银行业监督管理委员会、国家工商行政管理总局等部门就 2 万个贫困村互助资金规范发展达成一致意见：贫困村资金互助社统一在工商进行登记注册，为贫困村资金互助社补发“准生证”；明确贫困村资金互助社由地方金融办（局）进行监管，扶贫部门负责业务指导。

（国务院扶贫办开发指导司）

**【创新社会参与机制】** 2014 年，国务院扶贫办认真履行中办发〔2013〕25 号文件赋予的“创新社会参与机制”牵头单位作用，加强调查研究，积极协调推动，广泛动员社会各方面力量参与扶贫开发，不断创新社会参与机制。

**一、印发《创新扶贫开发社会参与机制实施方案》**

国务院扶贫办联合中组部、中央统战部、中央直属机关工委、中央国家机关工委、解放军总政治部、教育部、民政部、财政部、人力资源和社会保障部、国务院国有资产监督管理委员会（以下简称“国务院国资委”）、国家税务总局、共青团中央、中国残疾人联合会、全国工商业联合会 15 个部门联合印发《创新扶贫开发社会参与机制实施方案》，提出了社会扶贫的目标任务、主要形式和保障措施，部署了近期重点工作。主要思路是：积极推动定点扶贫和东西部扶贫协作工作深化、细化和具体化，进一步增强工作针对性和有效性。广泛深入动员民营企业、社会组织和个人参与扶贫，着力从业务指导、搭建平台、营造氛围、服务监管等方面进行推动，努力实现新突破。

**二、推动设立“扶贫日”，积极组织开展“扶贫日”活动**

为充分挖掘社会扶贫潜力，为社会各界参与扶贫、奉献爱心搭建有效制度平台，经国务院正式批复同意，自 2014 年起，将每年的 10 月 17 日设立为“扶贫日”。

中共中央总书记习近平、国务院总理李克强分别作出重要批示。中央和国家机关等有关部门率先垂范，31 个省（区、市）党政主要领导均对当地“扶贫日"活动作出批示，各地各单位普遍组织开展了扶贫宣传、走访慰问、扶贫捐赠等特色鲜明的“扶贫日”专项活动，募集资金近 50 亿元。国务院新闻办公室举办“扶贫日”专题新闻发布会。北京大学、国务院发展研究中心和中国国际扶贫中心等机构联合发起举办“10・17 论坛”，联合国秘书长潘基文专门发来贺信，高度赞扬中国扶贫成就和经验。各主流媒体开展了内容丰富的宣传报道。

通过组织开展首个“扶贫日”活动，社会各界积极参与扶贫开发的积极性得到很大提高，对扶贫开发的知晓度、参与度、响应度大幅提升，全社会扶贫向善的氛围逐步显现。

**三、首次召开全国社会扶贫工作会议**

10 月 17 日，全国社会扶贫工作电视电话会议在北京召开。国务院副总理汪洋出席会议并作重要讲话。会议传达学习了中共中央总书记习近平、国务院总理李克强的重要批示精神，表彰了社会扶贫先进集体和先进个人，总结回顾了我国社会扶贫基本经验，分析社会扶贫面临的形势和任务，对下一步动员社会各界参与社会扶贫工作作出安排部署。要求健全组织动员机制，搭建社会参与平台，培育多元社会扶贫主体，完善政策支撑体系，营造良好环境，努力实现社会扶贫人人皆愿为、人人皆可为、人人皆能为。国务院扶贫开发领导小组成员单位和其他有关部门负责同志、社会扶贫工作先进集体和先进个人代表等 500 多人参加主会场会议，全国 31 个省（区、市）和新疆生产建设兵团设立了分会场，参会人数共计 14 万人。会后，汪洋主持召开社会扶贫座谈会，听取基层干部、民营企业家、科技工作者等各方面代表参与扶贫事业的体会，探讨深化社会扶贫的新思路新举措。28个省（区、市）召开了本省（区、市）的社会扶贫电视电话会、座谈会。

## 四、开展首次全国社会扶贫表彰

为激励先进，宣传典型，更广泛深入地动员社会各界参与新阶段扶贫开发工作，根据国务院常务会议精神和中办发〔2013〕25号文件“每5年以国务院扶贫开发领导小组名义进行一次社会扶贫表彰”要求，2014年，国务院扶贫办启动了社会扶贫表彰工作。经过各省（区、市）和有关单位提名推荐，按照“两审三公示”的程序，评选出519个社会扶贫先进集体和先进个人。9月29日，国务院扶贫开发领导小组正式印发《关于表彰全国社会扶贫先进集体和先进个人的决定》。10月17日，国务院召开全国社会扶贫工作电视电话会议，部分受表彰代表受邀参加，交流了经验、发出了倡议书。结合全国“扶贫日”活动，会议前后配合宣传部门对部分先进典型进行了宣传报道。

## 五、首次出台促进社会扶贫工作的指导性文件

在深入调研、广泛征求地方和有关部门、专家意见基础上，11月19日，国务院办公厅印发《关于进一步动员社会各方面力量参与扶贫开发的意见》（国办发〔2014〕58号，以下简称“《意见》”）。这是我国首个社会扶贫方面的专门文件，对社会扶贫工作总体要求和基本原则、参与主体、参与方式、支持政策和组织保障等提出了明确要求，是指导当前和今后一个时期社会扶贫工作的重要文件。不仅有利于汇全国之力、聚各方之财、集全民之智，打好新时期扶贫攻坚战，也将有利于促进不同社会群体和阶层的沟通交流，在全社会弘扬友善互助的社会主义核心价值观，推动形成政府、市场、社会协同推进的大扶贫格局。

2014年，社会扶贫工作机制不断创新，力度空前加大，成效非常显著。一方面，定点扶贫和东西扶贫协作工作继续发挥示范引领作用，不断深化、细化、具体化。据统计，参与定点扶贫的310个中央和国家机关等单位不断加大工作力度，全年投入帮扶资金（含物资折款）30.2亿元，比2013年增加45.2%，创历史新高。国务院国资委组织动员68家中央企业，启动了中央企业定点帮扶贫困革命老区百县万村活动，拟用3年时间帮助108个贫困革命老区县中约14954个贫困村解决水、电、路等突出民生问题，推动了定点扶贫的深化和创新。东部18个发达省市普遍加大了扶贫协作力度，向西部贫困地区提供财政援助资金13.4亿元，较2013年增长13%。福建省南安市梅山镇蓉中村设立贫困村创业致富带头人培训基地，采取“1+11”培训模式，创新东西扶贫协作模式，已启动对甘肃、宁夏等4省（区）试点。另一方面，民营企业、社会组织和公民个人参与扶贫开发

的热情空前高涨，力量不断增强。安徽、河南、广西、重庆、四川等省（区、市）探索搭建社会扶贫信息服务平台，将贫困村贫困户需要帮扶的项目公开，供社会各界认领认捐。山西深入开展百企千村产业扶贫开发工程。广西启动千家民营企业扶助千个贫困村活动。“扶贫日”期间，中国扶贫基金会及各地社会组织通过社会扶贫公益项目开展扶贫日公募活动，参与人数达数千万。国务院扶贫办还积极探索社会扶贫新形式、新途径，启动大连万达集团对贵州省丹寨县的“对口帮扶，整县扶贫行动”，开创民营企业扶贫的新模式。

（国务院扶贫办国际合作和社会扶贫司）

**【建立扶贫改革试验区】** 2014年是深化扶贫改革的重要一年。扶贫改革试验区各项工作有序推进，取得积极进展。

改革试验区范围进一步拓展。2014年，经农村改革试验区联席会议研究审议，并报请中央农村工作领导小组同意，确定第二批农村改革试验区，其中河南省信阳市、福建省屏南县、广西壮族自治区田东县和四川省巴中市巴州区为扶贫开发综合改革试点地区。12月，国务院扶贫开发领导小组全体会议同意将江苏省宿迁市、山东省淄博市、福建省三明市纳入扶贫改革试验区。扶贫改革试验区范围进一步拓展，改革力度和深度不断加大，改革内容更加丰富。

第一批扶贫改革试验区取得成效。辽宁省政府办公厅印发《关于支持阜新国家扶贫改革试验区建设工作分工的通知》，将试验区建设工作任务分解细化成31项，明确33家省直单位对试验区建设给予支持。3月，阜新市委、市政府制定出台《关于全面推进阜新国家扶贫改革试验区建设的实施意见》，明确到2020年扶贫改革试验任务目标，分解细化成63项，每项均确定牵头单位、参与部门和分管市领导。将试验区建设工作纳入对各县区、各部门和各单位绩效考评工作体系，由市委组织部、市直机关工委、市扶贫办和“两办”督查室进行调度督查、定期通报，督查结果作为对各县区、各部门和各单位年度绩效考评的重要依据。初步构建了以精准识别扶贫对象为基础，以各项政策措施落实为引导，以改革农业生产经营体制机制为核心，以创新产业支撑的城乡一体化体制机制、生态环境产业扶贫体制机制、金融扶贫机制与产品创新为支撑，以“集团帮村”工程为平台的阜新扶贫开发新模式。

浙江省丽水市委、市政府高度重视扶贫改革试验工作，全市各县区和有关委办局都明确了改革试验的任务分工和责任，落实了牵头单位和参与单位。各县（市、区）成立工作机构，对扶贫改革试验工作进行细化和落实，确定了推进产业扶贫、搬迁扶贫和社会扶贫3大体制、12项专题、41项内容的改革和创新任务，努力推进以农村产权制度改革、农村金融改革和深化林权改革为具体支撑，突出产业扶贫，推动农民带财产权进城，突破城乡二元结构体制机制障碍的农村综合改革，初步形成扶贫改革与农村综合改革相融合的“丽水模式”。

广东省清远市人民政府印发《清远市扶贫改革试验区建设总体方案》，把5大创新机制、15项改革内容分解到各县（市、区）和市各部门。结合扶贫改革试验区建设，进一步提升精准识别、精准确认、精准管理、精准帮扶的能力，全力实施造血型帮扶项目。确立了深化产业扶贫、技能培训和劳务输出、社会扶贫、金融扶贫、两项工程（指农村低收入住房困难户住房改造工程，不具备生产生活条件“两不具备”贫困村庄搬迁工程）五大品牌建设工作抓手。以主体功能区的划分为契机，实行差异化考核，明确北部生态发展区弱化GDP考核，以扶贫开发和贫困人口脱贫为主要工作任务。同时，将产业扶贫、精准扶贫、生态扶贫、社会扶贫、金融扶贫、民族扶贫、村民自治、土地调整、移民搬迁、队伍建设、统筹协调促进扶贫、区域扶贫与精准扶贫双轮驱动12个重点实践课题分解到8个县（市、区）。各县（市、区）围绕有关选题进行探索研究，取得了改革实践新成效。

（国务院扶贫办政策法规司）

# 专项扶贫篇

# （一）主要成效

## 一、超额完成千万减贫任务

国务院总理李克强在2014年政府工作报告中提出1000万减贫任务后，国务院扶贫办会同有关部门，要求各地按照减少贫困人口15%的目标来制定计划，各省计划减贫1487万人，减贫比例达到18%。各地逐级分解、层层落实。国务院把千万减贫任务作为“稳增长、促改革、调结构、惠民生”重要内容进行专项督查，国务院发展研究中心开展第三方评估，审计署开展跟踪审计。国务院扶贫办3次组织调研督查，加强日常督查工作。中央财政安排专项扶贫资金433亿元，比2013年增长10%。各级财政继续加大扶贫投入力度。据各省上报，28个省份省级财政预算安排扶贫资金265亿元，比2013年增长27.3%。经过中央和各级地方政府共同努力，2014年度减贫目标超额完成，共减少农村贫困人口1232万人，减少14.9%。

## 二、全面推动25号文件贯彻落实

国务院扶贫开发领导小组发出通知，就学习贯彻《关于创新机制扎实推进农村扶贫开发工作的意见》（以下简称“中办发〔2013〕25号文件”）作出安排部署。国务院副总理汪洋主持召开3次全体会议、多次专题会议研究部署。各地各部门全面贯彻落实。29个省（区、市）（不含京、沪）和新疆生产建设兵团都制定了实施方案，出台了120多个配套文件。中办发〔2013〕25号文件提出的6项改革措施和10项重点工作，1项由地方负责，15项由13个部门牵头组织实施，其中12项制定了实施方案，饮水安全、危房改造和电力保障3项工作与“十二五”行业规划衔接实施。各地各部门解决“最先一公里”行动之快，前所未有。

## 三、改革创新扶贫机制

一是推进贫困县三项机制改革。中共中央组织部（以下简称“中组部”）、国务院扶贫办印发《关于改进贫困县党政领导班子和领导干部经济社会发展实绩考核工作的意见》，国务院扶贫开发领导小组印发《关于建立贫困县约束机制的通知》，对贫困县必须作为、提倡作为、禁止作为等事项进行规定。国务院扶贫办会同有关部门对建立贫困县退出机制进行了调查研究，河北、贵州、甘肃等省份制定了贫困县退出标准、程序、奖励办法和脱贫时间表。二是建立精准扶贫机制。国务院扶贫开发领导小组将建档立卡作为今年的“一号工程”，全面完成贫困识别、信息录入等工作，共识别贫困村 128016 个、贫困户 2932 万户、贫困人口 8862 万人。三是开展干部驻村帮扶。向贫困村派出 12.5 万个工作队，派驻干部 43 万人，基本实现了对贫困村的全覆盖。四是推进扶贫资金项目管理机制改革。国务院扶贫开发领导小组印发《关于改革财政专项扶贫资金管理机制的意见》，建立以结果为导向的资金分配机制，将项目审批权限原则下放到县，强化省、市两级政府的监管责任，简化资金拨付流程，建立信息披露和公告公示制度，推进第三方监督、扶贫对象参与管理，严格查处违法违规问题。设立“12317”扶贫监督举报电话，主动接受社会监督。2013 年审计 6 省 19 县发现的 2.34 亿元违规资金已全部整改到位，追回了贪污浪费资金，处理相关责任人 143 人。五是推进金融扶贫方式创新。印发《关于全面做好扶贫开发金融服务工作的指导意见》，联合召开全国扶贫开发金融服务电视电话会议进行部署。印发《关于创新发展扶贫小额信贷的指导意见》，对扶贫小额信贷目标原则、扶持范围和方式、政策措施和组织保障提出明确要求。国家开发银行、中国农业银行、中国进出口银行、中国人寿保险（集团）公司与国务院扶贫办签订了战略合作协议。2014 年发放扶贫贴息贷款 998 亿元，比 2013 年 460 亿元翻了一番以上。六是创新社会扶贫参与机制。国务院将 10 月 17 日设立为“扶贫日”，为广泛动员社会各方面力量参与扶贫开发搭建了新的制度平台。国务院第一次召开全国社会扶贫工作电视电话会议，国务院扶贫开发领导小组第一次表彰社会扶贫先进集体和先进个人，国家第一次印发社会扶贫指导性文件。国务院副总理汪洋主持召开社会扶贫座谈会，全面部署社会扶贫工作，要求创新完善人人皆愿为、人人皆可为、人人皆能为的社会扶贫参与机制。

## 四、扎实推进重点工作

10 项重点工作牵头部门按照工作方案认真组织实施，全面完成年度工作任务。一是村级道路畅通工作。交通运输部安排资金超过 1550 亿元，支持 14 个片区改造建设高速公路和普通国省道 3.17 万千米，农村公路 9.6 万千米，“溜索改桥”项目 138 个，解决片区 93 个乡（镇）、1.05 万个建制村的道路通畅问题。二是饮水安全工作。国家发展和改革委员会（以下简称“国家发展改革委”）、水利部安排 125 亿元支持贫困地区 1900 万农村居民和 285 万农村学校师生解决饮水安全问题。三是电力保障工作。国家能源局安排资金 449.9 亿元，重点扶持贫困地区特别是少数民族地区和革命老区农网改造升级，安排 87.1 亿元解决 84 万无电人口用电问题。四是危房改造工作。住房和城乡建设部、国家发展改革委、财政部安排补助资金230亿元，支持266万贫困地区农户改造危房，并将832个片区县重点县危房改造中央补助标准由户均7500元提高到8500元。五是特色产业增收工作。农业部、国家林业局、国务院扶贫办、商务部、国家发展改革委、科技部、中华全国供销合作总社等积极支持产业扶贫。各地继续发展经济林果、草食畜牧业、生猪、马铃薯等贫困地区传统主导产业，同时，适应新技术、新业态发展，培育新的增长点，甘肃省陇南市的电子商务、安徽省金寨县的光伏产业、云南省的精品水果网络直销，都有效带动当地群众脱贫致富。六是乡村旅游扶贫工作。国家发展改革委、国家旅游局、环保部、住房和城乡建设部、农业部、国家林业局、国务院扶贫办7部门印发了《关于实施乡村旅游富民工程推进旅游扶贫工作的通知》，确定6130个行政村作为乡村旅游重点村，其中有2000多个建档立卡贫困村。七是教育扶贫工作。教育部、国家卫生和计划生育委员会（以下简称“卫生计生委”）等印发《国家贫困地区儿童发展规划（2014—2020年）》。安排资金310亿元改善贫困地区义务教育薄弱学校基本办学条件，保证4000万贫困地区义务教育阶段学生每天吃上营养餐。八是卫生和计划生育工作。卫生计生委等单位安排中央专项投资198.5亿元支持贫困地区4.7万个卫生计生机构基础设施建设。九是文化建设工作。文化部为片区县配齐流动图书车。国家新闻出版广电总局为65万个20户以下已通电自然村通广播电视，补助59万个行政村放映电影。十是贫困村信息化工作。工业和信息化部等部门解决了1.3万个贫困村通宽带，3760个20户以上自然村通电话，为1.8万片区内行政村实施互联网覆盖。

## 五、稳步推进片区规划实施

一是片区所在地方承担主体责任。湖南省、贵州省、甘肃省建立了片区扶贫攻坚推进党政一把手责任制。湖北省、云南省等地建立主要领导挂钩联系片区机制。四川省、陕西省等地将片区规划项目落实情况纳入省政府目标考核。重庆市以专项投入撬动整合各方资源投向片区。贵州省狠抓片区产业发展和重大项目落地。广西壮族自治区、贵州省、云南省三省区政府，安徽省、河南省、湖北省三省政协轮流召开片区联席会议，推动跨省协调。新疆维吾尔自治区全面实施南疆三地州片区扶贫攻坚规划，仅支持片区产业发展的财政资金就达到4亿多元、扶贫贴息贷款近6亿元。二是片区联系单位认真履行牵头责任。民政部、教育部、水利部、林业局、农业部、国家民族事务委员会、交通运输部、工业和信息化部、科技部、国家铁路局、中国铁路总公司、国土资源部、卫生计生委分别召开片区部际联系会议，总结交流经验，协调解决片区规划实施过程中存在的重大问题。三是有关部门积极履行行业责任。出台面向片区的特殊扶持政策，加大行业投入。国土资源部在14个片区开展城乡建设用地增减挂钩项目，在优先保障本县域范围内农民安置和生产发展用地的前提下，可将部分结余指标在本省域范围内挂钩使用，受到地方欢迎。国家统计局加强对全国及连片特困地区贫困监测工作。四是国家发展改革委、国务院扶贫办落实协调责任。组织各地对片区跨行政区域重大基础设施项目和10项重点工作项目进展情况进行梳理，要求对已经纳入“十二五”规划的项目抓紧优先启动，未纳入“十二五”规划的项目在编制“十三五”规划时优先纳入。14个片区省级实施规划累计完成投资4.75万亿元。片区交通、水利、能源跨县级以上行政区域的重大建设项目已有53%开工建设。10项重点工作项目已有60%开工建设。切实支持革命老区加快发展。国务院副总理汪洋主持召开专题会议，研究支持革命老区具体措施。国家发展改革委、国务院扶贫办研究提出了《贯彻落实习近平总书记等中央领导同志关于支持革命老区重要批示精神的工作方案》，国务院扶贫办启动贫困革命老区规划编制工作。财政部安排彩票公益金14亿元支持贫困革命老区扶贫项目。继续加强民族地区和边疆地区扶贫工作。2014年用于8个民族省区（内蒙古、新疆、西藏、广西、宁夏5个自治区和云南、贵州、青海3省）的专项扶贫资金占全国总量的42.7%。国务院扶贫办印发《关于进一步支持新疆加强扶贫开发工作的意见》。科技部、中组部、财政部、人力资源和社会保障部、国务院扶贫办等部门出台《边远贫困地区、边疆民族地区和革命老区人才支持计划科技人员专项计划实施方案》，选派和培养科技人员服务“三区”。积极推进扶贫改革试点工作。浙江省丽水市、广东省清远市、辽宁省阜新市三个扶贫改革试验区在扶贫体制机制、政策措施、社会扶贫模式等方面进行了积极探索。

## 六、实施精准扶贫重点工作

一是整村推进规划继续实施。四川以彝家新寨、藏区新居、巴山新居建设为主，结合发展乡村旅游，建设幸福美丽新村。海南省委省政府把实施贫困村整村推进扶贫开发列为十大为民办实事之首。二是易地扶贫搬迁稳步推进。全国安排易地扶贫搬迁资金126.3亿元，搬迁199.7万人（其中发展改革委安排55亿元，搬迁91.7万人）。陕西按照城乡一体化思路，安排移民搬迁11.43万户42.35万人，已经完成相关投资112.5亿元。江西契合城镇化，互动工业化，引导农村贫困人口有组织地流向小城镇、工业园区。三是雨露计划取得新进展。继续支持贫困家庭新成长劳动力接受中高等职业教育培训，中央财政安排资金8亿元，补助64.2万学生。广东广西开展对口帮扶职业教育协作试点，利用广东优质教育资源，异地培养广西贫困地区新成长劳动力。新疆生产建设兵团组织实施少数民族职工群众技能振兴计划，组织开展转移就业培训2.8万人次。

## 七、社会扶贫创新取得新成效

一是成功组织开展首个“扶贫日”活动。首个“扶贫日”来临之际，中共中央总书记习近平、国务院总理李克强专门作出重要批示，产生了广泛深刻的社会影响。“扶贫日”期间，参与各类公募活动人数达数千万，省级层面募集资金近50亿元。二是探索民营企业、社会组织和公民个人参与扶贫有效方式。安徽省、河南省等省探索搭建社会扶贫信息服务平台，公开贫困村贫困户需要帮扶的项目，供社会各界认领认捐。山西省深入开展百企千村产业扶贫开发工程。广西壮族自治区启动千家民营企业扶助千个贫困村活动。万达集团启动实施对口帮扶贵州省丹寨县“整县脱贫”行动。三是定点扶贫工作进一步强化。国务院国有资产监督管理委员会组织动员68家中央企业开展定点帮扶贫困革命老区百县万村活动，拟用三年时间帮助108个贫困老区县中约1.5万个贫困村解决水电路等突出问题。解放军和武警部队继续做好对63个贫困县、547个贫困乡镇、2856个贫困村的帮扶工作。310个中央国家机关定点扶贫单位直接投入重点县的帮扶资金达28.8亿，比2013年增长38%。省内定点扶贫工作进一步深化，广东“双到”，江苏“五方挂钩”帮扶、重庆“集团帮扶”、甘肃“双联”已成为工作品牌。四是东西部扶贫协作工作进一步深化。闽宁协作、两广合作、沪滇合作等机制进一步深化。北京、天津、上海、辽宁、山东等建立了援助资金年度增长10%左右的机制。深圳、大连、青岛、宁波、上海、苏州、杭州、广州共投入贵州帮扶资金3.5亿元。福建蓉中村设立贫困村创业致富带头人培训基地，创新东西部扶贫协作模式，启动对甘肃、宁夏等4省区的培训试点。

## 八、扶贫宣传迈上新的台阶

中共中央宣传部制定实施《首个国家“扶贫日”宣传报道方案》，组织中央主要媒体和各地宣传部门集中开展系列宣传活动，大力宣传中共中央总书记习近平扶贫开发战略思想、党和国家扶贫开发方针政策，以及扶贫开发取得的巨大成就和对国际减贫事业的重大贡献，唱响主旋律；宣传社会各界积极参与扶贫事业的先进事迹，弘扬中华民族扶贫济困的传统美德，凝聚正能量；宣传贫困地区贫困群众自力更生战胜贫困的精神，展示扶贫开发的基本经验和主要做法，讲好中国扶贫故事。国务院扶贫办召开工作会议，安排部署扶贫宣传工作。两次召开新闻发布会，三次召开新闻媒体通气会，在《人民日报》《求是》等重要报刊发表署名文章和专访文章9篇，在中央媒体上宣传报道941篇次。推进《中国扶贫》改版、发行等工作。

## 九、减贫领域国际交流合作实现新突破

将减贫领域国际交流合作纳入国家总体外交和援外战略，中国政府与非洲联盟共同发布了第一个《中非减贫合作纲要》，提出了第一个“东亚减贫合作倡议”，中国出资 1 亿元人民币用于在东亚欠发达国家开展“乡村减贫推进计划”，建立东亚减贫合作示范点。推动将减贫领域国际交流合作纳入“一带一路”建设战略规划和中拉合作论坛框架。成功举办了第八届中国—东盟社会发展与减贫论坛、第二届东盟+3村官交流项目、第五届中非减贫与发展会议等活动。进一步推进与世界银行、亚洲开发银行等国际组织的交流合作，继续做好世界银行五期项目，推动实施世界银行六期项目，积极引进绫致基金等国际资源支持贫困地区经济社会发展。

（国务院扶贫办行政人事司）

## （二）重点工作

**【职业教育培训】** 2014年，继续开展雨露计划实施方式改革试点工作。印发《关于开展2014—2015学年雨露计划实施方式改革全覆盖试点工作的通知》（国开办司发〔2014〕113号）和《关于开展2013—2014学年雨露计划实施方式改革试点工作的通知》（国开办司发〔2014〕114号），在贵州、甘肃、宁夏三省（区）开展雨露计划实施方式改革覆盖试点工作，为2015年在全国对建档立卡贫困家庭接受职业教育实施应补尽补政策奠定基础。全国24省364.4万人参加培训，获得了补助。推动出台了《关于加强农村贫困家庭新成长劳动力职业教育培训工作的实施意见》，对建档立卡农户实现应补尽补，首次实现了对建档立卡贫困家庭普惠政策支持。

11月，启动了“两广”对口帮扶职业教育协作试点。广东8所职业教育学校在广西招录2000名建档立卡家庭子女，合作开展职业教育“2+1”模式，即农村贫困家庭子女接受3年的职业教育，其中前两年在广西职校学习，第三年到广东培训实习、自主就业。10所职业学校2015年计划在广西招收1000名贫困家庭子女，全程在广东就读。12月，协调两省（区）解决招生和补助资金等方面的问题，推进试点顺利进行。

（国务院扶贫办开发指导司）

**【易地扶贫搬迁】** 2014年，国家发展和改革委员会安排易地扶贫搬迁中央预算内投资55亿元，用于搬迁“一方水土养不起一方人”地区的贫困群众91.69万人。根据各省扶贫部门上报数据统计，2014年，19个省（区、市）扶贫部门［吉林、黑龙江、江苏、安徽、山东、广西、海南、四川和甘肃9省（区）扶贫部门不实施］，共组织实施113万人、28.96万户的搬迁任务，共投入377亿元，其中财政专项扶贫资金67.5亿元，整合部门资金56.5亿元、农户自筹253亿元。

（国务院扶贫办规划财务司）

**【扶贫小额信贷】** 扶贫小额信贷是定向、精准、特惠的金融扶贫政策、产品和服务。2014年12月，国务院扶贫办、财政部、中国人民银行、中国银行业监督管理委员会（以下简称“银监会”）和中国保险监督管理委员会（以下简称“保监会”）联合印发《关于创新发展扶贫小额信贷的指导意见》（国开办发〔2014〕78 号），为建档立卡贫困户量身订制出真正、优惠、安全、可持续的信用贷款，提供 5 万元以下、3 年期以内、免抵押免担保、基准利率、财政贴息的扶贫小额信贷产品和服务。各省（区、市）认真贯彻落实文件精神，探索出一些好的做法、模式和机制。

在信用体系建设方面，湖南省麻阳苗族自治县探索“专项评级授信”模式，构建“六特精信扶贫”机制（“六特”指特殊对象、特定条件、特惠利率、特别贴息、特设风险补偿基金、特色产业），形成金融扶贫产业“四跟四走”（资金跟着穷人走，穷人跟着能人走，能人穷人跟着产业走，产业跟着市场走）经验，做到贫困户评级授信全覆盖。贵州着手开展针对建档立卡贫困户专项评级授信工作。湖南、贵州等地已对 80%以上的贫困户进行了评级授信。

在金融扶贫合作方面，宁夏回族自治区扶贫办与国家开发银行宁夏分行等 5 家金融机构开展合作，打造“金扶工程”品牌，建设宁夏金融扶贫试验区；贵州省政府与国家开发银行贵州省分行开展战略合作，支持农户增收致富；内蒙古自治区扶贫办与中国农业银行内蒙古分行签订金融扶贫富民工程战略合作协议；甘肃省政府与国家开发银行签订扶贫开发战略协议，并与政策性银行、商业银行、地方股份制银行等金融部门广泛合作，开展大规模的金融扶贫合作。湖南省扶贫办和湖南省农村信用社联合社联合出台文件推进扶贫小额信贷。

在完善工作机制方面，一是建立风险补偿机制。各地以县为单位设立风险补偿金，规模为 500 万元—5000 万元。二是建立奖励机制，江苏、广西等省（区）为加强贷款管理，提高回收率，明确以县为单位进行年度考核，对贷款回收率超过 92%的县（市、区），以年度贷款发放月均贷款额为基数，按 8%考核兑现奖励资金，由基层信用社和扶贫部门分别按 70%和 30%比例分成。三是购买扶贫小额信贷保险，宁夏回族自治区利用互助资金占用费收益为农户购买人身保险，化解风险；辽宁省阜新市开展的“政银保”合作涉农贷款项目中，按贷款本金的 1.85%收取保费用于保证保险。四是加强财政贴息资金管理，湖南省实现基准利率发放扶贫小额信贷，明确各县（市、区）贫困农户贷款财政贴息资金额度，自治州不超过 2000 元/人，其他市县 1000—1500 元/人；云南省提出扶贫贴息贷款用于建档立卡贫困户的比例不得低于 50%，确保其到户信贷申贷满足率达 70%以上。江苏省明确要求农村信用社按同期同档次贷款基准利率向低收入农户放贷，对按期归还贷款的农户给予贴息。

（国务院扶贫办开发指导司）

**【整村推进】** 2014 年 11 月，国务院扶贫办印发《关于报送 2014 年专项扶贫及试点项目工作总结和 2015 年工作计划的通知》，对 28 个省（区、市）整村推进、易地扶贫搬迁等专项扶贫工作进行总结。

2014年，全国2.98万个村（西藏自治区200个乡）实施了整村推进，共投入674.76亿元，村均投入240万元。其中：中央扶贫资金147.66亿元，地方扶贫资金92.15亿元，整合部门资金308亿元，其他126.95亿元。其中：3万个《“十二五”整村推进规划》村中，启动实施1.38万个（西藏自治区200个乡）。投入资金347.53亿元，其中，中央扶贫资金96.7亿元，地方扶贫资金40.9亿元，整合部门资金148.96亿元，其他资金60.95亿元。村均投入252万元，其中财政资金投入100万元。

（国务院扶贫办规划财务司）

**【产业扶贫】** 产业扶贫开辟新领域。与国家能源局协商，实施光伏扶贫工程，在6省30县开展试点。与国家旅游局协商，实施乡村旅游扶贫工程，在全国28个省（区、市）500个建档立卡贫困村开展试点。实施电商扶贫工程，在甘肃省陇南市450个建档立卡贫困村开展试点。将新业态、新科技、新机制引入扶贫开发领域，在贫困村产业建设上取得新突破。

传统产业加强指导。与农业部等6部委联合出台《特色产业增收工作实施方案》（农计发〔2014〕75号）。编制扶贫特色优势产业导向目录，引导各省（区、市）在项目审批权下发到县的情况下，加强对县（市）扶贫工作的业务指导，帮助县（市）扶贫办制作适宜当地贫困村贫困户发展生产的菜单。

试点工作继续推进。2014年，委托第三方对试点进行评估，指导试点省区把工作重心放在对建档立卡贫困户的特惠扶持上，试点成效进一步显现。宁夏中部干旱带试点在中央投入财政资金1500万元的基础上，地方整合各类资金达33亿元，建档立卡扶贫对象到户扶持资金达到4000元以上。甘肃省东乡族自治县、积石山保安族东乡族撒拉族自治县养羊试点，年均投入资金1.6亿元，其中中央财政投入4000万元，项目覆盖17个乡、58个村、9000多贫困户。

（国务院扶贫办开发指导司）

**【革命老区建设】** 2014年度中央专项彩票公益金支持革命老区扶贫项目资金总投入15亿元，重点瞄准20个省（区、市）151个革命老区县开展整村推进和小型公益设施建设两类项目。

## 一、整村推进项目

安排中央专项彩票公益金3亿元。按照坚持集中连片，科学规划；突出重点，民生优先；民主决策，群众参与；公平竞争，公开公示；统筹各方，形成合力的原则，在11个省（区）30个贫困老区县205个贫困村开展基础设施、环境和公共服务设施、产业发展等项目建设。

基础设施建设情况。规划彩票公益金1.8亿元通过开展基础设施建设，改善贫困村生产生活条件。其中：村内道路及相关设施建设投入1.32亿元，主要用于修建和整治村道、村组路、生产路和联户路等 531 千米，建桥 51 座。饮水工程建设投入 1335.93 万元，主要用于打机井 247 口，新建供水点 17 处，铺设供水管道 32 千米，修建水窖、水池等 17 口。小型水利工程建设投入 2794.09 万元，主要用于整治山坪塘 2 口，新建灌溉蓄水池 3 口，新建和整治灌溉渠 24 千米，新建提灌站 8 个，硬化集雨场 1 处，建石河堰/水闸 15 条、村内排洪渠 79 千米。土壤改良建设投入 289.2 万元，主要用于旱地改良 834 亩等。农村能源建设投入 132.5 万元，主要用于建沼气池 1 口，购太阳能灶/热水器 86 个。农网改造建设投入 193.17 万元，主要用于建高压线路 9.6 千米、低压线路 5.3 千米，购变压器 18 台。

环境和公共服务设施建设。规划彩票公益金 4477.23 万元通过开展环境改善和公共服务设施建设，改善贫困村人居环境，促进公共服务水平提高。其中：人居环境改善项目建设投入 750.17 万元，主要用于 1230 户改厕、改厨、改圈、建院坝和庭院治理等。教育卫生文化设施建设投入 2307.8 万元，主要用于村小改建 2 所，建文化活动室、卫生室和农村书屋 188 个，建文化广场 50 处，配健身设施 35 套。村容整治项目建设投入 1419.26 万元，主要用于建垃圾收集点 229 个，污水处理 6 处，建公共厕所 69 处，安装路灯 1679 盏，建绿化设施 31 处。

产业发展情况。规划彩票公益金 7549.94 万元开展产业发展，用于培育和发展特色优势产业，促进农民增收。其中：粮食作物投入 135.4 万元，主要用于种植水稻、玉米、小麦、土豆等 1140 亩。经济作物投入 2235.09 万元，主要用于种植蔬菜、魔芋、中药材、花卉等 3238 亩。林果业投入 261 万元，主要用于新建和改造茶园 587.6 亩，种植水果和干果 1406 亩。养殖业投入 3245.35 万元，主要用于养猪、牛、羊等 12784 头、小家禽 4220 万只、鱼虾等 30 万尾，建养殖小区 184 个，养蜂 527 箱等。农副产品加工业投入 1519.6 万元，主要用于粮食、饲草、肉食品、茶叶、干果等加工厂房建设 10 个，磨坊、蔬菜交易市场等建设 3 处。能力建设投入 48.5 万元，主要用于实用技术培训 5898 人次，实用技能培训 286 人次。互助资金投入 105 万元，主要用于 7 个项目村开展贫困村互助资金项目。

## 二、小型公益设施建设项目

安排中央专项彩票公益金 12 亿元。按照突出重点、公开竞争、民主决策和集中连片的原则，在 20 个省（区、市）121 个老区县开展交通、水利和环境改善三大类设施建设。

交通设施建设情况。规划彩票公益金 9.92 亿元通过开展交通设施建设，改善农户行路难的问题。主要用于修建和整治村组道路 4.47 万千米、生产路（机耕道）3814 千米和联户路 227 千米。

水利设施建设情况。规划彩票公益金1.45亿元开展水利设施建设，改善农户生活、生产用水难的问题。主要用于建集中供水点7891处，灌溉蓄水池307口，塘坝1079口，灌溉渠3875千米。

环境改善建设情况。规划彩票公益金6281.5万元开展环境改善设施建设，改善农户生活条件和环境。主要用于建垃圾收集点1830处，污水处理1192处，村内公共厕所761处。

## 三、项目成效

彩票公益金扶贫项目将通过制度保障、实施管理、监督考核等机制的全面建立，在充分尊重贫困地区农户的意愿、切实瞄准贫困地区现实需求的基础上，紧密围绕村内道路和小型水利等小型基础设施建设，教育、卫生、文化、环境等公共服务以及产业发展等相关内容开展项目实施。最终逐步解决项目村、项目户行路难、饮水难、灌溉难、发展生产难等突出困难，有效治理部分地区垃圾、粪便乱堆乱放、污水横流等“脏、乱、差”的现象，显著改善项目区村容村貌，不断丰富农民文化生活，有力推动贫困地区产业多元发展，促进农业增效、农民增收。

（中国扶贫发展中心专项扶贫处　王菁）

**【贫困地区干部培训】**　2014年，共举办各类贫困地区干部培训班21期，培训重点县、片区县党政领导干部和各级扶贫系统干部1653人次。

为促进扶贫开发工作在重点县、片区县的高位推进，2014年9月，在国家行政学院举办全国首期重点县、片区县党政正职专题研究班，邀请国务院扶贫开发领导小组成员单位的部级、局级领导授课，取得良好效果。

编制《2015—2017年扶贫干部培训规划》，通过召开全国例会、提供智力支持、建立考核体系等措施，进一步提升地方干部培训工作的水平。同时，加大与地方合作办班力度，实现师资、课程、教材、考察点、经验（案例）、培训模式、教学组织等方面的合作共享，初步构建了优势互补、合作共赢的培训网络。

完善扶贫干部培训师资库，队伍规模更加适当、结构更加合理、人员更加稳定。联合3所高校起草编写《中国特色的扶贫开发案例选编与评析》《驻村帮扶实务参考（初稿）》两本培训教材。制定培训基地认定标准，设立广东省连南和四川省巴中两个基地。此外，还与清华大学合作设立远程教育培训基地。

为适应扶贫工作新形势、新任务，对干部培训工作进行盘点、分析和研究，提出做好新阶段干部培训的意见建议，形成《贫困地区干部教育培训研究》，在中共中央组织部组织的干部教育课题评选中获二等奖。

（国务院扶贫办行政人事司）

**【扶贫资金投入】**　2014年，中央和各省深入贯彻落实中办发〔2013〕25号文件和《国务院扶贫开发领导小组关于改革财政专项扶贫资金管理机制的意见》（国开发〔2014〕9号，以下简称“国开发〔2014〕9号文件”）文件精神，以精准为要义，以改革创新为动力，积极改革资金分配、管理、使用机制，扶贫开发投入稳步增长，资金拨付效率有效提升，权责匹配的监管机制不断健全，资金使用成效取得积极进展。

加大财政专项扶贫资金投入。2014年，中央、省级财政专项扶贫资金共计700亿元，比2013年增加97.4亿元，增长16.2%。其中：中央安排433亿元，增加38.9亿元，增幅为10%；省级安排267亿元，增加58.6亿元，增幅28%。此外，拓宽扶贫投入来源，安排中央专项彩票公益金15亿元。

资金使用突出精准。随着精准扶贫战略的实施，按照精准扶贫、精准脱贫要求，进一步转变资金使用方向，项目资金到村到户，切实使扶贫资金直接惠及扶贫对象。

1. 增强资金使用针对性。把“精准扶持”作为改革资金管理机制的重要原则。中央财政专项扶贫资金测算下达到省后，由省统筹安排使用，各省不断提高资金使用精准度，在建档立卡工作完成基础上，优化扶贫项目设计，从易地扶贫搬迁、雨露计划、扶贫小额信贷、产业扶持等方面制定明确具体的到村到户政策措施，把扶贫资金使用与建档立卡结果相衔接。2014年，中央财政专项扶贫资金（发展资金）用于扶持到户比例达到83.1%，比2013年提高6.5个百分点。

2. 支持开展精准扶贫措施。围绕培育特色优势产业和提高发展能力，积极支持开展雨露计划、扶贫小额扶贫和易地扶贫搬迁、整村推进等工作。据统计（中央和省共上报625亿元资金投向，其中中央上报432.4亿元），中央和省共安排资金388亿元，占62%。其中，整村推进安排资金216亿元，占34.5%。此外，积极开展科技扶贫、连片开发、灾后恢复重建、边境扶贫、其他到户扶持、驻村工作队所在贫困村扶持、扶贫产业示范园等试点和项目，安排资金228亿元，占36.5%。其中，中央财政专项扶贫资金用于以上四项工作的资金为252亿元，占上报中央投入总量的62%。

3. 加大产业发展与改善基本生产生活条件。各地加大对优势特色产业扶持力度，中央和省级资金中直接用于产业发展的资金为275亿元，约占上报总投入的44%，比2013年降低7.5个百分点。用于农田水利、村级道路、人畜饮水、沼气等能源项目、危房或住房改造项目等改善贫困村基本生产生活条件的基础设施项目资金283亿元，约占总投入的45%，比2013年增加9.6个百分点。其中，中央财政专项扶贫资金用于以上两方面的资金分别为195亿元和162亿元，占上报中央投入总量的49.5%和41.1%，分别比2013年减少4.2和增加6.6个百分点。

用于基础设施建设的资金比例比2013年提高，在一定程度上表明由于贫困村基础设施条件较差，在项目审批权限下放后，相比于产业发展项目，各地仍然较倾向于基础设施建设项目。

4. 资金重点用于国家连片特困地区和重点县，其中中央财政专项扶贫资金新增部分重点用于片区。据各省数据，2014年中央、省级投入到连片特困地区和重点县的扶贫资金总量为466.3亿元，约占资金投入总量的67%（用于14个连片特困地区392亿元，占56%）。

其中，中央财政专项扶贫资金投入片区县和重点县359亿元，占中央投入总量的83%（用于14个连片特困地区308亿元，占71%）。

（国务院扶贫办规划财务司）

**【扶贫资金管理】** 国务院扶贫办、财政部认真贯彻落实国开发〔2014〕9号文件精神，改革财政专项扶贫资金监管机制，推进项目审批权限下放到县，省级监管责任进一步落实，绩效评价、监督检查力度不断加大，资金项目的管理使用日益公开、透明，外部监督作用日益显现，监管体系不断完善。

1. 深入推进资金管理机制改革。有11个省（区）出台了贯彻落实国开发〔2014〕9号文件的具体意见。进一步完善财政扶贫资金稳定增长机制，多方拓宽筹资渠道，探索社会资金参与扶贫开发的新模式。提高扶贫成效因素在资金分配中的权重，在重点工作和重点项目推行竞争性分配机制，加快推进以结果为导向的扶贫资金分配机制。下放项目审批权限。2014年中央财政专项扶贫资金继续按因素法统一切块下达到省，不再单列扶贫贷款贴息、科技扶贫、预留机动等专项。同时，要求各省将项目审批权限原则上下放到县，28个省（区、市）（不含京津沪）有70%的财政专项扶贫资金项目审批权限下放到县（州、市、区）。项目审批权限的下放，进一步强化了县级在扶贫开发“抓落实”的权力和责任，增强了地方根据工作需要统筹使用资金的自主权。推进金融扶贫，发挥财政专项扶贫资金“四两拨千斤”作用，全年发放扶贫小额贷款988亿元，缓解贫困农户贷款难、融资难问题。13个省开展政府向第三方购买服务，购买服务的范围和领域不断扩大。

2. 加大对审计发现问题的整改力度。2013年4—5月，国家审计署对广西、云南、贵州、陕西、甘肃、青海、宁夏6省（区）19个国家扶贫开发工作重点县2010—2012年财政扶贫资金分配管理和使用情况进行审计。针对审计查出的问题，国务院扶贫办督促6省（区）按要求整改，并部署有扶贫任务的28个省（区、市）全面开展扶贫资金自查自纠。据6省（区）统计，问题金额2.34亿元全部整改到位。共处理和批评相关责任人143人。对闲置1年以上的2.27亿元资金，已通过调整项目等措施落实到位。各省（区）出台或修订规范性文件41项，完善相关管理制度。

3. 加强资金监督管理。一是强化地方监管责任。省、市两级政府通过工作指导、项目备案审核、督促检查等方式，将工作重心转变到强化资金和项目的监管上，逐步建立分工明确、权责统一、管理到位的资金使用管理机制。在资金检查、规划编制、项目评估、业务咨询、审计服务、资产评估、绩效评价等方面，探索政府购买社会服务，引入第三方监督。中央加大对省级监管责任落实情况的考核。二是完善信息披露、项目公告公示制度。各省普遍建立分级分类公示公告制度，有9个省出台专门公示公告实施办法。县以上建立信息披露制度，通过政府网站、当地日报等形式将政策规定、资金使用等情况向社会公开。县级以下建立公告公示制度，将扶贫对象确定、资金安排和项目建设等情况，通过报纸、广播、村务公开栏、在项目实施地树立牌匾等方式全面公开，采取村级义务监督员等形式，引导扶贫对象积极主动参与管理，接受社会和群众监督。

4. 严厉惩处违规行为。依法严管扶贫资金，配合有关部门开展扶贫资金的监察、审计、警示工作。开通“12317”扶贫监督举报电话。对2014年发现的违规违纪严重的省份，在2015年资金分配予以适当扣减。编制扶贫领域违法案件警示录，以案示法，发挥查办案件治本功能。

财政专项扶贫资金使用成效取得积极进展，为加快贫困地区发展，改善扶贫对象基本生产生活条件，增加扶贫对象收入，提高发展能力发挥了重要作用。2014年各省减贫任务超额完成，贫困地区农村居民人均可支配收入增幅高于全国平均水平1.5个百分点。

（国务院扶贫办规划财务司）

**【建档立卡】** 中办发〔2013〕25号文件对建立精准扶贫工作机制提出明确要求：国家制定统一的扶贫对象识别办法。各省（区、市）在已有工作基础上，坚持扶贫开发和农村最低生活保障制度有效衔接，按照县为单位、规模控制、分级负责、精准识别、动态管理的原则，对每个贫困村、贫困户建档立卡，建设全国扶贫信息网络系统。为贯彻落实以上要求，2014年5月12日，国务院扶贫办、中央农村工作领导小组办公室、民政部、人力资源和社会保障部、国家统计局、共青团中央、中国残疾人联合会联合印发《建立精准扶贫工作机制实施方案》。

2014年4月2日，国务院扶贫办印发《扶贫开发建档立卡工作方案》，明确了贫困户识别标准和方法、贫困村识别标准和方法等。贫困户识别标准是，以2013年农民人均纯收入2736元（相当于2010年2300元不变价）的国家农村扶贫标准为识别标准。贫困户识别方法是，原则上以国家统计局发布的2013年年底全国农村贫困人口规模8249万人为基数，采取规模控制，各省将贫困人口识别规模逐级分解到行政村。以农户收入为基本依据，综合考虑住房、教育、健康等情况，通过农户申请、民主评议、公示公告和逐级审核的方式，整户识别。贫困村识别标准是，原则上按照“一高一低一无”的标准进行。即行政村贫困发生率比全省贫困发生率高一倍以上，行政村 2013 年全村农民人均纯收入低于全省平均水平 60%，行政村无集体经济收入。贫困村识别方法是，按照“省负总责”的要求，由省级扶贫开发领导小组研究确定本省贫困村规模，报国务院扶贫办核定，采取规模控制，各省将贫困村识别规模逐级分解到乡镇，符合条件的行政村采取“村委会自愿申请、乡镇人民政府审核、县扶贫开发领导小组审定”的流程进行。

2014 年 6 月 12 日，国务院扶贫办印发《扶贫开发建档立卡指标体系》，要求各地按统一印制的《贫困户登记表》《贫困村登记表》《贫困县登记表》对扶贫对象进行建档立卡。

截至 2014 年年底，各地全面完成了贫困村、贫困户的识别工作，全国识别出 12.8 个贫困村、2932 万户贫困农户、8862 万贫困人口，这些数据信息全部录入全国扶贫开发信息系统。识别工作具体情况如下：

抓好宣传发动，保障群众参与。一是范围广。各地动员群众深度参与，多方位、多角度把建档立卡工作的目标和要求、标准和程序等相关政策宣传到村、到户，做到家喻户晓，人人皆知，确保群众知情权和参与权。二是手段新。通过卫视滚动播出、广播电台现场答疑、门户网站公示、张贴公告、印发传单、群发短信、悬挂过街横幅、手机报等办法，努力实现政策宣传做到全覆盖。三是凸显民族地区特色。青海、西藏、新疆将建档立卡相关内容翻译成民族语言，开展双语宣传，确保少数民族群众的知情权、参与权。

分级分类培训，提升业务水平。一是培训内容全面。涵盖工作方案、指标体系、软件系统、数据清理等各项内容。二是培训及时有效。国务院扶贫办开展了 5 期专题培训，培训人员 400 多人。各地也普遍开展了贫困识别方法程序、建档立卡数据指标体系运用和信息采集软件使用的三轮专题培训。三是参训人员广泛。各省（区、市）共开展培训 5000 多期，培训 63.8 万人次。陕西、贵州、广东、广西、云南等地培训业务人员均超过 6 万人次。

规范程序步骤，力保精准识别。一是严格控制规模，逐级分解贫困人口和贫困村数量。大部分省份按照“县为单位、规模控制、分级负责、精准识别、动态管理”的原则，结合实际情况，将贫困人口规模逐级分解至行政村，将贫困村数量按“一高一低一无”的要求逐级分解至乡镇。二是按照“两公示一公开”程序识别贫困人口，不少地方对程序不到位的情况进行了整改。在贫困户识别程序方面，各地在坚持“两公示一公告”的过程中，还结合基层实际细化工作环节。

安排人员经费，提供有力保障。2014年参加建档立卡工作乡镇及以上的干部人数（含驻村工作队人员）约80万人。贵州动员乡镇以上干部人数达13.2万人，河南、广东、四川动员干部均超过了6万人。新疆全区动员2.5万名驻村工作队员深入到5600个贫困村123万户贫困户进行建档立卡摸底工作。各地还广泛动员社会力量参与建档立卡工作，内蒙古自治区动员“三支一扶”人员1260人，青海动员志愿者1100多人。经费保障方面，28个省份都安排了专项经费，共投入52784.6万元，其中省级财政安排24910.2万元，市、县两级财政安排27874.4万元。

组织专项督查，确保工作质量。为加快推进建档立卡工作，2014年国务院扶贫办先后组织了三次督查，由党组成员带队，赴26个省（区、市）开展实地调研督查；信息中心共派出25个督查组80多人次，对26个省（区、市）（除新疆、西藏）的建档立卡和驻村帮扶工作进行了全面督查。各地按照“省抽查、市监督、县核查”的方法，富有特色地开展了督查工作。国务院扶贫办还建立了建档立卡工作旬报制度。

（国务院扶贫办信息中心）

**【光伏扶贫】** 改革开放以来，我国的扶贫开发工作取得了举世瞩目的伟大成就，但由于各种因素相互交织，贫困问题依然严峻，到2013年年底，我国农村贫困人口按照国家扶贫标准仍有8249万，贫困人口规模大，贫困问题程度深。特别是《中国农村扶贫开发纲要（2011—2020年）》确定的14个集中连片特殊困难地区，贫困发生率比全国高出15.7个百分点，农民人均纯收入只有全国平均水平的六成，医疗支出仅为全国农村贫困水平的60%，劳动力文盲、半文盲比例比全国高3.6个百分点，还有近3000多个村不通电，近10万个村不通水泥沥青路，3000多万农村居民饮水安全问题没有解决，扶贫难度大、成本高，是难啃的“硬骨头”。14个片区内680个县和片区外252个扶贫开发工作重点县主要分布在青藏高原、黄土高原、西北荒漠化区、西南大石山区和中部深山区等自然条件特别恶劣地区，有近300个县属于国家主体功能区规划中的限制开发县和禁止开发县。传统的农业产业发展难、增收门路少，严重制约了这些地区脱贫致富的步伐。另外，这些地区有着较好的光热条件，适合发展光伏产业。针对这一情况，扶贫办系统配合能源部门在安徽、河北、宁夏等省（区）开展一系列光伏扶贫试点项目。实践证明，在贫困地区开展光伏扶贫工作，既符合国家能源发展战略，又符合开发式扶贫战略，贫困户在项目建设中，用电不花钱，卖电做贡献，是一个既利当前，又利长远；既利扶贫，又利发展的好项目。

2014年7月，国务院要求国家发展和改革委员会、国家能源局和国务院扶贫办研究落实光伏扶贫事宜。国务院扶贫办和国家能源局分别于8月份赴安徽省金寨县等地进行了调研考察。在此基础上，9月，国家能源局和国务院扶贫办经过认真协商，决定以“10·17”全国首个“扶贫日”活动为契机，启动“光伏扶贫工程”。10月11日双方共同印发了《光伏扶贫工程工作方案》，提出2015年，先在宁夏、安徽、山西、河北、甘肃、青海6省（区）的30个县开展试点工作。一方面探索实现精准扶贫的有效途径，使贫困群众在建设分布式光伏发电项目中直接增收，在建设光伏电站项目中参股分红，实现就业。另一方面积累总结经验，为全面推广打下基础，使光伏产业、光伏技术这一新业态、新技术迅速成为贫困地区的又一扶贫主导产业，争取通过一年的试点，把光伏扶贫工程纳入国家“十三五”规划。国务院副总理汪洋在“扶贫日”社会扶贫座谈会上，听取中国科学院电工所许洪华研究员以“光伏扶贫、农民增收、产业发展、利国利民”为题的发言，给予高度肯定，要求抓好落实。11月15日，印发《组织开展光伏扶贫工程工作的通知》，正式启动试点工作。

（国务院扶贫办开发指导司）

**【贫困村创业致富带头人培训】** 2014年，启动农村创业致富带头人培训工程蓉中村试点。分4期培训4省区建档立卡贫困村学员，采取1+11的创业培训模式，即1个月集中培训，11个月由导师跟踪辅导，地方提供相关创业条件和政策支持。12月中旬对首期培训班进行评估，并协调相关省市提供学员进入创业辅导期的支持措施。

（国务院扶贫办开发指导司）

**【连片特困地区扶贫攻坚】** 据国务院扶贫办、国家发展和改革委员会的梳理结果，截至2014年底，14个片区累计完成投资约7.5万亿元。片区规划中交通、水利、能源等跨县级以上行政区域的重大建设项目已有53%开工建设，“十项重点工作项目”已有60%开工建设。

以上这些成绩的取得，主要得益于以下四个方面：

**一、片区联系单位大力推动，很好地发挥了牵头作用**

中央决定建立片区联系机制以来，各片区联系单位以高度的政治责任感和使命感，紧紧围绕规划的实施，充分发挥牵头作用，围绕联系沟通、调查研究、督促指导等重点任务，做了大量工作，发挥了重要作用。

一是加强组织保障，完善工作机制。教育部会同云南省政府制定《加快滇西教育改革和发展共同推进计划（2012—2017年）》，出台部内工作任务分解方案。科技部、国家铁路局、中国铁路总公司在原有联系工作方式的基础上，根据机构和职责变化，完善工作机制。工业和信息化部充实扶贫工作领导小组，完善燕山—太行山片区33个县与部属各单位的“一对一”对口联系机制。民政部多次主持召开部内协调会议，落实工作责任。国土资源部多次听取片区联系工作汇报，将各项工作任务落实到有关司局和单位，开展督办考核。水利部编制印发片区联系工作安排意见，制定水利扶贫工作考核办法。农业部要求部 19 个结对帮扶单位每年为片区结对帮扶县至少办一件实事。国家卫生和计划生育委员会整合原卫生部、原国家人口和计划生育委员会力量，加大片区联系工作力度。中国铁路总公司主动适应铁路管理体制改革带来的新情况新变化，根据国家扶贫工作需要，全力以赴做好扶贫相关工作。

二是深入开展调查研究，了解规划实施情况。各片区联系单位结合片区规划实施，加大调研力度，及时掌握规划实施过程中存在的问题及地方建议。全国政协副主席、国家民族事务委员会主任王正伟带队赴武陵山片区开展调研。教育部、民政部、国土资源部、水利部、交通运输部、工业和信息化部、国家卫生和计划生育委员会由一把手带队深入片区调研，了解规划实施情况。科技部、农业部、住房和城乡建设部、国家林业局等单位也派出人员深入片区开展各类专题调研活动，提出相关支持措施。

三是加强统筹协调，推进部际联系和部省沟通。除个别片区外，其他片区均召开了部际联系会议，协调推进片区扶贫攻坚，其中国家民族事务委员会、民政部、水利部、教育部、国土资源部由一把手召集。教育部、民政部、国家民族事务委员会、交通运输部、国家卫生和计划生育委员会等部门，均采取上门或函件形式，协调有关部委加大对所联系片区的支持力度，帮助解决相关困难和问题。交通运输部指导交通、扶贫部门建立了六盘山片区跨省协作机制，对交通项目开展对接。教育部梳理汇总了滇西边境片区的政策和项目需求，与云南省政府共同主持召开经验交流会，加强沟通协调。国家民族事务委员会与国家发展和改革委员会、交通运输部、中国铁路总公司等部门多次沟通衔接，力促纳入片区规划的黔张常等重大铁路项目开工建设。国土资源部积极协调 35 个部委，就乌蒙山片区三省提出的 53 项事项落实支持意见，并对落实情况进行跟踪了解。

四是发挥行业优势，进一步加大支持力度。14 个片区联系单位充分发挥行业优势，针对所联系的片区出台了一系列针对性强的政策措施。教育部组织动员教育系统力量，支持云南各级各类教育改革发展，组织直属高校定点扶贫，筹建滇西应用技术大学，成立云南省校企合作促进会，启动滇西农村青年创业人才培养计划等。科技部向秦巴山片区支持科技扶贫项目 217 项，直接投入科技经费 6 亿元。工业和信息化部在企业技术改造、中小企业发展、中药材生产等项目安排方面对燕山—太行山片区进行倾斜，共安排资金 2.1 亿元，在片区开展电子商务扶贫。国家民族事务委员会在民族团结进步创建经费、新增少数民族发展资金、委属院校招生等方面向武陵山片区倾斜，会同国家开发银行出台了开发性金融支持武陵山片区试点的意见。

民政部两年安排52亿元，加大对罗霄山片区救灾、救助、优抚、养老等方面的投入。国土资源部在调剂追加土地利用计划指标时，对乌蒙山片区每县单独安排计划指标300亩，两年共安排75亿元，开展土地整治、地质调查、地质灾害防治等项目，专门出台支持乌蒙山片区的用地支持政策，在片区开展城乡建设用地增减挂钩项目，在优先保障本县域范围内农民安置和生产发展用地的前提下，可将部分结余指标在本省域范围内挂钩使用，受到地方欢迎。住房和城乡建设部在提高贫困地区农户危房改造标准的基础上，支持片区小城镇建设和建筑业发展，出台了动员和组织社会力量支持大别山片区村镇建设的意见。交通运输部安排243亿元车辆购置税支持六盘山片区高速公路、国省道改造和农村公路建设。水利部两年在滇桂黔石漠化片区投入水利建设资金98亿元，加大对农村饮水安全、水利基础设施建设的支持力度。农业部印发大兴安岭南麓片区农牧业发展规划，共安排大兴安岭南麓片区各类资金44亿元，并在农业科技推广、人才培训、专家咨询等方面给予倾斜支持。国家卫生和计划生育委员会与教育部制定了《贫困地区儿童发展规划》，启动实施新生儿疾病筛查项目和“健康暖心”工程，组织医院对口帮扶，开展送医送药到基层，安排中央专项投资198亿元支持片区4.7万个卫生计生机构基础设施建设。国家林业局共安排滇桂黔片区中央林业资金近60亿元，还为片区专门设立了15个林业扶贫重点项目，总投资3000万元。国家铁路局举办铁路企业帮扶片区县联席会议。中国铁路总公司采取增开列车、增加停靠点、确保重点物资运输等方式，加大对秦巴山片区铁路运输支持力度，大力推进铁路项目建设，两年秦巴山片区铁路建设共投资3000亿元，在建铁路投资规模达1万亿元。

五是继续派出挂职干部，强化督促指导。大多数联系单位结合干部锻炼培养工作，继续向片区派出挂职干部，作为开展片区联系工作的重要抓手，同时选派优秀干部上挂学习锻炼。教育部派出54名干部赴滇西10州（市）、49个县（市、区）开展挂职锻炼。国家民族事务委员会在第一批部分联络员留任的基础上，选派77名司处级干部派驻武陵山片区担任第二批联络员。住房和城乡建设部安排片区33名干部赴东部发达地区8省市挂职锻炼。水利部、国家林业局继续向滇桂黔片区选派35名年轻优秀干部。国土资源部选派5名司处级干部到乌蒙山片区挂职，6名机关青年开展为期1年的基层学习锻炼。科技部、农业部、交通运输部、中国铁路总公司也分别选派优秀干部前往片区挂职。

**二、行业部门大力支持，积极履行了行业责任**

有关部门积极履行行业责任，出台面向片区的特殊扶持政策，加大行业投入。片区规划启动实施以来，除片区联系单位外，中国人民银行、国家林业局、中国民用航空局、国家旅游局、中国银行业监督管理委员会、中国证券监督管理委员会、中国保险监督管理委员会、全国总工会、中国残疾人联合会、中华全国妇女联合会、国家开发银行、中国农业银行等 20 多个部门和单位，针对片区先后出台了特殊的支持政策。国家发展和改革委员会、财政部等部门在安排资金方面，对片区进行了倾斜。国家统计局加强对全国及连片特困地区贫困监测工作。这些对片区的特惠政策和措施，对片区发展注入了新的动力。

**三、各地真抓实干，有力承担了主体责任**

地方各级党委和政府充分发挥主体作用，健全工作机制，努力将规划确定的各项任务和政策措施落到实处。湖南省、甘肃省建立了片区扶贫攻坚推进党政一把手责任制。湖北省、云南省等地建立主要领导挂钩联系片区机制。四川省、陕西省等地将片区规划项目落实情况纳入省政府目标考核。贵州省狠抓片区产业发展和重大项目落地。重庆市、陕西省专门针对片区出台了含金量高的支持政策，陕西省提高了对片区县的均衡性转移支付补助系数。广西壮族自治区、贵州省、云南省政府，安徽省、河南省、湖北省政协轮流召开片区联席会议，推动跨省协调。重庆市以专项投入撬动整合各方资源投向片区，每年整合资金 650 亿元投入片区。新疆维吾尔自治区加大投入力度，仅支持片区产业发展的财政资金就达到 4 亿多元。片区内市、县两级政府主动作为，克服困难，积极整合各方力量，极大地推动了片区规划项目落地。片区群众不等不靠，发扬自力更生的精神，积极参与规划实施。

**四、国家发展和改革委员会与国务院扶贫办密切协作，积极履行综合协调责任**

国家发展和改革委员会、国务院扶贫办作为片区联系的综合协调部门，加强了对片区联系工作的指导和服务。根据国务院机构改革方案及时调整片区联系单位，每年均以国务院扶贫开发领导小组的名义印发年度片区联系工作要点及工作简报。2014 年，共同组织相关省（区、市）对片区跨行政区域的重大基础设施项目和十项重点工作项目进展情况进行梳理和分析，并印发了《关于加快推进片区规划所涉及“十项重点工作”项目实施的函》（国开办函〔2014〕111 号）和《关于加快推进集中连片特殊困难地区重大基础设施项目建设的通知》（发改办地区〔2014〕3265 号），将重大项目清单印发相关部门和省（区、市），加大协调支持力度，加快推进项目实施。

（国务院扶贫办规划财务司规划统计处）

# （三）扶贫宣传

扶贫宣传是扶贫工作的重要组成部分，对鼓舞士气、凝聚力量、交流经验、弘扬正气发挥重要作用。《国务院扶贫开发领导小组 2014 年工作要点》提出，“要加强舆论宣传。宣传中央扶贫政策、各地贯彻落实 25 号文件、推进改革创新、开展扶贫帮困、推进脱贫致富的好经验、好典型、好做法。弘扬社会主义核心价值观，形成正能量，鼓舞贫困地区干部群众坚定信心依靠自身力量摆脱贫困。创新宣传手段，丰富宣传方式，发挥各类媒体特别是新媒体作用，为扶贫开发工作开展营造良好舆论氛围。”2014 年 4 月，国务院扶贫办在山西省太原市召开全国扶贫宣传工作座谈会，国务院扶贫办主任刘永富在会上提出了明确要求。各级扶贫部门深刻把握扶贫工作新形势、新要求，充分认识做好扶贫宣传工作的特殊重要性，提高扶贫宣传工作的质量和水平，发挥扶贫宣传的重要支持作用，努力在全社会营造扶贫攻坚的浓厚舆论氛围，为扶贫开发中心工作顺利开展提供了有力支持。

## 一、扶贫宣传工作成效显著

1. 宣传成果更加丰硕。中共中央总书记习近平、国务院总理李克强、国务院副总理汪洋等中央领导同志对扶贫开发高度重视，作出了一系列重要批示指示。习近平在首个“扶贫日”之际作出重要批示指出，全党全社会继续行动起来，形成扶贫开发强大合力。中央主要媒体和各类媒体对此作了全面、准确、及时的宣传报道。国务院扶贫办召开 2 次新闻发布会，向社会各界介绍《关于创新机制扎实推进农村扶贫开发工作的意见》（以下简称“中办发〔2013〕25 号文件”）出台意义和重要部署，国家设立“扶贫日”的背景和社会扶贫工作安排。河北、湖南、重庆、四川、贵州、陕西、江苏等地都召开了新闻发布会，湖北省共召开了 4 次发布会和通气会。2014 年国务院扶贫办协调中央主要媒体形成了近 500 篇次宣传报道，是 2013 年的近 2 倍。各地在中央媒体开展宣传报道近 1200 篇次，是 2013 年的近 3 倍。

2. 重点工作宣传效果良好。国务院扶贫办把宣传学习中共中央总书记习近平扶贫开发战略思想，中办发〔2013〕25 号文件精神和安排部署，扶贫开发重要工作、重大活动作为宣传重点，积极协调媒体开展报道，取得较好成效。各地分别结合实际开展重点工作宣传。河北省充分利用村务公开、农民讲堂等群众喜闻乐见的形式将中办发〔2013〕25号文件的精神实质和安排部署传达到千家万户。内蒙古自治区突出全区开展省级领导联系贫困县旗、“三到村三到户”精准扶贫、金融扶贫富民工程等重点工作开展宣传报道。吉林省连续推出“小康路上”“吉林好人引领风尚”等专题系列报道。广西壮族自治区与电视台合作，开展“加油鼓劲腾跃广西——扶贫攻坚”系列报道，开设扶贫先锋事迹展播专栏，推出公益节目《第一书记》，受到国家新闻出版广电总局高度肯定。

3. 专题宣传集中鲜明。国务院扶贫办积极组织媒体策划开展专题宣传，特别是集中力量做好首个“扶贫日”宣传活动，提前谋划，研究方案，积极争取有关部门和主要媒体的支持。整个宣传活动次序分明，主题突出，效果良好。各地围绕“扶贫日”等重要节点组织并配合媒体开展专题宣传报道活动。山西省组织开展了“太行、吕梁山区扶贫开发记者行”活动。《黑龙江日报》刊发题为《以改革创新增强内生动力和发展活力——加快黑龙江省贫困地区全面建成小康社会步伐》《创新机制扶贫攻坚再发力，众志成城各司其职著新篇》《卯住难啃“硬骨头”打响扶贫攻坚战》的3期专题报道，黑龙江电视台分别围绕产业扶贫、定点帮扶、整村推进策划3期专题，并在全省新闻栏目中播报。《河南日报》专门开设扶贫新机制解读栏目。湖南省开展了“心系贫困”百万群众签名活动。重庆市开展了“六个一”专题宣传报道。云南省开展了“新时期最可爱的扶贫人”宣传报道活动。《西藏日报》刊登扶贫开发成就专版，题为《我区全年减少贫困群众13.5万人》的稿件获得全国新闻稿件一等奖。青海省、新疆维吾尔自治区开展“记者走贫困村”“走基层·扶贫行”活动，在电视、报纸开设扶贫开发专栏，讲述扶贫故事，其中新疆维吾尔自治区还制作宣传标牌近2000块。

4. 先进典型宣传各具特色。国务院扶贫办充分利用重要时段、重要节点，积极开展扶贫先进典型和优秀经验的宣传报道，充分发挥典型的示范带动作用，推广好经验好做法，如“扶贫日”期间，集中推出了一批社会扶贫先进典型。各地也开展了各种形式的先进典型和优秀经验宣传报道。辽宁省在相关网站和刊物设立典型经验专栏，及时跟踪报道各类扶贫典型和先进人物事迹。广西壮族自治区、贵州省分别开展了赵文强、文朝荣同志事迹宣传报道。甘肃省开展“再进贫困村活动”“人大代表在行动”和“政协委员助推双联活动”。青海省开展了“焦裕禄式扶贫干部评选活动”。新疆维吾尔自治区开展了“奋斗改变命运——寻找最美扶贫人”活动。

5. 宣传平台和宣传形式日益多样。新媒体利用更加充分，各地纷纷开通开设微博、微信等新媒体平台。江苏省、浙江省等地进一步打造微信公共平台，发挥新媒体平台优势，扩大扶贫宣传覆盖面。湖北省开通了湖北扶贫 APP 手机客户端。广东省、四川省利用微信微博打造掌上“扶贫日”，构建宣传平台，提升参与感，增强互动性。贵州省打造微扶贫、扶贫开发周刊两个平台。《中国扶贫》“送政策、送点子、送信息”作用进一步发挥，各地积极订阅并分送到贫困村、驻村工作队等，发行量首次突破 10 万份。多地还积极开展形式多样的宣传活动，河北省组织撰写扶贫报告文学，出版《绿色崛起路——河北旅游扶贫纪实》。安徽省举办扶贫专题图片展 185 场次，发放扶贫宣传资料近百万份。宁夏回族自治区制作《精准扶贫在宁夏》《走出大山天地宽》《筑梦八闽塞上》《丝路牵手闽宁情深》四部电视专题片。新疆维吾尔自治区出版扶贫文学作品集，录制了《扶贫之歌》。

## 二、主要经验和做法

1. 机制建设得以强化。国务院扶贫办印发《关于进一步加强扶贫宣传工作的意见》，对扶贫工作机制建设提出了要求。各地也进一步明确宣传机构和工作人员，加强人员培训，印发工作方案、管理考核办法等。山西省、海南省、重庆市举办扶贫宣传培训班，邀请省级新闻媒体资深记者集中培训授课。江西省、内蒙古自治区加强宣传平台建设，成立扶贫宣传领导小组，建强宣传干部队伍，形成深挖信息点、广撒信息网、力推信息量的氛围。重庆市、海南省、青海省制定了扶贫宣传实施方案、考核办法、奖惩规定或目标责任书。四川省、吉林省在省、市、县建立扶贫宣传工作组织保障制度，其中四川省投入经费 290 万元，有力保障扶贫宣传工作。贵州省、陕西省、甘肃省建立媒体联系、信息发布机制，做到新闻通气常态化、集中采访常态化。

2. 对接媒体更加积极主动。国务院扶贫办积极加强与中宣部的沟通，商定扶贫宣传工作的重点内容和落实方案，在工作层面保持密切联系，争取指导和帮助。与各主要媒体主动对接，建立沟通渠道，通报相关情况，通过多种方式及时提供线索和素材，策划开展一系列宣传报道活动。各地扶贫系统主动加强与宣传部门、新闻单位的衔接合作，分别开展形式多样、内容丰富的宣传活动，在全国范围共同形成较大声势。山西省与媒体建立双向互动、合作交流的良性沟通渠道，向媒体提供了近 10 万字的新闻素材。内蒙古自治区每季度召开一次宣传信息工作座谈会。山东省积极与省电视台、广播电台、《大众日报》合作，开辟专栏，连续报道扶贫开发工作。

3. 督促检查更加有力。国务院扶贫办继续加大对各地的督促指导，要求各地对接媒体、提供线索、协调配合。按季度汇总各地扶贫宣传情况并印发情况通报。按照相关通知要求，做好计分排名和表彰奖励工作。各地也分别出台考核奖励办法等，山西省、湖南省制定了扶贫宣传工作考核或奖励办法，将扶贫宣传纳入年度工作目标责任制考核范围。

（国务院扶贫办政策法规司）

四

# 行业扶贫篇

# 综 述

2014年，有关行业部门积极履行行业责任，充分发挥行业部门优势，加大调研指导、政策协调力度，出台系列面向贫困地区的特殊扶持政策，加大行业投入。

10项重点工作牵头部门按照工作方案认真组织实施，全面完成年度工作任务。一是村级道路畅通工作。交通运输部安排资金超过1550亿元，支持14个片区改造建设高速公路和普通国省道3.17万千米，农村公路9.6万千米，“溜索改桥”项目138个，解决片区93个乡镇、1.05万个建制村的道路通畅问题。二是饮水安全工作。国家发展和改革委员会、水利部安排125亿元支持贫困地区1900万农村居民和285万农村学校师生解决饮水安全问题。三是电力保障工作。国家能源局安排资金449.9亿元，重点扶持贫困地区特别是少数民族地区和革命老区农网改造升级，安排87.1亿元解决84万无电人口用电问题。四是危房改造工作。住房和城乡建设部、国家发展和改革委员会、财政部安排补助资金230亿元，支持266万贫困地区农户改造危房，并将832个片区县重点县危房改造中央补助标准由户均7500元提高到8500元。五是特色产业增收工作。农业部、国家林业局、国务院扶贫办、商务部、国家发展和改革委员会、科技部、中华全国供销合作总社等积极支持产业扶贫。各地继续发展经济林果、草食畜牧业、生猪、马铃薯等贫困地区传统主导产业，同时，适应新技术、新业态发展，培育新的增长点。六是乡村旅游扶贫工作。国家发展和改革委员会、国家旅游局、环境保护部、住房和城乡建设部、农业部、国家林业局、国务院扶贫办7部门印发《关于实施乡村旅游富民工程推进旅游扶贫工作的通知》，确定6130个行政村作为乡村旅游重点村，其中有2000多个建档立卡贫困村。各地积极探索旅游扶贫方式，都取得很好效果。七是教育扶贫工作。教育部、国家卫生和计划生育委员会等部门制定《国家贫困地区儿童发展规划（2014—2020年）》，已通过国务院常务会议审议。安排资金310亿元改善贫困地区义务教育薄弱学校基本办学条件，保证4000万贫困地区义务教育阶段学生每天吃上营养餐。八是卫生和计划生育工作。国家卫生和计划生育委员会等单位安排中央专项资金198.5亿元支持贫困地区4.7万个卫生计生机构基础设施建设。九是文化建设工作。文化部为片区县配齐流动图书车。国家新闻出版广电总局为 65 万个 20 户以下已通电自然村通广播电视，补助 59 万个行政村放映电影。十是贫困村信息化工作。工业和信息化部等部门为 1.3 万个贫困村通宽带，3760 个 20 户以上自然村通电话，1.8 万片区内行政村实施互联网覆盖。

（国务院扶贫办规划财务司）

# 国家发展和改革委员会扶贫

【概述】 2014年，国家发展和改革委员会（以下简称“发展改革委”）深入贯彻落实《中国农村扶贫开发纲要（2011—2020年）》和中共中央办公厅、国务院办公厅《关于创新机制扎实推进农村扶贫开发工作的意见》（中办发〔2013〕25号）精神，按照党中央、国务院统一部署，在扶贫开发方面开展了一系列工作。

【扶贫制度建设】 2014年，发展改革委将农村扶贫开发有关指标纳入国民经济和社会发展年度计划，在《2014年产业经济发展计划》中下达农村减贫人口计划1200万人。配合国务院扶贫办开展全国扶贫对象建档立卡前期研究工作，推动建立精准扶贫工作机制。参与起草《国务院扶贫开发领导小组关于建立贫困县约束机制的通知》，探索建立贫困县考核、约束和退出机制。参与起草《国务院扶贫开发领导小组关于改革财政专项扶贫资金管理机制的意见》，着力提升资金使用效率。参与起草《国务院办公厅关于进一步动员社会各方面力量参与扶贫开发的意见》，推动设立首个“扶贫日”，加快社会扶贫机制创新。

【连片特困地区扶贫攻坚】 2014年，发展改革委会同国务院扶贫办梳理连片特困地区重大基础设施项目建设进展情况，协调有关部门和地方加快推进片区重大项目建设，将具备条件且未纳入“十二五”专项规划的项目纳入“十三五”规划。完善片区联系工作机制，加强对片区联系单位的指导，推动有关部门和地方针对片区出台更多优惠政策，协调解决片区提出的有关重大事项。

【饮水安全】 2014年，发展改革委积极推进牵头负责的农村饮水安全和乡村旅游扶贫两项重点工作。会同水利部安排农村饮水安全工程中央投资240亿元，解决5844万农村居民和812万学校师生的饮水安全问题，完成了政府工作报告明确的全年目标人数（6000万人）的110.9%，并启动实施了第一批农村饮水安全工程水质检测能力建设。

【旅游扶贫】 2014年，发展改革委加快推进乡村旅游扶贫工作，会同有关部门研究制定并印发实施《乡村旅游扶贫工作方案》，联合印发实施乡村旅游富民工程的通知，并筛选出6130个乡村旅游扶贫重点村。配合有关部门做好村级道路畅通、电力保障、贫困村信息化、特色产业发展、教育扶贫、卫生计划生育等工作。

**【易地扶贫搬迁】** 2014年，发展改革委安排易地扶贫搬迁中央预算内投资55亿元，计划对生活在中西部深山区、石山区、高寒山区的9169万人贫困群众实施易地扶贫搬迁。印发《关于做好新时期易地扶贫搬迁工作的指导意见的通知》，进一步下放管理权限，明确责任分工，加强扶贫资金项目监管。

**【扶贫日活动】** 2014年，发展改革委按照国务院有关要求，先后印发《关于组织开展首个扶贫日活动的通知》《关于进一步加大对贫困地区支持力度的通知》《关于开展为我委定点扶贫县加快发展建言献策活动的通知》，对发展改革系统开展好“扶贫日”活动进行了全面部署。一方面，要求发展改革委内部各司局和直属联系单位精心谋划、认真组织开展形式多样的活动，努力营造扶贫济困浓厚氛围，并结合正在开展的“十三五”规划编制工作，研究4个定点扶贫县存在的瓶颈制约问题并提出意见建议，帮助理清“十三五”发展思路；另一方面，要求各地发展改革委充分认识支持贫困地区加快发展的重要意义，以集中连片特困地区为主战场，在规划编制、政策制定、投资安排等方面进一步加大支持力度。

**【以工代赈】** 2014年，发展改革委安排以工代赈资金57.2亿元（含以工代赈示范工程中央预算内投资15亿元和财政预算内以工代赈资金42.2亿元），在贫困地区建设了一大批中小型公益性基础设施，并为参与工程建设的贫困群众发放劳务报酬6.82亿元。发展改革委在实地调研和充分听取有关方面意见的基础上，对2005年12月颁布实施的《国家以工代赈管理办法》进行了修订，并于2014年12月以国家发展和改革委第19号令颁布实施新的《国家以工代赈管理办法》，进一步明确了规划计划、资金项目、组织实施、监督管理等方面内容。

**【定点扶贫】** 2014年，发展改革委通过派遣挂职干部、协调加大资金项目支持力度等帮扶措施，推动发展改革委4个定点扶贫县——河北省灵寿县、丰宁县，吉林省汪清县，广西壮族自治区田东县经济社会加快发展。2014年，共安排7名处级和科级干部赴上述4个县挂职。将4个定点扶贫县的基本县情、招商引资项目、请求帮助解决的事项等加载在发展改革委机关内网，鼓励和引导机关干部为各县招商引资“牵线搭桥”。协调三星集团中国总部计划投入200万元，在4个定点扶贫县各选择一个小学实施“智能教室”新建与改建工程，为每个学校建设1个能够容纳50人的智能教室。

（国家发展和改革委员会地区司
王　薇）

# 教育部扶贫

**【概述】** 2014年，教育部认真贯彻落实党中央、国务院的决策部署，按照《中国农村扶贫开发纲要（2011—2020年）》要求，制定印发《贯彻落实中办、国办〈关于创新机制扎实推进农村扶贫开发工作的意见〉教育扶贫工作实施方案》，进一步明确教育扶贫的主要任务和责任机制，指导、推进教育扶贫的组织实施工作，配合国家首个“扶贫日”印发《2014年教育系统扶贫日活动方案》，发动各级各类传统媒体和新媒体，加大对教育扶贫工作的宣传力度，继续实施面向集中连片特困地区的各项教育特惠政策，把教育扶贫摆在突出位置，深入推进教育扶贫工作。

**【扶贫资金投入】** 2014年，中央安排农村义务教育经费保障机制资金878.97亿元，进一步提高农村中小学公用经费基准定额，年生均达到中西部小学600元、初中800元。调整完善中职教育免学费财政补助方式，公办学校的财政补助时间由原来的两年半调整为三年，民办学校的财政补助时间由原来的两年调整为三年，2014年，中央财政投入中职国家助学金30.2亿元，免学费补助资金82.3亿元。继续对在连片特困地区乡、村学校和教学点工作的教师实施生活补助政策的地区予以综合奖补，中央财政投入综合奖补资金11.99亿元。落实农村义务教育家庭经济困难寄宿生生活补助，中央财政按补助标准所需资金的50%予以奖补。支持各地落实好进城务工人员随迁子女就近参加高考问题。2014年，全国共有28个省份为5.6万名符合条件的随迁子女办理高考报名手续，进一步保障进城务工人员随迁子女平等接受教育的权利。

**【改善贫困地区义务教育薄弱学校基本办学条件】** 2014年4月，教育部会同国家发展和改革委员会、财政部印发《关于制定全面改善贫困地区义务教育薄弱学校基本办学实施方案的通知》，决定按“缺什么补什么”原则，力争通过3—5年的努力，使农村贫困地区义务教育教学设施和生活设施基本达标。7月，教育部办公厅、国家发展和改革委员会办公厅、财政部办公厅印发《关于印发全面改善贫困地区义务教育薄弱学校基本办学条件底线要求的通知》，提出“全面改薄”20项底线要求，要求各地优化资源配置，面向贫困地区，聚焦薄弱学校，确保实现“保基本、补短板”的工作目标。为支持薄弱学校改造，中央财政 2014 年共投入 492.4 亿元，预计消除 40%的 D 级危房，9161 所学校新建、改扩建学生食堂，1.05 万所学校改扩建厕所，2.47 万所学校更新和修缮校舍门窗，4404 所学校新增取暖设备。同时，国务院教育督导委员会办公室将全面改薄工作列为督导重点，共计抽查 203 个县，督查义务教育学校 1133 所，强化责任落实。

**【学前教育三年行动计划】** 2014 年，教育部会同国家发展和改革委员会、财政部出台《关于实施第二期学前教育三年行动计划的意见》，确定 2016 年学前 3 年毛入园率达到 75%的目标，明确大力发展公办园、积极扶持普惠性民办园、加强幼儿教师培养培训等政策措施，对下一步学前教育改革发展作出新的部署。2014 年，中央财政落实专项经费 157.67 亿元，重点支持连片特困地区、少数民族地区、留守儿童集中地区解决学前教育资源短缺问题。抓紧研制幼儿园工作规程、建设标准、玩具教具配备标准等相关制度文件，指导各地实施科学保教，积极推动幼儿教育规范化发展。

**【农村义务教育学生营养改善计划】** 自 2014 年 11 月起，农村义务教育学生营养改善计划营养膳食补助标准从 3 元提高至 4 元。2014 年中央财政共安排营养改善计划资金 171.6 亿元，惠及片区 2167.13 万名学生。监测表明，这项政策实施以后，贫困地区 6—15 岁男生、女生各年龄段平均身高同比增加 0.4 厘米和 0.6 厘米，体重均增加了 0.3 千克；西部小学男生、女生的贫血率分别下降 3.3 个百分点和 3.9 个百分点；西部小学生语文和数学平均成绩同比提高 4.6 分和 4.5 分。

**【农村贫困地区定向招生专项计划】** 2014 年，按照教育部《关于做好 2014 年提高重点高校招收农村学生比例工作的通知》要求，继续扩大实施面向贫困地区定向招生专项计划，安排招生计划 5 万名，比 2013 年增加 2 万名，覆盖所有集中连片特困地区县和国家扶贫开发工作重点县。实施农村学生单独招生政策，要求教育部直属高校和其他自主选拔录取改革试点高校专门安排不低于学校年度本科招生规模 2%的名额，参照自主选拔录取办法，主要选拔边远、贫困、民族地区县以下优秀农村学生。实施地方重点高校招收农村学生专项计划，要求各地安排本省重点高校招生计划 2%的名额招收本省（区、市）农村学生。2014 年，农村学生上重点高校人数比 2013 年增加 11.4%。

**【乡村教师生活补助】** 2014 年 5 月，教育部召开推进乡村教师生活补助工作经验交流会，全面部署推动，督促各地抓好落实。按照“地方自主实施、中央综合奖补”的原则，对贫困县乡、村学校和教学点教师给予生活补助，中央财政共投入综合奖补资金 11.99 亿元，已惠及 604 个县的 94.9 万名乡村教师。

**【国家贫困地区儿童发展规划】** 2014 年，教育部与国家卫生和计划生育委员会共同牵头，会同国家发展和改革委员会、财政部等9部门研究制定的《国家贫困地区儿童发展规划（2014—2020年）》，由国务院办公厅印发。《规划》将连片特困地区从出生开始到义务教育阶段结束的农村儿童作为实施范围，对他们的健康和教育实施全过程的保障和干预，编就一张保障贫困地区儿童成长的安全网，实现到2020年贫困地区儿童发展整体水平基本达到或接近全国平均水平的目标。通过实施新生儿出生健康、儿童营养改善、儿童医疗卫生保健、儿童教育保障、特殊困难儿童教育和关爱5个方面政策措施，实现从家庭到学校、从政府到社会对儿童关爱的全覆盖，形成对贫困地区儿童发展的全过程关注、全领域参与和全方面服务的政策体系。

**【定点扶贫】** 教育部定点帮扶河北省青龙县、威县和新河县，2014年春节前夕，赴定点扶贫县开展“2014年春节送温暖”活动，筹措慰问金30万元，向60名家庭经济困难的贫困农户及教师进行慰问。教育部协调丰田汽车公司和广汽丰田汽车有限公司，为青龙县和威县职业学校分别争取1名为期一周，价值1万元的免费汽修专业教师培训名额，进一步提高县职业学校专业教师的师资水平。教育部创新扶贫方式，组织2期定点扶贫县干部到经济发达地区学习的考察班。旨在通过到经济发达地区听专题汇报、看职业院校、进工厂和企业谈对口合作，提高贫困县干部的管理水平。

（教育部发展规划司　李洪新）

# 科学技术部扶贫

**【概述】** 2014年，科学技术部（以下简称“科技部”）根据中央和国务院统一部署，认真学习中共中央总书记习近平系列讲话，全面贯彻党的十八大和十八届三中、四中全会精神，充分发挥科技优势，认真落实《中国农村扶贫开发纲要（2011—2020年）》《关于进一步做好定点扶贫工作的通知》《秦巴山片区区域发展与扶贫攻坚规划》和《边远贫困地区、边疆民族地区和革命老区人才支持计划实施方案》等文件精神，不断深化科技扶贫工作机制改革，开拓创新，以“服务主导产业、突出创新理念、促进民生改善、支撑地方发展”为指导方针，结合贫困地区经济社会发展现状及扶贫开发工作重点，秉承“情系老区、扎根基层、求真务实、创新创业”的科技扶贫精神，大力推动科技创新创业，扎实开展行业扶贫、定点扶贫和集中连片特殊困难地区扶贫工作，努力将科技创新转变成贫困地区发展的内生动力，着力培育贫困地区自我发展能力，为推动贫困地区科技进步和经济社会又好又快发展做出积极贡献。

**【科技人才队伍建设】** 科技部经过认真调研，征求各地意见，与有关部门反复沟通协调，联合中共中央组织部、财政部、人力资源和社会保障部、国务院扶贫办5部门于2014年4月印发了《边远贫困地区、边疆民族地区和革命老区人才支持计划科技人员专项计划实施方案》。7月，在重庆市召开启动会进行了认真部署，并邀请中共中央组织部等部门代表出席指导。根据各地申报需求，经审核，共支持选派科技人员1.5万名，支持培训人员2355名。中央财政投入2.2亿元，省级财政投入1.1亿元。

**【特色产业扶持】** 2014年，围绕加强政策保障、强化创业培训等方面，对深入推进2014年科技特派员工作，促进贫困地区特色产业发展进行了研究和部署。通过有关面向基层的科技计划，进一步支持贫困地区科技特派员创新创业，为贫困地区特色产业发展提供有效的科技人才支持和智力服务。大力扶持科技特派员创业链建设，促进贫困地区特色产业的技术创新和产业升级。国家星火计划支持中、西部地区181个重点项目，支持经费1.29亿元；科技富民强县专项行动计划支持中、西部地区224个项目，经费3.69亿元。

**【贫困村信息化建设】** 通过“863”

计划和国家科技支撑计划支持“数字农业技术专题”“现代农村信息化关键技术研究与示范”“西部民族地区电子农务平台关键技术研究与应用”等一批重大、重点项目，围绕农业生产过程信息化、农产品流通信息化、农村综合信息服务体系、省域和镇域农村信息服务系统开发与技术集成示范等，加强科技攻关，突破了一批重大关键技术，研究和开发了一批重大应用系统和产品，建立了一批不同应用模式的示范区，在引领和支撑现代农业发展、带动贫困村脱贫致富等方面发挥了重要作用。通过“农业与农村信息化科技发展专项”，大力推进现代农村科技信息服务体系建设，系统发挥信息化在农村远程教育、现代农业发展和农村民生改善中的重要作用。构建全国统一的农村科技信息化服务平台，以12396公益电话号码作为全国统一农村科技信息服务热线接入号码，通过全国各级星火计划积极推进星火科技12396信息服务模式建设。目前，全国共建设星火服务中心或服务站点1.26万个，科技信息服务范围涉及413个市，覆盖1.22万个乡镇和14.4万个村。开展农村党员干部现代远程教育“农村科技与应用”专题教材制播工作。拓展思路，连续组织摄制单位制作并播出了160小时的节目，向农村党员干部和广大农民介绍了大量先进适用技术和科学知识，通过中共中央组织部的远程培训网络覆盖到每个行政村。联合中共中央组织部、工业和信息化部开展国家农村信息化科技示范省建设工作，重点围绕农村科技信息服务和远程教育、现代农业产业创新和农村科技创业，坚持综合服务和专业服务相结合、政府服务和市场服务相结合，推动“平台上移、服务下延”，加快机制创新，加强资源融合，拓展服务功能，畅通服务渠道，努力推动“三网融合”，提升农村科技信息化服务水平。全国共有山东、湖南、安徽、河南、重庆、浙江、江西、贵州、云南、青海等13个省（市）开展国家农村信息化示范省试点建设工作。

**【扶贫调研】** 2014年，科技部扶贫办组织开展“秦巴山片区科技创业扶贫专题调研”。调研过程中，针对片区内80个县（市、区），以及片区内中小企业设计了《秦巴山片区县（市、区）科技创新能力及创业环境调查问卷》和《秦巴山片区中小企业技术进步调查问卷》，围绕片区创新创业能力、政策环境，以及创业案例、经验等进行全面、深入的调研，提出了加强“一县一品”特色产业发展等工作思路。

**【秦巴山区扶贫攻坚】** 2014年11月，科技部联合国家铁路局和中国铁路总公司在湖北省十堰市召开秦巴山片区区域发展与扶贫攻坚推进会。科技部副部长张来武、国务院扶贫办党组成员蒋晓华、国家铁路局副局长朱望瑜、中国铁路总公司总会计师余邦利、湖北省委副书记张昌尔等领导出席会议并讲话。河南、湖北、重庆、四川、山西、甘肃6省（市）代表作会议发言，国家发展和改革委员会、教育部、工业和信息化部等28个国家部委，郑州、武汉、西安、成都、兰州铁路局负责人参加了会议。会议总结交流了秦巴山片区6省（市）推进片区规划实施的做法和经验，协调解决片区规划实施过程中遇到的重大问题，为推进秦巴山片区创业扶贫工作，完善联系和交流合作机制起到了积极作用。

**【定点扶贫】** 2014年，科技部在河北省魏县、江西省永新县和井冈山市、河南省光山县、湖北省英山县以及陕西省佳县、柞水县开展定点扶贫工作。通过星火计划、火炬计划、科技富民强县专项等科技计划，扶持定点县（市）支柱产业发展。直接投入1581万元，其中资金815万元，物资折款766万元；帮助引进各类资金674万元；帮助新上科技项目33个。继续在7个定点县（市）全面推广基于国家人口健康科学数据共享平台建设的农村三级医疗卫生服务网，将大城市优质医疗资源引到贫困地区，方便农民就近就医，减轻广大农民患者医疗负担。

**【产业扶贫】** 2014年，科技部协调、指导魏县新建5个蔬菜种植区，引进新品种18个，推广新种植技术8项；联系河北大学梨工程技术中心为魏县采取新技术嫁接改造黄冠梨5000亩，新植3800亩；推动英山中药企业与湖北高校和科研院所合作，组建茯苓精深加工等三个校企共建研发中心；联系中国工程院院士陈宗懋与金雷茶叶有限公司合作，共同组建茶叶院士工作站。在光山县围绕当地特色茶产业做文章，建设100亩无性系良种茶苗繁育示范基地，培育2000亩无性系良种茶树母本园，为繁育示范基地提供优质扦穗5万千克以上；选育适宜本地种植的龙井长叶等十余个无性系优良品种。在井冈山市指导形成八角楼国家农业科技园区建设新思路，帮助完善园区规划建设方案；推动白马国家农业科技园区、南京市科委与井冈山市建立科技合作和帮扶关系，落实“井冈山国家农业科技园八角楼园区”建设合作协议；支持江西井冈红茶叶有限公司等企业参加第三届中国科技创新创业大赛。加强永新县与井冈山大学的科技合作与交流，举办“2014年永新县·井冈山大学科技合作交流座谈会”；发挥清华大学软件学院优势，帮助完善政府网站升级及科技局网站、信息化网站的建设，并协助永新县人民医院完善远程医疗与健康服务平台；重点推进优质商品猪养殖、桑园套种竹笋、白茶规范化种植技术的示范和推广。帮助柞水县联系陕西师范大学、陕西微生物研究所等科研院所专家教授与企业强强合作，聚集当地科技人才，支撑经济快速发展；指导西川现代农业休闲示范园为核心建设“秦岭南麓特色农业科技园区”，并获批陕西省省级农业科技园区。继续扶持佳县红枣等特色产业链的延伸。帮助引进红枣、马铃薯、玉米等农业作物良种14个，开发新技术1项，各类作物新品种累计推广面积达2万多亩；帮助佳县古枣园获得联合国粮农组织“全球重要农业文化遗产”认定，填补中国西北地区空白；根据主导产业发展的需求，在佳县店镇、乌镇各建立专家大院，2014年开展20多场次农业实用技术培训；联系西北农林科技大学、中航工业西安飞行自动控制研究所在佳县朱家洼镇武家峁村开展直升机红枣防虫试验。

**【扶贫培训】** 2014年，科技部联系河北农业大学等科研机构在魏县开展“大棚蔬菜生产技术”等专项培训18期，其他培训25期，发放科技书籍、技术资料和光盘3.5万余份。支持选派40名科技特派员到西川现代农业休闲示范园区等28个基地开展科技示范、科技培训等工作。

（科学技术部　胡熳华）

# 工业和信息化部扶贫

**【概述】** 2014年，工业和信息化部（以下简称“工信部”）积极贯彻党中央、国务院关于新时期扶贫开发工作战略部署，研究落实扶贫工作各项任务。工信部领导积极参与扶贫工作相关活动，并深入贫困地区一线开展调研；积极响应国家首个“扶贫日”活动号召，成功举办工信部“扶贫日”系列活动；与农业部、科技部、教育部和国务院扶贫办联合印发《贫困村信息化工作实施方案》，通过实施“通信村村通工程”和“宽带中国”2014专项行动，有序推进贫困村信息化工作任务；发挥行业优势，从政策、项目、资金等多方面积极支持片区扶贫开发，积极履行燕山—太行山片区牵头联系责任，组织召开燕山—太行山片区部际部省联系会议，并通过部片区“一对一”对口联系机制调动部属司局、单位共同参与片区扶贫工作；继续定点帮扶四川省南充市嘉陵区、南部县和河南省汝阳县、洛宁县，通过实施定点扶贫专项和派驻挂职扶贫干部的协调帮扶，促进当地民生改善和产业发展。

2014年，工信部扶贫办获得国务院扶贫开发领导小组授予的“中央国家机关等单位定点扶贫先进集体”荣誉称号；工信部驻豫定点扶贫工作队获得河南省扶贫开发领导小组授予的“中央、国家机关及相关单位驻豫定点扶贫先进集体”荣誉称号。

**【扶贫调研】** 2014年6月，工信部组织调研组赴四川省南充市，就工业经济发展以及相关单位定点扶贫工作进行专题调研。11月，组织调研组赴河北省阜平县参加燕山—太行山片区部际部省联系会议期间，调研阜平县职业教育中心，淘宝特色中国·阜平馆，考察当地电子商务促进扶贫开发的新模式。此外，工信部机关各司局、部属各单位领导同志还带队深入定点县和片区县调研。

**【扶贫会议】** 2014年11月，工信部在河北省阜平县组织召开燕山—太行山片区区域发展与扶贫攻坚部际部省联系会议。19个部委相关负责同志参加了会议。会议汇报了2013年以来工信部支持燕山—太行山片区扶贫的工作情况和下一步工作思路。河北、山西、内蒙古扶贫主管部门负责同志汇报了工作进展情况，片区部际联系各成员部门代表就扶贫政策落实情况交流发言，并对三省区需协调解决事项进行了回应。

**【扶贫日活动】** 2014年9月，工信部扶贫办制定《工业和信息化部2014年扶贫日活动方案》，工信部扶贫办多次召开筹备会议、发布活动通知和宣传短信，广泛动员各司局和部属单位参与筹备工作和活动。2014年10月17日，工信部在部机关成功举办“扶贫日”系列活动，国家首个“扶贫日”活动期间，工信部部长苗圩出席工信部“10·17，邀您一起”“扶贫日”系列活动并发表了重要讲话；副部长刘利华代表工信部出席全国社会扶贫工作电视电话会议。举办工信部扶贫工作成效展览，举行“12317”扶贫监督举报电话开通仪式。

**【产业扶贫】** 2014年，利用企业技术改造专项累计支持各片区17个项目，专项资金2.5亿元，带动投资22亿元；完善中小企业服务体系和改善融资环境，切块支持片区所在省（区、市）专项资金累计26.85亿元。在工业绿色发展、清洁生产、淘汰落后产能、中药材种植、绿色建材、中小企业扶持等方面予以支持和指导。帮助河北省阜平县发展大枣深加工产业，指导内蒙古自治区化德县纺织服装行业发展和山西省大同县中小企业园区建设，支持四川省南部县开展“中小微企业孵化园建设”，协调支持“河南省洛宁县烟水配套工程”建设，帮助河南省汝阳县发展绿色建材产业等，为促进贫困地区经济社会发展、解决当地人口就业、帮助当地群众摆脱贫困做出了积极贡献。通过工信部扶贫专项资金重点支持民生改善、农田水利、富民项目等75项，累计2300万元，带动投资7343万元。2014年，河南省遭遇60多年来最严重旱情，工信部扶贫专项资金支持定点帮扶汝阳县实施的乡镇农田水利和安全饮水工程，在抗旱救灾工作中发挥积极作用。

**【贫困村信息化建设】** 2014年4月11日，工信部与农业部、科技部、教育部、国务院扶贫办5部门联合向省级相关主管部门及三大电信运营商发布《贫困村信息化实施方案》，明确工信部2014年工作任务：完成连片特困地区内2/3的已通电但不通互联网行政村的互联网覆盖，并实施农村学校宽带接入。2014年4月，工信部印发《关于开展“宽带中国”2014专项行动的通知》（工信部通〔2014〕128号），将推动农村宽带普及作为2014年主要工作任务之一。明确在推进行政村通宽带过程中，优先考虑完善连片特困地区已通电行政村互联网覆盖、配合教育部推进农村学校宽带接入，加大对农业农村信息服务的支持力度，支持中西部和偏远地区经济社会发展。2014年，国家发展和改革委员会、财政部和工信部联合组织实施“宽带乡村”试点工程（一期）。2014年，“通信村村通工程”在全行业累计直接投资约40亿元，超额完成年度目标任务。全年新增1.4万个行政村开通宽带，行政村通宽带比例从年初的91%提高到93.5%；新增4500个自然村开通电话，20户以上自然村通电话比例从2014年年初的95.6%提高到95.8%。在全国86%的乡镇开展了信息下乡活动，新建成信息服务站点 1.4 万个；为集中连片特困地区 1.8 万个行政村实现互联网覆盖和 1000 个偏远贫困农村中小学开通了宽带。11 月，邀请社会科学院、阿里巴巴集团专家在阜平县开展燕山—太行山片区电子商务与扶贫开发培训，介绍电子商务扶贫发展模式。燕山—太行山片区三省区及工信部定点扶贫县的 35 个县（区）扶贫部门及农户代表 80 人参加了培训。

**【“一对一”结对帮扶】** 2014 年，工信部组织制定《工业和信息化部燕山—太行山片区项目（资金）管理办法》，在燕山—太行山片区 31 个县确定涉及民生、教育、产业培育相关的 32 个项目，帮扶资金 700 万元，带动当地资金 3131.32 万元。

工信部各级党团组织“一对一”结对帮扶工信部 4 个定点扶贫县 144 名贫困中小学生，2014 年帮扶总资金 17.48 万元，并计划每年连续执行至受助学生初中毕业或高中毕业；发动工信部广大干部职工认购定点扶贫县特色农产品 837 份，认购金额 9.03 万元，其中捐赠金额 8910 元。

**【定点扶贫】** 2014 年，工信部在四川省南部县、南充市嘉陵区和河南省汝阳县、洛宁县开展定点扶贫工作。为进一步规范定点扶贫项目管理，组织修订《工业和信息化部定点扶贫项目（资金）管理办法》，并依据该办法安排涉及定点扶贫县（区）民生、教育、产业培育相关项目 22 项，帮扶资金 800 万元，带动当地资金 1793.81 万元。工信部派驻 4 个定点扶贫县（区）的挂职扶贫干部，积极通过各种途径和方法帮助当地脱贫致富：协调四川省通信管理局在南部县开通（0817）2436500 便民服务热线电话，建立 24365 市民生活全天候服务平台，帮助解决服务群众“最后一公里”问题；以嘉陵区农村发展现状为基础，在北京理工大学设立《西部贫困地区农村发展问题研究》科研课题，高校专业教师和地方干部共同参与课题研究，并形成课题研究成果；帮助汝阳县确定“全力发展绿色建材产业、打造国家级绿色建材产业园区”的工业发展目标，并促成汝阳县成为河南省首批 10 家“宽带中原”示范县（市）创建试点县（市）之一；帮助协调总投资约 1.76 亿元的渡洋河大石涧烟水配套工程项目和电动汽车产业园在洛宁县实施。

（工业和信息化部）

# 国家民族事务委员会扶贫

**【概述】** 2014年，国家民族事务委员会（以下简称“国家民委”）认真贯彻落实中央民族工作会议和《关于创新机制扎实推进农村扶贫开发工作的意见》精神，扎实稳步推进民族地区的扶贫开发，集中力量抓好扶持人口较少民族发展、兴边富民行动、少数民族特色村寨等专项工作，参与少数民族和民族地区扶贫开发，做好武陵山片区区域发展与扶贫攻坚试点联系工作，推动牧区发展，加强贫困地区少数民族干部人才队伍建设，做好定点扶贫、对口帮扶、智力支边联合扶贫，促进少数民族地区经济社会的全面发展。

**【民族地区扶贫】** 2014年，国家民委配合有关部门做好武陵山片区、滇桂黔石漠化片区等11个连片特困地区区域发展与扶贫攻坚规划的实施工作，配合参与社会扶贫和全国首个“扶贫日”系列活动。开展民族自治地方农村贫困监测统计，为领导和有关部门决策提供科学依据。

**【专项规划扶贫】** 2014年，国家民委中央财政补助资金增加8890万元，达到18.8亿元，并向新疆维吾尔自治区南疆（10个县）、云南省、广西壮族自治区给予一定的倾斜。国家发展和改革委员会安排兴边富民中央预算内投资专项10亿元，用于支持《兴边富民行动规划（2011—2015年）》中提出的群众迫切需要而其他资金渠道又无法解决的村寨便民工程、通自然屯路和乡镇基础设施等项目建设。国家民委组织召开兴边富民行动协调小组办公室成员暨扶持人口较少民族发展部际联席会议联络员全体会议。协调配合有关部门投入中央预算内投资和少数民族发展资金15.3亿元。会同国家发展和改革委员会、财政部、中国人民银行、国务院扶贫办印发3个制度性文件，包括实施规划监测统计制度、考核验收办法和中期评估方案。审核汇总2010—2013年四年监测统计数据，对扶持人口较少民族发展规划的实施开展中期评估。召开部际联席会议联络员全体会议，34个成员单位按照规划任务分工方案，发挥行业部门职能作用，采取多种措施对人口较少民族的发展给予大力支持，由各部门牵头和参与的133项任务分工大都部署实施。国家民委下属有关单位全力配合支持人口较少民族发展工作，实施国际合作项目，争取社会各界资助，开展培训和宣传。

**【武陵山区扶贫攻坚】** 2014年，国家民委联合国家开发银行共同推动开发性金融支持武陵山片区发展，举办专题研讨班，有关省市认真贯彻落实四省六方签订的战略合作协议。武陵山片区新增开发性金融贷款 175 亿元，开发性金融贷款总额累计达 1479 亿元，贷款余额 1109 亿元。国家民委与国家开发银行高层领导就推动片区联系工作进行会晤商谈，配合中共中央办公厅督查室对湖南省贯彻落实中共中央总书记习近平重要讲话精神情况开展回访调研。召开武陵山片区试点联系工作领导小组全体会议，推动片区规划实施。协调财政部安排片区四省市少数民族发展资金达 3.74 亿元，比 2013 年增长 19%，增幅位居全国前列。协调国家发展和改革委员会、交通运输部、中国铁路总公司等部门单位，促成黔张常铁路开工建设、安张衡铁路立项批复。开展干部交流培训和宣传，49 名联络员留任的基础上，2014 年，国家民委从委机关和委属单位新选派 28 名司处级干部担任武陵山片区联络员，开展校地合作，支持基层干部挂职交流与培训。

**【扶贫调研】** 2014 年，国家民委协调有关部委对贯彻落实国务院关于支持贵州、云南、宁夏、甘肃经济社会发展相关文件情况进行监督检查，重点对国务院相关文件精神贯彻落实情况进行督查。

开展对牧区发展的综合协调和督查调研，向国务院报送贯彻落实《国务院关于促进牧区又好又快发展的若干意见》（国发〔2011〕17 号）督查情况。参与九三学社中央组织的“川甘青民族地区经济社会发展”课题调研。

**【定点扶贫】** 2014 年，国家民委定点帮扶内蒙古自治区巴林右旗和广西壮族自治区德保县。选派青年骨干到扶贫县（旗）挂职，开展帮扶工作，落实帮扶项目 14 个、资金 615.5 万元。

**【对口帮扶】** 对口支援赣南等原中央苏区江西省乐安县，安排少数民族发展资金及民族工作专项经费补助等 640 万元，重点解决少数民族群众生产生活特殊困难和问题。

**【智力支边】** 参与中央统战部、科技部、各民主党派中央和全国工商联联合推动的贵州毕节试验区和黔西南州“星火计划、科技扶贫”试验区建设，会同贵州省民委投入建设两个试验区 3000 余万元，实施项目 400 多个，重点改善毕节市和黔西南州乡村基础设施和生产生活条件。

（国家民族事务委员会　陈　刚）

# 民政部扶贫

**【扶贫制度建设】** 2014 年，民政部、财政部联合印发《最低生活保障工作绩效评价办法》（民发〔2014〕21 号），并公布了《2014 年度各省（自治区、直辖市）最低生活保障工作绩效评价指标和评价标准》（民办发〔2014〕8 号），将“对有劳动能力的低保对象进行扶贫和就业支持”作为绩效评价的重要评价指标。

2014 年，民政部推动国务院出台《关于全面建立临时救助制度的通知》（国发〔2014〕47 号），将包括贫困人口在内的所有遭遇困难的家庭和个人都纳入了临时救助范围，帮助其解决突发性、紧迫性、临时性生活困难，使困难群众基本生活都能得到有效保障。

2014 年，民政部与公安部签署《关于信息共享快速查询的合作协议》并转发地方（民办函〔2014〕311 号），印发《关于居民家庭经济状况核对信息系统建设的指导意见》（民发〔2014〕83 号），进一步规范全国核对信息系统建设，为逐步实现农村低保和扶贫开发在对象认定、动态管理等方面的信息互通、资源共享提供了条件。

2014 年，民政部推动国务院出台《国务院关于促进慈善事业健康发展的指导意见》（国发〔2014〕61 号），将“突出扶贫济困”作为首要原则，鼓励、支持和引导慈善组织和其他社会力量在扶贫济困、为困难群众救急解难等领域广泛开展慈善帮扶。

2014 年，民政部、全国工商业联合会印发《关于鼓励支持民营企业积极投身公益慈善事业的意见》（民发〔2014〕5 号），促进广大民营企业积极履行社会责任，参与扶贫济困、教育、医疗、养老、助残等方面的公益慈善事业，帮助贫困地区困难群众解决困难。

2014 年，民政部出台《民政部关于建立儿童福利领域慈善行为导向机制的意见》（民发〔2014〕19 号），引导社会力量积极探索对事实无人抚养儿童、残疾儿童、患大病重病儿童、患罕见病儿童、流浪儿童、流动儿童、留守儿童、贫困家庭儿童等各类困境儿童的救助和服务，帮助困境儿童解决基本生活、教育、医疗、安全、心理健康、社会融入等各方面的需求，促使困境儿童健康成长。

**【农村低保】** 2014 年，全国共有农村低保对象 5207.2 万人，占全国农村人口总数的 5.9%；全国平均农村低保标准为 2777

元/人·年，月人均补助129元；全年累计支出农村低保资金870.3亿元，其中，中央财政安排582.6亿元，占全国总支出的66.9%。

**【农村五保供养服务】** 2014年，全国共有农村五保供养对象529.1万人，其中，集中供养174.3万人，集中供养率为32.9%；全国平均集中供养标准为5371元/人·年，分散供养标准为4006元/人·年；全年累计支出农村五保供养资金189.8亿元。全国共有农村五保供养服务机构2万所，床位219.6万张。

**【医疗救助】** 2014年，全国共支出救助资金254亿元，其中，中央财政补助141亿元；共实施医疗救助1.02亿人次，住院、门诊救助和资助参保参合水平分别达1723元、144元、80元，政策范围内住院自付费用救助比例超过60%。此外，民政部门积极推进重特大疾病医疗救助试点，全国共实施重特大疾病医疗救助486.4万人次，支出资金56.4亿元。

**【临时救助】** 2014年，全国共实施临时救助670.5万户次，全年支出临时救助资金57.1亿元，平均救助水平为1027.5元/户次。此外，各地还为低保对象、五保对象等困难群众发放临时性、一次性生活补贴98.5亿元，累计发放2306.2万户次，户均482.6元/次。

**【防灾救灾能力救助】** 2014年，民政部指导集中连片特殊困难地区、国家扶贫开发工作重点县和其他贫困落后地区有关省份加快落实《国家综合防灾减灾规划（2011—2015年）》和《国家防灾减灾人才发展中长期规划（2010—2020年）》。财政部、民政部《自然灾害生活救助资金管理暂行办法》综合考虑各地经济发展水平、财力状况和自然灾害特点等因素，对于集中连片特殊困难地区和国家扶贫开发工作重点县及其他贫困落后地区按照中央70%、地方30%的比例补助中央救灾资金，补助比例明显高于其他省份。在界定中央倒损住房恢复重建补助政策时，将上述贫困地区近300个县（市、区）纳入高寒、寒冷区域范围，补助额度是一般地区的1.4倍，对倒房户户均补助1.4万元，损房户户均补助1400元。为22个省（区、市）及新疆生产建设兵团的多灾易灾县采购民政救灾应急专用车辆1096辆，已向地方拨付资金近3.3亿元。

2014年，国家减灾委员会、民政部针对集中连片特殊困难地区和国家扶贫开发工作重点县及其他贫困落后地区所在的22个省（区、市）共启动国家救灾应急响应23次、派出19个工作组赶赴灾区，协助和指导做好救灾工作。财政部、民政部共向上述省份安排中央自然灾害生活补助资金89.65亿元，占总额比例达到90.8%；调拨中央救灾储备物资帐篷10.5万顶、棉衣被16万床（件）、睡袋2万个、折叠床4.45万张、折叠桌凳1.45万套及应急灯、苫布等。

**【专业人才扶贫交流】** 2014年，民政部选派2名司局级干部分别到新疆维吾尔自治区任民政厅副厅长和新疆生产建设兵团任民政局副局长，1名处级干部继续在江西省兴国县任县委副书记。接收安排了1名罗霄山片区干部担任机关司局副处长。

2014年，民政部共安排落实中央财政专项资金1890万元，支持中西部24个省份选派1000名社会工作专业人才到24个国家确定的集中连片特殊困难地区覆盖的县、国家扶贫开发工作重点县和省级扶贫开发工作重点县及新疆生产建设兵团困难团场、西藏和四川、云南、甘肃、青海四省藏区开展专业社工服务，同时支持受援地区培养500名社会工作专业人才，积极推动“三区”社会工作专业人才队伍建设，引领带动“三区”社会工作事业发展。

**【连片特困地区行政区划调整】** 经国务院批准，秦巴山片区的湖北省撤销郧县，设立十堰市郧阳区；滇桂黔石漠化片区的贵州省撤销平坝县，设立安顺市平坝区。民政部积极扶持贫困地区推进地名公共服务工程建设，加强政策引导和智力支持，强化地名标准化建设，推动村庄地名标志和农村居民标牌设置，提升地名公共服务水平。

**【社会扶贫】** 2014年，民政部援助西部地区的项目共有279个（占全部项目的62.3%），拨付资金11428万元（占全部项目资金的58.3%），配套资金9507.7万元，直接受益约113.8万人。其中，西部13省（市）和新疆、新疆兵团直接立项234个（占全部项目的52.2%），拨付资金7343万元（占全部项目资金的37.5%），配套资金4677.3万元，直接受益约68万人；全国性社会组织和其他地区社会组织援助西部的项目立项45个（占全部项目的10.0%），立项资金4085万元（占全部项目的20.8%），配套资金4830.4万元，相关直接受益约45.8万人。

援助五省藏区项目共立项104个（占全部项目的23.2%），拨付资金3994万元（占全部资金的20.4%），配套资金4320.7万元，直接受益约53.1万人；其中西藏、青海、四川、云南、甘肃五省（区）直接立项91个（占全部项目的20.3%），拨付资金2814万元（占全部资金的14.4%），配套资金1875.2万元，直接受益约35.9万人；全国性社会组织和其他地区社会组织援助五省藏区的项目立项13个（占全部项目的2.9%），立项资金1180万元（占全部资金的6.0%），配套资金2445.5万元，相关直接受益约17.2万人。

援助新疆地区的项目共立项28个（占全部项目的6.3%），拨付资金1245万元（占全部资金的6.4%），配套资金656.8万元，直接受益约7.6万人；其中，新疆和新疆兵团直接立项22个（占全部项目的4.9%），拨付资金695万元（占全部资金的3.5%），配套资金191.4万元，直接受益约5.8万人；全国性社会组织和其他地区社会组织间接项目立项6个（占全部项目的1.3%），涉及立项资金550万元（占全部资金的2.8%)，配套资金465.4万元，相关直接受益约1.8万人。此外，还组织中国儿童少年基金会、中国社会福利基金会、中国残疾人福利基金、神华公益基金会、中国社会工作协会等15家社会组织举行“爱心洒天山”——全国性社会组织援疆捐赠行动仪式，捐赠资金1.2亿元。

援助罗霄山区受益项目共立项39个(占全部项目的8.7%)，拨付资金2090万元（占全部资金的10.7%)，配套资金2815.3万元，直接受益约41.5万人；其中江西和湖南直接立项21个（占全部项目的4.7%)，拨付资金525万元（占全部资金的2.7%)，配套资金558.8万元，直接受益约11.4万人；全国性社会组织和其他地区间接项目立项18个（占全部项目的4.0%)，涉及立项资金1565万元（占全部资金的8.0%)，配套资金2256.5万元，相关直接受益约30.1万人。

援助民族八省区（五个自治区和云南省、贵州省、青海省）的项目共有182个(占全部项目的40.6%)，拨付资金7904万元（占全部项目资金的40.3%)，配套资金5697.7万元，直接受益约71.7万人。其中，民族八省区和新疆兵团直接立项144个（占全部项目的32.1%)，拨付资金4499万元（占全部项目资金的22.9%)，配套资金2048.3万元，直接受益约36.4万人；全国性社会组织和其他地区社会组织援助民族八省区的项目立项38个（占全部项目的8.5%)，涉及立项资金3405万元（占全部项目的17.4%)，配套资金3649.4万元，相关直接受益约35.3万人。

**【罗霄山片区扶贫攻坚】** 2014年2月，民政部在湖南省汝城县组织召开第二次罗霄山片区区域发展与扶贫攻坚工作会议，协调推动罗霄山片区区域发展与扶贫攻坚。民政部部长李立国主持会议并讲话，国务院扶贫办主任刘永富、湖南省省长杜家毫出席会议并讲话。2014年安排部本级福利彩票公益金1.47亿元，支持片区福利院、敬老院、未成年保护中心建设；安排中央专项彩票公益金1.35亿元，支持片区农村幸福院、精神病人福利院建设；帮助赣南等原中央苏区争取中央专项彩票公益金5亿元，专项用于社会福利设施建设。安排中央预算内资金3455万元支持片区养老、社区服务设施建设。安排专项经费6550万支持片区国家级烈士纪念设施和优抚事业单位维修改造。支持兴国县投资1亿多元建设集光荣院、儿童福利院、社会福利中心、残疾人康复抚养中心和救灾救助中心于一体的民政项目园，将其打造成片区扶贫和民生工程示范园。组织中国光华科技基金会、陈香梅公益基金会等社会组织到罗霄山片区捐赠图书并开展教育、卫生等培训；会同全国工商联组织4家商会到罗霄山片区进行项目对接。2014年拨付罗霄山片区低保资金14.3亿元、五保供养资金2.3亿元、医疗救助资金3.4亿元、抚恤资金8.2亿元、救灾资金1.1亿元。

（民政部规划财务司　郭　哲）

# 人力资源和社会保障部扶贫

**【概述】** 2014年，人力资源和社会保障部（以下简称“人社部”）高度重视农村扶贫开发工作，认真贯彻落实党中央、国务院的决策部署，按照《中国农村扶贫开发纲要（2011—2020年）》和《关于创新机制扎实推进农村扶贫开发工作的意见》要求，不断加强农村贫困地区就业和社会保障等方面的扶贫工作。

**【公共就业服务】** 2014年，人社部对贫困地区符合条件的劳动者，落实社会保险补贴、培训补贴、创业担保贷款等政策，指导贫困地区加大工作力度，推动当地就业创业工作开展。指导贫困地区加强街道（乡镇）、社区（行政村）的基层公共就业服务平台建设，为有就业意愿的劳动者提供政策咨询、就业信息、职业指导和职业介绍等服务，推进贫困地区农村劳动力有序外出就业和就地就近转移就业。

**【职业培训】** 2014年，人社部全国共累计培训农村新成长劳动力和农村转移就业劳动者近760.5万人次。依托各类职业培训机构、技工院校，大力开展农村新成长劳动力、转移就业劳动者的职业培训，对参加培训且符合条件的劳动者，按规定享受职业培训、职业技能鉴定补贴和生活费补贴。通过各类培训提高农村新成长劳动力和转移就业劳动者的就业技能水平，促进其转移就业或创业，从而尽快实现技能脱贫、改善生活水平。

人社部门综合管理的技工学校，目前已发展成为承担技工教育、职业培训、技能鉴定、竞赛集训、公共实训、就业服务等工作的技能人才综合培养基地。2014年，全国共有技工院校2818所，在校生339万人。技工院校约3/4的学生来自农村，相当一部分家庭经济状况较差。人社部会同有关部门，积极落实技工院校学生资助政策，确保他们顺利完成学业。通过接受技工教育，这些农村青年走上技能脱贫、技能成才之路，实现了就学一人、就业一人、脱贫一户。

**【城乡居民基本养老保险制度】** 2014年2月，国务院印发《关于建立统一的城乡居民基本养老保险制度的意见》（国发〔2014〕8号），决定将新农保和城居保合并实施，在全国范围内建立统一的城乡居民基本养老保险制度，实现了制度名称、政策标准、经办服务、信息系统“四个统一”，对推进城乡公共服务均等化，保障包括贫困地区在内的全国所有城乡居民享有平等的养老保险权益具有重要意义。

**【人力资源市场建设】** 2014 年，人社部加强困难地区和贫困落后地区人力资源市场建设。全国共设立各类人力资源服务机构 25226 家，从业人员 406738 人。全国各类人力资源服务机构共服务各类人员 48895 万人次，帮助 11652 万人次实现就业和流动，为 2211 万家次用人单位提供了人力资源服务，举办现场招聘会（交流会）23.6 万场，通过网络发布岗位招聘信息 20595 万条，发布求职信息 41510 万条，为 186 万家用人单位提供人力资源管理咨询服务。

**【“三支一扶”计划】** 2014 年，中共中央组织部、人社部等 9 部门继续组织实施“三支一扶”（支农、支教、支医和扶贫）计划，共选派 2.7 万名大学生到农村基层服务，其中直接开展扶贫工作的有 5909 名，为贫困地区的群众脱贫致富提供了智力支持和人才保障。

**【人力资源和社会保障信息化建设】** 全民社会保障电子政务工程（金保工程二期）立项中，按照西部大开发政策的有关规定，由中央财政对西部地区及比照西部大开发政策的地区予以适当补助资金，帮助欠发达地区加快建设进度，保持全面统筹推进的建设步伐。推进信息系统“省集中”建设，有效缓解地域发展不平衡、贫困地区技术力量不足、资金短缺等现实问题。2014 年，各地城乡居民基本养老保险系统基本实现省级集中，并已覆盖所有区县；16 个省份已建成或正在建设省集中的城镇职工养老保险系统，部分省份已在全省或大部分地市实际应用。就业、人事人才、劳动关系等领域的业务系统也在许多省份实现了省集中部署。全国社会保障卡持卡人数达到 7.12 亿，覆盖 52.4% 的人口，启动部分省两级持卡人员基础信息库建设，为实现社会保障一卡通创造条件。28 个省份已形成对省内异地就医结算的支撑能力。12333 电话咨询服务实现省级全覆盖，开通地、市达 319 个。

**【定点扶贫】** 2014 年，人社部与山西、安徽两省有关部门加强沟通联系，充分发挥职能优势，定点扶贫工作取得了较好成效，三个定点扶贫县山西省天镇县、安徽省金寨县和砀山县，基本生产生活条件得到很大改善，经济社会发展取得明显进步。

**【扶贫慰问】** 2014 年，在天镇县，组织人员到敬老院开展慰问活动，为老人送去各类衣物、食品、生活用品，累计价值达 10 多万元。联系顶新公益基金会，为 800 户贫困家庭送去价值 40 万元的食品。

**【扶贫制度建设】** 2014 年，在金寨县，挂职干部带领相关部门起草《金寨县特困群体基本生活救助暂行办法》，每年有将近 2000 户家庭得到救助。

**【建档立卡】** 在砀山县，建档立卡工作扎实开展，全县 60 个贫困村、4.28 万户贫困户、10 万贫困人口建档立卡工作全面完成。

**【扶贫日活动】** 2014年，在砀山县，以全国“扶贫日”活动为契机，发动社会各界共捐款（包括物资折款）15万元，单位认领扶贫项目7个，项目资金400万元。

**【教育扶贫】** 2014年，在天镇县，动员各界爱心人士开展慈善捐助活动，协调顶新集团救助21名贫困大学生，每人3000—5000元；组织县工会为67名困难大学生发放补助28万元；指导红十字会开展“博爱助学”活动，为全县300名学生送去助学金18万余元。挂职干部在全县开展弘德教育工程。倡导开办“科普大讲堂”“健康大讲堂”“道德大讲堂”。发放科普、心理健康、道德教育图书7000余册、各类光碟500盘。在砀山县，推动雨露计划资助对象向贫困家庭高、中等学历教育和高中级职业技术教育扩展，资助贫困学生765人，贫困大学生450人。

**【扶贫培训】** 2014年，在天镇县建成5000平方米、设备总值50万元、功能齐全的家政服务实训基地。完成全县农村劳动力培训、家政培训、残疾人技能培训，青年就业创业培训等培训项目。争取农业科技示范基地培训项目经费18万元，妇女创业培训经费13万元，残疾人培训13万元。已有近千名妇女在北京成功就业（人均年收入近3.5万元）。人社部举办培训分别吸收3个定点扶贫县机关事业单位的青年干部、乡镇干部和县级领导干部等40余人参加培训。

**【社会保障】** 2014年，在砀山县，社会保障工作积极推进，城镇职工五项保险参保任务全面完成。城乡居民社会养老保险参保人数达到46.57万人，城镇居民医疗保险参保人数11.25万人。在金寨县，积极推进新农保缴费政策改革，激励农村居民多缴多得。大力推进社保卡试点，加载金融功能，2014年，已发卡30.4万张，激活30.4万张，激活率100%。

**【公益扶贫】** 在天镇县，争取有关部门支持400万元，协调建设用地，建成残疾人康复服务中心。

**【产业扶贫】** 针对天镇县自然气候和土地特点，从山东引进500亩土豆新品种，为农民增收提供出路。在砀山县，推进产业扶贫，争取贴息贷款2000万元，安排贴息资金110万元。

**【医疗卫生扶贫】** 大力实施“健康扶贫”，多次联系省市中医院到天镇县开展义诊，发起并组织“蓝天健康志愿行动”，邀请北京、上海、西安医学专家教授18人深入天镇农村、社区、医院、敬老院开展义诊、会诊、科普讲座和医务人员专业培训及指导。诊治病人857人次，培训医务人员200多人。

（人力资源和社会保障部
农民工工作司　杜国羽）

# 国土资源部扶贫

**【概述】** 2014 年，国土资源部党组高度重视扶贫开发工作，将贯彻落实中共中央总书记习近平等中央领导同志有关扶贫开发工作的重要讲话精神和《关于创新机制扎实推进农村扶贫开发工作的意见》安排部署作为一项重要的政治任务，纳入年度重点工作布局，发挥部门优势，总结推广赣州扶贫经验，出台了一系列支持政策措施，从国土资源规划、政策、项目、资金和人才等方面加大对贫困地区的支持力度，全面推进行业扶贫、片区扶贫和定点扶贫工作，为促进贫困地区经济社会发展做出了积极贡献。

**【扶贫制度建设】** 2014 年，国土资源部编制和下达全国土地利用计划，对贫困地区省份给予不同程度倾斜，并要求省级国土资源主管部门优先保障易地扶贫搬迁、小城镇和产业集聚区建设用地需求，推动贫困地区农村危旧房改造，促进农村新社区建设。逐年加大城乡建设用地增减挂钩项目支持力度。对 11 个连片特困地区以及纳入国家相关规划的生态移民搬迁地区实施特殊支持政策，在优先保障本县域范围内农民安置和生产发展用地的前提下，可将部分节余指标在省域范围内挂钩使用。逐步拓展扶贫开发建设用地的新空间。选择部分有条件的贫困地区，组织实施工矿废弃地复垦利用试点和低丘缓坡荒滩等未利用地开发试点，引导地方通过内涵挖潜等方式拓展建设用地新空间，增强对扶贫开发项目用地的保障能力。

加大对贫困地区编制矿产资源规划的技术指导与支持力度。在保护生态环境的前提下，积极推进贫困地区开展绿色矿山、和谐矿区建设试点，促进资源开发与环境保护相协调，使当地群众共享矿产资源开发收益。

**【土地整治扶贫】** 2014 年在国家扶贫开发工作重点县安排土地整治项目 1820 个，建设规模 1739 万亩，投入资金 247.23 亿元，通过土地整治提高耕地质量，改善当地生产生活条件，增加当地农户收入。

**【地质灾害防治扶贫】** 针对贫困地区山体滑坡、崩塌、泥石流等地质灾害，重点实施了调查评价工程、群众和专家结合的监测预警体系建设、搬迁避让与治理工程，并部署了针对性的防范措施。继续推进地质灾害防治高标准“十有县”（“十有”指有制度、有机构、有经费、有监测、有预警、有评估、有避让、有宣传、有演练、有效果）建设活动，推动基层进一步提升地质灾害防治能力，指导开展地质灾害应急处置和地质隐患排查工作。

**【乌蒙山区扶贫攻坚】** 2014年，国土资源部协调国务院28个部委局办，就四川、贵州、云南三省落实片区扶贫攻坚规划需要帮助解决的36项重大问题，提出答复意见。12月5日，在贵州省毕节市召开乌蒙山片区区域发展与扶贫攻坚第二次部际联系会议。

国土资源部出台支持乌蒙山片区区域发展与扶贫攻坚15条政策措施。印发《关于支持乌蒙山片区区域发展与扶贫攻坚的若干意见》（国土资函〔2014〕569号），提出国土资源部支持乌蒙山片区区域发展与扶贫攻坚的指导思想、支持政策、适用范围和有关要求。从土地管理、地质调查和矿产资源开发、地质灾害防治和地质环境保护及配套措施四个方面提出了15项具体支持政策。

2014年，专项安排乌蒙山片区三省38个贫困县各300亩土地利用计划指标，继续支持开展低丘缓坡荒滩等未利用地开发利用、工矿废弃地复垦利用等试点工作，将乌蒙山片区38个贫困县全部纳入高标准建设示范县，在土地整治项目和资金安排上给予重点倾斜。通过地质矿产调查评价、中央地勘基金等中央财政地质勘查专项工作，加大对乌蒙山片区项目、资金支持力度。中国地质调查局推进实施《乌蒙山片区地质调查规划（2013—2020年）》，2014年共安排项目26个，经费11190万元，在矿产资源调查评价、水文地质、环境地质和地质灾害防治等方面，加大对乌蒙山片区的支持力度。地质灾害防治资金按因素法切块部分向三省倾斜，支持乌蒙山片区开展地质灾害综合防治体系建设。继续开展干部双向挂职。举办乌蒙山片区市县国土资源局长和扶贫办主任培训班，培训片区市县国土资源和扶贫部门负责同志101名。

根据云南省政府请国土资源部支持的有关事项，提出了支持乌蒙山云南片区耕地保护补偿机制建设、高标准基本农田建设和石漠化治理、矿产资源整装勘查力度等6个方面支持意见；针对四川省凉山彝族自治州提出的需求，在用地指标倾斜、土地综合整治、矿山环境治理、耕地占补平衡、矿业用地试点、地质灾害防治等方面出台了19项支持措施，有效支持了凉山彝族自治州资源优势转化和民生改善。

**【定点扶贫】** 2014年，国土资源部定点帮扶江西省赣州市宁都县、兴国县、于都县、会昌县、安远县、寻乌县、赣县、上犹县和湖南省新田县。连续第三年出台支持赣州经济社会发展“订单式”政策措施，建立部、省厅、市县和基层国土部门四级上下协调联动落实机制，加强评估考核，确保政策项目的落实。同时，制订了对口支援赣县工作方案，落实了支持湖南省新田县的政策和项目。

**【扶贫制度建设】** 印发《国土资源部

办公厅关于2014年支持赣州经济社会发展有关事项的函》（国土资厅函〔2014〕549号），结合赣州经济社会发展的实际需求，提出了支持探索建立土地利用总体规划动态评估和修改制度，保障国家扶贫开发工作重点县等区域调结构、转方式、保民生的重大项目用地计划，以及支持在赣州市开展矿产资源税费综合改革试点和矿产资源节约与综合利用试点等11项针对性的政策措施，赋予了多项先行先试权。

印发《对口支援赣县振兴发展工作方案（2013—2020年）》（国土资厅函〔2014〕971号），在加大土地政策支持力度、加强基础地质调查和矿产资源开发管理、加强地质灾害防治和地质环境保护、加强科技和人才队伍支持4个方面，提出了21项具体支持措施，着力解决制约赣县民生和社会发展的资源瓶颈问题，国土资源管理对赣县振兴发展的保障和服务能力显著提高，支持赣县与全国同步全面建成小康社会。

**【保障民生工程用地】** 2014年，国土资源部专项安排赣州市8个国家定点扶贫县建设用地指标各300亩。开辟"绿色通道"，全力保障40件民生实事等民生工程用地需求。农村危旧土坯房改造实现应保尽保，惠及40余万农户。

**【土地综合整治】** 在赣州市实施农村土地综合整治项目9个，建设规模2.6万亩，投资预算5226.95万元；完成高标准农田建设面积35.4万亩，极大改善农民生产生活条件。支持赣州市开展低丘缓坡荒滩等未利用地开发利用、城乡建设用地增减挂钩试点和工矿废弃地复垦利用试点。增减挂钩试点周转指标3271亩，改善农村生产生活环境，为县域经济发展提供用地和资金保障。完成工矿废弃地试点复垦面积9404亩，可新增建设用地9404亩。

在新田县开展土地整治项目共2个，共投资1011.98万元，项目区43个行政村4万多人受益。

**【矿产地质勘查】** 投入4200万元资金用于开展赣州市稀土资源远景调查评价。落实三个重点突破区地质找矿落实项目资金5018万元，国家危机矿山接替资源勘查项目投资8322万元，新增老矿山找矿项目资金4025万元。支持赣州开展多目标区域地球化学调查及城镇规划区环境地质调查。赣州市农业地质调查（1∶250000多目标区域地球化学调查）工作基本实现对赣州市3.94万平方千米国土面积的全覆盖。

实施湖南省新圩—龙溪地区铅锌多金属评价项目。投资170万元，确定新田县新圩矿区黄铁矿等三处有一定找矿前景的区域。批准实施新田县新圩镇、莲花乡富硒土壤地球化学详查与评价项目，拨付总经费267万元。

**【产业扶贫】** 批复同意赣州市稀土矿产国家规划矿区矿业权设置方案、稀土枯竭矿山资源接续实施方案和钨矿矿业权设置方案。支持国家级绿色矿山建设试点。支持赣州市开展矿产资源税费综合改革试点。同意将2013年至2020年矿产资源补偿费以及43宗稀土采矿权价款的省级分成部分全额返还给赣州市。支持在赣州市开展矿产资源节约与综合利用试点，投入稀土示范基地建设资金1.8亿元。支持赣州稀土集团组建国家级南方中重稀土集团。

**【地质灾害防治和治理】** 2014年，批准在赣州市实施地质灾害治理项目6个，资金800万元；已安排6个县开展1：50000地质灾害调查工作，项目资金1420万元。批准在赣州开展稀土开发利用综合试点工作，矿山地质环境治理项目3个，投入专项补助资金1.06亿元。在新田县投入国土资源大调查项目资金200万元，开展水浸窝水库地下坝堵漏1期工程。

**【信息化建设】** 在龙南国家稀土规划矿区组织开展国土资源部稀土矿区视频监控系统试点工作，建设24个监控点，监控面积达到100余平方千米，监控区域内的稀土资源储量约24.3万吨，潜在经济价值近500个亿。

**【新农村建设】** 2014年，投入扶贫工作经费160.45万元，支持赣州市定点扶贫县开展新农村建设。拨付经费40万元用于新田县莲花乡新屋场村新农村示范建设项目，1243人受益。

**【扶贫培训】** 投入专项培训经费20万元,用于罗霄片区11个贫困县（市）186名农民参加培训。

围绕新田县“打硒锶品牌、走高端之路”的发展思路，投入专项培训经费10万元，举办富硒产业开发培训班。

**【干部挂职扶贫】** 国土资源部加强人才扶持力度，从部机关选派4名干部分别挂职赣州市副市长、赣县副县长、新田县委副书记和阜平县副县长，协调落实国土资源部的支持政策和项目。

（国土资源部扶贫办　李东法）

# 环境保护部扶贫

**【概述】** 2014年，环境保护部高度重视扶贫开发工作，把扶贫开发工作和环境保护工作共同推进，深入贯彻落实《中国农村扶贫开发纲要（2011—2020年）》《关于创新机制扎实推进农村扶贫开发工作的意见》等文件精神，加快推进贫困地区环境保护工作，集中力量解决贫困地区突出环境问题，推进贫困地区生态环境质量改善。

**【农村饮水环境保护】** 2014年，环境保护部与国家发展和改革委员会、水利部、财政部、国家卫生和计划生育委员会联合发布《关于调查农村饮水安全有关工作情况的通知》，组织开展农村地区饮用水水源地环境状况调查评估，基本摸清乡镇及农村地区饮用水源地环境状况。出台《分散式饮用水水源地环境保护指南（试行）》等系列规范性文件，为开展农村饮用水水源环境保护工作奠定了基础。2014年安排中央财政湖泊生态保护专项资金70亿元，一些革命老区、民族地区和边远山区等贫困农村饮水安全得到进一步加强。

**【农村环境综合整治】** 2014年，环境保护部联合财政部投入中央农村环境保护专项资金60亿元，重点推进全覆盖拉网式农村环境综合整治试点，同时将传统文化村落环境保护纳入支持范围，完成1.3万个村庄的饮用水水源地保护等环境整治，受益人口2000万人。随着各地农村环境综合整治工作加快推进，贫困地区农村生态环境质量得到进一步改善。

**【生态环境建设与保护】** 2014年，环境保护部在华南、西南、西北、东北等少数民族地区开展生物物种资源及相关传统知识调查、编目与数据库建设，初步构建少数民族传统知识数据库。在贵州、云南和内蒙古等生物多样性丰富的少数民族地区开展生物多样性保护与减贫示范工作。联合国务院扶贫办起草《关于加强生物多样性保护与促进减贫协同增效的通知》，支持加强生态建设和生物多样性保护。

**【定点扶贫】** 2014年，环境保护部加大对河北省围场县、隆化县帮扶力度。结合《重点流域水污染防治规划（2011—2015年）》实施，对围场、隆化两县列入海河流域污染防治规划的项目给予积极协调支持。指导编制《承德市武烈河流域水污染防治规划》《承德市滦河水污染防治规划》和《承德市蟠龙湖流域生态环境保护总体方案》，为围场、隆化两县水污染防治工作提供技术支撑。启动了滦河流域综合整治试点。安排围场、隆化中央农村环保专项资金 598 万元，重点支持农村生活污水、垃圾等治污设施建设；安排生物多样性保护专项资金 187 万元，加强围场县塞罕坝国家级自然保护区建设；积极协调财政部，将隆化县纳入国家重点生态功能区转移支付范围。加大人才交流力度，继续从直属单位选派优秀干部赴围场县、隆化县挂职。

（环境保护部）

# 住房和城乡建设部扶贫

**【概述】** 2014年，住房和城乡建设部（以下简称“住建部”）会同有关部委继续加大对贫困地区农村危房改造支持力度，认真履行大别山片区联系单位职责，积极推动行业扶贫。

**【农村危房改造】** 2014年，住建部会同国家发展和改革委员会、财政部印发《关于做好2014年农村危房改造工作的通知》（建村〔2014〕76号），明确2014年支持贫困地区农村危房改造政策。2014年，中央安排补助资金230亿元支持全国266万贫困农户改造危房，其中国家确定的集中连片特困地区县和国家扶贫开发工作重点县等贫困地区105万户。提高对贫困地区的中央补助标准，户均补助标准由7500元提高到8500元。下达农村危房改造任务时对贫困地区予以单列。明确改造后住房须建筑面积适当、主要部件合格、房屋结构安全和基本功能齐全。改造后，户均建筑面积控制在60平方米以内。为摸清全国农村危房总体情况和农村住房状况，住建部印发《关于全面开展农村危房现状调查的通知》，为下一步制定规划和政策提供依据。

**【大别山区扶贫攻坚】** 2014年，住建部继续开展大别山区建筑业扶贫，组织协调中国建筑业协会、中国建筑金属结构协会、中国建筑工程总公司、中建钢构有限公司等单位帮助大别山片区县（市）加快推进建筑劳务输出和劳务基地建设，开展合作洽谈和产学研对接，免费培训当地建筑劳务管理人员并组织外出观摩。

大别山片区一批建筑企业实力得到明显提升，有效拉动了就业和税收，促进了当地经济社会发展。13家申请资质升级的建筑业企业中已有6家取得施工总承包一级资质，3家企业取得专业承包一级资质。团风县龙头企业山河建设集团有限公司2014年进入了全国建筑企业50强，全国企业500强。湖北恒胜建筑安装有限公司取得房建总承包一级资质后，2014年下半年产值较2013年同期增长2亿元；晟阳建设工程有限公司取得房建总承包一级资质后，产值达到10亿，是升级前的3倍多。团风县升级企业共新增税收6000万元，新增就业岗位6000个，经济效益和社会效益显著。

住建部组织第二批大别山片区住房和城乡建设系统干部赴东部地区挂职锻炼。协调东部8省（市）予以支持，安排大别山片区36县（市）及青海省湟中县、大通县和江西省吉安县干部赴东部进行了为期半年的挂职锻炼。

加强园林城市创建培训，提升园林专业管理水平。2014 年分 5 期组织安徽、湖北、河南等大别山片区各市、县、镇开展城镇园林绿化管理与技术培训班，宣传贯彻园林绿化相关管理政策和标准，提升各市、县、镇主要领导及相关部门技术与管理人员对园林绿化行业的认识和专业化管理业务水平。接收大别山片区湖北省麻城市、安徽省利辛县申报国家园林城市和县城申请，加强园林城市、县城和城镇创建的事前专家指导，以创建为抓手，改善人居生态环境。向国家发展和改革委员会推荐湖北省罗田县为国家生态保护与建设示范区，开展住房和城乡建设领域生态保护与建设示范区建设。

支持城镇污水处理管网建设。配合财政部，按照中央财政污水管网集中支持专项资金的管理办法，2014 年安排河南（11.3 亿元）、湖北（3.26 亿元）、安徽（3.63 亿元）中央财政城镇污水管网建设专项资金共计 18.2 亿元，由各省统筹安排使用。

**【行业指导】** 指导贫困地区推进全国城镇生活垃圾无害化处理设施建设“十二五”规划的实施，加快贫困地区垃圾处理设施建设和现有设施技术升级改造；在中央预算内投资项目审查过程中，配合国家发展和改革委员会加大对贫困地区的支持，对贫困地区生活垃圾处理设施建设项目给予扶持；完善城镇生活垃圾处理管理信息系统，指导贫困地区城市做好信息上报工作；开展生活垃圾处理管理人员培训活动，并按照住建部定点扶贫工作安排，对部分贫困地区给予免收培训费等方面的支持。为进一步推动信息化技术在贫困地区城市建设、管理及运营服务过程中的应用，提升贫困地区市政公用事业服务质量，保障城市安全运行，继续在贫困地区推广数字化城市管理模式，加强相关政策和标准的宣贯培训。住建部于 2014 年 9 月在银川市举办全国数字化城市管理技术应用培训班，通过总结和推广先进城市管理工作经验，提升贫困地区城市综合管理能力。

（住房和城乡建设部　牛大刚）

# 交通运输部扶贫

**【概述】** 2014年，交通运输部深入贯彻落实中央关于扶贫开发工作的新要求和中共中央总书记习近平等中央领导同志关于农村公路工作的重要批示精神，将交通扶贫和农村公路工作摆到更加重要、更为突出的位置，按照2014年政府工作报告和《关于创新机制扎实推进农村扶贫开发工作的意见》的有关要求，加大支持力度，扎实推进交通建设扶贫、联系六盘山片区、定点扶贫四川省阿坝藏族自治州和对口支援江西省安远县等各项工作。

**【交通建设扶贫】** 2014年，交通运输部全面推进《集中连片特困地区交通建设扶贫规划纲要（2011—2020年）》的实施，继续加大对集中连片特困地区交通建设的支持力度。全年投入到14个片区交通建设的车辆购置税（以下简称“车购税”）资金超过1550亿元，比2013年增长了近30%，其中安排1041亿元支持14个片区改造建设3.17万千米的高速公路和普通国道省道；安排超过500亿元支持14个片区建设8.5万千米农村公路、1.23万千米重要县乡道、119个县级客运站和1.6万个乡村客运站点，解决了片区93个乡（镇）、1.05万个建制村的通畅问题；安排7亿元资金，推进138个“溜索改桥”项目建设，并协调国务院扶贫办同步下达财政专项扶贫资金支持工程建设。

**【联系六盘山区】** 根据国务院扶贫开发领导小组的统一部署，交通运输部被确定为六盘山片区的联系单位。交通运输部认真履行联系单位的职责，深入开展调查研究，积极推进片区扶贫攻坚工作的开展。扎实推进交通建设扶贫工作，2014年安排110亿元车购税资金支持片区加快交通基础设施建设。深入开展调查研究，交通运输部领导多次赴片区开展实地调研，协调解决扶贫攻坚问题，并把甘肃省临洮县和宁夏回族自治区西吉县两县交通运输局作为第二批党的群众路线教育实践活动联系点。深化干部交流培训，派出2批优秀干部赴片区基层挂职，并先后组织实施了6个干部培训项目、1个高层次人才培养项目、4个高层次学历教育培养项目和2个交通职业院校师资互派交流项目。加强部际协调联系，2014年11月，在北京组织召开2014年六盘山片区扶贫攻坚部省协调推进会，积极协调中央有关部门研究解决片区扶贫攻坚的新情况、新问题。

**【六盘山区扶贫攻坚试点】** 2014年，

交通运输部会同陕西、甘肃、青海、宁夏四省（区）人民政府在片区选取陕西省淳化县、甘肃省临洮县、甘肃省静宁县、青海省海东市乐都区和宁夏回族自治区西吉县5个贫困县（区）开展扶贫攻坚试点工作。交通运输部在六盘山片区交通扶贫规划的基础上对试点县再给予一定倾斜支持，支持其加大农村公路建设养护、农村客货运输、特色产业发展、农村生产生活条件改善等方面的工作力度，推动率先完成部分扶贫攻坚重点目标，积极探索扶贫工作的体制机制创新，为“十三五”时期扶贫工作积累经验，探索路径。各试点县按要求编制扶贫试点工作实施方案，明确年度目标和重点任务，同时成立了以县委、县政府主要领导为组长的扶贫试点工作领导小组，明确责任分工和政策环境保障。5个试点县合计安排了2300千米的农村公路和一批农村客运站点建设，同步带动了一批特色产业发展、招商引资、城镇建设等取得新成果，有力促进了县域经济发展。工作过程中，各县因地制宜分别探索促进城乡客运发展的新思路，探索建立“管理责任以县为主，资金投入以政府为主，建管养以市场运作为主”的农村公路建管养体制和建设资金保障机制。

**【援疆援藏工程】** 2014年7月，交通运输部印发《关于进一步推进西藏交通运输科学发展的若干意见》，要求全面贯彻落实中央关于西藏工作的方针政策，深入学习贯彻中共中央总书记习近平“治国必治边、治边先稳藏”的重大战略思想，坚持统筹规划、突出重点、因地制宜、合力推进的原则，进一步加大对西藏交通运输跨越式发展的支持力度，着力构建西藏综合交通运输体系，为2020年西藏与全国一道全面建成小康社会提供坚实的交通运输保障。8月，印发《关于进一步支持新疆交通运输科学发展的若干意见》，要求全面落实中央第二次新疆工作座谈会部署，按照实现全面建成小康社会目标要求，进一步加大对新疆交通运输发展的支持力度，积极推进新疆“四个交通”建设，为维护新疆社会稳定和长治久安提供坚实的交通运输保障。在编制“十三五”规划时，交通运输部将在政策、资金方面给予西藏和新疆进一步倾斜和支持。

**【对口支援】** 2014年，交通运输部按照国务院办公厅《关于印发中央国家机关及有关单位对口支援赣南等原中央苏区实施方案的通知》的有关要求，交通运输部负责对口支援江西省安远县。交通运输部按照《对口支援安远县振兴发展工作方案》，不断加大对安远县“外通内联、通村畅乡”公路交通网络建设的支持力度，派出干部挂职安远县委副书记，扎根基层，充分发挥桥梁纽带作用，积极协调解决有关难题。2014年，交通运输部补助18亿元车购税资金支持寻（乌）全（南）高速公路建设，安排2亿元切块资金扶持安远普通公路建设，涉及公路改造总里程104.9千米。2014年寻全高速安远至信丰段通车运营。驻安远挂职干部协调安排市交通局、安远县交通局 8 人次参加全国性交通干部业务培训学习，推动人民交通出版社向安远县交通局捐赠价值 3 万元的交通工程专业技术书刊，支持建立交通阅览室。

**【定点扶贫】** 2014 年，交通运输部定点扶贫四川省黑水、小金、壤塘 3 个国家扶贫开发工作重点县。交通运输部围绕藏区跨越式发展和长治久安的工作大局，把推进阿坝藏族羌族自治州（以下简称“阿坝州”）定点扶贫工作作为保障和改善民生的大事，细化工作思路，加强项目管理，注重扶贫实效。2014 年共安排阿坝州实施交通扶贫项目 17 个，其中，新建项目 16 个（含公路 5 条 42.42 千米、桥梁 10 座 438 延米、安保工程 1 个 5 千米），续建项目 1 个（含公路 4 千米、隧道 1560 米、桥梁 737 延米）；同时还有 3 个在建的 2013 年度延续性项目，包括红原花海路 10.8 千米、若尔盖迭求路 6.2 千米、黑水慈坝乡道安保工程 15 千米。项目总投资 1.92 亿元，其中，交通运输部车购税投资 1 亿元，四川省交通运输厅配套补助 2000 万元。2014 年，黑水、若尔盖、红原三县项目和壤塘门日路一期工程已全面完成，小金崇美路完成投资 13460 万元。

交通运输部驻阿坝州扶贫联络组加强与交通运输部管理干部学院沟通协调，由学院自筹资金，2014 年 12 月举办以“公路建设综合管理”为专题的阿坝州第五期交通运输管理人才培训班，培训交通技术管理人员 33 人。同时，交通运输部管理干部学院远程教育部门确定在阿坝州马尔康设立专科升本科、高中升专科等学历继续教育的考试点，报名 43 人，将有效提升阿坝州交通技术队伍的专业素质和学历层次。

交通运输部驻阿坝州扶贫联络组协调联系人民交通出版社，捐赠一套价值 4000 元交通运输工具书；会同交通运输部直属机关团委联系江苏昆山方氏集团向阿坝州公路管理局养护道班捐赠总价值 28 万元的净水设备；会同交通运输部职业资格中心赴小金县慰问基层养护道班职工，向县公路分局捐赠 10 万元；联系协调民营企业投入 30 万元支持阿坝州教育局开展优秀少儿读物藏文翻译工作。在北京京华公益公司基金会的资助下，驻阿坝州扶贫联络组组织小金县、汶川县 45 名青少年于 8 月在北京参加青少年英才“乡村·中国梦”素质拓展活动，让民族地区的青少年走出高原、走出大山，开阔视野。

（交通运输部扶贫工作办公室
汪　忠）

# 水利部扶贫

**【概述】** 2014年，水利部充分发挥水利行业优势，采取切实有效措施，加大投入，开拓创新，积极开展水利扶贫工作。具体承担了5个方面的水利扶贫任务，一是针对14个集中连片特困地区和国家扶贫开发工作重点县等贫困地区的水利行业扶贫任务；二是滇桂黔石漠化片区扶贫攻坚联系任务；三是重庆市城口县、巫溪县、开县、云阳县、丰都县、武隆县，湖北省房县，广西壮族自治区田林县、凌云县，贵州省望谟县、册亨县，云南省广南县、富宁县13个县的定点扶贫任务；四是青海省贵德县、江西省宁都县、河北省阜平县、甘肃省临夏回族自治州、安徽省金寨县的对口支援任务；五是贵州省铜仁市、毕节市的水利扶贫试点任务。水利部继续坚持以项目扶持、对口帮扶和干部挂职为主要手段和渠道，不断加强贫困地区民生水利建设，以“五水加科教”（农村饮水、农田水利、农村水电、水土保持、水文和科技教育）为主要内容，加大对贫困地区水利工作支持力度，水利扶贫各项工作全面推进，为贫困地区经济发展与扶贫攻坚总体目标提供有力的水利支撑和保障。

**【扶贫会议】** 2014年，水利部召开了一系列水利扶贫工作会议，总结工作经验，研究分析形势，安排部署工作。5月，水利部和国家林业局在广西壮族自治区百色市联合召开滇桂黔石漠化片区扶贫攻坚推进会议。滇桂黔石漠化片区部际联系会议部分成员单位，以及广西、贵州、云南三省（区）政府分管领导，三省（区）及涉及到的15个市（州）水利、林业、扶贫办主要负责同志参加会议。11月，水利部在重庆市组织召开水利定点扶贫工作座谈会，贯彻落实中央新时期扶贫开发重要指示精神，研究水利定点扶贫工作中出现的新情况、新问题，按照精准扶贫的新要求，安排部署下一阶段工作。2014年，水利部领导主持召开4次水利部扶贫领导小组会议，研究部署水利扶贫工作。

**【扶贫规划】** 2014年，水利部坚持扶贫工作规划先行的有效做法，与滇桂黔三省（区）人民政府联合印发《全国水利扶贫规划滇桂黔石漠化片区水利扶贫实施方案》，明确提出了今后5—10年加快滇桂黔石漠化片区水利发展的总体目标和工作重点。

**【扶贫制度建设】** 2014年，水利部印发《关于开展贫困地区贫困农民水利需求调查的通知》《关于抓紧做好水利扶贫项目库建设工作的通知》《关于进一步做好水利定点扶贫和对口支援投资计划管理相关工作的通知》《关于开展建立与驻村工作队（组）联系机制工作的通知》《水利扶贫工作考核办法（试行）》等一系列建立水利精准扶贫工作机制的文件。

**【扶贫调研】** 2014年，水利部领导带领调研组分别于9月、11月深入青海、重庆两地开展对口援青和水利定点扶贫工作调研。13个定点扶贫对口支援小组分别深入水利部13个定点扶贫县开展调研，掌握基层的发展和需求情况，与贫困地区干部群众建立了深厚的感情。2014年到定点扶贫县考察的水利部各级干部达218人次，其中部级领导3人次。

**【水利扶贫项目】** 2014年，在全国贫困地区加大民生水利工程建设的中央水利投资为403.46亿元，包括贫困地区在内的全国重要江河支流治理、中小河流和病险水库（闸）除险加固等防洪薄弱环节建设。在贫困地区832个县投入中央农村水利资金145.7亿，使1900万农村居民和285万农村学校师生饮水安全问题得到解决，新增和改善灌溉面积1983万亩。从土地出让收益中计提农田水利建设资金25亿元用于小型水利设施的维修养护。安排中央水利建设资金6.78亿元，用于贫困地区工程维修养护。

**【扶贫培训】** 2014年，水利部针对基层水利人才短缺和管理落后的现状，通过聘请专家学者授课，共举办32期农村供水、水利建设、水利管理等方面的培训班，培训贫困地区基层水利干部、业务骨干和挂职干部3000多人次。其中，面向滇桂黔石漠化片区，举办培训班1期，130余名基层水利干部参加了培训；面向定点扶贫县，举办培训班12期，13个定点扶贫县的512名水利技术干部和农民参加了培训。

**【扶贫日活动】** 水利部积极响应和支持全国首个“扶贫日”的设立，组织开展一系列“扶贫日”活动。开展捐款活动，印发《关于开展首个“扶贫日”捐款活动的通知》，组织水利部机关和直属单位在“扶贫日”开展扶贫捐款活动，共有25个单位捐款55万元，款项全部移交给13个定点扶贫县，用于资助贫困家庭和贫困学生。利用报刊、网络等平台开展一系列水利扶贫宣传活动，营造水利扶贫良好氛围。10月16日，中国水利报社印发专刊宣传水利扶贫工作，水利部移民局局长唐传利应邀参加由北京大学等7家单位共同发起组织的“10·17论坛”，围绕“扶贫开发与全面小康”主题，发表了“构建大水利扶贫格局，加快贫困地区水利建设”的主题演讲。

**【定点扶贫】** 2014年累计安排13个县水利投资28.23亿元，其中中央水利投资15.55亿元，解决了58.87万农村人口和4.66万名学校师生的饮水安全问题，新增供水能力1.05亿立方米，新增农村水电装机11.75万千瓦，新建及加固堤防37.55

千米。

**【干部挂职扶贫】** 2014年，根据中共中央组织部工作部署和地方的需求，水利部共选派了40余名挂职干部赴贫困地区挂职扶贫，其中有23人负责滇桂黔石漠化片区联系工作并兼顾定点扶贫工作，有6人专门从事定点扶贫工作。扶贫挂职干部在水利部扶贫领导小组和当地党委、政府的领导下，充分发挥桥梁纽带作用，为扶贫开发事业发展做出自己的贡献。

**【对口支援】** 2014年，水利部通过开展项目帮扶、资金帮扶、管理帮扶、人才帮扶等，部直属的53个单位组成的13个对口帮扶小组对各自对口帮扶的定点扶贫县直接投入693.45万元，捐赠物资价值32万元，其中，投入基础设施建设资金466.4万元，捐赠88.56万元资助了519名家庭贫困的优秀学生，投入救济送温暖资金41.49万元。培训水利对口支援地区水利干部512人次。水利部印发《关于进一步做好水利定点扶贫和对口支援投资计划管理相关工作的通知》，明确定点扶贫县每年水利投资增幅超过所在省（区、市）平均水平的20%—30%，保障项目扶持力度。

（水利部移民局扶贫处　虞　泽）

# 农业部扶贫

**【概述】** 2014年，农业部高度重视行业扶贫工作，按照中央有关部署和要求，认真贯彻落实《中国农村扶贫开发纲要（2011-2020年）》和中央扶贫开发工作会议精神，针对贫困地区农业农村发展实际，以促进农牧业发展和农牧民增收为中心任务，发挥行业优势，加大工作力度，采取一系列倾斜帮扶措施，有力促进了贫困地区农民持续增收、农业稳定发展、农村繁荣和谐。

**【扶贫会议】** 2014年3月，组织召开农业部扶贫开发及援疆、援藏工作领导小组会议，研究部署当年工作。6月，在黑龙江省齐齐哈尔市组织召开大兴安岭南麓片区区域发展与扶贫攻坚工作座谈会，组织部内单位与片区签署合作协议，进一步推动落实片区结对帮扶、专家咨询、挂职锻炼和部际联系会议制度。在哈尔滨市召开全国农业行业扶贫工作座谈会，进一步引导和动员全国农业系统加强农业行业扶贫工作。8月，在青海省西宁市举办全国农业援青合作对接活动，企业签约金额33.8亿元。9月，在新疆维吾尔自治区乌鲁木齐市召开全国农业援疆工作座谈会，分别与新疆、新疆生产建设兵团签署了合作备忘录。

**【扶贫制度建设】** 1月，印发《特色农产品区域布局规划（2013—2020年）》，涉及新时期国家扶贫开发工作重点县558个，占重点县总数的94.3%；涉及14个连片特困地区县639个，占片区县总数的94%。3月，完成《关于南疆四地州农业调结构、促增收和可持续发展问题的专题研究报告》，所提建议吸收到中央文件。5月，与国家林业局、国务院扶贫办、商务部、国家发展和改革委员会、科技部、全国供销合作总社6部门联合印发了《特色产业增收工作实施方案》。8月，印发《农业部关于加快青海省藏区农牧业发展的指导意见》。9月，印发《农业部关于支持江西省信丰县现代农业发展实施方案》。同时，农业部规划设计研究院、中国农业科学院等直属单位指导贫困地区农口部门编制了《阿尔山动植物观光园规划》《库尔勒市现代农业示范区建设规划》《哈密市现代农业示范区建设规划》《新疆维吾尔自治区“三千万亩”高标准农田建设总体规划》《信丰县现代农业发展规划（2014—2020年）》等数十项规划。

**【基础设施建设】** 2014年，农业部提高农机购置补贴标准。大型棉花采摘机单机补贴限额可提高到30万元，新疆和新疆生产建设兵团提高到40万元。优先在丘陵山区、“老少边穷”和集中供气无法覆盖的地区，发展户用沼气。种植业保险方面，中央财政对中西部地区补贴40%，对东部地区补贴35%；能繁母猪、奶牛、育肥猪保险方面，中央财政对中西部地区补贴50%，对东部地区补贴40%。农垦危房改造以户籍在垦区且居住在垦区所辖区域内危房中的农垦职工家庭，特别是低收入困难家庭为主要扶助对象。按照东、中、西部垦区每户补助6500元、7500元、9000元的标准，改造农垦危房24万户；同时按照中央投资每户1200元的补助标准，支持建设农垦危房改造供暖、供水等配套基础设施建设。中央对江苏、浙江、安徽、山东、湖北、湖南、广东、广西8个省（区）以船为家渔民上岸安居给予补助，无房户、D级危房户和临时房户户均补助2万元，C级危房户和既有房屋不属于危房但住房面积狭小户户均补助7500元。

**【扶贫资金投入】** 2014年，农业部共安排14个集中连片特困地区农业基本建设和中央财政资金245亿元。其中，安排农业基本建设资金71亿元，重点用于支持退牧还草、游牧民定居工程、沼气工程、退耕还林还草等生态环境保护类工程、基层农技推广体系、农产品质量安全检验检测体系、动物防疫体系等农业服务体系建设类工程，以及千亿斤粮食工程、畜禽良种工程等生产发展类工程；安排中央财政专项资金174亿元，重点用于良种补贴、农资综合补贴、农机购置补贴、测土配方施肥补贴、农产品产业初加工补助、草原生态保护补助奖励、新型职业农民培育等财政专项。

**【科技扶贫】** 2014年，农业部组织农学、园艺、畜牧、水产、农机等行业首席专家，帮助14个连片特困地区遴选了205个农业适用品种和120个农业适用技术。在太行山、武陵山、秦巴山、大兴安岭南麓贫困山区开展科技服务48次，举办培训班138期，培训技术人员和农民1.4万人次。与新疆、西藏及四省藏区有关研究机构联合承担了青稞新品种选育、蔬菜马铃薯适宜栽培品种、降解地膜试验评价、马流感灭活疫苗等53项科技项目，联合建立和完善了100个试验示范基地。与新疆维吾尔自治区人民政府签署了农业科技合作协议，共同推进西北农业研究中心和中国中亚农业科技分中心建设。

**【扶贫培训】** 2014年，农业部围绕连片特困地区的主导产业加强了对专业大户、家庭农场经营者、农民合作社带头人、农业企业经营管理人员和农业社会化服务人员的培训力度，开展农业技能和经营能力培训。依托新疆三道沟村、西藏才纳村农村实用人才培训基地，为新疆、西藏、四省藏区培养了1200名农村发展带头人，为定点扶贫地区培养了120名农村实用人才带头人，到新农村建设先进村学习培训、参观考察、交流研讨。6月，在北京举办四川、云南两省藏区农牧业管理干部培训班，70 多名基层农牧业管理干部参加培训。7 月，在北京举办大兴安岭南麓片区农牧业管理干部培训班，40 余名农牧业管理干部参加培训。11 月在乌鲁木齐举办新疆农民合作社辅导员专题培训班，120 余名合作社负责人参加培训。制作辣椒栽培模式、机采棉栽培管理技术、大田滴灌系统安装与使用、卡拉库尔羊 4 集新疆专题节目。制作藏茶制作工艺、走进日喀则等 4 集西藏专题节目。捐赠大兴安岭南麓片区 3800 张农业实用技术光盘和 20 台农民教育培训移动多媒体资源播放器。针对水稻机械育插秧、生物质成型燃料等技术应用，为新疆、西藏和大兴安岭南麓片区举办 34 期远程培训，以卫星网、互联网同步直播方式培训农牧民和农技推广人员 2 万多人次。农业部共有 35 名干部在贫困地区以及新疆、西藏、青海藏区挂职，接收了新疆、西藏 5 名“西部之光”访问学者、6 名挂职干部以及 3 名特培学员。

**【市场营销】** 2014 年，农业部借助中国—亚欧博览会、中国—阿拉伯国家农业论坛、中国—东盟优质水果推介会等活动，推动新疆果品等优势农产品出口。与新疆联合举办第五届新疆农产品北京交易会，24 家企业现场签订购销协议金额达 13 亿元。在上海支持举办了第五届新疆名优特及精深加工农产品展示会。在贫困地区建设国家级农产品产地市场，开展甘肃定西马铃薯市场、江西赣南脐橙市场建设。通过《聚焦三农》、《每日农经》等栏目推介贫困地区农产品。在中国农业信息网长期免费链接中国湘西柑橘网，开发“新疆特色农产品（北京）展销中心”专网、“大兴安岭南麓片区精品展示”栏目。“全国农产品免费广告展播”播出援疆公益广告 6775 频次，总时长近 1700 分钟，免费宣传新疆特色农产品。协调京东商城免费为大兴安岭南麓片区企业和合作社的生态产品在京东商城网站开通专销馆，提供网络平台、进入端口、技术支持和推广营销，前期技术费用均免收。农业部绿色食品中心继续减免定点扶贫地区、西藏、新疆等贫困地区绿色食品、有机食品认证费、标志使用费等政策。

**【生态保护】** 2014 年，农业部继续实施退牧还草工程，通过禁牧休牧、划区轮牧、牲畜舍饲圈养、人工饲草基地建设等措施，使贫困地区退化草原休养生息。在全国 13 个省（区）所有牧区半牧区县和新疆生产建设兵团、黑龙江农垦总局的部分团场，全面建立草原生态保护补助奖励机制。安排中央投资 1.26 亿元，支持连片特困地区户用沼气、小型沼气工程、乡村服务网点、大中型沼气工程等建设。加强贫困地区水生生物资源养护规范化、制度化建设。安排定点扶贫地区及新疆、西藏 1918 万元用于种质资源保护和增殖放流。开展新疆 9 个马（驴）品种血样采集，完成新疆地方绵羊品种毛绒品质评价，帮助西藏实施帕里牦牛、绒山羊、藏猪等种质资源保护。

**【扶贫日活动】** 2014年，农业部组织中央电视台第7频道、中国农业信息网、《农民日报》等媒体，对全国农业系统扶贫工作的经验做法和先进事迹开展宣传报道。10月17日，《农民日报》专题发表《补好全面建成小康社会的短板》《让善的阳光温暖整个社会》《湖南启动百企产业扶贫》等10余篇文章，宣传和动员全国农业系统合力推进扶贫开发工作。10月17日，农业部直属机关党委组织召开扶贫工作经验交流座谈会。座谈会上，农业部扶贫工作典型单位和贫困地区挂职干部代表与青年干部代表就农业部近年来开展扶贫工作的好经验好做法进行了交流，讨论了新形势下深入开展扶贫工作的新思路、新举措、新途径。与阿里巴巴公司对接，争取在贫困村率先启动“百县万村”工程，支持定点扶贫地区建设农村信息服务站，搭建农产品销售网，帮助贫困农户拓宽销售渠道。

**【定点扶贫】** 2014年，农业部定点帮扶湖北省恩施土家族苗族自治州咸丰县、来凤县、宣恩县、鹤峰县，湖南省湘西土家族苗族自治州龙山县、永顺县、保靖县、古丈县。全面推进农业科技进村入户，支持湘西、恩施两州开展柑橘品种改良、猕猴桃种苗基地、乡镇动物防疫体系、百合生产技术示范等内容培训，为定点扶贫地区引进先进适用的小型农机和烟草种植的可降解地膜。将湘西州列为地市级农产品质量安全风险评估基地、动物流行病学调查点、“兽医机构绩效评估”实验点、现代农业产业技术体系综合试验站。推动“恩施州农业科学院—新西兰·奥克兰大学理学院天然富硒功能食品联合实验室”建设。帮助引进保靖百泰集团有限公司等龙头企业在保靖建设茶叶、畜产品等生产基地。挖掘农产品文化价值，提升产品品质和附加值。创新融资模式，通过合作社发放小额贷款、带动农户参与产业发展和产品深加工。支持召开武陵山片区（湘西）首届生态有机富硒农产品博览会。

（农业部）

# 商务部扶贫

**【概述】** 2014年，商务部积极贯彻落实党中央国务院有关扶贫开发工作会议精神和《中国农村扶贫开发纲要（2011—2020年）》关于行业扶贫的战略部署，全力发挥商务扶贫行业优势，突出商务扶贫特色，打造商务扶贫新亮点，取得了积极成效。认真做好本部门定点扶贫工作，积极推动四川省仪陇县、广安区和湖南省城步苗族自治县（以下简称“城步县”）经济社会发展。

**【扶贫资金投入】** 2014年，商务部商财政部安排中央财政资金26亿元，开展全国农产品流通骨干网络建设工作，支持公益性农产品批发市场和跨区域农产品流通基础设施建设，并通过发挥财政资金引导作用，带动社会资本加大投入，引导农产品流通企业与农户建立利益联结机制，促进试点地区农户稳步增收。支持地区涉及六盘山区、秦巴山区、武陵山区等9个连片特困地区所在省份。

**【产业扶贫】** 2014年，全国肉类蔬菜流通追溯体系建设试点覆盖到的困难地区有：山东省临沂市、贵州省铜仁县、西藏自治区拉萨市、青海省海东市。对上述地区分别给予2500万元资金支持。继续组织开展中药材流通追溯体系建设工作，建设覆盖主要中药材品种，中药材从种植到销售各经营节点交易主体充分参与，2014年项目资金支持覆盖内蒙古、青海等省（区）。

**【中小商贸企业扶贫】** 2014年国内贸易信用保险补助政策覆盖了云南、四川、陕西、黑龙江等地区。商务部高度重视和支持中小商贸企业发展，出台了一系列中小商贸企业扶持政策。对于缓解中小商贸企业融资困难、促进信用销售、活跃市场流通、改善市场信用环境发挥了积极作用。

**【推介宣传中西部企业】** 2014年秋季第116届广交会中西部地区共4855家企业参展，展位数（含品牌展位和一般性展位）共10296个，出口成交92亿美元。在广交会一般性展位基数重核与品牌展位评审中，对贫困地区较多的中西部地区倾斜支持，在核算一般性展位数量时，先切块分配一定数量后，再将中部地区和西部地区出口额分别按2倍和2.5倍计算，更好地满足中西部地区对展位的需要。

**【国际援助扶贫】** 2014年，商务部与联合国儿童基金会、联合国人口基金、联合国开发计划署等机构继续积极落实

2011—2015年国别合作方案，围绕卫生、教育、儿童保护、绿色能源、性别平等等领域，协调联合国儿童基金会、联合国人口基金、联合国开发计划署等机构与我国西部云南、四川、甘肃等多个省（区）开展了大量国际合作项目，项目资金总额约4300万美元。通过双边发展合作渠道，争取到3个新西兰对华援助扶贫项目，项目资金总额约40万美元。组织三个定点扶贫地区免费参加在甘肃举办的对外劳务对接大会，协助澳门南光（集团）有限公司派员到广安区、仪陇县招聘赴澳劳务。

**【定点扶贫】** 2014年，商务部定点帮扶四川省仪陇县、广安区，湖南省城步县。实施整村推进、教育扶贫、扶贫培训等项目，提升贫困地区自身发展能力，扶贫工作取得新成效。

**【扶贫培训】** 2014年，商务部安排75万元资金，专项委托城步县人民政府组织开展商务和扶贫工作专项培训。组织大竹坪村村组干部和有发展愿望的党员、群众代表31人赴贵州苗寨、湘西凤凰、吉首猕猴桃基地、兴安葡萄基地等地，学习苗族文化、旅游产业和特色农业开发。开展商务、扶贫工作培训，共培训236人。组织产业带头人和返乡青年创业培训，共培训80人。组织商务助学人员培训，共培训20人。组织乡镇开展农业产业培训，共培训1200人。安排50万元用于仪陇县党政干部、扶贫专干和贫困村致富带头人培训；安排50万元用于广安区外贸企业、传统商贸流通企业、电子商务企业负责人、贫困村村组干部和致富带头人培训。

**【扶贫捐款】** 2014年，商务部14家直属事业单位和行业商会自愿为定点扶贫地区捐款1000万元，用于支持广安区和仪陇县的整村推进和教育援助项目。14家单位及其捐款金额分别为：中国对外贸易中心200万元，商务部经济合作中心150万元，中国国际电子商务中心、中国机电产品进出口商会各100万元，中国轻工工艺品进出口商会80万元，中国五矿化工进出口商会70万元，中国纺织品进出口商会、中国医药保健品进出口商会各60万元，商务部外贸发展局50万元，中国食品土畜进出口商会、商务部投资促进事务局、商务部培训中心各30万元，商务部流通产业流促中心、中国对外承包工程商会各20万元。组织商务部2011年度捐款的6家直属单位对仪陇县和广安区已实施的资金帮扶项目进行验收。对验收合格的项目及时拨付尾款，同时要求地方政府进一步加强对不合格项目管理、限期整改。

**【整村推进】** 2014年，商务部直属单位为城步县捐款的560万元进行儒林镇大竹坪片区整村推进项目。完成3千米通村主要道路的扩建和硬化，解决老百姓出行难问题。对6千米环村道路按照旅游步道标准进行整修和硬化，整修工作已全部完成。完成60座危房改造任务，确保贫困群众“住有所居”；对15座砖瓦房屋进行了民族特色改造建设，彰显了苗族文化，提升了乡村品位。

**【教育扶贫】** 2014 年，商务部直属单位为城步县捐款的 100 万元教育援助项目，主要用于对贫困家庭子女教育帮扶。城步县对全县范围内贫困学生进行了摸底调查，通过村、乡、县三级审核和公示，共帮扶贫困学生 580 人，资金已通过“一卡通”全部打卡到户，切实解决贫困家庭子女上学难问题，得到社会的广泛认可和好评。

**【扶贫规划】** 2014 年，为做好城步县定点扶贫工作，商务部专门委托有扶贫规划经验的国际贸易经济合作研究院亚洲与非洲研究所承担《城步苗族自治县扶贫开发规划》课题，课题组赴城步实地调研，并充分征求国务院扶贫办、商务部内各相关司局、城步县有关部门意见，形成高质量的扶贫开发规划，为做好城步定点扶贫工作奠定基础。

（商务部）

# 文化部扶贫

**【概述】** 2014年，文化部党组高度重视扶贫开发工作，坚持“文化扶贫”的工作思路，立足文化资源优势，依托重大文化项目，加大资金投入，推进项目建设，同时作为国务院扶贫开发领导小组成员单位，积极配合各牵头单位参加武陵山区、乌蒙山区等11个连片特困地区和已明确实施特殊政策的西藏、四省藏区、新疆南疆四地州等片区的有关工作，有效发挥了文化维护社会稳定、改善民生、加强民族团结、促进经济发展的作用。

**【扶贫制度建设】** 2014年，文化部以建立公共文化服务体系协调机制为契机，依托“国家公共文化服务体系建设协调组”，印发《贫困地区公共文化服务体系建设工作方案》。《工作方案》针对当前在贫困地区公共文化服务体系建设存在的主要问题，从健全文化设施、增加服务供给、创新服务内容、强化文化队伍等方面入手，通过制定专门政策、加大投入力度、实施重点项目等特殊扶持手段，加快贫困地区公共文化建设进程，力争到2020年实现所有贫困地区公共文化建设达到全国平均水平。

**【流动图书车工程】** 2014年，文化部继续拨付专项资金8592万元，购置流动图书车358辆。为六盘山区、秦巴山区、武陵山区、乌蒙山区、滇桂黔石漠化区、滇西边境山区、大兴安岭南麓山区、燕山—太行山区、吕梁山区、大别山区、罗霄山区等连片特困地区和西藏、四省藏区、新疆南疆四地州的686个县级公共图书馆每馆配送1辆流动图书车。片区全部县级公共图书馆的流动图书车全部配送到位，共计安排经费1.68亿。

**【智力扶贫】** 根据中共中央组织部等部门印发的《边远贫困地区、边疆民族地区和革命老区人才支持计划实施方案》（中组发〔2011〕23号），到2020年前，每年将引导1.9万名优秀文化工作者到边远贫困地区、边疆民族地区和革命老区（以下简称“三区”）工作或提供服务，并为“三区”培养1500名急需紧缺的文化工作者，进一步推动“三区”文化人才队伍建设。2014年，共拨付专项资金2.57亿元，引导1.64万名优秀文化工作者到“三区”开展服务，并为“三区”培养1676名急需紧缺的文化工作者。

**【春雨工程】** 2014年，文化部和中央精神文明建设指导委员会办公室继续组织开展“春雨工程”——全国文化志愿者边疆行活动，组织内地多个地区以及文化部部分直属单位为边疆民族地区实施了 83 个文化志愿服务项目，对包括六盘山区、滇桂黔石漠化区、滇西边境山区以及西藏、四省藏区、新疆南疆四地州等贫困地区开展文化服务，共举办文艺演出、文化讲座和特色展览 1600 多场（次），为贫困地区群众数十万人次开展了文化服务。

**【定点扶贫】** 文化部定点帮扶山西省娄烦县、静乐县。自 1995 年以来，文化部先后从部机关和直属单位选派 17 批干部赴静乐县、娄烦县挂职扶贫，加强了文化部与两县沟通和联系，协调督办了大量的具体扶贫项目，为两县经济社会发展做出了贡献。2014 年，文化部多方筹措资金，为两县捐赠了大量乐器、演出服装、书籍、计算机等文化设备物资，捐赠物资共计 160 万元。

（文化部财务司　元　博）

# 国家卫生和计划生育委员会扶贫

**【概述】** 2014年，国家卫生和计划生育委员会（以下简称“国家卫生计生委”）认真贯彻落实党中央、国务院关于扶贫工作的决策部署，切实加强组织领导，以集中连片特困地区为主战场，围绕提高医疗卫生服务能力的主线，将扶贫工作与国家的西部大开发、民族、区域发展等政策部署深度融合，创新工作机制，做好政策设计，倾斜项目措施，不断加大扶贫工作力度，积极推进贫困地区卫生计生事业发展。

**【扶贫资金投入】** 2014年，国家卫生计生委共安排中央专项投资198.5亿元支持贫困地区4.7万个卫生计生机构基础设施建设。继续在贫困地区实施县级医院骨干医师培训、全科医生规范化培养、全科医生转岗培训、农村订单定向免费医学生培养、西部卫生人才培养、农村卫生人员培训、社区卫生服务人员培训等项目，为贫困地区培养卫生计生人员11万人次。

**【智力扶贫】** 2014年，国家卫生计生委共派出10支国家医疗队赴贫困地区开展巡回医疗，实施万名医师支援农村卫生工程、二级以上医疗机构对口支援乡镇卫生院项目，派遣8320人次医师对贫困地区县级医院进行重点帮扶，派出1.09万名医技人员对口支援3644所乡镇卫生院。继续在贫困地区实施儿童营养改善、新生儿疾病筛查和儿童医疗保健人员培训项目，为137万名6—24个月的婴幼儿每天补充1包营养包，为132.5万名新生儿开展免费筛查。继续开展增补叶酸预防神经管缺陷、农村妇女“两癌”筛查、农村妇女住院分娩补助等项目，共计559.7万名农村妇女受益。继续实施计划生育利益导向奖励扶助、特别扶助、“少生快富”三项制度，2014年共计奖扶265万人。实现国家免费孕前优生健康检查项目全覆盖，深入开展生育关怀、新家庭计划、幸福工程——救助贫困母亲、创建幸福家庭、婚育新风进万家、关爱女孩等行动。

**【新型农村合作医疗】** 2014年，各级财政对新农合人均补助标准提高到320元。新农合政策范围内报销比例达75%。在贫困地区全面推开22种重大疾病保险试点工作，2014年度大病保险筹资155.4亿元，实际补助242.6万人次，大病患者实际报销比例提高10—15个百分点。设立疾病应急救助基金，2014年已有32.9万人获得救助。逐步探索建立基本医保、大病保险、医疗救助和应急救助的衔接机制，农村贫困群众就医“接力”保障初步形成。

**【扶贫培训】** 2014 年，国家卫生计生委选择山西省大宁县、陕西省清涧县和江西省于都县开展卫生计生人才综合培养试点，制定印发了《国家卫生计生委办公厅关于开展贫困地区卫生计生人才综合培养试点工作的通知》(国卫办财务函〔2014〕810 号)，计划在 2—3 年的时间里，创新培养机制、突破现有人才政策、倾斜项目措施，与地方政府及有关部门共同推进试点地区卫生计生人才的培训培养工作，为试点地区培养 80 多名各专业医生、引进 200 多名卫生人才、招录 34 名全科医生、建设 6 个重点专科和妇产科、儿科等薄弱科室，并突破人才招录、引进、职称、编制等政策，建立卫生人才绿色通道，有效缓解人才紧缺问题。同时，在大宁、永和、清涧、子洲 4 个定点扶贫县，启动实施“健康暖心——锐珂贫困地区基层医生培训润土计划”，计划培训基层卫生管理人员和妇科、儿科、影像及检验等主要科室临床医生 800 余名。

**【定点扶贫】** 2014 年，国家卫生计生委按照有关定点扶贫工作安排，积极研究、扎实推进定点扶贫工作。国家卫生计生委领导带队赴定点扶贫县山西省大宁县，陕西省清涧县、子洲县开展文化、科技、卫生“三下乡”慰问及调研活动，实地了解并指导推进定点扶贫县扶贫工作。选派 5 位处级干部赴大宁县、永和县、清涧县、子洲县以及安徽省阜南县挂职。设立“健康暖心”扶贫基金，2014 年筹措资金 2600 万元，在吕梁山片区 4 个定点扶贫县继续提供“一免三助”服务，受益人口近 4 万人。将清涧县确定为 2014 年“圆梦女孩志愿行动”的示范活动点，设立“圆梦奖学金”，捐赠 3000 册图书和 1000 件学习用具。安排志愿者 160 人深入山西省临县和陕西省清涧县，与农村贫困家庭女孩建立“一对一”长期帮扶关系。指导挂职干部在众筹网发起“众筹永和核桃圆孩子书屋梦”项目，筹集资金 86 万元。

(国家卫生和计划生育委员会
财务司综合处　曾　伟)

# 中国人民银行扶贫

**【概述】** 2014年，中国人民银行（以下简称“人民银行”）认真贯彻落实《中国农村扶贫开发纲要（2011—2020年）》和《关于创新机制扎实推进农村扶贫开发工作的意见》，积极发挥中央银行职能作用，改进和完善货币信贷政策指导，推进金融产品和服务方式创新，大力发展普惠金融，优化金融生态环境，支持精准扶贫、精准脱贫，促进贫困地区经济社会持续健康发展。

**【金融扶贫】** 2014年，人民银行综合运用货币政策工具，增强贫困地区金融机构支持区域发展和扶贫攻坚的能力。充分发挥差别化存款准备金率政策的正向激励作用，多次实施“定向降准”政策。县域农商银行、县域农村合作银行、农村信用合作社分别执行比大型商业银行低4个、7个和7个百分点的准备金率，其中资产规模小、涉农贷款比例高的机构其准备金率再降1个百分点。2011年末至2014年末，贫困地区（含680个连片特困地区县、152个非片区重点县，共832个县，下同）各项贷款余额从1.89万亿提高到3.3万亿元，年均增速达20.4%，贫困地区新增贷款占全国各项贷款增量的比重逐年提高。加大再贷款、再贴现支持力度，并对贫困地区符合条件的金融机构支农再贷款利率在现行优惠利率的基础上再降低1个百分点。2014年，贫困地区支农再贷款余额722.8亿元，同比增长37.2%。

**【扶贫制度建设】** 2014年3月，人民银行联合财政部等7部门印发《关于全面做好扶贫开发金融服务工作的指导意见》（银发〔2014〕65号），明确提出做好扶贫开发金融服务工作的总体目标、重点工作及政策保障措施，力争使贫困地区每年各项贷款增速高于当年贫困地区所在省各项贷款平均增速，新增贷款占所在省贷款增量的比重高于2013年同期水平。2014年4月，人民银行等7部门联合召开全国扶贫开发金融服务工作电视电话会议，安排部署扶贫开发金融服务工作。

**【扶贫调研】** 2014年，人民银行领导多次深入秦巴山区、大别山区、南疆三地州和四省藏区等片区进行实地调研，分析研究扶贫开发金融服务存在的问题，安排部署相关工作。不断健全扶贫开发金融服务联动协调机制，积极推动连片特困地区金融服务的信息交流、政策研究、协调合作与创新发展。建立了金融服务扶贫开发监测统计制度，按季对集中连片特困地区县和非片区国家扶贫开发重点县金融服务情况进行统计分析。

**【扶贫小额信贷】** 2014 年，人民银行联合国务院扶贫办等 5 部门印发《关于创新发展扶贫小额信贷的指导意见》（国开办发〔2014〕78 号），对符合贷款条件的建档立卡贫困户提供 5 万元以下、期限 3 年以内的信用贷款，并将贴息利率由 5%改为不超过贷款基础利率，提高建档立卡贫困户贷款的可获得性，帮助贫困地区群众脱贫致富。据统计，2014 年，全国贫困地区扶贫贴息贷款余额 365.2 亿元，同比增长 72%。支持金融机构安排 10.3 亿康复扶贫贴息贷款的指导性计划，在贴息期内对项目贷款按年利率 5%给予贴息，到户贷款按年利率 7%给予贴息。

**【区域性倾斜政策】** 2014 年，人民银行总行指导和督促新疆辖区人民银行分支机构继续认真落实相关政策文件，继续对在藏银行业金融机构贷款执行优惠的再贷款政策，即西藏各商业银行资金头寸不足时，人民银行拉萨中心支行可在总行核准的限额内发放再贷款，并按照不低于法定存款准备金利率的原则确定再贷款利率，并积极落实“十二五”期间对西藏银行执行与农村信用合作社相同的准备金率的优惠政策，支持西藏地区经济发展。新疆人民币贷款余额 11671.39 亿元，同比增长 18.61%，高于全国平均增速 5.0 个百分点；西藏人民币贷款余额 1618.73 亿元，同比增长 50.34%，高于全国平均增速 36.74 个百分点。

2014 年，人民银行按照《关于民族贸易和民族特需商品生产贷款利率有关事宜的通知》（银发〔2012〕223 号）要求，继续对民贸民品生产贷款执行比一年期贷款基准利率低 2.88 个百分点的优惠政策，扩大执行优惠利率政策的承贷金融机构范围，并由中央财政给予贴息，加大对民族地区支柱产业和特色优势产业的支持力度，带动少数民族地区群众脱贫致富。全国贫困地区民品民贸贷款余额 829.27 亿元，中央财政拨付民族贸易和民族特需商品生产贷款贴息资金 36.32 亿元。

**【农村地区金融服务】** 2014 年，人民银行会同有关部门积极推动中国农业银行在四川、重庆等地开展“三农金融事业部”改革试点，实行有别于城市业务的管理体制和运行机制，并给予差别化存款准备金率、监管费减免和营业税优惠等扶持政策，探索商业性金融服务“三农”的可持续模式。会同有关部门积极研究制订中国农业发展银行改革实施总体方案，增强农业发展银行可持续发展能力，提升对“三农”的金融服务水平。

2014 年，人民银行出台《关于做好家庭农场等新型农业经营主体金融服务的指导意见》（银发〔2014〕42 号），加大对新型农业经营主体和现代农业发展的金融支持力度。积极探索开展家庭农场等新型农业经营主体金融服务试点工作，鼓励和引导主要涉农金融机构与家庭农场等新型农业经营主体建立对接关系，提供全面金融服务，有效带动贫困农户脱贫致富。指导金融机构根据各地扶贫项目金融需求，设计打造符合贫困县域特色的产品和服务。

2014 年，人民银行印发《关于全面推进深化农村支付服务环境建设的指导意见》（银发〔2014〕235 号），基本建立了有利于实施各项惠农政策的银行账户服务体系，发展了适用于农村地区的非现金支付工具体系以及覆盖广大涉农金融机构的支付清算网络体系。银行卡、POS 机增长较快，网上支付、手机支付等新兴支付方式不断应用，银行卡助农取款服务、农民工银行卡特色服务广泛覆盖。我国农村地区个人银行结算账户 27. 31 亿户，银行卡 17. 37 亿张，ATM 机 24. 93 万台，POS 机等银行卡受理终端 525. 67 万台；农村地区助农取款服务点达 92 万个，助农取款业务达到 1. 57 亿笔、金额 494 亿元。

2014 年，人民银行印发《关于加快小微企业和农村信用体系建设的意见》（银发〔2014〕37 号），推动农村信用体系建设工作，其中确定了 10 个贫困县为农村信用体系建设示范区。以农户、农民专业合作组织等农村经济主体为对象，多渠道整合信用记录，推进信用户、信用村、信用乡镇创建，发现并增进农户、农民专业合作组织等经济主体的信用价值，引导金融机构加大对“三农”的信贷投入，支持农户融资、创业发展。全国共为 1. 6 亿农户建立了信用档案，评定了 9012 万信用农户。

**【创业就业服务】** 2014 年，人民银行各分支机构积极推动地方创新实施小额担保贷款政策，浙江、湖南、甘肃等省份将大学生村官、高校毕业生纳入了小额担保贷款政策支持范围，江苏、吉林、河南等省份提高贷款额度，降低担保门槛，简化审批流程，加大对小额担保贷款的投放。全国金融机构小额担保贷款余额 760. 78 亿元，2014 年累计发放 524. 90 亿元。其中，劳动密集型小企业贴息贷款余额 66. 99 亿元。认真落实《国务院办公厅关于做好 2014 年全国普通高等学校毕业生就业创业工作的通知》（国办发〔2014〕22 号），积极推动金融机构创新符合高校毕业生特点的金融产品和服务，并多途径为高校毕业生解决反担保难问题。2014 年，人民银行联合人力资源和社会保障部等 9 部门出台了《关于实施大学生创业引领计划的通知》（人社部发〔2014〕38 号），要求为大学生提供多渠道资金支持。

人民银行加强与中共中央组织部、人力资源和社会保障部、全国妇女联合会等部门协调合作，从激励引导、宣传推广、评估督促等方面入手，不断创新金融产品，努力做好包括贫困地区在内的大学生村官、农民工、妇女等群体的金融服务工作。2014 年，全国大学生村官创业贷款余额 4. 8 亿元，累计发放 2. 78 亿元，扶持 5505 名大学生村官创业；新增城乡妇女小额担保贷款 325. 86 亿元，惠及妇女 58. 23 万人次。

**【定点扶贫】** 2014 年，人民银行紧紧围绕定点扶贫县（区）——陕西省铜川市印台区和宜君县经济社会发展规划，在扶持当地产业发展、提高群众技术能力、资助贫困学生、改进农村金融服务等方面做了大量工作。向宜君县核桃产业投资 30 万，通过聘请农技专家授课，培养管理能手，扩大种植面积等方式，帮助核桃产业提质增效；投资 55 万元用于建设生产桥、硬化巷道等 5 个基础设施建设项目；聘请专家教授开展 8 场经济林科学栽植与管理技术培训，参训人数达 1800 人；协调 13 户群众获得贴息贷款 115 万元，实际贴息金额 5.6 万元；开展“金融知识进农村”大型宣传活动；投资 6 万元建立首个留守儿童关爱中心；资助贫困大学生 6.1 万元；向贫困户发放慰问金 20 万元。

（中国人民银行金融市场司
闫丽娟　侯海婷）

# 国务院国有资产监督管理委员会扶贫

**【概述】** 2014年，国务院国有资产监督管理委员会（以下简称“国资委”）组织指导中央企业深入参与扶贫开发，在新疆、西藏、青海以及广大贫困地区广泛开展援助帮扶活动。国资委按照全国首个“扶贫日”有关部署，组织中央企业实施开展了“中央企业定点帮扶贫困革命老区百县万村”专项活动，继续参与集中连片特困地区扶贫攻坚和区域发展工作。组织召开中央企业暨19援疆省市国有企业产业援疆座谈会、中央企业吸纳新疆本地劳动力就业座谈会、中央企业援青工作座谈会等一系列重要会议，动员部署中央企业深入推进产业援疆、就业援疆，切实做好中央企业对口援藏、对口援青和定点扶贫等各项工作，有力推进国资委机关定点扶贫工作。国资委领导深入新疆、西藏、青海、河北等地对中央企业扶贫开发工作进行调研检查，推动开展扶贫专项活动。

**【中央企业定点扶贫】** 2014年，中央企业继续结对帮扶239个国家扶贫开发工作重点县，还承担了地方政府安排的大量定点帮扶任务和驻村帮扶工作。中央企业在定点扶贫工作中，通过产业帮扶、资金扶持、科技带动、人才援助等多种方式，开展产业开发、整村推进、劳务输出、劳动力就业、基础设施建设等方面工作，促进当地支柱特色产业发展、基础设施条件改善和群众生活水平提高，取得良好的经济和社会效益。2014年中央企业累计投入定点扶贫资金11.15亿元，开展各类定点扶贫项目697个，派出扶贫干部166人，举办培训班200期，培训干部人才1.38万人次，援建学校121所，援建医院（卫生所）16所。

**【中央企业援疆扶贫】** 2014年，中央企业继续深入推进产业援疆工作，扩大建设规模，狠抓重点援疆项目落实。共有41家中央企业在疆投资项目5991个，累计完成投资1400多亿元；21家中央企业在疆承建项目1273个，完成合同额近700亿元。中央企业相继建成和正在建设一大批新疆经济发展和民生改善亟须的重要项目。中央企业积极参与社会公益事业和民生工程建设，在疆投资建设中注意带头节约资源和保护环境，广泛开展文化教育、医疗卫生、抗灾救灾、人才培训、无偿捐赠、行业扶持、定点扶贫等方面援助帮扶工作。中央企业在疆投入无偿援助帮扶资金1.04亿元。

【中央企业援藏扶贫】 2014年，中央企业广泛参与西藏经济社会建设，在藏完成投资152.84亿元，在藏开展援藏项目163个，投入无偿援藏资金4.86亿元。承担对口援藏任务的中国石油天然气集团公司、中国石油化工集团公司、国家电网公司、中国海洋石油总公司、神华集团有限责任公司、中国电信集团公司、中国联合网络通信集团公司、中国移动通信集团公司、中国第一汽车集团公司、东风汽车公司、宝钢集团有限公司、武汉钢铁（集团）公司、中国铝业公司、中国远洋运输（集团）总公司、中国中化集团公司、中粮集团有限公司16家中央企业开展对口援藏项目133个，投入对口援藏资金3.22亿元。

【中央企业援青扶贫】 2014年，中央企业在青海完成投资241.12亿元，在藏开展援青项目59个，投入无偿援青资金1.95亿元。中国石油天然气集团公司、中国石油化工集团公司、国家电网公司、中国华能集团公司、中国大唐集团公司、中国华电集团公司、中国国电集团公司、中国电力投资集团公司、神华集团有限责任公司、中国电信集团公司、中国移动通信集团公司、中国铝业公司、中粮集团有限公司、宝钢集团有限公司、中国中化集团公司、中国五矿集团公司16家对口援青中央企业累计开展对口援青项目45项，累计投入对口援青资金9035万元。

【革命老区建设】 2014年10月，国资委会同国务院扶贫办开展了“中央企业定点帮扶贫困革命老区百县万村”专项活动，11月2日以国资委和国务院扶贫办名义印发活动通知，动员组织定点帮扶108个贫困老区县的68家中央企业，用3年左右时间，集中力量帮助解决贫困老区县部分贫困村行路难、用水难、用电难的突出问题，切实为革命老区群众办实事、做好事，帮助革命老区群众解决最急需、最迫切的民生问题。

【扶贫会议】 2014年5月16日，国资委和新疆维吾尔自治区政府、新疆生产建设兵团在乌鲁木齐市共同召开“中央企业暨19援疆省市国有企业产业援疆座谈会”。会议要求中央企业和19援疆省市国有企业要认真学习、深刻领会、坚决贯彻落实中共中央总书记习近平考察新疆时的重要讲话和多次作出的重要指示、批示精神，增强做好援疆工作的政治责任感和历史使命感，大力推进产业援疆、就业援疆、人才援疆、定点扶贫等工作，加强对新疆生产建设兵团的支援。9月1日，国资委和青海省政府在西宁市召开中央企业援青工作座谈会，部署今后一个时期中央企业援青工作。会议还举行中央企业援青及合作项目签约仪式。23家中央企业及中央企业分支机构与青海省方面签订31个项目，总签约金额1504亿元。

【新疆少数民族就业扶贫】 2014年，国资委推进就业援疆工作，对中央企业在疆单位帮助解决新疆少数民族群众就业情况进行了调查统计和分析研究，提出意见建议。5月17日，国资委在新疆克拉玛依市召开中央企业吸纳新疆本地劳动力就业座谈会。

【智力扶贫】 2014年8月14日，国资委在乌鲁木齐市召开新疆少数民族干部到中央企业在疆单位挂职工作座谈会，启动首批27名新疆少数民族干部到在疆中央企业挂职交流活动，为新疆培养少数民族经营管理人才。2014年，西藏选派7名区属企业经营管理人员到中央企业和国资委机关进行为期一年的挂职锻炼。2014年9月2日，国资委在拉萨市召开中央企业第七批援藏干部暨西藏区属企业管理人员到中央企业挂职工作座谈会，宣布第四批西藏区属企业管理人员到中央企业挂职岗位安排。8—9月，国资委在北京市组织开展“2014年中央企业牵手新疆各族青少年融情实践营”活动，邀请首批79名新疆青少年走进央企。今后3年，将每年邀请一批新疆各族青少年到北京开展实践营活动，每年支持一批新疆农村基层团组织“青年之家”项目建设，选派一批优秀青年技能专家和岗位能手赴新疆开展劳动技能“送训上门”活动。

【定点扶贫】 国资委机关结对帮扶河北省平乡县。2014年春节前夕，国资委以慰问金的形式慰问了平乡县14个村共80户特困家庭，发放慰问金4万元。5月，国资委直属机关郭明义爱心团队联合清泉成长基金赴平乡县第一中学开展“平乡爱心行 周末送温暖”公益助学活动，并协调中国扶贫基金会在平乡县实施新长城高中自强班项目和爱心包裹项目。6月，国资委副主任徐福顺带队到平乡县调研。8月，国资委机关召开结对扶贫工作布置会，动员国资委广大职工和直属直管单位积极参与扶贫开发，将各厅局、直属直管单位划分为10个协作组，结对帮扶平乡县49个重点贫困村。10月，国资委机关团委组织开展“向贫困学生献爱心送温暖”活动，为平乡县河东小学募捐近7000元。2014年，国资委还投入20多万元扶助平乡县工业园区道路建设。

（国务院国有资产监督管理委员会
扶贫工作协调小组办公室　张晓松）

# 国家新闻出版广电总局扶贫

## 广播电视方面

**【概述】** 2014年，国家新闻出版广电总局（以下简称“新闻出版广电总局”）认真贯彻落实国家扶贫开发工作部署和要求，积极推进贫困地区广播影视事业建设。以实施广播电视村村通工程、中央广播电视节目无线数字化覆盖工程、农村电影放映工程等重点惠民工程为抓手，不断提升公共服务水平；以加强少数民族语言广播影视节目建设为重点，不断满足少数民族群众广播影视收听收看需求。

**【广播电视村村通工程】** 2014年，中西部贫困地区是广播电视村村通工程实施的重点地区，“十二五”期间工程建设任务有两项：一是继续以直播卫星覆盖为主，解决自然条件比较差的偏远农村广播电视覆盖“盲村”群众收听收看广播电视问题，重点加强20户以下已通电自然村和新通电农村地区广播电视覆盖。2014年，完成81万个“盲村”建设任务。二是加强重点高山无线发射台站基础设施建设，进一步巩固和提升无线覆盖地区广大农村群众收听收看广播电视节目的效果和水平。2014年，投入西藏、新疆、广西等23省（区、市）及新疆生产建设兵团7亿元，开工建设522座，完成建设202座。2014年，中央财政共安排其他省（区）“村村通”工程运行维护经费0.78亿元。

**【无线数字化覆盖工程】** 2014年，新闻出版广电总局和财政部正式启动中央广播电视节目无线数字化覆盖工程建设，并将中央财政首批专项资金48亿元和工程总体建设方案下达至地方。该工程按照统一规划、统一标准、统一组织的原则，由新闻出版广电总局负责组织实施，由地方负责具体建设。工程的主要目标是：充分利用现有广播电视发射台站，在全国2572个大中功率骨干发射台站中分别新增2部数字电视发射机，基本完成12套中央电视节目的无线数字化覆盖；在全国330个地市级以上骨干台站分别新增1部数字广播发射机，启动3套中央广播节目的数字化覆盖试点。

**【农村电影放映工程】** 2014年，全国农村新组建农村数字电影院线8条，数字放映设备6119套，数字放映队6119支，建立卫星节目接收站2座；电影数字节目管理中心平台可订购影片131部。2014年全国农村公益电影放映场次达860万场，观众达12亿人次。中央财政资助中、西部22省区农村电影放映场次补贴资金近7.2亿元。

**【影视剧捐赠】** 2014年，新闻出版广电总局继续组织影视剧制作单位向新疆、西藏、四川等边疆民族地区组织捐赠2000集电视剧、3.6万分钟电视动画片，每年推荐80部影片（其中故事片60部、科教片20部）作为少数民族语待译制片目并提供译制素材。按照“建养并重”原则，在推进少数民族语译制制作能力建设的同时，每年协调安排专项运行维护经费，确保设施设备的正常运行，安排少数民族语言广播影视节目译制经费，专项用于少数民族语言广播影视节目译制工作，提高民族地区广播影视译制制作能力，丰富少数民族群众的精神文化生活。

**【定点扶贫】** 2014年，新闻出版广电总局继续定点扶贫四川省甘孜藏族自治州（以下简称“甘孜州”），支援抗震救灾，支持州县广电设备升级改造和专业技术人才培训，加强地方宣传和赠送节目源。新闻出版广电总局领导在康定发生地震后对支援甘孜州抗震救灾、恢复生产生活秩序做出专门批示，捐赠30万元慰问款；为甘孜州广电技术人员提供专业培训和实习，相关费用由总局承担；组织职工捐款50万元，资助308名贫困学生高中以上阶段的学习；电影局捐赠30部数字电影；总局工会开展送温暖活动，为甘孜州一线广电职工捐赠10万元慰问金。协调中央电视台，中央人民广播电台，中国国际广播电台继续加大对甘孜州的新闻宣传力度，全程跟踪报道甘孜州举办的“圣洁甘孜·走进北京”文化旅游宣传周活动；中央人民广播电台、中国国际广播电台投入100万元，完成了甘孜州7个县的广播制作播出平台建设任务；中央人民广播电台结合“走转改”活动，积极做好对石渠县的宣传报道工作；中国国际广播电台组织专家对甘孜州广电从业人员进行现场指导，邀请新龙县、甘孜县20位业务骨干赴北京考察学习，向甘孜县广电局捐赠6台笔记本电脑，继续向国际台爱心学校发放年度师生奖励金；中央电视台电影频道节目制作中心与甘孜州在康定剧场联合举办“甘以爱人·孜求慈善”大型公益慈善活动，协助甘孜州筹集善款，甘孜州扶贫救助基金累计募集善款已达1亿元，组织送·学小分队对德格县进行对口帮扶和赠送爱心包裹活动，送出爱心包裹476个；无线局、监管中心分别为色达县举办了一期广电专业技术培训班，共计36人次。

（国家新闻出版广电总局
财务司事业发展一处　修红丽）

# 新闻出版方面

**【概述】** 2014年，新闻出版广电总局在定点帮扶山西省平顺县的工作中，在旅游、教育、文化、卫生、宣传等领域开展有计划、有重点的扶贫开发，惠及平顺县12个乡（镇）262个行政村的困难群众，推动经济社会各项事业的发展。

**【文化扶贫】** 2014年，新闻出版广电总局充分发挥优势，把扶贫开发与帮扶教育、文化事业结合起来，突出抓好捐资助学工作。通过新闻出版广电总局捐助，并联系社会各界为平顺县捐赠各类图书50万码洋。联系中国妇女报社为平顺县各级妇女之家捐赠全年《中国妇女报》460份，价值8万元。捐赠困难学生春节慰问金5万元，捐赠平顺县困难群众春节慰问金6万元。联系福建晋江商会为平顺县20名特困生提供资金帮助。多次赴山西省教育出版社协调帮助出版《平顺劳模故事》系列丛书4本，协调出版《平顺历史文化》系列丛书6本。

**【旅游扶贫】** 2014年，新闻出版广电总局协调邀请中国摄影家协会走进平顺、宣传平顺，推动平顺县旅游业发展。帮助平顺县成功举办首届"晋善晋美·诗画平顺"风光摄影大赛颁奖仪式。创作文章《山西平顺——风景美如画》《品读平顺大山》《绿水青山就是金山银山》《平顺读山》，先后在《燕赵都市报》《燕赵老年报》《中国新闻出版报》《中国航天报》《中国文化报》《上党晚报》《衡水晚报》《长治日报》《绵阳日报》《渭南日报》等30家报刊杂志发表，大量新闻媒体进行转载，多家知名网站转发，受众达千万人。

**【产业扶贫】** 2014年，新闻出版广电总局与国家文物局沟通，继续完成全国重点文物保护单位金灯寺修复项目。截至2014年底，金灯寺修复项目前期380万元第一期经费已经拨付，并启动文物修复工作。协助平顺县向交通运输部申请16.2千米的环线红色旅游公路项目资金4000万元。多次到国家体育总局协调，帮助申请平顺县全民健身中心项目建设缺口资金。通过《萧山日报》协助平顺县发展和改革局联系浙江省万向集团公司；协助县发展和改革局、旅游中心联系浙江商会、温州商会和福建商会，建设平顺县旅游宾馆及食品加工厂项目；协助引导县发展和改革局联系广西壮族自治区柳州五菱汽车产业园项目。

（国家新闻出版广电总局
中国新闻出版广电报　宋保华）

# 国家林业局扶贫

**【概述】** 2014年，国家林业局在深入推进林业改革发展的过程中，认真贯彻落实中央扶贫开发工作会议精神，立足林业行业优势，以改善贫困地区生态状况和提高自我发展能力为重点，对贫困地区林业政策和林业重点工程予以倾斜支持；将林业扶贫工作与国家的西部大开发等区域发展政策相结合，与其他相关部门的行业扶贫工作相结合，与实施“十二五”林业发展规划相结合，科学编制《全国林业扶贫攻坚规划》，逐步形成政策互补配套、规划衔接配套、项目组合配套的大扶贫格局，积极推进贫困地区生态林业和民生林业的发展。

**【扶贫攻坚规划】** 2014年，国家林业局按照《关于创新机制扎实推进农村扶贫开发工作的意见》要求，对14个集中连片特殊困难地区的林业发展情况进行了统计分析，形成《林业扶贫情况统计分析报告》，编制印发《全国林业扶贫攻坚规划》及11个片区扶贫攻坚规划；启动19个林业定点扶贫县建档立卡研究工作。

**【扶贫会议】** 2014年，国家林业局作为滇桂黔石漠化片区联系单位，与水利部联合筹划召开滇桂黔石漠化片区区域发展与扶贫攻坚推进会。根据其他片区牵头联系单位的要求，参与罗霄山、滇西边境、六盘山、吕梁山等片区部际联系会议，并为各片区提供林业扶贫工作情况；配合农业部等部门编制《特色产业增收工作实施方案》；配合国家机关事务管理局对其帮扶县河北省阜平县的核桃产业发展予以支持；会同江西省林业厅起草并印发《国家林业局对口支援万安县振兴发展工作方案》；分别在新疆和西藏召开了2014年林业援疆工作座谈会及对口支援座谈会、全国林业援藏工作座谈会。印发《国家林业局办公室关于印发〈国家林业局援疆工作机制〉的通知》《国家林业局关于进一步加强林业援疆工作的意见》，并组织广东、浙江、吉林等省及内蒙古森工集团、龙江森工集团、大兴安岭森工集团对口支持青海、西藏建设美丽乡村6个。

**【基础设施建设】** 2014年，国家林业局分别在退耕还林、天然林资源保护、防护林建设、石漠化治理、荒漠化治理、野生动植物保护及自然保护区建设、湿地保护与恢复等林业重点工程建设上予以倾斜支持；同时，加大林业科技、林木种苗、森林防火、有害生物防治、国有林区棚户区（林场危旧房）改造等基础设施建设的力度。2014 年，对 14 个片区和 19 个定点扶贫县的中央各类林业投资累计达到 330.99 亿元，比 2013 年（279.16 万元）增长了 15.66%。累计完成营造林 4085.42 万亩，其中营造特色经济林 1041.04 万亩。

**【产业扶贫】** 国家林业局针对贫困地区群众生活困难和科技水平较低的特点，组织编制《全国集体林地林下经济发展规划纲要（2014—2020 年）》和《全国集体林地林药林菌发展实施方案（2014—2020）》，明确提出对生态脆弱区域、少数民族地区和边远地区发展林下经济和林药林菌产业，予以重点扶持。连续两年在林下经济中药材试点补助中加大对贫困地区的扶持力度，2014 年安排试点资金 1.5 亿元，秦巴山片区全部纳入其中，补助资金 0.51 亿元，占总额的 34%。举办 5 期扶贫专项培训班，培训林业行业技术人员和农民 430 人。

**【生态扶贫】** 退耕还林工程。2014 年国家启动新一轮退耕还林，安排中央预算内投资 16.5 亿元，中央财政投资 24.7 亿元，安排退耕还林任务 483 万亩，还草任务 17 万亩，配套荒山荒地人工造林 53.34 万亩。为巩固退耕还林成果，在各地申报 2014 年度巩固成果专项建设任务计划的基础上，会同有关部门联合审核下达 2014 年度巩固退耕还林成果建设任务计划，巩固退耕还林成果专项资金达到 123.1 亿元，其中对贵州、四川等 7 省（区）倾斜安排巩固成果专项资金 3.6 亿元。协助财政部投入 2014 年退耕农户补助资金 136 亿元，提前投入 2015 年退耕还林专项资金 253.6 亿元。

天然林资源保护工程。加强对贫困地区实施工作的指导，积极落实公益林建设、森林培育资金，推进绩效考评，加快建设工程管理信息库、生态建设网络监测系统，强化地方各级政府建设责任的“四到省”考核工作，保障天然林资源保护工程在贫困地区的顺利实施。

防护林建设工程。三北、沿海、长江流域、珠江流域等防护林及太行山绿化工程，几乎覆盖所有贫困地区，2014 年按照各项工程规划进度在贫困地区都得以顺利实施。

石漠化综合治理。2014 年中央安排预算内基本建设投资 12.88 亿元用于石漠化综合治理。

荒漠化治理。实施京津风沙源治理二期工程（2013—2022 年），工程计划覆盖贫困县 51 个。实施全国防沙治沙示范区项目，覆盖 41 个贫困县。实施沙化土地封禁保护补助试点项目，覆盖 4 个贫困县。

湿地保护与恢复。建立中央财政湿地补贴政策，2014 年共安排补贴资金 16 亿元，并向贫困地区予以倾斜。

国有贫困林场扶贫。2014 年安排国有贫困林场扶贫资金 3.6 亿元，主要用于支持国有贫困林场改善生产生活条件、发展生产和人员培训等，有效增强国有林场

"造血"功能，提升职工素质。

**【定点扶贫】** 2014 年，国家林业局定点扶贫 19 个县，包括：贵州省的黄平、台江、剑河、丹寨、雷山、榕江、从江、三都、荔波、独山 10 个县；广西壮族自治区的罗城、环江、融水、三江、金秀、龙胜 6 个县及贵州省黎平，广西壮族自治区融安、资源 3 个非国家扶贫开发工作重点县。中央林业投资 6 亿元，主要用于天然林资源保护、巩固退耕还林成果、防护林体系建设、野生动植物保护及自然保护区建设、石漠化综合治理、湿地保护等林业重点工程及森林生态效益补偿、造林补贴、农业综合开发、油茶产业发展等林业重点工程及项目。

**【扶贫调研】** 2014 年，国家林业局领导及有关司局多次赴定点县考察调研，与挂职干部进行座谈，对扶贫效果、扶贫模式及典型经验进行研究总结，通过定点扶贫示范带动林业扶贫的全面开展。

**【扶贫培训】** 2014 年，国家林业局共有 13 人在九万山区域挂职锻炼；聘请国内知名竹类专家和油茶专家为定点扶贫县举办 4 期林业扶贫专项技术培训班，讲授竹材加工利用与创新技术、竹资源丰产培育技术、竹林病虫害防治技术、竹与竹制品艺术、油茶良种繁殖及高产栽培与低产林改造技术、茶油营养品质及加工质量控制技术等课程，共培训林业部门生产一线管理人员、技术人员、种植大户、林农等 340 人；为使基层林业工作者及时了解国家林业的方针政策、林业脱贫致富的各类信息，开展送报下乡活动，委托中国绿色时报社向 19 个定点扶贫县每期发送 800 份《中国绿色时报》。

（国家林业局计财司　孙小兵）

# 国家旅游局扶贫

**【概述】** 2014年，国家旅游局按照《关于创新机制扎实推进农村扶贫开发工作的意见》，重点开展定点扶贫、集中连片特困地区扶贫和重点地区旅游扶贫工作。国家旅游局集中精力重点实施乡村旅游富民工程，推进乡村旅游扶贫工作。旅游扶贫每年使100万农民脱贫致富。

**【扶贫规划】** 2014年，国家旅游局始终将规划引导作为提升落后地区旅游业发展的重要手段。主要是配合集中连片特困地区扶贫开发规划，启动集中连片特困地区旅游规划编制与课题研究工作。先后开展秦巴山区、武陵山区、燕山—太行山区、大别山区和原中央苏区旅游发展规划编制前期工作，持续推进乌蒙山区、滇桂黔石漠化区旅游发展规划编制工作。

**【产业扶贫】** 2014年，国家旅游局会同国家发展和改革委员会、国务院扶贫办等7部门联合印发《关于实施乡村旅游富民工程推进旅游扶贫工作的通知》，在全国挑选出6130个具备发展乡村旅游基本条件的行政村，作为乡村旅游扶贫工作重点村；与国务院扶贫办共同制定印发《关于开展贫困村旅游扶贫试点工作的方案》。

**【基础设施建设】** 2014年，国家旅游局按照国务院扶贫开发领导小组要求，安排国家旅游发展基金1.92亿元补助贫困地区项目，约占全国旅游发展基金总额的30%。其中用于支持国家旅游局定点扶贫县旅游项目建设1150万元，包括阿尔山—柴河旅游区环卫设施建设及停车场建设项目500万元，广西壮族自治区巴马瑶族自治县旅游基础设施及服务设施建设项目400万元，贵州省江口县梵净山旅游开发项目100万元，梵净山黑湾河景区停车场项目150万元。

**【扶贫培训】** 2014年9月和10月，国家旅游局在北戴河分三期举办乡村旅游扶贫重点村村官培训班，全国共21个省（区、市）803个贫困村的村长（或村支书）参加，900人参训。9月，在江西赣州举办罗霄山区旅游经济发展研讨班，培训来自江西、湖南两省24个县（市、区）的旅游行政管理干部80余人。11月，在广西巴马举办广西巴马生态健康旅游专题培训班，培训广西河池、百色两地10个县（市、区）的旅游行政管理干部100余人。制作乡村旅游扶贫培训光盘，编制了《乡村旅游百问百答》系列丛书。

**【扶贫宣传】** 国家旅游局利用中国国

际旅游交易会等平台，组织境外旅行商、媒体团赴贫困地区考察旅游线路，为其免费提供宣传资料，减免展台费用。支持贵州铜仁市、内蒙古阿尔山市、贵州毕节试验区等定点扶贫县和重点地区举办宣传推介会，帮助邀请旅行社代表和新闻媒体参会。

（国家旅游局）

# 国家烟草专卖局扶贫

**【概述】** 2014年，国家烟草专卖局深入贯彻党的十八届三中、四中全会精神，坚持以《中国农村扶贫开发纲要（2011—2020年）》为指导，突出民生重点，着力发展经济，大力实施农村基础设施建设，积极扶持农业产业发展，支持教育卫生事业，2014年直接投入扶贫资金2.2亿元，实施扶贫项目57个，完成扶贫规划目标。

**【定点扶贫】** 2014年，国家烟草专卖局制定扶贫工作计划，坚持从实际出发，以解决老百姓最直接、最紧迫、最现实的利益问题为出发点，以加强基础设施建设为重点，以帮助群众增加收入、脱贫致富为落脚点，对湖北省竹山县与竹溪县两个定点贫困县直接投入资金2000万元，实施“国烟扶贫”项目53个。在竹山县扶贫资金总投入为2915万元（其中，国家烟草专卖局投入资金1000万元，2013年因项目调整滚存烟草行业扶贫资金200万元，湖北省烟草系统投入资金600万元，湖北省政府配套资金300万元，竹山县自筹资金815万元），实施扶贫项目36个。分别是人畜饮水项目1个（118万元）；社会事业项目5个（280万元）；烟叶产业项目8个（730万元）；蔬菜产业建设项目3个（271万元）；畜牧产业建设项目4个（80万元）；边远极贫村项目9个（482万元）；“国烟扶贫到户”项目1个（50万元）；综合片区开发项目2个（400万元）；烟叶产区新农村建设项目2个（500万元）；其他项目1个（4万元）。在竹溪县扶贫资金总投入为1900万元（其中，国家烟草专卖局投入1000万元，湖北省烟草系统投入600万元，湖北省政府配套资金300万元）。实施扶贫项目17个，分别是扶贫搬迁小区及新农村基础设施建设项目7个（960万元）；烟叶及其他产业发展扶持计划项目2个（120万元）；山区贫困农户居住环境改善计划项目3个（180万元）；教育及全民健身公益事业项目3个（620万元）；创新试点项目2个（20万元）。扶贫项目涉及2个县近300个村，超过16万人受益，充分发挥扶贫项目的最大经济和社会效益。

**【对口支援贵州省】** 2014年，国家烟草专卖局直接拨付贵州省财政厅扶持资金1亿元；此外，贵州省烟草专卖局、贵州中烟工业有限责任公司也分别落实了扶持资金各5000万元，用于支持贵州省新农村建设项目，在以竞争入围方式选出的2013年度22个县100个村的建设工作已开展。

**【对口支援兴国县】** 按照《国务院办公厅关于印发中央国家机关及有关单位对口支援赣南等原中央苏区实施方案的通知》的要求，国家烟草专卖局党组高度重视，专门制定印发《国家烟草专卖局关于落实国务院有关文件精神及对口支援兴国县的意见》文件，按照文件要求，2014 年，国家烟草专卖局直接投入资金 1 亿元支持兴国县的和谐秀美乡村建设与教育事业。其中，和谐秀美乡村建设项目包括兴江乡江口村鑫业点、兴江乡陈也村姜园点等 61 个金叶新村点建设，受益人口 1.55 万人，国家烟草专卖局投入帮扶资金 7800 万元。教育事业项目包括兴国县红军子弟小学和埠头乡枫林村公办幼儿园建设，国家烟草专卖局投入帮扶资金 2200 万元。

**【干部挂职扶贫】** 2014 年，国家烟草专卖局将定点与对口扶贫工作和干部培养锻炼相结合，在竹山县、竹溪县及对口支援的兴国县各选派 1 名年轻干部挂职扶贫，并在工作指导、组织协调、支持服务等方面给予保障。3 名挂职干部发挥自身专业优势，广泛深入贫困基层开展调研，在烟草产业与当地经济发展的有机结合上发挥重要作用，促进当地经济社会发展。

（国家烟草专卖局发展计划司　谭海滨）

# 国家能源局扶贫

**【农网改造升级工程】** 2014年，国家能源局农网改造升级工程总投资449.9亿元，其中，中央资金85亿元，共新建和改造变电站944座，线路22.6万千米，配电变压器8.9万台，户表381.4万户，重点扶持中西部欠发达地区，特别是少数民族地区和革命老区电网建设。

**【无电地区电力建设工程】** 2014年，国家能源局无电地区电力建设工程总投资87.1亿元，其中，中央资金45亿元，解决84万无电人口用电问题。2013—2014年已累计解决245万无电人口用电问题，新疆维吾尔自治区、甘肃省全部无电人口已经用上电。

**【煤矿安全改造】** 2014年，国家能源局投入煤矿安全改造中央预算内资金1.51亿元，支持国家扶贫开发工作重点县30处煤矿进行安全技术改造；地质补充勘探中央预算内资金1568万元，支持连片特困地区4处煤矿开展地质补充勘探；煤炭产业升级中央预算内资金1086万元，支持贫困地区煤层气输气管道工程建设。

**【南疆天然气利民工程】** 2014年，国家能源局组织实施南疆天然气利民工程，气化南疆三地州12个县（市）和20个农牧团场，项目总投资52.78亿元，其中，中央投资20亿元（2013年投入12亿元，2014年投入8亿元），项目已建成投产。

**【能源发电项目】** 2014年，国家能源局核准及纳入规划的中西部贫困地区火电项目724万千瓦，批复西藏昌都与四川电网联网工程可研报告，中央预算内投资24.89亿元，占总投资的37.5%。核准云南澜沧江黄登、乌弄龙，四川雅砻江两河口和西藏尼洋河多布4个水电项目，总装机601万千瓦，总投资1052亿元，其中，多布水电站安排中央预算内资金12.13亿元。组织有关单位开展甘肃通渭风电基地、四川凉山州风电基地规划工作，风电开发规模分别为200万千瓦、660万千瓦。

**【光伏扶贫】** 2014年，国家能源局会同国务院扶贫办联合印发《关于印发实施光伏扶贫工程工作方案的通知》（国能新能〔2014〕447号），提出利用6年时间，在全国范围内开展光伏发电产业扶贫工程。与国务院扶贫办联合印发《关于组织开展光伏扶贫工程试点工作的通知》（国能新能〔2014〕495号），计划在积极性高、配套政策具备、已有一定工作基础的宁夏、安徽、山西、河北、甘肃、青海6省（区）

选择30个县开展首批光伏扶贫试点。

**【定点扶贫】** 2014年，国家能源局继续帮助甘肃省通渭县、清水县推动、引进各类项目，加快当地能源资源开发利用，支持特色优势产业发展，加强城乡基础设施建设，并直接投入资金用于智力帮扶，支持中小学基础教育和村级扶贫互助资金协会的运作。

**【能源项目建设】** 国家能源局推进通渭县风电项目建设，华能华家岭二期工程已并网发电，三期已开始场地平整工作，四期开展前期工作；通渭200万千瓦风电场规划已获批复。推动清水县绿色能源示范县建设，编制完成《清水绿色能源示范县规划》和大型沼气工程项目投资计划；促成中兴清水光伏提水灌溉项目正式签署协议；督促中国三峡新能源公司完成清水县高峰科梁测风工作；协调中国石化集团新星石油有限责任公司完成两县地热资源勘探评估，形成勘查报告。

2014年，分别安排通渭县、清水县农网改造资金2788万元、3720万元。两县合计新建改造10千伏线路215.69千米，低压线路151.7千米，变压器317台，改造户表6167户，有效改善了当地企业和群众的生产生活用电条件。

**【基础设施建设】** 2014年，国家能源局协调投入通渭县小型农田水利工程投资，县中医院项目中央预算内资金，推进通渭马云二级公路完成路基工程建设。协调投入清水县异地扶贫搬迁、幼儿园及薄弱学校改造等社会事业项目建设资金，投入县中医院项目中央预算内资金，协调中石油援建清水县秦亭镇百家中心小学。

**【干部挂职扶贫】** 按照中共中央组织部、国务院扶贫办要求，2014年，从国家能源局机关选派了2名挂职干部赴定点扶贫县挂职锻炼。

**【教育扶贫】** 2014年，国家能源局邀请通渭县、清水县各10名优秀小学生到北京参加为期一周的参观学习活动，委托华北电力大学组织部分在校师生，赴2县开展为期10天的支教活动，为当地初高中学生提供课外培训。

（国家能源局　董小丽）

# 中国铁路总公司扶贫

**【概述】** 2014年，铁路改革发展迈上新的台阶，铁路扶贫工作也取得新的成绩。中国铁路总公司党组书记、总经理盛光祖高度重视扶贫开发工作，担任领导小组组长，要求各单位认真学习贯彻中共中央总书记习近平关于新时期扶贫开发工作的战略思想和党中央、国务院关于扶贫开发工作的系列部署，根据国家扶贫工作需要，按照中国铁路总公司管理职责，做好扶贫相关工作。各单位做好定点扶贫和联系扶贫工作，开展铁路建设扶贫和运输扶贫，在促进贫困地区扶贫开发上发挥了积极作用。

**【联系秦巴山区】** 中国铁路总公司加强与科技部、国家铁路局的沟通协调，参与片区规划实施监测和评估工作，配合召开秦巴山片区扶贫攻坚推进会。组织郑州、武汉、西安、成都、兰州5个铁路局加强与片区6省（市）扶贫办、科技厅、铁路办等部门的沟通协调，认真履行好联系沟通、调查研究、督促指导3项职责，扎实推进片区扶贫攻坚规划及各扶贫项目、帮扶措施的落实。2014年，秦巴山片区新开工阳平关—安康二线及安康直通线、蒙西—华中地区铁路煤运通道等项目，片区6省（市）铁路建设投资完成1575亿元，6省（市）在建铁路项目投资规模达1.05万亿元。同时，郑州—万州铁路、武汉—襄阳—十堰城际铁路等项目前期工作加快推进，争取早日开工建设。在秦巴山片区增开至北京、齐齐哈尔、乌鲁木齐等地的12对直通客车，开行成都—上海、厦门等多趟动车组列车，进一步扩展秦巴山片区6省（市）旅客列车通达范围。

**【铁路建设扶贫】** 2014年，按照中央关于加快铁路建设的部署，中国铁路总公司与国家有关部门和地方政府建立多层面协调机制，采取超常规措施，加快项目上报、审批和实施进度，推进铁路建设。同时，以中西部地区特别是贫困地区为重点，加快推进国家规划的铁路重大项目前期工作，为项目建设做好储备。拉萨—日喀则铁路、大西铁路太原—西安段、沪昆客专杭州—怀化段、兰新第二双线、成绵乐客专、南广铁路、贵广铁路等中西部地区重大项目顺利投产，京沈客专、杭州—黄山铁路、哈尔滨—佳木斯铁路、怀邵衡铁路、哈密—额济纳铁路、丽江—香格里拉铁路、干塘—武威南增建二线、大瑞铁路保瑞段等项目开工建设。全国14个片区所在的21

个省（区、市）国家铁路基建投资完成3874亿元，占全国的70.3%，投产新线6878千米，占全国的81.6%，其中高铁4711千米，占全国的85.8%，开工新项目50个，推动区域经济协调发展、促进贫困地区扶贫开发。

**【铁路运输扶贫】** 2014年，中国铁路总公司统筹利用好京石武高铁、汉宜铁路、大西铁路等区域干线开通后形成的新增运能，对宝成线等运能受限枢纽或区段进行改造，优化列车开行结构，提高中西部地区铁路网综合运能，保证中西部地区运输需求。瞄准不同贫困地区的不同需求，有针对性地实施运输扶贫。对关系国计民生的重点物资运输予以重点保证，对粮食、棉花、化肥等涉农物资运输执行优惠的运输价格，对番茄、马铃薯等农副产品外运和劳动力转移坚持特事特办，为促进贫困地区经济社会发展和扶贫开发提供有力保障。另外，通过增开旅客列车、增加客车停站、改善服务设施等系列措施，增加中西部地区铁路客运能力，较好地满足广大人民群众出行和相关地区旅游开发需求。青藏线客车近年来保持每年0.5对的增量，拉萨—日喀则铁路顺利开通运营，西藏人民群众出行更加便利，旅游旺季进出藏客流持续增长。随着滇南地区铁路网的完善，在河口站新安排开行旅客列车2对，去往昆明的最短时间压缩至6.5小时。新疆增开5对城际列车、4对出疆普速客车、3对动车组列车，交通环境得到改善。贵州、内蒙古、甘肃、青海也首次开行动车组列车，贵广铁路开行29对，南广铁路开行21对，集包线密集开行15对。宜万线首开上海、杭州、南京、南昌—成都、重庆的动车组列车，哈大高铁增开吉林—北京南、哈尔滨西—武汉等动车组列车。在四川、河南、湖北、安徽等农民工较为集中的省（区），较多安排开行普速旅客列车，对农民工客流较大的方向增开普速客车，做好农民工运输工作。东北地区增开齐齐哈尔—成都、长春—厦门、哈尔滨西—松原等进出关旅客列车，新配属1281辆新造空调客车。

**【定点扶贫】** 2014年，中国铁路总公司继续做好对宁夏回族自治区固原市原州区、新疆维吾尔自治区和田县、河南省栾川县、湖北省丹江口市、重庆市云阳县、四川省苍溪县、陕西省勉县、甘肃省西和县8个国家扶贫开发工作重点县的定点扶贫工作，中国铁路总公司拨付扶贫资金940万元，实施整村推进扶贫、农村特色产业开发、教育扶贫、医疗卫生扶贫、乡村公路建设等项目29个。此外，按照中央和国家有关部门、地方党委政府要求，铁路总公司所属各单位也积极参与扶贫工作，投入资金3625万元，组织实施帮扶项目59个，项目直接受益人数达8.9万人。全年铁路部门共计投入4565万元，实施扶贫项目88个。

**【整村推进】** 按照“规划到村、项目到户”的要求，把培育“造血”功能作为主攻方向，大力发展设施农业和种植养殖，为原州区寨洼村新建60平方米标准养殖棚圈100栋，补栏良种基础母牛293头、母羊600只，并根据养殖规模，配套发展种植草畜产业，形成循环互补的良性发展。同时，建成寨洼村联户道路，翻修4千米沙化路；新建寨洼村文化广场，配齐健身器材、篮球场、乒乓桌等活动设施；为贫困户购置太阳能热水器100台，全村1/3的家庭首次用上自动热水。

**【产业扶贫】** 对和田县实施开发式扶贫，在色格孜库勒乡，实施250亩葡萄立架改造、500亩葡萄定植和葡萄苗嫁接，建设风冷保鲜库2座，全乡葡萄产量、品质及经济效益进一步提升；在拉依喀乡，建设养殖棚圈，发展畜牧家禽养殖户600户；在郎如乡，新建便耕农机合作社，购置旋耕机10台，为米提孜村新建羊毛加工厂1座，为普吉村整治低质土地500亩，实施提水灌溉工程。同时，帮助河南省栾川县因地制宜发展农村特色产业，联系引进双孢菇种植项目和麝香鼠特种养殖项目，总投资约2000万元，筹划铁路扶贫栾川农村特色产业基地，支持特色农产品进入铁路车站柜台销售。

**【基础设施建设】** 组织乌鲁木齐铁路局将定点扶贫与访民情、惠民生、聚民心的“三民”活动结合起来，成立工作组进驻和田县拉依喀乡达奎村开展工作，走访全村460户家庭，修缮了村文化活动室、广播室、阅览室等设施，增配200多套图书杂志和健身器材，制作2处文化墙；对篮球场进行改造，更换塑胶地板和篮球架；新建小型人造草坪足球场；建成8亩精品土桃园，带动村级集体经济发展；改造村老化水管道，解决200余户村民饮水问题。着力改善定点扶贫地区农村医疗卫生、道路、灌溉条件，在云阳县，投入30万元资助双土镇卫生院医疗综合楼修建，改善当地群众医疗卫生条件；在西和县，投入30万元资助十里乡段集村防洪和道路设施建设，修建过水路面3处，解决1500多人和1000多亩农田的耕种机具过河问题；在丹江口市，投入30万元资助浪河镇浪河口村移民安置点道路建设；在苍溪县，投入30万元资助村道建设和山坪塘建设，扶持当地猕猴桃产业发展；在勉县，投入30万元帮助元墩镇元墩村修建堰坝1座，解决255亩农田灌溉问题。

**【教育扶贫】** 坚持“扶贫先扶智”，实施教育扶贫项目。在栾川县，投入30万元援建白土镇马超营村小学。在和田县，资助新考入大中专院校的50名贫困生10万元学费。在原州区，资助100名农村贫困大学生30万元。全国铁道团委继续实施大型公益助学活动，资助定点帮扶县200名优秀特困大学生100万元；捐助50万元援建地震中受损的陇西县仙源小学，新建教室6个，建筑面积300平方米。成都铁路局自筹资金85万元，资助巴中市思源实验小学和五一社区建设。

**【挂职干部扶贫】** 根据帮扶县需求，

在栾川县、丹江口市、勉县、西和县、原州区各派驻了1名挂职干部。5名挂职干部深入乡村农户，开展扶贫调研，跟踪项目进度，落实帮扶举措，为当地扶贫开发献计献策，在掌握扶贫需求、实施精准扶贫、解决实际困难上发挥积极作用，受到当地干部群众的肯定。2014年1月，乌鲁木齐铁路局扶贫办和在原州区挂职的杨晓宏，分别荣获“中央国家机关等单位定点扶贫先进集体”和“中央国家机关等单位定点扶贫先进个人”称号。2014年9月，在丹江口市挂职的李德林和在勉县挂职的鹿继明荣获“全国社会扶贫先进个人”称号。

（中国铁路总公司办公厅　戴飞翔）

# 中国银行业监督管理委员会扶贫

**【概述】** 2014年，中国银行业监督管理委员会（以下简称“银监会”）高度重视贫困地区农村金融服务工作，通过引导银行业机构加大涉农信贷投放，大力发展农村普惠金融，深化农村金融机构体制改革，丰富农村金融服务主体，创新农村金融产品和服务方式，完善农村金融基础环境，扎实做好定点扶贫工作，有效提升贫困地区的金融服务水平。

**【涉农资金投入】** 银监会积极引导银行业金融机构按照调整优化信贷结构、保证“三农”投入的思路，加大对“三农”金融支持力度。2014年，银行业金融机构涉农贷款余额23.6万亿元，占各项贷款的28%，比2014年年初增加3万亿元，同比增长13%，高于各项贷款平均增速0.7个百分点。引导银行业金融机构利用支农再贷款加大贷款投放，发行“三农”金融债，补充一批资金。优先对涉农贷款开展资产证券化试点，盘活一批资金。要求涉农银行业金融机构单列涉农信贷计划，科学下放审批权限，建立支农服务长效机制。

**【农村普惠金融】** 继续推动农村基础金融服务全覆盖工作，将符合条件的简易网点改造为标准化网点，逐步实现乡镇金融机构全覆盖。在具备条件的行政村，扎实推进基础金融服务“村村通”，将基础金融服务向村一级加快延伸。大力发展民生金融业务，支持返乡农民工、农村青年、农村妇女、大学生村官、科技特派员在农村就业创业。改进残障人士等农村特殊群体金融服务。以集中连片特困地区为重点加大信贷投放，推进精准扶贫、扶贫小额信贷健康发展。深入开展“送金融知识下乡”和教育宣传活动，切实维护农村金融消费者的合法权益。

**【农村金融机构体制改革】** 着重发挥农村信用社支农服务主力军作用。深化农村信用社改革，2014年新组建200家农村商业银行。增强政策性金融服务功能。中国农业发展银行改革总体方案已经国务院批准，进一步强化政策性职能定位，明确政策性业务范围和监管标准。持续深化农业银行“三农金融事业部”改革试点，试点范围扩大到1497个县。支持中国邮政储蓄银行发挥网点和服务优势，为广大农村和社区提供基础金融服务，稳步拓展小额涉农信贷业务。

**【农村金融服务】** 2014年，全国共组建村镇银行1296家，六成设在中西部，民间资本占比达 70%，农户贷款和小微企业贷款合计占全部贷款的九成以上。促进涉农融资性担保机构稳健发展，推动有关部门和地方各级政府通过资本注入、补贴奖励和风险补偿等方式，对重点服务“三农”领域的融资性担保公司进行扶持。

**【富民惠农金融创新工程】** 积极探索低成本、可复制、易推广的农村金融产品和服务方式，持续深入推进农村中小金融机构“富民惠农金融创新”工程，加快建立健全符合当地需求特点的金融产品体系，提高服务的满意度，增强产品的契合度。探索扩大抵押品范围，试点开展林权、土地承包经营权、宅基地使用权的“三权”抵押贷款。

**【农村金融环境建设】** 引导各地深入开展农村信用户、信用村和信用乡镇建设。加强与地方政府和公检法部门的协调合作，严厉打击骗贷和恶意逃废债行为，营造良好的农村金融环境。组织开展“送金融知识下乡”活动，普及推广农村金融知识。督促银行业金融机构严格执行“七不准”和“四公开”规定，开展专项督查，及时查处各类违规收费，切实降低涉农企业融资成本，保护农村金融消费者合法权益。

**【定点扶贫】** 2014 年，银监会和各成员单位对定点扶贫甘肃省和政县工作给予大力支持。和政县定点扶贫工作注重机制与项目结合、民生与产业结合、普惠扶贫与示范带动结合，突出金融扶贫、外部资源引进，取得新的成效。2014 年，银监会系统向和政县投入资金 440.9 万元，加上募集捐赠（含物资折款）232 万元，共 672.9 万元，直接实施项目 7 个；引进外部资金 5.3 亿元，实施农业、金融、文化、旅游、教育等领域项目 24 个。

（中国银行业监督管理委员会
忖正丽）

# 中国保险监督管理委员会扶贫

**【概述】** 2014年，中国保险监督管理委员会（以下简称“保监会”）定点帮扶内蒙古自治区察右中旗和察右后旗（以下简称“两旗”）两个国家扶贫开发工作重点旗（县），共培训中小学教师18人次，资助贫困学生41名，派遣扶贫干部2名，捐赠公务车4台。引进资金44万元，用于贫困学生补助、教育网络、防灾投保等公用事业。投入扶贫资金140万元，分别在两旗开展畜牧养殖、社区文化建设等项目实施工作，坚持年底“送温暖”活动，取得良好的经济和社会效益。

**【扶贫资金投入】** 2014年，保监会通过节省机关办公经费，划拨出扶贫资金140万元，投入两旗养殖、教育、文化、卫生等产业和公共事业建设；通过行业渠道号召部分派出机构（保监局）、保险公司及社会爱心人士，捐助物资折合160万元、资金44万元，用于改善当地教育条件、资助贫困学生。年度捐赠具体情况为：保监会扶贫资金划拨140万；保监会机关干部“一日捐”活动募集资金10万元；派出机构（保监局）捐赠公务车辆4台；保险公司捐赠10万元设立助学基金；社会爱心人士“一对一”资助贫困学生41名，累计资金24万元。

**【扶贫资金管理】** 2014年，保监会对扶贫资金进行分类监管。对于产业拨款，事前要求两旗提出项目计划，经审核后再分阶段划拨，之后要求两旗定期通报项目开展情况、经营情况以及社会收益情况。对于“困难群众慰问金”，要求两旗提供慰问群众名单和接收签字。对于贫困学生资助金，则通过“一对一”的形式，直接与贫困学生家庭对接，确保资金能够全部用到学生身上。

**【扶贫调研】** 为进一步了解定点扶贫单位基本情况，掌握扶贫资金和物资使用情况，保监会抽调办公厅、财会部相关人员成立工作组，2014年7月，赴两旗开展考察调研工作。

**【扶贫培训】** 为提升当地教师教学能力，开阔教学视野，保监会扶贫挂职干部多方联系协调，选派18名察右中旗优秀教师分两批赴天津市综合条件最好的幼儿园和小学参加为期10天的业务培训，在部分小学试点开设了民族舞和马头琴艺术班，为传承少数民族优秀文化做了有益的尝试。

**【干部挂职扶贫】** 2014年，保监会派出吴炜、雷明国2名干部到察右中旗和察右后旗挂职，担任旗委副旗长职务，从事对定点扶贫单位的帮扶工作。挂职扶贫干部充分发挥保监会与扶贫单位的桥梁纽带作用，推动扶贫工作的开展。2名同志参与或组织基层调研24次，走访家庭35个，联系安排旗里2批次共18名教师赴天津市进行培训，动员国寿不动产投资管理有限公司、天津市和平区教育局等多家单位开展捐赠工作，联系爱心人士对困难学生进行对口帮扶。

**【扶贫慰问】** 2014年春节期间，保监会向两旗贫困农牧民开展“送温暖”活动，经批准，将两旗“困难群众慰问金”由各5万元提高至各10万元，用于购买米、面、油、煤等生活必需品，慰问两个旗贫困户，贫困户的名单由当地党委政府提供，切实把党和政府的关怀送到贫困农牧民家中。

**【扶贫日活动】** 保监会积极响应国务院扶贫办号召，在会机关开展了“一日捐”主题活动。利用宣讲扶贫政策、介绍贫困地区群众现状、制作张贴宣传画、内网传播宣传材料等方式，提高广大干部职工的爱心意识，并组织募集活动。保监会主席项俊波要求全体人员动员起来，高标准做好扶贫工作，把爱心奉献融入到机关文化当中，通过进一步的宣传教育，让更多的干部职工参与扶贫、宣传扶贫，推动扶贫工作的科学可持续发展。

**【产业扶贫】** 根据察右中旗提出的产业项目，保监会投入扶贫资金60万元，用于科布尔镇乳泉村奶站的升级改造项目。保监会的帮扶资金作为村委会的股金，由村民共同参与经营，收入为集体所有，为今后进一步升级打下良好基础。

**【教育扶贫】** 2014年，保监会联合多家单位募集扶贫资金与物资，包括计算机设备、厨房设备、卫生设备、多媒体教学设备等，捐赠给察右中旗教育局，部分改善当地学校的教学、生活和卫生条件。通过移动通信平台建立“爱心助学群”，采用一对一的方式，号召爱心人士对贫困学生进行资助，已有41名贫困学生得到资助，资助额累计24万元，生活和学习用品6批。协调一家保险企业出资10万元设立助学基金，帮助更多贫困学生完成学业。

**【文化扶贫】** 根据察右后旗提出的扶贫需求，保监会投入扶贫资金60万元，用于该旗青少年文化艺术活动基地项目建设。通过对杭宁达莱、繁荣、益民、北道口4个社区按照标准化水平在软硬件方面进行集中投入配套建设，4个社区办公活动场所面积均达到700平方米，各拥有一个中心、两支队伍、一个综合活动室，从服务范围看，直接覆盖社区居民8200户、2.1万人，受益面涵盖全镇中小学校、幼儿园8700多名学生。

**【保险扶贫】** 保监会扶贫挂职干部大量调研走访，经乌兰察布市金融工作办公室、保监会内蒙古监管局、保监会农业保险处共同协调，决定在察右中旗开展土豆目标价格保险的试点工作。乌兰察布市金融办已将此项目列为该单位的重点工作，利用土豆目标价格保险这一金融工具，增强乌兰察布市土豆种植户抵御自然灾害的能力。

（中国保险监督管理委员会　聂　晶）

# 中国农业银行扶贫

**【概述】** 2014年，中国农业银行认真贯彻落实中央扶贫开发战略部署，以精准扶贫到村到户和区域扶贫攻坚为工作重点，扎实推进金融扶贫，不断加大信贷投放。2014年在贫困地区累计投放贷款6361亿元，贷款余额9726亿元，有效推动了贫困地区经济发展和贫困群众增收致富。2014年投放扶贫贴息贷款357.3亿元，支持433个扶贫企业和项目，带动95万农户实现户均增收4573元，扶贫贴息贷款余额415亿元。在基础金融薄弱的农村地区积极实施“金穗惠农通”工程，通过惠农卡、转账电话、POS机等渠道为群众提供普惠金融服务，2014年设立惠农服务点64.9万个，有效改善了金融服务空白乡镇金融供给不足的局面。农业银行的金融扶贫工作取得成效，在2014年10月17日召开的全国社会扶贫工作电视电话会议上，农业银行甘肃分行、内蒙古分行和西藏分行荣获“全国社会扶贫先进集体”称号。

**【扶贫制度建设】** 2014年，中国农业银行制定《金融扶贫十条措施》（农银发〔2014〕92号），提出建立组织推动机制、分片区制定综合金融服务方案、探索研究金融扶贫新模式、努力实施精准扶贫、全面开展驻村帮扶等十条工作意见。印发《关于成立集中连片特困地区金融服务工作领导小组的通知》（农银办发〔2014〕245号），总行成立片区金融服务工作领导小组，片区省分行比照设立工作推进小组，并建立跨省联席会议机制。印发《关于进一步做好驻村帮扶工作的通知》（农银办发〔2014〕244号），强化驻村帮扶资源保障，建立长效帮扶机制。印发《关于做好集中连片特困地区农户金融服务工作的意见》（农银办发〔2014〕33号）等政策文件，强化对片区农户的金融支持。制定印发《中国农业银行金穗扶贫惠农贷款操作规程（试行）》（农银规章〔2014〕94号），明确以集中连片特困地区和少数民族聚集区等为重点支持区域、以政府出资成立担保公司或风险补偿基金等为重点担保方式的扶贫贷款模式。

**【重大扶贫活动】** 在全国首个“扶贫日”到来之际，中国农业银行与国务院扶贫办在北京签署《金融扶贫合作协议》。根据协议，双方将发挥各自优势，加强业务合作，为贫困地区经济社会发展和贫困农户增收加大金融服务力度，重点在产业扶贫和小额信贷扶贫等方面开展合作，并在条件成熟的贫困地区开展先期试点，共同探索金融扶贫新模式。

为支持贫困地区产业发展，2014 年 10 月，中国农业银行与国投创益产业基金管理有限公司签署《战略合作框架协议》，双方约定以互利互惠为基础，建立长期战略合作关系，发挥各自优势，促进贫困地区经济产业发展。

**【金融扶贫富民工程】** 2014 年，中国农业银行内蒙古分行与内蒙古自治区扶贫办联合创新开展“金融扶贫富民工程”，投放金融扶贫富民贷款 62 亿元，其中：投放“富农贷”52 亿元，支持贫困农户 11 万户；投放“强农贷”10 亿元，支持扶贫企业 90 多家，受到广大农牧民的普遍赞誉。

**【连片特困地区扶贫】** 2014 年，中国农业银行在全国 14 个集中连片特困地区累计投放贷款 2526 亿元，年末贷款余额 4402 亿元。在片区优先推进“金穗惠农通”工程，基本覆盖全部具备固话通讯条件的行政村。在集中连片特困地区发放惠农卡 3489 万张，设立“金穗惠农通”工程服务点 14 万个，布放各类电子机具 17.6 万台。

**【扶贫小额信贷】** 中国农业银行 2014 年贫困地区农户贷款余额 1906 亿元，其中，农户小额贷款余额 495.8 亿元。中国农业银行还努力拓宽金融服务渠道，积极创新金融扶贫方式，为中国扶贫基金会等扶贫小额信贷机构提供批发资金，贷款资金全部用于向贫困地区农户发放小额贷款，支持这些机构在广大贫困地区开展扶贫小额信贷业务。

**【康复扶贫】** 中国农业银行一直以来高度重视残疾人发展，致力于满足残疾人在解决就业、发展生产、改善生活方面的金融需求，持续提高金融服务水平，为我国残疾人事业发展积极贡献力量。2014 年投放康复扶贫贷款 2.8 亿元，支持残疾人企业 14 个，辐射带动 5038 个残疾人，实现人均增收 4401 元。

**【光彩扶贫】** 光彩事业促进会每年向中国农业银行推荐一批光彩事业申贷项目，2014 年中国农业银行支持项目 12 个，授信总额 5.1 亿元，年末贷款余额 3.6 亿元，大力推动了民营企业参与扶贫，取得了较好的社会效益。

**【基础金融服务】** 2014 年，中国农业银行着力提升“金穗惠农通”工程质量，加大“金穗惠农通”工程推进力度，持续提升基础金融服务覆盖面。2014 年在全国范围内布放电子机具 122.8 万台，惠农卡发卡量 1.6 亿张，覆盖农户超过 1 亿，对全国行政村覆盖率达 75.2%，不断扩大惠农金融服务范围。

**【驻村帮扶】** 2014 年，中国农业银行共帮扶 576 个贫困村，派驻 483 名员工深入驻村，自筹和吸引资金投入 4204.6 万元，向帮扶村的信贷投入达 5.2 亿元。农业银行驻村帮扶取得显著成效，贫困农户得到资金扶持，特色产业实现规模经营，医疗、卫生、教育等民生事业得到持续改善，水、电、路、气等基础设施建设不断加强，孤寡病残特困群众得到特殊关怀。

**【扶贫日活动】** 2014 年，全国首个“扶贫日”期间，设计制作“‘10·17’共同关注首个‘扶贫日’”主题宣传展板，10 月 17 日在总行机关办公大楼电子屏幕上滚动播出首个“扶贫日”信息，同时在机关党建网站、杂志、简报上登载“扶贫日”活动的好做法、好经验。

**【定点扶贫】** 2014 年，中国农业银行划拨专项经费 14 万元慰问定点扶贫县河北省武强县和饶阳县 8 户特困家庭和 2 所贫困小学，为特困户送上慰问金和生活必需品，为贫困小学送上书包、书籍、纸笔、文具等学习用品以及文体器材。2014 年直接捐助资金 200 万元支持当地教育卫生事业，在当地县委、县政府的支持下，经过多次考察和认真研究，中国农业银行选择将武强县实验中学和饶阳中学作为 2014 年帮扶对象，并设立“农银奖学金”，总行机关援建的武强县实验中学塑胶运动场项目和饶阳中学图书室项目开工建设。

（中国农业银行农村产业与城镇化金融部　么晓颖）

# 中华全国供销合作总社扶贫

**【概述】** 2014年，中华全国供销合作总社（以下简称“供销合作总社”）按照中共中央总书记习近平、国务院总理李克强关于扶贫开发工作的重要指示批示精神和国务院扶贫开发领导小组第二次全体会议精神，充分发挥系统和行业优势，在促进贫困地区经济社会发展、搞活城乡流通、服务农民生产生活、助农增收等方面取得了明显成效。

**【扶贫日活动】** 按照《关于认真组织好扶贫日活动的通知》（国开办明电字〔2014〕3号）的要求，供销合作总社精心组织安排首个“扶贫日”活动。10月17日，总社党组书记、理事会主任王侠出席了全国社会扶贫工作电视电话会议暨首个“扶贫日”启动仪式。组织开展扶贫捐款活动，号召供销合作总社机关、直属企事业单位和社团组织全体干部职工为贫困群众捐款，“扶贫日”当天捐款累计20.25万元；10月17日，供销合作总社经济发展与改革部主要负责同志带队，赴定点扶贫县开展帮扶援助，深入到村、户和扶贫项目基地进行实地考察，指导扶贫开发工作，对供销系统扶贫开发工作做出部署。拨付2014年帮扶资金100万元；利用供销合作社媒体和网络对“扶贫日”活动同步进行集中宣传报道。

**【产业扶贫】** 2014年，供销合作总社联合农业部、国家林业局、国务院扶贫办、商务部、国家发展和改革委员会、科技部等单位制定《特色产业增收工作实施方案》。围绕贫困地区特色优势产业，以促进扶贫对象增收为目标，改善生产生态条件为保障，着力提高贫困地区综合生产能力、抗风险能力和市场竞争能力，充分发挥供销合作社在农业社会化服务中的重要作用，切实提高贫困地区的自我发展能力。2014年，全系统共组织农民兴办各类专业合作社11.4万个，为1200多万入社农户提供信息技术、品牌营销、加工储运等服务。通过农业综合开发新型合作示范项目，不断加大对贫困地区农民合作社发展的扶持力度。共为国家扶贫开发工作重点县安排农民合作社和龙头企业种植养殖基地、加工流通项目339个，扶持资金2.7亿元，有力推动贫困地区特色产业发展，为农民脱贫致富发挥积极作用。

**【农村流通网络建设】** 2014年，供销合作总社安排“新网工程”专项资金14亿元，用于支持供销合作社系统构建农村现代流通服务网络。供销合作总社在安排项目资金时，对贫困地区给予倾斜。将拥有11个国家扶贫开发工作重点县的江西赣州市、10个国家扶贫开发工作重点县的陕西榆林市、6个国家扶贫开发工作重点县的甘肃天水市、5个国家扶贫开发工作重点县的山东临沂市列为供销合作总社改革发展联系点给予重点扶持，每年安排项目资金300万元。

**【农业社会化服务】** 2014年，供销合作总社安排9000万元，通过新设立的“新型农业社会化服务体系试点项目”，引导支持贫困地区供销合作社开展以大田托管为主要形式的农业社会化服务试点。依托系统8所直属科研院所和5.1万个庄稼医院、1.7万个各类社团组织，为广大农民群众提供技术培训、推广、应用和信息咨询等服务。2014年共建立科学试验示范田13.3万公顷，开展测土配方施肥79.1万公顷；提供技术培训、信息咨询1365.8万人次；发放科技资料1707.7万份。依托系统33.7万个农村综合服务社和商贸综合体参与城镇化建设，为贫困地区城乡居民提供社区日用消费品、文体娱乐、养老幼教、就业培训等多样化服务。依托系统现有的94所各级各类职业院校，加强对贫困家庭未升学的初中、高中毕业生进行中等职业教育和短期技能培训，在校生近30万人。同时面向贫困地区农民，开展实用技能教育培训，通过承接“阳光工程”“农村劳动力就地就近转移培训工程”“家庭手工业辅导员培训”等项目，开拓贫困地区劳动力就业渠道，帮助贫困地区劳动力转移就业。

**【定点扶贫】** 供销合作总社定点扶贫安徽省潜山县，通过项目、资金、技术等方式对定点扶贫县进行有针对性的综合帮扶。2014年，安排10名局级、20名处级及处级以下干部赴定点扶贫县开展调查研究，指导扶贫开发工作。潜山县政府代表团多次到供销合作总社沟通情况、交流工作，双方形成了良好的互动关系。供销合作总社将潜山县作为培养锻炼干部的基地，选派1名干部挂职扶贫，任县委常委、副县长，挂职干部尽职尽责，做了大量工作，受到地方党委、政府和群众的充分肯定。2014年，定点扶贫专项资金增长至100万元。安排实施农业综合开发项目2个，落实中央财政资金120万元。推动潜山县茶叶、瓜蒌、油茶、蚕桑、畜禽产业发展，其中，新建食用菌生产基地100亩，改造老基地大棚50亩，新建抗灾钢构标准化大棚60亩，发展食用菌200万棒。通过集中培训、技术指导、专题讲座等方式，培训农民1.2万人次，基本做到了培训1人、转移1人、脱贫1户。

（中华全国供销合作总社
经济发展与改革部　刘喜成）

# 中华全国总工会扶贫

**【概述】** 2014年，中华全国总工会（以下简称“全国总工会”）认真贯彻落实全国扶贫开发工作会议精神，按照《关于创新机制扎实推进农村扶贫开发工作的意见》要求，加强对定点扶贫工作指导，分管领导到山西省和顺县进行考察，第八、第九批扶贫工作队顺利交接，围绕和顺县县委、县政府中心工作，深入调研，创新机制，拓宽思路，抓好产业扶贫，改善民生，选树典型，加强智力扶贫，提升贫困地区自身发展能力。2014年，投入扶贫资金157.4万元，撬动项目资金和社会资金800多万元，实施扶贫项目28个，覆盖全县90多个贫困村，惠及贫困群众近2万人。

**【产业扶贫】** 2014年，全国总工会在帮扶传统农业项目的基础上，注重在新品种引进和新产业培育上寻求突破。与和顺县县农业委员会合作建设5000方平米双孢菇新品种试种基地，从山东引进新菌种，每平米出菇量可由10千克增加到15千克，以每千克均价10元计，该品种在全县52万平方米菇棚推广后可为菇农增收2000多万元。和顺县当地海拔、气候、水文等自然条件适合种植藜麦，该作物亩产约180千克，市场价格每千克约12元，明显高于荞麦等普通杂粮，具有广阔的市场前景。为培育新的农村经济增长点，实施1500亩藜麦种植项目，为种植户提供新品种种植补贴，推动藜麦种植成为当地新的特色产业。

**【安全饮水工程】** 全国总工会与和顺县水利局加强合作，从扶贫资金中累计拿出20多万元，带动县财政追加投入200万元，共同开展和顺县2014年农村饮水安全工程建设。坚持全程参与调研、全程参与工程监管，大力推动水源匮乏乡镇的用水设施设备升级改造、自来水入户、房檐集水示范推广、免费发放净水器等项目建设，解决51个农村饮水工程出现的水源出水不足、管道老化失修、水池漏水、供水设备损坏等用水困难问题。

**【农民专业合作社】** 全国总工会与马坊乡合作，在毛谷小米主要产区黑羊背村整合800亩土地，成立专业合作社，为其发放种植补贴并购置加工及包装设备，提高农产品附加值，形成种植、加工、包装、销售一条龙，实现规模化、集约化、产业化经营，带动当地农民增收致富。推动农民专业合作社规范化建设，与和顺县农村经济经营管理办公室制定《2014年农民专业合作社规范化建设实施方案》，开展农民专业合作社规范化评比，选出5个财务规范、股权合理、惠众广泛、效益显著的农民专业合作社，授予“典型示范合作社”称号，帮扶每个合作社2万元的发展资金，协调有关部门在政策引导、技术扶持等方面给予支持，充分发挥其典型引领作用。

**【农业技术培训】** 联系山西农业大学为和顺县种植养殖户制作发放肉牛养殖和蔬菜种植培训书籍及光盘，聘请食用菌培育专家教授讲课，对和顺县的双孢菇种植户、专业合作社开展食用菌产业化栽培高产配套技术培训，提供菌种和有关生产资料；与和顺县农村经济经营管理办公室联合举办专业合作社财务制度培训班，与畜牧局联合举办养殖技术等培训班。提高贫困农民的技能水平，增强致富能力。

**【招商引资】** 全国总工会联系北京首都农业集团有限公司、中国葛洲坝集团有限公司、北京芳晟投资集团、河北卓信皮毛服装贸易公司，与和顺县洽谈合作意向。其中，北京首都农业集团有限公司6月到和顺实地考察。

**【医疗卫生扶贫】** 2014年，全国总工会与和顺县下乡办、卫生局合作，联系北京、太原等地医院20名专家，7月到和顺县开展为期2天的贫困群众义诊，对全县各乡镇卫生院、分院60名业务骨干及在村卫生所执业的266名乡村医生进行为期1周的集中培训，增强乡村两级医疗卫生人员对农村常见病及多发病防治能力，提高基本公共卫生服务水平。8月，组织15名专家教授到和顺开展为期4天的第二期义诊和培训；促成首都医科大学确定和顺县为长期联系点，与和顺县卫生局、县下乡办合作开展“最美乡村医生”评选，选出20名业务精湛、敬业负责的乡村医生，宣传他们扎根农村、爱岗敬业、无私奉献的先进事迹，弘扬乡村医生的优良品德，激励广大乡村医生为贫困群众提供更加优质的医疗服务。

**【教育扶贫】** 2014年，全国总工会推动城乡幼儿园软硬件升级，组织和顺县幼儿园教师代表赴浙江省湖州市安吉县机关幼儿园实地考察和跟班教学，学习开展户外活动、阳光体育的先进经验，提高办园水平；支持城区新建的康乐幼儿园和河北幼儿园安装净水饮水设备，确保幼儿饮水安全；支持串村幼儿园购置12台电视机，提升多媒体教学水平；为新建的百备、北李阳、夫子岭3所农村幼儿园购置体育设施。

**【扶贫日活动】** 全国总工会在首个“扶贫日”，协调《工人日报》和中国工会网记者赴和顺县进行实地采访，10月22日《工人日报》、中国工会网和全国总工会机关内网上刊发题为《一场根植老区的扶贫接力——全总山西和顺扶贫工作队工作纪实》的文章，对全国总工会在和顺县开展的定点扶贫工作进行宣传报道。

（中华全国总工会经济技术部
代明梅）

# 中国共产主义青年团中央委员会扶贫

**【概述】** 2014年，中国共产主义青年团中央委员会（以下简称“共青团中央”）认真贯彻落实中央扶贫开发工作会议和《中国农村扶贫开发纲要（2011—2020年）》精神，根据国务院扶贫办、共青团中央联合印发的《关于动员和支持各级团组织及广大青年积极参与扶贫开发的意见》（国开办发〔2012〕35号）统一部署，以集中连片特困地区为重点，围绕农村青年创业就业、志愿者扶贫、社会力量扶贫、人才培养、科技服务、定点扶贫等方面，通过机制化、项目化推进，积极参与新一轮扶贫开发工作。

**【创业致富带头人培训】** 2014年，共青团中央提出5年培养100万农村青年创业致富带头人的目标。印发《关于实施农村青年创业致富“领头雁”培养计划的通知》，与中国邮政储蓄银行合作开展促进青年创业就业工作，联发通知，在青年创业贷款、举办青年创业创富大赛、举办特色产业交流活动、开展基层干部交流挂职等方面，重点给予贫困地区支持。与金融机构合作，重点围绕扩大工作覆盖面、提高评定结果使用率和建立长效机制，深入开展信用示范户创建工作。联合中国银行业监督管理委员会、中国人民银行、中国农业银行、中国邮政储蓄银行等，共同开展选派金融机构优秀青年干部到县级团委挂职工作，提升金融服务青年创业就业的专业水平。9月，共青团中央组织新疆农村青年致富带头人星火培训班，对家庭农场主、农民专业合作社或农业企业负责人进行专题培训。11月，举办青年电子商务建设与管理人才（涉农创业）高级研修班。与中国北方汽车教育集团合作，开展农村青年汽修技能培训项目，计划用5年时间为贫困地区国家扶贫开发工作重点县免费培养1000名具有汽车维修技能的农村青年致富带头人，培训资金折合2000万元。首期200名贫困农村青年已经入学，开始为期1年的学习。联合中国青年创业就业基金会、微软（中国）有限公司共同实施青年创业就业信息技能培训项目，2014年共培训1万余名农村青年。

**【志愿者扶贫】** 2014年，共青团中央“西部计划”在岗志愿者规模1.91万人，实施领域涵盖基础教育、农业科技、医疗卫生、基层社会管理、基层青年工作、服务新疆、服务西藏7个专项。广泛动员基层团组织、青年志愿者组织与农村基层团组织进行结对并开展长期帮扶工作。2014年，31个省（区、市）和新疆生产建设兵团及全国铁道团委联合残联等部门实际结对残疾青少年54万人。全国31个省（区、市）把关爱行动纳入党委政府重要日程，2817个县（市、区、旗）具体实施，结对帮扶农民工子女较集中学校5.7万所，结对农民工子女1586万人，参与服务的青年志愿者599万人，建设“七彩小屋”等各类规范性活动阵地5.3万个，募集资金和捐赠物资价值共计2.9亿元。全国共有500万大中专学生志愿者赴基层特别是革命老区、贫困地区，针对当地经济社会发展和人民群众生产生活中的实际需求，提供创业就业、教育关爱、医疗服务、科技支农、文艺演出、环境保护等服务。《建立精准扶贫实施方案的通知》出台后，共青团中央动员大学生村官、西部计划志愿者等参与建档立卡工作相关工作，其中，贵州省毕节市动员500余人参与。

**【社会扶贫】** 2014年，共青团中央向西部省份高校750名贫困家庭学生发放“新东方西部特困大学生专项助学金”，帮助贫困学生完成学业，共计150万元。开展“科技之光”青年专家服务团活动，救助甘肃、青海、贵州、四川贫困家庭先天性心脏病儿童86人，资助总费用120余万元。筹集海内外捐助款3.2亿元，援建希望小学64所，资助学生3.48万人。设立“百村千户”爱心帮扶基金，筹资500万元帮扶黑龙江省和贵州省部分贫困地区实施农业技术培训与村镇创业扶持公益项目。实施“青少年民族团结交流万人计划”，在吉林省开展“全国少数民族大学生骨干社会实践与社会观察活动”，培训中西部地区少数民族优秀大学生和大学生骨干约350人。向共青团云南省委捐赠200万元专项资金，用于帮扶鲁甸地震灾区进行灾后重建工作。

**【贫困地区团组织建设】** 2014年，共青团中央资助贫困地区、少数民族地区和革命老区的1450个县级团委各2万元青年创业就业工作经费，总计2900万元。与财政部共同实施“青少年校外活动场所专项补助经费”项目，重点向中西部地区、贫困地区和少数民族地区倾斜，2014年共补助3000万元。实施民族地区团干部“培养计划”。选派150名优秀少数民族团干部，到北京、上海、广东等中东部经济相对发达省（市）挂职锻炼，分别在全国青少年井冈山革命传统教育基地和中央团校举办学习培训。实施中西部贫困地区街道团组织结对互助计划。组织四川、新疆、西藏、内蒙古、陕西、宁夏、重庆、甘肃、青海、广西、云南、贵州12个省（区、市）的800名街道团工委书记分别到上海、江苏、浙江、广东4个省（市）工作较突出的城市进行为期一周的理论培训和工作实训。

**【扶贫日活动】** 2014年，共青团中央印发《关于组织青少年开展2014年“扶贫日”活动的通知》，以结对帮扶、志愿扶贫、公益募捐、城乡少先队员手拉手、慰问贫困群众等活动为抓手，积极开展丰富多彩的“扶贫日”活动。承办“10·17论坛”青年扶贫论坛，邀请专家、学者和青年代表就“青年参与扶贫责任”主题进行研讨。

**【定点扶贫】** 共青团中央选派3名干部组成第14批扶贫工作队赴山西省灵丘县，在产业发展、人力资源开发、招商引资等方面实施帮扶项目，助力灵丘县经济社会发展。2014年投入资金、物资折款共1700万元。重点开展大棚蔬菜和蘑菇种植项目，促进农村农民增收。邀请清华大学建筑学院师生设计村庄改造方案，推动危旧房改造和古建筑修复等。2014年累计筹资304.4万元用于帮扶韩家坊村。投资6.7万元引进河北涞水优良品种，在南山地区4个乡（镇）开展文玩核桃嫁接试点项目，共嫁接4个品种600多枝，受益农户带头人24户。中国青年旅行社授权成立了注册资金300万元的“灵丘中国青旅股份有限公司”。2014年共青团中央累计面向村官、团干部、教师、学生、农户带头人等910人次开展22项培训考察活动。设立大学生村官创业基金，为6个创业项目提供28万元无息贷款。捐赠价值500万元的办公软件2000套。实施解放军青年林项目，资助200万元造林4000亩。争取各类资金50.8万元，资助贫困大中小学生632人。捐赠各类图书40万元码洋，用于建设12个乡（镇）的农家书屋、24所中小学的红领巾书屋和5个志愿者书屋；争取财政专项经费30万元改建青少年宫；资助学生床、护眼灯、书包等，价值43.6万元；邀请专家为群众义诊300多人次，并捐赠价值21万元的常见药品。

（中国共产主义青年团中央委员会
农村青年工作部　张　耿）

# 中华全国妇女联合会扶贫

**【概述】** 2014年，中华全国妇女联合会（以下简称“全国妇联”）认真贯彻《中国农村扶贫开发纲要（2011—2020年）》，根据党的十八大和十八届三中、四中全会以及中共中央总书记习近平等中央领导同志关于扶贫开发的一系列重要讲话精神，按照党中央、国务院关于扶贫工作的总体部署和要求，结合贫困地区妇女儿童的实际需求，充分发挥妇联组织自身优势，帮助贫困地区妇女儿童解决温饱问题，促进贫困地区妇女儿童发展，为推动贫困地区经济社会的发展和妇女儿童事业的进步做出积极贡献。

**【小额信贷】** 2014年，全国妇联继续推动实施妇女小额担保贷款政策，为贫困妇女提供资金支持。全国累计发放妇女小额担保贷款2172.75亿元，获贷妇女459.15万人次，中央及地方落实财政贴息资金186.81亿元。其中，新增的妇女小额担保贷款369.39亿元，新增获贷妇女62.21万人次，中央及地方落实财政贴息资金42.4亿元。为中西部地区妇女发放小额担保财政贴息贷款281.8亿元，占发放总额的77%，有48.7万名中西部妇女获得贷款，占获贷妇女总数的78%，中央及地方财政落实贴息资金36.8亿元，占财政贴息资金总额的87%。小额担保贷款为贫困妇女创造自我支配资金和决定经营项目的机会和权力，妇女可以按照自己的特长选择经营项目，通过开展养殖、种植等多种类型的经营活动，由家庭主妇逐步成为家庭增收的主要贡献者，实现增收，摆脱贫困。

**【“两癌”检查救助项目】** 2014年，全国妇联继续配合卫生部门开展农村妇女“两癌”免费检查项目。2014年分别为1022万名和149万名农村妇女进行宫颈癌和乳腺癌免费检查，促进“两癌”早诊早治，降低农村妇女疾病负担和因病死亡的风险。为推动解决农村贫困妇女“两癌”治疗难题，全国妇联积极争取中央彩票公益金的支持，专门设立贫困母亲“两癌”救助专项基金，2014年共为1.04万名贫困患病妇女给予每人1万元的救助金，其中80%的救助资金用于救助中西部地区贫困妇女。

**【春风行动】** 2014年，全国妇联与人力资源和社会保障部、中华全国总工会在山东省济南市共同开展春风行动，活动期间，仅山东、上海等十余省（市）发放宣传资料578万份，组织各类宣传和招聘活动2885场，成功介绍女性就业51万人，组织劳务输出女性18万人，为16万名妇女提供技能培训。

**【“送温暖·三下乡”活动】** 2014年春节前夕，全国妇联开展“送温暖·三下乡”活动，全国人大常委会副委员长、全国妇联主席沈跃跃，全国妇联副主席、书记处第一书记宋秀岩分别带队，赴新疆、四川边远贫困乡村走访慰问当地贫困妇女和空巢老人，为两地妇女儿童送去合计935万元的项目资金及物资，帮助解决实际问题。自2000年以来，每逢元旦、春节期间，全国妇联深入“老少边穷”地区开展“送温暖·三下乡”集中服务活动，已累计向中西部贫困地区捐助项目资金及物资达3亿元，改善了贫困地区妇女儿童生产生活条件。

**【妇字号示范基地】** 全国妇联以西部贫困地区为重点，大力开展示范基地创建和科技扶贫工作，2014年，全国妇联在中西部20个省（区、市）投入项目经费845万元，扶持创建“全国巾帼现代农业科技示范基地”和全国“三八绿色工程”项目示范基地151个，扶持了一批致富女能人、农产品流通女经纪人。基地已成为引领农村妇女参与现代农业发展的重要载体和培训妇女的重要阵地。

**【教育培训】** 2014年在中西部9个省（区、市）投入260万，举办各类农村妇女培训班共11期，培训学员1000名。继续开展连片特困地区县级妇联干部培训工作，培训对象覆盖陕西、甘肃、青海等8个省（区）的232个贫困县的252名妇联干部，提升基层妇联干部反贫困的能力。各地妇联组织也加大对贫困地区妇女的各类培训，山西、黑龙江、安徽、湖北、湖南、广西等省（区）开展各类农村妇女培训班1200期，培训妇女26万人次。

**【贫困地区儿童营养改善项目】** 2014年，全国妇联与国家卫生和计划生育委员会继续合作，在集中连片特殊困难地区实施贫困地区儿童营养改善项目，为6—24月龄婴幼儿补充辅食营养补充品，提高儿童家长科学喂养知识普及程度，改善贫困地区婴幼儿营养和健康状况。项目覆盖国家集中连片特殊困难地区的341个县，受益儿童达137万人。

**【定点扶贫】** 2014年，全国妇联坚持“举全会之力，助漳县脱贫”的总体思路，充分发挥自身优势，积极整合各类资源，选派第15批帮扶队员赴甘肃省漳县驻县帮扶，落实帮扶资金及物资折款283.76万元，分别用于建立“三八绿色工程”基地、成立手工编织协会、实施消除婴幼儿贫血行动、母亲邮包等妇女儿童民生项目。邀请北京手工编织专家赴漳县现场指导，提高当地妇女手工编织技能，增加贫困妇女收入。并通过协调相关企业在漳县投资办厂和网上销售等方式，着力打造“贵清巧娘”手工编织品牌。在中华女子学院举办漳县妇女干部能力建设培训班，培训漳县基层妇女干部65名。2014年，在全国妇联的帮扶下，漳县经济社会发展取得积极进展，主要经济指标均实现两位数增长，2014 年完成生产总值 18.8 亿元，同比增长 10.1%；农民人均纯收入达 4472 元，同比增长 15%。

（中华全国妇女联合会　高继辉）

# 中国残疾人联合会扶贫

**【概述】** 2014年，中国残疾人联合会（以下简称“中国残联”）认真贯彻落实中共中央总书记习近平关于扶贫工作的重要指示和国务院扶贫开发领导小组全体会议精神，按照精准扶贫工作的要求，高度重视并采取切实措施推进残疾人精准扶贫工作。2014年，233万贫困残疾人得到扶持，其中120万人通过扶贫开发实际脱贫；接受实用技术培训的残疾人达到72.6万人次；康复扶贫贴息贷款扶持6万农村残疾人；残疾人扶贫基地达到6593个，安置12.4万残疾人就业，扶持带动25.8万残疾人户；完成9万户农村贫困残疾人危房改造，各地投入危房资金8.5亿元，10.3万残疾人受益。基层党组织助残扶贫项目帮扶9.54万名农村贫困残疾人，其中首次接受帮扶5.77万人。“万村千乡市场工程”助残扶贫项目安置6865名贫困残疾人就业，帮扶贫困残疾人创办1990个村级农村店。

**【助残扶贫工程】** 2014年1月，中共中央组织部组织二局和中国残联组成联合督导调研组，赴河南省驻马店市和云南省临沧市的6个县（区），就基层党组织助残扶贫工作情况进行督导调研。

**【精准扶贫】** 2014年，中国残联与国务院扶贫办、财政部、中国人民银行、住房和城乡建设部等部门联合印发《关于创新农村残疾人扶贫开发工作的实施意见》，从扶贫考核机制、社会帮扶、资金扶持、金融扶持、危房改造等角度提出加强残疾人精准扶贫工作的意见。2014年3月，中国残联与国务院扶贫办赴辽宁省阜新市开展农村残疾人精准扶贫工作调研。为推进连片特困地区残疾人精准扶贫工作，国务院扶贫开发领导小组成员、中国残联副理事长程凯多次深入连片特困地区和国家扶贫开发工作重点县开展扶贫工作。3月，赴陕西省安康市紫阳县调研秦巴山区残疾人扶贫工作，4月，深入太行山、吕梁山集中连片特困地区内的山西省忻州市、临汾市等地调研，8月，赴大兴安岭南麓连片特困区国家扶贫开发工作重点县——黑龙江省林甸县调研，就残疾人扶贫对象建档立卡、党员干部帮扶和金融扶贫等问题进行交流。9月，中国残联扶贫办和国家新闻出版广电总局在江西省与农家书屋残疾人管理员深入交流，听取残疾人管理员的工作意见和建议。

**【扶贫会议】** 2014年7月，中国残联和国务院扶贫办在山东省泰安市共同召开全国农村残疾人扶贫开发工作会议，部署下一阶段农村残疾人精准扶贫开发工作。

**【残疾人扶贫开发纲要督导检查】** 2014年6月，中国残联和国务院扶贫办联合印发《关于开展〈农村残疾人扶贫开发纲要（2011-2020年）〉执行情况督导检查的通知》，明确督导检查时间、方式、内容和要求。各省分组督查过程中，扶贫办和残联选派领导和干部近200人参与督查，督查组深入到全国67个地市、128个县，走访近300户贫困残疾人家庭，召开150余次基层座谈会，听取基层残疾人代表等多方面的意见和建议。中国残联与国务院扶贫办在各省省际互查和全国抽查的基础上，形成督查报告报送国务院扶贫开发领导小组。

**【扶贫日活动】** 2014年全国首个“扶贫日”前夕，中国残联与国际助残组织共同开展全国“扶贫日”活动。10月15日，由国际助残组织发起，中国、老挝、越南三国残疾人组织支持的“城乡残障人扶贫就业与融合发展国际研讨会”在北京举行，联合国开发计划署、国际劳工组织、欧盟驻华机构及有关国家驻华官员，中国人民大学、北京师范大学、中国社会科学院有关学者参加会议。会议进一步促进了残疾人减贫领域的国际交流合作，在国际社会推介宣传中国残疾人扶贫开发的先进经验和做法。

**【定点扶贫】** 河北省南皮县是中国残联对口扶贫县，2014年1月，中国残联党组成员、副理事长王梅梅带领调研组赴南皮县走访慰问困难残疾群众，送去慰问金和慰问品。并就帮扶情况进行回访调研。中国残联向南皮县捐赠价值23万元辅助器具和30万元康复设备购置款，并考察南皮县康复中心扩建项目的建设情况。

（中国残疾人联合会扶贫办　李　哲）

# 中华全国工商业联合会扶贫

**【概述】** 2014年，中华全国工商业联合会（以下简称“全国工商联”）面对经济社会发展的新态势和党中央、国务院对扶贫工作提出的新方针、新举措，深入贯彻落实党的十八大和十八届三中、四中全会以及中共中央总书记习近平系列重要讲话精神，积极落实中央农村工作会议、中央民族工作会议、全国社会扶贫工作电视电话会议和《关于进一步动员社会各方面力量参与扶贫开发的意见》（国办发〔2014〕58号）的要求，牢牢把握非公有制经济健康发展和非公有制经济人士健康成长“两个健康”工作主题，围绕中心、服务大局，广泛组织引导非公有制经济按照精准扶贫要求，积极投身扶贫开发，参与光彩事业和各项社会公益。

**【社会扶贫】** 2014年2月，全国工商联印发《关于征集社会扶贫典型案例的通知》，征集典型扶贫案例。编印《民企扶贫、共圆梦想——民营企业参与社会扶贫典型案例汇编》。在“扶贫日”当天召开的全国社会扶贫工作电视电话会议上，共有60家民营企业和5个基层光彩会组织荣获“全国社会扶贫先进集体”荣誉称号，94名民营企业家荣获“全国社会扶贫先进个人”荣誉称号；以全国工商联名义直接推荐的中国民间商会副会长、万达集团董事长王健林、泛海集团董事长卢志强出席会议并接受表彰。

**【扶贫调研】** 2014年5月，全国政协副主席、全国工商联主席王钦敏率调研组赴贵州省织金县考察调研，开展助推织金经济发展恳谈会。考察期间全国工商联向织金县捐赠200万元用于饮水工程建设。2014年9月，全国政协副主席、全国工商联主席王钦敏率调研组赴内蒙古自治区通辽市考察仁创绿色有机沙漠水稻种植示范项目以及全国工商联沙地水稻连片开发项目。

**【扶贫会议】** 2014年6月，全国工商联和国务院扶贫办高层联席会议在北京召开。双方就利用召开全国社会扶贫工作会议和设立“扶贫日”契机，进一步加大对参与扶贫开发的民营企业给予表彰和表扬达成共识。12月，全国工商联社会扶贫工作座谈会在北京召开，来自全国32个省（区、市）工商联分管扶贫与社会服务工作相关负责人参加座谈会。

**【扶贫培训】** 2014年8月，由全国工商联主办，贵州省毕节市政府承办的全国工商联小微企业经营者第二期培训班在毕节举办，毕节各县（区）的150名小微企业经营者参加培训。9月，全国工商联小微企业经营者第三期培训班在河南省信阳市举办，信阳市7县3区的158名小微企业经营者参加培训。10月—11月，全国工商联第12期乡镇干部培训班在中国民生银行培训学院举办。来自贵州、四川、甘肃和河北的93名乡镇主要领导参加培训。

**【扶贫日活动】** 2014年10月17日，全国工商联在机关举办“扶贫日”活动。全国政协副主席、全国工商联主席王钦敏，全国工商联副主席谢经荣分别接受中国民生银行、陕西荣民集团、山东合展（集团）有限公司向西部光彩帮扶基金捐赠的2000万元。谢经荣分别与西藏自治区工商联代表签订西藏太阳能工程项目协议，与甘肃省工商联代表签订酒泉地区生态移民帮扶项目协议，与贵州省织金县签订全国工商联支援饮水项目改造工程项目协议，与仁创科技集团签订向西部光彩帮扶基金捐赠给水净化水设备的协议。

**【光彩事业扶贫】** 2014年5月，全国工商联参加在河南省信阳市举行的中国光彩事业信阳行光彩事业20周年系列活动。共签订项目231个，总投资1899.3亿元，其中，开幕式现场进行签约的重大合同项目31个，签约项目总投资768.3亿元。除此之外，光彩事业促进会的企业家们还向此次活动捐款6192万元，其中捐资2000万元为河南省新县建设一所实验学校。7月，全国工商联出版发行《中国民营企业社会责任研究报告》。9月，由全国工商联、国家林业局和中国光彩事业促进会联合举办的第十期全国民营企业家及管理干部林业培训班在内蒙古库布其举行。来自全国29个省（区、市）从事国土绿化的民营企业家及管理干部140人参加培训。

**【援藏援疆】** 2014年8月，中国光彩事业南疆行在新疆维吾尔自治区喀什市举行，来自全国22个省（市）近300名知名民营企业家参加活动。活动共收到公益捐款7140万元，其中，中国光彩事业促进会组织民营企业家向南疆四地州及新疆生产建设兵团捐款6840万元，有2家企业单独向喀什地区捐款300万元。洽谈投资项目315个，投资额2293.8亿元，完成产业项目签约266个，达成投资意向金额1734.8亿元。签订合同148个，投资金额1175.5亿元；签订意向118个，投资金额559.3亿元。

**【就业与再就业扶贫】** 2014年5月，人力资源和社会保障部、教育部、全国总工会、全国工商联联合组织全国31个省（区、市）县级以上城市开展“2014年全国民营企业招聘周”活动。5月22日，“全国民营企业招聘周活动”启动仪式在河南省郑州市郑州大学举行，启动仪式当天举办的河南省民营企业专场招聘会上，近700家用人单位提供2.3万个就业岗位，以高校毕业生为主的2万多名求职者入场应聘。

**【社会公益慈善】** 2014年1月，全国工商联与民政部联合印发《关于鼓励支持民营企业积极投身公益慈善事业的意见》。1 月 24 日，全国政协副主席、全国工商联主席王钦敏率队赴北京市平谷区开展春节送温暖活动，慰问基层工商联和商会组织，实地考察北京华东乐器有限公司小提琴生产建设情况。9 月，民政部、国务院国有资产监督管理委员会、全国工商联、广东省政府、深圳市政府和中国慈善联合会在广东省深圳市共同举办第三届中国公益慈善项目交流展示会。12 月，在北京启动“好孕益起来”全民公益体验暨红丝带母婴平安项目。

（中华全国工商业联合会扶贫与社会服务部扶贫工作处　赵冬民）

# 五

# 地方扶贫篇

# 综　　述

2014年，各省（区）高度重视扶贫开发工作，把扶贫开发纳入经济社会发展总体规划，改革扶贫考核机制，促进责任落实到县，农村贫困人口大幅减少，贫困地区农民收入稳步增长，贫困地区群众自我发展能力不断提高，贫困地区落后面貌显著改观。

顺利实现减少1000万贫困人口目标任务。全国农村贫困人口为7017万人，比2013年减贫1232万人，减少14.9%；贫困发生率为7.2%，比2013年下降1.3个百分点。

强化农村扶贫攻坚投入保障机制。第一，专项扶贫资金投入保持高速增长，中央财政安排专项扶贫资金433亿元，比2013年增长10%，新增部分主要用于连片特困地区，其中，安排少数民族发展资金41亿元，比2013年增长10%，支持少数民族地区加快发展。地方财政的扶贫资金投入也实现了较快增长，28个省份省级财政预算安排扶贫资金265亿元，比2013年增长27.3%。在宏观经济下行压力较大，财政收支矛盾突出的背景下，财政扶贫资金的稳定增长为推进农村扶贫攻坚提供了有力保障。第二，中央财政扶贫资金安排以工代赈资金41亿元、国有贫困林场扶贫资金3.6亿元、国有贫困农场扶贫资金2.4亿元、“三西”（甘肃的河西、定西和宁夏的西海固）农业建设专项补助资金3亿元。相关资金投入和项目建设，对统筹推进贫困地区基础设施建设，加快国有贫困林场、国有贫困农场扶贫开发工作，解决“三西”地区突出贫困问题发挥了积极作用。第三，中央财政继续拓宽扶贫开发投入渠道，安排彩票公益金15亿元支持贫困革命老区扶贫开发，比2013年增长25%。其中，安排彩票公益金3亿元，支持连片特困地区外所有国家扶贫开发工作重点县完成整村推进任务；安排彩票公益金12亿元，支持连片特困地区革命老区县开展小型公益设施建设。彩票公益金支持贫困革命老区项目的实施，促进了贫困革命老区生产生活条件的改善，帮助老区群众加快了脱贫致富步伐。第四，全国扶贫贴息贷款发放998亿元，比2013年460亿元翻了一番。其中西藏、甘肃、贵州等省（区）扶贫贴息贷款规模超过100亿元，云南、陕西、内蒙古等省（区）超过50亿元。

扶贫重点工作全面推进。第一，村级道路畅通。2014年，交通运输部安排资金超过1550亿元，支持14个片区改造建设高速公路和普通国道、省道3.17万千米，农村公路9.6万千米，“溜索改桥”项目138个，解决片区93个乡镇、1.05万个建制村的道路通畅问题。第二，饮水安全取得新进展。国家发展和改革委员会、水利部安排125亿元，支持贫困地区1900万农村居民和285万农村学校师生，解决饮水安全问题。第三，电力保障加快完善。国家能源局安排资金449.9亿元，重点扶持贫困地区特别是少数民族地区和革命老区农网改造升级，安排87.1亿元解决84万无电人口用电问题。第四，危房改造进度加快。住房和城乡建设部、国家发展和改革委员会、财政部安排补助资金230亿元，支持266万贫困地区农户改造危房，并将832个片区县重点县危房改造中央补助标准，由户均7500元提高到8500元。第五，教育扶贫、文化建设、贫困村信息化建设等工作不断推进。2014年，教育部、国家卫生和计划生育委员会安排了310亿元，改善贫困地区义务教育薄弱学校基本办学条件，保证了4000万贫困地区义务教育阶段学生每天能吃上营养餐。国家新闻出版广电总局为65万个20户以下已通电自然村通广播电视，补助59万个行政村放映电影。工业和信息化部等部门解决了1.3万个贫困村通宽带，3760个20户以上自然村通电话，为1.8万片区内行政村实施互联网覆盖。

片区规划顺利实施。片区所在地方积极承担主体责任，跨省协作。湖南省、甘肃省建立了片区扶贫攻坚推进党政一把手责任制，湖北省、云南省等地建立了主要领导挂钩联系片区机制，四川省、陕西省等地将片区规划项目落实情况纳入省政府目标考核。片区省份轮流召开片区联席会议，推动跨省协作。仅新疆维吾尔自治区实施南疆三地州片区扶贫攻坚规划，支持片区产业发展的财政资金就达4亿多元，扶贫贴息贷款近6亿元。

积极推进扶贫机制改革创新。第一，中共中央组织部、国务院扶贫办印发《关于改进贫困县党政领导班子和领导干部经济社会发展实绩考核工作的意见》，引导贫困县把工作重点放在扶贫开发上。部分省市还出台了扶贫工作考核办法，把提高贫困人口生活水平和减少贫困人口数量作为主要指标，有效激发了基层推进扶贫开发的活力和动力。第二，国务院扶贫办等部门制定了《关于改革财政专项扶贫资金管理机制的意见》，建立以结果为导向的资金分配机制，将项目审批权原则下放到县，强化省、市两级政府的监管责任，推进第三方监督、扶贫对象参与管理，使扶贫资金的使用更加精准合理。第三，《关于建立贫困县约束机制的通知》下发，明令禁止“穷县富衙”“戴帽炫富”行为，引导贫困地区凝心聚力主抓扶贫。第四，《关于改进贫困县党政领导班子和领导干部经济社会发展实绩考核工作的意见》明确了贫困县主要考核扶贫工作。第五，多部门联合出台《特色产业增收工作实施方案》，编制扶贫特色优势产业导向目录，帮助各地制作适宜的贫困村贫困户发展生产菜单，强力带动贫困群众增收脱贫。把干部驻村帮扶、职业教育培训、扶贫小额信贷、易地扶贫搬迁、电商扶贫、旅游扶贫、光伏扶贫、构树扶贫、致富带头人创业培训、龙头企业带动作为精准扶贫十项工程，鼓励各地以群众脱贫需求为第一信号，找准脱贫门路，制定发展规划，因地制宜、因村施策、因户施法。

全面实施贫困户建档立卡工作。全国共识别出贫困村12.8万个，贫困人口8800多万，并录入扶贫业务管理系统进行规范管理和动态调整。为力保精准识别，严格规范程序步骤，通过“两公示一公告”，增加群众知情权和参与度。

各地结合第二批党的群众路线教育实践活动，全面部署干部驻村帮扶工作，为贫困群众脱贫致富出点子、想法子。据统计，各地向贫困村派出12.5万个工作队，派驻干部43万人，基本实现了对贫困村的全覆盖。

首次将10月17日设立为“扶贫日”，第一次印发社会扶贫指导性文件——《关于进一步动员社会各方面力量参与扶贫开发的意见》，为社会扶贫搭建了新的制度平台。“扶贫日”期间，省级层面募集的社会扶贫资金就超过50亿元。国务院国有资产监督管理委员会组织动员了68家中央企业，开展定点帮扶贫困革命老区百县万村活动。

（新疆维吾尔自治区扶贫办
信息中心　宁　钢）

# 河北省扶贫开发

**【概述】** 2014年，河北省坚持开发式扶贫方针，以改善基本生产生活条件、增加农民收入、提高公共服务水平为重点，大力推进环首都扶贫攻坚示范区、燕山—太行山和黑龙港流域集中连片特困地区区域发展与扶贫攻坚规划实施。协同推进专项扶贫、行业扶贫、社会扶贫，着力巩固和发展大扶贫工作格局。2014年，全省各级共投入各类扶贫资金360亿元，较2013年增长20%；2146个列入“十二五”扶贫规划的重点村整体脱贫，10个扶贫工作重点县脱贫退出。完成劳动力转移培训8万人，实现转移就业1.2万人，完成易地扶贫搬迁6418人；列入规划的3688个重点贫困村的整体面貌得以改变。2014年，贫困县农民人均纯收入6839元，比2013年增长11.3%；100万农村贫困人口稳定脱贫。一批重点县成为蔬菜种植、设施养殖、名优果品、农产品加工大县，特色产业初具规模；贫困地区基础设施建设进一步加强，扶贫开发为促进贫困地区经济社会事业的发展发挥了重要作用。

**【扶贫资金投入】** 2014年，中央和省级财政专项扶贫资金25.1亿元（中央财政资金14.3亿元，省级财政扶贫资金10.8亿元）；按照省委、省政府“有关市和重点县每年要拿出地方公共财政预算收入1%以上、环首都攻坚示范区各县每年要拿出地方公共财政预算收入2%以上专项用于扶贫开发”的要求，9个设区市和65个重点县共安排财政扶贫资金7.3亿元；部门帮扶和社会投入13亿元；整合部门资金和争取信贷资金投入228亿元；贫困户自筹资金28.4亿元。中央和省专项扶贫资金70%以上用于扶持发展产业项目，共扶持9.8万贫困户发展设施养殖项目，扶持10.5万个贫困户发展设施种植及高效林果项目；举办各类培训班422期，培训1.64万人，覆盖2102个贫困村。通过加大扶贫资金投入，一大批惠及民生的产业和基础设施项目顺利实施。

**【扶贫资金管理】** 河北省下放扶贫项目审批权限，除按规定应由国家和省级审批的项目外，原则上扶贫项目的审批权限均下放到县，省市扶贫部门主要负责项目的监管和考核。严格财政扶贫资金管理，坚持专户管理、封闭运行，实行报账制、项目资金公开公示、到村项目“直通车”等制度。在财政专项扶贫资金分配上，主要采取因素法：即扶贫对象人数按40%的权重，农民人均纯收入按30%的权重，人均财力按20%的权重，贫困村数量按10%的权重。实行扶贫资金及项目公告公示制度，凡是实施扶贫项目的地方都要对扶贫项目计划、资金安排和竣工验收情况实行事前公示、事后公告。探索建立竞争性资金分配机制，开展省级集中连片开发，采取竞争答辩等方法对资金进行分配，聘请有关专家组成评审组，对备选县的基本条件、扶贫开发工作情况、历年财政扶贫资金使用情况、产业基础、资金整合等情况进行综合评定，实行“优进劣退”。开展以奖代补方法对资金进行分配。创新到户扶持机制，继续探索由“项目到户、资金到户”转变为“资本到户、权益到户、效益到户”的扶贫路径，通过县、市逐级申报和会计师事务所审计，省级组织专家审核，对符合条件的农民专业合作社，把扶持的财政专项扶贫资金，平均量化到每一个入社贫困社员头上，作为贫困社员的合作社入股本金，依照合作社章程规定，按股参与分红。

**【基础设施建设】** 2014年，河北省共安排与产业增收项目配套的基础设施建设项目资金2.6亿元，占财政专项扶贫资金的22.1%。其中，安排田间道路建设项目资金1.1亿元，扶持1026个扶贫开发工作重点村修建种养项目区的水泥道路452千米、田间砖路18.27万平方米。安排水利及电力项目建设资金1.48亿元，扶持926个扶贫开发工作重点村，在种养项目区新打或维修机井及配套852口，建设水窖或蓄水池439个，水渠36.4千米，防渗渠526千米，水柜23个，塘坝12座，喷灌1800亩，扬水站4座，人畜饮水设施6处，修护地坝6千米，涵洞24处，购置30千瓦水泵184台（套）、25千瓦潜水泵36台（套），架设输电线路28千米，安装变压器等电力配套182套。

**【连片特困地区扶贫攻坚】** 2014年，河北省各级共投入燕山—太行山集中连片特困地区财政专项扶贫资金19.3亿元，其中中央财政专项扶贫资金投向国定连片特困地区和重点县资金12.5亿元，省级财政扶贫资金投入6.8亿元。河北省在国家对片区的各项优惠政策之外，还在财政、税收、金融、投资等方面制定对片区的特殊优惠政策。在财政政策支持上，片区所在的市、县均拿出2014年公共财政一般预算收入的1%专项用于扶贫开发，并建立省对片区各类财力性转移支付稳定增长机制。在税收政策上，对片区县中的国家扶贫开发工作重点县实行省级分享增值税、营业税、企业所得税“核定基数、超收返还、一定四年”的财政体制政策。在金融政策上，支持县域法人金融机构将新增可贷资金70%以上留在当地使用，落实涉农贷款税收优惠、定向费用补贴、增量奖励等政策。在投资政策上，中央和省安排的公益性项目，取消县以下（含县）资金配套。在发展增收产业方面，张家口市9个片区县打造设施蔬菜扶贫产业。保定市8个片区县结合本地实际，重点发展核桃产业，形成纵贯全市山区县的核桃产业带，并积极引进和培育加工龙头企业，持续做强蜂蜜、大枣、设施蔬菜、中药材、食用菌、特色养殖6大类产业片区。承德市5个片区县以平泉、围场为中心，大力发展食用菌产业。

**【整村推进】** 2014年，河北省实施整村推进的重点村2630个，其中纳入国家规划贫困村1630个，全年共投入资金68.9亿元（包括各级财政投入扶贫资金、社会帮扶资金、整合其他部门资金、群众投工投劳和业主融资等）。抓住深化加强基层建设年活动和农村面貌改造提升活动的有利时机，做好安全饮水、道路硬化、卫生室标准化建设、垃圾处理、安全用电、通讯通邮、文体资源共享工程、农村危房改造、环境整治、一村一品10件实事，实现布局优化、民居美化、道路硬化、村庄绿化、饮水净化、卫生洁化、路灯亮化、服务优化“八化”目标。

**【易地扶贫搬迁】** 2014年，河北省易地扶贫搬迁共投入资金2.91亿元，其中省本级共安排财政扶贫资金4637.18万元，整合部门资金3689万元，群众自筹和市县财政投入2.08亿元。按照《河北省易地扶贫搬迁规划（2012—2015年）》，2014年完成搬迁1749户，共6418人，建成33个安置小区，其中40户以上小区18个，20—39户小区15个。省本级共安排财政扶贫资金4337.3万元，整合部门资金3689万元，群众自筹和市县财政投入2.08亿元。按照“搬得出、稳得住、能发展、可致富”的总体要求，大力实施扶贫搬迁后续产业扶持、劳动技能培训等工作，确保搬迁户稳定脱贫。

**【产业扶贫】** 2014年，河北省财政专项扶贫资金70%用于产业发展，按照“扶贫扶出产业来，农业长出工业来”的思路，大力实施“参与式扶贫”，在黑龙港地区，以饶阳县、阜城县、献县等为中心，大力发展设施蔬菜产业；在太行山地区，以临城县、平山县、赞皇县、阜平县、涞源县为中心，大力发展优质干鲜果品产业；在燕山地区，以平泉县、围场满族蒙古族自治县为中心，大力发展食用菌产业；另外，一些贫困县，因地制宜发展红枣、杏扁、育肥猪、肉牛、獭兔、蛋鸡、蜜蜂等扶贫项目。安排7亿元专项扶贫资金主要用于产业增收项目，安排3亿元资金用于环首都扶贫攻坚示范区9县及阜平县的扶贫贷款担保平台建设。大力推行政府、龙头企业、金融机构、合作社、农户“五位一体”的股份合作模式，鼓励贫困群众积极参与股份合作制经济。对贫困户既是劳动者，又以资本入股发展标准化种植、养殖的示范项目，安排一定数额财政专项扶贫资金，初步形成“公司+基地+劳务合作社”“公司+基层组织+土地合作社”“龙头+农户”“龙头+专业合作社+农户”等多种形式的合作发展模式。总结推广赤城县“五位一体”的股份合作模式、平山县葫芦峪农业园区模式、曲阳县“四万一千”山区开发模式等一批典型。

**【雨露计划】** 2014年，河北省雨露计划共投入扶贫专项资金4834万元，其中用于劳动力转移培训1304万元，培训1.74万人，转移就业1.21万人。继续开展雨露计划实施方式改革试点，对7个试点县贫困“两后生”（初、高中毕业后未能继续升学的贫困家庭中的富余劳动力）接受中高等职业教育和一年以上技能培训，给予每人每学年1500元补贴，共计补助1.19万人，补贴资金1785万元。继续推进武强县雨露计划信息化管理试点工作。积极开展定向、订单培训和农业实用技术培训，全年共组织各类培训班650期，培训困难群众8万余人次。

**【村级互助金试点】** 2014年，河北省共有1234个贫困村开展互助资金试点工作，其中中央试点村205个，涉及20个重点县；省级试点村1029个，涉及全省56个县（区）。全省互助资金2.49亿元（其中，财政扶贫资金2.18亿元，农户交纳的入社资金0.3亿元，其他资金0.01亿元），试点村常住总户数为33.01万户（其中贫困户24.54万户），入社农户12.24万户（其中，贫困户10.27万户，占83.9%），全省试点村农户入社率为33.7%。全省试点村累计发放借款5.28亿元，累计借款12.32万人次（其中，贫困户借款11.26万人次），累计逾期金额118.69万元，累计逾期笔数374笔，累计损失金额2.5万元，累计损失笔数6笔。资金用途主要用于种植业、养殖业，共计4.91亿元。借款农户户均增收750元。

**【彩票公益金试点】** 2014年，中央专项彩票公益金支持河北省革命老区整村推进试点项目资金1.5亿元，其中，7个县实施小型公益建设项目，8个县实施整村推进项目，支持150个贫困村建设。8个整村推进项目试点县共筹集各类资金8529.28万元，其中，中央专项彩票公益金7000万元；整合部门资金1202.82万元；群众自筹326.46万元。

**【革命老区建设】** 2014年，河北省对57个革命老区县投入省以上财政专项扶贫资金15.8亿元，比2013年增长25%，加快了革命老区脱贫致富的步伐。

**【以工代赈】** 2014年，中央以工代赈资金2.59亿元（含支持农村面貌改造提升行动重点村4000万元），实施项目188个，覆盖全省“两片一区”的46个国家扶贫开发工作重点县和燕山—太行山连片特困地区片区县，完成基本农田建设13万亩，小型农田水利项目新增和改善灌溉面积20.6万亩，新建改建县乡村道路583千米，片区综合治理1万亩，小流域治理43平方千米，累计使用当地农民工44万名，发放劳务报酬3529万元，有力改善了贫困地区的生产生活条件和生态环境，支持了农村面貌改造提升行动，促进了农民增收。

**【特色产业扶贫】** 2014年，河北省积极发展新兴产业，承接产业转移，调整产业结构，增强贫困地区发展内生动力。滦平县、沽源县、涞源县等贫困县成为北京最大的农产品批发市场“新发地”的直供基地。饶阳县先后获得“河北省特色产业发展先进县”“全国蔬菜标准园创建县”“中国蔬菜之乡”等多项荣誉称号。饶阳县蔬菜播种面积已有40多万亩，其中设施蔬菜面积32万亩以上，成为河北最大的设施蔬菜生产基地。平泉县、赤城县、曲阳县、巨鹿县、临城县、平山县6个县作为光伏扶贫试点县。阜平县、宽城县、康保县3个县作为电商扶贫试点县。确定30个贫困村作为旅游扶贫试点村。

**【两项制度衔接】** 2014年，河北省做好扶贫开发与农村低保、五保相衔接工作。针对扶贫对象充分运用两项制度有效衔接和贫困户建档立卡成果，按照“一村一品”的要求，用市场机制推进扶贫开发，瞄准扶贫对象，改革运作模式，确保贫困群众有持续、稳定的收益。对低保对象主要是由民政部门按照相关政策，保障其基本生活。同时，做好贫困地区危房改造工作。对贫困地区投入10.12亿元进行危房改造，帮助7.45万贫困户解决基本住房安全问题。

**【定点扶贫】** 2014年，河北省积极协助中央定点扶贫单位做好工作，32个中央和国家机关驻冀帮扶单位共投入资金2839万元，其中直接投入资金2013万元，物资折款826万元，帮助引进各类资金1.4亿元，帮助上项目92个，举办各种培训班40期，培训各类人员1.38万人次，帮助输出劳务2114人。省、市、县三级共有6360个单位参与定点扶贫，9678名干部驻村帮扶，投入各类资金3.27亿元，其中直接投入资金1.4亿元，引进资金1.87亿元。积极动员社会力量参与扶贫开发。以首个“扶贫日”活动为契机，谋划开展了党政机关企事业单位公募、书画名家义捐义卖、环首都扶贫攻坚示范区贫困县与北京企业集团和集贸市场农产品对接等系列活动10余场，累计捐款5000万元。

**【扶贫机构和队伍建设】** 2014年，根据工作需要和省直机构改革的实际，及时调整和充实河北省扶贫开发领导小组的力量，健全工作机制。全年召开3次领导小组会议，研究部署全省扶贫工作，并制定印发了《关于进一步强化乡镇扶贫责任的意见》，进一步明确了乡镇党委、政府的扶贫开发职责。结合省委统一部署安排，组织省扶贫办处级干部参加“学习贯彻习近平总书记系列讲话和党的十八届三中全会精神”集中轮训班，在全省扶贫系统开展以提高担当意识、提高综合素质、提高工作效率为主要内容的“三提高”讨论活动。

（河北省扶贫开发办公室
政策法规处　康　明）

# 山西省扶贫开发

**【概述】** 2014 年，山西省认真贯彻落实中央和山西省委、省政府关于打好新一轮扶贫开发攻坚战的决策部署，以吕梁山、燕山—太行山两大集中连片特困地区为主战场，以精准扶贫为要义，按照产业扶持、技能扶持、资本扶持和不断改善贫困群众生产生活条件“三加一”的工作思路，着力创新扶贫开发机制，扎实抓好完善扶贫对象建档立卡和干部驻村帮扶工作，深入推进各项扶贫重点工作。36 个国家扶贫开发工作重点县农民人均纯收入达到 5309 元，比 2013 年同期增长 18%，高出全省农民人均纯收入增幅 7.2 个百分点，有 47 万贫困人口实现稳定脱贫。

**【扶贫资金投入】** 2014 年，中央和山西省级财政专项扶贫资金共计 19.83 亿元，中央财政扶贫资金 13.57 亿元，省级财政扶贫资金 6.26 亿元。重点项目资金安排情况是：易地扶贫搬迁工程 5 亿元，新增易地扶贫搬迁移民后续奖补资金 8400 万元（其中新增省级财政资金 6000 万元）；百企千村产业扶贫开发项目贷款贴息、贫困地区产业支撑项目贷款贴息及国家扶贫龙头企业贷款贴息资金 8877 万元；千村万人就业培训和新型职业农民培育 5000 万元；金融扶贫风险补偿金 2.33 亿元；连片特困地区扶贫攻坚试点资金 2 亿元；整村推进项目资金 2.73 亿元；教育扶贫资金 5444.02 万元；建档立卡、信息化管理系统工作经费 1504.2 万元。

**【建档立卡】** 2014 年，山西省按照中央创新机制实施精准扶贫的要求，采取本人申请、群众评议、张榜公示、审核确认的办法，共识别贫困人口 329 万人，贫困村 8060 个，并将这些扶贫对象基本信息全部录入建档立卡信息管理平台。省扶贫办成立山西省精准扶贫领导组，设立精准扶贫办公室。3 月，分别在吉县、和顺县和阳曲县选择 9 个贫困村开展扶贫对象识别试点工作。4 月，举办“全省扶贫开发建档立卡工作培训班”，正式启动建档立卡工作。市、县扶贫办主任，市下乡驻村干部，联席办主任，市委下乡办主任参加培训。省级财政扶贫资金安排 1504.2 万元，专门用于建档立卡工作。安排 5000 万元，支持建档立卡工作好的贫困村实施精准扶贫试点项目，探索积累到村到户精准扶贫经验。

**【干部驻村帮扶】** 2014 年，山西省 1.6 万名领导干部和省、市、县三级抽调的 3.1 万名干部组成 9688 支农村工作队开展驻村帮扶。其中，省直机关单位抽调864名干部组成190支工作队在39个县进行帮扶，涉及174个乡3900个村的223.7万人。全省共投入帮扶资金11.7亿元，新上项目7384个。其中，新打机井846口、旱井1408口、旧井配套9233口，修渠（管）道879千米，解决2433个村的吃水难题，涉及30余万人；修道路1.15万千米，建医疗站（所）289个。建设经济林31万亩，蔬菜大棚1.9万个，优种推广面积达536万亩。新建学校170所，改建校舍2.26万间，资助贫困学生2.59万名，科技培训1.8万期，帮助劳务输出26.8万人。

**【产业扶贫】** 2014年，山西省按照示范带动、项目支撑、政策支持、考核激励和精准管理“五位一体”的思路，以项目为抓手，加大招商引资力度，加快项目落地和开工建设进度。全省贫困地区开工建设项目达到233个，涉及总投资799.23亿元，其中2014年完成投资201.67亿元。天津宝迪农业科技（集团）股份有限公司，内蒙古科尔沁牛业股份有限公司、新西兰恒天然集团等20多家省外企业，采取独立投资、参股投资和技术、品牌、市场合作等方式参与山西省产业扶贫，开工建设项目达到18个，完成投资31.86亿元。以资源型企业和农业龙头企业为主的省内民营骨干企业开工建设产业扶贫项目157个，完成投资93.78亿元；省属国企开工建设项目达到58个，完成投资76.03亿元。在已开工建设的233个项目中，涉及农产品和畜禽养殖加工项目121个、设施农业项目49个、特色农业项目14个，中药材项目5个，土地整理移民搬迁项目16个，生态旅游开发和物流项目28个。项目共带动贫困村1768个、30.7万基地农户发展生产，吸纳6.9万个农村贫困劳动力就业增收，成为促进贫困群众增收脱贫的重要力量。

**【扶贫培训】** 2014年，山西省启动实施以稳定就业为核心，千村万人就业培训行动计划，依托百企千村产业扶贫开发工程创造的就业岗位及其他就业岗位，瞄准建档立卡贫困村劳动力，特别是妇女劳动力开展就业培训，支持他们通过培训实现稳定就业增收。省级财政将以往每培训1人补助500元，提高到就业培训1名男性劳动力补助1000元，女性劳动力补助1200元。实行培训资金补助与稳定就业相挂钩，能不能享受就业培训补助，主要看是不是真正稳定就业。2014年，共有5万名农村建档立卡贫困户劳动力参加就业培训，培训就业后月均务工收入达到2000元。实施雨露计划改革试点，帮助22个国家扶贫开发重点县的3.61万贫困村新生代劳动力接受职业技术教育，提高就业创业能力。

**【教育扶贫】** 2014年，山西省教育扶贫工作共扶助1.98万名农村贫困学生，其中贫困大学生7475名，贫困高中生6329名，贫困中职生6001名。特别是按照精准扶贫的要求，对建档立卡贫困户考入二本B类以上的大学生做到应助尽助，支持贫困地区农村困难家庭子女就学深造、提高素质。

**【金融扶贫】** 2014年，山西省印发《山西省金融支持特色产业发展富民扶贫工程2014—2018年实施方案》和《山西省金融支持特色产业发展富民扶贫工程贷款风险补偿资金管理暂行办法》，启动金融富民扶贫工程。全省分两批安排2.33亿元扶贫资金，为58个贫困县分别安排300—500万元的财政扶贫资金作为扶贫贷款风险补偿金，金融合作机构按照注入扶贫资金总额8倍以上放大贷款额度，解决贫困地区发展特色产业贷款困难，支持贫困地区实施特色优势产业开发。

**【易地扶贫搬迁】** 按照山西省政府易地扶贫搬迁年度目标责任落实任务要求，移民任务当年主体工程完工率达到40%；第二年主体工程完工率达到80%；两年滚动入住6万人。2014年，全省易地扶贫搬迁主体工程完工2.96万户、9.39万人，完工率93.8%，完成年度目标任务的117%，已入住1.77万户、5.55万人。2014年，山西省新安排10万人口的移民任务，主体工程完工2.2万户、6.94万人，完工率69.3%，完成年度目标任务的173%，已入住3132户、1.02万人。2013年、2014年两年滚动入住2.1万户、6.57万人，完成年度目标任务的109%。

**【连片特困地区扶贫攻坚】** 2014年，山西省按照到村到户精准扶贫要求，在吕梁山片区南部的大宁县、永和县、汾西县、隰县、吉县、石楼县等地启动实施人均三亩以上优质干鲜果的果畜结合产业开发项目，在吕梁山片区北部的兴县、临县、岚县、静乐县、神池县、五寨县、岢岚县等地启动实施畜禽规模养殖和小杂粮为主的产业开发项目，在燕山—太行山片区的天镇县、阳高县、大同县等地启动实施人均达到1亩蔬菜的面向京津地区畜蔬结合产业开发项目，在太行山片区的五台县、繁峙县、广灵县、灵丘县、浑源县等地启动实施以设施蔬菜和牛羊规模养殖为主的产业开发项目。

**【整村推进】** 2014年，山西省共安排290个村实施整村推进，投入财政扶贫资金2.73亿元，涉及24个县，覆盖2.4万贫困户，受益贫困人口达6.9万。在项目选择上：发展具有区域优势的特色产业，如牛羊规模养殖、设施蔬菜、干鲜果经济林等。建设以田间道路、小型水利工程、土地整理为主的基础设施项目。在区域布局上：在吕梁山南片吉县、大宁县、永和县、石楼县等地以发展优质干鲜果经济林为主；在吕梁山北片神池县、岢岚县、岚县、兴县等地以规模养殖和小杂粮种植为主；在太行山片区天镇县、阳高县等地以设施蔬菜和规模养殖为主。针对太行山片区耕地资源相对短缺，有一部分项目以土地治理为主。在项目进度上：种植核桃5.77万亩，苹果、山楂、梨等经济林5.62万亩，种植中药材1.21万亩；养牛1.17万头、养羊1.72万只、养猪8192头、养鸡31.6万只、养兔732只、养蚕131张；建温室大棚809

座；发展小杂粮 5620 亩。基础设施建设方面，共建设基本农田 1.25 万亩，改造低产田 1023 亩，土地整理 5200 亩；筑坝 2.65 万米，修渠 1.87 万米；打旱井 157 口，打机井 33 口；建设人畜饮水提水工程 20 处；建青贮池 314 个。修田间路 150 千米，铺设管道 1.24 万米，架线 3.2 万米。

**【彩票公益金试点】** 2014 年，山西省投入中央彩票公益金 1.2 亿元，安排 12 个县实施中央彩票公益金项目，其中实施小型公益设施建设项目的共 10 个县，分别是天镇县、繁峙县、五寨县、兴县、岚县、临县、汾西县、吉县、永和县、大宁县。主要用于村组路、田间路和排洪渠、灌溉蓄水池的建设等。实施整村推进项目 2 个试点县，分别是神池县、岢岚县。神池县利用中央彩票公益资金 1000 万，加上省市县配套资金、部门整合资金、农民自筹总计投资 2082.26 万元，新建通村公路 7 千米，整治村组公路 6.8 千米，机耕道/生产路 7 千米，联户路/入户路 3.2 千米；铺设供水管道 11.20 千米，水窖/人饮蓄水池 4 口，村内排洪渠 4 千米；改羊圈 463 处。建院坝/庭院治理 24 户，建村卫生室 1 个，文化活动室 453 个，垃圾收集点 11 个。安装路灯 33 盏，新建绿化设施 3 处，养羊 3790 只，发展生猪养殖小区 223 个。岢岚县利用中央彩票公益资金 1000 万，加上省市县配套资金、部门整合资金、农民自筹共计投资 2001.39 万元。建设垃圾收集点 20 个，污水处理点 2 个，村内公共厕所 6 个，建设村组排洪渠 1500 米，通村道路硬化 1275 米，建设护村坝 753 米，村组道路硬化 1456 米，村组道路排水改造 1456 米，广场硬化 4500 平方米，垫地 100 亩，公园建设 900 平方米，围墙建设 780 米，改厕 758 套，管道整治 588.72 米，管网改造 1.29 万米，安装路灯 360 盏。

**【河川流域农业综合开发】** 2014 年是山西省“亚洲开发银行贷款河川农业综合开发项目”的收官年。按照中期调整后的计划，继续加强三类产业（良种养殖、特色干鲜果、高效节水设施）基地建设，抓好示范小区基础设施配套工程和农产品“三品”认证，加强三项体系（支持农户与市场联结、能力建设与培训、项目管理）建设，全年项目工程完成投资 2.39 亿元；累计完成投资 12.16 亿元，占中期调整后总投资 14.06 亿元的 86.86%，直接受益户 3.86 万户，占计划的 83.54%。

**【亚洲开发银行赠款项目】** 通过地下水管理适应气候变化项目和（G0189-PRC）山西省农村妇女经济赋权试点项目完成工程建设、能力建设，共计 69.5 万美元的提款报账任务，报账率 100%。其中地下水管理项目完成总投资 379.77 万元；妇女经济赋权试点项目完成总投资 161.78 万元。节水技术在贷款项目的高效设施项目中广泛推广，节水率 30%；妇女项目被亚洲开发银行选为《亚行农村生计项目》的范例在亚洲开发银行其他地区执行的项目中推广。

**【扶贫日活动】** 2014 年是国务院批

准设立全国“扶贫日”第一年。山西省委书记王儒林、省长李小鹏分别对开展“扶贫日”活动作出重要批示，制定山西省“扶贫日”活动方案。全国“扶贫日”活动期间，通过中央电视台、人民网、新华网等中央媒体和《山西日报》、山西电视台等省内媒体播发山西省扶贫开发宣传稿件100余篇，通过中国移动通信集团公司、中国联合网络通信集团公司、中国电信集团公司三大电信运营商山西分公司，向山西省手机用户发送4000万条“扶贫日”宣传信息，扶贫助困基金账号收到社会各界捐赠扶贫善款240多万元，全省营造出关心贫困地区，关爱贫困人口，支持扶贫开发的浓厚氛围。

（山西省扶贫办综合处　刘世锋）

# 内蒙古自治区扶贫开发

**【概述】** 2014年，内蒙古自治区继续把扶贫开发作为头号民生工程来抓，认真学习贯彻中共中央总书记习近平关于精准扶贫、精准脱贫一系列指示和考察内蒙古的重要讲话精神，按照内蒙古自治区“8337”发展思路要求，不断创新扶贫工作机制，采取省级领导干部联系贫困旗县，启动规划、项目、干部“三到村三到户”精准扶贫，加大金融扶贫富民工程力度，实施“十个全覆盖”工程等措施，以减贫增收为核心，围绕加强基础设施建设、促进公共事业、发展特色产业、改善村容村貌、加强生态建设和基层组织建设六项任务，举全区之力共同打好扶贫攻坚战。开展建档立卡工作，为58万贫困户、157万贫困人口建立电子档案并实行动态管理。用4.75亿元财政扶贫资金撬动62亿元金融贷款，扩大扶贫资金投入额度和使用效益。健全驻村工作队帮扶措施，统筹落实帮扶单位3000多个，下派驻村干部1.1万名，确定贫困户帮扶责任人8万名。继续与中国扶贫基金会合作，开展中和农信小额信贷项目的旗县增加到36个。2014年共投入扶贫资金100多亿元，实施扶贫开发项目8448个，覆盖2834个贫困嘎查村，40万贫困人口稳定脱贫，贫困发生率由15.5%下降到11.5%，贫困人口人均纯收入增长15%以上。

**【扶贫资金投入】** 2014年，内蒙古自治区中央财政扶贫专项资金14.89亿元，比2013年增加7.9%，自治区本级财政预算安排扶贫资金18.1亿元。盟市、旗县财政投入扶贫资金8亿元，调动金融扶贫资金62亿元，各盟市、旗县多渠道整合资金项目，筹集社会资金近7亿元，全区共投入扶贫资金100多亿元，集中对贫困村贫困户开展扶贫攻坚，形成“政府投、行业扶、银行贷、社会筹、群众集”的多元投入机制。

**【8337发展思路】** 内蒙古自治区“8337”发展思路要求：“八个发展定位”，即把内蒙古建成保障首都、服务华北、面向全国的清洁能源输出基地，建成全国重要的现代煤化工生产示范基地，建成有色金属生产加工和现代装备制造等新型产业基地，建成绿色农畜产品生产加工输出基地，建成体现草原文化、独具北疆特色的旅游观光、休闲度假基地，建成我国北方重要的生态安全屏障，建成祖国北疆安全稳定屏障，建成我国向北开放的重要桥头堡和充满活力的沿边经济带。

“三个着力”，即着力调整产业结构，着力壮大县域经济，着力发展非公有制经济。

“三个更加注重”，即更加注重民生改善和社会管理，更加注重生态建设和环境保护，更加注重改革开放和创新驱动。

“七项重点工作”，即推动经济持续健康发展，提高经济增长的质量和效益，做好“三农三牧”工作，推进城镇化和城乡发展一体化，改善民生和社会管理创新，深化改革开放和推动科技进步，提高党的建设科学化水平。

**【“十个全覆盖”工程】** 2014年，内蒙古自治区各级扶贫部门把农村牧区“十个全覆盖”作为最大的扶贫工程。即危房改造工程，安全饮水工程，街巷硬化工程，电力村村通和农网改造工程，村村通广播电视和通讯工程，校舍建设及安全改造工程，标准化卫生室建设工程，文化室建设工程，便民连锁超市工程，农村牧区常驻人口养老医疗低保等社会保障工程。统筹规划、同步建设、整体推进，集中解决基础设施和公共服务发展滞后问题。除安全饮水工程完成70%，农网改造工程完成95%外，其它工程全部完工，有1366个重点贫困嘎查村实现“十个全覆盖”，平均每个村整合的项目资金在1000万元左右。

**【扶贫制度建设】** 2014年，内蒙古自治区把原有13类扶贫项目精简整合为“三到村三到户”精准扶贫、金融扶贫、生态移民、雨露计划4项，并将扶贫项目的审批权全部下放到旗县，资金项目直接到村到户。自治区研究制定《关于创新扶贫工作机制扎实推进扶贫攻坚工程的意见》，印发《深入推进扶贫攻坚工程“三到村三到户”工作方案》和《内蒙古自治区扶贫开发建档立卡工作方案》，制定《各级领导联系贫困旗县、苏木乡镇、嘎查村工作方案》和《“三到村三到户”工作驻嘎查村干部选派管理办法》，积极改进贫困旗县考核机制和改革财政扶贫资金管理机制，推进扶贫机制六项改革、十项重点工作落实，构建较为完整的扶贫政策体系。

**【连片特困地区扶贫攻坚】** 2014年，内蒙古自治区兴安盟5个旗县市属于大兴安岭南麓片区，其中科右前旗、阿尔山市为边境旗市。全盟片区完成总投资556亿元，其中，基础设施100.2亿元，产业发展188.7亿元，民生改善104.7亿元，公共服务96.9亿元，能力建设64.2亿元，生态环境1.3亿元；实现地区生产总值450.6亿元，增幅8.1%；农村居民收入6572元，增幅14.0%；5个旗县市贫困人口减少9.44万人。乌兰察布市商都县、化德县、兴和县划归燕山—太行山连片特困地区之列；2014年，乌兰察布市3个片区县完成总投资228.84亿元，其中，基础设施103.78亿元，产业发展75.35亿元，民生改善24.63亿元，公共服务14.13亿元，能力建设4.13亿元，生态环境6.82亿元；3个片区县实现地区生产总值165.3亿元，增幅26.6%；农村居民收入1.64万元，增幅

40.5%；贫困人口减少1.83万人。

**【省级领导干部联系贫困旗县工作】** 2014年，内蒙古自治区38位省级领导继续围绕加强基础设施建设、促进公共事业、发展特色产业、改善村容村貌、加强生态建设和基层组织建设六项任务，深入38个贫困旗县调研指导，平均每季度到联系旗县调研一次，帮助解决制约贫困地区长远发展的瓶颈问题。各部门联系工作办公室积极与盟市、旗县对接，分解细化扶贫开发规划和年度计划，加强调研督查力度，及时反馈情况。盟市和旗县抓住推进“十个全覆盖”工程的有利机遇，集中财力物力向贫困旗县、嘎查村倾斜，逐项落实规划内项目。38个贫困旗县开工建设项目完成投资790多亿元。带动和健全各级干部包联机制，全区465名盟市级领导、2308名旗县级领导、8万多名党员干部，分别联系贫困苏木乡镇、贫困嘎查村和贫困户，开展扶贫工作。

**【建档立卡】** 2014年，内蒙古自治区把建档立卡作为扶贫开发1号工程，安排600万元专项经费，精准识别出2834个贫困嘎查村、58万贫困户、157万贫困人口，建立电子档案并实行动态管理。4月，启动规划、项目、干部“三到村三到户”精准扶贫工作，由驻村工作队协助当地有关部门和“两委”班子逐村逐户调查摸底，分析致贫原因，帮助贫困嘎查村、贫困农牧户制定脱贫规划和年度计划，健全帮扶措施，统筹落实帮扶单位3000多个，派出驻村干部1.1万多名，确定贫困户帮扶责任人8万多名，为每个村投入45万元，累计12.75亿元，作为引导资金，重点支持到村到户特色产业发展，项目覆盖贫困户42.55万户，扶持贫困人口125.44万人。

**【金融扶贫】** 2014年，内蒙古自治区扶贫办与农业银行合作，继续在57个贫困旗县组织实施金融扶贫富民工程，以本级财政投入4.75亿元，撬动农行62.1亿元的金融贷款，覆盖40余万农牧民、93家扶贫龙头企业和合作社，缓解贫困户抵押难、担保难问题。新启动中和农信小额信贷项目旗县16个，使项目旗县总数达到36个，累计放款2.6万笔，放款金额5.79亿元，户均贷款1万元，有11.34万贫困人口直接受益。互助资金试点项目在内蒙古自治区80个旗县（市、区）、1110个嘎查村实施，资金总规模达到2.3亿元，已有10万农牧户（贫困户6.4万户）加入互助组织，组建互助小组1.3万多个，累计借款18万人次，借款5.4亿元（贫困户借款3.05亿元）。

**【易地扶贫搬迁】** 按照《内蒙古自治区生态脆弱地区移民扶贫规划（2013-2017年）》，由内蒙古自治区农牧办牵头，整合生态、扶贫、草原奖补等项目，继续对居住在生态脆弱区的贫困地区农牧民实施易地扶贫搬迁。已完成投资14.7亿元，完成住房面积84.8万平方米，新建养殖棚圈20.1万平方米，日光温室和冷棚1300亩，开发建设基本农田3.2万亩，生态建设和植被恢复 173 万亩，完成搬迁 2.3 万户、7.3 万人，涉及 69 个旗（县、区）、3 个国营农牧林场。部分旗县主体建设任务已基本完成，无土安置就业人数 1073 人。完成 2013 年生态脆弱地区扶贫移民项目验收工作。

**【雨露计划】** 2014 年，向 12 个盟市下达雨露计划试点补助资金 3520 万元，补助对象为建档立卡贫困户接受高等职业、中等职业教育和一年以上技能培训的在校学生，补助标准为每生每年 1500 元，补助资金通过“一卡通”直接发放到补助对象家庭，2.4 万农村贫困生受到资助。

**【东西扶贫协作】** 北京市—内蒙古自治区东西扶贫协作，北京市投入帮扶资金 9078 万元，自治区配套 8858 万元，用于赤峰市和乌兰察布市的产业发展和民生领域建设项目。

**【定点扶贫】** 中央、国家机关定点帮扶内蒙古 31 个国家级贫困旗县，2014 年，投入 4000 多万元帮扶资金用于贫困地区基础设施和社会事业项目。区直属机关 105 个单位定点帮扶兴安盟及鄂尔多斯市对口支援兴安盟，共投入各类帮扶资金 3.6 亿元，22 个厅局对鄂伦春族、鄂温克族、达斡尔族、俄罗斯族等人口较少民族聚居区实施定点帮扶，投入资金和物资折款达 4 亿多元。2014 年又确定 66 个自治区厅局企事业单位帮扶乌兰察布市和额尔古纳市。自治区工商业联合会、经济和信息化委员会、国有资产监督管理委员会，分别动员百户企业对口帮扶通辽市、锡林郭勒盟及大青山贫困片区，实现帮扶自治区集中连片特困地区全覆盖。

**【社会扶贫】** 2014 年，内蒙古自治区连续第二年为每个低收入农牧户发放 1 吨取暖煤，共投入 21 亿元。出台《关于家庭经济困难学生实施普通高校新生入学资助政策的意见》，从 2014 年起，为每名考上大专以上学校的低保家庭子女每人每年补助 1 万元，一次性补贴到位，累计发放 6.54 亿元，资助 1.86 万人，确保贫困家庭孩子不输在起跑线上。为每个零就业家庭至少解决 1 人就业，与中华慈善总会合作为贫困旗县、乡镇医疗机构捐赠医疗设备，着力解决困难群众看病、上学、取暖等生活现实问题，使老百姓得到更多看得见、摸得着的民生福利。

**【彩票公益金】** 内蒙古自治区通过国务院扶贫办对达茂旗的中央彩票公益金支持革命老区整村推进项目终期绩效考评验收，2014 年，在 4 个革命老区旗县争取中央彩票公益金项目 4200 万元，用于整村推进和小型公益设施建设，项目覆盖贫困户 2229 户、贫困人口 6475 人。

**【以工代赈】** 2014 年，国家投入内蒙古自治区以工代赈资金 2.05 亿元，地方配套 7860 万元 。在 31 个国家贫困旗县和 18 个自治区贫困旗县新建乡村道路 207 千米、过水路面 190 米、桥 294.6 米。通过小型农田水利设施建设，新增灌溉面积 8492 亩，改善灌溉面积 4870 亩，铺设输水管道

278.2 千米，节水管网 15.7 千米，防洪堤 900 米。新建棚舍 16.6 万平方米，青贮窖 6800 立方米，建设高产饲草料基地 800 亩。建设节水灌溉高产饲草料地 1600 亩。以工代赈项目覆盖贫困人口 5.2 万人。

**【扶贫监管】** 2014 年，出台《内蒙古自治区扶贫攻坚工程“三到村三到户”项目管理指导意见》，切实加强全区扶贫项目和财政专项扶贫资金的规范管理。两次组织召开全区扶贫系统纪检监察会议，安排部署全区扶贫开发系统党风廉政建设和反腐倡廉工作，推进反腐倡廉制度建设，全面开展廉政风险防控工作。自治区党委、政府对各盟市扶贫资金审计整改情况和扶贫开发建档立卡工作组织了 4 次专项督查。严格执行扶贫项目公告公示制度，推行扶贫项目村义务监督员制度，发挥审计、纪检、监察部门作用，完善专项监督、社会监督和群众监督相结合的扶贫监管制度。

**【扶贫日活动】** 2014 年 10 月 17 日，内蒙古自治区举办首个“扶贫日”启动仪式，活动的主题是“扶贫济困、践行友善”，以“10·17，邀您一起”为行动口号。自治区党委副书记李佳、政府副主席王玉明出席仪式并讲话，自治区党委宣传部等 16 个部门联合印发《社会扶贫倡议书》，广泛动员社会各界积极参与扶贫开发事业。开展以“扶贫公募”为核心内容的系列活动。

**【扶贫宣传】** 2014 年，内蒙古自治区在中央媒体刊发有关扶贫的稿件 900 篇（条），其中，在《人民日报》刊发 4 篇，在中央电视台播出视频新闻 30 条（其中，13 频道在全国首个“扶贫日”前后播出“走基层——扶贫在攻坚”内蒙古专题 5 集），新华社 12 篇，其他主流媒体 20 篇，国家级网络媒体 767 篇（条），行业媒体 14 篇，国务院扶贫办主管期刊 36 篇，网站 17 条。结合“扶贫日”活动向全区手机用户免费发送宣传短信，播放扶贫公益广告，大力开展网络宣传，广泛宣传扶贫先进典型事迹。内蒙古自治区扶贫办和一名个人被国务院扶贫开发领导小组分别授予 2014 年度“全国扶贫宣传先进单位”“优秀联络员”荣誉称号。

**【扶贫培训】** 2014 年，内蒙古自治区围绕“三到村三到户”“金融扶贫”“建档立卡”“自治区直属厅局驻村帮扶”“致富带头人”等重点扶贫开发工程，做好贫困地区干部培训和全区扶贫系统干部的业务培训以及农牧民实用技术培训工作，共举办各类培训班 12 期，培训 1688 人。

（内蒙古自治区扶贫开发办公室　高凤义）

# 辽宁省扶贫开发

**【概述】** 2014年，辽宁省委、省政府继续把扶贫开发作为省重点民生工程，目标是帮助60万农村建档立卡贫困人口增加收入，实现稳定脱贫。按照省委、省政府部署，通过开展到户扶贫、移民扶贫、贫困劳动力技能培训、产业扶贫示范项目建设、定点扶贫等措施，努力促进贫困人口增收。全省有64.35万农村建档立卡贫困人口实现稳定脱贫，较好地完成了省委、省政府确定的扶贫工作目标。

**【扶贫资金投入】** 2014年，辽宁省共投入财政专项扶贫资金6.7亿元，比2013年增加22.6%。其中，中央财政扶贫资金7656万元，省级财政扶贫资金2.98亿元，市、县财政扶贫资金2.96亿元。各级财政安排项目到户专项扶贫资金2.31亿元，其中，省以上财政资金1.62亿元（含中央财政资金），市、县财政专项资金6907万元。整合行业部门资金1.97亿元，其他资金8439万元。全省安排移民扶贫资金3.29亿元，其中，省财政投入资金9000万元，市财政投入资金3828万元，县财政投入资金1.8亿元，乡镇投入资金2035万元。整合其他资金2.81亿元，搬迁户自筹资金9788万元。省财政安排培训专项资金2520万元，市、县财政分级投入培训专项资金501万元。省财政安排产业扶贫示范项目建设专项资金2500万元。财政扶贫资金使用坚持“资金跟着项目走，项目落到贫困户”，实行扶贫项目、资金、措施、效益“四到户”。严格扶贫资金管理，财政扶贫资金年初由省财政直接下达到县，实行报账制管理。

**【建档立卡】** 2014年，辽宁省完成214万贫困人口的建档立卡工作，全部实现户有卡、村有册、乡有簿、县有档案管理，相关数据录入电脑，联网运行，实行动态管理。

**【干部驻村帮扶】** 2014年，辽宁省对1791个贫困村派出驻村工作队，派出驻村干部5315人。其中：省驻村工作队206个，干部561人；市驻村工作队615个，干部1843人；县驻村工作队970个，干部2911人。驻村工作队工作期限一般为3年。省扶贫办和省委组织部制定《辽宁省驻村工作队管理办法（试行）》，对省直派出的206个驻村工作队队长进行培训。编辑印刷《辽宁省驻村帮扶工作培训手册》和《驻村工作队工作日记本》，驻村干部人手一册。

**【到户扶贫】** 2014年，辽宁省投入各类到户专项扶贫资金 5.13 亿元，扶持建档立卡贫困农户 19.86 万户，其中 15 个省定扶贫工作重点县投入 4.19 亿元，扶持 14.37 万户；非重点县投入 9396 万元，扶持 5.49 万户。到户扶贫项目覆盖 1493 个行政村，实施种植业、养殖业、林果业、特产业及基础设施等扶贫开发项目 1670 个，其中种植业项目 653 个，安排资金 2.42 亿元，占 47.1%；养殖业项目 482 个，安排资金 1.3 亿元，占 25.4%；林果业项目 421 个，安排资金 1.12 亿元，占 21.8%；其他项目 114 个，安排资金 2947 万元，占 5.7%。参与项目的农户 19.86 万户，受益人口 60 万人。

**【易地扶贫搬迁】** 2014 年，辽宁省实施整村（屯）搬迁集中安置移民扶贫工程。省委、省政府确定的移民扶贫整村（屯）搬迁集中安置 3000 户，实际完成 3167 户，9687 人。建成移民小区 44 个，集中安置 2692 户、9026 人，超额完成全年的移民扶贫工作目标。全省共投入移民扶贫资金 7.08 亿元。其中，省级财政安排专项扶贫资金 9000 万元，整合其他资金 6.18 亿元。对移民扶贫户建立移民档案，包括移民户申请书、审批文件、审批表、协议书、资金兑付票据、宅基地批复文件、验收表等，做到一户一档，一乡一册，一年一卷，准确清楚，装订规范，专人专柜保存。

**【雨露计划】** 2014 年，辽宁省完成贫困劳动力培训 6.12 万人，其中就业技能培训 1.8 万人，安置就业 1.72 万人，就业率 95.5%；实用农业技能培训 3.94 万人；创业培训 2090 人；中高职职业教育补贴 1760 人；其他培训 228 人，超额完成年初培训计划，就业技能培训人均增收达 3520 元以上，就业率稳中有升；实用农业技能培训人均增收 630 元以上。

**【产业扶贫】** 2014 年，产业化扶贫转向支持产业化扶贫示范项目建设，辽宁省财政扶持资金不再直接补助企业。省扶贫办和省财政厅共同印发《辽宁省产业扶贫示范项目建设指导意见》，在省扶贫工作重点县确立 25 个示范基地。产业扶贫示范项目以省级以上扶贫龙头企业带动，采取“企业（合作社）+基地+农户”的联结机制，通过订单收购、制定保护价、参与劳务和提供相关服务等方式带动建档立卡农户实现稳定脱贫。辽宁省安排财政专项资金 2500 万元，每个基地补助 100 万元，其中不低于 60% 的资金用于带动建档立卡贫困农户参与产业化基地生产项目所需种子、种苗、种畜（雏）、菌种、化肥等生产必需品的补助；其余资金用于产业基地水、电、路等基础设施建设。25 个示范项目实际带动贫困户 2.6 万户。新认定省级扶贫龙头企业 98 家。全省有省扶贫龙头企业 323 家，国家扶贫龙头企业 23 家。

**【定点扶贫】** 2014 年，辽宁省扶贫开发领导小组和省直机关工委联合对 2013 年定点扶贫工作进行评选表彰，共表彰定点扶贫先进单位 134 个，定点扶贫先进个人 165 名。省、市、县共安排定点扶贫单位

2243个，派出驻村工作队1791个，投入定点扶贫资金11.8亿元，引进资金3.8亿元，新建帮扶项目1772个。其中，省定点扶贫单位248个，帮扶20个县（市、区）245个乡镇，派出驻村工作队206个，投入扶贫资金7.09亿元，引进资金1.07亿元，新建扶贫项目227个，引进人才47人，资助贫困学生2542名。市级定点扶贫单位626个，派出驻村工作队615个，投入帮扶资金3.17亿元。县级定点扶贫单位1368个，派出驻村工作队970个，投入帮扶资金1.54亿元。沈阳、大连和鞍山积极开展对口帮扶阜新、朝阳和铁岭工作，领导考察互访51人次，共投入资金3000万元，引导社会无偿捐助资金20万元。资助贫困学生134人，对70余名农村劳动力进行专业培训。交流挂职干部10人。

**【村级互助金试点】** 2014年，辽宁省共在27个县（市）959个贫困村开展试点工作，其中国家级互助资金试点村有92个，省级互助资金试点村有867个。吸纳入社农户10万户，其中贫困户7.5万户。入社贫困农户占入社农户总数的75%。省以上财政投入资金近2.9亿元，其中，国家投入资金1550万元。各试点乡村全部成立了扶贫互助合作社，议事执行机构、组织管理体系和运行保障措施基本健全完善。

（辽宁省扶贫办　纪　庆）

# 吉林省扶贫开发

**【概述】** 2014年，吉林省深入贯彻落实国家扶贫开发一系列方针政策，以30万农村贫困人口脱贫为目标，6项改革、8项重点工作、70项任务为抓手，各地各部门积极履职尽责，采取务实有效措施，全力开展扶贫攻坚。全省投入财政专项扶贫资金8亿元，贫困地区基础设施建设不断完善，公共服务水平进一步提高，全省年度减贫31.3万人，超额完成减贫目标任务，扶贫开发工作再上新台阶。

**【扶贫资金投入】** 2014年，吉林省安排省级财政专项扶贫资金1.38亿元，比2013年增长20%。中央投入扶贫资金6.93亿元，比2013年增长6.2%。财政专项扶贫资金主要用于直接扶持到户。明确要求各地要建立扶贫到村到户机制，财政专项扶贫资金用于扶贫到户的产业发展项目不得低于70%。2014年用于扶贫到户产业发展资金5.59亿元，占资金总数的98%。加大用于连片特困地区和重点县的资金比例。2014年用于连片特困地区和重点县的财政专项扶贫资金总量共5.41亿元，占国家投入资金的78%。提高新增部分资金用于片区县的比例。2014年，用于片区资金为2.63亿元，新增比例为70%。

**【扶贫资金管理】** 2014年，吉林省严格执行财政专项扶贫资金专户管理、封闭运行，实行财政专项扶贫资金县级报账制管理，确保资金的支出合理、合法、合规、安全。完善扶贫项目管理制度，做到资金到项目、管理到项目、核算到项目。规范扶贫资金和项目公示、公告制度，自觉接受群众和社会监督。围绕扶贫资金管理使用开展一系列检查，印发《关于开展财政专项扶贫资金检查的通知》和《关于加强财政专项扶贫资金管理的通知》，对检查中发现的报账不及时，滞拨、挤占、挪用资金和资金使用效益不高等问题及时进行整改和处理。

**【扶贫机制改革】** 2014年，吉林省工作的重点在找准扶贫对象上下功夫，初步建立扶贫开发全程精准工作机制。印发建档立卡工作方案和全省贫困人口脱贫方案，转发国家七部委精准扶贫工作方案，明确标准、控制规模、确认程序、稳步推进，按照大稳定小调整的原则，保持和体现减贫工作连续性，将目标逐级分解，锁定到片、县、村、人。全省15个片区县、1500个贫困村、160.2万贫困人口全部在档可查。改进贫困县考核办法。会同省委财经办、省委组织部，在原县域考核办法的基础上，推进贫困县考核机制改革，突出科学发展导向，取消和弱化重点县的地区生产总值等经济指标，把提高贫困人口生活水平、减少贫困人口数量和改善贫困地区生产生活条件作为考核评价扶贫开发成效的主要指标。改革财政专项扶贫资金管理机制，在资金分配上加大与工作挂钩关联度，率先在片区开展绩效评比，并投入3600万元的绩效奖金。加快简政放权，财政专项扶贫资金和项目审批权限原则上全部下放到县。健全干部驻村帮扶机制。省扶贫办与省委组织部联合印发干部驻村帮扶实施方案，对全省1500个贫困村开展干部驻村帮扶工作，实现贫困村干部驻村帮扶全覆盖。会同省委组织部、省财政厅联合印发驻村（社区）干部管理办法，对驻村干部的安排使用和管理做出明确规定。全省驻村帮扶已直接或间接投入资金3.15亿元，实施项目698个。创新社会参与机制。会同省直14个部门联合印发《吉林省创新扶贫开发社会参与机制实施方案》，广泛动员社会力量积极参与扶贫开发工作。完成推荐报送全国社会扶贫候选先进集体3家、先进个人8个。创新金融服务机制，在全省建立贫困地区扶贫开发金融服务联动协调工作小组和连片特困地区经济金融指标监测体系。制定吉林省金融扶贫工作重点推进方案，实现农村金融服务全覆盖。已设立40家村镇银行、661家小额贷款公司。全省42个县（市）均成立了物权融资农业发展公司，其中26个发放贷款，累计为农户贷款1.05万笔，金额约4.82亿元。创新金融服务新模式，积极推行农村“六权”抵押改革试点，其中土地收益保证贷款已运行一个完整周期，贷款到期206笔，金额达1956.1万元。

**【行业扶贫】** 2014年，吉林省印发《2014年吉林省农村扶贫开发工作要点》，明确行业部门要落实的8项重点工作50项具体任务。全省面向贫困地区扩大定向招生200人，投入农村义务教育阶段学生营养改善计划膳食补助资金4706.8万元，使6万名贫困地区农村义务教育阶段公办学校学生营养得到改善。贫困村道路建设投入8.6亿元，新改建乡村公路880千米，独立桥梁5座268延米。全年投资10.97亿元，完成2.67万户农村危房改造，超额完成年初确定的1.5万户的改造目标，竣工率达178%。解决贫困地区19万人农村饮水安全问题。在贫困地区开工建设331所标准化村卫生室。为8个重点县建设文化小广场24个。在2319个贫困村放映电影2.79万场，完成4.9万户偏远地区贫困户广播电视户户通工程、38万户农村有线电视数字化整转改造工程和200个贫困村农家书屋建设工程。

**【连片特困地区扶贫攻坚】** 2014年，吉林省以连片特困地区攻坚规划和重大扶贫项目为平台，整合资源，实施的嫩丹高速白城至镇赉段已建成通车，靖宇至通化高速完成投资18.4亿元，路基、桥涵、隧道等基础施工已完成，白城平安机场航站区部分工程开工建设，配套附属前期工程均已完成，分洪入向工程已投入资金 1.04 亿元，开展输水渠道、堤防建设，建筑物改造、盐铺防汛调度站改扩建等工程，西部片区河湖连通工程，已落实资金 1.8 亿元，部分应急工程已开始建设，现连通近 20 个湖泊。片区扶贫攻坚已投入资金 3.92 亿元，实施产业项目 131 个，新建、扩改建 30 个畜禽标准化规模养殖场，推进农业产业化项目 30 个。

**【整村推进】** 2014 年，吉林省实行财政专项扶贫资金支持整村推进的资金项目审批权限下放到市（州）、县（市），自主确定具体的扶贫项目。以整村推进为平台整合资源的力度不断加大，整合资金达 7.7 亿元，启动实施基础设施项目 104 个，产业类项目 240 个，覆盖 28.8 万农村人口，为完成全年减贫指标奠定坚实基础。

**【产业扶贫】** 2014 年，吉林省持续培育和建构“112”产业扶贫格局。完成全省片区县产业规划编制，完善县级产业发展规划，强化项目进村到户机制建设。加大对 15 个片区县的投入力度，建设片区 10 个扶贫产业基地，30 个畜禽标准化规模养殖场（小区）。30 个特色产业科技扶贫开发项目建设进展情况良好。在贫困地区推广转化科技成果和先进适用技术 40 项，巩固和新建 3000 个科技扶贫示范户，影响带动 2 万户，引导 10 多万山区贫困百姓依靠科技实现脱贫致富。组织 8 个重点县申报美丽乡村旅游扶贫重点村工作，并择优向国家重点推荐 80 个贫困村。

**【雨露计划】** 联合阳光工程、春风行动，让更多贫困家庭的“两后生”参加劳动力转移培训，享受更多的优惠政策，得到更多资金补助。2013—2014 学年雨露计划改革试点 1500 名贫困生的资金补助任务全部完成。全年共整合投入贫困劳动力转移培训资金 976 万元，培训贫困青壮年 2.1 万人，实现稳定就业 1.9 万人，稳定就业率达到 90.5%，实现人均劳务收入 3500 元以上。镇赉县组织开展雨露计划信息化改革试点工作，通过在网上直接申报、审批、审核、发放 2013—2014 年助学资金 126 万元，有 840 名贫困家庭“两后生”受益。

**【小额信贷】** 吉林省推动省农业银行、农业发展银行、农村信用社、村镇银行等涉农金融机构，制定倾斜措施，放低门槛，支持农民及贫困农户开展小额信贷。2014 年又组织了 50 个贫困村开展互助资金试点。安排到户小额贴息资金 520 万元，扩大对贫困户的扶贫贴息贷款规模。全年到户贴息资金实际引导贷款资金 15.2 亿元，扶持 1.13 万农户发展特色种养业。

**【以工代赈】** 2014 年，吉林省投入以工代赈计划资金 2.39 亿元，其中，国家以工代赈投资 1.75 亿元，地方配套投资 6408 万元。在全省贫困村共安排以工代赈项目 211 个，新增和改善灌溉面积 20 万亩，改（扩）建乡村道路 295.4 千米，独立桥梁 5 座 298 延米，治理水土流失面积 172.67 平方千米。

**【定点扶贫】** 2014 年，在吉林省帮扶的 7 家中直单位帮扶 8 个国家扶贫开发工作重点县，投入帮扶资金 1.38 亿元，实施帮扶项目 21 个，挂职干部 5 人。省直 205 家帮扶单位，直接投入帮扶资金 1.37 亿元，帮助引进各类资金 2.4 亿元，帮助实施项目 257 个，帮助引进技术 65 个。

**【扶贫宣传】** 为贯彻落实全国扶贫宣传工作座谈会精神，做好扶贫宣传工作，制定出台扶贫宣传工作方案，印发做好 2014 年扶贫宣传工作的通知，累计在中央主要媒体上发表 426 篇与扶贫有关的文章。

**【扶贫法制化建设】** 配合省法制办组织开展法律专家修改扶贫条例工作，召开法律专家征询会，《吉林省农村扶贫开发条例》已征求相关部门和社会意见并修改完成。

**【扶贫日活动】** 2014 年，国家设立首个“扶贫日”，吉林省委书记巴音朝鲁、省长蒋超良在扶贫日期间到贫困地区开展扶贫工作调研。《吉林日报》专版连续报道扶贫开发，吉林电视台开辟扶贫开发宣传周，省慈善总会专门设立扶贫捐赠账户。组织开展 5 大类 15 项活动，全省收到各类的捐款 1.9 亿元，组织全省 5743 人参加全国社会扶贫电视电话会议。全省有社会扶贫先进集体 6 家、先进个人 7 个，受到国家表彰。

（吉林省发展和改革委员会
扶贫综合处　陈建生）

# 黑龙江省扶贫开发

**【概述】** 2014年，黑龙江省继续巩固专项扶贫主导地位，引导行业部门、社会力量以贫困地区为重点，以贫困户为工作对象，进一步加大投入力度，创新扶贫开发体制机制，落实精准扶贫工作措施，建立专项扶贫、行业扶贫和社会扶贫“三位一体”、集中发力的精准扶贫工作机制。全年完成434个贫困村整村推进、29.6万人贫困户劳动力培训、7.8万户农村居民危房改造、150万农村居民饮水安全及交通、教育、卫生、文化等基础设施建设项目，减少贫困人口36.1万人，贫困地区农民人均纯收入达到7714元，增幅高于全省平均水平1.6个百分点。

**【扶贫资金投入】** 2014年，黑龙江省财政专项扶贫资金投入9.14亿元，其中，中央财政专项扶贫资金8.07亿元，省级财政配套专项扶贫资金1.07亿元。财政专项扶贫资金主要用于产业扶贫、贫困村基础设施建设、雨露计划、革命老区建设、互助资金试点和依托新型农业经营主体带动贫困户脱贫试点。

**【扶贫资金管理】** 2014年，黑龙江省建立违规使用扶贫资金终身追责、扶贫项目管理使用终身追责制度；扶贫项目审批权下放到县，在县一级建立扶贫项目库，强化地方政府落实资金项目责任；完善资金项目公告公示制度，强化社会监督；明确省、市对扶贫资金和项目的监管责任。为加强扶贫资金项目监管，提高资金使用效益，确保各地管好用好扶贫资金，印发《关于切实加强财政专项扶贫资金项目管理的通知》和《关于开展扶贫资金项目管理自查的通知》。在各县（市、区）自查自纠的基础上，采取政府购买服务，引入第三方介入的方式，聘请会计师事务所对6个资金额度大的县近三年的扶贫资金进行核查，对存在的滞拨资金、记账不规范等问题进行督查整改。

**【连片特困地区扶贫攻坚】** 2014年，黑龙江省立足特困片区区域发展与扶贫攻坚实施规划和产业扶贫规划相结合，围绕11个片区县生产发展、农业设施、基础设施、生态建设、环境保护、社会事业发展等项目，共整合投入专项和行业部门扶贫资金231.5亿元，占规划总投资额的58.2%。对片区项目进行重新梳理，共有总投资184.2亿元、192个项目列入国家支持的扶贫项目之中。同时，省财政、发改委、交通、水利、农业、教育、文化及卫生和计划生育等行业部门结合国家政策和自身行业职能，分别建立对片区县特惠支持政策。

【整村推进】 2014年，黑龙江省结合现代农业和美丽乡村建设，把强化基础设施和产业发展作为贫困地区实现脱贫致富的基础工程，统筹扶贫资源，加大整合力度，共投入专项扶贫资金8.68亿元，分三批启动434个贫困村实施整村推进扶贫，村均投资达到200万元，直接扶持贫困户7.5万户。共建设村内硬化路780.2千米，修农田路476.6千米、农道桥45座、农田给排水渠233千米、民堤65千米、涵闸2210个；新打农田抗旱井250口；购置大型农机具124台（套）；购买基础母奶、肉牛1735头，基础母羊1500只，基础母猪1813头，建设温室大棚1435栋；新建设村民文化体育场所91处、新打人畜饮水井119口、安装自来水9540户，改造贫困户泥草房329户；新修村内路边沟251千米，安装栅栏124千米、路灯3507盏。

【产业扶贫】 2014年，黑龙江省围绕“两牛一猪”及特色种植、特色养殖业发展，按照“集中投入、连片开发、贫困户参加”的原则，共投入财政专项扶贫资金1.93亿元，在21个贫困县扶持62个贫困村发展富民产业。建设食用菌、果蔬温室大棚889栋，特色蔬菜基地3000亩；建设牛、羊圈舍35栋、3.8万平方米，购买基础母牛、羊2700头（只），建设青贮窖1.94万立方米；建设加工厂房1.6万平方米，购买各类农业机械168台（套）。直接带动贫困户1.46万户、5.11万人。

【雨露计划】 2014年，黑龙江省共投入财政专项扶贫资金1137.6万元，培训贫困户劳动力29.6万人次，转移就业25.4万人次，实现劳务收入40亿元。资助1万名贫困户家庭“两后生”接受中高级职业教育，选拔30名贫困家庭优秀初中毕业生到广东国华纪念中学接受高中、大学全程免费教育。

【扶贫试点】 2014年，黑龙江省以三江平原和松嫩平原“两大平原”现代农业综合配套改革试验为契机，开展两项试点：一是依托新型农业经营主体带动脱贫试点。投入财政专项扶贫资金5000万元，按照“依托主体，发展产业，整乡推进，带动全县”的思路，在5个县、14个乡镇，依托15个现代农机合作社，采取整乡推进的方式，带动25个贫困村、1万多个贫困户、3万多贫困人口发展股份合作农业和产业化经营。财政专项扶贫资金投资建设的固定资产产权归贫困户，以股份的形式量化到户，贫困户参与新型农业经营主体扶贫部分资产盈余分配，既解决贫困户长远发展难题，又保障贫困户利益，实现扶贫措施精准到户。二是扶贫互助金试点。投入财政专项扶贫资金3000万元，按照“群众参与、民主管理，互助合作、保障安全，持续使用、滚动发展”的思路，集中在绥滨县等3个县、60个贫困村开展扶贫互助金试点，使全省互助金总量增加到1.44亿元，互助组织增加到43个县，316个贫困村。扶贫互助金年户均借款上限1万元，共缓解1.44万个贫困户发展生产资金短缺压力。

**【革命老区建设】** 2014年，黑龙江省共投入资金7000万元用于革命老区开发建设。其中，投入财政专项扶贫资金1000万元，在20个老区县、23个老区村实施小型应急项目建设，重点改善群众生产生活条件，直接扶持2395户贫困户；投入中央彩票公益金6000万元，在同江县、拜泉县等6个贫困革命老区县，连片扶持32个老区村生产和基础设施项目建设，直接扶持1.5万贫困户、4.5万贫困人口。同时，完成桦南县、桦川县和汤原县3个革命老区县、30个贫困村中央彩票公益金项目年度建设任务，共建设村内水泥路82.12千米、涵洞145座，晒场5000平方米、库房3000平方米，文化广场3处等41个项目，直接扶持贫困户1.3万户、4.2万人。通过开展革命老区建设，贫困落后面貌得到较大改善。

**【两项制度衔接】** 2014年，黑龙江省贯彻落实国务院“稳增长、促改革、调结构、惠民生”政策，制定出台《关于做好城乡最低生活保障制度与城市就业农村扶贫开发政策相互衔接的指导意见》，在做好低保户与扶贫户识别程序有效衔接、明确低保扶贫户识别程序的基础上，建立生产帮扶、教育扶贫、资金扶贫、文化扶贫、住房扶贫和医疗扶贫共6项政策衔接机制。同时，着力提高城乡困难群众社会保障水平，将全省城市低保标准由376元/月人提高到440元/月人，财政补助水平由282元/月人提高到297元/月人，将农村低保标准由2181元/年人提高到2700元/年人，财政补助水平由1483元/年人提高到1627元/年人，城乡低保标准分别较上年增长17%和24%；将全省农村五保集中供养标准由3648元/年人提高到5400元/年人，分散供养标准由2644元/年人提高到3800元/年人，分别较上年增长48%和44%。城乡低保标准提高后，共惠及城乡困难群众268万人。

**【定点扶贫】** 2014年，黑龙江省按照“党委、政府齐抓共管，建立省、市、县三级定点帮扶体系”的思路，构建党建工作与扶贫开发相结合，专项扶贫与社会扶贫相结合的定点扶贫机制。协调国家地理测绘局、中国移动集团公司、中国兵器集团公司等10个中央国家机关及企业定点扶贫14个国家级贫困县，落实8个单位派出干部到县挂职扶贫，共直接投入款物合计资金2121.3万元，帮助引进各类资金1.71亿元，引进项目63个。省政府召开定点驻村扶贫工作电视电话会议，专题部署各级党政机关、社会团体、事业单位、驻军和武警部队定点扶贫工作。省、市、县三级共组建2125个定点驻村扶贫工作队，派出定点驻村扶贫干部7542人，累计投入和协调资金近3亿元，帮助贫困村建设项目636个，规划项目1040个。

【社会扶贫】 2014年，黑龙江省以中国首个“扶贫日”为契机，组织253家企业、568个社会组织及1459名社会各界人士到贫困地区开展扶贫济困。共投入资金6196.8万元、物资折款3002.7万元，帮助引进资金1.35亿元，建设项目229个，资助贫困户1.19万户，资助贫困学生7265名。通过在各级各类媒体对企业和社会各界参与扶贫行动进行大力宣传，营造社会大扶贫氛围。

【扶贫机制改革】 2014年，黑龙江省委、省政府结合实际，组织力量深入贫困地区和贫困家庭走访调研，对农村贫困地区建设发展的特点规律进行探索研究，以“完善五项机制、推进十项重点任务和落实八项保障措施”为主要内容，制定《关于创新机制扎实推进农村扶贫开发的实施意见》。细化责任目标，明确专项、行业及社会扶贫责任；对扶贫工作机制和管理机制进行了改革创新，新增加“完善协同扶贫和工作管理”两项机制。在工作管理机制上，确定将扶贫任务分解到县、扶贫资金测算到县、项目审批权力下放到县、目标责任落实到县的“四到县”管理体制。各行业部门严格按照责任分工，密切配合，协同推进扶贫责任落实。省委组织部、省财政厅等22家省直部门、群众团体组织、金融部门、军队及武警部队提出72项行业扶贫措施，结合党的群众路线教育实践活动，通过《黑龙江日报》专刊向社会做出公开承诺，自觉接受社会监督。省扶贫办协同省委组织部、省直机关工委、省财政厅、省人力资源和社会保障厅、省民政厅、省农委等部门共同印发《关于加强贫困地区农村基层组织建设深入实施定点驻村扶贫工作方案》、《关于做好城乡最低生活保障制度与城市就业农村扶贫开发政策相互衔接的指导意见》等6个政策性文件，为扶贫工作扎实有序推进提供科学依据。

（黑龙江省扶贫办综合处 夏宇光）

# 江苏省扶贫开发

**【概述】** 2014年，中共中央总书记习近平视察江苏并发表重要讲话，对江苏省扶贫开发工作提出新要求。2014年也是江苏组织实施脱贫奔小康工程的关键一年。省委、省政府高度重视脱贫奔小康工程的实施，省委书记罗志军、省长李学勇多次深入扶贫重点县、重点片区、革命老区调查研究、访贫问苦，并在重要时间节点作部署、提要求。2月11日，省委、省政府在南京召开全省扶贫开发工作会议。结合江苏实际，省委办公厅、省政府办公厅印发《关于进一步创新扶贫开发体制机制的意见》(苏办发〔2014〕14号)，从7个方面提出22条指导性工作意见，推进全省扶贫开发体制机制创新。10月，省扶贫工作领导小组印发《关于组织民营企业开展村企挂钩扎实推进社会扶贫工作的指导意见》(苏扶〔2014〕7号)，对民营企业等社会力量参与“五方挂钩”帮扶工作提出具体鼓励和引导意见。全省各级各部门积极履行责任，加大精准扶贫、挂钩帮扶力度，全面落实各项工作举措。全年共有103.8万农村低收入人口实现脱贫，548个经济薄弱村基本达到新“八有”（有群众拥护的“双强”班子，有科学合理的发展规划，有高产高效的农业设施，有特色鲜明的主导产业，有持续稳定的集体收入，有先进适用的信息网络，有健康向上的文明村风，有村容整洁的居住环境）目标。

**【扶贫资金投入】** 2014年，江苏省、市、县各级财政不断加大扶贫开发投入力度。省财政安排专项扶贫资金13.25亿元，比2013年增加1.19亿元。其中，脱贫奔小康奖补资金7.16亿元，片区关键工程补助资金3亿元，经济薄弱村发展资金7980万元。据统计，各市、县（市、区）财政安排专项扶贫资金7.74亿元，比2013年增加9578万元。各地继续加大扶贫小额贷款发放力度，全省全年累计发放扶贫小额贷款44亿元，有37.3万户低收入农户直接受益。

**【扶贫资金管理】** 2014年，江苏省全面推行扶贫资金直接扶持到户，将财政奖补资金项目审批权限下放到县，坚持“项目跟着规划走、资金跟着项目走、监管跟着资金走”的原则，全面实行扶贫项目、资金公告公示制度。为进一步加强扶贫资金使用和管理，省财政厅、省扶贫办制定印发一系列扶贫资金使用和管理的政策文件。并举办扶贫业务培训班，对22个县

（市、区）扶贫系统业务骨干进行扶贫项目资金管理系统等业务培训。10月，国家审计署南京办事处对2014年江苏贯彻落实国务院关于稳增长、促改革调结构惠民生政策措施情况进行审计，围绕实行精准扶贫要求，重点对省扶贫办和泗阳县、泗洪县、睢宁市、句容县4县（市）2013—2014年度财政扶贫专项资金使用管理情况进行专项审计，没有发现违规现象。

**【基础设施建设】** 2014年，江苏省制定下发加大6个重点片区整体帮扶力度的意见，确定实施片区关键工程、安排经济薄弱村发展资金和提高低收入人口脱贫奖补标准三项新政策，省财政专项安排资金8.9亿元。经共同努力，6个重点片区帮扶规划计划实施的1269个帮扶项目（基础设施项目234个、产业发展项目554个、民生事业项目479个），已开工实施1181个，开工率达93.1%，累计投入资金353.8亿元。

**【整村推进】** 2014年，江苏省整合交通、水利、农业、国土、社会投入等各类项目资金，加大对经济薄弱村的整村帮扶推进力度，帮助村发展资源开发项目或物业项目，形成集体稳定收入来源。为加强经济薄弱村党组织和“双强”型村干部队伍建设，省委组织部、省扶贫办联合开展全省经济薄弱村党组织书记扶贫开发政策专题培训工作，其中，省级示范班对159名经济薄弱村村书记进行系统专题培训，示范带动各地开展相应培训，提高村书记履职能力，推进强村富民。全省1533个经济薄弱村党组织书记全部参与了培训。省委组织引导苏南100个新农村建设示范村、先进村与苏北经济薄弱村结对帮扶，实现“五方挂钩”（省级机关、高等院校或科研院所、大型国有企业、苏南经济相对发达的县市区与苏北经济相对薄弱的县区挂钩帮扶）单位与经济薄弱村挂钩帮扶全覆盖。推动苏北22个县（市、区）党政主要领导挂钩帮扶最薄弱的44个经济薄弱村，平均每村基础设施投入302万元、产业项目投入109万元。

**【定点扶贫】** 2014年，江苏省组织省级机关部门、部省属企业、苏南市县、高校院所与苏北19个经济薄弱县（市、区）实行“五方挂钩”定点帮扶，省参与定点挂钩帮扶的247家单位，全年共投入各类帮扶资金30.3亿元，其中，单位自筹资金2.6亿元，协调资金27.7亿元；实施各类帮扶项目961个，其中到村项目793个；开展现场办公4232人次，其中，厅局以上负责同志741人次。

**【革命老区建设】** 2014年，江苏省印发《关于在黄桥茅山革命老区组织实施富民强村行动计划的意见》（苏政办发〔2014〕91号），决定在辖有黄桥、茅山老区的14个县（市、区）的63个乡（镇）、1144个行政村的区域范围内，着力扶持低收入农户和经济薄弱村，增强村级经济实力，突出抓好困难老军烈属户和老党员户的帮扶工作。扶贫部门负责加强项目管理，做好项目公开公示、组织实施、跟踪管理、考核验收等工作；财政部门负责加强资金管理，实行专款专用。

**【扶贫宣传】** 2014 年，江苏省围绕突出宣传专项扶贫、行业扶贫、社会扶贫成效，重点打造好四个宣传平台：一是办好《江苏扶贫信息网》。全年共发布信息 3200 余篇，其中省级综合信息 515 条，省市工作队信息 853 条，市、县信息 516 条，浏览量累计达 28.5 万人次，并开辟“扶贫日”活动专栏。二是办好《江苏扶贫简报》。全年共刊发 85 期、《专报》15 期。三是办好《江苏扶贫开发》内刊。全年共发刊 6 期，刊文 113 篇、约 43 万字。四是办好“江苏扶贫”微信公共平台。全年共编发信息 154 期、信息 592 条。在 2014 年 4 月 25 日全国扶贫宣传工作会议上，江苏省荣获“扶贫宣传先进省”称号。全年中央和省级重要媒体涉及的江苏扶贫新闻报道 547 篇，其中，《人民日报》104 篇，新华社（网）189 篇，《农民日报》193 篇，国务院扶贫办网站 9 篇，中国国际扶贫中心网站 41 篇，央视新闻有 11 次报道。

**【扶贫日活动】** 2014 年国家首次设立“扶贫日”，江苏省确定首个“扶贫日”系列活动宣传主题为“邀你一起，扶贫济困”，主旨公益广告确定为“关爱贫困老人。今天，我们都是您的儿女！”并印发 20 万份“扶贫日”宣传海报。10 月 15 日，省政府专门召开新闻发布会，介绍全省扶贫开发工作成效和“扶贫日”活动安排，解读《关于组织民营企业开展村企挂钩扎实推进社会扶贫工作的指导意见》（苏扶〔2014〕7 号）。10 月 17 日，全国社会扶贫工作电视电话会议后，省政府召开全省社会扶贫工作电视电话会议，省委常委、副省长徐鸣就贯彻落实全国会议精神，扎实做好江苏省社会扶贫工作作出部署安排。省扶贫办会同省工商业联合会、经济和信息化委员会向全省民营企业发出邀请信，动员获省级表彰的 100 家民营企业、30 位优秀民营企业家所在企业以及 607 家农业龙头企业参与扶贫开发，开展村企挂钩帮扶活动。“扶贫日”系列活动期间，全省各级部门、省市委各驻县帮扶工作队开展了多种形式的送温暖活动，全省各界捐赠扶贫款金额近 2.84 亿元。

（江苏省扶贫办 朱 浩）

# 浙江省扶贫开发

**【概述】** 2014年是浙江省深入推进新一轮扶贫开发工作的关键之年，是贯彻落实党的十八届三中全会和省委十三届五次全会精神的重要之年。在国务院扶贫办和省委、省政府的正确领导下，浙江省认真贯彻落实《关于创新机制扎实推进农村扶贫开发工作的意见》及全国扶贫开发工作座谈会精神，组织实施“低收入农户收入倍增计划”“山海协作”“重点欠发达县特别扶持”等工程，欠发达地区社会经济发展和低收入农户增收态势良好。2014年，浙江省农村居民人均可支配收入1.94万元，同比增长10.7%，连续30年列全国各省区第一。城乡居民收入比从2007年的2.49∶1降低至2.09∶1，相对差距进一步缩小；全省138万户低收入农户人均纯收入达到7251元，增长17.4%。

**【扶贫资金投入】** 2014年，浙江省省级财政安排专项扶贫资金5.79亿元（不含各项职能扶贫资金）用于低收入农户奔小康工程，其中，异地搬迁项目补助资金4.2亿元，低收入农户发展资金1.2亿元（包括低收入农户产业发展扶持资金、低收入农户集中村资金互助组织补助资金、扶贫小额信贷贴息资金和来料加工以奖代补资金），少数民族发展资金2500万元，其他资金1367万元。此外，省财政继续安排专项资金16.8亿元，用于12个重点欠发达县扶贫开发、特色产业、公共服务等特别扶持项目建设。

**【扶贫资金管理】** 2014年，浙江省坚持推进扶贫专项资金阳光监管工作，严把项目审核和资金使用关，做到项目管理精细化、项目申报数字化、资金分配科学化、资金使用公开化。积极完善管理办法，推动扶贫专项资金使用规章更加完善、程序更加规范、机制更加健全。继续完善因素分配法，在资金分配时加大工作成效因素比重，增加扶贫工作考核、低收入农户发展资金项目实施任务完成情况和扶贫项目管理三个子因素，探索以奖代补的竞争性分配办法。同时，将成效资金单独列出，在立项方向的框架内，给予地方更多的资金投向自主权。委托会计事务所派出9个组，对2013年度中央、省、市、县安排的财政专项扶贫资金使用管理情况进行检查，委托中介机构对全省扶贫资金互助会项目和小额信贷项目进行成果评价。

**【两项保障制度】** 2014年，浙江省城乡在册低保对象（未含五保供养）60.51万人，其中城市低保人口 6.44 万人，标准每人每月 587 元（年 7044 元），增长 11.6%；农村低保人口 54.07 万人，标准每人每月 487 元（年 5844 元），增长 20%。杭州、宁波、嘉兴市本级实现城乡同标，德清县、玉环县、云和县等 28 个县（市、区）也已实现城乡同标。全年农村低保金支出 17.8 亿元。城乡居民养老保险基础养老金最低标准 100 元，全省城乡居民社会养老保险参保 1342.13 万人，其中 60 周岁及以上领取养老金待遇 580.14 万人，2014 年度新增首次参保人数 49.51 万人。参加养老保障制度的被征地农民 465.65 万人，其中 257.03 万人参加被征地农民基本生活保障，208.62 万人参加职工基本养老保险；全省被征地农民基本生活保障待遇平均水平为 526 元/月。全年投入资金 4.57 亿元，新增各类养老机构床位数 3.7 万张，建成社区居家养老服务照料中心 8147 个，累计建成 1.31 万个；建成居家养老服务站 249 个，累计建成 1.64 万个。城乡居民基本医疗保障参保人数 3251 万人，参保率 95%，筹资标准 661 元，其中财政补助 462 元，住院报销比例 65%。全省支出医疗救助资金 9.8 亿元，比 2013 年增加 1.1 亿元，180 万人次使用此资金。

**【建档立卡】** 2014 年，浙江省共认定省级扶贫标准（2010 年 4600 元）以下的低收入农户 134.02 万户、318.80 万人，其中国家扶贫标准（2010 年 2300 元）以下的低收入农户 20.6 万户、41.2 万人。

**【特别扶持计划】** 2014 年，浙江省按照“增加农民收入、提升民生水平、改善生态环境、增强内生功能”的总体要求，继续实施新一轮特别扶持计划（2014—2016 年）。省财政三年安排专项资金 50.4 亿元，带动总投资 126.4 亿元，扶持“扶贫开发、产业发展和公共服务”三大类 19 个子项 458 个项目，其中必选项目 430 个，备选项目 18 个。2014 年，12 县计划项目 432 个，计划完成总投资 40 亿元，省特别扶持资金补助 17.81 亿元，到 11 月底，12 县已完成项目投资 29.8 亿元、占计划投资的 74%。

**【产业扶贫】** 2014 年，浙江省扶持农业产业、来料加工、农家乐休闲旅游业等，积极推动就地就业和转移就业促增收。确定欠发达地区省级现代农业综合区创建点 49 个，新增农民专业合作社 1682 家；积极开展省级生态循环农业示范县、示范区建设，占第一批示范区的 48%；欠发达地区从事来料加工人数达到 105 万人，实现来料加工费收入 95 亿元，人均加工年收入超过 8000 元，欠发达地区异地搬迁小区和扶贫重点村来料加工覆盖率达到 90% 以上；培训农村劳动力 52 万人（其中培训农村实用人才 14 万人），培训后实现转移就业 14.4 万人。全省农家乐旅游村 856 个，增长 9.1%；旅游点 2336 个，减少 3.6%；餐位数 103 万个，减少 1.4%；床位数 18 万张，增长 8.8%；经营农户 1.45 万户，增长 8.3%；从业人员 13.8 万人，增长 6.7%。全年实现接待游客1.75亿人次，增长25.1%；营业收入175.36亿元，增长27.6%，其中直接营业收入141.05亿元，增长26.00%，游客购物收入34.31亿元。

**【易地扶贫搬迁】** 2014年，浙江省把县城、中心镇和中心村作为人口产业的集聚平台，结合村庄整治、危旧房改造、土地综合整治等工作载体，推进高山远山群众下山搬迁、重点水库群众出库搬迁、地质灾害隐患区群众避让搬迁和偏远海岛群众离岛搬迁，推动人口加速向城镇集聚。2014年，欠发达地区和海岛县区异地搬迁6.12万人，完成投资33亿元。

**【行业扶贫】** 2014年，浙江省充分利用国家级社区教育实验区、示范区的示范引领作用，通过对口支援，帮助欠发达地区提高社区教育的办学水平。2014年，学前教育等级幼儿园比例89.99%，比2013年提高2.88个百分点；义务教育完成率94.49%，比2013年提高0.01个百分点；高中段毛入学率为98.7%，比2013年提高4.2个百分点；15年基础教育普及率为98.4%，中小学标准化学校比例72.4%。农村义务教育阶段，学校每年每生公用经费标准为小学650元、初中850元。农村小学低收入家庭子女爱心营养餐标准1000元/生·年，受益学生占义务教育阶段学生总数的7%。义务教育中小学随迁子女在校生143.9万人，增长2.9%；全省中小学生校车乘坐保障率96%。全省有高等职业学校48所（含筹建），中等职业学校375所（含技工学校71所）。教育系统职业学校和成人文化技术学校培训各类农村劳动力年均超过1024万人次；参加成人“双证制”教育培训10万人，结业9.2万人。享受本省涉农专业免费就读政策的大中专学生3.5万人。

全省所有县（市）都已建成至少一所二级甲等以上医院，公办乡镇卫生院（社区卫生服务中心）标准化建设达标率98%，“20分钟医疗卫生服务圈”基本形成。每千人医生数3.00人，增长4.84%；每千人护士数2.99人，增长8.61%；每千人医疗机构床位数5.06张，增长6.02%。新建农村文化礼堂1742家，累计建成3447家。村级文化活动室覆盖率99.5%。送戏下乡1.8万场、送图书214万册、送讲座展览5837场，开展“文化走亲活动”1102场。

**【山海协作】** 2014年，浙江省继续实施“山海协作工程·百村经济发展促进计划”和“省外浙商回归工程·参与新农村建设计划”，建立对口联系机制，引导发达地区、省外浙商与衢州、丽水等地区开展对接活动，促进发达地区与衢州、丽水等地区在民生、环保、旅游等领域开展合作，帮助衢州、丽水等地区低收入农户发展特色种养业、来料加工、农家乐休闲旅游业等农业产业项目。全省新签山海协作新农村帮扶和群众增收项目431个，到位资金1.37亿元。发达市援助山海协作劳务实训资金1000万元，组织衢州、丽水等地区劳务培训就业7.3万人次。组织欠发达地区企业拓展市场实现销售 36.5 亿元。

**【东西扶贫协作】** 2014 年，浙江省扎实推进东西扶贫协作工作，对口支援四川藏区的 2 个州 14 个县，安排帮扶资金 1.5 亿元；杭州市、宁波市分别对口支援贵州省黔东南苗族侗族自治州、黔西南布依族苗族自治州，每年分别安排 3000 万—5000 万元无偿援助资金；对口支援四川省青川县，每年安排 1000 万元资金用于灾后重建和后续帮扶，连续帮扶 10 年。

**【金融扶贫】** 浙江省深入推进扶贫小额信贷，积极开展村级资金互助组织试点，稳妥发放国家扶贫贴息贷款，有效推动低收入农户增收，促进农民组织化、农业产业化和管理民主化。2014 年发放扶贫小额信贷 10 亿元。完成组建扶贫资金互助会 727 家、股本金 2.22 亿元，实现借款 3.5 亿元、2.9 万户次，其中低收入农户借款 1.45 亿元、1.07 万户次，坏账发生率为零。全省林权抵押贷款余额 74 亿元，绝大部分集中在欠发达地区。

**【结对帮扶】** 浙江省省级 29 个帮扶团组和市县两级帮扶团组按照“一村一计一单位”、“一户一策一干部”的要求，深入开展扶贫结对帮扶行动。起草针对 29 个县的科技专业帮扶团组和卫生专业帮扶团组组建方案。落实农村工作指导员制度与扶贫结对帮扶制度的衔接，第九批省派指导员全部派驻到扶贫重点村所在乡镇，并实行“一村为主、多村指导”的驻村方式。2014 年，省级结对帮扶单位全年到村帮扶 8000 人次，其中厅级领导干部 2657 人次，走访低收入农户 3.5 万户次；实施帮扶项目 1857 个，发展特色产业基地 20 余万亩，落实帮扶资金 1.53 亿元，引进各类资金 2.7 亿元，带动低收入农户 10.8 万户，促进低收入农户增收和欠发达地区发展。

**【社会扶贫】** 2014 年，浙江省切实加强行业扶贫，省级 35 个职能部门组织实施 118 个职能扶贫项目，为欠发达地区提供“普惠”服务和“特惠”支持。各级工商联组织的“村企结对”、各级侨联组织的“侨胞反哺家乡”、各级残联组织的“残疾人共享小康工程”等社会扶贫活动，动员 1462 家浙商结对 1314 个村，捐资 14.59 亿元。省侨联专门设立“365”治水专项基金，捐赠 2.7 亿元治水资金。全省上下深入开展“五水共治”专项行动，积极引导 600 多家浙商参与治水，共计捐款 10.35 亿元。

**【扶贫改革】** 2014 年，加快推进丽水市扶贫改革试验区工作，云和县在异地搬迁安置方式创新、农村集体产权制度改革、户籍管理制度改革、宅基地使用权流转、社区管理服务机制创新五个专项试点工作取得阶段性成果，城乡生产要素平等交换和公共资源均衡配置的体制机制进一步健全，农民进城落户制度通道更加畅通，以人为核心的城镇化建设加快推进，更多山区群众实现“进城梦”，过上无差别的市民生活。

【扶贫考核】 2014年，浙江省省委、省政府出台《关于进一步加强督查考核落实经济工作责任的实施办法》（浙委办发〔2014〕63号），明确对衢州、丽水两市实行差别化考核，将地区生产总值、规模以上工业增加值增速替换为水环境质量和空气环境质量两项指标，同时将低收入农户人均纯收入增幅纳入对部门和地方的经济责任制考核指标。省政府出台《省对欠发达地区财政补助资金分配与绩效考核结果挂钩办法》（浙政办发〔2014〕120号），结合欠发达地区发展特点，分环境保护类、民生保障类、综合类三大类、24项指标，采用量化评分办法，将考核得分与资金分配挂钩。

【扶贫培训】 2014年，浙江省承办了国务院扶贫办在浙江省组织的2期全国培训班（国务院扶贫办第九期中青年培训班、全国扶贫培训体系建设研讨班）。省扶贫办和浙江大学联合承办“城乡贫困联系”国际政策研讨会，承担会议的会务和参会代表的实地考察安排工作。

【扶贫宣传】 2014年，浙江省对“浙江扶贫信息网”进行改版升级，改版后的网站版面更加清晰，重点更加突出，上线以来共新增各类动态信息500余条，起到“政策传递、经验推广、成果展示、信息共享”的媒介作用。顺应信息传播新常态，率先开设全国首个省级扶贫开发微信公众号“浙江扶贫开发”，利用微信受众面广、传播迅速的特点，积极为浙江扶贫开发工作发声。9月2日，由中国国际扶贫中心和亚洲开发银行联合主办“城乡贫困联系”国际政策研讨会在浙江省杭州市成功举办，新华网、中新网、光明网、网易、凤凰资讯、《浙江日报》、浙江在线、浙江卫视等媒体分别报道论坛情况；10月，《农民日报》连续刊载浙江省扶贫搬迁、结对帮扶、农业产业化、来料加工、金融扶贫五个专题内容。2014年，《人民日报》、新华社、《中国扶贫》等中央主要媒体和行业媒体共刊载浙江省扶贫信息40余篇次。

【扶贫日活动】 2014年10月17日是国务院确定的首个“扶贫日”。10月15日，浙江省“扶贫日”专项活动暨全省低收入农户青少年助学助医活动在衢州市龙游县举行。来自衢州市100名家庭贫困学生领到人均600元的助学金；来自省级医疗机构的包括心血管内科、儿科、消化内科、风湿免疫科等十多个领域的20余位专家，在湖镇慈恩医院设立专家门诊为广大老百姓提供免费义诊。10月17日，浙江省政府召开全省社会扶贫工作电视电话会议，表彰社会扶贫先进集体和个人，对进一步推动社会各界参与扶贫工作作了部署。省扶贫开发领导小组发出《大家都来关爱贫困群众》的倡议，团省委等单位组织开展全省低收入农户青少年助学助医活动，全省累计募得社会扶贫资金4.15亿元，专门用于欠发达地区农村生活污水治理和扶贫开发。《浙江日报》刊发《扶贫开发的浙江路径》和评论员文章《扶贫开发与时俱进》等综述文章；省委宣传部组织媒体到欠发达地区基层采访，对浙江省实施特别扶持计划等七个专题进行专题报道。

（浙江省扶贫办）

# 安徽省扶贫开发

**【概述】** 2014年，安徽省深入贯彻落实中央关于扶贫开发战略部署和中共中央总书记习近平主要讲话精神，紧紧围绕“科学扶贫、精准扶贫”要求，以创新扶贫开发机制、实施精准扶贫为重点，深入推进扶贫开发各项工作。全年共减少贫困人口83万人，国家级扶贫开发重点县农民人均纯收入达到8062元，比2013年增加942元，同比增长13.2%，增幅高于全省平均水平1.2个百分点；全省农村贫困地区产业结构进一步优化，水、电、路等基础设施逐步完善，社会事业明显进步，基本公共服务均等化水平不断提高。

**【扶贫资金投入】** 2014年，安徽省财政扶贫资金投入达17.32亿元，同比增长15%，其中中央财政专项扶贫资金11.64亿元（不含以工代赈资金、少数民族发展资金、贫困林场及农垦资金），中央彩票公益金8000万元，省级投入财政扶贫资金1.8亿元，市、县安排扶贫资金3.08亿元。安徽省投入到大别山片区和皖北地区财政扶贫资金分别达5.72亿元、6.93亿元。

**【扶贫资金管理】** 2014年，安徽省严格按照扶贫资金的使用范围和投向，切实抓好扶贫项目审查备案，进一步完善扶贫资金和项目公告公示制度，强化社会监督。明确年度目标任务，强化目标管理，认真做好财政专项扶贫资金绩效考评工作。组织对48个有扶贫开发任务的县（区）进行专门审计，针对发现的问题，及时进行了整改。同时，根据雨露计划实施方式改革试点的要求，召开专门培训会议，进一步规范资金使用和监管。

**【整村推进】** 2014年，安徽省在1057个贫困村实施整村推进，安排项目2512个，投入资金16.3亿元，其中，财政资金6.9亿元，整合资金6.5亿元，群众自筹2.9亿元；同时，投入8000万元在霍邱县、宿松县、寿县、泗县、望江县、潜山县、萧县、灵璧县8个县实施彩票公益金整村推进项目。

**【易地扶贫搬迁】** 2014年，安徽省坚持实行“党委统一领导、政府全面负责、部门业务归口、基层具体落实”的责任制，建立分级负责、层层分解、上下联动、共同推进的扶贫搬迁工作机制。采取以村民组为单元的村内搬迁，适量采取以行政村为单元的部分搬迁，加大资金投入，建好安置点，妥善地集中安置搬迁对象。安徽省在17个县（其中国家扶贫开发工作重点县9个）开展扶贫搬迁，共投入资金7856万元（其中财政扶贫资金2800万元），搬迁并安置群众1956户、6848人。搬迁群众的生产条件得以改善，人居环境改观，生活质量提高。

**【产业扶贫】** 2014年，安徽省投入2000万元财政专项扶贫资金，通过扶持贫困地区农民专业合作社带动贫困户发展产业增加收入；大力实施扶贫项目贴息贷款，扶持龙头企业和农业产业化企业实施扶贫项目，安排财政贴息资金8000万元。同时，与中国农业银行安徽分行联合开展“惠农兴业”农户扶贫贷款项目，引导贫困地区利用自身资源优势发展主导产业和优势产业，支持贫困户创业增收。

**【雨露计划】** 2014年，安徽省开展雨露计划实施方式改革，在14个县推行试点；共投入财政扶贫资金7500万元，用于培训转移贫困地区“两后生”6万人、贫困农民实用技术15万人、资助贫困大学生4万人，占首批到县财政扶贫资金的10%，增强贫困劳动力就业创业能力。

**【扶贫试点】** 2014年，安徽省率先在合肥市、金寨县开展光伏扶贫试点，实施2308户，每户每年可增收3000元。推进彩票公益金项目，加快石台县、砀山县、舒城县、裕安区的项目的实施进度。

**【以工代赈】** 2014年，安徽省以工代赈工作，编制下达四批投资计划，总投资6.14亿元，其中国家以工代赈资金3.24亿元，地方配套2.9亿元。第一批下达以工代赈示范工程34个，计划总投资1.01亿元；第二批下达易地扶贫搬迁试点工程19个，总投资5400万元；第三批片区综合开发试点项目20个，总投资2.82亿元；第四批财政预算内以工代赈项目436个，总投资1.77亿元。这些资金继续投向大别山片区、革命老区、库区和沿淮行蓄洪区等贫困地区，重点支持国家扶贫开发工作重点县乡村道路、小型农田水利等基础设施建设、实施易地扶贫搬迁工程和片区综合开发试点等项目。

**【定点扶贫】** 2014年，安徽省继续实施省级领导联系31个扶贫开发工作重点县工作，建立“单位包村、干部包户”定点帮扶制度。参与定点帮扶安徽的中央、国家机关和有关单位（以下简称“中直单位”）共有15个，下派挂职干部17人。省、市、县（含市、区，下同）三级共4913家参与单位包村，组建3000个驻村扶贫工作队，工作队员达1.07万人。中直单位和省、市、县帮扶单位直接投入帮扶资金共1.7亿元（含物资折款），帮助贫困地区引进2628个项目，引进各类资金（含无偿和有偿）30.05亿元，主要用于贫困地区基础设施建设、产业发展、教育投入、文化活动场所、医疗卫生、基层组织建设、培训、赈灾救济送温暖等。资助贫困学生9688人，举办培训班2966期，培训17.45万人次，组织劳务输出12.8万人次。

**【扶贫日活动】** 2014年，安徽省组织开展了全省“扶贫日”宣传动员会专题宣传和以省级单位捐款和贫困村项目认领为主要内容的“扶贫日”系列活动，将3000个贫困村需要支持的项目在《安徽日报》、安徽扶贫网上公布，并印发《关于切实做好贫困村项目认领和捐款工作的通知》，动员全省党政机关、事业单位、企业、社会组织和爱心人士等自愿参与认领扶贫项目。10月17日，举行公募现场捐赠仪式，省委、省人大、省政府、省政协、省军区领导出席仪式。全省共认领扶贫项目1444个、项目认领资金3.1亿元，其中，省直部门认领项目50个、资金3282.24万元；省属企业认领项目22个，资金709.24万元；市、县组织认领项目1359个、资金2.69亿元。“扶贫日”期间收到捐款1053.76万元，其中，省直机关单位干部职工捐款328.36万元。

（安徽省扶贫办综合处　郭奇峰）

# 福建省扶贫开发

**【概述】** 2014年，福建省认真学习贯彻中共中央总书记习近平关于扶贫开发系列重要讲话精神，大力实施科学扶贫、精准扶贫，取得明显的成效，如期完成5万户、20万人的减贫任务。培训贫困户劳动力4万人，重点进行实用技术和创业致富能力培训，户均增收500元。建立23个重点县服务协调制度，帮助解决发展困难，督促扶贫政策措施落到实处；全面实施第四轮整村推进扶贫开发工作，有力促进贫困村加快发展。23个重点县生产总值增长10.5%，高于全省平均水平0.6个百分点，地方公共财政收入增长13.8%，高于全省平均水平2.3个百分点，农村居民人均可支配收入增长11.3%，高于全省平均水平0.4个百分点。

**【扶贫资金投入】** 2014年，福建省中央专项扶贫资金1.4亿元。省、市、县三级财政安排专项扶贫资金12.93亿元，比2013年增加1.61亿元，增长12.5%，其中，省级财政安排专项扶贫资金7.41亿元，同比增长0.95%，比2014年年初预算增加1.28亿元，增长17.2%。省级扶贫资金中，造福工程危房改造5.8亿元，扶贫小额信贷资金0.5亿元，整村推进专项经费4680万元，雨露计划培训800万元。

**【扶贫资金管理】** 2014年，福建省财政专项资金主要采取切块下达、县级审批、省市备案的管理办法。根据各县（市、区）的建档立卡贫困户数量，结合各地上一年度扶贫开发工作绩效考评结果，将专项扶贫资金切块下达到各县（市、区），由各县（市、区）自主安排能支持贫困对象或能带动贫困户增收的经营实体发展种、养、加项目及乡村旅游项目。将2013年造福工程危房改造项目作为上下联动项目，实施重点绩效评价。从组织保障、资金管理、项目产出、创新管理、项目效益五个方面，逐级开展年度绩效考评。

**【扶贫会议】** 2014年11月，福建省在宁化县召开全省精准扶贫工作现场推进会。宁化县介绍了精准扶贫工作经验，武平县介绍了建档立卡精准识别经验，屏南县介绍了信贷扶贫到户经验，浦城县介绍了造福工程搬迁经验，云霄县介绍了结对帮扶贫困村、贫困户经验，长汀县介绍了共建山海产业园区经验，建宁县文鑫莲业公司介绍了带动贫困户增收脱贫经验。会议还参观宁化县精准扶贫管理服务中心、客家小吃培训基地、鑫鑫獭兔、淮土乡禾坑村、石壁镇杨边村、石壁现代农业观光园6个现场点。

**【建档立卡】** 2014年，福建省按照以县为单位、规模控制、分级负责、精准识别、动态管理的原则，对全省2013年农民人均纯收入低于3310元（相当于2010年3000元不变价）的93.8万扶贫开发对象和2200个贫困村以及23个省级扶贫开发工作重点县进行建档立卡。

**【易地扶贫搬迁】** 2014年，福建省继续把造福工程危房改造列为省委、省政府为民办实事项目，落实省级以上补助资金8.27亿元，对分布在全省63个县（市、区）、675个乡（镇）、5137个行政村的居住在偏远自然村农户、地灾户、受灾户、生态保护区农户、五保户以及泉州石结构房住户进行搬迁改造，全年搬迁改造5.02万户、21.5万人，超额完成20万人的年度搬迁改造任务。同时扶持建设100个百户以上的省级造福工程集中安置区，整体搬迁安置192个自然村。搬迁群众收入增长15%以上。

**【定点扶贫】** 2014年，福建省落实省领导挂钩扶贫开发工作重点县制度，省委书记尤权、省长苏树林多次深入挂钩县调研指导。建立重点县服务协调制度，召集省级扶贫开发重点县、挂钩帮扶的省直单位及对口帮扶的沿海发达县，面对面沟通交流、协调对接，进行会诊式服务，重点解决扶贫开发中的难点问题和实际困难，共解决100多个重难点问题，同时开展省级扶贫开发工作重点县政策落实专项督查工作，有效促进问题解决、政策落实。加大山海协作力度，强化资金、人才、项目等方面对口帮扶，重点推动23个重点县和对口帮扶县共建产业园区，已建成17个产业共建园区。

**【整村推进】** 2014年，福建省按照部门挂钩、资金捆绑、干部驻村、企业结对"四位一体"的要求，实施第四轮干部驻村扶贫开发整村推进，全省共确定2200个扶贫开发重点村，其中省级重点村236个，从省、市、县选派2349名优秀年轻干部到贫困村担任党组织"第一书记"，基本实现贫困村帮扶全覆盖。各级各有关部门和社会各界投入重点村的帮扶资金达13.97亿元，用于9063个项目建设。不断探索完善企业结对帮扶做法，在省级重点村中安排53家央属、省属企业结对帮扶其中的74个特困村，每家企业每年帮扶资金不少于20万元。

**【扶贫小额信贷】** 2014年，福建省开展扶贫小额信贷工作，落实扶贫小额信贷贴息资金5000万元，对贫困农户生产性贷款进行贴息。同时，加大扶贫小额信贷创新力度，在原有11个小额信贷创新试点县的基础上，新增8个试点县，通过建立小额信贷担保基金，为贫困户发展生产提供无抵押贷款担保，解决贫困农户贷款难问题。共为2万户农户提供小额贷款贴息2000万元，户均增收2000元；19个小额信贷创新试点县，为800多个贫困村的1.5万农户提供无抵押物担保贷款 5 亿元，户均增收 4000 元。

**【社会扶贫】** 2014 年，福建省健全组织动员机制，发挥工会、共青团、妇联等各人民团体桥梁纽带作用，引导各类社会组织、慈善机构和港澳台侨同胞、公民个人等，通过多种形式参与扶贫开发。大力倡导企业社会责任，鼓励更多企业到贫困地区投资兴业，吸纳贫困人口就业，捐建基础设施和公益项目。加大舆论宣传，营造“谁扶贫、谁光荣”的良好社会氛围，凝聚全社会共同扶贫的热情和力量。广泛开展福建省首个“扶贫日”活动。

**【扶贫制度建设】** 2014 年，福建省出台《关于改进地方党政领导班子和领导干部政绩考核工作的通知》《造福工程危房改造补助资金管理办法》和《扶贫小额信贷资金管理暂行办法》三个扶贫开发方面的政策文件。

**【彩票公益金试点】** 2014 年，福建省确定诏安县、云霄县、平和县、武平县、连城县、顺昌县和光泽县 7 个原中央苏区县中的省级扶贫开发重点县，作为中央专项彩票公益金支持革命老区小型公益设施建设的项目县。省财政厅在中央扶持资金 6000 万元的基础上追加 300 万元，每个项目县均安排扶持资金 900 万元。

**【扶贫宣传】** 2014 年，福建省扶贫开发领导小组办公室被国务院扶贫办评为“扶贫宣传先进单位”。坚持把加强扶贫宣传作为推进扶贫工作的重要抓手，广泛宣传党的扶贫政策，展示省扶贫成果，总结推广好的成就、典型和经验，为福建省扶贫开发推进营造良好的舆论氛围。2014 年，在中央主要传统媒体和中央网络媒体上共有 278 篇次扶贫宣传报道，较好地宣传了中央和福建省扶贫开发的总体部署和政策措施，形成全社会关心、支持、参与扶贫的新合力。

**【闽宁对口扶贫】** 2014 年，福建省按照中央的总体部署和两省区领导的要求，抓住国家支持六盘山集中连片特困地区发展的重大机遇，全面落实第十七次联席会议确定的各项工作任务。省级财政援助宁夏回族自治区资金 3300 万元，援宁挂职干部争取各类帮扶资金 3400 万元，主要用于支持生态移民、优势特色产业、菌草、教育卫生文化等项目，改善中南部山区群众的生产生活条件，促进当地经济和社会发展。12 月，闽宁互学互助对口扶贫协作第十八次联席会议在福建省福州市召开。会议形成《福建省宁夏回族自治区互学互助对口扶贫协作第十八次联席会议纪要》，共签定 30 项协议，协议投资 300 多亿元。东西协作“闽宁模式”得到中央的充分肯定，并宣传了闽宁扶贫协作的经验做法。

（福建省扶贫办　董建武）

# 江西省扶贫开发

**【概述】** 2014年，江西省围绕《关于创新机制扎实推进农村扶贫开发工作的意见》、赣府字19号文件《关于创新机制扎实推进农村扶贫开发工作的意见》部署，按照省委、省政府“发展升级、小康提速、绿色崛起、实干兴赣”要求，发挥政府、市场、社会扶贫资源，继续强化专项扶贫、行业扶贫、社会扶贫“三位一体”大扶贫格局，采取精准识别扶贫对象、精准扶贫措施，深入推进四大专项扶贫改革，完成3400个贫困村村庄整治建设、4.86万贫困劳动力转移培训、10万贫困群众移民搬迁、27个贫困县试点产业扶贫到户。进一步动员社会力量参与扶贫开发，江西省各级定点扶贫单位自身投入，以及经驻村工作队协调争取的各类帮扶资金近13.2亿元，帮助贫困村兴修乡村公路6520千米，兴修水利农田受益面积76万亩，修建桥梁1171座，修建饮水工程3714处，引进和培育致富产业3211个，开展实用技术培训6045期，结对帮扶贫困户20.1万户。贫困地区基础建设进一步夯实，社会公共服务进一步提升，扶持对象自我发展能力进一步加强，稳定增收态势进一步巩固。2014年江西省重点扶贫区域，赣南等原中央苏区县、罗霄山片区县、扶贫开发工作重点县的农民人均纯收入增长幅度分别达到16.9%、16%和15.8%，均高于全省平均增长水平4—5个百分点。建档立卡贫困人口由346万人降至276万人，减少70万人，下降19.4%。贫困发生率为7.7%，比2013年下降1.5个百分点。

**【扶贫资金投入】** 2014年，江西省财政投入专项扶贫资金总额23.02亿元，较2013年增加3.62亿元，增长18.66%，其中，中央财政投入11亿元，较2013年增加1.13亿元，增长11.5%；省级财政投入9.13亿元，较2013年增加2.26亿元，增长32.9%。中央财政发展资金主要用于：重点村整村推进（包括产业扶贫），投入6.1亿元，占55.45%；移民搬迁扶贫，投入2.94亿元，占26.73%；雨露计划试点，投入0.51亿元，占4.64%；中央福利彩票公益金试点，投入0.9亿元，占8.18%。

**【扶贫资金管理】** 2014年，江西省加大财政专项扶贫资金管理机制改革，建立与中央财政专项扶贫资金投入相适应的增长机制，加快资金拨付进度。调整项目论证审批时间，要求各地对整村推进、搬迁移民扶贫、雨露计划、产业扶贫等重点项目的收集、论证、申报、审批时间由当年的上半年调整到上年的下半年进行。将资金拨付率、专户资金结余结转率作为资金绩效考评的重要指标，以督促各地加快项目实施进度及资金报账进度。建立资金竞争性分配机制，在兼顾公平的基础上，强化以结果为导向，将扶贫工作考核、资金绩效考评以及专项审计结果作为资金和重大项目安排的重要因素。对 11 个设区市、38 个原中央苏区和集中连片特困片区县开展 2013 年度财政专项扶贫资金绩效评价工作，对评价结果较好的设区市、县安排专项奖励资金 6348 万元。下放项目审批权限，贫困村村庄整治、搬迁移民扶贫、转移培训和产业扶贫项目均实行由县审批、设区市和省备案的监督机制。指导江西省各地对 2013 年开展的扶贫资金全面自查审计所反映的问题认真疏理，分析原因，限期整改；结合 2014 年民生资金检查，对省扶贫资金再次进行全面检查。

**【连片特困地区扶贫攻坚】** 2014 年，江西省加大整体推进片区规划实施，对罗霄山片区规划中跨县级行政区域以上的交通、能源、水利等重大项目，认真进行分类梳理和申报。落实罗霄山片区区域发展与扶贫攻坚规划、赣南承接产业转移示范区规划；主动对接和协调 52 个中央部门和单位结对支援赣南等原中央苏区 31 个县（市、区）工作。资金向片区县和原中央苏区倾斜，落实原中央苏区中央预算内投资 48 亿元。2014 年，完成项目投资 2290.5 亿元，其中财政资金 1507.3 亿元，其他资金 783.2 亿元。铁路、公路、机场、能源等基础设施显著改善。加大力度支持贫困地区产业发展，提高基本公共服务水平。

**【建档立卡】** 2014 年，江西省按照“县为单位、规模控制、分级负责、精准识别、动态管理”的原则，安排部署贫困户识别工作，完成 25 个贫困县、3400 个贫困村、119 万贫困户、346 万贫困人口的精准识别和建档立卡，江西省贫困农户全面达到“户有卡、村有册、乡有簿、县有电子档案”的要求，为实施扶贫对象精准扶贫、动态管理奠定扎实基础。

**【整村推进】** 2014 年，江西省在 3400 个贫困村中，安排 1730 个省级新农村建设点和 860 个市县自建新农村建设点，安排贫困村村庄整治建设财政扶贫资金 6.1 亿元，整合新农村建设财政资金 6.48 亿元。突出村庄环境整治，坚持政府引导、村民主体，资金资源整合，全面改善基础设施，绿化整体提升组织原则开展工作，使列入整治的贫困村居住环境焕然一新，村民生活质量大幅提升。联合江西省水利厅印发《关于开展水利扶贫推进贫困村农村安全饮水全覆盖和优先安排贫困村农村小型水利项目工作的通知》。

**【易地扶贫搬迁】** 2014 年，江西省下达搬迁移民扶贫计划 8 万人，其中，以工代赈搬迁 9170 人，深山区搬迁 6.77 万人，生态移民 3163 人。下达深山区和生态移民建房补助资金 2.72 亿元，其中，省级 2.37

亿元。集中安置点172个，其中，进城进园18个，计划安置4.1万人。2014年共下达集中安置点基础设施建设补助资金1.42亿元。进城进园搬迁安置点建设的各项涉农政策和资金整合进一步加强，以县为平台统筹整合农村危旧房改造、保障性住房建设等补助政策，并将交通、农业、林业、水利、农网改造、新农村示范点建设和农村敬老院、社区居家服务中心建设等涉农惠农资金，在确保资金性质、用途、管理要求不变的前提下，用于移民安置点的建设。还联合省交通运输厅下发《关于开展交通扶贫推进贫困地区自然村（25户以上）和搬迁移民扶贫集中安置点通水泥路建设的通知》。

**【产业扶贫】** 2014年，江西省落实安排原中央苏区和特困片区产业扶贫资金5.8亿元，安排非原中央苏区和特困片区县贫困村产业扶贫资金0.72亿元，重点扶持建档立卡贫困户。江西省扶贫和移民办会同省财政厅、中国银行南昌中心支行、省农村信用社联社等4家单位联合印发《产业贷款试点工作指导意见》，探索实施“四位一体”产业扶贫到户新模式，即扶持贫困村选择一个主导产业、组建一个农民合作社、设立一个风险补偿金、建立一个部门帮扶机制，解决贫困户发展产业目标不准、资金短缺、经营分散等难题。

**【雨露计划】** 2014年，江西省共投入0.51亿元，雨露计划培训5万人，其中，职业教育培训2.56万人，转移就业技能培训2.3万人。建档立卡贫困户培训人数占总人数比例为60.6%。江西省推进雨露计划培训方式改革“四个转变”，即：培训期限由中短期培训为主向中长期培训为主转变；培训内容由宽泛式培训向集中扶持贫困群众职业学历教育和转移就业技能培训转变；培训方式由扶贫部门组织培训向贫困群众自主选择培训转变；培训补助由发放到培训机构向直接发放到贫困群众转变。重点扶助贫困家庭“两后生”子女接受中高职业教育，增强其稳定转移就业创业的基本素质，重点培训有转移愿望贫困劳动力的就业技能，提高其转移就业、持续实现增收的自我发展能力。

**【村级互助金试点】** 2014年，江西省共在22个贫困县开展贫困村村级互助金试点，贫困村互助资金试点村396个，试点资金达7222.61万元，其中，财政扶贫资金6265万元，试点农户缴纳资金782.25万元，其他资金175.36万元。试点工作坚持贫困户优先原则，保证贫困户优先获得资金和技术支持，试点村辐射农户16.85万户，其中，贫困户2.19万户。入社农户2.45万户，其中，贫困户1.36万户，占入社农户的56%；累计发放借款2.33亿元，其中，贫困户发放借款1.29亿元，占发放借款总额的55%。试点助推农村专业合作组织发育，一批烟叶协会、蘑菇协会、蚕桑协会等经济合作组织应运而生。

**【彩票公益金试点】** 2014年，江西省共有23个县在实施彩票公益金项目。其中，整村推进项目县 2 个，安排资金 2000 万元；小型公益设施建设项目县 7 个，安排资金 7000 万元，主要用于交通设施、水利设施和环境改善项目。2014 年，规划实施的 96 个项目已开工建设。全面完成项目 76 个，正在实施项目 20 个。其中基础设施分项目完成 38 个，正在实施 7 个；环境和公共服务设施建设分项目完成 17 个，正在实施的 13 个；产业发展项目 21 个，全面完成。

**【定点扶贫】** 2014 年，江西省推进 10 个中直单位、82 个省直部门及企业单位、各级定点扶贫单位和各级扶贫和移民部门共同将定点扶贫落到实处。驻村帮扶，实现全省贫困村定点扶贫和结对帮扶全覆盖，各级党委、政府共组织 5384 个部门单位（省级 291 个、市级 1263 个、县级 3830 个），选派 1.64 万名干部组成 5156 个工作组，派驻 3400 个贫困村开展定点扶贫和结对帮扶工作，占全省村数的 19.7%，实现全省 97 个县（市、区）贫困村定点扶贫全覆盖。

**【企业和社会各界扶贫】** 2014 年，江西省先后争取实施爱心包裹、筑巢行动、溪桥工程、结对助学等项目，项目资金 400 余万元，覆盖 6 个项目县。社会参与扶贫热情进一步高涨，10 月 17 日首个“扶贫日”活动，江西省募集社会扶贫资金 2.23 亿元。江西推荐的 7 个社会扶贫先进集体（江西省赣州市地方税务局、中共九江市纪律检查委员会、江西中烟工业有限责任公司、江西煌上煌集团食品股份有限公司、南昌女子职业学校、江西省上饶市社会扶贫公益服务中心、中国人民解放军江西省井冈山市人民武装部）和 7 位社会扶贫先进个人（中共江西省永丰县三坊乡党委书记雷芳、江西省新余市水北商会会长熊水华、江西省会昌县老区建设促进会名誉会长李永海、抚州上海商会执行会长梅先明、江西丰园实业有限责任公司董事长赖开洪、江西红海房地产开发集团有限公司董事长阮火海、贵溪同顺金属有限公司董事长朱晓华）在北京受到表彰。

**【扶贫宣传】** 2014 年，江西省加大对扶贫重点工作的宣传力度，推进雨露计划培训方式改革“四个转变”的经验，探索“五个基本”（一是确立“以县为基本单位和平台，以县城为龙头，实行县、乡镇、村三级联动”的基本框架，统筹推进县域经济和社会协调发展。二是围绕“整体搬得出、长期稳得住、逐步能致富”的基本要求，坚持移民整体搬迁、梯度安置、差别化扶持、综合推进。三是施行“移民原有权益不伤害，现有权益可增加，未来权益可预期”的基本政策，切实保障搬迁移民合法权益。四是注重“规划引领、量力而行、因地制宜、稳步推进”的基本方法。五是坚持“政府主导、农民主体、市场运作、社会帮扶”的基本原则，实现搬迁移民扶贫的有序推进）搬迁扶贫新路径被中央肯定，创新“四位一体”产业扶贫新模式被央视《新闻联播》采用。宣传平台主要有信息专报、省办网站、《老区建设》《工作简报》和《工作情况交流》等载体。积极与国家级和省级主流媒体沟通和联系，中央电视台《新闻联播》、《人民日报》、中央人民广播电台、《光明日报》、新华社以及《中国日报》等主要媒体栏目都有反映江西扶贫成果的宣传报道。2014 年在省级以上主要媒体宣传报道 5800 余篇（次），其中，国家级主要媒体宣传报道 210 篇，仅首个“扶贫日”国家级媒体报道江西省成果有 20 篇。

（江西省扶贫和移民办公室　龚亮保）

# 山东省扶贫开发

**【概述】** 2014年，山东省委办公厅、省政府办公厅印发《关于贯彻落实中办发创新机制扎实推进农村扶贫开发工作的实施意见》，确定山东扶贫标准提高到3000元，省贫困村总数为7000个，由省市县三级共同负责扶持，非贫困村贫困户由市县乡共同负责扶持。提出加强组织领导，重点抓好12项工作落实，创新专项扶贫机制和模式，创新金融扶贫和社会扶贫参与机制，构建多元帮扶格局。深入推进干部驻村帮扶工作，在第一书记工作基础上，在所有省定贫困村组建驻村工作队，实现驻村帮扶规范化、制度化。突出抓好行业扶贫，建立利用社会资源推动扶贫开发工作的新机制，在全社会形成关注扶贫、参与扶贫的浓厚氛围。省委、省政府把扶贫开发纳入科学发展综合考核指标体系，省委组织部加大对省选派第一书记和派出单位考核力度，省扶贫办会同省财政厅进行扶贫资金使用绩效评估，专项扶贫、行业扶贫和社会扶贫氛围浓厚，贫困地区农业生产条件显著改善，贫困人口生活条件明显提高。

**【扶贫资金投入】** 2014年，山东省投入财政扶贫资金10.12亿元，比2013年增加2.75亿元，增幅37.28%。其中，中央安排山东1.92亿元、省财政安排6.04亿元、市以下财政安排2.16亿元，分别比2013年增加0.45亿元、1.87亿元、0.43亿元，增幅分别为30.42%、44.86%、24.82%。资金投向，安排建档立卡0.25亿元、整村推进项目建设6.38亿元、产业扶贫500万元、雨露计划500万元、互助金试点奖励500万元、金融扶贫试点400万元、彩票公益金项目0.66亿元、科技扶贫培训710万元、省财政转移支付扶持197个贫困乡镇1.97亿元、少数民族发展和民族特色村寨保护试点0.32亿元、困难国有林场职工建设生产项目0.2亿元、困难国有农场职工建设生产项目400万元、康复扶贫贷款贴息234万元。

**【建档立卡】** 2014年，山东省印发《山东省农村扶贫开发精准识别工作方案》。5月，省政府分别召开全省农村贫困人口精准识别电视会议和全省农村贫困人口精准识别现场会。各县乡村按照组织培训、农户申请、入户调查、民主评议、公示公告和建档立卡“六步”工作法，自下而上地进行精准识别。在全省7.45万个村中精准识别出7005个贫困村，贫困村发生率

9.4%；省定扶贫标准3322元以下的农村贫困人口有519.5万、贫困农户有233万户，农村贫困人口发生率7.22%；国定扶贫标准2736元以下的农村贫困人口有267.91万，农村贫困人口发生率3.71%。按照国务院扶贫办印发的《扶贫开发建档立卡指标体系》，10月，山东省17个市完成贫困村、贫困农户和农村贫困人口信息录入。

**【整村推进】** 2014年，山东省整村推进各级党委组织部、政府扶贫和财政部门加大对选派第一书记帮包贫困村支持力度，增加扶贫资金投入。帮助贫困村、贫困农户制定增收计划，组织特色农业、蔬菜、畜禽和林果生产。省直部门选派第一书记帮包村有90%以上实现通路、通电、通自来水、通广播电视、通信息，有旱涝保收田、有致富项目、行政村“两委”有办公房、有卫生室服务、有卫生保洁制度、有学前教育、有文化活动室、有健身场所、有良好生态环境、有就业保障措施等“五通十有”任务。

**【产业扶贫】** 2014年，山东省按照扶持扶贫龙头企业项目贷款由财政部门贴息3%、扶持贫困农户项目贷款由财政部门贴息5%的优惠政策，安排潍坊、济宁、泰安、日照、临沂、德州、聊城、滨州和菏泽9个市，自行选定农行或其他银行获取贷款指标共1.64亿元。其中，聊城市阳谷县在当地农业银行争取贫困农户项目贷款指标100万元。由于实行财政扶贫贴息政策，帮助贫困地区21家企业解决发展生产资金短缺困难，带动当地建设新增规范化农副产品生产基地面积12万亩、畜禽养殖小区40个，增加畜禽养殖量300万头（只），新吸收农村贫困劳动力就业2500人，带动1.5万个贫困农户户均增加收入6000元。

**【雨露计划】** 2014年，山东省雨露计划示范培训基地选择和农村贫困劳动力转移培训权限继续下放到市，淄博、潍坊、泰安、日照、莱芜、临沂、德州、聊城、滨州和菏泽严格按照要求，共选择21所雨露计划示范培训基地。按照每培训转移一人平均补助500元的标准，共培训转移农村贫困户劳动力8920人。省扶贫办与聊城技师学院联合开办雨露计划试验班，从临沂等7个市中选择50名家庭特别困难的农村初中或高中毕业生参加培训，进行两年的学历教育培训，每年补助食宿费5000元，从实施雨露计划摸底调查结果看，培训转移对象外出工作工资月平均都在2500元以上。

**【村级互助金试点】** 2014年，山东省扶贫办、省农业厅和省财政厅联合在山东农业大学举办全省第五届贫困村互助资金合作组织培训班，对800多名互助资金试点合作组织理事长、会计进行业务工作培训。省扶贫办会同省财政厅印发《关于2013年度贫困村村民发展互助资金绩效考评情况的通报》，对试办互助资金试点合作组织积极性高、互助资金管理使用规范的24个县区进行奖励，奖励资金全部用于增加互助资金本金。2014年，省贫困村互助资金合作组织发展到964个，入社农户17万户，互助资金规模达2.73亿元，累计向农户发放借款20.73万次、10.56亿元，其中贫困农户借款6.07万次。使用互助资金合作组织借款农户年增加收入均在2000元以上。

**【金融扶贫试点】** 2014年，山东省扶贫办会同省金融办、财政厅选择淄博市沂源县和淄川区、临沂市临沭县开展金融扶贫试点。省财政厅从专项扶贫资金中拿出部分资金做担保，省金融办协调中国开发银行、中国进出口银行和中国农业银行等，对3个试点县区21家农业产业化企业、新型经营主体和贫困村互助资金组织发放贷款3749万元，规定使用1年期贷款利率7.3%、再上浮30%，使用1—2年期贷款利率7.4%、再上浮40%。

**【扶贫改革试验区】** 2014年，国务院扶贫办将山东省淄博市列入国家扶贫改革试验区。淄博市落实“十万农户脱贫奔康工程”和太河水库水源地保护区生态项目建设计划，编制《淄博国家扶贫改革试验区建设实施方案》，提出创新农业生产经营机制，培育壮大新型农业经营主体；积极推进农村土地经营权承包流转，实现土地集约化、规模化经营，村企共建、村社联建为平台的社会扶贫新模式；做好政策性保险全覆盖政策，努力扩大农作物保险覆盖面，对生态产业项目进行扶持；加大教育培训力度，实施“领头雁”计划。每年对200名新型经营主体负责人进行集中培训，培育发展示范典型。

**【革命老区建设】** 2014年，中央财政继续支持山东省沂蒙老区，安排彩票公益金6000万元，临沂等有关县（市）匹配资金615万元，严格按照彩票公益金建设农业生产路和小型水利项目要求，在临沂市蒙阴县、费县、沂南县、莒南县和淄博市沂源县及泰安市的新泰市，共修生产路209.34千米，建蓄水池1个、塘坝3个、引水渠1千米，47个贫困村、8.2万人受益。

**【科技扶贫培训】** 2014年，山东省委、省政府确定使用农民培训资金，依托县农业广播学校师资力量，对省重点扶持枣庄市、济宁市、泰安市、临沂市、德州市、聊城市、滨州市和菏泽市8个市的34个县区、109个乡镇584个村的村“两委”班子成员、专业生产大户及致富带头人等，在田间地头进行有关10项生产技能、就业技能和创业技能培训。省扶贫办会同省委组织部和省农业广播电视学校制定印发《2014年科技扶贫方案》，共组织8000多人参加培训。

**【扶贫日活动】** 2014年10月17日，山东省政府组织召开首个“扶贫日”电视电话会议，省扶贫开发领导小组成员单位、部分国有和民营企业负责人及社会扶贫先进单位、先进个人，共计150多人参加。向全省8000万个手机用户发送“扶贫日”公益宣传短信。会后，省直部门组织访问困难群众活动，省扶贫办和省财政厅向社会发布扶贫公募账号。

**【国际减贫交流】** 2014年8—9月，山东省接待两批南非农村发展与土地改革部组织的农村企业发展研修班，共45人学习考察，介绍山东农业产业化建设管理做法，交流现代农业经营做法。

**【扶贫机构和队伍建设】** 2014年6月，省委、省政府印发《关于调整山东省扶贫开发领导小组组成人员的调整》（鲁委〔2014〕164号），省长郭树清任省扶贫开发领导小组组长，分别由省委副书记王军民、省委组织部长高晓兵、副省长赵润田任副组长，成员单位由原来的37个增加到46个。在全国28个省（区、市）有扶贫开发机构的单位中，山东省成为继湖北省、陕西省、贵州省、辽宁省和内蒙古自治区后由省（区、市）政府一把手任扶贫开发领导小组组长的省份之一。根据扶贫开发工作需要，在省农业厅设置扶贫规划处、扶贫项目管理处和行业社会扶贫处。

（山东省扶贫开发办公室　徐炳天）

# 河南省扶贫开发

**【概述】** 2014年，河南省认真贯彻落实中共中央总书记习近平扶贫开发战略思想，把实施太行山、伏牛山、大别山和黄河滩“三山一滩”贫困群众脱贫工程列入三农工作“四大工程”之一和党的群众路线教育实践活动重大专题，把年度扶贫开发目标任务列入“十项民生工程”。各级党委政府、各有关部门积极创新扶贫开发工作机制，大力推进“三山一滩”群众脱贫工程，扶贫开发取得新的成效。共对1137个贫困村实施整村推进扶贫开发，对20.5万贫困家庭劳动力实施雨露计划培训，对6.17万深石山区贫困群众实施扶贫搬迁；通过综合扶贫措施，完成122.2万农村贫困人口稳定脱贫目标任务，全省31个国家扶贫开发工作重点县农民人均纯收入增幅高于省平均水平1.8个百分点。

**【扶贫资金投入】** 2014年，中央投入河南省财政扶贫资金19.71亿元，比2013年增长17.2%；投入专项彩票公益金0.9亿元，比2013年增长44%；省级投入财政扶贫资金7.33亿元，比2013年增长20.09%；投入专项彩票公益金0.3亿元，比2013增长50%；市县两级投入财政扶贫资金8.63亿元，比2013年增长63.45%。中央财政专项扶贫资金主要用于：精准扶贫，投入资金11.76亿元，占比68.96%；基础设施建设，投入资金4.96亿元，占比29.07%；项目管理费0.34亿元，占比1.97%。

**【扶贫资金管理】** 2014年，河南省扎实推进各项扶贫资金管理机制改革措施。下放项目审批权限，将财政专项扶贫发展资金项目的核准权限全部下放到县，采取因素分配、切块下达、县级审批、省市备案的管理办法，推动“省负总责、县抓落实”管理体制的更好落实。提高资金使用精准度，财政专项扶贫资金按照贫困人口规模、贫困发生率、农民人均纯收入等因素测算到市县，切块下达资金总量，由县级根据建档立卡的贫困村、扶贫对象具体情况，逐村逐户制定帮扶措施，2014年，中央和省级财政资金直接扶持到户比例达到70%以上。建立竞争激励机制，开展评选整村推进示范村的活动，评选出100个科学规划引领好、支柱产业发展好、工程建设标准高、示范引领作用强的示范村并给予资金奖励。

**【基础设施建设】** 2014年，河南省财政扶贫资金投入村内道路、农村饮水、农田水利、农村沼气等基础设施项目6.89亿元，修建村内道路2673千米，建桥（涵）326座；建饮水井、蓄水池、水窖共168个，解决吃水难人数11.2万人；打机井2512口，建其他建筑物765个，新增基本农田2.85万亩，2014年度基础设施建设项目于2014年年底前全部完成。贫困村道路、饮水、水利、电力、文化、卫生、教育、广播电视、社会保障等基础设施和社会事业都有不同程度的发展。

**【整村推进】** 2014年，河南省共对1137个贫困村实施整村推进扶贫开发，共投入各类资金26.81亿元，其中：中央、省财政扶贫资金8.09亿元，市、县财政扶贫资金0.93亿元，统筹整合行业部门资金12.84亿元，群众自筹资金4.96亿元。河南省整村推进扶贫开发围绕“重发展、强基础、兴产业、扶能力、促就业、助增收”六个方面，坚持“科学规划、统筹资源、群众主体、竞争激励、持续提升”五项原则，以县为平台，以财政扶贫资金为引导，统筹整合部门资源和社会力量，全面实施水、电、路、气、房、环境改善到农家和农户增收致富“六到一增”工程，积极发展教育、文化、卫生等社会事业，实施整村推进扶贫开发的贫困村生产生活条件明显改善。

**【易地扶贫搬迁】** 2014年，河南省投入扶贫搬迁项目资金19.28亿元，其中中央和省级财政扶贫资金3.7亿元，市、县财政投入资金0.85亿元，整合部门资金4.09亿元，群众自筹资金10.64亿元。建设扶贫搬迁安置新村（安置区）123个，为贫困群众建设安置房146.3万平方米，架设电路243.9千米，修建道路278千米，铺设管道568.5千米，搬迁安置深石山区贫困群众1.37万户，共计6.17万人。扶贫搬迁工作坚持“政府引导、群众自愿、因地制宜、有序推进”原则，围绕搬迁群众实现“搬得出、稳得住、兴产业、可致富”目标，将扶贫搬迁紧密与新型城镇化建设、新农村建设、生态环境建设、贫困地区产业发展、贫困群众转移就业相结合，实现贫困地区的可持续发展。

**【产业扶贫】** 2014年，河南省各地安排扶贫项目贷款贴息资金1.08亿元，实施扶贫龙头企业带动工程，重点支持296家产业化龙头企业和农民专业合作组织发展产业项目，龙头企业投入1亿多资金和物资帮扶贫困地区实施特色产业开发，撬动金融机构投入贫困地区项目贷款35.89亿元。扶持296个产业扶贫项目，覆盖带动2620个建档立卡的贫困村、56万贫困人口参与产业开发，发展高效种植、养殖及农产品小型加工业，拉动5.9万建档立卡的贫困人口在家门口实现了就业。

**【科技扶贫】** 2014年，河南省科技扶贫项目投入资金7805万元，174个科技扶贫项目完成备案工作，带动贫困村300个，扶持贫困户3.3万户，推广新品种、新技术310项，农业技术培训18万人次，印发技术资料59万册，组织专家360名深入到贫困地区现场作辅导，22 万贫困群众受益。

**【雨露计划】** 2014 年，河南省雨露计划共投入财政扶贫资金 1.82 亿元，培训劳动力 20.5 万人次。其中，贫困家庭新生劳动力职业教育助学工程投入资金 3898.4 万元，资助贫困学生 1.95 万人次；雨露计划实施方式改革试点投入资金 3708.4 万元，资助贫困学生 1.85 万人次；贫困家庭劳动力短期技能培训工程投入资金 3928.3 万元，培训人员 2.57 万人；贫困村产业发展实用技术培训工程投入资金 6365.9 万元，培训人员 10.84 万人；创业致富带头人培训工程投入资金 290 万元，培训人员 2900 人；企业就近就地转移就业培训工程 3 万人。

**【彩票公益金试点】** 2014 年，河南省中央专项彩票公益金支持革命老区整村推进项目全面完成，项目在河南省嵩县、商城县、淮阳县的 31 个行政村实施开展，为期 2 年，项目总投资 1.84 亿元，其中：中央彩票公益金 4500 万元，整合部门资金 9331 万元，县级财政资金 721 万元，农户投劳折资和自筹 3822.8 万元。共新建村组公路 144.28 千米、桥梁 10 座、机井 132 口、水窖 29 口、卫生室 14 个、文化广场 7 处、垃圾收集点 73 个、污水处理点 9 处等；发展大棚蔬菜、中药材、花卉、茶园、果园等 1.35 万亩，养殖生猪 1166 头、羊 3620 只、小家禽 18 万只，开展实用技术和实用技能培训 5725 人次。

**【村级互助金试点】** 2014 年，河南省贫困村互助资金试点工作按照“重点支持、固点扩面、稳步推进”的总体要求，不断扩大规模，逐步完善试点工作的管理制度。河南互助资金试点村 966 个，资金总规模 2.12 亿元，其中，省财政扶贫资金 1.75 亿元，农户交纳互助金 2172.24 万元，累计入社农户 6.34 万户，其中，贫困户 4.13 万户，占入社农户的 65.09%。累计发放借款 3.47 亿元，其中，贫困户 2.52 亿元，累计还款 1.69 亿元，到期还款率为 100%，借款农户户均增收 900 元。

**【扶贫小额信贷】** 2014 年，河南省在扶贫小额信贷方面，投入中央、省财政专项扶贫资金 1456 万元，对贫困户发展特色产业进行贴息，直接扶持 1.03 万贫困户。开展金融扶贫“小额信贷推广年”主题活动和金融支持扶贫开发“百千万”活动，支持 100 家扶贫龙头企业、1000 家劳动密集型小企业、1 万个农户增收项目。发放各类贷款 185 亿元，其中：向龙头企业发放贷款 90.59 亿元，劳动力密集型小企业发放贷款 86.09 亿元，农户发放贷款 9.16 亿元。

**【革命老区建设】** 2014 年，河南省共投入资金 1.3 亿元用于革命老区开发建设。其中，投入财政专项扶贫资金 1000 万元，在 73 个革命老区村开展小型项目建设，重点改善群众生产生活条件；投入专项彩票公益金 1.2 亿元，在贫困革命老区县、集中连片革命老区村，开展中央彩票公益金支持革命老区整村推进项目和小型公益设施建设项目。

**【以工代赈】** 2014年，河南省共安排以工代赈资金5.73亿元，其中，国家资金4.26亿元，省级配套资金0.6亿元，市县自筹资金8687万元。新建四级公路1091千米，新增或改善灌溉面积7.05万亩，保护耕地0.53万亩，建设独立桥梁项目4个，共计453延米，解决5800人饮水困难问题，片区开发19平方千米，种植经济林1200亩。安置农村贫困人口4843户，共计2万人。

**【定点扶贫】** 2014年，河南省省、市、县3级派遣蹲点干部2.74万人，直接投入贫困地区资金及物资折款8.02亿元，引进资金20.95亿元，帮扶项目4660个，举办各类培训班2.38万期，培训转移各类技能人才及农村致富带头人35.3万人，村企、村校企对接组织劳动力转移就业19.5万人。定点帮扶河南省的23个中央国家机关和企事业单位直接投入河南省贫困地区资金及物资折款5447.1万元，引进各类资金4774万元，帮扶项目22个，举办各类培训班63期，培训转移各类技能人才及农村致富带头人2551人，村企、村校企对接组织劳动力转移就业3000人。

**【军队和武警部队扶贫】** 2014年，河南省组织驻豫部队和武警部队参与“三山一滩”扶贫开发行动计划，重点实施“四帮一建”（帮扶贫困村、帮助生活困难群众、帮建贫困地区农村小学和资助贫困学生、帮致富带头人，参加南水北调生态护水工程建设）爱民工程。定点帮扶、挂牌援建“军民共建示范村”196个，立项解决修路、架桥、饮水等民生难题213个，对口援建22所贫困地区农村小学，每年捐赠100多万元结对资助1000多名贫困学生。其中，商丘军分区与全市35个村结成帮扶对子，规划扶持高产高效农业示范点3个；南阳军分区举办种植、养殖等专业技术培训班130多期，培训各类科技人才2300多人、技术骨干1700多名，使近2000个贫困家庭脱贫致富、迈入小康。信阳军分区建立援建联系点126个，与贫困户、贫困家庭学生结成帮扶对子1120个，援建希望小学、敬老院、村卫生室等38个，资助贫困大中专学生1210名，累计投入资金600多万元。

**【企业和社会各界扶贫】** 2014年，河南省开展“千企帮千村”与“村企共建扶贫工程”，累计参与民营企业1.29万家。结对村1.04万个，实施帮扶项目1.07万个，累计及计划投资总额314.7亿元，为社会公益事业捐款捐物31.6亿元，捐建学校1404个，修路1.06万千米，捐建医疗室1487个，助残、助学、助困16.09万人次。开展“金秋助学”“爱心包裹”“同心康福”“同心实践行动”等活动，直接投入和引进资金46亿元。

（河南省扶贫办　郑　方）

# 湖北省扶贫开发

**【概述】** 2014年，湖北省委、省政府贯彻落实党中央、国务院的战略部署，把扶贫开发作为重大政治问题、重大发展问题、重大民生问题，摆在经济社会发展的重要位置强力推进，以全面建成小康社会、全面深化改革、全面依法治国、全面从严治党“四个全面”战略布局为统领，牢牢把握市场、绿色、民生“三维”纲要，以连片特困地区为主战场，以建档立卡贫困人口为主要对象，坚持开发扶贫与社会保障两轮驱动、片区攻坚与精准扶贫同步推进、政府市场社会“三位一体”、资源开发与绿色发展统筹兼顾，以决战决胜的信心坚决打赢扶贫攻坚战，取得明显成效。2014年，湖北省解决了69.3万建档立卡贫困人口脱贫问题。

**【扶贫资金投入】** 2014年，湖北省财政扶贫资金投入17.65亿元。其中中央财政发展资金、少数民族发展资金、以工代赈资金14.97亿元，省级财政专项扶贫资金2.67亿元，较2013年增加2.39亿元，增长15.69%。市（州）、县（市、区）两级配套安排财政扶贫资金2.05亿元，同比增长38.6%。中央财政发展资金主要用于：产业扶贫投入资金11.44亿元，占76.4%；基础设施建设投入资金2.99亿元，占20%；扶贫培训投入资金0.54亿元，占3.6%。

**【扶贫资金管理】** 2014年，湖北省政府办公厅出台《财政专项扶贫资金管理办法》，对原来的因素法分配财政扶贫资金的因素和权重进行调整，新的因素包括县农村贫困人口、县农民人均纯收入、县农村贫困人口减少数、县农民人均收入增长幅度、县人均公共财政收入、县财政专项扶贫资金绩效考评成绩、县扶贫开发进村入户率，所占权重依次为3：1：1：1：1：2：1，充分体现精准扶贫的要求。省扶贫、财政部门联合组织开展对29个重点县的财政专项扶贫资金绩效考评工作。省委督查室、省政府督查室将扶贫资金审计问题整改纳入专项督查重要内容，对湖北省29个县、56个乡镇进行督查。省审计厅对29个重点县2012—2013年度财政专项扶贫进行审计，省扶贫办、省发展和改革委员会等6部门联合发文及时督促整改。

**【连片特困地区扶贫攻坚】** 2014年，湖北省采取省领导联系片区、省直单位牵头协调、相关部门密切配合的方式，稳步推进片区攻坚，破解规划项目落地难、工作协调难、资源整合难等问题，着力推进片区基础设施建设、支柱产业培育、生态保护、民生改善，打牢精准扶贫基础。省政府建立片区产业发展基金，划拨 50 亿元支持片区产业发展。分别出台 4 个片区扶贫攻坚指导意见，使每个片区县每年享受政策性扶持资金约 3 亿—5 亿元。4 个片区（大别山区、武陵山区、秦巴山区和幕阜山区）完成规划重大项目 1365 个，正在实施项目 2217 个。地区生产总值 2985.8 亿元，同比增长 11.8%；贫困人口同比下降 11.7%；农民收入稳定增加，农村居民人均纯收入 6551 元，同比增长 11.6%。

**【整村推进】** 2014 年，湖北省整村推进投资 13.24 亿元，村平均投入 441 万元，其中专项扶贫资金投入 4.06 亿元，行业扶贫资金投入 5.97 亿元，其他投入 3.21 亿元。发展种植业 21.3 万亩，发展养殖业 41.3 万羊单位；新建、维修公路 2288 千米，建设农田水利 874 处，完成农村环境整治 1474 处，完成扶贫搬迁 9556 户，占年度规划任务的 103%。通过实施整村推进，农民可支配人均收入从实施前的 3840 元增加到实施后的 4659 元，增加 819 元；300 个贫困村贫困发生率下降至 10%以下。

**【产业扶贫】** 2014 年，湖北省产业扶贫投入资金总量为 14.09 亿元，其中中央财政扶贫资金投入 6.04 亿元。共投入财政贴息资金规模达 1.02 亿元，重点扶持促进贫困户就业、带动贫困户增收的产业化扶贫龙头企业、专业合作社和产业基地，撬动金融资本 36 亿元参与扶贫开发。针对发展产业资金短缺的贫困户，发放扶贫小额信贷 1.28 亿元，安排贴息资金 790 万元，其中，中央财政扶贫资金 790 万元，平均贴息利率 6%。湖北省通过实施产业扶贫辐射带动建档立卡贫困户 73.94 万人。

**【易地扶贫搬迁】** 2014 年，湖北省投入扶贫搬迁资金 1.19 亿元实施扶贫搬迁，其中，中央财政专项扶贫资金 9853 万元，省级扶贫资金 2000 万元。以扶贫资金为牵引，整合部门资金 8874 万元、其他资金 2.75 亿元，完成搬迁 1.09 万户、4.17 万人，超过年度计划 1302 户、3471 人。坚持扶贫搬迁与整村推进、农业基地开发、新农村建设、小城镇建设和促进转移就业相结合，坚持扶贫搬迁对象实名制，实行“一卡通”方式，将扶贫搬迁补助资金直接兑现给搬迁贫困户。

**【雨露计划】** 2014 年，湖北省投入直补资金 5382 万元，通过雨露计划培训转移贫困劳动力 5.38 万人，其中短期培训 2514 人，中长期 5.13 万人。坚持“计划指导、资金到县、培训到户、直补到人、部门协作、全程监管”的原则，积极做好雨露计划的宣传发动、摸底调查、农户申请、部门审核、社会公示、对象确认、资金直补、档案整理和督办检查等工作。投入资金 1600 万元，开展农村实用技术培训 10 万人次；投入资金 120 万元，培训村干部和致富带头人 1136 人次。

**【革命老区建设】** 2014 年，湖北省安排专项资金 1.39 亿元在 309 个重点革命老区乡镇各选择一个贫困村。309 个村实施农田水利、交通、饮水等基础设施项目 559 个，投入资金 5175.7 万元；发展生产项目 649 个，投入资金 7640.8 万元；社会发展项目 55 个，投入资金 472.5 万元；培训与科技推广项目 81 个，投入资金 596 万元。安排 810 万元对 27 个革命老区中心乡镇进行重点支持。省财政新增 4000 万元老区和插花扶贫资金，采取竞争方式，确定 16 个重点老区乡镇和插花贫困乡镇实行连片开发，每个片区安排扶持资金 250 万元。

**【龙凤综合扶贫改革试点】** 2014 年，湖北省扎实推进“以龙凤为点、恩施为片，在退耕还林、扶贫搬迁、移民建镇、产业结构调整等方面先行先试”的综合扶贫改革试点。共启动建设项目 108 个，完工 37 个，完成投资 29 亿元，全镇实现总产值 13.2 亿元，同比增长 10.3%；城镇和农村居民人均可支配收入分别达到 1.93 万元、5905.9 元，同比分别增长 20%、18%。

**【脱贫奔小康试点】** 2014 年，湖北省脱贫奔小康试点工作坚持规划统领、产业支撑、项目牵引、合力帮扶、倾斜支持、专项督查，有效推进重大项目实施，试点县经济发展实现提质增效。7 个试点县实现地区生产总值 642.96 亿元，规模以上工业增加值 199.70 亿元，地方公共财政预算收入 42.95 亿元，农村常住居民人均可支配收入为 6730 元，城镇常住居民人均可支配收入为 1.81 万元。

**【村级互助金试点】** 2014 年，湖北省在 29 个重点县 356 个村开展试点工作，入社贫困户 3.02 万户，占入社农户总数的 61%。累计发放借款 3365.7 万元，其中贫困户借款户数 3082 户、借款 2057 万元，占借款总户数的 62.3% 和借款总额的 61%，还款率达 99%。贫困村互助资金试点直接带动贫困户户平均增收 1260 元。

**【彩票公益金试点】** 2014 年，中央投入 1 亿元在竹溪、咸丰等 10 个重点县，启动中央彩票公益金试点工作，10 个县试点规划已完成，具体项目有序实施。

**【以工代赈】** 2014 年，投入中央以工代赈资金 1.82 亿元、地方资金 2597 万元，在 28 个贫困县新建、改扩建公路 636 千米，建桥 9 座 175 延米，解决 0.42 万人不通公路和 3.2 万人交通难问题；建饮水池（窖）1490 口，铺设管道 28 千米，解决 5 万人用水难问题和 4.2 万头牲畜饮水困难问题；新修、清淤水渠 23 千米，新建抗旱池、水塘、水窖 246 口，架管道 11 千米，河堤整治 18 千米，建排洪沟 13 千米，新增和改善灌溉面积 2.6 万亩，年增产粮食 52 万千克；实施片区综合开发项目 30 个，治理小流域面积 213 平方千米，道路维修、新建 99.5 千米，新增和改善灌溉面积 1.9 万亩；整修河堤 42 千米，建拦水坝 26 座，新建水保林 2. 8 万亩、封禁 4.2 万亩。

**【特色产业扶贫】** 2014 年，湖北省重点发展培植农副产品加工企业，把龙头企业做大做强。各重点县市都有 1—2 个辐射带动力强，利税过千万的农产品加工企业。坚持分类指导，因地制宜，按照湖北省的总体布局，科学规划产业布局，确定在贫困地区重点发展7个优势产业带和特色产品基地。积极推进片区旅游产业扶贫，积极申报恩施州、罗田县和丹江口市为国家旅游扶贫试验区，2014年全国贫困村旅游扶贫试点工作座谈会在湖北恩施召开。

**【定点扶贫】** 2014年，17家中直驻鄂定点帮扶单位帮扶湖北省25个贫困县（市）。直接投入帮扶资金1.94亿元（含物资折款675万元），较2013年同比增长209%。其中基础设施建设资金1.37亿元、产业开发资金2335万元、文化教育及其他扶贫资金3351万元。2014年，省、市、县三级派出干部驻村帮扶工作队1.27万个，帮扶湖北省1647个乡（镇）、1.14万个村。派出驻村干部2.49万人（其中局级干部806人，处级干部3742人，科级及以下干部2.03万人）；直接投入帮扶资金23.06亿元（其中资金20.59亿元，物资折款2.47亿元），帮助引进各类资金35.27亿元，引进项目6926个，举办培训班1.04万期，共培训91.83万人次。

**【军队和武警部队扶贫】** 2014年，湖北省协调省军区组织开展驻汉团以上部队在红安、麻城开展扶贫参建活动，加大在基础设施建设、产业发展和技能培训等方面的支持力度，推动革命老区经济社会发展。驻汉部队及省军区系统共帮扶3个县、22个贫困乡（镇）、32个贫困村，直接投入资金630万元（其中，资金529万元，物资折款101万元），主要用于基础设施建设，资助贫困学生324人次。

**【企业和社会各界扶贫】** 2014年，湖北省共有2869家企业参与扶贫开发（其中，国有企业320家，民营企业2546家，外资企业3家）。企业扶贫辐射贫困村5711个，新增帮扶贫困村2371个。企业在贫困村直接投资3.50亿元，捐助资金8018万元，捐物折款2788万元。帮扶培训贫困劳动力6.91万人次，建各类特色产业基地86万亩，参与贫困村社会事业投入资金3093万元。以开展首个“扶贫日”活动为契机，组织社会各界参与扶贫开发，募集各类扶贫善款6524万元。

**【扶贫宣传】** 2014年，中央和湖北省省内媒体宣传报道湖北省扶贫工作达300篇次；依托新闻发布会及时公开扶贫信息，召开4次新闻发布会、新闻通气会，《湖北日报》3个专版发布全省扶贫开发、片区扶贫攻坚和脱贫奔小康试点工作报告；在10月17日的首个“扶贫日”，《湖北日报》刊发湖北省省委书记李鸿忠、省长王国生署名文章；创新方式造舆论，联合荆楚网联合搭建荆楚扶贫网、湖北微扶贫（微信公众号）平台，在4所高校和研究院分别建立4个片区减贫与发展研究院，深入开展理论研究和宣传。

（湖北省人民政府扶贫开发办公室　夏　智）

# 湖南省扶贫开发

**【概述】** 2014年，湖南省在省委、省政府的领导下，省直各部门的大力支持下，市（州）县（市、区）党委政府的有效推动下，湖南省扶贫开发工作呈现出加快发展、创新发展的良好势头。2014年，湖南省减少农村贫困人口108万人，贫困发生率由11.2%下降到9.4%；37个享受国家扶贫政策的片区县和3个国家扶贫工作重点县的农村居民人均可支配收入达6461元，增幅13.1%，高出省平均水平1.7个百分点。金融扶贫、产业扶贫、危房改造创造湖南特色，得到国务院扶贫办和国家有关部委的充分肯定。

**【扶贫资金投入】** 2014年，湖南省财政扶贫资金投入20亿元。其中，中央财政发展资金16.3亿元，省级财政专项扶贫资金3.7亿元，较2013年增加3.9亿元，增长24.2%。省直相关部门整合资金1100多亿元，金融部门发放贴息贷款13亿元，定点扶贫单位筹措引进资金20多亿元。中央财政发展资金主要用于：产业扶贫投入资金9.13亿元，基础设施建设投入资金5.93亿元，扶贫培训投入资金1.25亿元。

**【扶贫资金管理】** 2014年，湖南省改革财政扶贫资金管理机制，将70%的资金按照“贫困类型、贫困人口规模、贫困程度、农民人均纯收入和人均地方财政收入”五个因素分配到县，下放项目审批权限；将30%的资金引入竞争机制，把资金分配与工作考核、绩效评价结合起来，激发工作活力。联合省财政厅对扶贫工作重点县开展2013年度财政专项扶贫资金绩效考评，加强监管，提高资金使用效益。

**【基础设施建设】** 2014年，湖南省将项目资金向贫困地区倾斜，优先解决突出问题。开展片区重大项目和10项重点工作项目梳理，形成项目汇总清单，积极协调行业部门予以实施。交通、水利、住建、教育、卫生等部门加大对贫困地区倾斜支持力度，有效推进村级道路、饮水安全、危房改造、教育和卫生扶贫等10项重点工作项目建设。湖南省武陵山片区和罗霄山片区的43个县（含6个未享受国家扶贫政策县）共规划10项重点工作项目1822个，2014年完工和开工建设项目1672个，完成投资1100亿元，贫困群众就读难、就医难、行路难、饮水难、增收难等问题逐步得到缓解。

**【整村推进】** 2014年，湖南省投入财政专项扶贫资金近5亿元，对458个国定贫困村和266个高寒山区贫困村实施整村推进，加强基础设施建设，提高公共服务水平。同时，争取9000万元在9个县实施彩票公益金项目。

**【产业扶贫】** 2014年，湖南省确定资金跟着贫困对象走、贫困对象跟着能人走、能人和贫困对象跟着产业项目走、产业项目跟着市场走的“四跟四走”思路，重点启动以覆盖贫困对象1000人以上和人均增收1000元以上为目标的“双千”产业项目计划，共实施项目62个，总投资38.3亿元，引导信贷资金13.6亿元，建设基地37.8万亩，养殖牲畜37.4万头、家禽108万只，直接帮扶贫困人口38.4万人。

**【金融扶贫】** 2014年，湖南省在多层面推动金融服务改革，探索麻阳县、沅陵县等金融服务模式。引进中国扶贫基金会中和农信项目管理有限公司，在12个重点县成立农民自立服务社。与省信用联社合作，在23个重点县推出“免抵押、免担保”基准利率小额信贷服务，其核心内容是“一授、二免、三优惠、一防控”。“一授”就是专门针对建档立卡贫困农户量身定制了评级授信办法。“二免”就是贫困农户小额贷款免抵押、免担保，仅凭授信额度随时可贷款。“三优惠”就是贷款利率优惠，按银行同期基准利率；贷款期限优惠，不搞简单的半年或一年为限，而是根据产业生长周期为贷款期限；贷款贴息优惠，按照湘西土家族苗族自治州贫困人口2000元/人，其他地区贫困人口1200—1500元/人的上限标准，可以全额用于贴息。“一防控”就是设立小额信贷风险补偿基金，帮助金融机构防控风险，增强其参与的积极性。23个重点县为1.04万户贫困农户发放贷款2.87亿元。

**【贫困农户危房改造工程】** 2014年，湖南省把贫困农户危房改造同易地扶贫搬迁、生态移民相结合，同住建部门协商，制定贫困农户危房改造计划，提高贫困农户危房改造补助标准，在住建部门每户最高补助4万元基础上，扶贫部门每户再跟进补助1万元。5月，召开省贫困农户危房改造现场会议，启动“百村示范、千村联动、万户安居”工程，重点抓好51个重点县（含37个片区县、3个国家扶贫开发工作重点县、8个省扶贫开发工作重点县、3个比照省扶贫开发工作重点县）102个村的办点示范，带动1000个整村推进村和深度贫困村的贫困农户危房改造工作。近2万户贫困农户搬进新房，涌现平江县、凤凰县、邵阳市、江华瑶族自治县、冷水江市、鹤城区等一批动作快、工作实、收效好的县（市、区）。

**【雨露计划】** 2014年，湖南省安排财政专项扶贫资金1.06亿元，帮助2.54万名贫困家庭“两后生”完成职业学历教育实现就业；对贫困村的4239名创业带头人进行培训；组织实用技术培训6.7万人；资助5000名湘西土家族苗族自治州籍的贫困大学生完成学业；安排财政扶贫专项资金2488万元，设立特困家庭义务教育助学专项补贴基金，共资助 1.64 万名贫困学生，保证学生不因贫困而失学、辍学。

**【定点扶贫】** 2014 年，湖南省 14 个中直单位派出挂职干部 17 名，累计直接投入资金 1.09 亿元，引进资金 6835 万元，帮助实施项目 43 个，促进定点县经济社会发展；湖南省派出 3000 支驻村工作队、1.2 万名干部参与驻村帮扶工作，累计直接投入资金 8 亿元，帮助引进各类资金 12 亿元。长沙等 7 市加大对口支援湘西土家族苗族自治州 7 县工作力度，累计直接投入资金 5291 万元，引进资金 4675 万元。开展万企联村、村企共建等活动，引导非公企业围绕产业开发与贫困村开展合作对接；引进上海公益基金会、实事助学基金会等民间组织到湖南省开展扶贫、助学等公益活动；驻湘各部队开展“我助老区奔小康 2211 工程”活动，重点帮扶 25 个老区贫困村，帮助 1 万贫困户致富奔小康，对口资助 1 千名贫困学生读完大学；湖南省省委统战部、省教育厅和各民主党派在贫困地区开展了“一家一”助学就业同心温暖工程，取得了很好的扶贫效益和社会效益。

**【社会扶贫】** 2014 年，湖南省制定完善社会扶贫政策体系，通过政策效应，引导各种资源向贫困地区配置、各种市场主体到贫困地区投资兴业。深入开展扶贫日系列活动，制定《湖南省首个“扶贫日”活动方案》，召开湖南省社会扶贫工作暨先进集体先进个人表彰电视电话会议，开展“扶贫日”系列宣传，启动百企产业扶贫项目，动员社会各界积极参与“扶贫日”活动，并广泛开展募捐。2014 年共募集资金 12 亿元。

（湖南省扶贫开发办公室　邓望明）

# 广东省扶贫开发

【概述】 2014年，广东省继续围绕用发展的办法解决贫困问题的扶贫工作思路，扎实推进扶贫开发规划到户、责任到人“双到”工作。2月，广东省政府在河源市召开全省扶贫开发“双到”工作现场座谈会。8月，广东省委、省政府在韶关市召开全省扶贫开发“双到”工作现场会。2014年，广东省对21个扶贫开发重点县、2571个重点帮扶村、20.9万户和90.6万贫困人口实施帮扶，投入资金75.41亿元，平均每村投入293.31万元。被帮扶的18.8万有劳动能力的贫困户人均纯收入7023元，超出2013年确定的省贫困线标准（3480元），实现年度增收目标。2571个贫困村村集体经济收入平均6.5万元以上。总计减贫人口超过30万。实施民生类项目7710项，投入资金6.87亿元，为符合条件的贫困户购买新型农村合作医疗保险和新型农村社会养老保险；利用村集体项目分红、入股分红等，对缺少自我发展能力的低保户、五保户给予定期救济；实施智力扶贫，贫困家庭适龄子女普遍接受义务教育，免费入读中、高等职业院校，考上高中、高等院校的贫困学生普遍受到资助，因贫辍学、因学致贫等问题得到有效解决。2014年初，粤东西北各市组织开展2013年度扶贫开发“双到”工作考核，促进工作落实。

【基础设施建设】 2014年，广东省各地、各帮扶单位投入8.44亿元，完善贫困村农田灌溉水渠建设1.55万千米；投入11亿元帮助贫困村修筑硬底化道路4959.9千米；投入2.27亿元解决2729户农村饮水安全问题；投入5.24亿元新建村公共文化设施3510项，有效促进贫困村公共基础设施建设全面发展。

【易地扶贫搬迁】 2014年，广东省继续将不具备生产条件和不具备生活条件的“两不具备”移民搬迁，纳入全省10项民生实事内容；规范搬迁安置项目资金管理，制订项目资金管理办法；开展专项督查，完善管理制度。全省搬迁“两不具备”村民1.29万户。清远市的连南瑶族自治县、韶关市的乳源瑶族自治县和始兴县、河源市的东源县等地，落实搬迁户教育、医疗、户籍和就业等政策。

【产业扶贫】 2014年，广东省坚持把扶贫开发“双到”工作着力点放在“造血式”产业化扶贫上，在实现农村土地承包经营权流转的基础上，推动贫困村由小型分散的传统农业向集约化、专业化、组织化、市场化的现代化农业发展，促进贫困人口稳定增收脱贫。利用省贫困村互助资金试点专项资金，在全省重点扶持 100 个贫困村，发放给每个村 15 万元发展基金，帮助贫困村建立互助资金组织，为当地农民发展生产提供资金支持，缓解贫困村、贫困户发展生产资金短缺问题，实现可持续发展。全省各地、各帮扶单位开展贫困农户培训近 15 万人次。实施生产经营项目 7278 个，总投入 13 亿元，涵盖种养业、加工业、土地租赁和物业出租等项目，产生实际收益 17 亿元。各地初步形成一批集中连片大规模的“产业村”“专业镇”，成为贫困农民增收奔小康的重要支撑。

**【整村推进】** 2014 年，广东省结合新农村建设，多方筹集资金，抓好贫困村庄规划、公共基础设施配套升级和村容村貌整治。省纪委挂钩帮扶乳源瑶族自治县一六镇团结村，重点抓好壮大集体经济、发展特色农业、改善水利设施、解决饮水安全、整顿村容村貌、加强班子建设 6 个方面工作，把扶贫点建设成为“生产发展、生活宽裕、乡风文明、村容整洁、管理民主”的示范村。梅州市按“城是宜居区、乡是生态园”的工作思路，结合幸福村居行动计划和移民搬迁工作，打造出一批具有自身特色的“幸福安居示范村”。韶关乳源瑶族自治县打造乳桂线幸福安居示范片，涵盖 5 个镇 25 个行政村，总投资 4.4 亿元。各地连片建设的村庄面貌焕然一新。在贫困地区实施“大禹杯”山水田林路综合专项治理，2014 年共投入 4750 万元，安排 136 个项目，改善贫困村生产生活基础设施，提高防御和抵抗自然灾害的综合能力。

**【社会扶贫】** 2014 年 6 月，广东省委、省政府在广州举行 2014 年广东扶贫济困日活动仪式，活动主题为“扶贫济困、雪中送炭”。在仪式上公布《广东省扶贫开发领导小组关于 2013 年度广东扶贫济困红棉杯和广东扶贫济困优秀团队（项目）获得者的通报》；广东爱心企业和爱心人士等社会各界代表到现场举牌认捐，广东扶贫济困优秀团队（项目）举牌推介公益慈善项目。10 月 17 日，部署开展广东省“扶贫日”活动，以“10・17，邀你一起”为统一行动口号，宣传党和政府扶贫开发方针政策，开展公益活动，宣传扶贫开发“双到”工作中涌现出的典型人物、典型事迹。全国扶贫日、“6・30”广东扶贫济困日活动期间，社会各界捐款捐物折合人民币 25.8 亿元。

（广东省扶贫办　韦　浩）

# 广西壮族自治区扶贫开发

**【概述】** 2014年，广西壮族自治区各级扶贫开发部门以连片特困地区、国家和自治区扶贫开发工作重点县和贫困村为主战场，解决制约扶贫开发的体制机制问题，进一步强化大扶贫工作格局，扶贫开发机制创新、精准扶贫工作取得新进展、新成效。制定出台《关于创新和加强开发工作的若干意见》及其4个配套文件。扶贫项目审批权限基本下放到县，扶贫责任、权力、资金、任务“四到县”责任体制进一步完善。精准扶贫机制初步建立，全面完成精准识别。累计投入财政专项扶贫资金28.99亿元。国家扶贫开发工作重点县和3000个实施整村推进扶贫开发贫困村农民收入水平持续得到提高。扶贫产业发展良好，“十百千”产业扶贫示范工程项目县增加到50个，覆盖397个贫困村，惠及4.25万贫困户，约16.13万贫困人口。贫困地区村屯道路、农村电网改造、农村危旧房改造、人畜饮水工程等基础设施、公共设施建设得到进一步改善，行政村通硬化路比例超过80%。贫困家庭“两后生”职业学历教育实现提高标准，扩大覆盖面，对就读普通高等教育的贫困家庭子女给予多元资助，贫困群众综合素质显著提高。2014年，广西壮族自治区共有贫困人口538万人（比2013年减少96万人），片区县、重点县农民人均纯收入比全区平均增幅1个百分点。

**【扶贫资金投入】** 2014年，广西壮族自治区财政专项扶贫资金总量28.99亿元，其中，中央财政专项扶贫资金19.25亿元，包括：发展资金14.19亿元、以工代赈资金2.49亿元、少数民族发展资金2.35亿元、国有贫困林场扶贫资金1193万元、国有贫困农场扶贫资金1050万元，自治区本级财政专项扶贫资金6.85亿元，市、县级投入2.91亿元。广西壮族自治区财政专项扶贫资金按照逐步降低基础设施投入比重，加大用于支持产业发展、直接到户扶持和提高贫困农民自我发展能力的投入比重的使用原则，优先保证连片特困地区区域发展与扶贫攻坚规划、“十二五”整村推进等各项扶贫规划的实施。

**【扶贫资金管理】** 2014年，广西壮族自治区根据扶贫开发工作的新形势和新进展，先后出台《关于创新和加强扶贫开发工作的若干意见》（桂发〔2014〕12号）、《广西壮族自治区人民政府关于改革财政扶贫资金管理机制的实施意见》（桂政发

〔2014〕34号）以及修订印发《广西壮族自治区财政专项扶贫资金管理办法》（桂财农〔2014〕272号）等政策文件。广西壮族自治区财政专项扶贫资金（包括中央财政安排和自治区本级预算安排列入“扶贫”政府收支分配科目的资金）按照因素法测算分配下达到县（市、区，以下简称县），由各县根据本地实际，结合自治区年度扶贫开发工作任务和相关要求自主决策安排和使用。扶贫项目由县级审批，报自治区、市级的扶贫项目主管部门、财政部门备案。自治区、市主要履行扶贫规划制定、资金项目监管、工作指导和扶贫绩效考评等职责。充分发挥审计的监管督促作用。选取2—3个国家扶贫开发工作重点县进行扶贫资金专项审计，对审计发现的问题，采取有力措施，并在审计结束后及时全面整改。

**【“十百千”产业示范工程】** 在广西壮族自治区范围内建设10片以上特色优质高效、连片在1000亩以上的种植示范基地或特色高效的养殖示范基地，每片示范基地辐射覆盖贫困农户1000户以上；扶持培植100家以2013年销售额在1亿元以上、具有较强带动能力的扶贫龙头企业，到“十二五”期末，辐射带动的贫困村农户数增加一倍以上，力争农户增收一倍以上；通过示范基地和扶贫龙头企业带动1000个以上贫困村成为产业化扶贫示范村，到“十二五”期末，力争示范村贫困农户人均纯收入比2010年增加一倍以上。

**【金融扶贫】** 2014年，广西壮族自治区扶贫办与自治区财政厅、金融办、人民银行南宁中心支行、广西壮族自治区银监局密切配合，联合制定印发《广西金融扶贫“百千万工程”实施方案》，合力推动金融扶贫方式创新。扶贫小额信贷奖补试点县由10个扩大到20个。广西壮族自治区向扶贫龙头企业发放扶贫项目贷款19.6亿元、贫困户小额信贷7.84亿元。贫困村互助金项目村增加到510个，新增互助金2000万元，互助金总规模达9814万元。扶持农户发展种植业、养殖业以及旅游接待和农产品购销加工等服务业，受益农户人均增收500元以上。

**【基础设施建设】** 2014年，广西壮族自治区投入财政专项扶贫资金7.4亿元，修建贫困村屯级道路1899条1702.7千米。其中，完成自治区为民办实事屯级道路建设1835条1612千米，比计划任务增加835条612千米。继续推进中央彩票公益金支持贫困革命老区扶贫项目，新建、硬化村屯道路407.36千米，修建生产路、联户路47.87千米，人饮蓄水池152个，村屯垃圾收集点107处，沼气池21个。

**【连片特困地区扶贫攻坚】** 2014年，广西壮族自治区各有关部门，加大行业投入。自治区财政厅安排资金超过175亿元用于滇桂黔石漠化片区扶贫攻坚，自治区发展和改革委员会、林业厅加大片区石漠化综合治理力度，实施“绿满八桂”造林绿化、退耕还林等生态工程，广西壮族自治区石漠化面积5年减少19%，是全国石漠化面积减少最多的省（区）之一，片区森林覆盖率提高到67.8%。自治区交通运输厅投入资金35.7亿元，修建片区公路3777千米，其中通建制村沥青（水泥）路2764千米。自治区水利厅投入45.2亿元，加快解决片区农村人口和农村学校师生饮水安全问题。自治区住建厅安排补助资金15.3亿元，完成片区农村危房改造7.98万户，并将片区农村危房改造户均补助标准提高到1.92万元，解决30多万贫困群众的住房安全问题。自治区教育厅投入49.19亿元，新建、改建片区农村中小学校教育基础设施，农村义务教育学生营养改善计划惠及108.7万中小学生。自治区国土资源厅投入6.8亿元，实施贫困地区土地整治工程，并将29个片区县纳入全区地质灾害重点防治范围。自治区农业厅、林业厅、科技厅、水产畜牧兽医局等大力支持片区产业扶贫，推动片区县、贫困村特色优势产业发展。

**【整村推进】** 2014年，广西壮族自治区制定出台《广西壮族自治区扶贫开发领导小组关于印发〈广西壮族自治区“十二五”时期扶贫开发整村推进验收办法〉的通知》（桂扶领发〔2014〕1号）。全力推进贫困村整村推进规划实施，自治区投入43.8亿元用于3000个贫困村的整村推进扶贫开发，贫困村基础设施明显改善、特色产业和社会事业进一步发展。

**【易地扶贫搬迁】** 广西壮族自治区以连片特困地区县、国家扶贫开发工作重点县大石山区、高寒山区和生态脆弱地区的农村贫困人口为重点，对居住在石山区、深山区的贫困对象、受地质灾害危害的对象、迁出以利于保护生态的对象、10户以下居住分散、扶贫成本高的贫困对象进行扶贫生态移民搬迁，每年搬迁10万人左右。2014年，广西壮族自治区计划投入政府投资补助16.72亿元，规划建设227个安置点，搬迁安置10.04万人。

**【产业扶贫】** 2014年，广西壮族自治区共发展一般种植业62.4万亩，低产改造41.7万亩，养殖家禽358.9万羽、家畜8.2万头，水产养殖219.3万千克，覆盖贫困户32.5万户。“十百千”产业化扶贫示范工程项目县增加到50个，投入1.45亿元支持项目县发展特色种植业9.57万亩，低产改造3万亩，桑菇食用菌360万棒，养殖肉兔7.6万只、竹鼠3万只、蛋鸡4.5万羽、罗非鱼1540箱，项目覆盖贫困村397个，惠及贫困户4.25万户、贫困人口16.13万人。

**【雨露计划】** 广西壮族自治区雨露计划扶贫培训实行提标扩面、应补尽补政策。农村贫困家庭“两后生”职业学历教育补助从每人每学年2000元提高到3000元，扶贫巾帼励志班补助从每人每学年2500元提高到4000元，对就读普通高等教育的农村贫困家庭子女给予多元资助；符合资助条件的农村贫困家庭“两后生”都可以向户籍所在县级扶贫部门申请扶贫培训资助。2014年，广西壮族自治区农村贫困家庭职业学历教育学生获得资助人数2.92万人，同比增长 40.4%；普通高校本科（一本、二本）学历教育获得资助人数 1.69 万人，同比增长 1590%；短期技能培训完成 0.56 万人；农民实用技术培训完成 12.04 万人次。投入扶贫培训资金 1.89 亿元，同比增长 68.75%。

**【定点扶贫】** 2014 年，广西壮族自治区进一步完善干部驻村帮扶工作，将新农村建设指导员、贫困村党组织“第一书记”“美丽广西·清洁乡村”活动工作队员、定点扶贫工作队员等 4 支力量，整合为“美丽广西”乡村建设（扶贫）工作队，选派 3.38 万人组建 111 个工作队、1127 个工作分队，进驻全区 1.44 万个行政村，实现驻村工作队对贫困村、贫困人口的全覆盖。中央、自治区、市、县四级定点扶贫单位投入帮扶资金（含物资折款）10.64 亿元，为贫困地区引进资金 6.48 亿元，两者总和为 2013 年的两倍以上。自治区、市、县直定点扶贫单位落实干部帮扶贫困户 42.61 万户，各单位的包户干部积极协助有关部门帮助结对贫困农户落实各种到户的项目 5000 多个，共为结对帮扶贫困户捐赠资金约 6000 万元。

**【东西扶贫协作】** 2014 年，广东省、广州市、东莞市及各级政府、各部门、社会各界向广西壮族自治区提供无偿资金及捐物折款 4757.12 万元。其中，广东各级政府拨款 3540 万元，社会捐款 743 万元，捐物折款 474.12 万元。帮助广西举办各类培训班 13 期，培训人员 885 人次，其中，培训干部 250 人次。“两广”在经贸协作、劳务合作、职业教育培训、基础设施建设和干部交流培训等方面的合作进一步加强。

**【企业和社会各界扶贫】** 2014 年，中直单位直接投入广西壮族自治区帮扶资金（含物折款）1.20 亿元，引进资金 3.91 亿元。其中，中国第一汽车集团公司捐赠帮扶凤山县各类资金 517 万元。中国航空集团公司每年拿出 200 万元支持昭平县教育扶贫工作。中国人寿保险集团有限公司通过旗下慈善基金会向天等县捐赠 330 万元扶贫款等。民营企业投入到贫困村项目 720 多个，投入资金 3.43 亿元，用于教育文化事业、引水工程、路桥、农业开发、基础设施建设等项目建设。在广西壮族自治区首个“扶贫日”活动期间，自治区扶贫办会同有关部门举行“千家民营企业扶助千个贫困村”动员会暨启动仪式，组织开展“结对帮扶行动月”、邻里帮扶等特色活动，参与“扶贫日”活动的单位达 2989 个、人数 2.57 万人次，募集资金（包括捐赠）2063.56 万元，协议（意向）投入资金 19.8 亿元。开通广西社会扶贫助困网。该网站从 2014 年 9 月试运行以来，点击量达到 1.2 万人次，已有 100 多位爱心人事电话咨询扶贫助困相关事宜。

**【外资扶贫】** 2014 年，广西壮族自治区累计引进外资扶贫项目资金 2700 多万元，实施农村基础设施、可持续农业、教育、卫生、妇女儿童发展、产业发展能力建设、赈灾等项目。广西贫困片区农村扶贫试点示范项目获国家立项，列入世界银行贷款2015—2017年财年规划备选项目，贷款额度1亿美元。国际减贫交流合作进一步加强，成功举办3期发展中国家减贫官员国际研修班。

**【扶贫制度建设】** 2014年，广西壮族自治区党委、政府印发《关于创新和加强扶贫开发工作的若干意见》以及四个配套文件，围绕创新扶贫开发责任体制、精准扶贫工作机制、扶贫资金管理使用机制、金融扶贫服务机制、扶贫绩效奖惩机制、社会扶贫机制以及创新扶贫开发方式等方面提出具有广西特色的新政策、新措施。

**【扶贫宣传】** 2014年，广西壮族自治区开通“新华掌媒·扶贫快报”信息服务，通过手机短信，为全自治区所有行政村（含农村社区）及扶贫系统人员共6万多人提供信息服务。在中央主流媒体、自治区媒体上宣传报道617篇次，宣传广西扶贫开发取得的成就和经验。配合广西壮族自治区电视台推出全国首档美丽乡村公益节目《第一书记》。参与节目录制的爱心人士达6000多人次，报道广西50多个贫困村寨，通过节目获得捐助资金2400余万元，得到国家新闻出版广电总局的肯定。

（广西壮族自治区扶贫办　文湘林）

# 海南省扶贫开发

**【概述】** 2014年，海南省以《关于创新机制扎实推进农村扶贫开发工作的意见》和《关于创新机制扎实推进农村扶贫开发工作的实施方案》（琼办发〔2014〕13号）为指导，以整村推进为抓手，以贫困村、贫困户为对象，突出精准扶贫，继续实施特色产业扶贫、基础设施建设、雨露计划、干部驻村帮扶、革命老区建设等工作。完成60个整村推进村扶贫开发任务，五指山市、保亭黎族苗族自治县、琼中黎族苗族自治县、白沙黎族自治县和临高县5个国家扶贫开发工作重点市县生产总值262.71亿元，地方财政收入21.62亿元，农民人均可支配收入8315元，分别比2013年增长15.4%、14%、18.4%。全省农村贫困人口从63.6万人减少到54.6万人，全年减少9万贫困人口。

**【扶贫资金投入】** 2014年，海南省投入财政专项扶贫资金7.21亿元（其中，中央财政发展资金2.61亿元、少数民族发展资金7300万元、以工代赈资金7706万元，省级财政专项扶贫资金3.12亿元）；省直相关部门整合资金1.54亿元；省级定点扶贫单位投入和引进资金共1亿元；金融部门发放贴息贷款6.12亿元。中央财政发展资金主要用于：产业扶贫投入1.35亿元，占52%；基础设施建设投入8815万元，占34%；扶贫培训投入3187万元，占12%；项目管理投入511万元，占2%。

**【基础设施建设】** 2014年，海南省支持贫困地区硬化乡村道路170.4千米，修建桥4座、（涵洞）169个、饮水工程（含打井）25个，建文化室和改造危房2000平方米，解决9.8万人出行难、1.16万人安全饮水难问题和改善3719人生活条件。

**【产业扶贫】** 2014年，海南省扶持贫困地区农户种植和管理橡胶、南药、芒果、绿橙、龙眼等热带经济作物和热带水果1.18万公顷，受益4.08万户、18.56万人。扶持养猪4.32万头、家禽255.95万只、蜜蜂9515箱、鱼724万尾、羊4733只，受益4.25万户、19.16万人。

**【扶贫培训】** 2014年，继续委托海南省经济技术学校等15所职业中专学校举办“雨露计划”中专班，新招1750名贫困家庭子女到校学习，引导帮助1500名毕业生转移就业；举办“特种作业操作证”“初级职业技能等级证书”“劳动力转移就业”“农村实用技术”培训班334期，培训3.9万人次。

【建档立卡】 2014年，按照海南省委办公厅、海南省人民政府办公厅《关于创新机制扎实推进农村扶贫开发工作的实施方案》要求，海南省扶贫工作办公室印发《关于做好贫困户建档立卡工作的通知》，共举办建档立卡专题培训班214期，培训7696人次，召开2场识别扶贫对象和建档立卡现场推进会，建立由省、县(市)、乡（镇）三级400多人组成的建档立卡工作队，按照国家识别扶贫对象的办法，开展贫困人口识别和建档立卡工作。截至10月底，全省识别贫困户15.4万户、贫困人口63.6万人，完成600个贫困村和贫困户的电子信息建档立卡及发放《扶贫手册》工作，实行信息化管理。

【整村推进】 2014年，海南省省委、省政府把实施60个贫困村整村推进扶贫开发确定为十大为民办实事之首，海南省扶贫工作办公室印发《关于做好2014年整村推进扶贫开发工作的通知》。完成整村推进扶贫开发任务的贫困行政村60个，投入资金2.84亿元，硬化乡村道路159千米，建涵洞63个，改造危房1331间，举办各类培训班317期，培训1.6万人次。

【村级互助金试点】 2014年，海南省5个县（市）44个乡（镇）140个贫困村开展互助资金试点，其中，琼中黎族苗族自治县39个、保亭黎族苗族自治县17个、白沙黎族自治县39个、五指山市20个、陵水黎族自治县25个。覆盖农户9789户（其中贫困户5942户），互助资金总额2163.7万元，其中，财政专项互助资金投入2110万元，捐赠资金22.8万元，其它资金30.88万元，贫困户累计借款总额1313.95万元，占60.72%。农户借款主要用于发展橡胶、槟榔、山茶等特色种植业及畜禽、淡水养殖业。

【定点扶贫】 2014年，国家海洋局、中国海洋石油总公司、中国电子信息产业集团有限公司共投入帮扶资金640万元，其中，国家海洋局投入90万元，计划帮助琼中黎族苗族自治县建设县级疾病防控中心1个，白沙黎族自治县建饮水工程1个；中国海洋石油总公司计划投入450万元帮助保亭黎族苗族自治县、五指山市建设教学楼2所；中国电子信息产业集团有限公司计划投入100万元帮助临高县养殖家禽2万余只。截至2014年年底，饮水工程和养殖家禽项目已完成，其他项目正在筹备或实施中。海南省省直党政机关、企事业单位、人民团体等234个单位参与省定定点扶贫，组织省、市、县5797名干部驻村，定点帮扶18个县（市）300个贫困行政村。省领导、省直部门及企事业单位领导深入帮扶点调研指导1786人次，自筹和引进资金1亿元，其中，自筹资金5437.89万元，协调引进各类资金4581.75万元，实施帮扶项目489个，受益9.75万人。建设乡村道路74.16千米、桥涵21座、饮水项目18个、拉电13.9千米、改造危房372间，解决2.3万人行路难、9124人饮水难、689人用电难、1377人住房难问题；维修加固水利设施 21 个，新增灌溉面积 1560 亩，恢复灌溉面积 6005 亩；举办各种实用技术培训 279 期，培训 1.63 万人次。

**【军队和武警部队扶贫】** 2014 年，驻琼军警部队投入资金（含投劳折款）86.5 万元，为贫困村、贫困户修路、修线路、捐款捐物，送医、送药，受益农民 3.75 万人。

**【社会各界扶贫】** 2014 年，海南社会各界开展多项公益扶贫活动。其中："爱心孤助"活动募捐 3500 万元，资助贫困孤寡老人、孤儿、先天性心脏病患儿 1.21 万人；"爱心包裹"活动筹措资金 10 万元，捐赠包裹 565 件；"爱心捐书"活动筹措资金 60.8 万元，为 242 所小学 8.16 万名学生捐赠字典、课外读物 13.7 万本。"耳聪工程"对 532 名耳疾患者免费检查，对手术适应症免费手术 30 例。

**【扶贫日活动】** 2014 年 10 月 17 日为全国第一个"扶贫日"。根据国务院扶贫办的部署要求和海南省委、省政府领导的批示精神，海南省扶贫办拟订方案，组织开展系列活动。设 21 个分会场，组织 1950 余人收听收看全国社会扶贫工作电视电话会议实况；通过各类报刊、广播电视、网站刊登稿件 113 篇，宣传海南扶贫开发工作成就、先进集体和先进个人事迹；向全省 700 多万手机用户发送扶贫宣传短信，营造参与扶贫济困的社会氛围；组织全省 241 个定点扶贫单位 3300 多人到帮扶点开展各种扶贫济困活动。

**【扶贫宣传】** 2014 年，国家级主流媒体刊用刊载海南扶贫开发稿件 444 篇次。其中《人民日报》、中央电视台等主要传统媒体 11 篇、人民网等网络媒体 415 篇次、《农民日报》等行业媒体 2 篇次、国务院扶贫办主办媒体 16 篇次。省级主流媒体采用稿件 470 篇次。其中《海南日报》188 篇、海南电视台 148 篇、海南广播电台 125 篇、《今日海南》等 9 篇。市、县电视、报刊及政府网站发播扶贫宣传报道稿件 261 篇次。海南省扶贫办门户网站发布信息 375 篇次。编印《扶贫工作动态》16 期。

**【扶贫调研】** 2014 年，海南省扶贫办组织 4 个调研组分别到各县（市）开展扶贫开发专题调查研究，共撰写调研报告及理论文章 9 篇，被国家级刊物《扶贫开发》采用 4 篇、《海南日报》采用 2 篇。以中共海南省委办公厅、海南省人民政府办公厅和海南省扶贫开发领导小组文件名义下发 3 篇，其中《海南非重点地区贫困村扶贫开发研究》获全国扶贫开发调研报告二等奖。

**【扶贫规划】** 2014 年，与海南大学合作组织编制海南北部火山岩地区扶贫开发规划，先后 5 次讨论规划总纲，整理分析相关资料，讨论修改规范文本。11 月初，《海南北部火山岩地区扶贫开发规划》通过专家评审。

（海南省扶贫工作办公室
政策法规处　王丽妹）

# 重庆市扶贫开发

**【概述】** 2014年，重庆市深入贯彻《关于创新机制扎实推进农村扶贫开发工作的意见》精神，印发《中共重庆市委、重庆市人民政府关于集中力量开展扶贫攻坚的意见》，全面整合财政专项、行业部门和社会扶贫资金，积极争取国家投入，着力引导社会投入和群众投入，切实加大扶贫开发投入力度。市级以上财政投入贫困区县资金达683亿元，较2013年增长68亿元，支农资金67%以上用到贫困区县。全市实施高山生态扶贫搬迁15.8万人，450个贫困村通过整村脱贫验收，完成培训转移13万人。减少贫困人口36万人，重点贫困区县农民人均纯收入达8300元，同比增长13.2%，增幅比全市平均水平高1.5个百分点。

**【扶贫资金投入】** 2014年，重庆市投入市级以上财政扶贫资金25.8亿元。其中，以工代赈资金、少数民族发展资金、残疾康复贷款贴息10.7亿元，增长8.1%；由扶贫部门安排的财政专项扶贫资金15.1亿元，增长9.3%。重庆市市级财政除了按中央资金的30%足额安排地方配套资金外，还安排整村推进、扶贫搬迁等专项配套资金2.5亿元。全年市级财政资金达7.84亿元，占中央资金的65.3%。14个重点区县累计投入区县财政扶贫资金14.8亿元，增长22.9%。

**【扶贫资金管理】** 2014年，重庆市不断创新财政扶贫资金管理使用机制，强化扶贫资金使用绩效，修订完善《重庆市财政扶贫资金管理实施办法》《重庆市财政扶贫资金使用和项目实施程序规定》，出台《关于改革创新财政专项扶贫资金管理机制的意见》，对财政扶贫资金进行流程式、规范化管理，明确区县责、权、利，强化“一票否决”、“黑名单”制度，建立与项目审批权限下放相适应的工作机制。在下达项目计划前，通过全市扶贫开发公众信息网、当地主流媒体、政务村务公开栏等将有关情况向社会公开。在项目实施中，通过设置项目卡、扶贫项目公示牌等方式公开接受群众监督，没有进行公示公告的项目不予竣工验收。设立市、区（县）扶贫部门扶贫资金监督管理专职机构，加强工作监督。在贫困村成立由农民群众直接选举产生的3—5名义务监督员，参与项目实施日常监督和竣工验收。

**【基础设施建设】** 2014年，重庆市安排资金3.3亿元，建设交通（乡村道路）

项目 1519 个，新修村级公路、维修乡村公路、改扩建乡镇公路以及硬化和油化村级公路 5185.7 千米，建桥梁、涵洞 93 座，修建入户、人行便道 746 千米。安排资金 0.55 亿元，建人畜饮水池 658 口，蓄水 10.59 万立方米，安装水管 1.65 万千米。安排 0.37 亿元，改造中低产田 560 亩，土地整治 240 亩，新改建河堤防洪堤 123.2 千米，开挖排水渠堰 129.1 千米，修建整治机耕道和田间耕作道 49.3 千米，新建和改扩建山坪塘 1309 口，蓄水 25.3 万立方米，铺设管道、网管 70.8 千米。

**【连片特困地区扶贫攻坚】** 2014 年，重庆市武陵山、秦巴山两大片区共完成投资 5410.9 亿元，占规划总投资的 49.6%，其中，基础设施方面 3396 亿元、产业发展方面 1285.5 亿元、民生改善方面 431.4 亿元、公共服务方面 153.4 亿元、能力建设方面 23.4 亿元、生态环境建设方面 121.2 亿元。在两大片区内，重庆市安排专项资金 9000 万元，持续推进 18 个扶贫小片区开发建设。累计完成投资 103 亿元，完成建设项目 1074 个、占 55.8%，在建项目 581 个、占 30.2%。

**【整村推进】** 2014 年，重庆市安排专项资金 3.8 亿元，深入推进 590 个贫困村整村扶贫、新启动 244 个贫困村整村扶贫工作。全市“十二五”规划的 2000 个贫困村已全面启动，实施完成 1616 个，村均投入达到 1102 万元，共新建或改扩建村社公路 2.1 万千米，油（硬）化公路 9511 千米；新建、整治水池和山坪塘近 10 万口，铺设管道 7.7 万千米，解决 253 万人的安全饮水问题；新建、改建村级公共服务中心 27.4 万平方米；建成蔬菜、林果基地 380 多万亩，累计减少农村扶贫对象 70 余万。

**【易地扶贫搬迁】** 重庆市结合新型城镇化战略，坚持群众自愿、贫困优先的原则，统筹整合地票交易、国土整治、危旧房改造、以工代赈、退耕还林等政策资源，实施梯度扶贫搬迁。重点针对有意愿而无力搬迁的困难群众，制定差异化补助政策，帮助贫困群众彻底“挪穷窝”。2014 年，下达市级以上高山生态扶贫搬迁专项资金 15.3 亿元，安排搬迁计划 17.6 万人，其中财政专项扶贫资金 4.2 亿元，安排搬迁计划 5.3 万人；签订搬迁协议 18.1 万人，占年度计划的 121%，已完成搬迁 15.8 万人，其中贫困户 5.16 万人，占已搬迁人数的 33%；累计启动建设集中安置点 1428 个，建成 729 个，住房已竣工面积达到 933.75 万平方米，涉及搬迁人数 26.68 万人。

**【产业扶贫】** 2014 年，重庆市围绕全市产业扶贫规划和贫困地区资源优势，投入产业扶贫资金 2 亿元，支持贫困乡村因地制宜发展草食牲畜、高山蔬菜、特色种植等一批区域性强、带动力强、有前景、有市场的特色产业。成立乡村旅游服务协会，开通乡村旅游电子商务网站，在 177 个贫困村实施乡村旅游扶贫，支持 1.3 万贫困农户参与发展乡村旅游，实现户均增收 3 万元以上。

**【雨露计划】** 2014 年，重庆市投入雨露计划财政专项资金近 1.1 亿元，培训贫困群众 13 万余人次，全市 6 所雨露技工培训基地校开设专业达到 12 个，实现招生、培训、就业的一体化服务。同时，结合贫困地区和贫困群众实际，采取专业人员集中讲解、实地参观见习、跟踪服务指导等多种形式，面对面、手把手开展实用技术培训；结合市场和贫困群众需求，运用西南大学、重庆工商大学、重庆市广播电视大学等教育资源优势，院校联合开展就业创业培训；建立贫困大学生救助专项资金 1200 万元，为 14 个国家扶贫开发工作重点区县定向招生 200 名，雨露改革试点资助 2.1 万人，雨露工程资助贫困大学生 1100 人，有效阻止贫困代际传递。

**【村级互助金试点】** 2014 年，重庆市组建村级互助社 1327 个，资金规模总量达到 3.1 亿元，入社农户达 13.1 万户，其中，贫困户 5 万余户。累积发放借款 5.2 亿元，累积还款 5.1 亿元，到期还款率 98%。

**【以工代赈】** 2014 年，重庆市下达以工代赈资金共 1.56 亿元，其中，国家安排 1.2 亿元，市级财政配套资金 0.36 亿元。

**【定点扶贫】** 2014 年，重庆市领导高度重视集团帮扶工作，始终把对口帮扶作为一项重要工作来抓。各级领导深入到贫困区县开展扶贫工作调研，召开座谈会，推动对口帮扶工作的深入开展。对市级扶贫集团进行调整，新增成员单位 240 多个，达到 498 个。市级扶贫集团共筹集现金 9600 多万元，协调引进落实项目资金 13.87 亿元，派出扶贫挂职干部 38 名。重庆市“一圈”发达地区对口帮扶“两翼”欠发达地区，严格落实 1%财政收入实物量对口帮扶政策，全年“一圈”区县援助“两翼”区县 4.2 亿多元。

**【东西扶贫协作】** 2014 年 5 月，重庆市扶贫办与山东省发展和改革委员会对口支援办公室在重庆联合召开 2014 年山东·重庆扶贫协作工作座谈会，双方达成进一步加强组织领导和统筹协调、进一步加强两地经贸合作、进一步管好用活政府援助资金三个方面的共识，山东省对口帮扶重庆市签署合作项目 28 个、金额 28.7 亿元，到位资金 6.8 亿元，涉及地产、旅游、贸易等领域。山东省援助重庆市财政资金 4660 多万元，实施项目 68 个，打造了一批高山生态扶贫搬迁示范项目。

**【驻村工作队建设】** 2014 年，重庆市扶贫开发领导小组下发组建驻村工作队组的意见，整合帮扶力量，将大学生村官、大学生扶贫志愿者和扶贫挂职干部纳入帮扶体系，确保每个贫困村有 3—4 名干部帮扶。派出驻村工作人员 1.78 万名，其中：区县干部 3110 名、乡镇干部 1 万名、“三支一扶”（支农、支教、支医和扶贫）人员 1816 名、集团派驻工作人员 1074 名、大学生村官 1423 名、驻村扶贫特派员 140 名、组织部派驻基层组织人员 197 名。安排驻村工作经费 690 万元，支持驻村工作队开展工作。

**【扶贫宣传】** 2014年，重庆市扶贫突出报道片区开发、精准扶贫、高山生态扶贫搬迁等重点内容。在中央媒体宣传报道40余篇次，在人民网、新华网等网络媒体报道60余篇次，在国务院扶贫办网站、《中国扶贫》报道50余篇。全市在高级媒体共宣传报道2000余篇次。利用首个“扶贫日”的契机，开展了“六个一”宣传活动，即：召开一次新闻发布会、在《重庆日报》、重庆卫视开展“扶贫开发看渝州”的系列报道、举办一个贫困农户搬迁入住新居仪式、举办一个贫困农户入股分红仪式、发布一篇长篇通讯报道、举办一次社会扶贫工作座谈会暨捐赠仪式。通过这次活动，中央和市级媒体共宣传报道100余篇次。

（重庆市扶贫办 李耀邦）

# 四川省扶贫开发

**【概述】** 2014年，四川省紧盯扶贫目标，突出精准扶贫，用非常之策、举非常之力、破非常之难，开创扶贫移民工作的新局面。中央和省级财政专项扶贫资金47.67亿元，其中，省本级财政投入14.50亿元；减少贫困人口129.6万人，完成年度目标任务的108%。全面完成扶贫开发“六项机制”改革总体部署，政府、市场、社会协同推进的扶贫大格局初步构建；高质量完成贫困识别建档立卡工作，确定625万贫困人口和1.15万个贫困村，精准扶贫迈出坚实步伐；实施责任、权力、资金、任务“四到县”制度，下放扶贫项目审批权限，县级地方政府的主体责任有效发挥；“四大片区扶贫攻坚行动”和“五大扶贫工程”纵深推进，彝区“十项扶贫工程”和藏区“六项民生工程”扶贫解困行动计划正式启动，重点片区加快发展；高位启动“结对认亲，爱心扶贫”公益活动品牌打造，开通“四川爱心扶贫网”，社会扶贫开创崭新局面；扶贫立法加快推进，依法开展扶贫工作的意识和能力进一步增强。

**【扶贫资金投入】** 2014年，四川省财政专项扶贫资金总投入56.77亿元（不含中央彩票公益金）。其中，中央财政发展资金、少数民族发展资金、以工代赈资金、国有贫困农场扶贫资金、国有贫困林场扶贫资金31.79亿元；省级财政专项扶贫资金14.47亿元，较2013年增加4.04亿元，增长38.71%；市（州）县（市、区）财政投入10.51亿元，较2013年增加1.85亿元，增长21.30%。中央财政专项扶贫资金用于：产业扶贫，投入资金13.22亿元，占41.58%；基础设施建设，投入资金17.06亿元，占53.65%；农村劳动力培训，投入资金1061.80万元，占0.34%；其他投入资金1.41亿元，占4.43%。

**【扶贫资金管理】** 2014年，四川省认真落实改革财政专项扶贫资金管理机制各项措施，印发《关于建立扶贫项目审批权下放到县实行责任、权力、资金、任务“四到县”制度的意见》（川办发〔2014〕74号）、《贯彻国务院扶贫开发领导小组<关于改革财政专项扶贫资金管理机制的意见>实施意见》（川开发〔2014〕4号），切实落实简政放权，严格规范项目立项报告申报内容和项目审批备案程序，着力构建省市可控、权责统一的“四到县”工作机制。按照“改进财政扶贫资金分配使用方式”要求，在统筹考虑贫困人数、贫困发生率、减贫任务和人均财力的基础上，强化扶贫工作考核、扶贫资金绩效考评结果，采取定向财力转移支付方式分配资金。印发《探索扶贫资金使用和监管新办法指导意见的通知》（川财农〔2014〕183号），严格落实扶贫工作各项监管措施，积极探索第三方监管购买服务和引导贫困群众参与扶贫资金监管新路子。

**【基础设施建设】** 2014年，四川省新改建成农村公路8936千米，新建各类农村饮水工程9296处，解决424.03万农村人口、50.99万农村学校师生的饮水安全问题。实施“五小水利”工程，新建小水窖（池）、小泵站等水源工程652处，整治小塘坝283个，建成小水渠202.9千米；实施土地开发整理109.5万亩，农田改造9960亩；实施小流域治理和水保工程3540处，完成农网改造5630千米；实施农村危房改造9.6万户；解决1.5万户入户用电问题，新建农村沼气池15.4万口，新建农村生活垃圾处理点1.8万个。

**【整村推进】** 2014年，四川省启动实施整村推进，涉及500个贫困村，总投入15.85亿元。新建村（社）公路1731.88千米，改田改土601.03公顷，新建及整治水库、山坪塘286座，建设人畜饮水工程1143处，解决5.68万人安全饮水和7.27万头牲畜饮水困难问题；新增种植业基地1.21万公顷，建设设施农业889.63公顷，新增种养专业大户2121户，新增大牲畜1.39万头，新增家畜83.84万头，培育农民专业合作社70个；新建及改造住房0.44万户，易地搬迁贫困户271户，新建及改建沼气池2101口，安装太阳能1419套，实施退耕还林或退牧还草200公顷；新建及改造校舍6352平方米，新建幼儿园2所，新建村卫生站（所）9处，新建村文化室、农家书屋和村委活动室17处，新建农村体育运动设施25套，新建农村商贸供销网点1425处，新增农村广播电视、固定电话和移动通讯用户424户，建设农村商贸网点16处，新改建村活动室33处。

**【易地扶贫搬迁】** 2014年，四川省按照社会主义新农村（新牧区）建设标准规划易地扶贫搬迁项目，把搬迁户住房建设同农村危房改造、游牧民定居结合起来，投入资金38.77亿元，完成搬迁4.15万户、19.23万人。建设乡村公路876.64千米，调整和开发基本农田2808亩，新改建水池（塘、库、堰）10.9万立方米、灌溉渠系98.11千米、人畜饮水渠管663.9千米，建设住房183.98万平方米、附属设施48.78万平方米。

**【产业扶贫】** 2014年，四川省以产业为依托，以市场为导向，全力打造“一村一品、一乡一业”的农村特色产业；通过电商网络平台，乡村旅游扶贫带动群众增收致富；积极发挥财政专项扶贫资金“黏合剂”作用，整合撬动其他行业部门资金，投入产业扶贫资金68亿元。新增种植业基地1.14万公顷，建设设施农业1322.18公顷，新增种养专业大户1961户，新增大牲畜1.13万头，新增家畜82.95万头，培育农民专业合作社57个，产业扶贫带动建档立卡贫困人口129.52万人，项目区农户预期年人均增收3623元，增产增收效果明显。

**【雨露计划】** 2014年，四川省完成5个县（市、区）的雨露计划试点工作，投入财政专项扶贫资金1500万元，补贴贫困“两后生”1万人。

**【特色产业扶贫】** 2014年，四川省在秦巴山片区、乌蒙山片区20个县开展集中力量解决突出贫困问题试点项目（茶叶和核桃特色产业），试点项目投入2.05亿元。特色产业扶贫项目建设核桃种植基地3.77万亩，茶叶种植基地3.88万亩，开展实用技术培训0.55万人次，扶持建设专合组织3个；项目覆盖61个乡镇214个村、2.18万户农户，其中，贫困户1.28万户、5.13万人。项目区农民人均纯收入新增2100元，其中贫困人口人均纯收入新增2500元。

**【定点扶贫】** 2014年，22个在四川省定点扶贫的中央、国家机关和有关单位向四川省36个国家扶贫开发工作重点县直接投入帮扶资金5.66亿元，帮助引进资金2.17亿元，主要用于基础设施、产业开发、文化教育、医疗卫生、人才培训等项目；帮扶单位共派出348人次开展定点扶贫考察调研；举办各类培训班46期，培训各级党政干部、技术人员、农村致富带头人、农村劳动力共0.47万人次，组织劳务输出570人次，各项帮扶工作有序开展。239个省级部门（单位）对口定点扶贫88个县（市、区），直接投入帮扶资金5.73亿元，帮助引进各类资金13.67亿元，引进项目121个；有0.23万人次到贫困地区开展考察调研，共安排112名优秀干部在贫困地区挂职帮扶；举办各类培训班169期，培训各类人员2.10万人，组织劳务输出1958人，对口定点扶贫工作稳步推进。9月，召开全省干部驻村帮扶暨对口定点扶贫工作会议，表彰2012—2013年度对口定点扶贫工作中表现突出的51个先进单位和35名第五批扶贫挂职干部先进个人，安排101名第六批扶贫挂职干部到定点县开展挂职帮扶工作，同时对做好对口定点扶贫工作提出要求。

**【东西扶贫协作】** 2014年，浙江省共投入四川省对口帮扶资金共计1.51亿元，其中：对口帮扶四川藏区资金1.38亿元，对口支援广元青川县1310万元。珠海市投入对口帮扶帮扶资金2441万元，实施彝家新寨、道路桥梁、安全饮水、医疗卫生、文化教育、社会事业、专题培训等帮扶项目28个，与凉山6个县建立结对关系，31个部门实施帮扶合作，24家企业开展合作交流，珠海8家企业和9个社会组织（个人）为帮扶凉山捐资捐物，初步改善6.5万贫困群众生产生活条件。

**【企业和社会各界扶贫】** 2014年，四川省举办首个“扶贫日”活动，以“践行友善，爱心扶贫”为主题，在全省重点开展“扶贫日”公募活动、“结对认亲，爱心扶贫”公益活动等系列活动。筛选6大系统有序开展公募活动，共募集到位资金2162.8万元，达成意向性捐款1.20亿元；全面启动“结对认亲，爱心扶贫”公益活动，开通“四川爱心扶贫网”。利用建档立卡工作成果，构建政府、市场、社会三方互为支撑、协同推进的大扶贫格局。

**【扶贫法制化建设】** 2014年，四川省加快推进《四川省农村扶贫开发条例》立法工作，省人大常委会第二次审议通过。制定出台贫困县扶贫工作考核、精准扶贫工作、干部驻村帮扶、财政专项扶贫资金管理使用、金融服务扶贫开发、社会参与扶贫开发“六大机制”改革文件。第1次汇总编印四川省扶贫移民工作《法规规章和规范性文件汇编》，成为全系统第一本扶贫移民政法宣传读本和实用工具书，使扶贫移民工作依法行政、规范程序、严格管理更加有章可循。

（四川省扶贫和移民工作局　白　楠）

# 贵州省扶贫开发

**【概述】** 2014年，贵州省扶贫开发工作以同步小康为引领，扶产业、强基础、提素质、优保障、抓改革、促开放，全面落实深化体制机制改革的各项措施，扎实推进扶贫开发各项重点工作。全年减少贫困人口122万人，实现11个国家扶贫开发工作重点县、146个贫困乡减贫摘帽，重点县农村居民可支配收入增幅达15.7%，高于全省平均水平2.7个百分点，扶贫攻坚取得明显成效。

**【扶贫资金投入】** 2014年，财政专项扶贫资金投入64.7亿元，较2013年增加14.5亿元，增长28.9%。其中，中央财政专项发展资金、少数民族发展资金、以工代赈资金共39.69亿元；省级财政专项扶贫资金25.01亿元。2014年，共投入中央和省级财政专项扶贫发展资金43.27亿元，其中，中央35.33亿元、省级7.94亿元。用于种养殖业产业资金16.24亿元，占总资金的37.53%；用于生态移民资金4亿元，占9.2%；用于扶贫产业园区资金1亿元，占2.3%；用于雨露计划资金1.33亿元，占3.07%；用于贷款贴息资金0.91亿元，占2.1%；用于小康路、小康寨、小康水等基础设施资金8.17亿元，占18.9%；用于溜索桥建设资金0.2亿元，占0.45%；用于生产救灾、绩效考核奖励、以奖代补等资金11.99亿元，占27.3%。

**【扶贫资金管理】** 2014年，贵州省委、省政府出台《关于以改革创新精神扎实推进扶贫开发工作的实施意见》（黔党办发〔2014〕23号），配套出台《贵州省贫困县扶贫开发工作考核办法》《贵州省财政专项扶贫资金项目管理暂行办法》《贵州省财政专项扶贫资金报账制管理实施细则（试行）》等文件，完善财政专项扶贫资金管理政策体系、风险廉能管理等各项制度，认真组织开展扶贫资金绩效考评，扶贫资金在绩效考评中评为全国A级。印发《关于对2014年度扶贫开发工作开展综合考核督查的通知》（黔委督查字〔2014〕40号），由省委督查室、省政府督查室牵头，省委组织部、省扶贫办、省财政厅、省直属机关工作委员会、省统计局、国家统计局贵州调查总队等8个部门抽调人员组成6个考核组，对9个市（州）27个县以及贵安新区进行综合考核。

**【建档立卡】** 2014年，根据国务院扶贫办关于建档立卡工作的统一部署，贵州省制定《精准扶贫实施方案》及《贵州省扶贫开发建档立卡工作实施方案》，省扶贫开发领导小组以电视电话会议的形式召开省、市（州）、县（市、区、特区）、乡（镇）、村的“全省精准扶贫建档立卡工作会议”。根据文件及会议精神，各县严格按照“贫困户识别要做到自愿申请、民主评‘困’和‘两公示一公告’，贫困村识别要做到‘一公示一公告’”的程序，全面完成贫困户和贫困村建档立卡识别、结对帮扶。共识别出贫困村 9000 个，贫困人口 745 万人，做到“户有卡、村有册、乡（镇）有簿、县有档、省市有信息平台”。

**【基础设施建设】** 2014 年，贵州省共安排与产业增收项目配套的基础设施建设项目资金 10.2 亿元，其中：安排农田水利建设项目资金 1.15 亿元，新增机井 800 口，发展农村耕地灌溉面积 40 万亩；安排县乡村道路、桥梁建设项目 1.7 亿元，修建通村公路 275.2 千米，修建通组道路 3149.5 千米；安排人畜饮水工程建设项目 1.9 亿元，解决农村 36.5 万人的饮水安全问题和 1.6 万头大牲畜饮水困难问题。

**【连片特困地区扶贫攻坚】** 2014 年，贵州省委、省政府与三大片区党委、政府和省直属相关单位连续第三年签订《扶贫攻坚重大事项责任书》，明确对连片特困地区实施扶贫攻坚，逐年考核兑现奖惩。2014 年 1 月，贵州省政府办公厅转发《贵州省三大集中连片特殊困难地区教育扶贫工程实施方案》，要求省各有关部门加强对各项教育和扶贫经费的统筹，确保 70% 以上经费安排向武陵山片区、乌蒙山片区和滇桂黔石漠化片区等三大集中连片特困地区倾斜，真正造福贫困地区的孩子。2014 年，各级共投入武陵山、乌蒙山、滇桂黔石漠化集中连片特困地区财政专项扶贫资金 65.6 亿元，其中，中央财政扶贫资金投入 36.6 亿元，省级及各市、县配套财政扶贫资金投入 29 亿元。投入产业资金 17.01 亿元，发展种植核桃 86.6 万亩，中药材 45.8 万亩，脱毒马铃薯扩繁 19.9 万亩，油茶 18.3 万亩，水果 35.3 万亩，蔬菜 185.6 万亩，茶叶 24.1 万亩，养殖牛羊 45.8 万头（只）；修建通村组路 5668 千米；培训转移 28.5 万人；生态移民 3.2 万户。

**【整村推进】** 2014 年，贵州省投入各类资金 20.11 亿元，完成 1000 个贫困村整村推进任务。其中，中央财政扶贫资金投入 11.5 亿元，省、市、县投入资金 2.48 亿元，整合部门资金 5.63 亿元，群众自筹资金 0.5 亿元。发展核桃种植 45.2 万亩，脱毒马铃薯扩繁 10.2 万亩，油茶 8.2 万亩，水果 9.4 万亩，蔬菜 65.6 万亩，茶叶 6.98 万亩，养殖牛羊 12.5 万头（只）；实施生态移民 1547 户。

**【同步小康示范村寨试点】** 2014 年，贵州省投入财政扶贫资金 3000 万元，完成同步小康示范村寨试点建设项目 15 个。重点实施群众受益面最大、最直接、要求最强烈的通村通组道路、连户路及人畜饮水、环境美化净化亮化等基础设施和生态环境建设。新建（硬化）村组道路 54 千米、连户路24千米，改造民居544户，农户庭院硬化671户、5.01万平方米，安装太阳能节能路灯1102盏，新建垃圾收集处理场22个1100平方米、乡公共厕所10个3000平方米，新建蓄水池85个2550立方米，安装饮水管网4567米，新建给排水沟渠358米。

**【易地扶贫搬迁】** 2014年，国家发展和改革委员会下达贵州省易地扶贫工程中央易地扶贫资金10.3亿元，共建设扶贫生态移民住房4.3万套，安置搬迁农户17万人。其中，贵州省扶贫办安排4亿元中央财政专项扶贫资金，整合省级财政专项资金4亿元，在8个市（州）、36个县组织实施扶贫项目，建设1.5万套住房，搬迁6.6万贫困人口。同时，中央财政扶贫资金投入5804.4万元，建设黔南布依族苗族自治州三都县水族文化风情谷安置点、黔南布依族苗族自治州荔波县瑶山拉片安置点、安顺市普定县玉兔山安置点、六盘水市水城县经济开发区安置点等9个示范点，安置贫困人口9674人。

**【产业扶贫】** 2014年，贵州省投入中央财政扶贫发展资金12.28亿元，安排扶贫项目贷款贴息资金和扶贫到户贷款贴息资金1.95亿元，扶贫龙头企业融资17亿元，贫困农户小额信贷78亿元，命名5家龙头企业和1个农民合作经济示范组织，发展种植核桃191.99万亩，茶叶8.4万亩，中药材35.8万亩，特色蔬菜271.85万亩，精品水果14.5万亩，马铃薯17.46万亩，新建油茶林10.72万亩、改造低产油茶林5万亩，草地生态畜牧产业投放畜禽32.4万只羊单位、人工种草10.17万亩、建圈53.83万平方米，打造及命名5个省级乡村旅游扶贫重点县和10个乡村旅游产业扶贫示范点。

**【雨露计划】** 2014年，贵州省投入财政扶贫资金1.23亿元，共完成培训（助学）20.8万人。其中，结合贵州省深入推进职业教育“百校大战”，全面实施教育“9+3”计划，对“两后生”实行三年免费中职教育，投入财政扶贫资金8815万元，完成“雨露计划全覆盖试点”资助农村建档立卡贫困户子女接受中高等职业教育和技能培训人数9.16万人（次）；投入财政扶贫资金2000万元，完成“圆梦行动”资助农村建档立卡贫困户子女接受高等教育人数5000人；投入财政扶贫资金530万元，完成扶贫产业技术培训10.33万人；投入财政扶贫资金160万元，完成民族民间技艺培训2000人；投入财政扶贫资金600万元，完成“企业招工+培训+就业”三位一体培训6万人；投入财政扶贫资金210万元，安排铜仁市“雨露计划青年创业扶贫带富工程”、毕节市“雨露计划整乡素质提升工程”试点项目培训1.5万人。2014年12月，贵州省政府办公厅印发《贵州省创新职教培训扶贫“1户1人”三年行动计划（2015—2017年）》，确保到2017年，实现全省120万农村建档立卡贫困户“1户1人1技能”全覆盖。

**【革命老区建设】** 2014年，贵州省安排中央专项彩票公益金 7000 万元，在 7 个县（市、区）支持革命老区小型公益设施建设项目。2012—2014 年，国家共投入贵州省中央专项彩票公益金 1.23 亿元，项目覆盖 11 个县 13 个乡（镇）50 个村，共新修（硬化）通村（组）道路 143.75 千米、连户路 90.25 千米；新修蓄水池 611 口、1.13 万立方米，安装人畜饮水管道 39.65 千米，解决 2.7 万人饮水困难；新修（硬化）村文化活动广场 3400 平方米，项目区受益人口 15.6 万人，有效改善老区群众生产生活条件。

**【定点扶贫】** 2014 年，贵州省从省、市、县、乡四级共选派驻村工作队员 5.59 万人，组建 1.16 万个驻村工作组，赴全省 1.16 万个村（含 9000 个贫困村）开展帮扶工作，首次实现驻村工作队对贫困村、贫困人口的两个全覆盖。各级驻村干部和驻村干部派出单位积极筹措资金和物资 11.3 亿元（含无偿和有偿资金），帮助引进各类资金 17.8 亿元，组织实施 6976 个各类项目。31 个中央单位直接投入帮扶资金 3990 万元，用于受帮扶县的基础设施、产业开发、文化教育、医疗卫生等项目建设以及人力资源培训和赈灾救济送温暖活动，资助 875 名贫困学生入学就读；举办各类培训班 40 期，培训 5291 人次（其中，各级党政干部 828 人次，技术人员 2156 人次，农村致富带头人 1787 人次，农村劳动力 520 人次）；帮助输出农村贫困劳动力 2532 人次。同时，各单位帮助当地引进各类资金 54.84 亿元，实施 100 个项目，产生良好的经济效益，形成产业优势和市场优势，使得贫困地区的经济发展后劲明显加强。

**【集团帮扶】** 2014 年，贵州省安排 2.05 亿元财政扶贫资金，在 28 个县 41 个乡（镇）实施集团帮扶项目。其中，继续安排丹寨县兴仁镇等 22 个乡（镇）集团帮扶项目资金各 500 万元，共计 1.1 亿元，实施种植业 6.99 万亩，养殖业 1.27 万头（只、羽），乡村旅游及基础设施安排资金 2693 万元。按照集团帮扶项目“实施一个定点扶贫乡镇后，可再拓展帮扶一个乡镇”的基本原则，对威宁等 19 个县再拓展一个乡镇开展集团帮扶工作，每个乡镇安排项目资金 500 万元，共计 9500 万元，实施种植业 5.72 万亩，养殖业 9729 头（只、羽），乡村旅游及基础设施安排资金 1761 万元。

**【东西扶贫协作】** 2014 年，贵州省委、省政府在北京召开“对口帮扶贵州工作恳谈会”，8 个帮扶城市 2014 年共投入各种帮扶资金和物资折款累计 3.72 亿元（其中，帮扶资金投入 3.56 亿元）。在基础设施建设方面，8 个对口帮扶城市投入 1.46 亿元帮扶资金建设农村小康路、小康水、小康房、小康电、小康讯、小康寨，加快推动基础设施向乡镇以下延伸。其中：在基础设施建设方面，投入 7042.74 万元用于兴修乡村道路 245.24 千米，投入 731.13 万元用于饮水工程，投入 2329.31 万元用于居民住房建设，受益农户达 15 万户；在 10 大扶贫特色产业方面，投入3440万元用于支持受帮扶地区产业开发，推进当地农业产业结构调整，提高农业产业化水平，拓宽贫困农民增收渠道；在教育帮扶方面，投入1.05亿元主要用于对中职学校建设的持续支持和其他文化教育的校舍、场地建设等，并资助贫困学生1614人次；在卫生帮扶方面，投入940万元用于医疗卫生项目，建设卫生院（所）7所；在干部人才交流方面，8个帮扶城市2014年派出48名干部到贵州省贫困地区挂职，举办干部培训班94期，培训4703人次；在劳务合作方面，贵州省有组织地向8个市输出劳务人员2.14万人，劳务收入8.5亿元；在共建园区方面，帮扶城市通过援建、托管、股份合作、产业招商等模式，联手加大园区合作共建力度，联手优化园区发展环境，联手引导企业进入合作园区发展，上海、青岛、宁波、深圳与受帮扶地区共建5个园区；在经济技术合作方面，共达成经济合作协议项目116个，协议合作投资636.57亿元，其中，已实施项目37个，实际投资48.11亿元，项目涵盖工业、农业、商贸、旅游、文卫等领域。

**【企业和社会各界扶贫】** 2014年，贵州省成功举办“扶贫日”系列活动。组织开展发出一份扶贫倡议书，开展一次领导干部访贫解忧活动，发起一次开放式社会扶贫先进典型推荐评选活动，建立一个社会扶贫互动式工作平台，召开一次社会扶贫表彰暨“扶贫日”公募活动电视电话会议“五个一”系列活动。贵州省50家单位荣获“贵州省社会扶贫先进集体”称号，50人荣获“贵州省社会扶贫先进个人”称号；主会场、贵阳市分会场及省直各系统同步开展向贫困地区贫困群众募捐活动，其中，主会场共募集到来自各单位、企业和社会组织捐赠的扶贫资金6.66亿元。2014年12月，万达集团与贵州省黔东南州丹寨县签订《万达集团对口帮扶丹寨整县脱贫行动协议》，把丹寨县作为定点帮扶县，计划5年在丹寨县共投入10亿元发展当地重点产业，进行扶贫教育，提高人均收入，实现整体脱贫，正式开启民营企业扶贫新模式。

**【外资扶贫】** 2014年，贵州省完成日本政府贷款贵州环境与社会发展项目投资1125万元，累计完成项目投资8.27亿元，占项目总投资的92%。日元贷款项目四批招标活动共计完成63个项目的招标（其中：教育项目土建工程招标项目32个，卫生项目土建工程招标项目13个，小城镇供水工程招标项目5个，防洪排涝工程招标项目7个，培训、管理设备、医疗设备和垃圾处理招标项目6个），共计中标金额47.11亿日元（折合人民币4.61亿元），占日元贷款招标项目计划投资金额的93.09%。2014年，日元贷款项目招标采购项目已完成投资45.41亿日元，占合同金额的97.73%，已竣工48个项目，基本完工7个项目，已完成工程量80%以上的有6个项目。世行贷款贫困片区产业扶贫试点示范项目、世行贷款贵州农村发展项目已完成项目建议书、省级和县级综合可行性研究报告、13 个产业项目规划、项目环境影响评价报告的编制，并初步完成项目有关管理办法、操作手册的制定，将印制下发各项目县执行。

**【扶贫制度建设】** 2014 年，贵州省扶贫开发作为贵州的“第一民生工程”纳入省政府《政府工作报告》的重要任务。建立“省委省政府负总责、省扶贫开发领导小组统筹协调、省分管领导牵头负责、各厅局各司其职、市州具体负责、县乡狠抓落实、实施扶贫绩效考评挂钩、群众主体参与”的管理体制和对省直部门、市(州)、县实行以“双线”量化考核为主要内容的“定部门、定目标、定任务、定时限、定奖惩”的责任机制。落实项目审批权下放到县制度，实行目标、任务、资金和权责“四到县”制度。改革贫困县考核机制，制定《贵州省贫困县扶贫开发工作考核办法》，把贫困地区干部的主要精力引导到扶贫开发上来，对地处重点生态功能区、不具备新型工业化发展条件的 10 个贫困县取消 GDP 考核。改革扶贫项目资金使用管理机制，建立“谁审批、谁负责”的权责匹配制度，规范项目资金运作流程。

**【扶贫宣传】** 2014 年，贵州省把握扶贫宣传工作方向和重点，10 月中央电视台“焦点访谈”栏目报道《扶真贫 真扶贫》介绍贵州扶贫经验，中央新闻联播报道《贵州调整对贫困县考核体系：扶贫成硬指标》介绍贵州扶贫创新体制机制成果。《人民日报》头版头条刊载《贵州“解”贫》，《农民日报》刊登《贵州扶贫攻坚 实施六个到村到户》《精准扶贫看毕节》等一系列关于贵州扶贫工作的深度典型报道。2014 年，报道贵州扶贫开发有关新闻 3090 条，其中，中央电视台、《人民日报》《农民日报》、中国新闻社等中央级媒体刊载贵州扶贫信息 1539 条；贵州广播电视台、《贵州日报》、多彩贵州网、《当代贵州》等省内主流媒体报道贵州扶贫信息 1551 条，其中《贵州日报》的头版 27 条，扶贫专版 9 个版；在国务院扶贫办主办的《中国扶贫》杂志、国务院扶贫办网站上发布贵州扶贫信息 85 篇。贵州省扶贫开发办公室门户网站上发布扶贫会议、产业、政策、公告、地方动态等相关信息 2614 条，印发《贵州扶贫开发要情》28 期。同时，注重加强与新媒体的合作，开通官方微信“微扶贫”，创办《西部开发报·扶贫周刊》数字报，通过新媒体运用，通过网络、手机等大众媒介向社会广泛传播了大量准确、及时的扶贫信息。与《西部开发报》联合开办的《扶贫开发》专刊 2014 年累计出刊 28 期。

（贵州省扶贫办　韩易霖）

# 云南省扶贫开发

**【概述】** 2014年，云南省以改革创新为动力，全力推进区域发展与精准扶贫，确立“12355”新时期扶贫开发工作思路。完成省政府20项重要工作的4个片区扶贫攻坚、怒江州扶贫攻坚、整乡推进、劳动力转移培训、安居工程和10件惠民实事的整村推进，贫困地区农民人均纯收入达6314元，贫困人口从2011年1014万人减少到574万人。

**【扶贫资金投入】** 2014年，云南省投入中央、省级财政专项扶贫资金57.78亿元（其中，中央43.8亿元，省级13.98亿元），较2013年增加7.66亿元，增长15.28%（其中，中央增长12.83%，省级增长23.72%）。各级各部门围绕片区实施规划，投入各类规划项目资金2557.27亿元，占年度规划数的95.09%。争取中央和省级定点扶贫单位、上海对口帮扶单位、社会组织、外资扶贫和民营企业资金52.57亿元。

**【“12355”扶贫开发思路】** 2014年9月，云南省委、省政府在红河哈尼族彝族自治州召开了“全省集中连片特殊困难地区区域发展与扶贫攻坚工作现场推进会议”，开始了云南扶贫“区域开发与精准扶贫”双轮驱动，确立了“12355”扶贫开发思路：

“1”是实现新十年农村扶贫开发纲要确定的“两不愁、三保障、一高于、一接近、一扭转”目标任务。

“2”是同步推进区域开发与精准扶贫两个重点，做到两个“轮子”一起转。

“3”是对贫困地区年轻一代着力加强素质教育和技能培训促进转移，对留守人员着力培育产业增强发展能力推动脱贫，对丧失劳动能力人员着力完善社保实施“托底”的“三个层次脱贫路径”。

第一个“5”是“做大蛋糕、找准平台、创新机制、突出重点、合力推进”的“五句话工作思路”。

第二个“5”是围绕基础产业、基础设施、基本素质、基本保障、基本队伍的要求，打造整乡推进、雨露计划、产业扶贫、金融扶贫、安居工程“五大扶贫品牌”。

**【云南省农村扶贫开发条例】** 2014年7月，云南省第十二届人民代表大会常务委员会第十次会议审议通过《云南省农村扶贫开发条例》（以下简称《条例》），并公布施行。《条例》共分总则、扶贫开发措施、项目和资金、监督和管理、法律责任、附则六章33条。突出区域开发与精准扶贫两个重点；明确各级各部门的工作责任；明确支持贫困地区、贫困群众脱贫发展的政策措施，强化政策措施执行的力度；明确各类扶贫项目资金的管理要求和用途，强调项目资金使用和监督管理制度。《条例》建立了各级财政专项扶贫资金稳定增长机制，规定“省级财政每年安排的专项扶贫资金规模不低于中央财政投入本省专项扶贫资金的百分之三十”。明确社会力量参与扶贫开发权利义务，要求财政、税务等有关行政主管部门依法执行税费减免政策。

**【建档立卡】** 2014年，云南省129个县、1369个乡（镇、街道）、1.4万个行政村（居）委会、14.1万个自然村（村民小组）、969.3万户农户、3725.1万乡村人口为扶贫对象建档立卡范围。按2013年农民人均纯收入2736元（国家农村扶贫标准，相当于2010年2300元价格水平）为贫困户识别标准。按行政村贫困发生率高于省平均水平1倍以上（2013年全省贫困发生率为17.8%）、农民人均纯收入低于省平均水平60%以下（2013年云南省农民人均纯收入为6141元）以及无集体经济收入为贫困村识别标准。全省共识别出贫困乡476个，贫困村4277个，贫困户196.2万户，贫困人口700.2万人。

**【连片特困地区扶贫攻坚】** 2014年，云南省4个集中连片特困地区项目资金总投入2606.77亿元，占年度规划数2689.25亿元的96.91%，其中，政府财政性投入1231.99亿元，占规划数1088.87亿元的113.14%；业主投入1127.48亿元，占规划数1371.46亿元的82.21%，农户自筹247.30亿元，占规划数229.42亿元的107.79%。

**【连片特困地区行业扶贫】** 2014年，云南省行业部门累计完成项目资金投入1660.22亿元，占规划数2712.59亿元的61%。其中，滇西边境片区完成972.38亿元，占规划数1796.26亿元的54%；乌蒙山云南片区完成351.64亿元，占规划数447.47亿元的79%；藏区迪庆片区完成63.98亿元，占规划数76亿元的84%；滇桂黔石漠化云南片区完成272.22亿元，占规划数392.86亿元的69%。

**【整村推进】** 2014年，云南省投入37.26亿元，实施1174个整村推进项目，项目共覆盖6268个自然村，直接受益145.6万人，受益贫困人口63.74万人。行政村整村推进，按照每个行政村补助财政专项扶贫资金100万元的标准，实施574个村，共投入资金29.30亿元。自然村整村推进，行政村补助财政专项扶贫资金60万元的标准，实施600个自然村，投入资金79.66亿元。

**【整乡推进】** 2014年7月，云南省政府第44次常务会将扶贫开发整乡推进试点项目确定为常规项目，出台《关于进一步做好全省扶贫开发整乡推进工作的意见》。安排60个扶贫开发整乡推进，项目计划总投入112.23亿元，涉及16个州（市）、60个县（市、区）、60个乡（镇、街道）、582个行政村、6199个自然村、37.88万户、148.56万人。按照一次规划、2年实施、3年验收项目要求。截至2014年底，60个整乡推进项目完成投资49.59亿元，占计划总投入112.23亿元的44.19%，省级以上财政专项扶贫资金12亿元全部到位，总体工程进度在20%以上。

**【产业扶贫】** 2014年，云南省财政扶贫资金产业项目，第一批安排320个，投入财政扶贫资金2.22亿元，覆盖16个州（市）121个县（市、区）。其中，种植业项目182个，养殖业项目137个，旅游扶贫项目1个（剑川县沙溪镇旅游扶贫项目1个）。第二批安排221个，投入财政扶贫资金1.5亿元。其中，种植业项目117个，养殖业项目104个。

**【宁蒗县扶贫攻坚大会战】** 2012—2015年，针对宁蒗县15个乡（镇）范围内所确定的105个深度贫困自然村，深度贫困人口6630户、2.51万人，实施宁蒗县扶贫攻坚大会战，规划总投资3.61亿元。2012—2014年，投入财政专项资金1.5亿元，实施81个深度贫困自然村扶贫开发。

**【怒江傈僳族自治州扶贫攻坚】** 2014年，云南省省级18家部门，实际投入资金20.6亿元，占部门计划的124%。

**【澜沧县拉祜族聚居村寨综合扶贫开发】** 2014年，云南省按照《澜沧拉祜族自治县拉祜族聚居区综合扶贫开发规划》，投入澜沧县拉祜族聚居村寨综合扶贫开发项目资金1000万元，整合部门投入71万元，群众自筹327万元，主要用于产业增收、基础设施建设、环境与生态建设3大工程。

**【南部山区综合扶贫开发】** 2014年8月，经云南省政府研究，批复《红河州南部山区综合扶贫开发总体方案（2013—2017年）》，启动实施红河州南部山区综合扶贫开发，总投入99.9亿元。

**【光伏扶贫】** 2014年11月，云南省扶贫办、云南省能源局编制完成《云南省光伏扶贫规划（2015—2020年）》。规划建设光伏扶贫发电总装机容量107.3万千瓦，覆盖15个州（市）、84个县（区）35.77万建档立卡贫困农户，占省建档立卡农户的18.4%。规划项目将分试点、推广和全面实施三个阶段，到2020年，光伏扶贫项目年平均发电总量可达13.07亿千瓦时。按含税电价0.95元/千瓦时测算，在25年收益期内，每年将为贫困农户增加售电收入12.42亿元，户均年增加收入约3470元。

**【扶贫小额信贷】** 2014年，云南省扶贫贴息贷款规模达80亿元，其中，发放扶贫到户小额贴息贷款近55亿元，财政贴息2.75亿元，安排扶贫到户以奖代补资金2000万元；扶贫项目贴息贷款发放规模达25亿元，中央和省级财政专项贴息0.75亿元。审批扶贫贴息贷款项目166个，扶贫到户小额贷款受益贫困农户户均增收2600元。

**【信贷扶贫试点】** 2014年7月，出台《云南省扶贫到户小额贷款风险补偿金试点实施方案》（云政办函〔2014〕108号），按照国务院扶贫办《关于上报集中力量解决突出问题方案的通知》（国开办司发〔2014〕61号）要求，安排财政专项扶贫资金1亿元，在全省16个州（市）、32个县（市、区）开展试点。

**【雨露计划】** 2014年，云南省安排财政扶贫资金1.06亿元，培训贫困地区劳动力12万人，其中，引导性培训2万人，技能培训10万人；完成贫困地区劳动力转移就业12万人。坚持从源头促进贫困地区新生劳动力素质提高和转移就业，开展雨露计划实施方式改革试点，在23个试点县共完成补助2.42万人，发放补助资金3630万元，完成计划100%。

**【易地扶贫搬迁】** 2014年，云南省投入易地扶贫搬迁项目资金1.8亿元，搬迁7399户、3.13万人，其中，集中安置5896户、2.52万人，插花安置1503户、6055人。项目覆盖97个县，83个片区县，2个重点县。

**【扶贫安居工程】** 2014年5月，云南省财政厅、云南省人民政府扶贫开发办公室联合颁发《关于下达2014年度扶贫安居工程项目资金的通知》（云财农〔2014〕65号），投入项目资金3亿元，计划实施扶贫安居工程3万户，每户补助资金1万元，项目涉及16个州（市）117个县（市、区），建设周期为1年。截至2014年底，项目已建设完成。

**【溜索改桥】** 云南“溜索改桥”建设项目纳入国家规划桥梁139座，其中，财政扶贫专项资金实施66座。2014年，以中小桥梁为主，遴选26座实施，投入专项扶贫资金1.69亿元。项目涉及曲靖、红河、普洱、迪庆、大理、保山、德宏、怒江、临沧、昭通10个州（市）的24个县（市、区）。

**【革命老区建设】** 2014年，云南省安排专项资金6000万元，其中，投入资金2000万元，重点打造“红色乡村、幸福家园”试点项目；投入资金2000万元，继续实施革命老区扶贫开发建设常规项目；争取中央专项彩票公益金2000万元，支持广南、镇雄2县革命老区小型公益设施建设试点项目。

**【社会扶贫】** 2014年，云南省修订省级国家机关企事业单位定点挂钩扶贫考核办法，协助制定《关于进一步加强新农村建设指导员驻村帮扶工作的意见》，建立省、州（市）、县三级新农村建设指导员驻村帮扶工作机制，确保贫困乡镇均有5人以上的驻村工作队，实施整村推进的贫困村有2人以上的工作队，未实施整村推进的村有1人以上的工作队。开展“扶贫日”系列活动，接受社会捐赠资金1.9亿元。在鲁甸、景谷发生地震后，接受中国工商银行、中国航天科工集团公司、宝钢集团有限公司、中国东方航空集团公司、中国海运（集团）总公司等中央帮扶单位和中国扶贫基金会等社会组织，捐赠资金35.32亿元，捐赠物资折款4.35亿元。省委、省政府表彰了200家社会扶贫先进单位。

**【圆梦832贫困高中生关爱行动】** 2014年11月，全国人大常委会原副委员长顾秀莲、全国政协副主席刘晓峰、国务院扶贫办主任刘永富、中国扶贫基金会会长段应碧共同为“圆梦832贫困高中生关爱行动”活动揭幕。中国扶贫基金会公布首批开展此项活动的10个试点县的名单，云南有东川区、施甸县、富源县、西畴县、墨江县列入试点县。

**【爱加餐项目】** 2014年，营养加餐项目投入资金约1194万元，受益学校152所，受益学生约3.2万名；爱心厨房项目投入资金约368万元，受益学校78所，受益学生约2.1万名。

**【沪滇对口帮扶合作】** 2014年，上海对口帮扶云南投入资金3.37亿元，其中：计划安排资金2.88亿元，增长8%；争取计划外资金4816万元。开展整村推进、产业扶贫、民生改善、人才培训、特困群体帮扶、社会事业建设等各类帮扶项目351个，覆盖云南滇西边境山区、石漠化地区、迪庆藏区和乌蒙山片区30余个县，受益农户1.19万户、5.14万人。开展经济交流合作项目166个，安排项目资金139.8亿元，增长38.8%。

**【外资扶贫】** 2014年，云南省向世界银行和财政部申报世界银行技术援助项目第六期“中国经济改革和能力建设”项目（TCC6），与中国国际扶贫中心共同拟定“中国国际扶贫中心—缅甸减贫合作云南协作伙伴计划”。与香港乐施会、世界宣明会和互满爱人与人三家境外非政府组织开展减贫合作和灾后应急救援合作，在全省10个州（市）的26个贫困县（市、区）实施各类无偿援助项目37个，累计投入各项援助资金4045.22万元，省级财政配套投入395万元，受益贫困人口近40万人次。

（云南省扶贫办　肖义贵）

导同志共 540 人次深入帮扶地调研指导工作；直接投入 8.96 亿元；帮助项目 4948 个。举办培训班 440 期，共培训 1.76 万人次。

**【驻村帮扶】** 2014 年，西藏自治区参加驻村工作人员 2.18 万名，进驻 682 个贫困乡，5463 个贫困村，累计完成各类投资 11.06 亿元，落实各类项目 8600 个；帮助贫困村制定发展规划 8500 项，组建合作组织 1500 个；落实并实施培训项目 550 个，培训 2.2 万人次，劳务输出 30.2 万人次。农牧民增加现金收入 2.63 亿元。

（西藏自治区扶贫办　付　洋）

# 陕西省扶贫开发

**【概述】** 2014年，陕西省扶贫开发工作深入贯彻中共中央总书记习近平关于扶贫开发精准扶贫重要讲话精神，认真贯彻落实《关于创新机制扎实推进农村扶贫开发工作的意见》，围绕精准扶贫、增加贫困人口收入这个中心，进一步加强组织领导，全面改革创新，大力推进片区攻坚和精准扶贫，扶贫开发取得显著成效，全省农村贫困地区经济社会得到快速发展。按照2500元（2010年不变价）的省级扶贫标准，陕西省全年实现114万农村贫困人口脱贫。

**【扶贫资金投入】** 2014年，陕西省各级共安排财政专项扶贫资金60.9亿元，其中，中央和省级安排财政专项扶贫资金31.9亿元，市级和县级投入29亿元。全省投放小额信贷资金67.6亿元，社会力量投入帮扶资金36.89亿元。

**【扶贫资金管理】** 2014年，陕西省扶贫办和省财政厅联合对全省10个市、65个片区县和重点县的2013年度财政专项扶贫资金绩效、项目实施、档案管理及报账等进行检查考核。陕西省积极推进财政专项扶贫资金管理机制改革，全面下放资金项目审批权限，中央和省级财政专项扶贫资金的92%直接切块到县，到村到户资金占项目资金总量的85%。在全国扶贫资金绩效中被评为A级，受到财政部和国务院扶贫办通报表彰，并获得7000万元的财政专项扶贫资金奖励。

**【易地扶贫搬迁】** 2014年，陕西省扶贫办、省发展和改革委员会、省财政厅联合印发《陕北关中移民搬迁规划实施指导意见》，将特困人口搬迁安置纳入全省规划。省政府召开全省移民搬迁工作电视电话会议，省扶贫办在蓝田县召开全省移民搬迁现场观摩培训会，有力推动移民搬迁工作的开展。全省搬迁贫困户6.13万户、24.08万人，完成任务的122.6%，房屋主体完工5.8万户，完成投资112.5亿元。其中：陕北地区搬迁2.6万户、9.88万人，完成任务的162.5%；秦岭北麓及渭北旱塬地区搬迁0.83万户、3.3万人，完成任务的103.7%；陕南地区搬迁2.7万户、10.9万人，完成任务的103.8%。

**【整村推进】** 2014年，陕西省投入财政专项资金20.85亿元，实施整村推进扶贫项目三年实施规划（2013—2015年）中剩余的1297个村的产业发展、基础设施和环境改善项目，其中：中央、省级财政扶贫资金4.34亿元，市县配套资金1.36亿元，整合部门资金6.31亿元，群众自筹资金8.84亿元。资金用于新修道路1359.31千米，桥梁建筑面积4234.8立方米，铺设人饮管道296.3千米，架设农电线路253.96千米，打井352口；发展经济作物种植35.99万亩，养殖大型牲畜7.45万头；民居改造2730户，建沼气池6428.4立方米，新建文化休闲广场3.05万平方米，安装路灯4335盏，建垃圾处理点1.27万立方米。启动实施12个中央专项彩票公益金支持革命老区县整村推进项目县的建设任务，全省贫困村面貌得到较大改善。

**【产业扶贫】** 2014年，陕西省安排财政扶贫资金3.22亿元，启动产业扶贫、产业扶贫园区、信贷扶贫和低收入农户生产发展四类项目。全省推行“扶集体带动户”模式，扶持贫困户1.78万户。安排小额信贷财政扶贫贴息资金2900万元，落实小额信贷贷款9.15亿元，扶持贫困户3万余户。扶持扶贫龙头企业106个，拨付财政扶贫贴息资金4067.06万元，落实贴息贷款11.45亿元，辐射带动贫困户13万户。安排低收入农户发展项目1亿元，扶持3.5万户贫困户自主发展产业。2006个互助资金项目村资金总规模达5.16亿元，发放借款3.44亿元，6.5万户项目区农户受益。

**【雨露计划】** 2014年，陕西省印发《关于做好2014年财政专项扶贫资金项目计划备案工作的通知》，对贫困家庭大学生助学项目资金采用“一卡通”方式直补到人。雨露计划培训项目安排财政专项扶贫资金0.9亿元，培训学员5.13万人，其中：培训贫困“两后生”高技能人才2万人，培训扶贫移民搬迁户和贫困家庭劳动力就业创业3万人，培训全省致富带头人1260人。农村贫困家庭大学生助学项目正在资助的大学生达6.36万人，其中：新资助2万人，续补资助4.36万人，资金全部发放到位。完成农民实用技术培训100万人。

**【外资扶贫】** 2014年，陕西省推进世界银行五期扶贫项目实施，陕西省项目区完成投资2.94亿元，占总项目资金的71%，其中CDD（小区基础设施和公共服务）分项目完成项目投资2.36亿元，占项目投资目标的78%；CDF（小区发展资金）分项目完成项目投资3259.71万元，占分项目总目标的48.1%；GEF（全球环境基金）分项目完成项目投资720.9万元，占分项目总目标的71.5%；项目管理与监测评价分项目完成项目投资1884.3万元，占分项目总目标的54.8%。累计落实配套资金1.53亿元，占配套资金目标任务的92.73%。在209个项目村注册建成社区发展资金互助社，吸纳入社农户9843户，向1710户社员提供发展生产贷款595.12万元。

**【社会扶贫】** 2014年，34个中央部委、企事业单位在陕西省开展扶贫工作，对全省50个国家扶贫开发工作重点县帮扶全覆盖。江苏省对口援助陕西省扶贫协作项目97项，1276家企业开展企村结对帮扶。深入开展国家首个“扶贫日”陕西系列活动。陕西省委、省政府召开驻村联户扶贫工作电视电话会议，安排4000万元工作队帮扶项目资金。陕西省选派挂职副县长56人，组建驻贫困村工作队7323个，选派驻村干部2.05万人，13.5万名干部与23.5万户贫困户开展结对联户帮扶活动。

**【连片特困地区扶贫攻坚】** 2014年，陕西省出台《关于创新机制扎实推进全省农村扶贫开发工作的实施意见》，印发《2014年陕西省片区牵头单位工作要点》和《陕西省片区规划实施监测和评估工作方案》，启动实施片区监测和评估工作。陕西省纪委牵头组成联合检查组，对19个省级部门落实片区攻坚支持政策情况进行督查。陕西省三个连片特困地区完成各类投资1213亿元，比2013年增加531亿元。交通、水利、卫生、科技、产业等方面一批重大项目在全省落地实施，农村义务教育和家庭困难学生补助政策在陕西全面落实，国家片区县高考单独招生计划扩大到全省扶贫开发工作重点县，新型农村合作医疗、农村基本养老实现全省全覆盖，五保户、低保户、农村残疾人、计生贫困户等特殊贫困群体得到进一步保障。

**【建档立卡】** 2014年，陕西省委、省政府召开农村扶贫开发建档立卡工作电视电话会议，印发《全省农村扶贫开发建档立卡工作方案》，安排部署全省农村贫困人口精准识别及建档立卡工作。陕西省各级建档立卡投入2060万元，安康、榆林、渭南等市成立扶贫统计监测中心或信息中心，永寿县为每个乡镇配备两名扶贫专干，专门保障建档立卡工作开展。陕西省98个有扶贫任务的县（市、区）共识别国家扶贫标准（2010年2300元不变价）下贫困人口143.03万户、451万人，省级扶贫标准（2010年2500元不变价）下贫困人口182.21万户、574.3万人；按照2013年年底行政村贫困发生率比全省贫困发生率高一倍以上、行政村2013年全村农民人均纯收入低于全省平均水平60%、行政村无集体经济收入的“一高一低一无”标准，陕西省共识别贫困村8808个，对2.4万个有扶贫任务的行政村进行建档立卡。

（陕西省扶贫办　陈庆客）

# 甘肃省扶贫开发

**【概述】** 2014年，甘肃省以“联村联户、为民富民”行动为平台，深入实施“1236”扶贫攻坚行动，突出“六大突破”工作重点，创新改革体制机制，以58个集中连片特困县区为主战场，统筹17个插花型贫困县区，坚持专项扶贫、行业扶贫、社会扶贫“三位一体”整体推进，走统筹扶贫、精准扶贫、开放扶贫、造血扶贫、生态扶贫的道路，扶贫目标任务全面落实，扶贫开发措施得到强化，扶贫投入力度不断加大，扶贫开发项目逐个落地。农村贫困人口人均纯收入增幅比全省平均水平高2个百分点，减少贫困人口140万人。全省贫困人口由2013年年底的552万人下降到412万人，贫困发生率由26.5%下降到19.8%，下降6.7个百分点。

**【扶贫资金投入】** 2014年，甘肃省财政专项扶贫资金投入57.19亿元，较2013年增长14%。其中：中央财政专项扶贫资金45.76亿元，含发展资金30.05亿元、以工代赈资金2.47亿元、少数民族发展资金1.59亿元、“三西”专项资金2亿元、国有贫困农场资金0.09亿元、国有贫困林场资金0.16亿元、“两州”（甘南藏族自治州和临夏回族自治州）专项0.2亿元、中央彩票公益金0.2亿元、易地扶贫搬迁9亿元；省级财政专项扶贫资金11.43亿元。中央财政专项扶贫资金主要用于：产业扶贫，资金投入11.69亿元，占26%；基础设施建设，资金投入14.45亿元，占32%；易地扶贫搬迁，资金投入14亿元，占30%；各类培训、金融扶贫等其他资金投入5.62亿元，占12%。

**【扶贫资金管理】** 2014年，甘肃省重新修订《甘肃省财政专项扶贫资金使用管理实施办法（试行）》和《甘肃省财政专项扶贫资金县级报账制实施细则（试行）》，规范和完善资金分配、资金使用、项目管理、资金监管程序；全面推行县级报账制实施细则，保证扶贫资金专款专用，防止挪用和浪费资金。制订《甘肃省财政专项扶贫资金县级项目库建设管理暂行办法》。按照“项目跟着规划走、资金跟着项目走、责任跟着资金走”和“谁管项目、谁用资金、谁负主责”的原则，制定《甘肃省财政专项扶贫资金监管体系建设方案》，建设省市县乡全过程、全方位、公开透明、网格化的扶贫资金监管体系，进一步细化和靠实监管责任，形成条块结合、上下联动、齐抓共管的扶贫资金监管格局。

**【1236扶贫攻坚行动】** 甘肃省“1236扶贫攻坚行动”要求紧扣持续增加收入这一核心，确保扶贫对象年均纯收入增幅高于全省平均水平2个百分点，到2016年贫困地区农民人均纯收入达7000元，到2020年达1.2万元，进一步缩小与全国的收入差距；做到不愁吃、不愁穿；落实义务教育、基本医疗和住房3个保障；在基础设施建设、富民产业培育、易地扶贫搬迁、金融资金支撑、公共服务保障和能力素质提升6方面实现重大突破。

**【基础设施建设】** 2014年，甘肃省在农村道路建设方面，交通扶贫投资55.68亿元，在贫困地区建成1万千米建制村公路和1300个停靠站，解决1808个建制村通畅公路，建制村通畅率达到70%。在农村饮水安全方面，在贫困地区投资用于解决农村人口安全饮水的各类资金达14.59亿元，解决贫困地区180万农村人口和7个试点县规划外26.83万农村人口的饮水安全问题，受益人口总计206.83万人。全省饮水安全工程投资完成率达到100%，贫困地区自来水入户率达到75%。在农村电力建设方面，计划农网改造升级工程总投资18.6亿元，解决15.8万户居民用户的低电压问题，3.89万户易地扶贫搬迁和新农村建设居民用电问题。全省自然村三相动力用电覆盖率达到93%，贫困村动力电覆盖率达到80%。在农村住房建设方面，中央和省级财政下达补助资金16.42亿元，用于贫困地区20万户危房改造，其中80.7%的资金投向甘肃省三大国家集中连片特困区58个贫困县。

**【整村推进】** 2014年，甘肃省共安排整村推进项目1066个，总投资规模66.84亿元（其中财政专项扶贫资金17.43亿元，占总投资的26.1%；部门整合资金20.25亿元，占总投资的30.3%；贴息贷款共29.16亿元，占总投资的43.6%），完成种植业、养殖业、基础设施建设、劳动力素质提升、贫困村互助资金等各项目标任务，贫困户生产生活条件明显改善，成为精准扶贫的主打项目。加大投入力度，实施规模为2013年的170%，投入财政专项扶贫资金为2013年的180%。出台《甘肃省财政专项扶贫资金使用管理实施办法》和《甘肃省财政专项扶贫资金县级报账制实施细则》。

**【易地扶贫搬迁】** 2014年，甘肃省易地扶贫搬迁工程投入资金60.6亿元，搬迁工程涉及55个项目县（区），102个项目、546个安置点，完成搬迁4.68万户、23.34万人。新建住房4.68万套、412.3万平方米；土地开发4.06万亩；新建、改扩建道路558.85千米；新建堤防及排水渠134.1千米。争取中央预算内资金9亿元，中央财政扶贫资金5亿元，省级财政配套资金4.52亿元，人均补助8000元，补助资金的85%以上用于搬迁群众住房建设。

**【产业扶贫】** 2014年，甘肃省实施东乡族自治县、积石山保安族东乡族撒拉族自治县肉羊产业、彩票公益金扶持庆阳革命老区等国家级试点项目。加大对贫困地区龙头企业、专业合作社和产业大户的扶持力度。围绕特色优势增收产业开展各类农业实用技术和专业技能培训，引进推广新品种、新技术、新肥料。培育出成县核桃、武都花椒、康县木耳、天水樱桃、岷县当归、静宁苹果、兰州百合等一批特色农产品品牌。通过项目支持，新修梯田7.3万亩，实施双垄沟播247.5万亩，种植中药材7.5万亩，种植牧草4.3万亩，栽植经济林果13.35万亩；新建日光温室和蔬菜大棚7400座；养牛0.82万头，养羊8万只，养猪1.1万只；建设标准化暖棚1.81万座。顺应电子商务发展趋势，把扶贫开发和电子商务结合起来，以电子商务促进群众增收致富，全省农产品电子商务交易额达780亿元，贫困地区办网店近3万家，从业超过10万人，销售额到全省的80%。

**【雨露计划】** 2014年，甘肃省投入财政扶贫资金1.82亿元，实施贫困地区雨露计划培训12.07万人。贫困村青壮年普通技能培训投入资金1213.1万元，完成培训7186人。家政服务员培训投入资金200万元，培训2000人。贫困村创业致富带头人培训投入资金300万元，培训300人。

**【村级互助金试点】** 2014年，甘肃省互助资金试点扩展到75个县、3944个村，资金总规模达到14.6亿元，有效缓解贫困村金融服务缺失、贫困群众贷款难、启动资金不足的问题。

**【革命老区建设】** 2014年，国务院扶贫办安排中央专项彩票公益金2000万元，在甘肃庆城、正宁2县分别投入1000万元，同时，整合各类资金2000万元实施小型公益设施建设项目。项目包括村组道路建设、漫水桥、排水设施建设、人畜饮水等工程。

**【以工代赈】** 2014年，甘肃省安排中央和省级以工代赈资金3.20亿元，其中：中央财政预算内以工代赈资金2.47亿元；中央预算内以工代赈示范项目资金2700万元；省财政配套资金2455万元；成品油价格税费改革中央返还财政收入用于以工代赈省财政配套资金2100万元。新建、改建县乡村道路1070千米，桥梁43座、1674延米，河堤46.44千米等。通过343个路桥项目建设，缓解项目区交通不畅和群众出行难问题；通过小型农田水利设施建设，改善和新增有效灌溉面积6万亩。同时，通过项目建设，向贫困地区群众发放劳务报酬4393万元，增加贫困群众收入。

**【定点扶贫】** 2014年，定点帮扶的甘肃省省直、市、县、乡40.8万名干部和1.44万个机关、企事业单位，其中：省级单位289个、市级单位2608个、县级单位1.15万个，与8790个贫困村开展“双联”行动，实现对贫困地区的三个“全覆盖”（省级领导联系片区重点县全覆盖、干部联系特困户全覆盖、单位联系重点村全覆盖）；各级联村单位共培训各类人员90.63万人次，解决群众急事难事7.73万件，义诊35.77万人次；帮助化解农村纠纷3.97万件。中央、国家机关单位共有364名干部到定点县调研考察，选派 25 名干部蹲点帮扶；引进各类资金 9.32 亿元，主要用于基础设施、产业开发、文化教育、医疗卫生、人力资源培训、赈灾救济送温暖等项目 53 个；举办培训班 31 期，培训 3555 人次，其中：党政干部 442 人、技术人员 1073 人、农村致富带头人 260 人、农村劳动力 1780 人，组织劳务输出 6.43 万人次。2014 年 6 月，省扶贫攻坚行动协调推进领导小组印发《关于进一步健全和完善贫困村驻村帮扶工作队的意见》（甘扶领发〔2014〕8 号），在 58 个片区特困县、17 个插花型贫困县的 6220 个贫困村，建立驻村帮扶工作队，全省共派驻干部 2.06 万人，其中：省直单位 723 人，市州 1660 人，县市区 1.82 万人。

**【东西扶贫协作】** 2014 年，天津—甘肃、厦门—甘肃东西扶贫协作工作顺利开展。天津市政府累计投入帮扶资金 1.71 亿元，其中：甘南藏族自治州 1.09 亿元，天祝县 2246 万元，省内其他市州 3896 万元，津甘结对区县投入帮扶资金 105 万元，主要用于整村推进、特色产业开发、学校建设、村组道路等项目；天津派到甘南州挂职干部 6 人；完成了第二批 71 名甘南籍学生考录天津医科大学和天津中医药大学的录取工作；组织实施 18 期培训班 1632 人次；2014 年 7 月，天津市滨海新区与天水市建立结对帮扶关系。厦门市共援助临夏回族自治州帮扶资金 3300 万元，其中，厦门市帮扶资金 2000 万元，市辖区帮扶资金 1300 万元，主要用于学校建设、整村推进、危旧房改造等项目；举办骨干教师培训班 3 期，选派 100 名高三教师赴厦门参加 2015 年高考备考专题辅导培训，厦门派出 15 名专家赴临夏开展“送教下州”活动。

**【企业和社会各界扶贫】** 2014 年，中央定点扶贫单位共投入资金 1.19 亿元。全国工商联 27 家直属商会与甘肃省 20 个贫困县签署产业开发战略合作协议；省工商联商会联席会议成员单位的 45 家商会与省内 20 个国家特困片区县签订帮扶协议，确定以“扶贫办统筹规划，工商联组织引导，商协会配合实施，企业家自愿投资，贫困县建设落实”的模式，按照“一会一企带一县或多会多企带一县”的帮扶形式，在 18 个受援县建立帮扶开发机制。2014 年，第二十届“兰洽会”暨“民企陇上行”活动期间，省工商联商会对口帮扶 20 个贫困县，共完成签约项目 142 个，合同资金 352 亿元，到位资金 47 亿元。

**【扶贫机构和队伍建设】** 2014 年，甘肃省进一步贯彻落实“1236”扶贫攻坚行动，全省 80 个设有扶贫办机构的县区中的 60 个县（区）所辖乡（镇）成立了 816 个扶贫工作站。

**【扶贫日活动】** 2014 年 10 月 17 日，甘肃省组织开展“扶贫日”系列宣传活动。省委书记、省人大常委会主任王三运在《甘肃日报》上发表题为《深入贯彻习总书记扶贫开发战略思想，集中全省力量打赢新一轮扶贫攻坚战》的署名文章，同时配发题为《推进扶贫攻坚的重要契机》的评论员文章；开展新闻媒体“再进贫困村”活动和“人大代表在行动”、“政协委员助推双联行动”宣传；发布扶贫公益信息，公布公募账户；在《甘肃日报》《甘肃经济日报》、甘肃电视台、甘肃人民广播电台等媒体开辟专版（专栏），对全省扶贫日活动进行集中宣传报道。配合完成《人民日报》全国“两会”甘肃专版中有关扶贫开发工作的宣传报道。组织扶贫办领导参加省广播电台“阳光在线”面对面直播活动。陪同国务院扶贫办、《人民日报》理论版编辑部联合调研组赴东乡县调研采访“双联”及驻村帮扶工作。陪同农业日报社记者赴临夏、定西、白银、平凉、庆阳等市（州）采访“1236”扶贫攻坚行动。

**【扶贫宣传】** 2014 年，甘肃省印发《关于进一步加强全省扶贫宣传工作的意见》。在省级以上新闻媒体共发表 405 篇扶贫宣传报道和文章，其中《人民日报》、新华社等国家和行业媒体 181 篇，《大公报》《文汇报》等海外媒体 8 篇，《甘肃日报》《甘肃经济日报》等省级主流媒体 216 篇。

（甘肃省扶贫办　尕藏扎西）

# 青海省扶贫开发

**【概述】** 2014年，在国务院扶贫办的正确指导和青海省委、省政府的正确领导下，在省直有关部门的大力支持下，扶贫开发工作坚决贯彻执行党中央、国务院和省委、省政府的决策部署，紧紧围绕“两不愁、三保障”总目标，全力建设国家循环经济发展先行区、生态文明先行区和民族团结进步示范区“三区”战略和“稳增长、调结构、促改革、惠民生”政策落实，坚持以改革创新为动力，精准扶贫与区域扶贫攻坚相结合，创新机制，强化举措，转变作风，真抓实干，圆满完成各项工作目标任务。青海省减少贫困人口20.9万人，超目标任务0.9万人。贫困农牧民人均纯收入增长15.6%，高于全省平均增幅2.9个百分点，达到6030元。

**【扶贫资金投入】** 2014年，青海省落实扶贫资金23.47亿元，较2013年增加4.55亿元，增幅24.06%。其中，中央财政扶贫资金14.79亿元，较2013年增加2.03亿元，增幅为15.97%；主要用于整村推进项目、金融产业扶贫、扶贫产业示范园建设、连片特困地区产业扶贫等14个扶贫项目。辽宁省援助青海省东西扶贫省本级资金4100万元，增幅为10%。落实辽宁省13个市、1家企业帮扶资金1372万元。在整村推进、雨露计划、扶贫系统干部培训等3个扶贫项目上投入辽宁援助资金。落实中央易地扶贫资金1.70亿元。13家中央国家机关单位落实帮扶资金1572万元，较2013年同期增加672万元；6个援青省（市）及18家中央企业落实帮扶资金11.98亿元；协调引进项目资金1.95亿元。省级财政专项扶贫资金6.56亿元，较2013年增幅57.5%，各行业扶贫攻坚资金超过40亿元。省级财政扶贫资金主要用于易地扶贫搬迁项目、扶贫产业示范园建设、特殊类型扶贫攻坚三项扶贫项目。

**【扶贫资金管理】** 2014年，青海省认真落实《青海省扶贫开发项目审批权限下放到县管理办法（试行）》，结合2013年财政扶贫资金绩效考评结果，采取以奖代补方式下达产业发展资金。通过改革财政扶贫资金管理机制，强化县级政府的主体责任，发挥扶贫项目资金牵引作用整合涉农资金；减少审批环节，节省项目文本编制和论证费用，年节省费用700万元，项目启动实施时间平均提前3个月。联合省财政厅，在县级自评、市州考评的基础上，对2013年度财政扶贫资金绩效进行全面考评，分县打分排序后进行全省通报。建立资金的拨付使用和项目进度情况每月一报制度，对落后地区和问题项目进行督办。加强项目资金审计。在项目资金监管上，邀请两家中介审计机构，对全省 20 个县 2010—2013 年扶贫项目资金使用情况开展专项审计。在分配下达年度财政扶贫资金时，落实扶贫资金绩效导向机制，在全国 28 个省份财政扶贫资金绩效考评中，青海省扶贫开发局被评为 A 级，获得财政扶贫资金绩效评价奖励资金 7000 万元。

**【基础设施建设】** 2014 年，青海省村道畅通投资 46 亿元，建设村道公路 5000 千米、便民桥梁 200 座，改建农村公路 9251 千米、桥梁 249 座，投资 5 亿元改扩建 25 个县级汽车站（含续建 10 个）和 53 个乡镇站。投资 4.76 亿元，实施项目 122 项，解决 27.66 万人的饮水安全问题。投资 9.25 亿元，解决 1.27 万户、5.07 万无电人口的用电问题。同时发放光伏用户电源 7.6 万套，解决 20 万人用电问题。投资 1.05 亿元建设经济林 15.63 万亩。建设 9 个省级产业技术转化研发平台，120 万农牧民从中受益。投资 7.66 亿元，实施“1020”科技支撑工程项目（打造青海东部特色农业科技示范区、现代生态畜牧业科技示范区、西部生态经济林和节水农业科技示范区等 3 大类农牧业科技示范区，力促油菜、马铃薯、牛羊肉、奶业、毛绒等 10 大特色产业链发展，集成 20 个技术水平高、产业化前景好的科技专项进行示范。力争到 2015 年，农牧业生产方式明显改变，科技对农牧业经济增长的贡献率达到 55%以上）57 项。安排 5.4 万套直播卫星户户通建设项目 2592 万元。实施行政村通宽带项目 200 个，依托现代党员远程教育网络建立 4000 个村级科技服务站点。

**【连片特困地区扶贫攻坚】** 2014 年，青海省六盘山片区完成交通固定资产投资 33.16 亿元，落实中央补助资金 21.39 亿元。藏区完成交通固定资产投资 208.54 亿元，海北藏族自治州、海南藏族自治州、海西蒙古族藏族自治州及玉树藏族自治州 4 州和格尔木市基本通高速公路，形成以西宁市为中心、连接藏区大部分州的高速公路网。西宁至藏区 6 州州府公路达到二级及以上公路标准。落实各类水利资金 56.18 亿元。“引大济湟”北干一期干渠全线贯通，石头峡水库下闸蓄水，调水总干渠隧洞掘进取得突破性进展。实施一批饮水安全、灌区节水改造、小型农田水利工程重点县等民生项目，解决 24.9 万农牧民的饮水安全问题，改善农田灌溉面积近 30 万亩。片区通过多种治理措施，新增水土保持面积 230.8 平方千米。2014 年，火电、水电、风电项目完成总投资 78.85 亿元，光伏项目完成投资 98.95 亿元，电网项目完成投资 41.33 亿元。

**【整村推进】** 2014 年，青海省政府提高整村推进入户资金标准，农区每户提高至 7800 元，牧区每户提高至 9600 元，增幅分别达到 56% 和 48%。切块下达资金 4.5

亿元，整合各类资金3.5亿元，在全省375个贫困村实施整村推进项目135项，使5.97万户贫困户、24.1万人从中受益，超计划15个村、1.46万户、4.95万人。建设扶贫产业基地93个。

**【易地扶贫搬迁】** 2014年，青海省投入资金5.48亿元，在139个村实施易地扶贫搬迁项目114个，搬迁安置1.36万户、6.28万人，分别完成年度目标任务的227%和209%。聘请中国农业大学人文与发展学院对《青海省“十二五”易地扶贫搬迁规划》进行中期评估。

**【产业扶贫】** 2014年，青海省安排4.71亿元资金实施产业扶贫项目。其中，扶贫产业实验示范园区1.3亿元，藏区产业扶贫7500万元，特殊类型产业扶贫4500万元，连片特困地区产业扶贫1.81亿元（含藏区扶贫攻坚资金8000万元），集中力量解决突出贫困问题试点4000万元，重点扶持贫困农牧民发展经济林果、蔬菜、中藏药材、苗木等特色种植业，牦牛、藏系羊、獭兔、土鸡等产业化生态畜牧业，围绕农畜产品加工、民族旅游、商贸服务等以调整产业结构、转变发展模式的二、三产业，探索青海特色的“种养加”一条龙、农（牧）工贸一体化的产业扶贫新模式，着力实施高原特色农业、特色生态畜牧业、特色文化旅游业和绿色农畜产品加工产业扶贫项目，基本实现“户有致富项目、村有特色产业”的目标。

**【雨露计划】** 2014年，青海省安排资金1500万元对1万名贫困劳动力开展涉及30多个专业的短期技能培训；安排资金500万元，对2500名接受中高等职业学历教育的贫困家庭学生进行补助；安排资金1000万元，对2000名藏区贫困家庭“两后生”接受职业教育进行资助；安排资金2000万元，联合团省委在20个县实施“青春创业扶贫行动”试点工作，扶持200个大学生团队、500余名贫困大学生实施创业项目200个；落实专项资金2550万元，开展雨露计划实施方式改革试点工作。

**【金融扶贫】** 2014年，青海省投入资金1亿元，在全省30个贫困村开展金融扶贫试点，每村投入300万元作为风险质押金，引导金融部门以1∶5的比例发放贷款，安排资金5000万元对基准利率全额贴息，落实贷款7.1亿元，全年撬动金融资本8亿元。青海省政府与中国扶贫基金会正式签署协议，中和农信项目管理有限公司投入资金1.8亿元，省级配套0.9亿元作为基金，在西宁市、海东市9县开展免抵押、免担保、不以盈利为目的的小额信贷扶贫工作。

**【以工代赈】** 2014年，青海省投入中央财政预算内以工代赈资金1.65亿元，实施农田水利、人畜饮水、乡村道路等项目共计74项。改善灌溉面积7.77万亩、新增灌溉面积0.51万亩；为3.38万人、22.85万头（只）牲畜解决饮水困难问题；修建乡村公路160.65千米。

**【定点扶贫】** 2014年，青海省落实

13家中央国家机关单位帮扶资金1572万元，较2013年同期增加672万元；协调引进项目资金1.95亿元。省直机关123家单位把定点扶贫与党的群众路线教育实践活动、“五进”活动（进乡镇、进贫困村、进社区、进学校、进寺院）、高原美丽乡村建设相结合，落实各类帮扶资金6000余万元。省委组织部、省扶贫开发局印发《青海省扶贫开发干部驻村及联户工作实施方案》，启动干部驻村帮扶工作，在统筹入乡驻村、定点扶贫、结对帮扶等帮扶资源的基础上，全省抽调4866名干部组建1622个驻村工作队，7万名党员干部联户帮扶贫困村的7万户贫困户。

**【企业和社会各界扶贫】** 2014年，青海省扶贫开发局与省工商联联合印发《关于共同推进民营企业参与扶贫开发的实施意见》。全省7个社会扶贫先进集体和7名先进个人受到国务院扶贫开发领导小组的通报表彰。成功开展首个“扶贫日”活动，共募集善款1.29亿元，青海省“小包裹，大爱心，圆梦2014”关爱行动接受捐赠200万元。

**【特殊类型扶贫攻坚】** 2014年，青海省安排财政扶贫资金3.7亿元，整合各类资金29亿元，实施果洛藏族自治州、青甘川交界地区、海北藏族自治州牧区农事队、同德县等6个省域特殊类型扶贫攻坚工程。海北农事队扶贫攻坚，有效解决了困扰海北州20多年的经济发展、民族团结、社会稳定等老大难问题，使1206户、4406名贫困人口直接受益。通过实施同德县特殊类型扶贫攻坚，基础设施、城乡面貌、公共服务、农牧民生产生活条件明显改善，生态保护得到加强，项目效益逐步显现，显示出以扶贫为有效平台，整合各类资源合力攻坚的综合效应，创出可供全省推广的“同德模式”。班玛县在特殊类型扶贫攻坚中以扶贫开发统揽全局，结合当地实际，重点实施藏茶产业发展、易地扶贫搬迁、教育扶贫、旅游扶贫四大工程，创立了“班玛经验”。

**【外资项目扶贫】** 2014年，青海省协调省发展和改革委员会、省财政厅完成国际农发扶贫项目的立项审批工作。成立领导小组及办公室，明确成员单位、市、县（区）项目办工作职责。指导各项目县（区）编制项目实施方案；形成水利、农牧、林业、扶贫分项目的初步可研报告，完成项目识别工作，签署《合作备忘录》。

**【扶贫宣传】** 2014年，青海省在全省范围内开展焦裕禄式扶贫干部评选认定活动，树立焦裕禄式扶贫干部10名。协调《青海日报》、青海广播电视台开设“扎实推进扶贫开发”专栏，集中报道扶贫成效和先进典型。借助“扶贫日”载体加大扶贫宣传，集中报道扶贫成效和先进典型。累计在中央媒体刊发稿件86篇，省内主流媒体刊发稿件120多篇。

（青海省扶贫开发局　李　赢）

# 宁夏回族自治区扶贫开发

**【概述】** 2014 年，是宁夏回族自治区全面深化改革，深入创新扶贫开发机制的第一年，也是宁夏回族自治区深入推进百万贫困人口扶贫攻坚战略的关键一年。不断完善扶贫开发思路，积极创新扶贫开发机制，切实强化扶贫开发措施，抓重点、攻难点、创新点，全区扶贫开发工作取得显著成绩。宁夏回族自治区中南部贫困地区的经济社会发展明显加快，人民群众的生活水平明显提高，生态环境明显改善，贫困人口减少 10 万人，西海固地区农民人均纯收入增长 14%，高于宁夏回族自治区平均增幅 3.5 个百分点。

**【扶贫资金管理】** 2014 年，宁夏回族自治区成立考评领导小组和考评工作组。将财政专项扶贫资金绩效考核纳入到扶贫开发考核体系，一并体现在年终考核中。分别召开通报会，指出问题、进行约谈、分析原因、明确措施、限期整改。

**【易地扶贫搬迁】** 2014 年，宁夏回族自治区 35 万人生态移民有序推进，累计投入资金 91.47 亿元；建设移民住房 7.44 万套，搬迁安置移民 27.78 万人。开工建设 1.16 万套、5 万人的移民住房，搬迁安置移民 7.12 万人。积极引导移民发展致富产业，帮扶移民安置区建设种植温棚、大中型拱棚等设施农业 1.38 万亩，大田特色农业种植 35.44 万亩，发展牛、羊、鸡等养殖业 25.3 万头（只）。突出抓好移民新村基层组织建设。入住的 141 个安置区共设立行政村（社区）162 个，有 118 个村（社区）选举产生“两委”班子，23 个村成立临时“两委”班子，21 个规模较小的村并入邻村进行管理。

**【精准扶贫】** 2014 年，宁夏回族自治区建档立卡的贫困村为 1100 个、贫困人口为 80.3 万人，贫困发生率 19.6%。将识别结果与到村到户产业扶持项目有效衔接，全面实施精准扶贫。

一是基础设施到村。编制 500 个重点贫困村整村推进规划和定期脱贫计划。组织实施 100 个重点贫困村考核销号和 11 个整乡推进试点、20 个整村推进示范村建设。500 个重点贫困村全年整合投入资金 37.24 亿元（不含群众自筹），村均达 745 万元，是开展整村推进以来投资规模最大的一年，是“十一五”期间村均投资强度的 2.5 倍，100 个重点贫困村达到脱贫销号的标准。

二是项目扶持到户。以“5·30”养殖计划和特色种植为重点，倾斜安排各项惠农政策和到户项目资金，到户资金达 4000 元，支持建档立卡扶贫对象 7.5 万户 30 万人发展优势特色产业。

三是培训转移到人。组织贫困地区农村劳动力、生态移民技能培训 2.4 万人，致富带头人和实用技术培训 4.9 万人次；组织开展扶贫建档立卡家庭劳动力客（货）车驾驶技能培训，对在规定时限内凭取得的驾驶证给予每人 3000 元一次性补贴；燕宝基金会资助中南部 9 县（区）扶贫建档立卡家庭子女，每生每年 2000 元在区内就读高职；从 2014 年秋季开始，在全国率先实现省级范围内扶贫建档立卡家庭雨露计划助学全覆盖，每年有 2 万名贫困中、高职学生得到资助。

四是帮扶责任到单位。整合自治区、市、县（区）三级定点帮扶单位，选派扶贫开发驻村工作队，建立起“不脱贫、不脱钩，一帮到底”的机制，实现 1100 个贫困村驻村帮扶工作全覆盖。

**【连片特困地区扶贫攻坚】** 2014 年，宁夏回族自治区各行业部门投入 118.6 亿元，集中力量从基础建设、公共服务、产业发展等各方面向中南部地区倾斜支持。青兰公路东山坡至毛家沟段、彭阳至青石嘴、黑城至海原、西吉至毛家沟、固原至西吉公路路基工程基本完成，建成农村公路 2227 千米。一批饮水安全、节水示范、流域治理等项目相继建成。对 854 个行政村和 8 处生态移民安置区实施环境综合整治，覆盖人口 116 万人。在扶贫开发任务覆盖区改造危窑危房 4.2 万户，将 8 个扶贫开发销号村纳入美丽乡村建设。实施生态环境建设，完成经果林和道路、庄点及生态景观林绿化 9 万亩。实施农村义务教育薄弱学校改造，落实特困地区农村教师待遇、普通高中国家助学金政策和学生营养改善计划。全力推进“少生快富”工程，改扩建乡镇卫生院 18 个、社区卫生服务站 10 个、标准化村卫生室 989 个。劳务输出 57.5 万人，累计收入 42.2 亿元。

**【产业扶贫】** 2014 年，宁夏回族自治区印发《全区“5·30”扶贫到户养殖计划实施指导意见》。各县（区）以“5·30”养殖和特色种植为突破口，推进产业扶贫项目精准到户。引进红树莓产业，编制试点规划，试点先行，稳步推进。自治区发展和改革委员会、扶贫办提出“9+1”的思路，“9”即盐池、同心、红寺堡、海原、原州、西吉、泾源、隆德、彭阳 9 个贫困县（区），“1”即县外移民安置区整体打包，一并安排，将逐步开展光伏扶贫工作。

**【金融扶贫】** 2014 年，宁夏回族自治区新增 100 个重点贫困村和 10 个生态移民村建立互助资金试点。互助资金项目村达 1230 个，资金运行总量达 6.08 亿元，累计发放借款 14.64 亿元，有 13.36 万户、60 万人受益。开展“金扶工程”试点，国家开发银行宁夏分行发放贷款 24 亿元，支持中南部地区新型城镇化建设、棚户区改造、交通、能源、水利等重点项目及中小企业、扶贫微贷款、助学贷款等。黄河银行为 600

个贫困村发放贷款 53.49 亿元，惠及 13.35 万农户，其中，425 个互助资金项目村发放贷款 16.31 亿元，惠及农户 5.17 万户。

**【社会扶贫】** 2014 年，全国东西扶贫协作现场会在宁夏回族自治区召开，“闽宁模式”在全国重点推广，闽宁产业城基础设施建设基本完成，5 家企业开工建设，正式启动“闽台宁两岸三校”友好合作，共同开发“台湾—福建—宁夏旅游精品线路”。闽宁第十八次联席会议在福建召开，签约合作项目 30 个，签约资金 306 亿元，东西协作首次延伸到镇一级、村一级。第九批援宁挂职干部全部到位开展工作。举办首届“扶贫日”活动，活动内容共 18 项，企业捐款 1.3 亿元。华润集团有限公司、中国航空油料集团公司、中国铁路总公司、中国核工业集团公司、中国建筑材料集团有限公司等 8 家中央定点帮扶单位投入帮扶资金 3.1 亿元，促进中南部地区经济社会的发展和群众脱贫致富的步伐。首个“扶贫日”活动期间，宁夏回族自治区有 15 个单位和个人获得“全国社会扶贫先进集体”和“全国社会扶贫先进个人”称号。

**【以工代赈】** 2014 年，宁夏回族自治区根据《国家以工代赈管理办法》，结合贫困地区现状，重点支持国家扶贫开发工作重点县及连片特困地区，兼顾其他贫困地区和生态移民区的农村基础设施建设，主要包括农田水利、小流域治理、片区综合开发和乡村道路 4 个方面。争取国家以工代赈资金 1.02 亿元，安排项目 54 个（其中：续建项目 8 个，新开工项目 46 个）。安排农田水利项目 24 个，重点支持库井灌区节水改造，新增和改善灌溉面积 4.9 万亩；安排小流域治理项目 5 个，通过山水田林路草综合治理，治理水土流失面积 3.8 平方千米；安排片区综合开发项目 8 个，综合开发治理面积 14.8 平方千米；安排乡村道路项目 17 个，新增四级砂石路 263 千米。以工代赈涉及整村推进项目 15 个，安排资金 2254 万元。

**【扶贫机制改革】** 2014 年，宁夏回族自治区改进贫困县考核机制，取消重点县地区生产总值考核指标，改为主要考核贫困人口生活水平提高、贫困人口数量减少和扶贫开发重点工作成效，并将考核结果作为衡量县（区）干部政绩考核和提拔任用的重要依据。实施责任、权力、资金、任务“四到县”，下放扶贫项目资金审批权限，进一步完善信息披露、项目公告公示、资金竞争性分配等制度，激发县区抓落实的积极性和主动性。

（宁夏回族自治区扶贫办　高海林）

# 新疆维吾尔自治区扶贫开发

**【概述】** 2014年，新疆维吾尔自治区（以下简称“新疆”）扶贫开发以提高贫困地区人民生活水平为目标，以重点扶贫民生实事工程为抓手，按照“整村推进夯基础、智力扶贫强素质、资源整合搭平台”的工作思路，围绕“两不愁、三保障”目标，加大政策资金投入力度，扶贫开发年度目标顺利实现，取得显著成效。新疆贫困人口减少41万人；农民人均纯收入8296元，较2013年增长13.7%。重点县（市）农民人均纯收入6499元，较2013年增加685元，增长16.6%，高于平均增幅2.9个百分点；南疆三地州农民人均纯收入6288元，较2013年增加991元，增长18.7%，高于平均增幅5个百分点。2014年投入到实施整村推进扶贫开发规划贫困村的资金总额达44.65亿元，村均投入达1261万元，通过实施整村推进扶贫开发，354个贫困村（含280个纳入国家整村推进计划村），均按照“九通、九有、九能”（即贫困村基本实现通水、通电、通路、通电话、通广播电视、通信息、通暖气、通邮、通客运班车；有办公议事场所和强有力的领导班子、有稳定增收的产业、有集体经济收入、有垃圾投放点、有文化室、有卫生室、有双语学前教育场所、有文化体育活动场所、有惠农超市；扶持户实现能用上安全饮用水、能用上电、能用上暖气、能住上住房、能用上卫生厕所、能用上清洁能源、能享受学前教育、能享受基本社会保障、能得到培训和获得信息）标准实施整村推进开发规划。

**【扶贫资金投入】** 2014年，新疆投入财政专项扶贫资金47.32亿元，其中，中央财政专项扶贫资金25.99亿元，含生产发展资金和贴息资金17.23亿元，以工代赈资金2.27亿元，少数民族发展资金6.15亿元，国有贫困农牧场资金3300万元，自治区及各地（州）、县（市）财政专项扶贫资金21.34亿元［自治区本级11.51亿元、自治区部门整合资金6.96亿元、地（州）、县（市）2.87亿元］。安排扶贫项目2238个，其中产业类项目1195个，安排入户类项目1947个，涵盖种植业、畜牧业、林果业、设施农业、手工业、水利、交通、住房、培训等方面。扶持贫困户11万户，覆盖扶贫对象47万人。重点为1.13万户贫困户安居房建设、2.62万户贫困户庭院经济建设、3.15万户贫困户牲畜棚圈建设、3.2万户贫困户购买牲畜、3.54万户贫困户购买家禽、2.17万户贫困户林果建设、7547户贫困户设施农业建设、5150户贫困户发展手工业进行补助。为17.6万人次贫困户农牧民开展实用技能培训和劳动力转移培训。为贫困村实施农田水利、公益事业等项目，凸显扶贫重点民生实事工程的精确化和精准性。

**【扶贫资金管理】** 2014年，新疆实行扶贫资金项目信息公开和公告公示制度。制定《新疆维吾尔自治区<关于改革财政专项扶贫资金管理机制的意见>实施意见》和《新疆维吾尔自治区财政专项扶贫资金（发展资金）项目报备监管办法（试行）》，并将财政专项扶贫资金使用管理与年度绩效考核挂钩。依据《新疆维吾尔自治区财政专项扶贫资金绩效考核办法》，制定《2014年自治区扶贫开发工作考核方案》。加强监督、检查。落实项目月报制度；严格落实项目招投标制、政府采购制、国库集中支付等制度；落实督查督办制度。落实约谈制度，对扶贫项目实施和资金拨付进度连续两次没有达到规定要求的，以及不按时上报相关统计报表的地（州）、县（市），约谈其主要领导。2014年度开展的各类检查覆盖率达到100%。

**【南疆片区扶贫攻坚】** 2014年，新疆坚持“区域发展带动扶贫开发、扶贫开发促进区域发展”的思路，全面实施南疆三地州片区扶贫攻坚规划，以南疆三地州基础设施建设、生产发展、社会事业发展、基本生活条件改善、生态环境保护、扶贫培训、易地扶贫搬迁为重点，安排南疆三地州中央财政专项扶贫资金18.21亿元，其中：发展资金12.28亿元、以工代赈资金1.62亿元、少数民族发展资金4.32亿元，共实施项目1355个。安排扶贫龙头企业贴息资金751.09万元，落实贷款为5.793亿元。

**【整村推进】** 2014年，新疆共安排354个贫困村实施整村推进扶贫开发规划，其中，纳入国家整村推进计划的有280个。通过整合资源，实施整村推进扶贫开发规划贫困村的资金总额达44.65亿元，其中纳入国家整村推进计划的280个贫困村投入资金35.93亿元。通过实施整村推进扶贫开发，贫困地区贫困群众的收入水平、素质能力和生活质量得到提高，贫困地区区域经济发展得到巩固和提升。

**【易地扶贫搬迁】** 2014年，新疆山区天然草地严重退化区、河谷次生林衰败区和沙漠前沿地等，通过集中搬迁、插花搬迁、城郊搬迁等多种搬迁相结合的形式，整合资金集中力量，稳步实现生态环境改善和移民扶贫开发脱贫致富的目标。共投入财政扶贫资金6.19亿元，用于开展易地扶贫搬迁工作，其中：中央财政专项扶贫资金5342万元，新疆财政配套扶贫资金2229万元，整合行业部门资金1.16亿元，援疆、社会帮扶及群众自筹资金4.27亿元，完成搬迁2948户、1.1万人。

**【产业扶贫】** 2014年被新疆扶贫开发领导小组确定为“产业推进年”，积极实施特色林果业、种植业、畜牧业、设施农业等产业培育工程，扶持扶贫龙头企业发展。通过扶贫项目支持，新增经济林果新定植林果 40.79 万亩，嫁接改造林果 84.08 万亩；新增粮食播种面积 59.88 万亩；新增种草 12.52 万亩；新增经济作物播种面积 15.18 万亩；新建设施农业大棚 1.66 万座。扶持养殖大畜 1.4 万头，扶持养殖小畜 18.19 万只，扶持养殖家禽 427 万只。新建青贮窖 1868 个，新建棚圈 3.15 万座。新增乡村农家乐或牧家乐旅游点 5766 个，3607 户、941 人发展手工业地毯架 547 架、编织机 2351 台，南疆四地州地毯架 423 架、编织机 232 台；2014 年成立专业合作组织 937 个，2014 年参加专业技术协会或专业合作社的村民 4.17 万户。新疆扶贫龙头企业发展到 236 家。

**【雨露计划】** 2014 年，新疆共下达地（州）、县（市）雨露计划扶贫培训资金 6826 万元。其中：自治区财政扶贫培训雨露计划资金 4426 万元，国家雨露计划专项扶贫培训资金 2400 万元，编制项目 411 个。雨露计划培训 17 万人，完成计划的 116%。其中：国家雨露计划专项培训计划 1.6 万人；地方雨露计划扶贫培训 15.4 万人（雨露计划技能类培训为 2.4 万人，雨露计划专项类培训及其送教下乡 13 万人）。2014 年，共完成贫困地区及其扶贫干部培训 0.5 万人（次）。累计完成各类培训人数 17.5 万人（次），完成计划的 119.9%。

**【边境扶贫试点】** 2014 年，新疆全面开展 17 个重点县边境扶贫试点工作，国家和新疆安排边境扶贫项目资金 1.7 亿元，其中，中央资金 1 亿元，自治区配套 7000 万元，实施边境扶贫项目 6 大类 111 个，其中，住房类 15 个，畜牧类 52 个，农业类 8 个，水利类 5 个，林业类 1 个，其他类 30 个。边境扶贫项目直接受益户 4.93 万户、16.7 万人。边境扶贫专项资金共带动其他资金投入 148.1 亿元，其中，财政专项扶贫资金 11 亿元，行业扶贫资金 107 亿元，社会扶贫资金 2.3 亿元，援疆扶贫资金 27.8 亿元，边境扶贫资金放大系数（资金总额/试点资金）为 87.1，边境扶贫取得明显成效。

**【社会扶贫】** 2014 年，新疆党委、人大、政府、政协省级领导带头开展“联县包村帮户”，高位推动社会扶贫工作。印发《关于深化部门包村定点扶贫工作的意见》（新党办发〔2014〕13 号），对新疆定点扶贫工作进行全面部署。召开新疆社会扶贫工作电视电话会议，总结第四轮新疆部门单位定点帮扶工作并表彰先进，全面部署新一轮社会扶贫和“扶贫日”工作，“扶贫日”活动期间，社会捐赠款项达 1.56 亿元。中央、新疆、地（州）、县（市）帮扶部门单位达到 6400 家，累计投入帮扶资金及物资 5.8 亿元，对 35 个扶贫重点县的 268 个乡镇 544 个贫困村实行覆盖。

**【定点扶贫】** 2014 年，中央、新疆、地（州）、县（市）四级共有 8242 个单位在全区开展定点扶贫工作，其中，中央单位16个、新疆单位285个、地（州）单位1337个、县（市）单位6604个。有5.69万人次赴实地考察调研，累计投入帮扶资金及物资16.4亿元（单位自筹资金7.1亿元、协调引进资金9.3亿元）。协调引进扶贫项目3178个、各类人才1911名，帮助引进技术557项，资助贫困学生1.99万人；慰问贫困户1.09万户。举办各类培训班8714期，累计培训27.76万人次，帮助劳务输出13.26万人次。

**【干部驻村帮扶】** 2014年，新疆组织干部驻村开展“访民情、惠民生、聚民心”活动，每年安排1/3的机关事业单位干部驻村，3年全自治区20万干部全部驻村一遍。2014年，7万名干部编成1.1万个工作组驻村帮扶。

**【扶贫贴息贷款】** 2014年，新疆扶贫贴息贷款实际发放37亿元。安排35个扶贫开发重点县（市）到户扶贫贷款规模8亿元，占全疆总规模的80%，较2013年提高9个百分点；安排南疆三地州片区县7亿元，占总规模的70%，较2013年提高30个百分点；非重点县（市）2亿元，占20%。安排到户扶贫贷款贴息资金5000万元，其中，从中央财政专项扶贫资金安排2400万元，自治区财政配套资金安排2600万元，按照5%的利率贴息。实际落实扶贫小额信贷12.33亿元，安排贴息资金0.62亿元，贴息利率5%，获得扶贫小额贷款的建档立卡贫困人口为32.36万人；扶持龙头企业通过各类承贷金融机构发放贷款18.2亿元，扶贫龙头企业项目覆盖3826个村，其中贫困村2013个，覆盖45.2万户，其中贫困户26.7万户，共安排9.88万农牧民就业，其中贫困人口3.4万人。

**【村级互助金试点】** 2014年，新疆共安排贫困村互助资金5000万元，在332个贫困村开展互助资金试点，组建332个村级发展互助小组。自2006年以来已累计开展互助资金试点贫困村1058个，占全区贫困村总数的35%，累计借款达2.44万户次，其中贫困户1.81万户次，累计发放借款9667万元，其中贫困户借款7224万元，到期还款率100%。

**【以工代赈】** 2014年，新疆安排以工代赈资金2.69亿元，自治区配套资金1950万元，实施各类项目106个，新增和改善灌溉面积17.5万亩、改造中低产田5.3万亩、新（改）建乡村道路254千米、建设草场3.7万亩、实施小流域治理72平方千米。

**【少数民族发展资金项目】** 2014年，新疆少数民族发展资金共安排农业、林业、畜牧、水利、特色村寨、特色产业和民族手工艺培训等各类项目1025个，其中，兴边富民行动项目385个、人口较少民族项目247个、特色村寨保护与发展项目17个、少数民族发展资金存量部分项目118个。

**【“溜索改桥”项目】** “十二五”期间国家共安排新疆“溜索改桥”项目9个，建设地点分别位于克孜勒苏柯尔克孜自治州阿克陶县，喀什地区叶城县、塔什库尔干塔吉克自治县，阿克苏地区库车县，阿勒泰地区福海县4个地（州）5个县的9个偏远行政村。2014年，根据工程总量测算，项目建设总投资为1.05亿元，资金按来源分为三部分：交通运输部门安排6889万元，扶贫部门安排财政专项扶贫资金3400万元，项目区地方政府财政安排配套资金171万元。项目建设期限为2014年至2015年。

**【机制创新】** 2014年，新疆改革财政专项扶贫资金运行机制，建立财政扶贫资金投入增长机制。修改和完善《新疆维吾尔自治区扶贫开发工作考核办法（试行）》，制订《2014年度新疆扶贫开发工作考核方案》，初步建立贫困县约束机制。下放地县扶贫培训项目审批权限，制定和完善《新疆财政扶贫培训项目管理暂行办法》（新扶贫领字〔2014〕9号）。加大扶贫贷款贴息规模和力度，积极协调金融机构，扩大金融信贷主体，将扶贫小额信贷集中用于连片特困地区、重点县及非重点县（市）的贫困村，重点投向建档立卡扶贫对象，主要用于发展生产，确保扶贫对象受益。

**【扶贫宣传】** 2014年，新疆共发表扶贫类理论调研文章56篇，获得国务院扶贫办调研论文评选一等奖1篇，完成扶贫类重大课题3个，其中，国家社会科学基金项目1个。编辑出版《情洒天山——新疆扶贫文学作品集》。开展“奋斗改变命运——寻找百名最美扶贫新疆人”推介宣传活动，并与新疆电台、中国经济网新疆频道开展协作和宣传。与新疆电台、新疆电视台、《新疆日报》《新疆经济报》等主要媒体协作开展“走基层·新疆扶贫行”大型采访宣传活动，各媒体以此为专题推出新疆扶贫开发系列报道。全自治区共在各类新闻媒体发表稿件6162篇，其中，在全国性主要媒体发表稿件206篇。

（新疆维吾尔自治区扶贫办
信息中心　宁　钢）

# 新疆生产建设兵团扶贫开发

**【概述】** 2014年，新疆生产建设兵团（以下简称“新疆兵团”）党委高度重视扶贫开发工作，围绕精准扶贫，发挥专项扶贫、行业扶贫、社会扶贫和援疆扶贫“四位一体”扶贫攻坚合力，加强扶贫机制改革创新，出台《兵团贯彻落实〈关于创新机制扎实推进农村扶贫开发工作的意见〉实施方案》，继续实施《南疆三地州兵团片区区域发展与扶贫攻坚实施规划》，探索改革贫困团场考核机制，加大资金投入力度，实施精准扶贫试点、原连队居住区转型、产业扶贫和基础设施建设等项目建设，加快贫困团场经济社会发展。兵团机关部门、直属单位及有关企业累计参加一对一结对扶贫干部560人，一对一帮扶贫困户893户、1955人，比2013年增长23%。新疆兵团各级帮扶单位派出驻连入户的“访民情、惠民生、聚民心”工作组，把开展扶贫作为主要任务，共派驻干部2033人入驻576个连队。完成兵团贫困团场贫困户建档立卡工作，2.6万贫困户、7.9万贫困人口纳入全国扶贫信息系统，实现20个贫困团场、3万贫困人口脱贫。兵团推荐的三师托云牧场克里木·依莫拉洪等6人、青松建材化工集团等5家集体分别荣获“全国社会扶贫先进个人”和“全国社会扶贫先进集体”称号。

**【扶贫资金投入】** 2014年，新疆兵团中央财政专项扶贫资金投入4.23亿元，包括发展资金、少数民族发展资金、以工代赈资金和康复扶贫贷款贴息资金等。兵团本级投入财务专项资金5.16亿元，较2013年增长5.4%，师、团自筹资金增长10%左右。各类扶贫资金主要用于基础设施、精准扶贫、产业扶贫、片区综合开发和扶贫资金奖励项目建设等方面。

**【扶贫资金管理】** 2014年，新疆兵团扶贫资金管理严格执行《财政专项扶贫资金管理办法》规定，专款专用，不挪用、截留项目建设资金。按照团场管理、职工增收、资金管理使用部门督查的要求，积极探索精准扶贫试点项目的新途径。扶贫项目严格执行项目法人制、招标投标制、工程监理制、合同管理制；严格按照计划下达的建设内容和投资规模进行管理。

**【建档立卡】** 2014年，新疆兵团扶贫办制定《兵团扶贫开发建档立卡工作方案》，按照“两公示一公告”程序，摸清贫困团场贫困人口的贫困程度、致贫原因、生产经营状况等基本情况，建立贫困户建档立卡信息档案。组织开展专项核查，确保建档立卡识别公正透明、结果真实准确。完成 97 个贫困团场贫困户建档立卡工作，2.6 万贫困户、7.9 万贫困人口纳入全国扶贫信息系统。

**【基础设施建设】** 2014 年，新疆兵团支持贫困师团实施基础设施、产业发展、民生改善等一批示范项目建设，支持贫困团场建设基本农田 34 万亩，治理水土流失面积 51 平方千米，新建校舍 7.56 万平方米，建设标准化运动场 30 个，实施 7 个贫困团场医院基础设施和周转宿舍建设等项目。

**【连片特困地区扶贫攻坚】** 2014 年，国家、新疆兵团各级向新疆南疆三地州集中连片特困地区兵团片区的固定资产投资 44.04 亿元，其中，中央投资 17.42 亿元，援疆资金 6.66 亿元，兵团本级资金 2.19 亿元，兵团及各师、团配套资金投入 17.77 亿元。同时，兵团配套资金向南疆兵团片区扶贫攻坚规划实施倾斜。

**【产业扶贫】** 2014 年，新疆兵团安排扶贫专项资金 3910 万元，选定和培育了 25 家合作社，带动产业扶贫；安排扶贫专项资金 2000 万元，继续扶持做大做强一家南疆兵团片区畜牧扶贫龙头企业，项目辐射片区 5 个重点少数民族聚居团场的畜牧业发展，示范带动少数民族贫困户增收。

**【以工代赈】** 2014 年，新疆兵团投入中央以工代赈资金 1.01 亿元，本着“突出重点、集中投入、注重实效”的原则，以基本农田建设、小型农田水利建设、草场建设和小流域治理项目 32 个。项目单位按照年度计划、工程设计标准和建设规范组织施工，组织师、团定期逐级报送以工代赈项目建设进度统计报表，及时反映计划执行、资金到位、投资完成、工程形象进度以及效益等情况。

**【定点扶贫】** 2014 年，52 家兵团机关部门、直属事业单位、大专院校与贫困团场结对开展挂钩扶贫；12 家国有企业与贫困团场结对开展定点扶贫；一师、六师、八师和石河子大学与三师结对开展师师帮扶，二师、十二师和塔里木大学与十四师结对开展师师帮扶。结对扶贫干部 560 人。帮扶单位累计直接投入 2400 万元（含物资折款）；资助贫困学生 7200 人次；帮助贫困团场培训各级党政干部、技术人员、致富带头人和职工劳动力 3.5 万人次。兵、师、团三级“访民情、惠民生、聚民心”活动派驻干部 2033 人，入驻以南疆三地州贫困团场、少数民族聚居团场为重点的 576 个连队，开展入户扶贫帮困。

**【扶贫日活动】** 2014 年，新疆兵团扶贫办制定“扶贫日”宣传活动方案，开展系列活动。兵、师、团设分会场参加全国社会扶贫工作电视电话会议，兵团扶贫开发领导小组副组长、副司令员孔星隆在兵团分会场做开展“扶贫日”系列活动动员讲话。新疆兵团政委车俊、司令员刘新齐等参观了“扶贫日”兵团宣传图片展，累计观展人数 2000 人次。

（新疆生产建设兵团
扶贫办　朱淑芬）

# 社会扶贫篇

## （一）定点扶贫

# 综　　述

2014年，承担定点扶贫任务的各级党政机关、企事业等单位，认真贯彻落实《关于创新机制扎实推进农村扶贫开发工作的意见》（中办发〔2013〕25号）文件精神，积极发挥定点扶贫在社会扶贫工作中的示范引领作用，努力为定点扶贫地区做实事、办好事，成效显著。

中央层面，参加定点扶贫工作的310个中央和国家机关、企事业等单位，全年共向定点扶贫地区选派挂职干部458名，比2013年增加1.6%（其中处级干部327名，增加6.2%）；派员赴定点扶贫地区调研考察扶贫工作5953人次，比2013年下降3.4%（其中单位领导实地调研462人次，增加10.8%）。投入帮扶资金（含物资折款）30.27亿元，比2013年增加45.4%，资金投向主要集中在基础设施建设、产业开发和文化教育等领域，分别占比67%、18%和8%；帮助引进各类资金218.69亿元，比2013年增加306.1%；举办培训班1301期，比2013年增加2.7%；培训各类人员10.5万人次，比2013年下降9.5%；输出劳务8.7万人次，比2013年增加24.3%；资助贫困学生7.5万人次，比2013年增加15.4%。

地方层面，全国有扶贫任务的28个省（区、市）和新疆生产建设兵团都在本辖区内开展了定点扶贫工作。2014年，参加地方层面定点扶贫工作的各级党政机关和企事业等单位达到16.39万个，共向定点扶贫地区选派挂职蹲点干部39.47万名，派员实地调研82.34万人次；直接投入帮扶资金（含物资折款）327.37亿元，主要投向贫困村的基础设施建设、产业开发和人力资源培训等领域，占比分别为43%、25%和13%，帮助引进各类资金410.78亿元；举办培训班15.2万期，培训各类人员805万人次，组织劳务输出399万人次，资助贫困学生88万人次。

2014年，中央和地方层面定点扶贫直接投入的帮扶资金（含物资折款）总共达357.64亿元，比2013年增加7%，总量再创历史新高。

军队和武警部队继续扎实推进对全国63个县、547个乡（镇）、2856个贫困村的定点帮扶工作，重点支持定点扶贫地区的民生保障和改善工作，组织官兵和民兵预备役人员210万余人次，整修农村道路3.6万余千米，修建农村小型水利工程3200多个，修缮房屋4700余间，整治农田70余万亩；援建中小学校 1500 余所，资助贫困学生 10.6 万余人；108 所军队医院持续对口帮扶 134 所贫困县县级医院，派出 240 批专家组驻点帮扶；扶持贫困村发展“名特优”种养业和乡村旅游 210 项。

（国务院扶贫办国际合作和社会扶贫司）

# 中国人民政治协商会议全国委员会办公厅定点扶贫

**【概述】** 中国人民政治协商会议全国委员会（以下简称“全国政协”）领导和全国政协机关党组历来对定点扶贫工作高度重视，全国政协主席俞正声、副主席杜青林、副主席兼秘书长张庆黎等领导多次对扶贫工作做出重要指示。国家新一轮扶贫开发工作开展后，全国政协办公厅的定点扶贫对象为安徽省舒城县和阜阳市颍东区，同时落实领导同志要求，积极支持贵州省毕节实验区，将其作为扶贫重点工作加以统筹推动。2014 年，全国政协办公厅深入践行党的群众路线，在全国政协领导高度重视和机关党组的直接领导下，认真贯彻落实《中国农村扶贫开发纲要（2011—2020 年）》精神，扎实推进扶贫帮困舒城县和颍东区以及贵州省毕节实验区的工作，出实招、办实事、求实效，做到科学扶贫、精准扶贫，定点扶贫工作取得了明显成效。全国政协办公厅全年共有 6 名部级干部赴 3 个定点扶贫地区进行考察调研，直接投入 80 万元，帮助引进各类资金 7.12 亿元，帮助引进各类项目 17 个。在全国政协办公厅的积极帮扶下，舒城县、颍东区、毕节试验区经济社会得到了又好又快发展，脱贫致富步伐进一步加快。2014 年，毕节试验区实现生产总值 1266.7 亿元、增长 14%，财政收入 357.6 亿元、增长 6.1%，贫困人口减少 46.06 万人。舒城县实现地区生产总值 154 亿元、增长 9.2%，财政收入 13.24 亿元、增长 18.56%，贫困人口减少 1.8 万人。颍东区实现生产总值 126 亿元、增长 11%，财政收入 9.23 亿元、增长 36%，贫困人口减少 1.8 万人。

**【扶贫资金投入】** 9 月，全国政协副主席陈晓光率队赴舒城县慰问期间，向舒城县优秀教师代表颁发了慰问金，向舒城县城关镇第三小学捐赠了价值 20 万元的教学设备，向舒城县的养老院捐赠了价值 10 万元的洗漱包。6 月，全国政协机关党组副书记、常务副秘书长孙怀山和副秘书长王胜洪率队赴毕节试验区调研，捐助 50 万元用于毕节教育卫生事业发展等公益事业。

**【扶贫制度建设】** 在定点帮扶舒城县和颍东区的基础上，贯彻落实中共中央总书记习近平和全国政协主席俞正声有关批示精神，将毕节试验区纳入机关扶贫工作统筹安排推进。充分发挥全国政协机关、专门委员会、挂职扶贫干部三方的作用，重点从智力帮扶、项目帮扶、爱心帮扶三个方向集中发力推动扶贫。将扶贫工作纳入机关党组年度工作中同安排、同部署，继续坚持机关党组成员基层联系点工作制度，确保每年安排2—3次，每次安排1—2名党组成员到定点扶贫地区调研。及时调整全国政协机关扶贫工作领导小组，巩固完善成员单位间的联席会议制度及协同工作机制。2014年，全国政协机关扶贫办被国务院扶贫开发领导小组授予“定点扶贫先进集体”称号。

**【扶贫培训】** 2014年9月，全国政协副主席陈晓光率教科文卫体委员会慰问团赴舒城县开展教师节慰问期间，随行的政协委员和教育专家分别以“写好中国字、做好中国人”“我国教育发展和学校改革”“创业成就梦想”为主题，为该县部分中小学教师、学生及书法爱好者举办了专题讲座，该县近千名群众和在校师生参加了讲座。中央政策研究室原副主任、全国政协社会和法制委员会副主任施芝鸿赴阜阳进行了十八届四中全会精神宣讲。全国政协教科文卫体委员会联合中国科学技术协会赴毕节市开展送科技下基层活动期间，先后举行3场讲座，捐建科技馆、多媒体教室、图书室、网络科普书展，开展农业种养技术咨询服务活动。

**【干部挂职扶贫】** 2014年，全国政协办公厅继续实行双向派遣挂职干部机制，在舒城县、颍东区及毕节试验区共派出5名机关干部挂职，舒城县、颍东区也分别选派了2名干部在全国政协办公厅挂职。

**【扶贫慰问】** 2014年9月，全国政协副主席陈晓光率教科文卫体委员会慰问团赴安徽省舒城县开展了教师节慰问活动。6月，全国政协机关党组副书记、常务副秘书长孙怀山和副秘书长王胜洪赴毕节试验区进行实地调研。4月、12月，机关党组副书记全广成赴舒城县和颍东区、毕节试验区开展扶贫调研。7月，副秘书长邓宗良、全国政协港澳台侨委员会副主任卢昌华赴舒城县、颍东区开展扶贫调研并送第二批挂职干部赴任。

**【扶贫宣传】** 2014年10月17日，全国政协机关扶贫办在《人民政协报》、中国政协新闻网、人民政协网、中国政协传媒网等媒体及全国政协机关工作信息网进行了题为“扶贫济困、友善互助”的公益宣传，介绍贫困地区的现状和全国政协办公厅帮扶贫困地区脱贫致富的情况，倡议各级政协组织和广大政协委员参与和支持扶贫开发事业。全国政协办公厅通过经常性开展扶贫宣传公益活动，努力营造关心关注关爱贫困群众的良好氛围，积极弘扬中华民族扶贫济困、友善互助的优良传统，为动员各级政协组织、广大政协委员和政协机关干部职工关心、支持和参与扶贫开发事业，为推动形成扶贫开发工作合力，做出积极贡献。

**【公益扶贫】** 积极联系澳大利亚华侨魏基成伉俪关爱贫困地区群众，4月，向舒城县数千名听障人士免费赠送价值2800余万元的助听器。9月，魏基成天籁列车团队又向舒城县特殊教育学校捐赠价值250余万元的聋哑学校教学仪器。2014年年底，魏基成伉俪再次向该县贫困群众、敬老院、残疾人捐赠棉衣3500件、老花镜1000副、太阳眼镜2000副，价值135万余元。挂职干部积极协调中国宋庆龄基金会，为舒城县捐助1台医疗急救车。机关妇委会和人民政协报社帮助联络北京博爱妇女发展慈善基金会向舒城县捐助10万元资金用于20名“两癌”贫困妇女救助。在机关扶贫办公室的积极推动下，北京成龙慈善基金会通过全国政协办公厅向颍东区分二期捐助100万元，专门用于16岁以下儿童大病救治，第一期50万元资金到位。在全国政协赴毕节调研组的带动下，香港实德环球集团、香港德辉国际集团和遵义大地房地产公司共同捐赠105万元用于毕节试验区农村饮水工程等公益项目。

**【产业扶贫】** 全国政协办公厅协调联系的美国联泰集团投资总额8亿美元的奶牛养殖、牛奶加工项目（金安乳业项目）与颍东区签订协议。北京一轻集团投资建设北冰洋汽水、五星啤酒生产项目（义利面包项目）已与颍东区签订总投资3亿元的投资意向。在全国政协的推动下，国家发展和改革委员会、财政部、国家林业局在拟定第二批生态文明示范工程试点市县时，将毕节试验区列入其中。

**【基础设施建设】** 协调推动舒城县万佛湖生态环境保护项目列入国家江河湖泊重点保护名录，舒城县和颍东区的中小河流治理项目得到水利部的重视和支持。2014年9月，协调安徽省财政厅安排舒城县丰乐河应急除险经费400万元，安徽省水利厅增加舒城县7千米丰乐河治理工程经费2520万元。协调推动国家开发银行支持舒城县基础设施建设，申请的3.2亿元项目资金已落实，主要用于该县的棚户区改造和城市基础设施建设。舒城县杭埠河、丰乐河流域综合治理项目也被初步列入了国家开发银行巢湖流域第三期治理项目，总投资约16亿元。联系有关部委将舒城县纳入环巢湖生态文明示范区建设规划，确定了龙河口水库引水入城方案。合安九城际铁路过境舒城并设站、总投资45亿元的国电舒城电厂项目等一批重点工程也在全国政协办公厅的协调下扎实开展前期工作。积极协调颍东区铁路改造事宜，继续联系推进国家开发银行对颍东塌陷区治理的帮扶工作。就毕节交通设施建设、煤炭资源和生物医药资源开发利用等工作积极协调交通运输部、国家能源局和国家电网给予支持。

（中国人民政治协商会议全国委员会办公厅　王志斌）

# 中共中央宣传部定点扶贫

**【概述】** 2014年，中共中央宣传部（以下简称“中宣部”）结合赣州市寻乌县、铜川市耀州区的经济社会文化发展实际，制定年度对口支援工作计划，着力开展文化扶贫、教育扶贫、扶贫宣传，选派7名机关干部前往两地挂职，直接投入扶贫资金456.8万元，有效地促进了两地经济、社会和宣传思想文化工作发展。同时，坚持援县促市，加大对赣州市的扶贫宣传力度，分批培训赣州市18个县宣传文化系统干部，积极推进赣州市文化旅游产业振兴发展。

**【扶贫调研】** 7月，中宣部副部长、机关扶贫工作领导小组组长孙志军带队赴寻乌县实地调研，深入到农村、企业、学校，同基层群众面对面交流，了解当地经济社会发展情况、基层群众生产生活情况以及基层公共文化服务标准化、均等化推进情况，着力推动对口支援工作计划的落实。10月，中宣部干部局就六部委下发《关于加强地方县级和城乡基层宣传文化队伍建设的若干意见》的落实情况，赴寻乌县作专题调研，为加强和改进基层宣传文化队伍建设提供决策参考。先后安排局级、处级干部5批17人次到耀州区调研，考察指导基层思想文化宣传工作。

**【扶贫会议】** 2月，中宣部副部长孙志军两次主持召开对口支援工作领导小组会议，研究年度对口支援重点工作，制定《中宣部2014年对口支援寻乌县重点工作方案》，明确10个方面的重点任务，并召开责任分工会议，同涉及落实重点任务单位的主要负责同志一起，就各自承担的工作逐一落实具体措施，提出明确的时间表和工作要求。同时，责成机关扶贫办建立工作台账，做好重点工作督查和日常联络、服务工作。8月，常务副部长雒树刚在部机关听取寻乌县委书记柯岩松一行的工作汇报，了解寻乌县经济社会文化发展情况和对口支援工作情况，并研究了相关重点、难点工作。

**【干部挂职扶贫】** 选派中宣部机关1名处级干部到寻乌县挂职，1名处级、5名科级干部到耀州区挂职，加强扶贫工作。在工作中，挂职干部认真落实扶贫工作要求和部务会部署，弘扬“严细深实”的工作作风，深入基层调研，分析致贫原因、提出脱贫对策，做到扎根基层、服务群众，自觉维护挂职干部的良好形象，帮助促进当地经济社会文化发展和群众脱贫致富。

(条)。其中,《人民日报》17篇,《光明日报》6篇,《经济日报》5篇,中央电视台新闻联播5条、新闻直播间3条,中央人民广播电台新闻节目3条。

(中共中央宣传部机关工会办公室 吕 凯)

# 中共中央统一战线工作部定点扶贫

**【概述】** 2014年，中共中央统一战线工作部（以下简称“中央统战部”）按照《关于贯彻实施〈中国农村扶贫开发纲要（2011—2020年）〉重要政策措施分工方案的通知》（中办发〔2011〕27号）要求，坚持定点扶贫与区域扶贫相结合，继续按照统一战线参与毕节试验区建设联席会议分工，全面统筹推进统一战线参与毕节试验区建设工作，切实抓好赫章县定点帮扶。部长办公会专题研究定点扶贫工作，部领导多次听取工作汇报并作出批示，赴毕节试验区考察调研，促进当地经济社会持续发展。参与黔西南“星火计划·科技扶贫”试验区建设，助推黔西南州发展。参与江西省广昌县对口支援工作，开展系列帮扶活动。

**【扶贫会议】** 2月24日，中央统战部在北京召开统一战线参与毕节试验区建设联席会议第六次全体会议。会议指出，党中央、国务院始终高度重视毕节试验区建设工作，为全国扶贫开发确立了标杆、树立了典范。特别是党的十八大后，以习近平同志为总书记的党中央，把试验区建设提升为国家发展战略，制定下发《深入推进毕节试验区改革发展规划（2014—2020年）》，为试验区建设注入新的强大动力。会议要求，从4个方面抓好参与毕节试验区建设工作：进一步加大政策支持、改革试验、产业优化的力度，打造试验区经济升级版；进一步扩展帮扶广度，着力解决困难群众实际问题，发挥重大项目辐射带动作用，扩大参与领域和范围；进一步拓展参与深度，在扶贫开发、生态建设、人口控制“三大主题”上全面深化，抓出更大成效；进一步提升融合程度，切实抓好精准对接、资源统筹和上下联动，同心协力共同推动试验区建设取得新的进展。

**【扶贫调研】** 3月，中央统战部常务副部长张裔炯一行，赴毕节市赫章县、威宁自治县、毕节经济开发区等地的城镇、园区、乡村、企业、学校进行调研，考察了同心新村、农业示范园区、工业园区、美丽乡村建设和农业产业结构调整等情况，并主持召开毕节试验区工作座谈会，听取毕节试验区经济社会发展情况汇报。在座谈会上，张裔炯充分肯定了毕节试验区近年来经济社会发展取得的可喜成绩。强调要进一步明晰试验区发展思路，促进工业化、城镇化、农业现代化“三化”联动，用工业化产生集聚效应，支撑城镇化，进一步带动农业现代化；要注重人才引进和培养，注重招商引资，在发展市域经济、县域经济的同时，积极推动发展“公司带动农户”的致富模式。

**【同心工程】** 统一战线参与毕节试验区建设联席会议制定下发《统一战线参与毕节试验区建设2014年工作项目计划》，在毕节组织实施“同心工程”项目325个，协调投入资金160亿元。组织领导、学者、专家、企业家共55批856人次，赴毕节试验区开展工作指导、考察调研、各类培训、帮扶活动、考察投资等工作。

**【智力支持】** 2014年，统一战线为毕节试验区共培训各类人才5.1万人，资助贫困学生500多名。民进中央实施“同心·彩虹行动”，组织知名专家、学者开展25场专题讲座；致公党中央通过“致公学生培养计划”、“一对一”活动，帮扶贫困学生，培训小微企业家；台盟中央捐赠价值50万元的教学设备及30台电脑，帮助赫章部分学校改善办学条件；中华职教社实施“同心·温暖工程”职业教育联合办学项目，完成中职招生1100余人。教育部联系西南大学和中国矿业大学为试验区定向培养博士研究生，实施“国培计划”和“农村义务教育阶段学校教师特设岗位计划”。统战部机关为毕节市赫章县举办3期培训班，培训乡（镇）干部等150人。

**【民生改善】** 统一战线开展医疗卫生下乡活动52场，诊疗各类病人1.5万余人次，捐赠救护车等医疗卫生设备价值1729万元。九三学社中央协调东部六省市的九三学社市级组织，对口帮扶威宁县6个乡（镇）改善教育卫生条件。江苏省统一战线筹资60万元援建威宁县412.2平方米教师周转房。民政部实施中央财政城市低保专项补助资金、城乡医疗救助补助资金等项目。国家卫生和计划生育委员会实施万名医生支援农村卫生工程，开展医疗帮扶工作。

**【生态扶贫】** 统战部办公厅3次组成调研组到试验区调研精准扶贫工作，六局组织党外院士服务团实地考察调研，帮助编制论证生态产业规划和提出发展思路。国家发展和改革委员会、国家林业局等10余个部门结合行业实际，重点围绕加速生态建设，深入试验区调研指导。民革中央在纳雍推进无机粉体环保纸项目、同心文化产业园项目和茶业种植等相关产业。民盟中央在七星关区建立刺梨生产加工基地，实施10万亩刺梨种植。民建中央通过打造“同心·生态示范园”，建设葡萄种植基地。农工党中央帮助大方县打造猕猴桃种植示范基地，拓展农民增收渠道。农业部推动基层农业技术推广体系改革与建设，支持威宁县脱毒马铃薯良种繁育基地建设项目。

**【项目带动】** 国家发展和改革委员会批复了毕节200万吨/年煤制清洁燃料、夹岩水利枢纽工程等重大项目。国家能源局支持威宁县、赫章县开发风力发电项目，目前装机达75.5万千瓦。中华全国工商业联合会采取滚动扶持模式支持织金县产业发展，帮助饮水改造工程建设。贵州省委统战部主要负责同志协调 18 个省直部门，组织引导贵州统一战线以赫章为重点，开展精准帮扶活动，启动建设 37 个项目。

**【干部挂职】** 统一战线选派 14 名干部赴贵州省、江西省挂职锻炼，在建言献策、人才培训、招商引资方面发挥积极作用。中央统战部把选派干部挂职作为推动当地发展和实现干部自身发展的重要途径，选派 5 名同志赴贵州省毕节市和江西省广昌县挂职。

**【科技扶贫】** 2014 年，联合中央统战部推动组参与贵州省黔西南试验区建设工作，以智力帮扶为重点，以科技扶贫为主线，从助推发展、产业扶持、人才培训和改善民生方面精心组织，结合实际，发挥优势，为促进黔西南经济社会发展做出新贡献。共实施帮扶项目 29 个，累计投入资金达 433 万元。协调举办了“中国美丽乡村 · 万峰林峰会”，组织邀请全国知名专家和企业家参加，推动美丽乡村建设和投资项目合作。

**【对口支援】** 在参与江西省广昌县对口支援工作中，中央统战部部长办公会研究制定了对口支援三年工作方案，主要从重点帮扶项目、协调政策支持、开展特色活动、干部挂职锻炼 4 个方面支援广昌发展。重点开展援建海联卫生室、改扩建农村小学和敬老院等工作，投入资金 800 万元；争取科技部、农业部等支持资金 2300 万元；培训各类人才 6000 人次。

（中共中央统一战线工作部
办公厅　张　奔）

# 中共中央对外联络部定点扶贫

**【概述】** 自2012年起，中共中央对外联络部（以下简称“中联部”）定点扶贫河北省行唐县。2014年，中联部在农业、教育、民生、交通、住建、卫生等领域做了大量而富有成效的工作，先后资助或引进扶贫开发项目10个，为行唐县直接或间接引进资金4739万元。其间，有部领导2人、局领导9人次先后赴行唐县考察指导定点扶贫工作；2014年派出1名处级干部赴行唐县挂职，有效促进了扶贫开发项目的落实，推动了行唐县经济、社会和文化事业的发展。2014年，中联部所属的中国国际交流协会亚非大洋洲处获得“中央国家机关等单位定点扶贫先进集体”称号。

**【扶贫资金投入】** 2014年，中联部帮助引进投入4739万元，用于教育、基础设施、产业、医疗卫生等项目。其中，中联部捐赠119万元物品，引进中国建设银行天津河西支行捐款6万元，用于教育扶贫。引进澳大利亚扶轮社10万元，协调河北省交通厅154万元，住房和城乡建设部2300万元，用于基础设施扶贫。引进陕西省彬县500万元，用于产业扶贫。引进国家发展和改革委员会、中医药管理局1650万元，用于医疗卫生扶贫。

**【扶贫资金管理】** 扶贫资金由行唐县财政统一管理，乡镇按县财政计划组织实施。费用报销由县领导及中联部挂职干部联合审核并签字后，向县财政申请。其中，资助贫困学生资金交学生所在班的班主任按月发放；修建学校和饮水项目资金先由地方垫付，待修建完成验收后一次性付款；协调落实的项目资金按国家规定由主管部门负责。彬县产业扶贫资金由彬县县财政统一管理。

**【扶贫调研】** 2014年，中联部副部长、部扶贫工作领导小组组长陈凤翔，中联部副部长于洪君分别赴行唐县考察。先后考察了经济开发区和有关企业、工厂，农业种植业、奶牛养殖业、蔬菜大棚和基础设施建设及扶贫开发项目，深入贫困村、走访慰问了贫困户，参观了中央工委旧址和历史文化古迹。

**【扶贫会议】** 2014年9月，召开定点扶贫工作座谈会，邀请中联部上一轮定点扶贫县——陕西省彬县县长一行6人到中联部座谈交流，探索互利互助的定点扶贫新模式，听取了彬县经济社会发展情况的汇报，回顾了扶贫工作发展历程，探讨了新一轮扶贫开发的思路和方法。

**【扶贫制度】** 为贯彻落实国务院扶贫

办等八部委联合下发的《关于做好新一轮中央、国家机关和有关单位定点扶贫工作的通知》（国开办发〔2012〕78号）精神，在全面总结上一轮定点扶贫工作经验的基础上，结合中联部实际情况，制定出台《中联部新一轮定点扶贫工作规划（2013—2020年）》，明确总体思路、组织领导、工作内容，积极为河北省行唐县早日脱贫致富建成小康作贡献。

**【干部挂职扶贫】** 2013—2014年，先后选派2名干部赴行唐县挂职扶贫。

**【扶贫宣传】** 联系中央电视台农业频道为行唐县农产品免费做广告10次，《当代世界》杂志社免费为行唐县农产品深加工龙头企业做广告7次。在《国际交流》和《当代世界》上介绍行唐县基本情况和扶贫开发工作。

**【扶贫培训】** 2014年，中联部举办4期培训活动，培训总人数为79人。4月，机关党委副书记刘金锋协调挂职干部叶晓林率行唐县的领导及有关人员一行38人赴山东省寿光县考察，对蔬菜大棚种植技术进行了培训；12月，协调行唐县技术干部和农民38人赴寿光培训蔬菜大棚种植技术；为行唐县培训2名县情讲解员；安排行唐县1名政法干部赴国外学习培训。

**【基础设施建设】** 2014年，经中国国际交流协会协调、挂职干部努力争取，澳大利亚扶轮社资助10万元人民币用于行唐县黄龙岗饮水项目建设，使黄龙岗村172户574人用上了自来水。协调河北省交通厅为行唐县独羊乡的修路项目落实154万元。协调住房和城乡建设部为行唐县危房改造项目落实2300万元，并确定行唐县龙洲镇和口头镇为全国重点镇。总计2464万元。

**【文化扶贫】** 2014年，中联部征集40幅行唐县儿童的绘画作品，参加上海对外友协和日本社会教育团体碧波会联合举办的“中日韩友好儿童绘画展”，宣传和推动文化交流活动。

**【教育扶贫】** 2014年，中联部向行唐县第一中学捐赠2部面包车，价值110万元；出资5万元帮助行唐县修建鲁家峪小学；捐赠图书1000册，价值3.5万元；捐赠0.51万元，资助1名生活困难的高中生完成学业。协调中国建设银行天津河西支行为西南庄小学建设捐款6万元。总计125万元。

**【产业扶贫】** 中联部上一轮定点扶贫县陕西省彬县在已脱贫的基础上，主动提出帮扶中联部新一轮定点扶贫县河北省行唐县，双方签订了《战略互助合作框架协议》。2014年度，彬县为行唐县投资500万元人民币，建立蔬菜大棚。

**【医疗卫生扶贫】** 2014年，中联部联系国家发展和改革委员会、国家中医药管理局为行唐县中医院整体搬迁项目落实1650万元。澳大利亚扶轮社捐赠5套助听器，救助行唐县听力障碍者。

（中共中央对外联络部机关党委办公室　赵玲娟）

# 中共中央政法委员会机关定点扶贫

**【概述】** 2014年，中共中央政法委员会机关（以下简称“中央政法委机关”）认真贯彻落实《中国农村扶贫开发纲要（2011—2020年）》和国务院扶贫办关于定点扶贫工作的有关要求，结合定点扶贫单位内蒙古自治区扎赉特旗经济社会发展的实际，帮助扎赉特旗充分利用“十二五”期间国家扶贫开发的新政策、新举措，突出产业开发、大项目牵引，引领工农牧业全面发展，走产业扶贫、金融扶贫、精准扶贫的路子，从“输血式”生活救济型扶贫向内生动力“造血式”开发型扶贫转变。通过上下共同努力，2014年扎赉特旗实现经济平稳发展、民本民生全面改善、城乡建设品位有效提升、社会事业蓬勃发展的良好局面。全年地区生产总值完成90多亿元，按可比价格计算，同比增长18%。城镇居民可支配收入同比增长10%，农村居民人均可支配收入同比增长14%。

**【扶贫资金投入】** 2014年，按照“三到村三到户”要求，在中央政法委机关和内蒙古自治区帮扶扎赉特旗联席工作会议上，联合扎赉特旗编制完成100个重点村“到村到户”规划，重点实施“百村万户”干部下基层扶贫致富工程，累计协调和投入帮扶资金1.1亿元。实施金融扶贫，协调扎赉特旗整合涉农涉牧资金共计4.6亿元，集中投向扶贫致富工程。成立助农物权融资服务有限公司，受理贷款规模为2.1亿元，受益农牧民达4500人。协调引进实施亿元以上盟级重大项目19项，计划总投资56亿元。新建项目中的鸿图管业、洪金建材、牧缘生物固体燃料等项目已建设完成，续建项目中的山水4000线熟料、防渗地膜、嘉利铭管材已投产运行。

**【产业扶贫】** 2014年，中央政法委机关和内蒙古自治区帮扶扎赉特旗联席工作会议，经过认真调研，协助扎赉特旗加大绿色产业开发力度，不断延伸农牧产业链条。第一，打造品牌农业。建设工业原料基地74万亩、绿色农业基地421万亩、有机农业5万亩，种植甜叶菊3万亩、甜菜1300亩、青贮玉米50万亩，完成旱改水面积3万亩，2014年扎赉特旗粮食产量突破45亿斤。第二，推动肉羊肉牛产业发展。根据扎赉特旗南北气候差异较大的特点，在北部地区推广地膜覆盖40万亩。建设万只肉羊场4个、落实肉羊养殖示范村屯 14 个，建设标准化肉羊养殖场 9 个，形成了南部“为工而农”、北部“为养而种”的主导产业格局。共盘活小区大场 53 处，新建万只肉羊养殖场 4 处，新建标准化肉羊养殖场 36 个，推进百万只肉羊交易市场和百万只肉羊屠宰加工生产线项目，启动实施了财政现代农业肉牛养殖项目，全旗家畜存栏达 268 万头只，比 2013 年增加 34 万头只。第三，引进龙头企业延伸产业发展链条。通过多方协调引进蒙羊牧业股份有限公司、内蒙古荷马糖业股份有限公司、恒大地产集团有限公司等国内知名企业落户扎赉特旗。蒙羊牧业股份有限公司计划三年投资 3 亿元，重点发展肉羊屠宰加工、肉羊养殖及饲草料基地建设，计划年屠宰肉羊 20 万只；内蒙古荷马糖业股份有限公司计划投资 6 亿元，2014 年已投资 2 亿元，建设规模为日加工甜菜 4000 吨；恒大地产集团有限公司在高端大米、有机杂粮等产业发展方面在全国领先；改造内蒙古保安沼农工贸有限公司甜菊糖厂，对接玉米深加工、秸秆转化、獭兔、平遥肉牛屠宰等项目，产业链条不断拉伸。

**【基础设施建设】** 建设水利灌溉项目。中央政法委机关 2009 年以来，一直帮助协调落实扎赉特旗境内绰勒水利枢纽下游灌区项目，设计灌区面积为 41.02 万亩，规划总投资 7.62 亿元。2014 年，此项目已经落实，进入工程开工前地上建筑物的拆迁阶段。这一重大水利项目的开工建设，能够有效地解决扎赉特旗农业发展干旱缺水的问题，提升农业产业的效益，还提前带动了相关产业的发展。协调推进保障性住房工程建设。2014 年，扎赉特旗推进改造棚户区总户数 4029 户，面积 46.91 万平方米，总投资 10.66 亿元。其中，高标准实施了阿敏河两侧棚户区改造工程，共涉及住户 720 户；新建廉租、公租房 852 套，农牧区危房改造 2900 户，2014 年年底已建设完成总量的 80%；协调资金建设的音德尔镇养老幸福家园建设工程，已入住 200 户、400 人。2014 年，扎赉特旗承办了内蒙古自治区敬老院服务管理建设现场推进会。协调建设标准化卫生室 51 处、文化室 59 处、幼儿园 44 个、便民连锁超市 44 个，广播电视“户户通”工程 3.5 万套，解决了 3.5 万人的饮水安全问题。

**【公益扶贫】** 在中央政法委机关的协调推动下，2014 年，扎赉特旗新增城镇就业人数 1642 人，开发公益性岗位 550 个，城镇登记失业率 3.36%。城乡低保、困难群众医疗救助等保障体系逐步完善，农村养老、医疗保险实现应保尽保。

**【旅游扶贫】** 2014 年，中央政法委机关和内蒙古自治区帮扶扎赉特旗联席会议要求旗委、旗政府继续加大对图牧吉国家级自然保护区、绰勒水库、达嘎图山和鹦鸽山等重点旅游景区的投入力度，完善旅游基础设施建设，稳步推进神山景区保护工程，不断提升绿色生态旅游标准，开发新的旅游市场，促进旅游经济发展。同时，推进“美丽乡村重点旗县”建设，全力打造26个新农村示范点，重点实施巴彦高勒镇永合、音德尔镇茂力格尔等12个嘎查村“美丽乡村”建设。

（中共中央政法委员会政法队伍建设指导室　张思剑）

# 中共中央国家机关工作委员会定点扶贫

**【概述】** 2014年，中共中央国家机关工作委员会（以下简称“工委”）帮助河北省临城县争取资金共计1920.13万元，主要用于基础设施建设、旅游综合开发、医疗救治、教育培训和森林防火等帮扶项目，进一步改善民生、解决困苦、惠及百姓，切实提升经济效益和社会效益。截至12月底，全县农民人均纯收入达到6474元，同比增长12%。10个贫困村2129户、6108人实现脱贫。

**【扶贫日活动】** 为贯彻全国社会扶贫电视电话会议精神，开展好首个“扶贫日”活动，工委和国务院扶贫办联合发文，对中央国家机关各级党组织紧密结合巩固拓展党的群众路线教育实践活动成果、精心组织好“扶贫日”活动提出了明确要求。同时，工委于2014年10月17日专门举行首个“扶贫日”活动。邀请国务院扶贫办副主任郑文凯介绍全国扶贫开发工作情况，临城县委书记宋向党介绍了工委在临城扶贫开发的工作情况。中央国家机关工会联合会向临城县围场村中心小学捐赠了价值25.75万元的计算机教学设备。

**【扶贫会议】** 2014年7月，工委副书记陈存根出席临城县扶贫开发工作推进会并讲话。会后陈存根出席“围场中心小学”新校区奠基仪式，和围场村干部群众进行了座谈，走访慰问围场村老红军和困难群众，考察绿岭种植基地等农业项目、河北天测信息技术等科技企业和临城中学。

**【扶贫调研】** 2014年9月，中央国家机关工委副书记、纪工委书记俞贵麟到临城县参加“天使之旅临城行动——中国红十字基金会资助临城县公益项目”和“北京成龙慈善基金会救助临城县16岁以下大病贫困儿童项目”启动仪式，将中国扶贫基金会捐赠的“爱心包裹”送到围场中心小学538名学生手中，慰问贫困大病患者，考察乡村卫生站，与贫困村干部群众代表、企业负责人进行了座谈。

**【公益扶贫】** 2014年，经工委协调，北京成龙慈善基金会与临城县签约，出资100万元为临城县16岁以下贫困儿童提供一次性住院手术救治。2014年，救助6名大病患儿，产生了良好的社会反响。中国红十字基金会到临城县开展“天使之旅——临城行动”活动，为临城县20所中心小学配送价值20万元的“红十字书库”；投资15万元建设围场村卫生站，并陆续援建乡村卫生服务站，进一步改善农村基础卫生服务条件；计划用几年时间，将临城县50岁以下符合条件的223名乡村医生全部纳入计划进行培训，进一步提升基层医务工作者医疗服务水平，2014年已培训乡村医生30人；启动“天使计划大病救助工程”，将临城所有符合中国红基会医疗救助条件的白血病、先天性心脏病患儿纳入救助范围，为身陷疾患的孩子带来希望。此外，工委帮助临城县与中国儿童少年基金会取得联系，为郝庄中心小学捐建了价值11万元的安康图书馆；继续推进农村饮水安全工程建设，进一步改善群众生活用水条件。

**【产业扶贫】** 按照“一产富民、二产强县、三产支撑跨越式发展”的发展共识，工委帮助临城县向国家林业局申请林果综合开发、薄皮核桃标准化栽培技术示范、林业有害生物防控体系建设、优质薄皮核桃良种基地建设、森林防火等林业项目。其中森林防火项目获得1500万元资金支持。工委配合临城县向国家旅游局、河北省旅游局申请200万元的智慧旅游创建项目。与农业部、国家旅游局沟通，将临城县尚水渔庄列为2014年“全国休闲农业与乡村旅游示范点”。同时，支持临城大力发展新兴产业，推动空间信息产业园建设，多次与国家和省国防科工局、中国遥感应用学会、中科院遥感和数字地球所进行沟通，将临城列为河北省高分辨率对地观测卫星应用示范县。积极推动香港新恒基国际（集团）有限公司旗下人和投资控股股份有限公司与临城县的合作对接，就试种巨菌草达成初步意向；邀请香港贝铭建筑设计公司到临城考察，就旅游“金三角”综合开发提出意见；与寿光农产品物流园共同探讨种植设施蔬菜。2014年7月，临城县与新恒基（香港）集团正式签订《万亩蔬菜种植示范基地合作协议》。此外，与北京中关村科技园区管理委员会、北京市经济和信息化委员会沟通，关注跟进相关政策和外迁企业动态，积极推动临城县开展招商引资。

**【文化扶贫】** 广泛宣传临城县经济社会发展情况，《光明日报》《新华每日电讯》《科技日报》和新华网等媒体，相继刊登《河北临城：太行山下的“绿色”福利》《河北临城职教中心：“校中有厂厂中有教”》《河北临城：30万亩荒山变“花果山”》等多篇文章；大力宣传临城发展薄皮核桃、培育循环经济和推进绿色崛起的特色亮点工作，《中国环境报》和《中国能源报》等行业媒体刊登了《临城对接京津主打生态牌》《河北临城经济转型主打生态牌》等文章。同时，工委继续与中央电视台联系沟通，在农业频道为临城薄皮核桃免费做公益广告，提高临城产业知名度。帮助临城县推进邢窑文化产业园建设，协调制定了邢窑大遗址保护项目规划。此外，经努力争取，邢窑陶瓷烧制技艺获批国家级非物质文化遗产，“河北邢窑博物馆”在临城落户。

**【智力扶贫】** 帮助临城县邀请中央党

校文史部主任周熙明、全国休闲标准化技术委员会副主任魏小安等多名专家教授，围绕休闲旅游、社会主义核心价值观与文化建设等，为临城县领导干部开展专题讲座。邀请中国旅游研究院副院长张栋、燕山大学宋之杰教授，开展临城县产业泛旅游化发展战略研究。组织中央国家机关党校第22、23期青年科级干部培训班共74名学员，和财政部机关党校第4期青年科级干部进修班32名学员，到临城县农村开展“三同四情”社会实践活动，并召开对口座谈会，为临城县经济社会发展提出建议。同时，安排工委法制教育中心与临城县委党校对接，到临城县开展拓展训练培训师培训。推动临城县绿岭公司与中国农科院农产品加工所共同合作开发核桃蛋白粉；君临药业公司与中国中医科学院合作开发新药品。联系全国妇联妇女发展部，在临城举办全国新型职业女农民暨巾帼科技特派员培训班，为临城县专场培训200余人。

**【教育扶贫】** 工委筹资350万元援建“围场中心小学”综合教学楼于2014年6月开工建设，至2014年12月底主体工程已施工过半，预计2015年8月可竣工并投入使用。帮助临城县与中国摄影家协会共建“曙光摄影学校”，捐赠价值3万余元的摄影器材；与中国扶贫基金会联系，为临城县围场中心小学捐赠538个、价值5万余元的爱心包裹。

**【干部挂职扶贫】** 工委继续委派直属单位法制教育中心副主任郭建军挂职临城县委副书记，充分发挥其在第一线的桥梁和纽带作用，进一步帮助临城县研究政策、协调项目，确保定点扶贫规划落到实处。

**【扶贫慰问】** 2014年春节前夕，委托挂职干部郭建军同志代表工委看望了5户贫困户和老党员，了解了他们的家庭生活状况，送去了慰问金、慰问品和节日问候。

（中共中央国家机关工作委员会
办公室　张庆元）

# 中国科学技术协会定点扶贫

【概述】 2014年，中国科学技术协会（以下简称“中国科协”）按照《中国农村扶贫开发纲要（2011—2020年）》和《全民科学素质行动计划纲要》的要求，结合《关于创新机制扎实推进农村扶贫开发工作的意见》有关精神，坚持围绕山西吕梁市委、市政府的工作重心，广泛动员社会力量，整合资源扶贫开发资源，建立农业示范项目，举办了农业技术培训班、开展了多种形式的科普宣传活动，从正面引导农民养成学科学、爱科学、用科学的良好习惯，提升农民的科学素质，为吕梁地区贫困人口脱贫起到积极的推动作用，受到了当地市、县领导的肯定和好评。

【扶贫资金投入】 2014年，中国科协围绕吕梁地区开展的4个主要农业示范项目，在文化教育、人力资源培训和新技术引进上，共投入资金370万元，农业示范项目及培训带动资金近千万元。

【干部挂职扶贫】 中国科协始终坚持把科技扶贫与年轻干部培养结合在一起，每年在科协系统内部选派2名优秀的年轻干部，前往吕梁扶贫重点地区重点县挂职。

【扶贫培训】 2014年，中国科协结合吕梁市“8+2”农业产业化振兴计划的安排部署，重点围绕马铃薯、核桃、红枣、蔬菜、中药材、食用菌等产业，共举办农村实用技术专场培训14场，受训农民为1098人次，并针对重点产业聘请技术专家，长期驻村指导培训；农函大中专学历教育培训，共涉及9个县级农函大分校，开设果蔬种植、畜禽养殖、市场营销、计算机、园林等10个专业，对3037名在校中专学生开展教学辅导。

【产业扶贫】 2014年，中国科协紧密围绕吕梁市委、市政府实施“8+2”农业产业振兴计划，针对马铃薯、设施蔬菜和养殖业等重点产业开展相关工作：制定适宜本地发展，促进农民增收的农业示范项目；改变传统的“输血”式的扶贫方式，引导乡镇、企业立足当地资源优势，增强自身发展实力；扶持和培育扶贫龙头企业和农村专业合作组织（农村专业技术协会），发挥其示范带动作用。

1. 马铃薯种薯研发扶持项目。马铃薯产业是吕梁市“8+2”农业产业化振兴三年计划的重点产业之一。2014年，中国科协邀请中国农业科学院与青海省农业科学院作为技术依托单位，协助引进山东济南普朗特生物科技公司的马铃薯组培苗繁育技术。通过努力，岚县康农薯业原原种生产能力由年产 500 万粒原原种提升到年产 2000 万粒，马铃薯原原种可基本满足吕梁全市对马铃薯原原种的需求，为吕梁马铃薯产业发展提供了有力保障。通过改良，种薯产量比往年增加了 30%，同时，借助新技术生产的种薯，促使种植户增收 500 元/亩—800 元/亩不等。

2. 宽膜多垄沟覆盖抗旱丰产技术推广示范项目。吕梁地区素有“十年九旱”之称，并且地处黄土高原地区，农业生产环境十分恶劣，中国科协经多次考察、论证后，将“宽膜多垄沟覆盖抗旱丰产技术”引入吕梁，在岚县、方山、离石、临县等地进行示范推广，种植面积达 700 余亩。结合当地产业特色，该项目重点推广马铃薯覆膜垄上种植法和玉米覆膜垄沟种植法，并免费提供机械化示范作业、选种以及种植技术全程指导等服务，在 2014 年吕梁降雨适中旱象不明显的情况下，应用宽膜覆盖技术试种作物的亩产比传统种植的亩产增产 30%左右，推广示范项目确保了增产增收取得良好效果。

3. 食用菌生产示范项目。食用菌产业是吕梁市“8+2”农业产业化振兴三年计划的重点产业之一。为引领带动吕梁食用菌产业健康发展，在 2013 年帮助临县城庄镇成立食用菌种植协会的基础上，2014 年协助临县相关部门制订了临县食用菌产业规划，并以资金支持食用菌菌包厂的初期建设和组织开展了平菇、黄猴头菇、太空菇、柏树菇、姬菇、鸡腿菇共 6 个品种的种植示范工作。同时从山东省泰安市引进温室大棚种植食用菌先进技术，聘请技术人员入驻临县城庄镇食用菌基地开展技术指导服务。示范项目的实施，提高了当地食用菌生产水平，带动了食用菌产业的发展。

4. 肉鹅养殖示范项目。2014 年，中国科协扶贫团专程赴辽宁省阜新市、河北省保定市对养鹅产业进行考察调研，帮助临县、方山县引进鹅种蛋 3000 枚、鹅雏 1 万只，并聘请技术员提供乳化、饲养技术服务，组织开展肉鹅养殖示范工作。赴安徽、南京等地考察肉鹅销售市场，为养殖户寻求销售渠道。肉鹅养殖为吕梁市开辟养殖新路子和农民增收新渠道，起到先行先试的作用。

5. 肉驴养殖示范项目。2014 年，结合当地政府“转变农村经济发展模式，开展特色养殖业发展”的要求，中国科协从辽宁为岚县、方山县引进优良种公驴 6 头、优良幼驴 190 头，并聘请技术人员为示范基地提供技术服务。该项目的实施改变了当地驴只作为劳动役用的传统认识，户养 3 头肉驴可使养殖户年增收 5000 元左右，既拓宽农民增收致富新渠道，又为当地扶贫工作探索出“一乡一业”“一村一品”的产业发展新模式。在中国科协优种肉驴养殖项目的成功示范引导下，岚县扶贫办将新品种肉驴养殖作为 2014 年整村推进扶贫项目进行推广，并支持 50 万元专项扶贫款，为岚县大蛇头乡养殖户引进优质肉驴

200头。

6. 其他新品种试种项目。为配合吕梁地区的菜篮子工程建设与发展，结合县级政府提出丰富当地蔬菜品种、提升当地蔬菜品质的需求，中国科协与各地农业科研院所、企业沟通，并多次考察调研，初步引进葵花、马铃薯、橄榄菜等新品种农作物进行实验性种植。

**【教育扶贫】** 中国科协组织发起的“扶贫助学”活动已连续开展8个年头，2014年，在中国科协扶贫团的努力下，共筹集捐资款5.7万余元，资助石楼县37名、方山县49名、临县15名、兴县6名共107名贫困学生，向各学校捐赠科普期刊图书5000余册。邀请中国航空传媒有限责任公司，深入方山县开府小学，与全校师生开展航空科普互动活动、举办航空知识讲座，向学校赠送笔记本电脑、多媒体教学投影仪、100张科普视频光盘、1000余册科普期刊图书等，并向贫困学生发放募集的图书、学习用品、智力开发玩具等。联合中国计算机学会实施吕梁优秀教师激励计划，石楼县、岚县、兴县、方山县4个贫困县，评选出20名中小学优秀教师，由中国计算机学会安排赴北京免费接受为期一周的观摩学习培训。在孝义中学选拔推荐10名学生暑期赴天津大学参加全国青少年高校科学营活动。

**【科学素质提升活动】** “全国科普日”暨第十三届中国科协·吕梁市科普月活动是贯彻落实《全民科学素质行动计划纲要》的一项品牌活动，也是中国科协每年举办的重大科普宣传活动。2014年9月起，中国科协围绕“创新发展、全民行动”的主题，开展了为期一个月的科普宣传活动。邀请中国科学院老科学家科普演讲团专家，在吕梁地区为万余名中小学生做了近30场科普报告与讲座；协同中国科技馆，在方山县第二中学组织近千名师生开展科普大篷车流动展教活动，利用三辆科普大篷车的车载器材、影像、3D展板等全新科普设备，现场向师生们展示普及了电、光、力、数等方面的科学原理；同时还展出“载人航天——中国人的飞天梦”“一级国家保护动物”为主题的3D立体展板和防灾减灾宣传展。

（中国科学技术协会扶贫办　陈韶光）

# 光明日报社定点扶贫

**【概述】** 光明日报社定点扶贫青海省玉树藏族自治州囊谦县，在报社编委会的领导下，认真贯彻落实国务院扶贫办、中共中央组织部等印发的《关于做好新一轮中央、国家机关和有关单位定点扶贫工作的通知》精神，贯彻落实党中央、国务院关于扶贫开发工作的总体部署和国务院扶贫办定点扶贫的工作要求，坚持“输血”与“造血”相结合，针对囊谦县的具体情况，进一步加大宣传力度和智力扶贫力度。

**【扶贫宣传】** 光明日报社利用自身优势，根据囊谦县特点，进行深度报道，宣传定点扶贫地区的传统文化，主要是囊谦的牛角琴、黑桃技艺、玛尼石刻和列入国家级非物质文化遗产名录的卓干玛等。2014年，《光明日报》发表青海省新闻报道80余篇，其中报道囊谦县的稿件10余篇，特别是2014年4月3日四版头条报道了“尕羊乡干部在海拔5400米的高度以实际行动践行群众路线”的文章，在玉树藏族自治州反响很大。

2014年，在国家第一个“扶贫日”期间，《光明日报》发表报道17篇。独家全文刊登了国务院扶贫办主任刘永富的演讲稿，刊登了社会扶贫倡议书，刊发了赵文强、张砚、朱敏才、克里木·依拉莫洪等扶贫开发先进典型和福建希望工程办公室、江西女子职业学校等先进经验的报道。此外，还重点报道了首个国家“扶贫日”国务院新闻办公室新闻发布会、“10·17论坛”、国务院扶贫办与中国农业银行签约等重要活动，形成了宣传报道合力。

**【教育扶贫】** 光明日报社在囊谦县最偏远的乡镇开办光明书屋。2014年4月，由光明日报社机关党委、扶贫办、发行部共同发起组织的“迎社庆献爱心”捐赠活动，收到的图书近5000册，分别捐赠给定点扶贫地区青海省囊谦县和西藏自治区那曲地区、四川省广元市朝天区小安乡小学、四川省雅安市天全县思经初级中学。同时，向囊谦县吉曲乡中心寄校赠送了价值2万余元的书包、文具，在该校建立光明图书室；捐赠图书1500册，价值4.5万元，向囊谦县全县相关部门赠阅50份2014年度的《光明日报》和《文摘报》，价值近2万元。向西藏自治区那曲地区双湖县捐赠了1万余册图书，其中，光明日报出版社捐赠图书8500册，价值30万元。在四川省广元市朝天区小安乡小学建立“光明图书室”，捐赠图书3000册，价值9万元。向四川省雅安市天全县思经初级中学全体教师赠阅40份2014年度的《光明日报》和《文摘报》，价值近1.6万元。

**【扶贫调研】** 2014年8月，光明日报社组成采访调研小组赴囊谦县采访、调研。通过实地走访，了解了贫困地区的真实需求，使扶贫工作更有针对性、实效性。

（光明日报社扶贫办公室　张君华）

# 经济日报社定点扶贫

**【概述】** 2014年，经济日报社定点帮扶河北省赤城县和张北县。报社从全面促进定点扶贫地区科学发展的高度，明确提出了“以增强造血功能为主”的扶贫发展思路，组织调动报社及社会各方面力量，通过新闻宣传、广告信息、项目引进、土地流转、物资捐赠等各种方式，使与张北、赤城两县共同开展的对口扶贫工作取得了新进展：2014年在赤城县雕鹗镇投入965.5万元，建起220个蔬菜大棚；邀请北京汇兴科技发展有限公司董事长颜成福带领公司技术骨干与台湾农业专家，先后到张北调研考察；联合多家企业和相关行业协会开展扶贫公益活动，共捐赠衣服、鞋、电脑、学生桌椅、体育器材等物品价值97万元。

**【扶贫资金投入】** 2014年，经济日报社在赤城县雕鹗镇流转524亩土地，每亩土地流转额度为650元，流转年限为15年，先向农户支付5年的流转费，即240.5万元。4月，再投入725万元，建起220个蔬菜大棚，先期占地250亩，其中栽种西红柿21.6万株、五彩椒11.85万株、其他6000株，并带动周边农民50多人全年参与生产建设。联合多家企业和相关行业协会开展扶贫公益活动，共捐赠衣服、鞋、电脑、学生桌椅、体育器材等物品价值97万元。

**【扶贫宣传】** 《经济日报》于10月17日全国扶贫电视电话会议召开的当天，在一版头条全文刊登了新华社通稿《人类减贫史上的伟大实践——党中央关心扶贫开发工作纪实》，同时配发本报评论员文章《合力打好新一轮扶贫攻坚战》。10月18日，又在一版头条刊发了题为《全党全社会继续共同努力，形成扶贫开发工作强大合力》的重要新闻，对中共中央总书记习近平在首个“扶贫日”之际作出的重要批示及国务院总理李克强的批示进行了全面报道，为全国扶贫开发工作营造了良好的宣传舆论氛围。为宣传好赤城人民在扶贫攻坚中顾全大局，为他人着想，把困难留给自己的可贵业绩，经济日报社挂职副县长李晓光协助记者深入实地采访，于11月25日在《经济日报》第14版发表了题为《脱贫任务艰巨，始终坚守“生态第一”——赤城：守护北京“半杯清水”》的长篇通讯。

**【干部挂职扶贫】** 经济日报社安排一名处级干部到赤城县挂职扶贫，担任副县长，从事对赤城县的帮扶工作。工作中，下派挂职扶贫干部在勤勉履职的同时，克服多种困难，严格执行中央八项规定，深入一线认真调查研究。帮助地方做好群众上访工作，被评选为经济日报社 2014 年度先进个人。

**【扶贫调研】** 2014 年，经济日报社扶贫工程专项小组成员冯举高，先后 4 次陪同河南九洲天中集团董事长段永刚及驻京首席代表谢涛，深入赤城县雕鹗镇蔬菜大棚示范基地，调查了解蔬菜大棚建设及栽培销售等情况，及时与县领导和镇政府主要领导人沟通；积极与张北县干部共同开展招商引资工作，先后邀请北京汇兴科技发展有限公司董事长颜成福带领公司技术骨干、台湾农业专家到张北调研考察，与张北几家蔬菜公司种植大户在有机农业开发、生物肥料等方面达成初步合作意向。

**【扶贫慰问】** 2014 年春节前夕，经济日报社扶贫办主任冯举高和经济日报社在河北省赤城县挂职的副县长李晓光，代表经济日报社编委会，深入到赤城、张北两县 10 多户困难群众家庭走访慰问，送去衣物、现金共 5 万多元。

（经济日报社扶贫办　冯举高）

# 中华人民共和国最高人民检察院定点扶贫

**【概述】** 1995年起，中华人民共和国最高人民检察院（以下简称“高检院”）定点扶贫云南省西畴县。2014年，高检院党组和领导高度重视定点扶贫工作，直接投入资金154万元，协调引进各类资金2920万元（含物资折款），按照“探索建立一个模式，实施六项扶贫工程——高检院与国家有关部委和单位扶贫开发联合合作模式，新农村建设扶贫工程、亲情扶贫工程、人才培养扶贫工程、生态化产业发展扶贫工程、少数民族文化扶贫工程、石漠化综合治理与基础设施建设扶贫工程”的工作思路开展定点扶贫工作，缓解西畴人民群众一些实际困难，推动当地经济社会发展。

**【扶贫资金投入】** 2014年，高检院下达专项扶贫资金130万元，其中，投入50万元实施新农村建设扶贫工程，重点打造西畴县壮族太阳村；投入10万元为高检院援建的革岔民族希望小学、程家坡小学、董有小学、西畴县第一中学自强班及莲花乡教育办公室配套教学附属设施，改善办学条件；向西畴县检察院捐资10万元，用于依法治国和依法治县普法教育和普法骨干培训；投入15万元用于“女子太阳节”等国家、省、州非物质文化遗产保护和开发，以及配备县、乡、村文艺团队文化设备；投入20万元用于茶叶、杨梅、壮族太阳七彩糯、饵块粑等特色产业开发；投入10万元用于帮助解决因霜雪低温冷冻灾害造成的一些特困群众家庭生产生活问题；投入15万元用于改善西畴县县委机关及部分直属单位信息化办公设备缺乏和落后问题。此外，国家检察官学院资助西畴县政法干警培训20万，检察出版社向西畴县捐书折款3万，为西畴希望工程支付培训费用1万元，共计154万元。在有关部门、企事业等单位的支持下，高检院共帮助西畴县协调引进各类资金2920万元（含物资折款），在基础设施、产业发展、社会事业、救灾救济等方面进行帮扶，推动当地经济社会发展。

**【扶贫调研】** 2014年1月，高检院党组成员、扶贫领导小组组长李如林带队，到西畴县慰问检察干警并对扶贫工作进行调研指导。李如林强调，希望下派挂职干部和高检院扶贫办把西畴县委、政府反映的问题梳理出来，及时向高检院领导和扶贫领导小组汇报，并通过多种途径积极争取协调解决。西畴县是高检院的扶贫点，也应是省检察院和州检察院的扶贫点，今后要继续共同做好对西畴县的定点帮扶工作。进一步开阔帮扶思路，充分发挥全国检察机关的整体力量。协调西畴县政法系统人员或其他部门人员到省内外检察院或其他部门学习、挂职、锻炼。要进一步加大帮扶力度，充分利用检察日报社、国家检察官学院、检察出版社、检察教育基金会等高检院直属单位的力量来实施定点帮扶，共同做好对西畴县的扶贫工作。在调研期间，李如林还代表高检院向西畴人民捐赠抗击雪霜灾害慰问金 10 万元，向县检察院捐赠慰问金 5 万元，并慰问了两名贫困检察干警。

**【扶贫培训】** 2014 年，检察基金会向西畴县检察院捐资 10 万元，用于依法治国和依法治县普法教育和普法骨干培训；国家检察官学院免费为西畴县 90 名政法系统人员进行为期 6 天的培训；针对高检院挂钩帮扶西畴县石漠化治理水利项目实际，积极协调州检察院搞好高检院援建项目职务犯罪预防工作，为西畴县水务局全体干部职工、全县纪检监察干部和挂职干部联系部门相关领导干部 200 余人，作预防职务犯罪专题讲座，切实防止高检院实施的各类项目出现问题。

帮助协调西畴县水务局 1 名同志到水利部挂职学习 6 个月。商请清华大学在北京校内为西畴免费（免吃、住、学费用）培训 2 期 4 名中小学教师，每期培训时间 5 天；清华大学向西畴县捐赠 50 套语文教师教学课件系统，同时，同意在县委党校新教学楼建成后，为西畴县免费安装远程教育系统。

**【干部挂职扶贫】** 高检院派出 1 名副厅级干部到西畴县挂职县委副书记，从事扶贫开发工作。坚持把中共中央总书记习近平关于党的群众路线和加大扶贫开发力度的一系列指示精神向基层延伸、向扶贫事业拓展，继承和弘扬“等不是办法，干才有希望”的西畴精神，发扬扶贫干部“不怕跑断腿，不怕磨破嘴，不怕鞋穿底”的“三不怕”精神，坚持与农民同吃同住同劳动，极尽所能帮助西畴人民解决困难和问题。

**【产业扶贫】** 针对西畴县茶叶资源丰富，撂荒面积较大（全县茶叶种植面积 12000 亩，撂荒 6000 多亩），古茶树保护面临危机和西畴特色产品开发难的实际，本着“生态发展产业化、产业发展生态化”的思路，根据县政协《关于搞好古树茶保护与开发的专题调研报告》和县人大代表、政协委员的建议提案，高检院投入资金扶持西畴北回归线古树茶、杨梅、太阳七彩糯、饵块粑、妈妈酒、壮锦等特色产业市场开发，帮助协调申办注册“西畴北回归线棠婉系列”特色商标。高检院原检察长贾春旺为此题写了西畴“北回归线原生态古树茶”和“品一杯西畴北回归线生态茶，为贫困山区献一份爱”两副题词。此外，协助西畴县招商局引进福滇茶业有限公司入驻西畴，收购西畴撂荒茶山 6000 多亩，建成茶叶生产加工厂，带动当地茶叶产业发展。

**【教育扶贫】** 为改善援建的革岔民族希望小学办学条件，高检院向革岔民族希望小学捐赠15万元，添置了办公设备。为革岔民族希望小学、程家坡小学、董有小学协调8万元资金用于改善办学设施。同时，在高检院积极协调下，云南省人民检察院向革岔民族希望小学捐赠了一批价值10万元的电脑，文山州人民检察院捐赠了价值7万元的学生课桌椅、书架、资料柜等教学物资。在已实施2011年、2013年两个自强班项目基础上，协调中国扶贫基金会“树华·2014级新长城高中自强班”项目在西畴实施，班级中50名贫困学生，从高一捐助到高三，三年共30万元。2014年11月18日，由中国扶贫基金会主办的“圆梦832”贫困高中生关爱行动启动仪式在人民大会堂举行，西畴县被列为首批10个试点县之一，全国人大常委会原副委员长顾秀莲为西畴县授牌。

**【基础设施建设】** 高检院创新扶贫机制，探索建立与国家有关部委和单位扶贫开发联合合作模式，积极为西畴县协调项目，加强基础设施建设。由于拟建的南昌水库在自然保护区内，为促进南昌水库建设项目尽快实施，高检院扶贫办先后采取致函、召开协商会和走访等形式，受高检院委托，扶贫挂职干部与水利部在云南省水利厅挂职干部及国家林业局在云南省林业局挂职干部一起到环保部和林业局协调，在2013年环保部批复基础上，2014年国家林业局发文批复，同意按有关规定修建南昌水库。此外，高检院挂职干部还联合水利部在云南省水利厅挂职的干部，带领西畴县有关领导同志和水务局同志到水利部、省水利厅等有关部门，请求他们积极帮助解决西畴县水利方面存在的难题。并先后帮助和参与协调引进中央水力建设资金、木者片区小型灌区建设项目和水利工程养护维修补助资金等共830万元。

**【文化扶贫】** 高检院注重搞好少数民族文化建设。一是扶持非物质文化遗产保护。西畴县有2项国家级非物质文化遗产，2项省级非物质文化遗产，42项州县级非物质文化遗产，传承人达114人。高检院继续投入15万元，协调民政部投入30万元项目资金，并争取和整合国家、省、州对非物质文化遗产的资金扶持。组织太阳山歌队参加“中国首届宣威（杨柳）山歌展演”比赛，在来自全国各省（市、区）的25个参赛队中获得金奖。二是继续协调做好“女子太阳节”申遗工作。太阳村壮族“女子太阳节”民俗，是壮族世代传承、特色鲜明和影响较大的非物质文化遗产项目，高检院积极协调中国民间文艺家协会，邀请全国知名专家对西畴壮族文化进行研究论证，并通过中国民间文艺家协会邀请中央7频道、10频道对西畴“女子太阳节”进行宣传报道，为“女子太阳山祭祀”民俗成功入选国家级非物质文化遗产奠定了理论和文化基础。在文化部大力支持下，经国务院审批，“女子太阳节”中的“女子太阳山祭祀”被列为第四批国家级非物质文化遗产保护名录。三是协调建立爱心书屋。积极协商中国民间文艺家协会《民间文学》杂志社，在西畴县建立“太阳村”爱心书屋，捐赠《民间文学故事》100本。

（中华人民共和国最高人民检察院办公室　蒋升凯）

# 外交部定点扶贫

**【概述】** 2014年是外交部对云南省金平县和麻栗坡县开展定点扶贫工作的第22个年头。22年来，外交部共向定点帮扶的云南省金平县和麻栗坡县投入帮扶资金3亿多元人民币，开展了1500多个扶贫项目，受益群众超过30万人。2014年，国务院扶贫开发领导小组授予外交部扶贫办“中央国家机关等单位定点扶贫先进集体”光荣称号。根据2014年度外交部扶贫工作领导小组全体会议确定的帮扶计划，外交部全年共筹集捐款1620万元人民币，连同往年资金共下拨1870万元，实施扶贫项目35个，为两县捐赠价值约620万元的助听器和奶粉。

**【协调企业和社会各界扶贫】** 7月31日，外交部副部长、部扶贫工作领导小组组长王超会见空中客车（中国）有限公司副总裁兼首席代表菲利浦·林一行并接受扶贫捐款50万元人民币，用于外交部帮扶的金平县和麻栗坡县扶贫项目。11月25日，王超会见中国华信能源有限公司总裁陈秋途一行，并见证该公司与外交部扶贫合作协议签字仪式。中国华信能源有限公司向外交部捐赠100万元人民币扶贫款，用于资助金平县的整村推进项目。

3月19日，外交部部长助理刘建超会见完美世界（北京）网络技术有限公司首席执行官萧泓，并见证外交部扶贫办与该公司签署扶贫合作协议，外交部扶贫工作名誉大使乐爱妹参赞出席。根据协议，完美世界（北京）网络技术有限公司向外交部捐资500万元人民币（连续5年每年捐赠100万元），用于外交部定点帮扶的云南省金平县和麻栗坡县的扶贫工作。

11月13日，外交部扶贫工作名誉大使乐爱妹参赞会见香港陈复生基金主席陈复生，并见证港资企业广东耀记乳制品有限公司向外交部定点扶贫的金平县和麻栗坡县贫困老人捐赠4000袋澳大利亚奶粉的捐赠仪式。11月14日，乐爱妹会见香港联泰国际集团副主席陈亨利，并见证该集团下属陈守仁基金会与外交部开展扶贫合作签字仪式。根据协议，自2014年起，陈守仁基金会每年向外交部捐赠50万元人民币扶贫款，连续3年共150万元，用于资助外交部定点帮扶的金平县和麻栗坡县。乐爱妹介绍了两县县情和外交扶贫工作，高度评价联泰集团在企业发展的同时不忘履行社会责任，称赞其善举体现了中国人扶贫济困的传统美德。

**【扶贫调研】** 2014 年，外交部办公厅、扶贫办领导多次分赴麻栗坡县和金平县，考察温饱、教育、卫生、培训和整村推进、产业扶贫等项目，实地察看了各项目实施和进展情况，详细询问当地负责人项目资金使用情况及项目情况，召开全县相关单位座谈会。在肯定成绩的同时，指出存在问题，对今后资金使用和项目实施提出更严格要求，强调要本着对捐资者负责的精神，用好每一笔捐款，管理好每一个项目，绝不挪用或浪费一分钱。

**【天籁列车行动】** 8 月 30 日，澳大利亚“魏基成天籁列车”捐赠助听器启动仪式在麻栗坡县举行，共向云南省麻栗坡县和金平县捐赠 2700 副助听器，为两县听力障碍群众带来天籁之音，让他们实现聆听世界的梦想。在仪式现场，“天籁列车”工作人员向听力障碍群众讲解了助听器的使用方法，并培训 20 名志愿者帮助听力障碍群众佩戴助听器。外交部有关领导赞扬魏基成夫妇身在澳洲、心系祖国、情牵同胞、热心公益，向魏基成先生颁发了荣誉证书，麻栗坡县政府向魏基成先生颁发了“热心公益情暖人间”的锦旗。

**【产业扶贫】** 2014 年，外交部多次陪同云南滇红集团赴麻栗坡县和金平县，专门考察包括油茶加工、木材加工、旅游开发、香蕉生产等在内的多领域产业，达成原则共识，取得初步成果。10 月，滇红集团与金平县签署 5 亿元的油茶开发合作框架协议。

**【抗震救灾】** 8 月 3 日，云南省昭通市鲁甸县发生 6.5 级强烈地震，外交部部长王毅心系灾区，多次了解受灾情况，要求全力配合做好救灾工作。书记张业遂部署外交部抗震救灾涉外工作，指示各驻外使领馆、团、处、署做好接受救灾捐赠等事宜。为体现部党委及全体干部职工对灾区人民的关心，8 月 7 日，外交部就鲁甸地震向云南省委、省政府致慰问电，并捐赠 100 万元救灾款。

**【扶贫宣传】** 2014 年，外交部继续向外交国驻外使领馆发送画册和宣传册，通过使领馆向驻在国推介外交扶贫工作。安排专人负责“外交扶贫”微博维护更新，通过微博与网友在线交流，“粉丝”数量不断增加，同时得到不少爱心人士的热情捐助。为顺应新媒体迅速发展的新潮流，外交部专门开设外交扶贫微信官方账号，安排专人负责日常维护和管理，取得良好效果。

**【扶贫大数据库建设】** 为进一步增强扶贫资金和项目透明度，加强对扶贫资金和项目的高效管理，外交部对原有扶贫资金和项目数据库进行全面升级改造，建立功能更全面、使用更便捷的外交扶贫大数据库，大大提高扶贫资金和项目登记、查询、统计和监管效率，利于扶贫资金和项目公开透明管理。

**【全国社会扶贫先进个人】** 外交部离休干部丛文滋从 1997 年开始共向外交部扶贫办捐款达 73 次，捐资金额近 20 万元，受助学生总数超过 6000 人次。2014 年，丛文滋被国务院扶贫开发领导小组授予“全国社会扶贫先进个人”荣誉称号，其事迹作为全国 30 例先进典型加以宣传。

（外交部扶贫办　聂亚城）

# 公安部定点扶贫

【概述】 根据国务院扶贫办《关于做好新一轮中央、国家机关和有关单位定点扶贫工作的通知》精神，公安部自2012年11月起，定点扶贫贵州省黔西南布依族苗族自治州兴仁县、普安县。2014年，在国务院扶贫开发领导小组办公室和公安部扶贫开发领导小组的领导下，在各有关方面大力支持和帮扶对口县干部群众共同努力下，公安部扶贫办密切结合普安、兴仁两县实际，开展了一系列有针对性的扶贫支援工作，完成了定点扶贫任务。2014年，为普安、兴仁两县拨付帮扶资金280万元。按照工作安排，共2批33人次前往兴仁、普安县开展扶贫工作。其中，部级领导1人次，司局级领导7人次，处级干部15人次，科级干部10人次。

【扶贫资金投入】 公安部不断加大资金扶持力度，确保扶贫资金及时落实到位。2014年，在公安经费比较紧张的情况下，安排预算资金80万元，协调部属单位筹措扶贫资金由2012年的120万元提高到200万元，以及公安英烈基金会安排的困难民警慰问金10万元，共为普安、兴仁两县下拨帮扶资金290万元。

【扶贫资金管理】 在扶贫资金使用过程中，部扶贫办主动加强与普安、兴仁联系，多次深入当地开展实地调研，主动加强与贵州省、黔西南州的协调沟通，按照“急需、所能、民生”的要求，反复论证、共同研究确定了扶贫项目，密切结合公安实际，从资金扶贫、项目扶贫、知识扶贫等方面加强研究，细化措施、突出重点、发挥优势，加强扶贫资金的动态化管理，确保资金使用效益。

【扶贫调研】 2014年，根据定点扶贫工作安排，公安部扶贫办协调部属扶贫支援单位负责同志，赴兴仁县和普安县调研定点扶贫工作任务落实情况。在普安县，调研组实地验收了公安部援建的“平安之星”希望小学“金盾教学楼”工程，当地学生的入学问题得以解决。在兴仁县，调研组实地察看了公安部扶贫办筹集资金修建的纯寨引渠上山工程和进纯寨柏油公路建设工程。该工程有力地支持了当地五星级枇杷基地建设，打通了枇杷的外销通道，依托这条“致富路”解决了当地90个农户的就业问题，当地农户收入提高20%。在两个县，调研组分别与县委、县政府有关负责同志进行了工作会谈，对扶贫工作情况进行总结，并对下一步扶贫工作的开展进行了交流沟通，达成共识。此外，调研组还分别到两个县的公安局实地走访，看望慰问基层民警，了解基层公安局技术用房建设情况。

**【教育扶贫】** 公安部把智力扶贫作为扶贫攻坚的治本之策。“扶贫先扶智，治贫先治愚”。普安县是一个典型山区农业贫困县，针对普安县基础教育薄弱的实际，在反复调研论证的基础上，部扶贫办与县委县政府达成积极共识，在青山镇共同筹措扶贫资金修建一座占地 60 亩、教学楼 1200 平方米的小学，解决了当地 2400 余名学生的入学问题。县政府将学校命名为“平安之星”希望学校，把学校教学楼命名为“金盾教学楼”。学校主体工程已竣工，正在进行配套设施完善工作。

**【扶贫慰问】** 2014 年春节前夕，公安部扶贫办协调公安英烈基金会安排慰问金 10 万元，派员专程前往普安、兴仁两县，走访慰问牺牲、病故及特困民警家庭。

（公安部　由　建）

# 财政部定点扶贫

**【概述】** 财政部定点帮扶湖南省平江县和云南省永胜县，2014年派出2名机关干部分别到湖南省平江县和云南省永胜县进行挂职扶贫。2014年，财政部到平江县实地考察26人次，直接投入资金500万元，引进资金9144万元，资助学生870人，培训农民2136人。2014年，平江县减少贫困人口2.5万多人，农村居民人均纯收入从2013年末的4650元增加到2014年末的5728元，增加1078元，增长23.2%。财政部到永胜县实地考察14人次，直接投入资金400万元，引进资金920万元，培训技术人员1775人次。

**【扶贫培训】** 财政部在平江县分区域举办了油茶、楠竹、茶叶、养蜂、食用菌等种养技术培训12期，培训农民2136人次。实施雨露计划扶贫培训，扶持到省、市、县三级职业技术学校就读的“两后生”549名；选派到湖南省生物机电职业技术学院进行种养专业培训的村干部、致富带头人52名。通过全面摸底调查和教育部门核实，给870名特困学生发放助学补助45万元。

永胜县认真贯彻落实全省农村贫困地区劳动力转移培训“特别行动计划”会议精神，按照800元/人的补助标准，在仁和镇、三川镇、六德乡、大安乡、程海镇、光华乡、期纳镇等乡（镇），开展了电焊工、计算机、维修电工、中式烹饪、家畜、家畜饲养、蔬菜育苗种植等培训，累计培训学员1775人。项目注重提高转移培训的质量和效益，确保每期培训时间不低于1个月，获证率不低于90%，转移就业率不低于85%。项目实施后，参训学员掌握了一技之长，有效地增加了农民收入，基本达到了“培训一人、致富一家、带动一片”的效果。

**【两项制度衔接】** 平江县在全面宣传的基础上，坚持分类实施、分步推进，参照全面小康社会统计数据和精准扶贫建档立卡贫困发生率摸底情况，严格按照三级公示，确定2015—2020年重点帮扶的191个贫困村。按要求启动贫困农户建档立卡工作，将16.05万贫困人口指标分解到乡镇，严格按民主评选、公开公示等6大规定程序确定贫困对象完成建档立卡工作。通过层层筛选把关，确定1.88万名贫困对象列入第二轮两项制度有效衔接扶持范围，已将人均600元的扶持资金打卡发放到户。

**【产业扶贫】** 平江县按照“公司+基

地+农户”模式，投入财政扶贫资金 1000 万元，扶持九狮寨、白云、友人家三家龙头企业和福寿山、幕阜山等农民专业合作社 9 个，带领贫困农户在海拔 800 米以上的高山贫困村新建高山有机茶基地 3056.4 亩。

永胜县投入财政资金 550 万元，重点支持 10 个产业扶贫项目。财政分别投资 50 万元，支持永胜县富强种养专业合作社 5 万羽罗曼粉蛋鸡推广养殖、永胜县仙源生物资源开发有限责任公司 380 只优质黑山羊推广养殖、永胜县新科畜禽养殖有限责任公司 220 头良种猪推广养殖、永胜县龙平葡萄种植专业合作社 500 亩极早熟夏黑葡萄推广种植、永胜县富农药材种植专业合作社 160 头良种猪推广养殖等 9 个项目。财政投资 100 万元，支持永胜源然农业专业合作社 2000 亩玛咖推广种植项目。

**【基础设施建设】** 永胜县投入 380 万元扶贫资金，用于六德乡通村公路建设。修建六德乡六德村马桑林至沙不座通村公路，主线和三条支线总长 5.795 千米，总投资 159.7 万元。修建六德乡华祝村棉海汁通村公路，路线全长 2.36 千米，总投资 78.7 万元。修建六德乡华祝村白岩子通村公路，主线和一条支线总长 5.31 千米，总投资为 125.2 万元。此外，预留不可预见费用 16.4 万元。

**【整村推进】** 平江县 2013—2014 年确定驻村帮扶 34 个贫困村，其中，财政部、省财政厅、省科技厅各帮扶 1 个村，市直 23 家单位帮扶 10 个村，县直 82 家单位帮扶 21 个村。2014 年 108 家帮扶单位共对 34 个贫困村帮扶资金 5700 余万元，用于交通、水利、电力、就医、就学、养老、安全饮水、村级组织建设等项目。所扶持的各个方面都取得了实实在在的成效，34 个贫困村基本完成项目建设任务，全部可以如期实现脱贫。

**【易地扶贫搬迁】** 2012—2014 年，平江县落实资金 1800 余万元，选择了多个乡镇引导推进搬迁式扶贫，岑川、虹桥、三市、童市、福寿山 800 多名避险搬迁移民正陆续搬进新居。2014 年启动的黄金洞水库库区避险解困整体搬迁，投资 2000 万元的一期工程已完成基础工程。

永胜县按照“移民就路，移民就市，移民就富”的原则，科学选择安置地点，因地制宜，合理规划，总投资 373.57 万元，实施了东风乡麦叉拉和顺州乡西马场 2 个易地扶贫搬迁安置项目。项目采取村内搬迁、小规模集中安置的方式，通过新建安居房、建设人畜饮水工程、通路、通电、加强科技培训等，共搬迁安置 67 户 300 人。项目的实施，解决了 67 户 300 人受到自然灾害威胁或是生存环境十分恶劣的贫困农户想搬搬不走、搬不动的问题，为贫困农户提供了更好的生产生活环境。

**【危房改造】** 平江县在全省 20 个国家扶贫开发工作重点县中率先启动贫困农户危房改造“百村示范”工作，在南桥乡汤塅、永联两个村投入 300 多万元，按照贫困程度和家庭人口数，分别按每户 2 万、

3万、4万元的标准，扶持81户特困危房户新建30平方米、45平方米、60平方米不等的安居房。房屋主体工程已全部竣工，部分无房户、危房户已住进安居房。第二批4个村85户特困危房户均在春节前搬进新居。

**【金融扶贫】** 平江县重点面向贫困农户实施创业就业小额贴息贷款援助项目，共发放贴息贷款221笔，金额3289万元。项目启动以来，累计发放贷款623笔，金额7728万元，共带动近2000户农户实现创业就业。

**【连片开发】** 永胜县投入20万元用于东山—东风连片扶贫开发特困村组道路建设。建设东风乡东坪扎苗、海家坪、中梁子、老三队、熊家坪，东山乡向阳上坪、黑格都7个村小组道路32千米。该项目改善了项目区人民群众的交通条件，有效解决当地群众出行难的问题，加快农副产品的流通速度，降低农副产品的运输成本，很大程度上增加了群众的收入。

**【建档立卡】** 永胜县根据《云南省人民政府扶贫开发办公室关于下达扶贫对象建档立卡规模控制数的通知》精神，按照分解下达的贫困人口、贫困村、贫困自然村、贫困乡等建档立卡规模，组织各乡镇认真开展好扶贫对象建档立卡工作，并按时间节点顺利完成信息系统录入工作，为扎实推进全县农村扶贫开发工作，建立精准扶贫工作机制，加快贫困群众脱贫致富和贫困地区全面建成小康社会步伐提供了全面系统、真实可靠的信息支持。

（财政部人事教育司　孙　慧）

# 国家审计署定点扶贫

**【概述】** 2014年，国家审计署（以下简称“审计署”）定点帮扶河北省顺平县。审计署严格落实《审计署关于进一步推进定点扶贫工作的意见》文件精神，全面部署和安排河北省顺平县的定点扶贫工作，共直接投入扶贫资金（含物资折款）150万元，选派1名优秀中青年干部到该县挂职扶贫，发挥审计优势，加大扶贫力度，大力推进智力扶贫、教育扶贫、解困济难和审计帮扶等方面的工作并取得较好成绩，为加快该县全面建设小康社会步伐发挥了良好的促进作用。

**【扶贫资金投入】** 审计署2014年共直接投入扶贫资金（含物资折款）150万元，用于教育扶贫、解困济难和审计帮扶等方面的工作。

**【扶贫资金管理】** 审计署派出挂职干部通过发挥审计专业优势，指导各乡镇开展财政专项扶贫资金检查，强化监督工作，推进财政扶贫资金项目实施进度，避免挤占挪用、截留和贪污等重大违法违规问题的发生，促进提高资金使用效益，规范了当地扶贫资金的使用。

**【干部挂职扶贫】** 审计署派出1名处级干部到河北省顺平县为期2年的挂职扶贫，担任县委常委、副县长职务，全面贯彻落实各项帮扶任务，不断推进顺平县经济发展、尽快脱贫。挂职扶贫干部克服工作和生活中的各种困难，在较短时间内，基本了解县情民情和当地老百姓对扶贫项目的需求，认真分析当地贫困的现状、原因以及脱贫致富的途径，参与编制《2014年至2017年顺平县扶贫攻坚规划》，谋划顺平县扶贫开发战略，即通过雨露计划、易地搬迁、金融扶贫、整乡推进四项举措，发展鲜桃、苹果、核桃、设施农业四大主导产业，力争全县果蔬种植达到40万亩，确保全县通过四年的努力实现脱贫摘帽。

**【扶贫调研】** 2014年1月，审计署党组成员、副审计长孙宝厚一行，到顺平县进行扶贫调研，并现场发放审计长奖助学金，鼓励学生努力学习，早日学成报效祖国。赴贫困山区安阳乡北湖村走访慰问，发放了价值4.8万元的慰问物资。

**【产业扶贫】** 审计署派出挂职干部结合当地实际情况，紧紧围绕顺平县中心工作，以“工业立县、农业增效”作为帮扶工作的总抓手，积极推动产业扶贫。一是按照国务院扶贫办、国家能源局《光伏扶贫工程工作方案》，积极探索开展光伏发电产业扶贫工程，与江苏无锡明申农业科技有限公司进行初步接触，洽谈概算6亿元的投资意向，拟在顺平县建设新型光伏温室，开展农光互补项目，促进贫困人口增收就业。二是选择贫困村进行重点帮扶，积极开展“林下经济、林药结合”的推动工作，争取建立示范项目，发挥产业带动作用，促进贫困村和贫困户增加收入。

**【教育扶贫】** 审计署继续实施审计长奖学金项目，加强审计长奖学金的审核和管理，确保审计长奖学金取得实效。2014年度的审计长奖学金发放30万元，共计奖励和资助贫困学生、三好学生、新时代小雷锋、贫困励志少年等220人。

2014年，审计署副审计长石爱中和审计署培训中心全体干部职工组织捐款累计约18.6万元，为顺平县特殊教育学校的聋哑、智障儿童全面维修更新教学和生活设施，购买生活、学习和体育用品。2014年“六一”儿童节捐款近3万元，为该校购置特殊儿童综合康复训练器等9件体育康复器材，丰富了师生学习和业余生活，再一次提升了学校的办学水平。

**【扶贫日活动】** 根据国务院扶贫办和中央国家机关工委的要求，审计署组织开展了全国首个“扶贫日”系列活动。在“扶贫日”之前，审计署直属机关团委、青年志愿者服务队发出倡议书。10月17日，审计署妇女工作委员会、署直属机关团委赴顺平县贫困小学——南吕小学开展扶贫捐赠活动。活动当天署机关干部职工与该校师生一对一的开展了“我的梦想”交流活动，邀请20名学生填写“心愿卡”，向学生们赠送了学习用具。此次活动共捐赠各类图书200本，书包、文具100套，价值3万元。

**【基础设施建设】** 2014年8月，审计署挂职扶贫干部到安阳乡安阳中学调研，发现学校建筑设计不合理，导致全校师生存在严重的用水难问题。审计署投入帮扶资金13万元，为学校新建了供水设施、铺设管网，解决了师生用水难问题。11月，在蒲上镇南安全村建设灌溉深机井后，投资2万元配套铺设5寸塑料防渗管道420米，出水口5个，扩大水浇地面积150亩，促进全村农业增效、村民增收。

（国家审计署　刘　伟）

# 海关总署定点扶贫

**【概述】** 2014年，海关总署定点帮扶河南省鲁山县、卢氏县和内蒙古自治区正镶白旗（以下简称“两县一旗”），选派6名干部挂职扶贫，其中，总署机关处级干部3名，郑州海关科级干部2名，呼和浩特科级干部1名。向“两县一旗”投入扶贫资金645万元，先后完成修建改造道路项目10个，加固兴修水利项目10个，完成人畜饮水工程3个，修建牲畜棚圈15处，资助贫困大学生150名，为帮助当地贫困群众尽早脱贫解困和经济社会发展做出贡献。

**【扶贫会议】** 2014年，海关总署在郑州海关，组织“两县一旗”扶贫干部和郑州海关、呼和浩特海关分管扶贫工作领导、财务处和政工办有关人员，召开定点扶贫工作年度总结会议。海关总署党组成员、副署长胡伟同志在会前观看了“两县一旗”扶贫工作成果展板，翻阅了扶贫项目档案文书和图片卷宗，询问了扶贫干部工作和生活等情况。对海关定点扶贫工作提出三点要求：充分认识定点扶贫工作的重大意义，增强做好工作的自觉性；认真学习领会中共中央总书记习近平“心中有党、心中有民、心中有责、心中有戒”的要求，提升工作质量；虚心学习，克服困难，当好海关“形象大使”。

**【基础设施建设】** 2014年，海关总署在鲁山县投资74万元，完成土门办事处虎盘河村灌溉工程、下汤镇松垛沟村饮水工程、昭平台库区乡东许庄村抗旱打井工程、观音寺乡西陈庄村灌溉机井工程4个项目，解决2860人的用水问题和100余头大牲畜的饮水问题，以及300余亩耕地的灌溉问题。投资58万元，完成辛集乡范店至鲁平路出村道路、仓头乡李窑村三岔口组道路，董周乡张庄新型农村社区道路建设项目，解决5800余人出行难的问题。投资57万元，完成瓦屋乡修建石门村罗沟组护庄护地坝、熊背乡建设大麦王村漫水桥和背孜乡盐店村绿健养殖基础防护堤项目，解决周边300户、1000名村民出行难问题，同时保护耕地不被洪水冲毁，改善生产生活条件。

**【产业扶贫】** 2014年，海关总署在卢氏县重点推行实施“卢氏连翘”产业扶贫项目，着手建设“百草园”中药材种植示范基地项目，先后投入100余万元资金，依托县农业局、县中药管理办公室、双龙湾镇政府等单位，在文峪乡胡凹村建起一个500亩的标准化“卢氏连翘”农民专业合作种植基地；在双龙湾镇东虎岭村，以奖补种植物的方式，推动当地农民新栽连翘1500余亩；在文峪乡煤口村建成一个10亩大的“卢氏连翘”育苗基地，年育苗15万株。在海关总署的带动下，许多农民开始自发种连翘。一年新增连翘6500亩，人工栽培连翘翻了一番，涉及4个乡12个村近1500户居民。两年后连翘进入旺果期（可达30年），按连翘平价时价格（30元/千克，近两年达到58元/千克）计，户均增收1.2万元。卢氏连翘的大量种植为卢氏县人民在不破坏绿水青山的前提下建成小康社会发挥了重要作用。

**【智力扶贫】** 2014年，海关总署在内蒙古自治区正镶白旗投入“金钥匙海关助学”项目40万元，对106名新入学的大学生进行智力扶贫。本项目帮扶人数为正镶白旗2014年新入学大学生的48%，使正镶白旗中没有其他项目资助的贫困大学生得到了资助，在正镶白旗社会反响良好。

（海关总署定点扶贫工作领导小组办公室　房　季）

# 国家质量监督检验检疫总局定点扶贫

**【概述】** 2014年，国家质量监督检验检疫总局（以下简称“质检总局”）定点帮扶甘肃省礼县和河南省民权县。2014年是质检总局落实中央要求开展定点扶贫工作第20个年头，根据国家扶贫工作的总体部署和质检系统的实际情况，质检总局进一步明确了当前和今后一个时期定点扶贫工作总的目标要求，充分发挥质检行业的特点和优势，努力为定点扶贫地区实现全面建设小康社会宏伟目标提供强有力的支撑和保障。质检总局扶贫办获得国务院扶贫开发领导小组颁发的“中央国家机关等单位定点扶贫先进集体”荣誉称号，驻豫扶贫工作队被国务院扶贫开发领导小组授予“全国社会扶贫先进集体”荣誉称号，定点扶贫工作取得了显著成效。2014年，先后对定点扶贫县直接投入资金200万元，帮助引进各类资金（含有偿和无偿）6.30亿元，帮助实施项目（含全额、部分资助或引进）14个，举办培训班35期，共培训人员6322人次，在加强基础设施建设、改善文化教育条件、引进扶贫资金项目、加强干部教育培训等方面做了大量工作。

**【扶贫调研】** 2014年，质检总局共计53人次赴定点扶贫县调研，访民意、摸实情、查问题、听建议，看望慰问贫困群众和挂职扶贫干部，了解当地农民贫困状况与实际困难，归纳梳理出发展缓慢的原因，为定点扶贫县的发展研究制订有针对性的解决措施，在科学制订工作规划的同时，提出更具针对性的帮扶项目，争取扶贫资金。

**【扶贫成果展】** 2014年是质检总局落实中央要求，开展定点扶贫工作的第20个年头，也是国家设立首个“扶贫日”的第1年。为展示20年来定点扶贫工作成果，总结扶贫工作的经验，进一步推动扶贫工作，质检总局召开了定点扶贫成果展，举办了定点扶贫工作座谈会。展览对质检总局20年来定点扶贫工作进行了系统回顾，展示了河南省渑池县（已脱贫）、河南省民权县、甘肃省礼县20年来的发展变化，并对下一步定点扶贫工作提出了设想。

**【扶贫培训】** 做好定点扶贫县供港澳蔬菜生产基地建设工作，开展万亩无公害蔬菜标准化生产基地项目，新发展高标准日光温室100座，举办技术培训班30期，培训农民6000人次，提高贫困农民的自我发展能力和农业综合效益，增加贫困农民经济收入。

**【干部挂职扶贫】** 质检总局2014年度先后派出2名处级干部到民权县和礼县挂职扶贫，分管定点扶贫工作。在工作中，挂职干部面对新的岗位和新的环境，严格按照扶贫工作要求，克服工作和生活方面的种种困难，全身心全方位地投入到定点县的工作中。他们积极转变角色，恪守工作纪律，自觉维护挂职干部的良好形象。深入基层，深入群众，了解定点扶贫县的经济社会发展情况和当地老百姓对扶贫项目的需求，分析贫困原因以及脱贫致富的需求，理清工作的思路，围绕贫困县的发展规划、重点工作，依托质检总局的职能，认真做好定点扶贫各项工作，也为树立质检总局“人民质检、质检为民”的良好形象做出了积极努力。

**【产业扶贫】** 发展畜牧养殖业，引进肉羊新品种和推广北美奶牛冻精配种技术，争取资金50万元，不断扩大杜泊羊和高产奶牛标准化养殖基地建设规模。

帮扶民权县建成国家级出口果蔬质量安全示范区。帮助种植户规范农药、化肥等农业化学品的投入使用；帮助民权县引进从事优质红薯的精深加工及市场销售的农业产业化加工企业——河南神野农业科技有限公司，项目总投资6亿元，项目建成后，可安排剩余劳动力500人就业，年产值约5.4亿元，年创利税2亿元，有力促进县域经济的发展。

围绕制冷、果酒两大主导产业，帮助民权县建设国家级制冷机电设备出口质量安全示范区，促成了政府牵头、检验检疫指导、制冷企业参与的联动机制。

帮扶礼县上坪乡建设优质大黄基地，由2013年的2600亩发展到2014年的4000亩。

**【电商扶贫】** 为帮助礼县苹果实现“走出去”战略，建立了礼县苹果电子商务中心，运用创新机制和市场化运作方式，转变产销经营模式，畅通销售渠道，扩大社会就业，推动品牌营销、提高礼县知名度，切实把资源优势转化为商品优势、经济优势，让苹果产业真正成为带动地方经济社会发展的支柱产业。

**【旅游扶贫】** 创新发展新型产业，帮助礼县建立“秦皇故里、三国胜地”文化旅游品牌，通过帮扶建立的礼县旅游信息网站，促进礼县旅游产业的发展，不仅带动了礼县第一、二、三产业的发展，而且推动了当地百姓更新思想观念，提高了生活质量。

**【教育扶贫】** 2014年，质检总局联系深圳华测检测技术股份有限公司共同出资，对礼县1580平方米的校园和操场进行了硬化，帮助年家小学校舍按照国家标准化小学的建设标准改建，为礼县城关镇、石桥镇、永坪乡、桥头乡、雷王乡5个乡（镇）6所村小学购置课桌椅400套，解决了边远山区村学校无钱购置课桌椅的困难，出资为礼县图书馆购置了800多套图书，占整个图书馆藏书的70%。

**【公益扶贫】** 由质检总局直属机关团

委组织部分团委委员、青年代表和青年专家 13 人，赴江西会昌开展志愿服务行活动，为洞头乡中心小学捐赠价值近 5 万元的图书和文体用品。针对会昌县山区中小学贫困学生冬季缺乏冬衣的困难，由质检总局直属机关团委，联合审计署机关团委、北京顺丰速运有限公司团组织，开展了“质检审计携手同心、顺丰助力温暖传递”冬衣捐赠活动。共捐赠冬衣、冬被 3800 余件，由北京顺丰速运有限公司免费运送江西会昌，并通过县团委发放到会昌山区的中小学学生手中。组织参加国家卫生和计划生育委员会“圆梦女孩志愿行动”，质检总局十余名干部奔赴山西吕梁，大力宣传优生优育、男女平等等科学、文明、进步的婚育观。

**【基础设施建设】** 为切实解决好贫困乡村基础设施条件落后的问题，在质检总局定点帮扶的有力推动下，2014 年民权县共争取财政扶贫资金 2055 万元，在 16 个贫困村新修水泥路 39.7 千米、建设文化广场 8400 平方米，为民权县争取到了商丘市唯一一个 1000 万元国家彩票公益金项目，用于 10 个贫困村村内道路、公厕建设。

（国家质量监督检验检疫总局
扶贫办　董惠池）

# 国家安全生产监督管理总局定点扶贫

**【概述】** 2014 年，国家安全生产监督管理总局（以下简称“国家安全监管总局”）定点帮扶山西省大同市阳高县、广灵县。按照国务院扶贫办的统一部署，认真贯彻落实党中央、国务院关于扶贫开发决策部署，积极推进教育扶贫、项目扶贫，投入 110.5 万元，用于改善贫困县农田水利基础设施，组织 18 名教师和基层干部赴清华大学参加专题培训，向 54 户贫困家庭小学生捐赠了书包等学习用品，向 100 余户特困家庭发放了大米、面粉和慰问金，努力推动贫困县经济发展和群众脱贫致富，取得了明显成效。

**【扶贫资金投入】** 2014 年，国家安全监管总局共投入资金 120 万元用于定点扶贫，其中：投入 110.5 万元用于贫困县农田水利基础设施建设，4 万元用于贫困县教师和基层干部培训，5.5 万元用于走访慰问贫困家庭。

**【基础设施建设】** 一是投资 30 万元，对阳高县友宰镇东团堡村的用水截潜流工程进行了修复，建成蓄水量 90 立方米的蓄水池 1 座，配套了截潜流管道及其他设施，不仅彻底解决了该村的用水问题，而且新增种植大蒜水浇地 100 亩，获得丰收，全村农民年人均增收 300 元。二是投资 25 万元，为阳高县东小村镇新打机井 1 眼，配套了相应设施，对该镇原集中供水站供水设施进行了维修，使集中供水量由 46 吨/小时提高到 80 吨/小时，有效地解决了该镇 11 个行政村 7260 人用水困难问题及 1280 头大畜饮水困难问题。三是投资 25 万元（其中当地政府出资 20 万元），为阳高县北徐屯乡柳家泉村新打配套 100 米机井 1 眼，解决该村 337 户、948 人饮水安全问题和牲畜的饮水困难问题。四是投资 1 万元，为广灵县壶泉镇白家坟村更换机井水泵一个，解决了原水泵每日出水量不能满足于群众日常生活用水问题。五是投资 19 万元，为广灵县南村镇南寒水村修缮护村防洪坝 260 米，确保了群众生命财产安全。六是投资 25 万元，帮助广灵县壶泉镇白家坟村修建 3.5 千米道路和桥涵一座，解决了群众出行难的问题。七是投入扶贫资金 5.5 万元，帮扶广灵县南村镇赵家坪村养老院和村小学等安装太阳能路灯，方便群众生产生活。

**【扶贫会议】** 国家安全监管总局党组高度重视定点扶贫工作，分管副局长孙华山先后两次主持召开会议，部署 2014 年定点扶贫工作，亲自听取挂职扶贫干部工作汇报；总局定点扶贫工作领导小组各成员单位均按照要求，制定了年度扶贫工作计划，把资金投入、项目支持、人员培训、医疗扶贫等年度工作任务层层分解落实，做到了目标明确、责任明确、措施明确和完成时限明确，为扶贫工作规划的有序实施和年度计划的有效完成提供了保证。

**【扶贫培训】** 积极争取清华大学扶贫教育办公室支持，把山西省大同市广灵县、阳高县纳入清华大学远程教育点，把贫困县学校校长和骨干教师纳入免费培训范围，把贫困县基层干部纳入主题培训范围（仅收培训成本）。安排 4 万余元专项资金，组织广灵县教师和基层干部参加培训，着力拓展贫困县教师队伍和干部队伍思路和眼界，提高综合素质。目前，已完成一期 6 名中小学教师和六期 12 名基层干部教育培训。

**【干部挂职扶贫】** 2014 年，国家安全监管总局共向贫困县派出 2 名处级干部挂职扶贫，分别担任阳高县副县长，广灵县委常委、副县长职务。在工作中，挂职扶贫干部克服工作、家庭和生活上的困难，扎根基层，深入调研，倾听群众意见，坚持从当地群众生产生活最困难、最期盼、最需要解决的民生问题入手，制定年度扶贫工作计划，并对扶贫项目进行严格把关，确保了定点扶贫工作高质高效落实到位。在做好定点扶贫工作的同时，按照分工，挂职扶贫干部分别配合当地政府主要负责同志分管阳高县工业经济，广灵县食品药品安全、地震等工作，分管工作成效明显，得到当地政府和群众的一致好评。

**【扶贫慰问】** 组织开展慰问和送温暖活动，积极帮助特困群众解决生活困难。组织开展“扶贫日”活动，在总局网站等开辟专栏进行集中宣传。2 月，投入 5.5 万元，向广灵县 54 户贫困家庭小学生捐赠了书包等学习用品，向贫困县 100 余户特困家庭发放了大米、面粉和慰问金。

（国家安全生产监督管理总局办公厅　王志刚　刘翔君）

# 国家统计局定点扶贫

**【概述】** 2014年，国家统计局认真贯彻落实《中国农村扶贫开发纲要（2011—2020年）》，以“内生增长、外延发展”为导向，以“专项扶贫、智力扶贫、生态扶贫”为抓手，把稳定解决扶贫对象温饱、尽快实现脱贫致富作为首要任务，筹划开展山西省岢岚县定点扶贫工作，扶贫工作取得了较好成效。国家统计局共引进资金2830万元，开展4次扶贫培训，选派12名中青年干部到岢岚县挂职扶贫，推动扶贫项目的落实。

**【扶贫资金投入】** 国家统计局共引进资金2830万元，其中直接捐赠200万元，引进投资2630万元。捐赠200万元用于岢岚县教育扶贫；引进直接投资200万，用于岢岚绒山羊基地建设；引进扶贫资金300万，用于岢岚绒山羊育种中心建设；为康家会村养羊户赠送近10万元的种羊；引进直接投资1200万，用于岢岚县中医院大楼项目，改善医疗条件；争取900万补助，用于新岢岚中学项目建设；建设550亩的“统计林”项目，已完成植树380亩1.2万株；争取数千件过冬物资发放给困难群众；为岢岚几所中学捐赠电脑60台，课桌椅300套；投入20万元，帮助村民平整土地60亩；与神堂坪乡康家会村的10户贫困户结成帮扶对子，为他们送去种子、地膜、化肥等农资，确保了贫困户生产的顺利开展；帮助神堂坪乡的康家会和安塘两村展开乡村清洁整治工程，使两村村容村貌大为改观。

**【扶贫培训】** 为加强培养优秀的县、乡干部，积极开展智力扶贫，传播先进的发展理念，国家统计局邀请有关司领导到岢岚县为县、乡干部进行讲座培训3次，培训360人，在北京举办岢岚乡镇干部培训班1次，培训80人，共计440人。

**【干部挂职扶贫】** 国家统计局先后派出2名处级干部到岢岚县挂职扶贫，担任县委常委、副县长，分管项目建设、招商引资、人力资源、扶贫开发等工作。扶贫挂职干部始终秉持尊重当地人民意愿、最大限度发挥扶贫资金功效、加大农村基础设施建设投入力度和保护当地生态环境、发展绿色经济的扶贫理念，严格按照扶贫工作要求，克服工作和生活上的种种困难，扎实认真做好各项工作。

**【扶贫资金管理】** 以尊重当地人民意愿为前提，避免重蹈“先污染后治理”的覆辙，从有利于当地长远、健康发展的角度精心选择岢岚最合适的发展路径；重视“造血式”扶贫，将更多的资金用于扶持当地的先进企业和带头人，鼓励一些较大规模户探索农业产业化经营道路，拓展产业规模，形成就业需求，以产业发展带动其他后进农民脱贫致富；保护贫困地区生态环境，积极推动植树造林，避免水土流失；坚持扶贫资金公开透明制度，定期将扶贫资金使用情况在全局公开。

**【产业扶贫】** 2014年，国家统计局投资200万元，用于岢岚绒山羊基地建设；投资300万元，用于岢岚绒山羊育种中心建设；赠送康家会村养羊户价值10万元的种羊。加快绒山羊良种繁育，开展多层次产业开发，努力延伸产业链条，形成“产加销”协作紧密的产业开发机制，提高经济效益。另外，还邀请相关部委领导参加岢岚县第二届“晋岚绒山羊文化节”活动，在全国“两会”期间刊发专题文章《中国晋岚绒山羊之县　中华红芸豆之乡——岢岚》介绍岢岚总体情况和特色农产品等，通过多种渠道宣传岢岚绒山羊，使其知名度进一步扩大。

**【教育扶贫】** 为开展教育扶贫，改善学校教学条件，国家统计局引进900万元投资新岢岚中学建设学生食堂、实验楼、运动场等项目，捐赠200万元扶贫教育资金，为岢岚几所中学捐赠60台电脑以及课桌椅300套。联系在京单位开展“走基层献爱心”活动，赠送岚漪镇坪后沟村寄宿小学学生和康家会村小学文体用品和学习用品。

**【医疗卫生扶贫】** 为加大卫生扶贫工作力度，保障扶贫对象享有基本医疗卫生服务，国家统计局以政策、资金支持为抓手，为县中医院大楼项目争取1200万元的建设资金，改善当地医疗条件，努力提高岢岚人民群众健康水平。

**【生态建设扶贫】** 启动岢岚县黑石圪台水库建设项目，完成勘测设计和完善申报程序等前期工作；响应县委政府提出的生态发展战略，与山西省统计局、山西调查总队在高家会乡建设550亩“统计林”项目，号召统计系统全体干部职工到岢岚参与植树造林活动，植树380亩、1.2万株，成活率达95%，岢岚县7支省级扶贫队均效仿“统计林”项目，广泛开展植树造林活动，引发良好的社会效应。

**【扶贫慰问】** 赴岢岚县神堂坪乡走访慰问送温暖，为困难群众送上生活物资和慰问金，为乡政府及统计员赠送办公用品；与神堂坪乡康家会村的10户贫困户结成帮扶对子，为他们送去种子、地膜、化肥等农资，确保贫困户生产的顺利开展；帮助神堂坪乡的康家会和安塘两村展开乡村清洁整治工程，改善两村村容村貌；从中国红十字会争取数千件过冬物资发放给困难群众。

（国家统计局　陈培成）

# 国家知识产权局定点扶贫

**【概述】** 2014年，国家知识产权局（以下简称“知识产权局”）按照《中国农村扶贫开发纲要（2011—2020年）》精神，遵循“真扶贫，扶真贫”的工作方针，坚持“立足长远、教育先行、发挥优势、科技扶贫”的工作思路，充分发挥知识产权优势，通过引资金、扶产业、办实事，直接投入资金和电脑、图书等物资折款532.6万元，实施扶贫项目17个，同时积极协调帮助引进资金65万元，选派挂职干部10名，为湖南省桑植县和河北省崇礼县的教育事业、基础设施、民生工程和产业发展做出了应有的贡献，在发挥扶贫项目示范效应、提升贫困地区群众自身致富能力方面进行了有益探索。国家知识产权局扶贫办公室2014年获“中央国家机关等单位定点扶贫先进集体”称号，扶贫桑植挂职干部周国星荣获“全国民族团结进步模范个人”称号。

**【扶贫资金投入】** 2014年，知识产权局在桑植县直接投入256.4万元，包括扶贫经费110万元和物资折款146.4万元。其中，用于基础设施建设80万元、产业开发25万元、文化教育30.8万元，人力资源培训10万元，赈灾救济送温暖0.6万元。此外，通过积极协调争取帮助桑植县引进资金40万元。在崇礼县直接投入276.2万元，包括扶贫经费120万元和物资折款156.2万元。其中，用于基础设施建设35万元、产业开发60万元、文化教育33.6万元，人力资源培训26.6万元，赈灾救济送温暖1万元。此外，通过积极协调争取帮助崇礼县引进资金25万元。

**【扶贫资金管理】** 严格按照《国家知识产权局扶贫经费管理须知（试行）》从扶贫经费管理、扶贫经费登记制度、扶贫经费分类、扶贫经费报销注意事项、实物捐赠管理、扶贫经费监督检查6个方面对扶贫经费进行严格管理。在具体扶贫项目经费管理中，扶贫项目审核批准后，扶贫工作组与项目申报方起草项目协议书，并经知识产权局财务部门及时审核后由扶贫工作组与项目申报方正式签订协议（或合同）。签订协议（或合同）后，由项目申报方先行垫付全部资金并组织实施项目，扶贫工作组以协议内容为依据对组织实施项目的单位进行监督检查。项目完成后，由扶贫工作组出具项目合格验收报告。知识产权局财务部门审核项目协议书（或合同）、项目相关发票、扶贫工作组验收报告无误后，才支付项目申报方相应扶贫项目经费，很好地保证了扶贫资金投入与建设项目的对等性，确保了资金的投入价值。

**【扶贫调研】** 2014 年 8 月、11 月，知识产权局党组成员、副局长、扶贫领导小组组长廖涛分别赴崇礼县和桑植县调研扶贫开发工作。调研中，廖涛实地考察了年度扶贫项目落实情况，关心询问了扶贫干部工作生活情况，并指出要深刻认识扶贫开发工作的长期性、艰巨性和复杂性，坚决贯彻落实党中央国务院和知识产权局的扶贫方针，在分析致贫原因、摸清帮扶需求、明确帮扶责任、落实帮扶措施等方面上下功夫花气力，扎实推进精准扶贫；要因地制宜地开展扶贫开发工作，创新扶贫机制，制定科学、合理、切实可行的扶贫项目方案，积极探索具有知识产权特色的扶贫模式，有针对性地帮助他们解决实际难题，让群众增收入、得实惠，更好地实现稳步脱贫。

保护协调司、实用新型审查部和知识产权出版社等局属部门和单位，利用党的群众路线教育实践活动、党日活动、访贫问苦扶危济困活动、团组织活动、青年志愿者活动等平台，在桑植县的澧源镇和崇礼县的狮子沟乡广泛开展捐资助学、访贫问苦、慰问孤寡老人和扶贫支教等活动，既为贫困地区群众改善生产生活条件出主意、想办法，又在实践活动中了解了国情、受到了教育。2014 年，知识产权局赴定点扶贫县参与扶贫调研实践活动共计 680 人次。

**【扶贫培训】** 与湖南省知识产权局、张家界市知识产权局、张家口市知识产权局组织召开座谈会和交流会 6 次，就专利技术应用与推广、企业知识产权指导等方面进行了协商，为定点扶贫县企业在知识产权培训、保护方面工作的开展提供了良好平台。在桑植县通过开展知识产权宣传、培训和专利推广等活动，在全县范围内树立起通过创造和运用知识产权实现“工业兴县、产业扶贫、绿色发展”的意识。在崇礼县通过开展知识产权培训和知识产权进企业活动，增强了全县企业和群众的知识产权申请和保护意识。2014 年 5 月，在桑植县和崇礼县，通过发放宣传资料、聘请专家举办讲座的形式，分别组织开展了大棚职业病预防及提高动物疫病防治水平宣传培训，覆盖桑植、崇礼 5 个乡（镇）的 400 余养殖种植专业技术人员和农村致富带头人。

**【干部挂职扶贫】** 2014 年 2 月，知识产权局人事司、专利局人教部选拔确定 10 名 2014 年扶贫挂职干部，分别挂职担任定点扶贫县县委常委、副县长、县委农工部副部长、县委宣传部副部长、科技局副局长、旅游体育局副局长、副乡长和乡镇小学副校长等职。扶贫干部到任后，迅速转换角色和调整好身心，尽快适应当地工作生活环境和民风民俗特点，时刻恪守工作纪律和廉政纪律，充分发挥专业优势和学历优势，千方百计动员各方面力量支持扶贫开发工作，展现良好的精神风貌和工作作风，在各自挂职岗位上尽职尽责地开展好扶贫工作，在扶贫地方的同时锻炼了自身的综合能力。

**【扶贫宣传】** 结合知识产权局及定点扶贫县实际，开展首个“扶贫日”活动。在知识产权局院内布置了一期宣传橱窗，集中宣传中央关于新时期扶贫开发的新部署、新举措，以及知识产权局近年来扶贫工作的特色和亮点活动，营造浓厚的扶贫济困文化氛围。制作了扶贫专题宣传网页并在知识产权局首页热点链接板块开设扶贫开发工作专栏，充分利用扶贫工作板块宣传平台，以简讯、主题文章等形式宣传报道知识产权局近年来扶贫工作。专门制作有关扶贫的宣传片《扶贫之路》，激励和引导全局干部职工积极投身到为老区人民脱贫致富之路当中。该宣传片在国家知识产权局第二届“微电影大赛”中获最佳影片奖和最佳导演奖。两地扶贫工作组根据桑植县和崇礼县各自县情，制定首个“扶贫日”活动方案，并充分带动县扶贫办、县科技局及重点帮扶的乡镇积极开展相关活动，引导社会各界积极认真扶贫、了解扶贫进而参与扶贫。

**【教育扶贫】** 通过多方筹措、积极争取知识产权局自动化部、专利局专利审查协作北京中心、中国专利信息中心等部门向两地中小学捐赠电脑110余台用于兴建计算机教室，争取知识产权出版社向两地图书馆和学校捐赠图书5.6万余册，进而促进两地教育事业发展。组织开展了“心·分享”北京崇礼学生交换体验活动和“梦·分享”绘画义卖活动，为贫困地区中小学生搭建起了学习知识、拓宽视野的平台。充分发挥扶贫挂职干部学历较高、知识结构多元的优势特点，针对乡村小学生现状，挑选并购买实用教材，开展外语、计算机等方面知识授课，帮助学生拓宽视野，扩大知识面。通过网络、媒体等平台，广泛动员社会各界参与“一对一”、“一对多”帮扶中小学生读书活动，为学生募集了部分资金、衣物、学习和运动用品，极大地解决了贫困学生上学难的问题。

**【整村推进】** 按照国家“整村推进”的目标要求，知识产权局在桑植县和崇礼县以点带面积极开展帮扶工作。在桑植县重点帮扶村澧源镇金山村，实施主道整修加宽建设工程项目、道路硬化建设工程项目、人畜饮水建设工程项目、澧源无公害蔬菜基地建设项目4个项目。其中，实施的饮水工程项目通过修建3个蓄水池解决了金山村三个村民小组330余人的用水问题及畜牧的饮水问题。在崇礼县重点帮扶村狮子沟乡五号村针对蔬菜产业扶贫实施了1000亩膜下滴灌工程项目及配套机井、配电等4个项目，实现了从“浇地”向“浇农作物”的转变，提高了地下水资源利用率和土地利用率，节约了成本、壮大了蔬菜产业规模，帮助当地群众每亩蔬菜增收约1200元。同时，针对夏季蔬菜滞销问题，通过微信、QQ群等平台，发动知识产权局干部职工和社会各级开展爱心团购活动，还积极联系蔬菜批发市场、超市酒店、电商平台等大宗用户到崇礼收购蔬菜，促进“农超”对接和“农社”对接，联系制作《坝上农民蔬菜卖难》专题节目在中央电视台农业频道播出，促进了蔬菜销售，带动了重点帮扶村菜价稳中有升，一定程度缓解了蔬菜卖难的问题。

（国家知识产权局扶贫办公室 刘来宾）

# 国家机关事务管理局定点扶贫

**【概述】** 2014年是国家机关事务管理局（以下简称“国管局”）定点帮扶河北省阜平县的第22年。国管局深入贯彻落实党中央、国务院决策部署和中共中央总书记习近平在阜平县考察时的重要指示精神，紧密结合阜平县情和“3年大见成效”的扶贫攻坚阶段目标，夯实1项基础（建档立卡），探索1条路径（农村电子商务），抓好2个示范（1所职业学校、1个定点帮扶村），推动3个项目（晋察冀文物保护项目、农林科技示范园项目、民爆科技园项目），在职业教育、电子商务、产业引进、民生改善等方面下功夫，努力提升阜平县发展内生动力，积极探索定点扶贫新路径，取得明显成效。

**【扶贫资金投入】** 2014年，国管局及所属有关单位直接向阜平县投入物资和资金75万元，协调社会各界力量投入874万元，争取行业项目财政性资金4906万元，引进企业投资项目2个（预计总投资6300万元），有力推动了阜平县经济社会发展。

**【扶贫资金管理】** 建立健全资金、物资使用管理制度，严格使用审批程序。定期向国管局扶贫工作领导小组和捐助单位报告国管局内部捐助和协调的资金、物资使用情况，接受监督检查。将社会捐助资金统一汇入阜平县接收捐款专用的银行账户，出具正式接收票据，其中，指定用途的资金由阜平县有关部门管理使用，国管局扶贫工作组跟踪监督；非指定用途的资金由国管局扶贫工作组严格按照财务管理规定统筹使用，定期向阜平县政府及相关部门通报资金安排计划和使用情况。

**【扶贫调研】** 国管局党组高度重视定点扶贫工作，国务院副秘书长兼国管局局长、党组书记焦焕成多次召开会议，研究部署定点扶贫有关工作；国管局党组成员、副局长李宝荣出席工业和信息化部在阜平县召开的燕山—太行山片区区域发展与扶贫攻坚部际部省联系会议，并调研指导定点扶贫工作；国管局党组成员、扶贫工作领导小组组长王卫东多次主持召开会议研究推进具体工作，并率队前往阜平县开展调研和走访慰问。扶贫办和扶贫工作组协调组织多个调研团队，深入阜平县机关、企业和农户，了解经济社会发展和群众生产生活情况，研究探讨脱贫致富思路和对策，协调解决制约发展的实际问题。

【扶贫制度建设】 在总结 22 年定点扶贫工作经验基础上，结合新形势、新任务，制定了《国家机关事务管理局定点扶贫工作管理暂行办法》，进一步明确了定点扶贫工作的指导思想、工作原则和工作思路，规范了干部、经费、物资管理等工作，促进了扶贫工作长效机制建设。

【干部挂职扶贫】 继续安排由司级干部带队的 4 名青年干部，按照“市—县—科局—学校（乡村）”模式挂职扶贫，分别担任保定市副市长，县委常委、副县长，县发展和改革局副局长、平石头村党支部副书记，县扶贫办副主任、职教中心副校长，负责定点扶贫具体工作。实际工作中，挂职扶贫干部严格落实局党组部署和要求，扎根基层一线，攻坚克难，任劳任怨，积极配合地方党委政府全力做好定点扶贫各项工作，展现了国管局干部的良好形象。

【建档立卡】 在前期开展信息化扶贫基础上，协助阜平县成立专项工作领导小组，制定工作方案，明确目标任务和时限要求，认真组织开展贫困人口建档立卡工作。向贫困村发放专用电脑，举办软件操作专题培训班，严格识别，认真统计，共识别贫困村 164 个、贫困人口 10.82 万人，为实施精准扶贫、精准脱贫奠定了基础。

【电商扶贫】 协调阿里巴巴、京东商城等优秀电商企业与阜平县合作，搭建富民产业新平台。协助成立县农村电子商务发展领导小组、电商行业协会和电商服务中心，采取“政府指导扶持、电商企业搭台、行业协会推动、农民合作社参与、落地运营商承办”方式，梳理出 13 个品类 180 种特色商品，创建阜平农村电子商务网站“97 大集”，建成全国首个贫困县“O2O”农村电子商务实体店，在淘宝网开设全国首个贫困县“特色中国馆”，并为京东商城“中国特产·河北馆”供货。制定为期 3 年的电子商务培训计划，已培训 300 余人，培育网店 98 家，带动就业 1750 余人，实现了农村电子商务从无到有、从弱到强的历史性跨越。2014 年 11 月，工业和信息化部在阜平县召开燕山—太行山片区电商扶贫培训交流会，向 33 个贫困县宣传推广阜平经验。阜平县入选全国首批“电子商务进农村综合示范县”，获得财政扶持资金 2000 万元。

【教育扶贫】 （一）基础教育扶贫。协调中国人民大学附属中学与阜平县达成帮扶意向，在城厢中学等 4 所初中开展双师远程视频教学试点，并配备电脑、投影仪等视频教学设备；协调国务院国有资产监督管理委员会轻工业局、北京大学光华管理学院、中国建设银行总行等单位，为多个乡村小学援建图书室和音乐教室，捐助设备文具；协调有关单位在阜平县举办“名家谈教育——常青公益大讲堂”首期讲座，为阜平教育工作引入新理念、新思维、新方法；协调爱心企业捐赠价值 30 万元的 LED 节能灯，为部分学校更换照明灯。（二）职业教育扶贫。改善阜平职业教育中心软硬件条件，探索建立以职业教育为依托，以人才培养、产业培育为核心的扶贫平台。一是协调中国第一汽车集团公司、上海汽车集团股份有限公司、长安汽车股份有限公司、比亚迪股份有限公司4家车企，继续投入300余万元完善梦翔汽车培训基地设备设施；在产教融合、订单式培养和师资队伍建设等方面继续深化合作，选派技术骨干参与教学实训，安排职教中心教师前往车企一线培训实践。二是完善燕山—太行山片区“9+2”（河北9县、山西2县）职业教育协作区工作机制，探索构建大职教网络和集团化办学路径；首批1年制班66名毕业生，除2人自主创业外，全部由车企安排就业；新招收学生862名。三是协调河北省将阜平职教中心列入河北省首批中职与普通本科“3+4”贯通培养试点，与河北农业大学合作招收80名初中应届毕业生，并依托梦翔汽车培训基地汽车运用与维修等专业，积极向教育部申请全国首个中职与高职“3+3”、中职与普通本科“3+4”贯通培养改革试点，编制了试点方案。四是结合校企合作项目，在2013年孵化20余家小微企业的基础上，继续开展创业培训指导，培育多元产业，推进创业辅导基地建设。协调国务院扶贫办通过“雨露计划”项目，为职教中心1400名贫困生安排补助资金210万元。（三）特殊教育扶贫。根据阜平县特殊教育学校迫切需求，通过网络平台发起公益活动，发动201位爱心人士捐助20.1万元，为阜平县特殊教育学校聋哑儿童援建了一间多感觉律动音乐教室。

**【扶贫培训】** （一）教师培训。协调中南大学免费为阜平县职业技术教育中心117名教师举办本科、硕士教育培训；协调中国人民大学附属中学、中国民生银行与阜平县建立帮扶关系，组织110名中小学校长、教师赴北京培训。（二）医务人员培训。协调中南大学湘雅医院继续为阜平医务人员免费开展业务技能培训，分2批选派8名医师、22名护理人员赴湖南长沙培训。（三）农民技能培训。举办电子商务技能培训5期，培训300余人次；举办种植技能培训3期、养殖技能培训1期，培训1000余人次。

**【文物保护】** 在2013年完成“晋察冀边区政府及军区司令部旧址文物保护”项目立项基础上，协调国家文物局落实第一批修缮资金1770万元；协助阜平县编制完成文物保护项目维修工程设计方案和2015年具体工作实施方案。

**【产业扶贫】** 协调中国农科院编制完成阜平县现代农林科技示范园总体规划方案，推进园区整体占地范围规划和详细设计工作；协助阜平县完成示范园核心区域部分地块的租用和整治工作，启动部分示范项目。

针对阜平县缺乏立县工业项目的情况，积极协助阜平引进绿色环保、经济效益好的现代工业项目，谋划建设集民爆生产基地、民爆研发中心、物流中心、爆破一体化服务、爆炸合成新型材料及机械制造为一体的民爆科技园，完成投资洽谈、项目选址和可研报告编制等前期工作，并协调工业和信息化加快项目审批。

**【整村推进】** 继续安排挂职扶贫干部兼任阜平县龙泉关镇平石头村党支部副书记，开展整村推进工作。在原有工作基础上，持续改善基础设施条件，提升公共服务水平，努力帮助群众增收致富。在改善生产生活条件方面，完成村民文化广场、太阳能公共浴室、河道整治等工程，配备保洁车 4 辆、垃圾桶 80 余个；为 13 户村民家庭发放补贴，推动村庄改厕改圈和危房改造；协调完成电网改造、农田水利基础设施一揽子工程，新建灌溉塘坝 1 座、扬水站 1 座、蓄水池 2 座，新铺设灌溉管道 5.8 千米，新建维修防渗渠 6.4 千米，硬化田间路 4.35 千米。在扶持致富产业方面，引进箱包企业设立家庭手工业加工点 1 个，吸纳农村妇女 40 余人就业，扶持特色水磨面粉、玉米加工以及杂粮杂豆销售，进行农村电子商务试点；向 45 户贫困家庭发放幸福工程无息贷款，促进贫困群众增收致富。

**【招商引资】** 引进电子商务落地运营企业，计划投资 1300 万元发展农村电子商务，挖掘整理和重新包装阜平各类特色产品，运营电商网站和电商平台特色馆。发挥阜平地处山区、水资源丰富、污染少的优势，联系有关企业投资考察并签订合作协议，计划投资 5000 万元新建矿泉水厂。

**【义诊送药】** 通过中央国家机关“三下乡”活动和协调中国中医科学院西苑医院，先后 2 次组织专家赴阜平县义诊送药，缓解贫困群众就医难、看病贵问题。

**【扶贫慰问】** 节庆纪念日期间，走访看望劳模、教师、老党员、老革命以及鳏寡孤独、残障儿童等特殊和弱势群体，计 400 余人次。2014 年国庆节前，赴部分乡（镇）慰问了健在的新中国成立前参加革命的老战士、老革命 123 人。

**【扶贫宣传】** 协调争取专门展位，在第十届中国食品博览会、第十八届（廊坊）中国农产品交易会、河北省环首都贫困县农产品进京推介会展示推广阜平土特产品。联系北京农产品流通协会、新发地中央批发市场、物美集团、马来西亚巴生港等企业与阜平县对接，达成多个供货销售合作意向。邀请 CCTV-7《乡村大世界》栏目，在阜平县平石头村现场录制了一台以宣传阜平大枣和饮食民俗文化为主题的综艺节目。通过请进来、走出去，多层次、多渠道展示宣传阜平历史文化、特色产品以及自然风光和民俗风貌等，促进群众增收致富。

（国家机关事务管理局　陈　功）

# 国务院侨务办公室定点扶贫

**【概述】** 2014 年，国务院侨务办公室（以下简称“国侨办”）定点帮扶甘肃省积石山保安族东乡族撒拉族自治县（以下简称“积石山县”），共派出 4 批 16 人次前往积石山县开展扶贫工作。其中，部级领导 1 人，司局级领导人 4 人次，处级干部人 4 人次，科级干部 7 人次。2014 年，扶贫工作以调研、培训、慰问、支教活动、侨爱工程等活动为主要措施，共完成党政干部培训 30 人次、医务人员培训 14 人次、教师培训 20 人次。

**【扶贫调研】** 为进一步扶持积石山县摆脱贫困，充分发挥国侨办教育、宣传等方面的资源优势，推动更多海内外社会力量继续关注国侨办扶贫攻坚事业，2014 年 8 月，国侨办组织中国新闻社记者团赴积石山县开展了“走进希望的积石山”活动。活动期间，记者团一行深入积石山县最基层，到田间地头、养殖场、村委会进行实地采访考察，面对面与村民、种养殖户、医务人员、教师及学生进行沟通，了解当地贫困状况与百姓所思所想，并与县扶贫办、财政局、畜牧局、劳动就业培训等部门负责人进行座谈，听取县职能部门对本县社会经济发展中存在问题的分析与未来规划。为做好国家扶贫攻坚事业相关宣传工作，在活动开展期间，中国新闻社同步推出网络专版，编辑制作了《走进甘肃积石山》海外专版，并在美国侨报等刊出，版面涵盖了积石山民族文化风情、产业介绍、侨爱 16 载帮扶成效等内容，对向海外侨胞宣传介绍了中国中西部经济社会发展情况，在鼓励海外侨胞继续投身公益事业，开展爱心捐赠、捐建方面将起到积极作用。

**【扶贫培训】** 举办党政干部培训班。6 月，国务院侨办在华侨大学举办了“第九期积石山县党政干部培训班”，来自积石山县县委部委、县直单位、各乡（镇）相关党政负责人等近 30 名干部接受了为期 15 天的培训学习。培训期间，华侨大学 9 位专家学者，围绕解读十八大精神、转变县域经济增长方式、政府公关与危机处理、经济社会改革发展分析、法律共同体下社会自治体制建构、公共组织文化管理、税收与经济发展、中国财政税收制度改革等内容进行专题讲座；此外，还组织学员结合相关课程对厦门经济特区发展、海西建设、国家闽台缘博物馆、晋江制鞋厂、石狮服装城及安溪茶叶生产、加工与销售情况等进行了实地考察。

举办医务人员进修班。11 月，积石山县卫生系统选派的 14 名医务骨干赴暨南大学“广州华侨医院”开始为期 4 个月的进修学习。暨南大学附属第一医院指派技术过硬、带教经验丰富的医生担任教师对学员进行培训，针对学员特点专门制定详细的培训计划、轮科计划，通过临床教学、模拟训练中心实践等多种途径提高学员的医疗水平和技能。

举办骨干教师培训班。为开阔积石山县一线骨干教师视野，汲取先进教育理念，学习优秀的教育管理经验，提升教育教学水平。10 月，国务院侨办在暨南大学举办了“第五期积石山县中学骨干教师培训班”，来自积石山县各乡镇中学的 20 名骨干教师参加培训班。

**【支教活动】** 6 月，暨南大学附属中学选派 4 名骨干老师深入积石山县 5 所中学、5 所小学和 3 所幼儿园开展了为期 1 个月的支教活动，共培训教师 316 人。通过运用现代化的教学手段和灵活多样的授课形式，激发了学生的学习兴趣，加强了师生间的情感交流。

7 月，华侨大学支教团一行共 52 人，前往积石山县 6 所乡村小学开展了为期一个月的暑期支教活动。支教期间，同学们为当地贫困学生开设体育、音乐、美术、语文、数学、外语等学科的辅导课程，开展了丰富多彩的课堂教学和课外活动，培养了学生的学习兴趣，解决了学生学习中遇到的实际困难。55 名教师和 450 名学生参加了此项活动，并向积石山县捐赠价值 7 万元的“爱心课桌椅”、“爱心教学仪器”等物资，募集“一帮一圆梦”助学金 5.65 万元，103 名家庭贫困且品学兼优的学子受到此项资助。

7 月，美国华盛顿科技学院滕如燕校长一行 35 人，赴积石山县进行“同在蓝天下”项目支教活动，来自世界各地的华裔孩子们与积石山的孩子们同吃同住同活动，为他们提供了开阔视野增长见识的宝贵机会。

**【教育扶贫】** 发放“中国侨商会助学金”。中国侨商投资企业协会出资 10 万元，用于资助 10 名积石山县 2014 年考取大学的贫困学生，每人获得现金资助 1 万元，缓解其家庭经济压力。

**【侨爱工程】** 2014 年，全国首个“扶贫日”来临之际，国侨办在甘肃举行了香港心连大地摄影会和华侨魏基成水源项目竣工暨棉衣发放仪式。香港心连大地摄影会向积石山捐资 100 万元人民币，为积石山县吹麻滩镇后沟村修建了容积 100 吨的水池 1 座、铺设管道 22 千米、381 户入户水井，解决积石山县部分贫困群众饮水难的问题。澳洲华侨魏基成先生向积石山县各族贫困群众捐赠 1 万件棉衣、5000 副太阳镜和 2000 副老花镜。

**【扶贫慰问】** 国侨办副主任任启亮赴积石山县开展春节慰问活动，走访了部分特困乡亲家庭，并发放慰问物资。

12 月，暨南大学组织医疗专家组前往

积石山开展医疗帮扶工作，为当地医务人员开展医疗查房、讲课、手术示范，探讨开展远程医疗及医务人员赴广州进修等事宜。

（国务院侨务办公室定点扶贫办
戴常亮）

# 中国证券监督管理委员会定点扶贫

**【概述】** 2014年，中国证券监督管理委员会（以下简称“证监会”）定点帮扶河南省兰考县和桐柏县、安徽省太湖县和宿松县、山西省汾西县和隰县、内蒙古自治区察哈尔右翼前旗、陕西省延长县、甘肃省武山县、吉林省龙井市等10个国家扶贫开发工作重点县，继续选派10名干部挂职扶贫，累计筹措帮扶资金1297万元，投入到教育、民生、基础、产业、生态等领域，资助教师和学生近1200人，支持11所中小学建设教学楼、运动场、电教室等设施，援建3条乡村道路和1个农产品加工厂，支持4个特色种植养殖产业项目，完成230亩生态林造林工程，开展了19期培训项目，培训2500人次。帮助引进各类帮扶资金4.89亿元，其中重点工程贷款3.68亿元、企业贷款2000万元、产业项目投资1亿元。同时，证监会坚持特色扶贫，在政策支持、金融创新、市场培育、投资对接、智力扶贫等方面积极推进扶贫工作。

**【扶贫制度建设】** 2014年，证监会根据《国务院关于支持赣南等原中央苏区振兴发展的若干意见》和《关于创新机制扎实推进农村扶贫开发工作的意见》的要求，专门印发了《中国证监会支持赣南等原中央苏区振兴发展的实施意见》，并与人民银行等部委联合印发了《关于全面做好扶贫开发金融服务工作的指导意见》，为进一步完善金融支持扶贫，作出了制度安排。两个新出台的文件作为资本市场支持扶贫开发的重要纲领性文件，指导贫困地区利用资本市场实现经济结构调整、转型升级和加快发展。

**【金融扶贫】** 为解决贫困地区发展资金瓶颈问题，深圳证券交易所（以下简称“深交所”）分别与中国建设银行甘肃分行、中国扶贫基金会建立合作，推出了“深银通”和“深和惠”两种扶贫金融产品，实现对武山县特色产业、龙头企业、专业合作社和贫困农户的全覆盖帮扶。其中，“深银通”项目由深交所提供5000万元帮扶资金进行增信，建行甘肃分行在已到位帮扶资金5倍以内（可调整到10倍以内），向武山县重点帮扶企业提供贷款支持。首批帮扶资金1000万元已于2013年年底到位，2014年为第一批选定的10家帮扶企业提供了2000万元的贷款额度，已完成4家企业1300万元贷款的发放。“深和惠”项目由深交所提供1000万帮扶资金铺底，中国扶贫基金会在武山县成立农户自立服务社，并按不低于已到位帮扶资金 2 倍的规模，向当地从事生产经营活动的贫困农户提供小贷支持。在帮扶资金铺底支持下，“深和惠”小贷利率比中国扶贫基金会在甘肃其他地区类似项目贷款利率低 3.5 个百分点，有效帮助农户降低了贷款成本。大连商品交易所结合龙井市玉米种植产业的规模和现状，积极推动兴证期货将其开展的土地流转投资基金项目研究成果在龙井落地，帮助引入金融资本，构建以农产品价格为核心的风险管理体系，推动农业规模化和集约化生产，助力当地玉米种植产业的转型升级。目前，兴证期货有限公司已经与龙井市政府建立对接，多次实地调研，初步形成了基于期货市场交易品种风险管理的农业产业融资平台业务方案，并开始着手龙头企业的筛选和配套金融工具的设计。

**【培育上市企业资源】** 证监会不断加大对定点县的市场培育力度，2014 年 9 月，桐柏县中源化学股份有限公司通过参与上市公司内蒙古远兴能源股份有限公司的并购重组，成功借壳上市，实现了证监会定点帮扶县企业上市的零突破，募集配套资金 8.5 亿元，用于全资子公司兴安盟博源化学有限公司“年产 30 万吨合成氨、52 万吨多用途尿素”项目。在扶贫干部的指导和支持下，桐柏县的南阳金牛电器有限公司、河南三源粮油食品有限责任公司等 7 家企业被列入南阳市重点上市后备企业，相关培育工作有序推进。同时，在兰考县投资的辽宁禾丰牧业股份有限公司和宁夏晓鸣禽农牧股份有限公司 2014 年分别在主板上市和新三板挂牌，河南日报评论认为是兰考巧用资本市场发展当地经济的成功尝试，引起广泛关注。

**【招商引资】** 2014 年，证监会扶贫干部积极协调国家开发银行河南分行与兰考县成功对接，充分利用国家开发银行的开发性资金和成熟模式，重点支持兰考的棚户区改造、土地储备、引黄调蓄等重大项目，目前已实现贷款签约 12.72 亿元，累计发放贷款 3.68 亿元。同时，获得国家开发银行河南分行对河南金汇生物工程有限公司、兰考瑞华秸秆发电厂等产业项目的重点支持，承诺贷款 1.2 亿元。在桐柏县，扶贫干部积极协助引进中创投资集团在平氏镇投资建设万头养牛场项目，一期计划投资 1 亿元，后续全产业链投资将达到数亿元，对带动当地相关产业发展，促进劳动就业，带动贫困农户脱贫致富将起到重要推动作用。2014 年，该项目的主体工程建设已基本完成并将投入生产。此外，扶贫干部还结合察右前旗、宿松县、汾西县政府产业发展和招商引资需求，充分发挥证监会系统密切联系资本市场的优势，帮助县政府面向上市公司和拟上市公司开展各种招商推介会，安排各类产业对接，组织双向交流和推介，积极寻求合作机会。同时，充分利用中国证券业协会、各地上市公司协会网站平台，开展网上招商活动，展示推介各县招商引资项目。

**【产业扶贫】** 2014年，证监会扶贫干部在兰考县协调引进龙头养殖企业，采取“公司+农户或合作社”模式，探索以金融贷款为主、扶贫资金支持为辅，发展规模养羊项目，助力贫困农户3年脱贫致富。证监会投入160万元帮扶资金帮助启动该项目，资助第一批50户养殖户。在察右前旗投入帮扶资金67万元，以整村推进方式，援建一个小型小杂粮加工厂，助力周边贫困农户发展小杂粮种植，提高农产品附加值；支持1个贫困村136个贫困户发展舍饲养羊项目，帮助他们增加收入。在延长县投入帮扶资金85万元助力革命老区村发展苹果种植业，帮助架设防雹网，修建果园供水设施和道路，开拓产品销路。同时还推动黄河沿岸小杂粮产业发展，培育了200亩杂粮基地，惠及26户贫困户。在龙井市投入帮扶资金80万元为当地最大的棚膜种植园配套修建主干道，助力当地果蔬种植产业的发展。

**【智力扶贫】** 2014年，各对口帮扶单位累计投入资金700余万元，一方面继续开展好传统的教育扶贫，援助11所中小学建设教学楼、运动场、电教室等设施，资助贫困老师51人、大中小学生1100人，助力贫困地区提高贫困人口综合素质，储备发展潜力。另一方面，逐步探索形成分层次多渠道智力扶贫模式。以定点县县级领导干部为培训对象，依托证监会党校平台，组织参加每期党校班培训，帮助他们了解资本市场，拓宽发展思路，提升引领县域经济发展的能力；瞄准县委办局、乡镇领导干部和企业负责人，推进各类专题培训和高级研讨，帮助他们开阔视野，提升理论水平和推动工作的能力；瞄准致富带头人、农村劳动力，推进各类技能性培训，帮助他们丰富知识并掌握一定技能，增强脱贫致富的能力，共开展了19期培训，培训2500人次。

（中国证券监督管理委员会
人事教育部　高　飞）

# 国务院扶贫开发领导小组办公室定点扶贫

【概述】 2014年，国务院扶贫开发领导小组办公室（以下简称“国务院扶贫办”）定点帮扶青海省泽库县。在2013年定点扶贫工作的基础上，各项工作逐步铺开，推动实施了贫困牧户苗圃为主多元化生产经营示范项目、有机畜牧业养殖基地建设项目、高中生自强班项目、布鞋捐赠项目，下派的挂职干部积极推动扶贫工作，办系统干部积极资助困难群众，定点扶贫工作取得了较好的成效。

【扶贫资金投入】 2014年，国务院扶贫办协调向泽库县投入各类扶贫资金582万元。其中，产业扶贫资金200万元，用于实施贫困牧户苗圃为主多元化生产经营示范项目、有机畜牧业养殖基地建设项目；9万元用于高中生自强班项目，372.6万元用于布鞋捐赠项目；0.4万元直接捐赠困难学生。

【干部挂职扶贫】 国务院扶贫办选派1名正处级干部到泽库县挂职扶贫，担任县委常委、副县长职务，从事对泽库县的帮扶工作。在工作中，挂职干部严格按照扶贫工作要求，克服工作和生活方面的种种困难，做好定点扶贫各项工作。一是调整完善扶贫开发工作管理体系。根据新时期国家和省州关于创新扶贫开发工作机制的战略部署，结合扶贫开发项目审批权下放到县的要求，主持推动县扶贫开发工作管理体系的调整完善。调整了县扶贫开发领导小组，着力提高效率，健全扶贫开发管理机构；组建了新的扶贫开发项目评审委员会，充实了项目论证和审核管理团队；主持制定了扶贫开发项目审批管理办法，完善了项目审批机制。二是系统完成扶贫对象建档立卡工作。根据省、州部署，主持完成了泽库县扶贫对象建档立卡工作。主持制定了扶贫对象建档立卡工作实施方案，组建了领导小组和办公室，确定了建档立卡工作的原则要求；协调部署各部门、各乡（镇）全面推开建档立卡工作；主持各乡（镇）贫困村、贫困人口名额的分解和确认；组织开展了针对乡（镇）的建档立卡各项培训；承担了建档立卡工作对各乡（镇）的督察和指导；承担了全县贫困县和贫困村数据录入和修订工作；指导各乡（镇）贫困户数据录入系统及调整完善；起草了建档立卡工作中需要完成的公示、总结和报告等材料。三是扎实推进扶贫开发项目的实施。主持制定了2014年易地扶贫项目实施方案，并协调开展了前期准备工作；主持制定了 2014 年雨露计划项目实施方案，并协调开展了各项前期准备，包括雨露计划短期劳动力技能培训项目和双千工程项目；开展了 2014 年整村推进和产业扶贫项目的前期调研和筹划工作；主持起草了 2015 年扶贫产业试验示范园项目的方案，并履行了项目上报程序；主持起草了 2014 年残疾人扶贫基地建设项目的实施方案，并协调开展了各项前期准备。

**【产业扶贫】** 实施科技扶贫综合试点项目。投资 50 万元在泽库县宁秀乡智格日村实施贫困牧户苗圃为主多元化生产经营示范项目，支持游牧民定居小区发展种苗种植、舍饲养鸡、畜牧养殖合作经营、特色服装加工等产业，形成多元化的产业发展格局，逐步适应定居后新的生产生活需求，摆脱对畜牧业的过度依赖，拓展收入来源渠道。投资 150 万元，在泽曲镇巴士则村和夸日龙村实施有机畜牧业养殖基地建设项目，支持两村集体合作社和一个养殖大户发起的合作社发展有机畜牧业，在此基础上，拓展产业种类和生产范围，创建新的合作经营模式。

**【教育扶贫】** 实施中国扶贫基金会高中生自强班项目，对黄南州民族中学泽库籍 50 名贫困家庭高中生 2014 年人均补助 1800 元生活费，共计 9 万元。

**【公益扶贫】** 完成友成企业家基金会布鞋捐赠项目，共向泽库县全县中小学生捐赠 Toms 布鞋 20250 双，价值 372.6 万元。

（国务院扶贫开发领导小组办公室
机关党委　居　伟）

# 国务院南水北调办公室定点扶贫

**【概述】** 2014年，国务院南水北调办公室（以下简称“南水北调办”）定点帮扶湖北省十堰市郧阳区（原湖北省郧县，2014年11月更名为郧阳区），选派1名处级干部到定点县挂职；各级人员赴郧阳区考察43人次，其中部级领导5人次；协调下达高切坡治理和库底清理有关资金近2亿元；帮助引进各类资金3100万元，用于支持定点扶贫地区的生态特色产业发展、提高基层公共服务水平、改善基础设施条件、扶持移民群众发展“种、养、加”等特色农业项目等；协调举办培训班1期，培训定点扶贫地区各级干部60人次。

**【扶贫资金投入】** 2014年，南水北调办帮助引进各类扶贫资金共计3100万元。其中，协调北京市东城区安排对口协作引导资金2100万元，用于支持郧阳区生态特色产业发展、提高基层公共服务水平、改善基础设施条件等；协调湖北省移民局，结合丹江口库区移民后期扶持工作，将移民扶持政策向郧阳区倾斜，安排移民发展资金1000万元，用于扶持郧阳区柳陂镇移民群众发展“种、养、加”等特色农业项目，促进移民群众增收。

**【扶贫调研】** 2014年，南水北调办各级领导干部共43人次赴郧阳区调研考察，其中，部级领导调研考察5人次。南水北调办主要领导多次专题研究定点扶贫工作，听取定点扶贫情况汇报，强调要认真贯彻落实中央关于定点扶贫工作要求，以业务工作为切入点，以挂职干部为纽带，积极发挥引导作用，抓住重点，发挥优势，注重实效。

**【扶贫培训】** 结合业务开展，积极做好对口协作工作。协调北京市在制订对口协作实施方案时，重点对郧阳区给予倾斜和支持，最终在《北京市南水北调对口协作工作实施方案》和《北京市南水北调对口协作规划》中，明确了将北京市综合实力较强的东城区与郧阳区进行“一对一”对口帮扶。2014年度，安排郧阳区60名干部或专业人员赴北京学习培训。

**【干部挂职扶贫】** 按照中央定点扶贫有关要求，经与湖北省委组织部沟通联系，南水北调办于2014年1月选派肖军到郧阳区挂任区委常委、副区长，分管征地移民、环境保护、对口协作和统战工作，协助加强内引外联工作，积极推进郧阳区与北京东城区的对口协作。同时，确定南水北调办帮扶项目，落实项目资金和协调实施中的有关问题。

**【扶贫宣传】** 南水北调办高度重视扶贫宣传工作，在《中国南水北调》报上开设专栏，加大对郧阳区的宣传报道力度。2014年共发表44篇新闻报道和图片，着重宣传了移民搬迁和安稳致富、水质保护、生态保护、文物保护、经济转型发展等内容。其中，推出经济转型发展系列报道三篇；重点报道了《我的汉水家园》进京展演和心连心艺术团赴郧阳区演出，取得了良好的效果。

**【产业扶贫】** 按照2014年度定点扶贫工作计划，南水北调办扶贫领导小组各成员单位结合各自业务，加大对郧阳区的帮助支持，并多次派员现场协调督导，积极推进产业扶贫项目实施。

完成批复包括郧阳区在内的湖北省内安移民安置点高切坡处理方案，共安排郧阳区9个乡33个村的移民安置点高切坡治理资金9434万元。结合对丹江口水库抬高蓄水位影响的应急地质灾害防治工作，共安排资金2096万元，用于郧阳区辽瓦集镇和山跟前移民村岸坡工程防治。

完成批复包括郧阳区在内的丹江口水库库底清理补充规划，共安排资金7822万元，用于郧阳区博达丰工贸有限公司、郧阳造纸厂等工业固体废物清理项目以及郧阳区库区生活垃圾清理、被污染土壤清理等项目。

协调加大对郧阳区水污染防治和水土保持工作中央资金补助力度，指导湖北省有效整合有关中央资金，特别是切块下达的各类治污和生态建设资金，加大向水源区倾斜，督促郧阳区加快《丹江口库区及上游水污染防治和水土保持“十二五”规划》中各类项目建设，保护丹江口水库水质，持续改善库区及上游地区生态环境。

指导《丹江口库区及上游地区经济社会发展规划》实施，改善郧阳区周边交通运输条件，加快经济结构调整，生态旅游项目建设稳定推进，打造郧阳区经济新的增长点。

协调中央财政加大对水源区的重点生态功能区转移支付力度。将水源区污水和垃圾设施运行费用作为特殊支出纳入测算因素，提高郧阳区公共服务均等化水平，缓解地方财政压力。

继续组织指导技术单位完成“十二五”重大“水专项”《南水北调工程水质安全保障关键技术研究与示范》中，关于郧阳区特色生态种植工程示范，发挥“水专项”促进水源区治污环保和移民村脱贫致富的示范带动作用。

（国务院南水北调办公室　王　琦）

# 国家开发银行定点扶贫

**【概述】** 国家开发银行（以下简称“开发银行”）作为服务国家战略的开发性金融机构，始终将扶贫开发作为民生领域的重要工作，坚持依托国家信用，把政府、银行、企业的力量结合起来，推动贫困地区市场建设、制度建设和信用建设。2014年，开发银行按照《关于做好新一轮中央、国家机关和有关单位定点扶贫工作的通知》（国开办发〔2012〕78号）的具体要求，大力推动四川省古蔺县，重庆市黔江区、秀山区，贵州省务川县、正安县、道真县6个定点区县的扶贫开发工作。累计向定点区县发放贷款151亿元，投入扶贫捐赠资金2840万元。其中，2014年，向定点区县发放信贷资金16.5亿元，扶贫捐赠资金980万元，支持当地通村道路、安全饮水、农村危旧房改造、农村教育医疗和小微企业等民生领域的重点项目，促进了定点区县经济社会发展。

**【扶贫资金投入】** 开发银行将开发式扶贫与帮扶式扶贫相结合，合理利用捐赠扶贫款。2014年，共安排捐赠资金980万元（每个定点扶贫县164万元左右），支持11个扶贫项目建设。其中，656万元用于道路、水利等乡村基础设施建设，占比67%；125万元用于扶贫产业发展，占比13%；199万元用于农村校舍改造，占比20%。捐赠资金支持的上述项目直接惠及1万名贫困群众。开发银行与中国残疾人福利基金会在定点县开展“启明行动”项目，为超过1100名白内障患者免费实施康复手术，帮助他们重见光明。

**【扶贫制度建设】** 2014年，开发银行对我国扶贫开发有关政策、制度和自身扶贫开发业务实践进行了系统性的总结、梳理，编制完成了《国家开发银行扶贫开发制度案例汇编》。开发银行四川、重庆、贵州分行与地方扶贫部门密切配合，结合自身实际分别制定具体工作措施。如四川分行制定《支持扶贫开发暨三农发展的实施方案》和《关于深入推进金融支持扶贫惠农工程，全面做好四川省扶贫开发金融服务工作的实施意见》，以古蔺县为试点，探索开发性金融支持扶贫开发的新模式和新机制。

**【银政合作】** 开发银行不断深化与国务院扶贫办等部委及各级地方政府合作，将政府政治保障、组织协调、动员资源和政策优势与开发银行融资融智优势相结合，共同推进定点扶贫。2014年5月16日，开发银行与国务院扶贫办签署《开发性金融扶贫合作协议》。双方将在特色产业、基础设施、教育和重大项目等领域加强合作力度，进一步创新金融扶贫机制。协议中，双方将定点扶贫作为重点合作内容之一，国务院扶贫办将对开发银行定点扶贫工作进行指导和支持，并将定点扶贫县作为开发性金融支持扶贫开发的示范点和试验田。在地方层面，各分行积极贯彻与定点县签订的《扶贫开发合作协议》，通过整合政府、社会、银行、企业等各方资源，建设培育健康的市场主体，开展信用建设，把资金难以进入的瓶颈领域，逐步培育成商业可持续发展的领域，带动社会资金进入，以市场化的方式加强社会发展的薄弱环节，为市场发挥配置资源的决定性作用创造条件。

**【智力扶贫】** 强化融智服务，提高定点扶贫精准性和科学性。将定点扶贫工作作为纪念开发银行成立20周年活动之一，成立定点扶贫规划工作组，组织农业、旅游、矿产、扶贫等领域的专家，按照“一县一策”的原则，为6个定点扶贫区县分别编制《扶贫规划咨询报告》，提出差异化发展思路和融资支持方案，帮助地方政府推动经济社会健康可持续发展，实现共同富裕。编制完成《重庆市武陵山片区区域发展与扶贫攻坚系统性融资规划研究报告》，并提交重庆市政府，进一步明确了重庆市黔江区、秀山区的发展定位，设计系统性融资支持方案。举办2期扶贫开发地方干部培训班，组织邀请有关专家解读国家扶贫攻坚和区域发展相关政策，并介绍开发性金融扶贫开发工作方法和典型模式，累计为6个县区的150余名干部进行培训，增强了地方干部运用开发性金融方法，服务地方经济社会发展的意识和能力。

**【基础设施建设】** 开发银行探索建立了“政府主导、机制建设、统一借款、扶贫贴息、社会共建、农户受益”的批发式融资机制，支持新农村基础设施建设和棚户区改造，解决精准扶贫中的共性问题。2014年，新增发放贷款9.5亿元，支持定点区县基础设施建设。其中，贷款1.6亿元，支持重庆市黔江区新城污水处理工程和三岔河片区环境综合整治项目，推进当地新型城镇化建设。贷款2784万元，支持四川省古蔺县乡道老油路破损和通往被撤并乡镇县乡道改造项目，解决贫困群众出行难的问题；贷款7.6亿元，支持古蔺县、务川县、正安县、道真县棚户区改造项目，改善贫困人群居住条件。

**【产业扶贫】** 开发银行将财政扶贫资金与信贷资金相结合，发挥财政资金撬动作用，创新形成以“管理平台、融资平台、担保平台、公示平台、信用协会”为核心的“四台一会”贷款模式，以批发的方式破解贫困农户的融资难题，支持发展扶贫特色产业。2014年，新增发放产业贷款3.9亿元。在重庆，贷款1.52亿元支持“秀山土家族苗族民俗文化旅游”项目和“秀山（武陵）现代物流园区物流配送中心建设”

项目，推动秀山民俗文化旅游品牌和区域物流枢纽建设。在四川，与古蔺县合作，新增发放贷款 2600 万元，支持古蔺县小微企业发展。在贵州，继续推广“开行小额农贷”的成功经验与做法，将正安的茶叶，务川的畜牧和茶叶，道真的中药材、茶叶、花椒等产业发展纳入重点支持范围；新增发放贷款 2.14 亿元，支持农户 2967 户、小微企业 34 家、合作社 5 家，带动逾万农户走上脱贫致富道路。

**【教育扶贫】** 2014 年，开发银行继续加大生源地助学贷款工作力度，按照应贷尽贷的原则，向 6 个定点扶贫县区发放助学贷款 9151 万元，帮助 1.5 万名贫困学生实现大学梦。与西部人才开发基金会合作开展“彩烛工程”，累计选拔 465 名来自定点扶贫县区的乡村小学校长赴京开展综合素质培训，促进定点扶贫县区基础教育发展。组织“送教下乡”活动，将国内顶尖的教育专家请进定点县贫困山区，就留守儿童“心理特点及成长规律”和“教育管理”两个课题开展专题培训，让当地校长、教师接触到更优质的教育资源和更先进的教育理念。与中国金融教育发展基金会签订捐赠协议，共同开展“乡村教师关爱行动”，对 6 个定点县的 50 名家庭经济特别困难的教师实行资助，解决优秀教师、特困教师的生活困难，激励广大教师的工作积极性，促进农村教育事业持续健康发展。

**【融商扶贫试点】** 开发银行依托开发性金融促进会和贷款客户资源优势，根据贫困地区发展规划和资源情况，引荐和支持竞争力强、社会效益好的企业和具有发展前景的产业到贫困地区进行项目建设和合作，为扶贫开发提供帮助。2014 年，开发银行率先在道真县试点融商支持扶贫工作，结合当地区位优势、特色产业、发展需求，引导促进会会员四川科创集团有限公司、中城建三局集团有限公司到道真投资兴业，开展合作，推动产业扶贫。截至 2014 年年底，四川科创集团有限公司和道真县政府已签署合作备忘录，计划投资建设中草药种植、加工基地；中城建第三工程局集团有限责任公司和道真县政府签署合作协议，已开工建设玉溪河滨河景观及河道整治等项目。

**【干部挂职扶贫】** 2014 年，开发银行先后派出 3 名业务骨干到贵州务川、正安，四川古蔺挂职扶贫，分别担任常委副县长、县长助理、政府办副主任，主要协助推动经济金融和产业项目发展等工作。此外，安排 1 名副处级干部赴道真县隆兴镇大联村担任驻村工作小组组长，开展精准扶贫和对口帮扶工作。在工作中，下派挂职干部严格按照扶贫工作的要求，发挥自身在项目融资、产业发展等方面专业优势，积极协助做好定点县的金融扶贫工作，为当地经济社会发展建言献策，当好“参谋助手”，帮助搭建合作平台，完善机制建设，创造良好的融资环境。同时，发挥“桥梁纽带”作用，将开发银行在其他地区扶贫开发的经验做法引入到定点县，并将当地实际情况和发展需求及时、准确的反馈到开发银行，制定更加有针对性的帮扶措施，有力的促进了定点扶贫工作的开展。

**【“四台一会”模式】** 针对贫困地区贷款条件的实际情况，开发银行通过建立“四台一会”贷款模式，以批发的方式破解贫困农户的融资难题，支持发展扶贫特色产业。所谓“四台一会”是指管理平台、统贷平台、担保平台、公示平台和信用协会。其中，管理平台是指帮助开发银行收集项目信息并做出初步风险判断的机构，管理平台发挥贴近项目的优势，为银行识别风险、控制风险提供帮助。统贷平台一般具有较强的经济实力，或对当地的中小微企业具有一定的把握能力和控制能力，主要负责统一向开发银行借款，再以委托贷款的方式将资金发放给中小微客户（用款人）；同时负责贷后管理和本息归集。担保平台是指承担担保职能的专业担保机构，作为第二还款来源发挥弥补、分散风险的作用。公示平台是指为中小微企业贷款实行“三公”（受理公开、发放公示、还款公告）而建立的各种社会公示途径和机制的总称，目的在于充分利用社会力量共同监督贷款公开、公正、公平，实施并共同防范风险。信用协会是小微企业、个体工商户、农户自发成立的社会团体，会员之间互相监督、评议后，推荐优秀会员申请贷款。信用协会发挥群众组织的民主监督制约优势，是运用社会力量防范风险的重要手段。“四台一会”是开发银行以批发方式开展中小微企业贷款的重要模式和有效工具。近年来，通过与贵州、甘肃等省加强合作，开发银行将“四台一会”模式成功运用到扶贫开发工作中，将财政扶贫资金与信贷资金结合，充分发挥财政资金引导、撬动作用，不断加大对扶贫产业的融资支持力度，促进了贫困农户脱贫致富。

（国家开发银行　石凤志）

# 中国农业发展银行定点扶贫

**【概述】** 2014年，中国农业发展银行（以下简称“农发行”）认真贯彻落实党中央、国务院关于新一轮定点扶贫工作的整体部署和总体要求，定点帮扶吉林省大安市、广西壮族自治区隆林各族自治县、贵州省锦屏县和云南省马关县，农发行总行机关各级领导干部共15人次前往扶贫点进行考察调研，召开定点扶贫座谈会议1次，举办培训班3期，组织劳务输出328人次，先后为扶贫点安排专项捐助资金184万元，直接投入的信贷资金和物资折款2.99亿元，帮助引进各类资金11.85亿元，用于支持农村基础设施建设和新农村建设项目，改善中小学教学条件，资助贫困大学新生入学，改造偏远乡村水泥路面等，发挥了良好的社会效益，有效促进了当地经济社会发展。

**【教育扶贫】** 农发行以智力扶贫为重要抓手，针对马关县小学教育工作存在基础设施薄弱、办学水平和规范化管理水平不高等问题，农发行捐赠40万元，用于支持该县“美丽乡村小学计划”项目，帮助改造教学楼等基础设施，配置远程教学设备、消防设备等，通过以点带面的形式，稳步推进项目的整体实施。为锦屏县偶里民族中学、平金小学等7所学校捐赠电脑40台；为马关县上天雨小学、冬瓜林小学捐赠40台电脑，解决了两县教学硬件不配套、教学设施不齐全等问题。资助扶贫点贫困大学新生，解决入学资金困难问题。2014年，考虑到物价上涨，上学成本增加等因素，农发行将捐助标准和捐助范围作了相应提升和调整，捐资24万元帮助定点帮扶县的102名贫困大学新生圆了大学梦。

**【基础设施建设】** 农发行扶贫干部拓宽思路，注重实效，解决了扶贫点基础设施薄弱、公共服务欠缺等困难。河边水库项目是云南省的骨干水源工程，是一个综合利用的中型水库，2014年年底，农发行通过认真审查，按程序签订了7000万元的河边水库项目贷款协议，为顺利完成项目建设，提高全县防灾减灾能力，促进地方经济发展具有重要的意义。农发行拨款40万元，为大安市舍力镇民有村修建2千米水泥路和1.1千米排水沟，从根本上解决村民出行难问题。2014年，锦屏县铜鼓镇敬老院主体工程完工后，当地财力困难，无力筹措后续附属工程建设资金，农发行捐助20万元，为敬老院修建围墙及凉亭等附属建筑，使孤寡老人顺利入住。

**【扶贫创新】** 农发行在工作实践中不断探索，积极寻找有利于扶贫点经济社会健康发展的有效方式。2014 年，马关县扶贫干部协助地方财政局制定了《财政资金存款管理暂行办法》，科学管理地方财政资金，每年为地方财政增加 500 万至 1000 万的利息收入，通过管理创新确保国有资产保值增值，促进了当地银行业之间的良性竞争。锦屏县扶贫干部引导当地小企业采取担保机构担保、联保等办法贷款融资，34 家小微企业获得银行贷款融资和其他方式融资 3.19 亿元，使企业获得发展新机。

**【招商引资】** 农发行 4 个扶贫点都拥有比较丰富的农业资源，农业发展的潜力很大，扶贫干部注重抓住这一优势，积极引进外来资金，带动地方发展。2014 年，在扶贫干部的奔走之下，促成了大安市与河南省农业产业化龙头企业达成合作意向，引进资金 2 亿多元，为当地提供就业岗位 2000 多个；促成了浙江、湖南、湖北等地的水产养殖加工、高效农作物种植加工、药材种植加工、木材深加工等农业产业化龙头企业，到锦屏县安家落户。

（中国农业发展银行机关党委
张　康）

# 中国工商银行股份有限公司定点扶贫

**【概述】** 2014年，中国工商银行股份有限公司（以下简称“工商银行”）认真贯彻党中央、国务院要求，全面落实工商银行《扶贫开发工作规划（2011—2020年）》，以帮助工商银行定点扶贫的四川省南江县、通江县和万源市尽快实现“巩固温饱成果、加快脱贫致富、改善生态环境、提高发展能力、缩小贫富差距”为目标，共计捐赠扶贫资金1100万元，集中开展了一批教育和卫生领域基础建设项目，为三所学校分别修建宿舍楼3栋，直接资助贫困学生320名、优秀教师310名，培训村小教师100名，捐赠图书角200个；资助贫困孕产妇2000人，培训乡村医生100名。同时，加大金融扶持力度，投放信贷资金5亿多元，并依托工商银行电子商务平台优势，帮助扶贫地区特色产品在网上销售，有力支持了定点扶贫地区的经济发展。

**【扶贫资金投入】** 2014年，工商银行总行共计投入资金及物资折款5.18亿元，主要包括用于基础设施资金1.10亿元，用于产业开发资金2.01亿元，其他各类信贷资金投入1.95亿元，无偿捐赠文化教育类扶贫资金942万元，医疗卫生类扶贫资金130万元，其他捐赠20余万元。

**【扶贫资金管理】** 为规范自建工程项目的建设行为，加强扶贫和捐赠资金管理，工商银行形成了完善的资金管理机制，制定了《定点扶贫三县（市）援建项目管理办法》。对所有工商银行捐助的项目，均成立以扶贫干部为组长，地方政府项目主管副县长为副组长、地方政府项目相关部门负责人、支行行长为成员的项目实施领导小组。援建项目的资金存放在工商银行，实行“专户管理、封闭运行”，各县市工商银行在项目实施领导小组的领导下对资金进行监管。严格执行基本建设财务制度，按照计划、合同、工程进度付款。对有政府配套资金的，政府配套资金按比例到位后，援建资金才能拨付。拨付资金时，要由项目实施领导小组组长和工商银行当地机构负责人审核双签。因工商银行扶贫地区均在四川省，同时要求四川分行加强对援建项目的指导和管理，定期向总行报告项目进度、资金使用等情况。

**【扶贫调研】** 2014年，“特困村小”成为工商银行新的帮扶对象，为了找准工作的突破口，工商银行驻定点扶贫地区扶贫干部分别带领当地教育、扶贫等部门和当地工商银行分支机构相关人员，对定点扶贫地区的村小学情况进行了为期半年的全面调查、走访和摸底。调研组走访了扶贫地区全部乡镇和大多数村庄，采取听取汇报、开座谈会、实地查看、问卷调查、家访等方式开展调研，分别撰写了《村小情况调研报告》。经过调研，发现扶贫地区村小学存在学校数量多、师生数量少、撤点并校频繁、文教设施匮乏、周边环境复杂、教学条件艰苦等问题。针对这些问题，调研组搜集了第一手的资料，掌握了具体数据，并提出了工作措施和建议。2014 年，工商银行针对特困村小学实施了“太阳花行动”和“走进特困村小帮扶计划”。

**【干部挂职扶贫】** 工商银行建立了派驻扶贫工作组定点帮扶的机制，并将干部挂职扶贫作为锻炼干部和联系群众的重要途径，每年从总分行选派优秀中青年干部赴定点扶贫县（市）挂职帮扶，截至 2014 年，共选派了 84 人。2014 年选派的扶贫挂职干部分别来自工商银行授信审批、运行管理等部门，他们出谋划策，招商引资，为当地经济快速发展下真功，充分发挥了在扶贫工作第一线的桥梁和纽带作用。

**【扶贫培训】** 2014 年，为落实工商银行“走进特困村小”帮扶计划，针对扶贫地区村小学教育情况普遍落后，教学水平参差不齐的状况，帮助村小学教师提升教学能力，拓宽视野，工商银行投入 20 万元，在成都大学开展了为期一周的“太阳花行动”村小学教师培训工作，共培训特困村小学教师 100 名，其中通江县 35 名、万源市 35 名、南江县 30 名。培训主题包括打造农村小学阅读文化、农村小学校园安全难点及对策、留守儿童关爱等，培训方式主要有主题讲座、专题研讨、参观考察等。达到了“培训一名老师，带动一所村小”的目的，改善了当地乡村教育发展状况。

工商银行捐款 10 万元，在万源市组织乡村医生“三基”（基本理论、基本知识、基本技能）培训，邀请地市临床经验丰富的权威专家和疾控中心、卫生执法监督机构等相关领域的业务骨干，对万源市乡村卫生室的 100 名乡村医生进行专门培训，增强了乡村医生对农村常见病、多发病的诊断、鉴别和救治能力，提高了业务技能。

**【扶贫慰问】** 2014 年 10 月 17 日是我国首个“扶贫日”，工商银行总行开展了“工青志愿冬日温情”扶贫日主题志愿活动，组织向四川省凉山彝族自治州甘洛县两河乡小学捐赠过冬衣物 300 余件，表达对甘洛乡亲的问候。

**【教育扶贫】** 2014 年，工商银行加大教育扶贫力度，连续实施“筑巢行动”“优秀山村教师表彰和优秀贫困大学生助学行动”，新开展了“太阳花行动”“走进特困村小帮扶计划”。

一是“筑巢行动”。定点扶贫地区“撤点并校”政策实施以后，各乡镇中心校学生数量大为增加，教学楼和宿舍楼的安全问题突出。为了改善学生的学习和生活环境，2014 年，工商银行捐款 600 万元分别资助了通江县第三中学、万源市庙子乡中心小学和南江县第六小学，各新建一幢宿舍楼，预计2015年陆续竣工，届时受益学生将超过2500人。

二是“优秀山村教师表彰和优秀贫困大学生助学行动”。2014年，工商银行捐款40万元，表彰了200名扎根山区的优秀山村教师，弘扬了山村教师无私奉献的精神；捐款160万元，资助320名品学兼优的寒门学子步入大学校门，帮助优秀学子圆了大学梦。截至2014年年底，工商银行在扶贫地区累计资助优秀贫困大学新生1740名，累计表彰优秀山村教师1190人次，受到当地群众的广泛赞誉。

三是“太阳花行动”和“走进特困村小帮扶计划”。工商银行负责的扶贫地区近千家村小学中，条件特别艰苦的有200所，为了改变特困村小教学水平参差不齐、教学设备简陋短缺的现象，工商银行采取“赠、训、奖”的方式，合计捐款112万元，捐赠200个“太阳花图书角”，培训100名村小学教师，表彰110名代课教师，以改善乡村小学的教学条件，提升乡村教师的能力水平，丰富乡村学生的课外知识。针对特困村小学的不同需求，工商银行还捐款30万元，对60所特困村小逐校制定个性化帮扶方案，配备了学校急需的教学用具和文体用品，让学生和学校最迫切的需求得以缓解。

**【医疗卫生扶贫】** 自2009年开始，工商银行向中国扶贫基金会连续捐款，在定点扶贫地区开展了旨在保护贫困孕产妇在医院顺利分娩的“母婴平安120行动”，即“1个家庭、2个生命、0风险”。2014年，捐赠120万元，资助了2000名贫困高危孕产妇。该项目已惠及7500名贫困孕产妇，降低了当地的母婴死亡率，扩大了卫生扶贫的惠及范围。此外，还捐款10万元对万源市100名乡村医生进行业务培训，捐款10万元在万源市覃家坝村和庙子坝村新建了2所村卫生站，提高了当地的卫生保健水平。

**【产业扶贫】** 工商银行积极发挥自身优势，将信贷资金、品牌优势与捐赠资金相配套，全方位推动扶贫工作开展。2014年，向三县市累计发放贷款5亿多元，支持当地发展工业、特色农业、旅游业、城市基础设施和高速公路项目，为南江矿业集团、大瑭商贸集团、巴万高速公路、巴山生态牧业、通江湾潭河水库等当地龙头企业提供融资，取得了良好效果。9月，在成都举办“第一届中国工商银行定点扶贫地区农超对接座谈会”，促成了定点扶贫地区巴山食品有限公司、大面山酒业有限公司等17家名优企业，进驻四川省内伊势丹百货、永辉超市等10家大型商场超市，为当地农工商企业拓展了销售渠道，增加了产业收入。

2014年，工商银行电子商城“融e购”正式上线，并一跃进入全国十大电商。为创新产业扶贫思路，依托电商平台优势，工商银行帮助扶贫地区将部分名优特色产品统一注册为“巴山土猪”“巴食巴适”等品牌，和扶贫地区原有的特色特产一并实现了上网销售，支持了当地小微企业发展，增加了农民收入。同时，工商银行还协调其中的巴山生态牧业科技有限公司在全行展开义卖活动，将义卖款项部分捐赠给了定点扶贫地区。

（中国工商银行股份有限公司
扶贫办　张向荣）

# 中国银行股份有限公司定点扶贫

**【概述】** 2014年，中国银行股份有限公司（以下简称“中国银行”）认真贯彻落实党中央、国务院关于扶贫开发工作的战略部署，切实履行大型商业银行社会责任，继续在陕西省永寿县、长武县、旬邑县、淳化县4县开展社会定点扶贫工作，投入资金580万元，资金同比增加3.57%，是历年投入资金最多的一年。建设完成安全饮水项目1个、道路建设项目4个、“幸福院”配套设施项目1个、校舍建设项目1个、移民搬迁项目1个、公益扶贫项目2个、教育扶贫项目2个，共计实施12个扶贫项目。

**【安全饮水工程】** 中国银行投入扶贫资金130万元，为淳化县嘴头村新建小型抽水灌溉工程1座。将沟底泉水通过水泵抽到塬面以解决农民饮用、灌溉及养殖用水难题。该项目包括：抽水站1处，300立方米蓄水池1座，铺设管网17.1千米，管理站1处，以及潜水泵1套、变压器1台、高压线1千米。彻底解决了数百名村民、近万头家禽家畜、生猪养殖场、温室大棚及果园的用水问题。

**【基础设施建设】** 中国银行投入资金212万元，为永寿县左村、固县村，旬邑县张家村、马家堡村4个村新修村内道路19条，全长4.84千米，面积1.86万平方米，解决了当地群众出行难问题，改善了贫困群众生活环境。

**【幸福院建设】** 中国银行投入扶贫资金130万元，为长武县6镇8村（巨家村、宇家山村、亭北村、二厂村、斜坡村、沟泉村、胡同村、姜曹村）新建贫困孤寡老人幸福院8个，实施8个幸福院院落道路硬化和围墙配套建设，目前符合条件的贫困群众已陆续搬进了崭新的幸福院，安享幸福晚年。

**【移民搬迁】** 中国银行投入扶贫资金21万元，在旬邑县陆家胡同村搬迁老危窑户群众15户、60人，同时复垦土地500亩，改善了贫困群众的居住环境。

**【校舍建设】** 中国银行投入扶贫资金25万元，为旬邑县葛村小学修建砖混结构平房教室2间297平方米、围墙300米，满足了葛村小学由初小提升为完全小学的办学需求，解决了他们的燃眉之急。

**【教育扶贫】** 2014年10月，中国银行在西北农林科技大学举办了一期“咸阳市城乡一体化建设及产业扶贫干部理论培训班”，投入扶贫资金14万元。咸阳市辖属 9 县 45 名扶贫干部参加了培训，培训班邀请西北农科大专家学者讲授涉农政策、城乡统筹、扶贫案例、土地流转、农村金融等内容；投入扶贫资金 23 万元，为 17 所中银希望小学补充了篮球架 1 套和室外乒乓球台 4 张，丰富了学校的教学设施。

**【公益扶贫】** 2014 年，中国银行投入扶贫资金 25 万元，开展“中银母亲健康快车”巡车义诊活动项目。为持续提升和扩大中国银行 2013 年捐赠的“中银母亲健康快车”效能与影响，与 4 个定点扶贫县的妇幼保健站合作，为所有乡镇的妇女免费进行两癌（宫颈癌、乳腺癌）筛查和基础妇科检查。为有效改善当地教育师资老化、学科失衡等突出问题，中国银行扶贫工作队与“为中国而教”公益组织合作，协调引进了 12 名优秀大学毕业生赴永寿县进行为期两年的支教助学。2014 年 8 月，12 名大学生分别安排到 4 所乡镇小学任教，一定程度上缓解了当地农村小学师资力量不足的情况，提升了当地教育水平和质量。

（中国银行股份有限公司
王爵平）

# 交通银行股份有限公司定点扶贫

**【概述】** 2014年，交通银行股份有限公司（以下简称“交通银行”）连续第12年定点帮扶甘肃省天祝藏族自治县（以下简称“天祝县”），共投入帮扶资金219.39万元，开展了3个帮扶项目，并继续派驻专职干部常驻天祝县扎实开展工作，另有4人次前往该县实地考察，子公司交银金融租赁有限责任公司也前往该县祁连中心小学开展帮扶工作。交通银行以天祝县南阳山片“下山入川”生态移民小康工程为帮扶重点，通过补贴建设养畜暖棚150座和资助新建养殖暖棚30座，助推天祝县2014年重点工程南阳山片“下山入川”生态移民小康工程建设，为项目建设乡镇养殖暖棚的快速发展起到示范带动作用。2014年，交通银行甘肃省分行获得由国务院扶贫开发领导小组评定、颁发的“中央国家机关等单位定点扶贫先进集体”荣誉称号。

**【扶贫资金投入】** 2014年，交通银行共在天祝县投入帮扶资金219.39万元，全部为现金捐助。其中，189.08万元用于补贴建设养畜暖棚150座（产业开发类项目）；10.92万元资助新建30座养殖暖棚（产业开发类项目）；资助当地祁连中心小学改善办学条件（文化教育类项目）19.39万元。

**【扶贫资金管理】** 交通银行安排专人常年在天祝县驻点开展工作，对项目的材料采购、具体建设实现全流程管理，确保帮扶资金用在受助民众稳定脱贫的领域。项目建设中，所有帮扶项目均向群众公示；实施过程中，派专人跟踪蹲点督查，对建设养畜暖棚所需混凝土空心砌块、棚顶彩钢等重要建材进行询价议标，由交通银行帮扶人员会同县扶贫、农业部门和项目乡镇、村代表在先期进行考察的基础上，依法进行公开招标，选择既物美价廉、又适合当地建设条件的建设材料进行采购。同时，不断加强项目建设的监督检查，及时准确掌握和了解帮扶项目进展情况，积极协调解决项目建设中存在的各类问题，确保了帮扶工作的顺利进行。

**【生态移民扶贫】** 2014年，交通银行按照甘肃省委《关于深入实施“1236”扶贫攻坚行动实施意见》，结合天祝县实际，及时加强与该县县委、县政府的协调联系，通过广泛深入的调查了解，筛选论证帮扶项目，以南阳山片“下山入川”生态移民小康工程为帮扶重点，最终选定松山镇6

号移民点养畜暖棚建设项目作为2014年的扶贫帮扶项目。在筛选帮扶项目时，交通银行先后数次组织工作组深入天祝考察调研，严把效益关、资金关和群众参与关，组织相关业务部门、技术人员深入到帮扶项目实施现场进行实地调研，聘请专家技术人员评审项目，按科学程序研究制定对口帮扶项目实施方案，真正把资金用在使贫困人口受益、为政府解忧、为群众解困的地方，集中力量办大事情。

**【产业扶贫】** 2014年，交通银行结合天祝县扶贫开发工作实际，确定以南阳山片“下山入川”生态移民小康工程为帮扶重点，扶持松山镇养畜暖棚建设项目。项目总计建设200平方米的养畜暖棚150座（折合标准棚450座），项目概算总投资731.4万元，其中由交通银行负责提供建设养畜暖棚所需混凝土空心砌块、棚顶彩钢等材料。交通银行委托天祝县扶贫办在该县县政府采购办办理相关审批手续，确定具有专业资质的中经国际招投标有限公司甘肃分公司组织公开招标采购。采购混凝土砌块36万块，棚顶彩钢2.19万平方米，中标价为186.28万元；招标代理费2.80万元，共计投入189.08万元。

2014年，150座养畜暖棚全部建成并投入使用，部分已进畜生产，实现当年建棚，当年见效。150座养畜暖棚建成投入使用后，为移民群众发展生产奠定了基础，项目受益人群达150户630人，移民户利用暖棚开展舍饲育肥生产，按棚均育肥羊120只计算，年可出栏60只，只均可增收120元，户均年可增收7200元，实现了“搬得出、稳得住、快发展、能致富”的目标。

2014年，交通银行还投入资金10.92万元，帮扶甘肃省分行“双联富民”联系点天祝县祁连乡移民贫困户，在南阳山片6号移民安置点新建养殖暖棚30座。帮扶资金主要用于采购建设养畜暖棚所需棚顶彩钢材料，由招标彩钢中标公司提供棚顶彩钢材料2800平方米。30座养殖暖棚建成投入使用后，项目受益人群达30户126人，移民户利用暖棚开展舍饲育肥生产，按棚均育肥羊120只计算，年可出栏羊60只，羊只均可增收120元，正常发挥效益后，户均年可增收7200元。

**【教育扶贫】** 2014年，交通银行全资设立的子公司——交银金融租赁公司捐资19.39万元，用于支持天祝县祁连中心小学改善办学条件、慰问贫困学生家庭。其中，上半年为祁连中心小学购买价值9.39万元的学生校服、棕床垫、生活柜、被褥等物品，下半年为学校提供了8万元的供暖设备和住宿设备，有效解决了学校冬季供暖的实际问题；投入2万元看望慰问了10户贫困的学生家庭，每户捐助2000元，解决了特别贫困户家庭学生的日常生活问题。

（交通银行股份有限公司
企业文化部　秦丹丹）

# 中国光大集团股份公司定点扶贫

**【概述】** 2014年，中国光大集团股份公司（以下简称“光大集团”）定点帮扶湖南省新化县。光大集团在国务院扶贫办的领导下，坚持以中共中央总书记习近平新时期扶贫开发战略思想为指导，按照中央确定的“两不愁，三保障”的目标要求，树立正确的扶贫观，紧紧围绕打赢全面建成小康社会的扶贫攻坚战这一主线，结合当地需求，积极而为，精准实施“五扶一推进”，即教育扶贫、卫生扶贫、素质扶贫、产业扶贫、救助式扶贫和“三个确保”贫困村整村推进为主要内容的帮扶，共投入扶贫资金540万元，组织实施扶贫项目10个。2014年，光大集团扶贫办公室被国务院扶贫开发领导小组授予“中央国家机关等单位定点扶贫先进集体”荣誉称号。

**【扶贫资金投入】** 光大集团继续把筹措扶贫资金作为扶贫工作的重要内容之一。2014年4月，光大集团向各直属企业下发《关于为集团定点扶贫县募集捐款的通知》（光京党宣发〔2014〕4号），在集团系统组织开展了“向贫困人民奉献爱心”的捐助活动，共筹集扶贫捐款540万元，全部按年度工作计划拨付给新化县用于定点扶贫开发项目。2014年3月，光大集团安排审计部门对前期拨付给新化县的扶贫资金使用情况进行了现场审计。审计查阅了相关文件档案资料及资金账册凭证，实地勘察了集团扶贫资金重点扶持的四所学校教学楼建设工程及部分整村推进产业扶贫项目。集团的扶贫资金单独设账，凭证单独装订保存，账目记录比较清楚，对项目的申报、审批、资金拨付、监督检查等流程管控较为规范，做到了专款专用，同时对不足的问题进行了整改。

**【扶贫调研】** 为了深入了解和掌握定点扶贫县贫困状况和发展规划，做到精准扶贫，2014年，光大集团领导、集团机关党委书记和部门领导带队到定点扶贫县调研59人次。调研组共走访乡镇12个，考察山区中小学校4所、乡镇卫生院4所和贫困村4个，深入到田间地头，同县、乡镇和村干部了解情况，慰问群众。通过实地考察，在帮扶的思路上，聚焦最边远的山区，最偏僻的村落，瞄准最贫困的群体，最急需的地方，精准帮扶对象；在帮扶的选项上把提高“造血”能力，激活内生动力，挖掘增收潜力作为突破口和切入点，细化帮扶措施，在教育、卫生、产业扶贫上多做文章，研究制定《关于进一步规范中国光大集团扶贫项目管理暂行办法》和光大集团2014年度定点扶贫工作计划，使帮扶项目的申报和管理更加规范，使帮扶项目成为改善民生的助推器。

**【扶贫会议】** 2014年12月，经党中央、国务院批准，中国光大集团总公司整体改制为中国光大集团股份公司，为了加强集团重组后定点扶贫工作的领导，集团扶贫工作领导小组办公室召开了扶贫工作会。集团领导出席会议并讲话，集团各直属企业分管领导和负责人参加了会议。传达学习国务院办公厅《关于进一步动员社会各方面力量参与扶贫开发的意见》，研究制定《关于进一步动员集团系统参与扶贫开发的意见》。研讨作为金融控股集团如何做好金融扶贫。会议明确，在金融扶贫方面，要依托自身优势，发挥独特功能，体现普惠金融的要求。光大银行可结合业务发展在扶贫点机构建设、价格、产品等方面进行探索；光大永明保险公司可通过设计和建立保险产品帮助扶贫；光大兴陇信托公司可研究拓展公益信托业务，搞好慈善机构的资金运作帮助扶贫；光大证券、光大金控资产管理公司、光大实业集团也可选择适合的项目，探讨直接融资扶贫的路子。

**【教育扶贫】** 援建光大希望学校。2014年，光大集团在新化县边远山区和水淹库区的温塘镇投资140万元，新建一所九年一贯制学校——车田江光大希望学校。新建教学楼、学生宿舍楼，总面积4000平方米。因交通不便、山路崎岖，特别是改造前的学校位于泄洪道边，有80%的学生需要搭乘渡船上学，给师生的安全带来隐患的问题，得到了解决。

改善教学生活条件。2014年投入65万元，为新化县田坪镇光大中心学校和金凤乡光大中心小学捐赠课桌椅1800台（套）、电脑56台（套）、图书5000册，援建学校图书室2个、电脑室2个，并帮助学校购置厨房设备，更新学生餐厅桌椅300套，添置大型不锈钢厨房用具4台（套）及厨房冷柜、食梯、通风设备和部分学生不锈钢餐具等。

开展“爱心助学”活动。投资15万元，资助新化县参加全国高考被国家二本以上正规大学正式录取品学兼优的“扶贫建档立卡”贫困大学生80名。按照家庭困难情况每个学生资助1000元至2000元，并在新化县举行的光大集团捐资助学仪式上将助学金发放到特困大学生手中，帮助他们解决赴校的路费和第一学期的生活费。举办“走出大山，看北京”夏令营活动。组织新化县金凤乡光大希望小学的优秀学生来京，安排他们到天安门广场观看升国旗、登天安门城楼，参观游览故宫、八达岭长城，参观国家体育场（鸟巢）和国家游泳中心（水立方）等，并到光大银行北京分行参观学习。集团领导专门看望了贫困学生，向他们赠送了书包、课外图书等学习用品。

**【医疗卫生扶贫】** 为了解决因病致贫和返贫的问题，2014年投入100万元，在新化县边远山区的奉家镇，援建一所光大卫生院。新建一栋建筑面积3780平方米的门诊综合楼及附属设施，住院病床由原来的10张，增加到60张，解决了过去门诊输液在走廊，远离县城转院难，群众就医不方便的问题。同时，为2013年援建的新化县荣华乡光大卫生院，捐赠价值45万元的新病床共60张等部分医疗设备，改善了乡镇卫生院的硬件条件。

**【产业扶贫】** 2014年，光大集团投入70万元，与新化天鹏生态园有限公司和桑梓镇政府合作，在桑梓镇向荣村大力扶持茶农发展茶叶产业，新建有机茶基地150亩，建成中国光大集团产业扶贫（有机茶）示范基地450亩。采取以点带面和“合作社+基地+农户”产业化模式，建立高标准化生态茶园、无公害茶园和绿色食品茶园，提高单位面积产量和茶叶质量，带动了周边三个乡镇连片开发，并在用工和酬金等方面优先向贫困农民倾斜，实现了村有增收产业，户有增收项目。同时，在水车镇金龙村实施整村推进，改造道路10千米，新修引水灌溉渠道工程1.4千米，建大型蓄水池4个，使年久失修的蓄水池塌方得以修复，解决了全村梯田供水，防止了梯田抛荒。

**【扶贫培训】** 为了提高新化县干部群众的综合素质和致富能力，光大集团投入64万元，举办各类培训班8期，共培训2300人次。一是以种植养殖技术为主，举办农民实用技术培训。对技术人员、致富带头人和农民工进行劳务培训1800人次。通过养猪、养牛和种植技术的培训，特别是突出茶叶、中药材等种植方面的技能培训，使农民工学习掌握1至2门技术，提高了农民致富技能。二是组织干部培训。举办培训班3期，学习扶贫开发工作政策和相关业务知识，培训规模500人次。三是选派乡镇卫生院骨干外出培训。为了提高光大集团援建的6所乡镇卫生院的医疗技术水平，从集团援建的光大卫生院中选派了10名优秀骨干医生到省人民医院进修学习半年。

**【干部挂职扶贫】** 光大集团始终坚持向定点扶贫县选派干部挂职，2014年已派出第四批，并任新化县政府副县长。挂职干部全程参加新化县贫困群体建档立卡调查摸底工作，使集团的帮扶项目与中央要求、当地需求、群众请求有机结合，为集团科学决策提供了有力支撑。同时，主动发挥个人优势，帮助引进中国国际产业生态研究院培育的富硒茶叶，提高了茶叶的品质，增加了农民的收入。挂职干部负责新化县的扶贫、金融、招商引资工作，完成了县委县政府交办的工作任务，受到湖南省娄底市委组织部的嘉奖。

**【扶贫宣传】** 深入开展全国“扶贫日”宣传活动。光大集团认真贯彻落实国务院扶贫办要求，高度重视全国首个“扶贫日”启动仪式，并认真进行了筹划和准备，专门制作了集团扶贫成果图板和宣传光盘，在集团系统举办了《大爱洒遍新化——光大集团定点帮扶湖南新化纪实展》。通过7个专题，175张图片，集中宣传报道12年来集团定点扶贫工作取得的阶段性成果，推动了集团“向贫困人民奉献爱心”捐助活动的开展。10月17日，集团总部组织机关干部参观扶贫成果展，集团总经理、副总经理等领导也参加了活动。纪实展历时两个多月，并更新集团网站内容，利用《光大报》等连续报道扶贫工作。

**【公益扶贫】** 光大集团除做好定点扶贫工作外，还积极参加其他社会帮扶活动。集团所属企业光大银行自2005年10月起正式参与支持“大地之爱·母亲水窖”公益活动。2014年制定了第三个五年计划，每年募捐300万元，持续推进母亲水窖公益项目。光大银行有25家分行制订了扶贫公益计划，涉及项目总共87个，其中有明确资金计划的32个项目、计划资金600.58万元。光大证券通过遵义慈善总会捐建了遵义黄莲乡“光大道竹小学”，并持续5年开展对口帮扶。光大永明人寿保险公司也积极参与社会公益实践，2014年6月，通过“路走公益计划”向湖南省怀化市沅陵县张家坪九校捐赠爱心鞋700多双，价值7万余元。

**【扶贫慰问】** 2014年，光大集团继续在元旦、春节期间，对新化县特困户开展“送温暖、献爱心”活动，投入经费20万元，走访慰问特困家庭300人次，帮助贫困户解决过冬过节难题。

（中国光大集团股份公司扶贫办
吕铁军）

# 国家信访局定点扶贫

**【概述】** 2014年，国家信访局定点帮扶河北省海兴县。国家信访局从国家信访局的职能出发，创新机制，研究分析海兴县发展中的关键矛盾和问题，探索适应海兴县实际的扶贫模式，致力促进海兴县抢机遇、练内功、挖潜力，坚持以教育扶贫、文化扶贫、开发扶贫、政策扶贫、干部扶贫为扶贫切入点，开展扶贫工作。为加强组织领导，专门成立国家信访局定点扶贫工作领导小组，指导和协调定点扶贫工作，由1名副局长任领导，派驻1名处级干部挂任海兴县副县长。培训海兴县信访干部4批8人次，直接或间接引入资金5539万元，协调投资1.5亿元的220千伏输变电工程建设，促进海兴县域经济发展，惠及广大贫困群众，取得明显的经济和社会扶贫效益。

**【扶贫资金投入】** 国家信访局办公室协调组织有关单位，向海兴县图书馆捐助图书20万册；向海兴县中小学捐助图书30.9万册，总价值1500万元；支持开展扶贫基金会小额贷款2500万元；协助争取产业扶贫资金1500万元；2014年，国家信访局机关捐助总价值18.96万元的28台联想计算机，用于改善部分中小学办学条件；积极协调有关单位，为海兴县两所小学捐助了价值20万元的阅览室桌椅、书架和图书。

**【扶贫会议】** 在第一个“扶贫日”，国务院副秘书长、国家信访局党组书记、局长舒晓琴主持召开专题会议，听取扶贫工作汇报，要求借“扶贫日”契机，认真做好国家信访局的扶贫工作。为了加强扶贫工作的组织领导，信访局定点扶贫工作领导小组坚持定期组织召开会议。2014年，召开了三次会议，一是学习和贯彻落实中央扶贫开发的战略思想和中共中央总书记习近平新时期扶贫开发的指示精神，努力提高认识，自觉把思想和行动统一到中央精神上来。二是研究对定点扶贫干部支持的措施，解决扶贫干部的实际困难。三是听取帮扶捐助项目完成情况汇报，总结定点扶贫工作的经验，对下 阶段的定点扶贫工作做出部署。

**【扶贫培训】** 国家信访局定向组织县信访干部参加全国信访系统领导干部培训班。共组织4批次，8人次参加培训，使县信访工作得到整体提高。2014年，海兴县无赴京和赴河北省的集体上访，信访事项全部在当地解决，信访工作得到沧州市的表扬。

**【干部挂职扶贫】** 国家信访局选派 1 名处级干部到河北省海兴县挂职扶贫，担任副县长职务，从事对海兴县的定点帮扶工作。挂职干部除积极开展扶贫工作之外，还联系中国科学院领导、专家和有关企业到海兴县实地考察了解情况，为招商引资牵线搭桥；协调海兴县领导和有关单位对中科院下属 40 个院所的纳米新材料、新能源、生物制药、信息等领域进行考察；联系文化部，组织海兴县文化艺术人才参加国家艺术基金会举办的 2014 年度美术、书法、摄影创作人才资助项目；积极联系国家发展和改革委员会，邀请部门领导讲解京津冀一体化发展政策，为海兴县提出合理意见和建议；积极完成所负责的包村帮扶工作。同时，做好国家信访局与定点扶贫县的信息沟通，落实国家信访局扶贫项目，做了大量扎实的工作。

**【劳务输出】** 劳务输出是海兴县特色支柱产业项目，国家信访局联系有关部门，组织海兴县年轻人参加“贫困地区年轻人员技能培养及就业帮扶计划”、“三年中专院校专业技能学习”等人才交流项目。2014 年，全县输出劳务 3321 人次，劳务收入 1.2 亿元，占全部财政收入的 42%。

**【教育扶贫】** 2014 年，国家信访局机关捐助总价值 18.96 万元的 28 台联想计算机，用于改善部分中小学办学条件。协调组织有关单位，向海兴县图书馆捐助图书 20 万册；向海兴县中小学捐助图书 30.9 万册，总价值 1500 万元。进一步充实县图书馆的藏书，全县中小学校图书室图书全部达标。定点扶贫干部积极协调有关单位，定向为海兴县两所小学捐助了 20 万元的阅览室桌椅、书架和图书，为两所小学提供了更加舒适优美的阅读环境。同时，协调海兴县中小学校与北京市中小学校开展“手拉手”活动，促进城乡学校教师教学经验的交流，提高教学质量，增加城乡学生的互动，丰富学生的社会实践活动。

**【文化扶贫】** 海兴县是文化大县，文化艺术人才济济，国家信访局联系文化部，组织海兴县文化艺术人才参加国家艺术基金会 2014 年度美术、书法、摄影创作人才资助项目，发掘并扶持县年轻文化艺术人才的成长。

（国家信访局办公室　王宏群）

# 国家中医药管理局定点扶贫

**【概述】** 2014年，国家中医药管理局定点帮扶山西省五寨县，制定《国家中医药管理局2013—2014年五寨县定点扶贫工作计划》，安排资金10万元开展五寨县中医药发展情况研究，协调推动设立五寨县中医药发展办公室；安排专项资金100万元，并组织局直属单位捐赠10万元设备支持五寨县中医院发展；安排专项资金10万元支持“整村推进”扶贫中药材试点种植工作，共种植中药材2000亩；安排专项资金20万元对东秀庄学校操场进行全面建设。投资275万元进行中药材种子种苗基地建设，为推进中药产业化扶贫打下了良好基础。

**【扶贫资金投入】** 2014年，国家中医药管理局直接投入专项资金120万元，持五寨县社会经济发展。其中10万元用于五寨县中医药发展情况研究，10万元支持“整村推进”中药材试点种植工作，100万元支持县中医院能力建设。

**【扶贫资金管理】** 国家中医药管理局高度重视扶贫资金管理，在扶贫干部主持下，针对每个扶贫项目分别制定项目实施方案，细化管理，明确资金具体用途。扶贫干部还加强与五寨县财政、审计部门协调，加强审计监管力度，确保扶贫资金切实发挥效益。

**【扶贫调研】** 2014年，国家中医药管理局副局长于文明、闫树江先后带队赴五寨县调研，9位司级领导，共计15人次参与调研。调研加深了国家中医药管理局和扶贫县的交流沟通，进一步掌握了扶贫工作情况，明确了扶贫工作方向，确保扶贫工作的顺利开展。

**【干部挂职扶贫】** 2013年4月，国家中医药管理局干部张峘宇挂职五寨县担任副县长，负责做好国家中医药管理局与五寨县定点扶贫工作的联系与协调，协助落实国家中医药管理局安排的定点扶贫资金项目，推动五寨县经济和社会发展。挂职期两年，于2015年4月结束。在此期间，国家中医药管理局通过了《国家中医药管理局2013—2014年五寨县定点扶贫工作计划》，制定了具体扶贫工作计划。挂职期间张峘宇深入基层调研，在做好分管工作的同时，积极开展项目引进、资金落实等工作，得到了五寨县人民的广泛认可。

**【产业扶贫】** 2013年，国家中医药管理局通过中药材种子种苗基地建设项目，安排专项资金275万元支持五寨县中药材产业发展。2014 年资金拨付到位，并逐步启动。

国家中医药管理局扶贫干部积极支持五寨县唯一的医药企业金达实业有限公司发展，推动当地社会经济发展，促进就业。金达公司成立于 2007 年，主要从事中药材种植、加工和销售。企业发展中遇到了资金短缺的瓶颈，效益难有大改观。扶贫干部多次与企业研讨发展问题，帮助公司改变一贯倚重银行贷款、政府支持的思路，加强市场调研，深挖内部潜力，充分利用企业现有产品——迷迭香酒，积极进行营销，拓宽企业发展路径。2014 年实现收入 500 万元，运营情况逐步迈入正轨。目前该企业已经通过山西省高新技术企业认证。

**【智力扶贫】** 2014 年，国家中医药管理局安排专项资金 10 万元开展五寨县中医药发展情况研究。积极探索研究适合五寨县基本情况的发展中医药事业的新路径，在提高群众健康水平的同时，带动经济发展，实现脱贫致富。

**【教育扶贫】** 2013 年，国家中医药管理局安排专项资金 20 万元支持五寨县东秀庄希望学校基础设施改善，2014 年建设工作全面结束，修缮一新的校园环境为学生的学习、生活提供了良好保障。

**【医疗卫生扶贫】** 2014 年，国家中医药管理局继续加大对五寨县中医院支持、指导力度，通过实施中医“治未病”能力扶优项目建设，安排 100 万元支持县中医院能力建设，2014 年积极协调中国中医科学院广安门医院捐赠给五寨县中医院一批医疗设备、病床等，价值约 10 万元。在国家中医药管理局支持及挂职干部指导下，2014 年五寨县中医院各项业务顺利开展，营业收入达 600 万元。

**【整村推进】** 在 2013 年工作基础上，2014 年继续实施“整村推进、产业扶贫”计划。拨付 10 万元专项资金用于支持五寨县两个村庄中药材试点种植工作，共种植中药材 2000 亩，种植工作已全面完成，资金补偿全部拨付中药材种植农民，在帮助农民脱贫致富的同时，带动五寨县中药产业发展。

（国家中医药管理局　李天伟）

# 中国华融资产管理股份有限公司定点扶贫

**【概述】** 中国华融资产管理股份有限公司（以下简称“中国华融”）定点帮扶四川省宣汉县。针对当地实际，中国华融确立了“以科教扶贫为中心，资金扶贫和治理扶贫相辅相成，利用多种资源开展多种形式的扶贫工作，帮助宣汉走可持续发展之路”的扶贫工作思路，坚持以“科教扶贫、智力扶贫、品牌扶贫、效益扶贫、项目扶贫、战略扶贫”为原则，为宣汉县教育事业和社会经济的可持续发展做出了较大的贡献。

2014年，中国华融坚持以“科教扶贫”为主线，致力于改善当地办学条件、资助贫困学生、强化基础教育设施建设，投入定点扶贫资金338.91万元，重点实施了7个定点扶贫项目，“保证资金投入、推动两个重点、创新教师培训、办好三件实事”。

**【扶贫资金投入】** 2014年，中国华融及其各子公司总计向四川省宣汉县捐赠定点扶贫资金338.91万元，较2013年投入总额增长16.1%。其中，7个定点扶贫项目涉及直接资金投入332.36万元，扶贫慰问捐赠物资折款6.55万元。年度捐赠具体情况为：中国华融捐赠资金78.91万元，占集团扶贫资金总额的23.3%；华融湘江银行、华融租赁等8家子公司共捐赠260万元，占比76.7%。

**【扶贫调研】** 2014年10月，中国华融总裁柯卡生、副总裁章琳一行赴宣汉县开展扶贫工作调研。调研期间，柯卡生一行走访了当地6所中小学校，考察中国华融幼儿园、中国华融学校、南坝中学等重点扶贫项目，详细了解学校运营情况，嘱咐校方要在前期硬件建设的基础上，加强后期管理，促进学校教育教学水平的进一步提高。调研组一行深入宣汉县最偏远的龙泉土家族乡鸡唱村，走访海军希望小学。

**【教育扶贫】** 2014年，中国华融坚持以“科教扶贫”为核心，大力支持宣汉县教育事业发展。一是支持基础设施建设，投入资金200万元，资助宣汉县最大的乡镇中学——南坝中学改造原有泥土地操场，修建塑胶运动场，极大地改善了学校师生的体育运动条件，受益人数7000余人。二是完善教学配套设施，考虑到山区学校住校生较多、学生宿舍条件简陋，为12所学校捐赠462张学生宿舍用床，改善学生的住宿条件；为丰富山区学生体育运动，连续2年实施山区学校乒乓球台捐赠项目，

2014 年为 71 所学校安装了 118 副乒乓球台，基本实现了全县山区学校的全覆盖；加强对当地留守儿童的人文关怀，2014 年继续推进关怀留守学生心灵成长的“学生之家”项目，为 2 所学校各捐建了一个布局合理、功能完善的留守学生活动中心，为留守儿童建立温馨的精神家园。三是加强师资力量培训，2014 年，中国华融投入资金 18 万元，组织了 2 期教师培训项目，共计培训教师 1212 人次。四是资助优秀贫困学子，在坚持“奖励优秀学生、帮助困难学生”的基础上，2014 年中国华融扩大了助学扶贫基金的资助面和资助力度，增加项目受益学生人数和受益水平，共资助学生 350 人，资助资金增加到 50 万元，较 2013 年度增长了 66. 7%。

**【基础设施建设】** 宣汉县地处山区且海拔较高，部分山区民众存在“饮水难”、“用水难”的困难。中国华融以山区学校为切入点，首先解决学校师生面临的吃水、用水问题。2014 年，中国华融继续推进为山区学校打机井项目，为南坝镇双柏中心校、双河镇方斗中心校、峰城镇寨扁村小、凉风乡中心校、龙泉乡坪溪小学 5 所学校分别打建一口“华融井”。截至 2014 年底，中国华融连续 5 年为宣汉县累计打建机井 25 口，共解决了近 5 万人的饮水问题。

**【干部挂职扶贫】** 中国华融坚持把定点扶贫和干部培养相结合，每年选派德才兼备的中青年干部到定点扶贫县进行挂职锻炼。2014 年 1—10 月，中国华融继续选派四川分公司向家奇为宣汉县挂职干部，任县委常委、副县长。向家奇充分发挥自身专业优势，分管金融领域各项工作，为当地化解县域融资难题、加强政银企合作、完善金融服务体系、优化金融生态环境作出了贡献。11 月，向家奇同志挂职届满后，中国华融选派四川分公司吴梅赴宣汉挂职扶贫，进一步发挥桥梁纽带作用，推动定点扶贫工作顺利开展。

**【扶贫慰问】** 2014 年 11 月，中国华融组织 7 名青年员工赴宣汉县开展“心怀感恩　传递温暖　相邀青春　守望梦想”为主题的走基层扶贫慰问活动。在为期 4 天的活动中，中国华融青年志愿者服务队深入宣汉县最贫困的龙泉乡，看望走访当地 3 所村小和教学点的师生，考察中国华融学校和中国华融幼儿园，参观王维舟纪念馆接受爱国主义教育，并与宣汉县教育局和县团青组织有关负责人进行了会面与沟通。走基层活动中，青年服务队看到了贫困偏远山区人民的生活现状，了解了部分贫困家庭和孩子们面临的困难，收集了部分需要援助的学生信息，并建立了联系，为下一步帮助当地困难教师、进行员工“一对一”帮扶等活动奠定了基础。12 月初，在青年志愿者的号召下，部分单位组织开展了“暖心过冬”衣物捐赠活动，为宣汉县龙泉乡扇坡村向家坪教学点的孩子们捐赠了过冬衣物和教学图书。

（中国华融资产管理股份有限公司
办公室　尹姝姝）

# 招商银行股份有限公司定点扶贫

**【概述】** 2014年是招商银行股份有限公司（以下简称“招商银行”）定点帮扶云南省楚雄彝族自治州永仁县、武定县的第16个年头。招商银行切实履行企业社会责任，继续按照“扶贫攻坚，锲而不舍，武定、永仁不脱贫，招商银行不脱钩”的指导精神，共派出4名扶贫干部驻两县定点帮扶，向两县投入小额扶贫信贷循环资金300万元，捐赠电脑105台，组织全行员工捐款1025万元。根据“教育扶贫是基础，产业扶贫是关键，文明脱贫是最终目标”的扶贫理念，招商银行2014年从教育、产业、文化三方面加大了帮扶力度。2014年，云南省委、省政府授予招商银行“2013年度社会扶贫先进集体”荣誉称号，中国扶贫基金会授予“2014年度扶贫爱心奖”等殊荣。永仁县两位扶贫干部周清华、栾建勇获“楚雄州优秀挂职干部”“楚雄州优秀共产党员”“永仁县优秀共产党员”荣誉称号。

**【扶贫慰问】** 2014年，招商银行总行副行长汤小青率队赴武定、永仁两县开展了慰问考察活动，现场考察了招行帮扶项目，捐赠了文化室桌椅、音响、投影等配套设施，走访慰问了小额扶贫贷款资助的困难农户，赠送粮油、厨房电器等慰问品。深圳、济南、昆明、南京、宁波、上海、苏州分行和招商银行信用卡中心等也分别组织赴两县开展慰问帮扶活动。

**【干部挂职扶贫】** 招商银行在全行公开选拔了第16批4名挂职扶贫干部，分别赴武定县、永仁县担任副县长、县长助理。招商银行扶贫干部扎根两县，深入基层，调查分析贫困现状和成因，沟通研究帮扶思路和举措，从教育扶贫、产业扶贫、文化扶贫三方面扎实开展了各项帮扶工作。

**【教育扶贫】** 招行从硬件和软件两方面入手，努力提高当地教学条件和质量。捐赠电脑105台、建设图书馆1个、建设学生餐厅2个、购置多媒体教学设备9.96万元、修缮小学宿舍1所、建设学校门口水泥路项目1个，员工1+1结对资助超过1800名中小学生，其中有494人考入大中专院校。同时还向中国扶贫基金会新长城助学项目捐款13万元，定向资助了65名永仁、武定两县贫困大学生。启动“爱心连线”项目，将3500名学生照片、信息、学生学习情况及结对员工名单收集成册。组织教师赴上海师范大学交流培训，促进了教学质量的提升。

**【产业扶贫】** 招商银行积极支持当地基础设施建设，助推经济升级发展。在猛虎乡建设油橄榄示范基地 1 个，莲池乡建设金丝小枣示范基地 1 个，建设饮水抗旱工程 15 项，实施道路硬化、环山跑等农村道路基础设施建设项目工程 20 个。投入扶贫小额信贷循环资金 300 万元，支持两县经济发展。

**【文化扶贫】** 招商银行不断加强与两县的文化交流，并采取多种措施促进民族特色文化的保护和开发。投入资金重点支持了妇联彝族刺绣培训、永定镇云龙村篮球场建设、猛虎乡彝绣展示中心建设等，开办彝绣产品设计培训班，提升绣女的刺绣技能，提高彝绣产品的质量。2014 年 6 月，“招商银行猛虎乡彝族文化传承中心”顺利实现挂牌，永仁县成立彝族刺绣专业合作社 1 个，有社员 68 人，示范户 36 户；成立彝族刺绣协会 1 个，分会 12 个，有会员 3000 多人，涌现了中和镇直苴村、莲池乡凹泥奔新村、猛虎乡上新村 3 个彝族刺绣专业村，发展了彝族刺绣营销经济大户 6 户，营销员 68 人，彝族刺绣已逐步成为永仁彝族妇女增收致富的一项重要产业。

（招商银行股份有限公司　刘　露）

# 中国民生银行股份有限公司定点扶贫

**【概述】** 2014 年，中国民生银行股份有限公司（以下简称“民生银行”）积极履行社会责任，连续第 13 年组织全体员工捐赠，全体员工捐赠资金 1096 万元，同时认真组织开展了对河南省滑县、封丘县，甘肃省临洮县、渭源县的定点扶贫工作。聚焦教育帮扶，2014 年定点扶贫工作总计投入 924 万元，为 4 县解决了部分学校危房改造及配套设施建设面临的资金困境，缓解了部分贫困学生的生活困难，促进了教师队伍的素质建设，已成为当地政府教育投入的重要补充。

**【扶贫资金投入】** 2014 年，民生银行在定点扶贫 4 县教育领域投入资金 924 万元，实施 24 个项目。其中，学校建设及设施改善项目 14 个，金额 696 万元；资助贫困生 1600 人，金额 138 万元；奖励优秀学生 100 人，金额 20 万元；奖励优秀教师 475 人，金额 32 万元；资助患重大疾病师生 9 人，金额 15 万元；组织 68 名初中优秀教师赴北京参加培训班，金额 23 万元。

**【扶贫资金管理】** 民生银行制定了明确、严格的定点扶贫资金管理办法，从资金募集流程、资金账户管理、项目审批流程、资金拨付管理、项目验收考察等各个方面确保定点扶贫资金专款专用。由民生银行正式发文号召全行员工自愿捐款支持定点扶贫工作，提出了一个建议捐款标准作为参照，捐款人可以高于或低于这个建议标准捐款，也可以不捐款，所有人员捐款要在全行内网上公示，员工们都可以查到本人和他人的捐款情况。募集的资金由中国扶贫基金会专门的账户进行管理，定点扶贫县提出年度扶贫资金和项目计划后，经过严格的审批流程，确保按计划落实资金。项目实施后，由民生银行组织实地考察，确保资金使用合理合规，并将年度资金使用情况向全行员工公示。

**【扶贫调研】** 民生银行为了确保扶贫项目的真实性和扶贫支出的合理性，在扶贫项目的实施过程中，数次深入 4 县各地调查了解情况。为了保证教育扶贫项目的真实性，工作人员深入各地农村学校实地了解情况，确保项目资金落实到位，进展合理有序，不仅让学校学生直接受益，还切实保证广大员工的爱心落到实处。

**【基础设施建设】** 定点扶贫县的很多学校地处偏僻乡村，部分校舍已成 C 级、D 级危房，存在安全隐患。2014 年，民生银行投入 670 万元完成 14 个校舍项目，新建校舍及辅助设施 9053 平方米，包括临洮县墁坪小学、北街小学、下石家小学、石家铺小学，渭源县孔家坪小学、莲峰镇幼儿园，封丘县留光镇实验学校，滑县大寨乡天然希望小学等。

**【校园设施改善】** 2014 年，民生银行投入 26 万元，为封丘县特殊教育学校、留光镇北侯小学、潘店镇断堤民生小学校舍添置取暖设备。

**【优秀教师培训】** 2014 年，民生银行开展贫困地区教师培训项目，对 68 名优秀骨干教师进行专业能力提升培训，受到 4 县教育系统高度评价。

**【资助贫困学生】** 2014 年，民生银行投入资金 138 万元，资助贫困生 1600 人。其中，资助临洮县普通高中贫困学生 350 人，每人 1000 元，资助渭源县特困大学生 25 名，每名补助学生 2000 元，资助滑县普通高中贫困学生 625 人助学金，每人 800 元，资助封丘县优秀学生助学金，每人 2000 元，资助高中贫困学生 600 名，每人 800 元。为了确保资助项目在实施过程中做到公平、公正、公开，使真正家庭经济困难，学习成绩优异的学生得到资助，民生银行要求学校严格按照文件的要求和程序组织开展资助工作，自觉接受学生及社会的监督。

**【资助大病教师】** 2014 年，民生银行资助 15 万元用于治疗 2014 年以来新患重大疾病的教师 9 人，这 9 名一线教师身患恶性肿瘤等重大疾病，捐助资金缓解了教师们的压力，增强了他们战胜疾病的信心。

**【奖励优秀教师】** 2014 年，民生银行资助金额 32 万元，用于奖励临洮县、封丘县优秀教师 475 人进行教师职业培训，激发了教师搞好教学工作的积极性，营造了关心支持教育事业发展的良好社会氛围。

（中国民生银行股份有限公司扶贫办
施　燕）

# 包商银行股份有限公司定点扶贫

**【概述】** 2014年，包商银行股份有限公司（以下简称“包商银行”）捐资350万元在7个定点扶贫县——江西省鄱阳县、余干县，陕西省佛坪县、富平县，重庆市彭水县，内蒙古自治区莫力达瓦旗和鄂伦春旗实施8个帮扶项目，全部完工结项，取得了预期帮扶效果。这8个项目是：鄱阳县扶贫助学项目、余干县黄金埠镇五雷村路面硬化项目、佛坪县长角坝镇地庄沟道路建设项目、富平县老庙镇塔北村扶贫移民搬迁项目、彭水县润溪乡中心校运动场建设项目、彭水县润溪乡樱桃村卫生院室建设项目、莫力达瓦旗达哈浅桥修建项目和鄂伦春旗大杨树镇包商桥加固工程项目。2013年捐赠资金拨付到位，8个项目先后启动，至2014年年底全部完工结项。包商银行还与友成企业家扶贫基金会（以下简称“友成基金会”）合作，在除余干县以外，包商银行定点帮扶的其他6个国家级贫困县完成了扶贫志愿者驿站建设。

**【扶贫资金投入】** 继向7个定点扶贫县直接捐资350万元用于扶贫助学、基础设施建设和移民搬迁项目后，2014年，包商银行再次投入195万元，用于扶贫志愿者驿站建设。按照向友成企业家扶贫基金会捐赠350万元的协议，先期捐赠160万元已支付到位，用于包商友成志愿者驿站的建立及调研、培训、宣传等各项工作。通过“小马bank平台”引入各类资金693万元，满足了鄱阳县106户农民用于生产生活的借款需求。

2014年，包商银行在内蒙古兴安盟试点的涉农公益贷款项目，共受理2个乡镇（图牧吉镇、音德尔镇）、17个嘎查村（图牧吉镇6个、音德尔镇11个）的贷款申请1149户、5916.7万元；审批通过984户、2160.4万元。

**【扶贫资金管理】** 包商银行在确定了定点扶贫任务之后，迅速成立由党委书记、董事长李镇西担任组长的包商银行扶贫开发工作领导小组，领导小组下设办公室，由行长助理刘鑫任办公室主任。此外，包商银行还向国家民政部申请成立包商银行公益基金会，由董事会秘书、工会主席陶伟担任理事长。两个机构的成立为包商银行做好定点扶贫工作提供了强有力的组织保障，公益基金会的成立保障了扶贫资金投向和使用管理的规范、系统和透明。

包商银行公益基金会由包商银行于2012年发起成立，该基金会为非公募基金会，初始基金数额5000万元，来源于发起人的捐赠。是目前国内首家由商业银行发起设立并在民政部登记的基金会。

包商银行对7个定点扶贫县350万元的资金捐赠，向友成基金会的资金捐赠，都是由包商银行扶贫办公室提出捐赠资金计划，包商银行公益基金会具体支付并统筹管理、监督执行，全程跟进监控在7个定点扶贫县的8个帮扶项目的实施进度、项目质量、存在问题和最后的结项管理。

同时，包商银行在江西鄱阳县的金融扶贫志愿者，运用从德国IPC公司引入的微贷技术，有效控制风险，通过“小马bank平台”，引入社会资金满足当地农户贷款需求。

**【扶贫调研】** 2013年6月，包商银行从不同部门抽调一批人员组成金融扶贫项目组开展扶贫工作。包商银行金融扶贫项目组对富平县、彭水县、鄱阳县、鄂伦春旗、莫力达瓦旗等定点扶贫县实地调研，调研以问卷调查或入户调查为主，范围覆盖普通贫困农户、种养大户和个体工商户。

通过实地调研，包商银行设计了以互联网金融为手段的金融扶贫新模式，决定线上依托于“小马bank平台”，线下建立扶贫志愿者团队，开展普融惠农项目。普融惠农项目是指包商银行派出优秀的小微信贷客户经理作为金融扶贫志愿者，与友成基金会合作，在定点扶贫县建立扶贫志愿者驿站，首先以鄱阳县为试点，深入当地乡镇农村收集农户的资金需求，借助“小马bank平台”募集资金，实现对农户的金融服务。

包商银行与友成基金会合作，在7个定点扶贫县前后开展调研活动40余次，至2014年底，完成了除余干县以外6个定点扶贫县的包商友成扶贫志愿者驿站建设。

截至2014年12月，包商银行金融扶贫志愿者通过乘坐公交车、步行等方式，对鄱阳县29个乡镇中的24个乡镇进行了项目的宣传和农民金融服务需求的调研，完成134户农民的实地入户调查。

**【扶贫宣传】** 2014年7月，受中央电视台财经频道（CCTV2）《对话》栏目邀请，包商银行普融惠农项目受益人鄱阳县谢家滩镇青年农民彭海洋，到贵阳市参加“大数据下的互联网金融”论坛，在《对话》节目现场介绍了如何从包商银行普融惠农项目中受益。节目播出后，引起了极大反响。之后，彭海洋被推荐参加“江西省十大创业青年”评选。

10月17日，在国家首个“扶贫日”，受国务院扶贫办的邀请，包商银行普融惠农项目另一受益人鄱阳县石门街镇农民王明喜在人民大会堂参加了国务院副总理汪洋主持的“社会扶贫工作座谈会”。包商银行董事长李镇西在座谈会上向汪洋汇报了互联网金融扶贫新模式。中央电视台、新华社等中央主流媒体对会议进行了报道。《中华工商时报》以《塞外包商金融泉引入扶贫农家田》为题，报道了包商银行的定点扶贫工作和普融惠农项目。《中国经济网》登载文章《包商银行小马 bank 的"互联网金融扶贫模式"》。此外，鄱阳在线新闻频道于5月26日发布了《包商银行"普融惠农"项目助我县扶贫开发》。

2014年，包商银行金融扶贫项目组多次协同鄱阳县农业局、鄱阳县扶贫与移民办、鄱阳包商友成扶贫志愿者驿站共同组织"包商友成扶贫志愿者驿站普融惠农项目宣讲会"，现场为农民合作社负责人讲解普融惠农项目实施要求及流程，直接对接有资金需求的专业合作社。

**【扶贫培训】** 2014年2月，"包商友成志愿者驿站体系建设培训会"在内蒙古自治区呼和浩特市举办，包商银行与友成基金会合作的扶贫志愿者驿站建设规划工作正式启动。会议邀请了定点扶贫县扶贫办和驿站负责人参加，对如何建设扶贫志愿者驿站进行讲解，并邀请友成基金会在河北省、内蒙古自治区、广西壮族自治区等驿站的负责人进行经验分享。培训内容主要围绕扶贫志愿者行动计划、包商银行金融扶贫项目、志愿者驿站规划建设、常青义教项目实施等几个主题开展，采取已有驿站经验分享与现场实地考察的方式进行。

包商友成志愿者驿站引入常青义教项目，动员退休的教师志愿者为包商银行定点扶贫地区的学校开展学校管理培训，为教师开展听课、磨课、示范课等志愿服务活动，提升学校教育教学管理水平，提高教学质量。2014年，包商友成志愿者驿站引入的常青义教、双师教学、常青大讲堂等教育扶贫项目共组织培训5次，覆盖12个中心校、72所小学，受益教师1470名，受益学生3.24万名，提供了5.07万个小时的志愿服务。

与此同时，包商银行向鄱阳县派驻首批金融扶贫志愿者6人，志愿者除直接深入乡镇推广普融惠农项目外，还按照扶贫志愿者行动计划中动员本地志愿者的要求，向在当地招募的金融扶贫志愿者传授包商小微信贷技术，实现项目可持续运营的人力保障。

**【金融扶贫】** 2014年，包商银行通过"小马 bank 平台"，引入社会资金693万元，以无抵押小额贷款的方式，解决了鄱阳县农户、农民合作社，以及当地致富龙头企业贷款难的问题，促进了当地种植、养殖等农业渔业产业发展。

**【基础设施建设】** 包商银行在定点扶贫的7个国家级贫困县，每县捐资50万元，用于基础设施建设，包括余干县黄金埠镇五雷村路面硬化项目、佛坪县长角坝镇地庄沟道路建设项目，莫力达瓦旗达哈浅桥修建项目和鄂伦春旗大杨树镇包商桥加固工程项目。

其中，余干县黄金埠镇五雷村路面硬化项目于2014年3月15日开工，2014年4月30日完工。项目资金50万元，路面硬化长2.2千米、宽3米。项目建成后，受益人群可达到417户、1620人。

**【易地扶贫搬迁】** 包商银行给富平县

捐助资金 50 万元，用于富平县老庙镇塔北村（原峪岭乡）扶贫移民搬迁项目，2013 年项目启动，2014 年项目完成。该项目共涉及 33 户 112 人的易地搬迁，分别建成 42 平方米和 72 平方米两种户型的砖混结构房屋 2046 平方米。包商银行的资助资金用于搬迁户的建房补助。

（包商银行股份有限公司　李　丽）

# 中国航天科技集团公司定点扶贫

**【概述】** 2014年，中国航天科技集团公司（以下简称“航天科技集团”）承担陕西省洋县、太白县和河北省涞源县定点帮扶任务，全年共有115人次到扶贫县调研和帮助工作，投入专项扶持资金333.3万元，完成帮扶项目14个，捐助贫困学生92人。集团公司副总经理张建恒多次率领扶贫工作组深入扶贫县调研和检查帮扶项目执行情况，指导下一步扶贫工作开展，慰问困难户和资助贫困学生。在全国社会扶贫工作电视电话会议上，中国航天科技集团公司第六研究院作为唯一的国防系统单位，荣获国家首次表彰的“全国社会扶贫先进集体”殊荣。

**【扶贫资金投入】** 航天科技集团投入专项扶持资金333.3万元，捐助贫困学生92人。其中用于产业开发225万元，用于文化教育16.9万元，基础设施建设67万元，赈灾救助送温暖21.4万元，医疗卫生3万元。

**【扶贫工作会议】** 2014年，航天科技集团召开扶贫工作领导小组会，集团公司党组成员、副总经理、扶贫工作领导小组组长张建恒主持会议。传达、学习了《关于创新机制扎实推进农村扶贫开发工作的意见》《创新扶贫开发社会参与机制实施方案》、国务院副总理汪洋在国务院扶贫开发领导小组第一次全体会议上的讲话等，总结2013年扶贫工作，研究制定后续定点扶贫工作计划。

2014年，航天科技集团组织召开扶贫工作座谈会，集团公司各成员单位针对新时期的扶贫要求，交流前期扶贫工作中取得的经验和出现的问题，与会代表一致认为当前扶贫工作需要长远谋划、准确定位，以发展农村产业惠及更多贫困人口为落脚点，通过特色农产品科学种植、体系认证、高端品牌打造、创新营销模式等措施，完成好定点扶贫任务。

**【扶贫慰问】** 2014年，航天科技集团积极开展社会救助和扶贫慰问活动，共投入资金21.4万元。组织到洋县贫困村开展慰问及送温暖活动，给贫困村民发放慰问金、棉被、大米等，受益群众达100多户。组织开展进村送医送药医疗义诊活动，共接待群众500人，免费送药700人次，受到当地群众好评。在太白县投入扶持资金6万元，为县育才中学购置课桌220套、热水机1台，改善学生学习和生活条件。捐资4万元，为靖口镇29户“三无户”暖居工程购置沙发、茶几29套，改善了贫困群众居住条件。

**【产业扶贫】** 在洋县谢村镇老庄村建成小麦良种繁育基地1500亩，每亩增收450元，人均增收400元。在洋县槐树关村实施红薯粉条加工冷库建设项目，建成长8米、宽6米、高2.5米手工粉条冷库1座，解决了红薯粉和成品手工粉条长期储存问题。在洋县草坝村实施有机黑米种植基地项目，投资40万元，建成有机黑米示范种植1000亩，带动了全村570户、2010人增收脱贫，户均增收1129元。协调洋县新成魔芋食用菌研究所实施“汉芋1号”良种繁育与示范推广项目，建成现代育苗温棚2个，向魔芋种植大户免费提供汉芋一号良种5000万颗，示范推广种植1万亩，带动了1.2万户种植优质魔芋，户均增收8500元。

在太白县开展太空蔬菜种植项目。采取“航天捐一点、政府扶一点、扶贫补一点、群众筹一点”的合力扶贫办法，投入扶持资金40万元，扶持靖口、咀头、鹦鸽、桃川等镇2000多户群众推广种植太空架豆3500亩，增加了农民收入，增强了贫困人口“造血”功能和致富本领。

在涞源县开展航天育种推广项目，为五十亩地村旺杨农民专业合作社、南屯村飞建蔬菜种植农民专业合作社等蔬菜种植基地，提供航天育种品种，并进行部分航天育种育苗，为蔬菜基地发展航天蔬菜种植提供了种子、苗木保障。投入帮扶资金25万元，开展涞源县飞建农民专业合作社蔬菜种植基地项目，带动南屯村125户农民加入合作社，实现就地脱贫致富，促进涞源蔬菜种植业的快速发展。

在涞源县实施扶贫产品销售平台建设项目和土特产品加工销售基地建设项目，投入帮扶资金48万元，帮助涞源县建立农产品销售平台，拓宽涞源县产品销售渠道，提高种植户和养殖户的积极性。设立“绿源商贸中心”，并开发保定天威集团、钞票纸厂、乐凯集团食堂三个产品代售点；初步完成京东电子商城建设，利用百度推广、手机二维码扫描技术推广产品；建设涞源县山地中药材种植基地和貉养殖基地项目，通过实施种植业和养殖业产业扶贫，加快调整了农村产业结构，拓宽农民增收渠道，加快脱贫步伐。

**【教育扶贫】** 航天科技集团投资10万元，在太白县中学、太白县职业中学新建2个100平方米的电子农家书屋，配备阅览桌凳、音响、电视和接收设备，为太白县职业教育及农民实用技术培训搭建信息平台，改善太白县职业教育科技文化生活资源匮乏的现状。

**【基础设施建设】** 在太白县建设鹦鸽镇移民搬迁点亮化工程项目。航天科技集团投资40万元，在鹦鸽镇马耳山、鹦鸽街、寺院、梁家山、瓦窑坡5个村集中移民点安装太阳能路灯100盏，解决了鹦鸽镇移民搬迁点的照明问题，美化亮化了村庄，为322户搬迁户营造了美丽、舒适的生活环境，并为全县新农村建设和新能源推广树立了新典型。在涞源县投入帮扶资金27万元，建设上庄中学操场项目，完善学校基本设施。

（中国航天科技集团公司　余海童）

# 中国航天科工集团公司定点扶贫

**【概述】** 2014年，中国航天科工集团公司（以下简称“航天科工”）继续定点帮扶云南省昆明市东川区、曲靖市富源县，选派处级扶贫干部2名，按照“地方急需，集团可行，社会关注，造血带动，帮扶共赢”的思路，以“科技扶贫、产业扶贫、人才扶贫、文化扶贫、卫生扶贫、民生扶贫”为理念，充分发挥航天科工科技优势，制定2014—2015年扶贫项目方案。2014年组织赴定点帮扶县考察77人次，共投入扶贫资金365万元，帮助引进资金44.9万元，举办培训班8期，培训1265人次。在定点帮扶过程中，航天科工坚持精准扶贫的要求，按照扶贫干部调研、扶贫办实地考察、扶贫领导小组审核的工作流程，紧紧结合地方经济发展方向和百姓脱贫需求，扎实推进扶贫项目的有效落地。投入25万元帮扶东川区航天杉木小学新校舍建设，彻底改变孩子们在危房中上学的现状；投入33万元帮扶东川区建设第一个太空蔬菜种植推广示范基地，建立产业反哺的扶贫新模式；投入100万元帮扶富源县建立全省县级气象局第一台气象地质灾害应急指挥车，提高地方特殊气候条件的应急指挥能力；投入35万元建设东川区无线电应急通讯系统；投入16万元建设东川区山洪地质灾害预警信息发布系统；投入20万元建设富源县“革命老区”十八连山镇落雨田村建设村民活动中心；投入5万元建设十八连山镇小者村人畜饮水工程，帮扶100万元支持鲁甸地震灾区恢复重建等等。航天科工还积极动员所属单位和吸引社会力量对定点县开展针对性的扶贫帮扶工作。航天三院职工捐款22.9万元启动“航天文化进东川”系列志愿活动；航天二院职工捐款15万元在富源县开展“航天助飞——贫困大学生帮扶计划”，在航天白马幼儿园捐建“航天七彩梦想教室”；航天二院801厂捐赠价值6万元的铝塑复合管，用于当地人畜饮水工程建设；航天三院239厂青年捐赠1万元用于赈灾慰问。航天科工及所属单位对定点扶贫县的有效扶贫，不仅一定程度上推动了地方经济的发展，而且对老百姓的脱贫致富也发挥了积极的引导作用。

**【扶贫资金投入】** 2014年，航天科工投入云南帮扶县区资金409.9万元（含所属单位捐赠）。直接投入基础设施建设31万元，产业开发33万元，文化教育87.9万元，医疗卫生5万元，赈灾救济101万元，科技扶贫152万元。

【扶贫资金管理】 2014年，航天科工为确保专项扶贫资金能安全有效使用，多次协调当地政府财政局、扶贫办等单位，参照财政部、国家发展和改革委员会、国务院扶贫办联合下发的《财政专项扶贫资金管理办法》（财农〔2011〕412号）要求，进一步明确了航天科工专项扶贫资金的使用与拨付、管理与监督、使用与审批等工作程序。扶贫项目由政府分管部门负责推进落实，航天科工集团与分管实施部门签订项目实施协议，项目实施全过程接受扶贫干部监管。扶贫项目作为部门年度工作接受区级检查考核。航天科工每两年度对扶贫资金进行一次专项审计。

【扶贫调研】 2014年，航天科工扶贫领导小组组长、副组长、各成员单位负责人及项目实施单位负责人，先后9次到定点扶贫县调研气象应急指挥、应急通信、教育文化、农业产业、民生保障等项目情况，召开集团公司扶贫现场会1次，各类扶贫项目专项协调会10余次，深入基层乡镇村屯和项目建设现场，听取地方政府意见和建议，了解地方政府扶贫开发的需求。通过调研，进一步明确定点扶贫工作思路，确定扶贫帮扶工作的重点，有效地保证了航天科工扶贫工作顺利开展。

【扶贫工作会议】 2014年，航天科工扶贫工作领导小组召开3次领导小组会议。3月，召开年度工作会议研究2014年定点扶贫工作，总结2013年度扶贫工作，研究制定2014年扶贫项目及资金拨付计划；8月，召开会议研究“8·03”鲁甸巧家地震赈灾工作，捐赠100万元用于昆明市东川区和曲靖市的救灾工作；10月，航天科工副总经理、党组成员、扶贫工作领导小组组长方向明，率队到东川区和富源县召开扶贫工作现场会，对2013—2014年扶贫项目进行项目现场验收。

【扶贫制度建设】 航天科工通过20余年的定点扶贫工作，建立系统完善的扶贫工作制度。一是健全组织机构。成立扶贫工作领导小组并下设办公室专门负责具体的组织推进工作。二是健全会议机制。每年召开1—2次扶贫工作领导小组会，总结研究扶贫工作，听取扶贫挂职干部年度述职，召开定点扶贫项目现场会，协调推进并验收扶贫项目。三是干部管理制度健全。出台挂职扶贫干部管理办法，对挂职干部的选调、考核、保障等进行规范管理，对离任干部进行离任审计。四是健全项目资金管理制度。严格按照项目管理程序进行项目的申报、评审、立项、协议、实施、验收、审计程序，帮扶资金按照国家扶贫资金管理规定，项目的实施和资金拨付由扶贫干部进行全过程监管。五是健全痕迹管理制度。制定航天科工定点扶贫简报，对扶贫工作进行定期的总结和报告。

【扶贫培训】 2014年，航天科工组织进行航天科普、应急通信、农业技术三大类培训，共计培训1265人次。3月、10月，航天二、三院分别对航天杉木小学、富源县胜境中学师生进行了航天科普培训和普通话讲座培训 1000 人次；4 月，杭州优能通信公司进行了应急通讯保障技术培训 31 人次；5 月至 8 月太空蔬菜基地组织农业技术培训 3 期，农村致富带头人培训 168 人次，农村劳动力培训 66 人次。

**【干部挂职扶贫】** 2014 年，航天科工派出 2 名处级干部到富源县、昆明市东川区挂职扶贫，分别担任政府副县长、副区长职务，从事对定点扶贫县（区）的帮扶工作。在工作中，下派挂职扶贫干部，严格按照扶贫工作要求，克服工作和生活上的种种困难，做好定点扶贫各项工作。挂职干部的工作得到了地方党委和政府的好评，在市管干部年度考核中连续被评为优秀。

**【扶贫宣传】** 2014 年，航天科工通过扶贫简报、纪录片、项目报道等方式对扶贫工作进行宣传动员。通过每两月一期的《中国航天科工集团扶贫帮扶工作简报》，向集团公司及省、市扶贫办进行总结报告。通过组织制作《爱心跨越千山万水》《助力扬帆奔小康》扶贫工作纪录片，记录 2014 年的扶贫工作，并在集团网站进行宣传，动员职工积极参与扶贫。充分利用各种宣传平台，广泛宣传航天科工在云南的项目扶贫工作，对“航天文化进东川”系列活动、太空蔬菜种植推广反哺扶贫、气象应急通讯服务地方经济发展等重要活动和项目均进行了报道，在新华网、云南新闻网以及集团、县区新闻媒体上发布有关扶贫的新闻消息 22 篇。

**【产业扶贫】** 2014 年，航天科工投入 33 万元，在东川区援建了 52 亩太空蔬菜育种基地。截至 12 月，该基地已生产 48 吨 32 类太空蔬菜，销售收入 59 万元。按照精准扶贫的指导思想，带动贫困农户增收致富：基地建设带动了 3 个小组 88 户，合计 350 人，其中贫困户 34 户 132 人；土地流转全覆盖；每年从基地收益中提出 5 万元作为扶贫资金，用于帮扶贫困户、贫困学生、贫困党员等；农民技术培训三期，每期培训 60 人次，共培训 180 人次；基地带动就业 3500 人次；带动 1000 余农户种植蔬菜 2100 亩，人均增收 2000 元。2014—2020 年，该项目以“造血式”产业扶贫新模式，每年可反哺扶贫救助资金。

**【科技扶贫】** 2014 年，航天科工帮扶 100 万元，支持富源县气象局建设“气象灾害应急移动保障指挥车”。9 月该项目通过验收。该项目是航天科工充分发挥自身的技术优势，紧密结合地方需求，开展精准扶贫的有效尝试，项目实施后富源县成为全省拥有气象灾害应急指挥车的唯一一个县级单位。项目通过验收后，2014 年航天科工帮助富源县气象局完善二期指挥平台建设方案。

**【教育扶贫】** 投入 25 万元，与东川区共建汤丹镇航天杉木小学新校舍，并提供校舍外观设计，解决 212 名师生三年来在破旧的活动板房上课的困难状况，项目于 9 月 17 日竣工并投入使用。投入 20 万元，与富源县共建十八连山镇航天箐头幼儿园。中国航天科工集团第二研究院（以下简称“航天二院”）二部捐赠10万元帮扶20名贫困高中生，实施“航天助飞”计划，帮助山区贫困孩子解决大学第一学期学费。航天二院23所捐赠5万元，在航天白马幼儿园建设一间“航天七彩梦想教室”，设立“航天主题文化墙”，满足幼儿园科技、自然、阅读、英语、音乐、美术、远程教育的需求。

**【文化扶贫】** 2014年，航天科工通过组织具有航天特色的系列文化扶贫活动，推进航天文化、航天精神在定点扶贫县青少年中的普及教育工作。3月4日，中国航天科工集团第三研究院（以下简称“航天三院”）在航天杉木小学启动“航天文化进东川”系列志愿活动，通过航天模型展览、举行普通话和航天科普讲座培训，把航天文化送进东川。同时利用航天三院捐助的航天产品模型、科普展板、科普电视片和产业帮扶项目太空蔬菜种植推广示范基地反哺资金2万元，在东川区青少年活动中心建立了航天国防科普教育基地。截至2014年12月，该基地共接待了学生2024人次参观学习，进一步加深了学生对祖国航天事业的了解和热爱。10月28日，航天二院联合中国航天基金会，以《军事文摘·科学少年》全国中小学生“太空课堂”航天专家进校园活动为载体，邀请中国首任航天员大队大队长申行运以“中国航天员是怎样炼成的”为题，为900多名青少年学生带去了一堂生动而精彩的航天科普课。

**【医疗卫生扶贫】** 2014年，航天科工在医疗卫生扶贫方面投入5万元，帮助地方医疗机构增添医疗设备，提高医疗人员技术水平。4月，北京航天中心医院与富源县中医院签订对口支援协议。5月，派出一行9人的医疗队到富源县中医院开展问诊查房、医疗讲座、案例会诊等活动，共进行门诊诊疗284人次、住院查房187人次，手术治疗3例，业务讲座6次，案例会诊3次。截至12月底，富源县中医院陆续选派11名医务人员赴航天中心医院培训学习。航天科工捐赠富源县中医院价值5万元的便携式呼吸机2台。利用东川区产业帮扶项目太空蔬菜种植推广示范基地反哺资金3万元，帮扶东川区象鼻村和大树脚村购置医疗器具改善卫生医疗条件，方便1158户偏远贫困山村村民就地就医。

（中国航天科工集团公司扶贫办
甄　智）

# 中国船舶工业集团公司定点扶贫

**【概述】** 根据国务院定点扶贫工作统一安排部署，中国船舶工业集团公司（以下简称“中船集团”）自2002年起定点帮扶云南省鹤庆县，截至2014年，共计直接投入帮扶资金1399.37万元，从教育、水利、电力、救灾、救济、安居工程、卫生室建设、道路建设、就业帮扶9个方面开展帮扶工作，从人力、物力、财力等方面对鹤庆县给予帮助，对改变贫困山区落后面貌，加快农民脱贫致富，促进鹤庆经济社会发展起到了积极的推动作用。

**【扶贫资金投入】** 2014年，中船集团共投入直接帮扶资金104.65万元，实施了救助孤、寡、残单亲家庭学生，开办“中船春蕾班”以及开办高中阶段助学班等3个教育帮扶项目和乡镇基础卫生机构建设援助项目。中船集团下属广州黄埔文冲造船有限公司捐资5万元，用于一对一帮扶鹤庆县贫困家庭大学生。

**【扶贫调研】** 2014年9月，中船集团党组成员、纪检组组长郭卫国一行6人赴鹤庆检查调研，期间向派驻当地的挂职副县长了解情况，走访困难群众，与县委、县政府领导、受助的春蕾班优秀学生代表，以及鹤庆县第三中学高中助学班学生分别举行了座谈，到鹤庆县第二中学举行“中船春蕾班”开班仪式，向金墩乡初级中学捐赠图书2000余册，深入考察鹤庆县教育与医疗方面的需求，坚持根据实际需要调整扶贫项目，坚持把扶贫与中船集团的业务发展结合在一起，加大帮扶力度。

**【扶贫会议】** 2014年10月，中船集团政策法规部组织集团公司广州地区相关单位及鹤庆县有关部门人员，在广州召开了中船集团定点扶贫工作座谈会。会议结合学习中共中央总书记习近平关于扶贫工作的有关指示要求和全国社会扶贫工作电视电话会议精神，就如何开展产业扶贫、深化教育扶贫，促进中船集团全面转型发展与定点扶贫工作有机结合，推进中船集团定点扶贫工作深入有效开展进行了探讨。

**【干部挂职扶贫】** 2014年，中船集团延续往年的做法，派出1名处级干部到鹤庆县挂职，任县人民政府副县长，负责集团公司对鹤庆县的帮扶工作。任职期间，挂职扶贫干部按照中船集团扶贫工作的指导原则，勤勉履责，扎实有效地开展定点扶贫的各项工作。一是克己奉公，树立挂职干部良好形象；二是高度重视，结合鹤庆县贫困地区的实际情况，深入调查研究，广泛听取各乡镇干部和贫困群众的意见，认真制定工作方案和项目计划，有力推进定点帮扶项目。

**【教育扶贫】** 在教育扶贫方面，2014年，中船集团共投入直接帮扶资金62.65万元。其中，投入10万元，实施救助孤、寡、残单亲家庭学生80人；投入18.9万元，在六合、松桂、龙开口（中江）、黄坪4个乡（镇）新招4个“中船春蕾班”，共招生210名学生；投入12.75万元，继续开办5个“中船春蕾班”，共帮扶255名学生；投入5万元作为2014年“中船春蕾班”优秀学生与教师的奖励基金；投入16万元，在鹤庆一中和鹤庆三中各开办一个高中助学班，共帮扶100名学生。

“中船春蕾班”办学已经取得了较好成绩。2014年，鹤庆县“中船春蕾班”7个毕业班共有379名学生毕业参加全县中考，中考成绩在545分以上有264人，其中700分以上有10人，600分以上有173人，上线率70%，高于当地平均水平。

**【医疗卫生扶贫】** 2014年，在医疗卫生帮扶方面，中船集团统筹资金42万元，为鹤庆县3所乡镇卫生院购置江苏无锡海鹰集团生产的生化治疗仪各1台，并已投入使用。通过资助建立村级卫生室、捐献医疗卫生设备等卫生帮扶项目的实施，进一步改善了乡镇一级、村一级的卫生医疗条件，一定程度上缓解了百姓“小病忍，大病拖，挨不了才上卫生院”的状况。

（中国船舶工业集团公司政策法规部
李洁瑶）

# 中国电子科技集团公司定点扶贫

**【概述】** 中国电子科技集团公司（以下简称“中国电科”）自成立以来，始终坚持以发展成果回报社会，并通过大力支持老少边穷地区发展，积极开展捐资捐助、对口支援、定点扶贫等方面工作，积极履行社会责任。2013 年自确定陕西省绥德县、四川省叙永县为集团公司定点扶贫县后，中国电科坚持以“造血为主、输血为辅，优势互补、合作共赢，多雪中送炭、少锦上添花，长期脱贫、健康发展”的工作原则，按照“五帮扶一建设”即人才帮扶、科技帮扶、教育帮扶、消费帮扶、捐赠帮扶、新农村建设的工作思路，2014 年在绥德县投入 300 万元安装绿色太阳能路灯 790 盏；为田庄镇中心小学捐赠价值约 10 万元的电脑、打印机、投影仪和书包等物品；为绥德县第二小学、田庄镇中心小学搭建“爱心小屋”各 1 所。投入专项扶持资金 280 万元，在叙永县完成帮扶项目 6 个，捐助贫困学生 40 余人。

**【扶贫资金投入】** 2014 年，中国电科在绥德县投入帮扶资金 300 万元，用于绿色太阳能路灯安装。在中国首个“扶贫日”，为田庄镇中心小学捐赠 10 万元，用于购置教学、学习用具和爱心小屋的建设。

在叙永县，投入专项扶持资金 280 万元，完成帮扶项目 6 个，捐助贫困学生 40 余人。其中用于产业开发 160 万元，用于文化教育 50 万元，基础设施建设 70 万元。

**【扶贫资金管理】** 严格按照《国家扶贫资金管理办法》，重点将贫困乡、村、户作为定点扶贫资金投放、项目实施和受益的对象。扶贫项目严格按照当地招投标管理规定进行招投标，项目实施完毕后都由相关部门进行验收，进行专项审计并出具审计报告；在定点扶贫工作中不断完善扶贫资金管理办法和扶贫资金使用程序；建立协调统一的扶贫资金管理机制；推行扶贫资金项目公告公示制度；建立综合考核指标，建立健全扶贫资金的检查、监督制度。

**【扶贫调研】** 2014 年 3 月，中国电科挂职干部到任后，先后走访绥德县各乡镇，实地调研绥德县经济建设情况和百姓贫困现状，研究分析贫困原因，制定脱贫脱困计划，并及时向中国电科反馈调研情况。12 月，中国电科第 20 研究所有关技术专家到绥德开展智慧城市建设调研活动，为编制“智慧绥德”建设方案提供基础数据。

2014年10月17日，全国首个“扶贫日”，中国电科集团产业部副主任李卫国率集团旗下多个研究所负责人和产业专家，到泸州市叙永县调研泸州市和叙永县产业发展情况。专家团队近20人实地调研了园区郎酒玻瓶、江门竹浆项目以及位于泸州高新区的“飞地园区”建设情况，并开展座谈交流。在座谈会上，叙永县委领导对叙永县及泸州市的经济发展、资源结构、产业情况作了介绍。各研究所负责人对帮扶叙永，做好产业扶贫提出建议意见。

**【扶贫制度建设】** 中国电科领导高度重视定点扶贫开发工作，充分发挥中国电科在人才、技术、信息、市场等方面的优势，成立扶贫工作领导小组，领导小组办公室设立在质量安全与社会责任部，建立相关工作制度，责成有关成员单位成立扶贫办，并确定第20研究所作为中国电科定点扶贫绥德县扶贫工作的牵头单位，专门成立扶贫工作办公室。制定《中国电子科技集团公司定点扶贫绥德县工作实施纲要(2013—2020年)》，与绥德县建立工作联席制度。

**【干部挂职扶贫】** 中国电科先后派出2名处级干部到绥德县和叙永县挂职扶贫，分别担任县政府党组成员和副县长职务，从事对贫困县的帮扶工作。

**【扶贫慰问】** 中国电科积极开展社会救助和扶贫慰问活动，中国电科副总经理毛远建多次率领扶贫工作组深入扶贫县，慰问老党员、特殊困难户等弱势群体，资助贫困学生，开展“捐献爱心、帮教助学”活动；资助叙永县30名贫困学生，每位发放救助金2000元；向白腊乡贫困学生捐助了学习用具和生活用品。

**【扶贫宣传】** 制作定点扶贫工作简报，互通扶贫信息。为了顺利的开展工作，方便中国电科和相关单位及时掌握绥德县定点扶贫工作，绥德县挂职干部建立了定点扶贫工作定期报送制度，每个阶段刊出1期工作简报，及时向省市反映县扶贫部门和集团公司定点扶贫工作情况，鼓励先进，交流经验，推动工作。

**【产业扶贫】** 2014年，选择具有典型性的叙永县白腊苗族贫困乡作为试点，投入160万元在白腊乡3个贫困村建设3个中小型肉牛养殖场，由该乡18个贫困户分期进行集中饲养，统一管理，统一销售，真正变“输血”为“造血”，引导贫困户脱贫致富，并起到积极的带头示范引领作用。通过统筹帮扶资源，优先实施肉牛养殖产业帮扶项目，直接惠及贫困村贫困户，并通过技术指导和实地培训，培养一批懂技术、会经营的新型农民，有效提高他们的整体素质和致富创业能力，通过边帮扶、边总结、边推广，进一步扩大帮扶区域和规模。

**【智力扶贫】** 中国电科所属第 20 研究所承担了“智慧绥德”项目建设的前期调研及规划任务。中国电科第 20 研究所组织专家围绕绥德县文化引领、教育强县、医疗示范、生态立县、产业富民、城镇带动六大建设，立足“创建具有绥德特色的智慧城市”的总体定位，依托地理信息、云计算、物联网等信息技术，开展绥德智慧城市建设。该项目已完成“智慧绥德”总体规划思路和发展规划方案。

2014 年 6 月，绥德县召开政务服务中心网络建设招标评审会，应陕西省绥德县政府邀请，中国电科第 20 研究所委派并组织有关专家参加评审会。

**【教育扶贫】** 实施圆梦工程，开展人才帮扶行动。按照中国电科与绥德县人才帮扶意向，根据中国电科业务需求，所属单位每年的人才招聘，优先录用绥德籍优秀大学毕业生。结合中国电科在行业内的技术优势，开展专业知识技能培训活动，为绥德各行业培养新型技能人才，推动绥德经济发展。

中国电科以捐资助学、购买教学设备、实施教育培训为主要手段，解决叙永县贫困家庭子女上学难和提升职业技术学校教学能力和水平，并为师生提供实训基地，为贫困地区的可持续发展打下基础。2014 年，投入 30 万元支持叙永县白腊苗族乡配备教学电子白板 14 套；投入 20 万元支持叙永职高购置教学设备，为提升学校教师专业能力和教学水平，提供培训及实习基地。

**【公益扶贫】** 2014 年 10 月，在绥德县田庄镇中心小学开展“大爱电科进绥德”帮学助教活动，捐赠电脑、打印机、投影仪和书包等教学和学习用品，建设“爱心小屋”1 所，“爱心小屋”中既有便于学习的多媒体设备，又有适宜于儿童成长的各类教辅资料和学习用具。11 月，中国电科第 20 研究所部分党员到绥德县开展党员教育实践活动，深入绥德县田庄镇开展义务植树等公益活动。

2014 年 5 月，在叙永县白腊乡红十字小学揭牌启用“点亮科技梦想”大爱电科实践教室，赠送 20 台电脑，开通国际互联网，培训专业的电脑教师，为学校师生搭建电脑教学和获取外部信息的有效平台。在上河坝村小挂牌成立“大爱电科助学实践基地”，基地将成为中国电科长期进行助学助教的实践平台，根据计划向所在学校提供基础教学设施改善、教师培训、贫困学生助学帮扶、科技讲座、青年志愿者科技支教等多种助学服务。同时启动了第一批“梦想 1+1”助学帮扶结对计划，在上河坝村小遴选 30 名贫困学生，由集团内志愿爱心员工和贫困学生“一对一”结对，每年为学生提供读书学习的经济资助和精神关怀。

**【基础设施建设】** 2014 年，中国电科投入帮扶资金 70 万元，帮助叙永县白腊苗族乡修建回龙村环石梁大桥，解决了三家村、厂坝村2600名群众及厂坝小学200名学生的通行难问题。

**【革命老区建设】** 2014年，投资300万元为绥德县各乡镇贫困落后村庄安装太阳能路灯，该项目共安装太阳能路灯790盏，涉及绥德县30多个村庄、受益户数3513户、受益人口1.15万人。

（中国电子科技集团公司）

# 中国石油天然气集团公司定点扶贫

**【概述】** 中国石油天然气集团公司(以下简称“中石油”)在定点扶贫的4省(区)10县(新疆维吾尔自治区尼勒克县、察布查尔县、托里县、巴里坤县、吉木乃县、清河县,河南省范县、台前县,贵州省习水县,江西省横峰县)和国务院扶贫办要求帮扶的福建省长汀县,共投入资金3270万元,完成了12个扶贫项目,重点解决制约受援地百姓脱贫致富的瓶颈问题;组织举办各类培训班8期,培训农民工、基层干部和农业科技人员等705人次;严格要求4名挂职干部,使其积极融入受援地工作生活,充分弘扬大庆铁人精神,加强企地互动,与受援地群众打成一片,赢得受援地群众普遍认可。2014年荣获国务院扶贫开发领导小组“定点扶贫先进集体”称号。

**【基础设施建设】** 中石油在河南范县投入300万元,用于陆集乡卫生院配套设施建设,解决了周边4万余名群众看病难问题;在贵州习水县投入300万元,用于硬化村级公路16千米,惠及贫困人口1.2万人;在江西横峰县投入300万元,建设万人饮水工程司铺水厂,解决了4个村1.1万人饮水安全问题。

**【智力扶贫】** 中石油注重培养受援地贫困劳动力一技之能,提升受援地基层干部能力。2014年共投入328万元,开展了新疆维吾尔自治区6县和河南省台前县贫困劳动力技能培训,涉及畜牧养殖、农作物种植、汽修、厨师、服装加工、食品加工等领域,累计培训7期共655人次;投入100万元,针对4个定点扶贫县,开展县乡村三级干部管理培训,培训2期共50人次。

**【教育扶贫】** 中石油在河南省台前县投入300万元,改造12所寄宿中学食堂,改善近万名师生生活条件。

**【医疗卫生扶贫】** 中石油连续多年选派石油中心医院医生到定点扶贫县开展公益巡诊,查体送药。2014年组织11名专科医生前往江西省横峰县,诊疗患者400多人次,同时开展现场医疗培训,并捐助价值30多万元的药品及机械;在石油中心医院开展受援地乡村医护人员培训,培训习水县、台前县和范县乡村医生共17名。

**【文化扶贫】** 中石油每年投入170万元,向10个定点扶贫县和西部贫困地区赠送5900份《人民日报》和《农民日报》,帮助受援地干部群众开阔视野,学习国家惠民政策,了解致富信息。

**【扶贫宣传】** 中石油以国家设立“扶贫日”为契机，在公司内外网开设“责能致远——中国石油扶贫日”宣传专题，全方位介绍集团公司扶贫工作情况，展示扶贫成果，当日累计点击率超过10万次；在《中国青年报》刊登《中国石油：做一名“优秀企业公民”》《“羊塔克”，用爱心点亮沙漠绿洲》《为雪域高原送来温暖——中国石油对口支援西藏纪实》3篇专题文章，在《中国石油报》刊发扶贫系列报道14篇，突出宣传了集团公司及所属企业的扶贫济困成果。此外，还先后在《人民日报》《福建日报》《贵州日报》和国务院扶贫办网站、人民网、凤凰财经网及中新网等媒体刊发专题文章20多篇。通过中央电视台、河南卫视、江西卫视、贵州卫视等多家电视媒体播发中石油扶贫工作报道10余次。

（中国石油天然气集团公司扶贫办
刘昉昳）

# 中国石油化工集团公司定点扶贫

**【概述】** 2014年，中国石油化工集团公司（以下简称“中石化”）定点帮扶安徽省颍上县、岳西县，湖南省凤凰县、泸溪县，新疆维吾尔自治区岳普湖县，甘肃省东乡族自治县，派出扶贫挂职干部5人，实施了31个扶贫项目，共投入扶贫资金7749万元。扶贫项目的重点是基础设施建设、整村推进、劳务输出培训、协助产业开发及捐资助学等。

**【基础设施建设】** 2014年，中石化在定点扶贫县共修建通村水泥路8条43.7千米，完成饮水项目9个，解决了1.66万人的饮水和3000多亩耕地的灌溉问题。在岳普湖县建设了3.3千米村级硬化路。在颍上县投资300万元，为五保户和贫困老人修建了一座乡镇敬老院。

**【产业扶贫】** 在特困乡村扶持产业开发，增加农民收入，增强困难群众的发展能力。2014年新开发“红心猕猴桃”种植面积640亩，其中凤凰县开发种植400亩，泸溪县开发100亩，岳西县开发140亩。

**【捐资助学】** 2014年，中石化共投入教育扶贫资金500万元。助学资金200万元，共资助学生939人，其中大学生119人；高中生820人。资助东乡族自治县用于发展当地教育事业资金300万元，为6所中小学安装电子白板一体机112套，为民族中学铺设运动场、篮球场等5941平方米。

**【整村推进】** 在岳西县青天乡方圆村开展了整村推进项目，为村里建设环村公路2.4千米、路灯80盏和120个垃圾桶等基础设施，并进行了新村规划。整村推进项目节约了资源，方便了生活，美化了乡村，大大改善了困难群众的生产生活条件。

**【劳动力培训】** 举办各类培训班4期，共培训700人次。包括培训养殖和种植技术，驾驶员培训和电子商务培训等。2014年，岳西县将发展电子商务列入全县重点工作，中石化与县职教中心合作举办中石化电子商务扶贫培训，培训人数200人。实现了学员通过培训学会开网店、取得职业证书和学员通过培训实现就业。已有学员开办了9家网店并运营，实现增收。

**【救灾济困】** 2014年，湖南湘西遭受历史上少有的洪灾，中石化定点扶贫的凤凰县、泸溪县受灾严重。中石化向两县分别捐款 100 万元用于抗洪救灾。在中石化挂职干部的协调下，两个受灾县利用中石化救灾款 200 万元，共修复被水冲毁的道路 40 多千米，修复人饮工程 2 处。

（中国石油化工集团公司对口支援及扶贫工作领导小组　朱卫华）

# 中国海洋石油总公司定点扶贫

**【概述】** 中国海洋石油总公司（以下简称“中国海油”）根据国务院扶贫办的工作安排，负责对海南省五指山市、保亭黎族苗族自治县（以下简称“保亭县”），甘肃省合作市、夏河县及内蒙古自治区卓资县共5个市（县）实施定点扶贫工作。

中国海油在海南省的扶贫工作以“扶贫先扶智，治穷先治愚”为指导思想，侧重教育扶贫方向，持续多年帮助当地改善教育教学环境，支持革命老区经济和社会发展，帮助群众脱贫致富。在甘肃省、内蒙古自治区的扶贫工作以解决民生问题为切入点，侧重卫生、医疗、基础设施建设等方向。2014年，中国海油在以上5个定点扶贫市（县）共派出4名挂职扶贫干部。中国海油外派的扶贫干部坚持公司确定的“解困、扶本、造血，建立长效机制”的扶贫工作思路，负责在实地调研的基础上，与地方政府充分沟通，优选援助项目，并负责监督项目的实施过程，同时也负责当地政府分配的分管工作。共有48人次赴扶贫地区考察工作。

**【扶贫资金投入】** 2014年，中国海油在5个定点扶贫市（县）共计投入扶贫资金2200万元。其中，向海南省保亭县和五指山市各投入扶贫资金300万元，分别用于支持保亭县南茂中学和五指山中学教学楼的建设，以及五指山市雏凤助学基金。向甘肃省合作市、夏河县各投入扶贫资金500万元，分别用于支持合作市中藏医院建设，为夏河县的牧民购置牲畜和饲料，建设饲养暖棚。向内蒙古自治区卓资县投入扶贫资金600万元，用于为县人民医院建设传染病房和复兴乡和梨花镇的道路建设项目。

**【扶贫资金管理】** 按照中国海油预算管理规定，年度扶贫、援藏资金及慈善公益预算要通过公司董事会审批。预算批准后，再由中国海油注入中国海油公益基金会。之后，在每年年初的中国海油公益基金会理事会会议上，经理事表决通过年度扶贫、援藏和其他慈善公益预算及项目计划。通过中国海油董事会及中国海油公益基金会理事会两个平台，对预算和项目的双向审核、把关，使中国海油扶贫、援藏和其他慈善公益的预算编制和项目选择更加科学、严谨。理事会批准年度预算和项目后，中国海油公益基金会通过挂职扶贫干部与各定点扶贫地区签署扶贫捐赠协议，确定年度扶贫项目，根据协议规定，按时提供扶贫资金，保证扶贫项目工作的顺利开展。

**【扶贫会议】** 2014年3月，中国海油第13次扶贫援藏工作会议在北京召开。中国海油副总经理、党组成员、慈善公益事业委员会主任、中国海油公益基金会理事长武广齐出席会议并讲话。中国海油派驻5个定点扶贫地区的挂职扶贫干部及工作负责同志，汇报了2013年的工作情况，分享了工作经验，并对一些亟待解决的问题进行了研讨。

**【干部挂职扶贫】** 2014年，中国海油有4名干部到海南省、甘肃省和内蒙古自治区的定点扶贫地区挂职。其中，1人在保亭县挂职担任副县长，协助县常务副县长工作，负责“菜篮子工程”、为民办实事等项目。1人在合作市挂职担任副市长，协助常务副市长分管城建、招商及环保工作。1人在夏河县挂职担任副县长，协助副县长分管水利、畜牧、农林及扶贫工作。1人在卓资县挂职担任副县长，协助副县长负责招商、扶贫工作。

**【教育扶贫】** 2014年，中国海油投入资金290万元帮助五指山中学建设一栋新的教学楼。投入资金300万元继续支持保亭县南茂中学教学综合楼的改建工作。

**【医疗卫生扶贫】** 2014年，中国海油捐资500万元为合作市援建一座中藏医院，解决看病难、就医环境差的问题。

为了进一步提高卓资县人民群众的就诊条件，降低传染病交叉感染的几率，2014年，中国海油捐资300万元为卓资县人民医院建设了传染病房。

**【产业扶贫】** 2014年，根据夏河县地方政府的需求，支持高原特色畜牧业发展，增加群众收入，减少贫困人口，缓解草畜矛盾，中国海油捐资500万元，用于为农牧民购买牲畜、饲料和建设暖棚。协助当地进一步抓好养殖业，促进农牧民增收、农牧业增产、农牧村发展、农牧区稳定。

**【基础设施建设】** 2014年，中国海油出资300万元建设连接卓资县复兴乡和梨花镇的道路。在全国首个“扶贫日”到来之际，在扶贫干部的积极推动下，经过县扶贫办、乡政府及承建单位的精心组织、安排，项目施工方克服塞外边疆施工期短，公路翻山越岭、移沙戳石等困难，利用4个月时间完成道路基础和路面硬化工程，道路正式通行。

（中国海洋石油总公司办公厅
任雪飞）

# 国家电网公司定点扶贫

**【概述】** 国家电网公司自1995年起定点扶贫湖北省秭归县、长阳县、巴东县、神农架林区（简称湖北“三县一区”），2011年开始定点扶贫青海省玛多县。2014年，国家电网公司坚持以电力行业扶贫为主，扶贫与开发并重，积极做好对湖北“三县一区”和青海玛多县的定点扶贫工作，投资4.3亿元用于湖北“三县一区”农村电网建设和改造升级，同时向五个县区无偿捐赠扶贫资金1880万元、带动地方投入1810万元，实施扶贫项目29个，增强了贫困地区“造血”功能，增加了农民的收益，解决了农村富余劳动力就业，维护了社会稳定，促进了民族团结。

**【扶贫资金投入】** 2014年，国家电网公司投资4.3亿元用于湖北“三县一区”农村电网建设和改造升级。向定点五县区无偿捐赠1880万元，其中湖北省秭归县200万元、长阳县200万元、巴东县200万元、神农架林区200万元、青海省玛多县1080万元。具体为：产业发展扶贫1190万元，占扶贫资金的63.3%；产业发展结合整村推进70万元，占扶贫资金的3.7%；智力扶贫60万元，占扶贫资金的3.2%；电力发展220万元，占扶贫资金的11.7%；文化教育扶贫310万元，占扶贫资金的16.5%；医疗卫生扶贫30万元，占扶贫资金的1.6%。

**【扶贫资金管理】** 国家电网公司注重加强扶贫资金管理，定点扶贫资金由公司总部筹措，专款专用、专项核算。要求扶贫资金原则上与财政专项扶贫资金、国土整治、农田水利、农业、林业以及村民“一事一议”奖补资金进行整合使用，使有限的扶贫资金发挥最大的效力。公司捐赠的扶贫资金全部汇入县政府指定的账户，由地方政府监管。扶贫资金使用情况向项目全体受益对象进行公示，确保公开、透明和规范使用。县供电企业负责协调县审计机构，每年一季度前对扶贫资金使用情况进行审计，省公司、地市供电企业对扶贫资金的规范管理情况进行监督。

**【扶贫调研】** 国家电网公司总部、省、地市（州）、县四级扶贫工作管理部门及相关人员，先后有204人次深入扶贫工作现场，指导扶贫项目实施，检查项目质量，协调解决项目实施过程中的困难和问题，确保扶贫项目的有序推进和项目实施质量。国家电网公司副总经理杨庆于2014年4月对秭归县定点扶贫工作进行了调研。

公司总部主管扶贫工作的部门领导分别于2014年2月、9月两次到玛多县，10月对巴东县、神农架林区定点扶贫工作开展了调研检查。10月15日在秭归县召开2014年定点扶贫工作及第一个“扶贫日”调研座谈会。公司建立与地方政府、扶贫工作有关单位的沟通协调机制，得到了地方政府的大力支持，确保了地方配套资金的到位。公司针对玛多县的特点，与玛多县政府进行了多次沟通，就扶贫援助的方向、原则和管理模式取得一致意见。

**【扶贫制度建设】** 建章立制，规范管理扶贫项目。修改发布了《国家电网公司总部定点扶贫管理办法》，内容包括：规范扶贫规划编制、计划调整，扶贫资金纳入政府专项管理，扶贫项目实行地方政府、电力企业双负责人制度，分级参与项目竣工验收监督，启动并对2012年、2013年开展的12个产业扶贫项目进行扶贫成效评价。建立扶贫工作进度月报制度，掌握工作进展，协调解决出现的问题。每个项目均设置了“国家电网定点扶贫项目”公示牌，每个合作社均有明确的规章制度。

**【扶贫培训】** 在长阳县实施农村实用技术培训项目，总投资100万元，其中使用国家电网资金60万元，购置培训器材，编写培训教材，建设1处标准化培训基地，聘请专家授课，培训农村实用技术4000人次，培训电工1800人次，引进新产品、新技术，科学技术深入农户家庭，让5000个贫困农户受益。投入20万元在湖北“三县一区”开展科技三下乡项目，通过放映电影、发宣传资料、送科普图书等方式，普及安全用电、农业科技、医疗卫生等知识。

**【干部挂职扶贫】** 选派国家电网上海市电力公司经济技术研究院监理公司副总经理杜劲东，到玛多县挂职县委常委、副县长，主要负责对口帮扶、对外联络和电力方面的工作，分管县电力公司，协调联系国家电网公司对口帮扶工作及落地项目组织实施工作，被青海省委组织部评为“‘践行群众路线、激情奉献高原’援青干部先进个人”。

**【产业扶贫】** 国家电网公司扶贫坚持产业发展优先，不断增强扶贫对象的造血功能和自我发展能力。实施产业扶贫项目14个，总投资2605万元，其中国家电网公司投入扶贫资金1190万元，地方自筹1415万元。其中：

在秭归县实施了3项产业扶贫项目。秭归县露珠茶叶专业合作社标准化茶园项目，建成茶叶加工厂房900平方米，购置茶叶加工设备10套，完成500亩有机茶园土壤、苗树优化改良。秭归县梅家河乡核桃基地建设项目，在干家坡村、京丈坪村各发展优质核桃350亩、650亩。秭归县屈原镇凤凰溪村整村推进项目，建设800亩优质核桃基地、1000亩高山蔬菜基地，平整核桃基地公路8.86千米。

在长阳县实施了3项产业扶贫项目。长阳县鸭子口乡古坪村茶叶基地建设项目，新发展无性系茶叶300亩，配套3千米基地公路。长阳县贺家坪镇渔泉溪村茶叶基地建设项目，改造 2800 亩常规茶园、300 亩观光茶园。长阳县龙舟坪镇天齐杂交天麻种子基地建设项目，新发展乌红、红乌杂交天麻种子基地 100 亩。

在巴东县实施了 5 项产业扶贫项目。在巴东县沿渡河镇红砂村茶叶基地，建设 300 亩茶叶基地，完善茶叶加工设施。巴东县茶店子镇白虎坪核桃基地建设项目，完成了 400 亩核桃基地项目的规划选址、苗圃移栽培育和技术指导。在巴东县官渡口镇在凉水井村、核桃园村建 200 亩蔬菜基地、烟叶基地 300 亩，建成 25 个育苗大棚。在巴东县金润农业牲猪养殖基地，建成牲猪养殖场房 500 平方米，标准育肥栏、保育栏各一栋，无害化处理池 1 个，安装养殖保育设施 40 台（套）。在巴东县援建信陵镇荷花村蔬菜基地建设项目，建成 330 平方米育苗温室、50 立方米滴灌蓄水池各 1 个，蔬菜大棚 70 个，安装滴灌设施、补光灯、电热地线、起垄机等设备。

在神农架林区实施了 2 项产业扶贫项目。神农架大九湖镇“跑跑猪”养殖项目，新建规模化养猪场 1 座，圈养草坪 1000 亩，达产时存栏数 3172 头，申请注册“高山湿地跑跑猪”商标。神农架下谷坪乡无菌魔芋种源基地项目，100 亩无菌魔芋种源繁育基地、2000 亩标准示范基地均已下种，建成 900 平方米加工厂房。制定了操作规范，开展了一期魔芋病虫防治技术培训。

在玛多县实施了玛多县黄河源游客接待中心建设项目，计划在果洛州政府所在地建设旅游接待大楼一幢。经州政府协调，另选繁华地址建设，项目将于 2015 年实施。

**【教育扶贫】** 实施教育扶贫项目 6 个，总投资 345 万元，使用国家电网定点扶贫资金 290 万元。其中：

新长城扶助贫困大学生项目 4 个，总投资 20 万元，由中国扶贫基金会、湖北“三县一区”电力公司、县扶贫办与地方教育局、有关学校协作遴选资助对象，帮助 100 名学子顺利实现上大学的梦想。

津洋口中心小学运动场及设施配套项目，总投资 105 万元，其中使用国家电网扶贫资金 50 万元。帮助小学运动场平基硬化 5500 平方米，新建环形跑道 200 米、直跑道 100 米，完善排水系统和照明系统，让学校 38 个班 1600 名学生用上了运动场，有利于增强学生身体素质。

玛多县民族寄宿制小学室外排污管网及配套设施建设项目，投资 220 万元。建设 10 米电动大门一座、围墙 600 米、室外排污管网 550 米、化粪池 30 立方米、校园道路及场地硬化 2600 平方米，改善了办学条件，优化了校园环境，解决了教学基础设施落后的问题。

**【基础设施建设】** 在玛多县实施 3 个电力建设项目，投资 297.4 万元，其中使用国家电网扶贫资金 220 万元。

县城公用变电更换及牧家小区通电项目，投资 153.4 万元，其中国家电网扶贫资金 76 万元。更换县城 10 千伏公用变 5 台、容量2205千伏安；县城牧家小区延伸10千伏线路1.9千米、新架0.4千伏线路3.2千米、下户387户，提高供电质量，降低电能损耗，为387户牧户提供生产生活电力保障。

花石峡变电站技改及35千伏线路安装防鸟刺项目，投资36万元，给变电站更换操作盘柜一面、计量盘柜一面。对鸟害严重的110基35千伏线路耐张杆安装防鸟刺，有效提高电网供电能力。

黄河源水电站2号机组大修及升压站改造项目，投资108万元。机组大修，更换升压站35千伏多油断路器1台，35千伏隔离刀闸5组，部分二次回路更换，保证了机组的稳定性，满足全县的发、供电需求。

**【医疗卫生扶贫】** 投资100万元用于巴东县东壤口镇卫生院医疗设备购置，其中使用国家电网扶贫资金30万元，购置500毫安X光机、光电遥测监护仪、半自动生化析仪等医疗设备，解决东壤口镇2.6万人看病难的问题。

**【整村推进】** 投资300万元用于屈原镇凤凰溪村整村推进项目，其中使用国家电网扶贫资金70万元，发展优质核桃800亩，高山蔬菜1000亩，修建公路全长8.86千米。帮助14个自然村460户1000余人解决无产业、出行难的问题，直接帮助当地农民人均增收1000元。

（国家电网公司农电工作部　邓汉万）

# 中国华能集团公司定点扶贫

**【概述】** 中国华能集团公司（以下简称“华能集团”）定点帮扶陕西省横山县和新疆维吾尔自治区阿合奇县。2014年，按照“产业拉动与扶贫帮困同步、促进发展与改善民生并重”的总体思路，华能集团在定点帮扶县规划建设大型能源开发项目，投入无偿援助资金1454.82万元，实施文化教育、医疗卫生、基础设施、产业发展和劳动力培训等扶贫和公益项目，为促进当地经济社会协调发展贡献力量。

**【扶贫制度建设】** 2014年，在对原有相关制度进行全面梳理的基础上，华能集团进一步完善扶贫援助项目实施管理办法，建立了总部统一领导、责任部门牵头负责、下属企业协同推进的工作机制，同时与地方政府及有关部门紧密合作，协助两县分别制定和修订了定点扶贫项目及资金管理办法，明确扶贫资金的使用范围、安排方向和管理职责，对扶贫援助项目的实施进行全过程监督管理，建立定期检查和信息沟通制度，有效提升了扶贫工作管理水平。

**【投资开发】** 华能集团立足自身行业优势，充分挖掘当地优势自然资源，在定点帮扶县规划建设大型能源开发项目，定点扶贫工作由“输血”向“造血”转变，企地共赢，和谐发展。

在阿合奇县投资20亿元建成华能别迭里水电站，自2012年投产以来，累计创造利税1.1亿元，增加4.5万亩草料基地，灌溉面积38万亩，解决900户农牧民定居问题，被自治区政府誉为企地携手、合作共赢的典范工程。2014年，华能别迭里水电站发电量7.69亿千瓦时，上缴利税总额3394.81万元，为当地社会经济发展和生态环境建设做出了巨大贡献。

在横山县规划建设300兆瓦光伏发电场，工程预计总投资24亿元。目前一期工程50兆瓦光伏发电项目已经与地方政府签订协议，预计投资规模4亿元，项目建设将有力促进横山县低碳环保产业发展，加快当地能源结构调整升级。

**【基础设施建设】** 横山县地处白于山区，年均降水量不足400毫米，水资源极度匮乏。为解决当地群众吃水、用水困难，从2003年开始，华能集团在横山县长期坚持实施人畜饮水工程，帮助山区贫困村挖水窖、打深井、建水站，累计惠及人口

3.58万名。2014年，华能集团投入资金105万元，帮助房则墕、安渠、月有山、代庄、曹阳湾、陈大梁、杜羊圈、王梁、高楼等贫困村建成小型供水中心9处，解决562户吃水问题和基本生产需要。

为解决偏远无电地区人口用电问题，华能集团在阿合奇县实施无电区光伏独立供电工程项目。2014年6月，工程建设全面完成，累计发放户用光伏设备2814套，总容量1070千瓦，总投资3197万元，解决全县150多个边远村落1.24万人基本用电问题。

结合自治区“访民情、惠民生、聚民心”活动，华能集团在阿合奇县库兰萨日克乡别迭里村投入资金165.82万元，完成广场平整、村委会修缮、农田改造、防洪坝加固等基础设施建设项目。

**【教育扶贫】** 2014年5月，由华能集团援建的阿合奇县佳朗奇新城区小学全面竣工并交付使用，建成综合教学楼、教学楼、宿舍楼及食堂、浴室、锅炉房等基础设施，总建筑面积1.40万平方米，当期接纳1200余名师生入校教学。该项目总投资2825.7万元，华能集团累计投入无偿援建资金2177万元，其中2014年完成666万元。

2014年，华能集团投入资金130万元，在横山和阿合奇县分别开展“栋梁工程·新长城贫困生关爱行动”和“贫困大学生救助行动”，当期资助贫困大学生90名、贫困高中生100名。

**【产业扶贫】** 为推动农村特色产业向标准化、规模化、市场化方向发展，2014年，华能集团在横山县投入资金153万元，扶持当地建设优质杂粮、水稻、蔬菜和生态养殖等特色产业示范基地，推行良好农业规范标准，控制化肥、农药和转基因作物的应用，向基地农户发放微生物有机肥500吨、种子1650千克，从生产环节源头保障食品安全，增强市场竞争能力。按照“企业+基地+农户”的产业发展模式，协调当地企业以高于市场20%的价格与农户签订产品购销协议，基地农户利益得到有效保障。委托中国农业品牌研究中心编制规划，对基地产品开展相关认证、注册和市场宣传等品牌建设工作，进一步拓宽销售渠道，为当地农村特色产业发展和农民稳定增收创造条件。

为提高农户自我管理能力、探索社会扶贫资金长效运作模式，华能集团在横山县设立农村扶贫互助基金100万元，2014年重点扶持双城乡王梁村及周边贫困村农户开展肉羊养殖项目，按照自愿参加、有偿使用的原则，当期发展会员99户，实现当年放款、当年见效、当年回收，还款率达100%。

**【智力扶贫】** 为提高贫困地区基层干部综合素质和贫困群众自我发展能力，华能集团委托地方党委、政府及有关部门，组织开展各类专项培训，建设现代农业科技实验培训基地，引进现代农业技术和产品，2014年安排专项经费35万元，培训干部 19 人，农民 210 人，引进农业技术 2 项。

**【医疗卫生】** 2014 年，华能集团与中国残疾人基金会合作，安排捐赠资金 100 万元，实施“中央企业集善工程”，资助横山、阿合奇两县共 1000 名白内障患者接受复明手术。

**【挂职扶贫】** 通过系统内部公开选聘，华能集团择优选派了 2 名干部赴新疆维吾尔自治区挂职扶贫，担任克孜勒苏柯尔克孜自治州党委常委、副州长和阿合奇县委常委、副县长。

（中国华能集团公司政工部　唐　凯）

# 神华集团有限责任公司定点扶贫

**【概述】** 神华集团有限责任公司（以下简称“神华集团”）从1996年起在陕西省米脂县、吴堡县开展定点扶贫工作，2012年起，增加了四川省布托县、普格县的定点扶贫任务，目前共计承担4个国家扶贫开发工作重点县的定点扶贫任务。神华集团全面贯彻落实党中央、国务院关于扶贫开发工作的一系列方针政策，秉承“想群众所想、急群众所急，量力而行、稳步推进”的理念，以高度的政治责任感和强烈的历史使命感认真履行中央企业社会责任、扎实推进扶贫工作，为促进国家经济发展、构建和谐社会作出贡献。

**【扶贫调研】** 2014年，神华集团共派出24人次赴4个定点县进行扶贫工作调研，通过座谈、实地考察、查阅资料等方式，与当地政府深入沟通协商扶贫项目与年度计划，全面检查监督项目实施情况及资金使用情况，精心安排竣工验收及各项资料整理归档工作。

**【扶贫会议】** 神华集团党组从国有大型骨干企业应承担的政治任务和社会责任层面统筹考虑，怀着对老区人民群众的深厚感情和对扶贫工作的不懈责任，积极开展定点扶贫工作。集团公司扶贫工作领导小组定期召开专题会议，听取汇报、研究思路、确定项目，同时深刻分析总结扶贫工作的做法与经验，积极开拓思路、努力创新下一步扶贫工作。

**【扶贫资金投入】** 2014年，神华集团总计投入定点扶贫资金1000万元，其中：拨付米脂县扶贫资金400万元，实施扶贫项目32个；拨付吴堡县扶贫资金200万元，实施扶贫项目10个；拨付布拖县扶贫资金200万元，实施扶贫项目1个；拨付普格县扶贫资金200万元，实施扶贫项目1个。

**【扶贫资金管理】** 在项目管理与资金运作方面，神华集团充分依靠和严格执行当地政府有关项目与资金管理等方面的规章制度，并在关键环节进行监督检查，把好项目审查关、质量关、资金使用关，确保了各扶贫项目的质量可靠性与资金使用的合法合规性。

**【产业扶贫】** 结合当地优良家畜饲养条件和特色杂粮种植传统，神华集团的产业扶持资金主要用于对当地农畜产品生产加工、经济作物生产加工等产业的扶持上，通过“扶贫资金为主、农户集资入股”、“扶贫资金打基础、自有资金创增收”等多种经营管理方式，取得了显著的脱贫致富效果。此类惠民工程不仅有效地解决了周边城乡广大居民吃新鲜瓜果蔬菜和放心肉蛋的问题，同时也给贫困区种植养殖农户带来了可观的经济收入，更强有力地推进了贫困区农业产业化发展的进程。2014 年，神华集团继续在陕西省结合当地优良家畜饲养品种和条件，积极开展当地特色养殖业和手工业的帮扶。在米脂县，扶持各类养猪、养羊、养鸡等养殖场 9 个，投入帮扶资金共计 86 万元，为这些养殖场引进了种禽及购买了设备。这些项目的实施与投产，不仅有效地解决了周边城乡居民吃新鲜放心肉蛋问题，同时也给养殖农户带来了可观的经济收入。在吴堡县，投资 20 万元，为张家山镇“老霍家”挂面厂购置各种设备，凭借“舌尖上的中国”中推荐食品的品牌效应，帮扶该厂扩大生产经营规模，带动当地更多贫困户就业与致富。

**【教育扶贫】** 扶贫先扶智，神华集团公司以捐资助学、兴建校舍为主要手段，大力解决贫困家庭上学难和中小学教育资源严重不足等突出问题，不仅提高了贫困人口的受教育水平，特别是改善了彝区孤儿的教育状况，改变了他们落后的卫生、生活习惯，从而为当地社会的和谐可持续发展打下了良好基础。2014 年，神华集团在 4 个定点扶贫县共计投入教育扶贫资金 265 万元。其中 65 万元资助贫困大学生 300 人，确保了贫困大学生按时走进大学的校门，解决了贫困家庭上学难的问题。持续每年投资 200 万元捐资兴建普格县教育园区，项目建设完成后可解决附城小学 1—6 年级 60 个班，在校生 3000 人和普格镇幼儿园学前三年幼儿 20 个班，在园幼儿 700 人的教学及辅助用室等问题。

**【基础设施建设】** 神华集团着力对制约当地贫困乡（镇）、村发展的交通、耕地、水利等人民群众最关切、最直接、最现实的民生问题进行了大力改善：修建生产道路和桥梁、治理基本农田、改造盐碱地、新建灌溉系统和水源点、架设农电线路、建立村级医疗卫生设施等。这些民生工程实施以来，明显地改善了贫困地区的生存和发展环境，极大的鼓舞了当地人民脱贫致富的信心。2014 年，神华集团在米脂县投入帮扶资金 254 万元，实施基础设施项目 21 个，其中安排 109 万元修建了 11 个村的村级公路和生产道路，总计长度 40.3 千米；投资 10 万元加固桥梁 1 座；投资 43 万元为 4 个村新打灌溉井 5 口、维修灌溉渠 600 米、新建人畜饮水工程及铺设管道 1 处、修筑帮畔 50 米；为 5 个村安装了太阳能路灯和修建了村文化活动。神华资金的投入，改善了上述村的生产和生活条件，提高了抗击自然灾害的能力，解决了村民出行及运输困难的问题，解决了村民文化娱乐、健身强体无场所的问题，提高了村民的文化素质，加快了农村迈向小康村的步伐，深受村民的欢迎。神华集团在吴堡县投入帮扶资金 155 万元，实施基础设施建设项目 7 个，其中安排 83 万元修建了 3 个村的村级公路，总计长度 7.1 千米；投资23万元为2个村新建排水桥涵2座；投资25万元实施新农村建设点亮工程，安装太阳能路灯60余盏；投资24万元实施人畜饮水工程，新建水源井1处，从根本上解决了全村的人畜饮水困题。

**【医疗卫生扶贫】** 神华集团公司定点帮扶四川省的两县属多民族聚居地区，由于经济发展落后，卫生条件和群众卫生意识相对较差，艾滋病、肝炎、结核等传染病发病率较高，重点疾病防治工作和病患诊治任务艰巨，形势严峻。对此，我们以满足人民群众看病就治的需求为目的，着力对县人民医院落后的医疗设施进行了改善，使县医院诊疗水平和医疗服务得到大幅提升，使很多急、危、重症患者能就近得到及时的救治，为贫困县全面建设小康社会提供了强有力的医疗保障。神华集团公司2013年、2014年连续两年对布拖县医疗卫生事业进行了扶助，每年拨付扶贫资金200万元，共计400万元，为县人民医院购置了发电机、医用制氧机组（双机组）、高频50千瓦数字遥控X线肠胃系统、多参数监护仪、液压手术台、呼吸机、X光机等各种急需的医疗设备47台（套），这些设备的购置，极大地改善了当地医院的医疗条件，有效地缓解了当地群众的看病救治的紧张状况。

（神华集团有限责任公司战略规划部
贾睿涛）

# 中国移动通信集团公司定点扶贫

**【概述】** 中国移动通信集团公司（以下简称“中国移动”）定点帮扶黑龙江省桦南县、汤原县和新疆维吾尔自治区疏勒县、阿克陶县、洛浦县5个贫困县的帮扶任务。中国移动秉承“正德厚生，臻于致善”的企业核心价值观，在持续推动企业可持续发展的同时，努力实现企业和社会和谐发展。积极贯彻落实中央关于定点扶贫工作的相关要求，坚持以“立志扶智、选路子、扶资金”为主体的扶贫工作基本思路，针对各贫困县的实际困难，选准帮扶重点，积极落实帮扶计划，深入开展帮扶工程建设。

**【扶贫资金投入】** 2014年，中国移动共投入扶贫资金958万元，其中扶贫项目资金873万元，扶贫慰问金80万元，捐资助学5万元，按照扶贫整体规划，圆满完成了年度帮扶任务。

**【扶贫资金管理】** 为加强和规范扶贫项目资金的管理，中国移动在与相关省公司、扶贫干部共同商讨、反复论证的基础上，出台了有关扶贫资金管理的相关管理办法，进一步优化了资金的使用流程，详细明确了资金的使用要求。当出现项目结余资金时，援助（扶贫）干部需会同当地政府确定结余资金使用方案，要求项目结余资金只可用于原计划项目的续建或新的对口支援（扶贫）项目，并提交至省公司工作组，经省公司工作组审定通过后方可执行。

在工程实施过程中，对工程建设资金实行专账核算、专人管理、专款专用，严禁截留、挤占、挪用，资金使用过程中，严格执行县级报账提款制。同时实行监理计量与跟踪审计同步进行，规定定时审结以及业主、监理单位、施工单位、审计单位“四方会签”，确保资金运作达到零争议。

**【扶贫制度建设】** 一是坚持定点扶贫工作领导制度。根据党中央、国务院定点扶贫工作意见精神，中国移动各级领导高度重视扶贫工作，成立了以集团公司总裁为组长，计划建设部、人力资源部、财务部、综合部等相关部门负责人为成员的扶贫领导小组。在扶贫领导小组的领导下，认真确定工作重点、制定落实扶贫工作措施，明确扶贫工作的操作模式，确保扶贫工作落到实处。

二是坚持调研考查制度。中国移动集团公司的领导和负责同志多次赴帮扶县实地调研，了解扶贫资金的使用情况和扶贫项目的落实情况，为帮扶县的发展献计出力。并多次深入贫困户家中了解生活情况，嘘寒问暖，把慰问金亲自送到群众手中。

三是坚持加强扶贫工程建设管理制度。在工程建设过程中，工程管理单位严把原材料进口关、设备采购关、施工过程关，严格落实质量目标责任制，实行工程质量终身负责制，并对建设过程实施跟踪监理、跟踪审计。大力推行工程县、乡、村三级质量监控，把农村当地群众引入质量监督体系，监督建设过程，监督政府及相关部门对工程的管理情况，实现工程建设“公开化、透明化”，确保质量监督无缝隙、无盲区、全覆盖。

**【干部挂职扶贫】** 自2002年以来，中国移动已先后选派7批次共9名干部赴定点县挂职扶贫，2014年安排了孟昭君、龙亚飞2名干部分别赴桦南县和汤原县挂职。

**【扶贫慰问】** 中国移动积极开展扶贫解困工作，扶贫干部通过走村串户，调查摸底，深入了解贫困户的生活困难，在此基础上，2014年共拨付黑龙江省桦南县、汤原县元旦和春节慰问金80万元，解决了部分贫困群众越冬期间生产生活的实际困难。

**【教育扶贫】** 为确保黑龙江桦南县贫困大学新生不因家庭困难而失学，中国移动投入助学资金5万元，对100名应届贫困大学生进行平均每人500元的资助，勉励学生勤奋学习，掌握技能，回报社会。2014年，投入扶贫资金150万元，完成了阿克陶县恰尔隆乡双语幼儿园项目的建设。该项目的投入使用，有效解决了当地适龄幼儿入园难，办园规模小、班额普遍超标，财政投入不足等问题，提高农牧区学前教育质量，至此，阿克陶县的每个乡镇都有了双语幼儿园。

2014年，中国移动慈善基金会开展的教育捐助计划把定点扶贫县纳入项目开展范围中，通过“影子”培训和远程培训两种方式，培训中小学校长学习先进的教学理念，同时向中小学校捐赠爱心图书和多媒体教室设备。此外，中国移动直属团委在集团内部发起了捐资助学的号召，公司领导带头，各级干部员工自发捐款，帮助贫困学生实现了上学的梦想。

**【基础设施建设】** 2014年，中国移动在桦南县共投入扶贫资金234万元，重点帮扶明义乡东双龙村、金沙乡治山村、大八浪乡西太平村、土龙山镇三王村4个贫困村。一是人畜饮水工程项目。投资80万元，由县水利勘测设计队进行项目工程施工设计，实施自来水管网入户工程，解决了1120户贫困户饮水问题；二是道路建设工程项目。投资140万元，为贫困村新铺设水泥路4千米，解决1390户贫困群众行路难的问题。三是桥涵建设工程项目。投资9万元，用于贫困村因灾水毁桥涵建设。

在汤原县投入扶贫资金234万元，为汤原县的6个村开展了水田壕线衬砌、新建文化活动室、新修村内水泥路、新建村办公室、路灯安装等建设项目。目前这些项目已全部竣工并投入使用，直接受益农村人口达 7260 人。改善了贫困村的交通条件，解决了村民出行难、无文化场所等实际困难。改善了农民群众的生产生活条件，促进了经济与社会事业的协调发展，得到了汤原县委、县政府和贫困村老百姓的高度评价。

在洛浦县，继续投入扶贫资金 150 万元，实施洛浦县阿其克乡的农村安全饮水工程，工程建设进度按照预期计划稳步推进，主要建设清水池 3 座、水厂阀门工程 8 座、水井 1 座、污水池 1 座、另有配套办公室等，截至 2014 年年底，已全面完成主体工程建设。项目竣工投入使用后可解决 436 户贫困户饮水问题。

在新疆喀什地区疏勒县，2014 年，投入扶贫资金 150 万元，用于疏勒县巴仁乡的 30 座高标准温室大棚的项目建设，已有 25 座大棚的主体竣工并开始育苗，该项目为“十二五”设施农村发展规划和“一市两县”大力推进“菜篮子”工程，在实现农村发展、农业增效、农民增收的同时，帮扶疏勒县巴仁乡 5 村 30 户贫困户早日实现脱贫致富。

（中国移动通信集团公司
计划建设部　李雅琳）

# 中国电子信息产业集团有限公司定点扶贫

**【概述】** 中国电子信息产业集团有限公司（以下简称“中国电子”）定点扶贫四川省阆中市、贵州省松桃苗族自治县（以下简称“松桃县”）、陕西省镇安县和海南省临高县4个国家扶贫开发工作重点县。按照“产业引领，项目带动，强化造血功能”的思路，坚持“真扶贫，扶真贫，立足让更多贫困人口受益，把有限的资金用在刀刃上”的原则，中国电子帮扶项目注重民生工程，着力解决群众最关心、最现实的问题，有效改善受援地老百姓的生产生活条件。2014年，中国电子投入扶贫资金和物资共计797.3万元。其中，定点帮扶4县（市）无偿援助资金400万元，社会捐助物资和资金397.3万元。帮扶资金主要集中用在基础设施、乡村道路建设、产业扶持、民生工程和教育事业等方面，取得了较好的成效。

**【扶贫调研】** 2014年，中国电子党组成员、副总经理兼扶贫工作领导小组组长聂玉春，3次深入海南省临高县和四川省阆中市调研扶贫工作，建立与地方政府、扶贫工作有关单位的沟通机制，确保配套资金的使用落实到位。有17人次深入4个定点扶贫县（市）进行实地调研，召开座谈会和情况沟通会8次，听取受援地区有关定点帮扶的意见和建议，了解群众最关心、最急切、最需要的实际问题和困难，促进扶贫工作有序开展，取得实效。

**【扶贫制度建设】** 中国电子扶贫领导小组及办公室结合扶贫工作具体情况，定期和不定期召开会议，全年共召开6次有关会议，研究具体工作，解决实际问题，听取扶贫干部年度工作述职。修订和完善了《中国电子扶贫援疆援藏干部管理暂行办法》《中国电子扶贫援疆项目资金使用管理办法》《中国电子扶贫援疆项目实施管理细则》等规章制度，进一步规范和完善对扶贫工作的管理。

**【基础设施建设】** 2014年，共投入资金190万元用于基础设施建设。其中，帮扶松桃县九江乡等4个乡（镇）的行政村建设、硬化道路80多千米，解决山区农民出行和农产品运输的难题；对海南省临高县博厚镇道灶村、新盈镇良爱村等4个行政村实施“膜法”饮水安康示范工程，解决4600多群众饮水问题；为四川省阆中市金子乡和金垭镇等乡镇改造和新建村卫生室5个，改善当地医疗条件，方便老百姓看病就医。

【产业扶贫】 实施产业扶贫项目4个，总投资210万元。其中，在松桃县无偿投资40万元，分别实施长兴堡镇寨云村牡丹种植、干龙镇努比亚村山羊种羊培育基地建设，使受扶持的4个自然村170户630人受益，社会效益和经济效益都比较可观；在阆中市千佛镇凤凰村无偿投资30万元，农户自筹部分资金，帮扶肉羊养殖项目，通过“农业合作社+养殖户”模式，帮助60个养殖大户解决产业发展瓶颈，效益比较突出；在镇安县回龙镇万寿村无偿投资30万元，地方配套50万元，帮扶药材种植特色项目，解决400贫困人口的就业问题，年均提高收入2000元左右；在临高县东英镇无偿投资80万元，地方政府和渔户配套资金70万元，实施渔民玻璃船旅游项目，购置10艘生态旅游船，通过发展旅游产业，每年产生效益达280万元。通过实施产业扶持项目，示范和带动作用明显，提高了农民的收入。

【干部挂职扶贫】 原彩虹集团由于企业严重亏损，所承担的定点扶贫任务难以开展。2013年并入中国电子后，集团公司主动与陕西省有关部门联系，进行工作对接，并于2014年5月向镇安县派出了一名挂职干部，落实扶贫资金。同时，完成了对松桃县挂职干部的换届工作。目前，中国电子向4个定点扶贫县（市）派出了4名挂职干部，分别担任扶贫县（市）副县长（副市长）职务，挂职锻炼时间为2年。所派出的挂职干部忠实履行职责，充分发挥桥梁和纽带作用，有效开展扶贫开发工作，促进了当地经济社会发展。

【扶贫先进】 选派的松桃县副县长马贵良，积极找项目、跑资金，协调争取到贵州省和中国振华集团公司援助物资及资金合计100余万元。选派的临高县副县长吴喆，积极探讨扶贫新途径，引导各方投入扶贫项目资金2721万元，其中，建设村级公路62千米，打钻机井5口，修建水塔3座，铺设引水管道25千米，惠及619个村庄7659户3.46万人，实现减贫人口7050人，减贫幅度为7.8%，改善临高县老区基础设施建设，得到当地政府和干部群众充分肯定。2014年，国务院扶贫开发领导小组授予吴喆“全国社会扶贫先进个人”称号。

【社会捐助】 中国电子除完成定点帮扶的4县（市）外，积极履行中央企业社会责任，2014年，集团及所属企业对外捐赠物资和资金累计397.3万元。为受灾群众捐助衣服、被褥和生活用品；为贫困学生捐赠书籍、学习用品及电子产品等。捐助资金主要用于教育事业、医疗卫生和资助贫困学生等领域。

（中国电子信息产业集团有限公司
党群工作部　左昌信）

# 中国第一汽车集团公司定点扶贫

**【概述】** 中国第一汽车集团公司（以下简称“中国一汽”）定点帮扶广西壮族自治区凤山县、吉林省镇赉县、和龙市，同时受国务院机关事务管理局邀请，参与河北省阜平县的职业教育扶贫项目。

**【扶贫资金投入】** 2014年，中国一汽及下属各子公司为国家扶贫、救济、教育、公益性事业捐赠款共计3623.1万元，其中扶贫捐赠2388万元，占资金总额的65.91%；公益性捐赠400万元，占捐赠总额的11.04%；赈灾捐赠600万元，占捐赠总额的16.56%；助学捐赠205.1万元，占捐赠总额的5.66%；环保捐赠30万元，占捐赠总额的0.83%。

**【扶贫资金管理】** 为履行好中央企业的社会责任，树立良好的企业形象，中国一汽在完成国家定点扶贫任务的同时，积极参与社会公益项目、救灾援助等活动。2014年重新修订《集团公司对外捐赠管理程序》，对资金审批、使用、管理等做了具体规定，编制《集团公司社会责任管理规定》，明确了各部门及相关人员的责任范围和工作职责。责成挂职干部对资金、项目等行使全方位的管理，要求做到项目公开、资金使用审批流程严密，责任人明确，并把挂职外派干部对项目及资金管理的情况纳入绩效考核。

**【整村推进】** 2014年，中国一汽在凤山县投入帮扶资金1272万元。完成了凤山县“瑶寨屯一汽小镇”全套建设。项目按照整村推进扶贫开发6大类23项验收标准，本着缺什么补什么的原则进行设计，实施200平方米教学楼，100平方米的文化室，100平方米的农家书屋，640平方米的篮球场，120平方米的戏台，50平方米的宣传长廊，300米的排污沟，60平方米的公共水池，2412平方米的道路硬化，1000平方米的绿化，180亩珍珠李，3.7千米的屯级道路硬化，60间600平方米的畜栏改造，拉动了畜牧、住房和城乡建设等7个涉农部门投入281万，实施了3千米的农网改造，1个垃圾焚烧炉、150亩的核桃种植和30户的民房改造，调动该屯群众自筹和投工投劳折款101万元参与示范点建设。从根本上解决该屯30户135人的“行路难、上学难、饮水难、用电难、卫生难、住房难和收入难”等问题，同时间接解决周边60户群众的“行路难和上学难”问题。该屯人均纯收入从2012年的1661元提高到2014年的3998元。同时，完成“坡新村一汽小镇”项目前期调研、考察、项目策划前期准备工作。

**【职业教育培训】** 2014年，中国一汽投入50万元资金用于阜平县职业教育培训。设立14门专业的课程，培训560学时，得到教育部的关注和认可，中国一汽已将阜平职业技术教育项目经验在其他帮扶的县市进行复制推广。

**【干部挂职扶贫】** 中国一汽选派扶贫挂职干部3人，分别担任凤山县县委常委、副县长，镇赉县县委常委、副县长，和龙市市委常委、副市长。扶贫挂职干部严格按照扶贫工作要求，克服工作中和生活中的困难，认真履行自己的职责。2014年，中国一汽召开3次以介绍经验、工作交流、实地走访等形式的扶贫工作交流会，共39人次参加。

**【产业扶贫】** 结合凤山县山多地少、平地种植农作物资源有限的地理特点，选择在山上种植核桃、珍珠李、林下养殖作为产业扶贫的路子。2014年，瑶寨屯种植核桃150亩，珍珠李180亩，林下养殖近1万羽（只）。

**【教育扶贫】** 2014年，中国一汽捐赠“阳光助学项目”资金100万元，资助100名低保户及家庭生活贫困、品学兼优的高中生，用于他们的学费、住宿费、书本费和必要的生活支出。

捐赠“爱心包裹”项目200万元，为凤山县1.8万名小学生配备爱心小书包，并通过一封信的对话形式，让贫困山区的孩子感受到中国一汽员工的关爱。

充分发挥共青团的作用，开展中国一汽“蓝途公益计划”活动，以环保关爱为主题，策划“个十百千万”计划，即：每年捐助3个以上“蓝途电脑教室”和“蓝途书屋”，支持10个公益项目，至少帮扶100名学生（资金直接送达到学校），满足1000个孩子的微心愿，并采取公益竞拍的形式筹款10000元以上（直接捐赠到学校），用于助学公益基金，2014年共计拍得50万赠款。

**【公益扶贫】** 2014年，中国一汽轿车公司团委对以往的“红旗少年一汽行”活动做了继承与发扬。选取目标城市团省、市委选拔的当地优秀少年10名、都江堰博爱小学2名学生及12名一汽轿车员工子弟作为“红旗少年”，通过开展感悟国车红旗、快乐汽车拆装、参观数字化工厂等系列活动，培养“红旗少年”的爱国情操、树立其品牌意识、感受科技创新的魅力。2014年7月，以“雏鹰在这里试翼”为主题的“红旗少年一汽行”大型公益活动在中国一汽举行。来自吉林省贫困小学及四川省的12名精英少年走进中国一汽，参加了此次活动。

2014年，中国一汽捐赠200万元，持续开展“一汽集善博爱行”项目，为边远山区的残疾人弱势群体建设康复站、配置康复设备、出行工具等；开展“中国一汽助梦星星的孩子”公益活动，向吉林省自闭症儿童捐赠100万元，帮助60名没有享受到国家补贴、家庭贫困、在吉林省内康复机构接受康复训练的自闭症儿童。

**【革命老区建设】** 中国一汽根据国务院国有资产监督管理委员会文件精神，积极解决革命老区“水、电、路”问题，投入资金659万元，建设凤山县村级道路。2014年，完成2条屯级路硬化和5800平方米的联户路硬化，解决5个村屯150户678人的行路难问题。

（中国第一汽车集团公司　王　敏）

# 中国铝业股份有限公司定点扶贫

**【概述】** 2014年，中国铝业股份有限公司（以下简称“中铝公司”）定点帮扶湖北省阳新县。中铝公司按照“支持力度不减少，产业帮扶上档次，智力帮扶有创新，帮扶项目多覆盖”的原则，投入资金106万，完成扶贫项目8个，稳步推进定点帮扶工作。积极开展“扶贫日”相关活动，制订了开展“扶贫日”活动和募集资金工作管理制度。深入推进“中铝牌”系列扶贫济困活动，创新中铝培训新模式，设立“中铝公司农民田间学校”，开展扶智工作，联系社会力量帮助阳新县发展职业技能教育。全年培训农民群众达1100人次，培养技术示范户200户，推广农业新品种、新技术5项，每名受训贫困群众掌握1—2项农村种植养殖技术。帮助王英镇招商2000万元水上娱乐项目。积极开展产业扶贫和整村推进工作，截至2014年年底，阳新县贫困人口的建档立卡和11个整村推进村脱贫任务全面完成，共减少农村贫困人口1.2万人；农村常住居民人均可支配收入7157元，增长10%。

**【扶贫培训】** 中铝公司针对阳新县职业教育中心汽车专业师资力量薄弱，教学教材、教学用车和工辅器具短缺的问题，积极协调东风本田汽车有限公司提供相关支持：派技术人员到校兼职任教，为职教老师免费培训，解决师资问题；配备教学教材，提供一台教学用车、教学用发动机和配套的工具；承诺学生第三年可到企业实习，免费发放工作服、提供食宿，发放不低于2300元/月的实习补贴；毕业后安排到东风本田公司上班，并提供在当地具有相当竞争力的薪酬待遇。2014年9月，阳新县47个贫困家庭的首批学员已到校学习。

持续开展农牧业培训。帮助三溪镇姜福村邀请农业科技专家、畜牧养殖专家，对全村有创业能力和创业愿望的村民分批培训400余人次；支持阳新县人武部开展退伍士兵致富就业专题培训。联合阳新县科协等单位，针对阳新10万亩现代农业科技示范园建设，积极开展农村实用技术培训，创建了“中国铝业公司田间学校”，聘请专家、学者和乡土能人为教学辅导员，组织编印有针对性的《科普知识问答》《农村实用技术手册》，以贫困农民为中心，以田间地头为课堂，以实践为手段，利用农闲间隙组织专题培训，开展技术指导，新技术推广，并提供科技咨询服务，帮助乡亲们解决发展致富产业过程中的实际问题。

**【干部挂职扶贫】** 中铝公司派出1名干部，连续6年在阳新县扶贫，担任县委副书记职务，从事对阳新县的帮扶工作。工作中，挂职扶贫干部严格按照扶贫工作和中铝公司党组要求，不断推动机制政策创新，探索适合阳新县扶贫特点的新办法新路子，帮助当地干部群众用创新的思路推动发展，确立特色产业发展重点，培育新的经济增长点。

**【扶贫慰问】** 注重关怀特殊困难群体，利用春节、端午节、中秋节等传统节日，走访慰问阳新县特困学生和老弱病残困难乡亲。支持幸福老年公寓改善老年人，特别是残疾老年人的居住条件，满足老年人快速增多对公寓硬件上的需求。共慰问400户贫困农户、40名贫困学生，慰问金总计22万元。

**【扶贫资金管理】** 定点扶贫项目报经中铝扶贫工作领导小组同意实施后，由中铝公司财务部将款项拨至定点县财政局国库科，纳入国库统一管理。村组项目经实施、验收后由定点县财政局根据安排下拨到项目所在地财政所，到村到户，精确帮扶。助学济困项目，则由财政局根据安排直接划拨到共青团、残联等单位，由其负责发放到人到户；对进入养老院和儿童福利院老幼对象的慰问，则由财政局根据安排将资金直接划转至相应机构纳入统一管理使用。农民田间学校等培训项目，由财政局根据安排将资金直接划转到承办机构设在财政局的账户，由其在财政的监管下使用。挂职干部负责总体监管。

**【产业扶贫】** 积极发展致富产业，继续建设阳新县“中铝产业扶贫基地”，养鸡、桑蚕、香菇和残疾人创业点均有新成效：支持玉竹养殖基地养殖土鸡1.5万只、土豚500只；支持王英镇蔡贤村发展桑园200亩，全村农户养蚕直接收入100万元，加工产值300万元；支持新街村蛋鸡养殖基地新建鸡舍1栋，育雏室1栋；支持木港佳城种养殖专业合作社增加生产机械和蒸气锅炉等设备，发展6个香菇产业村，种植香菇40万筒，实现人均增收1000元目标；支持洋港镇泉口村狠抓农业产业化发展，新增发展油茶1500亩，成立“农旺产品合作社”，带动38名老党员、残疾人、贫困户以合作经营模式新发展香菇15万筒；支持谷保村发展杉木500亩；支持陶港镇金茂生态养殖合作社开展生猪养殖、油茶种植、农副产品加工等产业，形成年产猪500头、年增油茶1万株的规模；支持“中铝希望文明村庄”车前村扩建养殖基地2000平方米；支持排市、龙港、洋港2552名农村妇女创业就业，参与油茶的种植和经营管理，改造低产油茶林1.01万亩，产值达3600万元。据统计，2014年，全县新增种养大户82户，农民专业合作社116家；农业总产值76.8亿元，增长14.6%。

（中国铝业股份有限公司
党群工作部　姜　峰）

# 中国远洋运输（集团）总公司定点扶贫

**【概述】** 2014年，中国远洋运输（集团）总公司（以下简称“中远集团”）定点帮扶湖南省安化县、沅陵县，积极履行央企政治责任和社会责任，不断加大扶贫开发力度，选派挂职扶贫干部2人，集团领导等赴定点县考察10人次，举办各类培训班7期，培训各类人员280人次，直接援助资金600万元，帮助引进各类资金447万元，直接实施和引进扶贫项目30余个，为促进湖南安化县、沅陵县经济社会发展做出了积极贡献。

**【扶贫资金投入】** 中远集团2014年直接向定点扶贫县投入扶贫资金600万元，其中向安化县和沅陵县各投入300万元。在安化县，重点实施了社会养老扶助示范项目、金鸡完小“远航楼”配套工程项目和黑茶产业扶持项目等。在沅陵县，重点实施了“美丽乡村”建设项目、“远航·追梦”综合教学楼建设项目和农家乐项目等。扶贫资金来自中国外轮理货总公司和中远财务有限责任公司，各捐赠了300万元。

**【扶贫资金管理】** 为使定点扶贫资金管理和使用规范化、制度化，制定了严格的资金管理办法，对资金的来源、存放与保管、使用原则、使用范围、使用审批程序等进行了明确规定。每年年初，由扶贫干部商定点扶贫县县委、县政府提出年度扶贫资金和项目计划，经中远集团援藏扶贫领导小组审批后，严格按项目计划落实资金。每一笔扶贫资金的使用都按照资金管理办法，严格审批把关。

**【扶贫调研】** 中远集团认真贯彻落实国家有关扶贫开发政策要求，紧密结合帮扶县实际，科学制定扶贫开发工作思路。在安化县，中远集团在充分调研和与县委、县政府充分沟通的基础上，明确了“一同步三结合”的帮扶工作思路，即将产业扶贫、民生工程和社会事业同步推进，把扶贫与当地资源开发结合起来，大力培育促进农民增收和农村经济发展的特色产业；将扶贫开发与实施民生工程结合起来，大力改善贫困群众的生产生活条件；将扶贫开发与发展社会事业结合起来，促进革命老区和谐发展。在沅陵县，根据中央、省、市、县扶贫工作会议精神的要求，抓住国家对武陵山片区扶贫攻坚的机遇，按照“扶持一个村，带动一个乡，扩展一个县”的总体思路，突出“强基础、兴教育、壮产业”的理念，积极投身于借母溪乡的帮扶建设和脱贫致富，专注于借母溪乡的繁荣发展，成功走出了一条在“大湘西”偏僻边远的艰苦地区开展帮扶建设工作的路子。

**【扶贫慰问】** 在安化县，除投入资金支持乡镇敬老院改扩建和进行敬老院屋内床、桌、椅、柜、厨具、轮椅、取暖设备等配套建设外，为了体现中远集团对革命老区特困人群的关怀，在“七一”、春节等节日，组织对羊角塘镇石牛村、羊角塘镇敬老院、烟溪镇敬老院及特殊贫困户、老党员、五保户、留守儿童等弱势群体进行慰问 64 人次。在沅陵县，利用“七一”、中秋、国庆、春节等节假日对特殊贫困户、五保户及老党员、留守儿童等进行慰问，帮助他们解决一些实际困难。

**【扶贫宣传】** 为了加大对扶贫工作宣传力度，凝聚帮扶县、中远集团及社会各方力量，形成扶贫攻坚的强大合力，中远集团充分利用《中国远洋报》等媒体资源，自国家首个“扶贫日”开始，连续 3 期整版刊登中远集团帮扶安化县、沅陵县和洛隆县工作纪实，全面介绍中远集团近年来扶贫工作情况、重点项目、扶贫干部和扶贫经验等，受到全系统干部员工及社会人士的广泛关注和好评。

**【干部挂职扶贫】** 中远集团始终坚持向定点扶贫县选派优秀干部挂职开展扶贫工作。2014 年 3 月，中远集团精心选派集团下属中国外轮理货总公司和中远财务有限责任公司 2 名优秀中层干部，分赴安化县、沅陵县挂职县委常委、副县长。他们肩负着中远集团党组和全体中远职工的重托，牢记集团领导“带着使命履职尽责，带着感情扶贫开发，带着热心服务发展”的嘱托，以安化县、沅陵县的发展为己任，把定点扶贫县作为第二故乡，充分发挥了中远集团定点扶贫工作的桥梁和纽带作用，为促进定点扶贫县经济社会发展和民生改善做出了应有的贡献。

**【产业扶贫】** 在安化县，中远集团把扶持黑茶产业作为改善地区经济结构、扩大就业、推动贫困人口脱贫致富的重点工作，积极推动茶园基地建设，扩大对良种苗圃的支持力度，不断强化茶园基地后期管理。2014 年，支持江南镇高城基地、梅山村景观茶园、马路镇云台山基地、黄沙坪茶市滨江风光带景观茶园等近 600 亩茶园基地建设。在江南镇试点引入茶产业专业企业湖南老顺祥茶业有限公司，接手大树、高城两块茶园基地，实施规范化管理。协助县委县政府开展茶企清洁化、标准化调研，严格茶企准入标准，规范茶企生产标准。发挥中远集团跨国企业优势，着力推进黑茶上船，助力黑茶漂洋过海。在沅陵县，采取以奖代补方式，先后投入资金 50 多万元，扶持建立了借母溪蜂业有限公司、借母溪农产品开发有限公司、借母溪养蜂专业合作社，培育了农家乐、茶叶和蜂蜜开发大户 25 户。在发展养蜂产业方面，采取“公司+合作社+农户”的方式，实行统一生产、统一包装、统一品牌、统一销售，带动全乡 150 户参与养蜂，提高了产业组织化程度。结合借母溪海拔、土壤和气候条件，组织乡村两级干部赴凤凰县考察猕猴桃种植情况，开辟了30亩红心猕猴桃种植园，培育新的种植品种，为农业扶贫项目拓宽新路。

**【捐资助学】** 在安化县，推动实施了金鸡完小“远航楼”配套工程项目。地方自筹210万元，负责实施教学楼的主体工程和其他基础设施建设，中远援助40万元，负责教学一般设施的配套。在沅陵县，投入资金100万元，争取县教育主管部门配套200万元资金，帮助军大坪九年一贯制学校新建“远航·追梦”综合教学楼，帮助学校师生改善办公教学条件。

**【圆梦行动】** 助力贫困优秀高中生远航追梦。在安化县，选择50名2014年秋季入学的安化县二中优秀贫困高中生，成立“远航·追梦”高中自强班，每年为每名学生发放生活补助1800元，资助他们顺利完成高中学业。遵循“远航追梦，自强不息”的班训，利用课余时间组织学生开展户外活动、体育比赛、参观安化县人文物产等活动，培养他们自信自强、追逐梦想、立志成才、回报社会的优秀品质。

**【支教服务】** 与联合国教科文组织联合实施“为中国而教”支教项目，选派26名大学生志愿支教老师到安化县和沅陵县10所小学进行为期两年的支教。中远集团多次派人到各学校看望支教老师，协调解决他们工作生活中遇到的难题，帮助他们安心顺利开展支教工作。

**【扶贫培训】** 中远集团按照“致富先治愚、扶贫先扶智”的理念，加大扶智扶持力度和扶贫培训工作，着力从根本上解决贫困问题。在安化县，组织举办“远航·追梦”中级茶艺师培训班，聘请湖南农大著名茶学专家、教授，结合茶产业市场发展特点，采取理论与实践相结合的方式，重点传授茶叶、茶具、茶艺表演以及茶文化知识，共培训学员63人，结业前所有学员就被预订一空，进一步提升了中远茶艺师品牌影响力。在沅陵县，继续加大产业发展实用技术培训力度。采取办培训班、聘请专家现场指导等多种形式，先后举办了茶叶、养蜂、生态旅游、农家乐等实用技术培训班3期，累计培训270人次，为当地产业开发培养了一批乡土人才。

**【公益扶贫】** 在安化县，针对部分小学教育资源不足，学生课桌椅缺乏的状况，与湖南省公安厅联合向洞市完小捐赠300套课桌椅和20套老师办公桌椅。通过中远慈善基金会和中国外轮理货总公司收集系统内捐赠的图书6000余本，为杨林小学捐建19个“远航·追梦”图书角，并捐赠155个爱心书包。通过益阳市妇联、湖南省扶贫促进会等单位，联系益阳、长沙、香港等地相关企业和爱心人士，向安化县贫困留守儿童定向捐赠超过50万元扶贫资金。在沅陵县，中远集团工会党支部定向对军大坪九校捐赠了部分图书。

**【基础设施建设】** 在安化县，全力推进实施了社会养老扶助示范项目。中远集团集合项目资金296万元，对烟溪镇及周边乡镇的养老院进行提升质量改造，通过添置生活、安保、健身和娱乐设备，提供专业护理、体检、医疗康复及心理疏导，将敬老院改造成了集五保老人托养、康复，孤儿及流浪儿寄养、健身场等功能于一体的综合福利中心，项目辐射了烟溪、平口、渠江、羊角塘4个乡（镇），显著提升了当地弱势群体生活条件，为烟溪镇及周边乡镇的孤残老人带来了实实在在的福祉。在沅陵县，投入70万元实施了敬老院老楼的二期改造工程，对敬老院老楼的水、电路、管网及房屋墙面进行全面改造，改进菜园、猪圈的规范建设，增设护栏、健康器材；同时，对“中远幸福苑”庭院进行了绿化美化工程，改善了敬老院的生活居住环境。大力实施“五通”基础设施建设工程，先后完成了千胡消防通道水毁恢复工程建设任务，实施了“美丽乡村”项目，修建了1200米的入户人行便道，安装了34盏太阳能路灯，整修房屋12栋，修建公共猪牛栏2栋，全长14千米的借母溪自然保护区巡护步道建设全面启动。同时，完成10个村民小组170户农村高压电网改造工程，铺设了移动通讯光缆，移动通讯覆盖到全村90%的区域。

**【易地扶贫搬迁】** 在沅陵县，结合洪水坪集镇建设，努力探索山区贫困农户易地搬迁的路子，捆绑项目资金40多万元，支持借母溪村实施危房改造。集合资金180万元，奖补村民到集镇购房，实施易地搬迁，让52户贫困群众实现了“住有所居”。

**【整村推进】** 在安化县，着力做好定村扶贫收官项目。主动协调县房产局、交通局、扶贫开发局、电力局和羊角塘镇等相关部门，整合各类资金约780万元，完成了羊角塘镇石牛村9千米农村公路建设、2座通信基站建设、全村电网改造及300亩农田土地整理等。

**【劳务输出】** 在沅陵县，中远集团扶贫工作队不断加大外出务工技能培训力度。2014年，通过扶贫干部的穿针引线，与专业的海员培训机构和船员劳务公司合作，建立航海、轮机专业人员的培训就业合作关系，实行“订单式”专业培训，一年培训和输出航海、轮机专业人员6人，输出人员月工资达5000元。

［中国远洋运输（集团）总公司
侯京妙］

# 中国海运（集团）总公司定点扶贫

**【概述】** 2014年，中国海运（集团）总公司（以下简称“中国海运”）结合定点帮扶云南永德县“十二五”发展规划，以教育帮扶、农村医疗卫生、干部培训以及爱心助学等工作为重点，认真做好扶贫开发工作。2014年帮扶项目有3大类，共投入帮扶资金435万元，其中集团总公司帮扶资金330万元；引进下属公司和客户援助资金、物资66万元；募集员工捐款39万元。集团总公司共资助永德县贫困学生100人，发动员工资助贫困学生137人，其中集团挂职副县长发动身旁爱心人士资助贫困学生30人，资助金额10万元。

**【教育扶贫】** 2014年，中国海运在总结前两届“中海希望班”经验的基础上，招收了第三届“中海希望班”50人，给予帮扶资金15万元，其中：助学金10万元，奖学金5万元。助学金按照每人每学期补助1000元的标准，用于“中海希望班”学生的生活补助。奖学金面向永德一中全体学生，奖励品学兼优的学生。整个奖学金本着公开、公正、公平的原则进行发放，对培育永德一中良好的学习风气起到了很好的激励作用，也给寒门学子打开了一扇继续求学的大门。

2014年，中国海运提供助学资金5万元，用于偏远山区学校特困学生的基本生活补助；为永德一中开设电教课堂援助电脑55台；组织动员公司员工向永德中小学生捐赠各类书籍4800余册。

2014年，中国海运提供帮扶资金130万元，用于重建永德县乌木龙乡扎莫完小项目。项目共投资365万元，县级配套235万元。其中，教学楼建设144万元，学生宿舍建设150万元，食堂建设61万元，公共卫生设施建设10万元。

**【医疗卫生扶贫】** 2014年，中国海运提供帮扶资金25万元，县级自筹资金4万元，为永德县忙况村新建村卫生室一间，框架结构，占地面积约367.4平方米，建筑面积144平方米一间，项目计划投资29万元。截至2014年年底，已完成选址、项目规划、资金预算等前期工作。

中国海运提供帮扶资金25万元，县级自筹资金5万元，用于援建永德县曼来村标准化卫生室。曼来村标准化卫生室项目占地442.5平方米，建筑面积142.89平方米一间，解决378户1473人的就医难问题。该项目在2014年年底前完成了选址、项目规划、资金预算等前期工作。

中国海运利用企业内部医疗资源，提供帮扶资金 20 万元，为永德县举办 2 期医疗知识培训班。2014 年 11 月，中国海运下属广州新海医院副院长一行 3 人到永德县开展了第 1 期医疗帮扶。3 位专家主要就呼吸内科、神经内科、消化内科等内科系统疾病的诊治进行专项培训，并通过参与查房、看诊患者、讲座培训、相互交流等形式开展实践指导，期间还深入小勐统镇、永康镇对 200 名贫困山区的群众进行义诊，受到当地病患者的欢迎。

**【干部挂职】** 2014 年年初，经中国海运党组会研究决定，继续从集团内择优选拔 2 名政治业务素质好、身体健康、能吃苦耐劳的年轻干部赴永德挂职副县长，主要负责扶贫项目的落实和沟通工作。2 名挂职干部在永德工作期间，认真履职、敬业奉献，深入贫困山区开展调研和现场办公，受到了永德县领导和群众好评。集团下属中海集运选派 1 名青年员工前往当地支教，以缓解永德县师资力量匮乏的现状。

**【干部培训】** 中国海运依托集团党校培训平台，提供培训经费 110 万元，分别在 2014 年 3 月和 9 月开展了 2 期培训班，共有 100 名永德县中青年干部参加。本次培训针对上海市的城市特点和永德县县域经济的特点，立足永德经济的发展需求，精心组织、合理安排课程，邀请了复旦大学、上海交通大学、上海市农业委员会、上海市委党校的资深教授和专家学者，分别就民营经济的转型发展与模式创新、发展生态农业的思路与实践、新形势下欠发达地区的经济发展、区域经济产业发展与西南机遇、服务型政府建设与公共服务能力提升、大力推进生态文明建设等方面，为永德中青年领导干部开展了专题讲授。整个教学将理论学习与实地考察相结合、专家授课与分组讨论相补充，开拓了青年干部视野，有效提升了干部的履职能力。

［中国海运（集团）总公司工会
张　洁］

# 中国建筑工程总公司定点扶贫

**【概述】** 中国建筑工程总公司（以下简称“中国建筑”）积极履行中央骨干企业社会责任，按照中央有关要求，积极开展对外捐赠和定点扶贫工作，利用自身在勘察设计、建筑施工、管理运营等方面的业务优势，通过资金帮扶、教育帮扶、智力帮扶、技术帮扶和项目带动等方式，努力参与定点扶贫工作。

中国建筑继续保持“资源共享、体系联动、共同推进”的定点扶贫格局：中国建筑总部定点扶贫甘肃省康乐县、卓尼县、康县，所属子企业也积极参与各省（市、区）的定点扶贫工作。中国建筑旗下中国建筑第四工程局有限公司（以下简称“中建四局”）定点帮扶广东省五华县潭下镇乐道村，中国建筑第七工程局有限公司（以下简称“中建七局”）定点帮扶河南濮阳市南乐县杨村乡郭吉道村，并开展大别山片区扶贫工作，中建新疆建工（集团）有限公司（以下简称“新疆建工”）定点帮扶新疆维吾尔自治区南疆喀什地区英吉沙县英也尔乡坎特艾日克村。旗下其它子企业中国海外集团有限公司、中国建筑一局（集团）有限公司、中国建筑第二工程局有限公司、中国建筑第五程局有限公司、中建安装工程有限公司、中建钢构有限公司等企业也以实际行动参与扶贫及公益活动，参与企业已超过15个。

**【扶贫资金投入】** 作为国有骨干中央企业和世界百强企业，根据国务院扶贫办、中共中央组织部等8部委联合印发的《关于做好新一轮中央、国家机关和有关单位定点扶贫工作的通知》（国开办发〔2012〕78号）文件，2014年，中国建筑总部向定点扶贫地区——甘肃省康乐县、卓尼县、康县拨付专项扶贫资金829万元，用于专项扶贫项目的开发建设。2014年，中国建筑对外捐赠款项4261.6万元，其中：货币资金4236.3万元，占99.41%；实物资产25.3万元，占0.59%。捐赠地区主要分布在：贵州省2002.5万元，占46.99%；甘肃省782.1万元，占18.35%；上海市318万元，占7.46%；北京市173.5万元，占4.07%；其他省（市）985.5万元，占23.13%。用于专项定点扶贫的款项882.5万元，占对外捐赠总资金的20.71%，其他资金基本用于非定点地区的救灾、教育、医疗、水利等方面的帮扶。

**中国建筑工程总公司扶贫资金投入情况**

| 捐赠性质 | 捐赠金额（万元） | 占比（%） | 捐赠途径 | 捐赠金额（万元） | 占比（%） |
|---|---|---|---|---|---|
| 合计 | 4261.6 | 100.00 | 合计 | 4261.6 | 100.00 |
| 向定点扶贫地区捐赠（扶贫） | 882.5 | 20.71 | 直接向受益人捐赠 | 170.1 | 3.99 |
| 其他公益救济和公共福利事业捐赠 | 17.8 | 0.42 | 通过企业慈善基金会 | 29.5 | 0.69 |
| 向文化体育事业捐赠 | 133.9 | 3.14 | 通过县级以上人民政府 | 3536.1 | 82.98 |
| 向教育事业捐赠（助学） | 2194.1 | 51.49 | 通过残疾人联合会 | 10 | 0.23 |
| 向医疗卫生事业捐赠 | 50 | 1.17 | 通过红十字会捐赠 | 10.5 | 0.25 |
| 向受灾地区捐赠 | 300 | 7.04 | 通过其他公益性社会团体 | 501.4 | 11.77 |
| 向社会公共设施建设捐赠 | 130 | 3.05 | 通过青少年基金会 | 4 | 0.09 |
| 其他定点援助地区 | 25 | 0.59 | | | |
| 向企业慈善基金会捐赠 | 14.6 | 0.34 | | | |
| 其他捐赠 | 513.7 | 12.05 | | | |

**【卫生医疗扶贫】** 2014年，中国建筑拨付236.75万元用于支持康乐县妇幼保健站项目。本项目已于2014年8月底建成并投入使用，该项目的建成，有效改善了康乐县妇幼保健机构的医疗条件，提升服务能力和水平，更好地为全县妇女、儿童提供优质的医疗保健服务。

**【基础设施建设】** 1. 中国建筑拨付资金240万元，用于建设卓尼县纳浪乡纳浪示范村建设项目。该项目主要包括硬化纳浪村道路；修建纳浪村纳浪河流域治理防洪护村河堤；加固维修纳浪村主干道水泥桥；建设纳浪村文化广场等。通过实施该综合扶贫项目，对于提升藏族聚居地基础设施及文化生活设施具有示范意义和实质益处。

2. 中国建筑拨付资金300万元，用于建设康县王坝乡大水沟村村民活动中心、豆坪乡卫生院李山分院、岸门口镇街道村便民桥等3个扶贫项目。3个项目建成后，将丰富大水沟村及周边广大群众的文化生活，吸引外部游客，增加群众收入；解决豆坪乡李山等8村及周边群众看病难问题；解决岸门口镇街道村两岸三村500多户、2000多人世代以来隔河渡水、遇雨隔河相望的问题，极大地方便当地群众出行。

3. 中建四局帮扶广东省五华县潭下镇乐道村。中建四局按照广东省委省政府、中国建筑的要求和部署，结合乐道村的具体情况，以加强乐道小学基础设施建设、改变村容村貌和贫困户增收为重点，共投入扶贫资金79.7万元，改善了教学设施、修建了村民文化广场、安装自来水管道、给贫困户购买农村合作医疗保险、发放猪苗、鸡苗、进行危房改造等，使村容村貌有了较大改善，集体经济收入有了新的增长点，贫困户收入也有较大幅度增长，达到4100—4500元。扶贫开发“双到”工作取得了较好的成绩。

【扶贫培训】 中建七局在大别山片区扶贫中，利用培训中心（南阳建筑工程学校）对前期劳务入场进行专业化的培训；利用项目的“农民工夜校”进行技术、安全、法律等知识培训；利用“劳动竞赛”“技术比武”等方式，提高劳务从业人员业务技能和知识本领。培育出了“全国五一劳动奖章”获得者、第四届“全国道德模范”黄久生。

【劳务输出】 中建七局定点帮扶河南濮阳市南乐县杨村乡郭吉道村，采取劳务合作的形式进行帮扶，年度协调落地项目 5 万平方米，合同金额 5000 万元，有效解决郭吉道村劳务输出问题，为村民脱贫致富起到关键作用。

【产业扶贫】 中建七局开展大别山片区扶贫工作。继续对大别山片区河南省民权县，湖北省团风县、罗田县、安徽省岳西县 4 县建筑业予以帮扶，利用自身优势，分别与帮扶县政府签订劳务合作协议，建立劳务基地并合作开发劳务资源，解决大别山片区定点扶贫县农民工就业 1 万人次。中建七局还利用投融资建设方面优势，通过 BT、EPC、PPP 等方式参与当地教科文卫以及公共基础设施投资建设、改善当地群众居住环境，已确定扶持罗田县基础设施及农田水利建设项目。

【维稳驻村帮扶】 新疆建工派出工作组前往新疆维吾尔自治区南疆喀什地区英吉沙县英也尔乡坎特艾日克村开展定点帮扶维稳驻村工作。按照三年维稳帮扶工作规划，驻村工作在全面入户走访调研的基础上，切实为各族群众办实事办好事。一是将新疆建工对员工子女的“金秋助学”资助行动延伸到维稳帮扶村，对 2014 年考上大学、大专、中专院校的村民子女每年分别给予 1000 元、800 元、600 元的资助；二是投入 10 万元为驻村建设民兵值班室、为村委会修建围墙、大门、铁艺围栏；三是投资维修、装饰驻村原旧礼堂，改建成村民婚丧嫁娶活动中心；四是开展结对子活动，每名工作组成员结交 3—5 名少数民族生活困难村民，在经济上给予帮扶、技能上给予帮助。2014 年，新疆建工共投入 10. 1 万元改善村容村貌，促进驻村经济发展，提高各族群众文化生活水平。

（中国建筑工程总公司政工部
崔鹏伟）

# 国家开发投资公司定点扶贫

**【概述】** 国家开发投资公司（以下简称“国投公司”）定点帮扶贵州省罗甸县、平塘县和甘肃省宁县、合水县4个县，认真贯彻落实《中国农村扶贫开发纲要（2011—2020年）》和《关于做好新一轮中央、国家机关和有关单位定点扶贫工作的通知》要求，把定点扶贫纳入年度工作任务中，纳入经营预算管理中。2014年无偿捐赠4个定点帮扶县资金1308万元，继续向贵州省黔南布依族苗族自治州扶贫开发局提供300万元周转金，用于支持罗甸县、平塘县经济发展。在全国首个“扶贫日”活动期间，宣传了十多年来开展定点扶贫工作的情况。

**【扶贫调研】** 2014年，国投公司分管定点扶贫工作的副总经理带队，组织11人次两次深入贵州省平塘县、罗甸县和甘肃省宁县、合水县召开工作座谈会，了解各县当前经济社会发展情况，听取意见和建议。深入各县所在地企业、学校、工厂和村民家中了解情况，研究提出“打好扶贫大开发攻坚战、把落实精准扶贫工作做实”工作思路。

**【扶贫慰问】** 2014年春节前，国投公司分别向平塘县、罗甸县、宁县、合水县发慰问信并拨慰问款，共40万元，慰问4县贫困家庭1081户，帮助困难群众度过一个愉快的春节。

**【教育扶贫】** 2014年，国投公司继续与中国扶贫基金会开展新长城项目（2011—2015年）合作，资助平塘县、罗甸县两县困难大学生上学，捐赠48万元用于两县240名大学生上学期间的有关费用。同时，参加“新长城特困高中自强班”项目（2013—2015年），资助宁县、合水县各设一个“新长城——国投自强班”，以三年制高中为一周期进行合作，按每班50人（共2个班），2000元/人·年标准，投入经费20万元资助两县100名高中生。

**【公益扶贫】** 2014年，国投公司与中国残疾人福利基金会合作，捐赠100万元，帮助贵州省定点扶贫县的1000名白内障患者实施手术，重见光明。同时还投入10万元，帮助平塘县3名特困残疾人家庭改善基本生活条件。

**【基础设施建设】** 2014年，国投公司在对定点扶贫宁县、合水县调研考察的基础上，确定了支援两县乡村公路建设，为每县投入资金200万元，共400万元。帮助合水县修建乡村砂石路8千米，解决柳沟村、太莪乡邢家坪村 2 个行政村 603 户 3568 人的出行和 5980 亩耕地农作物产品的外运问题。为宁县修建乡村水泥路 3.01 千米，解决湘乐镇于家村 8 个村民小组 1106 户 7530 人的出行和 8318 亩耕地农作物产品的外运问题。

2014 年，国投公司在对定点扶贫贵州省平塘县、罗甸县调研考察的基础上，确定了第 7 年支援两县村民饮水工程项目建设，为每县投入资金 200 万元，共 400 万元，帮助援建平塘县、罗甸县建设村村通饮水工程。帮助平塘县冗空村、兴荣村、牙舟镇卡罗片区长冲村 4254 人，罗甸县摆落村、高山村、把坝村 1362 人解决了饮水安全问题。

（国家开发投资公司　夏成楼）

# 招商局集团有限公司定点扶贫

**【概述】** 2014 年，招商局集团有限公司（以下简称“招商局”）继续定点帮扶贵州省威宁彝族回族苗族自治县（以下简称“威宁县”）和湖北省蕲春县，深入贯彻落实《中国农村扶贫开发纲要（2011—2020 年）》要求及国务院扶贫办等八部委联合印发的《关于做好新一轮中央、国家机关和有关单位定点扶贫工作的通知》等文件精神，以项目为载体深入开展定点扶贫工作。在威宁县，继续推进扶贫“四个一工程”，即打造一个幸福小镇、办好一个干部培训班、建成一个物流综合园区、引荐一批产业项目。在蕲春县，全力推进“4+1 帮扶工程”，即建设一批幸福新村、转移一批劳动力、办好一个干部培训班、引进一批企业、共同做好特色产品推介和推进蕲春管窑码头建设。以上举措，有力助推威宁县、蕲春县等地区经济脱贫致富、跨越发展，定点扶贫工作取得新成效。直接投入资金共计 2146 万元，举办干部培训班 3 期。

**【扶贫资金投入】** 2014 年，招商局以招商局慈善基金为公益平台，向威宁县、蕲春县直接投入资金共计 2146 万元，其中用于基础设施建设 1761 万元、文化教育 220 万元、人力资源培训 165 万元。

**【扶贫资金管理】** 招商局以招商局慈善基金会为统一公益平台，建立健全协调统一的扶贫资金管理机制。2014 年，继续完善了《招商局慈善基金会基金管理办法》《招商局慈善基金会项目管理办法》等管理规定，加强了对扶贫资金的管理使用和监管力度，并切实做好扶贫项目的设计、评估、监测等，保证扶贫资金落到实处，扶贫项目取得实效。

在加强扶贫资金内部监管的同时，与威宁县制定实施《威宁幸福小镇专户资金管理办法》，保证专项扶贫资金使用公开透明。

**【扶贫培训】** 结合招商局百年文化积淀，发挥招商局在创办蛇口工业区、漳州开发区等方面的经验，并利用场地、区域开发管理及人才培养的经验和优势，2014 年举办帮扶地区干部培训班三期，投入资金 165 万元，培训威宁县、蕲春县干部 130 人次，帮助威宁县、蕲春县参训干部更新观念、开阔视野、拓展思路，效果显著。

招商局从 2013 年开始在蕲春县启动实施劳动力转移培训工程，招商局物业承担此项校企合作工作，依托黄冈第二高级技工学校开设招商局物业冠名班，培养物业管理工程专业适用型人才。2014 年首期冠名班招生 46 人。

**【干部挂职扶贫】** 2014 年，招商局选派 1 名处级干部赴湖北省蕲春县挂职，2013 年挂职威宁县的 1 名干部继续在当地任职。工作中，扶贫干部严格按照招商局扶贫工作要求，深入乡村、企业调研，了解定点扶贫县的经济社会发展情况和当地贫困居民对扶贫项目的需求，扎实做好定点扶贫基础工作。为对接福建农产品深加工企业及台商高效农业创业园区建设，加大威宁县招商引资工作力度，威宁县挂职副县长多次带领威宁县干部赴漳州市开展招商引资活动。同时，2014 年 1 月，招商局选派的第四任挂职威宁副县长蒋岳辉被国务院扶贫办授予“中央国家机关等单位定点扶贫先进个人”称号。

**【产业扶贫】** 在威宁县，招商局帮助引荐的著名品牌漳州“片仔癀”大明中药饮片项目落地威宁，已建成两幢 3100 平方米库房和一幢质检大楼、一幢展示大楼及一幢饮片生产车间等，并已进入试生产阶段。除继续生产经营中药饮片外，针对威宁实际，漳州片仔癀公司还着手准备在威宁拓展新的保健养生食品业务，通过产业帮扶，助推威宁农村经济实现较快发展。

在蕲春县，招商局旗下的深圳美伦酒店管理有限公司与蕲春李时珍医药集团、湖北蕲艾堂科技有限公司等合作推广 6 种产品，包括蕲艾牙膏、远红外艾灸贴、蕲艾堂养生香、蕲艾香包、蕲艾精油皂、蕲艾养生枕等。此外，美伦酒店在实地考察湖北明窑陶艺有限公司制作车间和展示厅后，还计划就蕲春制作陶艺体验与陶艺产品展示与当地进行合作，挑选当地 2—3 名技艺精湛的陶艺技师到深圳，由深圳美伦山庄免费提供场地设立制作陶艺体验和陶艺产品展示馆，宣传蕲春制陶工艺，有效提升蕲春陶艺产品价值。

**【教育扶贫】** 在威宁县投入 72 万元，继续实施“为中国而教 · 威宁边远乡村支教计划”，增加派遣 18 名重点大学应届毕业志愿者分赴威宁县羊街镇、牛棚镇学校任教两年。截至 2014 年，威宁县支教志愿者共计 33 人。继续实施“招商局威宁助学助教基金”项目，投入 30 万元，资助 495 名贫困学生。继续支持当地妇女能力建设，帮助妇女们学习文化，吸收新知识、新观念，为打造“幸福小镇”品牌价值，推动当地“农业服务业”产业提升打下基础。

在蕲春县，与上海真爱梦想公益基金会合作开展“梦想中心乡村素质教育计划”，截至 2014 年底，已在蕲春县捐建 12 个“梦想中心”，招商局投入资金 105 万元，当地教育部门配套资金 45 万元。“梦想中心”作为承载素质教育使命的空间载体，从最初的图书馆到集网络、多媒体、图书和课堂为一体的教室，受到当地师生极大欢迎。

**【整村推进】** 招商局威宁县大江家湾幸福小镇项目于 2011 年立项。2014 年 5

月，建设工程正式启动。大江家湾“幸福小镇”建设共涉及农户59户，房屋76栋（其中新建10栋，拆旧翻新26栋，原址加层17栋，原貌改造33栋）；应拆除附房、圈舍总面积5919平方米，共投入资金1000万元。2014年，威宁“幸福小镇”已相继开办多家农家乐和农家客栈，一个集居民住宅、民俗客栈、餐饮娱乐、旅游商业、生态农业示范基地于一体的“幸福小镇”已初步形成。

除了“幸福小镇”的硬件投入外，还大力支持当地妇女能力建设。举办乡村妇女微型创业班，帮助妇女提高经营意识和能力，推动当地农业产业的转型；成立银龙村、草海村妇女发展小组，帮助建立和完善自组织管理，通过小组支持提升能力建设；引导妇女参与社区公益、村庄环境卫生的清洁、本村幼儿园的亲子活动、关爱孤寡老人或留守儿童等；鼓励妇女开展文化娱乐活动，组织舞蹈队、合唱团、舞龙队等，发掘和培养山歌手；开展村际交流活动，促进银龙村、草海村妇女的共同发展，实现优势互补，内容涉及扫盲班妇女的文化水平比拼、提高班妇女技术比拼。并计划在旅游旺季，组织两村妇女发展小组，利用隔海相望的地理位置，为游客提供爱心和服务的接力，充分展示草海妇女的良好风貌。为打造“幸福小镇”品牌价值，推动当地“农业服务业”产业提升打下基础。

2014年，在银龙小学继续开展草海生态教育项目（夏/冬令营），投入16.5万元，为四、五年级学生提供的“第二学习课堂”，以“我们的草海，我们的夏令营”为主题，湿地环保教育是其中重要的活动环节，此外还有英语工作坊、生态工作坊、音乐工作坊、表达工作坊等模块。通过夏令营，帮助孩子们培养学习的兴趣，增强孩子们探索世界的愿望，提高沟通技能，让孩子们变得更加自信、从容。

**【劳务输出】** 结合蕲春中医产业优势，蕲春县理工中等专业学校与招商地产旗下深圳美伦酒店管理有限公司达成合作意向，蕲春县理工中等专业学校定向培养中医推拿、针灸、理疗和按摩等专业技术人员，首批学员30名，所有学员毕业后与深圳美伦酒店管理有限公司签订协议，安排就业，待遇从优，美伦酒店并在专业师资力量配备上予以支持。

**【易地扶贫搬迁】** 2013年，在蕲春县投入460.2万元帮助青石镇大屋村共126户约300名特困群众迁出山区，青石镇大屋村幸福新村项目已于2014年4月底完工。“招商局大屋幸福新村”项目现已成为湖北农村新型社区示范点、生态扶贫搬迁的样板工程。2014年，招商局在蕲春县大同镇柳林村和向桥乡桐油村启动实施移民搬迁扶贫工程，两地搬迁贫困户171户，投入资金561.7万元。

（招商局集团有限公司扶贫工作领导小组办公室 李 帮）

# 华润（集团）有限公司定点扶贫

**【概述】** 2014 年，华润（集团）有限公司（以下简称“华润集团”）定点扶贫江西省广昌县和宁夏回族自治区海原县，结合企业资源优势，聚焦人才培养、产业帮扶、新农村建设等领域，分别制定了对广昌县和海原县的 5 年帮扶规划（2014—2018 年），有步骤、有重点、因地制宜地帮扶广昌县、海原县的现代化农业产业发展、农村扶贫开发建设和人才教育培养工作。

**【扶贫规划】** 2014 年，华润结合当地实际情况，制定了《华润集团定点帮扶海原县发展五年规划》。按照五年规划，华润将在 2014—2018 年，通过产业扶贫、投资扶贫、人才扶贫、公益扶贫等多个途径，开展对海原的扶贫开发工作。其中，产业扶贫以帮扶海原县打造草畜一体化肉牛养殖基地为核心，华润集团在规划期内将通过华润慈善基金会捐资 3.85 亿元人民币；公益扶贫以华润希望小镇、生态公益林项目为核心，华润集团在规划期内将通过华润慈善基金会捐资 1.4 亿元；投资扶贫以风力发电项目为核心，由华润新能源投资约 79 亿元；人才扶贫主要是指华润集团将在规划期内选派 20 名优秀企业管理人才到海原县、乡两级政府挂职。华润将通过扶贫开发，帮助海原县发展特色农业、畜牧业，改善海原县的植被生态，提高海原县的农业产业现代化、市场化水平，切实增加农民收入。

2014 年，华润集团党委先后两次派集团主要领导带队赴广昌县就定点扶贫工作进行实地考察调研。“共创·小康”工程是广昌县 2014-2018 年实施苏区振兴与扶贫攻坚的重点工作，经与广昌县多次沟通，华润与广昌县签订了《华润援建广昌“共创·小康”工程示范区项目合作框架协议》，协议确定了自 2014 年至 2018 年，由华润每年在广昌县选取 1 个相对集中的贫困村，并帮助该村进行危旧土坯房改造及基础设施建设，5 年援建帮扶的资金总额约为 5000 万元。

**【共创·小康工程】** 2014 年，华润集团援建广昌“共创·小康”工程示范区项目选址在广昌县头陂镇西港村，主要内容为：援建头陂镇西港村 83 户危旧土坯房改造、村内基础设施建设及竹庭文化休闲广场建设。最终核定的项目预算为 849 万元。截至 2014 年年底，华润集团已向广昌县捐赠了该项目的首批建设款 500 万元。

［华润（集团）有限公司董事会办公室
刘默涵］

# 中国节能环保集团公司定点扶贫

**【概述】** 2014年，中国节能环保集团公司（以下简称“中国节能”）扎实做好对河南省洛阳市嵩县和广西壮族自治区贺州市富川县两个贫困县的扶贫开发工作。中国节能领导对扶贫工作高度重视，派出考察组，深入定点扶贫县进行实地考察研究，探索新的扶贫模式，确定了将中国节能的主营业务与当地实际相结合，进行产业扶贫，以产业带动和促进贫困地区发展的扶贫工作思路，扶贫工作取得明显成效。中国节能和挂职嵩县扶贫干部程华同志被评为“中央、国家机关驻豫定点扶贫先进集体”和“中央、国家机关驻豫定点扶贫先进个人”。

**【扶贫资金投入】** 中国节能2014年累计向定点扶贫县捐赠扶贫资金268.5万元、电脑66台，用于两个定点扶贫县助学、助农、帮贫等扶贫开发工作，使两个定点扶贫县的100个贫困农户、200名贫困大学生、50名贫困中小学生、31个贫困村、1个敬老院直接受益。其中，向嵩县和富川县捐助定点扶贫款各100万元，捐电脑各33台，慰问嵩县贫困农户100户共计3万元。

**【扶贫调研】** 充分发挥挂职扶贫干部作用，不断深入定点扶贫县考察调研，全年共向两个定点扶贫县派出考察调研组10批，共计34人次。先后组织风电公司、太阳能公司、绿碳公司深入嵩县调研风电项目、太阳能发电项目和农林废弃物综合利用项目，为中国节能决策提供有效参考；先后带领嵩县扶贫办、农牧业局、民政局领导，调研爱心幼儿园项目、敬老院屋顶太阳能项目、草药羊项目、文玩核桃项目等。将《投资嵩县指南》发送到113家中央企业，邀请国药集团药业股份有限公司、中国农业发展集团有限公司战略投资部领导到嵩县调研考察，洽谈合作。2014年2月，中国节能所属新时代集团主要领导率有关人员，赴广西壮族自治区富川县实地考察调研，详细了解富川县自然地理与资源环境等情况，结合新时代资源和经营特点与当地政府共同探讨定点扶贫开发工作，挂职扶贫干部多次与富川县教育局、团委和妇联等部门一起进行重点专项调研，深入开展工作。

**【扶贫制度建设】** 中国节能制定印发《定点扶贫资金管理办法》，规范定点扶贫资金资助项目申报、进展及情况跟踪工作。

**【干部挂职扶贫】** 中国节能企业文化处处长程华和所属中国新时代控股（集团）

公司党群工作部主任李鸿昌，分别在嵩县和富川县挂职副县长，从事定点扶贫工作。两位同志恪尽职守、兢兢业业，深入一线、广泛调研，了解定点扶贫县的经济社会发展情况和当地老百姓对扶贫项目的需求，分析贫困的现状、原因，理清工作思路，为当好扶贫工作联系人，做好信息沟通、协调相关部门，落实具体方案，做了大量扎实的基础性工作。程华同志个人向嵩县木植街乡敬老院捐款 5000 元。

**【产业扶贫】** 中国节能所属新时代集团、风电公司、太阳能公司、绿碳公司等二级公司，在深入两个定点扶贫县广泛调研的基础上，继续积极推进太阳能发电项目和农林废弃物综合利用项目。挂职扶贫干部帮助嵩县成功引进了文玩核桃项目。

**【教育扶贫】** 中国节能在嵩县木植街乡平地村建成中国节能爱心幼儿园 1 所。启动“圆梦大学·放飞希望”助学行动，筹集助学善款共计 100 余万元，向嵩县贫困学生捐款 50 万元，向富川县贫困学生捐款 15 万元。新时代集团“郭明义爱心团队”与富川县联合开展“希望工程·圆梦行动”助学金发放，并慰问贫困孤儿活动。

**【公益扶贫】** 中国节能所属企业积极在新疆、西藏、青海、四川云南甘肃三省藏区驻地开展公益活动，融洽与当地群众关系，促进社会和谐发展。风电公司开展向当地政协捐赠历史文献图书，太阳能公司主动关注新疆昌吉回族自治州、哈密地区 200 多个无电家庭的用电问题，利用自身优势，为建成家用光伏系统的家庭提供义务技术服务。中国四冶公司积极参加当地组织的奎屯“梦之蓝”公益助残活动，向当地残疾人事业献爱心。风电公司赞助德令哈市幼儿园亲子运动会，与当地群众结下深厚情谊。

**【援疆援青援藏工作】** 中国节能在新疆维吾尔自治区投资运营多个风力发电项目和太阳能发电项目，总投资金额约 9.64 亿元，其中包括：在哈密地区新建中国节能哈密烟墩东南部 200 兆瓦风电场项目，年内并网发电；中国节能霍尔果斯一期 30 兆瓦光伏电站项目；中国节能融创三期 30 兆瓦光伏电站项目；中国节能鄯善二期 20 兆瓦光伏电站项目。承建新疆地区工程 2 项，合同总额 7562.5 万元。积极参与青海和西藏地区的投资建设，投入资金约 5.11 亿元，其中包括：青海尕海一期 1.5 兆瓦风力发电项目；中国节能德令哈 10 兆瓦光伏并网发电项目；中国节能治多离网 2.4 兆瓦金太阳屋顶光伏发电项目。中国节能承建青海地区工程 9 项，合同总额 1.95 亿元，完成合同额 6555.3 万元；承建西藏地区工程 5 项，合同总额 1.31 亿元。

（中国节能环保集团公司　徐建新）

# 中国诚通控股集团有限公司定点扶贫

**【概述】** 2012年11月，根据国务院扶贫办、中共中央组织部等八部委联合下发的《关于做好新一轮中央、国家机关和有关单位定点扶贫工作的通知》，河南省宜阳县被确定为中国诚通控股集团有限公司（以下简称“诚通集团”）新一轮定点扶贫工作帮扶对象。2014年，诚通集团深入贯彻落实中央关于定点扶贫工作指示精神，紧密结合当地实际需求，努力发挥诚通集团优势和特点，扎实有效开展扶贫工作，得到了地方政府和广大群众的认可与肯定。

**【扶贫制度建设】** 集团党委高度重视、主动参与新一轮定点扶贫工作。进一步强化组织和制度保障，对定点扶贫工作机构进行调整和充实，健全完善工作制度，做到分工明确、责任到人。在集团扶贫开发工作领导小组统一领导下，建立如下工作体制机制：集团党办负责定点扶贫日常工作，统筹调配各项扶贫资源，协调推动定点扶贫工作；集团人力资源部负责选派挂职干部，专人负责该项工作；集团所属中储发展股份有限公司负责组织在豫企业重点推进开发式扶贫等工作。

**【扶贫调研】** 2014年，为了把“精准扶贫”进一步落到实处，以“真扶贫、扶真贫”为目的和宗旨，诚通集团党委副书记、纪委书记李洪凤等，多次带队前往宜阳专题调研定点扶贫工作，在洛阳市、宜阳县领导的积极配合下，深入贫困地区考察走访，访农户、看企业、察民情，达到了统一思想、凝聚共识的目的，形成了宜阳县扶贫开发工作基本思路。坚持立足宜阳实际需求，围绕新阶段扶贫攻坚战略布局，贯彻落实中央以“开发式扶贫”为主方针，改变单纯以现金直接投入为支撑的做法，转而在地方特色产业培育升级上下功夫，在当地资源开发和产业带动上下功夫。研究制定实施“输血”和“造血”相结合的“双轮驱动”帮扶规划，着力提高群众脱贫能力、不断增加贫困群众收入，逐步缩小发展差距，推动当地加快经济结构调整，促进发展方式转变。

**【产业扶贫】** 2014年，诚通集团认真贯彻落实中央扶贫开发工作会议和全国扶贫开发工作电视电话会议精神，发挥企业优势、挖掘自身潜力，紧密依托系统所属企业，特别是驻豫企业资源，结合当地实际需求，积极推进产业项目建设。一是鼓励号召集团所属企业积极支持扶贫开发工作，同等情况下优先到宜阳投资兴业，带动当地经济社会发展；二是依托集团综合物流服务主业，结合宜阳烟叶主产区和交通区位优势，谋划推进烟叶物流及复烤园区项目，集团所属中储发展股份有限公司河南地区事业部已多次组织专业人员前往考察论证，积极协调推进；三是依托集团林浆纸生产开发利用主业，谋划推进生物质能源项目，针对性解决当地秸秆焚烧和回收利用难题。2014 年 3 月，宜阳县黄晓玲县长专程带队前往集团所属珠海红塔仁恒公司实地考察，加快实施进度。

**【教育扶贫】** 针对宜阳县教育基础设施薄弱、难以为经济社会发展提供有效支撑的现状，诚通集团党委副书记、纪委书记李洪凤深入调研，确立了文化教育扶贫的主要方向。经与当地教育部门协商，首先从影响广大教职工和学生最基本的生活问题入手，为宜阳一高、实验中学、艺术学校 3 所学校师生安装太阳能，解决师生生活热水困难问题。为确保工程质量，宜阳县政府专门组织成立了县纪委、监察局、扶贫办、教育局等相关部门共同参与的联合工作小组。严格操作程序，通过中国招投标网严格遴选施工单位，确保工期和工程质量。2014 年 3 月，工程顺利完工并进入试运行阶段。2014 年 8 月，在宜阳县第一高中举行了项目竣工仪式，集团总裁洪水坤和党委副书记李洪凤专程出席仪式，洪水坤为项目授牌。该项目总投资 350 万元，惠及宜阳县第一高中、实验中学、艺术学校 3 所学校共 1.1 万名（其中住校生 9080 名）师生，得到了广大师生和学生家长的一致好评，宜阳县实验中学和艺术学校师生专门给集团发来数封感谢信。

2014 年 7 月，“中国扶贫基金会教育扶贫工作经验交流会”召开，参会相关领导、企业代表就全国贫困高中生资助现状和需求开展交流讨论，并就下一步在教育扶贫领域加大合作力度达成共识。中国扶贫基金会副秘书长赵溪花一行应邀到访诚通集团，专门就在宜阳县合作开展“爱心包裹”“筑巢”“新长城——特困高中生自强班项目”等教育扶贫项目进行了深入探讨。

**【送温暖活动】** 2014 年 4 月，诚通集团团委联合中国扶贫基金会，到位于宜阳县贫困山区的于村小学开展爱心帮扶活动，给同学们送去了“爱心包裹”，为高年级同学上了一堂趣味篮球课，为同学们包饺子并共进午餐，走访了特困生家庭并送上慰问品。

2014 年 6 月，组织北京京考企业向位于宜阳县贫困山区的樊村乡宋村小学捐赠价值近 40 万元物资，其中包括电脑 25 台、爱心包裹 60 个、高速复印设备 5 台，并走访慰问了部分山区贫困家庭。《洛阳晚报》《洛阳网》《总部基地企业公社》等媒体对本次活动进行了相关报道。

2014 年入冬以来，诚通集团领导心系宜阳贫困农村地区孩子，积极筹措棉衣 2000 余件，发放到贫困学生手中。

**【扶贫宣传】** 2014 年 10 月，会同当地扶贫部门，精心组织安排了首个全国

“扶贫日”宣传推介活动。一是10月15—17日在宜阳电视台集中播放扶贫为主的电视专题片，17日连续播放扶贫倡议书，广泛动员全社会参与扶贫活动。二是在宜阳县红旗广场设立扶贫信息咨询台，现场进行扶贫政策解读。广场摆放扶贫开发成效版面30块，悬挂横幅6条，政府电子墙播放扶贫宣传片，营造全民参与“扶贫日”活动的浓厚氛围。“扶贫日”当天发放扶贫政策宣传单2000份，接受群众现场咨询1500人次。发送“扶贫日”宣传短信5万条。三是开展社会扶贫捐助活动。“扶贫日”当天，组织开展社会扶贫“金果树工程”“爱心圆梦工程”及“小包裹大爱心”活动，共有20余家民营企业积极参加捐资捐助爱心帮扶活动，捐款捐物190万元。

（中国诚通控股集团有限公司
党委办公室　王克宁）

# 中国中煤能源集团有限公司定点扶贫

**【概述】** 中国中煤能源集团有限公司（以下简称“中煤集团”）面对2014年以来煤炭市场持续低迷、煤炭企业大面积亏损等不利局面，努力克服自身困难，在有限的资金中挤出180万元，按照每个定点扶贫地区60万元的标准，对河北省张家口市蔚县、涿鹿县赵家蓬区、贵州省铜仁市印江县凤仪村等定点扶贫地区予以支持。

**【产业扶贫】** 中煤集团帮扶河北省张家口市赵家蓬区60万元，继续用于该区谢家堡乡南将石村文玩核桃苗木繁育基地建设。2014年6月，该区从石家庄市赞皇县聘请6位专业嫁接人员，利用20天时间对现有核桃树进行嫁接，共嫁接1.78万株。经过两年的发展，目前基地占地22.47亩，共发展苗木11.346万棵，有8名专业人员进行日常管理，促进了该区扶贫事业的发展。

中煤集团帮扶河北省张家口市蔚县60万元，主要用于：一是出资40万元帮扶该县张南堡村草莓产业园的建设，完成了道路硬化1.3千米，完善了园区基础设施，畅通了园区道路，使150多户种植户增收受益；二是出资10万元帮助该县白乐镇天照疃村建起了葡萄产业园区，新建葡萄温室大棚4座，形成了集观光、采摘、直销于一体的新型种植模式，实现户均增收3000元；三是出资10万元帮助该县白乐镇新发展了1000亩菊菜种植，带动了300余户贫困户参与。

**【整村推进】** 中煤集团帮扶贵州省铜仁市印江县60万元，继续用于该县木黄镇凤仪村打造“武陵名村”，新建成了一所村级文化活动中心。其中：完成场地硬化1160平方米，投入资金11.25万元；完成活动中心修建涉及的烤烟房拆迁，投入补偿资金3.2万元；完成活动中心废旧老学校危房拆除，投入资金9.2万元；完成活动中心新建堡坎200米，投入资金15.68万元；完成活动中心主体房屋校正和屋面维修，投入资金20.67万元。通过连续2年的帮扶建设，逐步完善了村寨基础设施，进一步美化了村容村貌。

**【扶贫调研】** 2014年5月，中煤集团党委副书记、纪委书记王晞赴蔚县、涿鹿县赵家蓬区开展扶贫工作调研，实地考察蔚县代王城镇张南堡村村级道路建设和水果种植脱贫致富项目进展情况，以及涿鹿县赵家蓬区谢家堡乡南将石村文玩核桃苗木繁育基地建设情况，并详细向中煤集团挂职干部、地方扶贫工作负责人了解了有关情况。9月，中煤集团党群工作部（党委办公室）负责人赴集团公司定点扶贫单位贵州省铜仁市印江县，实地调研了两年来该县木黄镇凤仪村建设“武陵山区最美乡村”，发展乡村旅游有关情况。

**【干部挂职扶贫】** 中煤集团先后派出2名干部到河北省蔚县、涿鹿县赵家蓬区挂职扶贫，2名干部分别担任蔚县副县长和赵家蓬区副区长。在工作中，扶贫干部严格按照扶贫要求，克服工作和生活方面的种种困难，深入扶贫地区调研，了解定点扶贫县经济社会发展情况和当地老百姓扶贫需求，分析贫困的现状、原因及脱贫致富的途径，理清工作思路和扶贫着力点，为当好中煤集团扶贫工作联系人，做好信息沟通、协调，落实扶贫方案，做好扎实的基础性工作。

**【扶贫慰问】** 中煤集团总部党员积极参加全国首个“扶贫日”宣教活动。党群工作部（党委办公室）党支部带头开展了“奉献爱心·捐资助学”活动，支部全体党员向定点扶贫单位赵家蓬区扶贫办捐赠了一批学生学习用品。此外，在2014年新疆维吾尔自治区党委开展的“访民情、惠民生、聚民心”活动中，中煤能源股份公司新疆分公司工作组，赴南疆阿瓦提县阿依巴格乡托万克艾来木库都克村开展驻村帮扶工作，2014年投入帮扶资金42.3万元，用于建设村群众文化活动中心，灌溉水井，自来水改造，公共卫生设施改造，灌溉渠改造，贫困户和“四老”人员慰问等。根据新疆维吾尔自治区党委、政府定点帮扶工作部署，中煤能源股份公司新疆分公司党委负责同志带队前往伊犁哈萨克自治州尼勒克县苏布台乡博尔博松村看望慰问了40户贫困牧民，赠送1.4万元的米、面、油等生活物资。

（中国中煤能源集团有限公司
党群工作部　王　珊）

# 中国有色矿业集团有限公司定点扶贫

**【概述】** 中国有色矿业集团有限公司（以下简称“中国有色集团”）自2001年起定点扶贫云南省梁河县。针对梁河县贫困人口多、贫困程度深，存在就医难、上学难、饮水难、行路难、住房难等问题，以及绝对贫困现象突出，贫困人口在帮扶中出现脱贫后又返贫的不稳定特点，中国有色集团树立开发式扶贫、造血扶贫理念，以“教育扶贫”为主要工作方向，在教学基础设施建设、教学条件改善、资助贫困学生就学等方面持续投入资金，为帮助当地增加受教育机会以及提升人口文化素质起到了积极的推动作用。同时，中国有色集团还根据当地突发自然灾害情况，组织发动员工捐赠抗旱救灾和抗震救灾款。2014年，中国有色集团为梁河县新提供扶贫资金95万元，其中60万元用于抗旱救灾，30万元用于资助贫困大学生入学，5万元用于捐赠图书。

**【扶贫资金投入】** 2014年，中国有色集团向定点扶贫地区捐赠5次，资金总额102万元。年度捐赠的具体情况为：中国有色集团向云南省梁河县扶贫捐赠95万元，占中国有色集团扶贫开发总资金的81.8%，中国十五冶定点扶贫捐赠5万元，占扶贫资金的4.3%，中色锌业定点扶贫捐赠2万元，占扶贫资金的1.7%。

**【扶贫资金管理】** 中国有色集团将扶贫资金管理放在重要的位置，严格实施项目管理，做到资金到项目，管理到项目。依据扶贫资金投入的具体项目，跟踪资金到位情况，要求梁河县定期报送项目建设进度及情况，敦促项目建设进度，确保扶贫项目资金落到实处。2014年年底，中国有色集团扶贫工作负责人和相关人员赴梁河县进行实地考察调研，就2014年扶贫资金的使用情况与梁河县委、县政府领导及县教育局、扶贫办负责人进行了沟通，走访了小厂乡、曩宋乡、河西乡、遮岛镇等项目所在的乡（镇），对中国有色集团出资捐建的小厂乡中学和小厂乡勐竜小学学生宿舍楼在建项目、曩宋乡南林小学和瑞泉小学、梁河县第一中学、梁河县职业高级中学、河西乡芒别小学等4所小学、3所中学以及抗旱救灾饮水项目典型工程进行了考察调研，及时掌握扶贫资金投入情况。

**【扶贫调研】** 派工作组赴梁河县进行实地调研考察，掌握资金到位情况、学校建设进展，通过与梁河县委、县政府及县教育局、扶贫办沟通，深入了解教育基础设施投入需求，统一帮扶工作思路和下一步工作方向。中国有色集团根据《滇西边境山区德宏州梁河县区域发展与扶贫攻坚规划》以及实地调研情况，结合集团中国有色集团的自身能力，详细分析当前梁河县的贫困现状、发展机遇以及当前扶贫开发面临的形势，把握“授人以鱼，不如授人以渔”的工作方向，研究制定对梁河县的定点扶贫工作规划。中国有色集团加大对定点扶贫县的人力和资金支持力度。在扶贫范围方面，为定点帮扶县捐建和改造校舍，改善山区落后的办学条件，资助更多的贫困学生；帮助梁河县加强基础设施建设，优化发展环境；加大扶贫培训力度，帮助当地提升受教育程度和进行创业培训、劳动技能培训，提供实习、就业机会；着力开发推广特色优势农产品等。

**【教育扶贫】** 2014年，捐款120万元援建的梁河县小厂中学、勐竜小学学生宿舍楼工程稳步推进。向梁河县50名特困生和200名贫困生提供助学资金30万元（特困生每人2000元、贫困生每人1000元）；提供5万元用于向梁河县第一中学捐赠图书。

**【基础设施建设】** 2014年6月，梁河县突发严重旱灾，大部分山区饮水水源干枯，县城连续10多天供水困难。中国有色集团迅速做出反应，向梁河县8个乡镇15个自然村扶持点捐赠60万元的抗旱救灾资金，用于修建蓄水池、铺设输水管线、配水管网等饮水设施。共计新建、扩建蓄水池、取水池19个，入户管网架设、引水管线架设1.61万米，受益户746户，受益人口3029人。

（中国有色矿业集团有限公司
杨大勇　吴　琳）

# 中国国际技术智力合作公司定点扶贫

**【概述】** 中国国际技术智力合作公司（以下简称“中智公司”）定点帮扶云南省大姚县、姚安县，重点在教育、医疗卫生和农业产业开发方面对当地进行帮扶。2014年，中智公司在云南定点扶贫县投入220万元，引入资金87.2万元，合计307.2万元。

**【教育扶贫】** 中智公司在2012年决定设立专项资金，对大姚县、姚安县全部在高中和职业技术学校就读的孤儿给予资助。2014年，中智公司继续资助符合资助条件的孤儿40名，资助资金10.8万元，由大姚县民政局负责按月发放给被资助的孤儿。

中智公司捐资20万元，向大姚县沿金沙江（环百草岭）6个最贫困乡镇的61所中小学捐赠图书1.6万册，向一至四年级学生捐赠有拼音的绘本类的图书，向五年级至初三年级学生捐赠适合青少年阅读的励志类、故事类和作文辅导类图书，在受赠学校设立“中智图书室”。为了让孩子们拥有更多更好的图书，挂职干部组织当地教师精心挑选图书，公司扶贫办工作人员与当当网联络，以最优惠的价格购买图书。由于购买的图书很有针对性，学生们都非常喜欢。

中智公司向大姚县贫困山区的4所中小学捐赠了103台电脑，价值12.5万元。在四所学校设立“中智电脑教室”，改善了当地学校信息教育的条件。2014年，“中智电脑教室”已覆盖大姚县最贫困的沿金沙江（环百草岭）地区的桂花、铁锁、湾碧、昙华、三岔河、三台6个乡镇小学和六苴镇矿小。

中智公司捐赠资金6.2万元，向大姚县沿金沙江（环百草岭）6个最贫困乡镇的30所中小学购置体育器材，解决当地学校缺少体育器材的困难，孩子们在课余可开展适合当地条件的体育活动。

中智公司捐赠资金6万元，为大姚县最贫困的6个乡镇22所无条件自筹资金的小学购置太阳能热水器32台，让这些学校的老师和孩子们能在冬天用热水洗脸和泡脚。

经中智公司挂职干部联系和沟通，为大姚县引入“真爱梦想”素质教育项目。“真爱梦想”素质教育项目在大姚县龙街镇中心完小、赵家店乡中心完小、桂花乡中心完小、六苴镇矿区完小、石羊镇中心完小5所乡村小学落地实施，由“上海真爱梦想公益基金会”为每个乡村小学投资10万元，援建一个“梦想教室”（多媒体教室，配置桌椅、电脑、投影仪及最新出版图书）。

经中智公司挂职干部联系和沟通，为大姚县引入“美丽中国”支教项目。“美丽中国”是由部分国际著名企业发起组织的教育非营利项目。2014年，“美丽中国”支教项目向大姚县和楚雄彝族自治州派遣了29名支教教师（包括7名美籍教师），在大姚县7所中小学和楚雄彝族自治州第一中学从事教育教学活动。在解决山区教师缺编问题的同时，也使大姚县成为全楚雄彝族自治州首个有多名外籍教师支教的县城。

**【医疗卫生扶贫】** 中智公司上海分公司党委与上海市卫生和计划生育委员会合作，邀请上海同济医院、上海交通大学医学院附属仁济医院、上海交通大学医学院附属新华医院、上海市东方医院、上海市第六人民医院、上海市肿瘤医院、上海市同仁医院、上海中医药大学附属龙华医院8所三甲医院的15名资深医疗专家（包括全国劳模），到大姚县进行义诊活动，为600名当地各族群众进行地方病和疑难杂症诊疗，受到当地群众的欢迎和好评。同时，由上海医疗专家们对当地200名乡村医生分5个专题进行了医疗技术培训，并向当地医疗机构捐赠了5套医用假人。

**【产业扶贫】** 从定点扶贫地区采购农产品，扶持当地农业产业发展的扶贫举措，得到国务院扶贫办的肯定。2014年，中智公司继续从定点扶贫地区采购农产品，公司职工从云南采购农产品价值达65.2万元，从宁夏采购农产品价值达6万元。

在员工自愿采购的前提下，中智公司工会采用“订单农业”方式，与大姚县山区农民养殖户签订生态猪肉购买合同，订购35头生猪，既解决了员工食品安全问题，又可让员工享受到原生态食品的美味，更为当地农民增收5.6万元。

中智公司出资50万元，设立“中智宁夏扶贫小额贷款风险担保基金”，存入中卫市农村商业银行，中卫市农村商业银行按基金总额的5—10倍（即250万—500万元）作为贷款额度，支持米粮川村养羊产业和民族工艺品产业发展。受担保的村民，除了还银行的本息外，还将拿出最多为担保总额的5%—10%作为“感恩回报爱心传递”资金，由借款人用来帮扶本村一位残疾人、孤寡老人或特贫户，实现资金村管民用，效益惠泽群众，实现共同富裕，把感恩的形式，变成爱心的传递。

**【公益扶贫】** 中智上海公司党委与上海数家媒体合作，发起“彩衣计划”，实现贫困学生穿新衣服的梦想（前期向贫困山区学生征求最希望得的新衣服、鞋子等，由捐赠者根据孩子们的心愿购置，而后送到孩子们的手中），共向大姚县桂花中学、三台中学和三台拉过地小学的60名孩子捐赠了他们希望得到的新衣物、新鞋子和学习用品，圆了孩子们的“彩衣梦”。孩子们的童真和笑脸感动了媒体人和志愿者，他们已决定把首批 500 名大姚山区贫困学孩子的资料收集整理，打造“彩衣计划”公益平台，让更多的山区孩子实现“彩衣梦”。

中智公司党委、扶贫办、工会和团委联合组织开展了“奉献一片爱心，改变一种命运——中智公司 2014 年大型慈善捐赠活动”，动员中智公司的合作伙伴和内外部员工为大姚和姚安县贫困地区的中小学和学生捐赠电脑、冬衣和智力玩具。活动共收到捐赠的冬衣 4423 件、玩具 75 套、电脑 6 台以及部分学习用具。捐赠活动精心设计了“一帮一捐‘猪’助学行动”，将大姚县、姚安县山区的贫困生家庭情况在网络上公布，由捐助者自主认捐，为每个贫困生捐赠 400 元。捐款在当地采购 1 头猪仔，通过学校以勤工俭学名义发给贫困生家里饲养，一方面从小培养劳动习惯，另一方面树立劳动致富的观念，还可以补贴学习费用，同时也作为学生思想品德教育考核的一部分。大姚县、姚安县的 705 名贫困生得到捐助。

**【干部挂职扶贫】** 中智公司派出 1 名优秀年轻干部到大姚县挂职扶贫，担任副县长，分管质量技术监督、工商、残联、科协和职业教育工作，协助分管招商引资和扶贫工作。在工作中，挂职干部深入 12 个乡镇，了解当地经济社会发展情况，特别是对教育、农业产业、养殖业、扶贫、劳动力转移等情况进行了详细调研，走访了全县所有山区中小学校，实地了解各学校教学设施、学生人数、师资力量、住宿条件、营养餐供应、贫困生及孤儿学生等情况。分析调研后编制了公司扶贫计划，并组织实施。

（中国国际技术智力合作公司
扶贫办　羊敬德）

# 中国北方机车车辆工业集团公司定点扶贫

**【概述】** 中国北方机车车辆工业集团公司（以下简称“北车集团”）是中央企业最早开展定点扶贫工作的单位之一。自2002年参与国家定点扶贫开发工作以来，一直在甘肃省天水市麦积区和甘谷县2个国家扶贫开发工作重点县开展定点扶贫，先后共派出9批18位干部赴天水市挂职，投入扶贫资金近4000万元，发挥了良好的社会效益。围绕“挖穷根，扶心智”的帮扶目标，坚持“不脱贫，不脱钩”的帮扶信念，不断加大定点扶贫开发力度，全力落实帮扶资金和年度帮扶措施，努力为发展农村经济，全面建设小康社会服务。2014年，直接投入资金共286万元，按计划保质保量地完成了对甘肃省天水市麦积区和甘谷县的各项定点帮扶任务。北车集团被国务院扶贫开发领导小组授予“中央国家机关等单位定点扶贫先进集体”荣誉称号。

**【扶贫资金投入】** 2014年，北车集团继续把筹措扶贫资金作为扶贫开发工作的重要内容之一。一是建立帮扶机制。加大媒体宣传力度，充分了解北车集团参与扶贫开发的重要意义，更加关心和积极参与定点扶贫事业，调动所属企业参与定点扶贫开发工作的积极性和主动性，建立健全北车集团帮扶资金筹措机制，确保完成帮扶资金筹措任务；二是科学统筹资金。

**【扶贫会议】** 2014年，北车集团主要领导主持召开北车集团第14次扶贫开发工作领导小组会议，安排部署2014年全年扶贫工作，审议通过了《2014年中国北车集团公司扶贫工作计划》；同意继续对甘肃省天水市麦积区（1个项目）和甘谷县（2个项目）帮扶项目立项；决定集团公司所属各企业2014年扶贫资金交纳标准按照2013年度销售收入的万分之零点五上缴，总部非生产性企业各交纳3万元，经营亏损企业不交纳。所属各企业认真贯彻落实北车集团扶贫开发工作领导小组会议精神，在企业流动资金趋紧的情况下，积极按时上缴扶贫资金共计286万元，同比增长近20%，为落实当年定点帮扶任务奠定了坚实基础。

**【扶贫资金管理】** 北车集团行政管理部（集团公司扶贫开发办公室）为扶贫开发主管部门，在北车集团公司扶贫开发小组的领导下，严格执行《中国北车集团公司扶贫开发基金管理办法》的有关规定，认真履行资金监管责任，建立健全协调统一的扶贫资金管理机制，全面推行扶贫资金项目公告公示制。根据 2014 年全年帮扶项目进展情况，综合考虑两区县贫困人数、贫困程度、收入水平、基础条件和资金使用绩效等因素，于上半年和下半年分两次完成了年度帮扶资金拨付工作，保障了项目启动和实施的资金需求，确保了项目实施质量和资金效益的正常发挥。

**【基础设施建设】** 围绕天水市麦积区政府的总体思路，积极支持该地区颍川河流域综合开发建设，共投入帮扶资金 133 万元（其中 3 万元为送温暖资金），在颍川河流域甘泉镇西山果品基地实施了马跑泉镇李家湾至甘泉镇梁家山道路沙化帮扶项目，新建沙化农机路 11.39 千米，该项目的建成，彻底改变了区域内群众出行难等问题，直接带动流域内农业产业结构优化，加快了颍川河流域高效农业整体开发建设的步伐。

**【产业扶贫】** 根据天水市甘谷县项目资金申请要求，向该县共投入帮扶资金 133 万元（其中 3 万元为送温暖资金），用于塑料蔬菜大棚建设。在馨安镇谢家坪、李家坪两村新建了全钢架无立柱塑料大棚 65 亩、130 座，共投入资金 130 万元，扶持农户 130 户。塑料蔬菜大棚建设项目的实施，有力促进了该地区蔬菜生产基地的建设，为农民增收创造了有利条件。

**【教育扶贫】** 结合甘谷县教育基础设施比较落后，农村学校年久失修，北车集团投资 20 万元对馨安镇毛坪小学、古坡乡瓦泉峪小学、沟门小学 3 所“中国北车希望小学”进行了维修，经过全面整修，校容校貌得到了较大改观，教师办公和学生学习条件得到了较大改善，受到了当地干部、群众的一致好评。

**【扶贫培训】** 智力扶贫是北车集团帮扶的传统项目。为提升当地村干部的管理能力，更新思想观念，改善知识结构，10 月，北车集团在天水市举办了一期扶贫培训班，培训村干部 60 人。重点学习了党和政府的有关方针、政策，邀请专家讲授相关业务知识，通过座谈方式交流经验，组织到北车集团下属企业参观学习等，让村干部开阔了视野，提升了业务素质和能力。

**【扶贫调研】** 8 月，北车集团 3 名独立董事和董事会秘书等一行，在扶贫办主任王勇的陪同下对天水市麦积区、甘谷县的部分北车集团定点帮扶项目进行实地调研，就定点帮扶工作与天水市主管扶贫工作的领导以及麦积区、甘谷县的党政领导进行了充分交流。就如何贯彻落实《中国农村扶贫开发纲要》的工作思路和主要途径进行了深入的研讨，并就进一步完善帮扶工作制度和规范帮扶工作程序，加强帮扶项目和资金管理，不断提升帮扶工作水平，增强贫困地区自我发展能力进行了广泛探讨，达成了共识。

**【扶贫慰问】** 2014 年春节前夕，北车集团拨出专款 6 万元，用于天水市麦积区、甘谷县开展“送温暖”活动，并派出由扶贫办、部分下属企业主管领导和北车集团挂职干部组成的慰问团，在天水市主管扶贫领导和麦积区、甘谷县相关领导的陪同下，冒着严寒，深入贫困山区，走村入户，按照每户平均500元的标准，为帮扶区县的120户贫困农民带去了北车集团全体员工的问候和祝福，送去了党和政府的关怀，赢得了当地人民群众的广泛赞誉。

**【干部挂职扶贫】** 为了保证扶贫效果，北车集团派出了2名干部到天水市麦积区和甘谷县挂职扶贫，分别担任副区长和副县长职务，从事对两区县的帮扶工作。扶贫干部严格按照扶贫工作要求，克服工作和生活方面的种种困难，严守纪律，自觉维护挂职干部的形象，尽心尽力地做好定点扶贫的每一项工作。自觉树立扎根基层、服务基层思想，积极主动了解定点扶贫地区的经济社会发展情况和当地老百姓对扶贫项目的需求，理清工作的思路和扶贫的着力点，当好北车集团扶贫工作的联系人，充分发挥了扶贫工作第一线的桥梁和纽带作用。主动与各级领导和农民群众建立感情，密切国有企业与贫困群众的联系，促进了定点帮扶项目的深入落实。

（中国北方机车车辆工业集团公司
扶贫办　童福林）

# 中国南车集团公司定点扶贫

**【概述】** 中国南车集团公司（以下简称“中国南车”）定点帮扶广西壮族自治区靖西县、那坡县，2014年直接投入资金400万元。扶持两县覆盖教育扶贫、整村推进、产业开发、智力扶贫等方面，其中，教育扶持资金165万元、整村推进扶持资金183万元、产业扶持资金35万元、智力扶贫资金17万元。

**【教育扶贫】** 投入那坡县教育帮扶资金165万元，其中投入“南车班”15万元，资助新一届“南车班”50名高中学生，每生每年扶助3000元。投入学生宿舍建设资金40万元，建设城厢镇弄楠村完小学生宿舍300平方米。投入教师周转房建设资金110万元，建设平孟镇平孟九年一贯制学校老师周转房800平方米。

**【整村推进】** 按照国家“整村推进”和开发式扶贫的方针，从贫困根源着手，发展农村基础设施，改善贫困群众居住条件，提高贫困群众生产生活水平。在前几年桑蚕产业和竹鼠养殖业等产业扶贫的基础上，2014年又加大了多产业的扶持力度，全部完成了整村推进工作。2014年，投入靖西县资金183万元（受益51户208人），用于三郎村外郎屯整村推进南车新村，项目涉及危房改造、民房改造、道路硬化、巷道硬化与绿化、蓄水池、家庭水柜、地头水柜、垃圾处理池、防洪排水沟、村民活动中心（即防震紧急避难场所）、宣传栏建设等，村容村貌焕然一新。

**【产业扶贫】** 扶持重点发展农村产业，加快农业产业结构优化，着力提高农业增效农民增收工程。2014年，投入产业帮扶资金35万元。其中：投入靖西县资金15万元，投入那坡县资金20万元，扶持城厢镇弄楠村弄楠屯中草药山根种植50亩。

**【智力扶贫】** 2014年，投入两县培训帮扶资金17万元，其中投入靖西县2万元，那坡县15万元，举办种桑养殖技术培训、农民骨干、农民实用技术培训班12期，受益人数648人次。科技培训提升了农民劳动技术，提高了农民收入。

（中国南车集团公司　李国勇）

# 中国铁路工程总公司定点扶贫

**【概述】** 2014年，中国铁路工程总公司（以下简称“中铁工程总公司”）定点帮扶湖南省桂东县、汝城县和山西省保德县3县。中铁立足企业实际，认真落实党中央、国务院关于做好新一轮定点扶贫工作有关精神和要求，积极履行社会责任。以贫困县老百姓实际诉求为出发点，继续以“干部扶贫、教育扶贫”为抓手，坚持实事求是、因地制宜、注重实效的原则，努力解决定点扶贫县的实际困难，扎实做好2014年的定点扶贫工作。选派了3名处级干部分别到3县挂职，共投入扶贫资金300万元，其中捐资助学40万，帮助贫困家庭子女继续完成学业，170万用于改善学校基础教育设施，90万元支援保德县袁家里养羊项目建设，通过成立专业合作社组织实施，建立农业示范园。取得良好成效，得到当地老百姓一致好评。

**【扶贫资金投入】** 2014年，一共投入扶贫资金300万元，其中，在桂东县的援助项目有：1. 捐资85万元，新建中国中铁沙田镇中心幼儿园，扩大校舍面积达3200平方米，解决了当地儿童入园难的问题。2. 捐资15万元开展“爱心助学”工程，为该县80名贫困大学新生每人资助1000—3000元的助学金。在汝城县的援助项目有：1. 捐资35万元，进行集龙乡学校运动场建设。2. 捐资30万元对集龙乡学校老教学楼进行维修。3. 捐资20万元支持中国中铁盈洞乡学校学生宿舍维修改造建设。4. 捐资15万元开展“爱心助学”活动，资助了250名贫困学子继续完成高中学业，在当地引起了非常好的反响。在保德县的援助项目有：1. 捐资10万元，委托中国扶贫基金会在当地成立“中国中铁·新长城自强班”，资助家境困难、品学兼优的50名学生完成高中学业。2. 捐资90万元支援保德县袁家里养羊项目，通过成立专业合作社组织实施，建立农业示范园，取得良好成效，得到当地老百姓一致好评。

**【扶贫资金管理】** 中铁工程总公司本着量力而行、好事做好和好事做实的原则，积极筹集扶贫资金，为顺利开展扶贫工作提供坚实保障。新一轮定点扶贫工作启动后，为了解决资金缺口，根据公司董事会决议，公司从2012年以来，每年出资300万元作为扶贫专用资金。为管好用活有限的扶贫资金，做到专款专用，专门研究制定了《中国铁路工程总公司对口扶贫资金的使用管理办法》，按照“资金跟着项目走”的原则，对口扶贫资金委托县财政、扶贫办实行专户管理、封闭运行、县级报账、定期审计。对项目资金的申报审定、使用管理、使用凭据进行明确规定，确保扶贫资金安全、高效使用。

**【扶贫调研】** 为深入贯彻落实国家八部委《关于做好新一轮中央、国家机关和有关单位定点扶贫工作的通知》精神，2014 年，以中铁工程总公司扶贫领导小组组长为领队的考察组，先后深入湖南省汝城县、桂东县及山西省保德县 3 县进行调研，经过研讨，决定在湖南的汝城、桂东两县，继续实施“干部扶贫、教育扶贫”，根据保德县基础教育配套相对较好、农村基础差的实际情况，提出了建设“农业示范园”的思路。拟通过支持特色农业项目，促进当地老百姓精准脱贫。

**【干部挂职扶贫】** 2014 年，中铁工程总公司挑选 3 名干部分别到 3 个定点扶贫县挂职副县长，参与地方党委和政府部门分工，组织扶贫项目的立项、实施和扶贫资金的核发。扶贫干部能够时刻以中国中铁品牌形象为重，通过深入基层、深入群众，全面了解当地情况，找准扶贫工作切入点，确保扶贫工作落到实处，产生实效。在做好扶贫工作的同时，按照地方政府的分工安排，积极为地方经济社会发展建言献策，以扎实的工作作风树立了中铁工程总公司良好的形象，为进一步加强当地政府与总公司交流沟通做出了重要贡献。

（中国铁路工程总公司
干部部　裴清宁）

# 中国航空油料集团公司定点扶贫

**【概述】** 2013 年 12 月，根据国务院扶贫办的统一安排，中国航空油料集团公司（以下简称“中国航油”）定点帮扶宁夏回族自治区盐池县。2014 年，按照“关注民生，倾向重点贫困村，注重教育医疗”的帮扶原则，中国航油着力帮助盐池县集中力量解决制约贫困乡脱贫与发展的问题，将当年专项定点扶贫资金 500 万元用于经济相对落后的王乐井乡实施整乡推进项目，有力推动了当地生活生产环境的改善和群众收入的提高。

**【扶贫资金投入】** 2014 年，中国航油及各子公司共向盐池县援助扶贫资金 511 万元，其中，500 万元为定点帮扶资金，用于王乐井乡整乡推进项目；5 万元为新加坡公司捐赠，用于为盐池县小学购置图书室；6 万元为所属宁夏分公司捐赠，用于资助盐池高级中学贫困学生。

**【扶贫资金管理】** 中航油公司扶贫项目组织管理、项目工程管理及项目资金管理，严格按照《财政专项扶贫资金管理办法》和《财政专项扶贫资金报账制管理办法》执行。同时，在项目资金运行过程中，要求盐池县扶贫资金使用单位将项目资金的监管纳入县人大、纪检的监督范围，并及时向社会公布资金使用情况，确保资金安全、合理、有效使用。

**【扶贫调研】** 2014，中国航油副总经理龚丰率队赴盐池县王乐井乡，就定点扶贫工作进行专题调研，深入到郑家堡等自然村，考察该乡整乡推进项目实施情况，并同当地贫困群众进行交流，详细了解当地经济社会发展和群众生产生活情况。在盐池县，中国航油同盐池县有关领导召开座谈会，明确今后在盐池县滩羊养殖、甘草种植等特色优势产业发展、饮水等农村基础设施建设和教育、卫生等社会事业方面继续加大项目和资金支持力度。

**【干部扶贫挂职】** 中国航油于 2013 年 12 月，选派凌海泉同志赴宁夏回族自治区盐池县挂职，任县委常委、副县长，负责进行对口扶贫帮扶、盐池通用机场迁建项目建设等工作。在盐池工作期间，凌海泉同志严格按照扶贫工作要求，克服工作和生活上的各种困难，深入乡镇、村和企业，掌握群众需求，分析贫困原因和制约发展的瓶颈，理清工作思路和扶贫工作的着力点，为当好中国航油扶贫工作联系人，做好信息沟通、协调相关部门、落实扶贫要求，打下了坚实的基础。主动参与到地方经济建设工作中，高标准完成当地县委、政府交付的各项工作，推动全区首家通用机场高标准建成。

**【整乡推进】** 2014年，中国航油重点帮助盐池县经济较为落后的王乐井乡实施“整乡推进”项目，投入500万元用于基础设施建设、产业增收、生态环境建设等方面。2014年年底，王乐井乡郑记堡子等3个村完成了村道硬化3.55千米，刘四渠等3个村完成了节水滴灌设施维修3600亩；全乡贫困户补栏基础母羊2000只，石山子村新建柠条饲料加工厂1座，曾记畔等5个村建成马铃薯贮藏窖60座，帮助378户贫困户进行了贷款贴息，完成节能暖气安装86户，完成村庄绿化62亩，村庄美化、亮化800平方米，全乡65个自然村的基础设施、生态环境和公共服务得到了显著改善，农民人均纯收入达到了盐池县的平均水平。

**【教育扶贫】** 2014年，中国航油挂职干部凌海泉联系国家图书计划慈善机构等向盐池县捐赠了3所图书室，分别赠予办学条件较为落后的冯记沟中心小学、青山中心小学、王乐井中心小学，为贫困落后地区的孩子们提供了丰富的图书资源和良好的阅读条件。此次捐赠图书共计3180册，并配备了书柜、书桌、椅子等配套设施，总计价值5万元。

成立中国航油宁夏“共青团班”。2014年，由中航油公司宁夏分公司方面出资，在盐池县高级中学设立了“中国航油宁夏‘共青团班’”，对于该校高一年级50名家庭困难、品学兼优的新生给予每人每学年1200元、3年3600元的资助，三年资助金额共计18万元。

**【基础设施建设】** 2014年，盐池县启动建设了宁夏回族自治区首家通用机场。作为该县对口帮扶单位，中国航油决定为该县通用机场援建供油工程，保障通航之后的航油供应，并由公司副总经理龚丰带队赴盐池县实地考察，就援建盐池县通用机场油料设施建设和航油供应等事宜达成了初步协议。

（中国航空油料集团公司　凌海泉）

# 中国能源建设股份有限公司定点扶贫

**【概述】** 2014年，中国能源建设股份有限公司（以下简称“中国能建”）通过健全组织机构、完善体制机制、深入摸底调研、精心制定规划、选准扶贫项目、委派挂职干部、多方招商引资等各项措施，在定点扶贫陕西省镇巴县和广西壮族自治区西林县工作中取得了较好的成绩，受到当地政府和群众普遍赞誉。共投入专项扶贫资金158万元，完成镇巴县仁村镇东院村道路建设扶贫项目，西林县足别乡砂糖橘园林种植、低产茶园改造和普合乡铁皮石斛活树种植等扶贫项目。在西林县，通过挂职干部的积极牵线搭桥，中国能建、地方政府、其他央企及民企之间找准合作共赢点，为地方政府争取到了更多的发展项目和资金。2014年，引进多家企业前来考察，对茶叶种植加工产业和旅游产业表达了投资合作意向；鉴于西林县风能、太阳能资源较为丰富，中国能建协调引进华电集团与当地政府签订战略合作框架协议，中国能建中电工程广西院负责项目建设的可行性研究等前期工作。中国能建定点帮扶西林县以来，驻桂挂职干部积极建言献策，与受援县委、县政府主要领导和有关分管领导深入沟通，提出建议做强做大西林砂糖橘产业，重点扶持发展有机茶产业、生态种植铁皮石斛加工产业、西林县原产小黄肉姜种植加工产业、猫豆种植提取左旋多巴产业，均受到当地政府重视，并已推动落实。

**【扶贫资金投入】** 2014年，中国能建共投入专项扶贫资金158万元。其中为解决镇巴县东院村道路建设项目投入60万，为西林县铁皮石斛种植、砂糖橘园林种植、低产茶园改造等产业扶贫项目投入98万。除投入专项资金外，中国能建向西林县教育部门捐赠了教学电脑600台，帮助西林县改善教学设施，发展教育事业；中国能建中电工程西北院职工向镇巴县仁村镇捐款5万元，2万元用于资助两名大学生，3万元用于为当地小学购买电子琴、本子和笔等。

**【扶贫资金管理】** 中国能建严格扶贫资金管理，在镇巴县，中国能建中电工程西北院根据陕西镇巴县仁村镇东院村“两联一包”的规划，共投入专款60万元用于帮助东院村解决急需的道路建设。为确保扶贫项目顺利实施和扶贫资金专款专用，与仁村镇政府签订了“两联一包”扶贫捐赠资金监管协议，明确资金用途、帮扶项目内容、质量要求、资金规范使用和监管责任等，保证扶贫项目规范实施。2014 年 10 月，中国能建中电工程西北院纪委负责人赴东院村，开展扶贫捐赠活动，检查捐赠扶贫资金使用情况，了解扶贫项目进展情况，确保扶贫资金专款专用。在广西西林县，中国能建广西院扶贫工作小组在广西西林县召开县直有关部门与乡、村各级组织的建设协调会 3 次，扶贫工作小组深入现场督查解决有关问题，确保年度扶贫资金全部到位、顺利完成年度扶贫工作。

**【扶贫调研】** 按照国务院扶贫办、国务院国有资产监督管理委员会《关于开展中央企业定点帮扶贫困革命老区百县万村活动的通知》（国资发群工〔2014〕167 号），在近 3 年重点聚焦帮扶贫困革命老区县贫困村“三缺”（缺路、缺水、缺电）问题的要求。在镇巴县，为进一步了解扶贫村群众急需解决的问题，中国能建中电工程党群工作部与下属西北院负责同志，带队赴镇巴县仁村镇东院村进行调研，了解扶贫村的基本情况，制定扶贫项目规划，与当地政府和村委会一道座谈，选择了东院村急需解决的道路建设为帮扶项目。在西林县，驻桂扶贫工作小组多次与广西壮族自治区扶贫办、西林县对接，定期组织人员深入西林县实地考察调研，摸清困难现状，明确扶贫任务。并建立了扶贫联络员机制、年度投入计划会商制度、工作统计总结机制、扶贫项目实施管理办法等制度和流程，有力地推进扶贫工作开展。2014 年 9 月，中国能建副总经理兰春杰对西林县定点扶贫工作进行了深入调研，检查西林县的帮扶项目开展及完成情况，并听取当地政府对定点扶贫工作的建议，地方政府对中国能建的帮扶工作表示高度认可。

**【扶贫培训】** 中国能建在定点扶贫工作中注重统筹兼顾，坚持物质帮扶与智力支持、能力培养相结合，增强扶贫工作的实效性。在西林县，中国能建广西水电集团挂职干部充分调动贫困农民的积极性，开展无痕水电技术运用、砂糖橘种植技术、铁皮石斛活树种植技术等培训共 3 期，培训人次达 151 人次，取得了良好的成效，为提升贫困人口综合素质和自我发展能力打下良好的基础。

**【干部挂职扶贫】** 2014 年，中国能建委派干部到定点扶贫县挂职工作。在镇巴县，中国能建中电工程西北院成立了结对帮扶工作组，并选派一名科级干部到扶贫点挂职村长，具体负责落实该村的扶贫工作。在西林县，为扎实推进西林县的定点帮扶工作，中国能建广西水电集团选派优秀干部到西林县挂职担任副县长，加强与当地党委、政府及有关部门沟通、协调和配合，督导投入资金的使用情况及工程进展情况，研究和解决工作中出现的新情况、新问题，有效推进了扶贫项目的实施和落实，受到当地政府的充分肯定。挂职干部深入西林县乡村与农民同吃住，走访县直各部门或深入厂矿企业、田间地头了解情况，掌握西林县经济社会发展缓慢，特别是没有任何工业，自身极度缺乏造血功能，导致经济综合增长能力弱，增长质量不高；基础设施薄弱，抗御自然灾害能力不强；贫困人口规模庞大，贫困群众增收困难，返贫率高等问题，为科学谋划西林县的帮扶工作打下坚实基础。

**【产业扶贫】** 中国能建驻桂企业扶贫工作小组在西林县开展产业扶贫，经过深入现场调查，与西林县政府扶贫办协商、沟通，确定了 2014 年开展沙塘橘园林种植、低产茶园改造、铁皮石斛种植 3 个扶贫项目工程，共计投入资金 98 万元。目前，沙塘橘园林种植、低产茶园改造、铁皮石斛种植等项目已进入验收阶段。其中，沙塘橘园林种植已开挖基坑，选点修建水池，消毒有机肥，苗木种植工作基本结束；低产茶园的茶苗补种工作已完成，完成深耕改土施肥，让茶园保土、保肥利于过冬；活树种植铁皮石斛的基地已跟农民签订合同，租下 1600 多亩水源保护林，并在遮网棚培育了上树铁皮石斛活苗共计 20 万株。在项目推进中，扶贫工作小组注重宣传发动，调动当地贫困农民的积极性，主动参与扶贫工作。同时还积极组织开展农业实用技术培训、扶贫干部政策理论和业务知识培训，提升群众的综合素质和自我发展能力，产业扶贫工作成效初步显现。

**【公益扶贫】** 中国能建除做好定点扶贫工作外，还积极开展公益扶贫活动。在镇巴县，中国能建中电工程西北院挂职干部组织单位职工开展捐款活动，募捐款项一方面用于资助两名贫困大学生，勉励他们更好的完成学业；另一方面为当地小学添置了电子琴、笔和本子等教具，改善其教学设施。在西林县，针对西林县中、小学网络教学实际，中国能建在全集团公司开展向西林县扶贫捐赠教学电脑的扶贫活动。活动中要求捐赠电脑外观干净整洁，键盘、鼠标等配件完好，硬件配置应为 1.7GHZ 以上处理器、1G 以上内存、300G 以上硬盘、17 寸以上显示器，并装有办公软件。此次捐赠活动共筹集电脑 600 台，并且在捐赠之前组织专业人员调试，确保电脑能够正常使用。

（中国能源建设股份有限公司
工会办公室　张　媛）

# 中国民主促进会中央委员会定点扶贫

**【概述】** 2014 年，中国民主促进会（以下简称“民进”）中央委员会定点帮扶贵州省安龙县，开展调研咨询、教师培训、医卫帮扶、扶贫慰问、产业扶贫等工作，为促进安龙县经济社会发展发挥作用。民进中央社会服务部共组织 40 多位专家学者、企业家到安龙县考察指导、科技培训和慈善捐助活动；为安龙县经济社会各项事业直接投入 186.89 万元；引进民进企业家会员与安龙县签约投资项目 1 项，总投资 1.2 亿元。与民进上海市委员会、江苏省无锡市委员会惠山区委员会分别组织 4 期培训班，共培训骨干教师、校长等 50 余人。民进重庆市委员会以邀请专家讲课的形式培训医护人员 100 余人。

**【扶贫调研】** 2014 年，民进中央 4 次赴安龙县考察调研，加强交流对接，找准切入点，提高工作针对性。2 月、11 月，民进中央副主席朱永新、社会服务部副部长刘文胜分别就民进中央参与“星火计划、科技扶贫”试验区建设情况进行调研。5 月，刘文胜带领部分文化、旅游行业的民进企业界会员赴安龙县就“美丽乡村建设”进行考察调研；6 月，刘文胜出席“黔西南州休闲农业与特色旅游发展”专题研讨会，率民进苏州市委员会、学大教育集团等单位的代表到安龙县开展助教捐赠结对帮扶活动，推动开展远程教师培训项目。

**【扶贫慰问】** 2014 年 1 月，民进黔西南布依族苗族自治州委员会赴安龙县万峰湖镇坝盘村、兴义市鲁布格镇慰问了 10 户特困户，发放慰问金 1 万余元，大米 20 袋，鞋、围巾、棉衣、棉被各 10 份；11 月 26 日，民进黔西南布依族苗族自治州委员会机关赴“四项工作”联系点安龙县万峰湖镇坝盘村开展计生户帮扶慰问活动，制作计生宣传栏 1 个，给 10 名计生户发放了每名 1000 元的慰问金，共计 1 万元。

**【产业扶贫】** 民进中央始终坚持智力帮扶与产业扶持相结合，为各界别会员参与安龙县经济建设发展搭建平台。2014 年 4 月，民进中央在北京组织举办了安龙县招商推介会，民进企业界会员共 120 余人参加会议；5 月，组织部分企业界会员赴安龙县考察洽谈。上海富程环保有限公司投资 1.2 亿元的“安龙县城污水处理建设、营运、移交项目”已正式签约施工。

**【教育扶贫】** 2014 年，民进中央发挥特色优势，进一步拓展“同心 · 彩虹行动”的内容和形式，继续推进教师培训工作。1

月10—15日，投入资金29万元，以德育教育为主题，在北京举办了“同心·彩虹行动”骨干教师寒假培训班，其中培训安龙县骨干教师30名；8月，投入资金17万元，以美术教师培训为主题，举办了“同心·彩虹行动”骨干教师暑期培训班，其中培训安龙县教师10名。4月15—20日，民进无锡市惠山区委员会投入资金15万元，举办了西部地区第20期“彩虹行动”（无锡惠山）教师培训班，包括安龙县教师在内的5名黔西南州中学老师参加培训。4月22—27日，民进上海市委员会投入资金2万元，在上海举办了“上海市委会第19期西部教师培训班”，其中培训安龙县中学校长5名。

**【公益扶贫】** 2014年，民进中央协调民进苏州市企业界会员联谊会、苏州苏诺雷诺汽车销售服务有限公司与安龙县万峰湖镇政府，签订为期5年总计100万元的友好帮扶协议。6月捐赠了价值17万元的33台平板电脑、书包和图书，援建电子图书馆。民进黔西南州委会开展“春阳同心行动”继续资助安龙县51名贫困女生，共计6.63万元；4月，捐资1万元推动安龙县万峰湖州坝盘村民族文化建设；10月，主办“春阳同心行动慈善晚会”，以书画作品义卖形式筹集善款20万元。

**【基础设施建设】** 2014年，民进中央开明慈善基金会继续支持安龙县中小学校“同心·彩虹水窖”建设，出资82万元为安龙县建成水窖1220立方米，解决了6220人的用水问题，保障了当地群众的生活用水，降低了产业受灾受损程度。

**【医疗卫生扶贫】** 2014年，民进中央围绕民生改善，加大医卫扶贫力度。协调民进重庆市委员会对口帮扶安龙县人民医院，3月，民进重庆市委会张克敏率医疗卫生专委会的部分专家首次赴安龙县人民医院开展送医活动，培训医护人员100余人，并表示将长期开展对口帮扶工作，协调重庆的重点医院免费接收安龙县人民医院的医护人员随诊培训，每年定期到安龙县开展送医活动，帮助提高当地医院诊疗水平，促进当地基本公共服务水平提升。

（中国民主促进会中央委员会
郭建龙）

# 中国农工民主党中央委员会定点扶贫

**【概述】** 2014年，中国农工民主党中央委员会（以下简称“农工党中央”）学习贯彻中共中央总书记习近平的批示精神和全国政协主席俞正声的讲话精神、扶贫开发工作的新部署新要求，在全国人大常委会副委员长、农工党中央主席陈竺，全国政协副主席、农工党中央常务副主席刘晓峰的高度重视和关心下，在农工党中央专职副主席龚建明的分管领导下，充分发挥自身优势和界别特色，关注民生，促进发展，不断深入开展对贵州省毕节市大方县的定点帮扶工作。

**【扶贫调研】** 2014年5月，农工党专职副主席龚建明赴贵州省遵义市、毕节市大方县调研。8月，农工党主席陈竺赴遵义医学院及附属医院、毕节同心农工中等职业技术学校、大方县猕猴桃产业园示范项目基地、大方县理化乡卫生院和黄泥塘镇大坝村实地调研。调研期间，陈竺主席就“同心助医工程”升级版建设、基层医疗卫生人才队伍建设、农工党党员企业发展，大方县“毕节同心农工中等职业技术学校”等工作作出了重要指示和提出了具体要求。

**【同心助医工程】** 2014年，农工党继续推进“同心助医工程”的实施，协调遵义医学院附属医院与大方县人民政府签订了帮扶县人民医院协议，在县人民医院挂牌“遵义医学院附属医院大方分院”。协调北京市平谷区医院、贵阳中医学院帮扶县中医医院，贵阳市妇保院帮扶县妇保院；省疾控中心、省卫生监督局分别帮扶大方县疾控中心、卫监所。帮助大方县医卫系统选派了15人到上海市进修培训。经联系协调，帮助大方县医卫系统选派了42名公共卫生人员，赴江苏省无锡市培训基本公共卫生服务。经农工党中央牵线搭桥，大方县医疗机构与南京解放军105医院、天津市第一中心医院、浙江温州医学院附一院、解放军四十四医院等建立起了良好的对口支援关系和长期合作帮扶机制。帮助争取到天津眼科医院投资帮助县人民医院建设眼科中心，天津医科大学肿瘤医院帮助建设肿瘤科。各级各部门、省内外各医疗卫生机构在项目、政策上向大方县倾斜，积极支持帮助大方县医疗卫生机构加强人才培训和专科建设，不断提升服务能力和服务水平。

启动了大方县“同心全科医生特岗人才计划”示范项目，并成立了“同心全科医生特岗人才基金”，提供特岗津贴，专项补助全科特岗医生到基层工作，希望能够借此为实现优秀医卫人才“下得去、留得住、用得好、能发展”目标探索新路径，已募集资金2000万元。

**【招商引资】** 2013年引进的计划投资156.4亿元的12个招商引资项目，在2014年继续深入推进。计划投资21亿元的猕猴桃基地和加工生产线建设项目已累计投资1400万元，1000亩猕猴桃育苗移栽已经结束；总投资12亿元的同威生物科技有限公司制药项目，已投资6100万元完成一期工程“中药材加工项目和保健食品生产项目”，形成了年产400吨中药提取物的生产能力；中药材种植基地建设项目已种植三七100亩，种植党参、丹参1000亩；投资20亿元的“大方国际轻纺、皮革商贸城”项目初步选址500亩，已到位资金9000万元，现正在进行场平；一期投资500万元的毕节市新春中草药研究所药酒骨伤项目厂房装修完毕、设备安装到位，即将建成投产。另外，农工党广东省委会、福建省委会、贵州省委会也与大方县政府签订了合作帮扶协议书，并促成了投资4.1亿元的茶叶、大输液系列项目投资协议，3.3亿元的生活垃圾焚烧发电项目投资协议等6个项目。

**【基础设施建设】** 2014年，农工党推动大方县火电厂二期扩建工程项目，国家能源局已通过立项。贵州省、深圳市、华润集团三方合作共建的华润（毕节）循环经济产业园落户大方，华润集团与重庆能源投资集团“2×660兆瓦火电项目”已获国家能源局同意开展前期工作的“路条”，2014年4月中旬施工；渝富能源开发股份有限公司与中科合成油技术有限公司，年产200万吨煤制清洁燃料项目已获得国家发展和改革委员会批准同意开展工作。

**【教育扶贫】** 农工党贵州省委会与大方县人民政府签订了农工党参与贵州教育“9+3”计划。选址300亩土地作为毕节同心农工中等职业技术学校新校区建设用地，大方县已通过招商引资5个亿建设，学校暂定名称为“贵州同心职业技术学院”，规划总建筑面积为8万平方米，并筹建应用技术本科学院，2014年5月举行了项目开工仪式。毕节同心农工中等职业技术学校建设有序推进，职校扩建一期工程已投入1984万元资金，完成了1.24万平方米学生宿舍建设，投入200万元实施了9500平方米塑胶运动场建设；职校扩建二期工程已投资3000万元建设了综合楼一栋、食堂一个（含报告厅）和1.4万平方米的教学楼一栋，主体工程已经完成。

**【同心食品药品产业园区建设】** 2014年，农工党积极帮助联系企业家到园区考察投资。园区已累计完成投资158亿元，其中，已建成标准化厂房29.09万平方米，现已具备入驻条件的有29.09万平方米。累计入驻企业83家，建成投产企业39家。

（中国农工民主党中央委员会　杨　威）

# 中国人民保险集团股份有限公司定点扶贫

**【概述】** 2014年，中国人民保险集团股份有限公司（以下简称“中国人民保险集团”）围绕“特色产业扶贫、公益扶贫和保险扶贫”的发展思路，争取扶贫资金使用有成效，扶贫项目落实有成果，扶贫工作开展有特色，直接投入扶贫资金400万元，在江西省吉安县、乐安县，陕西省留坝县和黑龙江省桦川县开展了金融扶贫、产业扶贫、教育扶贫、基础设施扶贫等扶贫开发工作，相关工作得到了国务院扶贫办，定点扶贫县县委、县政府及当地广大人民群众的肯定，进一步增强了中国人民保险集团分支机构与当地政府的合作力度。

**【扶贫资金投入】** 2014年，中国人民保险集团按照“依法合规、专款专用、职责清晰、流程规范”的基本原则，分别对吉安县、乐安县、桦川县和留坝县4个定点扶贫县按照每年每县100万元扶贫专项资金预算，直接投入共计400万元扶贫资金。

**【扶贫资金管理】** 2014年，中国人民保险集团严格按照《中国人民保险集团股份有限公司定点扶贫工作管理办法》，本着“依法合规、专款专用、职责清晰、流程规范”的基本原则，继续做好集团定点扶贫工作管理。人保财险按照《中国人民财产保险股份有限公司定点扶贫资金管理办法》，规范定点扶贫工作财务行为，狠抓项目建设，人财并举，保障定点扶贫相关项目有效推进。中国人民保险集团在深入调研的基础上，经与当地政府共同研究，制订了涉及特色产业项目、公益项目和保险项目等实施方案，由扶贫干部根据工作计划提交扶贫项目资金申请，经审核批准后参照执行。

**【扶贫调研】** 2014年7月，中国人民财产保险股份有限公司领导代表中国人民保险集团，前往留坝县开展调研和慰问，加强与当地政府的沟通。调研组一行深入村镇，了解群众生产生活情况和中国人民保险集团扶贫项目推进落实情况等，就如何把改善农民生活水平的扶贫项目抓出实效等议题，与当地政府进行了积极研讨，并提出相关意见和建议。

**【扶贫培训】** 2014年，中国人民保险集团在每年捐资100万元的基础上，围绕“特色产业扶贫”的工作思路，开展桦川县“水稻主产区大棚二次利用”种植项目。经过认真筹办，桦川县扶贫工作小组邀请县农业技术推广中心，分别于2014年5月3

日、6月1日成功举办了2期“蘑菇菌类种植技术及灾害预防”育秧大棚二次利用课程，第一期53人、第二期56人，共计108位务农人员参加培训，有效提升了当地群众的农业技术水平，极大促进了其生产生活条件的改善，得到了当地政府和广大群众的肯定。

**【干部挂职扶贫】** 2014年，派往桦川县和留坝县的2名扶贫干部，按照当地县委县政府的工作安排，积极协助当地分管领导做好扶贫、抗灾、招商引资等相关工作，因地制宜地提出相关扶贫项目，与地方政府一起，共同做好项目的跟踪管理，抓好项目的监督、验收和资金拨付等后续工作，切实帮助群众解决生产生活中的问题，使扶贫项目发挥应有的效能。

**【基础设施建设】** 2014年，中国人民保险集团在桦川县进行养老服务中心建设。

**【产业扶贫】** 2014年，中国人民保险集团在乐安县开展的“乐安花猪”项目，已经获得农业部授予的国家地理标志保护；在吉安县开展了山羊产业项目；在留坝县开展了土鸡养殖项目；在桦川县帮扶了400亩蔬菜大棚建设。2014年下半年，开展了桦川县“水稻主产区大棚二次利用”种植项目，对70栋示范大棚进行加固、对相关基础设施进行完善，有效解决了育秧大棚处于闲置状态的问题，每亩可获得收益3万元左右。留坝县的薰衣草种植、生态养鸡产业建设和中药材产业基地建设项目，采用“合作社+基地+贫困农户”的方式，分别建成薰衣草种植基地、养殖基地、中药材示范基地。薰衣草销售收入13万元，投放鸡苗8000只，发展种植药品可吸纳农村剩余劳动力80人，全村仅劳务一项人均增收200元。留坝县江口镇柘梨园村的冷库建设项目，有效解决了70户农户40万袋鲜香菇的采摘冷藏冷储问题。

**【教育扶贫】** 2014年，中国人民保险集团继续对城乡困难群体开展中学适龄阶段子女教育救助工作，为每名贫困家庭的中学适龄学生给予补助1000元，救助100名中学适龄贫困家庭学生。在留坝县开展了青少年活动中心原篮球场修复项目，建设室外篮球场1个，配备了篮球器材设施以及围网、排水等公共配套设施。

**【金融扶贫】** 中国人民保险集团在留坝县实施政策性森林保险项目，总面积102.68万亩，每亩保费1.6元，由省市县财政补贴90%，其余10%保费由农户自缴，切实解决了当地群众因森林火灾等自然灾害返贫的问题。桦川县农房保险项目，由农户自缴保费30%，县财政补贴保费30%，其余均由扶贫专项资金进行补贴，对全县范围内符合参保条件的农民住房进行了统保。

**【公益扶贫】** 中国人民保险集团除做好定点扶贫工作外，还积极参与其他社会扶贫活动。2014年，为支持边疆社会事业发展，捐资1100万元为新疆购置68辆“母亲健康快车”，向西藏“五保集中供养项目”捐赠2500万元。开展“2014中国人民保险助学公益行”系列活动，向全国36个省（区、市）的104所偏远贫困地区小学的21764名学生赠送助学用品。向中华健康快车捐助公益善款30万元，为贫困白内障患者实施免费手术，帮助重见光明。开展“人保在行动”主题系列公益活动，以各种形式传递保险正能量，中国人民保险集团社会影响力和传播力持续扩大。

中国人民保险集团广泛开展志愿服务活动。成立青年志愿者协会，组织广大员工积极参与志愿公益服务活动，为有特殊困难以及需要帮助的社会公众提供志愿服务。积极推进华奥学校“七彩健康课堂”志愿活动，深化关爱农民工子女志愿服务工作。赞助拍摄志愿助残阳光行动公益宣传片，为江苏高邮留守儿童搭建中国人民保险“爱心书屋”。在云南省宁蒗彝族自治县开展“传递一份爱心、成就一份希望”一对一帮扶助学关爱活动。为四川省木里藏族自治县民族中学送去图书和冬衣，传递爱与分担的公益精神。

**【扶贫宣传】** 在扎实做好定点扶贫基础工作的同时，中国人民保险集团充分利用简报、门户网站等渠道进行扶贫工作的图文宣传，在公司开展的扶贫项目当地醒目位置安装了精心设计的宣传牌，全面加强对定点扶贫工作的广泛宣传。

**【扶贫日活动】** 2014年10月17日是我国首个“扶贫日”，中国人民保险集团筹集25台笔记本电脑捐赠给定点扶贫县的希望小学。同时，在门户网站刊发专稿，用一组鲜活的图文回顾中国人民保险集团十余载积极探索具有自身特色的扶贫工作和助力定点扶贫县经济社会的发展历程，进一步彰显公司履行社会责任、热心社会公益、造福人民群众的良好企业形象。

（中国人民保险集团股份有限公司
办公室　何相宇）

# 中国人寿保险（集团）公司定点扶贫

【概述】 根据《关于做好新一轮中央、国家机关和有关单位定点扶贫工作的通知》，确定中国人寿保险（集团）公司（以下简称“中国人寿”）新一轮定点帮扶结对关系为湖北省郧西县和广西壮族自治区天等县、龙州县。为扎实有效开展好2014年定点扶贫工作，公司党委先后三次召开定点扶贫工作专题会议，研究确定了“调研论证充分、科学高效筹划、贴近实际需要、着眼持续发展”的扶贫工作总体思路，相继向3个定点扶贫县投入扶贫资金共1005万元，捐赠联想牌笔记本电脑40台，力争实现帮助定点扶贫县发展经济、扶危济困、提升企业品牌价值的共赢目标。

【小额保险扶贫】 国务院扶贫办外资项目管理中心（现更名为“中国扶贫发展中心”）与中国人寿在四川省旺苍县实施的扶贫小额保险试点，取得了良好成效，为扶贫小额保险的推广奠定了基础。2014年，通过深入调研论证，投入475万元，依托中国人寿营业网点优势和业务优势，以最便捷的方式为天等县、郧西县、龙州县的戍边居民、外出务工人员投保小额保险。该项目人均保费35元，保险项目涵盖意外和疾病身故、意外残疾、意外医疗和意外交通事故，最高可获赔20万元。

【教育扶贫】 为解决定点扶贫县学校教学条件设施落后问题，提高教学条件和配套设施达标率，中国人寿向天等县捐资50万元，用于福新乡黎亮小学6个教室的教学综合楼标准化建设；向郧西县捐资250万元、40台笔记本电脑，用于城关镇寺沟小学D级危房改扩建和城北中学电教室建设以及保障明德小学多媒体教学。

【大病救助】 天等县大病医疗救助最高额度不超过2万元，远不能解决大病患者的治疗费用。通过引进公益救助方式，由中国人寿对天等县10名大病患者进行救助，每人提供救济资金3万元，共计30万元，有效缓解天等县大病医疗救助资金紧张的问题。

【特色产业扶贫】 定点扶贫县农业生态资源条件较好，但分散经营模式不利于市场经济发展和竞争要求。为扶持农民互助组织的成立和发展，促进集约型和规模型产业发展，分别在天等县驮堪乡南岭村投资50万元建设综合农业合作社，用于开发荒山，发展鸡、牛等畜禽养殖业；在龙州县板其屯投资100万元用于“壮族民俗旅游村”配套基础设施建设，发展生态旅游、观光农业、农家乐等产业扶贫项目；通过中国人寿的公众影响力和网络优势，为龙州县的优质乌龙茶进行推广。

**【边境贸易支持】** 广西壮族自治区政府委托广西农村信用联社为边民开展“边贸小额贷款”金融扶贫试点项目，由中国人寿提供50万元资金支持，该笔资金由县政府直接向贷款贫困户发放利息补贴。

**【公益扶贫】** 篮球是天等县全民热爱的一项运动，篮球场是天等人民特别是外出务工创业者与子女沟通互动、情感交流的平台。邀请中国人寿形象代言人姚明赴天等县开展公益活动，为留守儿童在身心、学习、生活等多方面提供支持与援助，呼吁更多人参与到帮助关爱留守儿童的行动中来。

［中国人寿保险（集团）公司
张庭阁］

# 中国太平保险集团有限责任公司定点扶贫

**【概述】** 2014年，中国太平保险集团有限责任公司（以下简称“中国太平保险集团”）定点帮扶甘肃省两当县和安徽省六安市裕安区，在两县（区）投入帮扶资金80万元，捐赠电脑25台，图书5534册和文体用品6箱，继续坚持“规划先行，扎实推进，开拓创新，突出特色”的扶贫工作思路，切实履行中央金融企业的社会责任，积极探索，不断创新，开辟了“一对一”扶贫助学等新的工作领域。

**【助学扶贫】** 2014年，中国太平保险集团在两当县和裕安区开展了“一对一”助学活动。通过内部宣传、策划活动等方式找准广大机构和员工参与扶贫工作的结合点。925名员工提交了助学需求，受助学生总人数达1124人，意向助学金额已高达124.75万元。其中，中国太平保险集团港澳地区的6位退休老领导和老员工共捐款3万元，资助24名学生。

**【助学制度建设】** 2014年，中国太平保险集团扶贫办制定了《集团分支机构和员工参与定点帮扶单位助学办法》，并制定了《扶贫助学操作指南》，让各级机构和更多员工了解并参与该活动。将扶贫助学活动界定为三类：一是以员工个人名义，开展“一对一”或“一对多”结对助学活动，按照小学生每年1000元、中学生每年1500元、大学生每年2000元的标准进行资助，帮助其完成学业；二是以单位名义或个人名义，向特定学校或特定贫困学子捐赠文具和图书等学习用品；三是以单位名义，捐赠因更新换代而淘汰的小型机、个人电脑等电子设备（通过专业整修，使其成为可以使用的“绿色电脑”），提供给特定学校或教育系统单位使用。

中国太平保险集团扶贫办与两当县和裕安区两地的教育部门签订《结对助学合作协议书》。中国太平保险集团扶贫办负责进行“一对一”或“一对多”的配对工作，资助人直接将钱款汇往当地教育部门指定的专用账户，当地教育部门并负责将钱款直接分发至所资助学生手中。中国太平保险集团还对资助对象的标准、钱款发放的流程提出了明确的要求和制约条款，严防出现助学款被挪用和冒领等漏洞。

**【助学平台】** 2014年，中国太平保险集团扶贫办协调集团IT部门专门开发了“集团官网扶贫助学系统”。分布在全国各地和海外机构的集团员工只要登录集团官方网站，进入“我要助学”网页，就可以在网上快速填写并提交助学需求。

**【助学宣传】** 中国太平保险集团通过在内部网站发布公告、制作宣传海报、在职场内挂设易拉宝等方式，大力宣传该项活动。2014 年第 4 期《中国太平》上，中国太平保险集团还对扶贫助学工作进行了图文并茂式的专题深度报道。

**【扶贫调研】** 2014 年 4 月，中国太平保险集团扶贫办牵头组织了由集团主要子公司太平人寿保险有限公司、太平财产保险有限公司、太平养老保险股份有限公司、太平资产管理有限公司和中国太平保险集团产品市场部人员组成的联合调研小组，赴裕安区就金融扶贫开展了深入调研。通过与裕安区相关政府部门召开座谈会等方式，中国太平保险集团掌握了大量第一手的材料，撰写了调研报告，从在裕安区开办农业保险、创造条件参与大病商办保险投标、尝试办理小额信贷和参与裕安区城镇化建设等方面提出了 12 条意见建议。

**【基础设施建设】** 2014 年，中国太平保险集团扶贫办与深圳市太平投资有限公司相关人员，赴两当县金洞乡参与了“太平桥”项目工程的检查验收工作。该座“太平桥”是中国太平保险集团将 2012—2014 年三年共 120 万元专项扶贫资金集中使用所援建的一座便民桥，彻底改变了金洞乡新潮村 7 个村民小组 204 户 806 人的“出行难”问题，加快了该村农户的脱贫致富步伐。

2014 年，中国太平保险集团投入 80 万元扶贫专项资金，对裕安区石板冲乡进行重点帮扶，对石板冲河小堰段进行综合治理，主要工程内容包括：新建 240 米除险加固堤，1230 米堤顶砼道路，1000 米砼护坡，1 座机耕桥，彻底解决困扰当地民众多年的灌溉、防洪、交通等问题。该项工程已于 2014 年年底完工，可灌溉 1.6 万亩面积的农田，保护跨 2 个乡镇的 1.5 万人口免受洪灾威胁。

**【扶贫宣传】** 2014 年，《21 世纪经济报道》以 2 个整版篇幅，对两当县和裕安区分别进行了免费推介，使更多人对他们的风土人情、产品资源有了更多的认识和了解。

为了使中国太平保险集团内部员工对定点扶贫工作和定点帮扶单位——两当县和裕安区有更深的了解，主要采取如下措施：一是在集团官方网站设立了“定点扶贫”专栏；该专栏下面又设立了“定点帮扶单位介绍”、“扶贫工作动态”和“我要助学”等子栏目。其中，“定点帮扶单位介绍”直接与两当县和裕安区官网链接；二是在集团内刊《中国太平》上面多次刊发文章介绍两当县和裕安区，以及中国太平保险集团在两地开展的扶贫助学工作；三是在集团内外及时报道在两地的扶贫工作动态。

**【干部挂职扶贫】** 2014 年，中国太平保险集团修订了《挂职扶贫干部管理办法》，启动了第二轮挂职扶贫干部的选拔工作，通过自愿报名、层层组织考察和集团党委会议研究等程序，选派2名挂职扶贫干部前往两当县和裕安区挂职扶贫，每两年轮换一次。

（中国太平保险集团有限责任公司
员工关系部　冯天骄）

# 清华大学定点扶贫

**【概述】** 2013 年起，清华大学定点帮扶云南省南涧彝族自治县（以下简称“南涧县”）。清华大学党委书记陈旭带队赴南涧考察指导帮扶工作，校党委设立定点帮扶办公室，校党委办公室主任担任定点帮扶办公室主任，负责协调和调动全校力量参与南涧县定点帮扶工作。在清华大学党委领导下，学校充分发挥智力优势，面向南涧县实施了教育扶贫、医疗扶贫等多个重点项目，并积极通过校友资源为南涧县引进科技投资项目。

**【扶贫资金投入】** 清华大学投入 50 万元，用于儿童先天性心脏病治疗工作；投入 10 万元，用于南涧县妇幼保健院医务人员赴清华大学第一附属医院培训学习工作；投入 20 万元，用于南涧县教师赴清华免费培训学习交流工作。

**【扶贫资金管理】** 完善资金管理办法，健全项目支持体系，全方位多方面从“教育、人才、科技、医疗、产业”落实好定点帮扶资金与项目支持工作，充分考虑县域之内的不均衡问题，在资金与项目落地前进行充分调研，在具体工作中抓好落实，杜绝资金与项目截留或挪用等问题发生，并做好后期的回访工作，认真总结经验。

**【扶贫调研】** 2014 年 1 月，清华大学党委副书记史宗恺到南涧县考察，并与大理白族自治州委书记梁志敏等会谈交流，商讨利用清华大学优质教育资源进一步帮助大理白族自治州干部教育培训、服务地方经济发展等工作。4 月，时任清华大学党委常务副书记、副校长邱勇院士带队赴南涧县考察定点帮扶工作开展情况，基于清华大学教育、科技和人才优势，提出帮扶工作要以集中力量提升南涧县自我发展能力为重点，通过为南涧县干部、中小学师生、医药卫生人员、技术人员和农民提供教育培训，全面提升南涧县干部执政能力、教育教学与医疗卫生水平。

**【扶贫培训】** 2008 年，清华大学在南涧县职教中心建立了“清华大学教育扶贫现代远程云南南涧教学站”，每年通过卫星无偿输送逾 2000 学时的远程培训课程，并邀请当地中小学校长、教师、基层干部赴清华大学参加培训，同时选派清华优秀教师利用假期赴当地义务巡讲。

2014 年 10 月，组织 30 位南涧县主要领导到清华大学继续教育学院参加培训。11 月，经清华大学挂职干部协调，南涧县先后各派出30名基层干部到清华大学和复旦大学培训学习。

**【干部挂职扶贫】** 清华大学先后派出2名处级干部到南涧县挂职扶贫，担任副县长职务。

**【教育扶贫】** 清华大学投入20万元，用于南涧县教育师资力量培训，组织50名中小学校长到清华大学参加“清华伟新教育扶贫校长以德治校专题培训班”，9名中小学教师到北京参加培训，2名小学骨干教师到清华大学附属小学进行为期2个月的驻校培训。

**【医疗扶贫】** 2014年5月，清华大学第一附属医院党委书记类延旭带队，心脏中心主任医师王廉一和副主任医师唐秀杰一行3人前往大理州，进行了为期3天的先心病筛查工作，同时，对在清华大学第一附属医院接受了手术治疗的先心病患儿开展随访工作。共完成超声检查267人，新确诊先心病患儿120例，其中南涧县28名患儿陆续安排在清华大学第一附属医院接受手术治疗。此外，清华大学第一附属医院还接收了2批7名南涧医务工作人员到医院免费进修。

（清华大学教育扶贫办公室　黄　丽）

# 北京科技大学定点扶贫

**【概述】** 2014年，北京科技大学（以下简称“北科大”）定点帮扶甘肃省秦安县，进一步整合校内科技、人才、信息等优势资源，结合秦安县实际，在教育扶贫、科技扶贫以及干部培训等多方面继续提供帮扶，在多方面取得进展。

**【扶贫队伍建设】** 2014年，北科大根据领导班子调整和岗位变动，及时调整了扶贫工作领导小组及办公室成员。通过加强扶贫领导小组队伍建设，优化人力资源配置，形成了以主管扶贫工作副校长为组长，包括党办、校办、研究生院、科研处、招生就业处、资产处等10个部处负责人为成员的领导小组。学校根据扶贫开发中遇到的具体社会发展问题、经济增长问题等实际需要，依托文法学院、东凌经济管理学院、外国语学院三个文科特色学院的相关专家、教授，组成了扶贫工作领导小组的“顾问团队”，为秦安发展建设提出合理化建议。在秦安县相关领导的积极配合下，校县双方多次开展工作交流，完善了《北京科技大学对甘肃省秦安县定点扶贫工作方案》。

**【教育扶贫】** 2014年，北科大派遣一支由在校师生组成的“情系秦安支教实践团”前往秦安县开展扶贫支教帮扶活动，为秦安县泾川甘家沟小学募集图书2000册，生活必需品及体育活动器械等折合人民币2万元，同时为在校小学生开展义务教学200课时，此外还深入当地开展留守儿童帮扶活动。实践团还通过访谈，问卷调查、田野观察等方法，收集秦安经济社会发展的相关数据，为制定下一步帮扶方向提供了数据支撑。

**【人才培养与干部培训】** 2013年，北科大授予了秦安县第一中学“北京科技大学优质生源基地”。2014年，为了进一步落实好定点帮扶工作框架协议，结合《北京科技大学2014年面向贫困地区农村籍学生专项自主选拔招生简章》，学校面向秦安县招收符合培养要求的来自边远、贫困、民族地区县及县以下中学勤奋好学、成绩优良的农村学生。北科大给予秦安县推荐名额4人，其他中学推荐名额2人。在此基础上，学校与秦安县扶贫办共同做好推荐及招考工作。在加大对秦安县贫困地区高考考生的招生力度的同时，北科大也加大了对在校秦安籍学生的资助力度，2014年共资助秦安籍学生5人，申请国家助学贷款9.44万元，奖助学金1.1万元。干部培训方面，北科大于2014年9月正式录取1名秦安县县级领导成为北京科技大学公共管理硕士研究生，并于年底按教学计划完成学习任务。

**【扶贫日活动】** 2014年10月17日，北科大根据国务院扶贫办《2014年扶贫日活动方案》要求，开展以“扶贫济困、广泛参与，携手并进、共创和谐”为主题的北京科技大学“扶贫日”系列活动。通过在校园宣传角开辟扶贫宣传主题专栏，用感人的帮扶事迹和扶贫成果引导师生树立更广泛的扶贫帮困意识。此外，还号召发起“扶贫进行时”网络微行动，微行动汇集了共计118个团支部，3000余名学生党员、团员共同参与公益扶贫活动。同步开展的还有以“扶贫挑战”为主题的线上活动，吸引了1000余名师生同时在线关注，并收到爱心捐赠物品折合人民币近1万元。

**【科技及设备扶贫】** 北科大把秦安县作为科技扶贫基地，结合秦安资源特点和科技发展项目，在相关科技产品和技术开发、科技成果转让等方面给予秦安县支持，为秦安经济社会发展提供科技支撑。同时，整合学校的电脑、投影仪、打印机等办公、教学设备，资助秦安县，以改善当地中小学办学条件。2014年，北科大向秦安县捐赠电脑共计110台，折合人民币30万元，有效改善办公、教学硬件设施。

（北京科技大学党办、校办　郭志恒）

# 北京交通大学定点扶贫

**【概述】** 2014年，北京交通大学（以下简称“北交大”）定点帮扶内蒙古自治区科尔沁左翼后旗（以下简称“科左后旗”），赴定点扶贫县调研33人次，投入资金38万元。结合科左后旗经济社会发展现实需求，依托学校交通运输、经济管理等优势特色学科，通过设立专项科研基金，为科左后旗完成了交通、旅游、物流发展规划，助力地方经济社会发展。同时，根据科左后旗实际需要，调动校内资源积极支持，并通过北交大校友会、董事会等外联机构，积极协调解决甘旗卡镇科尔沁大街与大郑铁路交叉道口上跨桥修建、金宝屯火车站站前广场建设、甘旗卡火车站货场及站前广场改造、隆泰物流公司铁路专用线建设等地方发展中的难点热点问题，切实为地方排忧解难。

**【扶贫资金投入】** 2014年，北交大共投入扶贫资金38万元，其中8万元用于基础设施建设，10万元用于产业开发，20万元投入其他专项工作。

**【扶贫调研】** 2014年，北交大共有33人次赴科左后旗调研。4月，学校交通、旅游、物流三个规划团队赴科左后旗开展规划制定的前期调查研究工作，为切实做好科左后旗交通、旅游、物流发展三个规划奠定坚实基础。11月，北交大三大规划团队再赴科左后旗，就规划初稿听取了相关建议，确保规划项目切实符合科左后旗实际情况，项目取得实效。科左后旗旗委书记韩国武多次到学校调研交流，与学校定点扶贫领导小组执行组长、副校长陈峰会谈磋商，双方就旗情校情、工作方向、工作中遇到的难点热点问题等进行深入沟通，推动定点扶贫工作的开展。

**【交通规划扶贫】** 按照“城市发展、交通先行”的理念，北交大确定了将完成科左后旗综合交通体系规划作为定点扶贫的一项首要任务。2014年，学校交通运输学院先后2次赴科左后旗进一步调研，在充分了解科左后旗情况的基础上，运用科学的方法，从城市综合交通系统出发，制定了切实科学的综合交通发展战略和各项子系统规划，具体包括：交通需求预测、区域主干交通系统规划、中心区道路网系统规划、中心区公共交通系统规划、中心区停车与慢行系统规划、对外交通系统规划、货运系统规划和交通管理系统规划。

**【旅游规划扶贫】** 2014年，北交大经济管理学院从发展战略、空间布局、产品谱系、目的地体系、市场营销、保障体系以及行动计划方面为科左后旗制定了详细的旅游规划。指导科左后旗构建“以文化旅游为机头、生态旅游为机身、运动旅游和民俗旅游为两翼”的类别齐全、重点突出、多元化的旅游产品体系；大力发展“生态度假游、文化体验游、户外运动游、民俗体验游”4 大特色旅游品牌；建设以“一心两带三区”式的旅游空间格局；大力开展市场营销；完善旅游配套设施，全面塑造“原真科尔沁　生态左后旗”的形象，从而利用旅游业的拉动作用重构县域经济的产业链，优化产业结构，把旅游业发展成为科左后旗县域经济跨越式发展的重要增长极。

**【物流规划建设】**　2014 年，北交大经济管理学院物流规划团队先后 2 次赴科左后旗开展调研工作。在对科左后旗情况充分了解的基础上，提出了进一步完善产业定位、加强对专业物流的发展论述、增加物流通道规划、物流园区空间布局要进一步论证的建议。

**【基础设施建设】**　2014 年，北交大定点扶贫领导小组执行组长、副校长陈峰专程前往沈阳铁路局，与沈阳铁路局总工程师、党委副书记等领导沟通协商，帮助推进甘旗卡镇科尔沁大街与大郑铁路交叉道口上跨桥修建、金宝屯火车站站前广场建设、甘旗卡火车站货场及站前广场改造、隆泰物流公司铁路专用线建设等工作，项目进展顺利。此外，学校还联系清华大学建筑设计院设计了甘旗卡镇镇域总体规划。

（北京交通大学定点扶贫领导小组办公室　信　心）

# 中国矿业大学（北京）定点扶贫

**【概述】** 2014年，中国矿业大学（北京）（以下简称“矿大”）结合自身优势，以智力扶贫为切入点，进一步加大扶贫工作力度，积极落实有关扶贫工作要求，助推广西壮族自治区都安瑶族自治县（以下简称“都安县”）经济社会发展，定点扶贫工作不断取得新的实效。

**【扶贫调研】** 2014年12月，矿大党委书记徐孝民、副校长范迅赴都安县调研，并表示矿大将在人才培养、科研服务、教师培训等方面，继续发挥好矿大的教育资源和科技创新优势，使矿大定点扶贫都安县的工作取得更大成效。

**【公益扶贫】** 2014年10月，矿大组织开展了全校师生员工自愿向都安县捐款捐物活动。广大教职员工、离退休人员、学生积极踊跃捐款捐物，共收到捐款11.65万元，衣物500余件，书籍40多本、口琴70把及各类生活文体用品50余件。另外，共有16名教职工自愿向都安县高中困难学生进行“一对一”帮扶，每人每年3000元，帮助他们顺利完成学业。2014年12月，矿大党委书记徐孝民、副校长范迅，实地考察都安县大兴乡国隆村拉温屯，将募捐款项11.65万元用于拉温新村道路硬化建设项目。

**【干部挂职扶贫】** 2014年，矿大化学与环境工程学院孙铭晗继续挂职都安县县长助理，开展定点扶贫工作。一是继续帮助都安县联系香港“点滴是生命”基金会资助4户困难家庭每户1000元，联系该基金会与广州军区总医院合作，资助都安县先天性心脏病患儿10人，为患儿家庭节省医疗费用近30万元，资助都安县部分乡村小学棉被、棉衣、棉鞋等各类过冬物资价值近10万元，为部分乡村小学和幼儿园捐赠T恤3000件、儿童衣物4000件、铅笔5万支，价值近25万元；二是联系学校非金属矿专家到都安县进行调研，加快推进县工业项目建设，为推动都安县的经济社会发展以及扶贫工作做出了应有贡献。

**【智力扶贫】** 2014年9月，化学与环境工程学院2名教授赴都安县，就都安临港工业园区碳酸钙产业规划、鱼峰水泥厂技术改造等项目进行调研，并对碳酸钙产业发展现状、高效利用碳酸钙矿石、可持续开发非金属矿等领域对县政府相关单位以及广西西江开发投资集团有限公司进行指导，同时向广西鱼峰水泥厂领导介绍了水泥厂清洁生产的前沿技术，对县政府城区风貌改造项目的涂料问题给予了指导意见，并编撰了《都安临港工业园区碳酸钙产业总体规划》报工业园区管理委员会。

**【人才扶贫】** 根据教育部《关于做好2014年提高重点高校招收农村学生比例工作的通知》，2014年，矿大新增面向贫困地区农村户籍学生专项自主选拔招生计划，并把大部分指标投向都安。为减轻家庭贫困学生的经济负担，矿大面试专家组于2014年4月专程赴都安县组织对考生的面试。8月，矿大遴选6名志愿者组成研究生支教团，赴都安职业教育中心开展为期1年的支教活动，缓解都安县职教中心师资短缺的问题。

**【扶贫日活动】** 2014年10月17日，我国设立首个“扶贫日”。矿大通过校园网、校报、橱窗、广播、短信平台、微博等形式对学校定点扶贫都安县的有关情况、研究生支教团赴都安县开展支教活动、都安县挂职干部扶贫期间所开展的相关工作进行了集中报道；通过开展“六个一”暖心行动，引导师生关注贫困问题，关爱贫困学生，关心扶贫工作，积极动员师生广泛参与，培育良好校园风尚。

**【扶贫助学】** 召开都安县生源地学生座谈会，了解来自都安县的5名学生在校学习、生活情况，帮助学生解决实际困难。召开家庭经济困难学生代表座谈会。教务处、学生工作处学生资助管理中心相关人员及来自各学院16位家庭经济困难学生代表，就学生受资助情况、困难生认定等进行了座谈。与家庭困难的学生进行一对一约谈，从奖、贷、助、补到勤工助学、学费减免、绿色蔓延等政策入手，帮助学生全面解读帮扶方案，使他们尽快走出生活困境、顺利完成学业。通过对家庭经济困难新生“绿色蔓延”资助育人方案进行中期反馈调研，对已开展的“学长宣讲会”和“户外素质拓展”活动进行抽样电话回访。启动扶贫志愿活动志愿者报名工作。本次志愿活动的主题为“10·17邀你一起”，通过现场和网络宣传，有700余人通过Myouth报名系统浏览了志愿活动，并有部分学生通过报名系统提交了报名。启动教育扶贫先进典型和成功经验分享计划。通过举办“助学筑梦助人”征文比赛，面向全体受助学生和与受助学生密切接触的师生群体，挖掘扶贫先进典型和家庭经济困难学生励志成长成才事迹，为激励家庭经济困难学生努力学习、成长成才树立榜样和标杆。

[中国矿业大学（北京）定点扶贫工作领导小组办公室　苏　欢]

# 南开大学定点扶贫

**【概述】** 2014年，南开大学定点帮扶甘肃省庄浪县，制定了《南开大学定点扶贫工作实施方案》，通过实施发展战略研究、教育扶贫、人才扶贫、科技扶贫、信息扶贫、文化扶贫，建立合作平台，实施培训工程，开展干部挂职交流和大学生社会实践活动，建立大学生实习基地等，在技术人才等方面大力支持庄浪县的经济、社会、文化的全面建设。学校定期召开定点扶贫工作领导小组召开工作会议，“加强领导、精心组织；明确责任、抓好落实；及时汇报，做好总结”是南开大学开展定点扶贫工作的要领和方针。2014年，拨付定点帮扶专项经费50万元，用于定点帮扶庄浪县相关工作。

**【扶贫调研】** 2014年，由南开大学党委研究生工作部组织的博士生服务团赴庄浪县，开始为期一周的实地调研、技术支农和志愿服务。服务团成员包括博士研究生和大学生创新创业团队负责人共6人。结合各自专业知识为当地经济社会“问症把脉”。大学生创新创业团队在农村产业规划、创业合作项目等方面提供支持。服务团参观调研了庄浪中国梯田化模范县纪念馆、梯田示范点、苹果标准化示范基地和全县饮水安全工程等地，对庄浪县的县情和发展现状进行了基本了解，并对下一阶段的重点调研和实践工作进行了深入沟通。

**【扶贫培训】** 2014年9月，庄浪县党政领导干部研修班在南开大学EDP中心召开。庄浪县的3位医生与南开大学医学院开展深入交流合作，参与日常教学科研，并在南开大学医学院对口实习医院进行为期半年的进修学习。

**【公益扶贫】** 南开大学自2014年起开展“公益晨跑”活动，由南开大学学工部、电子信息与光学工程学院发起，“以锻炼带公益”，定点支援庄浪县贫困小学生的活动。每位参与晨跑的学生历程累计达到2000米后，南开大学对口支援的庄浪县贫困小学生将收到一本写有南开学子寄语的全新字典；累计到8000米后，庄浪地区小学生将收到一个装有学习用品的爱心书包。每位活动参与者都可以获得一张爱心明信片，再由主办方负责将同学们的鼓励和祝福寄给远方的孩子们。本次活动平均每天参与人数近40人，共累计圈数达到1198圈，里程48万米，为庄浪县贫困小学生捐赠字典240本，爱心书包60个。

（南开大学学校办公室　王　辰）

# 天津大学定点扶贫

**【概述】** 根据《关于做好新一轮中央、国家机关和有关单位定点扶贫工作的通知》《教育部关于做好直属高校定点扶贫工作的意见》，2014年，天津大学定点帮扶甘肃省宕昌县工作本着“优势互补、互惠互利、平等合作、共同发展”的原则，采取“1+X帮1”的有效帮扶形式，充分发挥高校优势，广泛团结陇南市及社会各方面力量（即X），拓宽帮扶渠道，各项帮扶工作扎实有效开展。

**【扶贫会议】** 2014年9月，天津大学党委副书记、副校长舒歌群赴陇南市宕昌县，与陇南市副市长曹成章等座谈协商定点扶贫工作。双方表示，要结合宕昌县资源实际，精心谋划对口帮扶项目，把天津大学的优势转化为具体可行的项目，加快宕昌县脱贫致富步伐。在宕昌县期间，舒歌群看望了天津大学在宕昌县实验中学支教的学生，并出席了当地中草药展洽会。

**【扶贫培训】** 2014年11月，天津大学代表团赴陇南市宕昌县，为当地城市规划与建设领域的干部开设专业培训课程。培训课程由天津大学设计总院设计，将前瞻性思考、实践案例讲解及基本理论知识结合，内容涉及新城建设、新型城镇化路径、城市特色营造、城市景观规划与城市生态建设等方面。80余位各区县规划局主要领导及分管副县长参加培训。

**【扶贫宣传】** 2014年10月，天津大学在学校新闻网上开设全国首个“扶贫日”专题宣传版块，并出版2期《天津大学报》进行专题宣传。组织开展“扶贫日”国情教育宣传活动，制作21幅宣传展板，内容涉及国家扶贫工作进展、天津大学助困工作主要做法、扶贫宕昌县工作开展情况及取得的实效。

**【教育扶贫】** 2014年7—8月，天津大学宕昌县服务团赴宕昌县开展实践活动。服务团由5支队伍组成，带队教师6名，指导教师6名，参与学生62名。服务团赴沙湾镇杨何家小学和狮子乡狮子九年制学校进行短期教学，并将募捐到的千余份书本、文具、衣物等捐赠给宕昌县三所小学。服务团为宕昌县中药材合作社信息化网上平台做销售推广，将特色药品红芪带回实验室为科研之用进行红芪多糖的提取，同时针对调研中发现的问题积极思考提出可行性建议和解决方案。天津大学研究生支教团2名成员于2014年8月赴宕昌县实验中学支教1年。

【劳务输出】 2014年10月，天津大学人事处联系天津飞踏自行车有限公司，将公司大批量用工需求信息发至宕昌县扶贫办，积极帮助将宕昌县的劳动力输出至天津市劳动力市场。

（天津大学　张晨亮）

# 山东大学定点扶贫

**【概述】** 2014年，山东大学定点帮扶河南省确山县。学校充分发挥重点综合大学的优势，重点从教育、人才、智力、科技、医疗、信息等方面，全力推进河南省确山县的扶贫开发工作。为确山县90人开展培训，组织确山县高级中学10名学生到山东大学参加夏令营，组织山东大学附属的齐鲁医院、第二医院、附属中学专家为确山县医疗卫生系统、教育系统做讲座。2014年，投入定点扶贫专项资金50万，并专门设立确山科研专项资金50万元。2014年，山东大学被河南省评为“中央、国家机关及相关单位驻豫定点扶贫先进集体”。

**【扶贫资金投入】** 2014年，山东大学投入扶贫专项资金50万元，用于扶贫调研、扶贫培训、医疗扶贫、教育扶贫等扶贫工作。并专门设立了科技扶贫确山专项资金50万元，以立项的形式用于科技项目落地确山，帮助确山企业解决技术难题。

**【扶贫调研】** 2014年，山东大学两次召开扶贫工作座谈会，邀请确山县主要领导交流扶贫工作，听取意见和建议。定点扶贫工作领导小组副组长、党委常委、总会计师曹升元带队赴确山县开展扶贫调研工作，走访确山县第一高级中学、乡镇卫生院和部分企业，实地调研山东大学在教育、科技、医疗、文化建设等方面的帮扶情况，与确山县卫生局、教育局、文化广电新闻出版局、发展和改革委员会、农村工作领导小组办公室、科技局等部门和产业集聚区部分企业负责人，就扶贫工作中存在的问题进行了深入交流。

**【扶贫工作机构】** 山东大学成立“定点扶贫与对口支援工作领导小组”，校长张荣任组长，党委常务副书记李建军、总会计师曹升元任副组长。为全面调动学校优势资源做好扶贫工作，学校将领导小组办公室设在学校办公室，党委组织部、人事部、科学技术研究院、合作发展部、本科生院、研究生院、齐鲁医学部、团委、附属中小学等单位主要负责人为领导小组成员。

**【扶贫制度建设】** 山东大学与确山县建立了较为完善的沟通协调机制，坚持工作例会制度和互访制度，定期召开扶贫工作协调会，除日常交流外，至少每半年互访一次，沟通情况，总结工作，研究制定年度定点扶贫确山工作计划。

**【扶贫培训】** 为了提升当地检察系统干部的专业水平和文化素养，更新思想观念，山东大学发挥人文社会科学学科优势，承担部分培训费用，委托政治学与公共管理学院对确山县检察院 70 名工作人员分 2 批进行了人文素养专题培训。

**【干部挂职扶贫】** 山东大学派出 1 名处级干部到确山县挂职扶贫，担任副县长职务，从事对确山的帮扶工作。在工作中，挂职干部严格按照扶贫工作要求，克服工作和生活困难，认真做好定点扶贫各项工作。一是恪守工作纪律，自觉维护挂职干部的良好形象；二是扎根基层，服务基层，深入乡镇和部分村、企业调研，了解当地的实际需求，开展有针对性的扶贫工作；三是做好信息沟通，协调相关部门，落实扶贫方案，做了扎实的基础工作。2014 年，被评为“河南省扶贫工作先进个人”。

**【扶贫慰问】** 2015 年春节前夕，山东大学赴确山县开展春节慰问，走访了确山县第一高级中学、乡镇卫生院和部分企业，赠送图书 500 余册，并看望慰问了学校在确山县的挂职干部。

**【扶贫宣传】** 在第一个“扶贫日”到来之际，学校开展“扶贫日”集中宣传活动。一是利用校园网络、宣传橱窗等媒介积极宣传扶贫工作，使师生了解党和政府扶贫开发方针政策。二是认真总结学校定点扶贫河南确山的工作，在校园网进行新闻报道，并向教育部报送信息。三是以学校扶贫工作办公室的名义在校园网发布倡议书，倡议师生员工关注贫困地区、关爱贫困群众、支持扶贫工作，活动引起了强烈反响和社会各界的高度关注。

**【教育扶贫】** 山东大学发挥人才优势，选派优秀教师到确山县帮扶指导，加强确山基础教育教师培训。山东大学附属中学不定期选派专家和骨干教师赴确山县开设专题讲座和教学示范课，帮助提高确山教育教学水平；将确山确立为学生暑期社会实践基地，将确山县第一高级中学作为优秀生源培育基地。同等条件下，优先录取确山籍考生，录取后关注学生成长，在学校转专业、评优等活动中，优先考虑确山籍考生。邀请确山县中学校长和优秀中学生参加山东大学“全国重点中学校长论坛”和“中学生体验月”活动。2014 年 7 月，邀请确山县第一高级中学 10 名学生参加由中国科学技术协会主办、山东大学承办的高校科学营活动。

**【科技扶贫】** 山东大学发挥科技优势，结合当地实际情况，选派专家在农产品深加工、石材加工、中药材研究及深加工等领域进行技术指导，选择科技项目成果到确山落地转化为生产项目。

**【文化扶贫】** 山东大学发挥文化优势，利用学校师资、科研优势，帮助确山进行旅游开发，打造文化品牌。学校定期与确山县文化广电新闻出版局等文宣部门进行座谈交流，选派专业人员对新闻采编、后期制作等工作进行技术指导，同时根据确山县实际需要捐赠图书、设备等。

**【卫生医疗】** 山东大学发挥医学学科优势，通过学位教育、成人教育及远程教育等多种方式，开设医学研修班，提高确山县医护人员的学历层次。从附属医院中抽调中青年业务骨干，赴确山县开展医疗技术指导、医疗专业培训、医疗下乡等活动，推动确山县医疗卫生整体水平的提高。2014年，共接受20名确山县卫生系统医务人员到齐鲁医院和第二附属医院进修学习。山东大学附属医院向确山县乡镇卫生院捐赠部分医疗仪器设备。

（山东大学学校办公室　申树欣）

# 同济大学定点扶贫

**【概述】** 2014年，同济大学定点帮扶云南省云龙县，根据《教育部关于做好直属高校定点扶贫工作的意见》，学校主要从科技、人才、教育、医疗和资源等方面开展了帮扶工作。2014年，同济大学第二附属中学与云龙县第一中学签订友好交流合作协议，同济大学与云龙县签订定点扶贫合作框架协议，附属同济医院、附属东方医院与云龙县人民医院签订帮扶协议。学校共派出2名挂职干部，累计94位专家和管理干部赴当地开展帮扶工作。在云龙县当地开展"全科医生培训"1次，共培训医护人员140人，接收4名云龙县当地医生到上海培训学习，安排3名研究生在团结乡初级中学支教，并捐资20万元在该校设立同济奖助金，邀请当地师生共6人到上海参加"全国青少年科学营"活动，开展规划编制帮扶项目2项，捐赠价值约10万元的图书，为当地筛查诊治先天性心脏病患儿27位，并确定免费治疗方案。同济大学四川校友会为团结乡师生捐赠价值40万元的冬装1310套，同济大学云南校友会、昆明规划设计研究院为云龙县捐赠了价值8万元的学校食堂设备、体育用品及电脑，在同济大学协调下，在云龙县诺邓镇九年制学校捐赠设立"致公爱心书屋"，促成上海东明投资有限公司、河南新乡华中物业服务有限公司、华能澜沧江集团为云龙县学生捐赠衣物及学习用品。

**【干部挂职扶贫】** 2014年度，按照教育部要求，同济大学派出生命科学与技术学院陈平副教授挂职云龙县副县长、经济与管理学院朱茂然副教授挂职盈江县副县长。在日常工作中，挂职干部主动开展扶贫工作，协调联系推动教育、医疗等领域帮扶。

**【扶贫协议签订】** 8月，时任同济大学党委书记周祖翼率队赴云龙县推进定点扶贫工作，与云龙县主要领导座谈，并与云龙县签署定点帮扶协议，内容涉及教育、医疗、城乡规划编制、人才、农业发展等9个方面，教育发展基金会在云龙县团结乡民族中学设立同济奖助金，初期资助5年共20万元。学校附属同济医院、东方医院与云龙县人民医院签署对口帮扶协议。

**【扶贫调研】** 11月，同济大学党委副书记徐建平率队到云南省云龙县、盈江县和腾冲县，就深化校地合作、青年干部挂职、研究生支教和学生社会实践等工作进行考察调研，并促进校友参与定点帮扶工作。

**【教育扶贫】** 5月，同济大学云南招生组到云龙县第一中学授课，并给云龙县第一中学学子做考前动员及心理减压调节辅导。6月，同济大学第二附属中学、中原中学等骨干教师到云龙县第一、第三中学进行教学交流研讨活动。11月，云龙县当地中小学教师6人到同济二附中考察学习。8月，同济大学第16届研究生支教团3位研究生在云龙县团结乡初级中学支教。生命科学与技术学院9位学生志愿者在老师的带领下，在云龙县检槽乡小学开展了为期13天的“寻龙夺宝——云龙志”夏令营支教活动。青少年高校科学营同济大学分营举办了各学科参观及讲座，安排了文化体验、实验DIY等活动，邀请6位云龙县师生参加科学营活动。11月，在团结乡初级中学“同济大学奖助金颁奖仪式”上，向38名优秀教师、优秀学生和困难学生颁发了4万元奖助金。

**【医疗卫生扶贫】** 6月，同济大学附属同济医院的4位专家到云龙县进行为期2天的全科医生培训，共有140人次参加了培训。9月，同济大学附属同济医院和东方医院投入专门经费，接受云龙县首批4名医务工作者在2家医院学习工作。12月，同济大学附属东方医院院长刘中民率医疗志愿服务队到云龙县开展先心病患儿筛查义诊活动，医疗队志愿服务队在云龙县人民医院为11个乡镇的27名孩子进行了心律失常、冠心病、心脏瓣膜病、小儿先天性心脏病等相关诊治服务。通过筛查，27名小孩中有10位小孩患先天性心脏病，并确定了到上海给予免费治疗的工作方案。

**【规划扶贫】** 同济大学城市规划设计研究院成立了定点扶贫滇西工作小组，建筑与城市规划学院党委书记彭震伟统筹全面工作，协调教职员工、研究生参与扶贫工作，并要求同济规划院和建筑与城市规划学院各级领导和主要技术负责人以身作则、直接带队赴扶贫工作一线，全程参与现场调研工作。按照学校的统一部署和安排，学校进一步加大编制规划帮扶力度，并减免正在进行的县城和漕涧镇2项规划项目费用310万元。

**【交通扶贫】** 在同济大学和挂职干部的联系争取下，12月，交通运输部规划研究院设计所所长雷云霄一行3人，到云龙县调研交通现状及公路布局规划情况。雷云霄一行先后到宝丰、漕涧、苗尾、功果桥、诺邓等乡镇对县路网规划建设情况进行实地调研，并在与县委县政府主要领导的座谈会上表示将争取把云龙县列入国家高速路网，同步推进地方二级公路建设。

**【产业扶贫】** 为进一步提高云龙县经济林果种植管理水平，掌握先进的技术理念，创新管理方法，提高群众收益，本着“实际、实用、实效”原则，同济大学联系上海交通大学农学院教授到云龙县进行麦地弯梨现场教学、科技指导，开展专题现场培训和交流研讨。在当地核桃产业发展中，联系帮助检槽乡农村合作社为当地老百姓扩大销售渠道。

（同济大学对外联络与发展办公室　刘　蒙）

# 上海交通大学定点扶贫

**【概述】** 2014年，上海交通大学（以下简称“上海交大”）定点帮扶云南省洱源县，认真落实教育部定点扶贫滇西边境山区工作部署，以“五个面向”扶智工程为基础，充分调动学校相关院系、附属医院和广大师生医护员工、校友的积极性，积极开拓创新，搭建医疗、农技科技、远程教育、校友和社会资源参与等四类帮扶平台，推进和完成先天性心脏病患儿救治、为独龙族小学生送温暖、“创新发展”系列讲堂等近30项具体工作。投入扶贫资金106万元，派出挂职干部、支教研究生13名，资助贫困学生73人，派遣义务诊疗专家100人次，培训各级干部、技术人员170人次。通过不断深化合作内涵，开拓合作空间，扎实推进定点帮扶云南省洱源县、帮助指导大理学院学科建设等工作，服务国家定点扶贫任务。

**【扶贫资金投入】** 2014年，上海交大为洱源县经济社会发展投入和捐赠资金106万元。其中，教师培训投入40万元，共培训35名中小学教师和校长；管理和技术培训投入15万元，受益干部和农技人员逾800人次；义诊和医护培训投入7万元，受益患者逾200人次；师生捐资14万元，向洱源县中小学生提供奖学金和御寒物资等；校友捐资30万元，免费救治8名洱源县贫困先天性心脏病患儿。

**【扶贫资金管理】** 2014年，上海交大严格按照学校《专项资金管理办法》使用扶贫资金，校审计处对扶贫资金使用情况进行跟踪审计。师生捐赠资金由校工会参照校内《教职工爱心助学金管理办法》组织实施，并亲自送达洱源受助贫困学生手中。校友捐赠资金由上海交大教育发展基金会统一管理，定向支付救治洱源县贫困先天性心脏病患儿的手术费用。扶贫资金使用目标明晰，过程管理规范。

**【扶贫调研】** 2014年4月，上海交大校长张杰，副校长吴旦、梅宏带队赴云南推进省校战略合作。时任云南省委副书记、省长李纪恒，副省长高峰出席合作座谈会。上海交大云南（大理）研究院、滇西民族医药协同创新中心等创新创业平台揭牌成立。张杰赴洱源县考察定点帮扶工作，视察了上海交通大学—洱源县远程教学点工作情况，并见证了救治洱源县先天性心脏病儿童公益基金交接等活动。

**【扶贫制度建设】** 2014年，上海交大制定《上海交通大学定点扶贫洱源县工作规划》，并每年与洱源县签署合作备忘录，明确年度帮扶目标与内容。2014 年 11 月，上海交通大学党委常委、副校长张安胜一行考察定点帮扶洱源县工作，与云南省大理白族自治州副州长于虹共同见证了《上海交通大学—洱源县定点帮扶年度合作备忘录（2014—2015）》的签订，确定医疗卫生帮扶、教师培训计划等年度扶贫工作的重点内容。

**【扶贫培训】** 2014 年 6 月，上海交大农业与生物学院副院长刘志诚副教授和畜牧兽医专家朱建国教授赴洱源县，开展为期一周的针对乳畜业的调研和专题讲座。7 月，环境学院贾金平教授应邀为上海交大在洱源县的创新发展系列讲堂，进行环境保护的专题讲座；农业部科学技术委员会委员、上海交大农业与生物学院党委书记周培教授率领植物科学系、资源与环境系 10 余名专家赴洱源县，举办了种植业专题知识培训和讲座。受益干部、技术人员、农村致富带头人逾 800 人次。7 月，15 名洱源畜牧兽医技术人员赴上海交大农业与生物学院，接受为期 10 天的专业技术培训。

**【干部挂职扶贫】** 2014 年，上海交大向云南大理学院派遣药学院副院长李晓波担任校长助理，向怒江傈僳族自治州派遣船舶海洋与建筑工程学院教授周岱担任州委副秘书长，向洱源县派遣农业与生物学院教授张才喜担任副县长，挂职服务时间为一年。各援滇干部在挂职期间，对待业务工作务实求真，恪尽职守，做好校地合作帮扶的桥梁与纽带，积极为当地引进帮扶资源。

**【扶贫宣传】** 2014 年 10 月 17 日，在我国首个“扶贫日”之际，上海交大在闵行校区召开帮扶工作座谈会，并启动第 3 期云南省洱源县教师实习实训项目。同时，通过校园网络等媒体，开展扶贫宣传，在校园内外营造良好的参与帮扶氛围。

**【产业扶贫】** 针对洱源县的气候和地理特点，上海交大在当地积极推动甜樱桃、苹果等经济林果产业发展，充分发挥上海交大挂职干部的专业特长，开展林果业专题技术培训与指导；引入 140 万元资金投入，为种植农户引进新品种苗木，有力地推动甜樱桃产业的技术示范和推广。上海交大为洱源农业技术推广部门提供价值 2 万元的鲜食甜糯玉米、豆类、黄瓜和七彩水稻等新品种种子，并指导其种植，部分品种已开展示范种植，上市后受到广泛欢迎，具有很好的开发潜力。

**【教育扶贫】** 2014 年 4 月，上海交大副校长、中国科学院院士梅宏应邀做客云南大理学院讲堂。2014 年，上海交大在云南大理学院组织召开高校科技处长研讨会、药学学术交流会等，吸引近 20 所高校的专家学者参加，接收 1 名大理学院药学学科青年骨干教师来校访问交流。上海交大第二附属中学、实验小学接收 20 名洱源县中、小学教师跟班见习。

7 月，洱源县 15 名中、小学校长受邀参加上海交通大学“梦启航 · 第八期乡村教师培训”公益培训项目。上海交大向受助的21名洱源学生颁发了共计10万元的“一帮一”结对帮扶助学金，以及由钱学森图书馆赠送的书籍——《走近钱学森》。

8月，上海交大向云南派遣10名研究生，分别在洱源县第一中学、玉湖中学等学校支教，为期1年。

9月，上海交大定向招收的2名洱源县洱源籍学生进入农业与生物学院学习。

**【文化扶贫】** 2014年4月，上海交大在大理白族自治州博物馆举办“人民科学家钱学森”事迹展览。展览为期1个月，数万名群众参观了展览。上海交大还专门在洱源县第一中学设立分会场。钱学森长子钱永刚教授亲赴洱源县举办了一场精彩讲座。

**【公益扶贫】** 2014年8月，上海交大农业与生物学院“情牵三农”——云南洱源社会实践团队赴洱源，开展为期一周的系列调研活动。期间，昭通鲁甸发生地震，实践团不畏余震危险，结合专业特色，连夜编写《灾后食品安全指导手册》，并寄往灾区助力防疫防病。12月，上海交大副校长吴旦带队赴怒江州，向独龙江乡“姚基金”希望小学独龙族小学生捐赠冬衣、学习物品等；上海交大云南校友会思源沙龙的全体成员，向洱源县牛街乡龙门完小捐赠价值2万余元的御寒床垫和床架。

**【医疗卫生扶贫】** 2014年8月，上海交大企业家校友捐款30万元，救助洱源县贫困先天性心脏病患儿。附属胸科医院利用自身优质的医疗资源，分2批为8名符合手术要求的患儿进行治疗，全部治愈。2014年11月，上海交大组织附属瑞金医院、附属第九人民医院、附属第六人民医院、附属第一人民医院、附属胸科医院专家团队到洱源县开展义诊和学术交流活动，并对先心病患儿进行复诊和筛查。

（上海交通大学地方合作办公室
吕　薇）

# 华东理工大学定点扶贫

**【概述】** 2014年，华东理工大学定点帮扶云南省寻甸回族彝族自治县（以下简称“寻甸县”），通过积极开展考察走访、制订年度定点扶贫工作计划、捐助60万元给寻甸县第一中学建立理化生实验室、实施“励志计划”自主招生选拔、完成52名党政干部40学时的来校培训等一系列有效的扶贫措施，进一步加大了扶贫工作力度，积极落实了扶贫工作的相关要求，切实把扶贫工作落到实处，达到了年度帮扶目标，荣获国务院扶贫开发领导小组颁发的“中央国家机关等单位定点扶贫先进集体”称号。

**【扶贫资金投入】** 华东理工大学号召全校各部门单位、科研团队、课题组单位先行通过多种渠道积极捐助，共募集资金60万元，于2014年5月汇入寻甸县扶贫办账户，帮助寻甸县第一中学建立理、化、生实验室，使该县的中学生早日拥有良好的实验学习条件。

**【扶贫调研】** 2014年4月，华东理工大学党委书记杨贤金带队前往寻甸县开展定点扶贫和自主选拔“励志计划”相关工作，并慰问了当地的贫困生。

**【教育扶贫】** 华东理工大学将自主招生计划与定点扶贫工作紧密结合，在寻甸县开展了2014年自主选拔“励志计划”，此项工作也是华东理工大学开展定点扶贫工作的首要任务之一。入选考生参加当年普通高考，以第一志愿填报华东理工大学，高考投档成绩达到当地理工类第一批本科录取控制线、体检不受限制，则予以录取。此次学校“励志计划”安排了8个自主招生名额投放到寻甸县，最后录取7名，以实际行动促进寻甸教育事业发展，为寻甸培养更多人才。

**【扶贫日活动】** 2014年10月17日，开展“10·17，邀您一起，扶贫帮困、与爱同行”的对口寻甸县的扶贫基金专项捐助活动，共收到对口支援现金10.74万元。

**【扶贫工作会议】** 为促进寻甸县的资源开发水平，保护当地的生态环境，建立可持续发展的科技扶贫发展模式，5月，学校召开由学校科研院、产业处、研究生院及相关科研团队负责人，与寻甸县负责工业经济副县长、特色园区管理委员会、文化旅游产业园管理委员会、环境保护局等负责人参加的“华理—寻甸科技扶贫对接工作研讨会”，探讨符合寻甸县经济社会发展需要的科研成果在当地的转化、对接，鼓励学校相关科学技术在寻甸县的普及与应用，进一步推动当地生产力的发展。双方就教育扶贫、科技扶贫等相关事宜达成共识。

**【扶贫干部培训】** 5月，“云南寻甸县域经济专题干部培训班”在华东理工大学开班，此次培训通过对经济转型、领导能力提升、产业园区规划及管理等相关理论知识的学习，使52名寻甸县党政干部在学习、研讨和考察中全面提高把握县域经济发展战略及县域经济科学发展的理论水平，提升自身的业务工作能力，增强推动县域经济跨越发展的自觉性、主动性和积极性，从而培养一支既有理论素养，又有推动县域经济发展能力的干部队伍，为建设富强活力美丽幸福的新寻甸提供强大的精神动力、智力支持和思想保障。

（华东理工大学　张晓晖）

# 南京大学定点扶贫

**【概述】** 2014 年，南京大学定点帮扶云南省双柏县，深入学习、贯彻落实中央扶贫开发工作会议和《中国农村扶贫开发纲要（2011—2020 年）》精神，围绕《教育部 云南省人民政府加快滇西边境山区教育改革和发展共同推进计划（2012—2017 年）》，积极实施《教育部定点联系滇西边境山区工作方案》，进一步增强定点扶贫工作的责任感和使命感，充分发挥学校人才、科技、智力和教育等各方面的资源优势，立足双柏辐射全州，以突出实效为要求，以找准切入点为重点，努力拓宽扶贫工作思路，积极创新扶贫工作模式，不断推进定点扶贫工作。

**【扶贫调研】** 南京大学高度重视定点扶贫工作，定期研讨定点扶贫工作、及时总结工作经验、安排部署各阶段任务，充分调动校内各类资源，确保扶贫工作扎实开展、持续开展、有效开展。5 月，双柏县人民政府副县长吴应辉一行赴南京大学访问，与南京大学相关部门就招商问题进行了沟通交流。7 月，南京大学校长助理李成一行赴双柏县访问，与双柏县委、县政府主要领导及相关部门负责人就定点扶贫工作进行了沟通交流。双方就前一阶段的工作进行了回顾和总结，并就今后的人才扶贫、教育扶贫、科技扶贫等具体帮扶工作进行了部署和安排。9 月，楚雄彝族自治州（以下简称“楚雄州”）州委常委、组织部部长徐昕一行赴南京大学访问，并与南京大学相关部门就定点扶贫工作进行座谈。双方就建立定期沟通交流机制、举办干部进修培训班、重点科技项目落地转化等具体问题达成共识并作出具体安排。

**【干部挂职扶贫】** 2014 年 4 月，南京大学经过选拔，确定校后勤服务集团副总经理高风华作为挂职干部赴双柏县挂职担任副县长。

**【项目扶贫】** 2014 年，在前期实地调研考察基础上，南京大学城市规划设计研究院帮助双柏县规划局积极推进《双柏县城总体规划》《元双公路双柏县城过境段景观专项规划》编制工作，两项规划编制工作已接近尾声，相关规划将按计划执行。12 月，南京大学城市规划设计研究院项目技术团队再次赴双柏县就《双柏县城绿化专项规划》《双柏县城镇特色专项规划》进行第二轮实地调研。

2014 年，南京大学直接投入 7 万元帮助双柏县政府出版中草药普查成果两本，积极帮助双柏县做好中药资源保护、开发和利用，做好做强云南省首批“云药之乡”的品牌，不断促进双柏县中药材产业的可持续发展。

**【产业扶贫】** 5月，南京大学陪同双柏县县委书记张晓鸣带队的招商考察团一行15人，先后赴山东省淄博市临淄区巧媳妇调味品有限公司、山东省淄博市博鑫能能源集团有限公司、江苏省宿迁市沭阳恒顺调味品有限公司、江苏省连云港市中复连众复合材料集团有限公司、南京大学科技园发展有限公司进行了实地考察，并与以上企业负责人就酱油生产经营规模的扩大、厂区的科学规划、设备的引进和使用等情况进行了交流和座谈。由双柏县人民政府副县长吴应辉带队，双柏县第五招商团成员、县农联社及云南云桥建设股份有限公司、云南东和科贸有限公司、双柏妥甸酱油有限公司主要负责人组成的招商考察团一行来到南京大学考察，并对相关项目进行了重点推介。

6月，南京大学组织连云港中复连众复合材料公司副总经理南洋（南京大学在读EMBA）、连云港海大生物工程研究所所长周明印等一行6人赴云南双柏妥甸酱油有限公司，对当地酱油生产技术改造等方面进行了指导，并就双方开展进一步合作、进行设备改造和技术升级、促进产业链发展等问题达成了初步共识和意向性协议。

**【教育扶贫】** 6月，南京大学幼儿园一行5人赴双柏县开展了为期2天的学前教育送教活动，楚雄州几十家幼儿园老师参加了活动。南京大学幼儿园园长段燕作《家园共育　共同成长》的专题讲座，南京大学幼儿园的老师们先后进行了6个优秀教学活动的现场展示，并与当地幼儿教师进行了充分的互动交流。本次送教活动的开展，拓展了当地幼儿教师的视野，促进了当地幼儿园管理理念的更新和教师教学水平的提高，对当地文化教育事业的发展做出了积极的贡献。

**【扶贫培训】** 10月，云南省楚雄州党政领导干部培训班、双柏县非公工商企业主培训班在南京大学相继举行。首次将培训范围进一步扩大到楚雄州和非公工商企业主，充分利用学校被中共中央组织部和教育部确定为首批全国干部教育培训高校基地的资源优势，为培训班配备了理论功底深厚、培训经验丰富的优秀师资，精心组织、安排培训课程。经过两期、各一周的培训和学习，学员们纷纷表示收获很大，对今后工作的开展有很大帮助和启发。

南京大学还委托昆明学院对双柏县骨干教师进行业务培训，6月22日—7月4日、7月21—31日，共有10名双柏县中学英语骨干教师赴昆明参加　“美国环球志愿者”英语教师培训。7月，昆明学院组织骨干培训力量赴双柏县为当地民办学前教育教师授课，共有来自当地23所民办幼儿园的61名教师参加了培训。

2014年南京大学共为当地开展楚雄州处级及全县科级以上干部培训1期、专业技术人员培训5期、非公工商企业主培训4期，受培训人员累计达到388人。与此同时，南京大学还无偿为双柏县建设的“党政干部在线学习平台”。至此，在学校领导的关心支持和各部门的密切配合下，种类丰富、形式多样的全方位教育培训体系基本形成。

**【公益扶贫】** 南京大学积极安排在校学生赴双柏县开展志愿服务、社会实践等活动，鼓励学生结合专业为双柏县经济社会发展做出支持和贡献。7月，南京大学第二批研究生支教团一行6人来到双柏县参加为期1年的支教志愿工作，除出色完成双柏第一中学教学任务外，志愿者还积极参与校园文化建设工作和地方志愿服务工作。

7月，南京大学—香港中文大学“双柏情”支教夏令营活动在双柏县举行。来自南京大学、香港中文大学的30名大学生与当地中学生友好结对，通过教学模拟、实地家访、民情调研等丰富多彩的活动，帮助当地中学生开阔眼界，更加深了对国情民情的了解，彼此结下了深厚的友谊。

8月，双柏县一中2名教师、4名学生受邀赴南京参加由南京大学团委、后勤服务集团、商学院共同主办的“共架彩虹桥 同筑中国梦”——南大支教团·西部学生访学夏令营。以听取学术讲座、观看青奥赛事、参观历史文化景点等丰富多样的活动形式，帮助他们拓展视野，鼓励他们用知识改变自己、服务家乡发展。

**【物资捐赠】** 5月，南京大学向双柏县教育局捐赠100台经维护更新的价值10万元的二手电脑。6月，南京大学幼儿园向双柏县捐赠幼儿图书和教师学习用书共计5000册，价值5万元，并代表南京大学后勤服务集团捐赠图书1.6万册，价值34.3万元。

**【扶贫宣传】** 10月，在全国首个“扶贫日”来临之际，南京大学利用主干道橱窗，进行了为期半个月的《滇中绿色明珠 彝州生态家园——南京大学定点扶贫县云南省楚雄州双柏县介绍》主题展览，以图片、文字等形式向全校师生介绍双柏县县情、自然风光、民族文化和特色产业、招商项目，在全校形成了人人关注双柏、共同参与帮扶的良好氛围。

（南京大学校长办公室 潘 静）

# 河海大学定点扶贫

**【概述】** 2014年，河海大学坚持深入学习贯彻中央扶贫开发工作会议精神，围绕《关于做好新一轮中央、国家机关和有关单位定点扶贫工作的通知》，切实做好陕西省石泉县定点扶贫工作。将定点扶贫作为一项重要工作，全校上下高度重视，结合石泉县县情与河海大学资源结构，全力做好定点扶贫工作，推进定点扶贫地区经济、社会、文化、生态建设，提高扶贫对象自我发展能力，实现脱贫致富。学校成立了定点扶贫工作领导小组，由党委书记、校长担任组长，由分管校领导担任副组长，各相关职能部门负责人为领导小组成员。领导小组下设河海大学定点扶贫工作办公室，与石泉县组成联合扶贫办公室，推动扶贫各项工作的具体对接和开展。2014年，学校向石泉县派出挂职干部1人，赴当地调研考察累计20人次，直接投入资金18万元。

**【扶贫资金投入】** 为了确保扶贫工作的顺利实施，学校设立了河海大学扶贫工作专项经费，专门用于石泉县扶贫工作的开展。2014年，直接投入资金18万元用于资助贫困学生。与此同时，河海大学积极争取国家、教育部等部委对石泉县扶贫工作的政策和资金支持，将定点扶贫工作列入学校年度工作规划，建立学校扶贫工作绿色通道。

**【扶贫资金管理】** 石泉县定点扶贫资金为学校专项资金，由学校财务处统一管理。资助项目的确立需由学校组织专家进行前期论证，结合实地调研及与石泉县政府沟通情况，经法律事务办公室审核后实施。资助项目在实施中，学校组织专人全程负责，有权向乙方查询资助财产的使用、管理情况，并提出意见和建议。同时，要求石泉县收到资助资金后，出具由财政部门印制的资助专用收据，并登记造册，妥善管理和使用；使用过程中，不提取资助资金的管理费用，不擅自改变资助财产的用途，切实保证扶贫项目经费的落实。

**【扶贫调研】** 为加快推进对口扶贫工作，河海大学与石泉县领导密切联系，加强互动，共商扶贫大计。2014年，河海大学定点扶贫工作领导小组共20人次赴石泉县调研考察定点扶贫工作，就新一轮定点扶贫工作召开座谈会，并就加强教育扶贫工作做了深入交流。扶贫工作组认真听取了当地社会经济发展现状及扶贫工作的介绍，明确表示将充分发挥河海大学优势资源，以人才培育和优势互补为重点，根据石泉县实际需求，制定实施方案，完善工作机制，加大扶持力度，促进贫困群众脱贫致富。在此基础上，学校与石泉县签订了《资助协议书》，设立了“河海大学助学金”，用以奖励、资助陕西省石泉县优秀学生完成学业。

**【扶贫制度建设】** 在实地座谈调研的基础上，结合石泉县需求和学校实际，制定《河海大学定点扶贫实施方案（2013—2020年）》，明确了定点扶贫的总体思路、组织领导、工作内容和保障机制。学校党委常委会专题研究并通过了这一实施方案。

**【扶贫宣传】** 以“10·17，邀您一起”为行动口号，充分发动校内各单位，积极宣传教育系统扶贫开发工作成就、教育扶贫先进典型和成功经验，对扶贫日活动期间教育系统重要活动进行集中报道。结合社会主义核心价值观教育，加强对学生的国情教育，使学生关心贫困地区、贫困人群的发展，了解我国扶贫工作取得的成就和经验、党和政府扶贫开发方针政策，弘扬中华民族扶贫济困传统美德和友善互助核心品格，激励学生关注贫困地区、关爱贫困群众、支持扶贫工作，培育和践行社会主义核心价值观。

**【教育扶贫】** 为进一步推动教育扶贫工作，河海大学对石泉县报考河海大学并达到河海大学录取分数线的高中生，在符合政策和程序的情况下，经省招生主管部门同意，同等条件下优先录取。2014年，河海大学实施面向农村学生的“单独招生”，即在河海大学一本录取线的基础上下降30分，然后再在分数上加10分进行专业排序，报考此计划的考生可填报51个本科专业。为减轻贫困地区学生负担，河海大学组织部、学生处等领导带队前往石泉县对考生进行面试考核。石泉中学58名学生报名，25名学生参加面试选拔，被确认合格的12名学生有9人成绩上了省本一线，最终2名学生被录取，2014年农村学生单独招生全国共录取30名。

（河海大学党委组织部　王　楠）

# 浙江大学定点扶贫

**【概述】** 2014 年，是浙江大学参加国家定点扶贫工作的第二年，继续承担定点扶贫云南省景东彝族自治县（以下简称“景东县”）。在国务院扶贫办和教育部等单位的指导下，浙江大学高度重视、积极推进、强化落实，充分发挥高校人才科技优势，通过智力支持、科技支撑、人才培养、产业帮扶等一系列举措，推动了景东县经济社会发展。与此同时，积极支持滇西应用技术学院普洱茶学院筹建，为推进云南高等教育发展做出贡献。

2014 年，浙江大学共有 39 名专家教授、管理干部赴云南普洱、景东等地考察调研，指导扶贫工作，其中校级领导 4 名；定点扶贫直接投入 435 万元，其中资金 135 万元，物资折款 300 万元。帮助景东县引进各类资金 95 万元，引进项目 1 个；举办培训班 5 期，共培训 332 人次。

**【扶贫资金投入】** 2014 年，浙江大学直接投入 435 万元用于景东县定点帮扶工作，资金 135 万元，物资折款 300 万元。其中，文化教育投入 340 万元，占直接投入的 78%，包括向普洱各县区捐赠的价值 300 万左右的图书，用于奖励景东县 50 名优秀贫困学生的 10 万元“求是助学金”，用于奖励景东县 50 名优秀教师的 10 万元“求是奖教金”，以及在思茅区新设的 20 万元“求是奖学金”；人力资源培训投入 60 万元，用于党政干部、技术人员培训等；赈灾救济送温暖款项 20 万元。

**【扶贫调研】** 2014 年，浙江大学多次组织校领导、专家教授及相关部门负责人赴普洱市、景东县等地开展实地调研，与当地政府部门对接交流。2014 年 4 月，浙江大学发展委员会主席张浚生、副校长张土乔赴普洱调研考察，看望挂职干部；8 月，常务副校长宋永华率领相关部门负责同志赴普洱市、景东县等地考察调研，并与当地领导就相关工作进行磋商。此外，学校相关领域的专家学者也多次赴两地调研考察，并在调研基础上，制定了《2014 年浙江大学扶贫景东彝族自治县工作计划》。经商定，双方共同实施包括互派挂职干部、接受党政干部培训、指导特色高原产业发展、助推基础教育发展等 14 项工作计划。

**【扶贫干部培训】** 为进一步加强景东县干部人才队伍建设，2014 年 3 月，景东县选派第二批 4 名优秀年轻干部赴浙江大学地方合作处、农业技术推广中心、安吉县人民政府进行为期3个月的挂职锻炼。5月，为提升景东县新农村建设和农业产业发展水平，景东县派出农业龙头企业、合作社、种养殖大户负责人共28人赴浙江大学进行学习和培训。7月、10月、11月，学校分别举办了第三期、第四期“浙江大学—云南省景东县党政干部研修班”和首期普洱地区党政干部培训班，共接受普洱市、景东县、红河哈尼族彝族自治州等地154名滇西党政干部赴全国干部教育培训浙江大学基地进行了为期半个月的学习培训，由浙江大学继续教育学院量身定做课程，学校承担相关费用。

**【干部挂职扶贫】** 自扶贫工作开展以来，浙江大学坚持选派优秀干部赴扶贫点挂职锻炼，同时将普洱、景东列为浙江大学干部培养基地。2014年3月，第一批赴普洱市、景东县挂职干部傅强、沈黎勇圆满完成挂职任务回校。4月，学校又派出党委办公室、校长办公室副主任陈肖峰和云峰学园党总支书记、学园副主任蔡荃两位优秀干部赴滇西挂职，分别担任普洱市思茅区副区长、景东彝族自治县人民政府副县长。4位挂职干部牢记使命，尽心尽力，为推动挂职地发展和扶贫工作做出了积极贡献。

**【智力扶贫】** 为景东县经济社会发展提供智力支持，是浙江大学扶贫工作的一项重要内容。2014年，浙江大学先后组织40多名专家组团赴普洱市、景东县开展调研考察，为地方各项事业出谋划策。浙江大学中国农村发展研究院院长黄祖辉教授作为景东彝族自治县人民政府顾问，情系景东，时刻关注景东县的经济社会发展。10月底，黄祖辉教授率中国农村发展研究院专家组再赴景东考察调研，并为景东县委县政府领导干部作了精彩的专题讲座。尹兆正、余东游、陈再鸣等首席专家也多次赴景东为当地技术人员开展专题培训和讲座。11月，浙江大学“三农”专家顾益康教授、公共管理学院蔡宁教授也赶赴思茅区，为当地全体党政管理干部授课、举办讲座，受到广泛好评。

**【产业扶贫】** 2014年，浙江大学现代农业技术推广中心陈再鸣、尹兆正教授作为景东县食用菌、养殖两个主导产业的首席专家，多次组织由浙江大学专家、浙江企业家组成的研究开发团队赴景东实地考察，指导产业发展。9月，陈再鸣教授采集到了景东特有的稀有野生食用菌“小香蕈”标本，经过纯化培养，终于成功获得野生“小香蕈”的纯菌种。这是完全利用浙大技术在国内获得的第一个野生“小香蕈”纯人工培养物，有望成为景东野生药食菌资源开发利用的第一批成果。与此同时，通过充分论证，陈再鸣教授撰写了景东药食用菌产业发展建议书。针对景东乌骨鸡产业发展现状，尹兆正教授提出遵循“一品”（打造一个特色精品）、“二优”（发挥品种、生态两大优势）、“三合力”（聚集高校、地方政府、龙头企业）的发展思路，争取用6年时间做大做强景东无量山乌骨鸡产业。此外，挂职干部也利用浙江大学的平台积极组织浙商企业、校友企业家赴景东县考察，商议相关投资事项。

**【教育扶贫】** 继续开展研究生支教工作，2014 年 6 月，第一批研究生支教团 6 名团员圆满完成支教任务，7 月，学校再次组建第二批研究生支教团共 5 名优秀研究生赴景东职业高级中学开展为期一年的义务支教活动；浙江大学学生会的学生骨干赴景东县与第二批研究生支教团一起组织了“放飞梦想——浙江大学云南省景东县 2014 青少年夏令营”；同时，与思茅区人民政府签署了共建研究生实践教育基地和挂职锻炼的合作协议。

继续设立“浙江大学求是奖教金”和“浙江大学求是助学金”，向景东捐赠 20 万元分别奖励 50 名优秀中小学教师和 50 名优秀贫困学生，并在思茅区新设立 20 万元“求是奖学金”。同时向思茅区和景东县捐赠了总价值约 300 万码洋的图书。

开展大型爱心助学公益活动。2014 年 3 月，浙江大学第一批赴景东研究生支教团联合浙江日报社共同发起了“爱在滇西”万人助学大型公益活动，通过微博、微信、博客、公益热线等渠道进行宣传和募集款项，为景东县成绩优异但家庭困难的学子提供资助，本次活动共募集资助款项 29 万元，物资价值 16 万元，其中，收到浙江大学 60 位老师或以党支部名义捐助的善款 4.34 万元。此外，浙江大学继续教育学院的部分 2013 级校友于 2014 年 12 月赴思茅区，开展了捐赠价值约 20 万元的图书与计算机活动。

设立“梦想中心”，支持滇西教育事业。在浙大网新集团的牵线搭桥下，与上海真爱梦想基金会一起共同捐赠 30 万元，在思茅区和景东县各设立一家“梦想中心”，帮助农村孩子提高素质，同时在浙江中控科技集团有限公司的大力支持下，捐赠了 10 万元支持思茅区的教育事业。

整合社会资源，助力滇西教育发展。在思茅区挂职干部陈肖峰的努力下，浙江省教育厅给予了大力支持：在浙江少儿出版社主办的“百社千校书香童年活动暨阅读示范基地学校授牌仪式活动”中，浙江少儿出版社同意给思茅区一所小学一个名额，赠送 1 万元图书，并授予“阅读示范基地学校”的牌匾；浙江省新华书店调集相关资源，向思茅区教育局捐赠 3 万元图书。

积极支持滇西应用技术大学普洱茶学院筹建。自教育部与云南省共建滇西应用技术大学以来，浙江大学积极支持滇西应用技术大学普洱茶学院筹建。挂职干部傅强、陈肖峰作为普洱茶学院筹建小组的主要成员，做了大量工作。在浙江大学的支持下，普洱茶学院成为列入云南省首批组建的 3 所特色学院之首。12 月，浙江大学与普洱市政府正式签署支持普洱市筹建滇西应用技术大学普洱茶学院合作协议。

**【医疗卫生扶贫】** 2014 年 8 月，浙江大学医学院附属第一医院副院长顾国煜赴思茅区人民医院开展调研，初步达成了第一医院帮扶思茅区人民医院的合作意向，并同意在思茅区人民医院创建“二甲”医院时给予帮助和支持；浙江大学医学院附属第一医院、附属第二医院、口腔医院以及浙江省中医药大学的5位青年博士医疗专家赴思茅区人民医院开展主题为“爱在滇西、情系思茅”医疗科技服务活动。9月，浙江大学医学院副院长、转化医学中心常务副主任许正平教授赴思茅区人民医院指导工作。

**【抗震救灾】** 2014年10月，云南省景谷傣族彝族自治县发生6.6级地震，普洱市、景东县受到不同程度的损害。学校领导高度重视，党委书记金德水作出指示，要求相关部门密切关注地震灾情，党委常委会专题听取汇报，并决定捐赠20万元支持普洱市思茅区、景东县灾后重建，该款项在领导作出批示后第一时间到达受灾区。

（浙江大学地方合作处　程荣霞）

# 华中农业大学定点扶贫

**【概述】** 按照党中央和国务院扶贫工作的重大战略部署，华中农业大学（以下简称“华中农大”）2012年11月开始参与国家定点扶贫工作，定点扶贫湖北省建始县。2014年，在学校定点扶贫工作领导小组的领导下，按照《华中农业大学定点扶贫建始县工作规划（2013—2020年）》，依托学校农科教优势，结合建始县情，与建始县委县政府一道，找准扶贫工作的结合点，科学设计项目，安排专项经费，准确发力，助力建始县更好更快发展。2014年，共组织各类扶贫活动10次，参加人数102人次，其中校领导4人次；包括博士服务团、挂职干部和义务支教团学生在内，累计工作日2869个；投入经费260万元，其中人力成本150万元，项目经费60万元，工作经费30万元，教育经费20万元；资助地方困难学生10人；举办各类农业培训班45期次，累计培训各类涉农人员3410人次，其中，各级干部380人次，农技人员270人次，农村劳动力2300人次，致富带头人460人次。

**【干部挂职扶贫】** 2014年，华中农大共选派茶学专家、高级工程师周继荣等4人在建始县挂职，1人挂职科技副县长，1人挂职农业局副局长，1人挂职商务局副局长，1人挂职团县委副书记。学校通过选派教师干部到建始县挂职，建立了有效的工作保障机制。挂职人员在全职服务地方建设的同时，还充分发挥纽带作用，集成学校优质智力要素，对接地方特色农业资源，积极搭建政产学研用平台。

**【产业扶贫】** 2014年，华中农大继续投入40万元用于支持景阳鸡、魔芋、猕猴桃和茶叶4个产业培育。同时，另安排专项经费30万元支持高山蔬菜产业（年度拨付10万），10万元支持猕猴桃果酒产业开发。20多位专家深入产业一线开展科技服务，取得良好效果。县域内猕猴桃溃疡病得到有效遏制，种植收益喜人，目前种植面积2.5万余亩，户均增收500元。景阳鸡保育种中心正良性运转，景阳鸡成活率从过去的60%左右提高到95%，开展地方鸡“553”生态养殖技术推广，新建孵化厂、育雏场建筑面积达9600平方米，学校以建始县为基地申报并获批国家星火计划重点项目1项，获批经费60万。茶叶生产和加工技术有所突破，申报专利和产品认证进展顺利，建立乌龙茶基地1.5万余亩，其中1万亩获得富硒茶认证书，年产值达

8000余万元。示范推广蔬菜高产高效生产模式，引进辣椒、红菜苔等蔬菜新品种16个，种植面积1万余亩。协助编制《建始县魔芋产业发展规划》，通过改进生产工艺，开发新品种，魔芋生产效益不断提升，建始县被授予“全国魔芋产业重点基地县”。此外、建始县木塑加工、甜柿、枸杞、金银花、冷水鱼、核桃等产业基础良好，在科技支撑下，呈现出蓄势待发之势。

**【智力扶贫】** 华中农大通过开展技术引进与更新、技术集成与规范、技术示范与推广，将帮助涉农人员掌握现代农业生产新理念、新技术、新方法作为有效的扶贫工作举措，努力将特色产业人才、农业局二级单位技术人员、乡镇服务中心技术人员、专业合作社带头人、种植大户等培养成建始农业发展的引路人和开拓者。2014年12月，校长邓秀新院士在建始县为领导干部作题为“现代农业——模式与探索”的专题讲座，建始县相关代表300余人参加。2014年，华中农大先后组织专家授课培训30余场次，培训人员3410人次，其中农民2300人次，技术骨干270人次，农村致富带头人460人次。

**【教育扶贫】** 华中农大将教育支持作为服务建始县未来发展大计的重要工作内容。2014年4月，全国“最美志愿者”本禹志愿服务团队组织第九届乡村教师到武汉市交流学习，建始县10名中小学教师应邀参加为期1周的武汉地区重点中小学教学示范观摩学习。落实与建始县第一中学优质生源基地共建协议，学校2014年从建始县第一中学录取新生8人。华中农大研究生支教团在建始摩峰小学开展的支教志愿服务工作，受到各级领导和社会各界人士的关心：3月，“感动中国·2004年度人物”徐本禹看望支教团成员并参加支教活动；5月，经济管理学院负责人看望支教团成员，向建始县学生赠送文体活动用品，送上本禹志愿服务队募集的5000元善款；6月，湖北省教育厅副厅长欧阳建平受省委书记李鸿忠委托，专程慰问支教团成员；8月，第二批研究生支教团4名志愿者到建始县完成轮换工作；10月，华中农大党委副书记唐峻看望支教团成员，为摩峰小学捐赠了电脑、投影仪、饮水机等用品，发放社会爱心人士捐赠设立的“水滴助学金”；12月，唐峻通过“阡陌学堂”为摩峰小学学生讲授视频课——“武汉·华农”。

**【文化扶贫】** 2014年10月，华中农大图书馆负责人赴建始县三里乡农科小学开展图书室结对共建活动。图书馆负责人与同学们分享阅读乐趣，并为小学捐赠图书9种80册、期刊20种200余册。

**【公益扶贫】** 华中农大多方呼吁、积极争取，整合动员社会力量参与扶贫工作。2014年4月，选派公共管理学院信息管理专家章德宾挂职建始县商务局副局长，以加强跟踪服务，积极促成有投资意向的企业早日落户建始。2014年，湖北牧童蓝莓科技有限公司在建始县注册新公司；华中农大资产经营公司负责人到建始县考察了猕猴桃等特色农业产业，开展销售平台建设；邀请英国 Q5 公司到建始县考察中药材种植和深加工项目。

**【整村推进】** 2014 年，华中农大向资源与环境学院拨付专门工作经费 4 万元，支持与建始县双寨子村开展结对共建工作。学院组织专家赴双寨子村对接景阳鸡、核桃、葡萄等产业发展，专家组对当地发展生态农业、观光农业建言献策，双方还探索“首席专家+实践基地+科技服务人员”的产学研合作模式，以及共同建立院士工作站和大学生实习基地等，全方位推进特色产业发展。

（华中农业大学　余华俊）

# 中南大学定点扶贫

**【概述】** 2014年，中南大学以定点扶贫单位湖南省江华瑶族自治县（以下简称“江华县”）为主，兼顾河北省阜平县以及部分西部地区，开展了积极有效的扶贫工作。中南大学认真贯彻落实党中央、国务院关于扶贫工作的要求，把定点扶贫工作作为一项重要政治任务和历史使命，结合定点扶贫对象实际情况和中南大学的特色，努力健全沟通机制、拓展合作区域，以医疗扶贫为先导、教育扶贫为根本、科技扶贫为动力，全方位推进智力扶贫、创新扶贫。在培养培训职教师资、培养医务骨干、勘查矿产资源、协助移民工作等方面开展积极工作，取得了良好的成效。2014年，国务院扶贫开发领导小组授予中南大学“中央国家机关等单位定点扶贫先进集体”荣誉称号。

**【扶贫资金投入】** 中南大学2014年在对口支援及扶贫工作方面累计投入329万元，其中，资金222.3万元，物资折款106.7万元，主要用于资助贫困学生、医疗卫生以及人力资源培训等。

**【扶贫资金管理】** 中南大学针对2014年扶贫资金开展了有效审查，协同挂职干部针对贫困人数、贫困程度、基础条件等问题，对经费进行了有效的管理和监督。如，面对学校募集的双百助苗团费、爱心捐款等，中南大学专门设立了该项目的审查制度，由专人负责审批，具有可溯性，杜绝挤占挪用、截留和贪污行为的出现。

**【扶贫调研】** 2014年7月，中南大学党委副书记高山带领13名处级干部前往江华县开展各项扶贫工作。实地考察调研了江华县的城市建设、新型工业化、农业现代化、瑶族文化和生态旅游建设等发展情况，并召开了中南大学对口扶贫江华工作座谈会。

5月，由建筑与艺术学院钟虹滨等教师联合申报的教育部、国家外国专家局2013—2015学校特色项目“景观与环境艺术课程体系建设”在江华县大圩镇宝镜村古民居进行实地考察。该项目把研究生教育培养和中南大学对口扶贫江华县的实际工作结合起来，以宝镜村及大圩古镇为研究对象，通过国外文教专家对江华文化遗产的介入，探讨解决之道。国家机关事务管理局河北阜平扶贫工作组组长、国家机关事务管理局财务管理司副司长陈佳资到中南大学洽谈如何推进对阜平县的扶贫工作。

**【扶贫制度建设】** 中南大学继续坚持由党政一把手任组长，分管校领导担任副组长，15 个相关职能部门负责人为成员的定点扶贫工作领导小组，统一指挥、动员、协调全校力量做好扶贫工作；同时，领导小组继续保持下设对口支援工作办公室，挂靠学校办公室，协同中南大学组织部、人事处，全面开展扶贫工作。提升扶贫人员积极性，提高参与度，根据新形势的新要求，中南大学 2014 年制订了《中南大学对口支援干部及教师有关待遇问题的相关规定》。

**【扶贫培训】** 2014 年，中南大学湘雅医院、湘雅二医院、湘雅三医院等免费接收江华县各地区医院各专业进修医务人员 30 人、护理人员 85 人学习交流，免费金额 9.01 万元。接收医护及管理人员 116 人短期学习交流，举办大型学术讲座 15 次，培训各科室讲座 100 余次，教学查房百余次，指导开展手术近百例，疑难危重病例组织会诊讨论数十次，培养出了一支留得住、用得上、技术高的人才队伍。

中南大学地球科学与信息物理学院还安排教师队伍针对阜平县展了 Mapgis 软件制图、GPS 定位应用、阜平县矿产资源概况及勘查、矿业权设置与管理、铁矿资源开发现状与前景、地质工作基本工具的使用等方面的专题讲座，对国土部门工作人员经常遇到的专业问题进行了详细的解答。

**【干部挂职扶贫】** 选派青年教师李博挂职江华县县委常委、副县长，余超挂职江华县教育局副局长，辛星同志挂职江华县第一中学副校长。成立驻江华县扶贫工作组，确保定点扶贫方案各项措施落到实处，发挥扶贫工作第一线的桥梁和纽带作用。

为了满足阜平县政府及国土资源局的需求，便于跟踪和及时解决相关问题，推动阜平县地矿行业的持续发展，中南大学选派了青年教师刘忠法定期挂职阜平县国土局，参与地质勘查方面的服务工作，加强学校与阜平的沟通与联系，建立了长期联络机制。

**【扶贫慰问】** 2014 年，中南大学团委从“双百助苗”特殊团费中支出 2 万元，以“升华助学金”的名义对江华县 10 名优秀贫困生进行了资助。中南大学马克思学院的唐海波教授在江华县职业中学、第一中学、第二中学讲座，教授教育心理学。并在第一中学举行“中南大学团委资助江华县一中贫困学生仪式”，给 30 名品学兼优的贫困生每人发放 500 元助学金。

中南大学工会和图书馆联系北京蔚蓝公益基金会，向江华县的三所学校捐赠图书资料。向江华县教育局及各学校捐赠电脑 70 台，投影仪 20 台，排球 80 个，篮球 80 个。

中南大学向江华县瑶族小学、水口中心小学、涛圩中学和桂东县寨前乡中南大学水湾希望小学等，捐赠翻新组装电脑 120 台，多媒体设备 20 套，爱心书包文具 451 套，图书资料 2400 册，篮球、排球等器材

300个（件），以上物资折款48万元。同时下发《关于开展对口帮扶农村中小学助学募捐活动的通知》。2014年11月，“对口帮扶农村中小学公益活动”已获中南大学教育基金会立项，从2014年起，教育基金每年为100名贫困学生提供10万元的资助。

**【产业扶贫】** 2014年11月，邀请西班牙、丹麦等的国外院校建筑规划专家，中南大学文学院教授、中国村落文化研究中心主任胡彬彬教授等赴江华县大圩镇宝镜村调研指导“文化遗产保护与可持续发展”扶贫项目。

针对高寒山区搬迁户在大圩镇进行旅游产业扶贫。利用中南大学以及其他高校的资源，在大圩镇建立了全国高校美术写生基地，邀请中央美术学院等10个高校的师生到大圩镇写生宣传大圩旅游资源，邀请中南大学建筑与艺术学院唐俐娟副教授免费为江华旅游局做网页设计、旅游形象设计和标志系统设计。邀请中南大学隆平学院的书记和院长及教授们到江华县指导农业规划和发展，与农业局进行对接。

针对阜平县的实际情况，在阜平县矿权业主的要求下，中南大学工作人员现场实地调查了许家庄金矿等4个金矿区及王帽沟铁矿等2个铁矿区，开展了成矿条件综合分析及区域对比研究等工作，确定了该县矿产勘查工作下一步应以寻找金多金属矿为重点，优选了可供后续立项申请的找矿勘查靶区2处。

**【智力扶贫】** 2014年7月，中南大学地球科学与信息物理学院地信院由院长鲁安怀、副院长邵拥军等13人组成科研团队，赴河北省阜平县开展了为期12天的矿产资源扶贫帮扶工作，提供技术咨询并现场解疑。10月，中南大学选派谈晓辉博士和龙卿富挂职江华县移民局副局长，辅助水库移民的安置与脱贫工作。

**【教育扶贫】** 2014年，中南大学确定了江华县瑶族小学、水口中心小学、涛圩中学、桂东县寨前乡中南大学水湾希望小学，作为中南大学对口帮扶第一批扶助点；通过与帮扶点的挂职干部联系和实地调研，了解第一批扶助点的需求；制定了《中南大学对口帮扶农村中小学第一年度工作计划》，并对各职能部门参与对口帮扶工作进行了具体分工。8月，校团委暑假社会实践活动以帮扶工作为重点，对江华县瑶族小学、水口中心小学、涛圩中学和桂东县寨前乡中南大学水湾希望小学等进行了实地考察走访，挑选第一批受助贫困学生人选。为“一帮一”、“手拉手”爱心助学活动提供准备。

**【医疗扶贫】** 中南大学湘雅医院、湘雅二医院、湘雅三医院到江华县进行过2次医疗义诊。第一次为湘雅二医院在县城的县人民医院举办的义诊，第二次是三所医院在水口镇的人民医院举办的义诊和培训，均有很好的口碑和影响力。

湘雅三医院为江华县人民医院授牌“中南大学湘雅三医院技术指导医院”，与江华县人民政府签署医疗帮扶战略协议，与江华县人民医院签署医疗帮扶合作协议；同时举办义诊和讲座培训；2014 年，先后派出六位博士主治医生到江华县人民医院驻点坐诊与培训。

**【易地扶贫搬迁】** 中南大学承担了江华县两岔河乡与大圩镇 15 个高寒山区贫困村的易地扶贫搬迁工作。扶贫工作组组长李博任该项工程指挥部办公室主任，尊重被征地群众的意愿，及时调整征地范围并修改规划。2014 年，一期项目征地 274 亩，涉及 285 户，征地款全部发放到位。

（中南大学学校办公室　李　飞）

# 中山大学定点扶贫

**【概述】** 根据《关于做好新一轮中央、国家机关和有关单位定点扶贫工作的通知》《关于做好直属高校定点扶贫工作的意见》等文件精神，中山大学承担定点帮扶云南省凤庆县的任务，并派出1位干部到凤庆县挂职。2014年，中山大学继续以高度的责任感和满腔的热情做好各项扶贫开发工作，投入资金720.59万元，引进资金120万元；开展培训5期，培训人员1317人次；组织义诊2期，受益人数1359人次。

**【扶贫资金投入】** 2014年，中山大学向定点扶贫的凤庆县共投入资金总额720.59万元，其中直接投入资金320万元，人力物资折算投入400.59万元。同时，中山大学借助广泛校友资源，积极通过多种途径、多种方式对凤庆县的教育基础设施建设和产业发展给予帮扶，协调引进资金120万元。

**【扶贫调研】** 2014年，中山大学分5批组队共54人次赴凤庆县调研考察，其中部级干部1人次，厅级干部2人次。书记郑德涛于3月，常务副书记、副校长陈春声于7月，分别率团到凤庆县开展调研，解决实际困难。

**【干部挂职扶贫】** 2014年，中山大学选派1名处级干部到凤庆县挂职扶贫，担任凤庆县人民政府副县长职务。

**【教育帮扶】** 筹集校友基金，用于捐建凤庆县第二完全小学教学楼。中山大学在校友的大力支持下，筹集资金300万元为凤庆县第二完全小学新建教学楼一栋，面积为1582平方米。2014年3月，教学楼开始施工建设。

建设中山大学凤庆书院。11月，中山大学决定正式成立中山大学凤庆书院。该书院作为中山大学和凤庆县双方合作的载体和平台，集教育、研究、藏书等功能为一体，将成为滇西干部教育培训中心、高端图书文献收藏中心、中山大学教授专家研究基地、中山大学学生社会实践基地。完成了选址和规划设计工作。

加大对凤庆县贫困生就读重点大学的招生力度。根据教育部《关于做好2014年提高重点高校招收农村学生比例工作的通知》（教学〔2014〕2号）和《关于做好2014年招生计划编制工作增加贫困地区农村学生上重点高校人数的通知》（教发司〔2014〕35号）的文件精神，2014年，中山大学招生委员会参照自主招生的单独招生方式，为凤庆县在招生政策上给予了大力度的倾斜政策，下拨农村贫困考生自主招生名额7名，最终达标录取5名，加上普通录取3名，2014年中山大学在凤庆县录取考生人数8名，创历史新高。

2014年7月，中山大学研究生支教团派出3名研究生到凤庆县鲁史镇中学支教，开展支教工作。

**【扶贫培训】** 充分利用中山大学现有的培训资源，着力提高凤庆县干部和技术人员的自我发展能力，积极开展各类教育培训活动。通过接收凤庆县医疗卫生人员进修学习，促进凤庆县医疗卫生人才队伍建设，逐步提高凤庆县医疗卫生机构的诊疗能力和服务水平。2014年，中山大学多家附属医院接收凤庆县部分医疗卫生人员来穗进修学习共2期16人次。利用中山大学图书馆是国家图书古籍保存修复培训基地的条件，为凤庆县培养图书古籍修复人才。2014年，凤庆县有1名管理人员在中山大学进行为期1年的免费学习培训。

**【医疗扶贫】** 中山大学建立了各附属医院与凤庆县医疗卫生系统的对口支援机制。结合当地医院的实际情况开展义诊和医疗培训，提高受援医院的服务能力和医疗水平，更好地为当地人民群众的健康服务。定期选派中山大学附属医院医疗卫生专家赴凤庆县开展技术帮扶，组织专项医疗项目支持凤庆县医院提高医疗水平。3月，中山大学眼科中心党委书记余敏斌教授带领17人组成的医疗队到达凤庆县，在当地开展义诊、医疗培训、为老百姓送医送药等活动。在一周的义诊中，为1230多名患者提供医疗咨询和救治，其中，为白内障患者免费进行复明手术113台，青光眼手术1台。同时为当地老百姓赠送了价值3万元的药品，为贫困中小学生免费配送眼镜59副。11月，中山大学派出由中山大学附属第一医院4名专家组成的医疗队，赴凤庆县人民医院开展为期1周的医疗帮扶活动。医疗队在医院开展了技术培训、带教查房、病例讨论、专题讲座和专家义诊等活动，义诊人数129人，培训授课14场次，培训人数900人。

**【产业扶贫】** 中山大学地理科学与规划学院、旅游学院专家为凤庆县编制旅游规划，安排教授、副教授等共12人次，分3批次到凤庆县境内调研，累积考察时间为144人天。2014年7月，中山大学为凤庆县编制的旅游发展总体规划经专家评审通过。中山大学投入300万元，为凤庆县编制凤庆县旅游发展总体规划、凤庆县陈家窝河景区开发概念规划、凤庆县古墨旅游区概念规划和凤庆县长湖旅游区概念规划等4个规划。

开展校企合作，以促进学校科研成果转化和滇西地区产业升级发展。2014年，中山大学药学院《基于凤庆县珍稀药用植物资源的天然药物研发》项目纳入高等学校科研项目。2014年7月，为延长凤庆县优势资源产业链，提高产品科技含量和附加值，增加综合效益，中山大学生命科学学院教授到凤庆云南省顺宁府酒业有限责任公司进行调研，并对滇橄榄产业综合开发提出意见，解决了企业的技术困难，为凤庆县经济发展做出了贡献。

**【校友援助帮扶】** 利用广泛的校友资源，整合各方优势，筹集资金和物资支持凤庆县发展。争取中国教育发展基金会扶贫资金 70 万元，用于凤庆县“一师一校”校点硬件配套和基础设施建设。借助中山大学校友企业家资源，助力凤庆县推动招商引资工作，推介特色产品服务，拓宽招商引资渠道。5 月，召开“牵手中大校友企业、共赢凤庆绿色崛起”招商引资（广州）推介会，邀请中山大学校友企业家亲临推介共谋发展。近 150 位校友企业家出席了推介会，签订了 9.5 亿元的投资意向书。

**【旅游扶贫】** 2014 年，中山大学发挥信息化和资源优势开展信息化扶贫，继续完成西双版纳农林生物产品网上交流交易平台建设和西双版纳州教育信息化的“三通两平台”建设及多个应用系统集成，重点协助西双版纳升级旅游与文化产业，帮助西双版纳设立“联合国世界旅游组织旅游可持续发展”观测点，完成西双版纳旅游信息化的智慧旅游项目规划和实施。智慧旅游不仅是一个信息化的项目，也是一个旅游产业转型的项目，更是一个融资项目，项目通过引进一个龙头企业，已注资 1.1 亿元，旨在搭建一个公共平台，集成一批企业，振兴一个行业。

（中山大学扶贫工作组　张新楠）

# 西安交通大学定点扶贫

**【概述】** 2014年，西安交通大学定点帮扶云南省施甸县，为加强对社会扶贫具体工作的指导，将原有领导小组调整为工作组，由18个部门的具体工作负责人担任成员。西安交通大学直接投入99.88万元，用于援建施甸中小学校园网络和多媒体项目、贫困学生资助和各类人员培训；组织43 人次赴当地考察，派出2名干部挂职扶贫，举办干部培训、基础教育培训、医疗培训等各类培训班6期，共完成培训1840人次；资助10名施甸籍贫困大学生；对施甸县人民医院、县中医医院进行对口支援；组织“跳舞吧交大——为中华之光云南拍摄组”赴施甸进行实践活动，并为当地继续选派了2名支教大学生。

**【扶贫资金投入】** 2014年，西安交通大学共投入扶贫资金99.88万元。其中，50万元用于开发建设施甸县县域教育资源共享平台，2万元用于资助10名施甸籍贫困大学生，12.24万元用于医疗培训和帮扶，17.64万元用于干部和教育培训，13万元用于2个科研项目课题经费，18万元用于支持调研、考察和学习。

**【扶贫资金管理】** 西安交通大学扶贫资金为学校专项资金，由财务处统一账户管理，接受审计处的专项审计。每一个项目都需要经过学校组织专家进行前期论证，结合实地调研情况，在充分与滇西当地政府沟通后确定实施。项目实施中，学校一方面组织专人负责全程监控，一方面要求当地扶贫局等部门介入监管，很好地保证了扶贫项目经费的落实。

**【扶贫调研】** 2014年6月，西安交通大学副校长李伟前往施甸县姚关镇雷打树村、施甸第三中学、姚关小学和云南海瑞迪生物药业有限公司开展调研工作，并在施甸县召开了2014年扶贫帮扶工作联席会议。要求学校和各单位逐项落实《西安交通大学定点联系滇西边境山区扶贫工作实施方案》。

**【扶贫培训】** 2014年，西安交通大学依托中共中央组织部全国干部教育培训西安交通大学基地，举办2期干部培训，83名干部接受了“关于城镇化建设与区域经济发展”等专题的培训。

2014年6月，西安交通大学研究生院、教师教学发展中心及教务处负责人对保山学院下属各二级学院院长、书记，相关部门领导、青年教师等近100人开展了座谈式培训。9月，教师教学发展中心组织由

10名国家级教学名师、教师教学发展中心专家组成员、学校教育质量专家督导员组成专家教授小组，对16个小组、186名青年教师进行了逐人指导。

2014年3月、12月，西安交通大学基础教育党委、社会教育管理处和资产公司组织附属中学、小学及幼儿园的20余名校长、教师分2批，赴云南支教扶贫，对当地中小学及幼儿园的校长、园长、教师进行培训，开展了高效课堂与课题研究、特色班级建设与管理、学生心理健康与教育、备战高考与重点难点突破等4个专题的学术报告。

**【卫生医疗】** 西安交通大学三所附属医院对口支援施甸县人民医院、县中医医院，先后对保山市人民医院、施甸县中医院、施甸县妇幼保健院、姚关镇医院进行学科对接和指导，重点对施甸县人民医院等级评审进行模拟测评，同时制定了三年的医师、护理管理等方面培训进修学习计划和保山市医专的教师培训计划。组织离退休专家赴云南施甸县、陇川县开展教学查房、手术指导和“三基三严”医师培训活动。接收施甸县、陇川县医院11名医生到西安交通大学附属医院进修学习。

**【智力扶贫】** 经过挂职干部的努力，“西安交通大学全面帮扶施甸县社会事业发展整体推进项目”和“小额信贷对农村经济发展影响效果评价及改进的方法和路径的发展”2个科研项目立项，落实项目课题研究经费共计13万元。11月，邀请中国农业大学动物科技学院张浩教授和上海交通大学农业与生物技术学院张才喜教授到陇川县，就农业产业规划进行调研和指导，在考察猕猴桃和有机蔬菜种植、万头养猪场等之后，结合陇川县的产业实际分别为农业局、林业局和畜牧局等相关职能部门做了“陇川县高原特色种植业和养殖业产业发展分析”的科技专题讲座。

组织学生创业企业与施甸县当地的青年创业企业进行经验交流，组织优秀博士生、硕士生为县农业局开发农产品网上交易的电子交易平台，解决高山特色农产品的销售、推广问题。8月，西安交通大学学生自主创业创办的西安爽吧电子科技有限公司，帮助云南省施甸县建立蔬菜网站平台 http：//www. yncdj. com，并开发移动手机端APP和微信公众平台。

**【基础教育扶贫】** 2014年，西安交通大学投入近50万元开发建设了县域教育资源共享平台，为姚关镇雷打树小学、施甸县第三中学、仁和镇中学各建设了一个计算机教学机房，为相关技术人员提供了初步的网络技术培训。15名学生骨干赴施甸县开展了为期10天的公益支教活动。8月，根据施甸县人才需求，选派2名研究生支教团学生到当地支教。为云南省施甸县和陇川县申请了5个扶贫定向生招生名额。

**【文化扶贫】** 学校组织课题组针对施甸县抗战文化、契丹文化、布朗民族文化等非物质文化遗产和资源的保护及开发进行了实地调研；学生艺术团深入具有布朗族和彝族音乐魅力的白龙水村、摆榔乡、由旺镇等地寻访非物质文化遗产传承人并同他们同台演出交流。2014年学校“跳舞吧交大——为中华之光云南拍摄组”到施甸县的姚关镇和木老元乡调研民族文化发展状况，将施甸县的民族文化风情纳入了“跳舞吧交大——为中华之光”活动，宣传施甸县的民族风情文化。

（西安交通大学党委办公室、校长办公室、扶贫办　申　丹）

## 2014年度中央、国家机关和有关单位定点扶贫情况统计表

| 中央定点扶贫单位名称 | 定点帮扶县名称 | 挂职干部数量（人） | 赴定点县考察（人次） | 本单位直接投入（含无偿和有偿）（万元） | 帮助引进各类资金（含无偿和有偿）（万元） | 培训情况 | |
|---|---|---|---|---|---|---|---|
| | | | | | | 举办培训班（期） | 培训人次 |
| 中国人民政治协商会议全国委员会办公厅 | 舒城、颍东（安徽） | 5 | 110 | 80 | 71225 | 7 | 1500 |
| 中共中央宣传部 | 耀州（陕西）、寻乌 | 7 | 29 | 456.8 | — | 4 | 38 |
| 中共中央统一战线工作部 | 赫章（贵州） | 2 | 20 | 33 | — | 2 | 100 |
| 中共中央对外联络部 | 行唐（河北） | 2 | 53 | 119 | 4620 | 4 | 79 |
| 中央国家机关工作委员会 | 临城（河北） | 1 | 20 | 375.75 | 1920.13 | 1 | 200 |
| 中共中央文献研究室 | 南召（河南） | 1 | 5 | 1.1 | 43000 | — | — |
| 中国共产主义青年团 | 灵丘（山西） | 3 | 69 | 1097.4 | 773.4 | 24 | 1805 |
| 中华全国妇女联合会 | 漳县（甘肃） | 3 | 8 | 447.26 | 5070 | 11 | 1060 |
| 中国科学技术协会 | 方山、中阳、岚县、临县、石楼、兴县（山西） | 2 | 40 | 370 | 10 | 165 | 20678 |
| 光明日报社 | 囊谦（青海） | — | 5 | 6.5 | — | — | — |
| 经济日报社 | 赤城、张北（河北） | 1 | 24 | 240.50 | 822.00 | — | — |
| 中国日报社 | 东乡（甘肃） | 1 | 8 | 40 | 20 | 3 | 860 |
| 中国外文出版发行事业局 | 左权（山西） | 3 | 25 | 100 | — | 5 | 850 |
| 中华全国台湾同胞联谊会 | 榆中（甘肃） | — | — | 21.2 | — | 1 | 16 |
| 中华人民共和国最高人民检察院 | 西畴（云南） | 1 | 5 | 154 | 2920 | 5 | 296 |

续表

| 中央定点扶贫单位名称 | 定点帮扶县名称 | 挂职干部数量（人） | 赴定点县考察（人次） | 本单位直接投入（含无偿和有偿）（万元） | 帮助引进各类资金（含无偿和有偿）（万元） | 培训情况 | |
|---|---|---|---|---|---|---|---|
| | | | | | | 举办培训班（期） | 培训人次 |
| 外交部 | 麻栗坡、金平（云南） | 2 | 33 | 2490 | — | 2 | 100 |
| 国家发展和改革委员会 | 汪清（吉林）；田东（广西）；丰宁、灵寿（河北） | 7 | 26 | — | 64451 | 3 | 230 |
| 教育部 | 青龙、威县、新河（河北） | — | 8 | 30 | — | 2 | 12 |
| 公安部 | 兴仁、普安（贵州） | — | 33 | 290 | 9000 | 1 | 3 |
| 科学技术部 | 魏县（河北）；井冈山、永新（江西）；光山（河南）；英山（湖北）；佳县、柞水（陕西） | — | 126 | 1581 | 674 | 45 | 14350 |
| 民政部 | 遂川、莲花（江西） | — | 5 | 22846 | — | — | — |
| 人力资源和社会保障部 | 天镇（山西）；金寨、砀山（安徽） | 3 | 90 | 50 | 20 | 3 | 120 |
| 住房和城乡建设部 | 湟中、大通（青海）；红安、麻城（湖北） | — | — | 170 | 44431 | 4 | 42 |
| 中国铁路总公司 | 原州（宁夏）；和田（新疆）；栾川（河南）；丹江口（湖北）；云阳（重庆）；苍溪（四川）；勉县（陕西）；西和（甘肃） | 5 | 145 | 940 | 1200 | — | — |
| 商务部 | 仪陇、广安（四川）；城步（湖南） | — | 1 | 100 | 1000 | 10 | 1567 |

续表

| 中央定点扶贫单位名称 | 定点帮扶县名称 | 挂职干部数量（人） | 赴定点县考察（人次） | 本单位直接投入（含无偿和有偿）（万元） | 帮助引进各类资金（含无偿和有偿）（万元） | 培训情况 | |
|---|---|---|---|---|---|---|---|
| | | | | | | 举办培训班（期） | 培训人次 |
| 文化部 | 娄烦、静乐（山西） | 4 | 6 | 160 | — | — | — |
| 国家卫生和计划生育委员会 | 大宁、永和（山西）；清涧、子洲（陕西）；阜南（安徽） | 5 | 6 | 97.2 | — | 3 | 78 |
| 中国人民银行 | 宜君、印台（陕西） | — | 30 | 175 | 115 | 8 | 4100 |
| 审计署 | 顺平（河北） | 1 | 7 | 148.8 | — | — | — |
| 国务院国有资产监督管理委员会 | 平乡（河北） | 1 | 66 | 26.18 | 57 | — | — |
| 海关总署 | 鲁山、卢氏（河南）；正镶白旗（内蒙古） | 6 | 61 | 742.1 | 15 | — | — |
| 国家质量监督检验检疫总局 | 礼县（甘肃）民权（河南） | 2 | 53 | 206 | 63010 | 35 | 6322 |
| 国家安全生产监督管理总局 | 阳高、广灵（山西） | 2 | 12 | 120 | — | 7 | 18 |
| 国家统计局 | 岢岚（山西） | 9 | 50 | 200 | 2800 | 4 | 440 |
| 国家知识产权局 | 桑植（湖南）；崇礼（河北） | 10 | 680 | 532.6 | 65 | 14 | 1070 |
| 中国科学院 | 滦平（河北）；水城（贵州）；澜沧（云南）；库伦旗（内蒙古）；环江（广西） | 5 | 70 | 1000.2 | 32990 | 421 | 21800 |

续表

| 中央定点扶贫单位名称 | 定点帮扶县名称 | 挂职干部数量（人） | 赴定点县考察（人次） | 本单位直接投入（含无偿和有偿）（万元） | 帮助引进各类资金（含无偿和有偿）（万元） | 培训情况 | |
|---|---|---|---|---|---|---|---|
| | | | | | | 举办培训班（期） | 培训人次 |
| 中国工程院 | 会泽（云南） | 1 | 95 | 196.3 | 10 | 2 | 613 |
| 国务院发展研究中心 | 大名（河北） | 1 | 5 | — | — | — | — |
| 中国气象局 | 突泉（内蒙古） | 1 | 21 | 260.34 | — | 2 | 685 |
| 保险监督管理委员会 | 察哈尔右翼中旗、察哈尔右翼后旗（内蒙古） | 2 | 4 | 300 | 132 | 2 | 18 |
| 国务院扶贫开发领导小组办公室 | 泽库（青海） | 1 | 0 | 0 | 582 | 0 | 0 |
| 国务院南水北调工程建设委员会办公室 | 郧阳（湖北） | 1 | 43 | — | 3100 | 1 | 60 |
| 中国宋庆龄基金会 | 彭阳（宁夏） | — | — | 400 | — | — | — |
| 中国进出口银行 | 岷县（甘肃） | 1 | 8 | 62.5 | — | — | — |
| 中国农业发展银行 | 大安（吉林）；马关（云南）；锦屏（贵州）；隆林（广西） | 4 | 15 | 30116 | 118487.68 | 3 | 328 |
| 中国银行股份有限公司 | 长武、永寿、淳化、旬邑（陕西） | 5 | 20 | 580 | — | 1 | 45 |
| 交通银行股份有限公司 | 天祝（甘肃） | 1 | 4 | 219.39 | — | — | — |
| 中国光大集团股份公司 | 新化（湖南） | 1 | 59 | 540 | — | 8 | 2300 |
| 国家信访局 | 海兴（河北） | 1 | — | — | 1538.96 | 4 | 8 |
| 国家能源局 | 通渭、清水（甘肃） | 2 | 60 | 12.17 | 11917 | — | — |

续表

| 中央定点扶贫单位名称 | 定点帮扶县名称 | 挂职干部数量（人） | 赴定点县考察（人次） | 本单位直接投入（含无偿和有偿）（万元） | 帮助引进各类资金（含无偿和有偿）（万元） | 培训情况 | |
|---|---|---|---|---|---|---|---|
| | | | | | | 举办培训班（期） | 培训人次 |
| 国家粮食局 | 金阳（四川） | — | 5 | 7.7 | 20 | — | — |
| 国家国防科技工业局 | 略阳、宁强（陕西） | — | 9 | 82.5 | — | — | — |
| 中国民用航空局 | 于田、策勒（新疆） | — | 30 | 65 | — | — | — |
| 国家文物局 | 淮阳（河南） | 1 | 12 | 545 | 50 | 3 | 11 |
| 国家食品药品监督管理总局 | 临泉（安徽） | 2 | 6 | 1.5 | 30 | 1 | 2 |
| 国家中医药管理局 | 五寨（山西） | 1 | 15 | 120 | — | — | — |
| 国家海洋局 | 白沙、琼中（海南） | — | 15 | 90 | 30 | — | — |
| 国家测绘地理信息局 | 海伦（黑龙江） | 1 | 15 | 580 | 13556 | — | — |
| 中国华融资产管理股份有限公司 | 宣汉（四川） | 1 | 18 | 338.91 | — | 2 | 1212 |
| 中国信达资产管理股份有限公司 | 乐都（青海） | 1 | 6 | 80 | — | 4 | 160 |
| 招商银行股份有限公司 | 永仁、武定（云南） | 4 | 68 | 1357.94 | 200 | 1 | 20 |
| 中国民生银行股份公司 | 封丘、滑县（河南）；渭源、临洮（甘肃） | — | 24 | 922.97 | — | 1 | 68 |
| 包商银行股份有限公司 | 鄱阳、余干（江西）；鄂伦春旗、莫力达瓦旗（内蒙古）；富平、佛坪（陕西）；彭水（重庆） | — | 46 | 195 | 693 | 1 | 40 |

续表

| 中央定点扶贫单位名称 | 定点帮扶县名称 | 挂职干部数量（人） | 赴定点县考察（人次） | 本单位直接投入（含无偿和有偿）（万元） | 帮助引进各类资金（含无偿和有偿）（万元） | 培训情况 | |
|---|---|---|---|---|---|---|---|
| | | | | | | 举办培训班（期） | 培训人次 |
| 中国核工业集团公司 | 石柱（重庆）；同心（宁夏） | — | 14 | 295 | — | — | — |
| 中国航天科技集团公司 | 太白、洋县（陕西）；涞源（河北） | 3 | 115 | 333.3 | 18 | 3 | 1560 |
| 中国航天科工集团公司 | 富源、东川（云南） | 2 | 77 | 365 | 44.9 | 8 | 1265 |
| 中国船舶工业集团公司 | 鹤庆（云南） | 1 | 6 | 111.65 | — | — | — |
| 中国兵器工业集团公司 | 红河（云南）；甘南（黑龙江） | 2 | 58 | 546.08 | — | — | — |
| 中国兵器装备集团公司 | 泸西、砚山（云南） | — | 10 | 200 | — | — | — |
| 中国石油天然气集团公司 | 台前、范县（河南）；尼勒克、托里、巴里坤、吉木乃、青河、察布查尔（新疆）；习水（贵州）；横峰（江西） | 4 | 72 | 3270 | — | 8 | 705 |
| 中国石油化工集团公司 | 岳西、颍上（安徽）；凤凰、泸溪（湖南）；岳普湖（新疆）；东乡（甘肃） | 5 | 23 | 7748.5 | — | 4 | 700 |
| 中国海洋石油总公司 | 五指山、保亭（海南）；合作、夏河（甘肃）；卓资（内蒙古） | 4 | 48 | 2200 | — | 14 | 917 |
| 国家电网公司 | 巴东、秭归、长阳、神农架（湖北）；玛多（青海） | 1 | 204 | 1880 | — | 73 | 4070 |

续表

| 中央定点扶贫单位名称 | 定点帮扶县名称 | 挂职干部数量（人） | 赴定点县考察（人次） | 本单位直接投入（含无偿和有偿）（万元） | 帮助引进各类资金（含无偿和有偿）（万元） | 培训情况 | |
|---|---|---|---|---|---|---|---|
| | | | | | | 举办培训班（期） | 培训人次 |
| 中国电力投资集团公司 | 商城（河南）；美姑（四川） | 2 | 62 | 1000 | — | 2 | 66 |
| 中国长江三峡集团公司 | 巫山、奉节（重庆）；万安（江西）；巴林左旗（内蒙古） | 4 | 2 | 791.8 | — | 2 | 620 |
| 中国电信集团公司 | 木里、盐源（四川）；疏附（新疆） | 2 | 6 | 770 | — | 8 | 1120 |
| 中国电子信息产业集团有限公司 | 阆中（四川）；松桃（贵州）；临高（海南）；镇安（陕西） | 4 | 18 | 797.3 | 2800 | — | — |
| 中国第一汽车集团公司 | 镇赉、和龙（吉林）；凤山（广西） | 3 | 7 | 1955 | — | 3 | 39 |
| 中国远洋运输（集团）总公司 | 沅陵、安化（湖南） | 2 | 32 | 600 | 447 | 4 | 40 |
| 中国海运（集团）总公司 | 永德（云南） | 2 | 28 | 330 | 105 | 2 | 100 |
| 中国建筑工程总公司 | 卓尼、康乐、康县（甘肃） | — | — | 776.75 | — | — | — |
| 中国储备粮管理总公司 | 拜泉、兰西（黑龙江） | 1 | 33 | 200 | — | 6 | 318 |
| 国家开发投资公司 | 罗甸、平塘（贵州）；合水、宁县（甘肃） | — | 11 | 1308 | 300 | — | — |
| 招商局集团有限公司 | 威宁（贵州）；蕲春（湖北） | 1 | 50 | 2146 | — | 3 | 130 |
| 中国中煤能源集团有限公司 | 蔚县、赵家蓬（河北）；印江（贵州） | 2 | 11 | 180 | — | — | — |
| 中国有色矿业集团有限公司 | 梁河（云南） | — | 4 | 95 | — | — | — |

续表

| 中央定点扶贫单位名称 | 定点帮扶县名称 | 挂职干部数量（人） | 赴定点县考察（人次） | 本单位直接投入（含无偿和有偿）（万元） | 帮助引进各类资金（含无偿和有偿）（万元） | 培训情况 | |
|---|---|---|---|---|---|---|---|
| | | | | | | 举办培训班（期） | 培训人次 |
| 中国国际技术智力合作公司 | 姚安、大姚（云南） | 1 | 2 | 220 | 87.2 | 5 | 200 |
| 中国建筑科学研究院 | 偏关（山西） | — | 10 | — | — | — | — |
| 中国北方机车车辆工业集团 | 麦积、甘谷（甘肃） | 2 | 15 | 286 | — | 1 | 60 |
| 中国南车集团公司 | 靖西、那坡（广西） | — | — | 400 | — | 12 | 648 |
| 中国铁路通信信号集团公司 | 社旗（河南） | — | 2 | 17 | — | — | — |
| 中国铁路工程总公司 | 桂东、汝城（湖南）；保德（山西） | 3 | 8 | 300 | — | — | — |
| 中国交通建设集团有限公司 | 贡山、福贡、泸水、兰坪（云南）；英吉沙（新疆） | — | 5 | 350 | — | — | — |
| 中国医药集团总公司 | 靖宇（吉林）；治多（青海） | — | 6 | 56 | — | — | — |
| 新兴际华集团有限公司 | 安定（甘肃）；四子王旗（内蒙古） | — | 3 | 400 | — | — | — |
| 中国航空油料集团公司 | 盐池（宁夏） | 1 | 5 | 511 | — | — | — |
| 中国民航信息集团公司 | 神池（山西） | 1 | 2 | 4 | — | — | — |
| 中国航空器材集团公司 | 白水（陕西） | — | 5 | 116.72 | — | — | — |
| 中国民主促进会中央委员会 | 安龙（贵州） | — | 40 | 186.89 | 12000 | 4 | 150 |
| 中国农工民主党中央 | 大方（贵州） | 1 | 4 | 10 | 1000 | 8 | 300 |

续表

| 中央定点扶贫单位名称 | 定点帮扶县名称 | 挂职干部数量（人） | 赴定点县考察（人次） | 本单位直接投入（含无偿和有偿）（万元） | 帮助引进各类资金（含无偿和有偿）（万元） | 培训情况 | |
|---|---|---|---|---|---|---|---|
| | | | | | | 举办培训班（期） | 培训人次 |
| 中国人民保险集团股份有限公司 | 乐安、吉安（江西）；桦川（黑龙江）；留坝（陕西） | 2 | 6 | 400 | — | 2 | 108 |
| 中国人寿保险（集团）公司 | 龙州、天等（广西）；郧西（湖北） | 3 | 4 | 1050 | 50 | 2 | 300 |
| 中国出口信用保险公司 | 霍邱（安徽） | 1 | 20 | 230 | — | 2 | 100 |
| 中国太平保险集团有限责任公司 | 两当（甘肃）；裕安（安徽） | 2 | 18 | 80 | — | — | — |
| 清华大学 | 南涧（云南） | 1 | 30 | 25.3 | — | 20 | 1081 |
| 北京科技大学 | 秦安（甘肃） | — | 10 | 18 | 12.5 | 5 | 30 |
| 北京交通大学 | 科尔沁左翼后旗（内蒙古） | — | 33 | 38 | 0 | 0 | 0 |
| 北京林业大学 | 科尔沁右翼前旗（内蒙古） | — | 25 | | — | — | — |
| 中国地质大学（北京） | 化隆（青海） | — | 10 | 13.7 | — | 1 | 37 |
| 中国矿业大学（北京） | 都安（广西） | 1 | 16 | 14.25 | 65 | — | — |
| 南开大学 | 庄浪（甘肃） | — | 25 | 50 | — | 1 | 33 |
| 天津大学 | 宕昌（甘肃） | — | 6 | — | — | 1 | 80 |
| 山东大学 | 确山（河南） | 1 | 9 | 63 | 500 | 2 | 70 |
| 大连理工大学 | 龙陵（云南） | 1 | 15 | 24 | — | 2 | 70 |
| 复旦大学 | 永平（云南） | 4 | 26 | 57.8 | 750 | 6 | 526 |

续表

| 中央定点扶贫单位名称 | 定点帮扶县名称 | 挂职干部数量（人） | 赴定点县考察（人次） | 本单位直接投入（含无偿和有偿）（万元） | 帮助引进各类资金（含无偿和有偿）（万元） | 培训情况 | |
|---|---|---|---|---|---|---|---|
| | | | | | | 举办培训班（期） | 培训人次 |
| 同济大学 | 云龙（云南） | 1 | 92 | 207 | — | 1 | 140 |
| 上海交通大学 | 洱源（云南） | 1 | 95 | 62 | 154.8 | 5 | 170 |
| 华东理工大学 | 寻甸（云南） | — | 12 | 60 | — | 1 | 52 |
| 南京大学 | 双柏（云南） | 1 | 39 | 126.06 | — | 10 | 388 |
| 东南大学 | 南华（云南） | 1 | 13 | 17 | — | 3 | 200 |
| 河海大学 | 石泉（陕西） | 1 | 20 | 18 | — | — | — |
| 浙江大学 | 景东（云南） | 2 | 39 | 435 | 95 | 5 | 332 |
| 华中农业大学 | 建始（湖北） | 4 | 102 | 103 | — | 45 | 3410 |
| 中南大学 | 江华（湖南） | 5 | 25 | 60.5 | 10 | 10 | 231 |
| 中山大学 | 凤庆（云南） | 1 | 54 | 720.59 | 120 | 5 | 1317 |
| 西安交通大学 | 施甸（云南） | 2 | 43 | 99.88 | 13 | 6 | 1840 |

注：根据各有关定点单位提供的数据整理。

## （二）东西扶贫协作

# 综　述

2014年，参与东西扶贫协作的各省（区、市）认真贯彻落实中央关于扶贫开发工作的指示精神，积极研究新举措，不断加大工作力度，东西扶贫协作工作不断深化。

2014年，东部省市向西部贫困地区提供财政援助资金13.38亿元，较2013年增长13%。其中用于基础设施建设6.34亿元，占47.4%；用于产业开发3.25亿元，占24.3%；用于文化教育和医疗卫生等民生事业2.68亿元，占20.1%。东部省市动员社会力量捐款（含物资折款）1.07亿元，派出志愿者478人次；协作企业共427个，协议合作项目2425个，协议合作投资6311亿元，实际投资3131亿元；双方领导考察互访5426人次，其中省级62人次；东西部实现人才交流1938人次，其中党政干部交流404人次，专业技术人才交流1534人次；举办培训班403期，培训各类人员3.6万人次；西部地区输出劳务25.9万人次，实现劳务收入49.2亿元。

按照《中国农村扶贫开发纲要（2011—2020年）》中“各省（区、市）要根据实际情况，在本地区组织开展区域性结对帮扶工作”的要求，全国16个省（区、市）和新疆生产建设兵团组织开展了省级层面的区域性结对帮扶工作。其中东部省份为辽宁省、江苏省、浙江省、福建省、广东省和海南省；中部省份为河北省、安徽省、湖北省和湖南省；西部为内蒙古自治区、广西壮族自治区、重庆市、四川省、云南省和青海省。共有103个地市的260个县（市、区）结对帮扶欠发达的78个地（市、州）的227个县（旗、区）。新疆生产建设兵团组织经济发展较快的5个师对口帮扶贫困的2个师。

2014年，省级层面的区域性结对帮扶共投入政府财政援助资金36.03亿元；引导社会无偿捐款5亿元，捐物折款1.93亿元；派出挂职干部3604名，派出教师、医生和志愿者等2305名；帮助引进人才662名，引进项目9395个，到位资金973亿元；共建产业园区83个；举办培训班2571期，培训各类人员19.9万人次。

为深入学习中共中央总书记习近平、国务院总理李克强等中央领导同志关于扶贫开发的一系列重要指示，认真贯彻《关于创新机制扎实推进农村扶贫开发工作的意见》和国务院扶贫开发领导小组第二次全体会议精神，总结交流各省（区、市）

2013 年以来东西扶贫协作工作的新进展，根据新形势、新要求对东西扶贫协作工作进行动员和部署，2014 年 5 月 28—29 日，国务院扶贫办在宁夏回族自治区银川市举办了全国东西扶贫协作交流培训班。全国各省（区、市）扶贫办、协作办，帮扶宁夏回族自治区的定点扶贫单位代表等 120 人参加交流学习。国务院扶贫办党组成员、副主任郑文凯作重要讲话，宁夏回族自治区政府党组副书记、特邀顾问郝林海出席会议并致辞。福建省、山东省、广东省、湖北省、贵州省、深圳市 6 个省（市）做了典型经验交流，宁夏回族自治区介绍了开展社会扶贫的工作情况。

（国务院扶贫办国际合作和社会扶贫司）

# 北京市—内蒙古自治区东西扶贫协作

**【概述】** 2014年，北京市深入贯彻中共中央总书记习近平关于扶贫开发的一系列重要指示，认真落实全国扶贫开发工作会议及《关于创新机制扎实推进农村扶贫开发工作的意见》等一系列重要会议和文件精神，按照国家东西扶贫协作的总体工作部署，与内蒙古自治区积极对接、密切配合，北京—内蒙古自治区对口帮扶和区域合作工作取得显著成效。北京市安排政府帮扶资金1.01亿元，实施重点帮扶项目44个，培训内蒙古自治区各类人才1771人，对3家北京市企业在内蒙古自治区实施的具有扶贫性质的项目进行贷款贴息；北京市社会各界向内蒙古自治区捐款捐物折合人民币1100万元；北京市对口支援和经济合作工作领导小组办公室、内蒙古自治区发展和改革委员会会同相关部门、有关旗（县、区）围绕进一步完善对口帮扶机制、建设项目储备库、研究“十三五”帮扶合作规划等各个方面开展对接。

**【帮扶项目】** 2014年，北京市安排帮扶资金9078万元，用于支持内蒙古自治区赤峰市、乌兰察布市两市产业发展、社会事业、基础设施建设等领域中的项目44个。在项目筛选上，注重向基层倾斜、向民生倾斜、向困难旗县倾斜。从2014年开始，原则上单个项目京蒙对口帮扶资金占比应达到80%以上，个别民生项目，京蒙帮扶资金100%出资，不需要旗县配套；在资金使用上，进一步完善机制，与内蒙古自治区发展和改革委员会制定《京蒙“重点地区帮扶资金”项目管理办法》，实行帮扶资金报账制，确保资金使用安全。按照精准扶贫要求，重点支持一批当地的幼儿园，安排资金449万元，在乌兰察布市察右后旗和商都县分别实施援建京蒙幼儿园项目，项目完成后，乌兰察布市11个旗（县、市、区）均设有1所京蒙幼儿园，可缓解当地学前教育基础设施欠缺及幼儿入园难的压力。在此基础上，还安排110万元资金实施京蒙幼儿园饮水改造项目，用以改善乌兰察布11个京蒙幼儿园的饮水质量，保障幼儿身体健康。

**【智力帮扶】** 2014年，北京市安排专项培训资金500万元，实施内蒙古自治区教育、卫生、科技、金融等重点领域的干部和专业人才培训班38个，培训各类人才1771人，培训人数比2013年增长34%，进一步提高了当地干部的知识水平和业务能力，为促进当地经济社会更好地发展奠定了坚实的人才基础。

【贷款贴息】 2014年，北京市安排贷款贴息资金500万元，对3个北京市企业在内蒙古自治区投资项目进行贴息补助，除原有的农牧业项目外，结合当地发展需求，将贷款贴息领域拓展到生活性和生产性服务业领域，吸引和鼓励更多北京市企业到内蒙古自治区投资发展。沐禾节水科技股份有限公司在赤峰市翁牛特旗投资1.37亿元，从事生产高效节水灌溉设备，项目实施后解决当地就业近1000人，人均年增收2万元，节水40%以上，亩均增收500元，取得了良好的社会效益、经济效益和生态效益。

【社会帮扶】 2014年，北京市属部门和区（县）充分调动积极性，多层次推进对赤峰市、乌兰察布市两市的重点帮扶，形成工作合力。北京市海淀区和赤峰市签订了《关于共建中关村海淀园赤峰分园等合作事项的协议》，明确赤峰市作为中关村海淀园产业转移目的地，实现产业梯度转移合作共赢。北京市大兴区与乌兰察布市察右前旗共建产业园区，共同打造北京市的能源基地、农副产品供应基地和承接北京产业基地，已签约入驻企业10余家，金额近50亿元。北京市旅游发展委员会与赤峰市、乌兰察布市旅游局积极对接，在宣传促销、人才培训等方面给予大力支持和帮助，在2014年北京国际旅游博览会上，免费为赤峰市和乌兰察布市提供宣传推介平台，帮助乌兰察布市制作旅游专题宣传片，在北京市多种媒体上发布。北京市文学艺术界联合会组织首都戏剧、美术、书法、音乐、舞蹈、民间艺术、摄影、曲艺、杂技等9个门类100多位艺术家分别赴内蒙古各地，开展以“共话京蒙情、同筑中国梦”为主题的文化交流活动，直接受益群众达8万人，16万人通过电视观看了演出，受到当地群众的普遍欢迎。

【经贸合作】 2014年，发挥北京市、内蒙古自治区的比较优势和市场主体作用，利用多种形式促进京蒙区域经济合作分别向纵度、深度拓展，共同推进两地科技合作工作的有效开展，积极促进新技术新成果向内蒙古自治区有效转移和落地转化。北京轻工业保护研究所、北京邮电大学软件学院与内蒙古伊利实业集团股份有限公司就11项技术合作进行了深入对接。北京市科学技术委员会与内蒙古自治区科技厅举办了京蒙（赤峰市）科技合作对接洽谈会。北京中关村昌晟能源科技示范应用产业联盟与赤峰市巴林右旗签订《北京赤峰巴林右旗科技生态循环产业惠民工程示范园项目合作框架协议书》。北京技术交易促进中心与阿拉善盟科技局在京举办“首都科技条件平台京蒙合作站科技项目对接阿拉善专场对接会”。为深化京蒙经济与信息化区域合作，北京市经济和信息化委员会与内蒙古自治区经济和信息化委员会签署了部门间区域合作框架协议。2014年，内蒙古引进北京市合作项目690个，到位资金约1253.59亿元，占内蒙古同期引进区外到位资金的27.1%。

**【“一对一”帮扶】** 2014年，北京市16个区（县）与内蒙古自治区16个对口帮扶结对旗（县）继续开展帮扶合作。北京市朝阳区向乌兰察布丰镇市捐赠价值45万元的医疗设备和8辆垃圾清运车。东城区积极协调，促成北京市第二中学与乌兰察布市集宁区第二中学正式开展联合办学，进一步提升集宁二中的教育品质。密云县联系北京金丰餐饮集团和北京宏源餐饮管理有限公司（宏源南门涮肉）等企业与赤峰市巴林右旗对接优质农副产品，采购3000只羊，县民政局向巴林右旗捐赠棉被、大衣等救灾物资折合20万元。门头沟区安排40万元支持乌兰察布察右后旗的帮扶项目建设，向察右后旗捐赠价值200万元的3万册图书和文化用品。平谷区与乌兰察布商都县开展教育帮扶，选定区内两所小学作为定点培训单位，精心挑选学校优秀教师按学科与商都县教师对接，实施“一对一”影子培训，同时向商都县的学校捐赠了笔记本电脑、DVD等各类现代教学设备及办公家具和课桌椅等1.03万件，价值294.9万元，改善了商都县的办学条件。

**【干部挂职扶贫】** 北京市在内蒙古自治区的挂职干部继续发挥桥梁纽带作用，踏实工作，认真履职，对促进当地经济发展发挥了积极作用。全体挂职干部深入调研，启动赤峰市、乌兰察布市两地京蒙帮扶合作“十三五”规划的前期研究工作。开展“品质赤峰”平台建设，通过100多家农民合作社及合作联社，把当地农牧民一家一户的生产组织起来，塑造了覆盖历史、文化、经济、社会等方面的赤峰城市品牌。开展智力支援，积极推动北京市第八中学乌兰察布分校建设。为解决乌兰察布市察右中旗青少年宫缺少设备的问题，在该旗挂职的北京市房山区干部积极动员房山区各委（办、局），采取一个委（办、局）包一个教室的方式，采购各类设备折合资金近200万元。促进产业合作，促成乌兰察布市与北京市规划合作建设50平方千米的农业合作园，建立北京农产品储备基地，与华为技术有限公司共建发展面向北京市场服务的云计算产业园，帮助内蒙古供销合作社在北京建设内蒙古绿色农畜广场。

（北京市对口支援和经济合作工作领导小组办公室　刘　洋）

# 天津市—甘肃省东西扶贫协作

**【概述】** 2014年，天津市进一步加大对甘肃省东西扶贫协作工作力度，深化务实合作，两地实现互访25个团组共183人次，其中，省部级领导带队的互访2次；安排援甘资金6998万元，实施帮扶项目47个，在甘肃省甘南藏族自治州（以下简称“甘南州”）实施的8个天津市援建示范村建设、临潭县第一人民医院候诊大厅、冶力关镇蒠家村大桥等基础设施建设项目已投入使用；临潭县、卓尼县等是2013年“7.22”岷县漳县地震重灾区，灾后重建项目已圆满完成；天祝县建设的“下山入川”工程和藏家乐项目已见成效。为甘肃省培训、培养、挂职锻炼基层干部、专业技术人才811人次。天津医科大学、天津中医药大学顺利完成为甘肃省藏区定向招收医学本科生70名的帮扶工作。津甘两地企业签约投资合作金额142.7亿元。

**【区县结对帮扶】** 2014年，天津市各区（县）充分发挥各自优势，进一步加强与甘肃省天水市、定西市、陇南市产业开发、人才培训等领域的帮扶工作。滨海新区政府及时调整天津港保税区管委会与张家川县、天津滨海高新区管委会与秦安县的结对帮扶关系，继续推动东西扶贫协作和经贸合作扎实开展。河东区、河北区、东丽区、静海县和天津港保税区管委会领导带队，到甘肃省与结对的岷县、清水县、甘谷县、武山县、张家川县推进帮扶合作，分别安排帮扶300万元资金在结对县实施产业扶持、道路硬化、修建防护堤、干部挂职交流等帮扶项目。

**【智力帮扶】** 2014年，天津市继续推进为甘南州定向招收医学本科生项目，完成70名学生的招生工作。举办旅游管理、乡镇基层管理、教育教学管理、医疗卫生管理、产业开发和企业管理、项目建设和城镇规划、社会管理创新、司法干警、党校系统师资培训等培训班13期，累计培训甘南州、天水市旅游从业人员、基层干部、司法干警、党校老师等591人次。选派甘南州教育、卫生系统20名优秀年轻干部赴天津市对口单位开展为期半年的挂职学习。组织天津市享受国务院特殊津贴的知名医学专家张碧丽、李志军教授在甘南州医院免费为医护人员作《儿童血尿的鉴别诊断》《内科危重症的十大经验教训与对策》学术讲座，甘南州各级医疗单位内科、儿科、急诊科、中医科和教职员工200人参加培训。

**【经贸合作】** 2014年，天津市进一步发挥“津洽会”“食博会”等展会平台作用，展示、销售甘肃特色产品。“津洽会”甘肃展台重点突出甘南州的青藏高原、九色甘南香巴拉特色，有18家企业参展，观众近10万人次，20余家媒体采访报道。有力扩大了甘南特色产品在天津市的市场影响力。在天津召开的“美丽甘南、幸福家园”甘南旅游文化资源暨招商引资项目推介会上，甘南州政府部门及企业分别与德国拜尔能源集团、天津市医药集团、天津二商集团和中国汽车技术研究中心等企业签署合作协议10个，签约总投资额142.7亿元。积极推动甘肃省药材产业发展，天津天士力制药集团股份有限公司、天津医药集团等大型现代中药生产企业与甘南州就中药材利用达成合作意向；组织天津红日药业有限公司等医药企业赴定西市岷县考察中药产业投资环境，洽谈合作事宜。

**【扶贫宣传】** 2014年，天津市进一步加强扶贫宣传工作，共编写扶贫开发与对口支援工作信息58条，印发《天津市对口支援工作简报》19期。启动甘肃藏区定向医学本科生纪录片摄制项目，从医学本科生入学到就业全程跟拍，拍摄记录时间长达7年。已录制甘南州学生家庭生活、学习环境和天津医科大学、天津中医药大学军训、教学、实训等活动时长超过100个小时。《甘肃日报》刊载《春风化雨沁草原》文章，纪实报道天津对口帮扶甘南藏族自治州工作，天津卫视“天津新闻”栏目、《天津日报》、《今晚报》、天津政务网等天津主流媒体宣传报道东西扶贫协作信息50余条。

（天津市人民政府合作交流办公室　王　震）

# 上海市—云南省东西扶贫协作

**【概述】** 2014年，上海市、云南省双方认真贯彻《中国农村扶贫开发纲要（2011—2020年）》精神，全面落实党的十八届三中、四中全会，全国扶贫开发工作会议政策，上海市—云南省对口帮扶合作第十四次联席会议决定，按照国务院扶贫办提出的“12345”工作思路，牢牢把握“两不愁、三保障”的奋斗目标，在实施集中连片扶贫开发、促进基层公共服务均等化、扶持特色优势产业、帮扶人口较少民族和特困群体、提升人力资源开发水平等方面提供无偿援助，开展经济合作，共投入财政资金2.84亿元，实施帮扶项目273个，各项援滇任务顺利完成。

**【工作机制】** 沪滇两地在2013年共同研究制定《上海市对口支援云南省项目管理暂行办法》的基础上，2014年对管理办法逐条细化，出台《上海市对口支援云南省项目管理暂行办法实施细则》，明确援受双方各相关主体的责任分工和工作流程，形成了“项目申报由受援方提出需求，项目选择由援受双方按照‘中央要求、当地所需、上海所能’的原则协商决策，项目建设由当地政府为主实施，项目监管由支援方参与开展，项目验收、决算、审计尊重当地政府意见，项目完成后实行绩效评价”的工作机制。两地研制出台了《上海市对口支援云南省项目绩效评价试点工作方案》，对援滇项目实行全程绩效管理。上海市修订了《上海市对口支援与合作交流专项资金资助企业投资项目实施细则》，对上海市企业在对口地区投资的新增固定资产给予资助，引导企业聚焦对口地区投资兴业。

**【精准扶贫】** 2014年，上海市坚持向基层倾斜、向农牧民倾斜的“两个倾斜”政策，投入县以下扶贫济困和社会帮扶资金占援滇资金总量的90%。聚焦集中连片特困地区，安排9180万元，在26个重点县实施整村推进153个，受益农户5300余户。安排2200万元，支持迪庆藏族自治州（以下简称“迪庆州”）高原病防治中心、迪庆州民族中学校园教学设备、文山壮族苗族自治州（以下简称“文山州”）特殊教育学校康复训练综合楼及相关州市乡卫生院、小学校标准化建设。在麻栗坡县，继续开展因战致残人员假肢更换、修缮及康复工作，共投入100万元，已完成假肢安装140余条，减轻特定困难群体的经济负担，为其工作生活提供便利。

**【产业帮扶】** 2014年，上海市按照基础设施、产业、住房和就业“四位一体”扶持模式，安排5400万元，打造36个新纲要示范村，项目村可持续发展能力显著提升。逐步提高直接用于支持扶贫对象参与产业发展的资金比例，帮助群众增加经营性收入和资产性收入。安排6880万元，在红河哈尼族彝族自治州（以下简称“红河州”）重点支持芒果、杨梅、枇杷、柠檬、火龙果等水果种植，在文山州重点支持辣椒、草果种植和肥牛养殖等产业，在普洱市重点支持咖啡种植和乌骨鸡、滇南小耳朵猪养殖产业，在迪庆藏区重点支持当归、黄芪、秦艽等中药材种植。探索龙头企业、农民专业合作社、农户利益联结共享机制，安排1200万元，继续发挥光明石斛公司龙头企业带动作用，在云南相关州（市）选点建设5个石斛种植示范园（二期），确保农户通过项目实施获得地租、务工、种植、合作社分红等多渠道收入，保障了利益最大化。在市场拓展方面，继续支持对口地区农特产品、龙头企业到上海设立直销点、专营店；在就业扶贫方面，安排资金300万元，在砚山县试点援建工业园区标准厂房，帮助当地农村富余劳动力1000人实现就业。在文山州开展就业信息服务平台建设，设置劳务信息服务点，提供就业信息实时服务，组织招聘活动，实现就近和异地转移就业2000余人。

**【社会帮扶】** 2014年，上海市安排资金1317万元，由上海市卫生和计划生育委员会牵头，组织上海市24家三级甲等医院结对帮扶云南24家州（市）、县级医院，开展第二轮援助工作，进一步提升受援医疗卫生机构的学科建设和管理水平，满足当地群众的医疗健康需求。安排资金84万元，由上海市人民政府教育委员会牵头，对文山州、红河州、普洱市共837名在沪中职校学生提供学习生活费用补贴。安排资金300万元，由两地民族和宗教事务委员会通过人口较少民族帮扶机制，在红河州选点打造傣族特色村寨，在普洱市选点打造哈尼族特色村寨。

**【扶贫培训】** 上海市加强人才培训工作，相关部门、区（县）和培训机构坚持以需求为导向，精心安排授课、研讨、参观、实践等活动，提升人力资源开发质量和效果。2014年安排资金1437万元，接受云南省对口帮扶市县到上海市挂职、进修人员365人次，举办各类培训班110期，到上海市培训1700人次。

**【经济合作】** 2014年，迪庆州、楚雄彝族自治州、西双版纳傣族自治州等州相继到上海市举办各类产品推介和招商引资活动。6月，上海市政府合作交流办牵头组织上海市企业家共22人，赴云南省参加第22届“中国昆明进出口商品交易会暨第二届中国—南亚博览会”，期间赴昆明市、迪庆州进行投资考察。10月，沪滇双方有关单位共同组织上海市企业家20人，赴云南开展“情系鲁甸·走进云南”爱心捐赠暨投资考察活动，期间赴昆明市、昭通市进行投资考察。11 月，云南省在上海市组织举办“在沪世界 500 强及知名跨国企业投资云南交流活动”。在上海市政府引导和企业赴对口地区固定资产投资补助等优惠政策推动下，两地经贸合作取得多项成果，区域发展带动扶贫开发的效应不断深化。2014 年，上海市在云南省投资签约和在建项目共 166 个，实际到位资金 124 亿元。

（上海市政府合作交流办对口支援处　胡晓勇）

# 辽宁省—青海省东西扶贫协作

【概述】 2014年，辽宁省在对口支援工作中认真贯彻落实党的十八大和十八届三中、四中全会及中共中央总书记习近平、国务院总理李克强关于扶贫开发工作的一系列重要指示和《关于创新机制扎实推进农村扶贫开发工作的意见》精神，在辽宁省委、省政府的高度重视下，创新对口支援工作机制，有力推进辽青帮扶工作的深入开展，加快了帮扶地区、贫困群众脱贫致富的步伐。辽宁省对口帮扶青海省西宁市和海东市9个县，2014年，投入无偿援助资金5508.41万元，实施项目20个。其中，辽宁省省本级援助资金4100万元，比2013年增长10%；13个市投入援助资金1108.41万元。两地领导互访83次；产业开发投入3590万元；文化教育投入220万元，资助贫困学生327人；转移就业培训及干部人员培训共25期，培训人数2213人。

【工作机制】 2014年，两省领导通过互访，指导和推动对口帮扶工作。9月，辽宁省副省长邴志刚带队赴青海省开展工作调研，双方召开“辽宁—青海对口帮扶工作座谈会”，就对口帮扶工作达成广泛共识。同时，为更好地开展对口帮扶工作，重新调整了省对口支援工作领导小组，成员单位增加到13个省直部门。在帮扶资金上，辽宁省省本级以逐年增长10%的机制，项目以“交支票”形式，资金由省财政直接拨付到受援地。各市也相继成立了对口支援工作领导小组，每年定期由市主要领导带队赴青海省对口帮扶县开展工作调研，推动帮扶工作有序开展。项目资金管理上严格按照国家和省有关规定执行，重点安排在贫困村，确保项目到村、效益到户，切实做到精准扶贫。

【帮扶项目】 2014年，辽宁省安排落实20个帮扶项目，主要以整村推进、产业扶贫、“青年创业扶贫行动”、“美丽乡村”创建活动以及扶贫干部培训和转移就业技能培训等项目为主。

安排资金1442万元，在大通回族土族自治县（以下简称“大通县”）、乐都区、化隆回族自治县、循化撒拉族自治县等4个县（区）的15个贫困村，实施以产业发展带动贫困户增收，扶持贫困户3001户1.19万人。在大通县景阳镇兰冲村开展农村专业合作社，桦林乡大庄村开展獭兔养殖、向化乡的5个村940户3975人发展农牧业专业合作社联社开展土鸡养殖；在乐都区4个村安排310万元用于肉羊养殖繁育项目，涉及 550 户贫困户 2078 人；在化隆县的 3 个村和循化县的白庄镇下张尕村实施规模化肉羊集中育肥小区、养殖基地建设项目，涉及到 1511 户 5819 人。安排资金 808 万元以中藏药材种植产业扶贫带动群众增收。在湟中县拦隆口镇 3 个村和多巴镇加拉山村实施连片种植中藏药材 1700 亩，生产各类中藏药材 1366 吨以上，销售收入 860 多万元，每亩纯收入达 2300 元。安排 1000 万元用于“青年创业扶贫行动”项目。安排 300 万元专项资金用于高原“美丽乡村”项目建设。安排 400 万元培训资金用于各级扶贫干部及转移就业技能培训，举办培训班 25 期，培训人员 2213 人。

**【社会帮扶】** 2014 年，辽宁省社会帮扶以各市实施基础设施、产业发展、技能培训和教育扶贫等项目为主，抚顺、盘锦、葫芦岛 3 个市共投入 271 万元实施农业示范园、特色种植和养殖业等项目；丹东、朝阳 2 个市共投入 147 万元资助对口帮扶互助县的 212 名高中就读贫困学生；鞍山市落实帮扶化隆县资金 146 万元，用于化隆县金融扶贫，扶持“拉面经济”；辽阳市落实帮扶资金 80 万元，主要用于培训平安县中小学校长、骨干教师共 60 名，实施村庄道路硬化，为农业园区 320 亩大果樱桃支付土地流转费；本溪、营口、阜新、铁岭 4 个市共投入 371.41 万元，在青海省的 4 个贫困县实施易地搬迁基础设施建设、土地流转和产业扶持等项目；锦州市落实帮扶大通县资金 93 万元，用于为优秀初中生在异地办班、整村推进配套项目、技能培训、资助优秀贫困大学生等项目。

**【产业帮扶】** 辽青两省注重协作，加强合作交流。2014 年举办了“2014 中国·青海绿色发展投资贸易洽谈会”，辽宁省代表团有 100 多人参加，开展贸易洽谈和产品展销。9 个市的 20 多家企业的现场产品销售额和项目洽谈成交金额达 1000 多万元，取得丰硕的成果。

**【智力帮扶】** 2014 年，辽青两省把转移就业技能和扶贫干部培训工作作为主要任务。加强培训，提高贫困地区扶贫干部的工作能力，提升贫困群众创业就业技能，拓宽就业面，使贫困群众尽早改变贫困状态。扶贫资金在培训项目上共投入 400 万元，举办各类培训班 25 期，培训人员 2213 人。在青海省举办各类培训班 20 期，参加培训的扶贫系统干部、各级扶贫开发参与者达 1360 人次。其中：年度计划内办班 13 期，培训各级各类扶贫干部 861 人次，年内因扶贫工作需要，追加举办培训班 7 期，培训各级各类扶贫干部 499 人。在辽宁省安排 5 期培训（2 个月以上培训班），参加培训 203 人次。其中，同时轮训教师 6 名；组织 93 名乡镇扶贫干事，于 8 月、9 月分 2 期赴辽宁东北大学和鞍山市职教城参加业务培训；组织县级扶贫干部 32 人，赴辽宁省鞍山市职教城参加能力建设培训。开展针对贫困家庭青年人员的电焊工和机械加工等技能培训，学员学习结束后全部取得毕业证书。

（辽宁省经济合作办公室　裴智奇）

# 江苏省—陕西省东西扶贫协作

**【概述】** 2014 年，江苏省—陕西省东西扶贫协作以整村推进为重点，配套援建基础设施项目、社会公益和产业化扶贫项目，提高帮扶地区群众自身发展能力，苏陕扶贫协作取得了积极成效。江苏省援助陕西省扶贫资金 4195 万元，社会捐赠资金及物资折款 38.75 万元。实施各类扶贫项目 116 项，援建学校、幼儿园 14 所，卫生院（所）、养老院 12 所，乡村道路 110 千米及饮水工程，举办各类培训班 8 期，培训各类人员 2757 人次，帮助陕西贫困地区输出劳务人员 2.44 万人，实现劳务收入 6.68 亿元。

**【帮扶项目】** 按照陕西省制定的陕南陕北地区移民搬迁安置规划，2014 年，江苏省围绕陕西省移民搬迁和整村推进建设，以基础设施建设为重点，援建道路、桥梁、饮水设施和乡村住房，积极改善贫困地区的“行路难”“饮水难”“就医难”状况。用于贫困地区基础设施援助资金 1915 万元，受益农户 8754 户。实施商洛市商南县金丝峡镇太子坪村整体搬迁和环境整治、铜川市照金养老服务中心生活设施、渭南市富平县淡村镇卫生院住院楼、汉中市镇巴县三元镇压红星村至彭家湾道路工程、安康市汉滨区吉河镇晏山公路等 5 项省级扶贫项目，援助资金 1000 万元。南通市援助扶贫资金 100 万元，集中用于淳化县 5 个贫困村新建 5 所综合卫生室。项目建成后，每个卫生室可解决周边村庄 4000 多人的看病难问题，有效地减轻 2.8 万名群众医药费用负担。

**【社会帮扶】** 2014 年，苏州市卫生系统连续 13 年组织 19 批共 102 名医生志愿者赴榆林开展支医活动，接诊病人 6 万人，成功抢救危急重病人 300 人，开展专题学术讲座 250 场，下乡巡回医疗 10 次，受益群众 1 万人，涌现出许多感人事迹。11 月，苏州大学附属第二医院医生史明在带队赴榆林开展支医活动期间，因抢救危重病人劳累过度不幸去世，被陕西省卫生和计划生育委员会授予“陕西省白求恩精神奖”。

**【产业扶贫】** 2014 年，南京市探索开展农业基地和农产品市场对接合作项目。针对商洛市地处秦岭山区，板栗、核桃等特色农产品丰富，且绿色无公害，而南京市作为区域中心城市，人口多辐射广、市场交易活跃，对绿色无公害的特色农产品需求大的特点，组织相关行业部门、单位进行协作，将商洛市农产品与南京市场有机高效地衔接起来，帮助受援地区增强“造血”功能，增加农民收入。无锡市投入165万元用于延安地区的种植和养殖业，维修和新建弓棚289座，温室大棚156座，新建养殖鸡棚2个，养殖规模达3.2万只，建设山地苹果1000亩，投入115万元修建乡村道路20千米。

**【经贸合作】** 2014年，江苏省和陕西省的经济合作得到进一步加强。江苏省代表团在参加第18届“中国东西部合作与投资贸易洽谈会”期间，与陕西省达成了一批重大投资项目，如江苏中登投资控股集团签订的“泾河新城棚户区改造”项目，徐州维维集团有限公司签订的“国际慢城旅游建设”项目，江苏邗建集团有限公司签订的“西安金色家园小区建设”项目，江苏航科复合材料科技有限公司签订的“千吨级T800碳纤维建设”项目，徐州东兴能源有限公司签订的“徐州东兴能源LNG”项目，建湖县芦沟镇政府签订的“道路交通设施建设”项目，连云港新友板材公司签订的“塑料板材加工和研发”项目，江苏大中电机股份有限公司签订的“高速永磁电动机合作”项目等，涉及投资额达71.68亿元。

（江苏省发展和改革委员会　张建明）

# 浙江省—四川省东西扶贫协作

**【概述】** 2014年，浙江省贯彻落实国务院办公厅《关于发达省（市）对口支援四川云南甘肃省藏区经济社会发展工作方案的通知》（国办发〔2014〕41号）和《关于创新机制扎实推进农村扶贫开发工作的意见》精神，围绕“民生是重点，合作是双赢”的工作思路，结合四川藏区的特点，因地制宜，科学规划，注重实效，重点打造“民生、人才、产业”三项工程，共无偿援助四川资金1.51亿元，其中，四川藏区2州32县1.38亿元，青川县1170万元；与甘孜、阿坝等地区开展经贸产业合作项目4个，到位资金1.2亿元；双方互访交流652人次；举办各类培训25期，培训各类人才2672人。

**【制度建设】** 根据国家要求，2014—2020年，浙江省原对口帮扶四川甘孜藏族自治州（以下简称“甘孜州”）、阿坝藏族羌族自治州（以下简称“阿坝州”）和木里县调整为对口支援阿坝州和木里县。浙江省政府及时调整工作方案，明确调整时间从2015年开始，提出对口支援的体制机制、工作内容、结对方式、资金等计划；12月份，出台《浙江省对口支援四川藏区工作实施方案》（浙政发〔2014〕159号），要求从2015年开始，安排杭州、温州、湖州、嘉兴、绍兴、金华、台州7个市，与阿坝州和木里县等14个县结对，自2015年至2020年，浙江省对口四川藏区无偿援助资金每年按照5%的幅度增长，资金基数为1.4亿元，其中省级财政资金基数为2300万元，市、县两级资金基数为1.17亿元。建立健全4个方面的工作机制：一是统分结合的工作推进机制。由省统一年度工作重点、统一建设标准、统一协调服务，各市区负责组织协调其所辖县（市、区）对口支援工作，各县（市、区）负责协调实施结对县的支援工作。二是浙江省与四川省的工作协调机制。由浙江省人民政府经济合作交流办公室与四川省发展和改革委员会研究协调有关事项，重大事项提请双方领导小组讨论决定。三是目标任务考核机制。四是信息通报制度。

**【民生项目】** 2014年，浙江省重点援建四川藏区和青川县的民生项目，安排援助资金7000万元、实施扶贫新村建设、卫生和扶贫济困等75个项目。其中，在四川藏区安排资金6900万元，用于藏区危房改造和新村建设；在青川县安排资金100万元，用于帮助困难学生、农村“五保户”、孤儿、残疾人、因病致贫等特困家庭解决实际困难，救助贫困学生 523 名，农村贫困家庭 294 户。

**【产业帮扶】** 2014 年，浙江省安排资金 5000 万元，重点扶持四川藏区和青川县的中药材、橄榄、茶叶、农家乐等项目，推进当地特色旅游业、农牧业产业发展。标准加工厂及配套设施建设、茶叶基地标准化建设，促进了青川县茶叶产业的发展。如广元市白龙湖产业有限公司购置茶叶精制色选设备，年精制、色选茶叶 3000 吨，年增产值 1500 万元以上，年增利润 207 万元；红光乡小荆村新发展茶园 1500 亩，栽植茶苗 200 亩，点播茶园 1300 亩，增强当地农户发展茶叶产业的积极性和主动性。通过对茶叶产业的持续帮扶，青川县茶叶种植面积由 2011 年的 8 万亩增加到 2014 年的 23.5 万亩，年产量达 5600 吨，实现综合产值 10.1 亿元，上缴税金 388 万元，茶农人均纯收入达 2750 元。

**【贷款贴息】** 2014 年，浙江省安排贷款贴息资金 100 万元，对专业合作社、产业大户、龙头企业的生产设施购置和生产经营中流动资金进行贷款贴息，其中企业和专业合作组织 7 家，农户 100 户。贷款资金的贴息严格按照《浙江帮扶青川县农业特色产业贷款贴息管理办法》的规定，程序规范。贴息资金拉动 2200 万元资金投入农业特色产业发展，促进了当地经济的发展。

**【经贸合作】** 2014 年，浙江省组织 24 家浙江知名企业赴甘孜州考察洽谈，组织阿坝州、甘孜县、青川县 32 家企业、149 种农产品参加 2014 浙江省农业博览会，现场销售金额 23 万余元；签约 2 项，订单金额 1.14 亿元；协助青川县与三替集团有限公司签订了岗前技能培训、网络营销优质农产品等战略协议。

**【扶贫培训】** 2014 年，浙江省举办四川藏区幸福美丽乡村、四川藏区县党政领导班子、乡镇党委书记、对口支援暨对口地区致富带头人等各类培训班 25 期。帮扶青川县共安排 200 万元培训资金，主要用于核桃、油橄榄、农业产业管理干部和乡村旅游等 10 多个培训项目，培训农业管理干部和贫困农户 5500 人次。在四川藏区安排培训资金 400 万元，对四川藏区致富带头人、专业人才、基层干部、党政领导干部等进行相适应的专业知识培训。

**【绩效评估】** 2014 年，浙江省组织省财政厅、中国农业科学院茶叶研究所、浙江农林大学等，对帮扶青川县的项目进行评审，并出具评审报告；委托浙江至诚会计师事务赴青川县，对 2013 年浙江省长效帮扶青川专项资金项目实施绩效评价。浙江省会同四川省扶贫和移民工作局，对 2013 年浙江省对口帮扶甘孜州、阿坝州及木里县项目进行中期评估。联合四川省、州、县和浙江省各市，开展对口帮扶四川藏区工作课题研究。会同有关部门对 2012 年浙江省对口帮扶四川藏区危房改造项目及 2011—2012 年浙江省长效帮扶青川县项目进行抽查验收。

**【互访交流】** 2014 年，浙川双方开展互访交流 367 人，其中浙江省到四川省考察 293 人次，四川省赴浙江省考察 74 人次。9 月，四川省发展和改革委员会赴浙江省，对接对口支援四川藏区事宜，10 月，浙江省政府办公厅牵头组织省级有关单位赴四川藏区对接，调研、落实对口支援具体工作。

(浙江省人民政府经济合作交流办公室　陈金炜)

# 福建省—宁夏回族自治区东西扶贫协作

**【概述】** 2014年，福建省省级财政援助宁夏回族自治区资金3300万元，援宁挂职干部争取到各类帮扶资金3400万元，主要用于支持生态移民、优势特色产业、菌草、教育卫生文化等项目。有效地改善了宁夏中南部山区群众的生产生活条件，促进了当地经济和社会发展。12月，闽宁互学互助对口扶贫协作第十八次联席会议在福建省福州市召开，会议形成《福建省宁夏回族自治区互学互助对口扶贫协作第十八次联席会议纪要》，签订了30项协议，协议投资300多亿元。东西协作“闽宁模式”得到中央的肯定。

**【帮扶项目】** 2014年，福建省省级财政投入资金1494万元，帮助宁夏回族自治区中南部地区发展设施农业、特色种养业、农产品加工业等产业，提高贫困地区和贫困群众自我发展能力。在设施农业、苗木、中药材、菌菇等17个特色产业发展上给予重点扶持。援建六盘山苗木产业公共服务平台项目，为彭阳县闽宁现代食用菌产业园区引进企业15家，为700名当地贫困群众提供了就业岗位，年生产各类鲜菇1500多吨，产值1.5亿元。扶持同心县中药材种植3000亩，参与农户377户，每亩纯收入达2500元以上。为红寺堡区城东现代农业示范区援建了可储存新鲜果蔬600吨的果蔬冷藏库。帮助盐池县引进台资企业翁财记食品有限公司和宁夏盐池原野蜂业有限公司联营，采取“公司+基地+农户”的运营模式，扶持农民种植葵花1万亩，受益1150户，人均增收2000元以上。

**【生态移民】** 2014年，对红寺堡区、同心县、原州区、海原县等8个县（区）的9个生态移民村的基础设施建设进行支持，打造生态移民样板村。其中：支持红寺堡区弘德新村建设了农贸市场、卫生院等公共设施；支持同心县王团镇安溪移民新村配套建设村委会办公室、广场、小学，整修道路，并对道路两侧进行绿化；为原州区泉港移民新村援建了幼儿园、道路、给排水、市场、绿化工程等项目；为海原县海新移民新村、泾源县集美新村、隆德县沙塘清泉移民新村、彭阳县城阳乡沟圈生态移民新村、西吉县莆田移民新村、盐池县十六堡生态移民新村等一批生态移民新村已相继投入使用。

**【社会帮扶】** 2014年，福建省动员社会各界捐款710.8万元。为对口市、县（区）援建固原市第二中学闽宁科技楼、红寺堡区晋江中学等18个教育项目，资助贫困学生6753名；援建固原市闽宁康复中心、闽宁医护培训中心等9个卫生项目；援建固原市闽宁广电塔、隆德县体育馆、原州区文体中心等15个社会事业项目和西吉县儿童福利院、红寺堡区敬老院等一批社会福利项目。此外，两省（区）还互派科教文卫人员交流学习318人次。

**【对口帮扶】** 2014年，福建省第8批援助宁夏回族自治区挂职干部为结对市、县（区）共争取社会资金3400万元，组织实施闽宁协作项目128个。其中，援建社会事业项目73个，闽宁产业园区4个，设施农业基地13个，推进工业项目落实27个，引进专业市场1个，开发旅游项目3个。先后组织召开或配合召开招商推介会25场次，招商引资签约项目82个，总投资367.01亿元，其中合同项目50个，投资285.31亿元，宁夏福建企业家协会成员企业新建项目10个、续建项目7个，总投资157.86亿元。组织举办各类培训班56期4347人次，劳务输出23批2622人次，扶助困难群众12.46万户25.84万人次。9月，第9批援宁干部入宁，21位挂职干部深入调研，召开座谈会152场，初步确定了2年挂职期实施的重点项目；积极开展招商引资，已达成意向项目9个，签订合作协议6个，总投资7.5亿元。

**【部门合作】** 2014年，福建康泰国际旅行社与宁夏中国国际旅行社签订合作协议，努力开发台湾—福建—宁夏旅游精品线路。福建省妇女联合会、文化厅认真落实对口合作协议，为宁夏培训各类人员近300人。福建省人民政府台湾事务办公室、妇女联合会大力支持举办“宁台合作洽谈会”，积极推介10多家台资企业参与，推动宁夏对台交流合作。深入开展大学生志愿服务西部计划，2013—2014年度，团省委选拔33名大学生志愿者赴宁夏回族自治区开展为期2年的志愿服务。福建省人民政府侨务办公室组织24个国家的30多位世界福建青年联合会成员赴宁夏回族自治区永宁县考察，并向闽宁镇捐赠20万元。福建省工商业联合会积极推进招商引资，对接投资宁夏项目近120亿元。

**【闽宁产业园区】** 2014年，闽宁产业城望远产业园拆迁征地工作基本完成，道路框架已经形成，完成了东西、南北两条主干道路及配套工程，总长15千米，投资1.5亿元。截至2014年年底，已入驻园区5家企业，完成投资6亿元，其中宁夏银丰铝业有限公司投资3.4亿元。闽宁镇扶贫产业园完成基础设施建设1.6亿元，基本实现通水、通电、通路、通气、通讯、平整土地的“五通一平”建设目标，为入园企业建设提供了较好的服务和保障，中国国电集团公司为园区无偿援建厂房8座，该园区已有3家企业入驻，其中投资5.7亿元的福建亚通新材料科技股份有限公司的水科技、创新管材塑胶项目建设进展顺利。西吉县闽宁产业园（吉德慈善园）职工培训中心建设项目和国圣西吉轻工食品产业职工培训中心项目顺利启动。隆德县六盘山闽宁产业园，已落地或签约企业 8 家，到位资金 3.76 亿元。福建省民营企业家在盐池投资建设的闽宁产业园，协议投资 22.5 亿元，已到位资金 4.2 亿元。

**【产学研合作】** 2013—2014 学年，福建省选派的第 15 批 35 名教师结束一年的支教工作。2014—2015 学年，第 16 批 36 名教师已于 9 月赴宁夏回族自治区中南部 9 个县（区）15 所中学开展为期一年的支教工作。福州大学与银川大学“一对一”对口支援合作协议，台湾铭传大学与银川大学学术交流协议在福州大学签订，共有 8 项合作内容。银川大学与台湾铭传大学达成 5 项学术交流协作。2014 年，福建省省属高校安排面向宁夏的跨省本科招生计划 243 人，比 2013 年增加 22 人，增幅 10%。

（福建省扶贫办　董建武）

# 山东省—重庆市东西扶贫协作

**【概述】** 2014年，山东省认真贯彻落实党中央、国务院关于扶贫开发工作一系列指示精神，按照国务院扶贫办的部署要求，准确把握新形势，主动适应新要求，积极跟进措施，不断加大工作力度，扶贫协作重庆市工作取得新的积极进展。2014年筹集政府援助资金4690万元，比2013年增长11.7%，启动扶贫开发项目57个；借助第17届“中国（重庆）国际投资暨全球采购会”签约经贸合作项目26个，投资金额118.7亿元，带动山东省企业赴重庆市投资项目630个，到位资金149.4亿元；各类人才、干部交流74人次，举办各类实用技术培训51期，培训3200人；枣庄市发展和改革委员会、滨州市发展和改革委员会、山东省发展和改革委员会对口支援协调处3个单位被授予“全国社会扶贫先进集体”称号，临沂市发展和改革委员会重点项目办公室经济合作科科长孙树建与日照市发展和改革委员会党组书记、主任孙立被授予“全国社会扶贫先进个人”称号。

**【工作机制】** 2014年5月，山东省贯彻落实中央《关于创新机制扎实推进农村扶贫开发工作的意见》，结合重庆市、贵州省两省（市）工作实际，出台了《山东省人民政府关于进一步做好扶贫协作重庆和对口帮扶贵州工作的指导意见》（鲁政字〔2014〕105号），进一步整合省直有关部门、各有关市和企业力量，构建起省市结合、上下贯通、部门联动、密切配合的工作体系。5月中旬，山东省与重庆市在重庆召开“山东·重庆扶贫协作工作座谈会”，专题传达学习中央扶贫开发系列指示精神，总结交流两省市扶贫协作工作开展以来取得的成效和经验做法，安排部署下一步扶贫协作工作。双方沟通协调机制不断完善，2014年共有党政干部464人次赴对方考察调研。

**【帮扶项目】** 2014年，山东省坚持政府援助资金的扶贫导向，集中70%的政府援助资金3240万元，重点支持重庆市“高山生态扶贫搬迁”项目27个，建设移民新居2700套，9200名贫困群众集中搬迁安置。配套建设道路82.6千米，饮水池22口，3.04万立方米，饮水管道23.6千米。济南市援建武隆县白马山片区高山生态扶贫搬迁二期项目，总投资330万元，完成搬迁农户住房325户，1085人。新建及改扩建公路18千米，新建移民点街道广场5.2万平方米。东营市投入政府援助资金

330万元，整合酉阳土家族苗族自治县扶贫资金2628万元，启动实施了花田乡老龙村、泔溪镇石洞村2个贫困村整村脱贫工程和丁市镇、麻旺镇、板溪镇、官清乡4个乡镇的高山生态扶贫搬迁点建设，为72户村民解决住房问题，新建、维修、改扩建各类公路102千米，建成人畜饮水池500立方米等，贫困村群众生产、生活条件得到了明显改善。开展“贫困户帮扶工程”，精准帮扶到户到人。通过为外出务工建立意外伤害保险，帮助开县、云阳县4万户贫困群众摆脱了因病因灾致贫返贫的恶性循环；安排资金30万元，为开县7500户贫困家庭安装通信线路及电话等通讯设备。

**【产业扶贫】** 2014年，山东省各市针对受援县地处国家重点生态功能区，限制大规模高强度工业化城镇化开发的实际，瞄准当地特色种植养殖业，投入政府援助资金685万元，支持建设了一批农畜产品种养殖基地，促进水果（草莓、猕猴桃、樱桃、葡萄、脐橙）、中药材（天麻、党参、金银花）、畜禽（肉牛、肉兔、芦花鸡）等特色产业发展，带动1030户农户通过发展产业致富。淄博市援助石柱土家族自治县绿家源农业生态有限公司肉兔曾祖代繁育场配套工程项目，建成后每年可为当地农民提供100万只良种兔，实现农民增收1000万元以上。烟台市帮助巫山县发展特色效益农业，红椿土家族乡党参基地发展党参种植200亩，带动40户增收；竹贤乡、官阳镇的天麻种植项目发展天麻种植1000亩，带动60户增收；铜鼓镇葡萄基地项目完成500亩，带动50户增收；官渡镇大樱桃基地项目进入实验种植阶段。滨州市扶持奉节县脐橙、中药材产业做大做强，投入资金50万元，在汾河镇新建晚熟脐橙基地1000亩，配套新建500立方米水池1口，安装管道3千米，建成脐橙产业道路2千米；投入资金50万元，在长安乡石罐村建成中药材基地1000亩，配套建成中药材集群烤房10个，建成300立方米洗药蓄水池2口。

**【智力帮扶】** 2014年，山东省各级充分发挥人才优势，通过职业技能培训、双向挂职和“支医、支教、支农”等多种形式，全面开展对结对县的智力帮扶，实现了双方人员间的全方位交流。经山东省积极争取，国家发展和改革委员会在东部城市对口支持西部地区人才培训计划中，单独安排巫山县人才培训4期，分别在北京市、杭州市、烟台市为巫山县培训新农村建设与农业产业化、生态旅游建设与旅游经济发展、特色农业及加工产业发展等方面人才50名。省团委将烟台市扶贫协作巫山工作纳入“大学生志愿服务山东计划”，从驻烟台3所高校遴选5名应届生作为首批志愿者，赴巫山开展为期2年的支教工作。聊城市继续开展与彭水苗族土家族自治县6所结对学校、3所结对医院的人才交流工作，30名先进医务工作者参与交流学习。

**【经贸合作】** 2014年，山东省与重庆市本着“政府推动、企业为主、市场运作、优势互补、互利共赢”的原则，充分发挥市场决定性作用，创新产业合作模式，强化“各市产业合作面向重庆38个县，而不仅仅1个结对县”的理念，搭建“多方引介”平台，让企业唱好“货比三家”的戏，两地产业合作呈现出良好发展态势。一是企业间的交流互动向有组织、有计划、规模化转变。5月，山东省组成由省政协副主席、党组成员陈光任团长的省代表团，赴重庆参加了第十七届“渝洽会”。海信集团有限公司、山东如意科技集团、山东力诺瑞特新能源有限公司等50多家知名企业参展，展出食品、纺织、电子、新能源、新材料、机械设备、汽车配件、工艺品等8大类600余种产品。签约经贸合作项目26个，总投资118.7亿元。各结对市县通过举办项目推介会、投资环境发布会等形式，组织100多家企业，开展了30多批次投资考察活动。二是投资主体和投资方式向多元化、多样化转变。大型企业继续发挥龙头带动作用，帮助当地培育骨干支柱产业。一批中小企业充分发挥灵活机动的经营机制，不断创新投资经营模式，在企业实现发展的同时，为当地群众就业、创业致富提供门路。三是合作项目向全方位、多领域转变。立足两地产业差异性和互补性，因地制宜。济南伟丽种业公司继续支持武隆县仓沟乡建设优良西瓜品种示范种植基地；寿光诚联温室蔬菜种植技术推广有限公司，在开县的蔬菜种植合作项目年度完成投资300万元，项目建成后将促进西红柿、黄瓜等蔬菜大幅增产。济南市继续扩大与武隆县的旅游合作，2014年组织1.2万名游客前往武隆县观光旅游。四是由到重庆市投资为主向“走出去”“引进来”协同发展转变。一批重庆企业瞄准环保、新能源等领域广泛开展合作。重庆三峰环境产业集团有限公司在东营建设的垃圾发电项目，已经实现并网发电，累计接收处理垃圾22.72万吨、发电量4752.02万度、上网电量4066.24万度，实现了东营城市生活垃圾“生态化、无害化、减量化、资源化”处理。

**【社会帮扶】** 2014年，山东省各市响应国家设立“扶贫日”号召，组织开展“扶贫助学”“捐资助学”“情系三峡库区，播撒爱心奉献”“衣旧情深”“豌豆芽”助学计划等一系列社会帮扶活动，捐款（含物资折款）48.5万元，资助贫困学生465名，参与主体涵盖了企业、学校、机关单位和个人，形成多方参与的良好氛围。8月，重庆市巫溪县遭受了持续特大暴雨袭击后，泰安市立即向灾区捐款50万元，组织10名博士组成医疗团赴巫溪县人民医院、妇幼保健院，开展患者接诊、疾病筛查、疑难病例会诊、实施手术、技术培训等医疗活动；泰安市还向医院捐赠价值15万元的心脏除颤监护仪1台、心电监护仪2台、心电图机2台等医疗器械。

（山东省发展和改革委员会对口支援协调处　李　冬）

# 广东省—广西壮族自治区东西扶贫协作

**【概述】** 2014年，在广东省—广西壮族自治区各结对协作市、县（区）和贫困地区广大干部群众的共同努力下，粤桂东西扶贫协作工作取得新成效。广东省各级政府、各部门、社会各界向广西壮族自治区提供无偿资金及捐物折款共4757.12万元，其中，广东省各级政府拨款3540万元，社会捐款743万元，捐物折款474.12万元；帮助广西壮族自治区举办各类培训班45期，培训干部1434人次；吸纳广西壮族自治区外出务工人员163.19万人次，贫困地区外出务工人员劳务输出年纯收入达33.14亿元。

**【整村推进】** 2014年，广东省与广西壮族自治区紧密结合，共同协商，扎实推进示范村建设。整村推进示范村23个项目均已动工，主要涉及贫困村（屯）内道路硬化、旧房改造、房屋立面装修、篮球场建设、文化室建设、屯内绿化、垃圾池建设、产业开发和农民实用技术培训等，项目覆盖贫困群众1180户共5139人。

**【经贸合作】** 2014年，广东、广西两省（区）两省区以扶贫协作为引擎，充分利用珠江—西江经济带上升为国家战略的重大机遇，以促进流域合作发展和两广经济一体化为核心，以粤桂合作特别试验区为平台，进一步拓展两省（区）的交流与合作范围，建立健全优势互补、良性互动、共同发展、共同富裕的长效合作机制。“两广”经贸合作签约项目1286个，协议合作投资1747亿元，其中区外合同投资额1728亿元，广东方面到位资金1780亿元（含续建到位资金）。

**【劳务合作】** 2014年，“两广”各职能部门进一步加大合作力度。继续加强劳务合作，组织开展“春风行动”“就业援助月”“民营企业招聘周”等一系列就业服务专项活动；加强各地就业服务机构合作，提供就业服务信息，保障务工人员合法权益；完善两省（区）劳务输出的培训机制。2014年，广西壮族自治区外出务工人员到广东省务工163.19万人次。其中，新增外出就业人数为20.98万人次，49个贫困县（区）向广东用工企业输送劳动力共15万人，贫困地区外出务工人员劳务输出年纯收入33.14亿元。

**【扶贫培训】** 2014年，广东省为广西壮族自治区举办2期扶贫领导干部培训班，主要培训“美丽广西”乡村建设（扶贫）工作队队长和市、县（区）扶贫办主要领导共175名。参加培训的人员深入学习广东省“规划到户、责任到人”的工作方法，拓宽了扶贫开发思路，进一步增强抓好扶贫工作的信心和责任感。此外，广州市、东莞市有关部门为百色市、河池市举办各类培训班43期，培训人员1259人次；百色市、河池市共选派69名优秀干部到广州市、东莞市及有关区、镇挂职锻炼。

**【社会帮扶】** 2014年，广东省特别是广州市、东莞市各级各部门和社会各界为支持百色市、河池市贫困地区经济社会发展，改善民生，广泛动员社会力量捐款捐物。如中国扶贫基金会副会长、原广州市政协主席陈开枝18年来先后88次深入广西贫困地区扶贫济困，为百色市募集扶贫善款达2亿多元（含物资折款）。东莞市与河池市互访交流频繁，5月，东莞市政府委派代表团赴河池市参加对口帮扶工作座谈会，并现场捐赠对口帮扶资金1000万元和慰问金30万元。6月，河池市11个县（市、区）党政负责人到东莞市考察学习，双方政府就进一步加强合作进行交流座谈。

**【部门协作】** 2014年，广东省和广西壮族自治区人民政府贯彻落实《“十二五”时期广东广西扶贫协作计划纲要》，两省区交通、教育、旅游、卫生等部门强化沟通、密切合作，部门协作取得新进展。在交通方面，南宁至广州高速铁路于12月26日全线通车，进一步促进桂粤经贸合作和旅游交流，带动广西壮族自治区融入粤港澳“大珠三角”经济圈，实现互利共赢发展。在旅游方面，取消旅游壁垒和进入障碍，为两广游客跨省区旅游及旅游企业跨区域经营提供便利。在教育方面，广东援助百色教育500万元，用于百色教育扶贫基金会，资助家庭经济困难的高中生完成学业。在环保方面，2014年年初“两广”联合投资10亿元治理九洲江流域污染，加强流域上下游互动合作，探索跨省区污染防治有效途径。在职教方面，两省（区）扶贫部门充分发挥广东省优秀的职业教育和充足的优质就业岗位资源，开展“两广”对口帮扶劳动力转移就业培训，在大量调研和多次沟通协商基础上，11月，“‘两广’对口帮扶职业教育协作启动仪式”河池市举行。在启动仪式上，两省（区）扶贫办签署了《广东对口帮扶广西职业教育协作框架协议》，广东智通人才连锁股份有限公司和广西壮族自治区8所职业学校签署了《“两广”对口帮扶职业教育“2+1”模式试点协作协议》。

（广东省扶贫办　陈植奎）

# 上海市—贵州省遵义市东西扶贫协作

**【概述】** 2014年是《上海市对口帮扶贵州省遵义市2013—2015年工作计划》实施的关键一年，在上海市和遵义市委、市政府的领导下，按照“民生为本、教育为先、产业为重、人才为要”的基本思路，坚持硬件建设与软件支持并行，坚持改善民生与产业帮扶并进，坚持“输血”与“造血”并重，扶贫攻坚取得显著成效，基础公共服务水平得到明显改善，产业帮扶实现很大突破，交流日益紧密。同时，上海市及有关部门、奉贤区、杨浦区、普陀区和遵义市9个县（市、区）及部门、园区建立了结对帮扶。

**【扶贫资金投入】** 2014年，上海市安排帮扶资金5400万元，实施帮扶项目28个，其中4400万元的资金用于武陵山、乌蒙山两大集中连片特殊困难地区的9个县（市），占总资金的81%，项目资金重点向正安县、习水县、道真县、务川县等4个国家扶贫开发工作重点贫困县倾斜。坚持开发式扶贫，支持遵义以规模化、标准化、园区化为方向发展现代高效农业，大力推进遵义市中药材、茶叶、蔬菜、水产等特色种养殖业的发展。协助遵义减少贫困人口20万，助推务川县如期实现“减贫摘帽”目标。此外，安排帮扶资金1650万元，推动遵义市新农村建设试点，通过实施富在农家、学在农家、乐在农家、美在农家的“四在农家·美丽乡村”行动计划，使农村公共基础设施建设进一步加强，遵义6个县（市）8个乡镇的贫困群众饮水、出行等生产生活条件进一步改善。普陀区向遭受“8.11”洪涝灾害的习水县、赤水市各捐赠100万元慰问金。杨浦区、上海烟草集团有限责任公司向正安县、道真仡佬族苗族自治县（以下简称“道真县”）、湄潭县捐赠了价值255万元的爱心校车和电化教室。奉贤区向务川仡佬族苗族自治县（以下简称“务川县”）、余庆县、凤冈县捐赠帮扶资金250万元。

**【教育扶贫】** 2014年，上海市安排资金1850万元，继续在文化教育、医疗卫生等社会事业建设方面给予遵义市大力支持帮扶。完成8所学校教学楼、宿舍楼、实训楼等基础设施新建或改扩建并配套相关设施设备。深入实施教育对口帮扶协议，选派3名校长和6名教师到遵义开展支教。安排上海市复旦实验中学和正安县第七中学、上海市鞍山实验中学与道真县玉溪中学、上海理工大学附属小学与湄潭县湄江四小分别签订结对共建协议。支持普陀区教育局与习水县教育局签订帮扶合作协议，推动双方在师资培训、结对帮扶、资源共享等方面开展合作交流。继续推进中职联合招生合作办学，上海市奉贤中等专业学校、杨浦职业技术学校、新闻出版社职业技术学校、科技管理学校、工程管理技术学校、曹杨职业技术学校、第二轻工业学校等7所中职学校分别与遵义市8所中职学校签订了合作协议。

**【医疗卫生扶贫】** 2014年，上海市安排资金480万元用于医疗卫生建设，重点援建一所卫生院和两个卫生检测机构。协调上海市、遵义市卫生部门，建立两地医疗机构对口帮扶合作机制，增派医疗卫生方面的专业人才赴遵挂职，带动遵义市医疗卫生水平提高。

**【产业扶贫】** 2014年，协调上海市、遵义市经济和信息化委员会、旅游局等相关部门共同成立遵义（上海）产业园区开发建设协调推进委员会及办公室。签订《关于合作共建上海漕河泾新兴技术开发区遵义分区协议书》，启动“上海漕河泾新兴技术开发区遵义分区”规划，以上海产业园区的品牌效应带动大企业和大项目落地。先后引导近80批次的各类考察团赴遵义市开展投资考察洽谈，上海电气（集团）总公司、上海延华智能科技（集团）股份有限公司等大型骨干企业与遵义市政府签署战略合作框架协议，遵义智城科技有限公司、月星集团有限公司等项目已经落地。支持遵义市20家企业赴上海市参加“上海对口支援地区暨西部地区特色商品迎春博览会”，签订协议资金2亿元。协调遵义市受援县（市）组团赴上海市开展招商引资活动，推介了涉及旅游、城市建设、农业综合开发、工业等项目，其中，务川县在赴沪推介活动中现场签约项目7个，签约金额53亿元。

**【扶贫培训】** 2014年，上海市共安排资金365.4万元，用于人力资源培训工作，占总资金的7%。举办培训班26期，培训各类干部、人才1680人，涉及教育、卫生、招商引资、法律服务、新闻媒体、园区建设、农业产业化、城乡规划等诸多领域。采取到上海培训和赴遵义讲学的方式，组织了14批700人赴上海市进行短期培训，安排7批上海专家学者赴遵义当地讲学，为遵义市建立专业人才队伍奠定了坚实的基础。

**【干部挂职扶贫】** 2014年，上海市积极实施人才双向交流战略，上海市委组织部增派医疗卫生、园区建设方面的3名专业人才赴遵义市挂职1年，以人才输出的形式带动当地干部开阔视野、提升能力，同时接受10名遵义党政干部到上海挂职锻炼，所有挂职干部都已安排至各自岗位有序开展本职工作。

**【工作机制】** 2014年，上海市制定了《上海市对口帮扶贵州省遵义市项目管理暂行办法实施细则》，进一步完善了工作程序，确保了项目质量和进度。继续推进项目绩效评价试点工作，形成了《上海市对口支援遵义市项目绩效评价工作方案》，项目绩效考评工作的可行性和合理性进一步提升。同时，按照绩效评价试点工作安排，推进习水县、正安县、道真县、务川县4个县的2013年上海对口帮扶项目绩效评价工作有序开展并形成报告。

（上海市政府合作交流办
对口支援处　杨小明）

# 大连市—贵州省六盘水市东西扶贫协作

**【概述】** 2014 年，辽宁省大连市与贵州省六盘水市积极沟通、相互配合，紧密围绕《大连市对口帮扶六盘水市工作计划（2013—2015 年）》，重点在深化两市高层领导访问交流、产业经济合作、科教帮扶、医疗帮扶、干部人才培训交流等方面开展了积极的工作，助推了六盘水市经济社会发展。2014 年向六盘水市无偿提供政府援助资金 3000 万元，历年累计向六盘水市援助无偿资金达 1.66 亿元，实施援建项目 400 多个。

**【互访交流】** 2014 年 3 月，大连市市长李万才在北京参加贵州省委、省政府召开的对口帮扶贵州工作恳谈会。期间，同六盘水市委书记李再勇进行会晤，双方就大连市与六盘水市实施开发式扶贫、建立帮扶合作良性互动工作机制等问题进行磋商交流，并达成共识。4 月，六盘水市委领导率领六盘水市党政代表团赴大连市访问考察。辽宁省委常委、大连市委书记唐军与代表团，就深入推进两市对口帮扶工作，全面提升对口帮扶水平、建立帮扶合作良性互动工作机制等进行了深入交流并达成共识。

**【帮扶项目】** 2014 年，大连市向六盘水市提供的援助资金主要用于“四在农家·美丽乡村”等新农村建设，开展农牧业养殖，茶叶、魔芋、刺梨、蓝莓种植等产业化经济扶贫项目 69 个，受益群众 9 万余人。

**【产业扶贫】** 2014 年，大连市着力开展经济项目对接，通过搭建平台促进企业合作，激发六盘水市经济活力。3 月、7 月，先后两次组织大连三寰集团、雪龙黑牛股份有限公司、新兴能源科技有限公司、兴业源集团、市委党校、职业技术学院等一批企业和院校赴六盘水市进行帮扶考察和项目对接。大连华锐重工集团股份有限公司同六盘水市西南天地煤机装备制造有限公司、大连市古莲国际旅行社同六盘水市凉都旅游行业协会旅行社分会达成了合作意向。大连兴业源集团把六盘水市红心猕猴桃首次引入大连市的家乐福超市、北京华联超市等进行销售，开辟了六盘水市特色农产品在大连的销售渠道。10 月，大连市旅游局组织 6 家旅行社及媒体赴六盘水市对接工作，举行“‘浪漫之都’大连与‘中国凉都’六盘水互为目的地城市旅游推介会”，并与六盘水市旅游管理部门签署了《旅游战略框架协议》。

**【智力帮扶】** 2014年，大连市发挥教育、卫生等领域培训优势，开展对六盘水市干部、专业人才培训工作。大连市教育系统分批承接贵州省教育厅组织的48名中小学校长（其中六盘水市中小学校长20名），接受业务培训和为期3个月的挂职锻炼。大连市委党校为六盘水市50名基层干部在大连举办了为期2周的新阶段扶贫工作培训班，重点围绕城市建设与规划、都市型现代农业发展、大数据产业与发展、加强与创新社会管理等内容开展培训。大连市干部教育培训中心分批接收六盘水市50名企业家和50名中青年干部到大连市开展培训。大连市妇女联合会接收6名六盘水市女领导干部到大连市参加处级女干部培训班，接收12名妇女致富带头人到大连培训。医疗卫生系统，2014年接收55名六盘水市卫生技术骨干及管理人员分批到大连市相关重点医院和学科进行研修。另外，两市各选派10名干部到对方城市挂职锻炼。

**【合作共建】** 2014年，在加强市本级帮扶工作的同时，注重发挥大连市相关区（县）及单位的帮扶力量。大连市西岗区、旅顺口区、甘井子区、金州新区分别与六盘水市钟山区、水城县、六枝特区、盘县“一对一”开展结对帮扶工作，通过结对区县间开展经济项目等领域内的对接，提高的对口帮扶工作成效。中国科学院大连化学物理研究所、大连市商业学校等单位在各自领域内开展相应对口帮扶六盘水市相关工作，中国科学院大连化学物理研究所为六盘水市地产中草药材的药理成分分析提供技术支持，大连市商业学校与六盘水市民族职业技术学校达成友好共建关系。

**【社会帮扶】** 2014年，大连市金州新区各中小学开展“爱——飞翔”牵手贵州省六盘水市爱心系列活动，向六盘水市捐赠书籍5万册。

（大连市人民政府经济合作交流办公室
于晓叶　孙　明）

# 苏州市—贵州省铜仁市东西扶贫协作

**【概述】** 2014年，江苏省苏州市认真落实中央和省的部署要求，加强组织领导，积极推进东西扶贫协作，发挥综合优势，形成全社会帮扶合力，以改善民生为出发点，突出规划引领、项目建设、人才培养，对口帮扶铜仁市工作取得了阶段性成果。2014年，苏州市各级政府部门以及社会各界向铜仁市提供无偿资金及物资折款4872.6万元，其中江苏省各级政府拨款4762万元，社会捐款65.5万元，捐物折款45.1万元；帮助铜仁举办各类培训8期，培训干部人才400人次。

**【扶贫调研】** 3月，江苏省委书记罗志军率党政代表团赴铜仁市考察，两省市主要领导围绕对口帮扶4项主要任务作出重要指示，部署对口帮扶工作重点。苏州市委常委、常务副市长周伟强，苏州市政府副市长徐明分别带队赴铜仁市考察调研。9月，江苏省委副书记、苏州市委书记石泰峰会见铜仁市委书记刘奇凡率领的铜仁市党政代表团一行。

**【帮扶项目】** 2014年，苏州市对口帮扶项目资金3500万元按时拨付到位。其中，松桃县桃花源美丽乡村项目计划总投资2亿元，苏州市帮扶资金1600万元，主要用于综合服务区建设，包括建设游客服务中心、梵净山山门、广场及生态停车场及旅游公厕等。投入帮扶资金1000万元，援建铜仁工业学校项目教学楼1栋，建筑面积7200平方米，项目已建成并投入使用。思南县长坝镇金银花种植项目，计划总投资309.8万元，其中苏州市帮扶资金200万元，用于种植金银花1000亩，以及建设加工厂房700平方米。援建印江县新寨乡水利配套设施建设项目，总投资400万元，其中苏州市帮扶资金200万元，用于援建集水池1座，200立方米蓄水池2座，泵站房16平方米，安装管道泵1套、变压器1台、输电线路0.9千米、输水管道23千米。投入帮扶资金200万元用于干部人才培训项目，在苏州市举办铜仁市各级各类干部能力素质提升班以及其他各类专题培训班，共计8期400人次。

**【部门帮扶】** 在各级政府部门大力支持下，2014年共筹措计划外帮扶资金1327.5万元，年度帮扶资金总额达4827.5万元，其中捐赠物资折价45.1万元。10月17日，苏州市积极参加贵州省组织的首个“扶贫日”公募活动，捐赠200万元资金定向用于铜仁市社会教育事业发展。在铜仁

10个区县以及市直单位选择10所幼儿园、30所小学、20所初中、11所普通高中、1所特殊教育学校与苏州对口帮扶市、区相应建立“一对一”帮扶关系，并确定了具体学校名单。市卫生局帮助铜仁市人民医院及铜仁市疾控中心建设1个重点专科，共派出38名医疗卫生专家赴铜仁市各对口医疗机构，帮助提高医院管理、医疗服务、传染病防控、卫生监督等能力水平。在苏州市举办短期培训班6次，组织铜仁市76名专业技术人员参加卫生管理、医疗领域新技术新动态、突发公共卫生事件防控体制机制建设、卫生执法能力等方面培训。市民政局帮扶铜仁市老年公寓老年护养楼建设项目，申报2014年福彩公益金已经立项，向铜仁民政事业捐赠项目资金50万元；市旅游局组织苏州市重点旅行社先后向铜仁发出8个旅行团，带动了周边城市游客赴铜仁旅游，扩大了铜仁市在长三角地区的影响力；市工商联率经贸考察团赴铜仁实地考察投资环境，市工商联及下辖各县（市、区）工商联与铜仁市工商联及下辖各区、县工商联签订了友好协议，双方将在互访交流的基础上，共商民营经济发展的互补点面，探讨扩大合作的途径，推进两地经济建设。

**【社会扶贫】** 2014年9月，苏州日报报业集团《姑苏晚报》联合苏州贵州商会共同发起“姑苏图书室”文化交流项目，在符合条件的学校建设“姑苏图书室”，以此为载体，开展文化交流，促进山区教育发展。项目得到苏州市民的热心支持，已经向铜仁山区捐出图书近2万册，1所爱心图书室已建成并投入使用，启动10所爱心图书室的建设工作。10月16日，苏州贵州商会捐赠的一所“希望童园”在铜仁市松桃县正大乡盘塘金叶希望小学正式揭牌，帮助解决松桃县贫困山区部分学龄前儿童的“入园难”问题。

**【产业合作】** 注重发挥市场机制作用，以产业为纽带，加强两地在能源、矿产资源及精深加工、农产品加工、旅游文化等领域的合作力度，找准发挥两地优势的切入点，积极探索把苏州资本优势和铜仁资源优势结合起来，把苏州企业家资源与铜仁劳动力资源结合起来，把苏州市场营销优势与铜仁特色产品优势结合起来，把苏州产业技术优势与铜仁市场优势结合起来，推动建立合作长效机制，推动产业合作实现双赢。太仓市通过努力促成了广东温氏食品集团股份有限公司在玉屏县投资一体化养殖项目，总投资4亿元。同时还积极帮助玉屏县规划建设现代农业园区，协调解决了100万元设计费用，保证了项目有序推进。张家港市华昌制药有限公司和贵州沿河铁皮石斛有限公司，就铁皮石斛合作开发签订了协议。4月，在苏州市旅游局大力支持下，铜仁在苏州成功举办了铜仁旅游资源推介会，促成苏州拙政园管理处与贵州三特旅游发展有限公司，苏州旅行社、苏州康辉旅行社、苏州文化国旅、吴江三九旅行社现场与梵旅投旅行社分别签订了合作协议。

【智力帮扶】 苏州市始终坚持突出智力帮扶重点，积极拓展援教助学和教育协作的新途径。苏州市爱心企业家援建了“姑苏富顺希望小学”“苏苏·州州驿站”特色活动室。3月，铜仁幼儿师范高等专科学校与苏州高等幼儿师范学校进行对口交流，双方签订了《苏州高等幼儿师范学校与铜仁幼儿师范高等专科学校对口帮扶协议书》，明确在师资队伍建设、专业及课程建设、干部交流学习、人才培养工作、教科研及学术交流、实训基地建设等方面的具体帮扶内容。4月，铜仁市教科所到苏州市进行工作考察研讨与交流，重点对县（市、区）层面的教研、科研活动进行了深入研讨，并达成今后进一步加强县（市、区）层面教科研合作交流的意向。昆山市与碧江区签订了学校对口帮扶合作协议，为碧江区对口帮扶学校提供挂职学习岗位，选派部分学科专家到碧江区对口帮扶学校指导教学管理和教育教学工作，作相关专题培训，每年举办1次“碧江区—昆山市教育论坛”等。8月，苏州市电教馆选派3位专家赴贵州，对60名铜仁市中小学校信息技术和网管老师进行授课和培训。11月，10名铜仁中小学信息骨干教师赴苏州进行为期1周的“微课设计制作”面授培训。

（苏州市发展和改革委员会　邵　军）

# 宁波市—贵州省黔西南布依族苗族自治州东西扶贫协作

**【概述】** 2014年，宁波市认真执行《宁波市对口帮扶贵州省黔西南州三年工作计划》，积极推进高层交流访问，及时调整对口帮扶工作结对关系，完善工作机制，加大帮扶力度，扎实推动对口帮扶工作有序开展。2014年，共确定对口帮扶项目69个，无偿帮扶资金总额达6149万元。其中，各级财政资金5774万元，社会帮扶资金375万元。干部交流培训有所突破，干部挂职期限由1年转为3年。社会帮扶力度持续加大。

**【扶贫交流考察】** 4月28日，黔西南布依族苗族自治州（以下简称“黔西南州”）州长杨永英一行25人到宁波考察访问，宁波市市长卢子跃、副市长万亚伟与代表团进行会谈，共同对接商讨了园区共建、产业合作、农产品市场拓展、教育旅游交流合作等7个方面25个事项。6月23日，宁波市市长卢子跃率11个县（市、区）政府主要领导、17个市直部门主要负责同志组成的宁波市党政代表团赴贵州省考察，签订了2014年度两地政府对口帮扶项目协议，并进一步就工业和农业产业园区共建、互通航班、高校和职教合作、卫生和旅游结对、建设美丽乡村、高层次干部交流挂职等两地全面交流合作事项达成了一致。宁波市级有关部门和各对口县（市、区）与对口帮扶单位也加大了交流考察力度，2014年宁波市到贵州交流考察45批550余人次，黔西南州到宁波交流考察33批430余人次。

**【社会帮扶】** 为了迎接全国首个“扶贫日”的到来，宁波市进一步发动社会力量参与爱心帮扶，2014年社会爱心捐助资金达606万元，还捐赠了大量教学用品和学习用品。3月18日，宁波市对口支援工作办公室（以下简称“宁波市对口支援办”）与共青团宁波市委员会、宁波报业集团联合组织开展了“阳光早餐·万人助学”社会公益活动，号召广大市民“捐出一元钱，献上一片爱，让黔西南州山区贫困孩子吃上营养早餐”，这是宁波市连续8年开展万人助学活动。3月底，宁波市对口支援办将募集到的60余万元社会爱心捐款，送到了黔西南州兴义市、兴仁县和贞丰县10所小学，让4000余名山区孩子吃上了1年的免费早餐。组织开展了志愿者走进贵州活动，5 批 43 名农业专家、文艺工作者、青年企业家志愿者赴黔西南州开展农技指导、献爱心等活动。4 月，宁波市曲艺家协会组织 22 名志愿者赴黔西南州开展了文化交流、为当地群众义演、结对资助贫困学生等活动。3 批 12 位农业专家赴黔西南州，不仅带去了先进的种植养殖技术，还引进了葡萄、甜瓜、十字花科蔬菜和水稻等 20 多个优良品种。通过宣传发动，引导市民参与爱心帮扶，爱心企业、爱心人士纷纷自发地向黔西南州贫困地区捐资捐物献爱心。如江东区一退休老人捐出 40 万元，帮助兴仁县贫困群众引种 20 亩良种香榧。宁波宏达货柜储运有限公司捐赠 100 万元，帮助建设锁寨村农业园区科普馆及相关配套设施。三生（中国）健康产业有限公司自发开展了“手拉手——让留守儿童笑起来”关爱行动，向黔西南州捐赠了 15 间“三生爱心教室”，每个教室配备 3 万—5 万元的电视、电脑、活动器材和图书等。

**【智力帮扶】** 2014 年，宁波市举办了 2 期共计 100 人参加的贵州省校长教师培训班，1 期 64 人参加的黔西南州扶贫干部培训班，1 期 50 人参加的黔西南州义龙新区干部培训班，各县（市、区）为黔西南州各县（市）举办干部培训班 6 期，培训 180 人次。宁波市向黔西南州选派 5 名处级干部进行为期 3 年的挂职交流。黔西南州 10 名党政干部赴宁波市挂职学习 1 年。宁波大学、宁波职业技术学院分别与兴义民族师范学院、黔西南民族职业技术学院建立校际结对关系，并开展合作交流互动。宁波市卫生系统 8 家医院对口援黔，其中 5 家甲级综合医院对口支援黔西南州 5 家县级以上医院，选派干部和医疗专家到对口医院开展医疗交流指导 14 批 104 人次，接收黔西南州对口医院到宁波进修学习 63 人次。

**【经贸合作】** 2014 年，宁波市各有关职能部门充分发挥自身优势，积极主动与对口地区精准对接、有效衔接，拓展交流合作渠道，取得了明显成效。一是积极组织企业投资考察。有针对性地组织了 20 多批 80 余家有意向的企业赴黔西南州等地进行投资考察和洽谈，签订了一批工业、农业和水利矿产开发等投资合作协议，有的已启动实施。如由甬商浙商在黔西南州兴义市联合投资兴建的“浙兴商贸城”项目，占地 1200 亩，总投资达 100 亿元。其中，一期投资 60 亿元、40 万平方米的商城，现已建成并开业。二是启动园区共建。从 2014 年开始，宁波市确定重点帮助黔西南州建设“黔西南州（宁波）产业园”和“兴仁县山地生态农业园区”。宁波市企业家协会、宁波贵州商会已与黔西南州义龙新区达成总投资 40 亿元建设宁波产业园协议，并已完成园区规划。兴仁县山地生态农业园区一期工程已完成，其中宁波市投入帮扶资金 400 万元。三是打通商贸合作通道。开通了“空中支援”航班，10 月 16 日，宁波至兴义的直飞航班正式开通，畅通了两地商贸流通空中通道。借助宁波茶博会、食博会、年货展销等大型展会，免费为黔西南州提供了20多个农产品展位，既扩大了销路，又建立了长期合作关系。如安龙县农产品通过宁波飞洪蔬菜基地进入到宁波市各大超市。

（宁波市对口支援工作办公室　仇忠平）

# 青岛市—贵州省安顺市东西扶贫协作

**【概述】** 2014年，青岛市加强对对口帮扶贵州省安顺市工作的领导，推动双方确定的重点工作深入扎实开展，推进6个协调工作组及40多个成员单位制定相应制度和措施，就东西扶贫协作工作具体事宜开展深入对接磋商，两市领导及部门互访考察50余次，签订帮扶协议，确保了各项工作落实。共建产业园区进展顺利，首期7万平方米综合体项目已开工建设；“引企入安”成效显著，30余个项目与安顺市达成合作协议，计划投资179.7亿元，2014年实际已投入1.04亿元；人才培养工作全面展开，青岛市企业、院校与安顺市达成多项职业教育合作协议，在青岛市为安顺市举办各类培训班9批次、培训500余人；社会捐赠资金500万元（含物资折款）。青岛市国内经济合作办公室对口支援处、青岛市委统战部经济联络处荣获国务院扶贫办授予的“全国社会扶贫先进集体”称号，青岛市市南区城市管理行政执法局党委书记李义荣获“全国社会扶贫先进个人”称号，青岛市国内经济合作办公室荣获贵州省委、省政府授予的“社会扶贫先进集体”称号。

**【工作机制】** 2014年，青岛市建立健全了新一轮对口帮扶工作机制。一是加强组织领导。为推动对口帮扶工作顺利开展，青岛市政府多次召开会议，专题研究对口支援工作，并把对口帮扶安顺工作列入市委、市政府重要责任目标。青岛市国内经济合作办公室（以下简称“市经合办”）承担市对口支援工作领导小组办公室职责，主动加强了与相关职能部门的沟通与调度，动员社会力量参与帮扶工作，营造了良好的氛围。二是完善协调机制。成立了由6位副市级领导分别任组长，市城乡建设委员会、市经济和信息化委员会、市委组织部、市教育局、市旅游局、市经合办等部门牵头的六个专项工作推进组，与安顺市积极对接，建立东西扶贫协作的长效机制。三是健全推动机制。山东省委、省政府高度重视对口帮扶贵州工作，山东省政府印发《山东省人民政府关于进一步做好扶贫协作重庆和对口帮扶贵州工作的指导意见》（鲁政字〔2014〕105号），将对口帮扶安顺工作纳入全省扶贫协作工作体系，整合全省力量，加大对口帮扶工作力度。四是优化结对帮扶机制。青岛8个区（市）和安顺7个区（县），两市20多个部门已签订对口帮扶和部门友好合作协议，区（市、县）及部门互访40余次，落实合作交流项目，对口帮扶工作机制得到进一步完善。

**【帮扶项目】** 根据对口帮扶协议中确定的重点帮扶内容，发挥对口帮扶资金引领示范作用，确定2014年对口帮扶安顺项目资金3000万元，组织实施“美丽乡村”、生态农业示范园区、基本公共服务能力建设和人力资源培训及招商推介等对口帮扶项目。

**【社会帮扶】** 青岛市积极整合社会资源，建立广泛动员社会资源参与对口帮扶的长效机制，动员社会力量参与对口帮扶工作。青岛银行组织员工捐资210万元，在安顺市设立了“希望工程爱心助学公益项目”，从安顺市第一中学、第二中学中选取家庭贫困、品学兼优的学生设立青岛银行“励志班”和青岛银行“铭志班”（每班50人，共100人），帮助孩子顺利完成高中学业。青岛市市南区援助平坝县城关第一小学改造项目建设资金1500万元，首期援建资金900万元已交付，捐助90万元救助平坝县城遭遇洪涝灾害，捐助60万元改善当地医院医疗条件。中国民主建国会青岛市委捐助30万元在普定县设立助学金项目。中国国民党革命委员会、中国民主同盟、中国农工民主党青岛市委分别组织赴安顺市西秀区考察，捐助物资45万元。青岛市妇联向“母亲水窖”项目捐献15万元，捐助爱心物资（衣被、书籍、文具等）价值40万元；共青团青岛市委员会牵头筹集善款67.6万元用于救助困难学生和建设希望小学。海尔集团捐资30万元在普定县扩建一所希望小学。市红十字会充分发挥组织优势和人道服务公益平台作用，全面实施微尘助学和“红十字博爱送万家”项目，捐助资金71.55万元，捐助物资价值33.6万元。崂山区捐助资金72.3万元用于普定名优产品展销、猴场乡西北小学饮水工程、谷毛小学电力配电站更换工程，改善了学校用水用电环境。即墨市捐助资金180万元用于建设小学、计生设备、标准化教室、抗旱救灾等事项。青岛市民政局、青岛市慈善总会、青岛三利集团和安顺市民政局、安顺市慈善总会五方协议约定，由青岛市慈善总会出资300万元开展助困、助老项目，8月，青岛市慈善总会向安顺市慈善总会捐款30万元，用于平坝县开展救灾工作。

**【产业扶贫】** 两市在青岛市举办共建产业园区推介会，青岛华通集团公司与安顺市西秀区签订《青岛安顺产业发展园产业中心项目投资协议》。青岛市政府出资5亿元，青岛华通集团公司在安顺注册成立了青安产业投资开发有限公司，首期7万平方米综合体项目已开工建设，青岛市城市规划设计院已编制完成《青岛安顺产业园总体规划（2014—2030）》初步方案。协助西秀工业园区在青岛市开展园区推介和招商引资活动5次。2014年12月，两市在青岛举行共建产业园重点项目签约仪式，8个重点项目签约，投资约21.8亿元，签约项目有西秀健康生态产业园、安顺市中心城区北片区污水处理厂、环保装备基地、安顺市西五号路北段建设、禾软科技园、多功能生态包装和农地膜投资项目、电气设备生产、油漆生产等。

**【智力帮扶】** 两市继续开展干部挂职交流工作，8 月，第二批挂职干部共 26 人互派到位。青岛市委组织部为安顺市举办二期培训班，培训各级干部 181 人。6 月，为安顺市举办了以“乡村旅游综合发展研究和探索”为主题的扶贫、旅游干部培训班，培训各级干部 50 人。8 月，九三学社青岛市委协调青岛农业大学为安顺市农业委员会举办一期 50 人的农技人员培训班。10 月，青岛市委宣传部在青岛党校举办了两期以“提升业务素质，强化宣传干部队伍”为主题的专题培训班，培训安顺市基层宣传干部 100 名。青岛市人力资源和社会保障局在青岛市举办了 期以熟练掌握劳动就业、社会保险等方面管理经验为主题的培训班，30 名来自安顺市、县、乡人力资源和社会保障系统的基层干部参加培训。青岛啤酒股份有限公司执行董事、副总裁姜宏，应邀在安顺市委非公有制企业工委主办的“智汇安顺”企业高管大讲堂上作了题为《从青岛啤酒的成功看企业管理》的专题报告，安顺市 600 多名来自园区、企业、学校、涉企服务部门的代表参加了此次讲座。通过培训，基层干部进一步了解和掌握了新知识、新思路、新理念，达到拓宽视野、提高管理和业务水平的效果。

**【经贸合作】** 配合安顺有关部门走访机场集团、山东航空公司，就开通青岛到安顺航班进行座谈交流。与青岛旅游局、部分旅行社座谈，两市旅游系统签署全面合作协议，10 月，开通了青岛到安顺的旅游专列。积极协调市对口支援工作领导成员单位组织系统内的企业赴安顺市考察投资项目，搭建合作“桥梁”，配合安顺市有关部门在青岛市开展招商推介和经贸洽谈活动，做好“引企入安”工作。市委统战部、市工商联、民盟青岛市委、市食品药品监督管理局、市经济和信息化委员会、市商务局等部门及部分区市分别组织系统内、区属企业 150 家赴安顺考察，重点围绕电子信息、现代农业、特色轻工、医药健康、文化旅游、建筑建材等产业洽谈投资项目。安顺市人民政府在青岛世界园艺博览会举办“安顺文化活动周”活动，推介安顺特色文化，让更多市民走进安顺、了解安顺。

（青岛市国内经济合作办公室）

# 广州市—贵州省黔南布依族苗族自治州东西扶贫协作

**【概述】** 2014 年，广东省广州市对口帮扶贵州省黔南布依族苗族自治州（以下简称“黔南州”）按照“到 2020 年确保实现黔南州整体脱贫与全国同步实现全面建成小康社会”的总体目标要求和“充分发挥政府主导作用、市场主体作用，一手抓对口帮扶，一手抓交流合作”的工作思路，多措并举，不断推进对口帮扶黔南州工作。

**【结对帮扶】** 2014 年，广州市 12 个区（市）与黔南州 12 个县（市）进一步推进结对帮扶，在干部培训、挂职锻炼、教育帮扶、经贸合作、基础建设等多个方面进一步落实帮扶工作。签订一系列帮扶协议和计划方案，先后签订了《独山县人民政府番禺区人民政府合作共建产业园区战略合作框架协议》《广州市番禺区黔南州独山县人才对口帮扶合作框架协议》《从化市政府惠水县政府 2014—2020 年对口帮扶合作框架协议》等，白云区政府制定《2014—2016 年白云区帮扶荔波县工作方案》，花都区与瓮安县的组织、科技、教育、农业、民政部门建立对口帮扶关系并达成帮扶计划。加强干部交流和培训工作，番禺区、白云区、天河区、花都区、萝岗区分别安排帮扶县干部来挂职锻炼和参加培训班学习。支持帮扶县改善教育和道路等公益基础设施建设，番禺区、从化市、天河区、海珠区、越秀区、荔湾区、增城市分别援助帮扶县 400 万元、210 万元、170 万元、100 万元、45 万元、30 万元、5 万元。据统计，全市 12 个区（市）计划外共投入帮扶资金 1556.8 万元。支持产业开发，番禺区、南沙区、天河区为帮扶县农业产业基础和玉石加工业的发展做出了努力。

**【教育帮扶】** 安排黔南州 300 名农村贫困学生到广州市中职学校接受免费职业教育并提供奖学金，开展广州市中职学校与黔南全部 13 所中职学校结对帮扶；广州大学与黔南民族示范学院、广州市职业技术学院与黔南民族高等职业技术学院结对帮扶学科建设、师资培训、干部交流。在卫生医疗帮扶方面，双方卫生监督部门已达成意向，广州市在接受人员进修、工作技术指导方面对黔南进行帮扶。目前，广州中医药大学已与黔南州中医院达成教学帮扶意向，黔南州中医院已挂牌作为广州中医药大学的教学医院。在科技帮扶方面，广州市科技和信息化局积极支持，优势茶树品种高效加工技术产业化模式示范与推广科技惠民专项、饮用植物研究项目、科技孵化园平台建设项目、艾纳香中天然产物提取工艺关键技术研究及示范项目4个项目已落地。在农产品对接合作方面，广州市农业局与黔南州农委签订合作协议，建立市场对接长效机制，把促进黔南州当地农民开发农产品增收与丰富广州市民“菜篮子”工程相结合起来。在旅游合作方面，两地旅游局达成旅游合作开发协议，帮助提高黔南州在广州及珠三角地区的旅游形象知名度。在社会援助方面，广州市民政局募集240万元援建黔南州，捐赠了价值103万元的社会物资，21个民政单位与黔南签订结对合作协议。在人力资源共享方面，广州市人力资源和社会保障局援助黔南建设“技术人才网上培训学习平台”“人才评价和事业单位招聘考试系统”“职业教育实训基地”，举办劳务交流座谈会、校企合作座谈会以及用工招聘会。

**【帮扶项目】** 按照《2013—2015年广州市对口帮扶黔南州工作三年计划》精神，认真检查验收2013年帮扶项目和考察2014年帮扶项目，2013年帮扶项目已经全部完成，2014年广州市财政帮扶黔南州3200万元，援助村道建设、中等职业教育、乡村小学、乡村农贸市场、路灯照明、乡村文化广场、林业研发和干部培训等方面，项目惠及黔南州12个县（市、区）及都匀经济开发区17个乡镇18个村2.3万人口。

**【招商引资】** 重点推进产业园区共建、引入民营企业参与，自开展对口帮扶工作以来，广州市共组织80余家珠三角企业、商会到黔南考察20余次，黔南州赴广州市开展招商活动61批次，走访企业515家，签约项目93个，总投资额434亿元。据统计，目前已有20家企业到黔南州投资55.9亿元，已到位资金19.1亿元。在广州市工商联的帮助下，福泉市与高钰矿业有限公司（广东客商）、荔波县与广州市白云区松州东发蔬菜经营部、独山县与广东忆达制衣有限公司签订项目投资协议，投资总额6.3亿元。5月，协助黔南州到广州市举办商贸物流项目专题推介会，两地合作积极促成在穗招商的项目成功落地，有7个投资项目在会上签约，项目总投资25亿元，进一步推进了两地产业合作共建工作。8月，广州市在举办广州博览会期间，以提供免费展位等方式支持黔南州组成代表团参展，并开展招商引资活动，充分展示黔南州的城市建设、农业开发和旅游资源等状况。广州花都区积极推进瓮安经济开发区广州（花都）产业园区建设，并协助瓮安县引进贵州丰源印刷包装实业有限公司、贵州金弛成润滑油科技商贸有限公司等5家企业落户产业园区。

（广州市协作办公室综合调研处
张世学）

# 深圳市—贵州省毕节市东西扶贫协作

**【概述】** 2014年，广东省深圳市对口支援贵州省毕节市东西扶贫协作工作取得积极成效。深圳市统筹多方资源，继续加大力度，支持毕节市成功举办招商引资推介暨项目签约活动，来自广东、福建、四川、香港、深圳等地的200多家社团、企业参加活动，现场签约项目41个；组织开展干部人才挂职交流31人次；通过走出去、请进来等方式，培训贵州毕节干部、教育卫生等专业人员1400余人次；加快推进“深黔雨露直通车”劳务技能培训项目，安排130名毕节贫困家庭初高中毕业生在深圳市学习实用技能，帮助他们提升就业能力。

**【工作机制】** 2014年，深圳市进一步加强对扶贫协作工作的组织领导，强化工作合力，出台了《关于进一步加强对口帮扶毕节工作的指导意见》，明确由深圳7个区（新区）结对帮扶毕节市7个乌蒙山片区县，重点在扶贫开发攻坚、产业合作、干部人才挂职培训和人力资源开发方面加强帮扶合作。

**【帮扶项目】** 2014年，深圳市投入财政帮扶资金4710万元，其中市财政3300万元、区财政1410万元。援助各类项目59个，涵盖毕节市全部区县，其中，投入资金1260万元，通过整村规划统一打造7个“美丽乡村”示范点，全面改善当地群众生产生活条件和村庄落后面貌；投入3220万元，扎实开展公共服务普惠项目，主要涉及农田水利、乡村道路、农房改造、人畜饮水、教育医疗等方面，集中解决一批群众急难问题；对干部、专业人才和劳务工培训项目投入资金230万元。

**【社会帮扶】** 深圳以开展“募师支教”活动为重要抓手，组织志愿者赴贵州开展爱心支教活动，提升贵州乡村小学的教学水平。深圳市杰出“募师支教”代表孙影在毕节支教成绩出色，2014年荣获“贵州省社会扶贫先进个人”称号。

（深圳市对口扶持办公室　陆　东）

# 厦门市—甘肃省临夏回族自治州东西扶贫协作

**【概述】** 2014年，福建省厦门市委、市政府认真贯彻落实党中央、国务院关于扶贫开发工作的一系列重要战略部署，大力推进与甘肃省临夏回族自治州（以下简称“临夏州”）的东西协作扶贫工作。通过加大帮扶资金投入、加强两地交流互访、合理规划援建项目、协助开展招商引资、组织实施社会扶贫等举措，不断提升对口支援甘肃临夏州的工作质量。对口援助临夏州的市区两级财政资金，由2013年的2100万元增加至3300万元，同比增幅57%。2014年实施民生援建项目17个，组织投资招商会议2场，签订经贸合作协议4个，举办人才、专业技术人员和劳动力就业培训班40期，培训党政干部、骨干教师及各类专业技术人员、农村未就业劳动力1875名。

**【工作机制】** 厦门市根据东西扶贫协作实际工作需求，不断完善工作机制。认真落实双方高层领导定期互访制度，建立顺畅的沟通渠道。按照国务院扶贫办“层层结对帮扶”的要求，完善区县结对帮扶机制，厦门市对口支援办公室印发了《关于进一步加强与甘肃省临夏回族自治州区县结对帮扶工作的意见》，对所属的6个区和火炬高新技术开发区与临夏州的7个国家扶贫开发工作重点县的结对帮扶工作的重点、内容作了明确要求，建立了稳定的帮扶资金筹措机制，对帮扶临夏州的区级财政出资做了具体规定。同时，厦门市与临夏州的经贸、教育、卫生、劳动、交通、旅游等相关部门间也建立了稳定的结对帮扶关系，并在具体业务合作方面取得了明显的成效。

**【交流互访】** 10月，福建省委常委、厦门市委书记王蒙徽率党政代表团赴临夏州开展东西扶贫协作工作，与临夏回族自治州委、州政府举行座谈会。双方就加强两地沟通交流、推进产业协作、协助临夏州改善民生、推动发展进行深入交流。会后，甘肃省省长刘伟平会见了王蒙徽一行，双方就加强两省市全面合作进行了交流。2014年，双方领导干部互访省部级1人，厅级以上21人次。

**【帮扶项目】** 2014年，厦门市与临夏州共安排对口支援项目17个，投入市区两级财政项目资金 3000 万元。其中市财政援建项目 4 个，总投资 5259.62 万元，厦门市安排帮扶资金 1700 万元，临夏州自筹资金 3559.62 万元。临夏中学新校区建设项目，总投资额 3846.02 万元，其中，厦门市投入帮扶资金 1000 万元，用于新建学校体育场 400 米标准化操场，总面积 2.31 万平方米；新建集学生住宿、食堂和浴室为一体的 6 层框架结构综合公寓楼一栋，总建筑面积 1.21 万平方米，建成后可解决新校区 5000 名学生就读，2000 名学生的住宿、生活问题。帮扶和政县城关镇西关小学校园建设项目，总投资 136.9 万元，其中厦门市投入帮扶资金 100 万元，用于硬化操场 4800 平方米，建设两个塑胶篮球场、铁艺围墙 550 米，建成后解决学校无标准化操场的问题。实施积石山保安族东乡族撒拉族自治县（以下简称“积石山县”）铺川乡湫池小学改造项目，总投资 226.7 万元，其中厦门市投入帮扶资金 200 万元，用于新建教学楼及附属工程配套设施 985 平方米，建成后可改善 6 个班 270 名学生的教学环境。整村推进项目共投入 400 万元，其中，安排 104 万元用于永靖县 5 个贫困村 130 户贫困户的危旧房改造，安排 296 万元用于扶持 220 户种植百合 760 亩。

厦门市属各区援建项目 13 个，总投资 1300 万元。其中实施 2 个教育设施建设项目，海沧区投资 100 万元援建积石山县小关乡吴家堡小学改扩建项目，集美区投资 165 万元援建和政县牙塘学校项目，建成后可有效改善当地办学条件。实施 9 个道路、桥梁建设项目，湖里区投资 200 万元修建东乡族自治县五家乡便民桥，解决 7 个村、1576 户、8140 人通行问题；海沧区投资 100 万元修建积石山县吹麻滩海沧桥；同安区投资 200 万元，在康乐县辛雍家村援建便民桥 7 座，硬化道路 2.5 千米；集美区投资 35 万元援建和政县新庄乡前进村村社道路硬化项目；翔安区投资 150 万元，在永靖县援建了 3 个道路硬化项目，硬化道路 6 千米，解决了当地 3 个村 2000 多名群众出行难和农副产品“运输难”的问题；火炬高新区投资 100 万元援建了广河县庄窠集镇牙和新村桥梁建设项目，解决了该村 70 户 350 多名群众过河难的问题。实施 1 个易地扶贫搬迁项目，翔安区投资 50 万元，组织永靖县王台村科沟社、前湾社 11 户居住条件恶劣的农户进行易地搬迁，集中居住，解决了这些贫困群众行路难、上学难等问题。实施 1 个卫生医疗建设项目，思明区投资 200 万元援建临夏县尹集镇中心卫生院门诊住院综合楼项目，总建筑面积 1200 平方米，方便了尹集镇广大人民群众就近看病，产生了良好的经济和社会效益。

**【经贸合作】** 2014 年 9 月和 10 月，厦门市先后组织了 2 批 16 家食品、机械、旅游、商贸、物流等行业的企业赴临夏州考察，厦门市旅游局、厦门夏商集团有限公司、厦门海翼集团有限公司和厦门轻工集团有限公司与临夏州相关部门签订了 4 个旅游合作开发、经贸协定和技术支持方面的合作协议，其余企业与临夏州相关部门和企业进行了对接，就产业对接、项目落地的可行性及劳动力转移等工作进行了商讨。

厦门市旅游局根据临夏州需求拟制了旅游管理和从业人员培训计划，帮助培训宾馆饭店、景区和旅行社管理人员，同时双方议定，由厦门市旅游集团及厦门建发国旅与临夏州旅游行业企业共同选定合适的旅游项目和线路进行旅游开发合作。夏商集团利用现有的“农批对接”“农批超对接”平台资源，定向收购临夏州农产品投放厦门市场，收购羊肉2吨，牛肉2.86万包，土豆35.12吨，总金额约78万元。针对临夏食品行业企业在研发检测技术方面存在的不足，厦门轻工集团有限公司下属的古龙食品有限公司向临夏州食品行业企业开列了服务项目清单，免费为临夏食品企业提供服务检测服务，并拟于2015年起定期派遣专家及技术人员赴临夏州对相关企业进行技术指导，开展行业法律法规、质量管理体系建设方面的培训工作。

**【智力帮扶】** 2014年，厦门市安排帮扶资金180万元，在临夏州组织了30期培训班，为临夏州培训农村专业技术人员200名，未就业劳动力1500名。安排帮扶资金40万元，由厦门市教育局组织，对临夏州高三年级语文、数学、英语、物理、化学、历史、地理7个学科的100名骨干教师进行了为期1周的培训。海沧区、集美区、同安区和翔安区教育局解决了6名临夏州到厦门市务工人员子女转学至公办初中、小学就读的问题。厦门市人力资源和社会保障局对临夏州人力资源和社会保障局“金保工程”建设给予技术支持。

**【干部培训】** 2014年，根据厦门市与临夏州东西扶贫工作协议，厦门市安排专项资金80万元，委托厦门市委党校举办了2期临夏州党政干部培训班，培训临夏州党政干部74名，其中处以上干部32名。接收临夏州到厦门挂职的副处级干部10名。

（厦门市对口支援办公室　茅江锋）

# 珠海市—四川省凉山彝族自治州东西扶贫协作

**【概述】** 2014年，广东省珠海市履行特区职责，贯彻落实东西扶贫协作和创新机制扎实推进农村扶贫开发的部署，高度重视，开拓创新，东西扶贫协作工作取得新成效。据统计，2014年珠海市向四川省凉山彝族自治州（以下简称“凉山州”）提供无偿资金及捐物折款2519.5万元，其中各级政府拨款1593万元、社会捐款130元、捐物折款796.5万元；实施帮扶项目29个，改善6.5万贫困群众生产生活条件；互派教师、医生191人次；互访交流188人次；组织15家名企考察凉山州投资环境，组织10家旅游企业考察凉山州并签订合作协议。

**【工作机制】** 2014年，珠海市进一步加强了扶贫协作工作的组织领导、沟通交流，凝聚推动工作合力。一是落实高层互访，市委、市政府先后派出代表团访问考察凉山州，召开2次扶贫协作工作会议，共谋扶贫协作工作。二是加强部门交流往来，先后有2个区、12个市直单位派出21批次188人赴凉山州开展考察交流活动，落实帮扶合作项目；两地扶贫部门充分利用现代通讯手段，建立QQ群、微信群的远程沟通机制，定时商议交流工作，实时通报项目进展情况，及时解决实际问题，珠海3次派出工作组赴凉山召开联席会议和检查督促帮扶项目落实；凉山州扶贫、教育、卫生、文化旅游等部门，普格县及凉山州农业学校先后派出工作组赴珠海商议工作、开展交流。三是积极组织企业对接洽谈，珠海市15家企业赴凉山州考察调研投资环境，寻求发展合作商机；10家旅游企业组团赴凉山考察，并与当地签订了旅游、文化方面合作协议。

**【帮扶项目】** 2014年，珠海共援建凉山州东西扶贫协作项目29个，投入资金2519.5万元。涵盖彝家新寨、道路桥梁、安全饮水、医疗卫生、文化教育、社会事业、专题培训等多个方面。一是为结对帮扶的高栏港、万山两区共投入600万元援建盐源、喜德两县彝家新寨、摩梭家园各1个。二是市财政投入140万元完善普格县顺河村、红军树村彝家新寨基础设施建设，投入150万元帮扶喜德县吴哈村、且莫村修建吊桥2座，投入90万元帮扶普格县果基村和昭觉县瓦尔村、来洛村实施人畜饮水工程项目3个，投入60万元为普格县洛乌沟卫生院添置救护车等医疗设备和药品药物。三是继续发展职业教育，2014年投入50万元帮扶凉山州农业学校创立“山海缘”民族服饰文化中心，推动凉山彝族文化传承发展；投入50万元支持开展彝族传统工艺人才培训，提高凉山州农村妇女发展经济能力；投入50万元帮扶凉山州农业学校进行机电实训室建设，完善珠海、凉山联合举办“珠海班”配套工程，使凉山州农业学校在珠海市、凉山州扶贫协作中发挥示范带动作用。四是加强干部人才和劳动力转移培训，支持四川省扶贫和移民工作局培训经费20万元，在省级层面帮助培训凉山干部、人才；支持凉山州培训经费53万元，并协助凉山州在珠海市举办州、县扶贫干部专题培训班；支持凉山州劳动力转移培训经费50万元，指导开展形式多样的专业技能培训。根据凉山州水上交通运输实际，珠海市向凉山州捐赠了价值780万元的交通运输艇。

**【社会帮扶】** 2014年，珠海市加大社会各界帮扶力度，出台《关于实施“五个一百、五个一批”对口凉山州扶贫协作项目工作方案》，构建上下贯通、部门联动、社会参与、密切配合的“大扶贫”工作格局。一是珠海市技师学院与凉山州农业学校采取在凉山州读一年、珠海市读二年的“1+2”模式，联合举办了首届“珠海班”，招录了100名凉山州学生，珠海市资助每生每年1万元。二是珠海市、凉山州两地教育部门共同制定了《珠海市教育对口帮扶凉山教育实施方案》，珠海市先后派出市教育局领导、教研员、中学校长、主任、骨干教师等共5批48人赴凉山考察交流，为基层教师上示范课和作专题讲座；凉山州先后派出州教育局领导、中学校长、主任、教师等共4批52人到珠海交流学习、挂职锻炼。三是珠海市卫生和计划生育局先后2次派出局领导率队赴凉山州对接工作，派出3批妇科、儿科、烧伤科、普外科、中医、内科专家等31人赴凉山州指导医疗业务和专科建设；凉山州卫生局主要领导率队赴珠海对接商议工作，选派60名医务人员到珠海各大医院、卫生学校跟班锻炼、学习培训。四是珠海市扶贫基金会发动民营商会捐资50万元，资助100名凉山州贫困大学生，并承诺连续10年开展此项资助活动。五是珠海市扶贫办统筹投入100万元，帮扶凉山州农业学校在凉山州创办“山海缘”民族服饰文化中心，在珠海市设立“山海缘”民族工艺工作室和实施100名彝族传统工艺人才培训计划，大力推动彝族传统工艺文化研究传承创新发展。六是珠海市文化体育旅游局组织10家珠海旅行企业赴凉山考察，协助凉山州在珠海举办重点旅游项目推介会，并在珠海地区和媒体、网站宣传推介凉山旅游资源，在珠海旅游咨询服务中心设立凉山州旅游宣传服务点，组织品牌酒店、旅行社等企业赴凉山帮助培训行业骨干。七是珠海市工商业联合会组织 13 名民营企业家赴凉山与当地工商界开展交流商洽活动。八是珠海广播电视台、珠海特区报社、珠海摄影家协会、珠海美术家协会联合组织了 12 名媒体记者、摄影家赴凉山采访、采风，通过对凉山州自然风光、民族风情、特色物产和珠海市帮扶成效进行新闻报道和举办展览等形式宣传凉山，增进了珠海对凉山的认识了解。九是珠海市扶贫办联合四川省扶贫和移民工作局、凉山州扶贫办，组织 48 名凉山扶贫一线干部在珠海市举办培训班，学习广东省、珠海市扶贫“双到”工作经验，考察珠海市、珠三角地区经济社会发展情况。十是珠海市商务局在珠海市举办了“凉山州—珠海市企业商贸对接洽谈会”，凉山州 17 个单位组织 50 款特色产品在珠海展示，并与珠海市 26 家相关企业和单位进行现场对接，促进了凉山企业和特色产品走出凉山、走进珠三角和港澳地区。动员社会力量参与扶贫，拱北海关青年志愿者向凉山州捐赠爱心衣物 1.1 万件，折款 16.5 万元。

（珠海市扶贫工作领导小组办公室　林　源）

## （三）军队和武警部队扶贫

# 军队和武警部队扶贫

**【概述】** 2014年，中国人民解放军和武警部队按照国家扶贫开发总体规划和地方统一部署，坚持把地方所需、群众所盼与部队所能结合起来，以支持保障和改善民生为重点，发挥优势，主动作为，继续深入做好扶贫帮困、助学兴教、医疗扶持和支援社会主义新农村建设等工作，为促进贫困地区经济发展、民生改善、社会和谐稳定做贡献。

**【定点扶贫】** 各部队特别是驻革命老区、民族地区、边疆地区和集中连片特困地区部队，按照军委、总部的部署要求，继续扎实推进对全国63个贫困县、547个贫困乡镇、2856个贫困村的定点帮扶工作。北京军区组织605个团级以上单位在华北革命老区、贫困地区，深入开展结对帮扶贫困乡村工作。济南军区组织师旅级单位与沂蒙山、大别山革命老区473个贫困村结对帮扶，深入实施助学、扶贫、送医、绿化“四项工程”。南京军区遴选9个先进人武部对口帮扶江西省井冈山市9个贫困乡镇，持续开展“联学创新理论、联创先进组织、联建文明建设”活动。湖南省军区采取干部驻点帮扶的形式，连续27年对桑植县进行接力帮扶，帮助6万多名群众基本脱贫。河北省军区协调组织驻冀部队367个团以上单位开展“助力小康·服务人民”活动，湖北省军区协调驻武汉25个团以上单位集中对红安、麻城革命老区进行帮扶，增强了工作的整体效益。涌现出一批扶贫工作先进模范，10个集体、10名个人被表彰为全国社会扶贫工作先进集体和先进个人，发挥了良好的激励和示范引领作用。

**【扶贫日活动】** 按照国家首个“扶贫日”活动总体部署和解放军总政治部办公厅《关于组织部队积极参与2014年扶贫日活动的通知》的要求，各部队认真筹划和组织参与“扶贫日”活动。一是广泛开展扶贫宣传报道。军队各新闻媒体利用广播、电视、报纸、网站和开设的微博、微信平台等，同步开展我国扶贫开发、军队扶贫工作和先进典型系列报道。中央电视台7套《军事报道》栏目连续6天进行军队扶贫专题报道，《解放军报》连续4天宣传军队扶贫开发先进典型，各军区、各军兵种和武警部队报纸普遍集中版面或开设专栏开展宣传报道，形成了良好的扶贫开发工作的鲜明导向。二是积极参加国家和地方组织的相关活动。各级特别是省军区系统加强与各省（区、市）扶贫部门的联系，协调驻大中城市部队参加驻地“扶贫日”启动仪式、组织军队代表参加全国社会扶贫工作电视电话分会场会议等相关活动，营造社会各界积极参与扶贫工作的良好氛围。三是集中开展扶贫帮困活动。国家首个“扶贫日”前后，解放军总参谋部、总政治部、总装备部和海军、第二炮兵等所属部队，主动走访慰问驻地军烈属、特困家庭、孤寡老人和残疾人家庭，帮助解决生产生活急需；总后勤部指导全军 38 所医院与新疆 40 所贫困县级医院实现任务对接，并派出医疗队开展义务巡诊；沈阳、南京军区组织官兵走进社区和学校开展助民劳动，为群众做好事办实事；空军、广州军区和国防科学技术大学，“扶贫日”当天与 100 余名贫困家庭学生开展“结亲帮扶”。一些基层和边防部队还组织向驻地贫困群众宣讲党的扶贫政策和开展“扶贫济困、奉献爱心”募捐活动。

**【基础设施建设】** 解放军各部队充分发挥组织严密、突击力强等优势，先后出动官兵和组织民兵预备役人员 210 万余人次、机械车辆 45 万余台（次），积极支援贫困地区道路、饮水、房屋等民生工程建设，帮助修筑农村小型水利工程 3200 多个，修缮房屋 4700 余间，整治农田 70 余万亩。北京军区出动官兵 9.84 万人次、车辆 3944 台次，支援华北革命老区、贫困地区修筑道路 403.2 千米。新疆军区继续支持自治区“安居富民、定居兴牧”工程建设，抽调 3 个汽车团帮助塔什库尔干和于田县运送建材物资 3.5 万吨，投入 1000 万元在喀什、伊犁、巴州援建安居富民房 550 套。北京、兰州军区给水工程团在冀、蒙和陕、甘、宁、青等贫困地区找水打井 108 眼，贵州省军区协调资金 3100 万元援建农村饮水安全工程 51 个，有效解决了 260 万名群众生产生活用水问题。

**【教育扶贫】** 各部队继续采取援建“八一爱民学校”和开展“蓝天春蕾计划”、“1+1”助学活动等形式，援建中小学校 1500 所，资助贫困家庭学生 10.6 万人。成都军区组织部队捐资 4000 万元，持续帮助西南地区 520 所乡村学校改善办学条件；组织团以上干部接力开展“1+1”结对助学，捐资 1000 万元资助贫困家庭学生 3.2 万名。武警部队持续援建“爱民学校”137 所、“春蕾女童班”105 个，结对资助贫困家庭学生 1400 名。第二炮兵进一步扩大开展“火箭兵奖（助）学金”活动范围，新增资助内蒙古大学少数民族贫困家庭大学生，将资助数量由 4 所高校每年资助 300 名调整为 5 所高校每年资助 500 名。总后勤部组织官兵采取“一对一”帮扶形式，计划资助 1000 名新疆“八一爱民学校”贫困家庭学生至高中毕业，共资助首批 683 名。空军持续开展“蓝天春蕾计划”，2014 年向新疆、西藏和西部集中连片特困地区捐款 3000 万元，援建 9 所“蓝天春蕾学校”，建立 50 个儿童快乐家园，再次荣获“中国儿童慈善奖——杰出贡献奖”。

**【医疗卫生扶贫】** 军队108所医院持续对口帮带西部地区134所贫困县级医院，2014年共派出240批专家组驻点帮扶，举办各类讲座500余次，组织病房巡诊、手术带教3.7万人次，使受援医院医疗服务水平得到进一步提高。部队各级医疗机构还积极协助贫困地区健全县、乡、村三级基层卫生计生服务体系，加大重大疾病和地方病防控力度，举办卫生常识讲座260场，培训医护人员2.8万人次；坚持开展义务巡诊活动，2014年派出医疗队2600个，进村入户为贫困群众巡诊看病78万人次，促进了贫困地区公共卫生和基本医疗服务均等化。济南军区所属16所医院结对帮扶沂蒙山、大别山革命老区50所乡镇卫生院，2014年共派出79个医疗队，义诊群众2.3万人次，赠送药品价值320万元。针对贫困群众看病难和因病致贫、因病返贫问题，军队各级医院不断加大帮扶力度，主动为贫困群众减免或全免医疗费用。海军、空军、武警部队总医院和第四军医大学持续开展“心蕾工程”专项救治行动，2014年共成功救治新疆、西藏、云南等地区贫困家庭先心病患儿687名。解放军306医院免费收治青海地区26名患脊柱侧弯的藏族贫困群众和僧侣，免除医疗费520万元，在当地产生广泛影响。

**【特色产业扶贫】** 各部队紧密结合驻地自然条件和历史文化资源情况，积极扶持帮扶村发展当地种植、养殖等特色产业210项。甘肃、青海、云南等驻军部队，帮助藏区贫困群众引进和建成种牛、种羊养殖示范基地75个，藏药材和民族旅游文化产品基地23个，拓宽了贫困群众脱贫致富路子。陕西、江西、四川、重庆、贵州等驻革命老区部队，积极协助地方挖掘整理红色历史文化资源，保护革命遗址、战斗遗迹、纪念场馆，打造红色旅游经典景区，开办乡村旅游农家乐1.2万户，带动了农村劳动力就业和群众脱贫致富。各级还依托训练基地、教导队、青年民兵之家等，举办实用技能培训班1600期，培训各类技术骨干12万人，力争使每个有条件的贫困群众掌握1—2项实用技术。新疆、西藏、黑龙江等驻军部队，充分发挥部队农场和种植、养殖基地优势，举办农技培训班700场（次），培训农牧民3万人次，增强了贫困群众自我发展能力。

（解放军总政治部群众工作办公室　刘　彬）

# （四）社会组织扶贫

# 中国扶贫基金会扶贫

**【概述】** 中国扶贫基金会（以下简称“基金会”）是1989年在中国民政部注册成立的全国性扶贫公益组织。2007年、2013年均被民政部评为最高等级5A级基金会。截至2014年年底，累计筹措扶贫款物130.89亿元，援助贫困人口和灾区民众2078.33万人次。

2014年，在业务主管部门国务院扶贫办以及社会各界的大力支持下，继续开展各项扶贫工作，并取得较好成绩。含中和农信项目管理公司受托管理资金收入在内的全会财务总收入35.19亿元，同比增长了44%。基金会公益事业总支出25.71亿元，同比增长了37%。

2014年，继续聚焦教育扶贫、健康扶贫、农村生计与社区发展扶贫、救灾扶贫四大领域，扶助弱势群体，全年约有295.28万人次贫困人口和灾区民众从中受益，其中：教育扶贫58.89万人次；健康扶贫25.82万人次；农村生计与社区发展扶贫约100.16万人次；救灾扶贫86.15万人次。

坚持致力于倡导与推动工作。坚持倡导人人可公益慈善理念，倡导公众积极参加“反贫行动”，实现了2.83亿人次的个人捐赠；积极参与行业建设，推动行业稳妥规范发展；积极倡导与推动中国民间组织步入“国际反贫”及人道主义救援的舞台。

**【母婴平安120行动项目】** 该项目旨在救助贫困母婴、降低孕产妇及婴儿死亡率，2014年投入款物694.59万元，项目覆盖云南、重庆、宁夏、福建、安徽、四川、山西7省（区、市），项目受益人9000人次，并使11名危急危重孕产妇，在项目的紧急救助下转危为安。

**【爱加餐项目】** 项目通过提供营养加餐、学校厨房设备及营养宣教等方式，改善贫困地区儿童的营养状况。2014年，项目投入3094万元资金，覆盖云南、贵州、广西、湖北、湖南、四川、辽宁7省（区）19州（市）26县（区）。其中营养加餐项目投入1763.2万元，覆盖3省15县209所学校，受益学生约4.6万人。爱心厨房项目投入1330.8万元，覆盖5省（区）17县206所学校，受益学生约6.8万人。

**【爱心包裹项目】** 项目旨在通过动员社会力量捐购“爱心包裹”的形式，关爱贫困地区及灾区小学生，是一项全民公益活动。2014年，项目接受社会捐赠5198.65万元（含461.75万元救灾资金），捐购学生型美术包39.62万个，学生型温暖包4.92万个，学生型生活包9847个，学校型体育包500个，学校型音乐包56个。项目惠及28个省（市、区）176个县2354个学校的42.91万名学生。其中，鲁甸地震灾区87所学校，3.33万名学生受益。

**【筑巢行动】** 项目旨在为贫困地区的乡村完小修建学生宿舍，为贫寒学子撑起一个温暖的家。2014年，筑巢行动投入2831.4万元，在全国13省29县援建了51所学校宿舍，直接受益学生5.08万人次。

**【新长城特困大学生自强项目】** 项目以经济资助为基础，以成才支持为核心，以“传递社会关爱，锻造自强人才”为宗旨。2014年，投入1291万元，资助大学生5277人，其中新生2323人，项目覆盖了31个省（市、区）。

**【新长城高中生自强班项目】** 项目为家庭经济困难高中生提供经济资助和成才支持，助其实现求学之梦。2014年，筹集善款759.6万元，受益学生5528人，其中新生2115人，项目覆盖了25个省（市、区）的125个县（市、区）。

**【小额信贷项目】** 项目通过无抵押的小额信贷模式，助力贫困农户发展生产，实现梦想。2014年，项目覆盖16个省（区、市）141个县，其中大部分是国家扶贫开发工作重点县、省级贫困县，贷款余额18.8亿多元，有效贷款农户23.8万户，平均单笔贷款1.13万元，30天以上风险贷款率仅为0.27%。2014年发放贷款28.67亿元，同比增长53%。

**【溪桥工程项目】** 项目通过在贫困地区修建便民桥，解决老百姓过河难的问题。2014年，投入资金364.35万元，在云南、四川、江西、甘肃、广西、湖北、湖南、陕西、重庆9个省（区、市）20县援建乡村便民桥50座，直接受益人10.54万人次。

**【灾害救援与灾后重建项目】** 项目旨在减轻贫困灾区同胞的疾苦与不安，提升灾害响应的及时性和针对性；指导和推动政府与民间组织、民间组织互相之间在灾害领域的合作，搭建人道救援网络。2014年，倾力展开了鲁甸地震紧急救援行动，着力实施了芦山地震灾后重建、中小灾害救援等工作。为救灾总筹款1.55亿元，总支出近1.35亿元，有82.85万人次受灾人口及灾害易发社区居民因此受益。

**【公益同行——NGO合作社区发展计划】** 旨在探索从灾后社区陪伴、社区重建向常态化农村社区发展的NGO合作模式。项目得到了加多宝集团、英特尔（中国）有限公司、腾讯公益基金会的大力支持。截至2014年年底，在鲁甸地震灾区实施“公益同行·NGO合作社区陪伴计划”、在芦山地震灾区实施“公益同行·NGO合作社区重建计划”、在贵州农村贫困社区实施“公益同行·NGO合作社区发展计划”，共支持35个公益项目，投入项目资金622万元，四川、云南、贵州3个省13个县29个乡的7万人从中受益。

**【美丽乡村】** 2014年，美丽乡村项目新增筹款1000万元，启动了三星陕西富平分享村庄项目，受益890人次。此外，继续在贵州省台江县反排村和四川省宝兴县穆坪镇雪山村及蜂桶寨乡青坪村、和平村开展美丽乡村建设。

**【“捐一元·献爱心·送营养”活动】** 从2008年启动该活动以来，已连续7年通过百胜餐饮集团旗下的肯德基、必胜客、必胜宅急送和东方既白等数千家餐厅向公众劝募，开通了“捐一元”腾讯乐捐网络募集平台。活动旨在倡导人人可公益慈善理念，倡议全社会一人捐一元钱，为贫困山区儿童的健康成长奉献爱心。2014年，筹款超过2000万元，除百胜集团及其45万名员工共捐款400多万元以外，还吸引了全国1500多万人次的消费者参与。

**【善行100】** 以大学生志愿服务100小时，商场提供场地100小时，公众捐赠善款100元的慈善行动模式，倡导并践行人人可公益慈善理念及志愿服务精神。自2011年起，已累计开展了八届，31个省（区、市）、106个城市、超过10万名大学生志愿者参与，为贫困地区、灾区小学生筹集善款3584万元。2014年，筹款967.31万元，有5.39万名志愿者参与，服务时间117.10万个小时。30个省（区、市）、90个城市、167所高校参与。

**【善行者】** 内地首个百公里公益和健康相结合的大型户外公益徒步活动。“善行者”鼓励公众4人组成一队，在规定的时间内完成50千米或100千米徒步挑战，以“每一步都会带来改变”的信念，动员身边的人以实际行动支持公益，助力贫困地区儿童全面发展。2014年首次举办，共有1044支队伍3348人报名参加。通过抽签，450支队伍1800人获得正式参加名额，最终1026人完成挑战。活动累计筹款159.45万元、785双童鞋。善行者人均动员5人次参与捐赠，有效捐赠9102笔。活动获得了2014最创新公益奖（《北京晨报》主办）、2014环球风尚奖（人民网、环球网主办）。

**【饥饿24全民公益活动】** 2014年10月17日，在首个中国“扶贫日”，联合新浪微公益、微博等发起实施“饥饿24全民公益活动”（简称“饥饿24”），倡议公众在10月16日20：00—10月17日20：00期间切身体验饥饿，并通过更换网络社交头像，佩戴饥饿24活动口罩，分享活动感受等动作，以动员更多人关注贫困以及反贫困事业。截至10月22日，共有8.2万网友通过微博“#体验饥饿#”话题互动、1.6亿人次通过新浪微博关注该项活动，中央电视台等媒体原发、转发报道文章约1100篇。该活动初步尝试了移动互联时代公众倡导新模式。

**【推动民间组织开展国际反贫】** 2014年，针对缅甸贫困大学生的资助项目完成调研，开展首批50名大学生助学金试点工作。携手联合国世界粮食计划署、腾讯平台，为非洲埃博拉疫区群众筹集善款121.8万元。5月，与中国灵山公益慈善促进会合作举办“2014灵山公益慈善促进大会”公益非洲分会，以“民间帮助民间”为主题，积极倡导中国公益慈善组织走出国门。

**【参与行业建设】** 2014年，支持《中国第三部门观察报告》研究的编著与推广；参与并通过中国慈善联合会、全国人民代表大会内务司法委员会平台，提供了慈善机构对于慈善事业立法的相关建议，同时与其他基金会一起资助了由学术界启动的“世界慈善法典项目”。

**【草根非政府组织资助】** 2014年，通过“公益同行”“NGO合作加油计划”等多个项目的实施，共资助项目105个，资助机构88个，资助金额1544万元。

（中国扶贫基金会监测研究信息部
段俊英）

# 中国扶贫开发协会扶贫

**【大学生村官成长工程】** 中国扶贫开发协会（以下简称“协会”）从2011年启动“支持贫困村大学生村官成长工程”，2014年共举办7期培训班，培训大学生村官1000人。其中在甘肃秦安、甘肃瓜州、陕西延安、安徽六安、广东顺德各举办了1期培训班，与新加坡连氏援助组织在贵州、重庆举办两期饮水项目专项培训班。培训班主题鲜明、特色突出。主要有五个特点：一是在培训内容上，着眼于培养革命事业接班人，注重理想信念教育，帮助大学生村官树立正确人生观、价值观；二是在培训方式上，坚持理论与实践结合、课堂与活动结合、高端讲座与现场互动结合、典型案例与相互交流结合，增强了培训效果；三是充分体现扶贫宗旨，通过进行创业专题培训，使大学生村官成为创业致富带头人，打造一支自主脱贫的生力军，从而带动贫困村脱贫致富；四是探索到基层培训、到发达地区培训的模式，把培训班办到大学生村官所在的村子里，办到广东顺德等发达地区，使培训更接地气，更富有成效；五是继续举办专题性培训。

**【村官创业项目建设】** 2014年，协会拨付450万元定向支持湖南省汉寿县15个贫困村大学生村官项目。这些直接覆盖农户的产业开发项目，符合当地产业发展布局和资源条件，贫困户参与程度高，具有一定的开发潜力和社会经济效益。自大学生村官工程开展以来，协会共拨付3250万元用于支持重庆、山西、陕西榆林、湖南汉寿的109个大学生村官创业项目，受益村民达10万人。

**【“连援”饮水合作项目】** 2014年，协会与新加坡连援组织共同实施了6批饮水项目，地区涉及贵州、云南、重庆、内蒙、甘肃、宁夏等7个省27个县51个村。项目总投人达3428万元，其中连援组织捐助1240万元，受益村民达20万人，切实解决了当地人畜饮水困难问题。

**【产业扶贫工程】** 2014年，为破解产业扶贫开发中的融资难题，协会积极开展了与银行、基金、信托、互联网金融等金融机构的金融扶贫合作。其重点是依托与中国开发性金融促进会建立的金融合作平台，开展开发性金融产业扶贫工作。以开发性金融支持为支撑，以开发式扶贫为宗旨，以贫困地区龙头企业为对象，以带动产业发展、促进农民增收为目标，按照农业产业化的模式，选择推荐和重点支持一批龙头企业，建立和发展规模化产业基地，促进共同富裕。协会建立了 100 多个项目的信息资源库，实地考察了 35 个项目，确定其中 9 个项目作为第一批金融扶贫合作项目，与中国开发式扶融促进会及国家开发银行进行对接，项目总投资 41.21 亿元，申请贷款 21.8 亿元。

**【教育扶贫】** 为积极贯彻中共中央总书记习近平关于重视“内源性扶贫”的指示，协会把教育扶贫作为一件大事，不断深化和创新教育扶贫新模式。在与对外经济贸易大学合作培训贫困地区教师收到超预期的效果后，协会与对外经济贸易大学联合成立“中国扶贫开发协会高校教育扶贫工作委员会”，力争联合 100 所高校参与教育扶贫，以提高贫困地区的教育水平。

**【博士后扶贫工程】** 2014 年，参与协会博士后扶贫工程的有来自各高等院校、科研院所各领域博士后、博士 600 名，为我国开发式扶贫事业注入了新的血液和活力。10 月 17 日，首届“10·17 论坛”的青年论坛，由协会的博士后扶贫工程中心承办，各领域、各学科博士后 100 多人参加，围绕扶贫与中国梦、扶贫与社会主义核心价值观、扶贫理论话语、扶贫理论政策研究前沿问题、扶贫青年志愿者、青年扶贫行动等方面进行了重点讨论。此次论坛的成功举办，为协会在开展高端人才领域积极参与扶贫开发事业进行了创新性的探索。

（中国扶贫开发协会办公室　李　萌）

# 友成企业家扶贫基金会扶贫

**【概述】** 2014年，友成企业家扶贫基金会（以下简称“友成基金会”）通过扶贫志愿者行动计划、常青义教、小鹰计划等项目，在全国十余个省市的75个贫困县开展扶贫工作，提供了近20万小时志愿服务，受益群体达到近百万人次。探索更有效的社会问题解决方案，通过社会价值投资、公共募款平台等，支持在一线工作的社会组织，动员更多的社会资源，服务于弱势群体。2014年，5000人通过友成孵化的公共募款平台“路人甲”，为30多个公益项目捐赠资金。

**【扶贫志愿者行动计划】** “扶贫志愿者行动计划”是友成基金会自主研发和实施的第一个创新项目，这项行动计划将在富裕的城市与贫穷的乡村之间建立起信任、互动与统筹的合作机制，构建一个推动农村减贫与发展的专业化、一体化运作的社会公益服务体系。2014年，扶贫志愿者行动计划获得了松下电器（中国）有限公司、包商银行股份有限公司、宜信普惠信息咨询（北京）有限公司、百科华人、中国农业银行等企业的资金支持，在内蒙古、江西、陕西、甘肃、重庆、河北等省（区、市）新建扶贫志愿者驿站8个，资助现有志愿者驿站9个，依托驿站组织动员教育、科技、文化、卫生等行业人员和志愿者在贫困地区开展了多元化的志愿服务活动，共动员志愿者8千余人次，提供志愿服务6万余小时。通过这些驿站活动，建立贫困地区的驿站进入和撤出、资源动员和评估、志愿者动员与培训等管理体系。同时，建立可以满足教育、生计、金融等公益扶贫项目库，便于驿站在贫困地区系统地、有效地解决相关贫困问题。

**【农村合作社支持平台】** 2014年10月17日，是联合国第22个“国际消除贫困日”，也是中国首个“扶贫日”。友成基金会本着推动贫困地区农业产业发展、支持农民专业合作社可持续发展，带动和帮助贫困农户发展生产的目的，在国务院扶贫办的指导下，与北京金农合现代农业有限公司、包商银行股份有限公司、蓝狮集团、北京京东叁佰陆拾度电子商务有限公司等机构共同启动了“农村合作社支持平台”，以支持农民专业合作社为切入点，通过为农村合作社打造农业技术、农产品品牌营销、互联网电商对接、社会融资服务4个专业化的志愿服务体系，推动贫困地区农业产业、农民专业合作社的可持续发展，从而带动和帮助贫困农户发展生产，促进我国“先富带动后富，最终实现共同富裕”的发展目标。2014 年，该平台共举行大规模培训与对接活动 3 次，为 1000 家合作社提供了运营管理、资金互助、产业规划、项目申报、产需对接等专业化的志愿服务。

**【社区安全饮用水项目】** 2014 年 11 月，友成基金会与慧聪净水网共同发起“以爱净水”大型全国公益主题扶贫项目，该项目在国务院扶贫办、共青团中央指导下，依托净水行业企业，结合各贫困县政府资源，计划将在 3 年内，动员净水行业企业近百家，面向全国 592 个国家扶贫开发工作重点县的 1184 所学校，为 100 万贫困地区师生提供水质净化设施及校园安全直饮水解决方案，并通过友成企业志愿者服务网络协助开展校园公共安全和健康卫生等领域的培训，在进行贫困地区学生饮水质量改善的同时，提升学生的健康卫生水平和公共安全意识。自项目启动后，友成紧急赴山西省灵丘县、河北省滦平县两个国家扶贫开发工作重点县，开展了 5 所学校的水域水况调研，并与团中央定点扶贫县山西省灵丘县达成建立全国首个“以爱净水”志愿者服务站合作意向。与此同时，友成基金会积极动员慧聪净水网、浩泽净水等净水行业企业参与到项目中来，为贫困地区学校提供净水支持。

**【教育扶贫】** “友成常青义教”项目（以下简称“常青义教”）是 2010 年友成基金会基于新公益理念发起的，以友成志愿者驿站和各地合作组织及单位为依托，动员并组织城市优秀退休教师以志愿者身份，到贫困地区学校进行教育管理和教学水平提升的造血型志愿者服务培训项目。常青义教采取调动退休教师资源下乡的创新方法，使贫困地区学校与城市学校共享优秀教育资源，开创了缩短城乡差距的教育扶贫创新模式。

2014 年，常青义教项目除原有的河北省滦平县、内蒙古自治区呼和浩特市、广西壮族自治区南宁市和桂林市等驿站外，新增江西省石城县、鄱阳县，陕西省富平县、佛坪县，内蒙古自治区扎赉特旗、鄂伦春旗、莫力达瓦旗，四川省彭水县 8 个驿站。项目点扩展到内蒙古、云南、广西、安徽、河北、重庆、陕西、江西 8 个省（区、市）22 个县，动员了城市优秀的退休老教师和一线教研室中青年专家志愿者 3475 人，他们以直接送教的方式，定点在 366 所乡镇学校开展常青义教活动。除此之外，还延伸出“城乡共建，结对帮扶”的新模式；借助互联网，升级为“O2O 支教”新模式，共开展志愿服务 29.56 万小时，受益教师 7.87 万人次，受益学生 109.42 万人次。

“双师教学”项目是友成基金会为缩小城乡教育差距，运用 MOOC 的方式，利用现代网络技术，将城市优质课程资源直接引进乡村学校的又一个创新教育扶贫项目。该项目将中国人民大学附属中学的初一、初二数学课程同步直播（或录播）到乡村地区的试点学校课堂，使学生在“（城市+乡村）双师”指导下课业成绩得以迅速提升，教学成果显著提高。双师教学作为一个创新型教育扶贫项目，其操作成本低，易快速复制、对教师成长有陪伴式的引领作用等优势，已经逐步成为“陪伴式教师培训”的代表，正在全国832个贫困县乡地区快速发展。

2014—2015学年，在原有13个重点实验学校的基础上，又增加了河南、江西、云南等省份的26所学校，目前在这些学校分别开展了双师教学百校计划与小学英语微课项目，参与双师教学活动的学校越来越多，遍及全国19个省、75个贫困县191所乡村学校。

**【灾害应急和灾后重建】** 2014年，友成基金会在应急与灾后重建方面取得以下成果：埃森哲（中国）有限公司支持开展友成雅安宝兴县灾后生计恢复项目，培训村民竹编技艺生产能力，支持村民开发销售渠道，既保留了传统手工艺技能，也为受灾群众增加了收入；碧桂园集团将支持宝兴县震后公共设施建设及社区陪伴项目，为宝兴县罗家村筹建村民活动广场并开展社区陪伴活动；泰康人寿保险股份有限公司支持鲁甸受灾小学重建基础设备。“援动力公益组织灾区工作站”项目，通过募集工作站，建立与之匹配的仓储、运输、申请和发放机制，为灾区公益组织在灾害发生后12周内，提供服务灾民所需的软硬件支持方案，全面提升公益组织救灾行动效率，建立以工作站为核心的公益组织生态。在云南鲁甸地震、景谷地震中，友成基金会第一时间启动救援响应机制，将工作站运送到震中地区，为救灾公益组织提供保障。在云南鲁甸地震中，“援动力”团队通过36小时的准备，在灾害发生的72小时之内就建成了第一个“援动力”公益组织灾区工作站，形成了以震中龙头山镇为中心的整体救援布局，并在整个救灾过程中，建立了7个“援动力”工作站，同时也为一线救援志愿者提供了260个“援动力”工作包，保障了其在救灾过程中的设备需求及人身安全；除此之外，“援动力”还为灾区群众分发了2200箱爱心包。共有54家公益组织，共计600名志愿者进驻到工作站中进行救灾工作，为7000名受灾群众提供了援助。

**【小鹰计划】** 小鹰计划是友成基金会发起的青年发展与培养项目，旨在发现具有远大志向和天下襟怀的青年，支持他们深入中国基层乡村，通过为期一年的社会实践，服务基层社区，同时激发他们的社会责任感与行动力，最终为社会带来有价值的改变。2011—2014年，小鹰计划志愿者实践地点分布于10个省20个地区，为贫困地区累计志愿服务10万小时，发起和执行公益项目100个。

**【社会价值投资联盟】** 2014年，友成基金会与众多合作伙伴一起启动了国内首个“社会价值投资联盟”的组建。遵循“共建、共享、共赢”的原则，联盟将成为连接政府、市场、社会，跨界合作、协同创新的社会公共服务平台，并遴选具备社会、商业双重价值的项目及资源。有 36 家发起机构加入联盟，并共同推动了以下活动：微信平台“社创客”正式对外运行，聚焦社会创新创业，每周发布 2—3 篇高品质的原创文章。在北京与“点金沙龙”合作举办了 2 期“寻找中国合伙人”的线下交流活动，推广联盟以及联盟倡导的社会价值投资理念。联盟旗下的《社会创新评论》杂志已经与美国社会创新领域旗帜性的期刊《斯坦福社会创新评论》（SSIR）签订了合作协议，可以把 SSIR 的内容汉化编译，发表在联盟的杂志上。与美国研究社会价值投资最有影响力的杜克大学 Fuqua 商学院的 CASE 中心合作，免费使用该中心的独家案例和研究成果，合作举办国际培训、工作坊等活动。联盟与洛克菲勒基金会旗下的 GIIN（全球影响力投资网络）和 AVPN（亚洲公益创投网络）建立会员关系和密切联系，共同策划国际交流活动。

（友成企业家扶贫基金会）

# 中国红十字会总会扶贫

**【概述】** 2014年，中国红十字会总会认真贯彻党中央、国务院扶贫开发的总体部署和要求，充分发挥党和政府在人道领域联系群众的桥梁和纽带作用，结合自身优势积极参与灾害救助和扶贫帮困工作，致力于改善贫困地区弱势群体的生存状况。

**【灾害应急和灾后重建】** 2014年，中国红十字会总会积极汇聚社会爱心力量，做好鲁甸地震等重大灾害的救援救助和灾后恢复重建工作。鲁甸地震发生后，中国红十字会总会积极开展款物募集、紧急救援救助、灾后恢复重建等工作，并派出了搜救、赈济、大众卫生、供水等救援队伍赴灾区开展救援工作，投入3亿元社会捐款重点支持灾区教育、卫生等基本公共设施建设及民房重建。

**【红十字博爱送万家】** 2014年元旦、春节期间，中国红十字会总会继续组织开展“红十字博爱送万家”活动，筹集价值600万元的物资，慰问西藏、云南、内蒙古、河南、山西、甘肃、新疆等地及新疆生产建设兵团困难群众3万户。自1999年“红十字博爱送万家”活动开展以来，中国红十字会总会累计筹集资金7668万元，为38.34万户群众送去慰问物资。

**【社会扶贫】** 中国红十字会总会积极动员社会力量，组织实施“红十字天使计划”“红十字博爱家园”“红十字文化扶贫”等项目，为贫困地区困难群体提供医疗、教育等多方面的援助。2014年，中国红十字总会所属中国红十字基金会筹集社会资金3.25亿元，救助贫困白血病患儿4488名，救助先天性心脏病、再障性贫血、唇腭裂等贫困大病患儿1735名，为新疆和田地震、华南水灾、琼桂“威马逊”风灾、云南鲁甸地震等灾区家庭发放赈济家庭箱1.77万只，援建博爱卫生站30所、博爱学校11所；总会所属红十字扶贫开发服务中心实施红十字文化扶贫项目，向西藏、内蒙古等省（区）捐赠价值300万元的图书及音像制品。

**【定点扶贫】** 中国红十字会总会的定点帮扶县是山西省浑源县。2014年，继续选派优秀干部赴浑源县开展定点扶贫工作，利用自身优势，调动各类资源，积极开展教育、卫生、产业等多方面的帮扶项目，资助35万元在当地援建便民桥1座；援助当地困难群众价值50万元的家庭包；援助当地学生5000双耐克运动鞋，价值150万元；援助当地红十字会价值13万元的模拟人教具用于开展救护培训工作；并积极协调有关部门将当地黄芪种植项目列入国家扶持的药材种植项目。

（中国红十字会总会）

# 中国妇女发展基金会扶贫

**【概述】** 2014年，中国妇女发展基金会（以下简称“妇基会”）在社会各界的大力支持下，投入扶贫项目实施捐助资金及物资折合资金共5.31亿元，2014年的公益支出占2013年度总收入比例达125%，总受益人次近1200万。

**【母亲水窖项目】** “母亲水窖”项目已向以西部为主的23个省（区、市）实施援助资金达8.5亿元，修建集雨水窖近13.9万口，小型集中供水工程1670多处，受益人口达250万人。2014年，“母亲水窖”项目投入资金3104.5万元，其中“母亲水窖”建设资金2096.5万元，修建集中供水工程44处，集雨水窖2360口，同比增加81.5%，受益人口18万多人。“校园安全饮水”项目在93所学校投放项目资金988万元，使5万多名师生获得安全饮用水。

**【母亲健康快车项目】** 2003年至2014年底，共有2191辆“母亲健康快车”在全国30个省（区、市）开展各种形式的医疗卫生健康服务，受益人数超过4600万人次。2014年，向19个省（区）发放母亲健康快车168辆，受益人数1140万人。向1.05万名“两癌”妇女发放“两癌”救助款1.05亿元，救助人数同比增加98.2%。项目以流动医疗车为载体，在普及卫生保健知识的同时，定期开展健康咨询和义诊、免费对贫困妇女进行健康普查、免费发放募捐药品、免费接送孕产妇住院分娩等一系列活动，逐渐形成了培训与宣传、预防与救助、具有辐射效应的链条式卫生健康服务体系。项目围绕“生命健康权是公民基本权利”的理念，积极探索救助、服务、培训、科研和知识普及一体化的服务模式，并延伸到农村妇女“两癌”筛查救助和唇腭裂儿童救治等多项与妇女儿童健康相关的领域，在落实中国妇女儿童发展纲要，降低妇科病发病率、孕产妇和婴幼儿死亡率、消除新生儿破伤风项目中发挥了作用。

**【母亲创业循环金项目】** 妇基会实施的“母亲创业循环金”项目，从扶持个人向“企业+基地+农户”的优化模式转变，受助项目逐步形成科研、培训、生产、加工、销售一体化的产业链。为提高贫困地区女性发展和抗风险能力，通过技能培训和经济资助两种方式，加大对有创业意愿妇女的免费培训力度。截至2014年年底，项目已在全国20个省（区、市）的200多个县实施，使30万贫困母亲实现创业与就业，辐射带动近300万贫困妇女受益。2014年，项目发放创业循环资金2866万元，帮助和促进了1.33万名妇女生产致富。

**【母亲邮包项目】** 为贫困母亲解决生活中的实际困难和迫切需求，引导贫困家庭提高生活质量和安全健康意识，体会社会各界的关爱与温暖，2012年，由妇基会发起，以中国邮政开启的邮政绿色通道为服务支撑，主要选取贫困母亲日常生活必需品，发动社会各界通过“一对一”的捐助模式，将主要由生活必需品组成的“母亲邮包”准确递送至贫困母亲手中，帮助贫困母亲解决生活中的一些实际困难。截至2014年年底，共向贫困母亲发放邮包53.68万个。

2014年，向28个省（区、市）2604个行政村的贫困母亲发放各种类型母亲邮包13.49万个，特别是在鲁甸地震等灾害救助中，“母亲邮包”发挥了在紧急救援阶段对妇女援助的独特作用，3万个母亲邮包在灾难发生后的第一时间送达灾区，被灾区群众称为“及时雨”。

**【抗震救灾】** 针对新疆于田地震、海南“威马逊”超强台风、云南鲁甸地震，根据灾情紧急启动救灾机制，成立日常备灾工作小组，启动紧急救援及灾后重建工作机制，制定“灾情初步评估及响应办法”以及紧急救援、过渡安置、灾后重建工作实施流程。同时，加强与当地政府部门及有关公益机构的工作协同，在48小时内，派出2支共7人组成的心理援助、儿童安全志愿队伍。在24小时内与所有捐赠伙伴及各省（区、市）妇女联合会、妇女儿童基金会取得联系，协商参与救援、统一行动的相关事项，及时开展高效的救助工作。设立妇女儿童救援服务站、在安置点配备净水设备，加强对灾区妇女儿童的救助和服务。做好救灾物资发放落实的及时传播，加强信息公开。共向海南“威马逊”超强台风灾区发放救灾物资折合人民币240万元。截至2014年年底，共接受社会向鲁甸地震款捐赠4637.29万元。

（中国妇女发展基金会）

# 中国残疾人福利基金会扶贫

**【概述】** 中国残疾人福利基金会（以下简称“基金会”）成立于1984年。30年来，基金会大力倡导扶残助困的良好社会风尚，累计筹集56亿元款物，努力改善残疾人康复、教育、就业等方面状况。积极打造“集善工程”公益品牌，培育了“集善嘉年华”“助听行动”“助行行动”“助盲行动”“助学行动”“助困行动”和“中国信息无障碍论坛”等一批扶贫助残公益项目和活动。

2014年，基金会筹集款物合计3.54亿元。开展了100多个各类助残项目。2014年10月17日，在“全国社会扶贫工作电视电话会议”上，基金会项目二部因开展“集善工程——(爱之翼）助残行动”“集善工程——助听行动”“通向明天——(交通银行）残疾青少年助学行动”“集善工程——(爱心温暖）服装捐赠项目”“集善嘉年华——农村残疾人扶贫基地建设项目”等助残工作，基金会荣获2014年“全国社会扶贫先进集体”称号。

2014年，基金会开展中央财政支持“听力助残”项目，示范带动各地救助万名听障残疾人；“残疾人青少年助学计划”，资助万名残疾学生和特教教师；“爱心温暖”服装项目资助10万名残疾人；农村残疾人扶贫基地建设项目资助和辐射带动10万名残疾人及其家庭通过开展种植养殖，自立自强；“助您健康”保健品捐赠项目资助3万名残疾人改善营养；“蜜儿餐”项目帮助了3万名贫困地区残疾儿童吃上了营养餐；儿童轮椅项目资助了8000名适应症残疾儿童。

**【集善工程——助听行动】** “集善工程——助听行动”得到了国家电网公司、台湾塑胶工业股份有限公司、美国领先仿生有限公司、西门子股份公司、丹麦瑞声达听力技术（中国）有限公司、瑞士峰力听力集团等国内外企业和社会各界支持，截至2014年年底，基金会已累计救助了1.8万贫困听障儿童和听障残疾人。

2014年，基金会承担了中央财政支持“听力助残”示范项目，带动社会支持和各地方助听项目开展，全年救助2305名听力障碍残疾人。

**【集善工程——(爱之翼）助行行动】** 2014年5月16日，中共中央总书记习近平、国务院总理李克强等领导亲切接见了“全国自强模范”、四川“倒立男孩”、“爱之翼”受赠人颜玉宏小朋友，使该项目倍受鼓舞。2012年至2014年，项目获赠2034台电动轮椅。其中，2014年爱之翼行动资助全国760名适应症残疾人获得电动轮椅，带动了天津、甘肃、青岛、河南、吉林等地的地方项目开展。

**【集善嘉年华——资助农村残疾人扶贫基地】** “集善嘉年华”是中国残联和基金会自2003年起共同开展的助残活动。11年来，累计筹资2.93亿元，开展了“资助特殊教育学校，关爱支持盲童、自闭症、聋儿、农民工子女、残奥运动员、灾区残疾儿童”等项目。受益残疾人超过30万。“集善嘉年华——资助农村残疾人扶贫基地”以“授人以渔”的方式帮助贫困残疾人“造血”，是保护残疾人尊严、实现其自强自立的有效手段。

2014年，“集善嘉年华”筹集1800万元资金，资助8省（区、市）、55个农村残疾人扶贫基地，通过扶持种植、养殖产业，提供生产管理、技术培训等服务，实现了“安置残疾人就业和辐射带动残疾人脱贫提升30%，每个基地的贫困残疾人收入提升30%”两个目标，受益和辐射带动贫困残疾人超过10万。

**【通向明天——残疾青少年助学计划】** 2007年，交通银行在建行100周年之际，捐赠中国残疾人福利基金会1亿元，开展残疾青少年教育“通向明天——残疾青少年助学计划”。

2014年，通向明天——交通银行残疾青少年助学计划捐赠860万元。资助了25个省（区、市）3000多名家庭经济困难的全日制残疾人高中阶段在校生和大学新生，主要用于补助学生在校学习、生活费用；资助北京师范大学、华东师范大学和河北等5省举办870名特教师资培训；组织开展了“2014年特教园丁奖表彰活动”，对200名特教教师进行表彰。

2014年5月，在第五届全国自强模范暨助残先进表彰大会上，交通银行“通向明天——残疾青少年助学计划”项目组荣获“全国助残先进集体”表彰。9月，中国残疾人联合会、教育部和交通银行共同举办2014年度“交通银行特教园丁奖”表彰活动。

**【集善工程——(爱心温暖) 服装捐赠项目】** 2009年以来，中国残疾人福利基金会动员上海拉夏贝尔服饰股份有限公司等服装企业开展“集善工程——（爱心温暖）服装捐赠项目”。2014年，上海、河北、武汉等地的服装企业累计捐赠38万件全新的服装、价值2100万元，资助了28个省（区、市）的15万名残疾人。

“爱心温暖”服装捐赠项目不断创新工作手段，完善工作途径，继续保持大多数受助地区通过各级残联和基金会开展资助工作的传统方式，甘肃省、武汉市、长春市为代表的受助地区争取本地各级政府、街道和社区支持，拓展资助工作组织渠道，河南省、江西省为代表的受助地区积极协调本地特教学校和高校志愿服务组织共同参与，培养助残理念，提升助残工作的社会认知。服装捐赠项目已经走进了社区、街道和学校，让越来越多的残疾人受益，也让越来越多的健全人在参与服装项目捐赠和服务中体现社会价值。

**【集善工程——(助您健康）海王集团捐赠保健品项目】** 集善工程——(助您健康）海王集团捐赠保健品项目是基金会“助困行动”的重要组成部分。2014 年，海王集团向基金会捐赠 2340 万元的高品质蛋白粉和保健品，帮助 28 个省（区、市）、60 多个地区的 10 万残疾人及其家庭改善健康状况。2014 年 6 月，中国残疾人福利基金会与海王集团共同组织开展了广安儿童康复中心捐建项目，以实际行动纪念“小平同志诞辰 110 周年”。

（中国残疾人福利基金会
朱晓峰　孙国欣　郝建国）

# 中国儿童少年基金会扶贫

**【概述】** 中国儿童少年基金会（以下简称“中国儿基会”）成立于1981年7月，是我国第一家公益基金会，宗旨是抚育、培养、教育儿童少年，辅助国家发展儿童少年教育福利事业，特别是贫困地区的儿童少年教育福利事业。34年来，中国儿基会始终恪守宗旨，凝心聚力，精心打造了“春蕾计划”“安康计划”“消除婴幼儿贫血行动”等儿童慈善品牌，创新推出了“儿童快乐家园” “幸福万家·母婴1000天健康行动”等儿童慈善项目，惠及全国逾千万名贫困儿童，为促进儿童全面发展、推动中国扶贫开发工作发挥了社会组织的独特作用。

2014年，中国儿基会紧密围绕党和国家工作大局及全国妇联中心任务，以教育扶贫和医疗卫生扶贫为着力点，紧贴儿童的成长发展需求，创新推进慈善项目，积极策划慈善活动，全面搭建慈善平台，广泛动员社会各界参与扶贫开发工作，扶贫工作取得新的成效。2014年公益资助支出共3.68亿元，在服务儿童、服务社会、服务扶贫开发工作大局中作出了积极贡献。中国儿基会项目管理部被国务院扶贫开发领导小组办公室授予“中央国家机关等单位定点扶贫先进集体”荣誉称号。

**【春蕾计划】** 2014年是“春蕾计划”实施第25周年。25年来，“春蕾计划”累计筹集社会爱心捐款14.58亿元，捐建春蕾学校1154所，资助春蕾女童251.7万人次、大龄女童实用技术培训52.3万人次，编发以提高儿童特别是女童性安全防范意识和能力为主要内容的《儿童手册》《家长手册》100万套。“春蕾计划”以新疆、西藏等边疆少数民族地区为资助重点，并实现了全国31个省（区、市）全覆盖。

2014年，新建春蕾学校4所，在建春蕾学校71所，资助春蕾生1.92万人次，对50名优秀蓝天春蕾教师进行教学培训，开展34场女童安全保护专题讲座培训。委托第三方对“春蕾计划”实施25周年社会效益进行评估。评估报告指出：“春蕾计划”的实施，推动了贫困地区女童教育发展，在帮助女童重返校园、维护女童受教育权上取得了巨大成就，在很大程度上改变了“重男轻女”的思想观念，提高了妇女的自身素质和社会地位。

**【安康计划】** “安康计划”结合儿童成长中的突出问题，继续通过开展宣传、教育、培训、救助等系列活动，促进广大儿童少年安全健康成长。2014 年，共捐建儿童安全体验教室 48 间、安康图书馆 33 个。为 16 个省（区、市）孤贫儿童赠送 23 万份重大疾病公益保险并完成 67 例保险理赔。对 1000 名弱视儿童进行义诊筛查，资助 302 名儿童接受免费治疗，在贵州省建成弱视培训中心、弱视诊疗中心各 1 个。资助 21 名儿童免费进行人工耳蜗手术，为 102 名植入人工耳蜗的困难儿童家庭发放补助共计 94.7 万元。为 204 名脑瘫儿童进行义诊，资助其中 17 名儿童到北京免费进行康复治疗。为 157 名贫困血友病儿童捐赠价值 600 余万元的百因止 5430 支。持续资助双流安康家园 392 名汶川地震孤困儿童学习生活费用。举办“守护童年——蓝天下的希望”儿童安全主题晚会，在全国开展 20 场“和孩子共同成长”公益讲座，与清华大学社会科学学院共同举办 4 期积极心理学公益培训等，为营造关注儿童安全、关心儿童健康的良好社会环境发挥了积极作用。

**【消除婴幼儿贫血行动】** 2014 年，中国儿基会认真执行中央专项彩票公益金支持“消除婴幼儿贫血行动”项目，确保政府资金社会效益最大化。根据政府采购公开招标相关规定，顺利完成营养包生产企业招标工作。在充分满足西部 6 个项目省 22 个项目县滚动发放的前提下，扩大项目覆盖范围，新增 28 个项目县。组织项目专家组对项目执行、营养包发放、服用效果、社会宣传等情况进行全面督导。赴生产企业考察评测营养包的生产质量。督导考察结果显示，各项目地区营养包发放及时，服用效果较好，安全生产符合国家相关规定。2014 年累计发放营养包 116.51 万盒，受益婴幼儿 13.96 万人。

**【儿童快乐家园】** 2014 年，为进一步健全留守儿童关爱服务体系，根据留守儿童的实际需求，与全国妇女联合会共同在农村社区建立“儿童快乐家园”，为留守儿童提供亲情关爱、家庭教育指导、安全保护、心理咨询、文体娱乐等服务。项目与电商合作，统一配置设施，实现种类多、质量好、价格低、物流快。每个家园除配置桌椅、书架外，还配置有不同年龄段的儿童读物 3000 多册、音像制品 15 套、1 台电视、1 个 DVD 播放机、1 台数码钢琴、2 台电脑及视频通话设备、20 种 100 多套文体用品，并持续 5 年补充相关物品。2014 年，捐款到位 3310 万元，在全国 23 个省（区、市），共援建“儿童快乐家园” 331 个。

**【幸福万家·母婴 1000 天健康行动】** 2014 年，为使广大新婚夫妇及时了解和掌握婚期、孕期和育期的科学知识，促进母婴健康、家庭幸福，与全国妇女联合会、民政部、国家卫生和计划生育委员会，共同实施“幸福万家·母婴 1000 天健康行动”公益项目。组织专家历时半年完成了《婚期》《孕期》《育期》3 本宣传辅导手册编撰工作，首批印制 100 万套，通过婚姻登记机关向新婚夫妇免费发放。

**【援疆工作】** 为贯彻落实第二次中央新疆工作座谈会精神，积极推进空军部队、武警部队、恒大集团3家爱心单位分别捐赠1000万元，共计3000万元，用于实施“春蕾计划”“儿童快乐家园”等儿童公益项目，增进新疆儿童福祉。组织开展“恒爱行动——百万家庭亲情一线牵”公益活动，通过全国31个省（区、市）妇联组织爱心家庭编织爱心毛衣，并赠送给新疆少数民族家庭，搭建起各民族家庭之间爱心互动、情谊联结的平台。截至2014年年底，已发放4.14万斤毛线，首批3.2万件爱心编织物品已捐赠给新疆少数民族家庭，活动将持续3—5年，覆盖百万新疆家庭。

**【中国儿童慈善活动日】** 2014年，为利用重要时间节点提高儿童慈善事业影响力，中国儿基会将成立之日7月28日定为中国儿基会“中国儿童慈善活动日”。每年利用这个特殊时间节点，策划开展不同主题、形式多样的公益活动，为社会各界奉献爱心搭建平台。2014年，策划开展了中国儿童慈善活动日“守护童年与爱同行——2014美丽中国爱心行”公益活动。活动历时4个月，分别在重庆、西藏、山西、内蒙古、新疆、贵州、安徽7个省（区、市）开展了儿童慈善项目捐赠揭牌、走访慰问贫困儿童家庭、调研儿童慈善需求等公益慈善活动，为当地贫困儿童送去了社会各界的关爱和温暖。

**【扶贫资金募集】** 2014年，中国儿基会紧跟社会发展形势，多措并举拓展筹款渠道。严格按照爱心单位捐赠意愿，执行好捐赠项目。主动维护好已有捐赠队伍，定期回访、反馈捐赠信息。及时研究分析社会总体捐赠特点，通过冠名基金、冠名项目、设立专项基金等方式，建立长期慈善合作关系。倡导“零钱慈善”理念，充分利用互联网众筹模式的兴起，积极融合传统媒体、新兴媒体和自媒体的力量，广泛开展宣传筹款工作，不断拓展慈善捐赠平台。在腾讯月捐、支付宝、财付通、网银等在线捐赠基础上，新开辟了招商银行电子银行、百度钱包、微信支付等多种移动筹资方式，募集善款。

在募集工作中，坚持严格按照国家有关法律法规和《基金会管理条例》《中国儿童少年基金会章程》规范开展工作。特别是对于境外一些机构动机目的不纯的捐赠活动坚决不参加、不接收，确保筹款工作合法合规地开展。

（中国儿童少年基金会）

# 中国西部人才开发基金会扶贫

**【概述】** 中国西部人才开发“基金会”（以下简称“基金会”）是经国务院批准，于2006年9月18日在民政部注册登记的全国性公募基金会。业务主管单位是国家行政学院，宗旨是服务西部大开发，为西部地区和为西部地区服务的人才进行培养与培训、科学研究和政策咨询研究，为西部大开发提供人才和智力支持。自成立以来始终秉承“根”“种”“酶”的理念，让人才成为西部大开发的发动机和加速器。

**【相守计划公益项目】** 关爱“留守”老师与留守儿童的“相守计划”是由基金会发起，国家开发银行及中国烟草总公司捐赠支持的计划，旨在通过资金资助、培训交流、物资配备等方式，帮扶偏远地区小学老师自主设计和组织开展面向本校留守儿童的特色关爱活动，以丰富留守儿童课外生活，帮助他们快乐成长。“相守计划”自2014年9月启动以来，截至2014年年底，共募集资金300余万元，先后在四川省泸州市古蔺县、湖北省十堰市竹山县和竹溪县、江西省赣州市宁都县和兴国县的120所学校实施，支持了200多名留守老师开展各类丰富多彩的关爱活动，让4万名留守儿童获得相守关爱，得到陪伴成长。

**【伊利方舟工程】** “伊利方舟工程”是由基金会创设主办、内蒙古伊利实业集团股份有限公司捐赠支持、上海市展望发展学院承办实施，致力于校园安全和儿童安全的大型公益项目。也是国内首个以校园安全为主题的大型公益项目。自启动以来，已募集资金1076万元，其中2014年募集资金300万元，开展了一期校园安全专题培训班，来自西部10个省（区）10个县的50名基层负责校园安全工作的管理者参加了培训。“培训周”结束后，参训县区教育部门根据培训内容随即展开“活动月”及“安全年”等系列活动，帮助30所学校完善“我的方舟”校园安全预案，与西部各基层管理者共同寻找适合当地校园安全的解决方案。同时，项目还研发设计了包括安全小手册、防灾头巾、安全小黄帽、安全游戏棋、安全记事本等在内的公益产品，丰富了西部地区安全教育资源。“伊利方舟工程”因地制宜开展安全教育主题活动，有效地提升了当地学生的防灾避险知识和技能，努力为西部地区儿童构筑一个快乐的生活学习环境，打造一艘安全的方舟。“方舟工程”的实施得到西部地区教育部门和广大师生的一致欢迎。中央电视台、中国教育电视台、新华社、中新社、凤凰网、中国广播网、网易新闻等多家权威媒体纷纷报道该公益项目。

**【新钢彩虹图书室公益项目】** 为解决西部地区贫困山区小学生课外阅读问题，培养小学生的阅读习惯，扩大知识面，提高素质，基金会在河北新钢钢铁集团有限公司的支持下，创设了“新钢彩虹图书室”公益项目，为云南省、宁夏回族自治区 50 所小学各建设一个图书室，每个图书室配发 1000 册图书。2014 年，为有效发挥图书室的作用，激发孩子们的读书热情，在 50 所建设了图书室的学校开展了读书征文比赛活动，共有 1.65 万名学生参加，最终评选出一、二、三等奖和优秀奖共 397 名。在此基础上，基金会从获奖学生作品中选择了 110 篇有代表性的文章汇集成书，书中不仅附有作者本人亲手绘制与文章内容相关的插画及作者个人照片，还有捐赠方领导的题词以及受助地教育局领导、学校校长、教师等激励孩子读书的佳作。成书后除发给获奖学生外，还在各图书室展览借阅。通过读书、写心得、征文比赛，特别是汇集获奖文章成书，贫困地区孩子们得到了极大的鼓舞。该项目在当地获得高度赞扬和认可。与此同时，这个项目的实施形成了一个建设图书室、学生读书、写读书心得、征文比赛、评奖、优秀文章汇集出书、激发学生再读书、养成读书习惯的可复制的公益项目模式。

**【山村教师公益计划】** 基金会致力于支持西部地区乡村教师队伍建设，联合国信招标集团股份有限公司共同实施“山村教师公益计划”（以下简称“公益计划”）公益项目，通过提供生活资助，鼓励西部地区贫困优秀教师，更好地投身于教育事业，提高教学质量，为山村和国家培育需要的人才，促进西部地区教育事业更快发展。2014 年，基金会向云南省、广西壮族自治区和甘肃省，共计 533 名山村贫困优秀教师每人发放 1000 元资助金。9 月，基金会常务副理事长戴桂英、副秘书长陈志朝，国信招标集团有限公司总裁袁炳玉一行，赴云南省昆明市禄劝彝族苗族自治县实地调研“山村教师公益计划”的实施情况。现场向“山村教师公益计划”受助教师发放了慰问金，并向电力希望小学捐赠了总价值达 5 万元的学习用品和保暖衣物。

（中国西部人才开发基金会
项目部　杨景智）

# 重庆市扶贫开发协会扶贫

**【人畜饮水项目】** 重庆市扶贫开发协会同中国扶贫开发协会协同合作，与新加坡连氏援助组织在贫困村开展人畜饮水项目，分别在开县白桥镇桂花村，巫溪菱角乡石安村，文峰镇燕玲村、松涛村、农庆村、朝阳镇松花村、胜利乡洪仙村、下堡镇上钱村、中梁乡中梁村，武隆县巷口镇薄板村、万银村，奉节县甲高镇九洞村，南川区黎香湖镇北胡村、太平场镇中坝村、桥头居，巫山福田镇莲花村、官渡镇庙坪村、抱龙镇鸡冠村共18个村开展人畜饮水项目，投入资金367万元，各区县、村配套资金457万元，共计824万元，新建蓄水池800立方米的3口，500立方米的6口，300立方米的7口，200立方米的10口，100立方米的4口，新建2.07立方米过滤池15口，2.00立方米的沉砂池16口，新建10平方米的水泵房7间，铺设引水管道21.52千米，安装7.5千瓦的电机台5个，多级离心泵10套，安装供水入户水表8000多个（户）。解决了1.9万人饮水困难的问题。

**【三送一进活动】** 根据重庆市委、市政府安排，重庆市扶贫开发协会会长张家万带领武警重庆市总队文工团成员和医疗队到南川区木凉乡玉岩铺村、云都寺村开展了“三送一进”活动，即进农家、送温暖、送文化、送健康，对14名空巢老人进行慰问，对358名妇女进行体检，向1200名村民进行文艺表演；并向广大村民宣传了党的路线、方针、政策，使空巢老人和广大村民深受感动和鼓舞。

**【爱心助残活动】** 从2012年开始，协调动员企业家唐龙捐资共60万元，为重庆市农村贫困户102名残疾人作了肢体矫正手术，2014年被重庆市残疾人联合会表彰为“爱心助残先进单位”。

**【教育扶贫】** 开展“深山有远亲，扶贫见真情”活动。重庆市扶贫开发协会志愿者服务总队在纪念世界“消除贫困日”活动期间，组织物质赴城口县龙田小学、云阳外郎小学、奉节安坪镇下坝小学、丰都许明寺镇培观完全小学、綦江东溪镇福林学校、唐家村小学、垫江裴兴学校、铜梁维新小学为特困留守儿童每人捐赠700元爱心助学金及书籍、书包等学习用具。为贫困家庭捐赠8000元医疗救助金，慰问空巢老人并免费为空巢老人开展健康体检。发放救助金共30万元。

**【创业培训】** 与重庆市万州电子信息

工程学校和重庆市立事信息工程学校合作，对重庆市 18 个重点扶贫地区共 1933 名 30—50 岁在家务农的农民进行了食用菌种植、水产养殖、畜禽养殖、乡村旅游、大棚蔬菜种植、汽车检测与维修等内容的免费培训，使贫困村农民工掌握一技之能，为脱贫致富创造条件。

**【关爱留守儿童公益活动】** 2014 年 3 月、5 月，与重庆市关心下一代工作委员会和重庆市公共事业发展研究会合作，动员 121 个企业家募集资金 219 万元，制作爱心包裹 5000 份，分别为巴南区、合川区、潼南区、万州区、涪陵区、黔江区、秀山土家族苗族自治县、酉阳土家族苗族自治县等 10 个区（县）17 所小学 5000 个留守儿童送去了温暖。

**【志愿者下乡服务】** 重庆市扶贫开发协会组织爱心服务志愿者法律服务分队（西南政法大学）70 多人分 8 次到武隆、南川、潼南、垫江等 4 个区（县）16 个贫困村开展法律宣传服务活动，使 4 万多村民受到了法律教育。5 次组织医疗服务分队到云阳、奉节、巫山、城口等 8 个区（县）为 4000 多名村民检查身体，宣传卫生防疫常识，受到广大村民的欢迎。

**【村官电视大赛】** 重庆市扶贫开发协会在重庆电视台开展“赢在乡村 · 圆梦中国”大学生村官电视大赛活动，在重庆公共频道播出 20 期，并对 100 名大学生村官创业项目进行了专题辅导和技术点评，58 个企业家对项目进行分析对接，28 名选手获得了专宝盒，发放现金 22 万元，使 16 个大学生村官创业项目得到了重庆市扶贫办的支持。10 月 15 日，在重庆电视台演播大厅组织开展了为纪念“国际消除贫困日”公益晚会，为大学生村官创业孵化基地进行了授牌，引起了社会的广泛关注。

**【扶贫日活动】** 2014 年 10 月 17 日，在全国首个“扶贫日”上，重庆市扶贫开发协会开展了推荐“重庆十大责任企业家、十大扶贫明星企业、十大扶贫示范项目”的评选活动，为大力宣传爱心企业的扶贫事迹、典型人物和扶贫项目，动员全社会参与扶贫起到推动作用。

**【村官创业项目】** 为确保中国扶贫开发协会支持重庆的 33 个村官创业项目（其中养殖类 5 个，种植类 27 个，乡村旅游类 1 个）扎实推进，取得实效，重庆市扶贫开发协会在项目监管中，采取村官撬动、乡村推动、企业带动、政策驱动、协会牵动的“五动”途径，带动 8000 户 3.2 万人发展产业，3500 名贫困户脱贫增收。

**【雨露工程】** 重庆市扶贫开发协会实施“雨露工程”项目，在 32 个区（县）共救助农村贫困大学生 4338 名，每人 3000 元以上，实际投入资金 1323.8 万元。其中建档立卡贫困户学生 3779 名，非建档立卡贫困户学生 559 名。

**【扶贫先进人物】** 重庆市扶贫开发协会会长张家万，紧紧围绕协会职能任务，积极探索新形势下社团组织参与扶贫的途径和方法，在募集社会资金、推进扶贫助学、实施大病救助、为贫困家庭排忧解难以及动员民营企业参与产业扶贫项目开发，支持大学生村官创业等方面取得了明显成效。2010—2014 年，先后直接募集资金近 6000 万元，对 2000 多名贫困学子及 300 多户病残困家庭实施了救助；启动了以支持贫困地区大学生村官创业成长为主要内容的“赢在乡村·圆梦中国”系列公益活动；组织开展了“公益重庆·爱心之旅——关爱贫困留守儿童扶贫活动”；引进企业投资 3.5 亿元，打造了 2 个乡村旅游扶贫示范村；成立了“赢在乡村”扶贫开发股权投资基金，为重庆市贫困地区经济社会发展和贫困群众增收致富做出了重要贡献，被广大干部群众亲切地称为“扶贫将军”。

（重庆市扶贫开发协会）

# 河仁慈善基金会扶贫

**【概述】** 河仁慈善基金会是由福耀集团董事局主席、被誉为“中国首善”的曹德旺先生发起创立的，国务院侨务办公室主管，民政部作为登记管理机关的非公募慈善基金会。2011 年 5 月 5 日，河仁慈善基金会成立仪式在北京举行。曹德旺先生与其妻子陈凤英女士，向河仁慈善基金会捐赠 3 亿股福耀玻璃股票，全国第一家以金融资产成立的非公募基金会正式宣告成立，是对中国传统慈善模式向现代慈善模式转型的一次探索。以曹德旺先生的父亲“曹河仁”先生的名字命名为“河仁慈善基金会”，取意“上善若水，厚德载物”。河仁慈善基金会是全国第一也是唯一经由国务院审批的、以金融资产（股票）创办的非公募慈善基金会；是全国第一和唯一一家由财政部、民政部、国家税务总局、国务院侨务办公室 4 个国家部委（局、办）派出在职司局领导干部担任理事、监事的非公募慈善基金会。

**【扶贫资金投入】** 河仁慈善基金会已累计开展公益慈善项目 58 个，公益支出总额近 4.5 亿元。其中，扶贫类项目 38 个，扶贫类公益支出 3.14 亿元，占公益支出总额的 70%，捐赠区域遍及我国北京、福建、贵州、内蒙古、云南、宁夏、新疆、西藏等 29 个省（区、市）以及 1 个境外地区——尼泊尔。

**【教育扶贫】** 为改善贫困地区教育环境，帮助家庭经济困难的学生完成学业，河仁慈善基金会先后资助“筑巢行动”“河仁·春蕾圆梦行动”“曹德旺助学金”等 16 个项目，捐赠善款 1.76 亿元，用于改善贫困地区寄宿小学生住宿状况、修建教学楼、资助贫困学生等，有效扩大了部分弱势群体受教育机会。在重庆市，河仁慈善基金会资助重庆市妇女儿童基金会所开展的“河仁·春蕾圆梦行动”，共计资助 2375 名贫困学生。其中，大学生 675 名，每人 4000 元；高中生 1700 人，每人 3000 元。

**【基础设施建设】** 为改善欠发达地区群众生活条件，河仁慈善基金会资助开展“侨爱工程”“贫困归侨住房重建”“慈善助农”等 14 个项目，捐赠善款 1.09 亿元。这些资金用于福利院、敬老院建设，孤儿、孤老救助，残疾人危房改造以及藏区同胞物质生活改善。在吉林省延边朝鲜族自治州，河仁慈善基金会捐款 418 万元，为 110 户归侨重建、新建住房，受助贫困归侨占延边州贫困归侨总数的 56%。此外，河仁慈善基金会不断探索公益资助模式的创新改革，尝试用公益性资助撬动政府、企业等公共资源，放大慈善资源效应，推动当地社会可持续发展。

**【医疗卫生扶贫】** 为改善贫困地区医疗条件，使更多患病困难群体能够得到有效的医治，河仁慈善基金会开展各种规模和类型的医疗救助类项目 8 个，捐赠善款 2909.5 万元。同时还向特定贫困大病患者提供医疗经费，帮助他们及时获得救治。

**【革命老区建设】** 在江西，河仁慈善基金会向江西革命老区爱心基金会捐赠 900 万元，用于对江西省城乡低保户、支出型贫困低收入家庭和部分优抚对象家庭的 18—60 岁先天性和风湿性心脏病患者，实施免费手术治疗救助。该项目得到了江西省政府、财政厅、民政厅等部门的高度重视和支持，患者住院费用由基本医疗保险、政府医疗救助和河仁慈善基金会三方面按 4∶3∶3 比例承担。该项目完成了对 200 名先心病、风心病患者的救助。

**【文化扶贫】** 在四川省，河仁慈善基金会向“侨爱工程——点亮藏区牧民新生活计划”捐赠 1000 万元，用于改善四川省藏区藏族同胞物质文化生活，为四川阿坝、甘孜等藏区牧民定居点发放太阳能便携式卫星电视。

（河仁慈善基金会）

## （五）企业扶贫

# 河南华英农业发展股份有限公司扶贫

**【企业概况】** 河南华英农业发展股份有限公司（以下简称“华英公司”），成立于1991年10月，位于河南省信阳市潢川县产业集聚区工业大道1号，是一家以樱桃谷肉鸭和白羽肉鸡养殖加工为主，集育种、养殖、加工、熟食、饲料、羽绒及制品加工、销售、国际贸易等于一体的国家大型禽类食品加工企业。目前是世界上最大的鸭加工企业，国家农业产业化重点龙头企业、国家扶贫龙头企业、河南省社会扶贫先进集体。公司总资产51.7亿元，拥有1个祖代种鸭场、19个父母代种鸭场、9个种鸡场、126个大型标准化养殖基地、6条肉鸭屠宰加工生产线、4条熟食生产线、4条肉鸡生产线、7条饲料生产线、2条羽绒生产线。整个集团已经具备了年出雏禽苗1.4亿只，屠宰加工樱桃谷鸭1亿只、肉鸡8000万只，熟食6万吨，羽绒2万吨，饲料120万吨的生产能力，真正成为“标准国际一流、规模世界最大”的樱桃谷鸭加工基地。公司始终坚持“争创世界名牌，打造百年华英”，全面通过了ISO9000质量管理体系、HACCP体系、GAP良好农业规范和ISO14000环境管理体系的认证，具有自营进出口权。公司不断拓展国内、国外市场空间。在国内，建立了覆盖全国的市场销售网络，市场占有率已经达到规模化养殖企业销量的15%以上。在出口方面，华英牌系列产品远销到欧盟、韩国、日本、新加坡、南非、中东、中亚等多个国家和地区。公司先后被评为全国质量管理先进企业、全国食品安全示范企业、中国食品工业百强企业，华英产品也成为“中国名牌”“无公害农产品”和“中国名牌农产品”，“华英”商标被国家工商总局认定为中国驰名商标。公司在立足河南潢川的同时，不断将“华英”模式向外延伸，分别在河南省淮滨县、淮阳县，山东省单县、江西省丰城县组建了分/子公司，进一步提高了华英的规模、效益和品牌影响力，也大大提高了公司扶贫能力和扶贫覆盖范围。

**【企业扶贫概述】** 自成立以来，公司始终围绕产业扶贫，分别在不同时期，选择合适配套项目进行建设，先后引进外资组建了港华、华隆、华姿雪羽绒制品有限公司；与英方合资组建了华英祖代种鸭、熟食制品公司；先后在河南省潢川县、山东省单县、江西省丰城县建设肉鸭养殖基地；在河南省淮阳县、淮滨县建设肉鸡养殖基地；并分别配套上马肉鸭、肉鸡屠宰加工生产线，安排了上万农民工和大批贫困人口进厂（场）务工。

公司始终坚持以“龙头带动，产业扶贫”为己任，以促进农户增收为核心，以市场需求为导向，以主导产业为载体，以机制创新为保障，全力推进产业扶贫、科技扶贫、政策扶贫和公益扶贫，真正为改善老区贫困面貌，推动社会主义新农村建设做出应有贡献。2010-2014 年，在信阳市委、市政府“华英富民计划”推动下，公司在直接以项目投资的基础上，又以建场补贴捐赠等形式累计投入 2000 万元扶贫资金用于贫困农民建场发展养殖，收到了企业发展与产业扶贫齐头并进的良好效果。

**【扶贫资金投入】** 20 年来，公司直接或间接投入扶贫资金 1 亿多元。2014 年在前期帮助贫困户建养殖场的基础上，又投入 1000 万元为贫困户进行养殖场改造、养殖效益补贴、技术培训、发展当地特色产业和特困户捐助等。

**【产业扶贫】** 华英公司是一个地道的“农”字型企业，与广大农民有着密切联系。企业的发展也得益于信阳老区这块肥沃的土壤。自创建伊始，公司目标之一就锁定在带领老区人民脱贫致富，发展地方经济上。项目实施以后，公司一边克服艰苦的创业条件，一边动员老区农民参与养鸭致富。通过大量有效的工作，吸引大量农户投入到养鸭脱贫的行列中来，也使广大农户认识到：依托华英，走产业化发展之路才是实现脱贫致富奔小康的现实途径。为此，公司首先改变了过去传统的养殖模式，实施了订单农业，与愿意从事养殖的农民利用合同契约的形式，把农户和企业联结起来，形成“公司+基地+农户”和“五统一”（即统一供苗、统一供应饲料、统一消毒防疫、统一用药、统一回收屠宰）的农业产业化模式，帮助他们通过养鸭实现快速脱贫，逐步融入市场经济的潮流。参与养殖的农户从 1993 年最初的 1000 多人，发展到目前的近 10 万人，农户从事养殖业的收入也从 1993 年的每人年均 4500 元增长到 3.6 万元。在农户养殖小区建设方面，信阳市委、市政府于 2010 年开展“3133”华英富民计划（即在 3 年时间内，围绕华英家禽养殖加工产业，实现产值 100 亿元，利税 3 亿元，出口创汇 3 亿美元），得到了各县乡镇广大养殖农户的大力支持和倾力配合，新建鸭养殖小区 474 个，鸡养殖小区 164 个。华英公司在三年实施华英富民工程计划中，以建场每平方米补贴 10-20 元的形式，捐赠扶贫资金 1600 万元，公司从资金、技术、服务及政策方面给予了大力支持和倾力配合，从而使贫困农户能够快速投产、快速致富。

**【扶贫培训】** 华英公司本着农企共建、农企鱼水一家人的利益准则，建立了联动发展的长效运作机制。在华英，除了农副产品原料以外，产业自成体系、配套成龙，需要近 3 万个劳动力，为此，公司每年拿出 200 万元专项培训基金，并根据不同单位、不同工种、不同岗位实际，采取不同形式，对进入华英的农民工进行必要的基本技能和技术操作规程培训，然后再进入工作岗位。在养殖车间，公司除集中对农户进行培训外，在各养殖县设有技术服务站，规定每个县服务站技术服务人员对所辖养殖场户进行技术服务与回访，每月不低于2次。同时，每月定期召开经验交流会、组织现场评比等活动，树立养殖先进典型人物，现身说法，并将成功经验向其他养殖农户进行推广，促使农户养殖水平及养殖效益不断提升。开办华英养殖技校，强化从事养殖农民的培训，提高养殖科技含量，实现养殖产业的高效循环发展。公司每年投入800万元专项资金，用于标准化、规模化养殖小区的升级改造，帮助广大农户改善养殖基础设施建设。如今，通过华英的服务指导及专业技术培训，越来越多的农民走出田园，进入工厂，转移了10万多的农村剩余劳动力。二十多年来，华英公司通过新技术推广及成果运用，累计带动3万多农户，实现新增养殖面积200多万平方米，新增产值20多亿元。

**【扶贫政策措施】** 华英公司在社会养殖发展上，制定并完善了“五保一扶两优”的优惠政策，五保即保证提供优质禽苗、保证提供优质全价饲料、保证全程技术服务、保证成禽回收、保证每只成禽纯利润1元以上，一扶即对资金短缺场户给予一定扶持，两优即现金购买优惠和业务优先办理，积极引导农户发展订单农业，无论市场如何波动，公司给农户每只成禽的养殖收益始终不变。比如在禽流感时期，公司在疫情和市场竞争双重压力下，承担了农户养殖风险的社会责任，按照合同价格收购农户的商品成鸭，虽然公司造成了很大的损失，但确保了农户利益。长期稳定的养殖政策，让农户真正养上放心鸭、实惠鸭。在具体合作中，公司又补充出台了“四专一卡通”的服务措施，即：专门的养殖饲养管理机构、专门的技术人员、专门的资金账户、专门的业务办理窗口，一站式“绿卡”服务通道。这一措施使农民经营的灵活性、积极性和企业集约化经营的优势得以充分发挥，既保证了企业有稳固的原料基地，又保证了广大农民的普遍增收。

**【公益扶贫】** 公司于2012年出资1000万元成立了“华英阳光爱心基金会”，用于帮扶、资助社会弱势群体。其中包括资助困难职工家庭、特困社会人群、困难家庭子女就学及一些社会福利事业。

2014年，公司出资30余万元开展扶贫捐助公益活动：7月，公司出资20余万元购买饲料与玉米，对潢川县张集乡吴楼贫困村的蛋鸡养殖场户进行帮扶。公司每年开展“慈善一日捐活动”，2014年的“慈善一日捐”获员工捐款5万余元，全部捐赠给贫困户用于子女上学费用。2014年春节“送温暖”活动捐款3万元。10月17日首个“扶贫日”，向公司扶贫对口贫困村慰问捐款4万元。

（河南华英农业发展股份有限公司项目发展部　梁振国　王志刚　王　稳）

（河南省扶贫办推荐）

# 湖北省鄂西生态文化旅游圈投资有限公司扶贫

**【企业概况】** 湖北省鄂西生态文化旅游圈投资有限公司（以下简称“公司”）成立于2009年5月，是湖北省委、省政府为实施“两圈一带”战略（武汉城市圈、鄂西生态文化旅游圈，湖北长江经济带及汉江生态经济发展带），推进鄂西圈发展成立的大型国有控股旅游投资集团，公司由省政府，宜昌、襄阳、十堰、荆州、荆门、恩施、随州、神架8市（州、林区）政府以及中国长江三峡集团公司、中国建筑第三工程局有限公司、湖北清能地产集团等大型企业共同出资组建，注册资本金19.2亿元，由省政府控股。公司员工5543人，资产总额300亿元，拥有全资子公司15家、控股子公司17家、参股子公司10家，其中上市公司2家，以及文化旅游、新型城镇化、生态农业、金融服务四大产业板块，正在朝全国大型文化旅游企业第一方阵迈进。

公司成立6年来，始终牢牢把握主业，尽心履行职责，以旅游产业为切入点，认真履行“投资、融资、资本营运”三大职能，充分发挥“龙头引领、资源整合、资本放大、品质提升”四大作用，迅速发展成为产业特色鲜明、运转规范有序、核心竞争力较强的大型国有控股旅游投资集团，成为振兴湖北旅游经济的重要引擎，为鄂西圈乃至全省经济跨越发展发挥了积极作用。

**【企业扶贫概述】** 公司积极履行国有企业社会责任，充分发挥旅游投资融资平台功能，以旅游扶贫为重点，累计筹措近百亿元资金，投资建成了30多个特色旅游产业项目，每年为湖北贫困地区提供税收上亿元，直接和间接带动20多万人就业，成为湖北扶贫攻坚的重要社会力量。2014年10月，公司被国务院扶贫工作领导小组授予“全国社会扶贫先进集体”荣誉称号。

**【旅游扶贫】** 布局大项目，激活地方旅游资源。公司坚持项目优先在贫困地区落地，资金优先在贫困地区投入，先后在湖北秦巴山、武陵山、大别山和幕阜山四大连片贫困地区，布局了一系列文化旅游项目，实现了“开发一方景区、带活一方经济、致富一方百姓”的显著效果。在武陵山区，投资30多亿元，整合开发恩施大峡谷、坪坝营、黄金洞、清江画廊、柴埠溪等优质旅游资源，打造大清江国际旅游目的地，推动当地旅游产业提档升级，带动区域经济发展。在秦巴山区，投资 1.5 亿元，开发房县温泉项目；投资 2 亿元，高标准建成神农架国际滑雪场；投资 5000 万元，支持保康尧治河旅游区开发；投资 2 亿元，启动武当山五龙景区开发。在幕阜山区，投资 3.5 亿元，重点完善了九宫山旅游区的配套设施建设，预计该景区 5 年内年接待人数将破百万，旅游收入过亿元，可解决当地近千名贫困农民就业问题。在大别山区，以五祖寺景区为核心，整合四祖、老祖、挪步园等文化旅游资源，全面启动黄梅禅文化旅游区的开发建设。

打造大品牌，培育旅游产业强县、强镇和强村。根据贫困地区的旅游资源特点，因地制宜，整合资源，打造旅游品牌，培育旅游产业强县、强镇和强村，成为当地经济社会发展的重要支撑力量。地处武陵山区的恩施大峡谷景区，过去名不见经传，公司 2009 年进驻后，对景区进行整体包装，升级改造，从 2010 年开始，每年的旅客接待量保持 50%以上的增长速度。2014 年，景区直接收入 1.2 亿元，对当地税收贡献超过 2600 万元，带动恩施市沐抚办事处餐饮住宿、农副土特产品加工等相关产业蓬勃发展，该镇成为远近闻名的旅游名镇、经济强镇。大峡谷核心区所在的木贡村、营上村、前山村位于大山深处，过去一直处于贫困状态，通过景区的开发建设，有 653 位村民直接在旅游公司就业，公司按有关规定为员工购买了“五险”；在景区内从事特色交通（轿夫、背篓）的人员达 93 人，全部为当地老百姓，为支持老百姓脱贫致富，公司未收取任何费用；在景区开发过程中充分考虑实际，对当地居民的荒山荒坡进行了林地流转，共流转 326 户居民，平均每户所得补偿收入达 20 万元，最高补偿达 140 万元，直接增加了老百姓的收入；景区投资修建的商铺以比较低的租金提供给当地老百姓创业，平均每个商铺的年纯收入达 4.5 万元，最高的可达 20 多万元，带动 365 人创业。同时，随着景区发展，带动恩施屯堡、沐抚，利川团堡等周边建成 100 多家农家乐，当地乡村旅游日渐升温。2014 年 12 月 5—6 日，全国贫困村旅游扶贫试点工作座谈会在恩施土家族苗族自治州召开，重点推介了恩施大峡谷旅游扶贫经验。同样地处武陵山区的长阳县清江画廊景区，经过公司的精心打造，2013 年跻身国家 5A 级景区，成为全县旅游业的龙头，逐步形成清江画廊生态旅游产业带，带动长阳境内近 10 万人直接或间接就业创富，为全县人均纯收入提升的贡献率达到 40%以上。

**【产业扶贫】** 在“千企帮千村”活动中，公司结对帮扶咸丰县黄金洞乡麻柳溪村，围绕“有机富硒茶叶”“特色观光农业”两大主导产业，投入 1188.1 万元，实施了 3 个产业项目，帮助该村建设有机富硒茶叶生产基地、白柚生产基地和农业特色观光旅游基地。为提高村民自我脱贫能力，公司组织开展了 10 多次技能和管理培训，并组织劳务输出，吸纳村民到公司就业。2014 年，麻柳溪村年人均纯收入达到 1.2 万元，比 2013 年增长近 30%。

**【民生工程】** 公司累计投入 283 万元，在 4 个“三万”（万名干部进万村惠万民）活动驻点村启动了一批民生工程，重点新建了麻柳溪村羌寨文化剧场和坪坝营村旅游运动休闲中心，帮助向家寨村旅游实施公路绿化工程，帮助白家河村实施花红寺移民点亮化工程，改善当地村容村貌和村民生产生活条件。

**【新型城镇化建设】** 在革命老区洪湖推出公司首个新型城镇化“试水”项目——“鄂旅投·圆梦城”，成为当地一张亮丽的城市名片。2014 年，恩施市龙凤镇综合扶贫改革试点重大项目——农产品加工园区全面推进建设，致力于打造中国硒谷，形成百亿级农产品加工产业链。

**【金融服务】** 公司 2013 年成立基金公司，2014 年成立小额贷款公司和担保公司，为贫困地区提供全方位的金融服务。

**【生态农业】** 公司旗下的湖北省粮油食品进出口集团有限公司在大别山地区建设 30 万头优质山羊全产业链项目，年产值 18.1 亿元，利润 2.9 亿元，税收 2808 万元，带动农户约 1.12 万户，带动农民增收 23.84 亿元。

**【扶贫成效】** 带动了大量贫困农民就业。公司不断加快在贫困地区布局旅游项目，大力实施精品战略，推进旅游与文化的融合，打造了一大批在全国乃至全世界都有影响的旅游项目，促进了当地旅游产业的蓬勃发展，拓宽了当地百姓的就业渠道。恩施大峡谷 2014 年推出了全国最大峡谷实景音乐剧《龙船调》，附近有近百位村民白天务农经商，晚上在演出现场当群众演员，每天可获得 100 多元的额外收入。

改变了贫困乡村基础设施条件。在旅游产业的带动下，各级党委、政府的扶贫、环保、新农村建设等专项资金和政策向旅游项目地集中，水、电、路、通信等农村基础设施建设力度空前，进一步完善了乡村旅游接待服务设施，创造了良好旅游环境，逐步将贫困村打造成“村容整洁、环境优美、民居美化、生活文明、人与自然和谐共处”的新农村。恩施市沐抚办事处是少数民族聚集地，在恩施大峡谷景区的带动下，招引了一大批项目资金和社会投入，经济实力不断增强，集镇面貌焕然一新，新型城镇化进程加快，跻身“全省最美村镇”。

推动了贫困地区实现绿色崛起。旅游产业是绿色产业、生态产业。随着旅游业的蓬勃发展，旅游业“一业兴、百业旺”的行业带动优势愈发显著，在旅游景区成功开发的同时，餐饮业、农副土特产品加工和包装销售、旅游纪念品开发，房地产业、客运业等也发展起来，民俗文化和民间艺术得到挖掘与展现，从而带动了贫困地区产业结构的调整，找到了一条能够发挥贫困乡村资源优势、适合发展的新路子。公司集中在地处武陵山区的恩施和宜昌打造“大清江”百亿级旅游板块，带动清江沿线各地调整产业结构，形成以旅游为主的产业格局，既保护生态环境，传承地方文化，又发展地方经济，促进百姓脱贫致富。

变革了贫困群众思想观念。在贫困地区发展旅游产业，不仅促进了贫困农民增收致富和生产生活方式的变革，而且影响了贫困农民的思想观念。贫困群众以前过着农耕生活，交往范围小，通过发展旅游产业，取代了原来的封闭生活，眼界与从前大不一样。贫困农民更加渴望文化知识，追求健康生活方式，环保意识也显著增强。恩施大峡谷、清江画廊等景区在公司的开发下，越来越多的外地游客来到景区，增加了当地农民收入，同时，外地游客的生活方式、行为习惯等也给当地居民带来了强烈冲击。通过几年的经营，当地居民的开放意识、市场意识显著增强，山村文明新风也逐步形成。

（湖北省鄂西生态文化旅游圈投资有限公司综合办公室　郑大为）

（湖北省扶贫办推荐）

# 安徽天鹅科技实业（集团）有限公司扶贫

**【企业概况】** 安徽科技实业（集团）有限公司（以下简称“天鹅集团”）是一家以纺织（手工家纺）为主导产业，兼营电子科技、房地产开发、生态农业、生态林业、生态旅游、交通运输、技能培训、金融服务为一体的产业多元化企业集团。公司创立于 1992 年，位于岳西县安徽天鹅工业园，占地面积 248 亩，建筑面积 7 万平方米，下辖 17 家成员企业，7 家直属厂和 50 家生产厂，拥有先进的生产设备 1800 台套。集团拥有总资产 6.3 亿元，在职工人数 8500 人。

天鹅集团拥有 2 项发明专利，20 项实用新型专利和 2 项外观设计专利，所辖的工业制造业均已通过质量管理体系“三标”认证，主导产品为绗缝工艺系列制品，年生产能力 500 万套。天鹅集团是首家“全国手工家纺名城”核心企业，华东地区最大的工艺绗缝被生产、出口基地，产品远销欧美、东南亚市场。

公司自 2002 年成立党支部以来，连续多年获得“五星级”非公有制企业党组织称号，现有在册党员 30 余名。在集团党支部的引领下，公司持续、健康、稳定发展，取得了良好的经济效益和社会效益，连续多年跻身安徽民营企业五十强，先后获得“安徽省先进私营企业”“出口创汇先进单位”“国家扶贫龙头企业”“全国模范职工之家” “安徽省百强企业”等荣誉称号。“咏鹅”牌商标被认定为“安徽省著名商标”“中国驰名商标”，家纺和电子产品先后荣获“安徽省名牌产品”“安徽省名牌农产品”“安徽省出口名牌产品”“高新技术产品”“安徽省省级新产品”“安徽省质量奖”等称号。

**【企业扶贫模式】** 天鹅集团的主要产品是绗缝工艺被，就是在普通的机制棉被上加入人工缝制和盘花刺绣等工艺，使之成为兼具实用性和美观性的工艺品，这是一个典型的劳动密集型产业，生产加工过程中实现了农村大量剩余劳动力的转移，农民们可以采用领料加工的方式参与企业的生产经营。

天鹅集团创立了“公司+农户”的生产模式：公司提供生产设备、加工材料和专业培训，把产品的生产放到农村千家万户，让广大留守群体“既不离家也不离土”，既能在农忙时耕田种地，又能空闲时缝制工艺被，既能在家照顾老人和孩子，又能靠缝工艺被增收致富。足不出户，每人每月就能获得近2000元的经济收入。这种模式基本实现了“一户办分厂，全村即脱贫；一人进工厂，全家都致富”的扶贫效果。纺织产业的发展，带来了原料基地、包装材料、物流等相关产业的集结，创造了就业机会，创造了社会财富。

天鹅集团在岳西县21个乡镇设有分厂50余家。22年来，工艺被生产累计解决留守妇女就业15万人次，促进偏远山区近2万人脱贫致富，开创了“市场在国外、技术在公司、工厂在农村、车间在农户”的民生产业大格局，安徽天鹅集团也因此荣获“国家扶贫龙头企业”称号。

**【旅游扶贫】** 天鹅集团深入调研岳西县北部边陲的黄尾镇，在找准地区资源优势的基础上，对其发展定位作出了科学抉择，提出了以“生态旅游”为主题的兴农富民发展战略。

随着黄尾镇彩虹瀑布景区建成投产，旅游经济发展迅速。天鹅集团因势利导，积极扶持群众发展“彩虹之约”农家乐集群。景区周边农家乐经营户有86家，日接待能力5000人次，从业人员500人。农家乐经营户中，年收入高者可达50万—60万元，低者也有20万—30万元。有力地促进了“吃、住、行、游、购、娱”产业的全方位提升，带动岳西县产业结构调整，加速包括生态旅游、现代农林、现代服务业在内的第三产业的发展，带领岳西县人民走上可持续的致富之路。

**【教育扶贫】** 岳西县奖助优秀大学生协会成立于1992年，协会由天鹅集团现任总裁的父亲储芳庆先生牵头创办，是岳西县成立最早的、规模较大的一个社会公益组织，是资助贫困大学生的常设办事机构。协会奖励对象为当年高考中岳西考区文科、理科第一名及因学科成绩优秀免试进入重点大学或被中国科技大学少年班录取的学生；资助对象为家庭经济特别困难、被全国重点大学录取的应届高中毕业生。协会累计奖助学生1300多人次，发放奖助学金200多万元。

安徽天鹅集团对岳西县奖助优秀大学生协会的成立和发展做出了巨大的贡献。每年都向协会捐赠善款，累计金额达50余万元，并为协会配备办公设施，为日常工作提供交通车辆及通信资费等支持。

**【公益扶贫】** 2014年年初，安徽天鹅集团投资60万元，成立目前安徽省内唯一一家民营社区纯公益服务机构——安徽天鹅公益服务中心。中心以“倡导社会公益，弘扬人间大爱”为主题，自启动以来，得到了社会各界爱心人士的大力支持，现有各行各业志愿者50名，并聘请专职工作人员4名。志愿者们秉承“服务他人，快乐自己”的理念，积极参与各项扶贫和公益活动。每逢传统节日，安徽天鹅公益服务中心都组织志愿者赴周边敬老院赠送生活用品，扶贫和公益活动做到常态化、制度化、民生化。募捐的善款，全部用于采购生活用品，包括优质大米、食用油及棉衣、棉鞋等，用以改善敬老院孤寡老人的生活。

安徽天鹅公益服务中心自开办以来，一直坚持为社区群众做好事、办实事，开展老年人免费健康体检 300 人次，免费辅导学生课程 3000 人次；接纳幼儿活动 2000 人次，获得了小区群众的一致好评。

**【扶贫培训】** 天鹅集团在力所能及的情况下，对本县的农民进行劳动力转移培训和农民职业技能培训。通过农村劳动转移培训、雨露计划培训、重点高级人才培训，坚持“自主培训”与“走出去培训”相结合的模式，培养了一大批企业所需的能手型、专家型、管理型人才。天鹅集团有一个庞大的培训体系，创办了专门的培训学校。技能培训范围广泛，覆盖电子电工、缝纫技术、电脑操作、驾驶技能等。现已完成劳动力转移培训 4000 人次，培训合格率达 97%。

[安徽天鹅科技实业（集团）有限公司
储荣生　储劲松　储诚润　刘世慧]
（安徽省扶贫办推荐）

# 安徽绿之洲农业发展有限公司扶贫

**【概述】** 安徽绿之洲农业发展有限公司（以下简称“公司”）位于大别山南麓的太湖县，是安徽省“861 重点工程项目”，是集农产品生产、加工、销售为一体的综合性现代农业企业。公司坚持以市场为导向，以科技为支撑，以品牌发展战略为引领，以生态、优质、安全、可持续和富民强企为目标，计划5年内投资2亿元以上，发展成为全国农业龙头企业，太湖县先进农业技术示范企业及培训基地。带动太湖县农业向标准化、规模化、科技化发展。

公司坚持以“公司+基地+农户”的模式带动周边百姓共同种植，确保农户增收，利用基地的作用把分散的农户集中起来，以合约的形式把农户和公司连接起来。公司不仅与基地签订合约，也与农户签订最低保护价合约，由公司统一加工、销售，确保贫困户受益，带领大家走共同精准脱贫之路。

**【基础设施建设】** 农产品加工、运转中心项目集标准化茶叶加工厂项目、农产品冷链物流项目、竹制品精加工项目为一体。占地90亩，厂房建筑面积3.2万平方米。新建年加工能力300吨自动清洁化加工流水线一条，自动清洁化包装流水线一条。新建茶叶及其他农产品加工运转中心厂房1.96万平方米，8000吨农产品冷冻、冷藏库一座；购置冷链物流车辆6台。配套建设道路及货物站台等设施。

**【有机茶叶生态示范园】** 公司立足太湖县是安徽省重点产茶大县之一，茶叶资源十分丰富，发展绿色食品茶叶基地1万亩，无公害茶叶基地9.6万亩。公司新建绿之洲有机茶叶生态示范园，占地面积3000亩，其中珍稀茶叶品种展示园100亩，示范品种8个；常规品种示范园2900亩。示范园采取园林化的栽培模式，配套种植桂花、金银花、银杏树、风景树等。

**【农林生态科技示范园】** 示范园位于熙岸省级现代农业示范区核心区，占地300亩，由南京农业大学规划设计，绿之洲农业发展有限公司投资建设并运营。示范园将作为太湖县熙岸省级现代农业示范区研发中心重要组成部分，按现代农业、有机农业、生态农业、循环农业的要求，引领示范区建设。根据其功能定位，示范园紧紧依托南京农业大学、安徽省农科院等科研机构，将建成构树基因组培实验中心、农作物育苗中心、水稻新品种展示和病虫害预警监测中心、健康养殖休闲垂钓中心、大别山珍稀野生植物资源展示开放利用、设施蔬菜花卉示范区、农业技术培训实习基地、循环农业示范、农业气象监测服务中心、南京农业大学研究生工作站、省农科院科研成果转化示范基地、农业生态旅游示范基地、农技推广示范基地十三大功能区。

**【生猪粪污资源化利用试点】** 2014年，公司建设年存栏4000头、出栏1.2万头优质商品猪标准猪舍，建设年产4000吨有机肥加工系统，实现生猪粪污资源化利用。通过将生猪养殖、沼气工程、有机茶园种植及苗木套种链接起来，推进有机农业发展及农业废弃物的循环利用。

**【果蔬示范基地】** 2014年，公司围绕“生态大县、旅游强县、商贸重镇、风情小县”目标，打造绿之洲果蔬示范基地休闲农业示范区，建设太湖县果蔬产业基地。依托中国果树研究所技术支持，引进三红梨等先进品种，新建3265亩的果蔬示范基地，引进和繁育新品种5个，新建幼园3000亩，初果园200亩，成年园65亩，使项目区内示范园连年亩产保持在3000千克左右，优质果率达到80%，其中达到出口标准的精品果率75%。

**【构树扶贫】** 构树是太湖县传统树种之一，各乡镇均有分布。在太湖县实施构树扶贫工程具有良好的区位优势和产业发展基础。公司依靠安徽省农科院技术帮扶，新建年出圃300万株优质构树种苗基地、建设保温大棚及种苗组培实验室、生产线，为太湖县发展构树产业提供优质种苗。建成构树种植基地1000亩，逐年发展使其种植面积达2万亩。与中国科学院植物研究所及安徽农科院合作，进行构树综合利用技术研发，建成构树生物饲料加工基地。实现构树培育种植加工销售一条龙服务。

**【土地流转扶贫】** 实施土地流转扶贫，促进农民依土地增收。太湖县城西乡方洲村是典型的山区、库区贫困村，方洲村建档立卡贫困人口达237户、711人，占全村总人口的22%。全村耕地以坡耕地为主，由于外出务工人员多，导致土地抛荒。绿之洲公司投资2000万元，在方洲村签订了2900亩土地流转协议，建设现代农林基地。通过“流转扶贫”，不仅有效解决了土地抛荒问题，同时促进了当地农民依土地增收。2014年，给当地农民创造土地流转资金50万元，基地内安置180人就近就业，农户人均月劳务收入达800元，基地内农户年总收入突破80万元，人均年收入增收500元。

**【科技扶贫】** 公司紧紧依托安徽省农科院等科研院所技术资源优势，积极改造低产田、抛荒地，使土地增产农户增收。发展绿之洲茶叶1000亩、水果1200亩、水栀子及绿化苗木900亩，发展生态养殖场140亩，成立了“方洲村种养殖农业合作社”，发展社员400户。提升了土地效益，使土地租赁费用从原来的30元每亩提高到了近400元每亩，一大批农民实现了就近就业增收。2014年，公司向当地村民发放劳务工资达180万元。同时通过产业带动，促进了当地农业产业调整，方洲村因此获得安庆市“一村一品”论证。

**【精准扶贫】** 创新帮扶方式，优先安排贫困农户以荒山、水资源等资源入股等形式参与精准扶贫开发。公司投资1000万元，方洲村以800荒山和水面资源入股，建立股份制战略扶贫开发合作体，把脱贫的技术措施、帮扶方案精准到每一户、每一人，不仅增加了方洲村集体经济收入，也确保了当地60岁以上的老年妇女和65岁以上的男性老人能够通过参与集体股份分红，精准脱贫有了根本性保证。

（安徽绿之洲农业发展有限公司）

（安徽省扶贫办推荐）

# 四川省甘孜藏族自治州扶贫开发

**【概述】** 2014年，在四川省甘孜藏族自治州（以下简称“甘孜州”）州委、州政府的领导下，在四川省扶贫开发和移民工作局、四川省民族经济开发办公室、四川省以工代赈办公室的支持下，甘孜州扶贫移民、“两项资金”（支持经济不发达地区发展资金、四川省三州开发基金）、以工代赈工作以深入推进群众工作全覆盖为总揽，以全域旅游统筹全州经济社会发展为指导，以群众路线实践教育活动为抓手，始终坚持“科学发展、加快发展、底部突围”的工作基调，重生态、强基础、壮产业、惠民生、保稳定，全力抓紧、抓实、抓好各项工作，为广大农牧区经济发展和社会稳定发挥了积极作用。2014年投入各类资金8.1亿元支持贫困地区加快发展，共减少贫困人口2.72万人。实施整村推进63个，连片开发项目4个、彝家新寨项目1个、美丽幸福新村项目11个、溜索改桥项目23个、彩票公益金支持老区项目6个。利用“两项资金”实施小路项目20个、小桥项目13个、小水利项目12个、小能源项目13个、推广太阳能热水器5600户、民族新村项目5个、产业增收项目15个、民族文化推进项目1个。甘孜州农牧区基础设施和贫困群众生产、生活条件得到较大改善。

**【以工代赈】** 2014年，启动实施了易地扶贫搬迁工程1928户，累计建设搬迁户住房及附属设施5.75万平方米，建成安置点水渠、饮水管道29.3千米，乡村公路25.2千米，开发和调整基本农田200亩。启动实施“尚巴董”（千桥）工程36座936延米，乡村公路30千米。启动实施以工代赈示范项目4个，建设乡村公路51千米。

**【社会扶贫】** 2014年，中央、省、州、县四级社会扶贫力度不断加大，除浙江东西扶贫协作投入资金7400万元外，中央、省、州和县累计投入其他帮扶资金3亿元，先后实施帮扶项目160个。结合“甘孜爱心慈善日”活动，深化建档立卡工作成果，搭建了与四川省统一的“结对认亲、爱心帮扶”贫困农户信息平台。

**【生活救助】** 2014年，按照财政部实施“六个专项”（经济体制和生态文明体制改革、民主法制领域改革、文化体制改革、社会体制改革、党的建设制度改革、纪律检查体制改革）之一安排，完成1.09亿元特困农牧民生活救助资金的发放方案，共有16万贫困群众得到生活救助金。

**【精准扶贫】** 完成19.91万扶贫对象和1360个贫困村的建档立卡工作，基本做到“户建卡、村造册、乡立簿、县归档”，找准了扶贫对象，摸清了帮扶需求，完成数据录入，进入数据审核和数据库管理完善阶段。

**【项目建设管理机制】** 结合甘孜州实际，研究草拟了《关于创新扶贫项目建设管理机制的实施意见（试行）》，并在康定、泸定、丹巴、九龙、乡城等县开展了扶贫项目村民“自选、自建、自购、自管”的试点工作。

**【扶贫资金管理】** 2014年，在甘孜州开展2010-2012年财政专项扶贫资金自查自纠工作的基础上，先后派出4个批次的工作组，历时40余天，深入石渠、甘孜、炉霍、道孚、泸定、得荣、乡城和海管局等县，对扶贫物资采购、产业扶贫、贴息贷款和报账制执行情况进行了专项检查，并采取“发点球”的方式督促相关县进行了整改。

**【扶贫培训】** 为提升甘孜州扶贫移民系统和项目实施地干部的业务能力，采取以会代训、专题培训的方式，先后开展了产业扶贫、政策法规、新农村建设、旅游扶贫等业务培训班15期，累计培训系统内和项目实施地干部300人次，提升了项目资金管理水平。

（四川省甘孜藏族自治州扶贫办）

# 四川省达州市扶贫开发

**【概述】** 2014年，四川省达州市牢牢抓住实施《秦巴山片区区域发展与扶贫攻坚规划（2011—2015年）》的契机，按照“区域发展带动扶贫开发，扶贫开发促进区域发展”的基本思路，坚持“先进带后进、后进自加劲”的扶贫理念，以全域推进、加快发展为核心，采取规划引领、项目支撑、加大投入、连片开发、造血式与输血式扶贫相结合等措施实施扶贫开发。整合各类资金资源，扎实推进“道路畅通、饮水安全、电力保障、危房改造、产业增收、乡村旅游、卫生计生、文化建设、信息化、教育扶贫、技能培训、环境保护”12项重点工作，着力解决突出贫困问题。2014年投入各类财政专项扶贫资金3.57亿元，扶持全市10.5万人扶贫对象改善生产生活条件。

**【扶贫机制改革】** 2014年，出台《贯彻〈创新机制扎实推进农村扶贫开发工作的意见〉实施方案》，确保用新机制保障扶贫工作落到实处，用新机制保障扶贫资源有效利用，用新机制保障社会各界参与扶贫。一是改革贫困县考核机制。率先在全省将扶贫解困和定点帮扶纳入目标绩效考核，考核权重占3%—6%。制发《关于印发〈达州市农村扶贫开发工作考核办法（试行）〉的通知》建立了对各地各部门“领导班子、领导干部和扶贫工作管理”三挂钩考核体制。二是建立精准扶贫工作机制。将扶贫对象落实到户到人，逐户建档立卡、因户施策，做到“精准化识别、针对性扶持、动态化管理”，出台了《关于印发达州市扶贫开发精准扶持工作方案的通知》，明确了指导思想、基本原则、目标任务和工作举措，扶贫方式由输血式变为造血式，变“大水漫灌”为“精确滴灌”。三是促进财政扶贫资金管理机制改革。简化资金拨付流程，下放项目审批权，落实责任、权力、资金、任务“四到县”，切块下达财政专项扶贫资金2.96亿元，增强了资金使用针对性和实效性。四是强化干部驻村帮扶机制。建立健全了干部驻村帮扶机制，实现对全市828个贫困村派驻驻村帮扶工作组（队）全覆盖，推动大扶贫工作格局的形成。

**【精准扶贫】** 把贫困识别建档立卡工作作为“一号工程”。一是精准识别。开展贫困村、贫困户精准识别及扶贫开发建档立卡工作，完成了828个贫困村、74.15万贫困人口识别，做到了户有卡、村有台账、乡（镇）立簿、县归档，建立健全了贫困户信息管理系统。二是精准扶持。稳步推进实施了“13项到村到户”精准扶持措施，即：基础设施改善到村到户、干部结对帮扶到村到户、增收项目到村到户、易地扶贫搬迁和地质灾害避让搬迁到村到户、危房改造到村到户、教育培训到村到户、医疗卫生到村到户、扶志到村到户、社会爱心帮扶到村到户、惠农政策落实到户、社会救助到户、信贷支持到户、法律援助到户。较好地解决了贫困群众“最后一公里”问题。三是精准减贫。依托秦巴山片区、整村推进等减贫重点项目辐射和产业化项目扶持，推进项目建设，实现精准减贫10.5万人。

**【基础设施建设】** 投入财政专项扶贫资金2.17亿元，整合部门资金6877.33万元，县级财政投入2325万元，业主投入2856.79万元，社会帮扶资金1910.95万元，群众自筹8087.81万元，加大贫困地区基础设施建设，改善贫困地区生产生活条件。硬化道路484.95千米、新建道路174.01千米、整治村道83.48千米、联户路（生产路）183.89千米，新建便民桥14座、改建索桥1座，新修堡坎5900立方米；新建蓄水池78口1943.5立方米、饮水设施40处、供水管道157.35千米，解决安全饮水1460人，整修堰沟1.1千米，新建整治山坪塘（堰塘）145口、新修整治渠道32.88千米、二级提灌站7处、新建维修河堤2.57万立方米、拦水坝1个；整理土地1400亩；农网改造5.7千米。

**【产业扶贫】** 投入财政专项扶贫资金6616.57万元，整合部门资金1001万元，业主投入701.5万元，社会帮扶资金50万元，群众自筹5667.84万元，发展优势种植业4.64万亩，新建维修圈舍8000平方米，养殖牛、羊4630头，鸡鸭鹅等2.3万只，新建鱼塘2460亩，新建果园喷灌设施2100亩，新成立产业协会41个。

**【公共服务体系完善】** 投入财政专项扶贫资金1535.4万元，整合部门资金1174万元，业主投入356万元，社会帮扶资金177万元，群众自筹1714.3万元，危房改造（搬迁）218户，新建下水管网3千米，新装太阳能路灯160盏，风貌打造150户，修建村组织活动中心1个、文化室200平方米、村卫生室100平方米。乡村旅游种植景观林3万株。

**【扶贫培训】** 投入财政专项扶贫资金280万元，社会帮扶资金25万元，开展劳务培训2500人，转移就业1450人，农村养老保险4.64万人，新农合14.34万人，资助贫困大学生175人。

**【行业扶贫】** 行业部门积极主动，多渠道争取资金项目，围绕五大扶贫工程12项重点工作，投入资金138亿元实施行业扶贫，完成村道建设2108千米、路基2169千米、路面2254千米；新建饮水工程947个（处），解决33.93万农村人口饮水安全问题；实施农村危房建设1.27万户。

**【社会扶贫】** 动员组织11家爱心企

业捐赠捐助全市 19 家基层医疗单位医疗设备价值 1340 万元；捐建小学图书室、中学运动场各 1 个，乡村健身场 2 个。开展“结对认亲、爱心帮扶”活动，出台《关于开展社会化帮扶贫困村（户）试点活动的通知》，对全市最贫困的 10 个村、特困户 1000 户进行直接帮扶；栋梁工程资助贫困大学生 80 余名 16 万元、伤残人士 26 名 12 万元。出台《关于进一步做好对口定点扶贫工作的通知》，中央国家机关（部门）2 个、省级部门（单位）17 个、市级单位 171 个、县级 707 个定点帮扶 631 个贫困村，下派定点扶贫干部 166 人，投入各类帮扶资金 2.32 亿元（其中：协调落实资金 1.47 亿元，引进及整合资金 8508.25 万元），开办培训班 296 期，培训干部、技术人员和农民工 2.17 万人次，资助贫困生 3608 名、223.3 万元，结对帮扶 7.66 万户贫困户。

**【扶贫资金管理】** 下放扶贫资金项目审批权限，完善扶贫资金项目监管体系，出台《达州市扶贫项目管理办法》，从制度上加强了扶贫移民项目规划立项、组织实施、资金使用、检查验收、后续管护等全过程的规范化管理。出台《达州市财政扶贫资金管理办法》，资金项目监管力度进一步增强。开展扶贫资金使用专项督查，会同财政、审计部门对 2011—2013 年度使用扶贫资金集中采购各类物资情况的专项审计检查，督促问题整改；对机关、直属单位及各地财务资金使用检查，促进规范管理；开展扶贫重点项目、培训资金拨付使用检查，促进规范运作。严格执行项目资金公告公示制，分两批次对年度扶贫项目资金安排使用情况进行公告公示。开展扶贫资金管理、规范操作流程等专题培训，提升了对资金项目透明监管、依法严管和科学评估的业务工作能力。坚持群众主体原则，发挥群众参与扶贫项目选择、实施及监督中的作用，最大限度减少和防范风险，保障了贫困群众的切身利益。

（四川省达州市扶贫办）

# 广东省云浮市扶贫开发

**【概述】** 2014年，广东省云浮市围绕“强机制、稳脱贫、见实效、创亮点”的工作思路，创新扶贫开发机制，扎实推进第二轮（2013—2015年）扶贫开发“规划到户，责任到人”工作，取得了显著成绩。2014年，云浮市99个重点帮扶村累计实施到户项目12.93万个，到村项目3037个（其中，生产经营类464个、基础设施类1738个、民生类832个），重点帮扶村被帮扶有劳动能力的3.75万贫困人口全部达到年度脱贫标准，年人均纯收入达到6331元，非重点帮扶村3.86万贫困人口也达到年度脱贫标准。重点帮扶村集体经济年纯收入达到5万元以上的有70个，其中有7个村年纯收入超过10万元。99个重点帮扶村村组织阵地全部实现“五有”（有牌子、有活动场所、有电教设备、有宣传栏、有工作制度）。2014年，云浮市扶贫办王华、江山被云浮市委、市政府评为“云浮市扶贫开发‘规划到户，责任到人’工作先进个人”，王华被国务院扶贫开发领导小组授予“全国社会扶贫先进个人”荣誉称号，云浮市扶贫办被云浮市精神文明委员会评为“云浮市文明单位”。

**【扶贫资金投入】** 2014年，99个重点帮扶村投入资金2.38亿元，2013年、2014年两年累计投入资金4.51亿元，平均每村455万元。这些资金的及时投入，有效推进了项目建设，保障了扶贫开发工作的顺利推进。

**【基础设施建设】** 2014年，云浮市重点帮扶村实施农田水利基础设施、饮水安全工程、公路硬底化及教育、医疗卫生、文化等基础设施和公共服务建设项目923个，生产生活条件得以明显改善。广东省下达年度贫困户危房改造建设任务3365户，全部完成改造并竣工验收，受益贫困人口1.6万人。

**【民生工程】** 扶持重点帮扶村教育项目101个，贫困户子女全部适龄入学；建设医疗卫生项目77个；贫困户参加劳动技能培训1.33万人次，输出贫困户劳动力2535人；贫困户医保率、低保率、五保率、养老参保率均为100%。

**【金融扶贫】** 2014年，累计为2550户贫困农户发放金融扶贫贴息贷款3248万元，累计为141户农民获得“农民抵押建房贷款”476万元，为34名贫困党员发放“红色创业信贷”163万元，为965名贫困妇女发放“妇女创业小额担保贷款”3991

万元。

**【产业扶贫】** 云浮市帮扶单位十分注重培育重点帮扶村主导产业，把发展主导产业作为最重要的抓手和突破口，立足重点帮扶村资源优势、贫困户种养习惯和生产条件，因地制宜，积极谋划和扶持产业扶贫项目。2014 年，重点帮扶村产业带动贫困户 7072 户，每个重点帮扶村都结合当地实际发展一个以上的产业和成立一个专业合作社。被帮扶的贫困户年人均纯收入由帮扶前 2012 年的 2713 元增加至 2014 年的 6331 元，增幅达 133.4%。

（广东省云浮市扶贫办）

# 福建省宁德市扶贫开发

**【概述】** 2014年，福建省宁德市持续加大扶贫攻坚力度，深入推进重点县域扶贫、专项扶贫、行业扶贫、社会扶贫，扶贫开发精准度不断提高，各项事业成效显著。全年完成易地扶贫搬迁2.29万人，启动了第四轮244个贫困村整村推进扶贫，发放扶贫小额信贷3亿元以上，完成雨露计划培训7150人次。经过努力，全市农民人均可支配收入达1.13万元，比2013年增长11.7%，增幅居全省第1位。6个省级扶贫重点县2014年地区生产总值平均增幅达10.2%，比全省平均水平高0.3个百分点，贫困人口减少2.9万人。

**【扶贫资金投入】** 2014年，宁德市投入的各类扶贫资金达5.37亿元。其中，中央财政扶贫专项资金760万元、以工代赈资金（扶贫类）408万元；省级财政扶贫专项资金投入1.14亿元，市本级财政专项资金投入1.31亿元，投放农村低保资金1.51亿元，各县（市、区）配套财政专项扶贫资金0.75亿元，省内、市内“山海协作”对口帮扶资金0.54亿元。在扶贫资金的使用上，向省级扶贫重点县，省、市级扶贫开发重点村倾斜支持，在整村推进、搬迁扶贫等专项扶贫资金的管理上，严格按照国家和福建省的有关规定，通过完善公告公示、到户到人、检查验收、民主决策等制度，确保资金安全，保障群众的切身利益。

**【建档立卡】** 2014年，宁德市根据国务院扶贫办和福建省扶贫办的统一部署，认真开展扶贫建档立卡工作。一是加强组织领导，做到由党委、政府牵头、扶贫部门指导、乡镇为主操作，并从县到乡镇、村都培训了一批建档立卡专业人员；二是严格规范操作，按照“规模分解——对象识别——公告公示——数据入网”的程序步骤严格操作，特别是公告公示环节，严格按照贫困户、贫困村公告公示的民主程序操作。全面完成了宁德市14.5万（其中国家贫困线以下11.3万）农村扶贫对象、450个贫困建制村的建档立卡和6个省级扶贫开发重点县的数据监测工作。

**【重点县域扶贫】** 福建省2013年划定的23个省级扶贫开发重点县中，宁德市占了6个，每个重点县都由1—2名省领导联系、4个省直或中央驻闽单位、1家中央或省属企业以及1个较为发达的县（市、区）对口帮扶。在帮扶措施方面，市本级明确了2014—2017年，市本级每年统筹1

亿—2亿元资金，2018—2020年，每年统筹2亿—3亿元资金，用于扶持屏南、周宁、寿宁、柘荣4个县经济社会发展，并实施山海协作，由4个沿海经济发达市（区）对口帮扶4个山区省级扶贫重点县。2014年，6个省级扶贫重点县共争取省级各类帮扶资金10亿元，市本级投入财政帮扶资金1.02亿元，统筹各类项目资金8亿元，实施各类帮扶项目230个。

**【易地扶贫搬迁】** 宁德市连续第6年将易地扶贫搬迁“造福工程”列为市委、市政府“为民办实事”项目。2014年累计投资8.05亿元，完成搬迁6000户2.31万人，整体搬迁30户以下自然村近200个；建成18个省级示范点（安置100户以上），16个市级示范点（安置50户以上）。34个省、市级“造福工程”示范点共铺设下水道37千米，硬化小区内通道1.8万平方米，建设绿地6.3万平方米，建设护坡2.07万米，实现了电力、自来水、电讯、电话、电视等配套设施的完善。同时，宁德市经过2年多的努力，全面完成了蕉城、福安、霞浦三县（市）917户3909“连家船民”上岸定居任务。

**【整村推进】** 宁德市继2013年全面完成第三轮252个贫困村的整村推进扶贫之后，又启动了第四轮整村推进扶贫，锁定了244个扶贫开发重点村，其中，省级50个、市级33个、县级161个。在工作机制上，继续实行领导和部门挂钩、财政专项资金扶持和下派驻村干部任职（驻村第一书记）三项制度。其中市级33个扶贫开发重点村由34名副厅级以上领导和147个市直单位挂钩帮扶，市财政安排每村专项扶贫资金20万元。2014年，50个省级扶贫开发重点村累计投入各类帮扶资金9504.31万元，其中，省级财政捆绑资金1000万元，挂钩单位帮扶资金1027.2万元，政策性配套资金6352.11万元，社会帮扶资金253.53万元，群众自筹871.47万元，累计实施各类项目332个；33个市级扶贫开发重点村累计筹措各类帮扶资金3691.33万元，其中，市财政专项资金660万元，挂钩（选派）单位帮扶资金829.3万元，政策性配套资金1566万元，社会帮扶资金26.93万元，群众自筹609.1万元，累计实施各类项目200个。161个县（市、区）级重点村累计投入资金达5600万元，实施帮扶项目620多个。通过1年的帮扶，50个省级扶贫开发重点村农民人均可支配收入平均达到6206元，较2013年增长15%；33个省级扶贫开发重点村农民人均可支配收入平均达到6647元，较2013年增长10%。

**【扶贫小额信贷】** 宁德市实行扶贫部门为主，计划生育、妇联等部门配合，会同农业银行、信用社、邮政储蓄银行等金融机构抓好扶贫小额贷款发放工作，2014年发放扶贫小额贷款3亿元。信贷扶贫机创新进展顺利：一是“小额信贷促进会”项目持续发展，“信贷风险保证金”规模达2400万元，通过“政府担保、金融部门放贷”的形式，2014年为2540户贫困农户推介担保贷款 6800 万元；二是与中国扶贫基金会合作开展的“农户自立小额信贷项目”进展顺利。宁德市两项目区 2014 年共发放小额贷款 1.35 亿元，该项目覆盖两个县（市）23 个乡（镇）365 个行政村。

**【社会扶贫】** 一是大力推进龙头企业与贫困村结对帮扶。积极开展“村企连心、强企扶村”活动，发动市级以上 300 多家龙头企业与贫困村合作，大力开发现代农业项目、建立产品基地、吸纳农村剩余劳动力就业及加快农村土地经营权流转。二是大力开展医疗救助扶贫。在落实好农村医保、大病统筹等基本医疗保障制度的基础上，联手中国科学院，推广实施全民低成本健康“海云工程”，使大量常见病、多发病在县域内解决就医。目前，宁德市所有乡镇卫生院、社区卫生服务中心和 90% 以上行政村实现全覆盖，累计为 11.15 万人进行 40.9 万次各类医学检查，共为农村群众节省资金 175.86 万元。三是注重发挥各类群团组织、社会团体的作用，组织实施“希望工程”“青年志愿者”“幸福工程”“春蕾助学”“光彩事业”“巾帼扶贫”等形式多样的帮扶活动，为全市农村困难家庭学生减免学杂费 1200 万元，投入医疗救助 2000 万元。

**【扶贫制度建设】** 出台《中共宁德市委、宁德市人民政府关于进一步扶持省级扶贫开发重点县加快发展的实施意见》，从资金扶持、对口帮扶、产业联动、科技创新、基础设施、用地保障、金融扶持、民生工程等方面加大扶持力度。出台《关于实施新一轮整村推进扶贫开发工作的通知》《关于做好选派第四批党员干部驻村任职工作的通知》《关于转发扶贫开发建档立卡工作方案的通知》等文件，全力推进扶贫开发工作。

（福建省宁德市扶贫办）

# 四川省旺苍县扶贫开发

**【概述】** 四川省广元市旺苍县扶贫开发和移民工作局，负责旺苍县扶贫开发、水电水利工程移民迁建安置、对口帮扶等工作。2014 年，旺苍县完成减少贫困人口任务 7601 人，完成广元市农村工作目标，超额完成广元市民生目标和旺苍县目标。

**【扶贫资金投入】** 按照责任、权力、资金、任务“四到县”的总体要求，扶贫资金实行切块使用，2014 年旺苍县扶贫资金 3506 万元，其中，整村推进 1000 万元，综合治贫 1000 万元，961 万元用于连片开发项目，产业扶贫 300 万元，互助资金奖励 110 万元，绩效 60 万元，项目管理费 25 万元，建档立卡补助 30 万元，村道路建设 20 万元。加强扶贫项目资金监管，组织对全县财政专项扶贫资金管理使用情况进行全面自查，发现问题及时整改，并接受广元市专项财政扶贫资金审计组的审计和市扶贫资金联合检查组的检查，扶贫项目规范安全运行。

**【整村推进】** 2014 年，整村推进项目规划总投资 2291.89 万元，其中，财政专项扶贫资金 1000 万元、整合部门资金 552.57 万元、农户自筹及投劳折资 739.32 万元，实施了双汇镇龙泉村、龙凤乡五营村、万家乡友谊村、燕子乡绿化村、水磨乡桥板村、檬子乡黎明村、福庆乡光辉村、化龙乡油树村、英萃镇新房村、正源乡白鹤村 10 个乡（镇）10 个村的项目建设。共完成修建便民桥 6 座，新建村内道路及整治 10 千米、硬化 23 千米、入户路 7 千米；危房改造 344 户，新建住房 7 户，新建人饮池 26 口和人饮管道 16 千米；种植核桃 3090 亩、魔芋 348 亩、茶叶 100 亩、中药材 128 亩，养殖小家畜 60 只，配套灌溉蓄水池 7 口、田间作业道路 2 千米。

**【连片开发项目实施】** 2013 年，下达规划总投资 4096.59 万元用于第二批连片开发项目。其中财政专项扶贫资金 1000 万元、整合部门资金 1506 万元、市县财政投入 100 万元、农户自筹及投劳折资 1490.59 万元。2014 年，利用以上资金完成了国华镇古松村、小河村，天星乡黄松村、洪水村，盐河乡盐河村、林园村 3 个乡（镇）6 个村的建设任务。国华镇古松村、小河村项目区项目建设得到市、县领导的肯定，成为全市精准扶贫工作现场会的现场观摩点。共完成硬化村社道路 35 千米，整治社道路 16 千米，新建便民桥 1 座，入户路 5 千米，坡改梯地 150 亩；新建集中供水池 2 座，供水管见网 11 千米，327 户贫困农户危房改建，7 户贫困农户住房新建；发展核桃 6885 亩，魔芋 2617 亩；配套产业基础设施建蓄水池 8 口，灌溉渠 13 千米，田间作业道路 7 千米，整治灌溉渠 12 千米，开展农村劳动力培训 2760 人次，阳光培训 300 人。

2014 年下半年，投入 961 万元财政扶贫资金，主要用于白水镇勇敢村、化龙乡石川村、嘉川镇太平村、金溪镇中坝村、柳溪乡狮坪村、大德乡增产村、高阳镇双午村、普济镇大池村、天星乡青峰村、尚武镇石锣村、枣林乡枣林村、张华镇松浪村等 12 个贫困村，完成修建便民桥 19 座，新建村内道路及整治 7.25 千米、硬化社道 17.21 千米、入户路 6.9 千米。贫困危房改造 105 户，新建住房 43 户，民居房屋修缮 624 户，新建人饮池 7 口和人饮管道 37.15 千米。栽植核桃 1850 亩、魔芋 22 亩，种植茶叶 4 亩，中药材 22 亩，藕 50 亩，烟叶 12 亩，猕猴桃 91 亩，板栗 6.6 亩；养殖小家畜 3.02 万只，生猪 1013 头，牛 54 头，羊 217 只，建标准化圈舍 190 平方米，配套灌溉蓄水池 13 口、灌溉渠道 1.1 千米、田间作业道路 1.6 千米。

**【综合治贫】** 按照“产业发展全域推进、基础设施全域覆盖、社会治理全域跟进”的总体思路，坚持科学扶贫、精准扶贫，投入财政专项扶贫资金 1000 万元，将贫困人口分布集中、贫困发生率高于旺苍县平均水平、区域发展滞后的普济镇洪江村、三溪村，万山乡漆树村、长征村和燕子乡双全村等 5 个北部山区村作为项目村，采取“一周一督办、半月一通报”的推进方式，加快实施综合治贫工作，着力解决群众行路难、过河难、饮水难、用电难、产业发展增收难等问题。共完成新建村内道路及整治 14 千米、硬化 40.9 千米、入户路 2.8 千米；危房改造 577 户，新建住房 210 户；种植核桃 4935 亩、魔芋 1000 亩，建标准化羊圈 1 万平方米，配套灌溉蓄水池 10 口、灌溉渠道 1.03 千米、田间作业道 1.5 千米；开展农村实用技术培训 1904 人次。项目区群众生产生活条件得到改善，经济社会得到发展，加快了困难群众脱贫致富奔小康步伐。广元市委在万山乡和普济镇调研时对综合治贫工作给予了充分肯定，总结提炼为“534”综合治贫经验（突出产业发展、基础设施、民居改善、能力提升、社会管理“五位一体”，推行项目整合、一事一议、绩效评价“三种机制”，坚持“项目引导扶贫、鼓励社会扶贫、发扬群众主体扶贫，实行差异化精准扶贫”四种方式）。

**【科技扶贫】** 2014 年，投入 328 万元，在木门镇青龙村、三合村、茶园村实施科技扶贫，建成标准化茶叶种植基地 400 亩；硬化村组道路 2 千米，新建产业区耕作道 5 千米、蓄水池 8 口、引水渠 4 千米；培训农村实用人才 800 人次。

**【移民后期扶持】** 核实全县移民后期扶持人口，加强移民后扶项目资金管理，确保按季足额兑付 103 人的移民后扶直补资金 6.18 万元。完成苍溪乐园水库工程涉及枣林乡枣林村、桥河村的征地补偿和生产安置目标任务，参与苍溪县乐园水库建设工程涉及枣林乡的移民前期筹备和具体问题协调解决等工作。

**【村级互助资金试点】** 明确乡镇是项目责任主体，加强互助资金项目业务管理和日常监管，2014 年 8 月，组织 3 个工作组分片检查旺苍县 86 个互助社的互助资金项目运行情况，总体运行情况良好，于 12 月下旬组建 2 个工作组对全县互助资金项目进行年度考核。全县互助资金总额达 2075.91 万元，建有互助小组 2394 个，1.4 万户农户加入互助社，农户入社率 88%，累计发放借款 1.02 亿元、还款 8785.68 万元，占用费收入 494.99 万元，还款率达（含提前还款）123%。中国国际扶贫中心、河南、陕西、山西、浙江温州以及辽宁阜新等省外扶贫系统考察团 9 批 100 余人次到旺苍学习互助资金项目，北京大学、四川农业大学经济管理学院的专家教授分别到旺苍调研互助资金、金融创新及农村扶贫小额保险工作。“四川新闻联播”于 12 月 17 日专题报道旺苍县互助资金项目工作；省扶贫移民局通报表彰旺苍县互助资金项目工作。

**【金融扶贫】** 2014 年，旺苍县对五权镇铜钱村和木堂村、九龙乡大竹村等 10 个乡（镇）的 16 个互助社进行了摸底调查，协调旺仓县金融工作办公室、中国人民银行旺苍县支行、旺苍县农村信用合作联社、旺苍县贵商村镇银行、旺苍县财政局等部门，16 个互助社以信誉好、有一定经济实力的 10—20 户农户信用进行联保，旺苍县贵商村镇银行和旺仓县农村信用合作联社以中国人民银行基准利率授信贷款 20 万元给互助社，启动五权镇铜钱村、鼓城乡关口村、普济镇远景村 3 个村进行扩面，实施金融创新项目村达 7 个。普济镇远景村成为 5 月 19 日广元市深化农村体制改革工作现场会的参观点。2014 年累计放款 73 批 359.31 万元，还款 70 批 277.42 万元，占用费收入 17 万元，偿还信用社贷款利息 12.86 万元，到期还款率 100%。

**【农村扶贫小额保险】** 旺苍县农村扶贫小额保险由试点之初的 2 个村推广到 352 个行政村，参保人数从 2011 年的 1.47 万人增加到 2014 年的 15.9 万人，投保覆盖率达 45.6%，其中互助社社员参保率达 80%。2014 年全县受理保险赔案 4756 起，其中死亡 216 起、受伤 4540 起，赔款 594 万元。扶贫小额保险旺苍模式被河南、宁夏、重庆、贵州等省、市“全面复制”，美国哈佛大学将其列为“解决贫困地区低收入人群保险保障”的成功案例进行研究。

**【社会扶贫】** 开展驻村帮扶、“双联”、走基层、定点扶贫和计生“三结合”（计生工作与发展农村经济相结合，与帮助群众勤劳致富奔小康相结合，与建设文明幸福家庭相结合）等帮扶工作。发挥牵头部门作用，坚持把干部驻村帮扶与县级领导联系乡镇、“走基层”“双联”、定点扶贫和计生“三结合”工作有机结合，加强与国家、省、市帮扶部门对接，九三学社中央、四川省气象局和攀钢集团有限公司的帮扶效果明显。协调配合24个市级部门、统筹安排128个县级机关单位和35个乡镇对旺仓县97个贫困村和255个非贫困村分别组建驻村帮扶工作队，建立6000名干部帮扶1.7万户贫困户的结对帮扶台账，落实帮扶责任，各帮扶单位协助指导贫困村制定扶贫规划和贫困户脱贫措施。2014年，25个市级部门直接投入帮扶资金391万元、协调项目资金845万元，128个县级部门单位直接投入帮扶资金1200万元，帮助引进项目资金1600万元。

旺苍县扶贫开发和移民工作局开展帮扶工作，组织干部职工到天星乡青峰村开展义工日活动，与贫困农户家结对帮扶，制定脱贫帮扶措施，捐助化肥11吨，建立计生“三结合”基地1个，向计生帮扶户解决发展资金和提供信息技术支持。投资120万元硬化的村道公路和便民桥竣工投入使用。

**【扶贫培训】** 按照精准扶贫的要求，开展劳务扶贫培训工作，开展专项财政扶贫资金审计和检查，规范各个培训学校的账务。全县实施劳务扶贫培训600人，完成年度目标任务的100%，非农转移输出就业552人，就业率达92%。

**【“结对认亲、爱心扶贫”活动】** 按照四川省扶贫和移民工作局开通的“四川爱心扶贫网”要求，制定“结对认亲、爱心扶贫”活动平台实施方案，筛选10户贫困户，统计相关信息，拍摄影像资料，上传到“四川爱心扶贫网”，通过网站获取社会组织和个人的帮扶。

**【扶贫宣传】** 2014年，在省、市、县媒体和刊物上发表宣传通讯信息288条，在国务院扶贫办和省、市、县等各级不同刊物刊发调研文章9篇（次）。其中，《旺苍农村扶贫小额保险　四十元为贫困户兜底撑腰》分别在7月13日《人民日报》第二版、7月14日《广元日报》头版头条报道，《跨市协作建园区　强强联合兴产业》分别在国务院扶贫办主办的《扶贫开发》和《四川省情》2014年第1期刊发，《实施“五三四”综合治贫　助推贫困群众奔小康》分别在《扶贫开发》《四川扶贫移民》《旺苍政务调研》和《广元日报》等刊物上刊发，《强化差别化扶持　切实增强项目实效》在《扶贫开发》刊发，《注重精准扶持　促进区域发展》《小小互助金　解决大问题》《互促共融开辟扶贫致富新路》分别在《四川扶贫移民》刊发，《小保险进阶大保障　穷山村嬗变新农村》分别在《四川扶贫移民》《旺苍政务调研》刊发。

（四川省旺苍县扶贫开发和移民工作局　李焕刚）

# 广西壮族自治区罗城仫佬族自治县扶贫开发

**【概述】** 广西壮族自治区罗城仫佬族自治县（以下简称“罗城县”）以增加贫困群众收入为重点，大力实施“开发扶贫攻坚工程”，按照“重点治贫促发展”的理念，转变观念，精准发力，扶贫开发工作取得了显著成效。按照国家贫困人口识别标准，截至2014年年底，罗城县贫困人口从2011年的20.97万人下降到10.02万人，4年累计减少贫困人口10.95万人；贫困发生率由2011年的62.51%下降到2014年的33.99%。农民人均纯收入从2011年的3384元上升到4956元，增长了31.72%，年均增长7.93%。

**【基础设施建设】** 2014年，罗城县新建通村公路3条29.9千米，具备条件的建制村通沥青（水泥）路率达88.8%；新建通屯道路76条112.85千米，居住农户20户以上自然屯通公路率达95.8%；改造农村危房3000户24.42万平方米；自然村通电率达100%；完成农村饮水安全工程76个、家庭水柜7座，解决2.56万人饮水安全问题，贫困村生产生活环境得到有效改善。

**【产业扶贫】** 加大扶贫产业培育力度，全力推进毛葡萄、核桃、糖料蔗、桑蚕、特色养殖、优质特色柑桔水果产业等7大扶贫主导产业建设。“毛葡萄一年两次挂果”技术创新试验获得成功，新增毛葡萄面积1.2万亩，总面积达7万亩；新增糖料蔗面积3045亩，总面积20万亩，2013—2014年榨糖季进厂原料蔗89.3万吨；新增核桃种植面积2.5万亩，累计面积达8.93万亩，建成县、乡、村三级核桃示范基地59个；新增桑园面积2500亩，总面积达6.7万亩；在开发扶贫“整乡推进”黄金镇示范区发展优质特色柑桔水果产业6060亩，带动群众自发发展达2万多亩，建成宝亮屯月亮山特色水果示范基地和宝庙屯特色水果示范基地；新增林下经济5.02万亩，总面积93.4万亩，总产值3.38亿元；积极发展现代特色农业，初步建立长寿农业有机蔬菜、红心猕猴桃种植等3个示范区。全县出栏香猪、黑土猪等特色养殖6.26万头，瑶鸡12.5万羽，山鸡、黑豚、竹鼠、肉鸽等14.6万只，大水面及名特优渔业产量1200吨。基本实现扶贫主导产业对所有贫困村的全覆盖，对低收入人口的带动达到80%以上，有效促进农村发展、农业增效、农民增收。另外，罗城县被列入国家农业综合开发示范县，大石山区野生毛葡萄特色产业技术示范和推广获得科技部立项，罗城县农业科技园区被评为“首批广西农业科技园”。

**【信贷扶贫】** 2014年，向810户贫困户投放扶贫贷款1155.68万元，发放扶贫贴息资金57.58万元；为2个扶贫龙头企业争取财政扶贫资金贴息贷款2900万元，贴息资金87万元，增强龙头企业的带动能力；新安排贫困村互助资金试点村2个，罗城县共17个村级扶贫互助协会，向222户贫困户发放借款144.1万元，有效缓解贫困户生产资金短缺的问题，促进贫困户增收致富。

**【雨露计划】** 2014年，罗城县实施雨露计划，资助普通高校本科、中高职学历教育贫困生207名，开展农民实用技术培训贫困农户105期6885人，劳动力转移就业培训84期3450人次，残疾人农技培训及种苗补助140人，县、乡、村三级农村党员培训153期1.35万人次，通过各类培训引导群众学技术、用技术，提高自我发展和脱贫致富能力。

**【公共服务】** 组建了中等专业学校，九年义务教育学龄儿童在校生率99.21%；普通高中教育毛入学率达80.54%；新型农村养老保险参保人数达11.5万人，参保率97.1%；新型农村合作医疗保险参合人数达30.75万人，参合率99.54%；行政村有合格卫生室的覆盖率达100%；村村通广播电视，逐步实现保障贫困人口对公共服务的基本需求。

**【扶贫措施】**

**（一）产业带动，开辟稳定增收新渠道。**

罗城县确定毛葡萄、核桃、糖料蔗、桑蚕、特色养殖等7大产业为新阶段扶贫重点产业，集中全县力量，以“会战”形式推进产业发展。在继续扶持发展核桃、“两性花”毛葡萄、桑蚕等产业的基础上，大力引进沃柑、“W·默科特”柑橘等特色水果产业，全力打造以优质水果为主的绿色特色产业，全面实现产业转型升级。通过扶贫互助组织、专业大户、龙头企业和农民专业合作社带动贫困户发展产业增收，鼓励扶贫对象建立利益联结机制，逐步形成“公司+农户+基地”的扶贫模式，罗城县农民专业合作社84个，互助金协会17个，有力带动农民增收致富。不断加快落实金融扶贫服务机制，全面深化金融扶贫与产业扶贫的结合，加大对建档立卡贫困户和扶贫龙头企业、农民专业合作社、专业大户的贴息补助，充分发挥金融在扶贫开发中的杠杆作用，缓解扶贫资金短缺局面，带动千家万户增收致富。

**（二）多措并举，力推精准扶贫新突破。**

一是抓好精准扶贫建档立卡工作。2014年圆满完成罗城县新一轮农村扶贫对象精准识别和建档立卡工作，全面完成67个贫困村、12.04万农村贫困人口的识别和数据采集录入。二是精确实行进退机制。严格实行贫困人口动态管理，深入分析致贫原因，对贫困户实行分类施策，为贫困村、贫困户“量身定做”帮扶项目，确保真正做到精准扶贫。三是创新实行“321”结对帮扶制度。明确规定处级干部每年帮扶3户，科级干部每年帮扶2户，一般干部每年帮扶1户贫困户，实现结对帮扶全面覆盖贫困村、贫困户。四是强化基层扶贫力量。建立县、乡镇领导联系帮扶工作责任制，党政机关、企事业单位对口帮扶责任制，党员干部结对帮扶责任制。选派44名优秀年轻干部担任贫困村的党组织第一书记，选派265名干部担任“美丽广西”乡村建设（扶贫）工作队队员进驻所有行政村，每个行政村进驻2—3名队员，确保扶贫工作队全覆盖，贫困村扶贫帮扶力量得到有效加强。

**（三）整合资源，强推基础设施新改善。**

按照“渠道不乱，用途不变，各负其责，各记其功”的原则，将各级部门的扶贫项目和资金向贫困村倾斜，重点解决贫困地区行路难、饮水难、就医难、上学难的“四难”问题，实施农村改房、改厨、改厕、改圈、改池的“五改”工程，实现农村通水、通电、通路、通电话、通广播电视的“五通”目标，着力改善农民的生产生活条件，奋力突破制约农民增收致富的瓶颈。

**（四）强化培训，力促农民素质新提升。**

大力实施各类扶贫培训，转变观念，变送钱送物式的扶贫模式为观念扶贫、智力扶贫和技术扶贫，以产业为支撑，走向脱贫致富。深入落实学历教育补助政策，对中、高职学生的生活补贴、“雨露计划”普通高校本科学历教育和职业学历教育培训等补助资金实行直补到人，切实解决农村家庭经济困难学生上学问题，保障农村贫困户子女平等接受教育的权利并实现就业。围绕产业扶贫项目创新开展农民实用技术培训，依托扶贫产业龙头企业、专业合作社，通过技术承包和购买服务的创新培训组织形式，提高培训的针对性和实效性，帮助贫困户组织生产、自主创业、增产增收。

**（五）扶贫生态移民，力推扶贫开发新方式。**

整合发展和改革委员会、扶贫办、住房和城乡建设、国土资源、水利、交通运输等部门资源投入扶贫生态移民搬迁工程，采取有土安置和无土安置两种方式，在县城、乡镇所在地等发展条件较好的地方，择址建设生态家园、生态搬迁安置点，大力实施生态移民工程，加快不宜居地区贫困群众搬迁进程，2011—2014年，扶贫生态移民搬迁1647户7510人。搬迁群众通过发展扶贫产业、利用扶贫补助资金自主创业等逐步实现“搬得出、稳得住、可发展、能致富”，全县扶贫生态移民工作有序推进。

**（六）整合力量，开创社会扶贫新路子。**

深入推进广东帮扶、柳州帮扶等社会帮扶项目，2011—2014年间已建设完成9个新农村建设示范点，群众的生产生活条件迅速改善，村容村貌发生了极大的变化，生活水平和生活质量有了较大提高。创新社会帮扶模式，深入开展“千企助百村”行动，落实与村屯结对共建的非公企业35家，认捐款项1200多万元，目前已到位资金物资折款近700多万元，计划帮扶项目50余个，结对帮扶30多个村，探索出一条村企联建、和谐共赢的扶贫新路子。

**（七）连片开发，推动区域均衡发展。**

创新开展开发扶贫“整乡推进”罗城县黄金镇示范点建设，并将乡镇扶贫开发工作由点式辐射带动到面式全面发展，探索出一条支撑农民脱贫致富和带动全县经济更好更快发展的新思路新模式。截至2014年年底，已整合各部门资金2.5亿元投入7大类18项80个子项目建设中，通过发展农业特色产业培植、农村基础设施建设、农村民生保障工程等，全面改善全镇落后面貌，不断提高农民生活水平。深入实施44个贫困村“整村推进”开发扶贫工作，以重点贫困村为重点，按照“基础设施到村、产业项目到户、培训转移到人、责任帮扶到单位”的“四到”扶贫措施，重点解决贫困村饮水工程、村屯道路、危房改造、社会事业、环境整治、信息服务等基础设施建设，促进贫困村基础设施进一步完善，村容村貌整洁美观，农民生活水平大幅提升。坚持“人下山、树上山、气入户、羊入圈、药盖石、水蓄柜、土保持、民致富”的思路，兼顾改善生态和减贫增收双重目标，全力推进岩溶治理和石漠化治理。深入实施乡村旅游开发扶贫“十百千”示范工程，推动旅游开发扶贫示范乡（镇）、示范村（屯）、示范点建设，为贫困群众增收致富开创新路子。

（罗城仫佬族自治县
扶贫开发办公室　李晓娟）

# 云南省剑川县扶贫开发

**【概述】** 云南省剑川县是国家扶贫开发工作重点县，也是滇西边境片区县和云南省革命老区县，是一个集老、少、边、穷为一体的经济欠发达县份。2014年，剑川县共投入各级财政扶贫资金6377.1万元，贫困人口减少6269人，剑川县农民人均纯收入5420元，比2013年增长17.52%。按照农民人均纯收入2300元的国家扶贫标准，剑川县还有贫困人口2.45万人。2014年，剑川县专项扶贫主要实施特色产业、基础设施、民生改善、素质提升、社会事业、生态环境保护和基层组织建设，行业扶贫在政策、措施、项目、资金方面优先保障重点倾斜，积极探索旅游扶贫、金融扶贫、电商扶贫等扶贫新机制，社会扶贫参与力度加大、由输血式扶贫向造血式扶贫转变。剑川县专项扶贫、行业扶贫、社会扶贫“三位一体”的“大扶贫”格局逐步形成。

**【整乡推进和片区开发】** 启动实施老君山镇整乡推进和黑潓江片区剑川县沙溪镇扶贫综合开发项目、推进象图乡整乡推进、完成金华镇集中连片特困地区综合扶贫开发示范项目，4个乡镇综合扶贫开发项目已累计投入财政专项扶贫资金4365万元，整合行业部门资金达6.8亿元。项目覆盖47个行政村280个村民小组2.29万户农户8.65万人，其中建档立卡贫困人口3610户1.31万人，占全县贫困人口总数的42.5%。

**【整村推进】** 2014年，剑川县共投入财政扶贫资金1200万元，整合行业部门资金1486万元，实施6个行政村整村推进、5个自然村整村推进和5个自然村新农村建设扶贫开发工程项目。项目共涉及10个行政村280个村民小组633户8.65万人，其中建档立卡贫困人口633户2232人。

**【产业扶贫】** 2014年，产业扶贫项目规划总投资2276.3万元，其中，财政专项扶贫资金600万产业扶贫资金。安排项目7个，其中：中药材种植项目1个共5100亩，总投资1504万元，财政补助300万元；养殖项目两个总投资397.3万元，财政补助200万元；特色旅游产业农村客栈标准间建设项目总投资375万元，财政补助100万元。剑川县还通过产业扶贫不断探索旅游扶贫、村集体经济发展的产业扶贫新模式，有力促进扶贫开发和基层党建双推进工作。

**【信贷扶贫】** 2014年，实施扶贫到户小额贷款6000万元（贴息300万元），扶持贫困农户发展种养殖及农产品加工和运输业，有效解决贫困户生活和生产发展中的资金短缺的问题；推荐认定扶贫贷款项目1个，贷款金额500万元，安排专项财政贴息15万元，通过农产品加工龙头企业的辐射和示范带动，完善贫困群众利益连接机制，促进全县扶贫产业的发展和提升；并安排扶贫到户贷款风险金500万元（省级300万元，州、县各100万元），有效降低建档立卡贫困农户获得金融支持的门槛，进一步调动金融机构发放小额贷款的积极性，推动财政与金融对加大小额贷款投放市场的良性互动。

**【易地扶贫搬迁】** 2014年，切实把贫困人口特别是深度贫困人口作为优先扶持对象，按照“移民就路、移民就市、移民就富”的原则，实施80户341人的易地扶贫搬迁。项目涉及4个乡（镇）8行政村、9村民小组。项目总投资668.81万元，其中：中央财政扶贫资金204.6万元，整合资金80万元，群众自筹384.21万元。

**【扶贫安居工程】** 2014年，申请财政专项扶贫资金612万元，实施612户安居工程建设，其中，建档立卡贫困户370户，占总数的60.46%。在实施过程中，对纳入扶持计划的贫困农户，做到项目到户、资金到户、工作措施到户，事前公示、事后公告，在实施中，注重根据群众的承受能力，充分尊重群众意愿，并加强统筹协调，千方百计整合各种资源，有效改善贫困群众居住环境。

**【特困群体帮扶】** 剑川县散居特困少数民族扶贫开。剑川境内散居在高海拔山区的彝族、傈僳族群众共2146户、8152人，贫困人口7245人，贫困发生率高达89%，涉及全县8个乡（镇）38个行政村。根据《剑川县散居特困少数民族扶贫开发规划（2014—2017年）》，散居特困少数民族帮扶主要实施易地扶贫搬迁与民族新村建设、散户基本生产生活条件改善、社会事业发展、能力建设、产业发展、生态建设与环境保护六大工程，规划总投资2.67亿元。2014年在华丛山共投入财政扶贫资金613.4万元，整合部门资金1033万元。发展340只山羊、种植玛咖250亩；建设通村道路13千米、村内道路硬化2.2万平方米，道路挡墙浇筑210米、排水沟修建850米，架设水管10.5千米、饮水池12个、小水窖123口；新建安居房85户、改造109户，实施27户114人易地扶贫；新建1个卫生分点、恢复4个教学点。

**【革命老区建设】** 2014年，投入革命老区专项资金150万元，按照“因地制宜、缺什么补什么”的原则，实施贫困村基础设施建设和社会事业建设。项目涉及6个乡镇8个行政村，整合资金万元，极大地改善了老区贫困群众的生产生活条件，着力为老区群众解决了行路难、饮水难的问题。

**【建档立卡】** 2014年贫困识别中，剑川县共识别贫困乡镇3个，贫困行政村26个，贫困户8196户3.08万人。2014年，已完成 3.08 万人建档立卡及数据录入上报工作。其中，扶贫户 6510 户 2.44 万人，五保户 3 户 8 人，低保户 250 户 949 人，扶贫低保户 1433 户 5448 人。

**【村级互助资金】** 2014 年，剑川县实施 100 万元互助资金，在 3 个贫困行政村组建 5 个互助社，解决了部分地区贫困农户想发展而苦于无资金、资金短缺，贷款难的问题。同时，加强对贫困村互助资金的监管，积极引导群众发展支柱产业，探索扶贫资金与农民自主经营相结合的有效方式。

**【社会扶贫】** 2014 年，剑川县加强与中国电力建设集团、中央美术学院、云南省交警总队、云南省人民政府驻广州办事处以及州级 9 家相关扶贫挂钩帮扶单位的沟通，中国电力建设集团投资 125 万元援建马登镇新华村教学综合楼。华夏银行、大理白族自治州交警支队、大理白族自治州旅游局等部门也深入挂钩点开展了扶贫助学、扶贫济困等社会扶贫活动。

**【扶贫制度建设】** 2014 年，剑川县人民政府下发了《剑川县财政专项扶贫资金管理实施细则（试行）》《剑川县财政专项扶贫资金报账制实施细则（试行）》和《剑川县人民政府办公室关于印发剑川县产业扶贫项目实施规程的通知》，进一步加强财政专项扶贫资金的管理，规范扶贫项目的实施，提高资金使用效益。

（云南省剑川县扶贫办）

# 重庆市武隆县扶贫开发

**【概述】** 2014年，重庆市武隆县紧密结合第二轮群众路线教育实践活动的深入开展，以全面贯彻落实中央〔2013〕25号文件精神为导向，扎实深入实施了扶贫攻坚战略并取得了显著成效。

**【片区扶贫】** 整合投入各类扶贫项目资金1.6亿余元，扎实推进了白马山小片区扶贫开发项目建设，并以100%的满意率顺利通过武隆县人大的工作评议。一是新建和改造道路交通项目17个248千米，基本建构了完善的交通体系，有效改善了片区交通制约状况。二是整合生态搬迁、乡村旅游等各类扶贫项目，新建集乡村旅游接待、移民安置、最美乡村等功能为一体的高山生态移民安置点10个，在有效改善人居环境的同时，加速推动了乡村旅游业发展。三是启动实施了3个乡（镇）的三峡后畜水土流失坡改梯工程项目，不断改善了生态环境。四是整合特色效益农业、农业综合开发等项目资金，扶持发展“仙女红”有机茶叶、复兴高山蔬菜、羊角猪腰枣和草食牲畜等特色产业项目，基本建构了以生态有机为特色的生态立体产业体系。

**【整村扶贫】** 整合投入各类财政扶贫专项资金9015万元，按照“七有四通三解决”（“七有”是指农民有稳定收入、有基本保障、有基本知识、有一定技能、有稳固住房，有服务中心、有好的班子；“四通”是指贫困村要通公路、通电话、通广播电视，户户通电；“三解决”是指贫困人口要稳定解决温饱，要基本解决人畜饮水问题，要全部解决生态和扶贫移民问题）的脱贫标准，新启动了8个贫困村整村扶贫，同时对列入今年脱贫目标的18个贫困村进行了重点建设。通过自查，预计将全部通过市政府的检查验收。

**【生态扶贫】** 一是完成生态搬迁投资共计3.20亿元，其中扶贫专项资金3134万元；启动建设集中安置点106个，已建成安置点26个，完成搬迁安置9784人，其中贫困人口4375人；制定出台极度贫困农户搬迁安置扶持政策，对157户极度贫困农户实施了搬迁安置，预计在两年内对武隆县395户1320人的极度贫困人口进行全部搬迁安置。二是投入专项资金733万元，重点打造乡村旅游扶贫示范村12个，发展乡村旅游扶贫接待户110户，2014年实现游客接待300万人次。三是投入特色效益农业项目资金650万元，整合投入其他项目资金 1100 万元，实施 22 个特色效益农业扶贫产业项目，2014 年新发展高山蔬菜 1100 亩、草食牲畜 1270 头（只）、特色林果 2555 亩、特色加工业 1 个，完成了减贫 9614 人的目标。

**【教育扶贫】** 2014 年开展“雨露技工培训”156 人；完成中高职学生扶贫资助申报和审核 2466 名，按照每人 1500 元标准兑现补助资金 369.9 万元；争取重庆市扶贫开发协会救助贫困家庭大学生 53 名，按每人 3000 元的标准发放救助金 15.9 万元；输送贫困家庭就读五年一贯制学生 7 名；举办村级互助资金管理、草食牲畜养殖、高山蔬菜种植等扶贫创业培训班 4 期 258 人；向重庆市扶贫指导中心、西南大学等市级扶贫培训机构输送各类学员 463 人；开展农村实用技术培训 36 期 3210 人次。

**【社会扶贫】** 2014 年，争取到位各类社会扶贫资金 4.07 亿元，其中水利部水利定点扶贫专项 3.45 亿元，济南市东西扶贫协作帮扶资金 355.60 万元，重庆市市委政法委扶贫集团与圈翼帮扶资金 3180 万元，武隆县内扶贫集团对口帮扶资金 1121.35 万元，社会各界资金 1626.89 万元。武隆县探索推出“扶贫网络、扶贫基金、三支服务、结亲帮扶”为载体的社会扶贫模式，不断拓展了社会参与扶贫的领域路径和空间外延，全县通过扶贫爱心网、扶贫基金、结亲帮扶共募集的各类社会扶贫资金达 5928.24 万元。启动实施以支教、支农、支医为主题的“三支”扶贫自愿行动项目，招募了 12 名优秀退休教师并分别在 4 所农村中小学开展以“传、帮、带”为主要内容的“青蓝工程 · 义教武隆”义教服务工作。武隆县扶贫办被国务院扶贫开发领导小组表彰为“全国社会扶贫先进集体”。

**【精准扶贫】** 加大本级财政投入力度并建立完善了精准扶贫投入机制，由武隆县财政每年预算安排 1000 万元建立扶贫专项基金重点用于精准扶贫；每年预算安排 50 万元专项资金用于金融扶贫；每年安排 600 万元切块资金用于产业扶贫精准到户；将 16—65 周岁的扶贫对象全部列入扶贫小额保险覆盖并由县财政统筹的长效机制。按照“A、B、C、D、E”五种类型，建立完善扶贫对象分类识别指标体系和流程化识别方法体系，精准识别出扶贫对象农户 1.67 万户 5.72 万人。按照“一无两高三低”标准和“A、B、C”三种类型，精准识别出贫困村 100 个。建立完善了扶贫对象信息管理系统，实现扶贫对象管理的精准化、规范化和标准化。建立完善了精准扶贫基金、金融合作扶贫、产业精准到户、小额保险到户为支撑的精准扶贫政策体系，以及“三个到村、四个到户、五个到人”（设施项目规划建设到村、驻村扶贫工作队组建到村、特色产业发展规划实施到村；以生态扶贫搬迁、乡村旅游、特色产业等融合发展的生态扶贫辐射到户、设施项目建设到户、干部对接帮扶到户、金融扶贫支持到户；任务落实到人、教育培训到人、小额保险到人、贫困资助到人、信息链接到人）的精准扶贫模式。

**【金融扶贫】** 一是按照“1+X”的模式建立了以县级扶贫资金互助联合会总会为支撑、41个贫困村互助会为节点的金融扶贫组织体系，资金规模突破了3000万元，2014年累计发放借款2450万元，有效解决了贫困农户借款难、发展难的问题。二是加大金融互助扶贫监督管理工作力度，建立完善了金融扶贫管理体系，撤销村级互助协会5个并回收了财政扶贫资金，确保了资金安全，提升了资金使用效率。

**【扶贫信息化建设】** 全面更新和优化了“扶贫爱心”网站，充分发挥了扶贫爱心网络和争取社会参与的信息链接作用；与陕西皇朝网络公司合作开发了集政务网、电商网和手机客户端为一体的乡村旅游商务网群，为加快乡村旅游扶贫产业发展和农特产品销售搭建了支撑平台。全面建成以扶贫爱心网、扶贫政务网、电子商务网和手机客户端为载体的“三网一端”信息扶贫网络体系，为重庆市乃至全国信息化扶贫树立了新的样板示范。

**【扶贫宣传】** 根据武隆县片区扶贫、社会扶贫、精准扶贫、生态扶贫总结提炼的“武隆四轮驱动立体统筹”扶贫开发经验文章，先后在中央电视台第4频道、《重庆日报》《中国扶贫》《重庆行政公共论坛》《武陵论坛》等媒体进行了专题报道并取得了较大反响，同时还被求是研究所《中国道路——发展经验选编》和中央党校《科学社会主义》收录。

（重庆市武隆县扶贫办）

# 中国农业银行西藏自治区分行扶贫

**【概述】** 中国农业银行西藏自治区分行（以下简称“西藏分行”）作为西藏自治区金融服务农牧业、农牧区、农牧民的主力军，肩负着促进西藏“三农”跨越式发展和长治久安的重要社会责任。西藏分行自1995年成立以来，认真贯彻落实农总行和自治区党委、政府关于“三农”的总体要求，始终把扶贫工作作为服务“三农”、履行社会责任的一项重要职责，秉承勇于担当，造福社会的服务理念，为构建美丽西藏、和谐西藏、幸福西藏的宏伟蓝图做出了贡献。西藏分行共有各级机构511个，占西藏自治区金融机构总量的80%，其中县域及以下在职员工近4000人，承担了全区98%的县域及“三农”信贷扶贫工作任务。西藏分行认真贯彻落实中央第五次西藏工作座谈会精神，按照关注、关爱弱势群体，扶持、发展弱势行业，促进社会和谐发展的要求，切实转变观念、创新金融产品、发展农牧区信贷业务，促进农牧民发展生产和脱贫致富等方面进行了有益的探索，走出了一条符合西藏自治区农牧区实际的扶贫之路。2014年，西藏分行获得“全国社会扶贫先进集体”荣誉称号，是西藏自治区唯一获此称号的金融机构。

**【扶贫资金投入】** 2014年，西藏分行涉农贷款余额达到283.23亿元，近5年累计发放涉农贷款517.68亿元，其中农牧户到户贷款余额达到153.11亿元。目前西藏分行农户贷款的总量已位居全国农行系统第2位，户均贷款位居全国第1位。扶贫贷款余额259.35亿元，占涉农贷款的91.57%，近5年累计发放扶贫贴息贷款372.17亿元。其中，个人扶贫贴息贷款总量占扶贫贴息贷款的55.96%，先后扶持农牧户33余万户，扶持扶贫经济组织179家。

**【信贷扶贫产品创新】** 为了简化贷款手续，有效缓解农牧区贷款“两难”问题，西藏分行积极研究小额信贷扶贫产品，2001年推出全国农行系统首创的“金、银、铜”为载体的三卡小额信用贷款产品。给予“金、银、铜”三卡持有农牧户分别授信1万元、0.6万元、0.3万元。为满足农牧大户资金需求。2005年4月，推出了农牧户信用贷款产品升级版——“钻石卡”，向符合条件的农牧户授予三星、二星、一星钻石卡，分别最高授信20万元、15万元和10万元，形成了完善的“钻、金、银、铜”四卡农牧户信用贷款产品体系，成为西藏农牧民致富奔康的“助推器”。通过十多年的实践、总结、完善、推广，为适时满足农牧区经济发展、农牧业产业升级带来的新型金融消费需求，报经中国农业银行总行同意，“金、银、铜”三卡信用额度分别于2005年和2010年适时作出调整，2005年调增为3万元、2万元、1万元，2010年调增为5万元、4万元、3万元。同时对信用乡（镇）、村由最初的2万元、1万元、0.5万元调增为4万元、3万元和2万元。为契合新一轮西藏农牧区深化改革带来的政策机遇，2015年起，信用县范围内农户单户小额“金、银、铜”三卡额度再次提高至8万元、5万元、4万元。“四卡”产品已成为各级党政满意、社会各界认可、广大农牧民欢迎并得到实惠的金融产品。“四卡”贷款余额121.91亿元，受益农牧户近45万户。西藏成为全国农户贷款覆盖面最广的地区，小额信贷已覆盖全区90%以上的农牧户。该产品2010年、2014年分别荣获全国银行业服务小企业及三农“十佳”“二十佳”特色金融产品称号。

**【优惠金融政策】** 西藏分行积极争取并认真落实优惠金融政策。在认真贯彻落实中央赋予西藏的各项优惠金融政策的基础上，加强向总行的沟通汇报，争取较为宽松的扶贫贷款规模，同时在扶贫贷款运作方式上也争取到了特殊的倾斜政策，即各类贷款均执行比全国平均水平低2个百分点的利率，对扶贫贷款实行1.08%最低利率政策，扶贫贷款直接发放到户，确保了中央及自治区赋予农牧区群众的政策受益面实现直接落地。积极争取较宽松的扶贫贷款规模，对西藏分行扶贫贷款运作方式，总行也赋予相对特殊的倾斜政策，优惠政策的实施破解了西藏农牧民贷款难、贷款贵的难题，同时解决了农牧民缺乏有效担保或抵押和让利于农牧民的问题。

**【扶贫制度建设】** 一是将中央优惠金融政策全面覆盖到西藏。在原有贷款对象和扶持项目基础上，西藏分行根据《西藏自治区人民政府办公厅转发中国人民银行拉萨中心支行等部门关于进一步推进扶贫贴息贷款管理工作意见的通知》（藏政办发〔2013〕77号）和《西藏自治区人民政府办公厅转发自治区扶贫办等部门关于项目扶贫贴息贷款使用管理意见的通知》（藏政办发〔2013〕78号），专门出台《中国农业银行西藏自治区分行扶贫贴息发放与管理实施细则》，明确“四个支持”，使扶贫对象和扶贫项目范围更加明确。即对集中连片特困地区的农牧户（小康户除外）的贷款予以支持；在明确扶贫责任的前提下，通过致富带头人（先进“双联户”、小康户、大户）带动贫困户共同致富的项目，经有关部门确认后发放扶贫贷款予以支持；对农业产业化龙头企业、扶贫龙头企业、农牧民专业合作经济组织，农牧区小型基础设施建设及社会事业项目，与贫困村、贫困户增加收入紧密相关的项目，经有关部门确认后发放扶贫贷款予以支持；在明确扶贫责任的前提下，与广大贫困户联系密切、致富带动力强的县及县以下中小微企业的贷款，经有关部门确认后发放扶贫贷款予以支持。二是信贷扶贫工作紧紧围绕“有利于控制风险、有利于降低成本、有利于商业可持续”的原则，在给予信贷资源支持的同时，更加注重信贷扶贫有效模式探索和开发，采取“公司+农户”、“基地+农户”、“协会+农户”、“项目+农户”等多种形式给予扶持，根据各地资源优势、消费习惯、市场环境，扶持当地发展养殖业、种植业、旅游服务业、民族手工业、小型建筑业、餐饮业、交通运输业等数十种脱贫致富项目。三是主办行对项目使用者实施扶贫责任管理，对借款人设置“三原则”，即原则上，借款人每使用5万元项目扶贫贴息贷款，需吸收1名建档立卡扶贫对象就业；原则上，每使用万元项目扶贫贴息贷款，要带动所在乡村农牧民增收100元以上；产品购销项目扶贫贴息贷款原则上全部用于所在地农牧民相关的购销活动。信贷扶贫“输血又造血”模式既带动了贫困户的脱贫致富，又持续增加了农牧民的收入。

**【扶贫考核机制】** 一是西藏分行积极创新开展信贷扶贫工作，强化以“一把手”为信贷扶贫工作第一责任人的组织领导，成立领导小组，把信贷扶贫工作责任制层层落实到基层各经营单位，要求全行员工增强信贷扶贫的责任感和使命感。二是为增强责任意识，西藏分行将信贷扶贫业务纳入全行考核体系，将任务完成情况与各级行领导班子、业务管理人员的绩效工资分配挂钩，取得了积极的成效。同时，着眼于到2020年西藏农牧民人均纯收入接近全国平均水平，实现西藏同全国一道全面建成小康社会的奋斗目标，积极加强与西藏自治区党委、区政府及人民银行、银行业监督管理委会、西藏扶贫办等部门请示汇报和沟通联系，积极建言献策，努力争取更契合农牧区实际的扶贫信贷政策。三是统筹调配资源，夯实信贷工作扶贫基础。尽管农牧区网点经营效益差，但西藏分行站在事关农牧区经济发展和社会进步、事关西藏局势稳定大局的高度，不仅未进行大的撤并，还根据西藏分行机构布局规划，每年以90%以上基建费用规模用于县域基层营业网点的建设与转型，保证了金融服务的有效覆盖。四是进一步充实了信贷扶贫力量，每年西藏分行招收的员工中85%的员工充实到县级支行和营业所，为信贷扶贫提供了有力的人力资源支撑，同时，开展了政府主导、金融力推、县域各主体参与的信用县、乡（镇）、村三级行政区域诚信建设，逐步构建起了健康有序的生态金融图谱，使信用体系建设与信贷扶贫相辅相成，实现了信贷扶贫可持续和商业运作。

（中国农业银行西藏自治区分行）

# 陕西安康京康建筑工程有限公司扶贫

**【概述】** 2010年陕西省委、省政府决定组织企业开展“千企千村扶助行动”。陕西安康京康建筑工程有限公司（以下简称“京康公司”）董事长陈荣堂主动要求参加扶助行动。京康公司具体承担对安康市汉滨区牛蹄镇土坪村的帮扶工作。4年来，土坪村的自然条件和基础设施得到了大幅度改善。陈荣堂号召公司中高层管理人员先后向帮扶村捐款160万元，新建村级公路2.5千米，新修桥梁1座，扩建村级小学教学楼1栋。针对土坪村的自然资源状况，陈荣堂多次跑市场、搞调研，确定了发展现代生态农业的路子，采取“企业+基地+农户”的形式，在土坪村建设生态农业。通过生态农业建设，土坪村90%的农民变成了产业工人，人均年收入增加2562元，远远超出了人均增加1000元的目标。京康公司及其董事长陈荣堂获得陕西省扶贫办的表彰。

**【京康现代农业园区项目】** 京康公司董事长陈荣堂发起组建了京康现代农业开发有限公司，建设“京康现代农业园区项目”，履盖牛蹄河流域范围内的4个行政村。累计投资4120万元，流转4500亩土地，新建2000亩高标准茶园，新建8千米通村路，使140户农户通过土地流转后在茶园务工，每个人月工资收入3000多元。将项目区建成“高山森林带帽、半山茶园环绕、园中渠路配套、河边新村新貌”的社会主义新农村。

**【基础设施建设】** 投资60万元修建了土坪大桥，后又投资50多万元改造了土坪村、高田村等村级道路。

**【教育扶贫】** 京康公司为社会公益事业捐款800万元，援助贫困大中专和中小学学生30名；为牛蹄九年制学校捐助18万元，配备了30台计算机。

（陕西安康京康建筑工程有限公司）

# 青海兴旺集团扶贫

**【概述】** 青海兴旺集团（以下简称“兴旺集团”）是一家拥有18家子公司、集房地产开发、建筑、发电、贸易、旅游、饭店于一体的集团性民营企业，2004年跻身青海企业50强、全国民营500强。兴旺集团累计为抗震救灾、教育、扶贫等社会公益事业捐款近2.78亿元，赢得了全社会的赞誉。集团先后荣获“青海省文明诚信民营企业”“青海省先进企业”“青海省最具影响力十大诚信单位”“青海省抗震救灾，奉献爱心先进单位”“青海省捐资助学先进单位”“青海省先进民营企业”“青海省党政军企共建示范村活动先进共建单位”“全国工商联重质量、守信誉先进会员企业”“全国先进社会组织”等称号，董事长韩兴旺也先后获得了“青海省优秀民营企业家”“全国少数民族优秀经理”“全国劳动模范”“全国关爱员工优秀民营企业家”“全国民族团结进步模范个人”“全国优秀中国特色社会主义事业建设者”等荣誉称号，连续3届当选为青海省政协常委、连续3届当选为全国政协委员。

**【抗震救灾】** 青海兴旺集团先后为海南藏族自治州塘河镇地震灾区、共和县沟后水库垮坝灾区、玉树藏族自治州雪灾地区、循化撒拉族自治县（以下简称“循化县”）旱灾地区、我国南方洪涝灾区、汶川地震灾区、玉树地震灾区和农村贫困群众捐款捐物累计达2000万元。

**【教育扶贫】** 兴旺集团每年拿出10%以上的利润资助青海省循化县贫困学生。自1998年以来，每年救助150名各民族贫困失学儿童，特别是缺少稳定收入来源的单亲家庭或残疾家庭孩子，完成中学学业，并坚持救助考入大学的学生直至大学毕业。为了建立长效救助机制，2006年，“青海兴旺爱心救助会”成立，爱心资助青海省困难家庭学生。2013年以来，爱心救助会为循化县藏区贫困大学生捐款30万元，为文都乡中库地区教育救助协会捐款30万元。从2011年起，青海兴旺爱心救助会积极参与循化县“学子圆梦”活动，每年无偿资助120万元，以每人每年5000元标准资助220多名各民族贫困学生完成大学学业（其中撒拉族85名，藏族110名，其他民族25名）。2014年，给考入清华大学和复旦大学的考生分别奖励了10万元和5万元。4年来，为循化县贫困大学生累计捐款达540万元。同时，还积极捐助贫困地区学校添置电脑、学生课桌凳等教学设备，努力改善办学条件。2013 年 10 月，为循化县教育局捐赠 100 万元，用于改善贫困山区的办学条件。2014 年为循化县优秀教师奖励 7.3 万元，为家乡中小学捐赠青少年课外图书 1400 套。兴旺集团热心文体活动，每年坚持组队参加青海省组织开展的各类文体活动，2014 年为青海省运动会暨全民健身大会赞助 100 万元；组织文艺巡演队到家乡各乡镇慰问演出，用文艺表演的形式宣传党的民族政策，歌唱改革开放。兴旺集团累计为青海省文化教育事业捐助达 1054 万元，为促进贫困地区教育事业发展做出了积极贡献。

**【送温暖活动】** 自 1998 年以来，兴旺集团董事长坚持每年到海南州、循化县岗察乡等藏族聚居区看望慰问贫困牧民。兴旺集团为贫困群众捐款捐物累计 700 多万元。

兴旺集团从 2006 年起为循化县街子乡、查汗都斯乡 13 个村社的 1092 名 60 岁以上的贫困老人发放营养补助，每人每年 400—800 元不等。累计补助金额达 530 万元。每逢节假日，集团为贫困老人送去滋补营养品。对特别困难、没有子女的孤寡老人，发放敬老尊老爱心基金，帮助他们安度晚年。

**【基础设施建设】** 全力实施党政军企共建示范村项目，为联点示范村投入资金 8000 万元，动工建设院落式村部、商业旅游一条街、职业学校、幼儿园等，其中院落式村部、职业学校已完成投入使用。同时，兴旺集团主动申请将循化县街子镇三立方村作为本集团的联点帮扶村，开展帮扶活动。兴旺集团积极争取异地扶贫项目 234 套住宅，除扶贫办每户补助 3 万元外，其余群众自筹部分共 7200 万元全部由集团资助。仅此一项使该村 234 户农家户均收益 30 万元。2014 年，完成了住宅的主体工程，234 户无房户可如期迁居。兴旺集团为该村新农村建设累计投资达 1.5 亿元。

**【产业扶贫】** 兴旺集团带头倡议并一次性拿出 1000 万元资金，作为小微企业特别是“拉面经济”的扶持基金，鼓励和帮助有志青年积极创办小微企业。

（青海兴旺集团）

# 七

# 国际合作篇

# 综 述

减贫领域的国际交流合作是中国特色扶贫开发道路的重要内容，也是中国对外开放大局的重要组成部分。中国政府高度重视减贫领域的国际交流与合作，特别是2014年，提出了《中国和非洲联盟加强中非减贫合作纲要》《东亚减贫合作倡议》等内容丰富、务实性强、影响广泛的减贫倡议，并将减贫合作纳入“一带一路”建设总体规划。减贫领域的国际交流合作进入新阶段。

2014年，开展减贫国际交流合作主要有三个方面内容：一是继续学习借鉴国际先进的减贫理念与实践，进一步丰富和完善国内扶贫开发政策与机制，服务于扶贫攻坚和全面建成小康社会大局。二是进一步宣传中国扶贫成就和经验，传播中国扶贫理念与文化，提升中国扶贫开发的国际影响力，提升中国软实力。三是促进中国扶贫事业与国际减贫事业的交流与互动，加强减贫经验的分享，推动发展中国家之间在减贫领域的知识与经验分享。

# 国际减贫交流

**【出访活动】** 2014年8月3—10日，国务院扶贫办主任刘永富率团赴缅甸出席第八届“中国—东盟社会发展与减贫论坛”，并对老挝、缅甸两国进行工作访问。

老挝人民民主共和国总理通邢·塔马冯会见了代表团。通邢对刘永富的访问表示欢迎并高度评价。通邢表示，此访将为老中两国建设全面战略合作伙伴关系，特别是为老中经济合作协议中关于解决贫困问题合作做出重要贡献。刘永富感谢通邢总理的热情会见，并简要介绍了中国扶贫情况和此次访问老挝取得的良好成果。访老期间，刘永富与老挝国家农村发展与消除贫困委员会主席本恒·隆帕占进行了工作会谈，双方介绍了各自国家的减贫情况，就两国开展减贫合作进行探讨并达成共识。中国国际扶贫中心和老挝国家农村发展与消除贫困委员会签署减贫合作谅解备忘录。代表团还赴万象市三通县的“三建”（老挝《农村发展与消除贫困规划（2011—2015年）》中确定的把省建设为战略单元，把县建设为全面竞争力单元，把村建设为发展单元）试点村和琅勃拉邦县先进示范村帕侬村进行考察，了解当地减贫情况。

8月7日，国务院扶贫办主任刘永富在缅甸首都内比都出席第八届“中国—东盟社会发展与减贫论坛”开幕式并致辞。访缅期间，刘永富与缅甸畜牧业、渔业和农村发展部部长吴翁敏就进一步加强两国减贫合作举行了会谈，并就后续具体合作达成共识。刘永富还赴曼德勒实地调研中国石油天然气集团东南亚管道有限公司履行企业社会责任情况，参观公司在当地援建的一所小学并向学生赠送了书包。

2014年7月17—23日，国务院扶贫办副主任王国良率团访问波兰和罗马尼亚，推动国务院扶贫办与中东欧国家开展减贫交流合作。访问罗马尼亚期间，代表团与罗地区发展和公共行政部、劳动家庭社会保障部进行双边会谈，实地调研罗马尼亚的社会救助项目。双方就加强人员交流、政策咨询、经验共享、专题研讨等方面的合作达成共识。期间，代表团还实地调研了华为技术有限公司在罗马尼亚开展的海外公益项目。访问波兰期间，代表团与“波兰家园”董事会副主席 Mr. Ireneusz Makles 进行了座谈，并就企业和非政府组织参与减贫等方面进行了专题研讨。

两国相关政府部门及机构对中国取得的减贫成就均表示赞赏，希望通过交流，促进减贫与发展经验的共享。此访是对开展“一带一路”框架下减贫交流合作的积极探索，进一步完善了国务院扶贫办减贫国际交流合作的工作格局。

**【外事会见】** 2014 年 1 月 8 日，国务院扶贫办主任刘永富会见来访的亚洲开发银行（以下简称“亚行”）行长中尾武彦一行。刘永富向中尾武彦简要介绍中国扶贫开发取得的成就及当前面临的主要任务，同时重点介绍中国政府关于创新机制扎实推进中国农村扶贫开发的相关政策。刘永富表示，中国在减贫方面积累了很多经验，愿意把这些经验和广大发展中国家进行分享。同时，刘永富对亚行在减贫与发展领域所做的努力表示赞赏，并希望亚行能够继续对中国的扶贫开发事业给予关心、支持和帮助。中尾武彦对中国的减贫成就充分肯定并表示将继续加强与中国在减贫领域的交流合作，共同促进中国减贫事业的发展和中国减贫经验的传播。

2014 年 2 月 24 日，国务院扶贫办副主任郑文凯会见来访的丹麦贸易和发展大臣莫恩斯·延森（Mogens Jensen）。双方对丹麦绫致基金支持的湖北儿童扶贫项目表示了肯定，并提出共同努力鼓励更多的在华企业参与中国扶贫开发事业。延森希望丹中双方能进一步加强交流，发挥各自优势，联合开展针对非洲的减贫合作。郑文凯表示可在此领域积极发挥中国国际扶贫中心的平台作用，积极推进合作。

2014 年 4 月 24 日，在中国国家主席习近平和丹麦女王玛格丽特二世共同见证下，国务院扶贫办主任刘永富与丹麦外交部部长马丁·利泽高共同签署了《中华人民共和国国务院扶贫开发领导小组办公室与丹麦王国外交部关于减贫交流合作谅解备忘录》，双方决定在减贫经验分享、能力建设、合作研究等方面开展合作。

2014 年 7 月 7 日，国务院扶贫办主任刘永富会见新任联合国系统驻华协调员兼联合国开发计划署驻华代表阿兰·诺德厚。刘永富简要回顾了双方的合作历程，肯定了双方的合作效果，指出中国的扶贫开发已经进入到了扶贫攻坚的关键时期，希望联合国开发计划署继续发挥优势与特点，进一步支持中国的扶贫开发事业。同时，中国也愿意在联合国开发计划署的支持下，继续与广大发展中国家共享减贫经验，共同推动世界减贫进程。诺德厚表示，中国取得了举世瞩目的减贫成就，有丰富的减贫经验，联合国开发计划署愿意继续加强与中国国务院扶贫办的合作，支持中国的扶贫开发事业和国际减贫交流合作工作。

2014 年 10 月 29 日，国务院扶贫办主任刘永富会见南非农村发展和土地改革部部长古吉莱·恩昆蒂率领的访华团。刘永富对南非农村发展和土地改革部在推动双边减贫合作所做出的贡献与支持表示感谢，简要介绍中国农村扶贫开发取得的成就、主要做法和新阶段的任务。刘永富表示，中国与南非同属发展中国家，共同面临着发展经济、改善民生的历史任务。中方希望在高层对话、能力建设与经验分享上与南非方面保持交流，逐步推进和深化双边农村发展减贫合作。

国务院扶贫办副主任郑文凯与南非代表团进行工作会谈。重点介绍了中国正在进行的扶贫开发机制创新和重点工作，强调把扶贫工作纳入全面建成小康社会的全局，在推进城镇化、工业化、信息化和农业现代化进程中统筹考虑，希望通过双方在减贫和发展领域的交流与合作，帮助两国人民创造更美好的生活。

古吉莱·恩昆蒂表示，贫困是中南两国所面临的共同问题，南非政府正在通过不懈的努力，进一步推动减贫发展、青年就业及社会公平。中国在减贫和农村发展领域具有很多优秀经验值得参考借鉴，南非希望通过与中方开展减贫合作，共同为世界减贫发展做出贡献。

2014 年 11 月 24 日，国务院扶贫办副主任郑文凯会见坦桑尼亚总理府秘书长弗洛伦斯·图卢卡率领的访华团。郑文凯对代表团的来访表示欢迎，回顾了中坦双方在过去几年来卓有成效的合作，并向代表团介绍中国当前的主要贫困状况、扶贫开发形势和重点工作任务。郑文凯指出，由中国国际扶贫中心在坦桑尼亚摩洛哥罗大区推进实施的中坦村级减贫学习中心项目，为中非减贫合作发挥了重要示范带头作用，中坦现阶段同样面临着发展经济、改善民生的重要任务，在贫困状况方面也有诸多相似之处，今后在减贫与发展领域可以进一步加强交流和合作，相互学习借鉴，帮助两国人民摆脱贫困，创造更美好的生活。

弗洛伦斯·图卢卡表示，创新扶贫工作理念和方式是坦当前面临的主要问题，中国在过去几十年中取得了举世瞩目的扶贫成效，中国的扶贫经验对坦桑尼亚具有重要借鉴意义，希望通过此次访问可以对中国改革开放与减缓贫困有更多了解，更深入和广泛地学习相关扶贫经验。同时感谢中国政府与坦桑尼亚开展减贫合作的决定，中坦村级减贫学习中心项目进展顺利，期待中国国际扶贫中心和坦总统府计划委员会未来开展更多实际合作，共同努力将该中心建设成在非洲具有示范效应的项目。

2014 年 12 月 3 日，国务院扶贫办主任刘永富会见委内瑞拉部长理事会社会事务副主席兼教育部部长埃克托·罗德里格斯率领的代表团。

刘永富向代表团全面介绍中国农村扶贫开发的主要历程、取得的成就、基本经验和做法，并着重介绍了中国新一届政府在扶贫开发工作中的新理念、新思路和新举措，特别是开展精准扶贫、下派驻村工作队和社会扶贫三项重点工作的情况。刘永富表示希望双方以此次会见为新的起点，进一步加强交流合作，促进两国在减贫领域的互学互鉴。

罗德里格斯对中方的热情接待和情况介绍表示诚挚感谢，并介绍了委内瑞拉在促进减贫和社会发展方面的做法。罗德里格斯表示，中国的减贫取得了巨大成就，有很多成功经验值得委内瑞拉学习和借鉴，希望双方提出具体合作计划，并邀请中方在适当的时候访问委内瑞拉，进一步推进双方减贫交流合作。

# 国际会议及重要活动

**【首届中国减贫10·17论坛】** 2014年10月16日，首届“10·17论坛”在北京举办。该论坛是中国首个“扶贫日”系列纪念活动的重要内容之一。论坛由北京大学、清华大学、中国科学院地理科学与资源研究所、中国社会科学院社会学研究所、国务院发展研究中心农村经济研究部、中国扶贫发展中心、中国国际扶贫中心等单位联合发起。论坛主题是：扶贫开发与全面小康。国内政府部门、学术机构、社会组织、企业、媒体以及国际组织和有关国家驻华机构代表近300人参加了研讨。论坛由开幕式、主论坛、四个平行论坛和成果发布环节组成。开幕式上，北京大学党委常务副书记、副校长张彦教授代表论坛组委会主任北京大学党委书记朱善璐致开幕词，联合国驻华协调员诺德厚先生宣读联合国秘书长潘基文的贺信。国务院扶贫办主任刘永富，国家发展和改革委员会副秘书长范恒山，教育部副部长鲁昕，财政部党组成员、部长助理余蔚平，交通运输部副部长翁孟勇，水利部副部长矫勇，国家卫生和计划生育委员会副主任王培安，中国人民银行行长助理郭庆平，国务院发展研究中心副主任韩俊，中华全国妇女联合会书记处书记、党组成员谭琳，中国科学院院士陆大道，清华大学教授胡鞍钢等分别在主论坛上发表演讲。

**【第八届中国—东盟社会发展与减贫论坛】** 2014年8月7—9日，第八届“中国—东盟社会发展与减贫论坛”在缅甸首都内比都成功举办。此次论坛突出“深化中国—东盟减贫区域合作”的主题，围绕中国与东盟国家减贫和包容性发展面临的新挑战，分享各国扶贫的成功经验，探讨深化区域减贫合作的新路子、新方法、新模式，推动各国政府扶贫机构与民间组织、社会团体、私营企业建立更加紧密的减贫合作伙伴关系，让更多的人口早日摆脱贫困。来自中国和东盟10国的政府官员、专家学者以及联合国开发计划署、亚行等代表130余人参加会议。中国国务院扶贫办主任刘永富、缅甸畜牧业渔业和农村发展部长Ohn Myint、东盟秘书处副秘书长Alicia dela Rosa-Bala出席开幕式并致辞，联合国开发计划署署长Helen Clark向论坛发来致辞。

刘永富在致辞中指出：“消除贫困，实现联合国千年发展目标，是中国和东盟国家的共同关切。”刘永富强调，中国新一届中央政府高度重视扶贫工作，中国的扶贫开发正进入一个区域发展和精准扶贫到村到户双轮驱动、相互促进的新阶段，今后一段时期将进一步深化改革，实现 4 方面机制创新、推动 10 项重点工作，并处理好内生动力与外部帮扶等减贫实践中的 4 对基本关系。刘永富高度赞扬东盟国家为消除贫困所做的探索和贡献，希望通过论坛平台既学习借鉴东盟各国好的减贫实践，也分享中国的减贫经验。

本次论坛作为落实《中国—东盟面向和平与繁荣的战略伙伴关系联合宣言的行动计划（2011—2015）》的重要内容，由中国国务院扶贫办与缅甸畜牧业、渔业和农村发展部主办，中国国际扶贫中心与缅甸畜牧业渔业和农村发展部农村发展司承办，联合国开发计划署、东盟秘书处、广西壮族自治区扶贫办、中国国际经济技术交流中心、中国—东盟中心、生态开发及缅甸农村发展联合会协办。

**【第五届中非减贫与发展会议】** 2014 年 11 月 18—19 日，第五届“中非减贫与发展会议”在埃塞俄比亚首都亚的斯亚贝巴召开。由非洲联盟、埃塞俄比亚工业部、中国国际扶贫中心和联合国开发计划署共同举办。埃塞俄比亚总统穆拉图，国务院扶贫办党组成员司树杰出席会议并致辞。

穆拉图在致辞中指出，中国和非洲有着长期的友谊，开展了长期的合作。中非合作是发展中国家合作的典范。中国快速的工业化进程让全世界赞叹，是个奇迹。穆拉图表示，要学习中国，尤其是工业化的经验，在中国的支持和帮助下实现非洲梦。必须实现非洲 2063 年愿景，发展和平和繁荣的非洲。中非携手已经展现出自信，有着共同利益，结果会令各方满意。

司树杰指出，工业化及区域经济发展是经济增长、社会发展和消除贫困的重要引擎，也是发展中国家实现经济起飞的必由之路。中国在减贫领域取得的巨大成就，很大程度上得益于中国快速的工业化和区域经济增长。新一届政府组建以来，一以贯之地重视减贫工作，明确提出“继续向贫困宣战，决不让贫困代代相传”，并把 10 月 17 日确定为“扶贫日”。在推进片区区域经济发展的同时，实施精准扶贫方略。中方将进一步加强中非减贫交流与合作，分享经验和教训，共同推进千年发展目标以及 2015 年后发展进程。

本次会议围绕“非洲工业发展的经验、挑战与机遇”“反思中国工业发展的经验教训”“区域、次区域及国家层面中非合作的机遇和挑战，本次会议的后续行动”等主题进行深入讨论。全国工商业联合会副主席林毅夫教授出席会议并做主题演讲，来自非洲国家、国际组织与学术机构的 150 多名代表参加会议。会后参会代表考察了东方工业园。

**【生态文明贵阳国际论坛】** 2014 年 7 月 11 日，由中国国际扶贫中心、中国社科院社会学所、贵州省社会科学院、贵州民族大学、贵州省扶贫开发办公室、贵州财经大学共同承办的生态文明贵阳国际论坛 2014 年年会“生态文明与反贫困分论坛”举行。国务院扶贫办主任刘永富出席论坛开幕式并做主旨演讲，联合国驻华协调员、联合国开发计划署驻华代表诺德厚，亚洲开发银行驻华代表处首席代表哈米德·谢里夫出席分论坛开幕式并致辞。分论坛发布了“生态文明建设与反贫困贵阳共识”。来自政府部门、国际机构、科研院所、社会组织等方面的 100 余位中外代表参加论坛。

**【第二届“东盟+3 村官交流项目”】**

2014 年 5 月 12 日，在国务院扶贫办的指导下，由中国国际扶贫中心主办、四川省扶贫和移民工作局承办、东盟秘书处支持的第二届“东盟+3 村官交流项目”在四川省成都市开幕。

来自中国和东盟国家的政府官员、基层村官、专家学者及东盟秘书处等国际组织代表 60 余人参加了开幕式。本届活动是落实国务院总理李克强 2013 年出席东盟+3 领导人会议倡议的活动之一，将成为年度机制化活动。活动为期一周，旨在通过座谈研讨和深入农村、社区实地考察，让东盟国家代表了解中国农村经济社会发展状况，尤其是驻村考察有助于参会代表实地感受中国村官在实际工作中的有益实践经验，增强东盟国家村官能力建设。期间赴四川省仪陇县新政镇龙神垭村敬老院、仪陇县中医院等项目点实地考察，还深入赛金镇雷家坝村农户家中同吃同住，并与农户进行座谈。

**【出国（境）培训】** 出国（境）培训是国务院扶贫办国际减贫交流合作的一个重要组成部分，是落实扶贫人才培养战略的一项重要举措。2014 年，国务院扶贫办共派出两个出国培训团组 30 人次，分别赴南非和以色列开展“社会经济转型与扶贫体系建设”和“国际项目管理”培训。

# 国际减贫研究

**【中国与国际农发基金第六届南南合作研讨班】** 2014年8月4日，由中国财政部和国际农发基金共同主办，中国国际扶贫中心承办，莫桑比克计划和发展部协办的“中国与国际农发基金第六届南南合作研讨班”在莫桑比克首都马普托举行。中国财政部副部长王保安、国际农发基金助理副总裁约翰·麦金泰（John McIntire）、莫桑比克计划和发展部部长艾乌巴·奎雷内亚（Aiuba Cuereneia）出席开幕式并致辞。

中国与国际农发基金南南合作研讨班旨在通过国际农发基金平台，促进中国与其他发展中国家在农业发展与减贫方面的合作。邀请了莫桑比克、布隆迪、埃塞俄比亚、埃及、厄立特里亚、加纳、肯尼亚、马拉维、马达加斯加、尼日利亚、苏丹、坦桑尼亚、赞比亚13个非洲国家和国际农发基金等国际机构共70多人参与研讨。

研讨班为期5天，分为专题研讨和实地调研两个部分。专题研讨突出“分享经验、深化合作”，紧紧围绕中国农业政策演进及绩效、农村经营体制改革与农业现代化，以及农业基础设施建设、农业技术推广在推动农业现代化中的作用等方面，全面探讨农业发展与减贫主题思路与模式创新。与会代表赴中国—莫桑比克农业技术示范中心和中国万宝粮油农场基地参观调研。

**【“城乡贫困联系”国际政策研讨会】**

2014年9月2日，由中国国际扶贫中心和亚行联合主办的“城乡贫困联系”国际政策研讨会在浙江省杭州市召开。来自亚洲10国和国际发展机构的近百名政府官员和专家学者齐聚一堂，就城乡贫困联系及如何发展以人为本的宜居城镇展开研讨。国务院扶贫办副主任洪天云、亚行东亚局高级顾问许延根（Edgar Cua）和浙江省扶贫办副主任邵峰出席开幕式并致辞。

洪天云指出，在城镇化高速发展的背景下，中国的扶贫工作面临新挑战，需要新思路，须着重解决好四方面问题：一是产业发展与就业问题，二是城市空间优化布局和完善基本公共服务体系，三是处理好城市经济发展、资源利用和环境承载能力的关系，四是推进城乡一体化发展。推进城镇化的根本目的是让人们生活得更美好。

许延根表示，现在许多亚洲国家的发展聚焦于大城市扩张和城乡人口流动问题，鲜少关注其他选择，如居住农村但在小城镇工作，或把一部分工业转移到农村地区。政府通过政策设计引导和鼓励小城镇建设、促进城乡结合地区发展、克服可能的城市贫困问题将是接下来城镇化发展的关键。

本次研讨会为期 3 天，由浙江省扶贫办与浙江大学中国农村发展研究院、浙江省农业经济学会联合承办。与会代表共同探讨了城乡贫困的内在关系，寻求缓解城乡贫困、更好地惠及低收入人群和建立包容性城市的新途径，分享解决城乡结合部和城中村贫困问题的有效经验。浙江在城镇化建设，尤其是阻断城市贫困方面有不少探索性的有益尝试，实践了独特的包容性工业化城市化道路，率先推进基本公共服务均等化，持续实施融入式扶贫开发。研讨会期间，参会代表赴浙江省绍兴市考察中心城镇建设、城中村改造、新农村建设的情况，实地交流和学习绍兴在因地制宜地促进城乡一体化方面的做法，同时分享亚洲其他国家的发展经验。

**【促进发展领域的企业伦理和公私伙伴关系圆桌会议】** 2014 年 11 月 14 日，由中国国际扶贫中心和经济合作与发展组织（以下简称“经合组织”）发展援助委员会联合举办的“促进发展领域的企业伦理和公私伙伴关系”圆桌会议在京召开，80 余位来自中国、经合组织发展援助委员会成员国的高级官员、发展领域专家学者、私营部门代表等参加会议。经合组织审查评估部部长凯伦·约根森（Karen JORGENSEN）主持会议开幕式，瑞士驻华大使馆临时代办莫雅琳（Salome MEYER）、中国国际扶贫中心主任左常升、经合组织发展援助委员会主席埃里克·苏尔汗（Erik SOLHEIM）分别致辞。随后，与会代表就促进公私伙伴关系、推动包容性发展、促进企业伦理等议题展开了发言和讨论，分享各自的成功经验与创新型手段。

本次会议是中国—发展援助委员会（China-DAC）研究小组 2014 年度第二次圆桌会议。China-DAC 研究小组由中国国际扶贫中心与经合组织发展援助委员会共同发起，自 2009 年成立以来，在推动经济增长与减贫经验分享，加强国家间相互学习方面发挥了重要作用。

# 国际减贫经验分享

**【概述】** 2014年，在商务部、财政部等中国政府有关部门和联合国开发计划署、国际农业发展基金等国际组织的支持下，中国国际扶贫中心共举办了11期国际减贫培训项目。来自亚非拉48个发展中国家的334名政府中高级官员和国际组织代表参加了研修。项目实施期间，各方代表交流减贫的战略、模式和经验，分析减贫的问题和挑战，探讨加强国际减贫交流合作的途径，与发展中国家分享了中国发展和减贫政策与经验。

**【南非农村发展与减贫研修班】** 2014年3月31日，由中国国际扶贫中心、世界银行主办的“南非农村发展与减贫研修班”在北京举行。本次研修班的主题是“农村发展与减贫”，为期15天，以中国农村发展政策、中小企业发展实践等为主题开展研讨，并赴江苏省、四川省实地参观调研。来自南非农村发展和土地改革部的48名代表参加研修班。

**【非洲英语国家千年发展目标与可持续减贫官员研修班】** 2014年4月14日，由中国商务部主办、中国国际扶贫中心承办的“非洲英语国家千年发展目标与可持续减贫官员研修班”在北京举行。本次研修班的主题是“千年发展目标和可持续减贫”，为期15天，主要内容围绕中国实现千年发展目标的进展、中国城乡减贫的政策与实践等专题开展。研修班实地考察了江西省农村专项扶贫开发、农村教育、卫生、生态环境保护等方面的成效及做法。来自喀麦隆、厄立特里亚、加纳、肯尼亚、利比里亚、马达加斯加、纳米比亚、尼日利亚、塞拉利昂、南苏丹、苏丹、赞比亚、津巴布韦、桑给巴尔14个国家和地区减贫与发展相关政府部门共20名代表参加研修班。

**【亚洲国家城乡协调发展与减贫官员研修班】** 2014年5月12日，由中国商务部主办、中国国际扶贫中心承办的“2014年亚洲国家城乡协调发展与减贫官员研修班”在北京举行。本次研修班的主题是“城乡协调发展与减贫”，为期15天，主要内容围绕中国城乡二元经济结构的形成与变迁、统筹城乡发展的战略与农村可持续减贫、人力资源开发与中国农村减贫等专题开展。实地考察山西省城乡统筹发展项目。来自柬埔寨、缅甸、巴基斯坦、马尔代夫、东帝汶、吉尔吉斯斯坦、巴勒斯坦、也门8个国家减贫与发展相关政府部门22名代表参加研修班。

**【非洲法语国家开发式扶贫政策与实践官员研修班】** 2014 年 6 月 12 日，由中国商务部主办、中国国际扶贫中心承办的“非洲法语国家开发式扶贫政策与实践官员研修班”在北京举行。本次研修班的主题是“开发式扶贫政策与实践”，为期 15 天，主要内容围绕中国农村扶贫开发的战略与经验、扶贫资金的筹集与管理等专题开展。实地考察广西农村专项扶贫开发各类政策的成效及做法。来自贝宁、布隆迪、刚果（布）、刚果（金）、科特迪瓦、加蓬、几内亚、几内亚比绍、马达加斯加、马里、尼日尔、塞内加尔 12 个国家和地区减贫与发展相关政府部门以及非盟共 26 名代表参加研修班。

**【非洲法语国家制定和实施发展与减贫政策官员研修班】** 2014 年 5 月 30 日，由中国商务部主办、中国国际扶贫中心承办的“非洲法语国家制定和实施发展与减贫政策官员研修班”在北京举行。本次研修班的主题是“制定和实施发展与减贫政策”，为期 15 天。来自贝宁、布隆迪、乍得、刚果（布）、科特迪瓦、几内亚、几内亚比绍、马达加斯加、马里、尼日尔、塞内加尔 11 个国家和地区的减贫与发展相关政府部门 26 名代表参加研修班。

**【尼泊尔地区发展与减贫官员研修班】**

2014 年 7 月 24 日，由中国商务部主办、中国国际扶贫中心承办的“2014 年尼泊尔地区发展与减贫官员研修班”在北京举行。本次研修班的主题是“地区发展与减贫”，为期 15 天，主要内容围绕中国农村教育、农村社会保障政策与实践、农村居民生产经营模式等专题开展。实地考察甘肃省地区发展与减贫的项目。来自尼泊尔的减贫与发展相关政府部门 19 名代表参加研修班。

**【桑给巴尔减贫官员研修班】** 2014 年 8 月 12 日，由中国商务部主办、中国国际扶贫中心承办的“2014 年桑给巴尔减贫官员研修班”在北京举行。本次研修班主要目的是为桑给巴尔减贫与发展相关政府部门的 20 名代表进行减贫政策与实践培训，为期 20 天。研修班实地考察了贵州省农村专项扶贫开发政策的实施情况及成效。

**【南非农村企业发展研修班】** 2014 年 8 月 25 日，由中国国际扶贫中心、世界银行主办的“南非农村企业发展研修班”在北京举行。本次研修班的主题是“农村企业发展”，为期 15 天，主要围绕中国乡镇企业的发展演变及就业促进、青年就业创业政策与实践等专题开展研讨。实地考察了江苏省、山东省的乡镇企业。来自南非农村发展和土地改革部的 42 名代表参加研修班。

**【拉美、加勒比及南太地区公共服务与减贫官员研修班】** 2014 年 9 月 12 日，由中国商务部主办、中国国际扶贫中心承办的“拉美、加勒比及南太地区公共服务与减贫官员研修班”在北京举行。本次研修班的主题是“公共服务与减贫”，为期 15

天。来自汤加、巴布亚新几内亚、斐济、苏里南、巴哈马、萨摩亚、密克罗尼西亚、安提瓜和巴布达8个国家扶贫相关部门18名代表参加研修班。

**【南非农村企业发展政策与实践研修班】** 2014年10月20日，由中国国际扶贫中心、世界银行主办的“南非农村企业发展政策与实践研修班”在北京举行。本次研修班的主题是“农村企业发展”，为期15天，研修班学员赴重庆市、山东省实地项目考察。来自南非农村发展和土地改革部的42名代表参加了此次研修班。

**【老挝农村发展与减贫官员研修班】**

2014年12月2—9日，由中国国际扶贫中心、广西壮族自治区扶贫办、老挝国家农村发展与消除贫困委员会主办，广西外资扶贫项目管理中心承办的2014年“老挝国家农村发展与减贫官员研修班”在广西壮族自治区举办。围绕农村官员能力建设、农产品流通和市场监管、小额信贷、非政府组织扶贫项目等专题开展研讨，组织学员赴田东县、防城港市考察了金融扶贫、“公司+农户”模式等内容。共有16位来自老挝国家农村发展与消除贫困委员会、老挝国防部、老挝各省农村发展与消除贫困委员会的司级、处级官员参加。

# 国际减贫合作

**【乡村减贫推进计划】** 2014年11月13日，国务院总理李克强在出席东盟与中日韩（10+3）领导人会议时指出，缩小差距、减少贫困、改善民生是亚洲地区国家面临的首要任务。中方提议实施“东亚减贫合作倡议”，并提供1亿元人民币，开展乡村减贫推进计划，建立东亚减贫合作示范点。为落实好“东亚减贫合作倡议”，12月31日，中国国务院扶贫办与外交部、商务部、财政部召开部门协调会，初步拟定了乡村减贫推进计划工作方案，并计划联合组团赴老挝、缅甸、柬埔寨3个国家开展具体工作对接。

**【中国儿童减贫综合发展试点项目】**

2014年该项目正式启动，建设内容包括生产生活条件改善、贫困儿童发展促进、社区综合服务体系建设、项目管理与能力建设4个方面。项目目标包括为探索将儿童贫困问题纳入中国农村扶贫开发规划，通过多部门合作解决儿童多维贫困的具体方法，为全国连片特困地区儿童减贫提供示范和借鉴。项目实施区域覆盖了湖北省武陵山、秦巴山、大别山和幕阜山连片特困地区的8个贫困县、80个贫困村。截至2014年底，项目已在改善贫困儿童生活环境，增加贫困家庭收入，改善儿童综合服务体系，促进儿童营养、卫生、保护等方面取得了初步成效。

（国务院扶贫办国际合作和社会扶贫司）

# 八

# 专题研究篇

# 打赢全面建成小康社会的扶贫攻坚战
## ——深入学习贯彻习近平同志关于扶贫开发的重要讲话精神

习近平同志高度重视扶贫开发工作，党的十八大以来多次深入贫困地区调研，就扶贫开发工作发表了一系列重要讲话，深刻阐明了新时期我国扶贫开发的重大理论和实际问题，形成了新时期我国扶贫开发战略思想。当前和今后一个时期，全国扶贫系统必须坚持用习近平同志新时期扶贫开发战略思想武装头脑、指导实践，不断开创扶贫开发工作新局面，努力打赢全面建成小康社会的扶贫攻坚战。

**深刻领会习近平同志扶贫开发战略思想的丰富内涵**

习近平同志新时期扶贫开发战略思想内涵丰富，主要包括以下八个方面。

扶贫是社会主义本质要求的思想。习近平同志指出："贫穷不是社会主义。如果贫困地区长期贫困，面貌长期得不到改变，群众生活长期得不到明显提高，那就没有体现我国社会主义制度的优越性，那也不是社会主义。"这指明，扶贫开发要始终以消除贫困为首要任务，以改善民生为基本目的，以实现共同富裕为根本方向，坚定不移地推进中国特色扶贫开发事业，从而充分体现我国社会主义制度的优越性。

两个"重中之重"的思想。习近平同志强调："'三农'工作是重中之重，革命老区、民族地区、边疆地区、贫困地区在'三农'工作中要把扶贫开发作为重中之重，这样才有重点。"扶贫开发是"三农"工作的重要内容。更有效地帮助贫困地区、贫困村加快发展，支持贫困农户增收脱贫、提高发展能力，是"三农"工作的重点、难点，也是全面建成小康社会的重点、难点。贫困地区各级党委和政府要把扶贫工作摆到更加突出的位置，坚定信心，奋力攻坚。

扶贫改革创新的思想。习近平同志指出：要改革创新扶贫开发体制机制特别是考核机制，"贫困地区要把提高扶贫对象生活水平作为衡量政绩的主要考核指标"。这表明，扶贫攻坚要坚持改革创新的精神，着力消除体制机制障碍，建立并运用好更加协调、更有效率、更可持续的扶贫开发新体制、新机制，不断提升扶贫开发效果。特别是要改革考核方式，对贫困县由主要考核地区生产总值向主要考核扶贫开发工作成效转变，引导贫困地区党政领导班子和领导干部把工作重点放在扶贫开发上。

科学扶贫的思想。习近平同志指出："推进扶贫开发、推动经济社会发展，首先要有一个好思路、好路子。要坚持从实际出发，因地制宜，理清思路、完善规划、找准突破口。"这实际上提出了科学扶贫的思想。应注重把扶贫开发与做好"三农"工作、提供基本公共服务、开展教育扶贫等结合起来，把做好顶层设计与加强基层探索结合起来，不断完善有利于贫困地区和扶贫对象加快发展的扶贫战略和政策体系，实现城乡统筹发展，促进共同富裕。

精准扶贫的思想。习近平同志指出："抓扶贫开发，既要整体联动、有共性的要求和措施，又要突出重点、加强对特困村和特困户的帮扶。"这表明，精准扶贫是解决扶贫开发工作中底数不清、目标不准、效果不佳等问题的重要途径。在实际工作中，应对贫困村、贫困户进行精准化识别、针对性扶持、动态化管理，扶真贫、真扶贫。

内源扶贫的思想。习近平同志指出："贫困地区发展要靠内生动力，如果凭空救济出一个新村，简单改变村容村貌，内在活力不行，劳动力不能回流，没有经济上的持续来源，这个地方下一步发展还是有问题。一个地方必须有产业，有劳动力，内外结合才能发展。"扶贫开发目标能否实现的根本标志，是贫困地区和扶贫对象是否具备了内生发展动力，只有内生动力和"造血"功能不断增强，其发展才具有可持续性。

**客观认识我国扶贫开发的成就与面临的挑战**

20 世纪 80 年代中期以来，我国开始有组织、有计划、大规模地开展农村扶贫开发，先后制定实施《国家八七扶贫攻坚计划（1994—2000 年）》《中国农村扶贫开发纲要（2001—2010 年）》《中国农村扶贫开发纲要（2011—2020 年）》等扶贫开发规划，扶贫开发成为全社会的共识和行动。经过不懈努力，我国扶贫开发取得了举世瞩目的成就：农村居民的生存和温饱问题基本得到解决，贫困地区经济快速发展，基础设施建设、社会事业发展和生态环境建设得到明显加强，提前实现了联合国千年发展目标中贫困人口减半目标，为全球减贫事业作出了重大贡献。但是，受历史、自然、社会等方面因素的影响，我国贫困地区发展面临的主要矛盾和深层次问题还没有得到根本解决，扶贫开发依然任重道远。

贫困状况依然严峻。按照农民年人均纯收入 2300 元的扶贫标准，到 2012 年底，我国贫困人口还有近 1 亿。重点县农民人均纯收入不足全国平均水平的六成；农民医疗支出仅为全国农村平均水平的 60%，不少农民有病不能及时就医；劳动力文盲、半文盲比例比全国高 3.6 个百分点。全国还有 3917 个村不通电，影响近 380 万人。连片特困地区还有 3862 万农村居民和 601 万学校师生没有解决饮水安全问题。全国仍有近 10 万个行政村不通水泥沥青路。

集中连片特困地区扶贫难度大成本高。目前剩下的贫困人口主要分布在全国 14 个集中连片特困地区。这些地区具有生存环境恶劣、生态脆弱、基础设施薄弱、公共服务滞后等共同特点，片区贫困发生率比全国平均水平高 15.7 个百分点，已经解决温饱的群众因灾、因病返贫现象突出。

扶贫开发机制亟待改革创新。贫困地区政绩考核偏重于地区生产总值，针对贫困户的扶贫措施总体上缺乏精准性、连续性、全面性，贫困村缺乏人才、信息和技术，扶贫开发资金使用效果效率及监管力度有待提高，金融扶贫的风险分散机制和补偿机制尚未建立，动员社会力量参与扶贫事业的激励机制和引导办法不足。

扶贫开发政策体系需要进一步完善。“中央统筹、省负总责、县抓落实”的管理体制存在各级职责不够清晰、边界不够明确、执行不够有力等问题，部分政策落实不到位，一些地区生态补偿机制不完善，资源开发和城镇化过程中因工作失当造成新的贫困现象时有发生。

**不断开创扶贫开发工作新局面**

深入贯彻落实习近平同志新时期扶贫开发战略思想，关键在于创新扶贫开发方式，把扶贫开发工作抓紧做实，真扶贫、扶真贫，不断开创扶贫开发工作新局面。

明确一个目标。到 2020 年，稳定实现扶贫对象不愁吃、不愁穿，保障其义务教育、基本医疗和住房。贫困地区农民人均纯收入增长幅度高于全国平均水平，基本公共服务主要领域指标接近全国平均水平，扭转发展差距扩大趋势。扶贫开发各项工作要紧紧围绕这一总体目标，真抓实干，扎实推进。2014 年要减少 1000 万以上农村贫困人口。

打好两个战役。统筹扶贫开发持久战和阶段性攻坚战两个战役。贫困问题的存在是社会主义初级阶段的基本特征之一。我们一定要深刻认识扶贫开发的长期性、艰巨性、复杂性，做好打扶贫开发持久战的思想准备。同时，进一步增强责任感、使命感和紧迫感，打赢全面建成小康社会阶段的扶贫攻坚战，为最终取得扶贫开发持久战的胜利奠定基础。

培育三个品牌。在总结经验的基础上大力培育行得通、能管用的扶贫工作品牌，阻断贫困代际传递。对贫困地区未能升学的初高中毕业生（俗称“两后生”）实施“雨露计划”，采取发放贴息贷款或生活补助等方式，通过 2—3 年职业教育，使其掌握一门技能，提高就业、创业能力，切实“拔穷根”；对没有外出就业的贫困户给予额度 5 万元以下、期限 3 年以内的扶贫小额贴息贷款，支持其发展特色优势产业，积极“换穷业”；对不具备生存发展条件的地方，结合新型城镇化中解决“三个1亿人”问题，实施易地扶贫搬迁，彻底“挪穷窝”。

把握四个结合。一是整体推进和精准到户结合。既要实行精准扶贫，突出重点，确保扶贫到村到户；又要把扶贫规划、城镇化规划、综合交通规划和特色产业发展规划统筹起来，加快推进集中连片特殊困难地区区域发展与扶贫攻坚，通过区域整体开发改善发展条件和环境。二是创新工作机制和解决突出问题结合。既要深化改革，推动贫困县考核机制、精准扶贫工作机制等工作机制创新；又要抓住重点，集中力量解决道路、饮水、供电、房屋、特色产业、乡村旅游、教育、文化、卫生、信息化等制约贫困地区发展的瓶颈问题。三是“输血”和“造血”结合。各级财政继续加大对扶贫开发的支持力度，各项扶持政策进一步向贫困地区倾斜。同时，贫困地区应挖掘内部发展潜力，激发内生发展动力，不断增强“造血”能力。四是政府主导和市场主体结合。政府应在加大扶贫开发投入的同时，简政放权、转变职能，做好扶贫开发顶层设计，为市场主体创造良好环境，吸引各种资源要素向贫困地区配置、各种市场主体到贫困地区投资兴业，构建政府、市场、社会协同推进的大扶贫开发格局。

做好五项工作。一是抓紧建档立卡。国家制定统一的扶贫对象识别办法，各地组织对每个贫困村、贫困户建档立卡，建设全国扶贫信息网络系统。一家一户地摸清贫困底数，分析致贫原因，研究脱贫途径，制定帮扶措施。二是派驻工作队。确保每个贫困村都有驻村工作队，每个贫困户都有帮扶责任人。三是加强资金监管。合理划分中央与地方扶贫事权，扶贫项目审批权全部下放到县，扩大地方统筹使用扶贫资金的权力；中央、省、县建立扶贫资金信息披露制度，县、乡、村建立扶贫对象、扶贫项目公告公示制度。对管理使用扶贫资金中出现的违法违规行为零容忍。四是改进金融服务。针对贫困地区区域发展和扶贫产业、龙头企业的不同需求，创新金融产品，加大支持力度；支持地方与有关金融机构开展合作，通过建立贷款风险准备金、小额贷款保险等开展扶贫信用贷款。五是推动社会扶贫。研究完善相关政策，建立社会扶贫信息网络服务平台，引导各类企业、社会组织和个人等社会力量以投资兴业、志愿服务、扶贫捐赠等多种形式积极参与扶贫开发。

（刊于《人民日报》2014年4月9日，作者：国务院扶贫办主任　刘永富）

# 继续向贫困宣战

习近平总书记指出，消除贫困，改善民生，实现共同富裕，是社会主义的本质要求。在新的历史时期，我们要努力开创扶贫开发新局面，打赢消除贫困的攻坚战。

## 一、扶贫开发成就举世瞩目

促进发展，消除贫困，是人类孜孜以求的理想。中国政府始终以此作为国家发展的重要目标和任务。20世纪80年代以来，党和国家正式启动全国范围有计划、有组织的大规模开发式扶贫，先后制定《国家八七扶贫攻坚计划（1994—2000年）》《中国农村扶贫开发纲要（2001—2010年）》《中国农村扶贫开发纲要（2011—2020年）》，动员全社会力量，加大工作力度，扶贫开发取得举世瞩目的成就。

一方面，贫困人口大幅度减少，农村居民的温饱问题基本解决。根据国家扶贫标准，迄今为止我国累计减少6亿多农村贫困人口。同时，我国在农村全面建立最低生活保障制度、完善五保供养办法，保障了没有劳动能力的农村居民的基本生活。另一方面，贫困地区经济加快发展，人民群众生活条件得到明显改善。2001—2013年，扶贫重点县农民人均纯收入、人均地区生产总值年均实际增长速度均超过全国平均水平。2012年，重点县自然村通公路、通电、通电话、能接收电视节目的比重接近或超过90%，饮用安全水的农户比重大幅提高；重点县学龄儿童在校率达到97.7%，青壮年文盲半文盲率下降5.5个百分点；有卫生室的行政村比重达83%，新型农村合作医疗实现全覆盖，基层医疗卫生服务体系建设不断加强。

我国扶贫开发不仅表现在贫困人口减少和贫困地区加快发展上，更重要的是成功地探索了一条符合中国国情的扶贫开发道路。总结经验，我们可以清楚地看到，新中国扶贫事业取得的巨大成就，最根本的就是走出了一条中国特色的开发式扶贫新路。主要经验有：一是坚持“发展是硬道理”，注重培育特色产业，把加快贫困地区经济发展作为推动减贫事业的根本措施；二是坚持以人为本，不断完善公共服务，把改善贫困地区群众生产生活条件作为扶贫开发的中心任务；三是坚持政府主导，实行扶贫工作首长负责制，把各级政府强有力的组织领导作为实现减贫的重要保证；四是坚持自力更生，重视发挥群众创造活力，把增强贫困地区和贫困人口自我发展能力作为实现脱贫致富的主要途径；五是坚持社会参与，把广泛动员社会力量参与扶贫事业作为推进扶贫开发的有效模式；六是坚持开放原则，把开展国际交流合作作为扶贫开发的重要补充。这些宝贵经验，已成为中国特色社会主义理论的重要组成部分，并走出国门为其他发展中国家的减贫提供了借鉴。

中国的减贫成就及独特经验为全球减贫事业作出了重大贡献。根据世界银行统计，如果包括中国，1981—2005 年，全球的贫困人口从 18.98 亿减少到 13.73 亿；如果不包括中国，在这 25 年中，全球贫困人口不但没有减少，反而从 10.63 亿增加到 11.65 亿。1981—2008 年，中国贫困人口数量由 8.35 亿减少到 1.73 亿，是全球最早实现联合国千年发展目标中“贫困人口比例减半”的国家。世界银行行长金墉表示：中国在过去 30 年已使 6 亿多人脱贫，其他发展中国家对借鉴中国经验的需求与日俱增。

## 二、扶贫开发任务依然艰巨

当前，我国仍处于社会主义初级阶段，受历史、自然、社会等因素影响，贫困地区发展面临的主要矛盾和深层次问题还未得到根本解决，实现脱贫致富任重道远。

“两个一百年”奋斗目标对扶贫开发提出了更高要求。现在离 2020 年全面建成小康社会的目标仅剩下不到 7 年的时间。与全面小康目标相适应，新时期扶贫开发的目标不仅要持续增加扶贫对象的收入，还要不断提高他们的综合素质以及抵御各种风险、参与社区治理、传承文化等方面的能力，难度更大。小康不小康，关键看老乡。贫困地区、贫困人口是全面建成小康社会的突出短板，扶贫开发的主要任务，就是要补好这一短板。要在未来短短几年时间里使近亿贫困群众脱贫致富，不拖全面建成小康社会的后腿，是党和政府义不容辞的政治责任，更是广大贫困地区干部群众面临的巨大挑战。扶贫开发任务依然艰巨繁重。

贫困问题表现出的新特征使扶贫难度加大。首先，我国发展不平衡问题逐步呈现，城乡、区域发展差距以及不同群体收入差距扩大的趋势未得到根本性扭转，使贫困地区发展面临更大挑战。其次，我国贫困人口规模大，根据国家扶贫标准，我国还有近亿贫困人口，参考世界银行标准还有 2 亿多贫困人口，又主要分布在集中连片特困地区。这些地区生态环境十分脆弱，生存条件异常恶劣，自然灾害频发，人口受教育程度低，基础设施和社会事业严重滞后，是“难啃的硬骨头”。第三，城镇化进程中出现的城市贫困群众不断增加，如失地农民、进城找不到工作或收入不稳定的农民工、仍然居住在棚户区的矿工等。第四，“三留守”群众（指留守在农村生活的老年人、妇女和儿童）中，老人、妇女劳动负担增加，儿童教育、营养质量受到不利影响。第五，因病致贫、因灾致贫等现象严重，一些生态脆弱地区返贫率居高不下。这些因素使得扶贫开发难度不断加大。

扶贫开发成本越来越高。一方面，随着城镇化、工业化进程加快，农村青壮年劳动力持续向外转移，农村“空心化”现象普遍。一些贫困村基层组织弱化，党员干部队伍老化，带领群众脱贫致富能力不强。扶贫对象流动性加大，给贫困识别、扶持政策落实等工作带来困难，增加了管理的成本与难度，传统的扶贫开发方式已难以达到预期效果。另一方面，扶贫开发机制和政策体系需进一步完善。从机制创新看，贫困地区政绩考核偏重于地区生产总值，扶贫措施总体上缺乏精准性、连续性、全面性，贫困村缺乏人才、信息和技术，贫困地区金融扶贫的风险分散机制和补偿机制尚未建立，动员社会力量参与扶贫事业的激励机制和引导办法不足。从完善政策看，目前扶贫管理体制存在各级职责不够清晰、边界不够明确、执行不够有力等问题，部分政策落实不到位，一些地区生态补偿机制不完善，资源开发和城镇化过程中因工作失当造成新的贫困现象时有发生。

2013 年 4 月，世界银行为全球设定了到 2030 年要实现的两大目标。一是终结极度贫困，将日均生活费低于 1.25 美元的人口比例降低到 3% 以下；二是促进共享繁荣，确保每个国家底层 40% 人口的收入增长。这两个目标已逐步成为国际共识。作为全球最大的发展中国家，中国在未来还要回应国际社会的期待，在帮助其他发展中国家消除贫困方面力所能及地发挥积极作用。显然，我国要全面实现这样的目标，需要付出比过去更大的努力。

## 三、打赢新时期的扶贫攻坚战

扶贫开发事业，关系到全面建成小康社会宏伟目标的如期实现，影响着中华民族伟大复兴中国梦的历史进程。中国政府在 2014 年工作报告中庄严宣布：继续向贫困宣战，决不让贫困代代相传。这充分体现了新一届中央领导集体的历史担当和为民情怀。当前和今后一个时期，我们要紧紧围绕精准扶贫这一方略，努力打赢新时期的扶贫攻坚战。

建档立卡，为精准扶贫打好基础。准确识别，建档立卡，是实现精准扶贫的前提和基础。各地在已有工作基础上，坚持扶贫开发和农村最低生活保障制度有效衔接，按照县为单位、规模控制、分级负责、精准识别、动态管理的原则，对每个贫困村、贫困户建档立卡，深入分析致贫原因，逐村逐户制定帮扶措施，集中力量予以扶持，实行动态管理，实现政策、资金、项目瞄准扶贫对象，确保在规定时间内达到稳定脱贫目标。

驻村帮扶，为精准扶贫提供“滴灌”管道。建立驻村工作队制度，确保每个贫困村都有驻村工作队，每个贫困户都有帮扶责任人。驻村工作队的主要任务是协助基层组织落实党和政府各项强农惠农富农政策，积极参与扶贫开发各项工作，帮助贫困村、贫困户脱贫致富。要做好派驻干部选拔工作，真正把那些有经验、有能力、懂扶贫、善于和农民打交道的干部选出来。各地要建立驻村干部的培训、激励、考核、保障等机制，对干得好的要提拔重用，充分调动他们的积极性，实现驻村帮扶长期化、制度化、规范化。

突出工作重点，为精准扶贫创造良好环境。以 14 个连片特困地区为重点，把片区扶贫规划与城镇化规划、综合交通规划、特色产业发展规划结合起来，加快区域经济发展，推进基础设施建设，提升公共服务水平，改善发展条件，增强内生动力，不断提高贫困地区的“造血”能力。同时，把扶贫整体推进与精准到户结合起来，组织实施村级道路、饮水安全、电力保障、危房改造、特色产业增收、教育扶贫、卫生和计划生育、文化建设、贫困村信息化等扶贫开发重点工作，努力让扶贫开发工作见到实效。

培育扶贫品牌，为精准扶贫构建平台。一是“雨露计划”。对贫困地区未能升学的初高中毕业生，采取发放贴息贷款或生活补助等方式，通过 2—3 年职业教育使他们掌握一门技能，阻断贫困代际转移。二是扶贫小额信贷。对没有外出就业、有一定技能又有创业意愿的贫困户给予额度 5 万元以下、期限 3 年以内的免担保免抵押扶贫小额信贷，支持发展特色优势产业，帮助“换穷业”。三是易地扶贫搬迁。对不具备基本生存发展条件、就地脱贫难度大、成本高的地方，结合新型城镇化中解决“三个 1 亿人”问题，实施易地扶贫搬迁，彻底“挪穷窝”。这三个品牌已具备较好的工作基础，下一步要赋予新的内涵，打造成扶贫精品名牌。

增加投入，为精准扶贫整合更多资源。各级财政要继续加大对扶贫开发的支持力度，各项扶持政策要进一步向贫困地区倾斜，国家大型项目、重点工程、新兴产业要优先向贫困地区安排，形成有利于贫困地区和扶贫对象加快发展的政策体系。坚持中央统筹、省负总责、县抓落实的管理体制，合理划分中央和地方扶贫事权。扶贫项目审批权原则上下放到县，扩大地方统筹使用扶贫资金权力。完善扶贫资金信息披露、项目公告公示、政府购买扶贫公共服务等相关制度，确保扶贫资金真正惠及扶贫对象。健全扶贫投入机制，调动金融机构参与扶贫开发的积极性，把更多金融资源引导到贫困地区。

动员社会力量，为精准扶贫注入新能量。要创新社会参与机制，广泛动员社会各方面力量参与扶贫开发，并努力形成有效制度。继续发挥定点扶贫、东西扶贫协作、军队武警扶贫的引领作用，强化细化实化相关措施，提高扶贫开发的针对性和有效性。随着经济社会发展，民营经济和社会组织不断成长壮大，公民个人参与扶贫的积极性高涨，这些新兴力量的扶贫潜力巨大，要认真总结各地成功经验，积极为他们搭建参与扶贫的多样化平台。此外，要积极开展扶贫日活动，形成扶贫济困的良好社会氛围。

（刊于2014年10月16日
《求是》第20期，
作者：国务院扶贫办主任　刘永富）

# 试论邓小平共同富裕思想与扶贫开发

一代伟人邓小平同志把毕生精力献给了中国人民的解放和建设事业，并在长期实践中集中全党智慧形成了邓小平理论，开创了中国特色社会主义事业和中国特色社会主义理论体系。邓小平理论是我们党必须长期坚持的指导思想。

邓小平理论的逻辑起点是要消除贫困，根本目标是实现共同富裕。从翻两番目标的设定到小康社会的构想再到建国一百年目标的提出，从战略方针、战略目标、战略重点到战略步骤，一以贯之的就是共同富裕思想。共同富裕思想是邓小平理论的核心内容和价值追求，对于我们进一步坚定理想信念，坚定道路自信、理论自信、制度自信，实现全面建成小康社会和“两个一百年”奋斗目标，实现中华民族伟大复兴中国梦，具有重大战略指导意义，更是继续深入推进扶贫开发的基本遵循。

## 一、邓小平共同富裕思想基本内涵

改革开放以后，在我国全面开创社会主义现代化建设新局面之初，邓小平同志鲜明地指出，“就我们国家来讲，首先是要摆脱贫穷。要摆脱贫穷，就要找出一条比较快的发展道路”。在全国整体发展落后的情况下，“要让一部分地方先富裕起来，搞平均主义不行。这是个大政策，大家要考虑”。“一部分地区、一部分人可以先富起来，带动和帮助其他地区、其他的人，逐步达到共同富裕，是大家都拥护的新办法，新办法比老办法好”。1992 年南方讲话关于“社会主义的本质，是解放生产力，发展生产力，消灭剥削，消除两极分化，最终达到共同富裕”著名论断的提出，标志着邓小平共同富裕思想的最终形成。

邓小平共同富裕思想内涵丰富而深刻，主要包括五个方面：

（一）“两个根本”论。改革开放之初，邓小平同志明确指出，“一个公有制占主体，一个共同富裕，这是我们所必须坚持的社会主义的根本原则”，“我们坚持走社会主义道路，根本目标是实现共同富裕”。围绕这一问题，邓小平同志作出了一系列重要论述：“如果不搞社会主义，而走资本主义道路，中国的混乱状态就不能结束，贫困落后的状态就不能改变”，“但问题是什么是社会主义，如何建设社会主义。我们的经验教训有许多条，最重要的一条，就是要搞清楚这个问题”。“社会主义原则，第一是发展生产，第二是共同致富。我们允许一部分人先好起来，一部分地区先好起来，目的是更快地实现共同富裕”，“社会主义最大的优越性就是共同富裕，这是体现社会主义本质的一个东西”。把共同富裕作为社会主义根本原则、根本目标的“两个根本”论，深刻揭示了社会主义的本质特征，鲜明宣示了共产党人的精神境界和价值追求。

（二）“两个大局”论。邓小平同志清醒看到“落后国家建设社会主义，在开始的一段很长时间内生产力水平不如发达的资本主义国家，不可能完全消灭贫穷”。如何实现共同富裕的根本目标？邓小平同志在深刻分析我国基本国情、系统总结历史经验教训的基础上提出：“我的一贯主张是，让一部分人、一部分地区先富起来，大原则是共同富裕。一部分地区发展快一点，带动大部分地区，这是加速发展、达到共同富裕的捷径”，“沿海地区要加快对外开放，使这个拥有两亿人口的广大地带较快地先发展起来，从而带动内地更好地发展，这是事关大局的问题。内地要顾全这个大局。反过来，发展到一定的时候，又要求沿海拿出更多力量来帮助内地发展，这也是个大局。那时沿海也要服从这个大局”。1990 年邓小平同志特别强调：“如果搞两极分化，情况就不同了，民族矛盾、区域间矛盾、阶级矛盾都会发展，相应地中央和地方的矛盾也会发展，就可能出乱子”。关于共同富裕“两个大局”的战略构想，充分反映了邓小平理论解放思想、实事求是的精髓。

（三）“两个途径”论。关于先富帮后富、最终实现共同富裕的具体途径，是邓小平同志反复思考的问题。从 1985 年 3 月到 1986 年 3 月一年间，邓小平同志多次阐述并明确提出通过“带动”和“帮助”两个途径实现共同富裕：“我们提倡一部分地区先富裕起来，是为了激励和带动其他地区也富裕起来，并且使先富裕起来的地区帮助落后的地区更好地发展。提倡人民中有一部分人先富裕起来，也是同样的道理”；“鼓励一部分地区、一部分人先富裕起来，也正是为了带动越来越多的人富裕起来，达到共同富裕的目的”；“一部分地区、一部分人可以先富起来，带动和帮助其他地区、其他的人，逐步达到共同富裕”；“我们的政策是让一部分人、一部分地区先富起来，以带动和帮助落后的地区，先进地区帮助落后地区是一个义务”。带动与帮助“两个途径”论，既突出先富帮后富的责任和义务，体现了社会主义原则，也强调通过市场机制实现共同富裕的途径，体现了公平与效率兼顾的思想。

（四）“两个最终”论。在提出共同富裕的原则和先富帮后富的途径后，邓小平同志清醒地分析到：“社会主义优越性最终要体现在生产力能够更好地发展上”。1990 年在谈到经济增长速度时邓小平同志指出：“这个要老老实实地计算，要最终体现到人民生活水平上。生活水平究竟怎么样，人民对这个问题感觉敏感得很。我们上面怎么算账也算不过他们，他们那里的账最真实”。邓小平同志反复强调“我们的目标是现实的，提高人民生活水平是个长期奋斗的过程”，“不发展生产力，不提高人民的生活水平，不能说是符合社会主义要求的”。“总之，有一点是肯定的，那就是中国一定要发展，改革开放一定要继续，生产力要以适当的速度持续增长，人民生活要在生产发展基础上一步步改善”。1992 年邓小平同志一针见血地指出：“不坚持社会主义，不改革开放，不发展经济，不改善人民生活，只能是死路一条。”把生产力的更好发展和人民生活水平的不断改善作为共同富裕的“两个最终”体现，生动体现了历史唯物主义的基本原则。

（五）“中心课题”论。邓小平同志在 1990 年就指出：“沿海如何帮助内地，这是一个大问题。可以由沿海一个省包内地一个或两个省，也不要一下子负担太重，开始时可以做某些技术转让。共同富裕，我们从改革一开始就讲，将来总有一天要成为中心课题。”1992 年南方谈话再次指出：“共同富裕的构想是这样提出的：一部分地区有条件先发展起来，一部分地区发展慢点，先发展起来的地区带动后发展的地区，最终达到共同富裕。如果富的越来越富，穷的越来越穷，两极分化就会产生，而社会主义制度就应该而且能够避免两极分化。解决的办法之一，就是先富起来的地区多交点利税，支持贫困地区的发展。当然，太早这样办也不行，现在不能削弱发达地区的活力，也不能鼓励吃‘大锅饭’。什么时候突出地提出和解决这个问题，在什么基础上提出和解决这个问题，要研究。可以设想，在本世纪末达到小康水平的时候，就要突出地提出和解决这个问题。到那个时候，发达地区要继续发展，并通过多交利税和技术转让等方式大力支持不发达地区。”

邓小平共同富裕思想是一个完整体系，深刻揭示了共同富裕的本质特性，系统提出了共同富裕的战略布局、实现途径、体现形式，科学指出了共同富裕的发展趋势。邓小平同志关于“社会主义的本质，是解放生产力，发展生产力，消灭剥削，消除两极分化，最终达到共同富裕。就是要对大家讲这个道理”的深刻阐述，可谓一语中的、经典之言！邓小平共同富裕思想的形成，源于几千年来中华民族对美好生活的向往，源于近百年来中国共产党人的奋斗历程，充分体现了中国共产党人坚定的理想信念、不懈的精神追求、鲜明的政治品格和强烈的历史担当。江泽民同志在党的十六大报告中指出：“制定和贯彻党的方针政策，基本着眼点是要代表最广大人民的根本利益，正确反映和兼顾不同方面群众的利益，使全体人民朝着共同富裕的方向稳步前进。”胡锦涛同志在十八大报告中强调：“必须坚持人民主体地位，必须坚持解放和发展社会生产力，必须坚持推进改革开放，必须坚持维护社会公平正义，必须坚持走共同富裕道路，必须坚持促进社会和谐，必须坚持和平发展，必须坚持党的领导。”习近平同志就任总书记后，在新一届政治局常委首次与中外媒体集体见面会上明确宣示：“人民对美好生活的向往，就是我们的奋斗目标”，“我们的责任，就是要团结带领全党全国各族人民，继续解放思想，坚持改革开放，不断解放和发展社会生产力，努力解决群众的生产生活困难，坚定不移走共同富裕的道路”。发展每前进一步，我们距共同富裕的奋斗目标就要更接近一步。十八大以来的实践表明，继续向贫困宣战，全面建成小康社会，实现中华民族伟大复兴中国梦，就是对邓小平共同富裕思想的继承和发展。

## 二、扶贫开发是邓小平共同富裕思想的伟大实践

改革开放 30 多年来，我国经济社会发展取得了举世瞩目的巨大成就，世界公认、最没有争议、最亮眼的就是实现了 6 亿多人口的脱贫，使发展机会、发展成果更多地惠及贫困地区和贫困人口。扶贫开发的丰硕成果和成功实践，是邓小平共同富裕思想最生动的体现。

（一）始终坚持把扶贫开发作为共同富裕的战略部署。在农村改革率先取得成功，农村经济快速发展，我国人均粮食拥有量达到 800 斤，接近当时世界平均水平的基础上，中共中央、国务院于 1984 年发出《关于帮助贫困地区尽快改变面貌的通知》，并随后成立专门机构，设立专项资金，制定明确计划，正式拉开了我国有组织、有计划、大规模扶贫开发的序幕。20 世纪 90 年代初，我国农村整体基本解决温饱问题，国务院于 1994 年颁布实施《国家八七扶贫攻坚计划》，明确提出在 2000 年前的七年时间内要基本解决当时 8000 万农村贫困人口的温饱问题。2000 年我国人均国内生产总值超过 800 美元，人民生活总体达到小康，国务院于 2001 年颁布实施《中国农村扶贫开发纲要（2001—2010 年）》，要求尽快解决少数贫困人口温饱问题，为达到小康水平创造条件。我国进入全面建设小康社会阶段后，中共中央、国务院于 2011 年颁布实施《中国农村扶贫开发纲要（2011—2020 年）》，明确指出我国农村居民生存和温饱问题基本解决，“我国扶贫开发已经从以解决温饱为主要任务的阶段转入巩固温饱成果、加快脱贫致富、改善生态环境、提高发展能力、缩小发展差距的新阶段”，“必须以更大的决心、更强的力度、更有效的举措，打好新一轮扶贫开发攻坚战，确保全国人民共同实现全面小康”。改革开放以来，无论是在全面开创社会主义现代化建设新局面的历史条件下，还是在全面深化改革的新形势下，党中央、国务院始终坚持把扶贫开发作为共同富裕的战略部署纳入国家经济社会全局同步推进。扶贫开发在序幕拉开后，实现了从解决温饱问题、总体达到小康到全面建成小康不同发展阶段的历史性同步跨越。

（二）始终坚持把提高贫困地区、贫困人口自我发展能力作为共同富裕的战略途径。我国扶贫开发始终把贫困地区、贫困

人口作为扶持重点。为了确保贫困地区、贫困人口得到扶持，我国确定了具体的扶贫标准，并随着经济社会发展水平和扶贫开发目标的提高进行相应调整。1986 年我国最初确定了农民年人均纯收入 206 元的扶贫标准，2009 年调整为 1196 元，2011 年进一步调整为 2300 元。根据农村贫困人口区域分布相对集中的实际情况，国家还确定了一部分地区作为重点扶持范围。1985 年全国确定了 258 个县，1993 年扩大为 592 个县，2011 年进一步划定了覆盖 680 个县的 14 个集中连片特殊困难地区，并专门制定和组织实施集中连片特殊困难地区区域发展与扶贫攻坚规划。目前，国家重点扶持范围进一步扩大到 832 个县，包括 14 个集中连片特殊困难地区 680 个县和片区外的 152 个扶贫工作重点县。国家扶贫标准的提高和重点扶持范围的扩大，反映了我国整体经济实力的增强和扶贫开发能力的提高，是进一步加大扶贫开发力度、加快共同富裕进程的重要举措。在明确重点群体和重点区域的同时，我国始终坚持开发式扶贫方针，把提高发展能力、创造发展机会、共享发展成果作为帮助贫困地区、贫困人口脱贫致富的主要途径。开发式扶贫的基本形式是，通过国家的扶持和发达地区、先富群体的帮助，结合农村低保等救助式扶贫，引导贫困地区群众以市场为导向，调整经济结构，发展特色经济，增强自我积累、自我发展能力，走出一条符合实际的、有自己特色的发展道路。在全面建成小康社会新阶段，开发式扶贫在着力改善贫困地区基础设施、促进区域经济发展的同时，更加注重转变经济发展方式，更加注重增强扶贫对象自我发展能力，更加注重基本公共服务均等化，更加注重解决制约发展的突出问题，实施精准扶贫。始终坚持把提高贫困地区、贫困人口自我发展能力作为共同富裕的战略途径，符合我国社会主义初级阶段基本国情，符合“发展是硬道理”基本要求，符合马克思主义关于人的全面发展理论。

（三）始终坚持把动员全社会共同参与扶贫开发作为共同富裕的战略措施。我国扶贫开发始终高度重视全社会参与，把广泛动员全社会力量参与扶贫，作为扶贫工作的一条重要方针。1987 年国务院召开第一次中央、国家机关定点扶贫工作会议，中央和国家机关各部门各单位、各民主党派中央、人民团体和全国工商联率先对贫困地区开展定点扶贫，通过投入资金、引进项目、创新技术、派驻干部、开展培训等多种形式帮助贫困地区脱贫致富。地方各级党政机关和单位也同步开展了各种形式的定点扶贫工作。1994 年国务院部署实施《国家八七扶贫攻坚计划》，明确要求沿海发达省、直辖市要对口帮扶一两个贫困省区发展经济。1996 年国务院办公厅转发《国务院扶贫开发领导小组关于组织经济较发达地区与经济欠发达地区开展扶贫协作报告》，进一步明确经济较发达地区与经济欠发达地区的对口扶贫协作关系，东西部扶贫协作全面展开。截至2013年，已有310个中央国家机关、企事业单位和人民团体参与定点扶贫，实现了对592个国家扶贫开发工作重点县全覆盖；东部省市与西部省区市开展了扶贫协作。解放军和武警部队支持扶贫开发的力度不断加大。民营企业支持贫困地区发展的“光彩事业”不断壮大，社会组织对扶贫事业的参与也日益深入。据中国企业家调查系统2006年问卷调查数据显示，全国90%以上的企业不同程度地参与了社会捐赠。清华大学NGO研究所2004年调研数据显示，扶贫社会组织占到各类社会组织的18.8%，其中农村发展领域的社会组织有53%从事扶贫工作。目前，我国已经形成了包括各级党政机关单位、东部发达省市、各民主党派和全国工商联、企业、军队和武警部队、社会组织和各界人士等多元主体的社会扶贫体系。社会扶贫从政府动员逐步过渡到制度化，呈现出参与主体多元、实效性趋强、机制日益创新和扶贫效果可持续等显著特征，成为中国特色扶贫开发道路的突出特点，是先富帮后富的生动体现，充分显示了社会主义制度的优越性。

**三、坚决打好扶贫开发攻坚战，加快共同富裕步伐**

经过不懈努力，我国迅速上升为全球第二大经济体，2013年人均国内生产总值达到6700美元左右，发展速度之快前所未有。与此同时，扶贫开发持续推进，农村居民生存和温饱问题基本解决，我国进入了全面建成小康社会的新阶段。在取得巨大成就的同时，受历史、自然、社会等多方面因素的影响，贫困地区发展面临的主要矛盾和深层次问题还没有得到根本解决，2013年我国基尼系数为0.473，贫困地区、贫困人口仍然是共同富裕的重点和难点。

一是发展差距仍然突出。目前我国城乡、区域、行业收入分配和发展差距明显。2013年我国国内生产总值近一半集中在35个城市，其中超过全国国内生产总值1%的有20个城市。东部地区常住人口城镇化率达到62.2%，而中部、西部地区分别只有48.5%和44.8%。行业之间高科技产业与传统落后产业并存，发展差距突出。从分配来看，我国收入差距明显，收入分配格局总体上看仍不合理，收入分配秩序也有待规范。2013年城乡收入比为3.03∶1，以省为单位，农民人均纯收入最高的浙江是最低的甘肃的3.15倍。2010年我国收入最高10%群体和收入最低10%群体的收入差距达23倍，2011年行业间收入差距超过8倍。初次分配中劳动报酬的比重有待提高，劳动报酬增长和劳动生产率提高没有实现同步。城乡、区域、行业之间的发展差距过大有可能造成共同富裕基础的缺失，分配差距过大则直接影响社会和谐并进而影响到发展大局。

二是贫困问题依然严峻。到2013年底，我国农村贫困人口按照农民年人均纯收入2300元的扶贫标准仍有8249万，按照世界银行每人每天收入1.25美元的标准还有2

亿。国家扶贫开发工作重点县农民人均纯收入只有全国平均水平的六成；农民医疗支出仅为全国农村平均水平的 60%，不少农民有病不能及时就医；劳动力文盲、半文盲比例比全国高 3.6 个百分点。全国还有 3917 个村不通电，影响近 380 万人；近 10 万个行政村不通水泥沥青路。14 个集中连片特困地区贫困发生率比全国平均水平高出 15.7 个百分点，还有 3862 万农村居民和 601 万学校师生没有解决饮水安全问题，扶贫难度大、成本高。

三是政策体系尚需完善。我国促进共同富裕的一整套成熟、定型的制度和政策体系还在建设之中。政府职能需要转变，财税体制需要深化改革，以工促农、以城带乡、工农互惠、城乡一体的新型工农城乡关系还没有完全建立，城乡二元结构依然是制约城乡发展一体化的主要障碍。最低工资和工资支付保障制度不完善，以税收、社会保障、转移支付为主要手段的再分配调节机制和慈善捐助减免税制度还不能完全适应共同富裕的需要。

面对这些问题和困难，我们要牢记邓小平同志关于“如果我们的政策导致两极分化，我们就失败了；如果产生了什么新的资产阶级，那我们就真是走了邪路了”的深刻警示，深入贯彻习近平总书记关于新阶段扶贫开发的战略思想，围绕 2020 年全面建成小康社会的奋斗目标，集中全党全国全社会力量打一场扶贫开发攻坚战，决不让贫困代代相传，有效防止落入“中等收入陷阱”，坚定不移走共同富裕的道路。

一是从战略和全局出发重视扶贫开发，把扶贫工作摆到更加突出的位置。扶贫开发既是重大的经济问题，也是重大的政治问题，关系战略和全局。习近平总书记多次指出：“消除贫困、改善民生、实现共同富裕，是社会主义的本质要求”，“贫穷不是社会主义，如果贫困地区长期贫困，面貌长期得不到改变，群众生活长期得不到明显提高，那就没有体现我国社会主义制度的优越性，那也不是社会主义”，“没有农村的小康，特别是没有贫困地区的小康，就没有全面建成小康社会”，“‘三农’工作是重中之重，革命老区、民族地区、边疆地区、贫困地区在‘三农’工作中要把扶贫开发作为重中之重”。我们要坚决贯彻中央要求，把扶贫开发作为关乎我们党和国家政治方向、根本制度和发展道路的大事，提升到新的战略高度；作为全面建成小康社会的重点、难点和实现共同富裕的着力点，摆到现代化建设全局的更加突出位置。

二是实行最广泛的社会动员，构建更有利于共同富裕的大扶贫开发格局。党中央、国务院对扶贫开发工作的新部署、新要求，就是向全党全国全社会吹响了继续向贫困宣战的集结号、发出了打好扶贫开发攻坚战的动员令。各级领导干部特别是贫困问题较突出地区的各级党政主要负责同志，要把扶贫开发作为首要任务。要在全国范围内配置好扶贫资源，使市场在资源配置中起决定性作用和更好发挥政府作用。要最大限度集中全党全社会智慧，最大限度调动一切积极因素，更加广泛、更为有效地动员全社会力量，调动贫困地区干部群众的积极性、主动性和创造性，构建政府、市场、社会协同推进、更有利于共同富裕的大扶贫开发格局，形成扶贫开发合力。

三是以改革创新为动力，全面实施精准扶贫。扶贫开发要深化改革，创新机制，着力消除体制机制障碍，形成有利于贫困地区和扶贫对象加快发展的扶贫战略和政策体系，实行精准扶贫。扶贫开发各项工作要紧紧围绕《中国农村扶贫开发纲要（2011—2020年）》确定的总体目标，即到2020年稳定实现扶贫对象不愁吃、不愁穿，保障其义务教育、基本医疗和住房，贫困地区农民人均纯收入增长幅度高于全国平均水平，基本公共服务主要领域指标接近全国平均水平，扭转发展差距扩大趋势。要突出扶贫到村到户和促进区域发展两个重点、“双轮驱动”，坚持区域发展带动扶贫开发，扶贫开发促进区域发展。要培育针对贫困地区“两后生”就业培训的“雨露计划”和扶贫小额信贷、易地扶贫搬迁三个扶贫工作品牌。要把握好打赢扶贫开发攻坚战与持久战、解决突出问题与创新体制机制、合理划分中央与地方扶贫事权、“输血”与“造血”四个关系。当前，要着力做好贫困村贫困户建档立卡、干部驻村帮扶、管好用好扶贫资金、创新金融扶贫、动员社会参与五项重点工作。

四是加强研究，积极探索扶贫开发促进共同富裕的新途径、新方式。扶贫开发帮助贫困地区、贫困群众实现脱贫致富、促进公平正义，贫困地区、贫困群众拥护，发达地区、先富群体支持，是社会和谐、共同富裕的最大公约数。要按照全面深化改革的要求，积极探索和完善新型工业化、信息化、新型城镇化、农业现代化进程中的扶贫开发体制机制和政策体系，继续推进扶贫战略创新、理论创新、政策创新和实践创新，进一步完善中国特色扶贫理论和政策体系，不断丰富和发展扶贫开发促进共同富裕的新途径、新方式。

（刊于2014年《中国扶贫》，

作者：国务院扶贫办主任　刘永富）

# 坚持改革创新　推进扶贫攻坚

20世纪80年代中期以来，我国开始有组织、有计划、大规模地开展农村扶贫开发。经过不懈努力，我国扶贫开发取得了举世瞩目的成就：农村居民的生存和温饱问题基本得到解决，贫困地区经济快速发展，基础设施建设、社会事业发展和生态环境建设得到明显加强，提前实现了联合国千年发展目标中贫困人口减半目标，为全球减贫事业做出了重大贡献。《中国农村扶贫开发纲要（2011—2020年）》的颁布实施，标志着我国扶贫开发已经从以解决温饱为主要任务的阶段转入巩固温饱成果、加快脱贫致富、改善生态环境、提高发展能力、缩小发展差距的新阶段。

2013年底，中共中央办公厅、国务院办公厅印发了《关于创新机制扎实推进农村扶贫开发工作的意见》。下一步，要根据习近平总书记关于扶贫开发战略思想的总体要求，特别是习近平总书记、李克强总理近期关于扶贫工作的重要批示精神，结合贯彻落实党的十八大和十八届二中、三中、四中全会精神，进一步深化改革、创新机制、完善政策，努力实现扶贫工作更科学、更有效。

一是实施精准扶贫战略。精准扶贫既包括对象的精准、措施的精准，又包括成效的精准、监测的精准。把连片特困地区作为扶贫攻坚的主战场，制定特殊政策，采取特殊措施，瞄准瓶颈制约，解决突出问题，促进区域发展；逐村逐户摸清底数、逐村逐户采取帮扶措施、逐村派驻扶贫工作队、逐户落实脱贫责任人；做好机制改革创新，解决村级道路畅通、饮水安全、电力保障、危房改造和贫困村信息化等基础设施建设，提升教育、文化和卫生计划生育等公共服务水平，以及发展特色产业促进贫困群众增收等十项重点工作。

二是采取特惠政策措施。在落实国家西部大开发、“三农”等普惠政策的基础上，做“政策加法”，各项扶持政策进一步向贫困地区倾斜，国家大型项目、重点工程、新兴产业优先向贫困地区安排，生态补偿等试点在贫困地区先行先试。对建档立卡贫困户未能升学的初高中毕业生，实施“雨露计划”，提供生活补贴或贴息贷款，通过2—3年的职业教育培训，掌握一门技能，提高就业创业能力，既促进脱贫致富，又为新型工业化、新型城镇化提供合格劳动者，帮助贫困户“拔穷根”。对建档立卡贫困户发展增收致富产业实施特惠金融政策，提供额度5万元以下、期限3年以内的免担保、免抵押、基准利率放贷的扶贫小额信贷。县级开展贫困户信用评级，建立风险基金，开展扶贫小额信贷保险，中央和省级财政扶贫资金贴息，帮助贫困户“换穷业”。对居住在不具备基本生存发展条件地方的建档立卡贫困户，按照新型城镇化和生态环境建设规划，给予特殊支持，实施易地扶贫搬迁，帮助贫困户“挪穷窝”。

三是推进扶贫改革创新。要把扶贫整体推进与精准到村到户相结合，创新工作机制和解决突出问题相结合，“输血”和“造血”相结合，政府主导和市场主体相结合。重点抓好贫困县考核、精准扶贫、干部驻村帮扶、扶贫资金管理、金融服务、社会参与6项机制创新。改革贫困县考核机制，用好“指挥棒”；建立贫困县约束机制，念好“紧箍咒”；完善贫困县退出机制，打好“攻坚战”。明确划分中央与地方扶贫事权，扩大地方整合资源的权力，扶贫项目审批权限原则上下放到县，强化地方资金监管责任，健全公告公示制度，积极探索第三方监督、扶贫对象参与管理等做法。把扶贫攻坚规划与新农村建设规划、新型城镇化规划、综合交通规划、特色产业发展规划、生态环境建设规划统筹起来，实现多规融合，形成发展合力。坚持开发式扶贫方针，发展电子商务、光伏扶贫、旅游扶贫、碳汇扶贫，适应经济发展新常态，探索扶贫开发新业态。

四是广泛动员社会参与。要抓紧研究完善相关政策，建立社会扶贫信息网络服务平台，引导各类企业、社会组织和个人等社会力量以投资兴业、志愿服务、扶贫捐赠等多种形式积极参与扶贫开发。国家已将每年的10月17日设立为“扶贫日”，这对更广泛组织动员社会各界，形成政府、市场、社会协同推进的大扶贫格局，将起到有力的推进作用。

（刊于2014年12月《紫光阁》第12期，
作者：国务院扶贫办主任　刘永富）

# 扶贫开发与全面小康
## ——2014 年 10·17 减贫与发展论坛概要

2014 年 10 月 17 日是中国政府批准设立的首个“扶贫日”，也是第 22 个国际消除贫困日。为了进一步推动扶贫开发工作，宣传扶贫的做法和政策走向，探讨扶贫开发工作中的重点问题，北京大学、清华大学、中国科学院地理科学与资源研究所、中国社会科学院社会学研究所、国务院发展研究中心农村经济研究部、中国扶贫开发中心、中国国际扶贫中心联合发起本次 10·17 减贫与发展论坛，主题为“扶贫开发与全面小康”。论坛内容一方面强调政府各部门的扶贫政策和做法，另一方面挑选当前扶贫开发工作中的部分热点进行讨论。具体包括：普惠和特惠金融扶贫，社会扶贫机制创新，青年参与扶贫，多维贫困与精准扶贫。

当前，我国的扶贫开发形成了专项扶贫、行业扶贫和社会扶贫的“大扶贫”格局。为充分了解政府各部门扶贫的政策和做法，我们主要从扶贫、发展改革、财政、交通、水利、卫生、金融、妇联等方面进行介绍，以期获得一张中国政府各部门齐力推进扶贫开发工作的概略图。

首先回顾我国的扶贫开发工作情况。20 世纪 80 年代，我国在全国范围内开始组织有计划、大规模的开发式扶贫。自 90 年代后期以来，连续实施了“八七扶贫攻坚计划”和两个十年扶贫纲要，基本解决了农村居民的温饱问题。党的十八大以来，扶贫开发进入新的历史阶段，继续向贫困宣战，要求集中力量打好全面建成小康社会的扶贫攻坚战。总结我国扶贫开发经验，有三个方面：一是始终坚持把扶贫开发纳入国家经济社会全局同步推进。二是始终坚持充分发挥共产党的政治优势和社会主义的制度优势，集中力量组织开展目标明确的大规模扶贫行动。三是始终坚持把发展作为解决贫困的根本途径。

我国作为世界上最大的发展中国家，从根本上解决贫困问题是一项长期而艰巨的历史任务。当前我国扶贫开发进入新的攻坚期，全国还有 14 个连片特困地区，832 个片区县，12.9 万个贫困村，8249 万贫困人口。参照国际标准，中国还有两个亿的贫困人口。贫困人口规模大，贫困程度深，是难啃的“硬骨头”。党的十八大后，中共中央总书记习近平多次考察贫困地区，在重要会议上多次讲到扶贫，要求真扶贫、扶真贫，并做出一系列的重要指示，深刻阐明重大理论和实践问题，把扶贫开发作为关系党和国家政治方向和发展道路的大事，提升到新的战略高度，形成了扶贫开发新的战略思想，并做出总体部署。国务院总理李克强在2014年“两会”上宣誓，要继续向贫困宣战，绝不让贫困代代相传。并立下2014年再减少农村贫困人口1000万的军令状。我们继续把减贫作为衡量发展的重要标志，把扶贫工作摆在重要的位置，在推动科学发展、可持续发展、包容性发展的同时，深化改革创新机制，完善政策，努力实现更科学、更有效的扶贫，补好全面建成小康社会的短板。重点措施包括：一是实施精准扶贫战略，二是采取特惠政策措施，三是推进扶贫改革创新，四是广泛动员社会参与。

发展改革部门特别强调，在今后扶贫工作中要把握好以下几个方面：第一，坚持精准扶贫和区域发展相结合；第二，坚持练内功与外力相结合；第三，坚持经济建设与生态、社会、文化、政治建设相结合，推动形成贫困地区脱贫致富的有力保障。

教育部门实施的教育扶贫是新时期国家扶贫开发重要战略组成部分，也是扶贫开发十项重点工作之一，目的在于促进人力资源开发。教育扶贫是从根本上促进贫困地区摆脱贫困，实现小康社会的一个重要举措。教育部门面向贫困地区实施了一系列普惠性教育扶贫政策，得到社会各界的一致赞同和高度评价。当前，在基础义务教育方面采取4项政策：第一，农村义务教育学生的营养餐改善计划；第二，乡村教师补助政策；第三，农村义务教育薄弱学校改造计划；第四，会同国家卫生和计划生育委员会等12个部门编制国家贫困地区儿童发展规划。在职业教育方面实行3项特殊政策：第一，实施中等职业学校基础能力建设政策；第二，东西部中等职业学校教育协作计划；第三，实现片区内中等职业教育学生免学费、补生活费的政策。在高等教育方面实施3项特殊政策：面向贫困地区实现定向招生计划，中西部高校基础能力建设工程，支持中西部高校提升综合实力。另外，在支援藏区和新疆方面，教育部实施了一系列的特殊政策。十八大以来，中央对新的历史阶段的扶贫工作提出一系列新的要求，下一步教育部将按照精准扶贫的总体要求，从三个方面深化教育扶贫的精准度：第一是着手构建涵盖集中连片特困地区教育事业发展的大数据应用平台；第二是把发展现代职业教育作为教育扶贫的重点；第三是指导教育部直属的44所承担定点扶贫任务的高校实现精准扶贫，把教育优势和当地的特殊产业优势进行对接，打造“产学研”的重点项目。

财政支持扶贫工作情况：第一是积极构建扶持贫困地区发展的财政政策体系。中央财政坚持支持扶贫开发与促进区域发展有机结合，积极调整支出结构，持续加大投资力度，逐步构建较为完整的财政扶贫政策体系，保障贫困地区区域发展和扶贫攻坚的资金需求，具体措施有：持续加大一般转移支付力度；积极引导涉及民生的专项转移支付向贫困地区倾斜；对贫困地区和贫困人口给予更有针对性的专项扶贫资金支持。第二，扶持贫困地区发展和贫困群众脱贫致富是财政部义不容辞的责任。采取的行动包括：千方百计继续加大对贫困地区的投入，继续增加对贫困地区的转移支付力度，加强各项与扶贫开发相关财政政策的协调配合，充分发挥财政政策的综合扶贫效应，推动城乡优质教育、卫生、文化资源向贫困地区覆盖。着力完善财政扶贫资金管理，改革财政扶贫资金管理机制，确保财政扶贫资金使用与贫困识别结果相衔接，使资金准确瞄准贫困地区和贫困群众，以激发贫困群众内生动力，增强贫困群众自我发展能力。进一步加强财政扶贫资金的监管，完善扶贫资金和项目管理的办法，全面推行扶贫资金项目公告公示制。按照权责匹配原则，强化地方监管的责任，充分发挥社会监督的作用，构建常态化多元化的监督检查机制，对财政扶贫资金使用管理中出现的违法违规行为要严厉问责，保障扶贫资金安全有效地使用。

交通扶贫工作主要的做法，一是注重规划的引领，专门制定交通建设的扶贫规划，除了在编制交通中长期运输发展规划中加大对扶贫的统筹，还专门制定集中连片特困地区交通扶贫的纲要，并由 19 个省（区）人民政府签订了交通扶贫协议，以改善民生为主线，解决制约贫困地区交通发展的瓶颈问题为主攻方向，大力推进农村公路和普通干线道路的建设，积极推进交通基本公共服务的均等化。二是加强省的协作，认真做好交通运输部联系的六盘山片区的工作。三是深入开展定点扶贫和对口支援工作，着力解决在交通扶贫中的一些特殊困难，在支持全国贫困地区交通发展的同时，积极探索创新社会扶贫的新道路，扎实做好定点扶贫的四川省阿坝州和对口支援的安远县的帮扶工作。要做好以下工作：一是要继续实施好交通建设的扶贫规划。二是在编制“十三五”规划的同时，统筹好扶贫工作。三是继续深入开展六盘山扶贫攻坚工作。四是加大交通扶贫工作，落实督促检查力度。五是加强农村公路和交通扶贫制度的建设，扎实推进交通扶贫的法制化建设。

水利部门长期以来始终按照中央关于扶贫开发的战略部署，把加强水利扶贫工作作为一项重要任务，扶持水利建设。坚持以问题为导向，牢固把握扶贫工作的方针政策，通过大量的调查研究，针对贫困地区普遍存在的水资源问题，结合水利行业的特点，提出了“五水加科技”的水利扶贫思路，从饮水安全、农村水利、农村水电、水土保持、水文方面入手，不断改善农民生产生活的条件，同时着力增强贫困地区水利事业的自我发展能力。水利部始终坚持以规划为引领，紧密结合贫困地区水利的实际情况，组织全国水利扶贫工作，全国水利战略的规划，全国水利扶贫的规划，水利援疆，以及对口支援革命老区等水利扶贫相关的规划。对水利扶贫工作在时间与空间上进行系统布局、统筹安排，充分发挥以规划指导协调各方面资源的作用，形成水利扶贫的合力。水利部积极推进农村饮水安全，农村水利，小流域综合治理，中小河流治理等工程项目，努力实现项目到村，效益到户，直接解决贫困群众因水带来的困难。水利部始终坚持以项目支持为主渠道，充分发挥水利行业的优势，采取试点先行，逐步实施、全面推进的办法，积极探索和创新以项目支持为水利扶贫的主渠道，以干部挂职帮扶为连接贫困地区的重要桥梁，以人才培训和技术支持为主要内容的科教帮扶手段，以形式多样的捐资助学送温暖献爱心模式，在全国形成了扶贫试点、行业扶贫、片区扶贫、定点扶贫和对口支援“五位一体”的大水利扶贫格局，营造水利系统齐抓共管的水利扶贫氛围。水利部还建立了水利扶贫工作五省联系扶贫制度、水利扶贫项目年度规章制度、对口帮扶互动机制、扶贫工作调研制度和干部挂职帮扶的制度，形成了水利部统一领导，直属单位对口帮扶，各级水利部门密切配合的上下联动、合理推进的水利扶贫工作机制。

卫生部门特别强调努力为贫困地区群众提供安全有效、物美价廉的医疗卫生服务。在“十二五”期间卫生部门推出一系列应对贫困的措施：一是抓基础，针对贫困地区儿童营养缺乏的实际情况，实施了贫困地区儿童营养改造项目，为6—36个月的婴幼儿，每天免费提供营养餐包。积极开展贫困地区新生儿疾病筛查项目的试点，已在49万例新生儿中开展两种遗传代谢病和听力障碍的筛查。二是抓重点疾病的防治，支持贫困地区开展艾滋病、结核病等重大传染病和地方病防治工作。三是抓长远，着眼于整个贫困地区群众，提高医疗服务，改善服务质量，将人均基本公共卫生服务补助标准提高到35元，为贫困地区群众全面开展健康档案管理、健康教育、预防接种、0—6岁儿童的管理、老年人健康管理等11大类49项基本公共卫生服务，提高新型农村筹资水平和政府补助标准，开展20种重大疾病医疗保障试点工作，大病患者实际报销比例提高了12个百分点，超过60%。四是加大技术支持和指导的力度，派出24支国家级医疗队赴贫困地区，开展技术指导和代教培训，帮助提升医疗服务水平，同时协调建立城市大医院以贫困地区医疗卫生机构的远程会诊系统。加强远程培训，提高贫困地区医疗卫生的服务能力。在计划生育家庭扶贫开发方面，实施农村部分计划生育家庭奖励服务制度，计划生育特殊困难家庭特别扶助制度等，推动各项惠民政策，帮助计划生育家庭解决生产生活的困难，促进农村计划生育家庭致富奔小康，实施幸福家庭创建活动和新农村新家庭计划项目，启动圆梦女孩自愿行动，开展针对农村贫困女孩的公益性帮扶活动等。

多年来金融扶贫的成效显著：一是贫困地区金融组织体系不断完善，现在县一级的银行业机构和保险机构有比较充分的布点，服务也比较周到。二是金融产品和服务的方式日益丰富。三是贫困地区金融基础设施逐步完善。四是金融扶贫的力度在不断地扩大。五是扶贫贴息贷款的政策落实取得了积极的进展。金融扶贫的经验体现在：一是要坚持因地制宜，金融扶贫提供的金融服务要符合当地的实际。二是扶贫开发一定要与区域发展相结合，要通过区域发展带动扶贫开发，通过扶贫开发促进区域发展。当前金融部门在服务扶贫开发方面的重点工作包括：一是以发展小型金融机构为重点，健全和完善多层次的普惠金融组织体系，尽最大的能力提高金融服务的覆盖率。二是以加强农村支付体系和征信体系建设为重点，健全和完善金融基础设施。三是以推进农村金融产品和创新为重点，积极拓宽农村贷款抵押物的范围，提高农村信贷的可获得性。四是以协调金融政策和财政政策为重点，积极推动地方政府完善扶贫金融配套制度和体系，提高金融机构服务扶贫开发的积极性。

金融扶贫中特惠金融扶贫是本次论坛重点讨论的专题之一。在我国扶贫开发过程中，金融扶贫作为扶贫开发工作的一项政策手段，对贫困人口发展产业、增加收入发挥着重要作用。在金融扶贫中，除了普惠金融，特惠金融对于贫困人口尤其重要。特惠金融的另一个提法就是金融扶贫。由于商业信贷对贫困群体有排斥现象，因此特惠金融产生需求。金融扶贫解决的就是低收入、偏远地区、欠发达地区人群的金融服务需求。国内特惠金融政策并不罕见，比如提供扶贫贴息贷款，向农户、小微企业弱势群体提供补贴性的信贷，青年创业担保贴息贷款，妇女创业贴息贷款、扶贫互助资金等。但是，在金融扶贫问题上仍面临着很多挑战：（1）现在农村信用社都在进行商业化、市场化、股份制改造，有对利润的追求，还要满足弱势群体金融需求。（2）利率市场化也对金融扶贫构成挑战。（3）农村的贫困群体居住分散，金融需求规模小，难以满足商业化，以及贫困群体本身利用负债经营的意识和胆识不足，都构成金融扶贫的挑战。在中国推进特惠金融的方向是，宏观上培育本土化草根金融体系，还有就是推动金融体系的建设，完善信用环境和小额贷款的机制创新。解决金融扶贫的一些问题，最主要的是增加金融供给，而增加金融供给的关键就是要鼓励金融创新。

全国妇女联合会在妇女减贫方面所做的工作，第一个方面是源头参与，深入了解贫困妇女的特点和需求，并向政府和相关部门反映，来推动把性别意识纳入国家的扶贫计划和相关的法律政策之中。在精准扶贫方面，希望针对妇女儿童的特殊需求，制定精准扶贫的措施。第二个方面是面向贫困妇女开展服务，通过各种有效的途径来帮助贫困地区的妇女增强自主性，增加机会和收入，摆脱贫困。第三个方面是服务健康需求，开展健康服务来提高妇女的健康水平。第四个方面是服务特困妇女的需求，改善妇女儿童的生活状况，通过全国妇联的中国妇女发展基金会和中国儿童少年基金会，开展面向特困的妇女儿童提供服务。

本次论坛重点讨论问题第二个是青年参与扶贫责任。青年参与扶贫有重要作用和深远意义，一是贫困地区青年既是重要的扶贫对象，也是增强贫困地区自我发展能力的关键因素，在扶贫开发战略实施过程中，具有不可替代的作用。二是青年群体中蕴藏着巨大的志愿服务，是参与新一轮扶贫开发的有生力量。青年人参与扶贫的责任是历史赋予的，因为青年人是社会的中流砥柱，是国家的未来，民族的希望。青年人要做好扶贫工作，首先要敢于担当责任，同时，在扶贫工作过程中，要找准扶贫工作目标，把握有效的扶贫方法，深刻地理解党和国家领导人对青年的厚望。当前，我国青年参与扶贫的方式日渐丰富，例如扶贫青年志愿者、大学生村官、三支一扶、博士后扶贫，青年农村致富带头人等。在扶贫开发过程中，涌现出一批青年参与扶贫的优秀典型事例。

社会扶贫机制创新是本次论坛另一重点讨论问题。社会扶贫，是构建我国大扶贫格局中的重要组成部分，发挥着日益重要的作用。开发道德市场、开发穷人资本和发展社会企业是当前国际社会组织推动扶贫工作的重要创新。目前，社会扶贫机制创新在我国的实践中也开始展开并日趋丰富，如从妇女发展、社会组织参与等角度推动社会扶贫机制创新。广东省在推动社会扶贫机制创新方面很典型，值得全国学习借鉴。广东省推进社会力量参与扶贫机制，包括：一是宣传机制的创新，第一次设立“扶贫济困日”。广东省把 6 月 30 日设为“扶贫济困日”。二是社会扶贫多元主体培育机制创新。改革社会组织双重管理体制，社会组织以前是要双重登记的，广东市取消这个登记，全面实施社会组织的直接登记，这样广东省范围内的社会组织增长得非常快。三是社会扶贫政策机制创新，政府向社会组织购买服务，解决城市中新的贫困群体问题。四是社会扶贫项目扶持机制创新，率先举办慈善项目的推介会。五是社会扶贫参与力量动员机制的创新，引进公益创投的概念。六是社会扶贫的目的、渠道拓展的机制创新，即把公募权开放。广东省社会力量参与扶贫的多元形式：第一是传媒公益扶贫，南方报业集团在广东扮演了非常重要的作用。第二是内嵌式的扶贫，需要引进一个专业的社会工作机构。第三是非物质的扶贫，包括教育扶贫，心理扶贫，精神扶贫等。第四是针对女性的扶贫，如一些比较专业的从事妇女机构的 NGO（非政府组织）。第五是公益组织与企业的合作扶贫。第六是公益组织之间的联动式扶贫。第七是全民公益的扶贫。除了广东省的经验外，中国扶贫基金会在创新参与方式方面提供了很好的素材，如爱加餐、爱心包裹、“善行者”、“饥饿 24 小时”项目的组织方式。当然，社会扶贫机制创新的国际案例有很多，都可以借鉴。

多维贫困与精准扶贫也是论坛重点讨论的专题之一。国际上，近年来兴起多维贫困研究。贫困是一个复杂的社会问题，需要超越收入的维度，从多维视角去理解，进而推动扶贫工作。因为人的基本需要是多方面的，贫困的表现也是多维度的，收入只是满足人的基本需要，实现人类发展的手段；贫困人口生活质量在多方面的改善，才是人类发展真正的目的。联合国开发计划署的多维贫困指数从教育、卫生、生活 3 个维度，10 个指标来评价贫困，有利于推进切实可行的政策。目前有 40 多个国家，开始或者正在开始开发国家的多维贫困指数。哥伦比亚等国家较早采用多维贫困指数监测贫困，并且依照这个指数监测制定国家战略。我国虽然没有明确提出多维贫困的概念，但是国家扶贫战略和措施与多维贫困的观念是一致的。精准扶贫是当前我国扶贫开发战略中的核心理念。近两年来，国家推进以建档立卡为基础的到村到户精准扶贫工作的同时，也注意到必须把实施精准扶贫与区域发展有机结合起来，实行双轮驱动。

（中国国际扶贫中心研究处）

# 深化中国—东盟区域减贫合作

建立一个和平、繁荣、稳定的中国—东盟国家关系，特别是携手共进，消除贫困，是中国与东盟国家共同关切的问题。“中国—东盟社会发展与减贫论坛”旨在为促进中国与东盟国家从多维度消除贫困，促进人类发展，提供一个区域性的减贫交流合作平台。第八届中国—东盟减贫和社会发展论坛以“深化中国—东盟区域减贫合作”为主题，主要回顾了中国与东盟国家的发展援助合作，分享了中国与东盟各国减贫和包容性发展的实践和经验，探讨了中国与东盟各国减贫和包容性发展面临的新挑战，倡导了中国与东盟国家进一步深化区域减贫合作的愿望。此次论坛内容，主要体现在以下5个方面：

第一，回顾中国与东盟国家的发展援助合作。中国与东盟国家的发展合作起始于1950年，可以分为以下几个阶段：起始阶段（1950—1970年），中国帮助越南抗击法国殖民者斗争以来，中国先后同柬埔寨、老挝、缅甸开展发展援助合作，除部分年份起伏较大外，对上述4国的援助约占中国对外援助总额的90%，其中越南更是重中之重；增长阶段（1971—1978年），对外援助规模急剧扩大，中国向越南、柬埔寨、老挝、缅甸提供援助。1971—1976年，对上述4国的援助占中国对外援助总额的80%左右，越南仍然是重点援助国，支持越南、老挝、柬埔寨的抗美救国战争是援外工作的核心。当时中国处于“文化大革命”的动乱之中，为完成繁重的援外任务，改进援外工作，先后召开5次全国援外工作会议。1977年，中国压缩对外援助规模，随后停止对越南的援助；调整阶段（1979—2000年），中国实行改革开放政策后，继续对援外工作进行调整，控制规模。中国与东盟国家的经济合作由过去单一提供援助的形式发展为多种形式的经济技术合作。这一阶段，中国向柬埔寨、老挝、缅甸、越南、泰国、菲律宾、印度尼西亚、东帝汶等国提供过援助，年度援助规模长期保持在3亿元人民币左右。由于中国对非洲的援助力度逐步加大，对东盟国家援助占援助总额的比重除少数年份外，均不超过中国对外援助总额的20%；发展阶段（2001年至今），进入21世纪，经济全球化深入发展，中国的综合国力大幅跃升，对外援助能力明显提高。中国大力推进援外工作改革创新，与东盟国家进入全方位合作新时期。2005 年以来，中国提出构建和谐世界主张，积极推动实现联合国千年发展目标，利用中国—东盟区域经济合作机制不断推出援助举措。中国主要向柬埔寨、老挝、缅甸、越南、泰国、菲律宾、印度尼西亚、东帝汶等国提供过援助，对泰国、菲律宾、印度尼西亚的援助主要用于紧急人道主义援助和人力资源开发合作。中国对东盟国家援助占对外援助总额的比重基本不超过 20%，相对平稳。60 多年来，对外援助始终是中国发展对外政治经济关系的有机组成部分和履行国际主义义务的重要内容。随着国内外形势以及中国国内政治经济环境的发展变化，中国与东盟国家的发展援助合作经历了起始、增长、调整和发展四个阶段，合作领域逐步拓宽，方式不断丰富，对中国与东盟各国之间的政治外交关系发展与经济贸易合作产生了积极影响。

第二，总结各国在减贫与发展中形成的各具特色的宝贵经验。各国在促进区域增长和就业、农民增收、社区发展、微型金融服务以及社会保障等方面取得了一些成功经验。例如，缅甸通过小额信贷项目促进农村发展，有效地提高了贫困人口的收入、就业机会和生活水平。文莱和柬埔寨以小额信贷促进中小企业的发展和就业。新加坡和中国把减贫和社会保障相结合，对有劳动能力的人口提供教育培训和就业支持，对无劳动能力人口采取社会救助政策，有效地构建了社会安全网。印度尼西亚通过对社区组织赋权，提供专项减贫资金，促进社区可持续发展。中国改革对贫困县的政府绩效考核，把减贫和生态建设作为主要考核内容，并建立更加精准的贫困识别系统和到户到人的帮扶制度。越南建立了完整的减贫与社会保障体系，包括社会保险和社会救助政策、劳动力市场政策和减贫政策等。泰国在缩小城乡差距方面采取了健康保险、增加教育机会等社会保障和社会福利政策。马来西亚在城镇化进程中仍高度重视农村社区的建设，采取措施鼓励农村人口留在本地，为缩小城乡差距发挥重要作用。各国减贫和发展的经验为中国和东盟国家深化减贫合作提供了丰富的交流合作内容。

第三，探讨中国与东盟国家的减贫与包容性发展取得的巨大成就和面临的挑战。中国与东盟国家在过去几十年，通过有效的经济增长促进了贫困人口的减少。1990 年以来，以每天 1.25 美元贫困线衡量的千年发展目标，关于极端贫困人口减半的目标提前实现。然而，中国与东盟国家的减贫进程并不平衡，多维度贫困现象依然突出。尽管一些国家的减贫成效较为显著，但其他一些国家的贫困和不公平现象依旧十分突出。我们面临着经济增长的不公平挑战，城镇化进程中就业和公共服务的挑战。同时，穷人正面临着遭受日益增长的各种风险的侵袭。不平等现象依然严重，在一些国家还在不断上升。城市中非正规就业比例依然高启。城乡分割十分突出。

灾害风险和环境问题也影响着本地区的减贫进程。总之，减贫与包容性发展仍然是本地区的核心议题。这为中国和东盟深化减贫合作提供了必要性和现实基础。

第四，各方都关注私营部门和社会组织成为减贫的新型合作伙伴。从与会各国经验可以看出，私营部门的资源对促进减贫与发展发挥着越来越重要的作用。例如，印度尼西亚以立法的形式规定采矿和能源类私营企业需要承担企业社会责任，支持社区减贫项目，政府对参加社区减贫项目的企业进行奖励。缅甸建立政府机构、私人部门、非政府组织以及国际组织和捐助者等构成的发展合作财团，定期召开会议确定发展政策和减贫项目。老挝充分发挥农村企业在减贫中的作用。菲律宾政府建立与社会组织良好的伙伴关系。中国的社会组织发展潜力巨大，已经逐渐成为国内减贫最后一公里的一支重要力量，也开始积极参与其他发展中国家的减贫活动，如中国扶贫基金会这一非常活跃的非政府组织。

第五，与会各方达成深化中国与东盟减贫交流合作共识，认为深化中国与东盟减贫交流合作已经成为减贫区域性解决方案之一。中国同东盟国家的援助合作方式主要有建设成套项目、提供物资设备、派遣专家进行技术援助、邀请官员和技术人员来华交流与培训、派遣医疗队和志愿者、实施债务减免、开展人道主义援助等。从2007年开始，中国与东盟国家开始发起每年一次的“中国—东盟社会发展与减贫论坛”，正如联合国开发计划署署长海伦·克拉克女士所言：“中国—东盟社会发展与减贫论坛”已经发展成为一个独特的平台，致力于促进该地区各国在减贫和社会发展领域开展对话、分享经验。中国今后对东盟国家援助方向将侧重于以民生减贫、基础设施建设、人文交流、能力建设、环境保护、地区和平安全等领域为重点，优化援助布局，创新援助方式，软援助与硬援助相结合，政府渠道和民间渠道相兼顾，重点增强东盟国家的造血机能。与会代表提出进一步的合作方案，在东盟区域经济合作机制下，加强中国—东盟发展合作，促进中国和东盟国家投资和贸易便利化，加强环境保护和气候变化合作，加强知识分享和支持地区安全，加强防灾减灾合作等。

（中国国际扶贫中心研究处）

# 城市贫困问题研究

## 一、城市贫困的基本形势

### (一) 城市贫困人口规模

城市贫困是指城市里居住的人口因为缺乏满足其基本需要的手段，生活处于困难境地的一种状态。① 城市贫困在20世纪90年代中期逐渐成为日益显著的问题，因为缺乏官方的统一测算标准，各项研究对城市贫困人口的规模尚无统一结论。

由于中国长期实行城乡分割的户籍制度，因此关于城市贫困的测算对象一直有争论。理论上，城市居民是指居住在市区内的所有居民，既含非农业居民，又含当地部分农民以及从外地（主要是从农村）流入城市并暂住城市的农业人口（或称流动人口）。② 然而目前，国家统计中的城市贫困人口主要是指城市最低生活保障对象。截至2014年年底，我国城市低保对象为1877万人。由于低保政策体系是以城市户籍为基础的，因此，这一测算只包括具有城镇非农业户口的贫困人口。根据2010年第六次人口普查的数据显示，全国城镇非农业人口为3.8亿，而城市居民人口约6.7亿，二者差异很大，这对城市贫困规模测算的影响不可忽视。另据国家统计局公布的数据显示，2014年全国流动人口的总量是2.53亿③，占全国总人口的18.5%，其中有超过七成是从农村流向城市，因此说以城市低保为标准的测算大大低估了城市贫困的实际规模。

2011年中国科学院发布的《中国城市发展报告No.4》指出，中国城市贫困人口约5000万。此次估算的依据是国家统计局、民政部和一些地方政府开展调研，得出“城市贫困人口比例在7.5%—8.7%”，以国家统计局2010年《中国统计年鉴》公布的2009年年底的城镇人口数62186万人为基数，按8%的比例计算所得。

囿于数据的可得性，在分析城市贫困人口的状况时主要以分析城市最低生活保

① 王小林，张德亮：《中国城市贫困分析（1989—2009）》，载《广西大学学报》（哲学社会科学版），2013年第2期。

② 王有捐：《对目前我国城市贫困状况的判断分析》，载《市场与人口分析》，2002年第6期。

③ 国家统计局：《2014年国民经济和社会发展统计公报》，2015年1月20日。

障对象为代表，但在具体问题论述中仍认为城市贫困人口实际应该包括从农村迁移到城市的流动人口。

### （二）城市贫困人口构成

从城市贫困人口的构成来看。城市贫困人口主要包括城市中未就业或失业人口、在业低收入人口、低工资的离退休人员、特殊困难人员、长期临时性劳务人员、没有养老金的老年人口和外来常住人口、流动人口等。①

从城市低保对象来看，失业人员（包含登记和未登记失业人员）、在校学生、老年人、残疾人、“三无”人员（无劳动能力、无收入来源和无法定抚养人的人员）等“弱势群体”在低保对象中占比例较高。失业群体构成了低保对象最重要的来源之一，2014 年，低保对象中失业者为 711.3 万，约占低保对象的 37.8%。老年人、在校生、残疾人和“三无”人员分别占 16.7%、14.1%、8.4%和 2.6%（见表 1）。从 2007—2014 年整体变化趋势上来看，失业者和在校生的所占比例在缓慢下降，老年人和残疾人的比例在逐年上升。

**表 1　城市低保对象中老年人、残疾人、“三无”人员、失业者和在校生的情况**

| 年份 | 低保总数（万人） | 失业者（万人） | 失业者比例（%） | 在校生（万人） | 在校生比例（%） | 老年人（万人） | 老年人比例（%） | 残疾人（万人） | 残疾人比例（%） | “三无”人员（万人） | “三无”人员比例（%） |
|---|---|---|---|---|---|---|---|---|---|---|---|
| 2007 | 2272.1 | 991.5 | 43.6 | 321.6 | 14.2 | 298.4 | 13.1 | 161.0 | 7.1 | 125.8 | 5.5 |
| 2008 | 2334.8 | 966.5 | 41.4 | 358.1 | 15.3 | 316.7 | 13.6 | 169.1 | 7.2 | 106.9 | 4.6 |
| 2009 | 2345.6 | 921.1 | 39.3 | 369.1 | 15.7 | 333.5 | 14.2 | 181.0 | 7.7 | 94.1 | 4.0 |
| 2010 | 2310.5 | 912.7 | 39.5 | 357.3 | 15.5 | 338.6 | 14.7 | 180.7 | 7.8 | 89.3 | 3.9 |
| 2011 | 2276.8 | 895.4 | 39.3 | 348.5 | 15.3 | 346.9 | 15.2 | 184.1 | 8.1 | 80.3 | 3.5 |
| 2012 | 2143.5 | 822.5 | 38.4 | 318.3 | 14.8 | 339.3 | 15.8 | 174.5 | 8.1 | 64.9 | 3.0 |
| 2013 | 2064.2 | 782.2 | 37.9 | 303.2 | 14.7 | 330.3 | 16.0 | 169.2 | 8.2 | 58.0 | 2.8 |
| 2014 | 1880.2 | 711.3 | 37.8 | 265.3 | 14.1 | 313.6 | 16.7 | 157.9 | 8.4 | 49.4 | 2.6 |

备注：2014 年为全国第 4 季度数据。
资料来源：民政部网站。

### （三）城市贫困人口分布

从城市贫困人口的区域分布来看，我国城市贫困人口主要分布在中西部地区。根据国家统计局城调总队的测算，2000 年东部地区贫困人口 272 万，中部地区贫困人口 582 万，西部地区人口 196 万；占全国城市人口 53%的中西部地区，却占了全国贫困人口近 3/4。我国城市贫困人口主要分布在中西部地区。

根据 2002 年 8 月中华全国总工会的一项调查，全国 26 个省份的 1795.9 万城市贫困居民中，东部地区 9 个省份贫困人数最少，

① 徐丽萍：《统筹城乡贫困，将城市贫困问题纳入国家扶贫开发战略》，载《减贫研究参考》，2015 年第1 期。

共 393.5 万人，占城市贫困居民总数的 21.9%，贫困率为 3.1%；西部地区有贫困居民 452.7 万人，占全国城市贫困居民总数的 25.2%，贫困率高达 7.3%；中部地区 8 个省份贫困人口最多，达到 949.7 万人，占城市贫困居民总数的 52.9%，超过了东、西部地区城市贫困人口的总和，贫困率高达 8.4%，反映出中部地区既是城市人口相对集中的地区，又是城市贫困问题十分突出的地区。①

根据民政部 2014 年第 4 季度分省数据显示，我国东部城镇低保人口 323.5 万，占 17.2%，中部 807.2 万，占 42.9%，西部 749.4 万，占 39.9%。中西部地区城市贫困情况比较突出。

### （四）城市相对贫困状况

城市贫富收入差距仍然较大，但已经有所缩小。根据国家统计局的最新数据（见表 2），2012 年城镇居民最低收入户的人均可支配收入为 8215.1 元，仅占总体平均水平的 33.4%，是最高收入户人均收入的 12.9%，城镇居民收入差距仍然比较明显。但从增长速度上来看（见图 1），2003—2005 年期间，城镇居民最高收入户人均可支配收入的增长率一直高于最低收入户，从 2006 年起，最低收入户人均可支配收入的增长率开始超过最高收入户，这一变化虽然在 2008 年出现反复，但总体趋势保持稳定。到 2012 年，最高收入户人均可支配收入增长率为 8.47%，而同期最低收入户人均可支配收入增长率达 19.47%，比最高收入户的增长率高了 11%，这表明城镇居民收入差距有所缩小，且缩小速度有加快的迹象。

**表 2　城镇居民人均可支配收入情况，2002—2012 年（单位：元）**

| 年份 | 平均收入 | 最低收入户（10%） | 较低收入户（10%） | 中等偏下户（20%） | 中等收入户（20%） | 中等偏上户（20%） | 较高收入户（10%） | 最高收入户（10%） | 最高与最低收入之比 |
|---|---|---|---|---|---|---|---|---|---|
| 2012 年 | 24564.7 | 8215.1 | 12488.6 | 16761.4 | 22419.1 | 29813.7 | 39605.2 | 63824.2 | 7.8 |
| 2011 年 | 21809.8 | 6876.1 | 10672.0 | 14498.3 | 19544.9 | 26420.0 | 35579.2 | 58841.9 | 8.6 |
| 2010 年 | 19109.4 | 5948.1 | 9285.3 | 12702.1 | 17224.0 | 23188.9 | 31044.0 | 51431.6 | 8.6 |
| 2009 年 | 17174.7 | 5253.2 | 8162.1 | 11243.6 | 15399.9 | 21018.0 | 28386.5 | 46826.1 | 8.9 |
| 2008 年 | 15780.8 | 4753.6 | 7363.3 | 10195.6 | 13984.2 | 19254.1 | 26250.1 | 43613.8 | 9.2 |
| 2007 年 | 13785.8 | 4210.1 | 6504.6 | 8900.5 | 12042.3 | 16385.8 | 22233.6 | 36784.5 | 8.7 |
| 2006 年 | 11759.5 | 3568.7 | 5540.7 | 7554.2 | 10269.7 | 14049.2 | 19069.0 | 31967.3 | 9.0 |
| 2005 年 | 10493.0 | 3134.9 | 4885.3 | 6710.6 | 9190.1 | 12603.4 | 17202.9 | 28773.1 | 9.2 |
| 2004 年 | 9421.6 | 2862.4 | 4429.1 | 6024.1 | 8166.5 | 11050.9 | 14970.9 | 25377.2 | 8.9 |
| 2003 年 | 8472.2 | 2590.2 | 3970.0 | 5377.3 | 7278.8 | 9763.4 | 13123.1 | 21837.3 | 8.4 |
| 2002 年 | 7702.8 | 2408.6 | 3649.2 | 4932.0 | 6656.8 | 8869.5 | 11772.8 | 18995.9 | 7.9 |

数据来源：国家统计局网站。

① 钱林：《当前中国城市贫困问题研究》，载《经济与社会发展》，2007 年第 1 期。

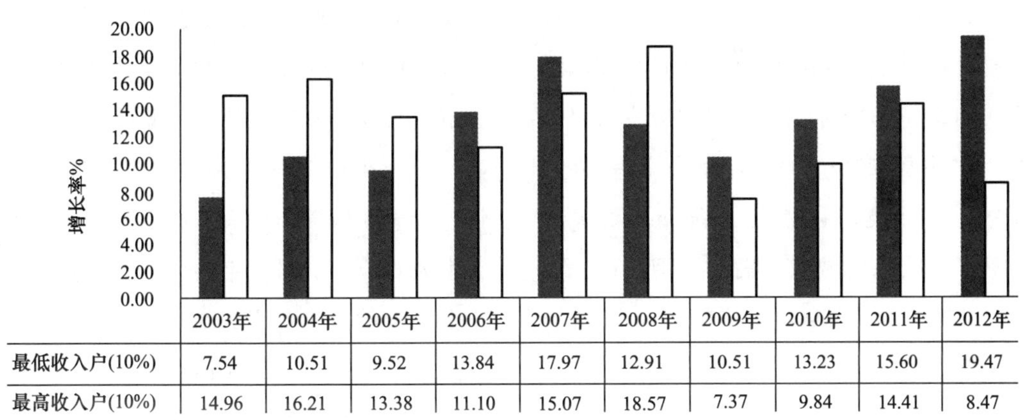


| | 2003年 | 2004年 | 2005年 | 2006年 | 2007年 | 2008年 | 2009年 | 2010年 | 2011年 | 2012年 |
|---|---|---|---|---|---|---|---|---|---|---|
| 最低收入户(10%) | 7.54 | 10.51 | 9.52 | 13.84 | 17.97 | 12.91 | 10.51 | 13.23 | 15.60 | 19.47 |
| 最高收入户(10%) | 14.96 | 16.21 | 13.38 | 11.10 | 15.07 | 18.57 | 7.37 | 9.84 | 14.41 | 8.47 |

图 1　城镇居民人均可支配收入增长率

我国的城市贫困除了收入贫困之外，还表现为多维度的贫困。王小林和 Alkire（2009）采用多维贫困测量方法，利用 2006 年中国健康与营养调查数据，对中国城市和农村家庭多维贫困进行了测量。测量结果表明，中国城市和农村家庭都存在收入之外的多维贫困，城市和农村近 1/5 的家庭存在收入之外任意 3 个维度的贫困。维度分解结果表明，卫生设施、健康保险和教育对多维贫困指数的贡献最大。对样本的城乡分解结果表明，黑龙江省和广西壮族自治区的城市多维贫困比较突出。

## 二、城市贫困的主要问题

城市贫困多表现为个案现象，是同一屋檐下的贫困，它不同于以区域为主要特征的农村贫困；城市人口集中，人际交往多，贫困问题产生的社会摩擦和社会影响较之农村更大。[①] 国际经验表明，城市贫困会增加城市犯罪，甚至催生恐怖活动（Mousseau，2011）。与农村贫困相比，城市贫困更容易引发社会危机。

### （一）失业

失业是导致城市贫困的最主要原因之一。我国失业形势依然严峻。根据人力资源和社会保障部数据显示，2014 年年底城镇登记失业人数为 952 万人，城镇登记失业率为 4.09%。[②] 然而城镇的实际失业人口远超过这个数字。国家统计局通报 2014 年

① 王有捐：《对目前我国城市贫困状况的判断分析》，载《市场与人口分析》，2002 年第 6 期。

② 人力资源和社会保障部：《2014 年度人力资源和社会保障事业发展统计公报》，2015 年 5 月 28 日。

城镇净增就业1070万人，2014年调查失业率在5.1%左右。[①] 经济学人信息部（EIU）根据其与国际货币基金组织（IMF）和国际劳工组织（ILO）联合进行的研究发表报告估计，中国2014年的实际失业率达到6.3%，高于英国和美国。[②] 城市中的失业问题不仅会恶化城市贫民的贫困状况，而且会带来社会的不稳定。

我国劳动年龄人口比重下降，不同年龄劳动力供给分化趋势加剧。从劳动年龄人口总量上来看，《2014年国民经济和社会发展统计公报》显示，2014年年底16—59岁的人口占比为67%，比2013年年底下降0.6个百分点，减少371万人，我国劳动年龄人口已连续三年萎缩。2014年外出农民工有16821万人，增速为1.3%，比2013年增速下降0.4个百分点。农民工总量，特别是跨省流动农民工的增速正进一步减缓。从劳动年龄人口的结构来看，青年劳动力总量在下降，中老年劳动力总量在上升，新生劳动力中大学生占50%左右，并成为一种常态。劳动力年龄结构分化将引发劳动力供给结构性矛盾，劳动力市场供求的匹配度下降，结构性失业问题凸显。

近年来，以高校毕业生为主体的青年就业难的问题突出。高校毕业生的失业主要表现为区域性、行业性、性别上的结构性失业。从2005年至2014年，全国普通高校毕业生从338万人增长到727万人。2014年城镇新增就业人数1322万人，高校毕业生占了55%。根据人社部最新劳动统计年鉴，2013年城镇失业人口中25—29岁男性，大学本科学历的失业率为25.1%，研究生为66.4%，同一年龄区间的女性，大学本科学历的失业率为28.3%，研究生为55%。处于这一年龄区间的研究生大多刚刚毕业，却比本科生的失业率高出1倍甚至更多。在30—34岁区间，整体上研究生的失业率也略高于本科生，本科为12.3%，研究生为13%。高学历人员的失业是一种人力资源的浪费，甚至会在一定程度上抑制未来家庭对教育的投资意愿。高校毕业生失业带来的收入缺失会增加其个人和家庭陷入贫困的风险。长期失业带来的心理落差，会影响个人的成长、家庭的和睦和社会的和谐。

### （二）老龄化

自21世纪初我国正式步入老龄化社会以来，我国老年人口增速加快，规模大，截至2014年底，全国60岁及以上老年人口达2.1亿，占总人口的15.5%，其中65岁及以上人口1.4亿，占总人口的10.1%。老年人由于面临健康状况、劳动能力和收入水平逐渐下降等问题，是极易陷入贫困的脆弱群

① 国务院新闻办公室就2014年国民经济运行情况举行发布会，中国网文字实录 http://www.china.com.cn/zhibo/2015-01/20/content_34593748.htm?show=t，2015年6月15日。

② 中国去年失业率5.1% 英媒：明显高于往年，参考消息网 http://china.cankaoxiaoxi.com/2015/0121/636334.shtml，2015年6月15日。

体。当前，我国家庭的规模在缩小，传统的家庭养老功能正逐渐弱化，这使得老年人对公共服务的需求和依赖程度加大。

根据国家卫生和计划生育委员会发布的《中国家庭发展报告（2015 年）》显示，我国的家庭规模小型化，二人家庭、三人家庭是主体，同时，单人家庭、空巢家庭、丁克家庭也在不断地涌现。“空巢”老人，也就是子女离家后的老年人，占到老年人总数的一半；家庭养老需求和医养结合的需求比较强烈，老人养老主要靠自己和家庭成员，最强烈的需求是健康医疗，特别是对社会化需求比较强烈。另据全国城乡失能老年人状况研究显示，2013 年全国失能老年人数达 3750 万人，预计 2015 年失能老年人数将超过 4000 万人，占我国老年人口的近 20%。失能老人家庭对健康医疗的需求和费用开支更大。随着老龄化速度的加快，老年人的疾病负担和照料负担将使老年人及其所在的家庭面临更加严峻的贫困风险，对社会公共服务的需求压力也将继续增大。

**（三）城市化**

我国城市化发展迅速，2002 年至 2011 年 10 年间，我国城镇化率以平均每年 1.35 个百分点的速度发展，城镇人口平均每年增长 2096 万人。2011 年，中国城市地区的居住人口数量首次超过农村，城镇人口比重达到 51.27%。联合国开发计划署发布的《2013 中国人类发展报告》指出，2011 年中国城市人口首次超过农村人口，中国用 60 年时间将城镇化率从 10% 提高到 50%，而同样的改变，欧洲用了 150 年，拉丁美洲用了 210 年。2014 年中国城镇化率达到 54.77%（国家统计局，2015），比 2013 年增长了 1.9%。

快速城市化的进程背后，城市化的质量受到质疑。在中国的官方统计中，“城镇”不仅包括城市区域，也包括由城镇提供公共服务的乡村，而且，这里的城镇人口指的是城镇常住人口，包括了居住期限已经超过 6 个月的农村流动人口，但农村流动人口并不能在真正意义上完全享有城市的公共服务和社会保障权利，这意味着中国城市化率被高估。

城市化是一把双刃剑，既可以是缓解城市贫困的动力，也可能是引发城市贫困的祸首。城市化有利于促进经济的发展，经济的持续发展可以为贫困人口带来更多的就业机会，从而增加收入，逐渐从经济上摆脱贫困。但同时，在快速城市化的进程中，大量人口持续涌入大城市，当超过城市的容纳限度时，将会引发公共服务供给不足、物价上涨、失业率上升等问题，反而会增加城市贫困人口。“城市化并不意味着居住在城市里的每个人都一定能够享受到城市化带来的各种机会和成果。生活在社会底层的贫困群体，往往知识水平和技能都较为缺失。城市生活对其而言，可能意味着更为恶劣的生存环境和各种权利的丧失、剥夺以及受到社会排斥（刘倩倩，2014）。”

近年来，特大城市贫困问题日益凸

显。中国社会科学院《2014 年城市发展报告》聚焦中国特大城市贫困问题，报告指出：“中国绝对贫困率一直呈下降趋势，温饱问题在全国范围内基本得到解决，但在许多大城市出现了新型贫困现象，包括社会基本制度转型而产生的转型性贫困和经济增长速度长期超出居民收入增长速度而产生的收入萎缩与支出风险性贫困，这些使得相对贫困率和主观贫困率上升。”①

### （四）户籍制度

长期以来，我国实行城乡二元的户籍制度，与此相对应的是城乡分割的社会保障制度。就城市贫困而言，由于户籍的限制，农村户籍的流动人口的贫困状况是以农村贫困标准来衡量的，被统计在农村贫困人口中。他们虽然生活在城市，却无法落地生根，享受到城市的社会保障和社会救助服务。他们又长期远离故土，难以从农村扶贫政策中直接受益。有学者指出：“城乡扶贫体系的设置具有很强的‘属地’性质，致使广大的流动人口被排斥在现有扶贫体系之外，成为‘制度外’贫困群体。”②

2014 年 7 月 30 日，备受关注的国务院《关于进一步推进户籍制度改革的意见》正式公布。意见规定，要进一步调整户口迁移政策，统一城乡户口登记制度，全面实施居住证制度，加快建设和共享国家人口基础信息库，稳步推进各项城镇基本公共服务覆盖全部常住人口。到 2020 年，基本建立与全面建成小康社会相适应，有效支撑社会管理和公共服务，依法保障公民权利，以人为本、科学高效、规范有序的新型户籍制度，努力实现 1 亿左右农业转移人口和其他常住人口在城镇落户。

户籍制度的改革，是城市减贫工作的大好机遇。未来，随着户籍与各种城市福利制度的脱钩，城乡统筹发展，城市社会保障体系的覆盖面扩大，这对于解决流动人口贫困问题、建立完善的城市减贫工作机制是一个重要的机遇。同时，户籍制度的改革对减贫工作也提出了新的挑战，贫困人口将以常住人口为对象，城市和农村的贫困发生率和贫困人口规模将发生变化，城乡减贫工作的格局也将发生深刻的变化。如何实现减贫工作的城乡统筹，需要在制度衔接、技术手段、部门协同和资源动员等多个方面开展工作机制和管理体制改革和创新。

## 三、城市反贫困政策和措施

### （一）预防性政策——社会保险

根据人力资源和社会保障部《2014 年

① 蒋贵凰：《聚焦中国特大城市贫困问题》，载《中国城市发展报告》，社会科学文献出版社，北京，2014 年 9 月，第 181-193 页。

② 林万龙：《城乡一体化进程中中国反贫困政策体系的挑战》，第 7 届中国—东盟社会发展与减贫论坛背景报告，2013 年 8 月。

度人力资源和社会保障事业发展统计公报》，2014年全年五项社会保险（含城乡居民基本养老保险）基金收入合计39828亿元，比2013年增加4575亿元，增长率为13.0%。基金支出合计33003亿元，比2013年增加5086亿元，增长率为18.2%。社会保险覆盖面进一步扩大。

1. 养老保险

2014年2月，国务院发布《关于建立统一的城乡居民基本养老保险制度的意见》，在全国范围内建立统一的城乡居民基本养老保险制度，解决了劳动者特别是农民工参加职工和城乡居民基本养老保险的制度衔接问题。

2014年参加城镇职工参加养老保险的人数持续增长，2014年年底全国参加城镇职工基本养老保险人数为34124万人，比2013年年底增加1906万人。参加城镇职工基本养老保险的农民工人数为5472万人，比2013年年底增加577万人。2014年城镇职工基本养老保险基金总收入25310亿元，比2013年增长11.6%，其中征缴收入20434亿元，比2013年增长9.7%。各级财政补贴基本养老保险基金3548亿元。全年基金总支出21755亿元，比2013年增长17.8%。

2014年年底，城乡居民基本养老保险参保人数50107万人，比2013年年底增加357万人。全年城乡居民基本养老保险基金收入2310亿元，比2013年增长12.6%。其中个人缴费666亿元，比2013年增长4.7%。基金支出1571亿元，比2013年增长16.5%。基金累计结存3845亿元。

2. 医疗保险

2014年年底，全国参加城镇基本医疗保险人数为59747万人，比2013年年底增加2674万人。其中，参加职工基本医疗保险人数28296万人，比2013年年底增加853万人；参加城镇居民基本医疗保险人数为31451万人，比2013年年底增加1821万人。在职工基本医疗保险参保人数中，参保职工21041万人，参保退休人员7255万人，分别比2013年年底增加540万人和313万人。2014年年底，参加城镇基本医疗保险的农民工人数为5229万人，比2013年年底增加211万人。

2014年城镇基本医疗保险基金总收入9687亿元，支出8134亿元，分别比2013年增长17.4%和19.6%。2014年年底，城镇基本医疗统筹基金累计结存6732亿元（含城镇居民基本医疗保险基金累计结存1195亿元），个人账户积累3913亿元。

3. 失业保险

全国参加失业保险人数为17043万人，比2013年年底增加626万人。其中，参加失业保险的农民工人数为4071万人，比2013年年底增加331万人。2014年年底，全国领取失业保险金人数为207万人，比2013年年底增加10万人。2014年共为78万名劳动合同期满未续订或提前解除劳动合同的农民合同制工人支付了一次性生活补助。

2014 年失业保险基金收入 1380 亿元，比 2013 年增长 7.1%，支出 615 亿元，比 2013 年增长 15.6%。2014 年年底，失业保险基金累计结存 4451 亿元。

4. 工伤保险

2014 年年底全国参加工伤保险人数为 20639 万人，比 2013 年年底增加 722 万人。其中，参加工伤保险的农民工人数为 7362 万人，比 2013 年年底增加 98 万人。2014 年认定（视同）工伤 114.7 万人，比 2013 年减少 3.7 万人；2014 年评定伤残等级人数为 55.8 万人，比 2013 年增加 4.6 万人。2014 年享受工伤保险待遇人数为 198 万人，比 2013 年增加 3 万人。2014 年工伤保险基金收入 695 亿元，支出 560 亿元，分别比 2013 年增长 13.0% 和 16.3%。2014 年年底，工伤保险基金累计结存 1129 亿元（含储备金 190 亿元）。

5. 生育保险

2014 年年底，全国参加生育保险人数为 17039 万人，比 2013 年年底增加 647 万人。2014 年共有 613 万人次享受了生育保险待遇，比 2013 年增加 91 万人次。2014 年生育保险基金收入 446 亿元，支出 368 亿元，分别比 2013 年增长 21.1% 和 30.2%。2014 年年末生育保险基金累计结存 593 亿元。

**（二）保护性政策——社会救助**

2014 年共有《社会救助暂行办法》《最低生活保障工作绩效评价办法》《生活无着的流浪乞讨人员救助档案管理办法》等十余项社会救助相关政策和法规发布，社会救助法律体系得到进一步的完善，社会救助工作机制进一步提升。

2014 年 5 月 1 日，《社会救助暂行办法》正式开始实施，这是中国首部社会救助综合性行政法规。《办法》将社会救助提升到了根本性、稳定性的法律制度层面，将解决贫困群体基本生活需求的托底制度统一到一部行政法规之中，构建了完整严密的安全网，为提高社会救助工作法治化水平奠定了坚实基础。《办法》加强了社会救助统筹协调，坚持了社会救助城乡统筹发展，强化了社会救助家庭经济状况查询核对机制。

**《社会救助暂行办法》十项新规定①**

- 构建社会救助制度体系：明确了以最低生活保障、特困人员供养、受灾人员救助、医疗救助、教育救助、住房救助、就业救助、临时救助为主体、以社会力量参与为补充的社会救助制度体系。
- 统筹城乡社会救助发展
- 明确全面建立临时救助制度
- 提供经济状况核对机制的法定依据
- 提出救急难的方针性新要求
- 明晰规范申请办理途径
- 提出社会力量参与的支持条件

① 资料来源于首都之窗－北京市政务门户网站《社会救助暂行办法》解读专题网页，http://zhengwu.beijing.gov.cn/zwzt/shjzjd/default.htm，2015 年 6 月 9 日。

- 拓展社会救助工作方式
- 为基层能力建设提供保障条件
- 健全违法违纪责任追究机制

2014年4月，民政部办公厅发布《关于增加城乡低保动态管理相关统计指标的通知》。在原社会服务统计月报、季报表中的“城市居民最低生活保障人数/户数”指标下增加“其中：当月新增/退出城市居民最低生活保障户数/人数”，进一步加强了低保数据的动态管理。

2014年6月，民政部印发《开展社会救助专项整治提高为民服务水平活动方案》。全面复核低保对象，重点解决“人情保”和“错保”，促进低保政策的公平性；建立完善“一门受理、协同办理”机制，完善社会救助窗口服务功能，全面提升基层为民服务水平。

2014年10月，国务院《关于全面建立临时救助制度的通知》填补社会救助体系空白。进一步发挥社会救助托底线、救急难作用，解决城乡困难群众突发性、紧迫性、临时性生活困难。救助对象分为家庭对象和个人对象。既可依靠申请受理，也可由政府民政部门和救助管理机构主动发现受理。救助方式包括发放临时救助金、发放实物、提供转介服务。

1. 城市居民最低生活保障制度

（1）发展概况

根据民政部《2014年社会服务发展统计公报》数据显示，截至2014年年底，中国共有城市低保对象1026.1万户、1877.0万人。2014年各级财政共支出城市低保资金721.7亿元，其中，中央财政补助资金518.88亿元，占总支出的71.9%。2014年全国城市低保平均标准411元/人·月，比2013年增长10.1%；全国城市低保月人均补助水平286元，比2013年增长8.3%。(见表3)

**表3　我国城市居民最低生活保障制度基本情况**

| 年份 | 低保人数（万人） | 年增长率（%） | 平均低保标准（元/月·人） | 平均支出水平（元/月·人） |
|---|---|---|---|---|
| 1998 | 184.1 | 109.4 | — | — |
| 1999 | 265.9 | 44.4 | 149.0 | — |
| 2000 | 402.6 | 51.4 | 157.0 | — |
| 2001 | 1170.7 | 190.8 | 147.0 | — |
| 2002 | 2064.7 | 76.4 | 148.0 | — |
| 2003 | 2246.8 | 8.8 | 149.0 | 58.0 |
| 2004 | 2205.0 | -1.9 | 152.0 | 65.0 |
| 2005 | 2234.2 | 1.3 | 156.0 | 72.3 |
| 2006 | 2240.1 | 0.3 | 169.6 | 83.6 |
| 2007 | 2272.1 | 1.4 | 182.4 | 102.7 |

续表

| 年份 | 低保人数（万人） | 年增长率（%） | 平均低保标准（元/月·人） | 平均支出水平（元/月·人） |
| --- | --- | --- | --- | --- |
| 2008 | 2334.8 | 2.8 | 205.3 | 143.7 |
| 2009 | 2345.6 | 0.5 | 227.8 | 172.0 |
| 2010 | 2310.5 | -1.5 | 251.2 | 189.0 |
| 2011 | 2276.8 | -1.5 | 287.6 | 240.3 |
| 2012 | 2143.5 | -5.9 | 330.1 | 239.1 |
| 2013 | 2064.2 | -3.7 | 373.3 | 264.2 |
| 2014 | 1877.0 | -9.1 | 411.0 | 286.0 |

数据来源：历年《中国民政统计年鉴》，民政部《2014年社会服务发展统计公报》，国家统计局《2014年国民经济和社会发展统计公报》。

（2）覆盖对象

1998—2002年，城市低保覆盖的城市贫困人口急剧增加，从1998年的181.4万人增加到2002年的2064.7万人，短短5年时间增加了10.38倍。低保覆盖人数在连续增长后，趋于稳定，此后的覆盖人群基本保持在2000万人以上。2010年起城市低保覆盖人数开始逐步减少，2014年底，城市低保对象为1877万人，比2013年减少了187.2万（见图2）。

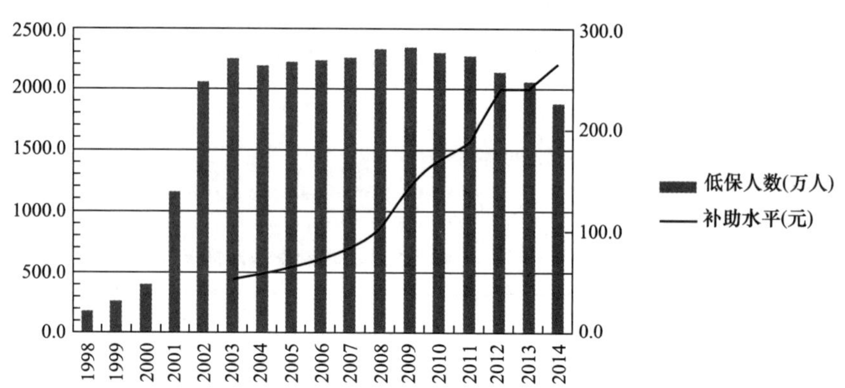


图2　1998—2014年低保覆盖人口和人均补贴情况

（3）低保标准

从2014年第4季度全国省（区、市）低保标准看（见表4），由于东部地区城市收入、消费水平和地方财政实力高出全国平均水平，其低保标准也普遍较高。如上海市、北京市、天津市、浙江省和江苏省低保标准都在500元以上，其中上海市最高，低保标准为710元。除了西藏自治区低保标准超过500元外，西部地区低保标准普遍较低，其中，宁夏回族自治区最低，仅为304.77元，上海市低保标准相当于宁夏回族自治区的2.33倍。

**表4　2014年第4季度各省（区、市）低保标准**

| 地区 | 平均低保标准（元/月） | 区县数量 | 地区 | 平均低保标准（元/月） | 区县数量 |
|---|---|---|---|---|---|
| 上海市 | 710.00 | 17 | 贵州省 | 395.00 | 90 |
| 北京市 | 650.00 | 16 | 陕西省 | 388.50 | 109 |
| 天津市 | 640.00 | 16 | 山西省 | 383.67 | 123 |
| 浙江省 | 573.30 | 92 | 海南省 | 379.58 | 24 |
| 江苏省 | 536.05 | 119 | 吉林省 | 371.07 | 74 |
| 西藏自治区 | 533.92 | 74 | 重庆市 | 369.00 | 40 |
| 内蒙古自治区 | 481.44 | 104 | 云南省 | 359.63 | 134 |
| 广东省 | 454.46 | 130 | 湖南省 | 352.76 | 138 |
| 辽宁省 | 452.77 | 111 | 青海省 | 350.98 | 46 |
| 山东省 | 451.89 | 170 | 广西壮族自治区 | 340.08 | 116 |
| 黑龙江省 | 446.84 | 142 | 四川省 | 336.17 | 188 |
| 河北省 | 431.90 | 194 | 新疆维吾尔自治区 | 329.17 | 133 |
| 安徽省 | 421. 54 | 115 | 河南省 | 328.80 | 181 |
| 江西省 | 418.30 | 109 | 甘肃省 | 328.25 | 89 |
| 湖北省 | 410.97 | 111 | 宁夏回族自治区 | 304.77 | 22 |
| 福建省 | 404.37 | 87 | | | |

数据来源：民政部网站。

2. 医疗救助

中国于2003年启动农村医疗救助，2005年建立城市医疗救助制度，两种制度资金和运行相互独立。2013年，财政部、民政部印发《城乡医疗救助基金管理办法》，要求城乡医疗救助资金两个账户要合并，统一使用。2014年全国实施医疗救助9119万人次。其中，直接救助2395万人次，资助参加基本医疗保险6724万人，支出医疗救助资金252.6亿元。[①] 低保对象和特困供养对象，在年度救助限额内的救助比例普遍达到60%。2014年，医疗救助整体财政资金投入中，中央财政占58.5%，地方财政占36.9%，其余为社会捐赠资金。2014年全国慈善捐赠中用于医疗救助方面的占比为10%—15%，慈善力量参与医疗救助存在很大空间。[②]

① 数据来源于民政部《2014年社会服务发展统计公报》，2015年6月10日。

② 两部门谈全面开展重特大疾病医疗救助，2015年6月17日，中国政府网访谈，http：//www.gov.cn/wenzheng/talking04/20150617ft117/，2015年6月18日。

3. 教育救助

2014 年，全国资助学前教育（幼儿）、义务教育、中职学校、普通高中和普通高校学生 8543.78 万人次（不包括义务教育免费教科书、营养改善计划资助），较 2013 年增长约 6.86%。累计资助金额 1421.28 亿元，比 2013 年增加 236.13 亿元，增幅 19.92%。2014 年资助总额中，财政资金共 989.43 亿元，占当年资助总额比例为 69.62%，比 2013 年增加 184 亿元，增幅 22.84%。①

自 2014 年 7 月起，对国家助学贷款及相关政策资助标准进行调整。具体为：一是将国家助学贷款资助标准由每人每年不超过 6000 元，调整为全日制普通本专科学生每人每年不超过 8000 元，全日制研究生每人每年不超过 12000 元；二是将高等学校学生应征入伍服义务兵役学费补偿、国家助学贷款代偿及学费减免的标准，由本专科生每人每年不超过 6000 元、硕士研究生每人每年不超过 8000 元、博士研究生每人每年不超过 10000 元，调整为本专科生每人每年不超过 8000 元、研究生每人每年不超过 12000 元；三是将高等学校毕业生赴基层单位就业学费补偿国家助学贷款代偿标准、退役士兵学费资助标准，由每人每年不超过 6000 元，调整为本专科生每人每年不超过 8000 元、研究生每人每年不超过 12000 元；四是将全日制普通本专科学生国家助学贷款资助比例与国家助学金资助比例挂钩，规定全日制普通本专科学生国家助学贷款全国平均资助比例应与当年国家助学金资助比例相当，各地区、各高校资助比例应与本地区（本高校）当年国家助学金资助比例相当。

4. 住房救助

2013 年 12 月，住房和城乡建设部、财政部、国家发展和改革委员会发布《关于公共租赁住房和廉租住房并轨运行的通知》，从 2014 年起，各地廉租住房建设计划、资金管理并入公共租赁住房统一管理。住房和城乡建设部要求在 6 月底前出台并轨运行实施办法，指导督促市县在 8 月底前出台实施方案。2014 年年底前，各地区要把廉租住房全部纳入公共租赁住房，实现统一规划建设、统一资金使用、统一申请受理、统一运营管理。2014 年 6 月，住房和城乡建设部发布《关于并轨后公共租赁住房有关运行管理工作的意见》，要求各地明确保障对象、科学制定年度建设计划、健全申请审核机制、完善轮候制度、强化配租管理、加强使用退出管理、推进信息公开工作。

廉租房和公租房并轨前，存在许多问题。一是二者面向的群体不完全相同，需要分别申请、排队，导致申请人容易混淆并带来不便；二是住房保障需求和供应是

① 全国学生资助管理中心，《2014 年中国学生资助发展报告》。http：//www.chsi.com.cn/jyzx/201508/20150819/1503293920-1.html，2015 年 9 月 7 日。

一个动态的过程，因收入等发生变化需要从廉租房对象转换成公租房对象的，需退出原来的廉租房后再申请新的公租房，给百姓造成不必要的麻烦；三是由于准入门槛不同，两种保障房不能调剂使用，造成了资源的闲置浪费。廉租房和公租房并轨管理后，建立起统一的申请受理渠道、审核准入程序，综合考虑保障对象的住房困难、收入水平、申请顺序、保障需求等因素，合理确定轮候排序的规则，可以最大程度上优先满足住房最困难群体及时获得住房保障，体现住房保障的公平公正，提高住房保障的效率。

2014 年 11 月，住房和城乡建设部、民政部、财政部联合下发《关于做好住房救助有关工作的通知》，明确了住房救助的对象，为符合县级以上地方人民政府规定标准的、住房困难的最低生活保障家庭和分散供养的特困人员。规范了住房救助的方式，对城镇住房救助对象，采取优先配租公共租赁住房、发放低收入住房困难家庭租赁补贴实施住房救助，其中对配租公共租赁住房的，应给予租金减免。对农村住房救助对象，优先纳入当地农村危房改造计划，优先实施改造。

2014 年，各地继续落实《国务院关于加快棚户区改造工作的意见》，将棚户区改造和保障性安居工程配套基础设施建设作为中央预算内投资的重点。2014 年，棚户区改造和保障性安居工程配套基础设施建设的中央预算内投资达到 787 亿元。中央财政投入农村危房改造补助资金 230 亿元，支持完成改造任务 266 万户。各级政府将保障性安居工程作为必须向人民兑现的“硬承诺”“硬任务”，2014 年城镇保障性安居工程新开工 740 万套，基本建成 511 万套，超额完成年初既定的新开工 700 万套以上、基本建成 480 万套目标任务。2008 年至 2014 年，中央财政投入城镇保障性安居工程补助资金 8000 多亿元，全国城镇保障性安居工程合计开工 4500 多万套，其中，各类棚户区改造 2080 万套。截至 2014 年底，累计解决了 4000 多万户城镇家庭的住房困难。①

5. 老年人救助

截至 2014 年年底，全国共有老龄事业单位 2558 个，老年法律援助中心 2.1 万个，老年维权协调组织 8.0 万个，老年学校 5.4 万个、在校学习人员 733.1 万人，各类老年活动室 34.9 万个。全国各类养老服务机构和设施 94110 个，其中：养老服务机构 33043 个，社区养老服务机构和设施 18927 个，互助型的养老设施 40357 个，军队离退休干部休养所 1783 个；各类养老床位 577.8 万张，比 2013 年增长 17.0%（每千名老年人拥有养老床位 27.2 张，比 2013 年增长 11.5%），其中社区留宿和日间照料床位 187.5 万张；2014 年年底收留抚养老年

① 中华人民共和国国务院新闻办公室：《2014 年中国人权事业的进展》白皮书，2015 年 6 月。

人 318.4 万人，比 2013 年增长 4.2%。

截至 2014 年年底，全国共建立老年人法律援助工作站 2137 个，老年人法律援助申请能够及时就近得到受理。各级司法行政部门全年共组织办理老年人法律援助案件 11.3 万件，解答老年人法律咨询 34 万人次。

2014 年 9 月 10 日，财政部会同民政部、全国老龄办联合下发《关于建立健全经济困难的高龄、失能等老年人补贴制度的通知》，要求进一步加大公共财政支持力度，切实解决经济困难的高龄、失能等老年人的后顾之忧，推动实现基本养老服务均等化。《通知》要求，补贴经费由地方财政来负担。各地的财政部门应该准确测算养老服务补贴所需的资金，列入年度的财政预算；省级财政部门要会同民政部门老龄工作部门结合当地实际，及时制定经济困难的高龄、失能等老年人补贴制度的资金管理办法和具体的实施方案。明确具体的补助项目、补助范围、补助标准、资金筹集渠道、申请的条件和审查公示，发放的程序以及监督管理措施等内容。

**（三）开发性政策——以促进就业为导向的反贫困策略**

以促进就业为导向的反贫困策略的目标在于提升贫困人口的收入能力和发展能力，是最直接也是最根本地解决有劳动能力的贫困人口贫困问题的重要手段。

2012 年，人力资源和社会保障部、国家发展和改革委员会、教育部、工业和信息化部、财政部、农业部、商务部制定《促进就业规划（2011—2015 年）》，这是我国首部由国务院批转的促进就业专项规划，规划明确“把就业作为社会经济发展的优先目标予以考虑，建立健全经济发展、产业结构调整与扩大就业良性互动的长效机制”。

根据人力资源和社会保障部公布的数据，2014 年，城镇新增就业人数 1322 万人，城镇失业人员再就业人数 551 万人，就业困难人员就业人数 177 万人。全年全国共帮助 5.8 万户零就业家庭实现每户至少一人就业。组织 2.7 万名高校毕业生到农村基层从事“三支一扶”工作。

2014 年，《社会救助暂行办法》专设“就业援助”一章，规定对最低生活保障家庭中有劳动能力并处于失业状态的成员，通过贷款贴息、社会保险补贴、岗位补贴、培训补贴、费用减免、公益性岗位安置等办法，给予就业救助，并提供各类就业服务，对吸纳就业援助对象的用人单位给予补贴、税收优惠等扶持政策。同时也规定，对于无正当理由，连续 3 次拒绝接受介绍的与其健康状况、劳动能力等相适应的工作的，县级人民政府民政部门应当决定减发或者停发其本人的最低生活保障金，进一步鼓励就业，缓解福利依赖。

2014 年，国务院发布《关于进一步做好为农民工服务工作的意见》，意见在要求继续着力维护农民工劳动权益保障、加强农民工劳动技能培训、完善农民工就业服务体系之外，还将农民工纳入创业政策扶持范围，要求运用财政支持、创业投资引导和创业培训、政策性金融服务、小额担保贷款和贴息、生产经营场地和创业孵化基地等扶持政策，促进农民工创业；意见在要求继续推动实现农民工平等享受城镇基本公共服务的同时，还提出要着力促进农民工社会融合，有序推进农民工市民化。

2014 年，人力资源和社会保障部发布《关于进一步完善就业失业登记管理办法的通知》，通知要求，失业登记应以全部常住人员为对象，不得以人户分离、户籍不在本地或没有档案等为由不予登记，要保障城镇常住人员享有与本地户籍人员同等的劳动就业权利、基本公共就业服务和就业补贴政策。在此基础上，各地要按照国务院推进户籍制度改革的部署，统筹考虑本地区综合承载能力和发展潜力，以连续居住年限和参加社会保险年限等为条件，保障其逐步享受与本地户籍人员同等的就业扶持政策。

2014 年，国家鼓励高校毕业生就业创业政策主要包括：（1）鼓励高校毕业生到城乡基层就业。继续统筹实施好大学生村官、“三支一扶”等各类基层服务项目，引导高校毕业生投身到基层公共服务、现代农业和专业技术等工作领域；（2）鼓励小型微型企业吸纳高校毕业生就业，对吸纳高校毕业生就业的小微企业发展施行社会保险补贴、贷款、贴息和培训费补贴等优惠政策；（3）激励高校毕业生自主创业的政策。在全国范围内实施大学生创业引领计划，提供创业指导培训等服务提升创业能力，落实登记、融资、税收等创业扶持政策，鼓励电子商务网络平台创业。(4) 促进离校未就业高校毕业生就业；（5）加强就业指导和服务；（6）创造公平就业环境的政策，对用人单位招聘条件进行限制，对招聘程序进行监督，促进就业公平。①

## 四、政策建议

随着我国城市化进程的不断推进，城市贫困将成为不容忽视的社会问题，政府应高度重视城市贫困问题，及时建立应对城市贫困的战略框架。

### （一）制定国家城市贫困标准

在城市反贫困的战略框架中，城市贫困标准处在最基础的核心地位，是制定反贫困政策和开展反贫困工作的前提。当前，我国城市贫困人口规模的测算多停留在研究层面，尚未像农村贫困一样，形成科学的官方贫困标准。目前官方使用的低保线是各城市根据自身的社会经济发展水平、收入和消费情况、当地的财政实力等制定出来的对有当地户籍的贫困人口进行现金

① 来源于教育部网站，http：//www.moe.edu.cn/publicfiles/business/htmlfiles/moe/s5987/201406/170150.html，2015年6月16日。

转移的标准。[①]不能准确反映我国城市贫困的状况。应尽快明确城市贫困的内涵，制定国家城市贫困标准，摸清城市贫困人口的底数。

我国城市贫困除了有极端贫困人群的收入贫困外，还有低收入贫困人群在健康、教育、医疗等多个维度的贫困，城市贫困不能仅仅靠收入贫困标准来测量，应开展官方调查研究，采用多维贫困指标摸清城市贫困人口货币和非货币贫困底数，为城市减贫提供依据。

**（二）建立城市贫困精准识别和瞄准机制**

2014年年初，国务院扶贫办下发《扶贫开发建档立卡工作方案》，对贫困户和贫困村进行精准识别，针对每一个贫困户的具体贫困状况，分析致贫原因，摸清帮扶需求，明确帮扶主体，落实帮扶措施，开展考核问效，实施动态管理。建档立卡工作改变了以往农村贫困监测结果不能还原为具体对象的状况，使贫困统计不再停留于抽象的数据，而是得以追溯为具体贫困户和人，提高了扶贫的针对性，真正做到对症下药，实现了因地制宜、因人制宜。目前，在我国城市中，温饱问题已基本得到解决，面上的贫困统计已经不能满足城市减贫工作的实际需要，应尽早建立城市贫困的精准识别和瞄准机制，并引入多维度贫困识别手段，将城市贫困对象定点到户、到人，将城市反贫困政策定向对接到贫困人口的实际需求。

**（三）建立统一的城市贫困监测和评估机制**

监测减贫战略的进展状况、评估减贫战略对贫困产生的影响，有助于了解减贫战略是否有效、各项政策措施对减贫的贡献如何，从而改善减贫政策或项目设计和实施，实现更有效的减贫。对于我国目前的城市贫困监测来说，用于监测的目标和指标、监测的具体活动都是由不同的部门在负责，如收入指标在国家统计局、就业指标在人力资源和社会保障部、教育指标在教育部、健康指标在国家卫生和计划生育委员会等，监测系统存在数据分散、相互独立、缺乏协调、责任和需求不明确等问题。应建立统一的城市贫困监测和评估机制，使城市贫困统计监测成为我国社会统计的重要组成部分，定期发布城市贫困监测数据，对城市反贫困政策进行评估，从而提高城市反贫困政策的有效性和可持续性。

**（四）建立城乡一体化的减贫战略框架**

加强各项制度衔接，建立城市减贫的跨部门协作机制。我国现行的城市反贫困制度体系在部门职责上存在重叠和缺漏，在实际工作中呈现碎片化的“多龙治水”

① 王小林，张德亮：《中国城市贫困分析（1989—2009）》，载《广西大学学报》（哲学社会科学版），2013年第2期。

的局面。应从制度设计上对相关部门的职责进行整合，开展各项政策的有效衔接，建立多部门共享的信息管理系统。创新城市反贫困的组织机构形式，明确城市贫困的主管部门，形成城市减贫跨部门协作机制，制定中长期的城市反贫困战略规划，以提高反贫困工作的效率。

统筹城乡资源，共同推进减贫工作。城市化进程的加快和户籍制度的改革使城乡减贫工作面临新的挑战，城乡贫困发生率和贫困人口规模将以常住人口来测算，严格区分城市贫困人口和农村贫困人口会变得十分困难。长期来看，二者将会保持动态的双向流动的关系。这就要求首先在城市减贫战略设计之初，就应对城乡贫困人口监测和瞄准机制进行制度、技术和指标上的衔接。第二，更要统筹城乡各项扶贫资源，集中城乡社会保障网络各个部门的财力、人力和物力共同解决城市和农村贫困问题。第三，也要广泛鼓励和动员社会力量，包括企业、社区、非政府组织等参与到城乡减贫工作中来，通过政府购买公共服务，充分地发挥社会的优势和力量。

统筹城乡发展，加强小城镇建设。国际经验表明，要从根本上解决城市贫困问题，就要解决城市的过度集中问题。缓解城市压力，就要协调好城市和农村的统筹发展。加强城乡结合部的治理、发展中小城市更容易为贫困人口提供更好的教育、住房等公共服务，改善和促进贫困人口的就业。

**（五）坚持开发式扶贫和救助式扶贫相结合的方针**

中国农村扶贫工作的经验表明，坚持开发式扶贫，帮助贫困人口提高发展能力，创造发展机会，可以有效地增加贫困人口的收入，从而实现脱贫致富。同时能够降低社会排斥，增强脱贫人口的抗风险能力，实现减贫的可持续性。在我国城市的减贫工作中，应当予以充分的借鉴。对于老弱孤残和重症病患者这类无劳动能力的城市贫困人口采取救助式扶贫方式，由政府兜底解决基本生存和生活问题，而对于具备劳动能力的城市贫困人口，应在提供基本救助和进一步提高公共服务均等化程度的同时，为其创造教育、培训和就业的机会，提升人力资本能力，扩大就业，激励自主创业，通过多方面多层次的促进就业手段从根本上缓解城市贫困问题。

（北京师范大学　张秀兰　高　睿）

# 2014 年我国扶贫脱贫研究成果综述

伴随中国扶贫开发进入到“十二五”收官阶段和“十三五”规划准备筹划关键时期，2014 年注定是我国扶贫减贫的重要一年，中央对扶贫开发更加重视，扶贫脱贫战略定位程度进一步提升，2014 年的扶贫脱贫研究也进入到了更务实、更深入、更全面的新阶段。总起来看，扶贫脱贫研究呈现以下特点：第一，扶贫脱贫研究与扶贫开发工作紧密结合，方向一致，扶贫脱贫研究服务和指导实践，实践丰富扶贫脱贫理论。第二，我国扶贫脱贫研究成果可划分为以精准扶贫为核心的扶贫脱贫六大机制（即精准扶贫、扶贫考核、社会扶贫、金融扶贫、驻村帮扶、财政扶贫）、建设小康社会目标的扶贫脱贫和提升扶贫脱贫治理能力研究、集中连片特困地区扶贫脱贫研究和扶贫脱贫的理论创新研究等。第三，我国扶贫脱贫研究成果无论是专著还是学术论文也呈现出成果累累。据统计，2014 年扶贫脱贫研究专著有 34 部以上，扶贫脱贫学术性论文 3000 余篇。第四，扶贫脱贫研究潜在科研力量不断增强。2014 年，全国高校科研机构扶贫脱贫研究博士学位毕业论文、硕士毕业论文共 100 余篇，一方面展示了高校扶贫脱贫研究成果增加，另一方面也说明扶贫脱贫研究潜在力量雄厚。

## 一、扶贫脱贫的战略意义在理论实践中定位提升

贫困问题是制约我国经济社会发展的重要因素，只有解决好贫困这一难题，缩小贫富差距，才能够保证经济社会长远发展，才能够让人民生活幸福，才能保证民族团结、边疆稳定、社会和谐发展。中共中央总书记习近平指出，“消除贫困，改善民生，逐步实现全体人民共同富裕，是社会主义的本质要求”“要看真贫、扶真贫、真扶贫”“阻止贫困现象代际传递”“全面建成小康社会，最艰巨最繁重的任务在贫困地区。全党全社会要继续共同努力，形成扶贫开发工作强大合力。各级党委、政府和领导干部对贫困地区和贫困群众要格外关注、格外关爱，履行领导职责，创新思路方法，加大扶持力度，善于因地制宜，注重精准发力，充分发挥贫困地区广大干部群众能动作用，扎扎实实做好新形势下扶贫开发工作，推动贫困地区和贫困群众加快脱贫致富奔小康的步伐”。李克强说“创新扶贫开发方式。加快推进集中连片特殊困难地区区域发展与扶贫攻坚。国家加

大对跨区域重大基础设施建设和经济协作的支持，加强生态保护和基本公共服务。地方要优化整合扶贫资源，实行精准扶贫，确保扶贫到村到户。引导社会力量参与扶贫事业。2014 年再减少农村贫困人口 1000 万人以上。我们要继续向贫困宣战，决不让贫困代代相传”。

## 二、中国扶贫脱贫模式研究

对中国扶贫脱贫经验模式研究既是中国扶贫脱贫发展理论和实践需要，同时也是国际减贫合作与交流的需要，尤其是中国减贫巨大成功为世界各国所推崇，因此，2014 年理论工作者对此研究同样有很多亮点和新意。

其一，中国特色的 PPP（政府和社会资本合作）模式。清华大学国情研究院院长胡鞍钢认为中国扶贫减贫的成功之道在于减贫作为国家重要发展目标被列入国家发展规划；经济持续高增长成为大幅度减少贫困人口的决定性因素；不断完善国家扶贫战略和政策体系；创新中国特色的反贫困机制。其中自力更生、地方为主、国家支持、社会捐赠、对口支援、市场驱动、国际援助，七个机制组成了政府主导、多元投资、相互补充、激励相容、广泛参与的具有中国特色的 PPP（政府和社会资本合作）模式。这一总结性观点很有亮点和启发。其二，提出中国反贫困“两线一力”模式说。中国社会科学院闫坤、于树一认为中国新时期反贫困模式可以总结为“两线一力”，“两线”即经济发展和社会安全网两条线索，“一力”即政府主导力。另外其他观点包括金融扶贫探索、民间组织扶贫参与、产业化扶贫及中国将生态文明、循环经济和扶贫开发三者相结合的推进发展等。

## 三、完善和创新扶贫机制相关研究

《关于创新机制扎实推进农村扶贫开发工作的意见》提出完善和创新贫困县考核机制，建立精准扶贫工作机制，健全干部驻村帮扶机制，改革财政专项扶贫资金管理机制，完善金融服务机制，创新社会参与机制等，理论工作者对此也进行了研究。

（一）社会参与扶贫机制研究。社会扶贫是国家扶贫战略的重要组成部分，华中师范大学与中国国际扶贫中心所著的《中国反贫困发展报告（2014）：社会扶贫专题》，从宏观角度，按照全局性、动态性、权威性的要求，集中于连片特困地区反贫困的理论探索和实践总结，以武陵山片区为例，并以香港社会扶贫、民间组织参与社会扶贫和社会企业参与社会扶贫等进行相关专题的研究，本书从宏观角度对社会扶贫进行理论与实践相结合，主要从社会扶贫的理论与实践、社会扶贫模式探索与创新发展为主要研究点出发，结合香港社会扶贫、民间组织参与社会扶贫和社会企业参与社会扶贫等进行相关专题的研究，对社会扶贫有一个全面、多维的研究分析，同时也通过不同地区、不同组织对于社会扶贫的实施和经验做进一步分析和研究，专著所提出的新时期促进社会化扶贫的对策和建议有较强的指导价值。与此同时，王春光、孙兆霞、曾芸等著《社会建设与扶贫开发新模式的探求》集中以贵州省武陵山片区为研究对象，通过深度实地调查，总结当地扶贫开发经验和教训，从扶贫开发模式角度进行深入细致分析，并提出相关政策建议。当然，在社会扶贫方面还有很多成果，在此不再赘述。

（二）精准扶贫研究。精准扶贫是我国新时期扶贫机制创新的核心，不仅在实践中全面推进，理论研究也取得了较多成果。例如马尚云认为要实施精准扶贫，首先要弄清楚扶持谁、怎么扶、扶多远的问题，建议落实科学识别机制，解决“帮扶谁”的问题，健全驻村帮扶机制，解决“谁帮扶”的问题，建立资源整合机制，解决“用什么帮扶”的问题，改革考核评价机制，解决“帮扶效果怎样”的问题。在整村推进方面，邓希以湖北恩施来凤县为例，提出集规划、实施、管理、监督、受益于一体的整村推进扶贫开发新思路，以整县推进为载体，整村推进为重点，让适宜当地的大型项目带动，实行村与村之间的区域整体推进。关于精准扶贫研究成果很多，尤其是精准识别扶贫的对象、项目安排精准、资金使用精准、措施到户精准、驻村帮扶精准、脱贫成效精准、扶贫脱贫管理、扶贫脱贫考核精准，实现贫困人口精准脱贫方面研究提出了很多成果。实践中的案例和经验很多，还需要理论上进一步总结归纳凝练分析和研究。

（三）考核机制研究。在考核机制方面，《关于创新机制扎实推进农村扶贫开发工作的意见》明确提出：“要改进贫困县考核机制，由主要考核地区生产总值向主要考核扶贫开发工作成效转变，对限制开发区域和生态脆弱的国家扶贫开发工作重点县取消地区生产总值考核，把提高贫困人口生活水平和减少贫困人口数量作为主要指标，引导贫困地区党政领导班子和领导干部把工作重点放在扶贫开发上。”北京师范大学经济与资源管理研究院教授、中国扶贫研究中心主任张琦提出，“精准识别是基础，精准扶贫是过程，而精准考核则督导扶贫过程促成效，三者唇齿相依。新的考核机制增加了扶贫成效的权重，同时，加大了对生态脆弱地区环境保护方面的力度”。中国人民大学反贫困问题研究中心主任汪三贵也同样表示“改进贫困县考核机制无疑将引导贫困地区党政干部把工作重点放在解决贫困问题上，而不是盲目追求经济发展”。研究中国扶贫政策的资深专家吴国宝表示“与其他地区相比，我国重点县和片区县大多地处偏僻山区、少数民族集聚区和生态脆弱地区，虽经多年的扶贫开发，但总体上仍全方位落后，贫困县考核如果简单套用一般地区的考核指标和权重，既不公平也不合理”。从而提出改革贫困县考核机制的相关建议：以省为单位确定贫困县考核的指标和权重，实行年度考核和政府任期考核相结合，完善贫困县考核数据收集制度，建立公开公正的贫困县考核制度，强化考核结果的运用和问责。贵州省扶贫开发办党组书记、主任叶韬通过对贵州省绿色减贫研究，将绿色减贫纳入到贵州省贫困县考核机制的建议。

（四）金融扶贫研究。兰州商学院博士邵传林通过对宁夏个案的经验表明，只有构建面向穷人和低收入群体的普惠型农村金融体系，才能有效发挥金融反贫困作用，同时还要将地方政府在农村金融发展中的角色定位在引导、协调、监管与激励上。中南财经政法大学金融学院副教授吕勇斌利用2003—2010年我国30个省份面板数据，研究我国农村金融发展对于缓解农村地区贫困的影响结果表明，农村金融规模有利于减缓贫困，但农村金融效率对缓解贫困有负向影响。这表明农村金融反贫困不仅要坚持市场规律，而且需要有良好的内外部环境的支持。中南民族大学经济学院熊芳著《微型金融机构社会扶贫功能研究：基于少数民族地区的数据和经验》从发展经济学、信息经济学和金融经济学等多学科理论的角度，利用所获得数据和案例，对我国少数民族地区微型金融机构社会扶贫功能的现状进行统计描述，并对制约因素进行精细解构。在此基础上，结合影响微型金融机构社会扶贫功能的一般性因素和国外经验，提出保障少数民族地区微型金融机构社会扶贫功能的政策建议。邵传林认为农村金融反贫困体系的构建有助于为贫困地区的农户及中小企业发展提供资金支持，在一定程度上提高弱势群体自力更生的能力，并有助于优化地方金融生态环境，最终促进贫困人口的减少。吴本健博士等的研究认为，在扶贫贴息贷款管理模式由利率管制转向利率市场化、金融机构拥有更大的决策自主权、采取贷款偿还后向借款农户直接贴息的方式之后，扶贫贴息贷款规模增加，金融机构寻租问题得到初步缓解，贷款质量有所提升，但是贫困农户和农业产业受到排斥、贫困瞄准目标偏离等问题依然存在，建议在深化贴息贷款市场化和分权化改革的同时，应切实提高贫困农户的信贷可得性。

（五）产业扶贫研究。产业扶贫模式是开发扶贫的重要模式。对此研究成果很多。但将产业扶贫研究与参与治理相结合则使产业扶贫更为深入。例如，华中师范大学社会学院胡振光、向德平认为，作为参与式治理的重要探索，当前产业扶贫在践行参与式理念的过程中，出现了目标偏离和实践变形。多元主体的互动参与异化为政府主导下的被动参与，包括龙头企业、农村经济合作组织和贫困农户在内的多元主体难以与地方政府进行平等对话和协商，主体间地位不平等及互动不足是当前遇到的主要瓶颈。产业扶贫需要提高主体参与能力、激发主体参与动力、突破主体参与障碍，构建多元主体间的良性互动关系。

（六）财政扶贫研究。对此研究成果很多，而从理论上对财政与贫困之间关系研究则更能反映财政机制的成效。例如上海财经大学樊丽明、山东大学解垩利用两轮微观调查面板数据，实证检验中国公共转移支付对家庭贫困脆弱性的影响。结果显示，尽管贫困发生率呈现下降态势，但城乡家庭遭受贫困脆弱性的比例不容忽视；随着贫困线标准的提高，贫困发生率与脆弱性之间的差异越来越小；教育程度、家庭规模、就业状态、工作性质及地区变量同时同方向地影响到贫困及脆弱性；无论贫困线划在何处，公共转移支付对慢性贫困和暂时性贫困的脆弱性没有任何影响。还有很多专家对财政扶贫资金机制创新进行了研究并提出有益的政策建议。

## 四、实现小康社会目标的扶贫脱贫研究

“全面建成小康社会，最艰巨的任务在贫困地区”，“十三五”时期是我们确定的全面建成小康社会的时间节点，全面建成小康社会最艰巨最繁重的任务在农村，特别是在贫困地区。各级党委和政府要把握时间节点，努力补齐短板，科学谋划好“十三五”时期扶贫开发工作，确保贫困人口到2020年如期脱贫。胡勇等著的《迈向全面小康——加快贫困地区脱贫致富研究》聚焦加快全国贫困地区脱贫致富这一重大问题，深入探讨贫困含义及致贫成因，重新界定了贫困地区脱贫致富的基本内涵，提出贫困地区脱贫致富的3个层次，并针对不同层次的贫困问题采取不同的政策。本书提出按照主题功能区的发展理念，对适合开发式扶贫的地区，整合投入，短期内显著改变贫穷面貌；对不适合开发式扶贫的贫困地区，发挥人口流动对于脱贫的潜在作用，实现异地脱贫致富。吕学芳、肖映胜等著的《从贫困迈向小康：武陵山民族地区农村全面小康社会建设研究》以我国改革开放历史进程为时代背景，着眼于武陵山民族地区农村发展实际，运用理论与实际相联系、调研与分析相衔接、实证研究与规范研究相统一的研究方法，在概述武陵山民族地区农村全面小康社会建设的基础上，从武陵山片区农村经济发展、政治文明、文化建设、教育发展、科技发展、人口发展、生态文明、社会和谐八大层面展开对全面小康实现的具体分析，并注重对武陵山民族地区农村的贫困与反贫困、全面小康建设的基本原则、全面小康的发展战略、发展目标等的把握，提出了武陵山民族地区农村全面小康建设的特殊思路、基本对策。中国国际扶贫中心主任左常升主编的《国际减贫理论与前沿问题（2014）》通过减贫理论、前沿问题、减贫实践和国别案例4个专题，宏观概述了当前国际减贫领域关注的重要理论和实践问题，从宏观角度对国内外减贫形式进行了全面性的研究。全面建成小康社会扶贫脱贫有多重实现方式和模式，不同贫困现状、特点和成因需要采取不同扶贫策略，即全面建成小康社会为目标下需要进行多样化扶贫模式创新。

## 五、集中连片和区域扶贫研究

目前，中国农村扶贫攻坚的主战场是14个集中连片特殊困难地区，连片特困地区的扶贫现状一定程度上可以代表我国整体的扶贫进度和扶贫模式；同时，由于中国因不同地区的地理位置、自然环境、经济条件等存在的差异，贫困现状因地域不同而呈现出不同特点，地区性的扶贫研究可以有针对性地体现出各个地区的扶贫现状和特性，从而进行差异性、多样化的扶贫策略，提高扶贫效率。因此，许多学者针对连片特困地区和不同区域进行扶贫开发研究。

（一）连片特困地区扶贫开发。华中师范大学社会学教授陆汉文、中国扶贫发展中心主任曹洪民认为，将连片特困地区作为新阶段扶贫攻坚的主战场，将“区域发展带动扶贫开发、扶贫开发促进区域”作为连片特困地区扶贫攻坚的基本思路，抓住了历史机遇期的主要矛盾，是改革开放以来扶贫开发战略的重大创新。丁建军基于“发展”与“贫困”之间的对应关系，通过构建涵盖经济、社会和生态3个维度24项指标的综合发展指标体系，测算和比较分析了11个集中连片特困区的贫困程度。陈兆清、周艳林、宗克炳、孙贤斌、丁伟、陆汉文等人分别从生态文明建设、扶贫开发政策与路径、产业选择等不同的角度分析了大别山片区扶贫开发问题；赵蓓、张秋芳、苏洁、汪燕、青觉等人分别从生态文明、旅游开发、环境立法、政策建议等不同角度分析了武陵山片区扶贫开发问题；还有罗霄山片区、秦巴山片区、乌蒙山片区、石漠化地区、六盘山地区、藏区等地，研究者从不同的地域特征出发，根据当地特色总结问题和经验，提出政策和建议。李俊杰等编著的《集中连片特困地区反贫困研究：以乌蒙山区为例》首先梳理了贫困与反贫困的相关研究，分析了集中连片特困区域发展与扶贫攻坚的背景，结合乌蒙山区地方特色，有针对性地提出了乌蒙山片区扶贫的机遇与困难；其次以交通、产业、城镇为主体，分别论述了当前存在的主要问题及优化途径；最后基于博弈论和区域经济学理论，构建了乌蒙山片区政府协同发展机制，提出了特殊政策建议，以期指导乌蒙山片区扶贫开发，并为其他集中连片特困区域发展提供模式参考。孙兆霞、毛刚强、陈志永等著的《第四只眼（世界银行贷款贵州省文化与自然遗产保护和发展项目中期社区参与工作评估以及重点社区基线调查）》以武陵山片区（贵州）为研究对象，进行深度的实地调查，总结当地的扶贫开发经验和教训，从理论上深入分析社会建设与扶贫开发的内在关系。并基于对当前我国扶贫开发所处的新阶段、武陵山片区面临的新问题以及扶贫开发先行先试对创新的要求，提出“一个新基金、四个新机制”的政策建议。

（二）区域扶贫脱贫研究。关于扶贫地域性研究中更为细化的则是省市级别的研究，部分学者选取特殊典型的省市作为扶贫开发的案例研究。侯石安基于 GQ 模型测算了贵州省 2001—2012 年农村 FGT 贫困指数，结果表明，12 年间贵州省农村贫困发生率、贫困深度和贫困强度均有明显下降。但是，如果与城镇居民收入最低的 10%群体相比较，则显示贵州省农村的贫困程度仍然更深。朱晨以宁夏回族自治区固原县农村地区的实地调查研究为基础，考察了农村救助的反贫困功能，当地的社会救助政策起到缓解当地贫困农村居民的贫困压力，且当地农村居民对实施的政策也持肯定的态度，反贫困效果见效快，但起到的作用是有限的，教育的救助就仅仅限于义务教育与大学生的助学贷款，对当地部分贫困农村居民的教育救助比较少。何方方通过对新疆维吾尔自治区农村脱贫人口返贫根源的解析，深入研究现有减贫模式中无法回避的问题，提出构建"整村推进+农民专业合作社"的可持续减贫新模式，以整合政府在贫困地区投入的资源，通过合作社的发展提高农民的组织化程度，并持续提高农民的素质与能力，实现新疆维吾尔自治区减贫的战略目标。刘文华通过对甘肃省定西市的实地调查和文献分析，指出脱贫过程中面临的困境并提出建立政府主导和市场运行有机结合的反贫困机制。金璟、李永前、李雄平、张毅等著的《云南省农村扶贫开发模式研究》以云南省为研究对象，根据当地的地理布局、经济现状和贫困特点进行扶贫开发模式的研究。本书立足于云南省贫困地区特别是 4 个集中连片特困地区现有扶贫开发模式的归纳与经验的总结基础上，探索云南省农村扶贫开发的模式和特征；刘林《新疆贫困地区扶贫开发机制研究》著作详细介绍了国内外贫困成因和反贫困理论，深入研究了机制概念的起源、演进和应用，从而提出了机制研究的 FRP 研究框架，并以此为基础认为新疆维吾尔自治区贫困地区扶贫开发机制应该包括启动系、导向系、动力系等 4 个系统，进而围绕这 4 个子系统及其机制内部关联性展开了深入系统的研究。刘汉成、程水源所著《湖北省连片特困区扶贫开发战略研究》以构建和谐社会和科学发展观为指导，坚持理论与实际相结合、定性与定量分析相结合的原则，综合运用文献分析法、比较分析法、统计分析法等多种方法，全面回顾了近年来湖北省扶贫开发的总体部署、进展情况，总结了取得的成绩，揭示了存在的问题，并作了原因分析，在吸收借鉴国内外扶贫开发成功经验的基础上，提出了湖北省连片特困地区扶贫开发的战略思路、战略定位、战略目标、战略机制及战略措施。王朝新、宋明主编的《贵州农村扶贫开发蓝皮书：2013 年贵州农村扶贫开发报告》重点对贵州省扶贫开发工作进行全面监测分析、对实施重大扶贫开发项目进行跟踪调研和评估，总结探索扶贫开发的新路子、新模式、新机制和新策略，以利于贵州省更有效地抢抓国家新阶段扶贫开发的机遇，强化专项扶贫、行业扶贫和社会扶贫相结合，大力推进集团扶贫，积极构建“大扶贫”格局，推进贵州省扶贫开发工作再上新台阶。李瑞华著的《贫困与反贫困的经济学研究——以内蒙古为例》从经济学视角科学地界定了贫困和反贫困的内涵，构建了贫困与反贫困理论分析框架，以内蒙古自治区为例构建了贫困与反贫困评估指标体系及多级模糊综合评估模型，并对内蒙古自治区以往的反贫困效果和当下的贫困程度进行了评估，揭示出内蒙古自治区贫困的显著差异性与深化反贫困的艰巨性，提出一系列符合内蒙古自治区实际的、科学可行的反贫困对策建议。

## 六、扶贫脱贫的创新探索研究

伴随经济新常态，扶贫脱贫研究面临着新的机遇和挑战，扶贫脱贫创新也成为理论工作者和实践工作者的关注点，2014年的扶贫脱贫创新研究也取得了很多新成果。

绿色减贫新理念。张琦著的《中国绿色减贫指数报告（2014）》以绿色减贫为主题，首次将绿色发展和减贫融为一体，提出绿色减贫新理念，并在借鉴联合国人类发展指数、经济合作组织的绿色增长指标以及中国绿色发展指数等成果基础上，根据中国多维贫困特点，首次构建了中国绿色减贫指数（即4个一级指标27个二级指标组），并对全国连片特困地区绿色减贫指数进行了测度，进而进行了排名、比较和分析。认为绿色与减贫并非绝对矛盾，绿色减贫不仅必要，且有可操作性；提出了新时期绿色减贫对策是：积极探索绿色产业化、产业绿色化和生态资源交易市场等途径，完善生态补偿机制，加强区域联动协调，将绿色减贫纳入贫困县考核机制等。王国庆、杨玉锋基于宁夏回族自治区六盘山集中连片特困地区经济社会基本条件，围绕人与自然和谐相处，坚持绿色发展理念，创新性地构建宁夏六盘山集中连片特困地区的绿色发展路径，从而推动生态文明建设，为贫困地区经济社会发展开辟绿色路径。其表示，生态脆弱地区的扶贫开发，发展经济固然重要，但绝不能以生态环境的破坏为代价，而应该建立在充分保护和改善生态环境的基础上，探索一条生态环境保护与社会经济发展有机结合的绿色路径。张灵俐按照中国农牧区扶贫制度的变迁历程，指出生态移民是我国农牧区第四阶段反贫困制度变迁下的一种制度安排，是反贫困制度的创新，即生态环境恶化地区的人口通过易地搬迁，达到改善生态条件、增强产业技能、提高自我发展水平，彻底摆脱贫困的一种生态型扶贫制度。

低碳与生态扶贫。季曦、王小林提出“低碳扶贫”的概念，并在现有碳金融体系基础上探讨有利于实现“低碳扶贫”的碳金融框架，旨在推进发展中国家将应对气候变化和减贫两大战略结合起来，在应对气候变化中实现减贫，同时在减贫过程中发展低碳经济。特别结合我国的具体情况，构建促进我国实现“低碳扶贫”的碳金融政策和产业框架，从而开创我国“低碳扶贫”新局面。黄安胜提出了环境友好型科技扶贫方式，环境友好型科技扶贫是以生态文明观为指导，以科技为引领，通过选择有利于减少贫困地区环境污染和促进资源节约的技术、产业和项目，促进经济发展的同时，积极治理污染、保护资源，最大限度地减少扶贫对贫困地区资源环境的不利影响，促进贫困地区经济与资源环境的协调发展。侯东民编著的《西部生态移民跟踪调查述评：我国贫困带扶贫宜做战略性调整》吸取 21 世纪初生态移民工作的经验教训，近年西部生态移民方式有所调整。《西部生态移民跟踪调查述评：我国贫困带扶贫宜做战略性调整》根据西北 5 省生态移民跟踪调查，对西部生态移民现状、变革趋势，以及移民方式转换原因进行了分析、评价；针对存在的问题，从实现“外向转移西部贫困带人口压力”的国家战略角度，以及从进一步做好西部生态移民工作角度，提出政策性建议。

旅游扶贫。黄细嘉、陈志军等著作《旅游扶贫：江西的构想与实现途径》以江西省为例进行实证研究，针对江西省旅游扶贫存在的问题，对江西省旅游扶贫对象选择、战略构想、实现途径、绩效评价、监管措施等进行针对性研究，提出创建以红色旅游为主体的赣南国家旅游扶贫试验区构想。奥小平、郭潇潇所著的《山西省雁门关地区生态环境恢复与扶贫技术及管理模式》中以“构建改善生态环境与提高居民生活水平为目的的示范模式”为目标，选定代表雁门关地区不同自然条件的右玉县与娄烦县 2 个县，开始了 4 年的示范项目实施。并在项目结束后，在山西省类似地区进行了长达 5 年的大范围推广示范。齐子鹏从亲贫困增长视角审视我国乡村旅游经济的发展，发现我国部分乡村旅游地区存在亲富式增长倾向，而这种经济增长方式导致的收入分配不公正是近几年乡村旅游目的地出现上访、冲突、拦阻游客现象频发的根源所在。彭建著作《贵州石漠化片区经济社会发展与旅游减贫研究》以贵州省石漠化片区为研究对象，通过深入的实地调研，借助问卷调查、访谈、参与式观察等研究方法以及数理统计工具，全面分析贵州省喀斯特地区经济社会发展中的问题以及旅游业在区域减贫中的效应，为我国石漠化地区相关政策的制定提供科学依据。主要内容包括：贵州省石漠化片区资源与环境特征、经济社会发展现状与评价、贫困问题及其原因、旅游业发展及其减贫效应以及贵州省石漠化片区区域发展与反贫困策略。

## 七、其他研究

教育扶贫。在教育扶贫方面，王晓东等认为教育落后是山区贫困问题的根本原因，建议加大政府教育投入的力度；拓宽基层党组织的功能；利用高等学校的人才优势；发挥各社会团体的作用。此外对于高等教育、职业教育、思想政治教育等的研究也提出教育对于扶贫的重要性。王三秀编写的《教育反贫困：中国教育福利转型研究》重点反思和论述我国目前城乡教育福利在反贫困中存在的不足和缺失，提出和论述了在新反贫困形势下我国教育福利需要现实转型的必要性和迫切性。并深入论述了这一转型的理论依据，分析研究了中外教育福利转型的实践经验，着力探讨了教育福利转型的具体设想，主要包括转型的基本功能目标、具体内容及相关的制度设计等，从而形成了教育福利转型的相对完整的思路和理论建议。

少数民族地区扶贫脱贫研究。陈全功、程蹊著作的《少数民族山区长期贫困与发展型减贫政策研究》对全国少数民族山区的贫困状况及动态变化，以及各类减贫政策资源的资料进行汇总和归纳。赵曦著作的《西南边疆少数民族地区反贫困与社会稳定对策研究》以广西壮族自治区、云南省、西藏自治区三省区为主体的西南边疆少数民族地区进行了实地调查，分析了西南边疆少数民族地区发展的严峻态势与制约因素，探索建立完善的社会稳定机制，成果对实现各民族共同繁荣和边疆稳固、维护民族团结及国家安全具有重要意义。单德朋著作《民族地区贫困的测度与减贫因素的实证研究》从民族地区贫困测度的理论研究，及民族地区城市贫困测度、如何从经济增长、收入分配与民族地区贫困减缓及产业结构、劳动密集度与民族地区贫困减缓等方面对民族地区的贫困程度进行了深入的调查和细致的分析，并为民族地区如何脱贫提供了理论基础和实践方向。

城市贫困研究。城市贫困是我国扶贫开发不可忽视的问题。袁媛著作《中国城市贫困的空间分异研究》以城市贫困为主题，系统研究转型时期中国城市贫困空间分异特征、形成机制和反贫困地域政策。以广州市为例，通过问卷和调研相结合，得出转型时期中国城市贫困问题有明显的空间差异特征。本书以贫困人口类型划分，提出户籍和流动贫困人口的空间分布与演化存在分异：户籍贫困人口聚居区内部存在特征分异。从贫困程度看，以绝对贫困线度量的绝对贫困状况和以教育、住房等指标综合度量的相对贫困状况，存在空间分离与重合的不同模式。

扶贫脱贫与防灾减灾研究。灾害与贫困密切相关，研究防灾减灾对于扶贫脱贫必不可少。中国国际扶贫中心副主任黄承伟认为自然灾害已经成为影响我国巩固减贫成果和确保摆脱贫困人群进入稳定发展阶段的最重要因素之一。国内外理论和实践表明，扶贫开发效果的持续提高，需要把灾害管理与长期扶贫战略有机整合。黄承伟以汶川地震灾后贫困村恢复重建的实践及其理论总结为基础，阐述了灾害管理与长期扶贫战略整合的必然性，提出了灾害管理与长期扶贫战略整合的对策和路径，对于贫困山区和灾害多发区扶贫脱贫有很强的参考价值。覃志敏、陆汉文认为，研究发现，灾后恢复重建有效改善了贫困村农户生产生活条件，提升了他们的物质资本及人力资本水平；而住房等生产生活设施建设，加重了农户债务负担，使其金融资本恶化，脆弱性增加；迫于还债等压力，农户生计策略倾向于打工等投入少、回报周期短的生计方式，但贫困程度深的农户因缺乏知识、技能、市场信息等，工资性收入比例低，生计方式以种植粮食作物为主，增收困难。

附：2014年扶贫脱贫研究专著成果统计表

（北京师范大学中国扶贫研究中心
张 琦 冯丹萌 史志乐）

附

**2014年扶贫脱贫研究专著成果统计表**

| 序号 | 名称 | 作者 | 出版社 | 出版时间 |
|---|---|---|---|---|
| 1 | 灾后扶贫与社区治理 | 王卓 | 社会科学文献出版社 | 2014年1月1日 |
| 2 | 集中连片特困地区反贫困研究：以乌蒙山区为例 | 李俊杰等 | 科学出版社 | 2014年1月1日 |
| 3 | 湖北省连片特困区扶贫开发战略研究 | 刘汉成，程水源 | 中国经济出版社 | 2014年1月1日 |
| 4 | 甘肃县域经济综合竞争力评价（2014版）/甘肃蓝皮书 | 刘进军，柳民，曲玮，王福生 | 社会科学文献出版社 | 2014年1月1日 |
| 5 | 新疆贫困地区扶贫开发机制研究 | 刘林 | 经济科学出版社 | 2014年2月1日 |
| 6 | 微型金融机构社会扶贫功能研究：基于少数民族地区的数据和经验 | 熊芳 | 科学出版社 | 2014年2月1日 |
| 7 | 贫困与反贫困的经济学研究——以内蒙古为例 | 李瑞华 | 中央编译出版社 | 2014年3月1日 |
| 8 | 贵州石漠化片区经济社会发展与旅游减贫研究 | 彭建 | 中央民族大学出版社 | 2014年3月1日 |
| 9 | 中国城市贫困的空间分异研究 | 袁媛 | 科学出版社 | 2014年3月1日 |
| 10 | 少数民族山区长期贫困与发展型减贫政策研究 | 陈全功，程蹊 | 科学出版社 | 2014年4月1日 |
| 11 | 西部生态移民跟踪调查述评：我国贫困带扶贫宜做战略性调整 | 侯东民 | 中国环境出版社 | 2014年5月1日 |
| 12 | 以工代赈与缓解贫困 | 朱玲，蒋中一，陈昕 | 上海人民出版社，格致出版社 | 2014年5月1日 |
| 13 | 云南省农村扶贫开发模式研究 | 金璟，李永前，李雄平，张毅 | 西南财经大学出版社 | 2014年6月1日 |
| 14 | 贫困发展与文化（一个农村扶贫规划项目的人类学考察）/民族学人类学田野报告系列 | 张有春，张海洋 | 民族出版社 | 2014年6月1日 |
| 15 | 民族地区贫困的测度与减贫因素的实证研究 | 单德朋 | 经济科学出版社 | 2014年6月1日 |

续表

| 序号 | 名称 | 作者 | 出版社 | 出版时间 |
|---|---|---|---|---|
| 16 | 社会建设与扶贫开发新模式的探求 | 王春光，孙兆霞，曾芸等 | 社会科学文献出版社 | 2014年7月1日 |
| 17 | 第四只眼 | 孙兆霞，毛刚强，陈志永等 | 社会科学文献出版社 | 2014年7月 |
| 18 | 迈向全面小康-加快贫困地区脱贫致富研究 | 胡勇等 | 比较合众协力印刷有限公司 | 2014年7月 |
| 19 | 贵州农村扶贫开发蓝皮书：2013年贵州农村扶贫开发报告 | 王朝新，宋明 | 知识产权出版社 | 2014年8月1日 |
| 20 | 对口援疆与新疆贫困地区经济发展 | 韩林芝 | 冶金工业出版社 | 2014年8月1日 |
| 21 | 国际减贫理论与前沿问题 | 左常升 | 中国农业出版社 | 2014年9月1日 |
| 22 | 从贫困迈向小康：武陵山民族地区农村全面小康社会建设研究 | 吕学芳，肖映胜等 | 人民出版社 | 2014年9月1日 |
| 23 | 问道乡野：农村发展、制度创新与反贫困 | 王曙光 | 北京大学出版社 | 2014年10月1日 |
| 24 | 山西省雁门关地区生态环境恢复与扶贫技术及管理模式 | 奥小平，郭潇潇 | 中国林业出版社 | 2014年10月1日 |
| 25 | 中国反贫困发展报告（2014）：社会扶贫专题 | 华中师范大学，中国国际扶贫中心 | 华中科技大学出版社 | 2014年10月1日 |
| 26 | 农村科技扶贫实用技术 | 刘仁庆 | 中原农民出版社 | 2014年11月1日 |
| 27 | 财政扶贫绩效与脱贫致富战略 | 许正中，苑广睿等 | 中国财政经济出版社 | 2014年12月1日 |
| 28 | 旅游扶贫：江西的构想与实现途径 | 黄细嘉，陈志军等 | 人民出版社 | 2014年12月1日 |
| 29 | 大别山旅游扶贫开发研究 | 刘汉成，夏亚华 | 中国经济出版社 | 2014年11月1日 |
| 30 | 中国绿色减贫指数报告（2014）/经济学学术前沿书系 | 张琦 | 经济日报出版社 | 2014年11月1日 |
| 31 | 教育反贫困：中国教育福利转型研究 | 王三秀 | 人民出版社 | 2014年12月1日 |
| 32 | 西南边疆少数民族地区反贫困与社会稳定对策研究 | 赵曦 | 西南财经大学出版社 | 2014年12月1日 |
| 33 | 基本医疗保险制度的改革与反贫困研究 | 王飞跃 | 中国社会科学出版社 | 2014年12月1日 |
| 34 | 福利转型：城市贫困的治理实践与范式创新 | 许光 | 浙江大学出版社 | 2014年12月1日 |

注：按照出版时间排序。

九

# 扶贫数据篇

**表1　中国农村贫困人口数量**（按国家20世纪80年代标准，1978—2007年）

| 年份 | 乡村人口（万人） | 绝对贫困人口（万人） | 绝对贫困标准（元/人年） | 绝对贫困发生率（%） | 重点县绝对贫困发生率（%） | 重点贫困村绝对贫困发生率（%） |
|---|---|---|---|---|---|---|
| 1978 | 80320.0 | 25000 | 100 | 30.7 | | |
| 1979 | 80738.7 | | | | | |
| 1980 | 81096.0 | | | | | |
| 1981 | 81880.7 | | | | | |
| 1982 | 82798.9 | | | | | |
| 1983 | 83536.0 | | | | | |
| 1984 | 84300.5 | 12800 | 200 | 15.1 | | |
| 1985 | 84419.7 | 12500 | 206 | 14.8 | | |
| 1986 | 85007.2 | 13100 | 213 | 15.5 | | |
| 1987 | 85713.1 | 12200 | 227 | 14.3 | | |
| 1988 | 86725.0 | 9600 | 236 | 11.1 | | |
| 1989 | 87831.0 | 10200 | 259 | 12.1 | | |
| 1990 | 89590.3 | 8500 | 300 | 9.4 | | |
| 1991 | 90525.1 | 9400 | 304 | 10.4 | | |
| 1992 | 91154.4 | 8000 | 317 | 8.8 | | |
| 1993 | 91333.5 | 7500 | 350 | 8.2 | | |
| 1994 | 91526.2 | 7000 | 440 | 7.6 | 25.9 | |
| 1995 | 91674.6 | 6500 | 530 | 7.1 | | |
| 1996 | 91941.0 | 5800 | 580 | 6.3 | | |
| 1997 | 91524.7 | 5000 | 640 | 5.4 | 13.4 | |
| 1998 | 91960.1 | 4200 | 635 | 4.6 | 11.1 | |
| 1999 | 92216.3 | 3400 | 625 | 3.6 | 9.2 | |
| 2000 | 92819.7 | 3209 | 625 | 3.5 | 8.9 | |
| 2001 | 93382.9 | 2927 | 630 | 3.2 | 9.1 | 13.9 |
| 2002 | 93502.5 | 2820 | 627 | 3.0 | 8.8 | 12.8 |
| 2003 | 93750.6 | 2900 | 637 | 3.1 | 8.8 | 11.7 |
| 2004 | 94253.7 | 2610 | 668 | 2.8 | 8.1 | 10.6 |
| 2005 | 94907.5 | 2365 | 683 | 2.5 | 7.1 | 10.1 |
| 2006 | 93391.3 | 2148 | 693 | 2.3 | 6.3 | 8.8 |
| 2007 | 93913.0 | 1479 | 785 | 1.6 | 6.3 | 7.5 |

注：资料来源于国家统计局历年《统计年鉴》和《中国农村贫困监测报告》。乡村人口和绝对贫困人口均为年底统计数。

**表 2　中国农村贫困人口数量**

（分别按国家低收入标准、1196 元标准和 2300 元标准，2000-2014 年）

| 年份 | 低收入人口（万人） | 低收入贫困线（元/人年） | 低收入贫困发生率（%） | 重点县低收入贫困发生率（%） | 重点贫困村低收入贫困发生率（%） |
|---|---|---|---|---|---|
| 2000 | 6213. 8 | 865 | 6. 7 | — | — |
| 2001 | 6103 | 872 | 6. 6 | 19. 5 | 24. 3 |
| 2002 | 5825 | 869 | 6. 2 | 15. 5 | 20. 7 |
| 2003 | 5617 | 882 | 6 | 14. 8 | 17. 1 |
| 2004 | 4977 | 924 | 5. 3 | 13 | 14. 7 |
| 2005 | 4067 | 944 | 4. 3 | 11 | 13. 3 |
| 2006 | 3550 | 958 | 3. 7 | 9. 1 | 11. 7 |
| 2007 | 2841 | 1067 | 3 | 9. 1 | 10 |
| 2008 | 4007* | 1196 | 4. 2 | 11. 9 | 15. 9 |
| 2009 | 3597* | 1196 | 3. 8 | 10. 7 | — |
| 2010 | 2688* | 1274 | 2. 8 | 8. 3 | — |
| 2011 | 12238⋆ | 2536 | 12. 7 | 29. 2 | — |
| 2012 | 9899⋆ | 2625 | 10. 2 | 24. 4 | — |
| 2013 | 8249⋆ | 2736 | 8. 5 | 20. 2 | — |
| 2014 | 7017⋆ | 2800 | 7. 2 | 17. 5 | — |

注：①资料来源于国家统计局历年《统计年鉴》《中国农村贫困监测报告》和《农村贫困监测资料》。

②2001—2007 年低收入人口数不含绝对贫困标准以下人口数；“*”2008—2010 年按 1196 元扶贫标准计算，年际间按物价指数调整；“⋆”2010—2014 年按 2010 年 2300 元不变价计算，年际间按物价指数调整。

**表 3　2014 年全国各地区农村贫困人口变化情况**

| 地　区 | 贫困人口 | | | 贫困发生率 | |
|---|---|---|---|---|---|
| | 数量（万人） | 下降（万人） | 下降幅度（%） | 水平（%） | 下降（百分点） |
| 全　国 | 7017 | 1232 | 14.9 | 7.2 | 1.3 |
| 北　京 | 0 | — | — | 0 | 0 |
| 天　津 | 0 | — | — | 0 | 0 |
| 河　北 | 320 | 46 | 12.6 | 5.6 | 0.9 |
| 山　西 | 269 | 30 | 10.0 | 11.1 | 1.3 |
| 内蒙古 | 98 | 16 | 14.0 | 7.3 | 1.2 |
| 辽　宁 | 117 | 9 | 7.1 | 5.1 | 0.3 |
| 吉　林 | 81 | 8 | 9.0 | 5.4 | 0.5 |
| 黑龙江 | 96 | 15 | 13.5 | 5.1 | 0.8 |
| 上　海 | 0 | — | — | 0 | 0 |
| 江　苏 | 61 | 34 | 35.8 | 1.3 | 0.7 |
| 浙　江 | 45 | 27 | 37.5 | 1.1 | 0.8 |
| 安　徽 | 371 | 69 | 15.7 | 6.9 | 1.3 |
| 福　建 | 50 | 23 | 31.5 | 1.8 | 0.8 |
| 江　西 | 276 | 52 | 15.9 | 7.7 | 1.5 |
| 山　东 | 231 | 33 | 12.5 | 3.2 | 0.5 |
| 河　南 | 565 | 74 | 11.6 | 7.0 | 0.9 |
| 湖　北 | 271 | 52 | 16.1 | 6.6 | 1.4 |
| 湖　南 | 532 | 108 | 16.9 | 9.3 | 1.9 |
| 广　东 | 82 | 33 | 28.7 | 1.2 | 0.5 |
| 广　西 | 540 | 94 | 14.8 | 12.6 | 2.3 |
| 海　南 | 50 | 10 | 16.7 | 8.5 | 1.8 |
| 重　庆 | 119 | 20 | 14.4 | 5.3 | 0.7 |
| 四　川 | 509 | 93 | 15.4 | 7.3 | 1.3 |
| 贵　州 | 623 | 122 | 16.4 | 18.0 | 3.3 |
| 云　南 | 574 | 87 | 13.2 | 15.5 | 2.3 |
| 西　藏 | 61 | 11 | 15.3 | 23.7 | 5.1 |
| 陕　西 | 350 | 60 | 14.6 | 13.0 | 2.1 |
| 甘　肃 | 417 | 79 | 15.9 | 20.1 | 3.7 |
| 青　海 | 52 | 11 | 17.5 | 13.4 | 3.0 |
| 宁　夏 | 45 | 6 | 11.8 | 10.8 | 1.7 |
| 新　疆 | 212 | 10 | 4.5 | 18.6 | 1.2 |

注：资料来源于国家统计局《统计年鉴》《中国农村贫困监测报告》和《农村贫困监测资料》。

**表4　2014年全国农村贫困人口数量和贫困发生率（分省区市、重点县）**

| 地区 | 全国 | | | 重点县 | | | 重点县贫困人口占全国同类区域贫困人口的比重（%） |
|---|---|---|---|---|---|---|---|
| | 贫困人口（万人） | 占全国贫困人口的比重（%） | 贫困发生率（%） | 贫困人口（万人） | 占全国重点县贫困人口的比重（%） | 贫困发生率（%） | |
| 全　国 | 7017 | | 7.2 | 3649 | | 17.5 | 52.00 |
| 东　部 | 586 | 8.35 | | 0 | | | |
| 中　部 | 2831 | 40.34 | | 1486 | 40.72 | | 52.49 |
| 西　部 | 3600 | 51.30 | | 2163 | 59.28 | | 60.08 |
| 北　京 | 0 | 0.00 | 0 | | | | |
| 天　津 | 0 | 0.00 | 0 | | | | |
| 河　北 | 320 | 4.56 | 5.6 | 235 | 6.44 | 19.8 | 73.44 |
| 山　西 | 269 | 3.83 | 11.1 | 104 | 2.85 | 18.8 | 38.66 |
| 内蒙古 | 98 | 1.40 | 7.3 | 95 | 2.60 | 13.4 | 96.94 |
| 辽　宁 | 117 | 1.67 | 5.1 | | | | |
| 吉　林 | 81 | 1.15 | 5.4 | 14 | 0.38 | 12.9 | 17.28 |
| 黑龙江 | 96 | 1.37 | 5.1 | 73 | 2.00 | 21.7 | 76.04 |
| 上　海 | 0 | 0.00 | 0 | | | | |
| 江　苏 | 61 | 0.87 | 1.3 | | | | |
| 浙　江 | 45 | 0.64 | 1.1 | | | | |
| 安　徽 | 371 | 5.29 | 6.9 | 248 | 6.80 | 13 | 66.85 |
| 福　建 | 50 | 0.71 | 1.8 | | | | |
| 江　西 | 276 | 3.93 | 7.7 | 159 | 4.36 | 15.5 | 57.61 |
| 山　东 | 231 | 3.29 | 3.2 | | | | |
| 河　南 | 565 | 8.05 | 7 | 264 | 7.23 | 12.1 | 46.73 |
| 湖　北 | 271 | 3.86 | 6.6 | 169 | 4.63 | 14.8 | 62.36 |
| 湖　南 | 532 | 7.58 | 9.3 | 208 | 5.70 | 22.4 | 39.10 |
| 广　东 | 82 | 1.17 | 1.2 | | | | |
| 广　西 | 540 | 7.70 | 12.6 | 143 | 3.92 | 15.8 | 26.48 |
| 海　南 | 50 | 0.71 | 8.5 | 12 | 0.33 | 15.9 | 24.00 |
| 重　庆 | 119 | 1.70 | 5.3 | 83 | 2.27 | 9.7 | 69.75 |
| 四　川 | 509 | 7.25 | 7.3 | 236 | 6.47 | 17 | 46.37 |
| 贵　州 | 623 | 8.88 | 18 | 440 | 12.06 | 20.1 | 70.63 |
| 云　南 | 574 | 8.18 | 15.5 | 469 | 12.85 | 22.8 | 81.71 |
| 西　藏 | 61 | 0.87 | 23.7 | | | | |
| 陕　西 | 350 | 4.99 | 13 | 188 | 5.15 | 17.1 | 53.71 |
| 甘　肃 | 417 | 5.94 | 20.1 | 346 | 9.48 | 26.3 | 82.97 |
| 青　海 | 52 | 0.74 | 13.4 | 36 | 0.99 | 16.8 | 69.23 |
| 宁　夏 | 45 | 0.64 | 10.8 | 30 | 0.82 | 14.4 | 66.67 |
| 新　疆 | 212 | 3.02 | 18.6 | 97 | 2.66 | 19.5 | 45.75 |

注：①资料来源于国家统计局历年《统计年鉴》《中国农村贫困监测报告》和《农村贫困监测资料》。

②东部包含北京、天津、辽宁、上海、江苏、浙江、山东、广东、福建；中部包含黑龙江、吉林、河北、山西、河南、湖北、湖南、江西、安徽、海南；西部包含内蒙古、广西、重庆、四川、贵州、云南、西藏、陕西、甘肃、青海、宁夏、新疆；民族八省区是指内蒙古、广西、西藏、宁夏、新疆、贵州、云南、青海。

**表5 2014年连片特困地区贫困人口数量和贫困发生率**

| 片区名称 | 贫困人口 | | | 贫困发生率 | |
|---|---|---|---|---|---|
| | 数量（万人） | 比2013年下降（万人） | 下降幅度（%） | 水平（%） | 比2013年下降（百分点） |
| 全部片区 | 3518 | 623 | 15.0 | 17.1 | 2.9 |
| 1. 六盘山区 | 349 | 90 | 20.5 | 19.2 | 4.9 |
| 2. 秦巴山区 | 444 | 115 | 20.6 | 16.4 | 3.1 |
| 3. 武陵山区 | 475 | 68 | 12.5 | 16.9 | 1.1 |
| 4. 乌蒙山区 | 442 | 65 | 12.8 | 21. 5 | 3.7 |
| 5. 滇黔桂石漠化区 | 488 | 86 | 15.0 | 18.5 | 3.4 |
| 6. 滇西边境山区 | 240 | 34 | 12.4 | 19.1 | 1.4 |
| 7. 大兴安岭南麓山区 | 74 | 11 | 12.9 | 14.0 | 2.6 |
| 8. 燕山—太行山区 | 150 | 15 | 9.1 | 16.8 | 1.1 |
| 9. 吕梁山区 | 67 | 9 | 11.8 | 19.5 | 2.2 |
| 10. 大别山区 | 392 | 85 | 17.8 | 12.0 | 3.2 |
| 11. 罗霄山区 | 134 | 15 | 10.1 | 14.3 | 1.3 |
| 12. 西藏 | 61 | 11 | 15.3 | 23.7 | 5.1 |
| 13. 四省藏区 | 103 | 14 | 12.0 | 24.2 | 3.4 |
| 14. 新疆南疆三地州 | 99 | 5 | 4.8 | 18.8 | 1.2 |

注：资料来源于国家统计局《统计年鉴》《中国农村贫困监测报告》和《农村贫困监测资料》。

**表6　全国农民人均纯收入及相关情况（2001—2014年）**

| 年份 | 城镇居民人均可支配收入（元/人年） | 全国农民人均纯收入（元/人年） | 城镇居民人均可支配收入与农民人均纯收入之比 | 重点县农民人均纯收入（元/人年） | 城市恩格尔系数 | 农村恩格尔系数 |
|---|---|---|---|---|---|---|
| 2001 | 6859. 6 | 2366. 4 | 2. 90 | 1276 | 38. 2 | 47. 7 |
| 2002 | 7702. 8 | 2475. 6 | 3. 11 | 1305 | 37. 7 | 46. 2 |
| 2003 | 8472. 2 | 2622. 2 | 3. 23 | 1406 | 37. 1 | 45. 6 |
| 2004 | 9421．6 | 2936. 4 | 3. 21 | 1585 | 37. 7 | 47. 2 |
| 2005 | 10493. 0 | 3254. 9 | 3. 22 | 1726 | 36. 7 | 45. 5 |
| 2006 | 11759. 5 | 3587. 0 | 3. 28 | 1928 | 35. 8 | 43. 0 |
| 2007 | 13785. 8 | 4140. 4 | 3. 33 | 2278 | 36. 3 | 43. 1 |
| 2008 | 15780. 8 | 4760. 6 | 3. 31 | 2611 | 37. 9 | 43. 7 |
| 2009 | 17174. 7 | 5153. 2 | 3. 33 | 2842 | 36. 5 | 41. 0 |
| 2010 | 19109. 4 | 5919. 0 | 3. 23 | 3273 | 35. 7 | 41. 1 |
| 2011 | 21809. 8 | 6977. 3 | 3. 13 | 3985 | 36. 3 | 40. 4 |
| 2012 | 24564. 7 | 7916. 6 | 3. 10 | 4602 | 36. 2 | 39. 3 |
| 2013 | 26955. 0 | 8896. 0 | 3. 03 | 5389 | 35. 0 | 37. 7 |
| 2014 | 28843. 9 | 9892 | 2. 92 | 6088 | — | — |

注：资料来源于国家统计局历年《统计年鉴》《中国农村贫困监测报告》和《农村贫困监测资料》。

**表7　2014年贫困地区农村居民收入情况**

| 地　区 | 人均可支配收入（元） | 人均纯收入（元） | 增长（%） |
|---|---|---|---|
| 合　计 | 6852 | 6221 | 12.7 |
| 河　北 | 6886 | 6078 | 12.0 |
| 山　西 | 5430 | 5047 | 11.4 |
| 内蒙古 | 7375 | 6718 | 12.7 |
| 吉　林 | 6414 | 6268 | 10.6 |
| 黑龙江 | 6450 | 6574 | 9.4 |
| 安　徽 | 8062 | 7686 | 13.2 |
| 江　西 | 6830 | 5824 | 12.8 |
| 河　南 | 7983 | 7521 | 12.9 |
| 湖　北 | 7831 | 6425 | 12.3 |
| 湖　南 | 6461 | 5478 | 13.0 |
| 广　西 | 7044 | 6228 | 12.7 |
| 海　南 | 7449 | 7558 | 4.3 |
| 重　庆 | 8044 | 7945 | 12.8 |
| 四　川 | 7091 | 6301 | 12.9 |
| 贵　州 | 6381 | 6222 | 14.8 |
| 云　南 | 6314 | 6041 | 12.4 |
| 西　藏 | 7359 | 7387 | 12.3 |
| 陕　西 | 6963 | 6727 | 13.0 |
| 甘　肃 | 5106 | 4887 | 13.8 |
| 青　海 | 6209 | 5945 | 10.7 |
| 宁　夏 | 6555 | 5894 | 12.2 |
| 新　疆 | 6635 | 6176 | 10.8 |

注：①资料来源于国家统计局《统计年鉴》《中国农村贫困监测报告》和《农村贫困监测资料》。

②贫困地区包括集中连片特困地区和片区外的国家扶贫开发工作重点县，共832个县。其中，集中连片特困地区覆盖680个县，国家扶贫开发工作重点县共计592个，集中连片特困地区包含440个国家扶贫开发工作重点县。下同。

**表 8　2014 年贫困地区基础设施状况**

| 地　区 | 1. 通电的自然村比重（%） | 2. 通电话的自然村比重（%） | 3. 通有线电视信号的自然村比重（%） | 4. 通宽带的自然村比重（%） | 5. 主干道路面经过硬化处理的自然村比重（%） | 6. 通客运班车的自然村比重（%） | 7. 饮用水经过集中净化处理的自然村比重（%） | 8. 拥有畜禽集中饲养区的村比重（%） |
|---|---|---|---|---|---|---|---|---|
| 合　计 | 99.5 | 95.2 | 75.0 | 48.0 | 64.7 | 42.7 | 34.4 | 26.7 |
| 河　北 | 99.9 | 96.5 | 82.5 | 69.1 | 79.0 | 63.2 | 34.1 | 27.5 |
| 山　西 | 96.9 | 95.2 | 76.8 | 70.2 | 91.1 | 81.4 | 40.8 | 22.2 |
| 内蒙古 | 99.7 | 87.5 | 90.9 | 49.7 | 49.8 | 63.1 | 27.8 | 24.1 |
| 吉　林 | 99.8 | 99.9 | 99.5 | 84.9 | 95.2 | 70.1 | 81.7 | 20.8 |
| 黑龙江 | 98.9 | 94.3 | 94.7 | 75.5 | 75.7 | 67.0 | 20.0 | 17.6 |
| 安　徽 | 99.8 | 99.9 | 90.4 | 74.2 | 76.5 | 35.5 | 46.2 | 41.5 |
| 江　西 | 99.7 | 97.9 | 86.9 | 61.9 | 72.7 | 41.9 | 28.8 | 31.0 |
| 河　南 | 99.9 | 99.3 | 90.8 | 67.0 | 79.2 | 37.1 | 26.6 | 26.4 |
| 湖　北 | 99.8 | 93.7 | 70.6 | 49.2 | 63.7 | 40.4 | 25.8 | 23.3 |
| 湖　南 | 99.9 | 95.3 | 74.8 | 60.6 | 72.2 | 54.1 | 31.6 | 24.5 |
| 广　西 | 99.7 | 91.7 | 42.4 | 32.4 | 52.6 | 31.8 | 26.0 | 18.8 |
| 海　南 | 99.4 | 78.9 | 43.1 | 22.1 | 81.6 | 32.9 | 39.8 | 14.6 |
| 重　庆 | 99.9 | 96.5 | 96.3 | 39.3 | 39.7 | 28.5 | 20.6 | 33.3 |
| 四　川 | 97.3 | 94.3 | 63.3 | 21.4 | 57.1 | 30.4 | 25.9 | 22.8 |
| 贵　州 | 99.9 | 87.1 | 46.1 | 30.7 | 60.4 | 42.5 | 31.0 | 30.1 |
| 云　南 | 99.0 | 95.0 | 65.3 | 22.6 | 48.4 | 34.5 | 33.5 | 23.2 |
| 西　藏 | 87.8 | 86.7 | 75.8 | 7.2 | 51.6 | 28.9 | 11.5 | 4.7 |
| 陕　西 | 99.6 | 97.3 | 93.2 | 65.4 | 75.9 | 61.4 | 48.6 | 31.1 |
| 甘　肃 | 99.2 | 97.8 | 93.9 | 42.6 | 59.8 | 66.3 | 54.9 | 29.5 |
| 青　海 | 94.5 | 93.9 | 74.5 | 47.9 | 90.1 | 72.8 | 45.1 | 22.5 |
| 宁　夏 | 99.4 | 94.0 | 100.0 | 27.5 | 69.0 | 71.9 | 68.1 | 44.9 |
| 新　疆 | 99.3 | 98.1 | 72.7 | 49.7 | 90.8 | 86.8 | 86.5 | 8.0 |

注：资料来源于国家统计局《统计年鉴》《中国农村贫困监测报告》和《农村贫困监测资料》。

**表9　2014年贫困地区文化教育卫生情况**

| 地　区 | 1. 有文化活动室的村比重（%） | 2. 有卫生站（室）的村比重（%） | 3. 拥有合法行医证医生/卫生员的村比重（%） | 4. 有幼儿园或学前班的村比重（%） | 5. 有小学且就学便利的村比重（%） |
|---|---|---|---|---|---|
| 合　计 | 81.5 | 94.1 | 90.9 | 54.7 | 61.4 |
| 河　北 | 72.4 | 97.7 | 95.9 | 65.5 | 53.4 |
| 山　西 | 76.2 | 93.2 | 88.1 | 42.4 | 41.5 |
| 内蒙古 | 64.8 | 89.2 | 91.1 | 35.9 | 23.2 |
| 吉　林 | 90.5 | 78.6 | 78.5 | 32.9 | 29.8 |
| 黑龙江 | 73.4 | 91.7 | 98.5 | 31.9 | 35.5 |
| 安　徽 | 86.8 | 99.5 | 99.5 | 63.9 | 80.7 |
| 江　西 | 80.1 | 97.8 | 95.6 | 62.9 | 73.6 |
| 河　南 | 80.9 | 99.6 | 99.8 | 77.7 | 84.6 |
| 湖　北 | 79.4 | 94.1 | 93.0 | 43.8 | 45.2 |
| 湖　南 | 89.8 | 87.8 | 84.7 | 44.0 | 42.6 |
| 广　西 | 73.8 | 97.5 | 89.1 | 68.9 | 82.0 |
| 海　南 | 69.5 | 81.0 | 64.7 | 25.0 | 44.0 |
| 重　庆 | 92.4 | 97.6 | 97.0 | 42.8 | 44.4 |
| 四　川 | 80.6 | 86.5 | 77.8 | 42.4 | 40.8 |
| 贵　州 | 74.9 | 95.2 | 85.9 | 54.3 | 68.2 |
| 云　南 | 86.8 | 96.2 | 94.7 | 59.6 | 78.9 |
| 西　藏 | 97.6 | 64.6 | 68.8 | 30.0 | 21.0 |
| 陕　西 | 84.2 | 94.9 | 89.4 | 41.6 | 38.8 |
| 甘　肃 | 84.4 | 90.5 | 88.7 | 50.0 | 72.0 |
| 青　海 | 71.8 | 86.8 | 83.1 | 38.3 | 43.6 |
| 宁　夏 | 89.5 | 99.2 | 99.0 | 38.8 | 78.0 |
| 新　疆 | 88.6 | 80.5 | 66.8 | 74.9 | 77.0 |

注：资料来源于国家统计局《统计年鉴》《中国农村贫困监测报告》和《农村贫困监测资料》。

**表10　2014年连片特困地区基础设施状况**

| 片区名称 | 1. 通电的自然村比重（%） | 2. 通电话的自然村比重（%） | 3. 通有线电视信号的自然村比重（%） | 4. 通宽带的自然村比重（%） | 5. 主干道路面经过硬化处理的自然村比重（%） | 6. 通客运班车的自然村比重（%） | 7. 饮用水经过集中净化处理的自然村比重（%） | 8. 拥有畜禽集中饲养区的村比重（%） |
|---|---|---|---|---|---|---|---|---|
| 全部片区 | 99.5 | 95.1 | 72.6 | 44.4 | 62.8 | 42.0 | 34.5 | 26.7 |
| 1. 六盘山区 | 99.3 | 97.7 | 94.0 | 43.8 | 64.9 | 70.0 | 58.0 | 30.4 |
| 2. 秦巴山区 | 99.6 | 95.7 | 80.3 | 46.4 | 62.2 | 39.0 | 30.9 | 29.4 |
| 3. 武陵山区 | 99.9 | 94.9 | 66.8 | 43.8 | 61.3 | 44.0 | 29.1 | 26.8 |
| 4. 乌蒙山区 | 98.7 | 90.5 | 54.3 | 21.1 | 47.8 | 40.5 | 27.6 | 21.9 |
| 5. 滇黔桂石漠化区 | 99.8 | 91.2 | 48.9 | 27.8 | 55.8 | 35.7 | 31.8 | 25.8 |
| 6. 滇西边境山区 | 99.4 | 96.2 | 68.4 | 30.9 | 49.8 | 33.5 | 40.0 | 19.6 |
| 7. 大兴安岭南麓山区 | 99.3 | 94.4 | 94.0 | 68.8 | 78.8 | 66.8 | 24.7 | 24.7 |
| 8. 燕山—太行山区 | 99.7 | 96.1 | 79.7 | 61.1 | 72.5 | 60.6 | 25.0 | 36.0 |
| 9. 吕梁山区 | 98.8 | 94.4 | 84.2 | 51.3 | 83.9 | 64.4 | 33.4 | 17.1 |
| 10. 大别山区 | 99.9 | 98.6 | 89.4 | 65.9 | 75.6 | 34.7 | 38.5 | 30.5 |
| 11. 罗霄山区 | 99.9 | 97.4 | 81.9 | 63.7 | 70.5 | 46.5 | 25.9 | 34.4 |
| 12. 西藏区 | 87.8 | 86.7 | 75.8 | 7.2 | 51.6 | 28.9 | 11.5 | 4.7 |
| 13. 四省藏区 | 90.7 | 90.9 | 58.5 | 19.0 | 55.4 | 38.7 | 23.1 | 26.1 |
| 14. 新疆南疆三地州 | 95.4 | 95.4 | 70.0 | 50.1 | 87.8 | 86.8 | 87.3 | 2.8 |

注：资料来源于国家统计局《统计年鉴》《中国农村贫困监测报告》和《农村贫困监测资料》。

**表 11　2014 年连片特困地区文化教育卫生情况**

| 片区名称 | 1. 有文化活动室的村比重（%） | 2. 有卫生站（室）的村比重（%） | 3. 拥有合法行医证医生/卫生员的村比重（%） | 4. 有幼儿园或学前班的村比重（%） | 5. 有小学且就学便利的村比重（%） |
|---|---|---|---|---|---|
| 全部片区 | 82.4 | 93.4 | 90.3 | 55.4 | 63.7 |
| 1. 六盘山区 | 83.6 | 94.1 | 90.3 | 49.7 | 72.1 |
| 2. 秦巴山区 | 83.7 | 94.0 | 90.0 | 51.3 | 53.1 |
| 3. 武陵山区 | 85.6 | 89.8 | 87.3 | 43.3 | 49.2 |
| 4. 乌蒙山区 | 75.2 | 90.5 | 86.0 | 54.6 | 71.1 |
| 5. 滇黔桂石漠化区 | 77.9 | 96.2 | 87.5 | 62.7 | 74.9 |
| 6. 滇西边境山区 | 87.1 | 97.2 | 95.7 | 60.9 | 77.6 |
| 7. 大兴安岭南麓山区 | 81.2 | 86.1 | 95.9 | 35.9 | 35.9 |
| 8. 燕山—太行山区 | 74.5 | 97.0 | 96.6 | 58.5 | 45.2 |
| 9. 吕梁山区 | 62.7 | 92.3 | 77.1 | 37.7 | 39.5 |
| 10. 大别山区 | 84.9 | 99.0 | 99.2 | 68.1 | 77.4 |
| 11. 罗霄山区 | 88.4 | 96.3 | 94.8 | 71.0 | 77.3 |
| 12. 西藏区 | 97.6 | 64.6 | 68.8 | 30.0 | 21.0 |
| 13. 四省藏区 | 86.2 | 74.2 | 76.5 | 26.0 | 29.7 |
| 14. 新疆南疆三地州 | 87.2 | 78.5 | 63.9 | 74.9 | 78.1 |

注：资料来源于国家统计局《统计年鉴》《中国农村贫困监测报告》和《农村贫困监测资料》。

**表 12　2014 年扶贫重点县基础设施状况**

| 地　区 | 1. 通电的自然村比重（%） | 2. 通电话的自然村比重（%） | 3. 通有线电视信号的自然村比重（%） | 4. 通宽带的自然村比重（%） | 5. 主干道路面经过硬化处理的自然村比重（%） | 6. 通客运班车的自然村比重（%） | 7. 饮用水经过集中净化处理的自然村比重（%） | 8. 拥有畜禽集中饲养区的村比重（%） |
|---|---|---|---|---|---|---|---|---|
| 合　计 | 99.5 | 95.0 | 74.6 | 46.9 | 63.5 | 42.0 | 34.3 | 27.2 |
| 河　北 | 99.9 | 96.6 | 85.2 | 69.6 | 81.1 | 66.7 | 35.9 | 27.5 |
| 山　西 | 96.8 | 95.1 | 76.5 | 69.8 | 90.8 | 80.9 | 40.3 | 22.5 |
| 内蒙古 | 99.7 | 87.5 | 90.9 | 49.7 | 49.8 | 63.1 | 27.8 | 24.1 |
| 吉　林 | 99.8 | 99.9 | 99.5 | 84.9 | 95.2 | 70.1 | 81.7 | 20.8 |
| 黑龙江 | 99.3 | 94.5 | 99.4 | 81.0 | 70.9 | 67.4 | 25.3 | 15.2 |
| 安　徽 | 99.9 | 99.9 | 90.2 | 73.7 | 76.3 | 35.7 | 45.3 | 41.5 |
| 江　西 | 99.9 | 97.8 | 89.4 | 58.3 | 73.4 | 41.4 | 29.0 | 29.3 |
| 河　南 | 99.9 | 99.1 | 89.7 | 67.1 | 79.9 | 38.2 | 27.5 | 28.4 |
| 湖　北 | 99.7 | 93.4 | 70.3 | 48.1 | 62.9 | 40.4 | 25.4 | 22.5 |
| 湖　南 | 99.8 | 94.8 | 68.6 | 57.7 | 64.2 | 56.1 | 31.0 | 18.1 |
| 广　西 | 99.8 | 91.4 | 41.8 | 32.2 | 51.9 | 30.3 | 25.2 | 21.1 |
| 海　南 | 99.4 | 78.9 | 43.1 | 22.1 | 81.6 | 32.9 | 39.8 | 14.6 |
| 重　庆 | 99.9 | 96.5 | 96.3 | 39.3 | 39.7 | 28.5 | 20.6 | 33.3 |
| 四　川 | 97.0 | 94.0 | 63.3 | 20.9 | 55.7 | 30.3 | 26.8 | 21.5 |
| 贵　州 | 99.8 | 85.8 | 45.8 | 30.2 | 61.6 | 41.9 | 27.5 | 32.7 |
| 云　南 | 99.3 | 94.9 | 63.7 | 20.1 | 45.9 | 34.4 | 33.1 | 22.5 |
| 陕　西 | 99.6 | 97.0 | 92.7 | 62.5 | 73.7 | 58.8 | 46.5 | 31.2 |
| 甘　肃 | 99.9 | 98.4 | 96.1 | 37.8 | 56.8 | 65.3 | 52.3 | 30.0 |
| 青　海 | 93.9 | 91.7 | 85.7 | 55.6 | 91.2 | 71.2 | 55.9 | 19.0 |
| 宁　夏 | 99.4 | 94.0 | 100.0 | 27.5 | 69.0 | 71.9 | 68.1 | 44.9 |
| 新　疆 | 99.6 | 97.9 | 70.0 | 49.5 | 91.5 | 84.2 | 85.1 | 8.8 |

注：资料来源于国家统计局《统计年鉴》《中国农村贫困监测报告》和《农村贫困监测资料》。

## 表 13　2014 年扶贫重点县文化教育卫生情况

| 地　区 | 1. 有文化活动室的村比重（%） | 2. 有卫生站（室）的村比重（%） | 3. 拥有合法行医证医生/卫生员的村比重（%） | 4. 有幼儿园或学前班的村比重（%） | 5. 有小学且就学便利的村比重（%） |
|---|---|---|---|---|---|
| 合　计 | 80. 9 | 94. 5 | 91. 1 | 54. 7 | 62. 2 |
| 河　北 | 73. 1 | 97. 2 | 95. 0 | 65. 9 | 56. 7 |
| 山　西 | 75. 2 | 92. 9 | 89. 4 | 42. 4 | 40. 7 |
| 内蒙古 | 64. 8 | 89. 2 | 91. 1 | 35. 9 | 23. 2 |
| 吉　林 | 90. 5 | 78. 6 | 78. 5 | 32. 9 | 29. 8 |
| 黑龙江 | 68. 4 | 93. 4 | 97. 7 | 30. 1 | 32. 5 |
| 安　徽 | 86. 4 | 100. 0 | 99. 5 | 62. 9 | 80. 2 |
| 江　西 | 79. 7 | 97. 4 | 94. 9 | 60. 6 | 70. 9 |
| 河　南 | 82. 5 | 99. 5 | 99. 7 | 77. 6 | 83. 3 |
| 湖　北 | 78. 3 | 93. 9 | 92. 5 | 45. 9 | 48. 1 |
| 湖　南 | 90. 0 | 92. 6 | 89. 6 | 44. 1 | 46. 7 |
| 广　西 | 73. 7 | 98. 2 | 88. 6 | 72. 5 | 83. 6 |
| 海　南 | 69. 5 | 81. 0 | 64. 7 | 25. 0 | 44. 0 |
| 重　庆 | 92. 4 | 97. 6 | 97. 0 | 42. 8 | 44. 4 |
| 四　川 | 77. 5 | 85. 6 | 82. 3 | 40. 3 | 39. 2 |
| 贵　州 | 75. 9 | 95. 2 | 83. 5 | 54. 3 | 69. 1 |
| 云　南 | 86. 6 | 95. 7 | 93. 9 | 58. 7 | 79. 6 |
| 陕　西 | 82. 7 | 94. 7 | 87. 5 | 40. 5 | 40. 8 |
| 甘　肃 | 82. 2 | 89. 2 | 87. 3 | 47. 4 | 69. 4 |
| 青　海 | 75. 7 | 86. 7 | 80. 7 | 37. 1 | 44. 0 |
| 宁　夏 | 89. 5 | 99. 2 | 99. 0 | 38. 8 | 78. 0 |
| 新　疆 | 87. 4 | 81. 9 | 66. 7 | 78. 8 | 79. 2 |

注：资料来源于国家统计局《统计年鉴》《中国农村贫困监测报告》和《农村贫困监测资料》。

## 表14 中央扶贫资金历年投入情况（1980—2014年）

单位：亿元

| 年份 | 财政专项扶贫资金合计 | 其中 | | | | | | 扶贫贷款计划发放 | 其中 | | | 扶贫贷款实际发放数 |
|---|---|---|---|---|---|---|---|---|---|---|---|---|
| | | 发展资金 | 以工代赈资金 | 少数民族发展资金 | 三西资金 | 扶贫贷款贴息资金 | 其他 | | 到户贷款计划 | 项目贷款计划 | 康复扶贫贷款 | |
| 1980 | 8 | 8.00 | | | | | | | | | | |
| 1981 | 8 | 8.00 | | | | | | | | | | |
| 1982 | 8 | 8.00 | | | | | | | | | | |
| 1983 | 10 | 8.00 | | | 2 | | | | | | | |
| 1984 | 10 | 8.00 | | | 2 | | | 13 | | | | |
| 1985 | 19 | 8.00 | 9 | | 2 | | | 13 | | | | |
| 1986 | 19 | 8.00 | 9 | | 2 | | | 23 | | | | |
| 1987 | 19 | 8.00 | 9 | | 2 | | | 23 | | | | |
| 1988 | 10 | 8.00 | | | 2 | | | 30.5 | | | | |
| 1989 | 11 | 8.00 | 1 | | 2 | | | 30.5 | | | | |
| 1990 | 16 | 8.00 | 6 | | 2 | | | 30.5 | | | | |
| 1991 | 28 | 8.00 | 18 | | 2 | | | 35.5 | | | | |
| 1992 | 26.60 | 8.00 | 16 | 0.6 | 2 | | | 41 | | | 0.04 | |
| 1993 | 41.2 | 8.00 | 30 | 1.2 | 2 | | | 35 | | | 1 | |
| 1994 | 52.35 | 8.55 | 40 | 1.8 | 2 | | | 45.5 | | | | |
| 1995 | 53 | 8.60 | 40 | 2.4 | 2 | | | 45.5 | | | | |
| 1996 | 53 | 8.00 | 40 | 3 | 2 | | | 55 | | | 2 | |
| 1997 | 68.15 | 23.15 | 40 | 3 | 2 | | | 85 | | | 2 | |
| 1998 | 73.15 | 28.15 | 40 | 3 | 2 | | | 100 | | | 5 | |
| 1999 | 78.15 | 33.15 | 40 | 3 | 2 | | | 150 | | | 8 | |
| 2000 | 88.15 | 43.15 | 40 | 3 | 2 | | | 150 | | | 8 | |
| 2001 | 100.02 | 47.15 | 40 | 3.5 | 2 | 5.40 | 1.97 | 185 | | | 8 | |
| 2002 | 106.02 | 51.65 | 40 | 4 | 2 | 5.45 | 2.92 | 185 | | | 8 | |
| 2003 | 114.02 | 59.65 | 40 | 4 | 2 | 5.3 | 3.07 | 185 | | | 8 | |
| 2004 | 122.01 | 65.52 | 40 | 4.5 | 2 | 6.30 | 3.69 | 185 | 4.125 | | 8 | |
| 2005 | 129.93 | 73.72 | 40 | 5.2 | 2 | 5.3 | 3.71 | 90 | 20 | | 8 | |
| 2006 | 137.01 | 80.12 | 40 | 5.7 | 2 | 5.3 | 3.89 | 141.61 | 59.2 | 75.17 | 7.24 | |
| 2007 | 144.04 | 85.45 | 40 | 6.7 | 2 | 5.3 | 4.59 | 124.48 | 59.2 | 57.28 | 8 | |
| 2008 | 167.34 | 104.46 | 40 | 9.5 | 2 | 5.3 | 6.08 | 141.33 | 50 | 83.33 | 8 | 214.32 |
| 2009 | 197.30 | 129.13 | 40 | 12.4 | 3 | 5.3 | 7.47 | 141.33 | 50 | 83.33 | 8 | 259.96 |
| 2010 | 222.68 | 151.26 | 40 | 15.39 | 3 | 5.3 | 7.73 | 141.33 | 50 | 83.33 | 8 | 436.30 |
| 2011 | 272.00 | 192.98 | 40 | 20.06 | 3 | 5.6 | 10.36 | 143.62 | 50 | 83.33 | 10.29 | 453.90 |
| 2012 | 332.05 | 241.28 | 42 | 28.3673 | 3 | 5.6 | 11.80 | 143.62 | 50 | 83.33 | 10.29 | 538.00 |
| 2013 | 394.00 | 290.13 | 42.2 | 36.8995 | 3 | 5.6 | 16.17 | 143.62 | 50 | 83.33 | 10.29 | 839.10 |
| 2014 | 432.87 | 338.91 | 42.2 | 40.5895 | 3 | — | 8.17 | — | — | — | — | |
| 总计 | 3571.03 | 2176.17 | 944.40 | 217.81 | 70.00 | 71.04 | 91.62 | 2856.94 | 442.53 | 632.43 | 136.14 | 2741.58 |

注：①财政专项扶贫资金中，2000年以前的数据中不含扶贫贷款贴息资金、国有贫困农场、国有贫困林场资金等专项资金，2001年以后含上述资金。

②以工代赈资金中未含国债安排的以工代赈。

③扶贫贷款均为计划数。2005年贷款计划中，包括农行发放70亿元，到户贷款计划20亿元；2006年贷款计划中，包括农行发放69.06亿元，到户贷款计划59.2亿元，项目贷款贴息下放到省（区）试点23.45亿元（由农行预下计划10.1亿元）；2007年贷款计划中，包括农行发放44亿元，到户贷款计划59.2亿元，项目贷款贴息下放到省试点21.28亿元；2008年全面改革扶贫贷款管理体制后，将扶贫贷款及贴息资金管理权限下放到省（区），各省（区）可视扶贫贴息贷款需求，从中央和省级财政扶贫资金中安排贴息资金，引导承办银行扩大扶贫贴息贷款投放，发放额度大幅增加，故增加了“扶贫贷款实际发放数”一栏。从2014年起，不再单独安排扶贫贷款贴息资金，将其统一列入发展资金中按因素法分配切块下达地方，由地方自主安排。

**表 15　2014 年扶贫部门易地扶贫搬迁实施情况统计表**

| 省份 | 搬迁人口 | | 资金投入（亿元） | | | | |
|---|---|---|---|---|---|---|---|
| | 户 | 人 | 总额 | 其中 | | | |
| | | | | 中央财政专项扶贫资金 | 省级财政专项扶贫资金 | 整合部门资金 | 群众自筹资金 |
| 全　国 | 28.96 | 113.27 | 377.36 | 24.83 | 42.63 | 56.46 | 253.44 |
| 河　北 | 0.17 | 0.64 | 2.85 | 0.00 | 0.40 | 0.37 | 2.08 |
| 山　西 | 3.06 | 10.00 | 33.19 | 2.50 | 3.69 | 5.00 | 22.00 |
| 内蒙古 | 0.00 | 0.00 | 0.00 | 0.00 | 0.00 | 0.00 | 0.00 |
| 辽　宁 | 0.32 | 0.97 | 7.08 | 0.00 | 0.90 | 0.00 | 6.18 |
| 吉　林 | — | — | — | — | — | — | — |
| 黑龙江 | — | — | — | — | — | — | — |
| 江　苏 | — | — | — | — | — | — | — |
| 浙　江 | 1.70 | 6.00 | 13.08 | 0.00 | 5.04 | 3.00 | 5.04 |
| 安　徽 | — | — | — | — | — | — | — |
| 福　建 | 5.02 | 21.46 | 8.08 | 0.00 | 7.38 | 0.70 | 0.00 |
| 江　西 | 1.86 | 8.00 | 4.41 | 2.94 | 0.84 | 0.23 | 0.40 |
| 山　东 | — | — | — | — | — | — | — |
| 河　南 | 1.37 | 6.17 | 19.28 | 2.20 | 1.50 | 4.09 | 11.49 |
| 湖　北 | 1.09 | 4.17 | 4.82 | 0.99 | 0.20 | 0.89 | 2.75 |
| 湖　南 | 0.66 | 2.30 | 1.51 | 1.38 | 0.13 | 0.00 | 0.00 |
| 广　东 | 1.29 | 4.44 | 11.06 | 0.00 | 3.77 | 0.00 | 7.28 |
| 广　西 | — | — | — | — | — | — | — |
| 海　南 | — | — | — | — | — | — | — |
| 重　庆 | 1.49 | 5.23 | 16.64 | 1.77 | 2.40 | 4.14 | 8.33 |
| 四　川 | — | — | — | — | — | — | — |
| 贵　州 | 1.52 | 6.67 | 12.67 | 4.00 | 0.00 | 4.00 | 4.67 |
| 云　南 | 0.58 | 2.42 | 8.35 | 1.44 | 0.46 | 3.73 | 2.72 |
| 西　藏 | 0.16 | 0.75 | 0.58 | 0.30 | 0.15 | 0.13 | 0.00 |
| 陕　西 | 5.43 | 19.56 | 190.57 | 0.00 | 11.73 | 17.84 | 161.00 |
| 甘　肃 | — | — | — | — | — | — | — |
| 青　海 | 1.36 | 6.28 | 16.81 | 0.78 | 3.80 | 1.00 | 11.23 |
| 宁　夏 | 1.60 | 7.12 | 20.19 | 6.00 | 0.00 | 10.19 | 4.00 |
| 新　疆 | 0.29 | 1.10 | 6.19 | 0.53 | 0.22 | 1.16 | 4.27 |

（以上数据由国务院扶贫办规划财务司提供）

**表16　中央、国家机关和有关单位定点扶贫情况统计表（2002—2014年）**

| 年份 | 参与单位数（个） | 帮扶重点县数（个） | 挂职干部数量（人） | | 赴定点县考察（人次） | | 本单位直接投入（含无偿和有偿资金）（万元） | | | 引进各类资金（含无偿和有偿）（万元） | 培训情况 | | 资助贫困学生（人） |
|---|---|---|---|---|---|---|---|---|---|---|---|---|---|
| | | | 合计 | 处级 | 合计 | 单位领导 | 合计 | 资金 | 物资折款 | | 举办培训班（期） | 培训人员（人次） | |
| 2002 | 272 | 481 | 298 | 179 | 1774 | 103 | 84583 | 80958 | 3625 | 129602 | 823 | 102123 | 31227 |
| 2003 | 272 | 481 | 487 | 323 | 4741 | 348 | 70104 | 64203 | 5901 | 313386 | 1780 | 188623 | 41086 |
| 2004 | 272 | 481 | 564 | 345 | 5296 | 254 | 70821 | 65231 | 5590 | 184342 | 1185 | 192882 | 48538 |
| 2005 | 272 | 481 | 349 | 235 | 4317 | 187 | 84754 | 75319 | 9435 | 157265 | 1274 | 109436 | 34137 |
| 2006 | 272 | 481 | 396 | 254 | 4925 | 327 | 66415 | 55952 | 10463 | 674861 | 1546 | 203670 | 34313 |
| 2007 | 272 | 481 | 299 | 196 | 5799 | 153 | 121289 | 116126 | 5163 | 672297 | 1587 | 188601 | 28794 |
| 2008 | 272 | 481 | 361 | 212 | 4921 | 114 | 152257 | 117244 | 35013 | 332985 | 1317 | 247694 | 32199 |
| 2009 | 272 | 481 | 390 | 236 | 5942 | 245 | 110359 | 105648 | 4710 | 310662 | 2311 | 251963 | 27102 |
| 2010 | 272 | 481 | 415 | 263 | 6552 | 178 | 148381 | 137824 | 10557 | 615157 | 1338 | 199064 | 36554 |
| 2011 | 247 | 447 | 404 | 237 | 6873 | 189 | 153734 | 140193 | 8193 | 505486 | 1614 | 148907 | 21211 |
| 2012 | 310 | 592 | 357 | 232 | 3695 | 188 | 190230 | 175768 | 7928 | 903387 | 764 | 96321 | 39988 |
| 2013 | 310 | 592 | 451 | 308 | 6162 | 417 | 208217 | 198656 | 9991 | 538539 | 1267 | 115770 | 64496 |
| 2014 | 310 | 592 | 458 | 327 | 5953 | 462 | 302704 | 289587 | 8843 | 2186918 | 1301 | 104788 | 74458 |
| 合计 | — | — | 5229 | 3347 | 66950 | 3165 | 1763848 | 1622708 | 125413 | 7524887 | 18107 | 2149842 | 514103 |

注：2012年开始部署新一轮中央单位定点扶贫工作。因国务院机构改革和央企合并重组，2014年年底，参加定点扶贫的单位减少到302个，帮扶全国592个国家扶贫开发工作重点县。

**表 17　东西扶贫协作统计表（2011—2014 年）**

| 指　　标 | 计量单位 | 2011 年 | 2012 年 | 2013 年 | 2014 年 |
|---|---|---|---|---|---|
| 一、政府援助 | | | | | |
| 1. 援助资金 | 万元 | 84026 | 88220 | 118058 | 133769 |
| 2. 援建项目 | | | | | |
| 其中：2.1 学校 | 所 | 147 | | 107 | 718 |
| 资助贫困学生 | 人次 | 22080 | 13305 | 5130 | 11738 |
| 2.2 卫生院、所 | 所 | 80 | 66 | 38 | 36 |
| 二、企业协作 | | | | | |
| 1. 协作企业 | 个 | 267 | 454 | 311 | 427 |
| 2. 实施合作项目 | 个 | 375 | 387 | 2499 | 2248 |
| 3. 引导企业实际投资 | 万元 | 6482992 | 23363121 | 34002984 | 31313348 |
| 4. 吸收就业 | 人 | 49314 | 21703 | 16636 | 13806 |
| 5. 实现税收 | 万元 | 16466 | 24594 | 12348 | 6541 |
| 三、社会帮扶 | 万元 | 10557 | 16240 | 15043 | 10734 |
| 1. 捐款 | 万元 | 5999 | 11942 | 8486 | 7058 |
| 2. 赠物折款 | 万元 | 4558 | 4298 | 6558 | 3675 |
| 3. 东部到西部志愿者 | 人次 | 288 | 553 | 111 | 478 |
| 四、领导考察互访 | 人次 | 7364 | 8580 | 4593 | 5528 |
| 1. 东部地区到西部地区 | 人次 | 4418 | 4364 | 2413 | 3023 |
| 其中：省级 | 人次 | 92 | 63 | 50 | 40 |
| 2. 西部地区到东部地区 | 人次 | 2928 | 4216 | 2180 | 2505 |
| 其中：省级 | 人次 | 46 | 68 | 53 | 22 |
| 五、人才交流 | | | | | |
| 1. 党政干部交流 | 人次 | 354 | 361 | 341 | 404 |
| 2. 专业技术人才交流（含教师、医生、农业技术） | 人次 | 1035 | 1266 | 1148 | 1534 |
| 六、人员培训 | | | | | |
| 1. 举办培训班 | 期 | 3249 | 498 | 488 | 403 |
| 2. 培训人数 | 人次 | 454933 | 330562 | 35709 | 35662 |
| 七、输出（引进）技术 | 项 | 32 | 18 | 7 | 14 |
| 八、劳务合作 | | | | | |
| 1. 输出劳务 | 人 | 284662 | 1215200 | 212412 | 258543 |
| 2. 劳务收入 | 万元 | 406342 | 1427267 | 358801 | 492195 |

（以上数据由国务院扶贫办国际合作和社会扶贫司提供）

# 附录

# 附录（一）
# 有关文件汇编

# 中央文件

中共中央、国务院关于全面深化农村改革加快推进农业现代化的若干意见

中共中央办公厅、国务院办公厅关于引导农村土地经营权有序流转发展农业适度规模经营的意见

国务院办公厅关于进一步动员社会各方面力量参与扶贫开发的意见

国务院办公厅关于印发《国家贫困地区儿童发展规划（2014—2020年）》的通知

# 中共中央、国务院关于全面深化农村改革加快推进农业现代化的若干意见

中发〔2014〕1号

2013年，农业农村发展持续向好、稳中有进，粮食生产再创历史新高，城乡居民收入差距继续缩小，农村改革向纵深推进，农村民生有新的改善，农村社会保持和谐稳定。

我国经济社会发展正处在转型期，农村改革发展面临的环境更加复杂、困难挑战增多。工业化信息化城镇化快速发展对同步推进农业现代化的要求更为紧迫，保障粮食等重要农产品供给与资源环境承载能力的矛盾日益尖锐，经济社会结构深刻变化对创新农村社会管理提出了亟待破解的课题。必须全面贯彻落实党的十八大和十八届三中全会精神，进一步解放思想，稳中求进，改革创新，坚决破除体制机制弊端，坚持农业基础地位不动摇，加快推进农业现代化。

全面深化农村改革，要坚持社会主义市场经济改革方向，处理好政府和市场的关系，激发农村经济社会活力；要鼓励探索创新，在明确底线的前提下，支持地方先行先试，尊重农民群众实践创造；要因地制宜、循序渐进，不搞“一刀切”、不追求一步到位，允许采取差异性、过渡性的制度和政策安排；要城乡统筹联动，赋予农民更多财产权利，推进城乡要素平等交换和公共资源均衡配置，让农民平等参与现代化进程、共同分享现代化成果。

推进中国特色农业现代化，要始终把改革作为根本动力，立足国情农情，顺应时代要求，坚持家庭经营为基础与多种经营形式共同发展，传统精耕细作与现代物质技术装备相辅相成，实现高产高效与资源生态永续利用协调兼顾，加强政府支持保护与发挥市场配置资源决定性作用功能互补。要以解决好地怎么种为导向加快构建新型农业经营体系，以解决好地少水缺的资源环境约束为导向深入推进农业发展方式转变，以满足吃得好吃得安全为导向大力发展优质安全农产品，努力走出一条生产技术先进、经营规模适度、市场竞争力强、生态环境可持续的中国特色新型农业现代化道路。

2014年及今后一个时期，农业农村工作要以邓小平理论、“三个代表”重要思想、科学发展观为指导，按照稳定政策、

改革创新、持续发展的总要求，力争在体制机制创新上取得新突破，在现代农业发展上取得新成就，在社会主义新农村建设上取得新进展，为保持经济社会持续健康发展提供有力支撑。

## 一、完善国家粮食安全保障体系

1. 抓紧构建新形势下的国家粮食安全战略。把饭碗牢牢端在自己手上，是治国理政必须长期坚持的基本方针。综合考虑国内资源环境条件、粮食供求格局和国际贸易环境变化，实施以我为主、立足国内、确保产能、适度进口、科技支撑的国家粮食安全战略。任何时候都不能放松国内粮食生产，严守耕地保护红线，划定永久基本农田，不断提升农业综合生产能力，确保谷物基本自给、口粮绝对安全。更加积极地利用国际农产品市场和农业资源，有效调剂和补充国内粮食供给。在重视粮食数量的同时，更加注重品质和质量安全；在保障当期供给的同时，更加注重农业可持续发展。加大力度落实“米袋子”省长负责制，进一步明确中央和地方的粮食安全责任与分工，主销区也要确立粮食面积底线、保证一定的口粮自给率。增强全社会节粮意识，在生产流通消费全程推广节粮减损设施和技术。

2. 完善粮食等重要农产品价格形成机制。继续坚持市场定价原则，探索推进农产品价格形成机制与政府补贴脱钩的改革，逐步建立农产品目标价格制度，在市场价格过高时补贴低收入消费者，在市场价格低于目标价格时按差价补贴生产者，切实保证农民收益。2014 年，启动东北和内蒙古大豆、新疆棉花目标价格补贴试点，探索粮食、生猪等农产品目标价格保险试点，开展粮食生产规模经营主体营销贷款试点。继续执行稻谷、小麦最低收购价政策和玉米、油菜籽、食糖临时收储政策。

3. 健全农产品市场调控制度。综合运用储备吞吐、进出口调节等手段，合理确定不同农产品价格波动调控区间，保障重要农产品市场基本稳定。科学确定重要农产品储备功能和规模，强化地方尤其是主销区的储备责任，优化区域布局和品种结构。完善中央储备粮管理体制，鼓励符合条件的多元市场主体参与大宗农产品政策性收储。健全“菜篮子”市长负责制考核激励机制，完善生猪市场价格调控体系，抓好牛羊肉生产供应。进一步开展国家对农业大县的直接统计调查。编制发布权威性的农产品价格指数。

4. 合理利用国际农产品市场。抓紧制定重要农产品国际贸易战略，加强进口农产品规划指导，优化进口来源地布局，建立稳定可靠的贸易关系。有关部门要密切配合，加强进出境动植物检验检疫，打击农产品进出口走私行为，保障进口农产品质量安全和国内产业安全。加快实施农业走出去战略，培育具有国际竞争力的粮棉油等大型企业。支持到境外特别是与周边国家开展互利共赢的农业生产和进出口合作。鼓励金融机构积极创新为农产品国际贸易和农业走出去服务的金融品种和方式。探索建立农产品国际贸易基金和海外农业发展基金。

5. 强化农产品质量和食品安全监管。建立最严格的覆盖全过程的食品安全监管制度，完善法律法规和标准体系，落实地方政府属地管理和生产经营主体责任。支持标准化生产、重点产品风险监测预警、食品追溯体系建设，加大批发市场质量安全检验检测费用补助力度。加快推进县乡食品、农产品质量安全检测体系和监管能力建设。严格农业投入品管理，大力开展园艺作物标准园、畜禽规模化养殖、水产健康养殖等创建活动。完善农产品质量和食品安全工作考核评价制度，开展示范市、县创建试点。

## 二、强化农业支持保护制度

6. 健全"三农"投入稳定增长机制。完善财政支农政策，增加"三农"支出。公共财政要坚持把"三农"作为支出重点，中央基建投资继续向"三农"倾斜，优先保证"三农"投入稳定增长。拓宽"三农"投入资金渠道，充分发挥财政资金引导作用，通过贴息、奖励、风险补偿、税费减免等措施，带动金融和社会资金更多投入农业农村。

7. 完善农业补贴政策。按照稳定存量、增加总量、完善方法、逐步调整的要求，积极开展改进农业补贴办法的试点试验。继续实行种粮农民直接补贴、良种补贴、农资综合补贴等政策，新增补贴向粮食等重要农产品、新型农业经营主体、主产区倾斜。在有条件的地方开展按实际粮食播种面积或产量对生产者补贴试点，提高补贴精准性、指向性。加大农机购置补贴力度，完善补贴办法，继续推进农机报废更新补贴试点。强化农业防灾减灾稳产增产关键技术补助。继续实施畜牧良种补贴政策。

8. 加快建立利益补偿机制。加大对粮食主产区的财政转移支付力度，增加对商品粮生产大省和粮油猪生产大县的奖励补助，鼓励主销区通过多种方式到主产区投资建设粮食生产基地，更多地承担国家粮食储备任务，完善粮食主产区利益补偿机制。支持粮食主产区发展粮食加工业。降低或取消产粮大县直接用于粮食生产等建设项目资金配套。完善森林、草原、湿地、水土保持等生态补偿制度，继续执行公益林补偿、草原生态保护补助奖励政策，建立江河源头区、重要水源地、重要水生态修复治理区和蓄滞洪区生态补偿机制。支持地方开展耕地保护补偿。

9. 整合和统筹使用涉农资金。稳步推进从财政预算编制环节清理和归并整合涉农资金。支持黑龙江省进行涉农资金整合试点，在认真总结经验基础上，推动符合条件的地方开展涉农资金整合试验。改革项目审批制度，创造条件逐步下放中央和省级涉农资金项目审批权限。改革项目管理办法，加快项目实施和预算执行，切实提高监管水平。加强专项扶贫资金监管，强化省、市两级政府对资金和项目的监督责任，县级政府切实管好用好扶贫资金。盘活农业结余资金和超规定期限的结转资金，由同级预算统筹限时用于农田水利等建设。

10. 完善农田水利建设管护机制。深化水利工程管理体制改革，加快落实灌排工程运行维护经费财政补助政策。开展农田水利设施产权制度改革和创新运行管护机制试点，落实小型水利工程管护主体、责任和经费。通过以奖代补、先建后补等方式，探索农田水利基本建设新机制。深入推进农业水价综合改革。加大各级政府水利建设投入，落实和完善土地出让收益计提农田水利资金政策，提高水资源费征收标准、加大征收力度。完善大中型水利工程建设征地补偿政策。谋划建设一批关系国计民生的重大水利工程，加强水源工程建设和雨洪水资源化利用，启动实施全国抗旱规划，提高农业抗御水旱灾害能力。实施全国高标准农田建设总体规划，加大投入力度，规范建设标准，探索监管维护机制。

11. 推进农业科技创新。深化农业科技体制改革，对具备条件的项目，实施法人责任制和专员制，推行农业领域国家科技报告制度。明晰和保护财政资助科研成果产权，创新成果转化机制，发展农业科技成果托管中心和交易市场。采取多种方式，引导和支持科研机构与企业联合研发。加大农业科技创新平台基地建设和技术集成推广力度，推动发展国家农业科技园区协同创新战略联盟，支持现代农业产业技术体系建设。加强以分子育种为重点的基础研究和生物技术开发，建设以农业物联网和精准装备为重点的农业全程信息化和机械化技术体系，推进以设施农业和农产品精深加工为重点的新兴产业技术研发，组织重大农业科技攻关。继续开展高产创建，加大农业先进适用技术推广应用和农民技术培训力度。发挥现代农业示范区的引领作用。加强农用航空建设。将农业作为财政科技投入优先领域，引导金融信贷、风险投资等进入农业科技创新领域。推行科技特派员制度，发挥高校在农业科研和农技推广中的作用。

12. 加快发展现代种业和农业机械化。建立以企业为主体的育种创新体系，推进种业人才、资源、技术向企业流动，做大做强育繁推一体化种子企业，培育推广一批高产、优质、抗逆、适应机械化生产的突破性新品种。推行种子企业委托经营制度，强化种子全程可追溯管理。加快推进大田作物生产全程机械化，主攻机插秧、机采棉、甘蔗机收等薄弱环节，实现作物品种、栽培技术和机械装备的集成配套。积极发展农机作业、维修、租赁等社会化服务，支持发展农机合作社等服务组织。

13. 加强农产品市场体系建设。着力加强促进农产品公平交易和提高流通效率的制度建设，加快制定全国农产品市场发展规划，落实部门协调机制，加强以大型农产品批发市场为骨干、覆盖全国的市场流通网络建设，开展公益性农产品批发市场建设试点。健全大宗农产品期货交易品种体系。加快发展主产区大宗农产品现代化仓储物流设施，完善鲜活农产品冷链物流体系。支持产地小型农产品收集市场、集配中心建设。完善农村物流服务体系，推进农产品现代流通综合示范区创建，加快邮政系统服务“三农”综合平台建设。实施粮食收储、供应安全保障工程。启动农村流通设施和农产品批发市场信息化提升工程，加强农产品电子商务平台建设。加快清除农产品市场壁垒。

## 三、建立农业可持续发展长效机制

14. 促进生态友好型农业发展。落实最严格的耕地保护制度、节约集约用地制度、水资源管理制度、环境保护制度，强化监督考核和激励约束。分区域规模化推进高效节水灌溉行动。大力推进机械化深松整地和秸秆还田等综合利用，加快实施土壤有机质提升补贴项目，支持开展病虫害绿色防控和病死畜禽无害化处理。加大农业面源污染防治力度，支持高效肥和低残留农药使用、规模养殖场畜禽粪便资源化利用、新型农业经营主体使用有机肥、推广高标准农膜和残膜回收等试点。

15. 开展农业资源休养生息试点。抓紧编制农业环境突出问题治理总体规划和农业可持续发展规划。启动重金属污染耕地修复试点。从 2014 年开始，继续在陡坡耕地、严重沙化耕地、重要水源地实施退耕还林还草。开展华北地下水超采漏斗区综合治理、湿地生态效益补偿和退耕还湿试点。通过财政奖补、结构调整等综合措施，保证修复区农民总体收入水平不降低。

16. 加大生态保护建设力度。抓紧划定生态保护红线。继续实施天然林保护、京津风沙源治理二期等林业重大工程。在东北、内蒙古重点国有林区，进行停止天然林商业性采伐试点。推进林区森林防火设施建设和矿区植被恢复。完善林木良种、造林、森林抚育等林业补贴政策。加强沙化土地封禁保护。加大天然草原退牧还草工程实施力度，启动南方草地开发利用和草原自然保护区建设工程。支持饲草料基地的品种改良、水利建设、鼠虫害和毒草防治。加大海洋生态保护力度，加强海岛基础设施建设。严格控制渔业捕捞强度，继续实施增殖放流和水产养殖生态环境修复补助政策。实施江河湖泊综合整治、水土保持重点建设工程，开展生态清洁小流域建设。

## 四、深化农村土地制度改革

17. 完善农村土地承包政策。稳定农村土地承包关系并保持长久不变，在坚持和完善最严格的耕地保护制度前提下，赋予农民对承包地占有、使用、收益、流转及承包经营权抵押、担保权能。在落实农村土地集体所有权的基础上，稳定农户承包权、放活土地经营权，允许承包土地的经营权向金融机构抵押融资。有关部门要抓紧研究提出规范的实施办法，建立配套的抵押资产处置机制，推动修订相关法律法规。切实加强组织领导，抓紧抓实农村土地承包经营权确权登记颁证工作，充分依靠农民群众自主协商解决工作中遇到的矛盾和问题，可以确权确地，也可以确权确股不确地，确权登记颁证工作经费纳入地方财政预算，中央财政给予补助。稳定和完善草原承包经营制度，2015 年基本完成草原确权承包和基本草原划定工作。切实维护妇女的土地承包权益。加强农村经营管理体系建设。深化农村综合改革，完善集体林权制度改革，健全国有林区经营管理体制，继续推进国有农场办社会职能改革。

18. 引导和规范农村集体经营性建设用地入市。在符合规划和用途管制的前提下，允许农村集体经营性建设用地出让、租赁、入股，实行与国有土地同等入市、同权同价，加快建立农村集体经营性建设用地产权流转和增值收益分配制度。有关部门要尽快提出具体指导意见，并推动修订相关法律法规。各地要按照中央统一部署，规范有序推进这项工作。

19. 完善农村宅基地管理制度。改革农村宅基地制度，完善农村宅基地分配政策，在保障农户宅基地用益物权前提下，选择若干试点，慎重稳妥推进农民住房财产权抵押、担保、转让。有关部门要抓紧提出具体试点方案，各地不得自行其是、抢跑越线。完善城乡建设用地增减挂钩试点工作，切实保证耕地数量不减少、质量有提高。加快包括农村宅基地在内的农村地籍调查和农村集体建设用地使用权确权登记颁证工作。

20. 加快推进征地制度改革。缩小征地范围，规范征地程序，完善对被征地农民合理、规范、多元保障机制。抓紧修订有关法律法规，保障农民公平分享土地增值收益，改变对被征地农民的补偿办法，除补偿农民被征收的集体土地外，还必须对农民的住房、社保、就业培训给予合理保障。因地制宜采取留地安置、补偿等多种方式，确保被征地农民长期受益。提高森林植被恢复费征收标准。健全征地争议调处裁决机制，保障被征地农民的知情权、参与权、申诉权、监督权。

## 五、构建新型农业经营体系

21. 发展多种形式规模经营。鼓励有条件的农户流转承包土地的经营权，加快健全土地经营权流转市场，完善县乡村三级服务和管理网络。探索建立工商企业流转农业用地风险保障金制度，严禁农用地非农化。有条件的地方，可对流转土地给予奖补。土地流转和适度规模经营要尊重农民意愿，不能强制推动。

22. 扶持发展新型农业经营主体。鼓励发展专业合作、股份合作等多种形式的农民合作社，引导规范运行，着力加强能力建设。允许财政项目资金直接投向符合条件的合作社，允许财政补助形成的资产转交合作社持有和管护，有关部门要建立规范透明的管理制度。推进财政支持农民合作社创新试点，引导发展农民专业合作社联合社。按照自愿原则开展家庭农场登记。鼓励发展混合所有制农业产业化龙头企业，推动集群发展，密切与农户、农民合作社的利益联结关系。在国家年度建设用地指标中单列一定比例专门用于新型农业经营主体建设配套辅助设施。鼓励地方政府和民间出资设立融资性担保公司，为新型农业经营主体提供贷款担保服务。加大对新型职业农民和新型农业经营主体领办人的教育培训力度。落实和完善相关税收优惠政策，支持农民合作社发展农产品加工流通。

23. 健全农业社会化服务体系。稳定农业公共服务机构，健全经费保障、绩效考核激励机制。采取财政扶持、税费优惠、信贷支持等措施，大力发展主体多元、形式多样、竞争充分的社会化服务，推行合作式、订单式、托管式等服务模式，扩大农业生产全程社会化服务试点范围。通过政府购买服务等方式，支持具有资质的经营性服务组织从事农业公益性服务。扶持发展农民用水合作组织、防汛抗旱专业队、专业技术协会、农民经纪人队伍。完善农村基层气象防灾减灾组织体系，开展面向新型农业经营主体的直通式气象服务。

24. 加快供销合作社改革发展。发挥供销合作社扎根农村、联系农民、点多面广的优势，积极稳妥开展供销合作社综合改革试点。按照改造自我、服务农民的要求，创新组织体系和服务机制，努力把供销合作社打造成为农民生产生活服务的生力军和综合平台。支持供销合作社加强新农村现代流通网络和农产品批发市场建设。

## 六、加快农村金融制度创新

25. 强化金融机构服务“三农”职责。稳定大中型商业银行的县域网点，扩展乡镇服务网络，根据自身业务结构和特点，建立适应“三农”需要的专门机构和独立运营机制。强化商业金融对“三农”和县域小微企业的服务能力，扩大县域分支机构业务授权，不断提高存贷比和涉农贷款比例，将涉农信贷投放情况纳入信贷政策导向效果评估和综合考评体系。稳步扩大农业银行三农金融事业部改革试点。鼓励邮政储蓄银行拓展农村金融业务。支持农业发展银行开展农业开发和农村基础设施建设中长期贷款业务，建立差别监管体制。增强农村信用社支农服务功能，保持县域法人地位长期稳定。积极发展村镇银行，逐步实现县市全覆盖，符合条件的适当调整主发起行与其他股东的持股比例。支持由社会资本发起设立服务“三农”的县域中小型银行和金融租赁公司。对小额贷款公司，要拓宽融资渠道，完善管理政策，加快接入征信系统，发挥支农支小作用。

支持符合条件的农业企业在主板、创业板发行上市，督促上市农业企业改善治理结构，引导暂不具备上市条件的高成长性、创新型农业企业到全国中小企股份转让系统进行股权公开挂牌与转让，推动证券期货经营机构开发适合“三农”的个性化产品。

26. 发展新型农村合作金融组织。在管理民主、运行规范、带动力强的农民合作社和供销合作社基础上，培育发展农村合作金融，不断丰富农村地区金融机构类型。坚持社员制、封闭性原则，在不对外吸储放贷、不支付固定回报的前提下，推动社区性农村资金互助组织发展。完善地方农村金融管理体制，明确地方政府对新型农村合作金融监管职责，鼓励地方建立风险补偿基金，有效防范金融风险。适时制定农村合作金融发展管理办法。

27. 加大农业保险支持力度。提高中央、省级财政对主要粮食作物保险的保费补贴比例，逐步减少或取消产粮大县县级保费补贴，不断提高稻谷、小麦、玉米三大粮食品种保险的覆盖面和风险保障水平。鼓励保险机构开展特色优势农产品保险，有条件的地方提供保费补贴，中央财政通过以奖代补等方式予以支持。扩大畜产品及森林保险范围和覆盖区域。鼓励开展多种形式的互助合作保险。规范农业保险大灾风险准备金管理，加快建立财政支持的农业保险大灾风险分散机制。探索开办涉农金融领域的贷款保证保险和信用保险等业务。

## 七、健全城乡发展一体化体制机制

28. 开展村庄人居环境整治。加快编制村庄规划，推行以奖促治政策，以治理垃圾、污水为重点，改善村庄人居环境。实施村内道路硬化工程，加强村内道路、供排水等公用设施的运行管护，有条件的地方建立住户付费、村集体补贴、财政补助相结合的管护经费保障制度。制定传统村落保护发展规划，抓紧把有历史文化等价值的传统村落和民居列入保护名录，切实加大投入和保护力度。提高农村饮水安全工程建设标准，加强水源地水质监测与保护，有条件的地方推进城镇供水管网向农村延伸。以西部和集中连片特困地区为重点加快农村公路建设，加强农村公路养护和安全管理，推进城乡道路客运一体化。因地制宜发展户用沼气和规模化沼气。在地震高风险区实施农村民居地震安全工程。加快农村互联网基础设施建设，推进信息进村入户。

29. 推进城乡基本公共服务均等化。加快改善农村义务教育薄弱学校基本办学条件，适当提高农村义务教育生均公用经费标准。大力支持发展农村学前教育。落实中等职业教育国家助学政策，紧密结合市场需求，加强农村职业教育和技能培训。支持和规范农村民办教育。提高重点高校招收农村学生比例。有效整合各类农村文化惠民项目和资源，推动县乡公共文化体育设施和服务标准化建设。深化农村基层医疗卫生机构综合改革，实施中西部全科医生特岗计划。继续提高新型农村合作医疗的筹资标准和保障水平，完善重大疾病保险和救助制度，推动基本医疗保险制度城乡统筹。稳定农村计划生育网络和队伍，开展城乡计生卫生公共服务均等化试点。整合城乡居民基本养老保险制度，逐步建立基础养老金标准正常调整机制，加快构建农村社会养老服务体系。加强农村最低生活保障的规范管理。开展农村公共服务标准化试点工作。着力创新扶贫开发工作机制，改进对国家扶贫开发工作重点县的考核办法，提高扶贫精准度，抓紧落实扶贫开发重点工作。

30. 加快推动农业转移人口市民化。积极推进户籍制度改革，建立城乡统一的户口登记制度，促进有能力在城镇合法稳定就业和生活的常住人口有序实现市民化。全面实行流动人口居住证制度，逐步推进居住证持有人享有与居住地居民相同的基本公共服务，保障农民工同工同酬。鼓励各地从实际出发制定相关政策，解决好辖区内农业转移人口在本地城镇的落户问题。

## 八、改善乡村治理机制

31. 加强农村基层党的建设。深入开展党的群众路线教育实践活动，推动农村基层服务型党组织建设。进一步加强农民合作社、专业技术协会等的党建工作，创新和完善组织设置，理顺隶属关系。加强农村基层党组织带头人队伍和党员队伍建设，提升村干部“一定三有”保障水平。总结宣传农村基层干部先进典型，树立正确舆论导向。加强城乡基层党建资源整合，建立稳定的村级组织运转经费保障制度。加强农村党风廉政建设，强化农村基层干部教育管理和监督，改进农村基层干部作风，坚决查处和纠正涉农领域侵害群众利益的腐败问题和加重农民负担行为。

32. 健全基层民主制度。强化党组织的领导核心作用，巩固和加强党在农村的执政基础，完善和创新村民自治机制，充分发挥其他社会组织的积极功能。深化乡镇行政体制改革，完善乡镇政府功能。深入推进村务公开、政务公开和党务公开，实现村民自治制度化和规范化。探索不同情况下村民自治的有效实现形式，农村社区建设试点单位和集体土地所有权在村民小组的地方，可开展以社区、村民小组为基本单元的村民自治试点。

33. 创新基层管理服务。按照方便农民群众生产生活、提高公共资源配置效率的原则，健全农村基层管理服务体系。推动农村集体产权股份合作制改革，保障农民集体经济组织成员权利，赋予农民对落实到户的集体资产股份占有、收益、有偿退出及抵押、担保、继承权，建立农村产权流转交易市场，加强农村集体资金、资产、资源管理，提高集体经济组织资产运营管理水平，发展壮大农村集体经济。扩大小城镇对农村基本公共服务供给的有效覆盖，统筹推进农村基层公共服务资源有效整合和设施共建共享，有条件的地方稳步推进农村社区化管理服务。总结推广“枫桥经验”，创新群众工作机制。深入推进农村精神文明建设，倡导移风易俗，培养良好道德风尚，提高农民综合素质。加强对农村留守儿童、留守妇女、留守老年人的关爱和服务。发展农村残疾人事业。健全农村治安防控体系，充分发挥司法调解、人民调解的作用，维护农村社会和谐安定。

各级党委和政府要切实加强对“三农”工作的领导，把握好农村改革的方向和节奏，谋划好农业农村发展的思路和方法，落实好党在农村的各项方针和政策。各级党政干部要真正了解农民群众的诉求和期盼，真心实意解决农民群众生产生活中的实际问题。进一步加强党委农村工作综合部门建设，强化统筹协调、决策服务等职能。加强对农村改革试验区工作的指导，加大改革放权和政策支持力度，充实试验内容，完善工作机制，及时总结推广成功经验。

让我们紧密团结在以习近平同志为总书记的党中央周围，积极进取，锐意创新，力求农村改革发展取得新突破新进展。

# 中共中央办公厅、国务院办公厅关于引导农村土地经营权有序流转发展农业适度规模经营的意见

中办发〔2014〕61号

伴随我国工业化、信息化、城镇化和农业现代化进程，农村劳动力大量转移，农业物质技术装备水平不断提高，农户承包土地的经营权流转明显加快，发展适度规模经营已成为必然趋势。实践证明，土地流转和适度规模经营是发展现代农业的必由之路，有利于优化土地资源配置和提高劳动生产率，有利于保障粮食安全和主要农产品供给，有利于促进农业技术推广应用和农业增效、农民增收，应从我国人多地少、农村情况千差万别的实际出发，积极稳妥地推进。为引导农村土地（指承包耕地）经营权有序流转、发展农业适度规模经营，现提出如下意见。

## 一、总体要求

（一）指导思想。全面理解、准确把握中央关于全面深化农村改革的精神，按照加快构建以农户家庭经营为基础、合作与联合为纽带、社会化服务为支撑的立体式复合型现代农业经营体系和走生产技术先进、经营规模适度、市场竞争力强、生态环境可持续的中国特色新型农业现代化道路的要求，以保障国家粮食安全、促进农业增效和农民增收为目标，坚持农村土地集体所有，实现所有权、承包权、经营权三权分置，引导土地经营权有序流转，坚持家庭经营的基础性地位，积极培育新型经营主体，发展多种形式的适度规模经营，巩固和完善农村基本经营制度。改革的方向要明，步子要稳，既要加大政策扶持力度，加强典型示范引导，鼓励创新农业经营体制机制，又要因地制宜、循序渐进，不能搞大跃进，不能搞强迫命令，不能搞行政瞎指挥，使农业适度规模经营发展与城镇化进程和农村劳动力转移规模相适应，与农业科技进步和生产手段改进程度相适应，与农业社会化服务水平提高相适应，让农民成为土地流转和规模经营的积极参与者和真正受益者，避免走弯路。

（二）基本原则

——坚持农村土地集体所有权，稳定农户承包权，放活土地经营权，以家庭承包经营为基础，推进家庭经营、集体经营、合作经营、企业经营等多种经营方式共同发展。

——坚持以改革为动力，充分发挥农民首创精神，鼓励创新，支持基层先行先试，靠改革破解发展难题。

——坚持依法、自愿、有偿，以农民为主体，政府扶持引导，市场配置资源，土地经营权流转不得违背承包农户意愿、不得损害农民权益、不得改变土地用途、不得破坏农业综合生产能力和农业生态环境。

——坚持经营规模适度，既要注重提升土地经营规模，又要防止土地过度集中，兼顾效率与公平，不断提高劳动生产率、土地产出率和资源利用率，确保农地农用，重点支持发展粮食规模化生产。

## 二、稳定完善农村土地承包关系

（三）健全土地承包经营权登记制度。建立健全承包合同取得权利、登记记载权利、证书证明权利的土地承包经营权登记制度，是稳定农村土地承包关系、促进土地经营权流转、发展适度规模经营的重要基础性工作。完善承包合同，健全登记簿，颁发权属证书，强化土地承包经营权物权保护，为开展土地流转、调处土地纠纷、完善补贴政策、进行征地补偿和抵押担保提供重要依据。建立健全土地承包经营权信息应用平台，方便群众查询，利于服务管理。土地承包经营权确权登记原则上确权到户到地，在尊重农民意愿的前提下，也可以确权确股不确地。切实维护妇女的土地承包权益。

（四）推进土地承包经营权确权登记颁证工作。按照中央统一部署、地方全面负责的要求，在稳步扩大试点的基础上，用5年左右时间基本完成土地承包经营权确权登记颁证工作，妥善解决农户承包地块面积不准、四至不清等问题。在工作中，各地要保持承包关系稳定，以现有承包台账、合同、证书为依据确认承包地归属；坚持依法规范操作，严格执行政策，按照规定内容和程序开展工作；充分调动农民群众积极性，依靠村民民主协商，自主解决矛盾纠纷；从实际出发，以农村集体土地所有权确权为基础，以第二次全国土地调查成果为依据，采用符合标准规范、农民群众认可的技术方法；坚持分级负责，强化县乡两级的责任，建立健全党委和政府统一领导、部门密切协作、群众广泛参与的工作机制；科学制定工作方案，明确时间表和路线图，确保工作质量。有关部门要加强调查研究，有针对性地提出操作性政策建议和具体工作指导意见。土地承包经营权确权登记颁证工作经费纳入地方财政预算，中央财政给予补助。

## 三、规范引导农村土地经营权有序流转

（五）鼓励创新土地流转形式。鼓励承包农户依法采取转包、出租、互换、转让及入股等方式流转承包地。鼓励有条件的地方制定扶持政策，引导农户长期流转承包地并促进其转移就业。鼓励农民在自愿前提下采取互换并地方式解决承包地细碎化问题。在同等条件下，本集体经济组织

成员享有土地流转优先权。以转让方式流转承包地的，原则上应在本集体经济组织成员之间进行，且需经发包方同意。以其他形式流转的，应当依法报发包方备案。抓紧研究探索集体所有权、农户承包权、土地经营权在土地流转中的相互权利关系和具体实现形式。按照全国统一安排，稳步推进土地经营权抵押、担保试点，研究制定统一规范的实施办法，探索建立抵押资产处置机制。

（六）严格规范土地流转行为。土地承包经营权属于农民家庭，土地是否流转、价格如何确定、形式如何选择，应由承包农户自主决定，流转收益应归承包农户所有。流转期限应由流转双方在法律规定的范围内协商确定。没有农户的书面委托，农村基层组织无权以任何方式决定流转农户的承包地，更不能以少数服从多数的名义，将整村整组农户承包地集中对外招商经营。防止少数基层干部私相授受，谋取私利。严禁通过定任务、下指标或将流转面积、流转比例纳入绩效考核等方式推动土地流转。

（七）加强土地流转管理和服务。有关部门要研究制定流转市场运行规范，加快发展多种形式的土地经营权流转市场。依托农村经营管理机构健全土地流转服务平台，完善县乡村三级服务和管理网络，建立土地流转监测制度，为流转双方提供信息发布、政策咨询等服务。土地流转服务主体可以开展信息沟通、委托流转等服务，但禁止层层转包从中牟利。土地流转给非本村（组）集体成员或村（组）集体受农户委托统一组织流转并利用集体资金改良土壤、提高地力的，可向本集体经济组织以外的流入方收取基础设施使用费和土地流转管理服务费，用于农田基本建设或其他公益性支出。引导承包农户与流入方签订书面流转合同，并使用统一的省级合同示范文本。依法保护流入方的土地经营权益，流转合同到期后流入方可在同等条件下优先续约。加强农村土地承包经营纠纷调解仲裁体系建设，健全纠纷调处机制，妥善化解土地承包经营流转纠纷。

（八）合理确定土地经营规模。各地要依据自然经济条件、农村劳动力转移情况、农业机械化水平等因素，研究确定本地区土地规模经营的适宜标准。防止脱离实际、违背农民意愿，片面追求超大规模经营的倾向。现阶段，对土地经营规模相当于当地户均承包地面积10至15倍、务农收入相当于当地二三产业务工收入的，应当给予重点扶持。创新规模经营方式，在引导土地资源适度集聚的同时，通过农民的合作与联合、开展社会化服务等多种形式，提升农业规模化经营水平。

（九）扶持粮食规模化生产。加大粮食生产支持力度，原有粮食直接补贴、良种补贴、农资综合补贴归属由承包农户与流入方协商确定，新增部分应向粮食生产规模经营主体倾斜。在有条件的地方开展按照实际粮食播种面积或产量对生产者补贴试点。对从事粮食规模化生产的农民合作社、家庭农场等经营主体，符合申报农机购置补贴条件的，要优先安排。探索选择运行规范的粮食生产规模经营主体开展目标价格保险试点。抓紧开展粮食生产规模经营主体营销贷款试点，允许用粮食作物、生产及配套辅助设施进行抵押融资。粮食品种保险要逐步实现粮食生产规模经营主体愿保尽保，并适当提高对产粮大县稻谷、小麦、玉米三大粮食品种保险的保费补贴比例。各地区各有关部门要研究制定相应配套办法，更好地为粮食生产规模经营主体提供支持服务。

（十）加强土地流转用途管制。坚持最严格的耕地保护制度，切实保护基本农田。严禁借土地流转之名违规搞非农建设。严禁在流转农地上建设或变相建设旅游度假村、高尔夫球场、别墅、私人会所等。严禁占用基本农田挖塘栽树及其他毁坏种植条件的行为。严禁破坏、污染、圈占闲置耕地和损毁农田基础设施。坚决查处通过“以租代征”违法违规进行非农建设的行为，坚决禁止擅自将耕地“非农化”。利用规划和标准引导设施农业发展，强化设施农用地的用途监管。采取措施保证流转土地用于农业生产，可以通过停发粮食直接补贴、良种补贴、农资综合补贴等办法遏制撂荒耕地的行为。在粮食主产区、粮食生产功能区、高产创建项目实施区，不符合产业规划的经营行为不再享受相关农业生产扶持政策。合理引导粮田流转价格，降低粮食生产成本，稳定粮食种植面积。

## 四、加快培育新型农业经营主体

（十一）发挥家庭经营的基础作用。在今后相当长时期内，普通农户仍占大多数，要继续重视和扶持其发展农业生产。重点培育以家庭成员为主要劳动力、以农业为主要收入来源，从事专业化、集约化农业生产的家庭农场，使之成为引领适度规模经营、发展现代农业的有生力量。分级建立示范家庭农场名录，健全管理服务制度，加强示范引导。鼓励各地整合涉农资金建设连片高标准农田，并优先流向家庭农场、专业大户等规模经营农户。

（十二）探索新的集体经营方式。集体经济组织要积极为承包农户开展多种形式的生产服务，通过统一服务降低生产成本、提高生产效率。有条件的地方根据农民意愿，可以统一连片整理耕地，将土地折股量化、确权到户，经营所得收益按股分配，也可以引导农民以承包地入股组建土地股份合作组织，通过自营或委托经营等方式发展农业规模经营。各地要结合实际不断探索和丰富集体经营的实现形式。

（十三）加快发展农户间的合作经营。鼓励承包农户通过共同使用农业机械、开展联合营销等方式发展联户经营。鼓励发展多种形式的农民合作组织，深入推进示范社创建活动，促进农民合作社规范发展。在管理民主、运行规范、带动力强的农民合作社和供销合作社基础上，培育发展农村合作金融。引导发展农民专业合作社联合社，支持农民合作社开展农社对接。允许农民以承包经营权入股发展农业产业化经营。探索建立农户入股土地生产性能评价制度，按照耕地数量质量、参照当地土地经营权流转价格计价折股。

（十四）鼓励发展适合企业化经营的现代种养业。鼓励农业产业化龙头企业等涉农企业重点从事农产品加工流通和农业社会化服务，带动农户和农民合作社发展规模经营。引导工商资本发展良种种苗繁育、高标准设施农业、规模化养殖等适合企业化经营的现代种养业，开发农村“四荒”资源发展多种经营。支持农业企业与农户、农民合作社建立紧密的利益联结机制，实现合理分工、互利共赢。支持经济发达地区通过农业示范园区引导各类经营主体共同出资、相互持股，发展多种形式的农业混合所有制经济。

（十五）加大对新型农业经营主体的扶持力度。鼓励地方扩大对家庭农场、专业大户、农民合作社、龙头企业、农业社会化服务组织的扶持资金规模。支持符合条件的新型农业经营主体优先承担涉农项目，新增农业补贴向新型农业经营主体倾斜。加快建立财政项目资金直接投向符合条件的合作社、财政补助形成的资产转交合作社持有和管护的管理制度。各省（自治区、直辖市）根据实际情况，在年度建设用地指标中可单列一定比例专门用于新型农业经营主体建设配套辅助设施，并按规定减免相关税费。综合运用货币和财税政策工具，引导金融机构建立健全针对新型农业经营主体的信贷、保险支持机制，创新金融产品和服务，加大信贷支持力度，分散规模经营风险。鼓励符合条件的农业产业化龙头企业通过发行短期融资券、中期票据、中小企业集合票据等多种方式，拓宽融资渠道。鼓励融资担保机构为新型农业经营主体提供融资担保服务，鼓励有条件的地方通过设立融资担保专项资金、担保风险补偿基金等加大扶持力度。落实和完善相关税收优惠政策，支持农民合作社发展农产品加工流通。

（十六）加强对工商企业租赁农户承包地的监管和风险防范。各地对工商企业长时间、大面积租赁农户承包地要有明确的上限控制，建立健全资格审查、项目审核、风险保障金制度，对租地条件、经营范围和违规处罚等作出规定。工商企业租赁农户承包地要按面积实行分级备案，严格准入门槛，加强事中事后监管，防止浪费农地资源、损害农民土地权益，防范承包农户因流入方违约或经营不善遭受损失。定期对租赁土地企业的农业经营能力、土地用途和风险防范能力等开展监督检查，查验土地利用、合同履行等情况，及时查处纠正违法违规行为，对符合要求的可给予政策扶持。有关部门要抓紧制定管理办法，并加强对各地落实情况的监督检查。

## 五、建立健全农业社会化服务体系

（十七）培育多元社会化服务组织。巩固乡镇涉农公共服务机构基础条件建设成果。鼓励农技推广、动植物防疫、农产品质量安全监管等公共服务机构围绕发展农业适度规模经营拓展服务范围。大力培育各类经营性服务组织，积极发展良种种苗繁育、统防统治、测土配方施肥、粪污集中处理等农业生产性服务业，大力发展农产品电子商务等现代流通服务业，支持建设粮食烘干、农机场库棚和仓储物流等配套基础设施。农产品初加工和农业灌溉用电执行农业生产用电价格。鼓励以县为单位开展农业社会化服务示范创建活动。开展政府购买农业公益性服务试点，鼓励向经营性服务组织购买易监管、可量化的公益性服务。研究制定政府购买农业公益性服务的指导性目录，建立健全购买服务的标准合同、规范程序和监督机制。积极推广既不改变农户承包关系，又保证地有人种的托管服务模式，鼓励种粮大户、农机大户和农机合作社开展全程托管或主要生产环节托管，实现统一耕作，规模化生产。

（十八）开展新型职业农民教育培训。制定专门规划和政策，壮大新型职业农民队伍。整合教育培训资源，改善农业职业学校和其他学校涉农专业办学条件，加快发展农业职业教育，大力发展现代农业远程教育。实施新型职业农民培育工程，围绕主导产业开展农业技能和经营能力培养培训，扩大农村实用人才带头人示范培养培训规模，加大对专业大户、家庭农场经营者、农民合作社带头人、农业企业经营管理人员、农业社会化服务人员和返乡农民工的培养培训力度，把青年农民纳入国家实用人才培养计划。努力构建新型职业农民和农村实用人才培养、认定、扶持体系，建立公益性农民培养培训制度，探索建立培育新型职业农民制度。

（十九）发挥供销合作社的优势和作用。扎实推进供销合作社综合改革试点，按照改造自我、服务农民的要求，把供销合作社打造成服务农民生产生活的生力军和综合平台。利用供销合作社农资经营渠道，深化行业合作，推进技物结合，为新型农业经营主体提供服务。推动供销合作社农产品流通企业、农副产品批发市场、网络终端与新型农业经营主体对接，开展农产品生产、加工、流通服务。鼓励基层供销合作社针对农业生产重要环节，与农民签订服务协议，开展合作式、订单式服务，提高服务规模化水平。

土地问题涉及亿万农民切身利益，事关全局。各级党委和政府要充分认识引导农村土地经营权有序流转、发展农业适度规模经营的重要性、复杂性和长期性，切实加强组织领导，严格按照中央政策和国家法律法规办事，及时查处违纪违法行为。坚持从实际出发，加强调查研究，搞好分类指导，充分利用农村改革试验区、现代农业示范区等开展试点试验，认真总结基层和农民群众创造的好经验好做法。加大政策宣传力度，牢固树立政策观念，准确把握政策要求，营造良好的改革发展环境。加强农村经营管理体系建设，明确相应机构承担农村经管工作职责，确保事有人干、责有人负。各有关部门要按照职责分工，抓紧修订完善相关法律法规，建立工作指导和检查监督制度，健全齐抓共管的工作机制，引导农村土地经营权有序流转，促进农业适度规模经营健康发展。

# 国务院办公厅关于进一步动员社会各方面力量参与扶贫开发的意见

国办发〔2014〕58号

各省、自治区、直辖市人民政府，国务院各部委、各直属机构：

广泛动员全社会力量共同参与扶贫开发，是我国扶贫开发事业的成功经验，是中国特色扶贫开发道路的重要特征。改革开放以来，各级党政机关、军队和武警部队、国有企事业单位等率先开展定点扶贫，东部发达地区与西部贫困地区结对扶贫协作，对推动社会扶贫发挥了重要引领作用。民营企业、社会组织和个人通过多种方式积极参与扶贫开发，社会扶贫日益显示出巨大发展潜力。但还存在着组织动员不够、政策支持不足、体制机制不完善等问题。为打好新时期扶贫攻坚战，进一步动员社会各方面力量参与扶贫开发，全面推进社会扶贫体制机制创新，经国务院同意，现提出以下意见：

## 一、总体要求和基本原则

（一）总体要求。坚持以邓小平理论、“三个代表”重要思想、科学发展观为指导，深入贯彻党的十八大和十八届二中、三中、四中全会精神，全面落实党中央、国务院关于扶贫开发的决策部署，大力弘扬社会主义核心价值观，大兴友善互助、守望相助的社会风尚，创新完善人人皆愿为、人人皆可为、人人皆能为的社会扶贫参与机制，形成政府、市场、社会协同推进的大扶贫格局。

（二）基本原则。

——坚持政府引导。健全组织动员机制，搭建社会参与平台，完善政策支撑体系，营造良好社会氛围。

——坚持多元主体。充分发挥各类市场主体、社会组织和社会各界作用，多种形式推进，形成强大合力。

——坚持群众参与。充分尊重帮扶双方意愿，促进交流互动，激发贫困群众内生动力，充分调动社会各方面力量参与扶贫的积极性。

——坚持精准扶贫。推动社会扶贫资源动员规范化、配置精准化和使用专业化，真扶贫、扶真贫，切实惠及贫困群众。

## 二、培育多元社会扶贫主体

（三）大力倡导民营企业扶贫。鼓励民

营企业积极承担社会责任，充分激发市场活力，发挥资金、技术、市场、管理等优势，通过资源开发、产业培育、市场开拓、村企共建等多种形式到贫困地区投资兴业、培训技能、吸纳就业、捐资助贫，参与扶贫开发，发挥辐射和带动作用。

（四）积极引导社会组织扶贫。支持社会团体、基金会、民办非企业单位等各类组织积极从事扶贫开发事业。地方各级政府和有关部门要对社会组织开展扶贫活动提供信息服务、业务指导，鼓励其参与社会扶贫资源动员、配置和使用等环节，建设充满活力的社会组织参与扶贫机制。加强国际减贫交流合作。

（五）广泛动员个人扶贫。积极倡导“我为人人、人人为我”的全民公益理念，开展丰富多样的体验走访等社会实践活动，畅通社会各阶层交流交融、互帮互助的渠道。引导广大社会成员和港澳同胞、台湾同胞、华侨及海外人士，通过爱心捐赠、志愿服务、结对帮扶等多种形式参与扶贫。

（六）深化定点扶贫工作。承担定点扶贫任务的单位要发挥各自优势，多渠道筹措帮扶资源，创新帮扶形式，帮助协调解决定点扶贫地区经济社会发展中的突出问题，做到帮扶重心下移，措施到位有效，直接帮扶到县到村。定期选派优秀中青年干部挂职扶贫、驻村帮扶。定点扶贫单位负责同志要高度重视本单位定点扶贫工作，深入开展调研，加强对定点扶贫工作的组织领导。

（七）强化东西部扶贫协作。协作双方要强化协调联系机制，继续坚持开展市县结对、部门对口帮扶。注重发挥市场机制作用，按照优势互补、互利共赢、长期合作、共同发展的原则，通过政府引导、企业协作、社会帮扶、人才交流、职业培训等多种形式深化全方位扶贫协作，推动产业转型升级，促进贫困地区加快发展，带动贫困群众脱贫致富。协作双方建立定期联系机制，加大协作支持力度。加强东西部地区党政干部、专业技术人才双向挂职交流，引导人才向西部艰苦边远地区流动。各省（区、市）要根据实际情况，在本地区组织开展区域性结对帮扶工作。

## 三、创新参与方式

（八）开展扶贫志愿行动。鼓励和支持青年学生、专业技术人才、退休人员和社会各界人士参与扶贫志愿者行动，建立扶贫志愿者组织，构建贫困地区扶贫志愿者服务网络。组织和支持各类志愿者参与扶贫调研、支教支医、文化下乡、科技推广等扶贫活动。

（九）打造扶贫公益品牌。继续发挥“光彩事业”、“希望工程”、“母亲水窖”、“幸福工程”、“母亲健康快车”、“贫困地区儿童营养改善”、“春蕾计划”、“集善工程”、“爱心包裹”、“扶贫志愿者行动计划”等扶贫公益品牌效应，积极引导社会各方面资源向贫困地区聚集，动员社会各方面力量参与“雨露计划”、扶贫小额信贷和易地扶贫搬迁等扶贫开发重点项目，不断打造针对贫困地区留守妇女、儿童、老人、残疾人等特殊群体的一对一结对、手拉手帮扶等扶贫公益新品牌。

（十）构建信息服务平台。以贫困村、贫困户建档立卡信息为基础，结合集中连片特殊困难地区区域发展与扶贫攻坚规划，按照科学扶贫、精准扶贫的要求，制定不同层次、不同类别的社会扶贫项目规划，为社会扶贫提供准确的需求信息，推进扶贫资源供给与扶贫需求的有效对接，进一步提高社会扶贫资源配置与使用效率。

（十一）推进政府购买服务。加快推进面向社会购买服务，支持参与社会扶贫的各类主体通过公开竞争的方式，积极参加政府面向社会购买服务工作，政府部门择优确定扶贫项目和具体实施机构。支持社会组织承担扶贫项目的实施。

## 四、完善保障措施

（十二）落实优惠政策。按照国家税收法律及有关规定，全面落实扶贫捐赠税前扣除、税收减免等扶贫公益事业税收优惠政策，以及各类市场主体到贫困地区投资兴业、带动就业增收的相关支持政策。降低扶贫社会组织注册门槛，简化登记程序，对符合条件的社会组织给予公益性捐赠税前扣除资格。对积极参与扶贫开发、带动贫困群众脱贫致富、符合信贷条件的各类企业给予信贷支持，并按有关规定给予财政贴息等政策扶持。鼓励有条件的企业自主设立扶贫公益基金。

（十三）建立激励体系。以国务院扶贫开发领导小组名义定期开展社会扶贫表彰，让积极参与社会扶贫的各类主体政治上有荣誉、事业上有发展、社会上受尊重。对贡献突出的企业、社会组织和各界人士，在尊重其意愿前提下可给予项目冠名等激励措施。

（十四）加强宣传工作。把扶贫纳入基本国情教育范畴，大力弘扬社会主义核心价值观，开展扶贫系列宣传活动。创新社会扶贫宣传形式，拓宽宣传渠道，加强舆论引导，统筹推进社会扶贫先进事迹宣传报道工作，宣传最美扶贫人物，推出扶贫公益广告，倡导社会扶贫参与理念，营造扶贫济困的浓厚社会氛围。

（十五）改进管理服务。地方各级政府和有关部门要适应社会扶贫体制机制改革创新需要，深入调查研究，强化服务意识，搭建社会参与平台，提高社会扶贫工作的管理服务能力。完善定点扶贫和东西部扶贫协作工作考核评估制度。加强对社会扶贫资源筹集、配置和使用的规范管理。建立科学、透明的社会扶贫监测评估机制，推动社会扶贫实施第三方监测评估。创新监测评估方法，公开评估结果，增强社会扶贫公信力和影响力。加强贫困地区基层组织建设，开发贫困地区人力资源，提高农村致富带头人和贫困群众的创业就业能力。充分尊重贫困群众的主体地位和首创精神，把贫困地区的内生动力和外部帮扶有机结合，不断提高贫困地区和贫困群众的自我发展能力。

（十六）加强组织动员。国务院各部门和有关单位要密切合作，加强协调动员，按照职能分工落实相关政策，推进各项工作。扶贫部门要加强社会扶贫工作的组织指导和协调服务。财政、税务、金融部门要落实财税和金融支持政策措施。人力资源社会保障部门要落实挂职扶贫干部、驻村帮扶干部和专业技术人员相关待遇。民政部门要将扶贫济困作为促进慈善事业发展的重点领域，支持社会组织加强自身能力建设，提高管理和服务水平。工会、共青团、妇联、残联、工商联要发挥各自优势积极参与扶贫工作。地方各级政府要完善工作体系，建立工作机制，落实工作责任。要汇全国之力、聚各方之财、集全民之智，加快推进扶贫开发进程。

# 国务院办公厅关于印发《国家贫困地区儿童发展规划（2014—2020年）》的通知

国办发〔2014〕67号

各省、自治区、直辖市人民政府，国务院各部委、各直属机构：

《国家贫困地区儿童发展规划（2014—2020年）》已经国务院同意，现印发给你们，请结合实际认真贯彻执行。

国务院办公厅

2014年12月25日

# 国家贫困地区儿童发展规划

（2014—2020年）

儿童发展关系国家未来和民族希望，关系社会公平公正，关系亿万家庭的幸福。改革开放特别是进入21世纪以来，我国儿童健康、教育水平明显提高，儿童生存、发展和受保护的权利得到有力保障，提前实现了联合国千年发展目标。但总体上看，我国儿童事业发展还不平衡，特别是集中连片特殊困难地区的4000万儿童，在健康和教育等方面的发展水平明显低于全国平均水平。进一步采取措施，促进贫困地区儿童发展是切断贫困代际传递的根本途径，是全面建成小康社会的客观要求，也是政府提供基本公共服务的重要内容。为进一步促进贫困地区儿童发展，编制本规划。

## 一、总体要求

（一）指导思想。以邓小平理论、“三个代表”重要思想、科学发展观为指导，深入贯彻党的十八大和十八届二中、三中、四中全会精神，认真落实党中央、国务院决策部署，坚持儿童优先原则，坚持儿童成长早期干预基本方针，以健康和教育为战略重点，以困难家庭为主要扶持对象，加大统筹协调、资源整合和推进发展力度，实行政府直接提供服务和向社会力量购买服务相结合的工作机制，切实保障贫困地区儿童生存和发展权益，实现政府、家庭和社会对贫困地区儿童健康成长的全程关怀和全面保障。

（二）实施范围。集中连片特殊困难地区680个县从出生到义务教育阶段结束的农村儿童。

（三）总体目标。到2020年，集中连片特殊困难地区儿童发展整体水平基本达到或接近全国平均水平。

——保障母婴安全。孕产妇死亡率下降到30/10万，婴儿和5岁以下儿童死亡率分别下降到12‰和15‰。出生人口素质显著提高。

——保障儿童健康。5岁以下儿童生长迟缓率降低到10%以下，低体重率降低到5%以下，贫血患病率降低到12%以下。以乡镇为单位适龄儿童国家免疫规划疫苗接种率达到并保持在90%以上。中小学生体质基本达到《国家学生体质健康标准》。特殊困难儿童的福利、关爱体系更加健全。

——保障儿童教育。学前三年毛入园率达到75%。义务教育巩固率达到93%，教育总体质量、均衡发展水平显著提高。视力、听力、智力残疾儿童少年义务教育入学率达到90%。

## 二、主要任务

（一）新生儿出生健康。

1. 加强出生缺陷综合防治。落实出生缺陷综合防治措施，实施国家免费孕前优生健康检查项目，推进增补叶酸预防神经管缺陷等项目，做好孕期产期保健，逐步开展相关的免费筛查、诊断试点项目，提高出生人口素质。开展新生儿先天性甲状腺功能减低症、苯丙酮尿症、听力障碍等疾病筛查服务，加强儿童残疾筛查与康复的衔接，提高筛查确诊病例救治康复水平。

2. 加强孕产妇营养补充。开展孕前、孕产期和哺乳期妇女营养指导，制定孕产期妇女营养素补充标准，预防和治疗孕产妇贫血等疾病，减少低出生体重儿。

3. 加强孕产妇和新生儿健康管理。加强高危孕妇的识别与管理、早产儿的预防与干预，提高孕产妇和儿童系统管理率。继续实施农村孕产妇住院分娩补助项目，做好与新型农村合作医疗和医疗救助制度的有效衔接，加大贫困地区孕产妇住院分娩保障力度。建立危重孕产妇和新生儿急救绿色通道及网络。

4. 加强优生优育宣传教育。通过广播电视、公益广告、集中教育等多种方式，深入开展“婚育新风进万家活动”、“关爱女孩行动”、“新农村新家庭计划”等宣传活动。结合基本公共卫生和计划生育服务，针对贫困地区儿童发展特点，设计开发优生优育等方面的出版物和宣传品。教育、卫生计生部门要共同组织开展学生青春期教育。残联、卫生计生部门要共同组织开展残疾预防宣传活动。通过现场专题讲座、远程教育和多媒体专题辅导等方式，向育龄群众和孕产妇传授优生优育专业知识。

（二）儿童营养改善。

1. 改善婴幼儿营养状况。倡导0—6个月婴儿纯母乳喂养，加强母乳喂养宣传及相关知识培训。扩大贫困地区困难家庭婴幼儿营养改善试点范围，以低保家庭、低保边缘家庭为重点，逐步覆盖到集中连片特殊困难地区的680个县，预防儿童营养不良和贫血。

2. 完善农村义务教育学生营养改善工作机制。各地要进一步落实农村义务教育学生营养改善计划管理责任和配套政策，切实加强资金使用和食品安全管理。因地制宜新建或改扩建农村义务教育学校伙房或食堂等设施，逐步以学校供餐替代校外供餐。继续支持各地开展义务教育阶段学生营养改善试点。有条件的地方可结合实际，以多种方式做好学前教育阶段儿童营养改善工作。

3. 提高儿童营养改善保障能力。建立儿童营养健康状况监测评估制度。加强对各级妇幼保健机构、计划生育服务机构、疾病预防控制机构和基层医疗卫生机构人员的营养改善技能培训，提高预防儿童营养性疾病指导能力。加强对中小学幼儿园教师、食堂从业人员及学生家长的营养知识宣传教育，引导学生及其家庭形成健康饮食习惯。鼓励社会团体和公益组织积极参与儿童营养改善行动。

（三）儿童医疗卫生保健。

1. 完善儿童健康检查制度。对儿童生理状况、营养状况和常见病进行常规检查，建立儿童体检档案，定期对身高、体重、贫血状况等进行监测分析。将入学前儿童健康体检纳入基本公共卫生服务，由基层医疗卫生机构免费提供；义务教育阶段学生按中小学生健康检查基本标准进行体检，所需费用纳入学校公用经费开支范围。

2. 加强儿童疾病预防控制。切实落实国家免疫规划，为适龄儿童免费提供国家免疫规划疫苗接种服务，开展针对重点地区重点人群脊髓灰质炎、麻疹等国家免疫规划疫苗补充免疫或查漏补种工作。落实碘缺乏病、地方性氟中毒、大骨节病防治措施，有效控制地方病对儿童健康的危害。各级妇幼保健机构要加强新生儿健康和儿童疾病预防服务，加强儿童视力、听力和口腔保健工作，预防和控制视力不良、听力损失、龋齿等疾病发生。

3. 提高儿童基本医疗保障水平。完善城乡居民基本医疗保险制度，通过全民参保登记等措施，使制度覆盖全体儿童。全面推进城乡居民大病保险，逐步提高儿童大病保障水平。完善城乡医疗救助制度，加大儿童医疗救助力度，做好与大病保险制度、疾病应急救助制度的衔接，进一步提高儿童先天性心脏病、白血病、唇腭裂、尿道下裂、苯丙酮尿症、血友病等重大疾病救治费用保障水平。

4. 加强儿童医疗卫生服务能力建设。加强妇幼保健机构、妇产医院、儿童医院、综合性医院妇产科儿科和计划生育服务体系建设，提高基层医疗卫生机构孕产期保健、儿童保健、儿童常见病诊治、现场急救、危急重症患儿救治和转诊能力。加强助产技术、儿童疾病综合管理、新生儿复苏等适宜技术培训和儿童临床疾病诊治及护理培训，提高妇幼保健人员、计划生育技术人员和医护人员服务能力和水平。寄宿制学校或者600人以上的非寄宿制学校要设立卫生室（保健室），配备人员器材。县级政府要建立健全学校突发公共卫生事件应急管理机制。

5. 保障学生饮水安全和学校环境卫生。结合实施国家农村饮水安全工程，多渠道加大投入，统筹考虑和优先解决集中连片特殊困难地区农村学校饮水问题，实现供水入校。对无法接入公共供水管网的学校，就近寻找安全水源或实行自备水井供水。定期检测学校饮用水，保障水质达标。加强农村学校卫生厕所、浴室等生活设施建设，为学生提供健康生活环境，从小培养文明生活习惯。

6. 加强体育和心理健康教育。加强学校体育设施建设和体育器材配备，在基层公共体育设施建设中统筹规划学校体育设施。切实加强学校体育工作，严格落实每天锻炼一小时的要求，大力开展符合农村特点的体育活动和群众性体育项目竞赛。建立健全儿童心理健康教育制度，重点加强对留守儿童和孤儿、残疾儿童、自闭症儿童的心理辅导。加强班主任和专业教师心理健康教育能力建设，使每一所学校都有专职或兼职的心理健康教育教师。在农村义务教育学校教师特设岗位计划和中小学教师国家级培训计划中加大对体育和心理健康教育骨干教师的补充和培训力度。

（四）儿童教育保障。

1. 开展婴幼儿早期保教。依托幼儿园和支教点，为3岁以下儿童及其家庭提供早期保育和教育指导服务。采取多种形式宣传普及早期保教知识，鼓励媒体开办公益性早教节目（栏目）。建立城乡幼儿园对口帮扶机制，组织专家和有经验的志愿者到边远地区开展科学早教服务。

2. 推进学前教育。坚持政府主导、社会参与、公办民办并举，多种形式扩大贫困地区普惠性学前教育资源。加大中央财政学前教育发展重大项目、农村学前教育推进工程和省级学前教育项目对集中连片特殊困难地区的倾斜支持力度。扩大实施中西部农村偏远地区学前教育巡回支教试点，在人口分散的山区、牧区设立支教点，通过政府购买服务和动员社会力量招募大中专毕业生志愿者开展巡回支教，中央财政予以适当补助。在需要的民族地区加强学前双语教育。地方政府要依法落实相关政策，稳定贫困地区幼儿园教职工队伍。完善学前教育资助制度，帮助家庭经济困难儿童、孤儿和残疾儿童接受普惠性学前教育。

3. 办好农村义务教育。明确各地巩固义务教育目标，将义务教育控辍保学责任分解落实到地方各级政府、有关部门和学校，并作为教育督导重点内容。推动各地制定义务教育阶段学校标准化的时间表、路线图，解决农村义务教育中寄宿条件不足、大班额、上下学交通困难、基本教学仪器和图书不达标等突出问题。支持各地制定实施贫困地区教师队伍建设规划，统筹教师聘任（聘用）制度改革、农村义务教育学校教师特设岗位计划、中小学教师国家级培训计划、教师合理流动、对口支援等政策，系统解决贫困地区合格教师缺乏问题。对已实施集中连片特殊困难地区乡、村学校和教学点教师生活补助政策的地方，中央财政予以奖补。综合考虑提高教育质量、物价上涨、信息化教育和学生体检等需要，适时提高农村义务教育学校生均公用经费标准。

4. 推进农村学校信息化建设。大力推进宽带网络校校通、优质资源班班通、网络学习空间人人通。各地要结合实施“宽带中国”战略和贫困村信息化工作，积极推动为贫困地区中小学接入宽带网络。将校内信息基础设施建设列入学校新建、改扩建和薄弱学校改造等项目建设内容。加强教师信息技术应用能力培训，建立面向农村的数字教育资源应用平台，扩大优质数字教育资源共享范围，提升农村学校教学质量。

5. 保障学生安全成长。学校要建立面向全体学生和家长的安全教育制度、安全管理制度和应急信息通报报告制度，落实校园安全责任制。改善学校安全条件，建设符合安全标准的校舍、围墙、栅栏等设施，加强视频监控、报警设施和安全防护设备的配备，落实专门人员做好相关工作。寄宿制学校要完善教师值班制度，配备必要的生活管理教师，落实学生宿舍安全管理责任。预防和控制儿童意外伤害。对儿童人身伤害案件依法从重查处。采取就近入学、建设寄宿制学校、发展公共交通、提供校车服务等措施，方便学生安全上下学。净化校园及周边治安环境，维护学生安全和校园稳定。

（五）特殊困难儿童教育和关爱。

1. 完善特殊困难儿童福利制度。重点支持在人口较多和孤儿数量多的县（市）建设一批儿童福利院或社会福利机构儿童部。探索适合孤儿身心发育的养育模式，鼓励家庭收养、寄养和社会助养。落实好为孤儿、艾滋病病毒感染儿童发放基本生活费的政策，探索建立其他困境儿童基本生活保障制度。为0—6岁残疾儿童提供康复补贴。保证适龄孤儿进入相应的学校就读，将义务教育阶段的孤儿寄宿生全面纳入生活补助范围。推进残疾人康复和托养设施建设，基本实现每个地级城市都建有一所专业化残疾人康复机构，并配备儿童听力语言康复、智力康复、孤独症康复、脑瘫康复等设施。

2. 保证残疾儿童受教育权利。逐步提高特殊教育学校生均公用经费标准，对残疾学生实行免学杂费、免费提供教科书、补助家庭经济困难寄宿生生活费等政策，进一步加大残疾学生资助力度。按实际需求配足配齐特殊教育教师，落实特殊教育教师倾斜政策，逐步提高工资待遇水平。加强特殊教育教师培养培训，提高专业化水平。积极创造条件，扩大普通学校随班就读规模，鼓励农村残疾儿童就近接受教育。积极推进全纳教育，使每个残疾儿童都能接受合适的教育。学校和医疗机构要相互配合推进医教结合，实施有针对性的教育、康复和保健。建立和完善服务机制，统筹学校、社区和家庭资源，在有条件的地区为不能进校就读的重度残疾儿童少年提供送教上门服务。支持和指导儿童福利机构特教班建设，落实儿童福利机构特殊教育教师的相应待遇。

3. 完善儿童社会保护服务体系。充分发挥现有流浪儿童救助保护制度的作用，探索建立儿童社会保护“监测预防、发现报告、帮扶干预”反应机制，推动建立以家庭监护为基础、社会监督为保障、国家监护为补充的监护制度。将儿童保护纳入社区管理和服务职能，动员社区学校、幼儿园、医院及其他社会组织参与儿童保护工作。各地可结合实际，依托城乡社区现有公共服务设施建立儿童活动场所。建立儿童社会保护工作机制和服务网络，将救助保护机构扩展为社会保护转介平台，面向社会开展儿童权益保护服务，最大限度改善困境儿童生存状况。进一步加大劳动保障监察执法力度，努力消除使用童工等违法行为。

4. 健全留守儿童关爱服务体系。加强农村寄宿制学校建设，优先满足留守儿童就学、生活和安全需要。学校对留守儿童受教育实施全程管理，注重留守儿童心理健康教育和亲情关爱，及早发现和纠正个别留守儿童的不良行为。强化父母和其他监护人的监护责任并提高其监护能力，加强家庭教育指导服务，引导外出务工家长以各种方式关心留守儿童。依托现有机构和设施，健全留守儿童关爱服务体系，组织乡村干部和农村党员对留守儿童进行结对关爱服务。开展城乡少年手拉手等活动，支持为农村学校捐建手拉手红领巾书屋，建设流动少年宫，丰富留守儿童精神文化生活。

## 三、保障措施

（一）加强整体规划和资源整合。在与现有规划、政策、项目等充分衔接基础上，按照整合资源、集中财力、聚焦重点的原则，统筹规划贫困地区儿童发展政策，充分利用一般性转移支付、现有项目资金、对口支援项目等，按照规划目标集中调配资源，支持贫困地区儿童发展。各有关部门要按照统一部署，把规划主要任务和重点工程纳入本部门发展规划、年度计划，并给予优先安排。

（二）落实经费投入和管理。建立健全以财政投入为主、社会力量参与、家庭合理分担的贫困地区儿童发展经费投入机制。中央和地方财政进一步加大儿童发展投入力度。对支持儿童发展的社会公益项目，有关部门和地方政府要加强协调支持，依法落实税收优惠政策。建立健全管理制度，确保用于贫困地区儿童发展的各项资金使用安全、规范和有效。审计部门要加强对贫困地区儿童发展专项资金和政府购买服务经费的审计。财政部门要加强经费监管和绩效考评。加大资金管理使用公开力度，接受社会监督。对管理中出现的问题，要依法追究相关责任人的责任。

（三）创新公共服务提供方式。鼓励采取政府向社会力量购买服务的方式实施儿童发展项目，对适合市场化方式提供的事项，交由具备条件、信誉良好的群团组织、社会组织和企业等承担，并和社会公益项目有机结合，扩大公共服务供给。规范政府购买服务程序，按照公开、公正、公平的原则，以竞争择优的方式确定承接主体，并通过委托、承包、采购等方式购买儿童健康、教育、福利、安全等领域的公共服务。严格政府购买服务资金管理，在既有预算中统筹安排，以事定费，规范透明。

（四）发挥社会力量作用。积极引导各类公益组织、社会团体、企业和有关国际组织参与支持贫困地区儿童发展。鼓励志愿者到贫困地区开展支教、医疗服务和宣传教育工作。加强政府相关部门、学校、公共卫生和医疗机构与家庭、社区的沟通，鼓励家长参与儿童发展项目的实施。

## 四、组织实施

（一）落实地方政府责任。贫困地区儿童发展工作在国务院统一领导下，实行地方为主、分级负责、各部门协同推进的管理体制。省级政府负责统筹组织，制订实施工作方案和推进计划。地市级政府要加强协调指导，督促县级政府和有关部门明确责任分工，细化政策措施。县级政府要统筹整合各方面资源，落实各项具体政策和工作任务，创新管理和运行方式，切实提高支持政策和项目的执行效率。

（二）明确部门职责分工。发展改革部门要将贫困地区儿童发展纳入国民经济和社会发展总体规划，完善贫困地区妇幼保健和儿童医疗、教育、福利服务等基础设施建设。财政部门要统筹安排财政资金，加强经费监管。教育、卫生计生、民政、公安、工业和信息化、水利、扶贫、妇儿工委等部门要切实履行职责，并加强协调和指导。妇联、共青团、残联等单位要积极参与做好促进儿童发展各项工作。

（三）开展监测评估。各级政府对规划实施进展、质量和成效进行动态监测评估，将规划重点任务落实情况作为政府督查督办重要事项，并将结果作为下一级政府绩效考核重要内容。建立健全评估机制，开展第三方评估。充分发挥卫生计生、教育和社会政策等领域专家作用，开展贫困地区儿童发展重大问题决策咨询。

（四）营造良好氛围。广泛宣传促进贫困地区儿童发展的重要性和政策措施，做好政策解读、回应群众关切，宣传先进典型、推广经验做法，动员全社会关心支持贫困地区儿童发展，为规划实施创造良好社会环境。

# 行业文件

中国人民银行、财政部、中国银行业监督管理委员会、中国证券监督管理委员会、中国保险监督管理委员会、国务院扶贫办、共青团中央关于全面做好扶贫开发金融服务工作的指导意见

教育部办公厅、国家发展和改革委员会办公厅、财政部办公厅关于印发全面改善贫困地区义务教育薄弱学校基本办学条件底线要求的通知

国务院国有资产监督管理委员会、国务院扶贫办关于开展中央企业定点帮扶贫困革命老区百县万村活动的通知

中共中央组织部、国务院扶贫办印发《关于改进贫困县党政领导班子和领导干部经济社会发展实绩考核工作的意见》的通知

# 中国人民银行、财政部、中国银行业监督管理委员会、中国证券监督管理委员会、中国保险监督管理委员会、国务院扶贫办、共青团中央关于全面做好扶贫开发金融服务工作的指导意见

银发〔2014〕65号

为贯彻落实党的十八大、十八届三中全会、中央经济工作会议和中央城镇化工作会议精神，按照《中国农村扶贫开发纲要（2011—2020年）》和《中共中央办公厅 国务院办公厅印发〈关于创新机制扎实推进农村扶贫开发工作的意见〉的通知》（中办发〔2013〕25号）的有关要求，进一步完善金融服务机制，促进贫困地区经济社会持续健康发展，现就全面做好扶贫开发的金融服务工作提出以下意见：

## 一、总体要求

（一）指导思想

以邓小平理论、“三个代表”重要思想、科学发展观为指导，认真落实党中央、国务院关于扶贫开发的总体部署，合理配置金融资源，创新金融产品和服务，完善金融基础设施，优化金融生态环境，积极发展农村普惠金融，支持贫困地区经济社会持续健康发展和贫困人口脱贫致富。

（二）总体目标

按照党的十八大明确提出的全面建成小康社会和大幅减少扶贫对象的目标要求，全面做好贫困地区的金融服务，到2020年使贫困地区金融服务水平接近全国平均水平，初步建成全方位覆盖贫困地区各阶层和弱势群体的普惠金融体系，金融对促进贫困地区人民群众脱贫致富、促进区域经济社会可持续发展的作用得到充分发挥。

1. 信贷投入总量持续增长。力争贫困地区每年各项贷款增速高于当年贫困地区所在省（区、市）各项贷款平均增速，新增贷款占所在省（区、市）贷款增量的比重高于上年同期水平。

2. 融资结构日益优化。信贷结构不断优化，直接融资比例不断上升。通过加强对企业上市的培育，促进贫困地区上市企业、报备企业及重点后备上市企业的规范健康发展，资本市场融资取得新进展。推动债券市场产品和制度创新，实现直接融资规模同比增长。

3. 金融扶贫开发组织体系日趋完善。政策性金融的导向作用进一步显现，商业性金融机构网点持续下沉，农村信用社改革不断深化，新型农村金融机构规范发展，形成政策性金融、商业性金融和合作性金融协调配合、共同参与的金融扶贫开发新格局。

4. 金融服务水平明显提升。到 2020 年，具备商业可持续发展条件的贫困地区基本实现金融机构乡镇全覆盖和金融服务行政村全覆盖，建成多层次、可持续的农村支付服务体系和完善的农村信用体系，贫困地区金融生态环境得到进一步优化。

（三）基本原则

1. 开发式扶贫原则。坚持以产业发展为引领，通过完善金融服务，促进贫困地区和贫困人口提升自我发展能力，增强贫困地区“造血”功能，充分发挥其发展生产经营的主动性和创造性，增加农民收入，实现脱贫致富。

2. 商业可持续原则。坚持市场化和政策扶持相结合，以市场化为导向，以政策扶持为支撑，充分发挥市场配置资源的决定性作用，健全激励约束机制，在有效防范金融风险的前提下，引导金融资源向贫困地区倾斜。

3. 因地制宜原则。立足贫困地区实际，根据不同县域的产业特点、资源禀赋和经济社会发展趋势，结合不同主体的差异化金融需求，创新扶贫开发金融服务方式，让贫困地区农业、农村和农民得到更高效、更实惠的金融服务。

4. 突出重点原则。加强与贫困地区区域发展规划和相关产业扶贫规划相衔接，重点支持贫困地区基础设施建设、主导优势产业和特色产品发展，保护生态环境，着力提供贫困人口、特别是创业青年急需的金融产品和服务，破除制约金融服务的体制机制障碍，努力寻求重点领域新突破。

（四）实施范围

本意见的实施范围为《中国农村扶贫开发纲要（2011—2020 年）》确定的六盘山区、秦巴山区、武陵山区、乌蒙山区、滇桂黔石漠化区、滇西边境山区、大兴安岭南麓山区、燕山—太行山区、吕梁山区、大别山区、罗霄山区等区域的连片特困地区和已经明确实施特殊政策的西藏、四省藏区、新疆南疆三地州，以及连片特困地区以外的国家扶贫开发工作重点县，共计 832 个县。

## 二、重点支持领域

（一）支持贫困地区基础设施建设。加大贫困地区道路交通、饮水安全、电力保障、危房改造、农田水利、信息网络等基础设施建设的金融支持力度，积极支持贫困地区新农村和小城镇建设，增强贫困地区经济社会发展后劲。

（二）推动经济发展和产业结构升级。积极做好对贫困地区特色农业、农副产品加工、旅游、民族文化产业等特色优势产业的金融支持，不断完善承接产业转移和新兴产业发展的配套金融服务，促进贫困地区产业协调发展。

（三）促进就业创业和贫困户脱贫致富。积极支持贫困农户、农村青年致富带头人、大学生村官、妇女、进城务工人员、返乡农民工、残疾人等群体就业创业，加大对劳动密集型企业、小型微型企业及服务业的信贷支持，努力做好职业教育、继续教育、技术培训的金融服务，提升就业创业水平。

（四）支持生态建设和环境保护。做好贫困地区重要生态功能区、生态文明示范工程、生态移民等项目建设的金融服务工作，支持结合地方特色发展生态经济，实现贫困地区经济社会和生态环境可持续发展。

## 三、重点工作

（一）进一步发挥政策性、商业性和合作性金融的互补优势。充分发挥农业发展银行的政策优势，积极探索和改进服务方式，加大对贫困地区信贷支持力度。鼓励国家开发银行结合自身业务特点，合理调剂信贷资源，支持贫困地区基础设施建设和新型城镇化发展。继续深化中国农业银行“三农金融事业部”改革，强化县事业部“一级经营”能力，提升对贫困地区的综合服务水平。强化中国邮政储蓄银行贫困地区县以下机构网点功能建设，积极拓展小额贷款业务，探索资金回流贫困地区的合理途径。注重发挥农村信用社贫困地区支农主力军作用，继续保持县域法人地位稳定，下沉经营管理重心，真正做到贴近农民、扎根农村、做实县域。鼓励其他商业银行创新信贷管理体制，适当放宽基层机构信贷审批权限，增加贫困地区信贷投放。积极培育村镇银行等新型农村金融机构，规范发展小额贷款公司，支持民间资本在贫困地区优先设立金融机构，有效增加对贫困地区信贷供给。继续规范发展贫困村资金互助组织，在管理民主、运行规范、带动力强的农民合作社基础上培育发展新型农村合作金融组织。

（二）完善扶贫贴息贷款政策，加大扶贫贴息贷款投放。充分发挥中央财政贴息资金的杠杆作用。支持各地根据自身实际需求增加财政扶贫贷款贴息资金规模。完善扶贫贴息贷款管理实施办法，依照建档立卡认定的贫困户，改进项目库建设、扶贫企业和项目认定机制，合理确定贷款贴息额度。优化扶贫贴息贷款流程，支持金融机构积极参与发放扶贫贴息贷款。加强对扶贫贴息贷款执行情况统计和考核，建立相应的激励约束机制。

（三）优化金融机构网点布局，提高金融服务覆盖面。积极支持和鼓励银行、证券、保险机构在贫困地区设立分支机构，进一步向社区、乡镇延伸服务网点。优先办理金融机构在贫困地区开设分支机构网点的申请，加快金融服务网点建设。各金融机构要合理规划网点布局，加大在金融机构空白乡镇规划设置物理网点的工作力度，统筹增设正常营业的固定网点、定时服务的简易服务网点（或固定网点）和多种物理机具，并在确保安全的前提下，开展流动服务车、背包银行等流动服务。严格控制现有贫困地区网点撤并，提高网点覆盖面，积极推动金融机构网点服务升级。加大贫困地区新型农村金融机构组建工作力度，严格执行新型农村金融机构东西挂钩、城乡挂钩、发达地区和欠发达地区挂钩的政策要求，鼓励延伸服务网络。

（四）继续改善农村支付环境，提升金融服务便利度。加快推进贫困地区支付服务基础设施建设，逐步扩展和延伸支付清算网络的辐射范围，支持贫困地区符合条件的农村信用社、村镇银行等银行业金融机构以经济、便捷的方式接入人民银行跨行支付系统，畅通清算渠道，构建城乡一体的支付结算网络。大力推广非现金支付工具，优化银行卡受理环境，提高使用率，稳妥推进网上支付、移动支付等新型电子支付方式。进一步深化银行卡助农取款和农民工银行卡特色服务，切实满足贫困地区农民各项支农补贴发放、小额取现、转账、余额查询等基本服务需求。鼓励金融机构柜面业务合作，促进资源共享，加速城乡资金融通。积极引导金融机构和支付机构参与农村支付服务环境建设，扩大支付服务主体，提升服务水平，推动贫困地区农村支付服务环境改善工作向纵深推进。

（五）加快推进农村信用体系建设，推广农村小额贷款。深入开展“信用户”、“信用村”、“信用乡（镇）”以及“农村青年信用示范户”创建活动，不断提高贫困地区各类经济主体的信用意识，营造良好农村信用环境。稳步推进农户、家庭农场、农民合作社、农村企业等经济主体电子信用档案建设，多渠道整合社会信用信息，完善信用评价与共享机制。促进信用体系建设与农户小额信贷有效结合，鼓励金融机构创新农户小额信用贷款运作模式，提高贫困地区低收入农户的申贷获得率，切实发挥农村信用体系在提升贫困地区农户信用等级、降低金融机构支农成本和风险、增加农村经济活力等方面的重要作用。积极探索多元化贷款担保方式和专属信贷产品，大力推进农村青年创业小额贷款和妇女小额担保贷款工作。

（六）创新金融产品和服务方式，支持贫困地区发展现代农业。各银行业金融机构要创新组织、产品和服务，积极探索开发适合贫困地区现代农业发展特点的贷款专项产品和服务模式。大力发展大型农机具、林权抵押、仓单和应收账款质押等信贷业务，重点加大对管理规范、操作合规的家庭农场、专业大户、农民合作社、产业化龙头企业和农村残疾人扶贫基地等经营组织的支持力度。稳妥开展农村土地承包经营权抵押贷款和慎重稳妥推进农民住房财产权抵押贷款工作，进一步拓展抵押担保物范围。结合农户、农场、农民合作社、农业产业化龙头企业之间相互合作、互惠互利的生产经营组织形式新需求，健全"企业+农民合作社+农户"、"企业+家庭农场"、"家庭农场+农民合作社"等农业产业链金融服务模式，提高农业金融服务集约化水平。

（七）大力发展多层次资本市场，拓宽贫困地区多元化融资渠道。进一步优化主板、中小企业板、创业板市场的制度安排，支持符合条件的贫困地区企业首次公开发行股票并上市，鼓励已上市企业通过公开增发、定向增发、配股等方式进行再融资，支持已上市企业利用资本市场进行并购重组实现整体上市。鼓励证券交易所、保荐机构加强对贫困地区具有自主创新能力、发展前景好的企业的上市辅导培育工作。加大私募股权投资基金、风险投资基金等产品创新力度，充分利用全国中小企业股份转让系统和区域性股权市场挂牌、股份转让功能，促进贫困地区企业融资发展。鼓励和支持符合条件的贫困地区企业通过发行企业（公司）债券、短期融资券、中期票据、中小企业集合票据及由证券交易所备案的中小企业私募债券等多种债务融资工具，扩大直接融资的规模和比重。

（八）积极发展农村保险市场，构建贫困地区风险保障网络。贫困地区各保险机构要认真按照《农业保险条例》（中华人民共和国国务院令第629号）的要求，创新农业保险险种，提高保险服务质量，保障投保农户的合法权益。鼓励保险机构在贫困地区设立基层服务网点，进一步提高贫困地区保险密度和深度。鼓励发展特色农业保险、扶贫小额保险，扩大特色种养业险种。积极探索发展涉农信贷保证保险，提高金融机构放贷积极性。加大农业保险支持力度，扩大农业保险覆盖面。支持探索建立适合贫困地区特点的农业保险大灾风险分散机制，完善多种形式的农业保险。拓宽保险资金运用范围，进一步发挥保险对贫困地区经济结构调整和转型升级的积极作用。

（九）加大贫困地区金融知识宣传培训力度。加强对贫困地区县以下农村信用社、邮储银行、新型农村金融机构及小额信贷组织的信贷业务骨干进行小额信贷业务和技术培训，提升金融服务水平。对贫困地区基层干部进行农村金融改革、小额信贷、农业保险、资本市场及合作经济等方面的宣传培训，提高运用金融杠杆发展贫困地区经济的意识和能力。各相关部门、各级共青团组织、金融机构、行业组织、中国金融教育发展基金会等社会团体要加强协同配合，充分发挥"金融惠民工程"、"送金融知识下乡"等项目的作用，积极开展对贫困地区特定群体的专项金融教育培训。鼓励涉农金融机构加强与地方政府部门及共青团组织的协调合作，创新开展贫困地区金融教育培训，使农民学会用金融致富，当好诚信客户。

（十）加强贫困地区金融消费权益保护工作。各金融机构要重视贫困地区金融消费权益保护工作，加强对金融产品和服务的信息披露和风险提示，依法合规向贫困地区金融消费者提供服务。公平对待贫困地区金融消费者，严格执行国家关于金融服务收费的各项规定，切实提供人性化、便利化的金融服务。各金融机构要完善投诉受理、处理工作机制，切实维护贫困地区金融消费者的合法权益。各相关部门要统筹安排金融知识普及活动，建立金融知识普及工作长效机制，提高贫困地区金融消费者风险识别和自我保护的意识和能力。

**四、保障政策措施**

（一）加大货币政策支持力度。进一步加大对贫困地区支农再贷款支持力度，合理确定支农再贷款期限，促进贫困地区金融机构扩大涉农贷款投放，力争贫困地区支农再贷款额度占所在省（区、市）的比重高于上年同期水平。对贫困地区县内一定比例存款用于当地贷款考核达标的、贷款投向主要用于“三农”等符合一定条件的金融机构，其新增支农再贷款额度，可在现行优惠支农再贷款利率上再降 1 个百分点。合理设置差别准备金动态调整公式相关参数，支持贫困地区法人金融机构增加信贷投放。继续完善再贴现业务管理，支持贫困地区农村企业尤其是农村中小企业获得融资。

（二）实施倾斜的信贷政策。积极引导小额担保贷款、扶贫贴息贷款、国家助学贷款等向贫困地区倾斜。进一步完善民族贸易和民族特需商品贷款管理制度，继续对民族贸易和民族特需商品生产贷款实行优惠利率。各金融机构要在坚持商业可持续和风险可控原则下，根据贫困地区需求适时调整信贷结构和投放节奏，全国性银行机构要加大系统内信贷资源调剂力度，从授信审查、资金调度、绩效考核等方面对贫困地区给予优先支持，将信贷资源向贫困地区适当倾斜。贫困地区当地地方法人金融机构要多渠道筹集资本，增加信贷投放能力，在满足宏观审慎要求和确保稳健经营的前提下加大对贫困地区企业和农户的信贷支持力度。

（三）完善差异化监管政策。要充分借鉴国际监管标准，紧密结合贫困地区实际，不断完善农村金融监管制度，改进监管手段和方法，促进农村金融市场稳健发展。适当放宽贫困地区现行存贷比监管标准，对于符合条件的贫困地区金融机构发行金融债券募集资金发放的涉农、小微企业贷款，以及运用再贷款再贴现资金发放的贷款，不纳入存贷比考核。根据贫困地区金融机构贷款的风险、成本和核销等具体情况，对不良贷款比率实行差异化考核，适当提高贫困地区金融机构不良贷款率的容忍度，提高破产法的执行效率，在有效保护股东利益的前提下，提高金融机构不良贷款核销效率。在计算资本充足率时，按照《商业银行资本管理办法（试行）》（中国银行业监督管理委员会令 2012 年第 1 号发布）的规定，对于符合规定的涉农贷款和小微企业贷款适用 75% 的风险权重。使用内部评级法的银行，对于符合规定的涉农贷款和小微企业贷款可以划入零售贷款风险暴露计算其风险加权资产。

（四）加大财税政策扶持力度。加强金融政策与财政政策协调配合，有效整合各类财政资金，促进形成多元化、多层次、多渠道的投融资体系，充分发挥财政政策对金融业务的支持和引导作用。推动落实农户贷款税收优惠、涉农贷款增量奖励、农村金融机构定向费用补贴等政策，降低贫困地区金融机构经营成本，调动金融机构布点展业的积极性。支持有条件的地方多渠道筹集资金，设立扶贫贷款风险补偿基金和担保基金，建立健全风险分散和补偿机制，有效分担贫困地区金融风险。鼓励和引导有实力的融资性担保机构通过再担保、联合担保以及担保与保险相结合等多种形式，积极提供扶贫开发融资担保。

## 五、加强组织领导

（一）加强部门协调。各有关部门要认真履行职责，加强协调配合，建立人民银行牵头、多部门共同参与的信息共享和工作协调机制。人民银行各分支机构要加强统筹协调，灵活运用多种货币信贷政策工具，努力推动相关配套政策落实，确保贫困地区金融服务工作有序、有效开展；财政部门要支持各地立足本地实际，逐步增加财政扶贫贷款贴息资金；银行业监管部门要完善银行业金融机构差异化监管政策和准入制度，实行绿色通道，完善融资性担保机构部际联席会议机制，促进融资性担保机构在扶贫开发金融服务中发挥积极作用；证券监管部门要积极支持和培育贫困地区企业上市，并通过资本市场融资；保险监管部门要积极推进农村保险市场建设，不断增强贫困地区风险保障功能；扶贫部门要完善精准扶贫工作机制，建立健全贫困户、项目库等信息系统，做好优质项目、企业的推荐工作；共青团组织要加大农村青年致富带头人的培养力度，发挥其在贫困地区脱贫致富中的带动作用。

（二）完善监测考核。建立和完善贫困地区金融服务的统计分析制度，及时了解工作进展和存在问题。创新开展贫困地区县域法人金融机构一定比例存款用于当地贷款考核和金融支持贫困地区发展的专项信贷政策导向效果评估，并将考核和评估结果作为实施差别准备金动态调整和再贷款（再贴现）政策、银行间市场业务准入管理、在银行间债券市场开展金融产品创新试点、新设金融机构加入人民银行金融管理与服务体系、差异化监管及费用补贴的重要依据，促进金融政策在贫困地区得到有效贯彻落实。

请人民银行上海总部，各分行、营业管理部、省会（首府）城市中心支行会同所在省（区、市）财政部门、银监局、证监局、保监局、扶贫部门、共青团组织将本意见联合转发至辖区内相关机构，并协调做好本意见的贯彻实施工作。

中国人民银行　财政部　银监会　证监会
保监会　国务院扶贫办　共青团中央
2014 年 3 月 6 日

# 教育部办公厅、国家发展和改革委员会办公厅、财政部办公厅关于印发全面改善贫困地区义务教育薄弱学校基本办学条件底线要求的通知

教基一厅〔2014〕5号

各省、自治区、直辖市教育厅（教委）、发展改革委、财政厅（局），新疆生产建设兵团教育局、发展改革委、财务局：

为进一步加强对各地全面改善贫困地区义务教育薄弱学校基本办学条件工作指导，面向贫困地区，聚焦薄弱学校，确保实现“保基本、补短板”工作目标，经研究，提出《全面改善贫困地区义务教育薄弱学校基本办学条件底线要求》（简称“底线要求”），现予印发，并就有关事宜通知如下。

一、“底线要求”以《中小学校设计规范》（GB50099—2011）、《农村普通中小学校建设标准》（建标109—2008）、《农村寄宿制学校生活卫生设施建设与管理规范》、《国家学校体育卫生条件试行基本标准》等国家标准、教育行业标准及相关政策文件为基本依据，共计20项。

二、各地应将“底线要求”作为全面改善贫困地区义务教育薄弱学校基本办学条件项目优先保障、必须完成的建设内容，并在实施过程中，以学校为单位予以优先落实。教学点可根据实际情况参照执行。各地可在“底线要求”基础上，依照相关标准或文件，结合当地实际，提出要求，既要“保底”，也要“限高”，严禁搞超标准豪华建设。

三、各地要把“底线要求”纳入项目规划和年度实施计划，作为规划编制的重要依据。各地有关部门要把“底线要求”与绩效目标表（见《教育部办公厅　国家发展改革委办公厅　财政部办公厅关于制定全面改善贫困地区义务教育薄弱学校基本办学条件实施方案的通知》附件1）一并作为项目绩效评估依据。各地教育督导部门要将“底线要求”纳入农村义务教育学校基本办学条件专项督导，加强督导检查。

教育部办公厅　国家发展改革委办公厅

财政部办公厅

2014年7月18日

# 全面改善贫困地区义务教育薄弱学校基本办学条件底线要求

1. 消除D级危房。新建校舍抗震设防类别不低于重点设防类，满足综合防灾要求。

2. 多层校舍建筑每幢不少于2部楼梯，楼梯坡度不大于30度，护栏坚固。

3. 教室和宿舍内外墙面平整，无明显尖锐突出物体，室内无裸露电线。

4. 教学用房室内采光良好，照明设施完善，光线充足。

5. 学生1人1桌1椅（凳）。

6. 按国家标准配置满足教学需求的黑板。

7. 设置旗台、旗杆，按要求升国旗。

8. 具备适合学生特点的体育活动场地和设施设备，有利于开展具有当地特色的体育活动。

9. 因地制宜设置满足校园安全需要的围墙或围栏。

10. 新增图书为适合学生年龄特点的正版图书，配备复本量应视学校规模和图书使用频率合理确定。

11. 有可供开展多媒体教学的教室。

12. 学生宿舍不设在地下室或半地下室。

13. 寄宿学生每人1个床位，消除“大通铺”现象。

14. 寄宿制学校或供餐学校具备食品制作或加热条件。

15. 配备开水供应设施设备。

16. 有条件的地方，新建校舍一般设置水冲式厕所。厕位够用，按1∶3设置男女蹲位。旱厕应按学校专用无害化卫生厕所设置。

17. 除特别干旱地区外，寄宿制学校应设置淋浴设施。

18. 配置消防和应急照明设备，设置疏散标志。

19. 在校门、宿舍等关键部位安装摄像头和报警装置。宿舍区配备急救箱。

20. 消除66人以上超大班额。

# 国务院国有资产监督管理委员会、国务院扶贫办关于开展中央企业定点帮扶贫困革命老区百县万村活动的通知

国资发群工〔2014〕167号

各有关中央企业，各省（区、市）扶贫办：

为认真贯彻落实2014年10月17日召开的全国社会扶贫工作电视电话会议精神，进一步做好中央企业定点扶贫工作，切实为革命老区群众办实事、做好事，帮助革命老区群众解决最急需、最迫切的民生问题，国资委、国务院扶贫办决定联合开展“中央企业定点帮扶贫困革命老区百县万村”专项活动。现将有关事项通知如下：

## 一、活动内容

革命老区在革命战争年代为中国革命的胜利付出了巨大牺牲，为共和国的创建做出了历史性贡献。由于历史和自然条件的制约，目前部分老区群众的生产生活还面临许多困难，尤其是边远地区基础设施依然薄弱，社会事业仍显滞后，贫困问题尚未根本解决，扶贫工作任务仍然艰巨。根据中国老区建设促进会的统计数据，全国现有1389个革命老区县（至少有一个老区乡镇的县级城市）。其中贫困地区的革命老区县共357个，共有建档立卡贫困村3.5万个，建档立卡贫困人口约2900万人。在中央企业定点帮扶的239个国家扶贫开发工作重点县中，贫困革命老区县有108个，有14954个建档立卡贫困村，涉及68家中央企业。这些老区县的贫困程度较深，基础设施建设欠账多，社会事业滞后，经济发展支撑能力不足。特别是群众反映强烈的“行路难、用水难、用电难”等热点民生问题仍然突出，成为老区发展的主要瓶颈。

活动将重点聚焦贫困老区村“三缺”（缺路、缺水、缺电）问题，加大对老区扶贫的投入力度，加快实施一批小型基础设施项目，有效解决老区发展的现实困难。活动期间，有关中央企业将会同贫困革命老区县，着重在贫困老区村实施村内道路建设（通组路、生产路和联户路等），小型农田水利设施建设和生产生活用电项目建设。通过中央企业的定点帮扶，率先在这些贫困村解决村内道路、小型农田水利设施和电力设施等方面的需求。

## 二、活动目标

活动将组织动员中央企业集中时间、

集中力量、集中资金，加快实施一批路、水、电等小型基础设施项目，有效解决老区发展的现实困难，加快老区脱贫致富步伐。通过建设一批村内交通设施，实现贫困老区村道路硬化，有效缓解老区群众出行难、上学难、发展生产难的问题，为项目区生产发展和农户增收奠定基础。通过建设一批小型农田水利设施，提高农业综合生产能力，增强农业抵御自然灾害的能力。通过建设一批电力设施，解决贫困老区村生产生活用电需求。

## 三、活动期限

计划用 3 年（2015—2017 年）时间完成。工作任务重、建设项目多的企业，活动时间可适当延长。

## 四、活动实施进度

（一）从本通知印发之日起启动活动。

（二）2014 年 11 月下旬，国资委、国务院扶贫办共同召开专题会议进行动员部署。

（三）由 68 家定点帮扶的中央企业牵头，108 个重点县扶贫办配合，对贫困老区村需求情况（“三缺”情况）进行深入细致地调研，基本摸清“三缺”情况底数，统计缺路、缺水、缺电情况，测算资金需求。

（四）有关中央企业会同各贫困革命老区县，于 2015 年一季度前分县编制完成帮扶项目规划，明确资金需求和资金投向，确定分年度帮扶计划。

（五）按确定分年度帮扶项目计划进行分年度实施。

（六）对帮扶完成的项目开展验收、资金审计和项目总结。

（七）总结项目经验，展示项目成效，推广项目做法。

## 五、工作要求

（一）尽力而为，量力而行。各有关中央企业要切实履行政治责任和社会责任，扎实开展活动，确保取得成效，为贫困革命老区群众做贡献。同时，如所结对帮扶的贫困革命老区县“三缺”问题较多，所需资金量过大，确超过中央企业承受能力的，中央企业可选择部分项目开展。

（二）相互配合，形成合力。活动各有关方面要相互支持、相互配合，共同努力。活动由国资委扶贫工作协调小组办公室、国务院扶贫办发展中心负责项目具体实施工作，由革命老区建设促进会负责或委托第三方对项目年度实施情况进行评估。各有关中央企业、各有关贫困革命老区县要充分沟通、相互协作，共同制定好项目规划并实施，确保活动取得成效。

附件：中央企业定点帮扶的贫困老区县结对关系表

国务院国有资产监督管理委员会

国务院扶贫开发领导小组办公室

2014 年 10 月 24 日

## 附件

### 中央企业定点帮扶的贫困老区县结对关系表

| 序号 | 单位 | 定点帮扶的贫困老区县 | |
|---|---|---|---|
| 1 | 中国核工业集团公司 | 2 | 石柱（武陵山区、重庆）；同心（六盘山区、宁夏） |
| 2 | 中国核工业建设集团公司 | 1 | 旬阳（秦巴山区、陕西） |
| 3 | 中国航天科技集团公司 | 2 | 洋县（秦巴山区、陕西）；涞源（燕山—太行山区、河北） |
| 4 | 中国航空工业集团公司 | 1 | 西乡（秦巴山区、陕西） |
| 5 | 中国兵器工业集团公司 | 1 | 甘南（大兴安岭南麓山区、黑龙江） |
| 6 | 中国电子科技集团公司 | 2 | 绥德（吕梁山区、陕西）；叙永（乌蒙山区、四川） |
| 7 | 中国石油天然气集团公司 | 4 | 台前、范县（河南）；习水（乌蒙山区、贵州）；横峰（江西） |
| 8 | 中国石油化工集团公司 | 1 | 岳西（大别山区、安徽） |
| 9 | 中国海洋石油总公司 | 3 | 保亭、五指山（海南）；卓资（内蒙古） |
| 10 | 国家电网公司 | 4 | 巴东、秭归、长阳（武陵山区、湖北）；神农架（湖北） |
| 11 | 中国南方电网有限责任公司 | 1 | 东兰（滇桂黔石漠化区、广西） |
| 12 | 中国华能集团公司 | 1 | 横山（吕梁山区、陕西） |
| 13 | 中国大唐集团公司 | 1 | 大化（滇桂黔石漠化区、广西） |
| 14 | 中国国电集团公司 | 2 | 宁城（内蒙古）；右玉（山西） |
| 15 | 中国电力投资集团公司 | 1 | 商城（大别山区、河南） |
| 16 | 中国长江三峡集团公司 | 1 | 万安（罗霄山区、江西） |
| 17 | 神华集团有限责任公司 | 2 | 米脂、吴堡（吕梁山区、陕西） |
| 18 | 中国联合网络通信集团公司 | 2 | 沽源（燕山—太行山区、河北）；饶河（黑龙江） |
| 19 | 中国移动通信集团公司 | 2 | 汤原、桦南（黑龙江） |
| 20 | 中国电子信息产业集团有限公司 | 4 | 阆中（四川）；松桃（武陵山区、贵州）；临高（海南）；镇安（秦巴山区、陕西） |
| 21 | 中国第一汽车集团公司 | 2 | 和龙（吉林）；凤山（滇桂黔石漠化区、广西） |
| 22 | 东风汽车公司 | 1 | 马山（滇桂黔石漠化区、广西） |
| 23 | 中国第一重型机械集团公司 | 1 | 泗县（安徽） |
| 24 | 中国东方电气集团有限公司 | 1 | 吉县（吕梁山区、山西） |
| 25 | 武汉钢铁（集团）公司 | 2 | 罗田（大别山区、湖北）；上林（滇桂黔石漠化区、广西） |
| 26 | 中国铝业公司 | 1 | 阳新（湖北） |
| 27 | 中国远洋运输（集团）总公司 | 1 | 安化（武陵山区、湖南） |
| 28 | 中国航空集团公司 | 1 | 昭平（广西） |
| 29 | 中粮集团有限公司 | 2 | 延寿（黑龙江）；隆安（滇桂黔石漠化区、广西） |

续表

| 序号 | 单位 | 定点帮扶的贫困老区县 | |
|---|---|---|---|
| 30 | 中国五矿集团公司 | 3 | 威信、镇雄、彝良（乌蒙山区、云南） |
| 31 | 中国通用技术（集团）控股有限责任公司 | 1 | 武川（内蒙古） |
| 32 | 中国储备粮管理总公司 | 1 | 拜泉（大兴安岭南麓山区、黑龙江） |
| 33 | 国家开发投资公司 | 2 | 合水、宁县（六盘山区、甘肃） |
| 34 | 招商局集团有限公司 | 2 | 威宁（乌蒙山区、贵州）；蕲春（大别山区、湖北） |
| 35 | 华润（集团）有限公司 | 2 | 广昌（江西）；海原（六盘山区、宁夏） |
| 36 | 国家核电技术有限公司 | 1 | 延川（陕西） |
| 37 | 中国商用飞机有限责任公司 | 1 | 西吉（六盘山区、宁夏） |
| 38 | 中国节能环保集团公司 | 2 | 嵩县（秦巴山区、河南）；富川（广西） |
| 39 | 中国诚通控股集团有限公司 | 1 | 宜阳（河南） |
| 40 | 中国中煤能源集团公司 | 3 | 蔚县（燕山—太行山区、河北）；赵家蓬（河北）；印江（武陵山区、贵州） |
| 41 | 中国煤炭科工集团有限公司 | 2 | 寿县（大别山区、安徽）；武乡（山西） |
| 42 | 中国机械工业集团有限公司 | 2 | 固始（大别山区、河南）；朝天（秦巴山区、四川） |
| 43 | 机械科学研究总院 | 1 | 新县（大别山区、河南） |
| 44 | 中国冶金科工集团有限公司 | 2 | 沿河、德江（武陵山区、贵州） |
| 45 | 中国钢研科技集团公司 | 1 | 山阳（秦巴山区、陕西） |
| 46 | 中国化工集团公司 | 1 | 平山（河北） |
| 47 | 中国化学工程集团公司 | 2 | 环县、华池（六盘山区、甘肃） |
| 48 | 中国轻工集团公司 | 1 | 喀喇沁旗（内蒙古） |
| 49 | 中国盐业总公司 | 2 | 定边、宜川（陕西） |
| 50 | 中国恒天集团公司 | 1 | 平陆（山西） |
| 51 | 中国建筑材料集团有限公司 | 1 | 石台（安徽） |
| 52 | 中国建筑科学研究院 | 1 | 偏关（山西） |
| 53 | 中国南车集团公司 | 2 | 那坡、靖西（滇桂黔石漠化区、广西） |
| 54 | 中国铁路工程总公司 | 3 | 桂东、汝城（罗霄山区、湖南）；保德（山西） |
| 55 | 中国农业发展集团总公司 | 1 | 萧县（安徽） |
| 56 | 中国中纺集团公司 | 1 | 修水（江西） |
| 57 | 中国中丝集团公司 | 1 | 忻城（滇桂黔石漠化区、广西） |
| 58 | 中国医药集团总公司 | 1 | 靖宇（吉林） |
| 59 | 中国保利集团公司 | 2 | 五台（燕山—太行山区、山西）；河曲（山西） |
| 60 | 新兴际华集团有限公司 | 1 | 四子王旗（内蒙古） |
| 61 | 中国航空油料集团公司 | 1 | 盐池（宁夏） |
| 62 | 中国民航信息集团公司 | 1 | 神池（吕梁山区、山西） |

续表

| 序号 | 单位 | 定点帮扶的贫困老区县 | |
|---|---|---|---|
| 63 | 中国能源建设集团有限公司 | 2 | 镇巴（秦巴山区、陕西）；西林（滇桂黔石漠化区、广西） |
| 64 | 中国广核集团有限公司 | 2 | 乐业、凌云（滇桂黔石漠化区、广西） |
| 65 | 中国华录集团有限公司 | 1 | 上蔡（河南） |
| 66 | 武汉邮电科学研究院 | 1 | 大悟（大别山区、湖北） |
| 67 | 中国铁路物资总公司 | 1 | 孝昌（大别山区、湖北） |
| 68 | 中国国新控股有限责任公司 | 1 | 利川（武陵山区、湖北） |
| | | 108 | |

# 中共中央组织部、国务院扶贫办印发《关于改进贫困县党政领导班子和领导干部经济社会发展实绩考核工作的意见》的通知

组通字〔2014〕43号

各省、自治区、直辖市党委组织部、扶贫办（局），新疆生产建设兵团党委组织部、扶贫办：

《关于改进贫困县党政领导班子和领导干部经济社会发展实绩考核工作的意见》已经中央领导同志同意，现印发给你们，请结合实际认真贯彻执行。

中共中央组织部　国务院扶贫办

2014年12月11日

# 关于改进贫困县党政领导班子和领导干部经济社会发展实绩考核工作的意见

为贯彻落实中央关于改进贫困县考核机制和领导干部政绩考核工作的要求，引导贫困县党政领导班子和领导干部树立正确的政绩观，促进贫困县转变发展方式，加快减贫脱贫步伐，提高科学发展水平，现就改进贫困县党政领导班子和领导干部经济社会发展实绩考核工作，提出如下意见。

1. 从贫困县实际出发考核发展实绩。贫困县大多地处偏远地区，基础设施薄弱，生态环境脆弱，经济发展水平低，社会事业发展滞后，发展条件、发展方式和发展要求有自身特点。对贫困县党政领导班子和领导干部经济社会发展实绩考核，应体现贫困地区发展的特殊性和主体功能定位，不能把考核其他市县的指标简单套用到对贫困县的考核，把省（自治区、直辖市）、市（地、州、盟）经济增长速度的目标要求简单倒推为贫困县的考核目标。

2. 突出发展导向。实绩考核要突出加快发展、科学发展的要求，把发展作为解决贫困的根本出路，把尽快实现脱贫致富

作为首要任务，注重考核转变发展方式、解决制约发展的突出问题的情况，通过考核明确和落实发展责任。

3. 合理设置经济发展的考核指标。增加特色优势产业指标和权重，弱化贫困县地区生产总值、工业增加值、固定资产投资等指标的考核，引导贫困县立足资源禀赋和产业基础，做好特色文章，实现差异竞争、错位发展。限制开发区域和生态脆弱的国家扶贫开发工作重点县取消地区生产总值考核，注意考核与其主体功能定位相适应、当地资源环境可承载的产业发展情况。

4. 把扶贫开发作为经济社会发展实绩考核的主要内容。把提高贫困人口生活水平、减少贫困人口数量和改善贫困地区生产生活条件作为考核评价扶贫开发成效的主要指标，着力考核通过精准扶贫、扶贫资金使用、扶贫项目实施、扶贫产业发展，增强贫困地区发展内生动力和活力，带动贫困群众持续稳定增收的情况。

5. 注重对减贫脱贫紧密关联的民生改善、社会事业发展情况的考核。坚持以人为本，着重围绕改善贫困地区群众生产生活条件，提高脱贫致富能力，考核基础设施建设、教育、医疗卫生、住房、养老保障、公共文化服务体系建设等情况，引导贫困县着力消除群众因缺少教育和社会保障而致贫返贫的根源，促进社会公平与和谐。

6. 强化生态环境保护情况的考核。针对贫困地区多属水系源头区、生态涵养保护区的实际，加大生态文明建设的考核力度，提高生态效益、资源消耗、环境损害等指标的权重，引导贫困县正确处理经济发展、资源开发与环境保护的关系，促进经济社会发展与人口资源环境相协调。

7. 把党的建设纳入实绩考核。考核贫困县党委及其主要负责人的实绩，要把党的建设情况作为重要内容。以扶贫开发工作为重点，围绕扶贫资金使用、土地征用、矿产资源开发、重大工程项目等，考核落实主体责任，严格党风廉政建设责任制的情况；以坚持党员干部联系服务群众制度，持之以恒地解决“四风”问题，帮助群众脱贫致富为重点，考核干部队伍建设情况；以加强服务型党组织建设，切实发挥基层党组织推动发展、服务群众、凝聚人心、促进和谐作用为重点，考核基层党组织和党员队伍建设情况。要以党的建设考核推动扶贫开发工作，以扶贫开发的实际成效检验党建工作的成效。

8. 改进考核评价方法。实行分类考核，将发展基础、资源禀赋、功能定位等条件相同或相近的县划分为一个类别进行考核。既要与其他县特别是同类县进行横向比较，更要注重与自身的纵向比较，重视在原有发展基础和水平上的进步与提高，对贫困县取得的成绩进行实事求是地评价。坚持辩证地分析评价实绩，既看发展成效，又看客观条件、主观努力情况，既考量力而行，又考尽力而为，使贫困县党政领导班子和领导干部的努力程度和作风状况得到客观公正的评价。注重群众公认，把群众的切身感受和满意度作为考核评价实绩的重要依据，使实绩考核真正落到实处，让群众得到实惠。

9. 强化考核结果运用。要把考核结果与干部的年度考核、综合考核评价挂钩，作为确定年度考核等次、形成综合评价意见的重要依据，作为干部选拔任用的重要依据。对在贫困县埋头苦干并做出突出成绩的干部，提拔使用时要优先考虑；对不胜任、不称职的，要及时调整。注重选派优秀干部到贫困地区工作，选优配强贫困县领导班子。要把考核结果作为激励约束的重要依据，在评先评优、表彰奖励时，优先考虑成绩突出的领导班子和领导干部，在统筹分配各类财政扶贫资金和社会帮扶资金的基础上，对考核优秀的，给予更多的奖励和倾斜。要把考核结果作为问责的重要依据，对扶贫开发重视不够、工作不力的，要视情况进行约谈提醒、诫勉谈话，督促整改；对损害国家和群众利益造成恶劣影响的，造成资源严重浪费的，造成生态严重破坏的，要终身追责。

10. 加强组织领导。改进贫困县党政领导班子和领导干部经济社会发展实绩考核，要在各省（自治区、直辖市）党委统一领导下，由组织部门组织实施，充分发挥扶贫、发改、统计等职能部门的作用。要切实把本意见要求落实到国家扶贫开发工作重点县、集中连片特殊困难地区县党政领导班子和领导干部的考核工作中。对其他贫困地区和落后地区党政领导班子和领导干部的考核，也可参照本意见要求，结合实际进行改进完善。对承担扶贫协作任务的地区和单位领导班子和领导干部的考核，也要把完成扶贫开发任务作为衡量实绩的重要内容。要加强考核工作统筹，避免重复考核、多头考核，减少贫困县迎评迎考的负担。要认真总结经验，研究解决突出问题，及时反馈贯彻执行中的重要情况和建议。中央组织部、国务院扶贫办将适时对各地贯彻落实情况开展督促检查。

# 扶贫文件

关于表彰中央国家机关等单位定点扶贫先进集体和先进个人的决定

关于印发汪洋同志在国务院扶贫开发领导小组第二次全体会议上讲话的通知

关于改革财政专项扶贫资金管理机制的意见

关于表彰全国社会扶贫先进集体和先进个人的决定

关于建立贫困县约束机制的通知

关于印发汪洋同志在全国社会扶贫工作电视电话会议上讲话的通知

关于印发《建立精准扶贫工作机制实施方案》的通知

关于印发《创新扶贫开发社会参与机制实施方案》的通知

关于印发汪洋同志在国务院扶贫开发领导小组第三次全体会议上讲话的通知

关于创新发展扶贫小额信贷的指导意见

关于印发汪洋同志在国务院扶贫开发领导小组第四次全体会议上讲话的通知

# 关于表彰中央国家机关等单位定点扶贫先进集体和先进个人的决定

国开发〔2014〕1号

《中国农村扶贫开发纲要（2011—2020年）》颁布实施和中央扶贫开发工作会议召开以来，在党中央、国务院的坚强领导下，中央国家机关各部门各单位、各民主党派中央和全国工商联、人民团体、企事业单位、军队和武警部队以高度的政治责任感和使命感，积极参加定点扶贫工作，为帮助贫困群众脱贫致富做了大量卓有成效的工作，涌现出了一大批先进典型，有力地推动了贫困地区经济社会发展和扶贫开发进程，促进了城乡区域统筹，密切了党群、干群联系，在全社会弘扬了扶贫济困的优良传统，促进了社会和谐。

为表彰在定点扶贫工作中做出突出贡献的集体和个人，进一步推动定点扶贫工作，国务院扶贫开发领导小组决定：授予中央纪委监察部机关扶贫办等120个集体“中央国家机关等单位定点扶贫先进集体”称号；授予丁俊年等40人“中央国家机关等单位定点扶贫先进个人”称号。希望受表彰的先进集体和先进个人珍惜荣誉、再接再厉，为努力开创定点扶贫工作新局面做出新的更大贡献。

各地区、各部门、各单位要以受表彰的先进集体和先进个人为榜样，更加紧密地团结在以习近平同志为总书记的党中央周围，以邓小平理论、“三个代表”重要思想、科学发展观为指导，深入贯彻党的十八大和十八届二中、三中全会精神，按照《中国农村扶贫开发纲要（2011—2020年）》和《关于创新机制扎实推进农村扶贫开发工作的意见》（中办发〔2013〕25号）确定的目标任务，解放思想、开拓奋进、扎实工作，为打好新一轮扶贫攻坚战，确保贫困地区实现全面建成小康社会的目标而努力奋斗。

附件：中央国家机关等单位定点扶贫先进集体和先进个人名单

国务院扶贫开发领导小组

2014年1月17日

**附件**

# 中央国家机关等单位定点扶贫先进集体和先进个人名单

## 一、先进集体（120个）

中央纪委监察部机关扶贫办

全国政协机关事务管理局办公室（全国政协机关扶贫工作领导小组办公室）

中央组织部驻舟曲扶贫工作组

中央宣传部机关扶贫办（机关工会）

中央统战部办公厅社会服务处

中国国际交流协会亚非大洋洲处

中央政法委机关扶贫办公室

中央台办机关党委办公室

中央国家机关工委办公室秘书二处

中央编办电子政务中心党支部

新华社思南扶贫工作队

《中国纺织报》社

共青团中央驻灵丘第十三批扶贫工作队

中国儿童少年基金会项目管理部

中华全国供销合作总社经济发展与改革部产业发展处

红十字扶贫开发服务中心

中国农村专业技术协会

外交部扶贫工作领导小组办公室

教育部发展规划司综合处

科学技术部科技扶贫办公室

工业和信息化部扶贫领导小组办公室

公安部扶贫开发领导小组办公室

民政部规划财务司综合处

司法部计财装备司综合财务处

财政部人事教育司干部任免处

中国城市规划设计研究院城市与乡村规划设计研究所

交通运输部驻阿坝州扶贫联络组（第二批）

水利部水库移民开发局水利扶贫工作处

农业部发展计划司资源区划与开发处

文化部办公厅办公室（定点扶贫办公室）

国家卫生和计划生育委员会财务司扶贫办

中国人民银行铜川市中心支行

郑州海关思想政治工作办公室

国家机关事务管理局扶贫办

国家税务总局扶贫办

国家工商行政管理总局办公厅综合处

国家质量监督检验检疫总局扶贫办

国家新闻出版广电总局扶贫办

国土资源部扶贫开发领导小组办公室

国家林业局发展规划与资金管理司区域开发处

国家知识产权局扶贫办公室

国家旅游局规划财务司产业发展处

湖北省十堰市烟草专卖局（公司）

国务院侨务办公室定点扶贫领导小组办

公室
国家行政学院扶贫办
甘肃省地震局发展与财务处
中国气象局扶贫办公室
国家信访局办公室秘书一处
甘肃电监办综合处
中国证监会扶贫办
国家自然科学基金委员会扶贫工作办公室
中国建银投资有限责任公司扶贫专项工作办公室
中国中信集团公司扶贫办
中国光大集团扶贫工作领导小组办公室
乌鲁木齐铁路局扶贫开发领导小组办公室
国家开发银行定点扶贫领导小组办公室
中国农业银行总行机关扶贫开发办公室
中国工商银行四川省分行
中国银行扶贫工作队
中国建设银行安康分行
交通银行甘肃省分行办公室
中国华融定点扶贫领导小组办公室
中国人民保险集团公司股份有限公司值班室/信息调研处（扶贫办）
中国太平保险集团有限责任公司扶贫工作领导小组办公室
招商银行昆明分行
中国民生银行培训学院
包商银行战略发展部
航天科工深圳（集团）有限公司
中航工业汉中航空工业（集团）公司
中国兵器工业集团第二〇一研究所
中国兵器装备集团公司企业管理与社会责任处
中国石油天然气集团公司扶贫办
中国石化湖南石油分公司思想政治工作处
中海石油化学股份有限公司办公室（公益慈善办公室）
中国东方电气集团有限公司扶贫办
中国北车集团公司扶贫办
中国南方电网公司政工部青年工作处
华能新疆能源开发有限公司
中国水利电力对外公司
中国电信集团公司扶贫援藏工作领导小组
中国联合网络通信集团有限公司河北省分公司
中国移动通信集团公司对口支援及扶贫工作办公室
东风汽车公司（党委）办公室
鞍钢集团公司扶贫办公室
宝山钢铁股份有限公司工会
中海集装箱运输股份有限公司
东方航空云南有限公司
中国通用技术（集团）控股有限责任公司党群工作部
中国港中旅集团公司扶贫工作小组
中国蓝星（集团）股份有限公司
中盐制盐工程技术研究院
中国建筑工程总公司扶贫办
中国铁路工程总公司扶贫领导小组办公室
中国交通建设集团有限公司扶贫办公室
深圳华侨城股份有限公司
首钢总公司设备部
民盟中央社会服务部扶贫处

民进中央社会服务部支边扶贫处

九三学社上海市委社会服务部

复旦大学学校办公室

上海同济城市规划设计研究院

上海交通大学地方合作办公室

浙江大学扶贫工作办公室

中南大学对口支援工作办公室

重庆大学定点扶贫工作办公室

西安交通大学扶贫办

中国农业大学党政办公室

华中农业大学新农村发展研究院

华东理工大学定点扶贫办公室

中国人民解放军68313部队

中国人民解放军75486部队

中国人民解放军93808部队

中国人民解放军第536医院

河北省阜平县人民武装部

重庆市酉阳县人民武装部

中国人民武装警察部队贵州省总队黔西南布依族苗族自治州支队

河南弘昌集团

开源·浏阳河农业产业集团

陕西荣民房地产集团有限公司

亿利资源集团

**二、先进个人**

**（40名，按姓氏笔画顺序排列）**

丁俊年　中国五矿二十三冶集团嘉天投资有限公司党委副书记、云南省昭通市镇雄县挂职副县长

马彦华（回族）　兰州军区政治部办公室群工处干事

王　禹　中国宋庆龄基金会基金部公益项目处副处长

王冠宇　国家安全部副研究员

申　钢　中国日报社二十一世纪英文报副总编辑

任继成　张家口技师学院教授（退休）

刘士华　审计署外资运用审计司处长

刘宏宇　中央编译局办公厅机关服务中心副主任

安抚东　国家食品药品监督管理总局综合司（政策研究室）综合协调处处长

朱卫华　中国石化销售有限公司资产处主管

朴久富（朝鲜族）　人力资源和社会保障部机关党委办公室主任

汤晓东　中国建材集团蚌埠玻璃工业设计研究院党群工作部副部长、扶贫办主任

闫洪丰　中国残疾人联合会直属机关团委书记、青联副主席

张永江　农业部发展计划司现代农业示范区管理办公室副主任

张伯友　国家体育总局直属机关党委综合处处长

张远华　国家电网湖北省电力公司农电工作部专责

张胜斌　商务部西亚非洲司二处一等商务秘书

张铭彩　农工民主党中央社会服务部经济科技法律处处长

李　宪　中国信达甘肃分公司高级经理

李云东　中国人民武装警察部队云南省总队德宏州支队卫生队卫生员

李国勇　中国南车集团公司资产管理中心副主任、扶贫办副主任

杜　伟　中国银监会系统团委办公室主任

杨晓宏　兰州铁路局固原车务段段长助理、宁夏原州区人民政府区长助理

汪　延　新浪扬帆公益基金理事长

陈建中　中国科协农村专业技术服务中心扶贫工作处处长

周立民　中国航天科技集团公司扶贫开发办公室主任、经营投资部副部长

泽　旺　四川省泸定县人民武装部政工科科长

罗云光　中共中央直属机关工作委员会办公室行政管理处处长

胡燕祥　中国中化集团公司中国种子集团有限公司副总经理

夏成楼　国家开发投资公司党群工作部组织（扶贫）业务主管、国家开发投资公司（国投集团）直属党委组织部部长

徐　欣　国家发展和改革委员会地区经济司扶贫开发处主任科员

柴全顺　中国远洋运输（集团）总公司挂职湖南省沅陵县副县长

郭　锋　全国工商联扶贫与社会服务部扶贫工作处副处长

陶银海　中节能风力发电股份有限公司副总经理

黄鹏飞　致公党中央委员会社会服务部社会服务处主任科员

蒋岳辉　招商局集团威宁县产业扶贫工作协调办公室主任、招商局物流集团威宁有限公司总经理、贵州省威宁县挂职副县长

谢留强　国家安全监管总局机关服务局行政事务处副处长、总局第九批定点扶贫工作队员

韩昌平　中国进出口银行扶贫办副主任

裴春亮　辉县市张村乡裴寨社区党总支书记、春江集团董事长

魏　涛　清华大学教育扶贫办公室副主任

# 关于印发汪洋同志在国务院扶贫开发领导小组第二次全体会议上讲话的通知

国开发〔2014〕6号

各省、自治区、直辖市扶贫开发领导小组，新疆生产建设兵团扶贫开发领导小组，国务院扶贫开发领导小组各成员单位：

现将汪洋同志在国务院扶贫开发领导小组第二次全体会议上的讲话印发你们，请结合实际抓好贯彻落实。

国务院扶贫开发领导小组

2014年4月4日

# 汪洋副总理在国务院扶贫开发领导小组第二次全体会议上的讲话

2014年3月24日

今天召开国务院扶贫开发领导小组（以下简称领导小组）第二次全体会议，主要是围绕贯彻习近平总书记、李克强总理关于扶贫开发工作的一系列重要讲话精神，总结去年扶贫开发情况，落实今年《政府工作报告》关于扶贫目标的承诺，研究部署今年的工作。刚才，扶贫办刘永富同志作了汇报，有关部门的同志作了发言，大家提出了很多建设性意见和建议，讲得都很好，请扶贫办认真吸收借鉴。

新一届中央领导集体高度重视扶贫开发工作。一年多来，习近平总书记多次到贫困地区调研指导工作，在很多场合反复强调扶贫开发重大意义，提出了一系列新阶段扶贫开发战略思想。李克强总理两次主持国务院常务会议、两次召开扶贫工作座谈会，对扶贫工作作出部署安排。领导小组根据中央要求和扶贫开发面临的新形势、新情况，在深入调研、认真研究的基础上，提出6项机制改革和10项重点工作，并以中共中央办公厅、国务院办公厅名义印发了《关于创新机制扎实推进农村扶贫开发工作的意见》（中办发〔2013〕25号，以下简称25号文件）。各成员单位发挥各自优势，在资金、项目、政策上继续向贫困地区、贫困人口倾斜，各地区普遍加大扶贫开发工作和投入力度，定点扶贫、东西部扶贫协作、社会扶贫有序推进，整个扶贫工作呈现良好局面。在各方面共同努力下，2013年扶贫工作成效显著，农村贫困人口减少1650万人，重点县农民人均纯收入增幅继续高于全国平均水平。成绩来之不易，扶贫办在原有工作基础上，保持了良好的工作势头，在座各部门都作出了努力和贡献，值得充分肯定。

今年是全面深化改革的开局之年，也是打好扶贫攻坚战的重要一年。今年全国“两会”期间，习近平总书记在参加贵州代表团审议时指出，“要扎实推进扶贫开发工作，干部要看真贫、扶真贫、真扶贫，把扶贫开发工作抓紧抓紧再抓紧、做实做实再做实，真正使贫困地区群众不断得到实惠。”李克强总理在今年《政府工作报告》中强调，要继续向贫困宣战，绝不让贫困代代相传，今年再减少农村贫困人口1000万人以上。我们要认真贯彻中央的决策部署，进一步增强紧迫感、使命感和责任感，切实把扶贫开发工作抓紧、做实，着力改革创新，全面做好今年的扶贫开发工作。

关于今年工作，扶贫办在征求各成员单位意见的基础上，提出了2014年工作要点，大家也提出了很好的完善意见。刚才扶贫办在汇报中又突出了三项重点工作，这一点也得到大家的肯定，我都赞成。首先要把完善贫困县考核机制放在重要位置上。我国之所以能够在全世界取得骄人的扶贫成就，就是因为有社会主义制度的优越性。考核是个指挥棒，考核什么，党政领导就把工作重心放在哪里，体制优势才能发挥出来。第二个重点是建档立卡。大家意见非常一致，扶贫工作就是要精准。第三个重点是干部驻村帮扶。这是我们发挥政治优势、制度优势的平台和手段。农村最缺的是领导人才、科技人才、技术人才，干部驻村在解决这些问题上都会很有帮助。关于2014年的工作安排，我再强调几点。

**一是下决心完成减少农村贫困人口1000万以上的目标。**这是李克强总理在今年《政府工作报告》中提出的，是全国人民代表大会表决通过的，具有法律效力。去年全国农村贫困人口减少了1650万，今年提出再减少1000万以上，这是从实际出发的，目标和措施要结合起来，要把任务分解到省，责任落实到户到人。一定要做到真减贫，经得起检查。

**二是赞成扶贫办将对各地的支持力度与减贫效果挂钩的思路。**什么地方能够措施到位，扶真贫、真扶贫、真减贫，那就优先给这个地方必要的支持。不能只要是贫困县，都是一样的支持力度，这样就体现不出区别，造成干和不干一个样，干好干坏一个样。

**三是在研究完善重点县退出机制的同时建立约束机制。**媒体曝光贫困县盖大楼的问题，就是有些县一边享受着贫困县的支持政策，一边过着富裕县的日子。要研究制定贫困县新建办公楼、财政资金安排、县城建设等方面的限制性规定，以及贫困县干部驻村帮扶等方面的具体要求，来约束贫困县，让县里不再有争当贫困县的冲动。要让干部知道，贫困县帽子不好戴，有支持也有约束。戴帽子就要真正让老百姓得到实惠，干部要和贫困群众一起过苦日子，不能让给贫困县的优惠待遇成为党政机关的利益。在建立约束机制的基础上，研究重点县退出机制。

围绕落实 25 号文件精神，创新扶贫工作机制，我再讲几点要求：

**第一，着力抓好建档立卡工作。**实施精准扶贫，是扶贫开发的重大创新，建档立卡是前提。这件事说起来容易，做起来并不容易，工作量很大，难度很高。比如，在贫困地区的众多农户中，准确地把贫困户识别出来，就很复杂，搞不好就可能引发一些矛盾。务必要精心组织、周密部署，确保程序公正透明，信息真实可靠，群众认可满意。扶贫办要牵头搞好顶层设计，抓紧下发建档立卡工作方案，把标准、方法、程序等明确下来，立好规矩。各地要组织力量、安排经费、开展培训，把工作搞扎实，并与农村最低生活保障制度做好衔接。扶贫办提出请大学生利用暑期社会实践机会帮助数据采集录入，这个想法很好，既能为建档立卡工作增添有生力量，也能给大学生上一堂生动的国情课，希望共青团中央和教育部大力支持。建档立卡形成的贫困人口数据，该大就大，该小就小，要实事求是。扶贫办要把这项工作作为精准扶贫的第一战役，列为今年的一号工程，有关部门要大力支持，确保成功。建档立卡今年要有一个结果，这是各项工作的基础。

**第二，认真落实好干部驻村帮扶制度。**从目前情况看，各地区、各有关部门都很重视驻村帮扶，正在积极组织落实。习近平总书记反复强调，扶贫开发是党的宗旨的体现，是社会主义制度的体现，要把干部驻村工作和第二批群众路线教育实践活动结合起来，上半年要争取派驻到位，确保每个贫困村都有驻村工作干部。如果全国驻村帮扶的干部都到位了，就是一个很大的数量。这些干部下到村里，做好了能发挥帮扶作用，加快脱贫步伐，群众也欢迎；做得不好，就可能流于形式，甚至加重农民负担，这方面我们过去是有教训的，因此，要克服形式主义、官僚主义。要把好事办好，首先要做好派驻干部选拔工作，真正把那些有经验、有能力、懂扶贫、善于和农民打交道的干部选出来，不能随便找人凑数，把单位里那些责任心不强、素质不高、作风不实的人派下去，其结果不但帮不了忙，还会添乱，也会影响干部队伍以至党和政府的形象。同时要建立驻村干部的培训、激励、考核、保障等一整套机制，对干得好的要提拔重用，充分调动干部的积极性，实现驻村帮扶长期化、制度化、规范化。

**第三，改进扶贫资金管理办法。**现在财政扶贫资金盘子已经不小，一定要切实管好用好。去年扶贫资金专项审计查出来一些地方贪污骗取、截留挪用、虚报冒领扶贫款的问题，中央高度关注，总书记、总理讲过多次，社会反响也很大，值得我们深刻反思。管好用好扶贫资金，是各级政府特别是扶贫系统的重大责任，我们必须采取强有力的举措，确保不再发生大的问题，否则没法向贫困群众交代，也没法向中央交代。国务院常务会议已就加强财政扶贫资金管理作出部署，我们一定要认真贯彻落实，抓紧完善信息披露、项目公告公示、资金竞争性分配、政府购买扶贫公共服务等相关制度，坚决把漏洞堵住堵死，把监管抓牢抓实，确保扶贫资金真正惠及扶贫对象。各地区各部门要以对党和国家事业高度负责的态度，主动作为，健全机制，防微杜渐，搭建好扶贫资金管理使用的“高压线”，形成对违法违纪行为的强大威慑力。

**第四，丰富金融扶贫形式和产品。**脱贫致富离不开金融支持。向穷人提供金融服务是世界性难题。我们要发挥体制优势，按照十八届三中全会“发展普惠金融”的要求，下决心攻克这个难题。关键是要建立完善机制，把金融机构参与扶贫开发的积极性调动起来，把信贷、保险等金融资源引导到贫困地区去。要从政策上鼓励金融机构增加对贫困地区的信贷投放和保险覆盖，支持当地优势产业发展。在防范金融风险的前提下，大力扶持发展扶贫小额信贷、妇女小额担保贷款、贫困村互助资金等，适当降低贫困地区村镇银行等小微金融机构的进入门槛。同时，要进一步推动财政与金融在扶贫领域良性互动。比如，财政资金批发给小额信贷机构操作，是国际通行做法，我们也可以结合扶贫工作实际，探索试行。财政资金还可以成为“黏合剂”，发挥乘数效应。《人民日报》曾经有篇报道，农业银行配合甘肃“联村联户、为民富民”行动，推出“双联惠农贷款”，执行6%基准利率不上浮，甘肃省级财政全程全额贴息，县级组建政策性担保公司提供担保，贫困群众贷款只需还本。这使财政扶贫资金发挥了“四两拨千斤”作用，撬动银行信贷进入扶贫开发领域。

**第五，广泛动员社会各界参与扶贫。**社会扶贫始终是我国扶贫开发的重要组成部分，但目前开展的定点扶贫、东西部扶贫协作等，主要还是依靠政府资源，本质上也是政府行为。真正意义上的社会扶贫，包括民营企业、社会组织和公民个人等方面，做得还远远不够。广泛动员社会力量参与扶贫，除了增加扶贫资源外，更为重要的意义在于，弘扬中华民族乐善好施、扶贫济困的优良传统，养成助人为乐、互帮互助的社会风气，加强不同社会群体之间的相互理解和沟通，促进社会和谐。现在社会上很多人发家致富了，帮扶穷人、回馈社会的愿望很强烈。我们要创新社会参与机制，为展现他们的善心和社会责任感提供平台、广辟渠道，最大限度调动社会扶贫资源。国务院已经决定今年召开首次社会扶贫大会，扶贫办要认真把会议筹备好。社会扶贫表彰工作要尽量多表彰参与扶贫的企业、社会组织和个人，要处理好出钱和出力的关系，不仅要以资金衡量，还要用付出的心血衡量。赞成扶贫办提出的设立“扶贫济困日”的建议。设立“扶贫济困日”的主要目的就是培养社会各界的爱心，树立良好的社会风气。同时，企业介入会将市场机制引入扶贫工作，提高扶贫资源使用效率。设立“扶贫济困日”的方案，请扶贫办再与有关部门进一步沟通，充分论证后报国务院。

**第六，全面落实重点工作和片区规划。**打赢扶贫开发这场攻坚战，既要“工作到村、帮扶到户”，实施精准扶贫，搞定点清除，也要把连片特困地区作为主战场，打好区域整体开发的阵地战，两者相辅相成。地方的主要任务就是精准扶贫，到村到户，中央各部门要承担促进贫困地区区域发展、落实片区规划的责任。已经制定的区域发展和扶贫攻坚规划，联系部门要牵头统筹推进，确保任务举措和工程项目得到落实。同时，各联系部门要把在一个片区实施的好政策、好做法推广到其他片区。各地区要把扶贫规划和经济社会发展规划、城镇化规划、综合交通规划、生态环境建设规划等统筹衔接起来，实现“多规合一”，合理安排资金项目，努力提升贫困地区基础设施和基本公共服务水平，积极引导产业转移和培育特色优势产业，创造有利于“造血式”扶贫的大环境。

今年扶贫开发工作任务很重，要切实加强组织领导。在这里，我提几点要求：

**一是要完善管理体制。**要贯彻十八届三中全会精神，合理划分中央和地方扶贫事权，健全中央统筹、省负总责、县抓落实的扶贫开发管理体制。中央各部门要进一步简政放权，最大限度减少对微观事务的管理，重点做好扶贫开发顶层设计，加大对跨区域重大基础设施建设和经济协作的支持，加强生态保护和基本公共服务，促进区域发展。省级政府要增加投入，优化整合扶贫资源，加强资金项目监管，集中力量解决不同类型贫困地区的共性制约因素和突出问题。县级政府要进一步加大工作落实力度，实行精准扶贫，确保工作到村到户。

**二是要抓好工作落实。**25 号文件部署的 6 项改革、10 项重点工作，每一项都要扎扎实实推进。25 号文件是以中办、国办名义下发的，是扶贫开发的“尚方宝剑”，扶贫办要用好这把“宝剑”，建立各项工作监测、评估、督导制度，该表扬的表扬，该提醒的提醒，该督促的督促，确保各项任务按时完成。刚才，汇报中提到，领导小组关于贯彻落实 25 号文件的通知规定 3 月底前要制定实施方案，但仍有少数地方和部门行动略显迟缓，对这些地方和部门就要设“闹铃”，到点提醒催促，再不行就通报批评。此外，还要落实扶贫资金，现在中央和地方财政收入增速放缓，但扶贫是必保的重点，要保持扶贫投入稳定增长。甘肃省 2014 年安排了 11.6 亿元，增长 3 倍多，在地方财政并不宽裕的情况下，下这么大的决心，拿出真金白银，实属不易。其他地方也应该有这样的决心。

**三是要切实履行职责。**领导小组各成员要加强调查研究和工作指导，积极提出政策建议。包括我本人在内，“每年至少两次深入贫困地区”的要求说到就要做到。负责 25 号文件改革措施和重点工作落实的 13 个牵头单位，以及连片特困地区 14 个联系单位，要切实承担牵头职责，统筹推进工作；其他参与部门要主动作为，积极配合。扶贫办作为领导小组的办事机构，要认真履行职责，加强调查研究、沟通协调、督促检查，切实把各项工作做好。

# 关于改革财政专项扶贫资金管理机制的意见

国开发〔2014〕9号

各省、自治区、直辖市人民政府，新疆生产建设兵团：

根据《中共中央办公厅 国务院办公厅印发〈关于创新机制扎实推进农村扶贫开发工作的意见〉的通知》（中办发〔2013〕25号）要求，为进一步加强财政专项扶贫资金管理，充分发挥资金使用效益，经国务院同意，现就改革财政专项扶贫资金管理机制提出以下意见：

## 一、总体思路

以邓小平理论、“三个代表”重要思想、科学发展观为指导，认真贯彻党中央、国务院关于扶贫开发工作的决策部署，以充分发挥资金使用效益、提高扶贫对象发展能力为目标，以增强资金使用针对性、促进资金管理权责匹配为抓手，处理好政府和市场的关系，着力改革财政专项扶贫资金管理机制，更有效地支持贫困地区经济社会发展，更快地帮助扶贫对象增加收入，为促进共同富裕、实现全面建成小康社会宏伟目标做出更大贡献。

## 二、基本原则

**精准扶持**。在精准识别扶贫对象的基础上，进一步优化扶贫项目设计，确保财政专项扶贫资金精确用于扶贫对象，切实做到扶真贫、真扶贫。

**突出重点**。在综合扶贫政策框架下，加强扶贫攻坚规划与行业规划的衔接，处理好财政专项扶贫资金和其他涉农资金的关系，突出财政专项扶贫资金使用重点，充分发挥资金引导作用和放大效应。

**权责匹配**。强化地方在资金使用和监管中的责任。谁负责审批具体项目，谁就对资金使用、项目实施的具体程序和最终结果负主要责任。逐步建立分工明确、权责统一、管理到位的资金使用管理机制。

**公开透明**。坚持公平公正，依法推进财政专项扶贫资金信息公开，发挥扶贫对象的主体作用，引导村基层组织和扶贫对象自主参与资金使用管理，进一步发挥社会监督作用。

## 三、改革资金分配机制

（一）加大财政专项扶贫资金投入。地方各级政府要逐步增加财政专项扶贫资金投入。在中央财政持续加大投入力度的基础上，省级财政要建立与中央财政专项扶贫资金投入相适应的增长机制。地方政府要合理安排经费，为财政专项扶贫资金使用管理提供必要保障。

（二）建立资金竞争性分配机制。在兼顾公平的基础上，增强财政专项扶贫资金正向激励作用。强化以结果为导向的资金分配机制，资金分配与扶贫开发工作考核、资金绩效评价结果挂钩，中央财政大幅提高奖励资金规模。国务院有关部门指导地方开展竞争性分配资金试点，探索实行包干制等办法，把资金分配与扶贫目标、任务结合起来。省级政府要全面建立工作考核和资金绩效评价体系，把对市、县的考核和评价结果作为资金分配的重要因素。县级政府要将扶贫资金安排与减贫效果挂钩，积极推行以奖代补、先建后补、民办公助等办法，优先支持积极性高、脱贫愿望强、扶贫工作做得好、资金使用规范的贫困村和减贫效果好的项目。

（三）加快资金拨付进度。各地要结合推进省直接管理县（市）财政管理体制改革，简化资金拨付流程，盘活用好结余结转资金，加快财政专项扶贫资金拨付进度和扶贫项目实施进度。中央财政上一年度提前下达的资金，省级财政应于每年3月底前下达完毕。其余资金，除少量须省级审批项目的以外，省级财政应于中央财政下达后2个月内下达完毕（以发文时间为准，下同）。县级政府要科学设计扶贫项目，做好扶贫项目可行性研究，加强扶贫项目库建设，及时把上级安排的资金落实到具体项目，项目原则上应在一年内实施完毕。

## 四、改革资金使用机制

（四）下放项目审批权限。从2015年起，除个别不适合下放审批权限的外，绝大部分项目审批权限都要下放到县，由县级政府依据中央和省级资金管理办法规定的用途，自主确定扶持项目。不适合下放到县级政府审批的项目，各省、自治区、直辖市人民政府于2015年6月底前报国务院备案。县级政府应把年度项目安排计划及项目实施方案报上级资金使用管理相关部门备案，作为上级考核、检查的依据，备案层级及具体要求由各地自主确定。对项目审批权限下放到县的资金，中央、省、市相关部门要及时清理有关规定，不得以任何名义限制县级政府自主确定资金扶持项目。

（五）提高资金使用精准度。各地要把资金使用和建档立卡结果相衔接，以激发扶贫对象内生动力、增强扶贫对象自我发展能力为目标，逐村逐户制定帮扶措施，实行产业发展扶持到村到户、生产生活条件改善到村到户、致富能力提升到村到户，切实使资金直接惠及扶贫对象，让扶贫对象更多更公平地分享发展成果。

（六）集中解决突出贫困问题。各地要立足实际，以扶贫攻坚规划和重大扶贫项目为平台，整合扶贫和相关涉农资金，做到资金统筹安排，集中使用，发挥合力，使突出贫困问题得到有效解决。国务院有关部门指导地方制定资金整合实施方案，确保实现集中力量办大事的目标，并将实施情况纳入扶贫开发工作考核和资金绩效评价范围。

（七）探索政府购买社会服务。各地要根据政府向社会力量购买服务的指导性目录，积极探索使用财政专项扶贫资金购买社会服务，有序引导社会力量参与扶贫开发。凡适合采取市场化方式提供、社会力量能够承担的扶贫工作和扶贫项目，如规划编制、项目评估、项目实施、项目验收、第三方监督等，可采取委托、承包、采购等方式，通过公开、透明、规范的程序交给社会力量承担。国务院有关部门指导有条件的地方先行先试，总结经验后逐步推广。

（八）发挥资金放大效应。积极创新资金使用机制，充分发挥财政专项扶贫资金放大效应，引导金融资本、社会资金投入扶贫开发。继续做好扶贫贷款贴息工作，各地可视扶贫贴息贷款需求，自主扩大扶贫贷款贴息规模。在防范风险的前提下，稳步推进贫困村资金互助组织发展，支持开展扶贫小额信用贷款，努力满足扶贫对象发展生产的资金需求。

## 五、改革资金监管机制

（九）强化地方监管责任。各地要尽快建立与项目审批权限下放到县相适应的工作机制，切实承担起财政专项扶贫资金监管责任。省、市两级政府要将工作重心转变到强化资金和项目的监管上来，县级政府负责组织实施好扶贫项目，并对资金安全、规范、有效运行具体负责。对财政专项扶贫资金使用管理中出现的各类违法违规行为，要按照法律法规和相关规定严厉问责、严惩不贷。对涉及集体违规、性质恶劣、问题多发的地区和部门，除查处直接责任人之外，要严肃追究有关负责人的管理责任。

（十）健全公告公示制度。全面推进信息公开，中央、省、市财政专项扶贫资金使用管理相关部门应将政策规定、资金使用等情况向社会公开。县级政府要在本地政府门户网站或主要媒体公告公示资金安排和项目建设等情况，并继续坚持和完善行政村公告公示制度。公告公示内容应包括项目名称、资金来源、资金规模、实施地点、建设内容、实施期限、预期目标、项目实施结果、实施单位及责任人、举报电话等。各地应结合实际制定实施细则，明确不同层级公告公示的具体内容、组织形式、时间要求和工作程序。

（十一）构建全面监管体系。地方各级政府要把财政专项扶贫资金作为监管的重点，建立常态化、多元化的监督检查机制。财政部、审计署以及其他资金使用管理相关部门要加强对各地监管职责落实情况的追踪问效，适时组织开展财政专项扶贫资金绩效监督。各级政府相关部门要完善业务流程设计，实行全程监管。要进一步发挥社会监督作用，探索通过购买服务方式引入第三方监督，并通过加强制度设计保障第三方的独立性。要利用好乡镇财政、村基层组织就地就近监管优势，引导扶贫对象积极主动参与资金项目管理，建立健全举报受理、反馈机制，让扶贫对象成为维护自己权益、监督资金使用和项目建设的重要力量。

国务院扶贫开发领导小组

2014 年 8 月 8 日

# 关于表彰全国社会扶贫先进集体和先进个人的决定

国开发〔2014〕10号

各省、自治区、直辖市、新疆生产建设兵团扶贫开发领导小组，国务院扶贫开发领导小组成员单位：

在党中央、国务院的正确领导下，中国特色社会扶贫工作取得显著成绩，初步形成了以定点扶贫、东西部扶贫协作、军队和武警部队扶贫为示范引领，企业、社会组织和公民个人积极参与的工作格局。在深入推进社会扶贫工作的进程中，涌现出了一大批事迹感人、成效显著、具有鲜明时代特征的先进集体和先进个人。他们热爱祖国、甘于奉献，以实际行动彰显了中华民族守望相助、扶贫济困、自强不息的精神风貌。

为表彰先进，倡导互助友善新风，广泛动员社会各方面力量参与新时期扶贫攻坚，国务院扶贫开发领导小组决定：授予北京教育学院等259个单位“全国社会扶贫先进集体”荣誉称号，授予俞劼等260人“全国社会扶贫先进个人”荣誉称号。希望受到表彰的先进集体、先进个人珍惜荣誉，谦虚谨慎，再接再厉，取得更大成绩。

各地区各部门和各界干部群众要以受表彰的先进集体和先进个人为榜样，深入贯彻落实党的十八大和十八届二中、三中全会精神，紧密团结在以习近平同志为总书记的党中央周围，高举中国特色社会主义伟大旗帜，以邓小平理论、“三个代表”重要思想、科学发展观为指导，培育并践行友善互助的社会主义核心价值观，推动社会扶贫工作在新的起点上实现新的突破，取得新进展，打好扶贫攻坚战，加快贫困地区、贫困群众脱贫致富进程，为全面建成小康社会，实现中华民族伟大复兴的中国梦作出新的更大贡献。

附件：1. 全国社会扶贫先进集体名单

2. 全国社会扶贫先进个人名单

国务院扶贫开发领导小组

2014年9月29日

**附件1**

# 全国社会扶贫先进集体名单（共259个）

北京教育学院

中国人民大学附属中学

北京市光彩事业促进会

北京京奥港集团有限公司

北京新发地农副产品批发市场中心

北京市投资促进局投资咨询处

北京市大兴区发展和改革委员会

北京市昌平区疾病预防控制中心

北京市中关村科技园区海淀园管理委员会

中国农工民主党天津市委员会社会服务部

天津中医药大学招生就业指导处

天津市河东区人民政府合作交流办公室

天狮集团

天津大通投资集团有限公司

天士力控股集团有限公司

天津市环渤海创业精英协会

天津市南开区慈善协会

河北省衡水市农业开发扶贫办公室

河北省民政厅驻易县扶贫工作组

河北省卫生计生委员会驻兴隆县扶贫工作组

河北省通信管理局驻赞皇县扶贫工作组

河北农业大学科教兴农中心

山西省总工会扶贫工作队

山西省妇女联合会扶贫工作队

山西省老区建设促进会

中共晋中市委干部下乡领导组办公室

大同煤矿集团有限责任公司

山西振东实业集团有限公司

中国扶贫开发协会“支持贫困村大学生村官成长工程”办公室

内蒙古银行股份有限公司

中共巴彦淖尔市委统一战线工作部

内蒙古伊东资源集团股份有限公司

中国农业银行股份有限公司内蒙古自治区分行

内蒙古自治区呼和浩特市社会扶贫工作促进会

内蒙古自治区通辽市库伦旗农户自立服务社

中共国家审计署驻沈阳特派员办事处机关委员会

辽宁省财政厅农业处

辽宁省总工会扶贫办

辽宁省大连市人民政府经济合作办公室对口帮扶处

辽宁省朝阳市政府区域合作协调办公室

辽宁省朝阳市扶贫协会

辽宁省营口市经济合作办公室

辽宁省铁岭市经济技术协作中心

大连鹏生集团有限公司

中国石油天然气股份有限公司辽河油田分公司

营口港务集团有限公司

吉林省人民检察院政治部

吉林省延边朝鲜族自治州中级人民法院

中国第一汽车集团公司定点扶贫办公室

吉林省众鑫绿色米业集团有限公司

吉林省青少年发展基金会

安图德康生物技术有限公司

中共黑龙江省哈尔滨市公安局机关委员会

黑龙江省农业开发办公室综合处

中共黑龙江省质量技术监督局机关委员会

黑龙江省佳木斯市住房保障局

黑龙江省鹤祥春中药饮片有限公司

西林钢铁集团有限公司

上海市金山区农业委员会

上海市闵行区人民政府合作交流办公室

上海市松江区人民政府合作交流办公室

上海市青浦区人民政府合作交流办公室

上海市杨浦区教育局

上海电子信息职业技术学院

复旦大学附属中山医院

月星集团

上海市糖业烟酒（集团）有限公司

上海市职工技术协会

上海玉佛禅寺

江苏省睢宁县沙集镇人民政府

江苏省农业科学院科技服务中心

中共江苏省泗洪县上塘镇垫湖村支部委员会

江苏省昆山市发展和改革委员会

江苏省常熟市发展和改革委员会

江苏省无锡市发展和改革委员会

江苏省常州市发展和改革委员会

江苏省南通市发展和改革委员会

江苏交通控股有限公司

苏宁云商集团股份有限公司

江苏省扶贫基金会（江苏省扶贫开发协会）

浙江省宁波市鄞州区农村工作办公室

浙江省杭州市西湖区人民政府文新街道办事处

中共慈溪市委、慈溪市人民政府农村工作办公室

浙江省温州市人民政府经济合作交流办公室

浙江省嘉兴市人民政府合作交流办公室

浙江省湖州市人民政府经济合作交流办公室

浙江省杭州市人民政府国内经济合作办公室支援合作处

浙江省杭州市西湖区国内经济合作办公室

浙江省宁波市海曙区经济合作局

杭州娃哈哈集团有限公司

中信银行股份有限公司杭州分行

浙江农林大学社会合作处

浙江大学医学院附属第一医院

安徽省萧县扶贫开发办公室

安徽航佳丝绸集团实业有限公司

安徽兴牧畜禽有限公司

安徽良奇生态农业科技有限责任公司

安徽省光彩事业促进会

安徽省黄山市休宁新安源茶叶农民专业合作社

福建省财政厅扶贫开发领导小组

国网福建省电力有限公司扶贫开发领导小组

福建省厦门市财政局农业处

福建省红太阳精品有限公司

河仁慈善基金会

福建省厦门市对口支援办公室

福建省能源集团有限责任公司扶贫开发领导小组

福建春伦茶业集团有限公司

福建省希望工程办公室

福建省扶贫基金会（扶贫开发协会）

福建省黄仲咸教育基金会

福建省南安市梅山镇蓉中村

江西省赣州市地方税务局

中共九江市纪律检查委员会

江西中烟工业有限责任公司

江西煌上煌集团食品股份有限公司

南昌女子职业学校

江西省上饶市社会扶贫公益服务中心

中国老区建设促进会革命老区“万人千县”联合调研组

山东省人民政府国有资产监督管理委员会驻村工作队

山东省发展和改革委员会对口支援协调处

山东省青岛市国内经济合作办公室对口支援处

中共青岛市委统战部经济联络处

山东农业大学驻村工作队

山东省枣庄市发展和改革委员会

山东省滨州市发展和改革委员会

山东老区经济文化建设促进会

山东景芝酒业股份有限公司

烟台万华合成革集团有限公司

聊城高级工程职业学校

中共河南省委统一战线“同心”实践行动联席会议办公室

中共河南省纪律检查委员会驻西华县定点扶贫工作队

河南省宛西制药股份有限公司

河南省福润食品有限公司

河南省平顶山市老区建设促进会

河南省洛阳市扶贫开发协会

湖北省鄂西生态文化旅游圈投资有限公司

福娃集团有限公司

枝江酒业有限公司

福星集团控股有限公司

华中农业大学“本禹志愿服务队”

湖北省罗田县锦秀林牧专业合作社

湖南省岳阳市发展和改革委员会

湖南省长沙市对口扶持龙山县工作领导小组办公室

湖南润和茶业集团股份有限公司

万元实业集团有限公司

湖南省人民医院基层医疗服务部

香港郭氏基金会湖南湘西保靖项目部

中共河源市委办公室

广东省韶关市扶贫开发领导小组办公室

广东省清远市扶贫开发领导小组办公室

广东省东莞市桥头镇人民政府

广东省东莞市工商业联合会

广东省广州市天河区协作办公室

广东省深圳市福田区经济促进局（对口办）

广东省深圳市光明新区经济服务局

广东省珠海市扶贫工作领导小组办公室

广东省珠海高栏港经济区扶贫工作领导小组办公室

广东省广州市越秀区经济技术协作办公室

中山火炬开发区临海工业园开发有限公司

美的集团股份有限公司

广东电网公司佛山供电局

广东省惠州市慈善总会

广东省台山市老区建设促进会

中共广西壮族自治区党委组织部驻凌云县扶贫工作队

广西壮族自治区人民政府办公厅驻都安县扶贫工作队

广西壮族自治区河池市扶贫开发办公室

神冠控股（集团）有限公司

广西扬翔股份有限公司

广西协力扶助基金会

广西壮族自治区扶贫基金会

中共海南省委办公厅驻什寒村工作组

中共海南省纪律检查委员会、海南省监察厅驻毛道乡扶贫工作队

海南矿业股份有限公司

海南港航控股有限公司

海南省农林科技学校

海南福山油田勘探股份有限公司海南分公司

重庆市妇女联合会农村工作部

重庆市渝北区发展和改革委员会

重庆市扶贫开发办公室社会扶贫处

重庆市武隆县扶贫开发办公室

中国石化集团四川维尼纶厂

重庆龙湖企业拓展有限公司

重庆市老区建设促进会

四川省巴中市土地储备中心

四川省阿坝藏族羌族自治州扶贫和移民工作局

四川省凉山彝族自治州甘洛县扶贫和移民工作局

泸州老窖集团有限责任公司

四川长虹电子集团有限责任公司

四川省乐山市扶贫开发协会

四川省成都市家禽产业协会

中国残疾人福利基金会项目二部

中共贵州省委组织部组织二处

贵州省遵义市扶贫开发办公室

国家开发银行股份有限公司贵州省分行

贵州省关岭县扶贫开发办公室

贵州恒霸药业有限责任公司

贵州省春晖行动发展基金会

贵州省人口福利基金会

云南省昆明市投资促进局

云南省红河哈尼族彝族自治州光彩事业促进会

云南省文山壮族苗族自治州革命老区建设促进会

红云红河烟草（集团）有限责任公司

云天化集团有限责任公司

云南省富源县大炭沟煤业有限公司

西藏自治区统计局驻日喀则地区聂拉木县亚来乡扶贫工作队

西藏民族学院驻阿里地区普兰县霍尔乡扶贫工作队

西藏宏绩集团有限公司

中国农业银行股份有限公司西藏自治区分行

西藏自治区林芝地区旅游协会

西藏自治区乃东县结巴乡滴新村兴农砂石厂加工合作社

陕西省福利彩票发行中心

陕西省安康市苏陕交流领导小组办公室

中国航天科技集团公司第六研究院

陕西省扶贫基金会

西安荣华企业集团

西安碑林博物馆

西安宝石花志愿者爱心联合会

中国妇女发展基金会母亲创业办公室

甘肃烟草工业有限责任公司天水卷烟厂

中国农业银行股份有限公司甘肃省分行

甘肃省临潭县扶贫开发办公室

甘肃省张掖市花寨小米种植专业合作社

甘肃省古浪鑫森精细化工有限公司

甘肃省敦煌种业股份有限公司

青海省海北藏族自治州发展和改革委员会

青海省人民政府办公厅秘书六处

青海省西宁市湟中县扶贫开发办公室

可可西里实业开发集团有限公司

加多宝（中国）饮料有限公司

青海省慈善总会

青海省德令哈市新堉种植示范园区专业合作社

中共宁夏回族自治区党委政法委员会定点帮扶工作队

宁夏回族自治区农牧厅定点帮扶工作队

宁夏回族自治区银川市永宁县闽宁镇人民政府

宁夏中银绒业股份有限公司

神华宁夏煤业集团有限责任公司

宁夏燕宝慈善基金会

宁夏兴俊爱心慈善基金会

新疆医科大学第一附属医院

中石油塔里木油田公司

哈密长河工贸集团

华能托什干河水电分公司

新疆妇女儿童发展基金会

新疆维吾尔自治区克孜勒苏柯尔克孜自治州阿图什市慈善总会

新疆生产建设兵团第一师新疆青松建材化工（集团）股份有限公司

新疆生产建设兵团第四师 68 团建筑公司

新疆生产建设兵团第十师 181 团惠民养殖合作社

新疆生产建设兵团第十三师柳树泉农场群收牛羊养殖专业合作社

新疆生产建设兵团医院

中国人民解放军 95668 部队 80 分队

中国人民解放军 96423 部队

中国人民解放军第 202 医院

中国人民解放军山西省兴县人民武装部

中国人民解放军 69322 部队

中国人民解放军山东省蒙阴县人民武装部

中国人民解放军江西省井冈山市人民武装部

中国人民解放军湖北省军区政治部秘书群联处

中国人民解放军贵州省从江县人民武装部

中国人民武装警察部队云南省总队普洱市支队

**附件 2**

# 全国社会扶贫先进个人名单（共 260 名）

| | |
|---|---|
| 俞　劼（女） | 首都师范大学初等教育学院副院长 |
| 付浩奎 | 北京市教育委员会副主任科员 |
| 胡　虎 | 北京市旅游发展委员会主任科员 |
| 黄晓荣（女） | 北京市朝阳区发展和改革委员会经济运行科科长 |
| 吴　琼（女） | 北京市海淀区教师进修学校海淀区名师工作站主任 |
| 塔林夫 | 北京公益服务发展促进会会长 |
| 梁　才 | 北京市海淀区青龙桥街道大有庄社区居民 |
| 赵建国 | 北京集美家居市场集团有限公司董事长、总经理 |
| 徐　军 | 天津市农村工作委员会计划财务处副处长 |
| 郭振学 | 中共天津市委组织部副调研员 |
| 王　震 | 天津市人民政府合作交流办公室副主任科员 |
| 滑兵来 | 天津市老区建设促进会会长 |
| 张俊兰（女） | 天津日报社记者 |
| 肖成东 | 天津华北地质勘查局副总工程师 |
| 田德润 | 天津医科大学招生办公室主任 |
| 谢炳玓 | 天津医科大学总医院神经内科行政副主任、主任医师 |
| 董立彬 | 河北省教育考试院研究员 |
| 史彦昌 | 河北省邯郸市广播电视台离退休干部管理处主任 |
| 侯延刚 | 河北省财政厅办公室副主任 |
| 杨立波 | 河北省水利厅水政监察局局长 |
| 朱丽琴（女） | 河北省扶贫开发办公室调研员 |
| 丁玉龙 | 河北省承德县玉龙山庄幸福家园（敬老院）院长 |
| 安凤占 | 河北星烁锯业股份有限公司党委书记、董事长 |
| 柳本星 | 山西省运城市垣曲县扶贫开发中心原主任 |
| 任素萍（女） | 中共山西省委干部下乡办公室正高工 |

| | |
|---|---|
| 张吉珍 | 山西省忻州市偏关县科学技术局原局长 |
| 赵建军 | 山西日报社主任记者 |
| 郭振江 | 山西省临汾市扶贫协会秘书长 |
| 李维德 | 山西省太原市扶贫基金会原会长 |
| 张子玉 | 山西省吕梁市泰化石油有限公司董事长 |
| 刘　军 | 山西省朔州市右玉县图远实业有限责任公司董事长 |
| 温都苏巴图 | 中共内蒙古自治区党委宣传部调研员 |
| 李宏宇 | 内蒙古自治区乌兰察布市发展和改革委员会副主任 |
| 乔屹基 | 中共内蒙古自治区卓资县梨花镇东壕赖村党支部书记 |
| 王召明 | 内蒙古和信园蒙草抗旱绿化股份有限公司董事长 |
| 宋秉杰 | 内蒙古大兴安岭林管局副局长 |
| 赵智强 | 内蒙古东达蒙古王集团有限公司党委副书记、总裁 |
| 包春杰 | 内蒙古自治区兴安盟扎赉特旗阿本黑木耳专业合作社带头人 |
| 武跃进 | 中共辽宁省委办公厅机关党委调研员 |
| 张　兵 | 辽宁省公安厅机关党委副处长 |
| 荣雪飞（女） | 辽宁省经济合作办公室对口支援处副处长 |
| 张洪云（女） | 辽宁省鞍山市协作办公室副调研员 |
| 孙丽娟（女） | 大连市和润福红木坊总经理 |
| 王绍永 | 中共辽宁省辽阳市辽阳县刘二堡镇前杜村党支部书记 |
| 李文君（女） | 辽宁省沈阳市残疾人现代产业技能培训就业基地董事长 |
| 张明玉 | 辽宁省辽宁瑞栗食品有限公司董事长 |
| 常艳军（女） | 朝阳泓鑫农畜产品开发有限责任公司董事长 |
| 王健林 | 大连万达集团股份有限公司董事长 |
| 徐有生 | 吉林省大安市人民政府副市长 |
| 石元东 | 吉林省龙井市环境保护局局长 |
| 金文元 | 吉林省安图县石门镇镜城村村民 |
| 吴基哲 | 中共吉林省汪清县百草沟镇凤林村党支部书记 |
| 逯凤金 | 吉林省通榆县草原打井队队长、党支部书记 |
| 刘延东 | 吉林省吉林市东福实业有限责任公司董事长 |
| 胡军会 | 吉林省华康药业股份有限公司党委书记、总经理 |
| 钟　鹏 | 黑龙江省农业科学院大豆研究所助理研究员 |

| | |
|---|---|
| 陈　华 | 黑龙江省省直机关事务管理局调研员 |
| 冯　辉 | 黑龙江省人民政府发展研究中心副处长 |
| 唐青松 | 黑龙江省哈尔滨市香坊区地方税务局副局长 |
| 岳国良 | 黑龙江省齐齐哈尔卓建房地产有限公司董事长 |
| 刘文涛 | 黑龙江省七台河市茄子河区荣顺煤矿矿长 |
| 李　森 | 双鸭山跃晟机械设备制造有限公司董事长 |
| 邹　霄 | 上海市科学技术委员会办公室干部 |
| 谭士军 | 中共上海市奉贤区委、区政府政策研究室主任 |
| 任　强 | 上海市虹口区人民政府合作交流办公室主任 |
| 倪永培 | 上海市宝山区教育局综合科科长 |
| 谢岳林 | 上海市嘉定区卫生和计划生育委员会医政科科长 |
| 肖玉林 | 光明食品集团上海东海总公司副总经理 |
| 王学斌（女） | 上海市东方医院急症重病专科副主任 |
| 章　浩 | 中国铁路通信信号上海工程局集团有限公司项目经理 |
| 麻士刚 | 中共江苏省盱眙县兴隆乡张庄村党总支书记 |
| 卞赋章 | 江苏省泰州市经济协作办公室主任 |
| 张建明 | 江苏省发展和改革委员会经济合作处调研员 |
| 陈亚光 | 江苏省张家港市发展和改革委员会副主任 |
| 戴恒义 | 江苏省泰兴市姚王镇十里甸村扶贫小组小组长 |
| 吴锦泉 | 江苏省南通市港闸区天生港镇街道五星村村民 |
| 赵亚夫 | 江苏省句容市天王镇戴庄有机农业专业合作社顾问（志愿者） |
| 张　砚（女） | 江苏省宿迁市泗阳县春晖民间助学协会会长 |
| 笪鸿鹄 | 江苏省苏中建设集团股份有限公司董事长、总经理 |
| 吴立新 | 浙江省仙居县仙绿土鸡蛋专业合作社理事长 |
| 楼春晓（女） | 浙江省杭州市干部培训中心主任 |
| 曾国华 | 浙江省台州市人民政府经济合作办公室副主任 |
| 唐建海 | 浙江省奉化市老区贫区经济开发领导小组办公室主任 |
| 赵　霞（女） | 浙江省财政厅主任科员 |
| 鲁家贤 | 奥中友协华人委员会永远名誉会长 |
| 余永宜 | 浙江省衢州市衢江区扶贫办公室主任 |
| 陈小军 | 台州银行股份有限公司董事长 |

| | |
|---|---|
| 楼永良 | 中天发展控股集团有限公司董事长 |
| 薛春树 | 温州瑞雪农业开发有限公司董事长 |
| 刘焕性 | 全国政协经济委员会办公室农业处处长，中共颍东区委常委、安徽省阜阳市颍东区人民政府副区长（挂职） |
| 张发源 | 安徽源牌实业（集团）有限责任公司总裁 |
| 赵荣凯 | 安徽省扶贫开发领导小组办公室计划项目处原处长 |
| 马　琳 | 安徽天赢电气成套设备制造有限公司法定代表人 |
| 余春富 | 安徽省康美来大别山生物科技有限公司董事长 |
| 孙传金 | 安徽省阜南县金源柳木工艺品有限公司总经理 |
| 曾亿法 | 安徽浩缘朋制衣有限公司董事会董事、总经理 |
| 张成侠（女） | 安徽泗县嘉能利华实业有限公司董事长 |
| 陈根文 | 中国石油天然气集团公司扶贫办主任 |
| 吴景星 | 福建省宁德市中级人民法院正科级审判员 |
| 何金水 | 福建省漳州市海洋渔业局副局长 |
| 蔡江瑶 | 福建省厦门市翔安区人民政府区长助理 |
| 陈玉明 | 宁夏闽宁投资置业有限公司董事长 |
| 李　丽（女） | 福建省邵武市妇女联合会副主席 |
| 李妙勋 | 福建日报报业集团海峡导报社社委委员 |
| 王　慷（女） | 福建省福州市总工会法律与保障工作部部长 |
| 吴长生 | 福建省将乐县高唐中心小学教师 |
| 钟亮生 | 福建省武平县梁野仙蜜养蜂专业合作社理事长 |
| 雷　芳（女） | 中共江西省永丰县三坊乡党委书记 |
| 熊水华 | 江西省新余市水北商会会长 |
| 李永海 | 江西省会昌县老区建设促进会名誉会长 |
| 梅先明 | 抚州上海商会执行会长 |
| 赖开洪 | 江西丰园实业有限责任公司董事长 |
| 阮火海 | 江西红海房地产开发集团有限公司董事长 |
| 朱晓华 | 贵溪同顺金属有限公司董事长 |
| 朱彦夫 | 中共山东省淄博市沂源县西里镇张家泉村党支部原书记 |
| 张金柱 | 中国人民银行济南分行办公室调研员 |
| 孙树建 | 山东省临沂市发展和改革委员会重点项目办公室经济合作科 |

科长

李　义　　山东省青岛市市南区城市管理局书记、副局长

孙　立　　山东省日照市发展和改革委员会党组书记、主任

王金书　　中共山东省菏泽市东明县武胜桥镇玉皇庙村党总支书记

孟现壮　　山东省阳谷县景阳冈养猪专业合作社理事长

杨沂城　　山东九州商业集团有限公司董事长

刘玉林　　山东鼎力枣业食品集团有限公司董事长

贾前卫　　山东华康食品有限公司董事长

白付强　　河南省政府办公厅秘书处副调研员

郭　昉（女）　　河南省机构编制委员会办公室监督检查处处长

许　娜（女）　　河南省青少年发展基金会副秘书长

王书勤　　河南省封丘县青堆树莓专业合作社理事长

秦英林　　牧原食品股份有限公司董事长、总经理

马国军　　河南省固始县华丰工艺品有限责任公司总经理

李海燕（女）　　周口科技职业学院院长

杨才举　　湖北省襄阳市政协副秘书长，湖北保康县过渡湾镇白峪沟村驻村工作队队长

刘发英（女）　　湖北省长阳县龙舟坪镇花坪小学教师

王　涛　　中共湖北省十堰市张湾区花果街道花园村党支部书记

邓　飞　　“免费午餐”等公益项目发起人、《凤凰周刊》编委

徐宗元　　湖北省武汉市老区建设促进会副会长

涂亿万　　湖北长城建设控股集团有限公司董事长

章　锋　　湖北回天胶业股份有限公司董事长

吴少勋　　劲牌有限公司董事长、总裁兼党委书记

李德林　　武汉铁路局十堰车务段副段长，中国铁路总公司、武汉铁路局派驻丹江口市人民政府副市长（挂职）

邓逸涯　　湖南省政府经济技术协作办公室副调研员

唐逢显　　湖南省怀化市城镇集体工业联社副主任

陈梦林（女）　　湖南省新化县维山乡菊花村村民委员会妇女主任

简国才　　湖南省益阳市工商行政管理局退休干部

王昌熙　　湖南省郴州市惠前林业有限公司董事长

| | |
|---|---|
| 尹夏生 | 湖南省夏生实业有限公司董事长 |
| 严德忠 | 湖南德农牧业科技有限公司董事长 |
| 陈华明 | 广东省广州市归国华侨联合会办公室原副主任 |
| 王　华 | 广东省云浮市扶贫开发办公室主任 |
| 李　旭 | 广东省汕尾市扶贫开发领导小组办公室主任科员 |
| 陈活平（女） | 广东省珠海市软件行业协会秘书长 |
| 胡　芸（女） | 广东省深圳市南山区经济促进局局长 |
| 叶松柏 | 广东省东莞市人民政府经济协作办公室党组书记、主任 |
| 翟朝华（女） | 广东省广州市白云区经济贸易局经济协作科科长、工会主席 |
| 郭建南 | 广州广重企业集团有限公司下属广东轻工业机械有限公司质量监督部原主管 |
| 杨国强 | 碧桂园控股有限公司董事局主席 |
| 詹建怀 | 广东省潮州市建成农业综合开发有限公司董事长兼总经理 |
| 陈鹏飞 | 广东省高州市汇美投资有限公司董事长 |
| 李肇殷（女） | 广东省肇庆市端州区亚之州眼镜连锁店董事长 |
| 李俊玲（女） | 广西壮族自治区贺州市富川县侨联主席、县工商联副主席 |
| 李正生 | 广西壮族自治区百色市扶贫开发办公室副主任 |
| 杨澍人 | 香港大学客座教授 |
| 彭磷基 | 祈福国际集团董事长 |
| 卢义贞 | 广西金穗农业投资集团董事长 |
| 郑梁焕珍（女） | 香港日成集团董事长 |
| 刘振深 | 中共海南省直属机关工作委员会调研员 |
| 刘思文 | 海南省政协人口资源环境委员会办公室主任科员 |
| 黄起鹏 | 海口市第一中学54届校友会顾问 |
| 吴　喆 | 中国电子信息产业集团有限公司办公厅专项副经理，海南省临高县人民政府副县长（挂职） |
| 李福顺 | 海南恩祥影视文化传媒有限公司总经理 |
| 王汉昌 | 海南南亚集团董事长 |
| 陈良刚 | 海南立昇净水科技实业有限公司董事长 |
| 潘光国 | 重庆市农业委员会调研员 |
| 朱钦万 | 重庆市巫山县扶贫开发办公室主任 |

| | |
|---|---|
| 张家万 | 重庆市扶贫开发协会会长 |
| 黄建国 | 重庆市万州区罗田镇新华村1组村民 |
| 王元碧（女） | 重庆双薪建筑安装有限公司董事长兼总经理 |
| 王　伟 | 重庆市征程贸易有限公司总经理 |
| 尹明善 | 力帆实业（集团）股份有限公司董事长 |
| 卢志强 | 中国泛海控股集团有限公司党委书记、董事长 |
| 欧平全 | 四川省渠县农业局望溪乡农业技术推广站站长 |
| 艺　娜（女） | 四川省甘孜藏族自治州扶贫和移民工作局科长 |
| 陈济沧 | 中国扶贫基金会灾后重建办公室副主任 |
| 陈春华（女） | 四川省南充市高坪区扶贫开发协会会长 |
| 袁承禧 | 四川省宜宾市扶贫开发协会会长 |
| 谢吉辉 | 四川省广安市前锋区龙滩乡伍山村村民 |
| 桂　勇 | 四川永隆（集团）有限公司董事长 |
| 覃　宇 | 贵州省六盘水市钟山区精神文明建设指导委员会办公室副主任 |
| 潘　郁 | 贵州省黔东南苗族侗族自治州扶贫开发办公室科长 |
| 温玉波（女） | 贵州省兴仁县中医院院长 |
| 邓迎香（女） | 贵州省罗甸县沫阳镇董架社区麻怀村村民委员会主任 |
| 刘子富 | 新华通讯社贵州分社原社长 |
| 朱敏才 | 商务部退休干部，贵州省遵义县龙坪镇中心小学支教教师 |
| 周　刚 | 贵州周氏农业综合开发有限公司董事长 |
| 周捌迪 | 云南省泸水县扶贫开发办公室主任 |
| 马永升 | 云南昊龙实业集团有限公司党委书记、总裁 |
| 丛文滋 | 外交部离退休干部局离休干部 |
| 张跃进 | 云南摩尔农庄生物科技开发有限公司董事长兼总经理 |
| 杨　龙 | 云南祥云飞龙再生科技股份有限公司董事长兼总经理 |
| 李永希 | 云南如意橡胶集团有限公司董事长 |
| 杨　钊 | 旭日集团有限公司董事长 |
| 周丽萍（女） | 昆明博田人家农业科技开发有限公司总经理 |
| 贺补珍 | 西藏自治区教育厅职业教育与成人教育处副调研员 |
| 索南加措 | 中共西藏自治区比如县比如镇擦隆村党支部书记 |
| 洛松尼扎 | 中共西藏自治区昌都县如意乡永嘎村党支部书记 |

| | |
|---|---|
| 尼玛旺久 | 西藏自治区财政厅农业处副处长 |
| 达娃次仁 | 西藏自治区堆龙德庆县古荣朗孜糌粑有限公司董事长 |
| 边　久 | 西藏自治区扎囊县扎其乡农民建筑队总经理 |
| 张雷威 | 国网陕西省电力公司榆林供电公司工会主席 |
| 魏小炜 | 陕西省汉中市发展和改革委员会纪检组长 |
| 段君成 | 中航飞机股份有限公司西安飞机分公司青年志愿者协会副会长 |
| 张宪来 | 中共陕西省铜川市耀州区庙湾镇玉门村党支部书记 |
| 张文堂 | 陕西省榆林市文昌建工集团建筑工程有限公司董事长 |
| 史军辉 | 陕西省宝鸡市育才玻璃（集团）有限公司董事长 |
| 陈荣堂 | 陕西安康京康建筑工程有限公司董事长 |
| 鹿继明 | 西安铁路局西安第一工程指挥部副组长，中国铁路总公司、西安铁路局派驻陕西省勉县人民政府副县长（挂职） |
| 于炳林 | 甘肃省崇信县教育局局长 |
| 韦青祥 | 甘肃省兰州市扶贫开发办公室主任 |
| 李晓梅（女） | 甘肃田地农业科技有限责任公司总经理 |
| 房　忠 | 甘肃忠恒房地产开发集团有限公司董事长 |
| 宋福如 | 河北硅谷化工有限公司董事长 |
| 师向东 | 甘肃康美现代农牧产业集团有限公司董事长 |
| 李　杰 | 陕西旭隆能源技术发展有限责任公司董事长 |
| 姚宝光 | 青海省财政厅机关党委调研员 |
| 马文义 | 青海省西宁市大通县人民政府副县长 |
| 韩文科 | 青海回族撒拉族救助会会长 |
| 扎西桑周 | 青海省玉树市扎西大通农畜产品有限公司董事长 |
| 李银会 | 青海华实科技投资管理有限公司董事长 |
| 韩兴旺 | 青海兴旺集团董事长 |
| 娘　本 | 青海省黄南藏族自治州热贡画院院长 |
| 安希平（女） | 宁夏回族自治区固原市财政局金融服务办公室副主任 |
| 林水英（女） | 宁夏华林农业综合开发有限公司总经理 |
| 马卫民 | 宁夏为民实业有限公司董事长 |
| 马　兰（女） | 宁夏回族自治区西吉县蓝天民族刺绣培训中心校长 |
| 张金山 | 宁夏红枸杞产业集团有限公司董事长 |

| | |
|---|---|
| 吴衍霖 | 宁夏易捷庄园枸杞科技有限公司董事长 |
| 马生科 | 固原六盘山薯业有限公司总经理 |
| 林伟光 | 宁夏华泰农农业科技发展有限公司总经理 |
| 陈鑫伟 | 中共新疆维吾尔自治区党委组织部干部监督处副调研员，中共乌什县委副书记（挂职） |
| 热依汗·哈斯木（女） | 乌鲁木齐慈善总会爱心妈妈团体组建者、会长 |
| 张　新 | 特变电工股份有限公司党委书记、董事长 |
| 马国文 | 新疆祥达世纪建设有限公司董事长 |
| 冯东明 | 新疆美克集团有限公司董事长 |
| 艾比布拉·赛来依 | 新疆隆博投资集团有限公司总经理 |
| 刘鸿斌 | 武警兵团指挥部第五支部参谋 |
| 李国庆 | 新疆农垦科学院副研究员 |
| 李　腾 | 新疆生产建设兵团第三师46团4连连长 |
| 克力木·依莫拉洪 | 新疆生产建设兵团第三师托云牧场职工 |
| 张丽华（女） | 新疆生产建设兵团第十师183团8连职工 |
| 张道乾 | 新疆生产建设兵团第五师86团值班连职工 |
| 德庆旺杰 | 中国人民解放军77646部队51分队政治指导员 |
| 刘家春 | 中国人民解放军63820部队政治部秘书群工处处长 |
| 张利君 | 中国人民解放军96351部队牧场场长 |
| 董　乐 | 中国人民解放军西安通信学院指挥控制系统系学员2队队长 |
| 薛　波 | 中国人民解放军国防科学技术大学政治部秘书处秘书 |
| 刘　磊 | 中国人民解放军兰州军区政治部办公室群工处干事 |
| 李发海 | 中国人民武装警察部队甘肃省总队甘南藏族自治州支队第3大队政治教导员 |
| 岳志娟（女） | 中国人民解放军91208部队政治部干部科干事 |
| 周蔚然 | 中国人民解放军后勤工程学院工程技术应用研究院工程师 |
| 邹肇睿 | 中国人民解放军95291部队司令部工程师 |

# 关于建立贫困县约束机制的通知

国开发〔2014〕12号

各省、自治区、直辖市人民政府，新疆生产建设兵团：

确定国家扶贫开发工作重点县和集中连片特殊困难地区县（以下统称贫困县）并给予支持，对集中力量解决贫困突出问题，帮助贫困地区和贫困群众加快脱贫步伐发挥了重要作用。但是，一些贫困县超标准修建办公楼，超能力举办庆典，超水平建设标志性建筑，甚至公款吃喝、铺张浪费，一边享受贫困县政策一边过富裕县日子，严重违背党的宗旨和群众路线，极大损害党和政府的形象，在社会上造成不良影响。为认真落实中央八项规定、国务院约法三章和《中共中央办公厅国务院办公厅〈关于创新机制扎实推进农村扶贫开发工作的意见〉的通知》（中办发〔2013〕25号）精神，坚决刹住穷县富衙、戴帽炫富之风，经国务院同意，现就建立贫困县约束机制通知如下。

**一、切实加强对扶贫工作的领导。**各地要严格落实党政一把手负总责的扶贫开发工作责任制。各级扶贫开发领导小组要认真履行职责，加强对扶贫开发工作的具体领导，督促落实各项要求。贫困县要落实扶贫工作职责，确保事有人干、责有人负。县级领导班子成员原则上每月应到贫困村驻点调研，深入贫困群众，了解他们的所难所需所急，提出有针对性的解决办法。要确保每个贫困村都有驻村工作队，每个贫困户都有帮扶责任人。有计划地组织青年干部参加驻村工作队，实现干部驻村帮扶制度化、规范化。

**二、明确任期内扶贫开发责任。**贫困县要树立加快发展、科学发展的导向，把提高贫困人口生活水平和减少贫困人口数量作为工作的出发点和落脚点。按照“稳定实现扶贫对象不愁吃、不愁穿，保障其义务教育、基本医疗和住房。农民人均纯收入增长幅度高于全国水平，基本公共服务主要领域指标接近全国平均水平”的要求，编制经济社会发展和扶贫开发规划，明确工作任务，落实保障措施，抓好组织实施。贫困县领导班子要提出年度或任期内扶贫开发目标，包括减少贫困人口、增加城乡居民收入特别是贫困人口收入、改善贫困乡村基础设施和公共服务等事项，并通过适当形式向社会公开，接受社会监督。提倡贫困县领导班子和主要负责同志每年亲自抓好几项扶贫开发重大事项，通过解决具体问题推动扶贫工作的落实。

**三、努力增加扶贫开发投入**。贫困县要把更多的财力投入到扶贫开发上。以扶贫攻坚规划和重大扶贫项目为平台，整合相关涉农资金，集中解决贫困突出问题。鼓励有条件的地方建立风险补偿基金，推广扶贫小额信贷保险，完善风险分担和化解机制，引导金融机构增加对产业扶贫项目的信贷投放。动员利用社会资源，帮助贫困人口脱贫。

**四、严格管理扶贫资金**。县级人民政府负责扶贫项目资金使用的安全、规范和有效运行。针对贫困农户的财政扶贫资金使用要与建档立卡结果相衔接，使资金直接惠及扶贫对象。建立扶贫资金信息公开制度，通过多种形式向社会公开政策规定、资金使用结果等情况。完善扶贫资金项目公告公示制度，全面公开扶贫对象、扶贫资金安排和项目建设等情况，接受社会监督。对贪污、挤占、挪用、冒领扶贫资金等违法违规行为，要依法严厉打击，并向社会公开查处结果。

**五、统筹城乡建设规划**。贫困县城市规划、城镇规模和建设要坚持亲民、便民、利民、惠民的原则，并与当地经济社会发展水平相适应。县级财政用于基础设施、公共服务设施的建设资金，主要投向乡镇、村组，改善乡村人居环境。严格控制财政资金投向城区建设的比例，严禁搞华而不实的标志性建筑、形象工程、景观景点。加强土地利用总体规划与相关规划的衔接，合理安排使用土地计划指标，重点保障贫困乡村基础设施、易地扶贫搬迁、生态建设、社会事业等急需的民生项目。

**六、严格控制办公用房建设**。贫困县要严格执行中共中央办公厅、国务院办公厅《关于党政机关停止新建楼堂馆所和清理办公用房的通知》（中办发〔2013〕17号），自通知印发之日起5年内，各级党政机关一律不准以任何形式和理由新建楼堂馆所，严禁以危房改造等名义改扩建楼堂馆所。办公用房确有困难的，要严格履行审批程序，采取维修改造、整合调剂办公用房资源、租用等措施妥善解决。维修改造项目要以消除安全隐患、恢复和完善使用功能为重点，严格执行维修改造标准，严禁豪华装修。

**七、严禁享乐主义奢靡之风**。贫困县各级领导干部要树立勤俭节约、过紧日子、与贫困群众同甘共苦的思想。严格控制“三公”经费，进一步精简会议和文件，自觉抵制形式主义、官僚主义、享乐主义和奢靡之风。严格执行国家有关公务接待标准，接待上级机关的工作人员，不组织专场演出，不赠送土特产，不安排宴请。严禁超标准配备办公用房、住房和公务用车。严格控制出国（境）团（组）数量和规模。不得使用财政资金或通过摊派方式举办各种奢华铺张的庆典、仪式、会展、演出等活动。少数民族地区贫困县举办相关庆典活动，按有关法律和规定执行。

**八、杜绝不切实际的形象工程**。不得搞形式主义的达标升级活动，不得向基层单位下达招商引资指标，不得参与民间组织开展的各类“百强县”、“小康县”等活动的申报。

**九、加强督促检查和激励**。各地要加强对贫困县工作的指导，改革贫困县考核制度，引导贫困县将工作重点放在扶贫开发上。各省（区、市）扶贫开发领导小组每年对贫困县开展一次专项检查，对存在的问题提出整改意见。对贫困县发生违反本通知有关要求的行为，要按照国家法律和相关规定严格问责，追究有关领导和人员的责任。对扶贫工作成效显著的县，省级在分配财政扶贫资金和协调社会帮扶资金时给予适当倾斜。国家扶贫开发工作重点县达到退出条件的，要按程序退出。

本通知适用范围是国家扶贫开发工作重点县和连片特殊困难地区县，共 832 个县。省级扶贫工作重点县和片区县参照执行。各省（区、市）扶贫开发领导小组要根据本意见要求，结合本地实际，制定具体工作意见并组织实施。每年 10 月底前向国务院扶贫开发领导小组报告工作时，要一并报告贫困县约束机制落实情况。

# 关于印发汪洋同志在全国社会扶贫工作电视电话会议上讲话的通知

国开发〔2014〕11 号

各省（区、市）扶贫开发领导小组，新疆生产建设兵团扶贫开发领导小组，国务院扶贫开发领导小组成员单位：

现将汪洋同志在全国社会扶贫工作电视电话会议上的讲话印发你们，请认真学习贯彻。

专此通知。

国务院扶贫开发领导小组

2014 年 10 月 22 日

# 在全国社会扶贫工作电视电话会议上的讲话

汪　洋

（2014 年 10 月 17 日）

同志们：

今天是我国扶贫开发事业中具有特殊意义的日子。全国开展第一个“扶贫日”活动，国务院第一次召开社会扶贫工作会议，第一次表彰社会扶贫先进集体和先进个人，还即将出台第一个社会扶贫方面的专门文件。党中央、国务院对扶贫开发特别是社会扶贫工作以及启动“扶贫日”活动高度重视，日前习近平总书记、李克强总理就此作出重要批示，提出了继续打好扶贫攻坚战、推动贫困地区和贫困群众加快脱贫致富奔小康步伐的明确要求，发出了深入开展社会扶贫、共同向贫困宣战的动员令。我们要认真贯彻落实习近平总书记、李克强总理重要批示精神和国务院常务会议精神，全面总结社会扶贫工作经验，部署和组织好下一阶段社会扶贫工作，更加广泛、深入、有效地动员全社会力量，努力构建政府、市场、社会协同推进的大扶贫格局，全面完成党中央、国务院对扶贫工作的部署。

刚才毕井泉同志传达了习近平总书记、

李克强总理的重要批示，刘永富同志宣读了国务院扶贫开发领导小组关于全国社会扶贫先进集体和先进个人的表彰决定，先进集体和先进个人代表还做了精彩发言，宣读了倡议书，他们做得好，所以讲得好、倡议也很好，为全社会带了好头、发挥了示范作用。

“众人拾柴火焰高”。坚持全党动员、全社会参与，是我国扶贫开发事业取得伟大成就的一条成功经验，是中国特色扶贫开发道路的一个重要特征。改革开放以来，在党和政府的动员组织下，社会各界积极投身于扶贫开发事业。党政机关、企事业单位、军队和武警部队率先开展定点扶贫，广大干部职工和全体官兵踊跃参与。东部地区通过经济援助、产业协作、人才交流等方式，对西部欠发达地区开展对口帮扶。各民主党派和工商联充分发挥人才智力优势，支持贫困地区发展。各级工会、共青团、妇联、残联等群众团体开展“送温暖工程”、“希望工程”、“母亲水窖”、“春蕾计划”、“春晖行动”、“集善工程”、“助残阳光行动”等扶贫专项公益活动。民营企业组织开展“光彩事业”、“村企共建”等，到贫困地区投资兴业。各类扶贫、慈善机构等社会公益组织和公民个人通过募集款物、志愿服务等形式，伸出援手，奉献爱心。港澳同胞、台湾同胞、海外华侨也以多种方式开展扶贫济困。所有这些，充分展示了社会扶贫参与主体的广泛性、参与方式的多样性、扶贫成效的可持续性，充分彰显了社会主义制度的优越性。在社会扶贫过程中，涌现了很多先进集体和先进个人，他们的善行令人钦佩、事迹感人至深，精神催人奋进，在他们身上展现了人间的大爱和人性的光辉。今天受表彰的就是其中的典型代表。这里，我代表党中央、国务院，向受到表彰的先进集体、先进个人表示热烈祝贺！向所有关心、支持和参与社会扶贫的各界人士表示诚挚感谢！

在充分肯定扶贫开发成就的同时，我们要清醒地认识到，我国贫困问题依然相当严峻。贫困人口规模大、贫困程度深，全国有 12 多万个贫困村，按我国贫困标准有近 1 亿贫困人口，参考世界银行标准有 2 亿，而且已解决温饱的也很不稳定，因灾、因病返贫问题突出。贫困地区基础设施落后，公共服务不足，社会事业滞后，产业发展迟缓，与其他地区特别是发达地区差距很大。要让贫困地区和贫困群众与全国一道迈向全面小康社会，必须举全党全社会之力推进扶贫开发，实行最广泛的社会动员。现在我们也具备了这方面的社会环境条件。随着经济发展、财富积累、生活水平提高和扶贫济困乐善好施传统美德的倡导培育，热心扶贫、愿做善事的各类企业、社会组织和公民个人越来越多。只要我们因势利导，就能汇聚成向贫困宣战的强大社会合力。而且这样做，有利于促进不同社会群体和阶层的沟通交流，化解可能产生的隔阂和矛盾，降低社会结构变动期的风险隐患；有利于培养善心、传播爱心，提升公民道德水平、奉献意识和社会责任感，弘扬社会主义核心价值观，促进社会和谐稳定。

做好新时期社会扶贫工作，要在认真总结、继续坚持过去行之有效的好经验、好做法基础上，根据经济社会发展新形势和扶贫攻坚新要求，健全组织动员机制，搭建社会参与平台，完善政策支撑体系，营造良好社会氛围，把社会扶贫的巨大潜力充分挖掘出来，把社会成员参与扶贫的积极性充分调动起来，把各方面的创造性充分发挥出来，汇全国之力、聚各方之财、集全民之智，加快推进扶贫开发进程。近日国务院将下发《关于进一步动员社会力量参与扶贫开发的意见》，各地区各有关部门要认真贯彻执行。这里，我强调几点：

**一要努力营造社会扶贫“人人皆愿为”的良好环境条件。**社会扶贫要持久深入开展，关键要使社会成员自愿为之、乐意为之，成为风气风尚。要加强扶贫开发工作的宣传报道，介绍贫困地区的发展情况和贫困人口的生存状况，阐明加快扶贫开发的重大意义，使更多的人认识到扶贫开发关系人人、人人有责，从而更加关注扶贫开发事业、积极参与社会扶贫工作。要大力弘扬社会主义核心价值观和中华民族传统美德，倡导扶贫光荣、济困可敬、行善积德，激发人们友善互助、守望相助的积极性和主动性。“善者不亏，行之则远”。要建立激励机制，让积极参与社会扶贫的单位、企业和个人政治上有荣誉、事业上有发展、社会上受尊重。国务院在清理各类表彰活动的同时，专门批准设立社会扶贫表彰，五年举办一次，就是向全社会发出“谁扶贫，谁光荣”的明确信号。对参与社会扶贫的企业，要在财税、金融等政策上予以支持。要加强监督评估，确保公众捐助的款物管理与使用做到公开透明。现在，捐助人关心的是：“我捐的款物是否真正到了贫困人口手里?”在信息化时代，唯有及时、全面公布信息，才能留住社会公众的信任。公开透明是社会扶贫的生命线。要探索对社会扶贫各类主体建立第三方监测评估机制，创新评估方法，公开评估结果，增强社会扶贫公信力和影响力。

**二要倡导社会扶贫“人人皆可为”的公众参与理念。**社会扶贫是一个大舞台，无论能力高低、收入多少、年龄大小，人人都可参与，方式可以多种多样。有经济实力的可以到贫困地区投资兴业，有一技之长的可以到贫困地区开展志愿服务，有信息来源的可以为贫困地区提供信息帮助，普通群众可以多买点贫困地区的土特产，甚至小学生做些扶贫向善的宣传，也是对扶贫工作的贡献。善举不分大小，都值得倡导和肯定。我国有13亿多人口，只要人人都出一把力、人人都献出一份爱，涓涓细流就会汇成社会扶贫的滚滚浪潮，就会成为扶贫攻坚的强大力量。社会扶贫关键在行动：在精神光芒的闪烁，在人间爱心的传递！

**三要建立社会扶贫“人人皆能为”的**

**有效参与机制和方式**。要让有意愿、有能力的社会成员有机会、有渠道去帮扶，使善心变为善举，就必须建立有效机制、创新参与方式、搭建参与平台。要积极开展扶贫志愿行动，建立扶贫志愿者组织和服务网络，组织和支持各类志愿者参与扶贫调研、支教支医、文化下乡、科技推广等扶贫活动。要着力打造扶贫公益品牌，提高其社会知名度、美誉度和影响力，更好动员各方力量参与各类扶贫公益行动。要加快构建社会扶贫信息服务平台，把建档立卡贫困村、贫困户的帮扶需求摆出来，把社会扶贫项目规划摆出来，让想扶贫的人信息对称、渠道畅通，推进扶贫资源供给与扶贫需求有效对接，实现社会扶贫和精准扶贫有效结合。此外，还要积极支持各类主体通过公平竞争来承接政府扶贫公共服务、承担扶贫项目的实施。继续搞好定点扶贫和东西扶贫协作，提高针对性和有效性，发挥好在社会扶贫中的引领推动作用。

广泛动员全社会参与扶贫开发，必须加强组织领导。国务院各部门和有关单位要密切合作，按照职能分工落实社会扶贫政策，推进社会扶贫工作。财政、税收、金融部门要细化财税和金融支持政策措施。组织人事部门要落实挂职扶贫干部、驻村帮扶干部和专业技术人员相关待遇。民政部门要将扶贫济困作为促进慈善事业发展的重点领域，支持社会组织加强自身能力建设，提高管理和服务水平。工会、共青团、妇联、工商联、残联、科协要发动本系统、联系各方面，主动开展社会扶贫工作。扶贫部门要切实做好组织协调和服务工作。地方各级政府要高度重视社会扶贫工作，完善工作体系，建立工作机制，落实工作责任，提高社会扶贫工作的组织动员能力。扶贫任务重的地方主要领导同志要亲自抓。

同志们，扶贫开发任重道远，社会扶贫贵在“常、长”二字。让我们紧密团结在以习近平同志为总书记的党中央周围，同心同德、奋发进取，矢志不渝、久久为功，努力开创中国特色社会扶贫新局面，加快贫困地区发展和贫困群众脱贫致富步伐，为全面建成小康社会、实现中华民族伟大复兴的中国梦做出新的贡献！

现在我宣布，全国第一个“扶贫日”活动正式启动！

# 关于印发《建立精准扶贫工作机制实施方案》的通知

国开办发〔2014〕30号

各省（自治区、直辖市）和新疆生产建设兵团扶贫办、农办、民政厅（局）、人力资源和社会保障厅（局）、统计局、团委、残联：

为贯彻落实《关于创新机制扎实推进农村扶贫开发工作的意见》（中办发〔2013〕25号）中“关于建立精准扶贫工作机制”的精神，国务院扶贫开发领导小组办公室、中央农办、民政部、人力资源和社会保障部、国家统计局、共青团中央、中国残联研究制定了《建立精准扶贫工作机制实施方案》。现予印发，请结合实际，抓好落实工作。

专此通知。

附件：建立精准扶贫工作机制实施方案

国务院扶贫开发领导小组办公室

中央农办　民政部

人力资源和社会保障部

国家统计局　共青团中央

中国残联

2014年5月12日

附件

# 建立精准扶贫工作机制实施方案

根据《中共中央办公厅 国务院办公厅印发〈关于创新机制扎实推进农村扶贫开发工作的意见〉的通知》（中办发〔2013〕25号，以下简称25号文件）关于建立精准扶贫工作机制的要求，制定本实施方案。

## 一、目标任务

通过对贫困户和贫困村精准识别、精准帮扶、精准管理和精准考核，引导各类扶贫资源优化配置，实现扶贫到村到户，逐步构建精准扶贫工作长效机制，为科学扶贫奠定坚实基础。

精准识别是指通过申请评议、公示公告、抽检核查、信息录入等步骤，将贫困户和贫困村有效识别出来，并建档立卡。

精准帮扶是指对识别出来的贫困户和贫困村，深入分析致贫原因，落实帮扶责任人，逐村逐户制定帮扶计划，集中力量予以扶持。

精准管理是指对扶贫对象进行全方位、全过程的监测，建立全国扶贫信息网络系统，实时反映帮扶情况，实现扶贫对象的有进有出，动态管理，为扶贫开发工作提供决策支持。

精准考核是指对贫困户和贫困村识别、帮扶、管理的成效，以及对贫困县开展扶贫工作情况的量化考核，奖优罚劣，保证各项扶贫政策落到实处。

## 二、重点工作

（一）建档立卡与信息化建设

（1）建档立卡。国务院扶贫办制定《扶贫开发建档立卡工作方案》，明确贫困户、贫困村识别标准、方法和程序，负责省级相关人员培训、督促检查、考核评估等工作；各省（区、市）根据国家统计局确定的分省（区、市）和分片区贫困人口规模，按照《扶贫开发建档立卡工作方案》中确定的贫困人口、贫困村规模分解和控制办法，负责将贫困人口、贫困村规模逐级向下分解到村到户，并负责市县两级相关人员培训、专项督查等工作；县负责贫困户、贫困村确定，并组织乡（镇）村两级做好建档立卡工作。2014年10月底前完成建档立卡工作，相关数据录入电脑，联网运行，并实现动态管理，每年更新。

（2）信息化建设。国务院扶贫办制定和组织实施全国扶贫开发信息化建设规划和建设方案，制订标准规范，整合办内原有信息系统，建设统一的应用软件系统。

各省（区、市）、市（区）、县（区）负责设备购置、人员配备、数据采集和更新等工作。通过信息化建设，引导各项资源向贫困户和贫困村精准配置，提高针对性和有效性。此项工作 2014 年 12 月底前完成，以后逐步升级完善。

（二）建立干部驻村帮扶工作制度

（3）各省（区、市）普遍建立干部驻村工作制度，做到每个贫困村都有驻村帮扶工作队，每个贫困户都有帮扶责任人，并建立驻村帮扶工作队、贫困户帮扶责任人数据库。此项工作由各省（区、市）负责，2014 年 6 月底前派驻到位。

（4）做好干部选派工作。各省（区、市）要充分动员党政机关、人民团体、民主党派、企事业单位参与驻村帮扶工作，选派有较高政治素质、能力较强、特别是有培养前途的中青年干部，参加驻村帮扶工作，并明确职责分工、帮扶项目、考核办法和问责制度等。

（5）落实帮扶责任。驻村工作队负责协助村两委摸清贫困底数，分析致贫原因，制定帮扶计划，协调帮扶资源，统筹安排使用帮扶资金，监督帮扶项目实施，帮助贫困户、贫困村脱贫致富，不脱贫、不脱钩；协助基层组织贯彻落实强农惠农富农政策；积极参与各项扶贫开发工作。

（6）建立健全帮扶制度。各省（区、市）建立健全驻村干部的选拔、培训、管理、考核、激励、保障等制度，充分调动驻村干部的积极性，对工作成效显著的要提拔重用，对工作成效不明显的要实行退出和问责。加强驻村工作队的规范管理，实现驻村干部帮扶长期化、制度化和规范化。

（三）培育扶贫开发品牌项目

各省（区、市）在总结经验的基础上，完善政策措施，因地制宜大力培育行得通、能管用的扶贫品牌。

（7）雨露计划。各省（区、市）扶贫和财政部门会同教育、人社等部门，完善雨露计划实施政策和规划，对参加中高职教育或两年及以上职业技能培训的建档立卡贫困学生家庭发放生活补助，提供扶贫贴息贷款支持，提升贫困户新成长劳动力就业技能和创业能力，稳就业、拔穷根，阻断贫困代际传递。继续做好劳动力转移就业培训、农村适用技能培训和贫困村致富带头人培训工作。

（8）扶贫小额信贷。各省（区、市）扶贫、财政和金融部门负责完善扶贫小额信贷政策，对没有外出就业、有一定技能又有创业意愿的贫困户发放小额信贷贴息贷款，支持发展特色优势产业，帮助“换穷业”。提高瞄准性，加强监管，真正惠及贫困户。

（9）易地扶贫搬迁。各省（区、市）发展改革委（局）与扶贫部门共同负责制定规划和计划，对不具备生存发展条件、就地脱贫成本高、难度大的贫困户实施易地扶贫搬迁，结合新型城镇化中解决“三个 1 亿人”问题，使这部分贫困群众彻底

“挪穷窝”。在易地扶贫搬迁工作中，要充分尊重搬迁户的意愿，并着力解决好就业、教育、医疗、社会保障和社会融入等问题。

（四）提高扶贫工作的精准性和有效性

（10）各省（区、市）扶贫部门要将扶贫措施与扶贫开发建档立卡紧密衔接，提高扶贫工作的精准性和有效性。要坚持因地制宜、分类指导、突出重点、注重实效的原则，在培育扶贫开发品牌项目的同时，继续做好整村推进、互助资金、产业扶贫、科技扶贫等专项扶贫工作。

（11）各行业部门，要重点围绕落实25号文件，组织实施好村级道路畅通、饮水安全、农村电力保障、危房改造、特色产业增收、乡村旅游扶贫、教育、卫生和计划生育、文化建设、贫困村信息化“十项重点工作”。各行业部门按照25号文件要求，制定相关办法并组织实施。

（五）提高社会力量参与扶贫的精准性、有效性

（12）搭建社会扶贫信息服务平台。国务院扶贫办统筹建设中国扶贫网，将贫困户、贫困村的需求信息与社会各界的扶贫资源、帮扶意愿进行有效对接，互联共享，实现社会扶贫资源的精准化配置。各地也要根据实际，搭建社会扶贫信息服务平台。国务院扶贫办负责顶层设计，各级扶贫部门组织实施，2014年年底前完成。

（13）完善社会扶贫帮扶形式。鼓励引导各级定点扶贫单位、参加扶贫协作的东部省市、军队和武警部队及民主党派、工商联、无党派人士、各类企业、社会组织、个人等社会扶贫参与主体，到贫困地区开展形式多样的扶贫帮扶活动，努力做到帮扶重心下移到贫困村、帮扶对象明确到贫困户，帮扶措施到位有效，帮扶效果可持续，实现社会帮扶的精准化、科学化。国务院扶贫办负责制定相关政策，各省（区、市）负责制定实施方案，于2014年9月底前完成。

（六）建立精准扶贫考核机制

健全贫困县精准扶贫考核机制，建立贫困县约束机制，研究重点县退出机制。

（14）中组部牵头，国务院扶贫办、国家统计局配合，2014年12月底前修订出台《关于加强和改进贫困县考核工作指导意见》，重点考核党政领导班子和党政领导干部将工作重点放在扶贫开发、完成减贫增收任务情况，增设精准扶贫考核的内容、指标，并合理确定分值权重。

（15）国务院扶贫办会同发改委、财政部，2014年6月底前修订出台《扶贫工作考核办法》，重点考核地方政府扶贫责任落实情况以及扶贫成效。逐步建立以考核结果为导向的激励和问责机制。根据考核和评估结果改进和完善精准扶贫工作机制，实现精准扶贫、阳光扶贫、廉洁扶贫。

## 三、保障措施

（一）深化思想认识

精准扶贫是党中央和国务院对扶贫开发工作的新要求，是解决扶贫开发工作中

底数不清、目标不准、效果不佳等问题的重要途径，是全面建成小康社会的重要保障。各级领导干部要深化认识，统一思想，把精准扶贫工作摆到更加突出的位置，不断提高扶贫工作的精准性、有效性、持续性。

（二）加强组织领导

各级扶贫开发领导小组成员单位、片区牵头单位、行业主管部门都要做好精准扶贫各项工作。强化扶贫开发队伍建设，加强县、乡（镇）两级扶贫部门力量，保障工作经费，改善工作条件，提高工作效能。

（三）强化责任落实

按照“中央统筹、省负总责、县抓落实”的原则，逐级分解落实；扶贫部门要抓好精准扶贫工作的顶层设计、沟通、协调、指导和服务工作；相关行业部门要按照分工，发挥职能和行业优势，切实加大对贫困户和贫困村的帮扶力度；要搭建有效平台，引导和动员社会力量参与精准扶贫工作。

# 关于印发《创新扶贫开发社会参与机制实施方案》的通知

国开办发〔2014〕31号

各省（自治区、直辖市）和新疆生产建设兵团扶贫办、协作办、组织部、统战部、教育厅（委）、民政厅（局）、财政厅（局）、人力资源社会保障厅（局）、国资委、国税局、地税局、团委、残联、工商联，各军区、各军兵种、各总部、军事科学院、国防大学、国防科学技术大学、武警部队政治部：

为贯彻落实《关于创新机制扎实推进农村扶贫开发工作的意见》（中办发〔2013〕25号）关于"创新社会参与机制"精神，国务院扶贫开发领导小组办公室、中央组织部、中央统战部、中央直属机关工委、中央国家机关工委、解放军总政治部、教育部、民政部、财政部、人力资源社会保障部、国务院国资委、税务总局、共青团中央、中国残联、全国工商联研究制定了《创新扶贫开发社会参与机制实施方案》。现予印发，请结合实际，认真组织实施。

专此通知。

附件：创新扶贫开发社会参与机制实施方案

国务院扶贫开发领导小组办公室
中央组织部　中央统战部
中央直属机关工委　中央国家机关工委
解放军总政治部　教育部　民政部
财政部　人力资源和社会保障部
国务院国资委　税务总局　共青团中央
中国残联　全国工商联
2014年5月12日

## 附件

# 创新扶贫开发社会参与机制实施方案

根据《关于创新机制扎实推进农村扶贫开发工作的意见》（中办发〔2013〕25号）关于“创新社会参与机制”的要求，制订本方案。

### 一、目标任务

广泛动员全社会力量参与扶贫开发是中国特色扶贫开发事业的重要组成部分，集中体现了社会主义制度的优越性和中华民族扶贫济困的传统美德，对于培育和践行和谐友善的社会主义核心价值观具有重大意义。要进一步创新机制，营造全社会关心扶贫、爱心助贫的良好氛围，形成政府、市场、社会协同推进的大扶贫工作格局。

（一）完善社会扶贫工作体系。建立和完善广泛动员全社会力量参与扶贫开发的制度，构建包括定点扶贫、东西部扶贫协作、军队和武警部队扶贫以及各民主党派、工商联和无党派人士、企业、社会组织、个人参与的中国特色社会扶贫工作体系。

（二）创新社会扶贫工作机制。拓展社会扶贫组织动员和信息服务渠道，建立和完善社会扶贫激励机制，创新社会扶贫资源筹集、配置、使用、监管机制。

（三）健全社会扶贫支持政策。落实社会扶贫相关财政、税收等政策，按照国家有关规定建立完善干部挂职扶贫、驻村帮扶、扶贫志愿者行动等社会扶贫表彰和激励政策。

（四）营造社会扶贫浓厚氛围。深化社会扶贫研究，推动社会扶贫理论和实践创新。创新社会扶贫宣传形式，拓宽宣传渠道，扩大宣传空间，加强舆论引导，汇全国之力、聚各方之财、集全民之智，营造扶贫济困浓厚社会氛围。

### 二、主要形式

巩固加强定点扶贫、东西部扶贫协作、军队和武警部队扶贫，充分发挥其示范引领作用。大力推动各民主党派、工商联和无党派人士、企业、社会组织、个人扶贫。

（一）定点扶贫。中央定点扶贫单位要切实加强领导、落实责任、健全制度。动员本单位、本行业、本系统干部职工广泛参与，定期选派优秀中青年干部挂职扶贫。多渠道筹措帮扶资源，创新帮扶形式，帮助协调解决定点扶贫县经济社会发展中的突出问题，做到帮扶重心下移到贫困村，帮扶对象明确到贫困户，帮扶措施到位有效，年度工作总结和计划报送及时。各单位领导同志每年到定点扶贫地区开展扶贫调研，督促指导定点扶贫工作。地方各级党政机关和有关单位的定点扶贫工作参照中央层面做法，组织开展定点扶贫。

（二）东西部扶贫协作。强化政府援助，协作双方要共同研究制定长期规划和年度计划，将对口帮扶工作纳入经济社会发展规划和政府工作目标考核内容；建立协作双方联席会议制度，市县层层结对、行业部门对口帮扶。扩大区域合作，推动东西部资源、产业、要素的优化配置，实现优势互补、互利共赢。加强企业协作，动员东部企业遵循市场规律、发挥自身优势，到西部地区投资兴业，开拓市场，带动当地经济发展和结构转型。组织社会帮扶，广泛动员东部地区社会各界以捐资助学、志愿服务等多种形式参与东西部扶贫协作。加强人才支持，推动东西部党政干部、专业技术人才双向挂职交流，引导人才向西部等艰苦边远地区流动。充分发挥东部职教优势，提倡合作办学、订单培训等多种形式，开展劳动力转移培训。各地要结合实际，组织开展省内区域性结对帮扶，缩小地区发展差距。

（三）军队和武警部队扶贫。明确省军区、军分区政治机关和人民武装部作为同级政府扶贫开发领导小组成员单位。按照“就地就近、有所作为、量力而行、尽力而为”原则，省军区（武警总队）主要帮扶国家扶贫开发工作重点县，军分区帮扶扶贫任务较重的乡镇或贫困村，作战部队结合实际就近确定帮扶对象。部队院校、医疗、科研、装备修理等单位应发挥自身优势，积极支持贫困地区发展教育、科技、文化、卫生等社会事业。

（四）各民主党派、工商联和无党派人士扶贫。鼓励民主党派、工商联和无党派人士发挥联系面广、人才智力富集等优势，通过定点扶贫、智力支边、光彩事业等形式，帮助贫困地区发展教育、科技、文化、卫生等社会事业，改善基础设施条件，促进特色优势产业发展。

（五）企业扶贫。国有企业是国民经济的骨干和命脉，要在扶贫开发中发挥带头作用。民营企业是社会扶贫的重要力量，要积极履行社会责任，参与扶贫开发。鼓励各类企业通过到贫困地区投资兴业、招工就业、捐资助贫、技能培训等多种形式，参加村企共建、结对帮扶等扶贫工作，促进贫困地区经济社会发展，带动贫困群众增收致富。各级国资委、工商联和扶贫部门要加强沟通协调，建立联系机制，做好支持、服务和宣传工作。

（六）社会组织扶贫。推动社会组织积极参与扶贫开发。加强对社会组织开展扶贫活动的信息服务、业务指导和规范管理，开展政府购买服务试点，鼓励社会组织承接政府扶贫项目，创新扶贫方式，打造优秀扶贫公益品牌。

（七）个人扶贫。发挥工会、共青团、妇联、残联等单位组织动员优势，依托各类社会组织，创新服务支撑体系，鼓励和引导广大社会成员和港澳同胞、台湾同胞、华人华侨及海外人士捐助款物，开展助教、助医、助学等扶贫活动，倡导志愿服务精神，构建中国特色的扶贫志愿者网络和服务体系。

以上工作由国务院扶贫办与定点扶贫牵头组织部门、民政部、共青团中央、中国残联、全国工商联组织实施。

## 三、保障措施

（一）落实支持政策。鼓励有条件的单位设立扶贫基金，拓展社会扶贫筹资渠道，专项用于开展扶贫帮扶工作。参加东西部扶贫协作的东部省市，可在协作双方自愿协商一致的基础上安排一定数额的帮扶资金。加大财政对扶贫公益事业的支持力度，制定政府购买扶贫领域服务的具体措施。按照国家税收法律及其有关规定，全面落实扶贫捐赠税前扣除、税收减免及各类市场主体到贫困地区投资兴业给予相关支持等扶贫公益事业税收优惠政策。简化扶贫社会组织登记程序，对符合条件的社会组织给予公益性捐赠税前扣除资格。

（二）健全激励机制。在每五年开展一次社会扶贫表彰工作的基础上，按照国家有关规定探索建立中国特色的社会扶贫荣誉表彰体系。对扶贫成效明显、贡献特别突出的企业、社会组织和个人，可在尊重其意愿前提下给予项目冠名。规范到贫困地区挂职锻炼工作，切实关心挂职扶贫干部和驻村帮扶干部的工作和生活，对表现优秀的同志在同等条件下原则上可优先提拔使用，也可根据挂职地党委的意见，在派出单位同意、尊重干部意愿的前提下，在当地交流任职。

（三）加强监督评估。建立定点扶贫和东西部扶贫协作工作考核评价机制和通报制度。建立企业、社会组织、个人扶贫监测评估体系。完善扶贫项目招标采购、社会组织征信、第三方评估、审计等相关制度，推动参与扶贫的社会组织增加透明度、提升公信力、扩大影响力。

以上工作由国务院扶贫办与财政部、税务总局、中组部、人力资源社会保障部、民政部共同组织实施。

## 四、近期工作

（一）制定一个文件。年内以国务院名义制定新时期社会扶贫的指导性文件，就社会扶贫工作的总体要求、基本原则、方式方法、政策措施、组织领导等提出明确意见。

（二）召开一次会议。年内以国务院名义召开全国社会扶贫工作会议，全面总结新世纪以来社会扶贫工作经验，宣传表彰社会扶贫先进典型，动员部署新时期社会扶贫工作，进一步巩固和完善大扶贫工作格局。

（三）开展一次表彰。年内以国务院扶贫开发领导小组名义，开展社会扶贫表彰活动，评选全国社会扶贫先进集体和先进个人，交流经验，激励先进，营造氛围。

（四）设立一个活动日。推动设立全国扶贫济困日，为社会各界参与扶贫、奉献爱心搭建组织动员平台。通过聘请扶贫宣传大使、播出公益广告、开展国情教育、组织志愿帮扶、评选典型人物等系列活动，在中央和地方媒体开展系列宣传，激发全社会参与扶贫的热情和潜力。

（五）构建一个平台。结合正在开展的建档立卡工作，建立中国扶贫网，将贫困村、贫困户的需求信息与社会各界的扶贫资源、帮扶意愿进行有效对接。各地也要根据实际，搭建社会扶贫信息服务平台。

（六）组建一支队伍。充分动员发达地区和大中城市人力资源，组建一支扶贫志愿者队伍。组织青年学生志愿者参与扶贫对象调查识别、统计监测，支持各类志愿者深入贫困地区，开展助教支医、文化下乡、科技推广、创业引领、资源开发等扶贫活动。

# 关于印发汪洋同志在国务院扶贫开发领导小组第三次全体会议上讲话的通知

国开办发〔2014〕52号

各省、自治区、直辖市扶贫开发领导小组，新疆生产建设兵团扶贫开发领导小组，国务院扶贫开发领导小组各成员单位：

现将汪洋同志在国务院扶贫开发领导小组第三次全体会议上的讲话印发你们，请认真学习贯彻。

专此通知。

国务院扶贫办

2014年8月25日

# 汪洋同志在国务院扶贫开发领导小组第三次全体会议上的讲话

2014年7月31日

去年底，中办国办印发了《关于创新机制扎实推进农村扶贫开发工作的意见》(中办发〔2013〕25号，以下简称25号文件)，到现在已经半年多了。我们今天召开扶贫开发领导小组第三次全体会议，目的就是把情况碰一碰，理一理，看看我们这半年取得了什么成效，还存在什么问题，对下半年的工作做出部署安排。其中很重要的一个考虑，就是督促各地区各部门抓好25号文件精神的落实。现在经常有这样一种情况，就是搞文件的时候大家都非常认真，字斟句酌，但文件发了以后，就束之高阁。最后辛辛苦苦搞出来的文件，研究出台的政策措施落实不下去，这个问题可能还是带有一定的普遍性。所以，新一届中央领导集体对抓落实问题高度重视。习近平总书记强调，要“聚焦、聚神、聚力抓落实，做到紧之又紧、细之又细、实之又实”。李克强总理也强调，“所有政策必须不折不扣落实到位”。为此，国务院前不久派出8个督查组，对各地区各部门贯彻落实党中央、国务院决策部署和各项政策措施情况进行了督查。在这个过程中，扶贫办也做了全面的自查，给国务院写了自查报告。李克强总理主持召开国务院常务会议，专题听取了督查情况汇报，针对存在的问题部署整改工作。扶贫工作要按照党中央、国务院的要求，强化责任，抓好落实。刚才，刘永富同志就扶贫政策落实情况做了全面汇报，对下一步工作提出了意见，各部门的同志也提出了很多有针对性的建议，请扶贫办认真研究吸收。下面，我简要讲几点意见和看法。

**一、扶贫开发工作和政策落实取得积极进展**

从刚才扶贫办的汇报、大家发言和各方面的反映来看，25 号文件出台以来，各地区各部门做了大量工作，扶贫开发在以往工作的基础上，继续向前推进，各项政策得到较好落实。主要表现在以下几个方面。

一是各地行动快、力度大，今年减贫 1000 万人以上的目标有望实现。今年减贫 1000 万人以上，是李克强总理代表国务院在人代会上向全国人民做出的庄严承诺。从这半年的情况看，各地党委政府普遍将扶贫开发工作列入重要议事日程，摆到突出位置。28 个省区市（不含京津沪）制定了贯彻落实 25 号文件的实施方案和配套措施。很多省份都是党政一把手亲自抓。像贵州省委书记赵克志就把自己当成“贵州最大的扶贫办主任”，抓得细、抓得实、抓得紧。甘肃省委书记王三运、省长刘伟平亲自带队在全省开展为期 3 个多月的扶贫开发大调研，他们搞的“双联双包”，是到村到户的有效措施。内蒙古自治区党委书记王君、主席巴特尔上半年先后 5 次主持会议研究扶贫问题，仅自治区本级财政就安排扶贫资金 18. 1 亿元。山西省委书记袁纯清不仅自己包村，而且倡导所有省里面带“长”字的干部包村，共包了 6000 多个村。各级地方党委政府高度重视，有力推进了扶贫开发工作。这次会议把做得好的几个省的材料都发给了成员单位。从地方上报的情况看，今年减贫 1000 万人以上的目标是能够完成的。

二是扶贫开发改革创新迈出较大步伐，“六项工作机制”初步或正在建立。扶贫工作要加强机制建设，只有在机制上创新，才能使扶贫工作迈上新的台阶。首先是改进贫困县考核机制，中组部会同扶贫办、统计局等部门做了大量调研工作，正在起草具体指导意见。实际上考核就是个指挥棒。刚才刘永富同志讲，扶贫工作在国际上名声挺好，在国内经常受批评。为什么呢？因为有些贫困县拿了贫困县的待遇，享受了政策，但是却把这个钱花到城市里边去，用扶贫资金去盖了政府大楼，去搞城市建设，没有用到贫困人口身上，挪用的情况比较普遍。考核机制改变了以后，实际上是指挥棒变了，精准扶贫就能够落实到位，大家就能去干扶贫的事。第二是精准扶贫机制开始实行，大部分省份已经完成贫困识别工作。干部帮扶机制开始发挥作用，全国共向贫困地区派出 9. 83 万个工作队、40万名干部驻村帮扶。这项工作针对性非常强，贫困地区最缺的是信息和能力，干部去了这个地方就有了信息和资源，就有了脱贫的能力。同时，很多干部长期以来脱离农村，有些就是在城市里长大，有些虽然是农村出来的，但一直考学上学，也没吃过苦，大学毕业了就进了机关，当了干部，也需要进一步了解国情，驻村帮扶给了他们锻炼的机会。另外，财政专项扶贫资金管理机制改革方案正在审批，今年扶贫资金已经按因素法统一切块下达。金融服务机制改革方案已经实施并初见成效，贫困地区贷款余额增速高于全国平均水平。社会参与机制改革已拿出实施方案，定点扶贫、东西部扶贫协作得到强化，全军和武警部队帮扶工作有力推进。

三是各部门积极协同配合，扶贫重点工作得到加强。25号文件提出的十项重点工作，七项制定了实施方案，三项纳入了相关行业规划和计划，资金支持和项目安排进一步向贫困地区倾斜。贫困地区互联网接通、危房改造、公路建设、饮水安全、电力保障、卫生设施建设等稳步推进，农林特色产业扶贫、旅游扶贫、教育扶贫、文化扶贫等工作也有明显进展。14个集中连片特困地区重大基础设施建设、生态保护和公共服务进一步加强，经济社会发展条件继续改善。

总体上看，前一阶段，各地区各有关部门高度重视扶贫开发，扎实开展各项工作。扶贫办的各项工作也是有效的、积极的。扶贫开发“最先一公里”有了良好开端，“最后一公里”得到了加强，应该说，扶贫工作呈现出一个新的局面。

**二、做好下半年扶贫开发工作、落实好相关政策措施还需继续努力**

关于下半年的工作，扶贫办提出了安排意见，我都赞成。下一步确实要抓好落实，特别要在关键改革措施和重点工作任务上取得新的进展。

第一，扶贫工作机制要抓紧完善。要想使我们的工作在现有的基础上再上一个台阶，关键是根据十八届三中全会精神，创新工作机制。贫困县考核机制具体指导意见下半年要出台，能早点出就早点出，这样各地能根据意见来筹划明年的指标、目标。明年对贫困县要用新的办法来考核。考核这个指挥棒用好了，贫困县就会把工作的重点放到扶贫上来，把资源调度到扶贫上来。指挥棒不精准，大家就会去抓整个县的GDP，结果是把县城搞得很漂亮，把县里工业搞上来了，把财政收入也搞上来了，但是那个县的贫困人口还是穷，最后就是平均数掩盖了大多数。2020年要全面建成小康社会，这个问题如果解决不好，到那时候全国还有那么多贫困县，就要拖后腿。习近平总书记讲，小康不小康，关键看老乡。是看哪儿的老乡？首先是看贫困县的老乡。改革财政专项扶贫资金管理机制的文件出台后，要认真抓好落实。现在扶贫资金，无论中央财政还是地方财政，都比过去有了很大的增加。贫困县考核机制改革以后，地方还会加大扶贫投入力度。钱多了后，如果没有好的机制，继续搞“大水漫灌”，就会有各种各样的跑冒滴漏，达不到预期的目的。所以这个机制一定要抓好落实，使财政之“水”真正浇到需要的人身上。其他已经出台的工作机制，还要根据实施情况和出现的问题，有针对性地研究制定配套措施。比如，干部驻村帮扶，有的工作队虽已驻村，但驻村干部的后续管理和保障没有相应跟上，我们要督促各地解决好这些问题。干部都是各地自己派的，各地要逐步提高认识，完善机制，逐步将驻村帮扶这项工作作为锻炼干部、使用干部的一个平台。各地下一步要在驻村时间、组织方式、工作任务、帮扶措施、考核办法等方面做出具体操作性规定，调动驻村干部的积极性，解决他们的后顾之忧，让他们真正沉下心来，扎扎实实为群众办实事、谋利益。驻村帮扶要尽量与新农村建设工作队、第一书记、科技特派员等其他方面的力量衔接起来，“一队多用”，“多队协同”，形成整体合力。这项工作主要由各省区市负责，扶贫办要做好信息交流、情况通报、协调服务等相关工作。如果我们确实能让一批干部下去，既能锻炼自己，又能帮助农民脱贫致富，那应该是一件多赢的事情。

第二，精准扶贫要落实到位。关键是做好建档立卡工作。按照扶贫办下发的工作方案，建档立卡公示公告应该在 5 月底前完成，7 月底制定出帮扶计划。现在看，不少省份建档立卡的进度慢于方案的要求。当然，建档立卡直接关系群众的切身利益、极为复杂，进度要服从质量。为了保证质量，宁可推迟进度。如果只是进度达到了，掩盖了一些矛盾，或者做得不实在，老百姓找你算后账，会带来一系列的问题。只要把基础搞扎实了，即使时间长一点，也不必过于担心。但是要防止地方工作不重视，工作没力度，最后影响进度。要督促各地加大工作力度，争取 10 月底前完成任务。扶贫办要适时组织“回头看”，开展抽查核实，确保工作做细、做实、做准。建档立卡完成后，后续工作也要紧锣密鼓地跟上去。要组织乡村干部、驻村帮扶干部等深入分析致贫原因，量体裁衣制定帮扶措施，逐村逐户落实扶贫政策，充分发挥我们的政治优势和制度优势。要抓紧建立全国扶贫信息系统，微观上对贫困村、贫困户实行动态管理，宏观上为扶贫开发决策提供信息支持。近两年，有的地方建立了“扶贫项目库”，贫困乡、村可以通过菜单式的安排，选择适宜自己需要的项目，提高扶贫资源配置效率，这是一种很好的探索，值得肯定。

第三，扶贫工作重点任务要加快推进。25 号文件明确的十项重点工作，是当前和今后一个时期扶贫工作的中心任务，也是实施连片特困地区扶贫攻坚规划的具体抓手。各地区各有关部门要坚持不懈抓好实施方案的落实，加大工作力度，加快推进步伐。要注重各项重点工作之间相互协调，注重与精准扶贫相互配合，注重与区域发展相互衔接，确保不断取得实效。现在，国家已经开始启动“十三五”规划编制前期工作，各有关部门要对照扶贫开发纲要的要求，尽早谋划、主动对接，把扶贫开发重点工作纳入国家总体规划之中。

需要强调的是，虽然从各地上报的情况看，今年减贫 1000 万人以上的目标是可以完成的，但要看到，真正保质保量地完成这个目标并不轻松。当前国内外环境相当复杂，我国经济运行稳中有忧，下行压力较大，财政收入放缓，扶贫投入可能受到影响，贫困地区群众就业难度也会增加。各地区各有关部门对这些不利因素要充分估计，有针对性地制定举措，扶贫各项工作和政策落实要紧抓不放，决不可麻痹懈怠。各级扶贫办还要继续加强督导检查。

**三、不断推进扶贫开发工作的探索和创新**

坚持不懈地推进扶贫开发工作，是由我们的政治制度决定的。共产党是靠穷人打天下的，是靠穷人坐天下的，共产党不能忘了穷人，所以说无论哪一代中央领导集体，一直都把扶贫工作摆到重要位置上。但是，从现在看越往后任务越艰巨。因为剩下的都是“硬骨头”，而且，随着扶贫工作的深入推进，今后还会遇到很多意想不到的新情况、新矛盾和新问题。各地区各有关部门在抓 25 号文件贯彻落实的过程中，要以党的十八届三中全会精神为指引，树立改革的进取意识，尊重群众和基层的首创精神，及时把地方好的经验总结提炼出来，通过试点经验，不断推进扶贫工作的创新。实际上，我们现在搞的机制创新，多是把地方的探索和试点上的创新规范化、制度化，在面上推广。在这里我想说几个问题，请扶贫办和相关部门结合工作进一步研究。

一是促进贫困县权责一致的问题。贫困地区群众脱贫的责任主要在县，县一级的任务很重。刚才提的约束机制、退出机制，都对贫困县提了很多要求，干部应该怎么做，财政应该怎么支出，约束将明显增强。但是与之相关的问题是，县一级在承担责任、行为受到约束的同时，能不能赋予它更多的扶贫开发工作权限，做到权责一致，以调动贫困县的积极性和主动性，把扶贫工作做得更好。25 号文件将扶贫项目审批权限原则上下放到县，迈出了重要一步，还有没有其他权限可以下放给贫困县？比如，整合扶贫和相关涉农资金，是增强资金使用针对性和实效性的关键之举，地方对此也很关注，可否考虑赋予贫困县一定的资金整合权限，使之能围绕本县突出的贫困问题，将资金统筹起来，捆绑用于重点扶贫项目。贫困县贫困人口主要是农民，除了扶贫资金以外，涉农资金能不能让县里统一整合？是否可以先搞一点试点，取得进展后，在更大范围推广。

二是进一步扩大和丰富扶贫资源。要实现扶贫开发目标，国家财政必须增加投入。但我们也要看到，光靠财政的投入是远远不够的，要认真研究探索新的机制，调动社会各方面积极性，利用好社会各方面可以利用的资源，促进扶贫开发。现在一些先富起来的人愿意投入扶贫等慈善事业，我们要研究给他们提供更多的渠道，强化激励机制。现在准备设立全国扶贫日，这是一个渠道。另外，今年还要以国务院名义召开全国社会扶贫工作会议，对社会扶贫先进集体和个人进行表彰，就是要鼓励这种正能量。中国人很有向善之心，我们中华民族有这个传统。同时要在现有政策中寻找空间，挖掘潜力。前不久，国务院研究室一份调研报告提出，利用“地票”制度来促进扶贫移民搬迁，并建议就此开展试点。这个建议的核心是，将扶贫移民搬迁后的农村建设用地复垦退耕，节约的部分建设用地指标，通过公开交易后用于城镇建设，增值收益用于弥补移民搬迁费用。成都和重庆在这方面都有一些经验，搞“地票”，就等于把贫困地区的建设用地指标通过“地票”制度使它升值。重庆一亩地大概是 20 万元，其中 17 万是老百姓可以用的。贫困地区老百姓如果有 17 万元，盖房子、进城等各种问题就都解决了。陕西咸阳搞的告别土窑洞、危漏房、独居户等“三告别”工程，用的也是类似的办法。国土资源部在陕南开展生态扶贫避灾移民搬迁试点，也是这个路子。我认为这方面都可以进行探索。

三是创新贫困评价体系。分管扶贫工作一年多来，我分别到东、中、西部贫困地区调研，一个感觉是对贫困状况的评价应该是多维的，不能简单用收入来评判。我们国家幅员辽阔，各个地方经济发展水平不同、物价水平不同、居民生活方式不同、地理气候条件不同，满足基本生活要求的收入也不一样。比如像西北干旱地区农民买水的支出很大，我们去年到甘肃去调研，一吨水 150 元钱，农民自己开支，一吨水用一个多月。但是到了西南地区，总体上来讲，当地农民吃水没有像西北那么大的压力。所以同样是年收入 2300 元钱，贫困程度可能就不一样。还有，我觉得评价农民是否过上好日子，必须有物质标准，但不能唯物质标准。我今年去了广西河池，看到老百姓坐在那里聊天，生活自得其乐，收入水平并不高，但幸福感很强。我就想到一些发达地区和城市，收入很高，但人人都很焦虑。因此，不能简单地用收入水平来衡量生活质量，更不能拿城市的标准来评价农民的生活质量。扶贫评价如何做到更加科学合理，更加符合不同地区的实际，我建议扶贫办还要会同有关部门进行探索研究。

关于扶贫办提交会议审议的事项，大家都赞成。第一，原则上同意拟表彰的先进集体和先进个人的名单。第二，关于社会力量参与扶贫和贫困县约束退出机制两个文件稿，请有关部门认真研究。贫困县约束退出机制是个挺大的事。现在社会上有意见，就是因为贫困县拿着国家的政策，却大手大脚花钱，所以要约束。我觉得约束就是要一刀切，规定要硬邦邦的，而且应该尽快出来，免得大家诟病贫困县。退出机制现在看来也是需要的，但这项工作是渐进的。到2020年全面建成小康社会时，还有几百个贫困县，这好像说不过去。另外，退出的主要指标应该是贫困发生率，现在的方案拟规定5%以上就是贫困县，低于5%就不能再是贫困县，这是个值得肯定的思路。将来，即使没有贫困县了，也还有贫困村、贫困人口，相对贫困的问题是会长期存在的。到2020年也许还有个别绝对贫困现象，但是党都执政70年了，如果还有大面积的贫困，就和我们执政党的性质、社会主义的性质不相吻合了。贫困县退出机制问题，有关部门会签后，还要上报党中央、国务院。第三，关于增加扶贫投入问题，请扶贫办会同财政部和有关部门做进一步研究协调，提出具体方案。总的来讲，扶贫开发工作事关全面建成小康社会大局，事关社会公平正义，也事关当前的稳增长、调结构、促改革、惠民生。习近平总书记也有要求，"各级财政要加大对扶贫开发的支持力度，形成有利于贫困地区和扶贫对象加快发展的扶贫战略和政策体系"。希望发改委、财政部及其他相关部门继续给予支持。

扶贫办今天提出来要创建精准扶贫三个品牌，我觉得进一步突出了工作重点，这三个品牌总的来看针对性还是很强的。一是雨露计划。希望和教育部相关政策相互补充，共同把这个事做好。从贫困地区来讲，根本解决问题确实靠教育。我们前不久到青海调研，看到一家夫妻两个还有两个小孩，夫妻两个，女的有病，男的没有多高文化，地也没有了，下一步就靠去城里打个零工，你说他们怎么脱贫，就是将来靠孩子。孩子说学习还可以。我劝她考职业学校。她不愿意，说要学财经。我问她，学财经将来你知道找工作难不难，找到工作你知道拿多少钱？你现在不要光埋头读书，不考虑今后的就业。上职业学校，国家不仅免学费还给助学金，今后也好找工作。看来孩子教育有个观念问题，可能觉得职业学校不如大学体面。这种现象在中西部不是个别的，普遍存在，应予以重视。二是小额信贷。这也值得重视。脱贫关键还是靠产业。实际上，小额信贷就是发挥财政资金四两拨千斤作用，是扶持产业的一种有效方式，力度也要加大。三是易地扶贫搬迁。刚才大家提了一些很好的意见建议，总的看要完善办法，做到积极稳妥。各地有各地的特殊性，易地扶贫搬迁要从实际出发，确实做到搬得出、稳得住、逐步能致富。有的时候是搬出来了，但稳不住、富不了，最后他还要往回跑，甚至成为一个集中闹事的群体。所以必须从实际出发，完善办法。

最后，我想再说一下，习近平总书记近日对老区的扶贫开发做出重要批示，要求把革命老区建设和十年扶贫开发纲要结合起来考虑，采取切实有力的举措，让老区人民能够过上更加美好幸福的生活，有关部门要抓紧提出意见。

总之，党中央、国务院尤其是习近平总书记、李克强总理高度重视扶贫开发工作，给我们创造了一个很好的环境条件，我们必须努力工作。今天的会议算是半年的中期督查，年底我们还要再开一次领导小组会，各牵头单位和各省区市还要进一步报报账，我们汇总后再上报党中央、国务院。扶贫办要加强检查督导和沟通协调，希望届时能够看到一份“漂亮”的扶贫开发的“年终报表”。

# 关于创新发展扶贫小额信贷的指导意见

国开办发〔2014〕78号

各省（区、市）扶贫办（局）、新疆生产建设兵团扶贫办；财政厅（局）；中国人民银行上海总部、各分行、营业管理部、各省会（首府）城市中心支行；银监局；保监局：

为贯彻落实《关于创新机制扎实推进农村扶贫开发工作的意见》（中办发〔2013〕25号）和《关于全面做好扶贫开发金融服务工作的指导意见》（银发〔2014〕65号）的要求，完善扶贫贴息贷款政策和机制，推进扶贫小额信贷工作，促进贫困人口脱贫致富，提出以下工作意见。

## 一、指导思想

以邓小平理论、“三个代表”重要思想、科学发展观为指导，学习贯彻习近平总书记扶贫开发战略思想，认真落实党中央、国务院关于创新机制扎实推进扶贫开发的总体部署，把激发建档立卡贫困户内生动力、实现脱贫致富作为创新发展扶贫小额信贷的根本任务，推动财政扶贫政策与金融良性互动，充分发挥金融机构作用，拓展针对建档立卡贫困户的特惠政策措施，为实现新时期《中国农村扶贫开发纲要（2011—2020年）》目标做出贡献。

## 二、工作目标

丰富扶贫小额信贷的产品和形式，创新贫困村金融服务，改善贫困地区金融生态环境。扶贫小额信贷覆盖建档立卡贫困农户的比例和规模有较大增长，贷款满足率有明显的提高。努力促进贫困户贷得到、用得好、还得上、逐步富。

## 三、工作原则

（一）精准扶贫、信用贷款。把提高建档立卡贫困户贷款可获得性作为工作的基本出发点。在普惠政策的基础上，采取更具针对性的政策措施，进一步完善思路、改进办法、创新方式，提高扶贫小额信贷的精准性和有效性。对建档立卡贫困户进行评级授信，使建档立卡贫困户得到免抵押、免担保的信用贷款。

（二）政府引导、市场运作。发挥政府统筹协调作用，注重按市场规则推动扶贫小额信贷持续健康发展，协调金融机构为建档立卡贫困户量身定制贷款产品，完善信贷服务。金融机构自主调查评审放贷。

（三）加强宣传、尊重意愿。加大政策

宣传和培训工作力度，让建档立卡贫困户知晓相关程序和政策。贫困农户自主贷款、自主发展。

（四）规范运作、防范风险。各地要加强金融风险防控，探索建立贷款风险分散和化解机制。金融机构应根据建档立卡贫困户的信用评级，审慎核定授信总额，合理设定贷款管理比率。

## 四、扶持的范围、重点和方式

（一）扶持对象：有贷款意愿、有就业创业潜质、技能素质和一定还款能力的建档立卡贫困户。

（二）扶持重点：支持建档立卡贫困户发展扶贫特色优势产业，增加收入。

（三）扶持方式：对符合贷款条件的建档立卡贫困户提供5万元以下、期限3年以内的信用贷款。鼓励金融机构参照贷款基础利率，合理确定贷款利率水平。

## 五、政策措施

（一）在开展“信用户、信用村、信用乡（镇）”创建活动的基础上，针对贫困户的实际情况，完善增信措施，通过改进评级方法或制定专门的授信政策，对申请贷款的建档立卡贫困户进行授信。将全国扶贫信息网络系统与银行贷款管理系统有效对接，建立建档立卡贫困户个人信用档案。

（二）加大对贫困地区支农再贷款、再贴现支持力度，引导金融机构扩大对建档立卡贫困户的信贷投放。降低建档立卡贫困农户融资成本。

（三）各地可统筹安排财政扶贫资金，对符合条件的贷款户给予贴息支持，贴息利率不超过贷款基础利率（上一年度贷款基础利率报价平均利率平均值）。

（四）有条件的地方可根据实际情况安排资金，用于补偿扶贫小额信贷发生的坏账损失。支持推广扶贫小额信贷保险，鼓励贷款户积极购买，分散贷款风险。

（五）采取“以社带户、以企带村”的方式，组织贫困农户参与扶贫特色优势产业建设，拓宽建档立卡贫困户获得贷款的途径。

（六）探索建立县、乡（镇）、村三级联动的扶贫小额信贷服务平台，为建档立卡贫困户提供信用评级、建立信用档案、贷款申报等信贷服务。

## 六、组织保障

（一）加强领导。各省（区、市）扶贫开发领导小组要把创新发展扶贫小额信贷工作，作为实现精准扶贫的关键举措，科学确定发展规划，明确发展目标，加强监督考核。

（二）明确程序。建立完善方便快捷的信贷服务程序。鼓励金融机构创新信贷审批方式，吸收村民、村两委成员组建农户信用状况评议小组，提高村民对信贷活动的参与度。地方政府、村两委和驻村工作队要加强服务金融机构和贫困户。

（三）落实职责。扶贫部门要做好组织动员、政策协调工作，发挥村两委、驻村工作队、妇联等组织的作用，做好建立信用档案、项目咨询、项目指导、宣传培训等方面的工作。各地财政部门要立足本地实际，做好扶贫小额信贷贴息工作。人民银行各分支机构灵活运用多种货币信贷政策工具，努力推动相关配套政策落实，提供贷款基础利率数据。银行业监管部门要完善银行业金融机构差异化监管政策，提高扶贫小额信贷不良贷款率的容忍度。保险监管部门要积极推进农村保险市场建设，不断增强贫困地区风险保障功能。

（四）制定规划。各省（区、市）应根据建档立卡贫困户和扶贫开发工作需要，编制扶贫小额信贷发展规划（2015—2020年）和年度工作计划，报经省扶贫开发领导小组审批后实施，并报国务院扶贫办、财政部、人民银行、银监会、保监会备案。各地扶贫小额信贷工作开展情况纳入扶贫开发工作考核。

（五）公告公示。各地应将扶贫小额信贷政策规定、贴息资金使用情况向社会公开。县级政府要在本地门户网站或主要媒体公告公示贷款和贴息资金扶持对象名单，公布举报电话，接受社会公众监督。要继续坚持和完善行政村公告公示制度，引导扶贫对象自我监督、自主管理。

（六）监督检查。各地应加强对扶贫小额信贷政策执行情况的监督检查，及时发现和整改出现的问题。对违反本指导意见，虚报、冒领、套取、挪用财政贴息资金的单位和个人，按照《财政违法行为处罚处分条例（国务院令第427号）》有关规定处理、处罚、处分。

（七）解释执行。本指导意见自2015年1月1日开始执行。《关于全面改革扶贫贴息款管理体制的通知》（国开办发〔2008〕29号）中涉及到户贷款的相关规定，与本指导意见不一致的，遵循本指导意见。各地可根据本指导意见，制定实施细则。本指导意见由国务院扶贫办会同财政部、人民银行、银监会和保监会负责解释。

# 关于印发汪洋同志在国务院扶贫开发领导小组第四次全体会议上讲话的通知

国开办发〔2014〕83号

各省（区、市）扶贫开发领导小组，新疆生产建设兵团扶贫开发领导小组，国务院扶贫开发领导小组成员单位：

现将汪洋同志在国务院扶贫开发领导小组第四次全体会议上的讲话印发你们，请认真学习贯彻。

专此通知。

国务院扶贫办

2014年12月29日

# 在国务院扶贫开发领导小组第四次全体会议上的讲话

汪洋

（2014年12月15日）

今天我们召开扶贫领导小组第四次全体会议，主要任务是贯彻落实中央经济工作会议精神，总结2014年扶贫开发工作，特别是《关于创新机制扎实推进农村扶贫开发工作的意见》（中办发〔2013〕25号，以下简称“25号文件”）落实情况，分析研究面临的形势，对明年工作作出部署。

党中央、国务院对新形势下进一步做好扶贫工作高度重视。在刚刚闭幕的中央经济工作会议上，习近平总书记用了很大的篇幅强调扶贫工作的重要性、紧迫性和艰巨性，并就加快扶贫开发工作提出明确要求；李克强总理做出重要部署，强调要持续打好扶贫开发攻坚战。总书记、总理的重要指示是做好明年和今后一个时期扶贫工作的基本遵循。我们扶贫领导小组一定要增强工作的紧迫感和责任感，切实把各项工作抓紧抓好。

年终岁末，结合学习领会总书记、总理重要讲话精神，回顾盘点一年来工作，很有必要。做得好的要总结经验、再接再厉，做得不好的要查漏洞找原因，研究改进工作的措施。刚才刘永富同志对今年工作作了全面汇报，对明年工作提出了初步建议，对扶贫工作考核办法作了说明。大家结合各自工作情况，也提出了一些很有价值的意见建议。会议还印发了6项机制改革、10项重点工作交流材料，既有各个部门所做的工作，也有下一步考虑，会后大家要仔细阅读。下面，我讲几点意见。

**一、充分肯定今年扶贫开发工作的成绩**

今年，党中央、国务院发出了“继续向贫困宣战”动员令，各地区各有关部门坚决贯彻中央决策部署，认真落实25号文件精神，把扶贫开发放在突出位置来抓，动员尤其广泛，工作尤其扎实，创新尤其丰富，扶贫工作取得了显著成绩。**一是减贫任务全面完成。**经过各方面的艰苦努力，我们将超额完成政府工作报告提出的“再减少农村贫困人口1000万以上”的目标任务，重点县农民人均纯收入增幅将继续高于全国平均水平。这是扶贫工作成绩一个综合性的标志。**二是机制改革迈出重大步伐。**精准扶贫机制初步建立，全面完成了精准识别，开展了大规模的干部驻村帮扶。以扶贫成效为导向的财政资金分配机制开始实行，初步改变了过去“干好干坏都一样”的分配模式，并开始搭建资金使用的防火墙、高压线。金融扶贫方式创新取得进展，很多含金量高、给力管用的措施陆续推出。贫困地区贷款增速高于全国平均水平。扶贫改革试验区工作深入开展。贫困县考核工作意见已经下发，约束机制改革办法也已拟定。扶贫机制改革创新迈出了有重大意义的步伐。**三是重点工作取得重大进展。**25号文件确定的10项重点工作有序推进，资金投入力度和工作力度都在加大。片区规划推进有力，片区县经济增长、贫困户增收保持良好势头。革命老区、民族地区扶贫工作得到加强。**四是社会动员实现重大突破。**国家设立“扶贫日”，总书记、总理专门作了重要批示。国务院召开全国社会扶贫工作电视电话会议，扶贫领导小组表彰社会扶贫先进集体和先进个人，印发社会扶贫指导文件，这都是第一次，具有开创意义。中宣部组织开展宣传报道，中组部、总政和中央国家机关各部门，以及各地都开展了内容丰富、形式多样的活动，社会参与扶贫的热情进一步提高。

今年扶贫工作的显著成绩，是在经济下行压力较大、带动脱贫效应减弱、各级财政扶贫投入在一定程度上受到影响、扶贫攻坚难度加大的情况下取得的，很不容易。这是党中央、国务院高度重视、正确领导的结果，是各地区各有关部门和单位协同配合、真抓实干的结果，是贫困地区干部群众自力更生、艰苦奋斗的结果，也是在座的各成员单位和全国扶贫系统的同志们辛勤努力的结果。我代表扶贫领导小组对大家表示感谢。

## 二、要锲而不舍地抓好扶贫开发机制改革和重点工作落实

明年扶贫工作任务相当繁重艰巨。扶贫办向会议提交了扶贫领导小组 2015 年工作要点，刘永富同志作了说明，大家表示赞成，我也原则同意。会后，请扶贫办根据大家意见和建议，进一步修改完善。

刘永富同志在汇报中提出，明年把减贫目标继续定在 1000 万人以上，应该说是合适的。因为本届政府提出要完成 6000 万人减贫任务，所以未来三年，每年减少的贫困人口都不能少于 1000 万。随着扶贫机制改革红利稳步释放，扶贫资源配置和利用效率不断提升，贫困县党政领导干部以更大力度抓扶贫，社会各界齐心协力支持扶贫，继续大幅减贫面临难得机遇。指挥棒变了，特别是贫困县，不再像过去那样一般地考核 GDP，而是考核减贫效果，这是最大的一个动力。社会支持更大，资源配置将更精准，有利的条件很多。但是也要看到，今后三年每年减贫 1000 万人的难度是边际递增的，越到后面难度越大。特别是现阶段国内外形势复杂多变，新常态下经济增长放缓影响外出农民务工收入，各级财政收支平衡压力增大也影响扶贫投入增加的幅度，农产品价格低迷影响农民农业经营收入，在这种形势下，要完成减贫目标，需要付出更多的努力。这里，我想强调一下明年要重点抓好的几项工作。

**第一，抓好深化精准扶贫。**精准扶贫是新一轮扶贫开发的鲜明特色，是推动扶贫工作提质增效的关键之举。总书记在中央经济工作会议上强调，“要更多面向特定人口、具体人口，实现精准脱贫，防止平均数掩盖大多数”。今年，我们动员了很多人力物力，付出了很大心血，把贫困识别建档立卡做起来了，把驻村帮扶干部派下去了，量身定制的村户帮扶方案也正在抓紧完善。万里长征走出了坚实的第一步，难能可贵。当然，有些地方的工作可能还不那么扎实，明年有必要倒查一下，督促其完善提高。下一步，要着力让精准扶贫“落地生根”，把扶贫资源、措施精准地引导到特定人口、具体人口上面，激发其内生发展活力和脱贫致富动力，形成新的更大的扶贫成效。精准扶贫不能均匀用力，资源要向妇女、残疾人、特困户等倾斜，对那些处在脱贫边缘的人，要高度关注，不能一达到脱贫标准就甩手不管了，还是要巩固脱贫成果，避免出现一边大量减贫、一边大量返贫的问题，防止年年扶贫年年贫。现在，一些地方止步于对到村到户的简单“嫁接”，资金、项目安排和工作方法等基本没有大的改变，过去怎么做还怎么做，仅仅是打着“精准扶贫”的旗号，新瓶装旧酒，这是不行的。必须以精准为要义，带动扶贫工作全面转型。当然，这不是件容易事，有了工作思路和工作方法，真要落实下去还需要一个过程，必须要锲而不舍，不能寄希望一抓就有大的成效。大而化之的扶贫措施该细化就要细化，不接地气的扶贫项目该调整就要调整，要真

正符合当地贫困群众的实际需求，提高针对性。驻村干部是精准扶贫的具体实施者，国家层面出台干部驻村帮扶指导意见非常必要。刚才邓声明同志讲，赵乐际同志和中组部对扶贫工作高度重视，下一步准备每一个村都派一个第一书记，这是个重大举措。刚才大家讲扶贫离不开人才队伍，我看最重要的人才队伍是基层党组织，最关键的是村里的党支部书记。下一步要用制度切实管好用好驻村帮扶干部，发挥好他们的“催化剂”作用，提高帮扶成效。只有这样，精准扶贫才能真正帮到点子上、扶到人心里，提高扶贫工作的质量和效益。减少的贫困人口要落到人头上，从识别卡上减掉。各级领导小组要去抽查，可以找第三方去做一些抽查，也可以请人大代表、政协委员去看一下，到底销号了没有。精准扶贫就是要把投入的钱和脱贫的人对得上。

**第二，抓好片区扶贫攻坚。**集中连片特困地区是扶贫攻坚主战场地位没有变。李克强总理指出，“要整合资源，把区域开发与精准扶贫结合起来”，这为我们做好片区扶贫工作指明了方向。区域开发是扶贫攻坚的“阵地战”，重点要放在加强基础设施建设、改善基本生产生活条件、提升基本公共服务水平、承接和培育适宜产业上，整合盘活各方面资源，创造有利于“造血式”扶贫的大环境，为精准扶贫提供支撑。精准扶贫的项目和措施也要按照区域开发总体要求，与片区扶贫开发规划很好地衔接起来。前期，国家发展改革委和扶贫办对 14 个片区重点项目进展进行了梳理，总的情况是好的，但部分项目开工率和完工率还不理想，要加快进度。片区联系部门要做好牵头统筹，刚才有的部门介绍了情况，做得不错。发展改革委和扶贫办要加强统筹协调，拧成一股绳、形成一股劲，确保各项任务举措和项目都能得到有效落实。

**第三，抓好特色经济发展。**习近平总书记强调，“要因地制宜，发展特色经济，不要在贫困地区大搞不符合当地实际的项目”。精准扶贫不能搞“大呼隆”，要有针对性。多数贫困地区处在传统农业阶段，贫困群众主要有些土地、山林、水面等，其他资源都很少。如果不考虑这些因素，大搞所谓“高端、大气、上档次”的不切实际的项目，贫困群众很难从中受益，扶贫成效就要大打折扣。要帮助他们跳出贫困陷阱，就要把外部扶持与他们的资源和能力结合起来，搞特色种养业，找到稳定的致富门路。今年 9 月份我到宁夏永宁县闽宁镇调研，当地政府组织企业、技术人员等帮助贫困群众发展养牛、苗木、果蔬等优势产业，虽然多是小微项目，但却是“造血”法宝，几年下来农民就稳定脱贫了。今年“扶贫日”后，万达集团响应社会扶贫号召，在贵州丹寨搞“包县扶贫”，不再走捐款、投资建厂的老路，而是发展土猪养殖和茶叶种植这两个当地优势产业，也是同样一个道理。明年工作要点里提到，要做大做强片区支柱产业、区域特色优势产业，同时提出对建档立卡贫困户发展扶贫特色产业，提供免抵押、免担保的扶贫小额贷款，这个路子应该说是对的。从实际出发，以特色产业为支撑，给予必要的扶持，政府和市场两手发力，就能帮助贫困群众念好致富经，走上致富路。刚才刘永富同志在汇报里讲明年要重点推出精准扶贫十大工程，其中包括旅游、光伏、电商等，这些都属于特色经济，是新举措，成本低、带动力强、资源环境可持续，可以因地制宜选择实施，该试点的试点，能推广的推广。

**第四，抓好扶贫教育培训。**习近平总书记讲，“抓好教育是扶贫开发的根本大计，要让贫困家庭的孩子都能接受公平的有质量的教育，起码学会一项有用的技能，不要让孩子输在起跑线上，尽力阻断贫困世代传递”。李克强总理在今年政府工作报告中也强调“决不让贫困代代相传”。发展教育是减贫脱贫的根本之举。国家针对贫困地区出台的教育扶持政策，像改善义务教育薄弱学校基本办学条件、农村义务教育营养餐、中职教育免学费并补助生活费、重点高校扩大招收贫困地区农村学生等等，都是有力的扶贫措施，应当继续加大力度。“扶贫先扶智，扶智先学技。”明年工作要点中把职业教育培训作为十大工程之一来抓，很有必要。现在一些民营企业对扶贫很踊跃，可以鼓励企业与职业技术学院合作，给招收的贫困农村学生提供补助和实习机会，毕业后择优录用为企业员工，这样可以促进社会扶贫与教育扶贫相结合。要对建档立卡贫困家庭孩子教育培训情况进行排查摸底、长期跟踪，“每个孩子起码学会一项有用技能”是硬任务，有关部门要切实重视起来，不能让这些孩子因贫困而上不起学、得不到职业培训。

**第五，抓好社会力量动员。**社会扶贫蕴藏着巨大潜力，发展空间十分广阔。我们要努力把社会各界关注扶贫、参与扶贫的热情，转化为实实在在的社会扶贫实践行动。要鼓励民营企业、社会组织和公民个人以多种形式参与扶贫，只要是有利于改善贫困地区生产生活条件、有利于加快贫困群众减贫步伐的，我们都欢迎。智慧在民间。社会扶贫采取哪些形式，政府不一定要指定，而是要创造良好的环境条件，帮扶穷人的点子就会无穷无尽。在国家“扶贫日”举行的社会扶贫座谈会上，从事房地产、金融、电商、光伏等行当的企业家，都提出了很多很好的见解，确实令人耳目一新。政府要做的是引导和服务，搭建好社会扶贫信息网络，把建档立卡成果用起来，为供需双方建立交流和帮扶平台，实现资源供给与需求有效对接，这个事要坚持不懈做下去，不断总结，不断完善。国家设立“扶贫日”重点不在于筹多少钱，而是培养乐施好善这样一种社会风尚。一种风尚的形成不是三年五年就能做到的，需要很多年坚持不懈、不急功近利的努力，不能因为出点什么问题就动摇这个信心。

要特别强调的是，已有的扶贫捐赠税前扣除、税收减免等优惠政策和信贷支持、财政贴息等扶持政策要落实好，这是保障，是激励，也是褒奖。明年的“扶贫日”活动要提早谋划，争取开展得更广泛、更深入，充分体现社会扶贫的理念，真正实现以社会力量为主。

**第六，抓好贫困县考核约束退出机制落实**。明年要着力细化实化贫困县考核、约束、退出三项机制改革措施。中组部、扶贫办制定的《关于改进贫困县党政领导班子和领导干部经济社会发展实绩考核工作的意见》已经下发，各地要结合实际制定工作方案，明年对贫困县工作的考核，主要按照这个文件精神进行，把考核结果作为领导班子评价、领导干部使用、扶贫资金分配的重要依据。首先有关部门要据此对扶贫资金分配做调整，刚才说实现衔接，这是可以先衔接的。扶贫领导小组《关于建立贫困县约束机制的通知》已经拟定，下发后要加强对落实情况的检查，违反规定的要严肃处理，通报批评。贫困县发展到什么程度，达到什么标准，以何种程序退出，退出后怎么继续支持，还需要进一步作出规范。地方很关心贫困县退出后的政策衔接问题，总的原则是要确保后续政策能跟得上，使资源投入继续向欠发达地区、贫困人口倾斜。扶贫办要会同有关部门抓紧研究制定相关指导文件，明确退出的原则、条件、程序和鼓励政策，确保工作有序进行。现在贫困县有好多事是不能做的，将来你退出了，就可以不再受这些约束，这是对称的。

**第七，抓好扶贫战略谋划**。“谋先于事则昌。”明年国家将编制“十三五”经济社会发展规划。“十三五”时期，扶贫任务非常艰巨，干非常之事，要有非常之策。扶贫办要配合有关部门，根据2020年实现全面建成小康社会目标要求，抓紧研究“十三五”期间的扶贫工作，提出重要政策、重大工程和重点项目，力争列入国家“十三五”规划。刘永富同志提出对《纲要》实施开展中期评估，很有必要。评估其实也是一个总结经验、发现问题、研究解决问题的过程。这些年，像“三西”农业建设、陕西延安、贵州毕节、福建宁德等地，扶贫工作很有特色，认真总结这些地方的经验，能够为编制规划、战略谋划提供实践支撑。

**第八，抓好扶贫立法**。十八届四中全会强调要依宪治国、依法治国，各项事业要于法有据，特别要求完善扶贫等方面的法律法规。目前，我们还没有一部全国统一的用于规范扶贫开发工作的法律或行政法规，只有几个省市有地方性法规，还有一部分规范单项工作的部门规章。要树立依法扶贫理念，将扶贫纳入法治轨道。对此，扶贫办要抓紧研究，与相关部门加强沟通，尽快启动立法程序。

总之，明年和今后一个时期的扶贫，新路子、新办法、新机制都有了，也得到了社会的普遍认可，形成了共识，关键是锲而不舍地抓落实，关键在人、在班子。要建好党支部，发挥他们的领导核心作用和战斗堡垒作用。对业已形成的扶贫新举措、新机制、新办法，不能三心二意，不能见异思迁，要坚持不懈地做下去，并在实践中不断调整完善，使扶贫工作越做越好。

## 三、关于几个具体问题

**第一，原则同意 2014 年工作总结和 2015 年工作要点。**请扶贫办根据大家的意见建议作修改完善，然后按程序报批，以扶贫领导小组名义印发各成员单位和各省区市扶贫领导小组，并抄送各省人民政府。

**第二，关于《扶贫开发工作考核办法》(试行)。**原则同意这个修订稿。请扶贫办根据会议讨论意见尽快修改完善，以扶贫领导小组名义印发，并组织实施。

**第三，关于片区县政策延伸到重点县和细化实化建档立卡贫困户的倾斜政策。**扶贫办要与有关部门进一步沟通，逐一分析各项政策内容，提出具体实施办法。今天看建档立卡致贫原因柱状分析图以后，很有启发，其中因病因残致贫的是 50%。明年扶贫办要会同卫生计生委，进一步了解。分析因病致贫的主要是什么病，能治好的要花多少钱。治好以后可以搞产业扶贫，治不好的就要靠低保等解决。

**第四，关于扩大扶贫改革试验区的问题。**去年，扶贫领导小组批准设立辽宁阜新、浙江丽水、广东清远三个东部扶贫改革试验区，现在已取得初步成果。刚才刘永富同志汇报，又有山东淄博、江苏宿迁和福建三明申请设立试验区。东部地区搞扶贫改革实验，对中、西部有示范作用，这是好事，请扶贫办抓紧拿出意见。

**第五，做好扶贫工作会议筹备工作。**刚才何立峰同志讲了革命老区的扶贫工作。总书记、总理已经同意明年适当的时候召开一次这方面的工作会议。另外，25 号文件发了一年了，也可以研究明年适当时候是不是以中央的名义召开一次扶贫工作会议。请扶贫办会同有关部门再研究一下，提出一个意见。中央同意以后，抓紧做好会议筹备工作。

希望各地各部门在今年工作的基础上，继续努力，把明年的扶贫工作做得更好。

# 附录（二）
# 年度领导重要讲话

# 在全国扶贫宣传工作座谈会上的讲话

国务院扶贫办主任　刘永富

（2014 年 4 月 25 日）

同志们：

这次会议是一次关于扶贫宣传工作的专题会议，主要任务是：学习贯彻习近平总书记关于扶贫开发的战略思想和在中央宣传思想工作会议上的重要讲话精神，以党的十八大、十八届二中、三中全会精神为指导，贯彻落实 25 号文件和国务院扶贫开发领导小组第二次全体会议的决策部署，总结 2013 年扶贫宣传工作，交流经验做法，安排部署下一步工作，为深入推进扶贫开发提供思想动力，营造良好氛围。

刚才，郭迎光副省长介绍了山西省扶贫开发工作的情况。山西省委、省政府结合群众路线教育实践活动，向全省人民承诺继续加大扶贫开发力度，推进易地扶贫搬迁，启动实施百企千村产业扶贫开发工程，扎实开展机关单位定点扶贫和领导干部包村增收活动。特别是扶贫宣传工作搞得很有特色，成功策划开展了一系列宣传报道，产生了很好的社会影响，值得学习借鉴。

关于 2013 年扶贫宣传工作情况和 2014 年工作，王国良副主任已经作了通报和具体安排，我都赞成。下面，我就当前扶贫工作和扶贫宣传讲几点意见。

## 一、关于扶贫领导小组第二次全体会议精神

去年底，中办、国办印发了《关于创新机制扎实推进农村扶贫开发工作的意见》（以下简称“25 号文件”），汪洋副总理主持召开了全国扶贫工作座谈会，扶贫办紧接着召开了全国扶贫开发工作会议，对今年的工作进行了全面安排部署。各地区各部门认真贯彻落实 25 号文件和这两次会议精神，各项工作取得了积极进展。目前绝大部分省（区、市）和牵头部门出台或即将出台 25 号文件的实施方案。各地区在原有帮扶工作基础上，正在调整、充实、强化干部驻村帮扶工作，推动帮扶机制长期化、制度化。中央和省级财政加大了对贫困地区和扶贫工作的支持力度，有关部门在资金、项目、政策上继续向贫困地区和贫困人口倾斜，社会扶贫各项工作有序推进。2013 年，农村贫困人口减少了 1650 万，扶贫工作重点县农民人均纯收入增幅比全国平均水平高 4.1 个百分点，贫困地区发展呈现良好态势。

今年全国“两会”期间，习近平总书记参加贵州代表团讨论时指出：“扶贫开发工作要抓紧抓紧再抓紧，做实做实再做实。”李克强总理宣布：“要继续向贫困宣战，决不让贫困代代相传”，向全国人民立下了今年再减少农村贫困人口1000万以上的军令状。为贯彻落实习近平总书记、李克强总理的重要指示，汪洋副总理3月24日主持召开了国务院扶贫开发领导小组第二次会议，总结2013年工作，进一步部署和督促落实2014年工作，强调要突出抓好三项重点工作：一是坚决完成减少农村贫困人口1000万以上的目标，任务要分解到省，责任落实到人；二是中央对地方的支持力度要与减贫效果挂钩，对扶真贫、真扶贫、真减贫的地方，优先给予支持；三是在研究完善重点县考核机制和退出机制的同时，建立约束机制，坚决制止有些县一边享受贫困县政策一边过富裕县日子的现象。

汪洋副总理指出，要围绕贯彻落实25号文件精神，创新扶贫工作机制，抓好6项工作任务的落实。一是着力抓好建档立卡工作。要把这项工作作为精准扶贫的第一战役，列为今年的一号工程，扶贫办要牵头搞好顶层设计，立好规矩。有关部门要大力支持，确保成功。各地要组织力量、安排经费、开展培训，把准备工作搞扎实。建档立卡是各项工作的基础，今年要有一个结果。二是认真落实好干部驻村帮扶制度。要把干部驻村工作和第二批群众路线教育实践活动结合起来，上半年争取派驻到位，确保每个贫困村都有驻村工作队。三是改进扶贫资金管理办法。抓紧完善信息披露、项目公告公示、资金竞争性分配、政府购买扶贫公共服务等相关制度，坚决把漏洞堵住堵死，把监管抓牢抓实，确保扶贫资金真正惠及扶贫对象。四是丰富金融扶贫形式和产品。建立完善机制，把金融机构参与扶贫开发的积极性调动起来，进一步引导信贷、保险等金融资源到贫困地区去。五是广泛动员社会各界参与扶贫。在继续发挥定点扶贫、东西部扶贫协作等引领作用的同时，广泛动员社会组织、民营企业和公民个人参与扶贫，弘扬中华民族乐善好施、扶贫济困的优良传统，养成助人为乐、互帮互助的社会风尚，加强不同社会群体之间的相互理解和沟通，促进社会和谐。六是全面落实重点工作和片区规划，提升贫困地区基础设施和基本公共服务水平，积极引导产业转移和培育特色优势产业，创造有利于“造血式”扶贫的大环境。

汪洋副总理要求，要切实加强领导，落实扶贫责任。一是完善管理体制，合理划分中央和地方的扶贫责任。中央各部门要进一步简政放权，最大限度减少对微观事务的管理，重点做好扶贫开发顶层设计，加大对跨区域重大基础设施建设和经济协作的支持。省级政府要增加投入，优化整合扶贫资源，加强资金项目监管，集中力量解决不同类型贫困地区的共性制约因素和突出问题。县级政府要进一步加大工作落实力度，实行精准扶贫，确保工作到村到户。二是抓好工作落实，大力推进25号文件部署的六项改革和十项重点工作。建立各项工作监测、评估、督导制度，该表扬的表扬，该提醒的提醒，该督促的督促，确保各项任务按时完成。三是切实履行职责。负责25号文件改革措施和重点工作落实的牵头单位，以及连片特困地区联系牵头单位，要切实承担起牵头职责，统筹推进工作。其他参与部门要主动作为，积极配合。扶贫办作为领导小组的办事机构，要认真履行职责，加强调查研究、沟通协调、督促检查，切实把各项工作做好。

## 二、关于如何抓好今年的工作

为了全面贯彻落实习近平总书记、李克强总理的重要指示精神和汪洋副总理的要求，国务院扶贫开发领导小组印发了2014年工作要点，从5个方面部署了26项任务。各地要坚定信心，统一思想，采取措施，加大力度，抓紧工作，确保全面完成今年的工作任务。

（一）统一思想，明确抓落实的工作思路。扶贫办党组认真学习习近平总书记扶贫战略思想，提出了抓落实的工作思路，具体讲就是“12345”。

“1”是坚定一个目标。《扶贫刚要》确定到2020年，稳定实现扶贫对象不愁吃、不愁穿，保障其义务教育、基本医疗和住房；贫困地区农民人均纯收入增长幅度高于全国平均水平，基本公共服务主要领域指标接近全国平均水平，扭转发展差距扩大趋势。要把实现这个目标与扶贫工作中期安排和年度计划结合起来，发扬钉钉子的精神，通过扎实工作，确保长远目标的实现。近几年，要全面贯彻落实25号文件，实施精准扶贫，集中力量打好扶贫攻坚战。今年，要确保完成1000万以上人口脱贫的军令状，打好建档立卡和驻村工作队这两个基础。

“2”是突出两个重点。一是精准扶贫到村到户，把发展成果和扶贫政策直接惠及到贫困群众身上。二是区域发展，改善基础设施，提升公共服务，创造精准扶贫到村到户环境和条件，保持可持续发展。区域发展带动扶贫开发，扶贫开发促进区域发展，两个重点互相促进，二者缺一不可，都要认真做好。

“3”是培养三个品牌。雨露计划、扶贫小额信贷和易地扶贫搬迁，这三项工作《扶贫纲要》有要求，25号文件有部署，多年来我们一直在做，现在要做成品牌。第一个是雨露计划。对贫困家庭的“两后生”，给他们生活补贴或者贷款，支持上2—3年的职业学校或技工学校，掌握一门技术，为社会培养合格的、有职业道德的、有过硬技术的劳动力。扶贫部门如果每年培养出200万贫困家庭的技术工人，不仅是对扶贫的直接贡献，更是对国家工业化、城镇化发展的重大贡献，对国家、社会和个人都很有意义。第二个是扶贫小额信贷。

大家要理解这6个字的含义。金融扶贫就是要在实行普惠金融的基础上，对穷人还要有特惠金融的政策。小额是指额度小，只要贫困群众搞种养殖，或者是入股组织合作社，一个家庭5万元以下，期限三年以内，银行都给贷款支持，中央和省级财政按基准利率全额贴息。信贷是指信用贷款，不要抵押担保，但要有风险防范意识和风险管理机制。要改善金融环境，加强信用户、信用村等信用体系建设。还可以考虑以县为单位，建立风险基金和小额贷款保险。第三个是易地扶贫搬迁。没有水、电、路的地方，搞基础设施建设和提供公共服务，特别是脱贫成本太高，只有国家采取政策措施，把他们搬出来拔穷根。三项工作都要制定工作规划和年度计划，做好资金需求测算，作出具体安排，明确工作要求。

“4”是把握好四个关系。一是攻坚战和持久战的关系。在2020年前打赢扶贫攻坚战，攻坚战解决什么？基本消除绝对贫困，不再有贫困县，为全面建成小康社会补齐短板。持久战干什么？继续减少相对贫困，最终实现共同富裕。二是解决突出问题和创新机制结合。通过解决25号文件里提到的十个突出问题来探索建立机制，通过建立机制来促进这些问题的解决。三是合理划分中央和地方扶贫事权。扶贫是中央和地方的共同事权，但哪些事情应该中央来做，哪些事情应该由地方来做要分清。涉及到区域发展的一些大的方面，如跨区域的高速路、铁路、水利等重大工程项目由中央组织来做。地方要统筹扶贫资源，整合力量和资金，实施精准扶贫到村到户，把政策落实到每一个贫困家庭、每一个贫困人口身上。四是“输血”和“造血”结合。各级财政继续加大对扶贫开发的支持力度，各项扶持政策进一步向贫困地区倾斜。同时，贫困地区应挖掘内部发展潜力，激发内生发展动力，不断增强“造血”能力。

“5”是要做好五项工作。一是建档立卡，摸清底数。二是规范完善驻村帮扶工作，建立滴灌管道。这两个都是基础性工作，必须做实打牢。三是增加扶贫投入，管好用好资金。不仅中央财政要增加投入，地方也要加大投入，一起把蛋糕做大。不仅要用财政的钱，而且要用金融的钱，社会的钱。四是大力推进片区规划实施，不断改善贫困地区发展的环境和条件。五是推动社会扶贫，为精准扶贫增添新的力量与活力。

（二）坚定信心，确保今年完成减少1000万以上贫困人口的军令状。按照2011年以来的减贫情况，减少1000万贫困人口的数字并不算多，因为第一年减了4200多万，第二年减了2300多万，去年减了1600万。但是要看到减贫速度逐年递减的客观规律，越往后越难，工作量越大，而且要考虑今年宏观经济形势的因素。所以统筹起来分析，这个目标是合理的，经过努力可以完成。扶贫领导小组已于近日下发了

2014 年减贫计划，在各省自报的基础上，制定了减少贫困人口 1487 万、减贫幅度 18%的计划。各省要采取有效措施，确保完成任务。年底将按照减少贫困人口 15%考核，超过的奖励、表扬，低于的要提出批评。中央补助资金的安排，要把减贫任务完成情况作为重要考虑因素。

（三）摸清底数，打好建档立卡这个硬仗。建档立卡以前做过几次，有些同志对此有厌烦情绪，有的地方因条件所限有畏难情绪。但是，此次非彼次，非彼几次。今后落实扶贫政策都要按照建档立卡数据来安排，因此必须要准确。以前建一次卡只能产生一次性数据，现在要建活的，每年年底更新，每年都有新数据，便于监测和指导工作。各省要重视规模控制问题，今后贫困人口的规模不是分配资金的主要依据，而是确定任务的主要指标。各地不要把精力用在把规模搞大上，而是用在精准识别和精准帮扶上，用在提高减贫成效上。

（四）落实责任，夯实驻村工作队这个基础。驻村工作队是精准扶贫的渠道、平台和抓手，是滴灌的管道。全国几十万乃至上百万干部到贫困村去扶贫，这是中国共产党的政治优势，是社会主义的制度优势。党中央、国务院下这个决心，其他国家做不到。驻村工作队的具体名字各省自己定，工作范围也由各省定，但是扶贫这个任务一定要包括在内，而且是主要任务。这项工作上半年到位，目前的进度差距还不小，要加快推进。近期，扶贫办将召开一次现场会，推进这项工作，希望各省总结交流好的经验。

（五）改革创新，建立完善扶贫工作的考核约束退出机制。考核就是指挥棒，要建立以结果为导向的扶贫工作考核机制。按照 25 号文件的安排，这项工作由中组部牵头，扶贫办、统计局参加，研究制定贫困县考核办法，引导贫困县党政领导班子和领导干部把主要精力放在扶贫开发上，考核结果要作为资金奖补和干部使用的重要依据。同时，扶贫办将会同有关方面，修改完善扶贫考核办法，考核各省减贫任务完成情况，今年以减贫 15%左右为基点，鼓励多减；贫困农户增收情况，以达到全国平均增长水平为基点，鼓励多增；建档立卡情况，以达到全国平均准确率为基点，鼓励准确；省级财政投入情况，以达到全国平均水平为基点，鼓励多投。约束就是紧箍咒，贫困县该干什么，必须干好什么，不能干什么，要有几条框框，建立约束机制，不能随心所欲，坚决杜绝一边享受贫困县支持政策、一边过着富裕县日子的现象。要建立退出机制。各省按照 2020 年贫困县全部退出来设计，每年退几个，制定分年度的退出计划。同时研究重点县退出后相关政策的接续。

（六）创新产品，发挥金融扶贫的作用。要把扶贫开发政策和财政金融政策有机结合起来，不断加大金融支持力度，这是推动贫困地区经济社会加快发展的基本条件。贫困群众贷款困难，是他们脱贫致富的重点和难点。近日，人民银行联合六个部门制定了《关于全面做好扶贫开发金融服务工作的指导意见》。扶贫部门要积极做好相关工作，在尽快完善精准扶贫工作机制的同时，主动和金融部门合作，共同推进扶贫开发金融服务机制的创新与完善。要在普惠金融的基础上，完善针对贫困地区、贫困人口的特惠政策，探讨建立免担保、免抵押的扶贫小额信用贷款制度。要积极探索雨露计划、易地扶贫搬迁实施信用贷款的方式和途径，打造贷款到村到户的新平台。

（七）广泛动员，引导社会各界参与扶贫开发事业。中华民族素有积德行善、扶贫济困的传统美德。改革开放以来，相当一部分地区、相当一部分人已经富起来了，他们希望也有能力帮助贫困地区和贫困群众，政府要搭建好社会扶贫这个平台，社会扶贫是大有可为的。要继续做好已有的单位定点扶贫、东西部扶贫协作、军队武警扶贫，强化深化具体化，提高针对性有效性，发挥引领作用。要大力提倡和推动民营经济、社会组织和公民个人参与扶贫，这方面还没有充分动员起来。25 号文件提出要创新社会扶贫机制，国务院决定今年召开一次社会扶贫工作会议。围绕会议，将出台一个社会扶贫的指导性文件，以领导小组名义进行社会扶贫表彰，推动设立扶贫济困日，届时将策划开展一系列活动，有关部门正在研究制定方案。

（八）加大力度，推进片区规划实施。片区规划有些项目确实做得理想化了，而有些该做的项目又没有做，没有项目就没有政策、没有政策就没有资金。要加大片区规划实施力度，推进基础设施建设，提升公共服务水平，发展特色产业，不断改善发展条件和环境，增强贫困地区发展能力。汪洋副总理在第二次领导小组会议上讲的很清楚，片区的事情首先是联系部门牵头抓，其次是各职能部门共同抓，扶贫部门协调抓。扶贫部门要组织开展规划实施进展情况监测评估，及时掌握情况并协调解决规划实施中的困难和问题。我们正和国家发改委商量，准备进行一次调查，及时评估监测、协调沟通、统计通报、督促检查。

（九）转变作风，加强调查研究。扶贫开发工作，政治性政策性强，任务重难度大要求高，做好工作必须要转变作风，深入实际，加强调查研究，加强沟通协调。许多情况要搞清楚，思路规划需要顶层设计，落实工作要扎实细致。贫困县的帽子有多大含金量，都享受了哪些政策，要了解清楚，才能制定相关措施。区域发展和到村到户如何有机结合，中央和地方扶贫事权如何合理划分，政府、市场和社会力量如何形成合力，还有扶贫的理论、战略、政策措施等问题，都需要研究清楚。

（十）加强管理，树立扶贫部门的良好形象。扶贫开发是崇高的事业，是光荣的事业，是受人尊重的事业。我们要倡导精神享受、工作享受的扶贫职业道德，珍惜扶贫岗位、热爱扶贫事业、坚持职业操守、敬畏崇高事业。要大力弘扬“安专迷”的精神，真正用干事业的态度干工作。扶贫系统干部要想干事、会干事、干成事、不出事。扶贫系统一定要加强管理，配得上扶贫这个名称，树立起扶贫这座丰碑。

## 三、关于加强扶贫宣传工作

关于今年扶贫宣传工作，我再强调三点：

（一）扶贫宣传工作必须做好。去年 8 月中央召开了全国宣传思想工作会议，习近平总书记发表了重要讲话，提出了一系列新思想、新观念、新要求。扶贫部门也不例外，要认真学习贯彻。扶贫是党和国家全局工作的重要组成部分，要认真贯彻全国宣传思想工作会议精神，大力加强扶贫宣传工作。统一思想、统一认识、统一行动需要做好宣传工作，实现目标、推动工作、完成任务需要做好宣传工作，引导舆论、推广典型、鼓舞士气也需要做好宣传工作。总体上，扶贫宣传要坚持四个原则：一是不仅要做好，而且要说好；二是搞好策划，大题大做；三是整合资源，建设平台；四是把握导向，注重实效。

（二）做好扶贫宣传要加强平台建设。当前主要是办好“五个一”。一是办好一个刊物。《中国扶贫》杂志有比较好的基础，要进一步明确定位，提高质量，改善内容，贴近贫困地区、贫困群众和扶贫工作，提升影响力，办成扶贫宣传的“龙头”，为扶贫大局服务。要发挥杂志送政策、送信息、送经验、送点子的作用，让贫困地区、贫困群众和扶贫工作者看了有用，让领导干部、扶贫干部看了有启发。要做好杂志的发行，发行重点是重点县、片区县、扶贫系统、贫困村和驻村工作队，主要是省里集订分送，不得向贫困县、贫困村搞摊派。同时，杂志本身也要降低成本。二是办好一个网站。扶贫办的政府门户网站正在改版，下一步与中国扶贫网并网，要发挥好这个扶贫宣传新媒体的作用。三是开展一个行动。我们正在与中宣部共同研究开展践行友善扶贫济困行动，作为培育和践行社会主义核心价值观的载体，建成促进扶贫开发的品牌活动。四是组织一系列活动。扶贫济困日定了以后，我们要组织开展一系列的主题活动。五是发现培养一批先进典型。扶贫系统有埋头苦干、甘于奉献的干部，基层有大量带领群众脱贫致富的带头人，还有几十上百万人的驻村工作队员，各级各层各行业和社会组织的扶贫工作者，先进典型很多。我们要善于发现，善于总结，善于推广。这是弘扬扶贫济困，宣传社会主义核心价值观，同时也是树立扶贫工作光荣、展示扶贫队伍形象的需要。

（三）做好扶贫宣传要创新体制机制。一是完善组织保障机制。一把手要重视，分管领导要真抓，要有人专门干这个事，也要有适当的经费投入。二是要探索舆论引导机制。宣传要贯穿扶贫重点工作的事前、事中和事后，有些工作事先就要宣传，引导舆论。比如建档立卡工作，宣传好了，大家思想上想通了接受了，工作难度就小。先进典型和经验，要大力加强事中事后宣传。负面典型也是一种宣传，它对我们工作有监督作用，我们要大气一点，该改的就改。三是建立协调互动机制。要与媒体加强沟通，搞好对接，充分发挥他们的作用。四是加强上下联动机制。扶贫系统是一个整体，扶贫宣传工作要上下一盘棋，要基本同步，基本一致，基本同音。五是强化考核激励机制。搞好宣传不容易，对政治素质、业务素质和吃苦精神要求都很高。要了解大局，熟悉业务，熟悉中心工作。要围绕中心，服务大局，心无旁骛，不搞副业。要讲求效果，注重实效，培育正能量。要有个考核激励机制，做得好要表扬，要鼓励。

总之，中央对扶贫工作越来越重视，社会对扶贫工作越来越关注，贫困地区、贫困群众对扶贫越来越期待，扶贫工作大有可为。扶贫做的是积德行善的事，这个职业是崇高的、神圣的，是受人尊敬的。每一个扶贫工作者都要有一种情操、一种境界、一种追求，努力把扶贫工作做得更好。

# 加强生态文明建设　打好扶贫攻坚战

## ——在生态文明贵阳国际论坛2014年年会生态文明与反贫困分论坛上的演讲

国务院扶贫办主任 刘永富

（2014年7月11日）

尊敬的联合国驻华协调员、联合国开发计划署驻华代表阿兰·诺德厚先生，亚洲开发银行驻华代表处首席代表哈米德·谢里夫先生，尊敬的贵州省政协主席王富玉先生、省委副书记李军先生、省政府副省长刘远坤先生，女士们，先生们，朋友们：

晚上好！很高兴参加生态文明贵阳国际论坛2014年年会。这次年会设置分论坛，专题讨论生态文明与反贫困问题，很有意义。

贫困的本质是人与人的关系、人与环境的关系。人与人的关系是经济社会问题，人与环境的关系是生态文明问题。生态环境脆弱与贫困问题互为因果。贫困人口是我国全面建成小康社会的“短板”，生态环境脆弱是生态文明建设的“短板”。补好“短板”，摆脱“越穷越生、越生越垦、越垦越穷”的恶性循环，必须一手抓扶贫开发，一手抓生态文明建设，把反贫困和生态文明建设有机结合起来，实现扶贫开发与生态文明建设的良性互动。

中国政府高度重视生态文明建设。从“关系人民福祉、关乎民族未来”的高度，把生态文明建设摆在突出位置，作为全面建成小康社会的重要目标，纳入社会主义现代化建设总体布局。

作为世界最大的发展中国家，中国政府始终把减贫作为国家发展的重要目标和任务。改革开放以来，中国减少了6.6亿农村贫困人口。由于历史、自然等多方面原因，中国目前的区域、城乡、群体之间发展和收入差距还比较大。按照国家现行扶贫标准，目前还有8249万农村贫困人口；按照1.25美元的标准还有2亿贫困人口。这些贫困人口主要分布在中西部地区特别是集中连片特殊困难地区。这些地方大多是中国重要的生态功能区和生态屏障，对当地乃至全国都具有重要的生态价值。如果这些地区走以牺牲环境为代价的发展道路，不仅危及自身的未来，也将危及全国的生态安全。

2011年，中国政府颁布实施新十年扶贫纲要，明确把减少贫困和改善生态环境结合起来，提出在2020年之前，扶贫开发的主要任务是“巩固温饱成果、加快脱贫致富、改善生态环境、提高发展能力、缩小发展差距。”2012年，中国政府批准了11个集中连片特殊困难地区区域发展与扶贫攻坚规划，每一个片区的规划都与《国家主体功能区规划》相衔接，把保护生态环境作为区域发展与扶贫攻坚的硬约束，突出了生态文明建设与消除贫困相结合的基本原则和价值取向。

女士们，先生们，朋友们：

生态文明与反贫困的有机结合是发展的需要，时代的潮流，是中国全面建设小康社会的基本要求。为此，中国政府将加强生态文明建设，坚决保护生态环境，实施科学扶贫精准扶贫，坚决打好扶贫攻坚战。

第一，坚持扶贫开发与生态保护结合。贫困地区保护生态环境就是保护生产力，改善生态环境就是发展生产力，坚持走绿色发展道路，推动绿色发展、实现绿色减贫，决不以破坏生态环境为代价来换取经济增长。

第二，坚持“既要金山银山，更要绿水青山”。扶贫开发要尊重自然、顺应自然、保护自然，把生态文明建设融入贫困地区发展及现代化建设之中。生态脆弱贫困地区既要加大扶贫力度，减少贫困人口，更要切实为老百姓营造天蓝、地绿、水净的美好家园。

第三，坚持创新扶贫新品牌。我们曾经在不同时期不同地区探索了扶贫开发的有效办法，有的形成了扶贫品牌，很好地发挥了作用。我们将继续坚持改革创新，培育扶贫新品牌。一是对建档立卡贫困家庭新增劳动力开展职业教育培训，为新型工业化培养合格的技术工人，阻断贫困代际转移。二是对建档立卡贫困家庭实施特惠金融政策，提供5万元以下3年以内免担保免抵押的扶贫小额信贷，银行按基准利率放贷，中央和省扶贫资金贴息，县级建立风险资金并加强信用环境建设，支持发展有利于环境保护、发挥生态优势的富民产业。三是对生活在不具备基本生产生活条件的贫困人口实施易地扶贫搬迁，推进新型城镇化建设，实现贫困地区生态文明建设与减贫脱贫同步。

第四，建立和完善生态补偿制度。国家建立法规制度，加大生态补偿力度，探索建立区域性流域性生态补偿机制，完善生态补偿政策，实现生态文明建设与扶贫开发相互支撑、相互促进，推动科学发展，可持续发展。

女士们，先生们，朋友们：

贵州省既是中国扶贫攻坚的主战场，也是生态文明建设的主战场。多年来，贵州省对扶贫开发和生态文明建设高度重视，积极探索，积累了很好的经验，取得了明显成效。早在上世纪80年代，贵州毕节就开展了“开发扶贫、生态建设、人口控制”为主题的综合改革试验，经过26年的建设取得了显著成效，为贫困地区全面建成小康社会闯出了一条新路子。国务院扶贫办将继续高度关注贵州的探索与实践，一如既往地支持贵州坚守发展和生态两条底线，不断创新丰富扶贫开发与生态文明建设有机结合的新路子、新途径、新方式。

我们愿意与国际社会进一步加强合作，不断深化交流，促进经验分享，共同推动人类文明的不断进步。

最后，预祝本次论坛圆满成功！

谢谢大家！

# 在第八届“中国—东盟社会发展与减贫论坛”开幕式上的致辞

国务院扶贫办主任　刘永富

（2014 年 8 月 7 日）

尊敬的缅甸畜牧业、渔业和农村发展部吴翁敏部长，尊敬的老挝国家农村发展与减贫委员会苏瓦纳拉斯副主席，尊敬的东盟秘书处罗莎-巴拉副秘书长，尊敬的联合国开发计划署驻缅甸办公室库尔班诺夫主任，女士们、先生们，朋友们：

上午好！

很高兴来到缅甸美丽的首都——内比都出席第八届“中国—东盟社会发展与减贫论坛”！

中国与东盟十国及联合国开发计划署、亚洲开发银行等国际组织的代表、专家欢聚一堂，分享经验，交流做法，探讨问题，强化合作，共同推动中国—东盟区域减贫进程。作为本届论坛主办方之一，我代表中国国务院扶贫办对各位代表、专家的莅临表示热烈的欢迎！对缅方为论坛成功召开做出的贡献表示衷心的感谢！

消除贫困，实现共同富裕，是各国人民的共同愿望，是中国和东盟国家的共同关切。中国是世界上最大的发展中国家，贫困人口规模大，贫困程度深，减贫是一项长期的任务。改革开放以来，中国政府始终把减贫摆在重要位置，不断推动科学发展、可持续发展，努力实现包容性发展。上世纪 90 年代中国政府实施了《国家八七扶贫攻坚计划（1994—2000 年）》、本世纪前十年实施了第一个《中国农村扶贫开发纲要（2001—2010 年）》，目前正在实施第二个《中国农村扶贫开发纲要（2011—2020 年）》。经过多年的努力，按照中国的扶贫标准减少了 3 亿多贫困人口，按照世界银行的标准减少了 6 亿多贫困人口。

2012 年，习近平主席提出了实现中华民族伟大复兴的中国梦和全面建成小康社会的奋斗目标，全面阐述了中国新阶段扶贫开发的战略思想。2014 年，李克强总理提出“继续向贫困宣战，决不让贫困代代相传”。

按照实现中国梦和 2020 年全面建成小康社会的总体部署，中国政府坚持开发式扶贫，坚持促进区域性发展，坚持实施精准扶贫，把扶贫开发摆到更加重要、更为突出的位置，促进集中连片特殊困难地区区域发展，对现有的贫困县、贫困村、贫困户加大扶持力度，着力增强内生动力，着力实施精准扶贫，着力推动机制创新，探索6项机制改革，集中力量解决10个方面的突出问题。

6项机制改革：一是改革贫困县考核机制，改变单纯追求GDP的倾向，更加突出发展的减贫效应。二是建立精准扶贫工作机制，准确识别贫困村、贫困人口，逐村逐户分析致贫原因，逐一制定帮扶措施，具体落实帮扶责任，实行全国扶贫信息化管理，精准扶贫到村到户到人。三是健全干部驻村帮扶机制，对每个贫困村都派驻帮扶工作队，实现全国12万个贫困村的全覆盖。四是改革扶贫资金管理，增加扶贫开发投入，扩大地方统筹资金的权力，提高扶贫资金的使用绩效，合理划分中央与地方扶贫事权。五是完善金融服务机制，充分发挥市场作用，创新金融扶贫方式，在实施普惠金融的基础上，对扶贫开发实施特惠金融支持，建立免担保免抵押的扶贫小额信贷。六是创新社会参与机制，鼓励引导各类企业、社会组织和公民个人以多种形式参与扶贫开发。

10个方面的突出问题：包括村级道路畅通、饮水安全、电力保障、危房改造、贫困村信息化5项基础设施建设，包括教育、卫生和文化事业3项公共服务，包括特色产业发展、乡村旅游2项农户增收项目。

女士们、先生们：

贫困问题是人类面临的共同挑战。需要政府给予重视，政治高层予以推动；需要根据实际情况采取有效减贫措施，把实惠落到贫困人口身上；需要加强国际交流合作，互相学习取长补短。但是，各国国情不同，减贫路子和方式不可能完全一致，最根本的是要从本国实际出发，走符合自己国情的发展道路。我们体会在减贫实践中需要重点处理好四个关系：

一是内生动力与外部帮扶的关系。贫困地区、贫困人口摆脱贫困需要外部帮助和带动，需要有良好的发展环境、发展条件，但关键是发挥贫困地区、贫困人口的主体作用，通过增强信心、开阔眼界、转变观念、增强技能、提升能力，激发内生动力和发展活力，加快脱贫致富步伐。

二是区域发展与到村到户的关系。减贫需要促进区域发展，不断改善基础设施、提升公共服务、完善市场体系、降低生产交易成本，发挥区域带动和辐射作用，同时更需要因村因户因人施策，逐村逐户逐人采取有针对性的帮扶措施，把区域发展成果转化为脱贫致富的环境条件，可持续发展的动力。

三是政府与市场、社会的关系。减少贫困是政府义不容辞的责任，经济增长不能自动减少贫困，社会力量参与扶贫需要政府组织引导。但减贫也要充分利用市场机制，广泛动员社会力量，形成政府、市场、社会密切合作、协同推进的减贫治理结构。

四是人与自然的关系。贫困问题的本

质是人与人的关系、人与环境的关系。人与人的关系是经济社会问题，需要遵循经济规律推动科学发展、遵循社会规律推动包容性发展。人与环境的关系需要遵循自然规律，推动可持续发展，实现减贫与生态建设有机结合、良性互动。

女士们、先生们：

中国与东盟国家守望相助、安危与共，是好邻居、好朋友、好伙伴。中国政府高度重视发展中国—东盟关系，习近平主席明确指出要携手建设更为紧密的中国—东盟命运共同体。2007 年以来，中国与东盟各国每年都共同举办社会发展与减贫论坛，取得了很好的效果，为深化中国—东盟合作，建立面向和平与繁荣的战略伙伴关系，建设命运共同体做出了积极贡献。

本次论坛以“深化中国—东盟区域减贫合作”为主题，选题很好。缅方特别是缅甸畜牧业、渔业和农村发展部为本次论坛的召开做了大量工作，提供了很好的条件。相信在大家的共同努力下，本届论坛一定会取得圆满成功！

谢谢大家！

# 打好扶贫攻坚战　全面建成小康社会

## ——在首届10·17论坛上的主旨演讲

国务院扶贫办主任　刘永富

（2014年10月16日）

尊敬的各位来宾，女士们、先生们：

贫困问题是人类面临的共同挑战，消除贫困是人类社会的共同目标。中国共产党和中国政府高度重视扶贫工作，改革开放以来，通过不懈努力已使6亿多人脱贫，成为全球首个实现联合国千年发展目标贫困人口减半的国家，为人类减贫事业作出了巨大贡献。

改革开放初期，通过农村改革解放和发展社会生产力，释放政策活力，贫困人口逐步减少。上世纪80年代从“三西”建设起步，在全国范围开始组织有计划、大规模的开发式扶贫，90年代后连续实施国家八七扶贫攻坚计划和两个十年农村扶贫开发纲要，基本解决了农村居民的温饱问题。党的十八大以来，扶贫开发进入新的历史阶段，继续向贫困宣战，实施精准扶贫战略，明确主战场和重点工作，要求集中力量打好全面建成小康社会的扶贫攻坚战。

总结我国扶贫开发经验，主要有三个方面：一是始终坚持把扶贫开发作为战略部署纳入国家经济社会全局同步推进，国家发展每前进一步，扶贫标准就提高一次，扶贫开发就深入推进一步。二是始终坚持充分发挥共产党的政治优势和社会主义的制度优势，全党动员、全社会动员，发挥政府主导作用，集中力量组织开展目标明确的大规模扶贫行动。三是始终坚持把发展作为解决贫困的根本途径，坚持遵循社会规律的包容性发展和开发式扶贫，帮助贫困地区、贫困群众提高发展能力，创造发展机会，共享发展成果，实现脱贫致富。

作为世界上最大的发展中国家，从根本上解决贫困问题是一个长期的历史任务。当前我国扶贫开发进入新的攻坚期，全国有14个连片特困地区，832个贫困县片区县，12.9万个贫困村，8249万贫困人口，参照国际标准还有2个亿，贫困人口规模大，贫困问题程度深，是难啃的“硬骨头”。全面建成小康社会，最艰巨、最繁重的任务在贫困地区。

党的十八大后，习近平总书记第一次国内考察到广东讲改革，第二次到河北阜平革命老区看扶贫。总书记国内考察多次看扶贫、重要会议多次讲扶贫，要求真扶贫、扶真贫，作出一系列重要指示，深刻阐明一系列重大理论和实践问题，把扶贫开发作为关乎党和国家政治方向、根本制度和发展道路的大事，提升到了新的战略高度，形成了新阶段扶贫开发战略思想，作出了总体部署。李克强总理在今年“两会”宣示：要继续向贫困宣战，决不让贫困代代相传，立下“今年再减少农村贫困人口1000万人以上”的军令状。我们将继续把减贫作为衡量发展的重要标志，把扶贫工作摆在重要位置，在推动科学发展、可持续发展、包容性发展的同时，深化改革、创新机制、完善政策，努力实现更科学更有效的扶贫，补好全面建成小康社会的短板。

一是实施精准扶贫战略。精准扶贫符合国家治理现代化的基本要求，是打赢全面建成小康社会扶贫攻坚战的重要保障。精准扶贫既包括对象的精准、措施的精准，也包括成效的精准、监测的精准。把连片特困地区作为扶贫攻坚的主战场，制定特殊政策，采取特殊措施，瞄准瓶颈制约，解决突出问题，促进区域发展，是精准扶贫；逐村逐户摸清底数、逐村逐户采取帮扶措施、逐村派驻扶贫工作队、逐户落实脱贫责任人，也是精准扶贫；做好机制改革创新，解决村级道路畅通、饮水安全、电力保障、危房改造和贫困村信息化等基础设施建设，提升教育、文化和卫生计划生育等公共服务水平，以及发展特色产业促进贫困群众增收等十项重点工作，还是精准扶贫。实施精准扶贫战略，根本目的是确保党和政府的政策实惠落到贫困群众身上，确保贫困地区、贫困群众尽快实现稳定脱贫的目标。

二是采取特惠政策措施。贫困问题是全面建成小康社会的突出短板，采取特惠政策措施是扶贫开发的基本方式。在落实国家西部大开发、“三农”等普惠政策的基础上，对贫困地区和贫困群众格外关注、格外关爱、格外关心，要做“政策加法”。各级政府继续加大对扶贫的投入，各项扶持政策进一步向贫困地区倾斜，国家大型项目、重点工程、新兴产业优先向贫困地区安排，生态补偿等试点在贫困地区先行先试。还要实施建档立卡贫困户特惠政策，培育扶贫品牌。对建档立卡贫困户未能升学的初高中毕业生，实施“雨露计划”，提供生活补贴或贴息贷款，通过2—3年的职业教育培训，掌握一门技能，提高就业创业能力，既促进脱贫致富，又为新型工业化、新型城镇化提供合格劳动者，帮助贫困户“拔穷根”。对建档立卡贫困户发展增收致富产业实施特惠金融政策，提供额度5万元以下、期限3年以内的免担保、免抵押、基准利率放贷的扶贫小额信贷。县级开展贫困户信用评级，建立风险基金，开展扶贫小额信贷保险，中央和省级财政扶贫资金贴息，帮助贫困户“换穷业”。对居住在不具备基本生存发展条件地方的建档立卡贫困户，按照新型城镇化和生态环境建设规划，结合解决“三个一亿人”的问题，给予特殊支持，实施易地扶贫搬迁，帮助贫困户“挪穷窝”。

三是推进扶贫改革创新。改革是社会进步的动力，创新是人类发展的希望。当前，我国正处于全面深化改革的新时期，扶贫工作必须以审视的眼光看待不适应的问题并对其进行改革。重点抓好贫困县考核、精准扶贫、干部驻村帮扶、扶贫资金管理、金融服务、社会参与等 6 项机制创新。改革贫困县考核机制，用好“指挥棒”；建立贫困县约束机制，念好“紧箍咒”；完善贫困县退出机制，打好“攻坚战”。明确划分中央与地方扶贫事权，扩大地方整合资源的权力，扶贫项目审批权限原则上下放到县，强化地方资金监管责任，健全公告公示制度，探索第三方监督、扶贫对象参与管理等好做法、新经验。把扶贫攻坚规划与新农村建设规划、新型城镇化规划、综合交通规划、特色产业发展规划、生态环境建设规划统筹起来，实现多规融合，形成发展合力。坚持开发式扶贫方针，发展电子商务、光伏扶贫、旅游扶贫、碳汇扶贫，适应经济发展新常态，探索扶贫开发新业态。

四是广泛动员社会参与。扶贫是人心工程，是社会文明进步的标志。中华民族素有扶贫济困、乐善好施的传统美德，历来倡导人们积德行善。广泛动员社会各界参与扶贫，我们有传统文化优势、政治优势、制度优势。这些年来，我国扶贫理念深入人心，扶贫机制不断完善，扶贫体系不断拓展，全社会参与的价值认同和社会基础越来越广泛，自觉性、积极性不断提升，特别是民营企业、社会组织和公民个人的作用越来越突出，社会扶贫多元主体的特征越来越明显。国家将每年的 10 月 17 日设立为扶贫日，就是要广泛动员社会各界，努力形成政府、市场、社会协同推进的大扶贫格局。众人拾柴火焰高，扶贫不在钱多钱少，不在实力大小，关键在意识、在行动，在精神光芒的闪烁，在人间爱心的传递！

女士们，先生们：

消除贫困需要实际行动，补短板解难题需要抓落实，同时也需要理论研究、经验总结、战略谋划、政策创新。北京大学、清华大学、中国科学院、中国社会科学院、国务院发展研究中心、中国扶贫发展中心、中国国际扶贫中心共同发起“10 · 17”论坛，很有意义！希望大家共同努力，推动扶贫理论研究、扶贫战略研讨、扶贫经验交流、扶贫政策创新，为谱写中国梦扶贫新篇章作出贡献。

预祝“10 · 17”论坛圆满成功，越办越好！

谢谢大家！

# 在全国贫困村旅游扶贫试点工作座谈会上的讲话

国务院扶贫办主任　刘永富

（2014 年 12 月 6 日）

尊敬的李金早局长、杜江副局长，甘荣坤副省长，同志们：

国家旅游局和国务院扶贫办共同组织召开这次全国贫困村旅游扶贫试点工作座谈会，对发展旅游事业和做好扶贫工作都很有意义。乡村旅游扶贫是中办 25 号文件确定的扶贫开发十项重点工作之一，也是国务院《关于促进旅游业改革发展的若干意见》明确要重点推进的工作内容。汪洋副总理对这项工作非常重视、非常关心，明确要求旅游局和扶贫办要抓紧实施、扎实推进。为了将这项工作落实到位，国家发展改革委、财政部、国家旅游局、国务院扶贫办等七部委联合印发了《关于实施乡村旅游富民工程推进旅游扶贫工作的通知》，明确到 2020 年支持 6000 多个村开展乡村旅游。在今年首个扶贫日活动期间，国家旅游局和国务院扶贫办商定，共同组织开展贫困村旅游扶贫试点工作，选择 500 个左右建档立卡贫困村 2015 年开展旅游扶贫试点，探索模式，积累经验，今后逐步扩大推广。召开这次座谈会，主要目的就是要部署这项工作，为贫困地区旅游扶贫工作的全面展开奠好基、探好路。

各地区、各部门对这次会议非常重视，湖北省副省长甘荣坤同志受省委书记和省长委托，专门到会给予指导，刚才发表了热情洋溢的致辞并介绍了湖北省的经验。这几年河北省的乡村旅游做的较好，省领导非常重视这次会议，派了省旅游局局长、扶贫办主任和保定、承德、张家口市领导参会。昨天大家进行了实地考察，收获很大。河北、甘肃、广东、重庆、贵州、福建和恩施州的同志介绍了经验，国家旅游局李金早局长对这项工作进行了全面部署，提出了要求，希望大家抓好贯彻落实。借这个机会，祝贺旅游工作取得不菲成绩，特别感谢旅游系统长期以来对扶贫工作的关心、支持和帮助。下面，我讲三点意见，主要想向旅游系统的同志们介绍扶贫开发的情况，以便我们更好地共同做好旅游扶贫工作。

## 一、我国扶贫开发工作的形势任务

十八大以来，党中央、国务院高度重视扶贫开发工作。习近平总书记第一次国内考察到广东讲改革，第二次就到河北阜平革命老区考察扶贫工作。十八大以来，先后十余次看扶贫，多次重要会议讲扶贫，就做好扶贫工作发表一系列重要讲话，深刻阐述了新时期扶贫开发的重大理论和实践问题，把扶贫开发作为关乎党和国家政治方向、根本制度和发展道路的大事，提升到了新的战略高度。习近平总书记关于扶贫开发的战略思想非常丰富，今年，按照中央的要求，扶贫系统全面学习习近平总书记的讲话，特别是关于扶贫开发的重要讲话。归纳起来主要有六个方面的内容：扶贫是社会主义本质要求的思想，两个重中之重的思想，扶贫改革创新的思想，科学扶贫的思想，精准扶贫的思想，内源扶贫思想。总书记关于扶贫的讲话内容非常全面，讲到“小康不小康关键看老乡”，“没有贫困地区的小康就没有全国的小康”，还讲到“对贫困地区和贫困群众要格外关心、格外关注、格外关爱”。总书记的这些深刻思想和明确要求，为我们做好当前和今后一个时期扶贫开发工作提供了理论指导，指明了努力方向。在今年首个扶贫日前夕，习近平总书记指出：全党全社会要继续共同努力，形成扶贫开发工作强大合力，推动贫困地区贫困群众加快脱贫致富奔小康步伐。李克强总理也非常重视扶贫工作，在今年“两会”上宣示，要继续向贫困宣战，决不让贫困代代相传，并立下了今年再减少农村贫困人口1000万人以上的军令状。汪洋同志担任国务院扶贫开发领导小组组长，对扶贫工作亲力亲为，多次进行研究部署。

围绕贯彻落实好党中央、国务院的部署和中央领导同志的重要指示精神，今年以来各地区、各部门和全国扶贫系统主要做了以下六个方面的工作：

第一，明确抓落实的工作思路。为抓好落实，国务院扶贫办研究提出了“12345”工作思路。一是坚定《中国农村扶贫开发纲要（2011—2020年）》确定的“两不愁，三保障”等扶贫目标，补好全面建成小康社会的短板；二是突出精准扶贫到村到户和区域扶贫攻坚两个重点，实行“双轮驱动”，通过区域发展带动扶贫开发，扶贫开发促进区域发展；三是培育雨露计划贫困家庭子女职业教育培训、扶贫小额信贷、易地扶贫搬迁三个扶贫工作品牌；四是处理好打赢攻坚战与打好持久战、解决突出问题与创新体制机制、合理划分中央与地方扶贫事权、“输血”与“造血”四个关系；五是做好建档立卡、干部驻村帮扶、加强扶贫资金监管、创新金融扶贫和推动社会扶贫五项重点工作。

第二，落实千万减贫任务。为完成李克强总理在“两会”提出的减贫1000万以上贫困人口的任务，国务院扶贫开发领导小组按照减少现有贫困人口15%的目标下达了今年的减贫计划，并明确将减贫任务完成情况作为年度扶贫工作考核的重要内容，年底按照减少贫困人口15%为基点对各地进行考核。国务院将此作为落实稳增长促改革调结构惠民生政策措施的一项重点，纳入工作督查、第三方评估和跟踪审计。省里层层分解，将任务进一步落实到县。各地加大工作力度，采取有效措施，目前看能够完成今年千万减贫任务。

第三，落实中办 25 号文件。主要有三个方面的工作。一是开展建档立卡，摸清底数。今年，我们把建档立卡作为精准扶贫的“第一战役”和扶贫工作的“一号工程”，大力推进。目前各地已全部完成贫困村、贫困户的识别，并录入到信息系统，全国共识别出 12.8 万个贫困村，8800 万贫困人口。二是着力规范驻村帮扶工作。各地在现有工作基础上，对干部驻村帮扶工作进行了完善，基本实现了对贫困村的全覆盖。目前全国共派出驻村工作队 11.66 万个，派出干部 46.6 万人。三是强化精准帮扶措施。在深入分析致贫原因的基础上，逐村逐户制定帮扶措施，落实帮扶责任。实施雨露计划、扶贫小额信贷、易地扶贫搬迁扶贫三大品牌，作为精准帮扶建档立卡贫困户的重要措施。通过精准化识别、针对性扶持、动态化管理，切实做到扶真贫、真扶贫。

第四，落实片区规划。目前，片区扶贫攻坚有了一个良好的开端，片区规划落实情况总体较好。相关地方党委政府承担主体责任，加大推进力度。各有关部门履行行业责任，出台了一批面向片区的特殊扶持政策，不断加大行业投入。片区联系单位履行牵头责任，积极开展协调工作。国家发展改革委、国务院扶贫办认真履行综合协调责任，组织开展规划项目进展情况梳理，加大对跨区域重大项目的支持协调力度。

第五，推进改革创新。一是推进贫困县三项机制改革。改革贫困县考核机制，用好指挥棒，目前中组部会同我办制定的贫困县考核指导意见已经中央领导同志批准，近期将印发。建立贫困县约束机制，念好紧箍咒，杜绝一边享受贫困县支持政策、一边过富裕县日子的现象，目前文件已经报国务院，即将以领导小组名义下发。完善贫困县退出机制，打好攻坚战，按照到 2020 年全面建成小康社会的目标要求，研究贫困县的退出机制，明确政策，落实责任，支持和鼓励贫困县尽快减贫摘帽。二是推进扶贫项目资金管理机制改革。经国务院同意，今年 8 月扶贫领导小组下发《关于改革财政专项扶贫资金管理机制的意见》，建立以扶贫成效为导向的资金分配机制。将项目审批权限原则上下放到县，强化省、市两级政府的监管责任。简化资金拨付流程，完善信息披露，坚持公告公示、第三方监督、扶贫对象参与，严格查处违法违规问题。去年审计发现的违规资金已全部整改到位。三是创新金融扶贫方式。扶贫办与人民银行等 7 部委印发了《关于全面做好扶贫开发金融服务工作的指导意见》，积极探索金融服务扶贫开发的有效方式；与财政部、人民银行等 5 部门印发了《创新发展扶贫小额信贷的指导意见》，支持贫困户发展扶贫产业；国家开发银行、中国农业银行、中国进出口银行与扶贫办签订了战略合作协议，支持贫困地区、贫困户发展。各地采取建立担保金，开展小额信贷保险等多种形式，为贫困户发放小额信用贷款。

第六，推动社会扶贫。今年国务院将每年10月17日设为扶贫日，作为动员社会力量参与扶贫开发的重要抓手和平台。国务院第一次召开全国社会扶贫工作会议，国务院扶贫开发领导小组第一次表彰全国社会扶贫先进集体和先进个人，国务院办公厅第一次印发社会扶贫指导性文件，全面部署新阶段社会扶贫工作，创新人人皆愿为、人人皆可为、人人皆能为的社会扶贫参与机制，推动形成政府、市场、社会协同推进的大扶贫格局。汪洋副总理还亲自主持召开社会扶贫座谈会，专门听取企业家、专家学者和社会组织负责人意见建议，共同探讨社会扶贫新途径、新办法。会后，万达集团启动了对贵州丹寨县的整县帮扶，通过5年的持续扶持，努力使贫困群众摆脱贫困。在党中央、国务院的亲切关怀下，社会扶贫出现新的局面。

改革开放以来，我国扶贫开发工作取得了举世瞩目的成绩，贫困地区经济社会较快发展，贫困人口规模大幅减少。成绩应该充分肯定，也要清醒地认识到，我国仍是世界上最大的发展中国家，贫困问题突出仍是社会主义初级阶段的基本特征。全国还有14个连片特困地区，832个扶贫工作重点县片区县，按照国家标准还有近亿贫困人口，参考国际标准还有2亿贫困人口。当前，扶贫开发工作面临着新的挑战。宏观经济进入新常态，下行压力加大，一般性经济增长带动贫困人口增收难。国家财政收入增速放缓，财政扶贫投入大幅增加难。同时，实施精准扶贫战略，全面落实帮扶政策，打好扶贫攻坚战，有四个现实问题需要我们研究解决。一是贫困村、贫困户识别出来后，帮扶措施如何跟上。二是驻村工作队派驻到位后，如何发挥作用使用好。三是扶贫项目、资金下放到县后，监管工作如何跟上。四是社会扶贫工作部署后，如何落实到位。

下一步，我们将按照党中央、国务院的部署和要求，在做好六项机制改革、十项重点工作的基础上，坚持整体推进和精准扶贫到村到户相结合，在区域发展方面，认真实施好片区规划，突出抓好四项重点工作。在精准扶贫方面，突出抓好精准扶贫十大工程。

区域发展四项重点工作：一是突出抓好片区规划重大项目的落地。已经列入“十二五”行业规划，符合条件的优先启动；未列入“十二五”行业规划，符合条件的优先纳入“十三五”行业规划。同时，探索建立片区重大项目的协调推进和实施机制，定期统计、汇总、通报、协调片区内重大项目实施进展情况，推动片区规划重大项目加快落地。二是突出抓好贫困村整村推进。结合扶贫开发十项重点工作，在片区内的建档立卡贫困村，大力实施整村推进，集中资源解决贫困村内的基础设施和基本公共服务“最后一公里”问题，从根本上改善贫困村群众的生产生活条件。通过一个村一个村的脱贫，以点促面，促进整个片区脱贫。三是突出抓好片区政策的充实完善。行业部门尚未出台支持政策的，要根据片区的特殊困难，按照党中央、国务院的要求尽快出台，力争做到每个行业部门都有对片区的特殊支持政策。将行业部门面向所联系片区的试点政策推广到14个片区。统筹考虑片区县和重点县，逐步做到两者政策大体一致。四是突出抓好特色产业开发。要立足片区资源优势，坚持以组织化、市场化、规模化和品牌化为导向，加大扶持力度，做大做强特色优势产业，增强片区的“造血”功能，促进贫困农户增收。

精准扶贫十大工程：一是整村推进工程。指导督促各地完成“十二五”整村推进规划确定的各项目标任务，研究编制“十三五”整村推进规划。二是职业教育培训工程。针对建档立卡贫困户未能升学的初高中毕业生，提供生活补贴或贴息贷款，通过2—3年的职业教育培训，掌握一门技能，提高就业创业能力。三是扶贫小额信贷工程。针对建档立卡贫困户发展增收致富产业实施特惠金融政策，提供额度5万元以下、期限3年以内的免抵押、免担保、基础利率、全额贴息的扶贫小额信贷。四是易地扶贫搬迁工程。针对居住在不具备生存和发展条件地方的建档立卡贫困户，结合新型城镇化和生态环境建设规划，结合解决“三个一亿人”的问题，给予特殊支持，实施易地扶贫搬迁。五是电商扶贫工程。在贫困村开展电子商务扶贫试点，发挥市场化电子商务渠道的作用，促进贫困地区农产品销售和农民增收。六是旅游扶贫工程。在全国选取2000个建档立卡贫困村实施旅游扶贫工程，2015年先在600个贫困村开展试点，帮助贫困群众积极参与旅游产业开发，增加收入、提升能力，推动贫困地区旅游产业快速健康发展。七是光伏扶贫工程。在6个省30个贫困县开展贫困村光伏扶贫试点，以村为单位整体推进，在建档立卡贫困村、贫困户安装分布式光伏发电系统，并支持因地制宜开发光伏农业扶贫。八是构树扶贫工程。充分利用杂交构树生产能力强、生态效果好、适应面广的特点，推进产业化经营，在改善生态环境的同时，促进贫困农户增收。九是致富带头人培训工程。利用东部地区率先发展、率先脱贫的经验，采取“1+11”创业培训模式，通过一个月集中培训和十一个月“一对一”“面对面”的创业指导，帮助学员形成创业致富能力，为贫困地区培养一大批贫困村创业人才。十是龙头企业带动工程。采取信贷支持、财政贴息等扶持政策，加大对扶贫龙头企业的支持力度，发挥其参与扶贫开发、带动贫困群众脱贫致富的作用。

**二、提高对做好旅游扶贫工作重要性紧迫性的认识**

这些年各地在旅游扶贫方面中做了不少工作。刚才，大家在发言中介绍了好的经验、新的成效。大家取得的成绩让人很振奋，探索的经验很珍贵，更加增强了我们进一步做好旅游扶贫工作的信心。旅游扶贫不是旅游和扶贫的简单相加，而是一加一大于二，两项工作结合起来有多方面综合效益。贫困地区、贫困群众不要苦等、苦熬，要实干、巧干，扶贫部门不要坐等各方面的支持，要积极主动争取。旅游是经济社会发展到一定阶段的产物，现代服务业的龙头，产业关联度高，综合带动力强，旅游扶贫是精准扶贫的创新。要把优势产业与最需要帮助的人结合起来，与最需要干的事情结合起来，变娱乐产业为行善产业，变特困片区为景区，变贫困为富裕。

一是发展乡村旅游扶贫，能够帮助贫困地区创造新的经济增长点。我国贫困地区，特别是 832 个片区县重点县，主要分布在国家生态功能区内，其中近 300 个县属于国家主体功能区规划中的限制开发县和禁止开发县。这些地区目前发展虽然相对落后，但是生态环境很好，是祖国的好山好水好风光。在我国现有的 1392 个 5A 和 4A 级旅游风景名胜区中，60%以上分布在中西部地区，70%以上的景区周边集中分布着大量的贫困村，自然风光和人文景观都很独特，大部分都没有经过修饰整理、梳妆打扮，都是原生态。“十二五”以来，一些地方利用这些丰富独特的旅游资源，开展了乡村旅游扶贫工作。贵州近两年在 1630 个村寨开展了乡村旅游，去年乡村旅游收入达到 430 亿元，接待人数占到全省旅游接待人数的 37%。通过发展乡村旅游，不但带动当地种植业、养殖业和农副产品加工业的升级转型，还带动当地商品流通市场的活跃健全，带动贫困村的生态和人居环境不断改善。有的县市将旅游目的地向贫困村扩展，连成一线，打造成片，推动了当地区域整体社会经济的全面发展。贵州等地的实践表明，发展乡村旅游扶贫，完全能够成为贫困地区新的经济增长亮点。旅游产业综合性强、关联度高、产业链长，对调结构、惠民生具有很好的集聚功能和平台作用。

二是发展旅游扶贫，能够帮助贫困群众拓展新的增收渠道。经过多年的努力，贫困地区的一些景区和景点交通等基础设施得到了明显改善，形成了若干条“小环线”、“大环线”，旅游人次逐年增长。有的地方很好地把握住了旅游产业带来的发展机遇，因势利导，在旅游沿线的贫困村开展了一批农家乐、小超市、小型采摘园等特色旅游到村到户项目，形成了地方品牌，取得了很好的效果。重庆市“避暑纳凉到乡村”，已成为当地家喻户晓的品牌。他们利用夏季山区贫困村清凉舒适的独特优势，在电视台、网络向重庆市民推出“今年避暑哪里去，贫困山村来纳凉”的宣传广告，在全市 177 个贫困村发展 1.3 万多户旅游重点户，接待能力达到了20万张床位，年接待游客600余万人次，户均收入超过3万元，同时还带动了一批高山贫困户发展高山水果蔬菜等增收项目。重庆乡村旅游之所以取得立竿见影的增收效果，就在于他们导向鲜明，在瞄准市场需求的同时，把贫困村发展、贫困户增收为出发点和落脚点。贫困地区发展旅游扶贫，重点不是建大马路、大广场、大酒店，关键是游客到农家，住得是不是干净整洁，吃得是不是健康卫生。

三是发展旅游扶贫，能够提升贫困群众的综合素质。随着旅游业在贫困地区的兴起，一批贫困村为了搞好接待，让城里人留得住，在旅游和扶贫等部门的支持下，搞了一些村容村貌治理项目，制定了一批村规民约，开展了一些接人待物的培训，群众的综合素质有了明显的提升。福建省福鼎市赤溪村从2004年开始兴办旅游产业，相继建成了休闲漂流、生态农庄、峡谷探险等项目，家家户户都办起了农家乐等项目，人均收入到万元。进到村里，我们看到每家每户整洁卫生，村民个个待人有礼。赤溪村能够由远近闻名的贫困村发展成为“中国扶贫第一村”，充分表明贫困村发展旅游产业，既能增加群众收入，还能极大地改变村容村貌，提高贫困群众的文明素质，提升我们整村推进工作层次和水平。

**三、搞好贫困村旅游扶贫试点工作要突出重点抓住关键**

为了做好旅游扶贫工作，国家旅游局和国务院扶贫办提出了开展贫困村旅游扶贫的试点工作方案，正在征求有关部门和相关省区市的意见，请大家认真研究，把试点方案修改完善好，尽快印发实施。刚才李金早局长对下一步做好试点工作提出了明确要求，我再补充几点意见。

一是要加强组织领导。旅游扶贫工作除了旅游、扶贫部门外，还涉及到宣传、发改、财政、农业、交通、水利、电力、国土、文化、卫生、环保等多个部门。各省扶贫部门的同志会后要向党委、政府领导汇报。要把试点工作列入重要议事日程，建立和完善试点工作领导机制，把工作目标和责任分解落实，做到事事有人办、事事有人管、事事有人负责。我办和国家旅游局商定，每年搞“三个一”：召开一次现场会，总结交流经验；进行一次表彰，对做得好的颁发示范县、示范村牌子；每年11月，省旅游局和扶贫办联合向国家旅游局、国务院扶贫办报告旅游扶贫工作进展情况，我们两部门汇总后向国务院报告。

二是要做好试点实施规划。实施规划的质量，直接决定着试点的成效。思路不清，就仓促搞一批这样那样的项目，试点工作必然“砸锅”。一开始就要把规划设计作为头等重要的事抓好，重点要干什么、当前要干什么、长远要干什么都要一一理清楚、想周到，不要一哄而起。国家旅游局将组织动员有资质的旅游规划企业帮助编制旅游扶贫规划，具体指导试点旅游村设计旅游产品、旅游项目，扶贫部门要做好协调配合和服务工作。各省市制定的实施规划和试点方案，要报国家旅游局和国务院扶贫办备案。

三是要做好试点村的选择。试点关键是取得实实在在的成效和可复制、可推广的经验，不在于试点村数量多少。选择试点村要围绕成熟景区和成熟线路集中选择贫困村，借助现有的旅游资源和市场资源，按照连成一线、打造成片的目标开展试点工作；要选择资源禀赋和周边交通等基础设施条件相对比较好，发展乡村旅游潜力大、前景好的村开展试点，条件特别差的村要先放一放，具备条件后再搞；村组织村干部力量较强、有创业致富带头人的村应优先纳入。

四是要加大资源整合力度。要把环境搞好、把办法搞多、把资金搞足、把工作搞活。扶贫部门要积极配合旅游部门，扶贫资金、政策要向试点村倾斜。对未列入整村推进规划的试点村，要纳入规划。对已经实施了规划的村，要围绕村级乡村旅游发展规划，建设一批促进乡村旅游发展的公益项目，如路、水、电、厕所、停车场等。对开展乡村旅游项目的贫困户，要给予扶贫小额信贷的政策支持，有条件的户支持额度可适当放宽。对参与乡村旅游建设的企业，要积极协调金融机构给予利率优惠的贷款支持，并可给予适当贴息。开展旅游扶贫工作，仅靠扶贫政策推动是不够的，要统筹各方资源。国土资源部近日提出了一项支持政策，片区县土地占补平衡项目节余指标可在省内交易。大家要用好这些支持政策，优先解决试点村接待设施和接待能力不足等问题。

五是要搞好带头人培训。发展旅游产业需要有明白人组织带动。金早局长刚才提到，2014 年国家旅游局组织了 3 期乡村旅游扶贫重点村村官培训班，培训了 900 名村官，2015 年将继续开展贫困村村官和乡村旅游致富带头人培训。国务院扶贫办也将在贫困村致富带头人培训项目中，安排旅游扶贫方面的培训班，实现试点村村村都有带头人。各地扶贫部门也要相应调整培训规划，加强旅游扶贫培训。

六是要注重运用市场机制。要以规划为引领，遵循旅游产业发展规律，瞄准贫困村旅游扶贫项目特定的目标市场、目标人群，认真分析这些目标市场和目标人群需求，有针对性地开展工作。国家旅游局和扶贫办谋划开展“美丽乡村游”、“乡村过大年”等系列品牌创建活动。要充分发挥新闻媒体的作用，加强旅游扶贫工作宣传。旅游扶贫还要注意和社会扶贫等工作结合，组织动员社会组织、个人参与到旅游扶贫工作中来，辅导试点村旅游经营户上网入户、发展旅游电商，汇集各方力量，共同帮助试点贫困村形成稳固的市场和客源。

总之，旅游扶贫工作很重要，既有利于精准扶贫，也有利于旅游工作。希望大家共同努力，把好事做好、做实、做出成效，真正让贫困地区、贫困群众得到实惠，为精准扶贫探索出一条新路。

# 锲而不舍抓改革　戮力同心补短板

## ——在全国扶贫开发工作会议上的报告

国务院扶贫办主任　刘永富

（2014 年 12 月 22 日）

同志们：

这次全国扶贫开发工作会议的主要任务是，传达学习习近平总书记、李克强总理在中央经济工作会议上关于扶贫工作的重要讲话，贯彻落实中央经济工作会议、中央农村工作会议和国务院扶贫开发领导小组第四次全体会议精神，总结 2014 年工作，安排 2015 年工作。下面，我就 2014 年工作的基本情况、2015 年工作安排和新常态下的扶贫工作，讲几点意见。

### 一、关于 2014 年扶贫开发工作

2014 年，是全面贯彻落实《关于创新机制扎实推进农村扶贫开发工作的意见》（中办发〔2013〕25 号，以下简称 25 号文件）的第一年，精准扶贫的启动之年，社会扶贫的创新之年。国务院扶贫开发领导小组认真研究，全面部署，各地各部门扎实工作，狠抓落实，扶贫工作在新的起点上高位推进，机制创新取得突破，重点工作全面开展，片区规划顺利实施，社会扶贫开创新局面，各项工作取得新进展新成效，今年减少 1000 万以上贫困人口的任务可以实现。

（一）深入学习习近平总书记扶贫战略思想。习近平总书记高度重视、十分关心扶贫工作，多次看扶贫、讲扶贫，提出了新时期扶贫开发战略思想，是我们做好工作的基本遵循。各地各部门认真学习，深刻领会，结合实际贯彻落实。河北、内蒙古、江苏、安徽、福建、江西、山东、湖北、广东、四川、贵州、云南、陕西、甘肃等地党委政府带头学习，吉林、黑龙江、青海、宁夏等地扶贫领导小组组织专题学习。河北、山西、吉林、江苏、河南、湖北、湖南、广东、广西、重庆、四川、贵州、甘肃、海南等地党委政府主要领导深入贫困乡村调研扶贫工作，坚持问题导向，紧盯难点难题，找准深化改革的着力点，打好扶贫帮困的组合拳，得到中央领导同志的肯定。扶贫办党组将学习贯穿全年工作，要求全面学习习近平总书记系列重要讲话，重点学习扶贫开发战略思想，研究提出了抓落实的工作思路：一是坚定《中国农村扶贫开发纲要（2011—2020 年）》（以下简称《纲要》）确定的“两不愁，

三保障”等目标。二是突出精准扶贫到村到户和区域扶贫攻坚两个重点。三是培育雨露计划、扶贫小额信贷、易地扶贫搬迁三个品牌。四是把握好打赢攻坚战与打好持久战、解决突出问题与创新体制机制、合理划分中央与地方扶贫事权、“输血”与“造血”四个关系。五是做好建档立卡、驻村帮扶、资金监管、金融扶贫和社会扶贫五项重点工作。

（二）认真落实千万减贫任务。李克强总理在政府工作报告提出今年 1000 万减贫任务后，扶贫办会同有关部门，要求各地按照今年减少贫困人口 15%的目标来制定计划，经过两上两下，各省计划减贫 1487 万人，减贫比例达到 18%。各地逐级分解、层层落实。国务院把千万减贫任务作为“稳增长、促改革、调结构、惠民生”重要内容进行专项督查，国务院发展研究中心开展第三方评估，审计署开展跟踪审计。扶贫办 3 次组织调研督查，加强日常督查工作。河北、内蒙古、辽宁、江苏、山东、湖南、贵州、重庆、陕西、青海等地党委政府组织开展对扶贫工作专项督查。各级财政继续加大扶贫投入力度，中央财政安排专项扶贫资金 433 亿元，比上年增长 10%。据各省上报，28 个省份省级财政预算安排扶贫资金 265 亿元，比上年增长 27.3%。省级财政投入总量 10 亿以上、增长超过 30%的有贵州、内蒙古、江苏、四川、陕西、新疆和甘肃等 7 省区。

（三）全面部署 25 号文件贯彻落实。扶贫领导小组发出通知，就学习贯彻 25 号文件作出安排部署。汪洋副总理主持召开 3 次全体会议、多次专题会议研究部署。各地各部门按照扶贫领导小组要求全面贯彻落实。上半年，29 个省区市（不含京沪）和新疆生产建设兵团都制定了贯彻落实 25 号文件的实施方案，出台了 120 多个配套文件。25 号文件提出的 6 项改革措施和 10 项重点工作，1 项由地方负责，15 项由 13 个部门牵头组织实施，其中 12 项制定了实施方案，饮水安全、危房改造和电力保障 3 项工作与“十二五”行业规划衔接实施。各地各部门解决“最先一公里”行动之快，前所未有。内蒙古省级领导干部联系贫困旗县，实施农村牧区“十个全覆盖”工程，组织精准扶贫和金融扶贫，狠抓基础建设、公共服务、特色产业、村容村貌、生态环境和基层组织建设。贵州省委省政府把扶贫开发作为第一民生工程，抓好驻村帮扶、产业扶持、教育培训、农村危改、生态移民、基础设施建设，组织实施扶贫攻坚十大扶贫产业、十个扶贫攻坚示范县和十大扶贫产业园区，建设乡镇党委书记、村支部书记、农村致富带头人三支队伍。

（四）改革创新扶贫机制。将深化扶贫改革作为推进工作、解决突出问题的根本动力。一是推进贫困县三项机制改革。关于考核机制，经习近平总书记、李克强总理、刘云山同志、张高丽副总理和汪洋副总理同意，中组部、扶贫办印发了《关于改进贫困县党政领导班子和领导干部经济社会发展实绩考核工作的意见》。河北、山西、浙江、广东、贵州、甘肃、四川7省已出台扶贫工作考核办法。新疆将扶贫工作成效纳入绩效考评、干部考核、精神文明创建等体系。关于约束机制，扶贫办会同有关部门制定了建立贫困县约束机制的文件，对贫困县必须作为、提倡作为、禁止作为等事项进行规定，待国务院审批后，近日将以领导小组名义印发实施。关于退出机制，扶贫办会同有关部门进行了调查研究，河北、贵州、甘肃等省份制定了贫困县退出标准、程序、奖励办法和脱贫时间表。二是建立精准扶贫机制。扶贫领导小组将建档立卡作为今年的一号工程，要求首战必胜。扶贫办会同有关部门制定了建档立卡工作方案，指导各地开展工作。28个省（区、市）都成立了跨部门的建档立卡工作领导小组。重庆对建档立卡工作中存在的弄虚作假，采取一票否决。河南成立财政全额拨款的扶贫开发信息中心。目前，全国已完成贫困识别、信息录入等工作。共识别贫困村128016个、贫困户2932万户、贫困人口8862万人，正在进行统计分析。从数据质量看，内蒙古、辽宁、黑龙江、湖北、广西、重庆、四川、贵州、云南等排在前列。三是开展干部驻村帮扶。各地结合第二批党的群众路线教育实践活动，在原有工作基础上，全面部署干部驻村帮扶工作。据统计，已向贫困村派出12.5万个工作队，派驻干部43万人，基本实现了对贫困村的全覆盖。贵州按照真选实派、真蹲实驻、真帮实干、真脱实富要求，体现帮扶单位优势与贫困村实际相结合的原则，安排联建帮扶。广东抓住选派、培训、制度、管理和考核五大环节，抓好调查摸底、科学规划、资金筹集、工作落实、基层组织建设五件实事，驻村帮扶抓出新成效。福建按照“部门挂钩、资金捆绑、干部驻村、企业对接”的方式向贫困村派出第一书记，一驻三年，与当地基层组织、农村六大员、挂钩帮扶干部组成工作团队，形成了群体帮扶合力。辽宁省委组织部和扶贫办密切合作，向每个贫困村派驻工作队，出发前举办包括市、县两级组织部和扶贫办负责人参加的培训班。江苏完善由省级部门、省属企业、苏南市县、高校院所与苏北经济薄弱县“五方挂钩”帮扶工作机制。四川坚持选派万名干部驻村帮扶，声势浩大。四是推进扶贫资金项目管理机制改革。经国务院同意，扶贫领导小组印发了《关于改革财政专项扶贫资金管理机制的意见》。建立以结果为导向的资金分配机制，将项目审批权限原则下放到县，强化省市两级政府的监管责任，简化资金拨付流程，建立信息披露和公告公示制度，推进第三方监督、扶贫对象参与管理，严格查处违法违规问题。去年审计6省19县发现的2.34亿元违规资金已全部整改到位，追回了贪污浪费资金，处理相关责任人143人。福建、湖南、广西、海南、云南、西藏、青海出台财政扶贫资金管理机制改革意见。贵州每个贫困县都编制了扶贫项目库，并在互联网上向社会公开。湖北召开全省专项扶贫项目管理工作会议，推进专项扶贫项目管理规范化与精细化。五是推进金融扶贫方式创新。人民银行、财政部、银监会、证监会、保监会、扶贫办、共青团中央印发了《关于全面做好扶贫开发金融服务工作的指导意见》，联合召开全国扶贫开发金融服务电视电话会议进行部署。扶贫办、财政部、人民银行、银监会、保监会等五部门印发《关于创新发展扶贫小额信贷的指导意见》，对扶贫小额信贷目标原则、扶持范围和方式、政策措施和组织保障提出明确要求。国家开发银行、农业银行、进出口银行与扶贫办签订了战略合作协议。甘肃、贵州、西藏等省区扶贫贴息贷款超过100亿元，云南、陕西、内蒙古等省区超过50亿元。预计全年发放将超过1000亿元，比去年460亿元翻了一番多。内蒙古以财政扶贫资金为先导，信贷资金市场化运行为基础，以贫困村为单位，以贫困户为对象，发放5万元以下、3年以内贴息的扶贫小额信贷，极大促进了产业发展农牧民增收。全国贫困村互助资金规模达到50亿元。六是创新社会扶贫参与机制。国务院将10月17日设立为扶贫日，为广泛动员社会各方面力量参与扶贫开发搭建了新的制度平台。国务院第一次召开全国社会扶贫工作电视电话会议，国务院扶贫开发领导小组第一次表彰社会扶贫先进集体和先进个人，国家第一次印发社会扶贫指导性文件，汪洋副总理主持召开社会扶贫座谈会，全面部署社会扶贫工作，要求创新完善人人皆愿为、人人皆可为、人人皆能为的社会扶贫参与机制。

（五）扎实推进重点工作。10项重点工作牵头部门按照工作方案认真组织实施，全面完成年度工作任务。一是村级道路畅通工作。交通运输部安排资金超过1550亿元，支持14个片区改造建设高速公路和普通国省道3.17万公里，农村公路9.6万公里，“溜索改桥”项目138个，解决片区93个乡镇、1.05万个建制村的道路通畅问题。二是饮水安全工作。发展改革委、水利部安排125亿元支持贫困地区1900万农村居民和285万农村学校师生解决饮水安全问题。三是电力保障工作。国家能源局安排资金449.9亿元，重点扶持贫困地区特别是少数民族地区和革命老区农网改造升级，安排87.1亿元解决84万无电人口用电问题。四是危房改造工作。住建部、发展改革委、财政部安排补助资金230亿元，支持266万贫困地区农户改造危房，并将832个片区县重点县危房改造中央补助标准由户均7500元提高到8500元。陕西整合省市县三级及行业部门资金，保障“三无户”住房。湖南全面启动“百村示范、千村联动、万户安居”危房改造工程，扶贫部门在行业部门支持基础上，每户再补助1万元。五是特色产业增收工作。农业部、林业局、扶贫办、商务部、发展改革委、科技部、供销总社等积极支持产业扶贫。各地继续发展经济林果、草食畜牧业、生猪、马铃薯等贫困地区传统主导产业，同时，适应新技术、新业态发展，培育新的增长点，甘肃陇南的电子商务、安徽金寨的光伏产业、云南的精品水果网络直销，都有效带动当地群众脱贫致富。六是乡村旅游扶贫工作。发展改革委、旅游局、环保部、住建部、农业部、林业局、扶贫办七部门印发了《关于实施乡村旅游富民工程推进旅游扶贫工作的通知》，确定6130个行政村作为乡村旅游重点村，其中有2000多个建档立卡贫困村。各地积极探索旅游扶贫方式，重庆避暑纳凉游，福建探险休闲游，贵州、西藏和新疆等地开展民族风情游，都取得很好效果。七是教育扶贫工作。教育部、卫生计生委等部门制定《国家贫困地区儿童发展规划（2014—2020年）》，已通过国务院常务会议审议。安排资金310亿元改善贫困地区义务教育薄弱学校基本办学条件，保证4000万贫困地区义务教育阶段学生每天吃上营养餐。八是卫生和计划生育工作。卫生计生委等单位安排中央专项投资198.5亿元支持贫困地区4.7万个卫生计生机构基础设施建设。九是文化建设工作。文化部为片区县配齐流动图书车。新闻出版广电总局为65万个20户以下已通电自然村通广播电视，补助59万个行政村放映电影。十是贫困村信息化工作。工业和信息化部等部门解决了1.3万个贫困村通宽带，3760个20户以上自然村通电话，为1.8万片区内行政村实施互联网覆盖。

（六）稳步推进片区规划实施。一是片区所在地方承担主体责任。湖南、贵州、甘肃建立了片区扶贫攻坚推进党政一把手责任制。湖北、云南等地建立主要领导挂钩联系片区机制。四川、陕西等地将片区规划项目落实情况纳入省政府目标考核。重庆以专项投入撬动整合各方资源投向片区。贵州狠抓片区产业发展和重大项目落地。广西、贵州、云南三省区政府，安徽、河南、湖北三省政协轮流召开片区联席会议，推动跨省协调。新疆全面实施南疆三地州片区扶贫攻坚规划，仅支持片区产业发展的财政资金就达到4亿多元、扶贫贴息贷款近6亿元。二是片区联系单位认真履行牵头责任。充分发挥行业部门优势，加大调研指导、政策协调力度，促进片区规划的实施。民政部、教育部、水利部、林业局、农业部、国家民委、交通运输部、工业和信息化部、科技部、铁路局、铁路总公司、国土资源部、卫生计生委分别召开片区部际联系会议，总结交流经验，协调解决片区规划实施过程中存在的重大问题。三是有关部门积极履行行业责任。出台面向片区的特殊扶持政策，加大行业投入。国土资源部在14个片区开展城乡建设用地增减挂钩项目，在优先保障本县域范围内农民安置和生产发展用地的前提下，可将部分结余指标在本省域范围内挂钩使用，受到地方欢迎。国家统计局加强对全国及连片特困地区贫困监测工作。四是发展改革委、扶贫办落实协调责任。组织各地对片区跨行政区域重大基础设施项目和十项重点工作项目进展情况进行梳理，要求对已经纳入“十二五”规划的项目抓紧优先启动，未纳入“十二五”规划的项目在编制“十三五”规划时优先纳入。总的看，片区规划稳步实施，截至今年上半年，14个片区省级实施规划累计完成投资4.75万亿元。片区交通、水利、能源跨县级以上行政区域的重大建设项目已有53%开工建设，预计“十二五”开工率可达80%左右，完工率可达40%左右。十项重点工作项目已有60%开工建设，预计“十二五”开工率可达70%左右，完工率可达50%左右。同时，切实支持革命老区加快发展。根据习近平总书记、李克强总理批示，汪洋副总理主持召开专题会议，研究支持革命老区具体措施。发展改革委、扶贫办研究提出了《贯彻落实习近平总书记等中央领导同志关于支持革命老区重要批示精神的工作方案》，有关部门正按方案开展工作。扶贫办启动贫困革命老区规划编制工作。财政部安排彩票公益金14亿元支持贫困革命老区扶贫项目。继续加强民族地区和边疆地区扶贫工作。积极落实中央民族工作会议精神，加大对少数民族地区扶贫工作的支持。2014年用于8个民族省区的专项扶贫资金占全国总量的42.7%。扶贫办印发了《关于进一步支持新疆加强扶贫开发工作的意见》。科技部、中组部、财政部、人力资源社会保障部、扶贫办等部门出台《边远贫困地区、边疆民族地区和革命老区人才支持计划科技人员专项计划实施方案》，选派和培养科技人员服务“三区”。积极推进扶贫改革试点工作。浙江丽水、广东清远、辽宁阜新三个扶贫改革试验区，在扶贫体制机制、政策措施、社会扶贫模式等方面进行了积极探索。

（七）实施精准扶贫重点工作。各地积极实施精准扶贫，加大对贫困村贫困户的扶持力度。一是整村推进规划继续实施。四川以彝家新寨、藏区新居、巴山新居建设为主，结合发展乡村旅游，建设幸福美丽新村。海南省委省政府把实施贫困村整村推进扶贫开发列为十大为民办实事之首。二是易地扶贫搬迁稳步推进。全国安排易地扶贫搬迁资金126.3亿元，搬迁199.7万人（其中发展改革委安排中央预算资金55亿元，搬迁91.7万人）。陕西按照城乡一体化思路，安排移民搬迁11.43万户42.35万人，已经完成相关投资112.5亿元。江西契合城镇化，互动工业化，引导农村贫困人口有组织的流向小城镇、工业园区。三是雨露计划取得新进展。继续支持贫困家庭新成长劳动力接受中高等职业教育培训，中央财政安排资金6.58亿元，补助43.8万学生。广西将“两后生”职业教育补助提高到每年3000元，海南提高到3500元，青海提高到5000元。广东、广西开展对口帮扶职业教育协作试点，利用广东优质教育资源，异地培养广西贫困地区新成长劳动力。新疆生产建设兵团组织实施少数民族职工群众技能振兴计划，组织开展转移就业培训2.8万人次。

（八）社会扶贫创新取得新成效。一是成功组织开展首个“扶贫日”活动。首个“扶贫日”来临之际，习近平总书记、李克强总理专门作出重要批示，产生了广泛深刻社会影响。各地各部门高度重视，积极响应，31个省区市党委政府主要领导都对做好首个“扶贫日”活动作出批示，提出要求，各地普遍开展了各具特色的“扶贫日”活动，起到了引领和动员社会各界凝聚共识、参与扶贫的积极作用。“扶贫日”期间，参与各类公募活动人数达数千万，省级层面募集资金近50亿元，重庆、贵州、甘肃、河南等省（市）在5亿元以上。二是探索民营企业、社会组织和公民个人参与扶贫有效方式。安徽、河南等省探索搭建社会扶贫信息服务平台，将贫困村贫困户需要帮扶的项目公开，供社会各界认领认捐。山西深入开展百企千村产业扶贫开发工程。广西启动了千家民营企业扶助千个贫困村活动。万达集团启动实施对口帮扶贵州丹寨“整县脱贫”行动，探索民营企业参与扶贫开发的新模式。三是定点扶贫工作进一步强化。国资委组织动员68家中央企业开展定点帮扶贫困革命老区百县万村活动，拟用三年时间帮助108个贫困革命老区县中约14954个贫困村解决水电路等突出问题。解放军和武警部队继续扎实推进对全国63个贫困县、547个贫困乡镇、2856个贫困村的帮扶工作。中央国家机关定点扶贫310个单位今年直接投入重点县的帮扶资金28.8亿元，较上年增长38%。省内定点扶贫工作进一步深化，广东的“双到”，江苏的“五方挂钩”帮扶、重庆的“集团帮扶”、甘肃的“双联”工作已经形成较为成熟的工作品牌。四是东西部扶贫协作工作进一步深化。闽宁协作、两广合作、沪滇合作等机制进一步深化。北京、天津、上海、辽宁、山东等5省（市）均建立了援助资金年度增长10%左右的机制。深圳、大连、青岛、宁波、上海、苏州、杭州、广州8市共投入贵州帮扶资金3.5亿元。福建蓉中村设立贫困村创业致富带头人培训基地，采取“1+11”培训模式，将教学与实践指导结合，创新东西部扶贫协作模式，目前已启动对甘肃、宁夏等4省区的培训试点。

（九）扶贫宣传迈上新的台阶。中央宣传部制定实施《首个国家扶贫日宣传报道方案》，组织中央主要媒体和各地宣传部门集中开展系列宣传活动。大力宣传习近平总书记扶贫开发战略思想、党和国家扶贫开发方针政策，以及扶贫开发取得的巨大成就和对国际减贫事业的重大贡献，唱响主旋律。宣传社会各界积极参与扶贫事业的先进事迹，弘扬中华民族扶贫济困的传统美德，凝聚正能量。宣传贫困地区贫困群众自力更生战胜贫困的精神，展示了扶贫开发的基本经验和主要做法，讲述中国扶贫好故事。扶贫办召开工作会议，安排部署扶贫宣传工作。两次召开新闻发布会，三次召开新闻媒体通气会，在《人民日报》《求是》等重要报刊发表署名文章和专访文章9篇，在中央媒体上宣传报道941篇次。推进《中国扶贫》改版、发行等工作。各地加大宣传工作力度，甘肃、吉林、宁夏、四川等制定了扶贫宣传工作方案，湖北、湖南、江西、贵州、陕西、新疆等建立考核评价机制。

（十）减贫领域国际交流合作实现新突破。将减贫领域国际交流合作纳入国家总体外交和外援战略，中国政府与非盟共同发布了第一个《中非减贫合作纲要》，提出了第一个“东亚减贫合作倡议”，国家将出资1亿元人民币用于东亚欠发达国家，开展“乡村减贫推进计划”，建立东亚减贫合作示范点。推动将减贫领域国际交流合作纳入“一带一路”建设战略规划和中拉合作论坛框架。成功举办了第八届“中国—东盟社会发展与减贫论坛”、第二届“东盟+3村官交流项目”、第五届“中非减贫与发展会议”等活动。进一步推进与世行、亚行等国际组织的交流合作，继续做好世行五期项目，推动实施世行六期项目，积极引进绫致基金等国际资源支持贫困地区经济社会发展。

一年来，在党中央国务院坚强领导下，在国务院扶贫开发领导小组直接指挥下，各地各部门和扶贫系统积极努力，主动作为，取得较好成效。在此，我代表国务院扶贫办对大家表示衷心感谢！

在肯定成绩的同时，也要看到扶贫工作还存在一些困难和问题，特别是工作中还有一些不足。一是改革创新精神不足。六项机制改革虽然都作出了安排，但有的还处于被动应付状态，自我创新能力不足。譬如，建档立卡不充分发动群众评定，而是采取平均主义的方式下指标，以摆平不出事为原则。驻村工作队以包村联系代替驻村，走读现象很普遍，有的甚至搞形式。一些干部对特惠金融扶贫的认识，还停留在抵押担保撬动贷款的层面。二是思想观念解放不够。有的地方和部门习惯了分资金、批项目、搞施工，现在把审批权、决定权交给了县里，实施权交给了基层、群众和市场，有些人思想上不理解，行动跟不上，不知道怎么工作了。三是工作落实不够扎实。有些地方建档立卡基础不牢，出现农民人均纯收入低于1000元甚至几百元的户不少，没有劳动能力“单身户”占比很大。数据失真，将给实施精准帮扶和政策落实带来无穷后患。四是资金管理使用仍然存在问题。有些地方资金落实慢，监管不够，挤占挪用、贪污浪费屡禁不止，时有发生，影响很坏。五是工作不平衡。一些地方和部门工作进度慢于计划要求。定点扶贫、东西部扶贫协作工作不平衡，民营经济、社会组织和公民个人参与扶贫没有充分动员起来。这些问题需要我们在工作中认真解决。

## 二、关于2015年扶贫开发工作安排

2015年是继续推进扶贫开发机制改革创新、深入实施精准扶贫的重要一年，也是全面完成“十二五”规划、打好新时期

扶贫开发攻坚战的关键一年。在近期召开的中央经济工作会议上，习近平总书记用很大篇幅讲扶贫。“小康不小康，关键看老乡，关键是贫困的老乡能不能脱贫。‘足寒伤心，民寒伤国。’到2020年全面建成小康社会还有6年时间，从目前看，我国经济总量不断扩大，中产阶层比重稳定增加，到时候可以完成主要经济指标，但要全面完成扶贫脱困任务很不容易。扶贫工作事关全局，全党必须高度重视。做不好，不但贫困群众不满意，人们也会怀疑全面建成小康社会的真实性。抓好教育是扶贫开发的根本大计，要让贫困家庭的孩子都能接受公平的有质量的教育，起码学会一项有用的技能，不要让孩子输在起跑线上，尽力阻断贫困代际传递。要因地制宜，发展特色经济，不要在贫困地区大搞不符合当地实际的项目。要提供基本保障，加大对基本公共服务和扶贫济困工作的支持力度，编织兜住贫困人口基本生活安全网。不少贫困地区‘一方水土养不起一方人’，不得不实行搬迁，但要做好工作。要更多面向特定人口、具体人口，实现精准扶贫，防止平均数掩盖大多数。”

李克强总理在中央经济工作会议上指出，“对集中连片特困地区，要整合资源，把区域开发与精准扶贫结合起来，持续打好扶贫开发攻坚战”。“要确保惠民政策在执行中不缩水不走样，不能让老百姓吃‘空心汤圆’、‘夹生饭’。现在国家每年的民生资金投入已经相当庞大，但从各方面反映的情况看，群众没有完全从中受益，在扶贫、低保及其他专项补贴等资金管理使用方面，仍存在中途截留、‘跑冒滴漏’等问题，腐败案件多发。个别省份去年10月就拿到中央提前下达的2014年专项扶贫资金，但今年9月，资金仍趴在省财政上，导致县里的扶贫工作因为缺乏资金无法推进。各地区、各部门都要看住、用好民生资金，让百姓生计款和救命钱用得其所、花出效益，确保各项惠民政策逐一落实”。

在国务院扶贫开发领导小组第四次全体会议上，汪洋副总理充分肯定了今年的扶贫开发工作，认为减贫任务全面完成，机制改革迈出重大步伐，重点工作取得重大进展，社会动员实现重大突破。这是对各地各部门和扶贫系统工作的鼓励和鞭策，我们要头脑清醒，看到问题和不足，努力把工作做得更好。关于明年的扶贫开发工作，汪洋副总理指出任务相当繁重，要认真落实习近平总书记、李克强总理在中央经济工作会议上对扶贫工作的要求，要锲而不舍地抓好扶贫机制改革和重点工作落实，突出强调了明年要重点抓好的八项工作，一是抓好深化精准扶贫，二是抓好片区扶贫攻坚，三是抓好发展特色经济，四是抓好扶贫教育培训，五是抓好动员社会力量，六是抓好贫困县考核约束退出机制落实，七是抓好扶贫战略谋划，八是加快推进扶贫立法，我们要认真抓好贯彻落实。

根据中央经济工作会议、中央农村工作会议和扶贫领导小组第四次全体会议精神，提出2015年工作安排。

（一）明确指导思想和目标任务。2015年扶贫工作的指导思想是：以党的十八大和十八届三中、四中全会精神为指导，认真学习贯彻习近平总书记扶贫开发战略思想，全面落实《纲要》和25号文件精神，把扶贫开发作为贫困地区工作的重中之重、保障改善民生的关键举措，切实履行职责，创新思路方法，加大扶持力度，注重精准发力，坚持整体推进与精准到村到户、加快发展与保护生态、各方支持与贫困地区自身奋斗相结合，进一步完善政府、市场、社会协同推进的扶贫工作格局，加快贫困地区和贫困群众脱贫致富奔小康的步伐。

2015年扶贫工作的主要任务是：认真贯彻中央经济工作会议和中央农村工作会议精神，继续深入开展25号文件确定的六项机制改革和十项重点工作，实施精准扶贫，推进区域发展，全面落实扶贫政策，着力在建档立卡贫困村贫困户精准帮扶方面实现新突破，在发挥驻村工作队作用方面取得新成效，在加强扶贫资金项目监管方面迈出新步伐，在创新社会扶贫方面开创新局面。

（二）打好精准扶贫基础。建档立卡和驻村工作队是实施精准扶贫战略的两项基础性工作。2015年，重点要对建档立卡数据进行倒查、抽查，挤出水分，夯实基础。专项扶贫、行业扶贫、社会扶贫都要瞄准贫困村贫困户，落实帮扶政策，实施精准扶贫。研究制定健全干部驻贫困村帮扶机制的指导意见，明确职责任务，实现制度化和规范化管理。不仅要做到每个贫困村都有工作队、每个贫困户都有帮扶责任人，而且要建好用好服务好，切实发挥精准扶贫生力军、催化剂作用。

（三）深化机制创新推进重点工作。六项机制改革已全面部署，明年的主要任务是全面推进，深入实施。要认真落实改进贫困县党政领导班子和领导干部考核工作的意见，细化配套措施，完善考核评价办法，认真组织实施；落实建立贫困县约束机制文件，加强监督，发现问题及时严肃处理；继续探索贫困县退出机制，总结各地的经验，及时提出意见。要认真落实改革财政专项扶贫资金管理机制意见，强化省级监管责任，指导县级建立项目数据库，涉及到村到户资金项目要进行公告公示，发挥“12317扶贫监督举报电话”的作用，坚决纠正及时查处资金项目违规问题。要强化金融扶贫政策，对贫困群众实施特惠金融措施，研究出台针对扶贫龙头企业的金融支持政策，推动扶贫贷款有更大发展。要全面贯彻落实全国社会扶贫工作电视电话会议部署和国务院办公厅关于进一步动员社会各方面力量参与扶贫开发的意见，丰富社会扶贫手段，研究改进定点扶贫和东西部扶贫协作，重点倡导民营企业、社会组织和公民个人的参与扶贫。继续组织实施好扶贫日活动，引导激励社会各界踊跃投身扶贫事业。启动江苏宿迁、山东淄博、福建三明3个扶贫改革试验区工作，进一步发挥东部扶贫开发示范引领作用。

25号文件提出的十项重点工作都制定了实施方案。各地要加强与工作牵头部门沟通协调，认真抓好落实，每项工作要有分年度目标，有的还要有具体的指标。要通过重点工作的实施，改善贫困地区的基础设施，提升公共服务水平，创造发展特色产业、脱贫奔小康的环境条件。

（四）实施精准扶贫十项工程。

一是干部驻村帮扶工程。实现建档立卡贫困村驻村工作队全覆盖。驻村工作队要协助村两委编制贫困村发展规划，逐村逐户分析致贫原因，制定帮扶措施，落实帮扶政策。各地要加强对驻村工作的指导，制定支持、保障和激励政策，开展培训，及时总结交流经验。

二是职业教育培训工程。对农村建档立卡贫困家庭子女接受中等职业教育（含普通中专、职业高中、技工院校）、高等职业教育、一年以上劳动预备制培训，除享受国家职业教育资助政策外，给予贫困家庭扶贫助学补助和提供生源地助学贷款。2015年，计划至少对120万个贫困家庭劳动力进行培训和补助。

三是扶贫小额信贷工程。对符合条件的建档立卡贫困户发展增收产业，提供5万元以下、3年以内的免担保、免抵押、基准利率放贷、扶贫资金贴息、设立风险基金的扶贫小额信贷，年度贷款规模力争超过2000亿元。

四是易地扶贫搬迁工程。科学编制“十三五”易地扶贫搬迁规划。2015年，对100万居住在不具备生存和发展条件地区的建档立卡贫困人口，按照四化同步发展的要求，结合解决“三个一亿人”的问题，实施易地扶贫搬迁。

五是电商扶贫工程。在贫困地区贫困村开展电子商务扶贫试点，协调出台相关支持政策，发挥市场化电子商务渠道的作用，形成线上线下互动、购买销售并重、成规模、可持续、见实效的电子商务扶贫格局。

六是旅游扶贫工程。在全国选取2000个建档立卡贫困村实施旅游扶贫工程，2015年先在600个贫困村开展试点，采取整村推进、加大投入、强化培训、对口帮扶、营销宣传等措施，帮助贫困群众积极参与旅游产业开发，增加收入、提升能力，推动贫困地区旅游产业快速健康发展。

七是光伏扶贫工程。在6个省30个贫困县开展贫困村光伏扶贫试点。采取以村为单位整体推进，做到受益对象精准到户，长期稳定受益。建立国家统筹、地方配套、银行支持、用户出资多种资金筹措机制。国家安排必要的扶贫资金给予支持，地方配套必要的资金给予保障。

八是构树扶贫工程。支持大别山、六盘山、秦巴山、滇桂黔石漠化等片区选择部分县开展杂交构树科技扶贫试点。引导企业进行一体化开发，推进杂交构树产业化经营，发挥龙头企业带动作用，引导相关企业与贫困农户建立利益联结机制，积极培育农民专业合作社，提高贫困户参与构树产业开发和在产业发展中的组织程度，促进贫困农户稳步增收，为大范围推广探索积累经验。

九是致富带头人创业培训工程。开展贫困村创业致富带头人培训工程，推广福建蓉中村“1+11”创业培训模式，通过一个月集中培训，完成创业项目设计，再通过创业导师“一对一”为期11个月的创业指导，形成创业致富能力，为贫困地区培养创业人才，带动贫困村调整产业结构，实现增收致富。

十是龙头企业带动工程。研究支持扶贫龙头企业发展的政策措施，对积极参与扶贫开发、带动贫困群众脱贫致富的扶贫龙头企业，落实税收优惠政策，并给予信贷支持、财政贴息等扶持政策。

（五）继续实施片区扶贫攻坚。推动实施片区规划，为精准扶贫营造良好的环境条件。一是落实四个责任，推进跨行政区的交通、水利、能源等重大建设项目的落地。二是实施整村推进工程，努力改善贫困村基本生产生活条件，突出解决区域发展“最后一公里”问题。三是发展优势特色产业，认真落实国家主体功能区规划和区域产业布局，确定不同片区的支柱产业、区域首位产业和特色优势产业。四是强化完善政策措施，抓好片区已有支持政策的落实，适时研究制定新的支持政策。

（六）加大革命老区、民族地区和边疆地区扶贫开发力度。编制贫困革命老区扶贫开发规划，继续安排中央彩票公益金实施贫困革命老区扶贫项目，开展中央企业定点帮扶贫困革命老区百县万村专项行动。加大对少数民族地区和边疆地区的扶持力度，开展西藏、四省藏区和新疆南疆地区扶贫调研。

（七）加强扶贫项目资金监管。全面贯彻落实《关于改革财政专项扶贫资金管理机制的意见》。加强扶贫项目资金监管，强化基层和群众参与。加强立项前期工作，将项目细化到建档立卡贫困村贫困户。每个县都要建立扶贫项目库，加强项目实施情况和效益监测。做好扶贫项目资金公告公示，主动接受社会监督，探索引入第三方监督。

（八）谋划“十三五”扶贫工作。总结“三西”农业建设、毕节扶贫开发生态建设人口控制、延安扶贫综合开发、宁德开放促开发扶贫综合改革、清远扶贫经济开发试验区等扶贫改革试验区的经验做法，推广贵州海雀村、福建赤溪村等先进典型，发挥引领示范作用。开展《纲要》实施情况中期评估，开展片区规划实施情况评估。在以上工作的基础上，谋划“十三五”的扶贫开发工作，进一步明确新形势下扶贫工作的目标任务和政策措施，研究编制“十三五”扶贫规划和相关专项规划。

（九）深化减贫领域国际交流合作。紧密围绕国家扶贫开发和总体外交两个大局，重点推动和落实好“东亚减贫合作倡议”、《中非减贫合作纲要》等一系列战略规划的相关工作。继续举办好2015年“中国—东盟社会发展与减贫论坛”、“东盟+3村官交流项目”、“中非减贫与发展会议”，筹备好2015年减贫与发展高层论坛。进一步加强中国扶贫经验的国际宣传。不断加强与世行、亚行、国际农发基金等国际组织的交流合作工作。

（十）加强工作保障。一是进一步加强调查研究，科学有效决策。2015年开展教育扶贫、卫生扶贫专项调研。二是进一步加强督查指导，促进工作落实。三是进一步加强舆论引导，突出宣传正面典型，凝聚社会正能量。四是加强干部队伍建设。巩固党的群众路线教育实践活动成果，把扶贫帮困作为联系群众的重要内容。切实转变工作作风，改进工作方式，深入贫困村贫困户，解决实际困难和问题。扎实开展干部培训，继续举办贫困县党政主要领导专题研究班。

## 三、关于做好新常态下扶贫工作

中央经济工作会议全面分析了我国经济发展的新常态，习近平总书记从消费需求、投资需求、出口和国际收支、生产能力和产业组织方式、生产要素相对优势、资源环境约束、市场竞争特点、经济风险积累和化解、资源配置模式和宏观调控方式九个方面论述了我国经济发展趋势的变化。会议概括了新常态的基本特征：一是从高速增长转为中高速增长，二是经济结构不断优化升级，三是从要素驱动、投资驱动转向创新驱动。这是中央全面总结发展经验，准确研判当前形势和未来走势，作出的重大战略判断，充分展示了中央高瞻远瞩的战略眼光和处变不惊的决策定力。扶贫系统的同志一定要认真学习，深化理解，自觉把思想和行动统一到中央的认识和判断上来，全面认识新常态、准确把握新常态、主动适应新常态。既要坚定信心、保持定力，抓住用好新常态蕴含的扶贫新机遇，又要高度重视扶贫面临的挑战。

（一）新常态下对扶贫开发要有新认识。在中央经济工作会议上，习近平总书记再次对扶贫工作提出要求，讲了两个很重要的观点，一是扶贫成效关系到全面建成小康的大局。“小康不小康，关键看老乡，关键在贫困的老乡能不能脱贫。‘足寒伤心，民寒伤国’。扶贫工作事关全局，全党必须高度重视。做不好，不但贫困群众不满意，人们也会怀疑全面建成小康社会的真实性”。扶贫工作的成败关系到全面建成小康社会目标能否实现，关系到目标实现的真实性，关系到人民对党和政府的信任。二是完成扶贫任务是全面小康的难点。“到2020年全面建成小康社会还有6年时间，从目前看，我国经济总量不断扩大，中产阶层比重稳步增加，到时候可以完成主要经济指标，但要全面完成扶贫脱贫任务很不容易。”总书记的担忧说明中央对贫困状况判断准确，对扶贫工作难度了解深刻。我们要深入理解总书记讲话精神，将扶贫开发作为补好全面建成小康社会短板，维护全面建成小康目标真实性的重大问题，增强紧迫感、责任感、使命感。现阶段，必须解决好四个具体问题。一是建档立卡已经将贫困村贫困人口识别出来，要对这些特定人口、具体对象特别关心关爱，做政策加法，实施精准扶贫，有效脱贫。二是驻村工作队已基本派驻到位，要充分发挥他们的主观能动性，帮助群众脱贫，努力锻炼干部。三是项目资金审批权限下放到县后，要认真实施好项目，管好用好资金，切实把政策措施的实惠真正落到贫困人口身上。四是社会扶贫全面部署后，要采取措施落实到位，努力形成社会扶贫的强大合力。

（二）新常态下对扶贫开发要有新理念。扶贫开发工作要坚持多年来行之有效的基本理念和经验，毫不动摇地坚持开发式扶贫方针，坚持纲要提出的“两不愁、三保障”等奋斗目标。同时，要根据新常态提出的挑战，勇于改革，大胆创新，培育新理念：坚持整体推进与精准到村到户相结合，把精准扶贫摆在更加突出位置；坚持加快发展与保护生态相结合，把生态建设、环境保护摆在更加突出位置；坚持政府主导和社会参与相结合，把动员社会各方面力量摆在更加突出位置；坚持各方支持与贫困地区自身奋斗相结合，把发挥贫困地区干部群众的积极性、主动性和创造性摆在更加突出位置。

（三）新常态下搞好扶贫开发要有新举措。一是突出规划引领。中央决定优化经济发展空间格局，促进各地区协调发展、协同发展、共同发展。对欠发达地区基础设施和公共服务投入必将进一步加大。我们要努力争取将片区规划中尚未实施的项目安排到“十三五”规划中，研究“多规融合”改革，将扶贫规划与其他规划有机结合。二是发展新兴产业。中央要求“要切实把经济工作的着力点放到转方式调结构上来，推进新型工业化、信息化、城镇化、农业现代化同步发展。”扶贫工作要充分利用产业结构、区域布局调整带来的机遇。虽然传统产业相对饱和，吸纳就业能力下降。但基础设施互联互通和一些新技术、新产品、新业态、新商业模式的投资机会大量涌现，也为扶贫产业发展提供了新的空间。精准扶贫十项工程中，电子商务、旅游扶贫、光伏扶贫等有可能形成贫困地区的后发优势，各地还要研究类似的发展机遇。虽然东部吸纳劳动力能力下降，但是要充分利用中西部地区新增就业明显上升的趋势，引导农民工就近就地就业。三是重视生态环境。随着资源环境约束越来越突出，中央对西部地区的工作要求将进一步强调生态环境保护和建设。中央下决心改革贫困县考核机制，规定限制开发区域和生态脆弱的贫困县取消 GDP 考核，其他贫困县也要加大对生态文明建设的考核力度，提高生态效益、资源消耗和环境损害等指标的权重，释放出强烈信号。我们要积极研究建立生态补偿机制，出台碳汇交易等政策。四是努力增加投入。中央强调，新常态下要高度重视扶贫开发工作，更多面向特定人口、具体人口，实现精准脱贫，防止平均数掩盖大多数。首先要加大财政扶贫资金投入力度，财政增收速度放缓，但是用于民生和扶贫的投入不能放缓。其次要增加信贷投入，激发贫困地区、贫困人口发展的活力。还要广泛动员社会资源投入扶贫开发，利用扶贫日激发出来的热情，转化成支持扶贫的行动。

（四）新常态下搞好扶贫开发要有新作风。扶贫队伍的事业心、凝聚力、战斗力是新常态下扶贫事业成败的关键。扶贫系统要按照习近平总书记“三严三实”要求，坚持不懈地抓好扶贫队伍建设，切实转变作风，打造一支善于学习、勤于思考、甘于奉献、作风务实的干部队伍。首先要讲感情。扶贫干部要践行密切联系群众的作风，与贫困群众建立感情，心里时刻装着贫困群众，一切为了贫困群众，培养职业荣誉感，在为贫困群众谋福祉的社会实践中实现自我的人生价值。其次要讲精神。扶贫干部要有奋发有为的精神面貌和昂扬向上的工作干劲，有锲而不舍、百折不挠的工作精神，不畏困难，勤勤恳恳做艰苦细致的工作。第三要讲作风。扶贫干部要始终坚持实事求是的工作作风，眼睛朝下看、脚步朝下走，察实情、讲实话、做实事，不走形式，不图虚名，脚踏实地干实事。第四要讲纪律。扶贫干部要严于律己、廉洁奉公，做到自警、自省、自觉，经得住诱惑，耐得住寂寞，稳得住心神，守得住底线，清清白白做人，干干净净做事。

新常态和扶贫工作的关系，是今年和未来一个时期扶贫工作要研究的重大课题。我今天只是点几个题，希望全系统的同志继续深入研究。

# 在全国扶贫开发工作会议上的总结讲话

国务院扶贫办主任　刘永富

（2014 年 12 月 24 日）

同志们：

这次全国扶贫开发工作会议就要结束了。会议期间，部分代表列席了中央农村工作会议，聆听了李克强总理、汪洋副总理的重要讲话，传达学习了中央经济工作会议和国务院扶贫开发领导小组第四次全体会议精神。总结了 2014 年扶贫工作，对 2015 年扶贫工作进行了部署，研究了新常态下的扶贫工作。刚才各组召集人汇报了讨论情况，可以看出，大家都认为，这次会议，主题鲜明，内容丰富，达到了统一思想，提高认识，明确任务，坚定信心的目的。

大家一致认为，一年来，在全国面临经济下行压力较大的背景下，扶贫开发工作取得新的成绩，特别是机制创新取得新突破，重点工作全面开展，片区规划顺利实施，社会扶贫开创新局面，可以完成减少 1000 万以上贫困人口的任务。对今年的工作，中央领导同志给予肯定，社会各界给予好评。这既是鞭策，也是更高的要求。扶贫开发成绩的取得，首先是党中央国务院高度重视和坚强领导的结果，是国务院扶贫开发领导小组直接指挥的结果，也是各部门大力支持、扶贫系统齐心协力、主动作为的结果，更是贫困地区广大干部群众自力更生、艰苦奋斗的结果。

大家一致认为，习近平总书记等中央领导同志高度重视、十分关心扶贫工作，多次作出重要指示，提出新时期扶贫开发战略思想，是我们做好扶贫工作的基本遵循。通过学习总书记、总理在中央经济工作会议上重要讲话，学习总理、汪洋副总理在中央农村工作会议上的重要讲话，从三个方面提高了认识：一是我国改革开放取得了巨大成绩，但是作为发展中国家的基本国情没有改变。我国发展不平衡问题突出，小平同志讲，巩固和发展社会主义制度还需要一个很长的历史阶段，需要我们几代人、十几代人、甚至几十代人坚持不懈的努力奋斗。扶贫开发是长期艰巨的历史任务，进一步增强了工作的紧迫感和责任感。二是扶贫工作取得了新的进展，但是存在的问题不容忽视，进一步坚定了深化改革、狠抓落实的信心和决心。三是新常态下扶贫工作既面临新的严峻挑战，也有不少难得的发展机遇，扶贫工作必须锲而不舍地抓好落实。新常态下，扶贫的目标任务没有变，扶贫的方针没有变，但是我们抓工作理念要新、思路要新、办法要新、举措要新。

大家原则赞成对2014年扶贫工作的总结、2015年的工作安排和扶贫工作考核办法，也提出了很好的意见和建议。我们将根据大家的意见，对工作报告和2015年工作要点进行修改完善后印发实施。考虑到各方面工作的衔接，2014年的扶贫开发工作考核再暂停一年。

在刚刚闭幕的中央农村工作会议上，李克强总理要求加快推进农村扶贫开发。总理指出：“今年政府工作报告提出，要继续向贫困宣战，决不让贫困代代相传。现在距实现全面建成小康社会目标只有6年、时间很紧，而扶贫任务很重，必须以时不我待的责任感、紧迫感，加大力度、创新机制、加快推进。中央和地方财政都要大幅度增加扶贫投入，切实管好用好扶贫资金，确保用得其所、花出效益。同时，要制定更有吸引力的政策，引导社会资本参与扶贫。要继续推进集中连片特困地区扶贫攻坚，并与精准扶贫结合起来，各种扶贫资源要向建档立卡贫困户、贫困村聚集，提高扶贫的有效性、持续性。要加强对贫困家庭劳动力的培训，帮助他们转移就业、发展特色农业，对一些适合贫困地区发展的产业，要特别予以支持。前不久国务院常务会议审议了贫困地区儿童发展规划，以健康和教育为重点，对集中连片特困地区的农村困难家庭儿童，给予从出生开始到义务教育结束的关怀和保障。这是从根本上斩断贫困代际传递的措施，一定要落实好”。汪洋副总理指出：“今年，我们实现了减少农村贫困人口1000万以上的扶贫目标。明年减贫目标继续定在1000万人以上，表面看数量没变，但由于减贫难度边际递增，完成任务需要付出更大努力。要深化精准扶贫。今年我们动员了大量人力物力，基本完成贫困村和贫困户建档立卡，办成了多年想办的事；下一步要将各项帮扶措施与建档立卡成果对接起来，‘一村一策、一户一案’，全面落实精确化、个性化帮扶，促进帮扶措施更多面向特定人口、具体人口，真正变‘大水漫灌’为‘滴灌’。明年要把减贫措施的精准实施与贫困人口的定点脱贫相衔接，让‘滴灌’见到成效。要加快集中连片特困地区的扶贫攻坚，推进片区开发与精准扶贫相结合，加快实施扶贫重点工程，提升贫困地区基础设施和公共服务水平，创造有利于‘造血式’扶贫的大环境。要因地制宜发展贫困地区特色种养业、旅游、电商、光伏等特色经济，帮助群众找到稳定的致富门路。扶贫要取得成效，最基本的还是要靠贫困地区自身努力。贫困县是扶贫工作的责任主体、实施主体，不能把扶贫当副业，更不能‘戴穷帽子、过富日子’。中组部、扶贫办不久前印发了改进贫困县考核工作的意见，关于建立贫困县约束机制的文件即将下发，建立贫困县退出机制的指导文件也正在抓紧研究，各地要细化实化各项措施，促进贫困县党政领导班子和领导干部把工作重点转到扶贫开发上来，把公共资源投到贫困村户中去，‘真扶贫、扶真贫’，不断加快贫困地区奔小康步伐。”

明年的扶贫工作，必须深入学习贯彻习近平总书记系列重要讲话精神，必须深入贯彻落实中央经济工作会议、中央农村工作会议、国务院扶贫开发领导小组第四次全体会议精神，必须锲而不舍地抓好机制改革和重点工作的落实，必须要有等不起拖不得的责任感和紧迫感。下面，结合当前工作和会议讨论情况，我再重点强调几个问题。

## 一、关于建档立卡工作

按照精准扶贫的要求，扶贫系统把建档立卡列为今年扶贫开发的一号工程，作为精准扶贫的第一战役，扎实推进。建档立卡工作政策性强、技术性高，牵涉面广，工作量大，各地投入了大量人力物力财力。据初步统计，全国共动员乡镇以上干部约80万人，省、市、县三级共开展培训5000多期，培训人员64万人次，投入经费5亿多元。在近10个月的时间里，从无到有、白手起家，基本完成了贫困识别和数据录入，这是个很了不起的成绩，要给予充分肯定。

但是，实事求是地讲，由于扶贫系统这方面的整体基础比较差，扶贫办在顶层设计上和“最先一公里”方面缺少经验，指导工作存在困难和不足，同时，一些地方在政策理解把握和执行方面也存在偏差，建档立卡还存在三方面的问题。一是部分地区收入方面的数据不实，年收入2000元以下的贫困人口比例过高，特别是还有些1000元以下的贫困人口，这与实际情况明显不符，全国农村低保标准平均为1440元(西部要低一些)，从制度设计上不可能还有收入1000元以下的家庭。二是有的省1人户2人户比例过高，不符合逻辑。三是有的指标数据汇总结果与行业部门统计数字差距较大。建档立卡数据是我们工作的基础。常言道，基础不牢，地动山摇。底数不清，方向不明，很难做到扶真贫。

在这个问题上，各地一把手要有大局观念，一定要亲自部署亲自抓，要发扬钉钉子精神，一年打下基础，二年巩固完善，三年规范运行。做到不抓到底不松手，不改到位不收兵。2015年抓好以下几方面工作：一是抓好2013年度基础数据的核查。数据核查工作不要怕麻烦，该返工的要返工。国务院扶贫办和省级扶贫部门要按照汪洋同志要求抓好倒查。二是抓好2014年度数据采集工作。2014年度的数据采集不能认为好多指标没有变就不再填报了，村表户表县表就是要一年填一次。同时，还要采集扶贫需求、帮扶计划、帮扶措施、帮扶成效等方面的内容，工作量不小，要争取一季度完成。三是继续抓好信息化建设。各地要各负其责，围绕“一五六”建设目标，构建全国扶贫开发信息化平台。要抓紧推进业务管理子系统建设，逐步实现对扶贫资金项目、各项重点工作以及贫困人口脱贫返贫等情况进行动态管理。

## 二、关于驻村帮扶工作

干部驻村帮扶是中国特色社会主义制度和中国共产党的政治优势。25号文件印发实施后，各地积极建立健全干部驻村帮扶机制，在原有包村干部、第一书记、科技特派员、大学生村官、扶贫协调员等工作基础上，按照每个贫困村都要派驻工作队、每个贫困户都要有帮扶责任人的要求，积极派驻工作队，基本实现贫困村的全覆盖。但是，由于这是一项新的工作，目前在干部驻村帮扶方面还存在一些问题。一是还没有完全实现全覆盖。二是驻村干部任务不明确，作用发挥不够。三是驻村干部管理不够规范，有的地方存在走形式现象。

干部驻村帮扶既是实现精准扶贫的管道，又是培养锻炼干部的平台。驻村干部肩负着提高基层扶贫工作能力、宣传扶贫工作方针政策、组织动员群众、落实扶贫开发重点工作、发展村级集体经济、增加贫困群众收入等方面的任务，一定要把这个资源管理好使用好。下一步工作重点是对干部驻村进行规范，既要管理，更要激励。扶贫办会同有关部门起草了关于健全干部驻村帮扶工作机制的指导意见，重点对驻村工作队人员组成、驻村时间、主要任务、工作机制、保障措施、激励机制等作出规定。文件下发后，各地要认真贯彻落实，特别是要带着感情关心驻村干部的工作和生活，充分发挥他们的扶贫生力军、催化剂作用。

## 三、关于精准扶贫问题

习近平总书记、李克强总理多次强调精准扶贫。精准扶贫是新常态下扶贫开发基本方略，是扶贫工作治理体系和治理能力现代化的基本要求，既涉及到片区，又涉及到村到户。既涉及专项扶贫，又涉及行业扶贫、社会扶贫。要提高针对性、有效性，集中资源帮助贫困地区、贫困村、贫困户脱贫致富。现在在精准扶贫上有很多工作要做。

一是实施片区规划要精准。继续落实片区所在地方承担主体责任，片区联系单位认真履行牵头责任，有关部门积极履行行业责任，发展改革委和扶贫办落实协调责任。推进跨行政区的交通、水利、能源等重大建设项目的落地，开展整村推进工程，发展特色优势产业，继续完善支持政策。

二是到村到户要精准。要精准识别、精准帮扶、精准管理，切实把扶贫政策实惠落实到特定人口、具体人口身上。

三是专项扶贫要精准。十项扶贫工程是在调研论证、总结经验特别是根据新情况研究提出来的，开展十项扶贫工程，是瞄准特定人口、具体人口和细化、实化专项扶贫的具体措施，是提高建档立卡贫困村贫困户自我发展能力的有力举措。各地要立足实际，选择实施。这十项工程不下指标，不搞强迫命令，各地也可以根据实际情况调整实施，可以搞“10+X-Y”。

四是行业扶贫要精准。25 号文件明确的十项重点工作，要有精准的措施。行业部门出台的相关政策，要向贫困地区、贫困人口倾斜，特别是对建档立卡的特定人口、具体人口，要贯彻落实总书记关于格外关心、格外关注、格外关爱的指示要求，做政策加法。

五是社会扶贫要精准。通过各个渠道筹集到的扶贫资金，要指向贫困地区、贫困人口特别是建档立卡贫困村贫困户。要推动社会扶贫资源动员筹集规范化，资源传递精准化，资源使用专业化，让专业的人做专业的事，努力提高社会扶贫的针对性、有效性和可持续性。

## 四、关于改革创新问题

扶贫机制改革是全面深化改革的重要内容，是新常态下做好扶贫工作的重要方面，是推动扶贫工作发展的动力。25 号文件为扶贫改革制定了行动路线，一年来，我们研究出台了一系列改革措施，有些已经初见成效。接下来的主要任务是狠抓改革措施的落实。要改变旧的传统观念、思维习惯、工作方式。我们的帮扶要变保姆式为教练式，改变给钱给物、包办代替的老做法。我们在一些方面已经取得突破。比如，过去一说金融扶贫，大家就理解成担保抵押放大。今年，我们总结地方成功经验，针对建档立卡贫困户做政策加法，设计了 5 万元以下、3 年以内、免担保、免抵押、基准利率放贷、扶贫资金贴息、设立风险基金的扶贫小额信贷。财政部、人民银行、银监会、保监会都给予大力支持，联合下发了文件，相信明年会有更大发展。再比如，过去社会扶贫习惯于捐钱捐物，没有注重调动扶贫对象的积极性和自我发展能力，企业扶贫主要是到贫困地区投资兴业，有的没有与当地的发展融为一体，没有发挥带动作用。万达集团在贵州丹寨探索的包县脱贫，是民营企业参与扶贫方式的重大创新。还有电商扶贫、旅游扶贫、光伏扶贫，都是适应新形势新常态的新选择，都是创新。

## 五、关于社会扶贫工作

今年，国家对社会扶贫工作进行了全面的安排部署，要全面贯彻实施。当前要特别注重做好四件事：一是改进定点扶贫和东西扶贫协作。细化实化帮扶内容，改进帮扶方式，使帮扶工作更加精准，更有成效。每年要召开定点扶贫和东西扶贫协作工作会议，并进行考核评估和表扬激励。二是动员更多民营企业参与扶贫开发。各地要采取措施，搭建平台，提供服务，鼓励民营企业积极承担社会责任，充分发挥民营企业参与扶贫的重要作用。三是探索建立社会扶贫信息服务平台。今年扶贫日期间，安徽等省搭建了信息服务平台，开展了认领认捐扶贫项目活动，取得了很好的效果。希望各省不等不靠，具备条件的率先搭建起本省范围内的社会扶贫信息服务平台，把建档立卡的成果利用起来，把驻村工作队的作用发挥出来，把帮扶双方的需求和资源有效对接起来。四是及早策划扶贫日活动。要认真总结今年扶贫日活动的经验，把明年的扶贫日活动办得有声有色。各地明年扶贫日活动方案要在明年三月底前报扶贫办，有关工作要提前尽早开展。

### 六、关于加强扶贫资金管理问题

扶贫就是帮助穷人脱贫致富。管好用好扶贫资金是扶贫工作的底线，是生命线，事关贫困人口的切身利益，事关党和政府的形象。中央领导同志高度重视，多次做出重要指示。各地要按照扶贫领导小组印发的《关于改革财政专项扶贫资金管理机制的意见》精神，全面贯彻落实各项改革措施。一是要完善以结果为导向的扶贫资金分配机制。把资金分配与工作考核、资金使用绩效挂钩，加大按扶贫成效分配资金的比例。二是探索与精准扶贫相适应的资金使用机制。资金使用瞄准建档立卡贫困村、贫困户，各省要积极研究具体的途径和方式，提高针对性，充分发挥资金的使用效益。三是继续建立与项目审批权限下放相匹配的资金监管机制。强化省市监管责任，明确省市县乡村各级工作职责，细化监管重点。当前，资金项目管理中出现的问题主要发生在乡村，要开展专项整治行动。四是创新公开透明的扶贫资金项目监督机制。坚持和完善扶贫资金公告公示制度，到村到户的资金项目一般应公示公告，充分发挥农户、社会和舆论的监督作用，要逐步实现扶贫资金项目信息化管理，还可以引入第三方监督。扶贫办“12317”扶贫监督举报电话已经开通，各地要配合做好处理答复工作。

### 七、关于总结扶贫经验问题

我国扶贫开发事业成就举世瞩目，国内外高度认可，创造了很多成功经验，涌现出许多先进典型，需要认真总结、宣传推广和学习借鉴。“三西”建设启动了我国有组织、有计划、大规模区域扶贫开发，最基本的经验起码有两条：一是因地制宜培育农业产业，搞马铃薯、中药材、养羊、养牛等种养业。二是对不具备基本生产生活条件的贫困群众，实行易地扶贫搬迁。毕节试验区确定的“扶贫开发、生态建设、人口控制”三大主题，体现了科学发展、持续发展的先进理念。福建赤溪村、贵州海雀村的脱贫之路，都给了我们有益启示。总结经验，发现典型，是为了学习借鉴、推进工作。明年将召开“三西”建设和毕节试验区两个座谈会，并认真总结陕西延安、福建宁德和广东清远等地的经验。要通过解剖麻雀式的研讨，总结一批经验、发现一批典型、推出一批先进。一方面加强对当前工作的指导，激励改革创新，一方面面向社会宣传，唱好主旋律，凝聚正能量，讲述好故事。

# 附录（三）
# 年度重要专访

## 专访国务院扶贫办主任刘永富：

# 四大创新战贫困

今年减贫1000万人以上的目标如何实现？记者专访国务院扶贫办主任刘永富。

**记者：**政府工作报告喊出了一个振奋人心的口号，“我们要继续向贫困宣战，决不让贫困代代相传。”怎么理解？如何做到？

**刘永富：**今年政府工作报告从全面建成小康社会、实现中华民族伟大复兴中国梦的战略高度和新的历史起点，提出“继续向贫困宣战，决不让贫困代代相传”，吹响了扶贫攻坚新的进军号，充分体现了中国特色社会主义的道路自信、埋论自信和制度自信，充分体现了新一届中央领导集体对扶贫开发的高度重视和责任担当。

消除贫困，改善民生，实现共同富裕，是社会主义的本质要求。我国一直高度重视减贫工作。从上世纪80年代中期开始，我国启动了有计划、有组织、大规模的扶贫开发。《国家八七扶贫攻坚计划（1994—2000年）》，提出7年解决8000万贫困人口的温饱问题，可以视为中国政府第一次向绝对贫困宣战。

《中国农村扶贫开发纲要（2001—2010年）》实施后，我国农村居民的生存和温饱问题得到基本解决。2011年《中国农村扶贫开发纲要（2011—2020年）》宣布，扶贫开发已经从以解决温饱为主要任务的阶段转入巩固温饱成果、加快脱贫致富、改善生态环境、提高发展能力、缩小发展差距的新阶段。

不让贫困代代相传，首先要改变贫困地区、贫困人口的生存发展环境，加快水电路房等基础设施建设，实现基本公共服务主要领域指标接近全国平均水平。其次要发展学前教育，确保实现义务教育，强化职业教育，努力提高贫困人口的基本技能，使贫困地区、贫困家庭劳动力更好地融入工业化、城镇化过程。第三要通过组织贫困人口参与扶贫项目的决策、实施和监督，提高自我组织、自我发展的能力，增强造血功能，增强内生动力和发展活力。四是易地扶贫搬迁，有些地方，一方水土养不活一方人，就要下决心把他们搬出来，彻底拔掉穷根。

**记者：**政府工作报告提出，要创新扶贫开发方式。下一步国务院扶贫办在这方面有什么动作？

**刘永富：**减贫任重道远，改革是最大的动力。下一步，要结合贯彻落实十八届三中全会精神，加大扶贫领域的改革创新力度，进一步释放改革红利。

创新工作思路，把扶贫整体推进与精准到村到户有机结合，努力实现《中国农村扶贫开发纲要（2011—2020 年）》提出的“两不愁三保障”目标。通过加大扶贫整体推进力度，提高贫困地区基础设施、公共服务、产业发展水平，为贫困村、贫困户创造更加有效、更加持续的发展条件。通过精准扶贫，针对性帮扶，增加贫困农户收入，解决贫困地区最主要的瓶颈问题，推动贫困地区加快发展。

创新工作格局，充分发挥政府引导和市场机制作用，构建政府、市场、社会协同推进的大扶贫开发格局。通过进一步市场化改革调动社会创造力，通过政府不断加大扶贫力度创造脱贫环境，通过研究完善相关政策，建立社会扶贫服务平台，鼓励和引导各类企业、社会组织和个人等社会力量积极参与扶贫开发。

创新工作机制，合理划分中央和地方扶贫事权，探索建立正向激励机制。国家加大对跨区域重大基础设施建设和经济协作的支持，加强生态保护和基本公共服务，促进区域发展。地方要优化整合扶贫资源，实行科学扶贫、精准扶贫，今年要在改革创新精准扶贫、贫困县考核、干部驻村帮扶、财政专项扶贫资金管理、完善金融服务等方面取得实质性突破。

创新扶贫产品，努力打造雨露计划、扶贫小额贴息贷款、易地扶贫搬迁等品牌，集中力量解决制约贫困地区和贫困群众发展的突出问题。

（《人民日报》2014 年 3 月 11 日
记者：顾仲阳）

# 《半月谈》专访国务院扶贫办主任刘永富

党中央、国务院不久前制定出台了《关于创新机制扎实推进农村扶贫开发工作的意见》（以下简称《意见》），从战略和全局出发，把扶贫工作摆到了更加突出的位置。围绕扶贫开发工作的热点问题，半月谈记者专访了国务院扶贫开发领导小组副组长、办公室主任刘永富。

**精准扶贫　提高效率**

当前，扶贫开发已进入深水区，全国扶贫对象容易脱贫的大都实现了脱贫，剩下的脱贫都不容易。刘永富告诉记者，这些扶贫对象所在地方大多生态环境脆弱，生存条件恶劣，自然灾害频发，人口受教育程度低，基础设施和社会事业严重滞后，贫困问题呈现区域性、综合性的特征，扶贫开发任务艰巨繁重，常规手段往往效果有限，必须在体制机制上取得新突破，才能避免“按下葫芦浮起瓢”。

数据显示，截至2012年底，我国贫困人口规模为9899万人，这个数据是按照农民人均纯收入2300元的国家扶贫标准抽样调查而来。但是，由于全国还没有建立统一的信息网络，尚没有对所有的扶贫对象进行精准识别，对贫困人口、贫困户的具体帮扶工作还存在一些盲点和问题。所以根据《意见》精神，下一步扶贫工作将深化改革，创新工作机制，实施科学扶贫、精准扶贫，改“漫灌”为“滴灌”，切实解决工作中存在的不科学、不适应、不到位的问题。

他向记者介绍说，所谓精准扶贫主要包括3个内容：一是精准识别。对于谁是贫困人口，将制定一个识别办法，通过有效的程序识别出来。二是精准帮扶。针对每家每户的贫困情况，确定帮扶的责任人和具体措施，确保帮扶效果。三是精准管理。要建立起扶贫对象信息管理系统，把扶贫对象的基本资料、帮扶情况录入系统，进行动态管理，实现扶贫对象有进有出，确保扶贫信息真实、可用。

今年要完成全国贫困户的建档立卡工作，“建档立卡不仅是简单地登记名字，还要分析是什么原因致贫的，是因病、因灾还是无劳动力、无技能?”刘永富说，贫困人口识别出来、分析出致贫原因后，还要逐户制定帮扶措施，有针对性地予以扶持，各项扶贫措施要与建档立卡结果相衔接，切实做到扶真贫、真扶贫，确保在规定时间内达到稳定脱贫目标。

**考核导向　不再GDP至上**

戴上贫困帽，意味着政策倾斜支持，意味着项目资金和转移支付。这些年，部分贫困县发展很快，但由于贫困县扶持政策含金量较高，退出机制不完善，其中不少戴着贫困帽不愿摘，客观上造成了一些非常需要帮扶的县得不到应有的扶持。

“贫困县干部群众普遍不愿‘摘帽’，一些非重点县也想办法哭穷‘戴帽’。”在刘永富看来，这与政策上缺乏退出的正向激励机制有关，“政策上实际是反向激励，留在里面的好处很多，退出没有好处。戴上贫困县帽子后，群众不愿意退，干部也不敢退。”

刘永富分析认为，其中的主要原因是官员的政绩观和考核办法有问题。过去的考核办法中，基本上是以 GDP 论英雄，扶贫工作基本没有被纳入考核指标体系或比重很低，这就容易导致贫困地区领导干部把主要精力放在招商引资、做大地区生产总值上，而在扶贫开发工作上工夫下得不够。

为了把贫困地区的扶贫工作真正做好，中央决定要改革贫困县党政领导的考核机制，改革的初衷和出发点就是切实把“县抓落实”落到实处，把扶贫工作特别是到村到户工作落到实处，这样扶贫工作才能真正抓出成效。

他表示，下一步将开展两方面具体工作：一是贫困县从主要考核 GDP 转向主要考核扶贫工作，要把提高贫困人口生活水平和减少贫困人口数量作为考核的主要指标，降低 GDP 在考核体系中的权重。二是生态脆弱的贫困县，要取消 GDP 考核指标，重点改为考核扶贫开发工作成效。

他说，这项工作事关重大，《意见》要求中央组织部牵头，会同国务院扶贫办和国家统计局等部门征求地方意见，研究提出具体办法。前不久，中央组织部下发了关于改善、改进党政领导同志考核工作的文件，其中明确要求要先在贫困县进行试点，在试点的基础上再推开。同时，扶贫工作也要加强对省一级的考核，使省一级的考核和县一级的考核相配套、相衔接。

### 扶贫资金　不许触碰的“高压线”

“在有的边远山区，孩子每天上学要走 2 到 3 个小时，一些地方辍学现象还有所增加。重点县农民医疗支出仅为全国农村平均水平的六成，不少农民有病不能及时就医。劳动力文盲、半文盲比例比全国高 3.6 个百分点，仍有 8.3%的农户居住在竹草土坯房里。全国还有 3917 个村不通电，影响近 380 万人。全国仍有近 10 万个行政村不通水泥沥青路。”刘永富表情凝重。

对这些贫困地区来说，扶贫资金是贫困群众的“保命钱”和减贫脱贫的“助推剂”，同时社会各界对如何监管使用扶贫资金也高度关注。刘永富表示，目前由于资金渠道多，投向分散，涉及面广，监管难度大，加之一些地方、部门执行制度不严格，管理不到位，使用管理中也暴露出一些问题。

“要解决这个问题，必须抓紧建立完善相关管理制度并严格执行。”刘永富告诉记者，首先要完善内控机制，研究建立县以上扶贫资金信息披露制度，完善县以下扶贫对象、扶贫项目公告公示制度，保证财政专项扶贫资金在阳光下运行。

其次，要加强外部监管。加大对扶贫资金的审计、监督和检查力度，建立常态化、多元化的监督检查机制，积极配合审计、纪检、监察等部门开展监督检查工作。同时，要进一步发挥社会监督作用，引入第三方监督。他强调说，还要注意引导扶贫对象积极主动参与资金项目管理，让扶贫对象成为维护自己权益、监督资金使用和项目建设的重要力量。

省、市两级政府要将工作重心转到强化对资金和项目运行的监管上来。《意见》也强调，把资金分配与工作考核、资金使用绩效评价结果相结合，探索以奖代补等竞争性分配办法。简化资金拨付流程，项目审批权限原则上下放到县。以扶贫攻坚规划和重大扶贫项目为平台，整合扶贫和相关涉农资金，集中解决突出贫困问题。积极探索政府购买公共服务等有效做法。

刘永富表示，对使用管理财政专项扶贫资金中出现的各类违法违规行为，采取零容忍态度，坚决按照国家法律和相关规定严厉问责，形成一条任何部门、任何单位、任何人都不敢触碰的“高压线”。

他说，下一步国家将针对贫困地区群众迫切需要解决的问题，组织实施村级道路畅通、饮水安全、电力保障、危房改造、特色产业增收、乡村旅游、教育扶贫、卫生和计划生育、文化建设以及贫困村信息化 10 项重点工作。

（《半月谈》2014 年第 4 期
记者：何晏）

# 为精准扶贫建好“管道”

## ——专访国务院扶贫办党组书记、主任刘永富

如果说驻村帮扶是一种“滴灌式”扶贫，那么，加强驻村工作队（组）建设就是为这种精准扶贫建好“管道”。目前这种“管道”建设的质量怎样？如何进一步加强？带着这些问题，记者近日采访了国务院扶贫办党组书记、主任刘永富。

### 确保每个贫困村都有驻村工作队（组），每个贫困户都有帮扶责任人

**记者**：据了解，目前各地正在按照国家统一部署及“健全驻村帮扶机制”的要求，向贫困村派驻工作队（组）。请您简要介绍一下这方面的情况。

**刘永富**：2013年底，中共中央办公厅、国务院办公厅印发了《关于创新机制扎实推进农村扶贫开发工作的意见》，把健全干部驻村帮扶机制作为六项扶贫开发工作机制创新之一，要求在各省（自治区、直辖市）现有工作的基础上，普遍建立驻村工作队（组）制度，确保每个贫困村都有驻村工作队（组），每个贫困户都有帮扶责任人。2014年3月24日召开的国务院扶贫开发领导小组第二次全体会议，进一步要求各地把驻村帮扶工作和第二批党的群众路线教育实践活动结合起来，认真总结现有帮扶经验，选拔有经验、有能力、懂扶贫、善于同农民打交道的干部，在今年上半年派驻到每个贫困村。

向贫困地区派出工作队（组）和机关干部，帮助加强基层组织建设，带领群众脱贫致富，是多年来扶贫开发的一个重要举措。总的来看，全国有扶贫任务的28个省区市均以不同形式开展了干部直接帮助贫困村活动，为健全驻村帮扶机制积累了经验、打下了基础。

**记者**：驻村工作队（组）主要承担哪些任务？

**刘永富**：尽管目前各地驻村、联村帮扶的形式多种多样，但承担的任务主要集中在以下方面：一是广泛宣传党和国家关于农村工作特别是扶贫开发的重大方针政策，帮助贫困村民更新观念、开拓思路；二是深入了解贫困村民的情况与需求，有针对性地开展工作；三是制订具体帮扶规划，协调有关各方，争取资金、项目和政策支持，确保贫困村民直接得益；四是做好组织动员工作，激发贫困村民脱贫的志向、动力；五是帮助加强基层组织建设，提高村党支部的执行力和战斗力，培养带领贫困村民脱贫致富的带头人。

提高扶贫开发有效性和针对性，培养和锻炼干部

**记者：**长时间、大规模派驻工作队（组）进行驻村帮扶工作，有什么意义？

**刘永富：**驻村帮扶是提高扶贫开发有效性和针对性的重要举措。新一轮的扶贫攻坚，需要每个驻村工作队（组）有效配合村两委会，在贫困识别、建档立卡、分析致贫原因、寻找致富良策、落实帮扶责任等方面发挥积极作用。这样，扶贫到村到户才有基础，实施精准扶贫才有可能。

驻村帮扶是转变干部作风、培养和锻炼干部的有效途径。驻村工作队（组）能够直接接触最基层的群众，全面了解群众的疾苦和诉求，有利于密切干部与群众的联系，弘扬求真务实的工作作风，促进干部作风不断好转。同时，驻村干部在帮助群众协调解决具体问题的过程中，能够经受锻炼和考验，提高做好群众工作和处理复杂问题的能力。这也是我们发现、培养、锻炼干部的重要途径。

**正视问题、深化认识，促进驻村帮扶机制不断完善**

**记者：**您认为当前的驻村帮扶工作还存在哪些问题？

**刘永富：**从我们掌握的情况看，各地派出驻村工作队（组）、开展驻村帮扶工作取得了积极成效，但也存在一些问题，比如一些地方对驻村工作队（组）的基本要求认识不够到位，职能定位不够清楚，主要任务不够明确；驻村工作队（组）派驻工作开展不平衡；驻村工作队（组）成员培训力度不足，上级主管部门的工作指导、督察比较弱；绩效评估和奖惩机制仍有待完善；等等。

**记者：**怎样解决好上述问题，进一步提高驻村工作队（组）的工作能力和水平？

**刘永富：**目前，各地区、各有关部门都很重视驻村工作队（组）建设，正在抓紧解决实践中出现的突出问题。下一步，国务院扶贫办将按照中央精神，加强对各地开展派驻工作队（组）、开展驻村帮扶工作的检查、指导，逐一解决好存在的问题，促进驻村帮扶机制不断完善。具体来说，要解决好这样几个问题。

进一步深化认识。扶贫是我们党的根本宗旨的体现，是社会主义制度优越性的体现。各地要把干部驻村工作和第二批党的群众路线教育实践活动结合起来，按照国务院扶贫开发领导小组第二次全体会议的要求，上半年要争取派驻到位，确保每个贫困村都有驻村工作干部。

进一步明确驻村工作队（组）的基本要求。从各地实践看，一个符合要求的驻村工作队（组）成员至少3名，每个成员每个月住在村里开展帮扶工作至少20天，连续驻村帮扶时间在1年以上。

进一步做好派驻干部选拔工作。真正把符合条件的干部选出来，不能随便找人凑数。把那些责任心不强、素质不高、作风不实的干部派下去，不但帮不了忙，而且容易添乱，会影响干部队伍甚至党和政

府的形象。

进一步建立健全驻村干部的培训、激励、考核、保障等机制。对干得好的要提拔重用，充分调动干部积极性，实现驻村帮扶长期化、制度化、规范化。

此外，国务院扶贫办将总结各地先进经验，适时召开经验交流会，为驻村帮扶提供典型；加快推进雨露计划、扶贫小额信贷、易地扶贫移民搬迁这三项扶贫品牌建设，为驻村帮扶提供载体；尽快搭建全国性社会扶贫平台，突破金融扶贫政策瓶颈，真正拓宽扶贫资源渠道，为驻村帮扶提供新的能量。

（《人民日报》2014 年 6 月 22 日
记者：彭国华、李林宝）

# 为了实现中华民族的伟大复兴梦

## ——访国务院扶贫开发领导小组副组长、国务院扶贫办主任刘永富

改革开放三十多年来，我国走出了一条中国特色的扶贫开发道路。从“解决温饱”到“总体小康”，再到“全面小康”，取得了世界瞩目的成绩。今年全国“两会”，再次发出“继续向贫困宣战”的强音，这一奋斗目标的提出、发展和完善，预示着我国向贫困宣战正走向“决战”态势。为了认清我国扶贫开发的新形势和新任务，实现中华民族伟大的复兴梦，本刊记者近日专访了国务院扶贫开发领导小组副组长、国务院扶贫办党组书记、主任刘永富。

**记者**：请您介绍一下我国当前总体的扶贫开发形势。

**刘永富**（以下简称刘）：消除贫困，改善民生，实现共同富裕，是社会主义的本质要求。党和政府一直高度重视扶贫开发工作。经过不懈的努力，我国扶贫开发取得了举世瞩目的成就。最没有争议、最亮点的就是实现了6亿人口的脱贫。农村居民的生存和温饱问题基本得到解决，贫困地区经济快速发展，基础设施建设、社会事业发展和生态环境建设得到明显加强，提前实现了联合国千年发展目标中贫困人口减半目标，为全球减贫事业作出了重大贡献。

成绩的取得，靠的是政府不断加大扶贫力度，创造脱贫环境；靠的是市场化改革调动社会创造力，尤其是改善生产生活条件，使发展的可能性落到贫困地区和贫困人口身上。2011年《中国农村扶贫开发纲要（2011—2020年）》宣布，扶贫开发已经从以解决温饱为主要任务的阶段转入巩固温饱成果、加快脱贫致富、改善生态环境、提高发展能力、缩小发展差距的新阶段。当然，受历史、自然、社会等方面因素的影响，我国贫困地区发展面临的主要矛盾和深层次问题还没有得到根本解决，扶贫开发依然任重道远。

**记者**：党的十八大以来，习近平总书记对扶贫开发工作非常重视，并有一系列的重要讲话精神。如何理解和贯彻落实习近平总书记的讲话精神？

**刘**：党的十八大以来，新一届中央领导集体对扶贫开发工作高度重视。习近平总书记多次到地方考察调研，讲话中都把扶贫开发作为重要的内容，体现了他的扶贫战略思想。习近平总书记对扶贫开发工

作的一系列重要讲话，内涵丰富，寓意深远，关乎我们党和国家政治方向、根本制度和发展道路，将扶贫开发提升到新的战略高度。我们必须用习近平总书记新时期扶贫开发战略思想武装头脑、指导实践，不断开创扶贫开发工作新局面，努力打赢全面建成小康社会的扶贫攻坚战。

深刻领会习近平总书记新时期扶贫开发的战略思想，主要有以下六个方面。

扶贫是社会主义本质要求的思想。习近平总书记指出：“贫穷不是社会主义。如果贫困地区长期贫困，面貌长期得不到改变，群众生活长期得不到明显提高，那就没有体现我国社会主义制度的优越性，那也不是社会主义。”这指明，扶贫开发要始终以消除贫困为首要任务，以改善民生为基本目的，以实现共同富裕为根本方向，坚定不移地推进中国特色扶贫开发事业，从而充分体现我国社会主义制度的优越性。

两个“重中之重”的思想。习近平总书记强调：“‘三农’工作是重中之重，革命老区、民族地区、边疆地区、贫困地区在‘三农’工作中要把扶贫开发作为重中之重，这样才有重点。”扶贫开发是“三农”工作的重要内容。更有效地帮助贫困地区、贫困村加快发展，支持贫困农户增收脱贫、提高发展能力，是“三农”工作的重点、难点，也是全面建成小康社会的重点、难点。贫困地区各级党委和政府要把扶贫工作摆到更加突出的位置，坚定信心，奋力攻坚。

扶贫改革创新的思想。习近平总书记指出：要改革创新扶贫开发体制机制特别是考核机制，“贫困地区要把提高扶贫对象生活水平作为衡量政绩的主要考核指标”。这表明，扶贫攻坚要坚持改革创新的精神，着力消除体制机制障碍，建立并运用好更加协调、更有效率、更可持续的扶贫开发新体制、新机制，不断提升扶贫开发效果。特别是要改革考核方式，对贫困县由主要考核地区生产总值向主要考核扶贫开发工作成效转变，建立约束机制，完善退出机制，引导贫困地区党政领导班子和领导干部把工作重点放在扶贫开发上。

科学扶贫的思想。习近平总书记指出：“推进扶贫开发、推动经济社会发展，首先要有一个好思路、好路子。要坚持从实际出发，因地制宜，理清思路、完善规划、找准突破口。”这实际上提出了科学扶贫的思想。应注重把扶贫开发与做好“三农”工作、提供基本公共服务、开展教育扶贫等结合起来，把做好顶层设计与加强基层探索结合起来，不断完善有利于贫困地区和扶贫对象加快发展的扶贫战略和政策体系，实现城乡统筹发展，促进共同富裕。

精准扶贫的思想。习近平总书记指出：“抓扶贫开发，既要整体联动、有共性的要求和措施，又要突出重点、加强对特困村和特困户的帮扶。”这表明，精准扶贫是解决扶贫开发工作中底数不清、目标不准、效果不佳等问题的重要途径。在实际工作中，应对贫困村、贫困户进行精准化识别、针对性扶持、动态化管理，扶真贫、真扶贫。

内源扶贫的思想。习近平总书记指出："贫困地区发展要靠内生动力，如果凭空救济出一个新村，简单改变村容村貌，内在活力不行，劳动力不能回流，没有经济上的持续来源，这个地方下一步发展还是有问题。一个地方必须有产业，有劳动力，内外结合才能发展。"扶贫开发目标能否实现的根本标志，是贫困地区和扶贫对象是否具备了内生发展动力，只有内生动力和"造血"功能不断增强，其发展才具有可持续性。

**记者：**李克强总理在今年的政府工作报告中说："今年再减少农村贫困人口1000万人以上。我们要继续向贫困宣战，决不让贫困代代相传。"这些都充分表达了党中央的决心。国务院扶贫办在今年的工作中将如何贯彻落实？

**刘：**今年的政府工作报告提出"继续向贫困宣战，决不让贫困代代相传"，吹响了扶贫攻坚新的进军号，充分体现了中国特色社会主义的道路自信、理论自信和制度自信，充分体现了新一届中央领导集体对扶贫开发的高度重视和责任担当。今年是继续向贫困宣战的第一年，是明确提出年度减贫人数的第一年，是全面贯彻中央关于扶贫开发新政策新部署的第一年。"继续向贫困宣战"，短短一句话，三个关键词，体现了政治责任、历史担当、为民情怀，是一份厚重的宣言！

2014年的扶贫开发工作，要进一步解放思想，开拓思路，围绕"两不愁、三保障"目标，以落实《意见》为抓手，以改革创新为动力，以解决突出问题为重点，以建立长效机制为目标，着力消除体制机制障碍，形成政府、市场和社会的扶贫合力，增强贫困地区内生动力和发展活力，加快贫困群众脱贫致富、贫困地区全面建成小康社会的步伐。

不让贫困代代相传，首先要改变贫困地区、贫困人口的生存发展环境，加快水电路房等基础设施建设，实现基本公共服务主要领域指标接近全国平均水平。二是要发展学前教育，确保实现义务教育，强化职业教育，努力提高贫困人口的基本技能，使贫困地区、贫困家庭劳动力更好地融入工业化、城镇化过程。三是要通过组织贫困人口参与扶贫项目的决策、实施和监督，提高自我组织、自我发展的能力，增强造血功能，增强内生动力和发展活力。四是易地扶贫搬迁。有些地方，一方水土养不活一方人，就要下决心把他们搬出来，彻底拔掉穷根。

**记者：**我国的改革进入了深水区，扶贫开发工作是否也进入了攻坚阶段？如何去攻克扶贫工作中的一个个难关？

**刘：**我国的改革进入深水区，同样的扶贫开发，剩下的多半是"硬骨头"。

到2013年底，我国贫困人口仍有8249万，其中贫困发生率超过20%的有西藏、甘肃、贵州、新疆、云南和青海6个少数民族比例较高的省（区）。重点县 4602 元的农民人均纯收入仅为全国平均水平的 58%。重点县农民医疗支出仅为全国农村平均水平的六成。劳动力文盲、半文盲比例比全国高 3.6 个百分点。仍有 8.3%的农户居住在竹草土坯房。全国还有 3917 个村不通电，影响近 380 万人。连片特困地区还有 3862 万农村居民和 601 万学校师生没有解决饮水安全问题。全国仍有近 10 万个行政村不通水泥沥青路。在有的边远山区，孩子每天上学要走 2—3 个小时，辍学现象时有发生。

目前剩下的贫困人口主要分布在全国 14 个集中连片特困地区。这些地区具有生存环境恶劣甚至极其恶劣、生态脆弱、基础设施薄弱、公共服务滞后、有的地方不具备基本生存条件等共同特点，片区贫困发生率比全国平均水平高 15.7 个百分点，已经解决温饱的群众因灾、因病返贫现象突出。

而且，伴随工业化、城镇化加快推进，村庄空心化、农村老龄化趋势加重。青壮年劳动力外流现状，挑战着贫困识别、整村推进、产业扶贫等传统扶贫开发方式，发展中的新贫困问题凸显。如果按照联合国每人每天收入 1 美元的贫困标准计算，我们还有近 1 亿贫困人口。如果按照 1.25 美元计算，大概还有近 2 亿人在贫困线以下。

在这些地方搞扶贫开发，要在坚持扶贫开发大战略不变的基础上，总结经验，调整战略，创新思路，持续探索，找到更好的解决办法，下更大的决心，以更大的努力，啃下“硬骨头”，打赢持久战。

**记者：**党的十八大提出了两个一百年的奋斗目标，全面建成小康社会的时间表已经列出，国务院扶贫办也提出了坚定一个目标、突出两个重点、培育三个品牌、把握四个关系、做好五项工作的总体规划，请您具体谈谈这方面的工作？

**刘：**坚定一个目标。就是我国扶贫开发总体目标，即“稳定实现扶贫对象不愁吃、不愁穿，保障其义务教育、基本医疗和住房。贫困地区农民人均纯收入增长幅度高于全国平均水平，基本公共服务主要领域指标接近全国平均水平、扭转发展差距扩大趋势”。其中，“两不愁、三保障”主要是针对贫困群众，“高于、接近、扭转”主要是针对贫困地区。

突出两个重点。就是扶贫到村到户和促进区域发展。实施科学扶贫、精准扶贫方略。既要突出重点，瞄准贫困村、贫困户，做到精准扶贫到村到户；又要通过区域整体开发改善发展条件和环境。区域上坚持以连片特困地区为主战场，战术上坚持扶贫到户到村，做到“两个轮子”一起转，区域发展带动扶贫开发，扶贫开发促进区域发展。

培育三个品牌。第一种，实施“雨露计划”，拔穷根。对贫困地区未能升学的初高中毕业生发放贴息贷款或生活补助，通过 2—3 年职业教育使他们掌握一门技能，提高其就业、创业能力，既帮助其脱贫致富，又满足工业化、城镇化对合格劳动力的需求。第二种，发放小额贴息贷款，换穷业。对没有外出就业的贫困户给予额度5万元以下、期限3年以内的扶贫小额贴息贷款，支持发展特色优势产业，促进他们通过自己的辛勤劳动脱贫致富，走内源扶贫的路子。第三种，易地扶贫搬迁，挪穷窝。对不具备生存发展条件的地方，结合新型城镇化中解决“三个1亿人”问题，结合生态建设，结合避险避灾，实施易地搬迁脱贫致富。

把握四个关系。一是攻坚战与持久战的关系。当前要围绕2020年全面建成小康社会目标，打一场扶贫攻坚战。这一目标实现后并不意味着没有扶贫开发任务了，要有2020年以后打持久战的思想准备。二是解决突出问题与创新工作机制的关系。既要组织实施村级道路、饮水安全、农村电力、危房改造、特色产业增收、乡村旅游、教育扶贫、卫生和计划生育、文化建设、贫困村信息化这些重点工作，又要创新贫困县考核、精准扶贫、干部驻村帮扶、财政专项扶贫资金管理、金融服务、社会参与工作机制。三是中央和地方扶贫事权的关系。坚持中央统筹、省负总责、县抓落实的管理体制。国家加大对跨区域重大基础设施建设和经济协作的支持，加强生态保护和基本公共服务。地方优化整合扶贫资源，精准扶贫，确保扶贫到村到户。四是“输血”和“造血”的关系。各级政府继续加大对扶贫开发的支持力度，各项扶贫政策以及国家大型项目、重点工程、新兴产业进一步向贫困地区倾斜，形成有利于贫困地区和扶贫对象加快发展的扶贫战略和政策体系。同时，贫困地区、贫困群众也要挖掘内部发展潜力，激发内生发展动力，在“输血”的基础上不断增强“造血”能力。

做好五项工作。一是尽快开展贫困识别和建档立卡工作，为精准扶贫摸清底数打好基础。二是健全完善驻村帮扶工作，为精准扶贫提供“滴灌”管道。三是努力增加财政专项扶贫资金和信贷扶贫资金投入，为精准扶贫整合更多资金。四是广泛动员社会各界参与，为精准扶贫注入新的力量。五是组织实施片区规划，为精准扶贫创造良好环境和条件。

**记者：**中华民族有着优良的扶贫济困的传统，全国各地也在积极践行社会主义核心价值观，扶贫帮困也应该是全社会的责任，国务院扶贫办在这方面有什么措施和要求？

**刘：**一方面国家要加大社会扶贫开发力度，综合协调有关力量。如东西协作、定点扶贫、军队武警参与扶贫等，需要进一步强化、深化、细化、具体化，提高针对性和有效性。另一方面，也需要全社会的支持，动员社会力量，包括民营企业、社会组织和公民个人，积极参与扶贫开发工作，这是社会共同的责任。我们正在争取设立国家扶贫济困日，通过搭建这个平台，提高社会各界参与扶贫的意识，动员非公经济组织、社会组织和公民个人关注、参与和支持扶贫工作。对社会捐赠的资金，坚持属地原则，用好管好；我们还考虑设立扶贫形象大使，做些公益广告；办一个社会扶贫网，提供扶贫信息服务，为贫困地区、贫困群众和想做扶贫的企业、个人之间提供对接。广东已经搞了三年半的社会捐赠，每年捐 30 多个亿，4 年捐了近 140 个亿，效果很好。总之，社会扶贫要多造声势，多做实事，形成政府、市场、企业、社会组织、公民个人大扶贫局面，努力开拓开辟社会扶贫的新举措、新抓手、新形式。

（《智库》杂志 2014 年第 6 期 记者：褚克艰）

# 如何精准减贫1000万

## ——专访国务院扶贫办党组书记、主任刘永富

刘永富说：如果到2020年还有众多的贫困县和大量的贫困人口，就没有也不能宣布全国全面建成小康社会。根据我国的扶贫标准，全国仍有近1亿贫困人口。今年年初，国务院总理李克强提出今年减少农村贫困人口1000万以上的任务，要完成这一任务，需要改革创新，精准扶贫，同时也需唤起社会力量参与扶贫的意识。

2014年全国“两会”期间，国务院总理李克强在政府工作报告中提出今年再减少农村贫困人口1000万以上的任务。这是中国政府首次明确提出年度减贫目标，亦被视为立下“军令状”。

如今时间过半，扶贫工作进展如何，减贫任务能否如期完成？扶贫机制应如何创新？围绕这些问题，《中国新闻周刊》近期专访了国务院扶贫开发领导小组副组长、国务院扶贫办党组书记、主任刘永富。

### 创造有利于“造血式”扶贫的大环境

**中国新闻周刊**：李克强总理提出了今年再减少农村贫困人口1000万以上的任务，围绕这个目标当前有哪些工作部署？

**刘永富**：改革开放三十多年来，我国扶贫开发取得了举世瞩目的成就。但是，扶贫开发任务依然艰巨，任重道远。根据我国的扶贫标准，全国农村仍有近1亿贫困人口，贫困地区基础设施建设和社会文化事业发展仍严重滞后。部分刚刚越过温饱线的群众，因病、因灾返贫问题很突出。同时，扶贫工作中还存在一些不科学、不适应、不到位的问题，工作机制、政策体系需要进一步改进和完善，工作重点需要进一步突出。

去年底，中共中央办公厅、国务院办公厅印发了《关于创新机制扎实推进农村扶贫开发工作的意见》（以下称“25号文件”），提出了扶贫工作6项机制改革，10项重点工作。汪洋副总理主持召开国务院扶贫开发领导小组全体会议时强调，2014年要抓好三项重点工作：一是坚决完成减少农村贫困人口1000万以上的目标，任务要分解到省，责任落实到人；二是中央对地方的支持力度要与减贫效果挂钩，对扶真贫、真扶贫、真减贫的地方，要加大支持力度；三是在改革贫困县考核机制和完善退出机制的同时，要研究建立约束机制，坚决制止有些县一边享受贫困县政策、一边过富裕县日子的现象。

如果到2020年还有众多的贫困县和大量的贫困人口，就没有也不能宣布全国全面建成小康社会。从某种意义上说，目前扶贫工作进入到补好全面建设小康社会短板的特殊时间段，我们必须坚决打好全面建成小康社会的扶贫攻坚战。

**中国新闻周刊**：2014年再减贫1000万人，难度在哪里？

**刘永富**：这个任务很艰巨。影响因素主要有两方面：一是按照减贫规律，一个新的扶贫标准确定后，随后几年的年度减贫数量是递减的，越往后越难，因为剩下的都是啃硬骨头。二是在宏观经济下行压力加大的背景下，贫困农户就业、增收面临更大的挑战，各级财政预算安排也会偏紧，对扶贫的支持力度不可避免会受到一定影响。

目前，国务院扶贫开发领导小组已将减贫目标分解到各省，就确保完成任务也作出了全面部署。但是最后能否完成任务，并不以县里、省里自己上报的数据为依据，而是以国家统计局通过抽样调查方法得出的数据为依据，这是我们国家农村贫困监测的权威数据。

减贫任务分解下去后，各地各部门确实是在真抓实干。最近我到几个省调研，很高兴地看到许多县委书记把主要精力放在扶贫开发工作上。在河北涞水县，县委书记把小额信贷作为推动扶贫工作的抓手，通过财政贴息、建立风险防范机制等办法，把到户的扶贫小额信贷搞到4亿规模，推进了全县扶贫产业的发展，带动了贫困农户增收。如果全国都做起来就是几千亿，贫困农户发展就插上了起飞的翅膀。所以我有信心，只要措施到位，只要真干，艰巨的任务可以完成。

**中国新闻周刊**：25号文件提出创新扶贫机制，具体有哪些措施？

**刘永富**：25号文件提出从六个方面创新扶贫工作机制，这些任务要逐项落实。一是抓好建档立卡工作，主要是摸清底数，这是后续各项工作的基础，扶贫办把这项工作作为精准扶贫的第一战役，列为今年的一号工程。二是认真落实好干部驻村帮扶制度，上半年争取派驻到位，确保每个贫困村都有工作队，每个贫困户都有帮扶责任人。三是改进扶贫资金管理办法，完善信息披露、项目公告公示、资金竞争性分配、政府购买扶贫公共服务等相关制度，坚决把漏洞堵住堵死，严厉监管，确保扶贫资金真正惠及扶贫对象。四是丰富金融扶贫形式和产品，建立完善机制，把金融机构参与扶贫开发的积极性调动起来，进一步引导信贷、保险等金融资源到贫困地区去。五是在继续发挥定点扶贫、东西部扶贫协作等引领作用的同时，广泛动员民营企业、社会组织和公民个人参与扶贫。六是全面落实重点工作和片区规划，提升贫困地区基础设施和基本公共服务水平，积极引导产业转移和培育特色优势产业，创造有利于“造血式”扶贫的大环境。

**中国新闻周刊**：实施精准扶贫，建档立卡和驻村工作队这两个基础是关键，驻村工作队主要做什么？

**刘永富：**建档立卡事关精准扶贫大计，马虎不得。以前也搞过摸底，都是地方报上来什么就是什么，不同程度存在数字不准和扶贫对象不实的问题。

这次搞贫困户摸底，我们要求必须准确、严格履行程序，结果要经得起各方面检验，直观说就是要经得起“告状”、经得起纪检、经得起上访。贫困村的认定必须要经历村申请，乡审核，县审定这个程序，并做到一公示一公告；贫困户的认定则必须经过农户自己申请、村民代表大会评定，乡核定县审定，然后两公示一公告。

按照各地的初步认定，全国大概有12万个贫困村。每个贫困村都要派驻工作队，每个贫困户都要有帮扶的责任人。12万个贫困村，假如每个工作队3人，那就接近40万人，常年驻村，和老百姓同吃同住，世界上绝无仅有，这是中国的制度优势、政治优势。

驻村工作队里有大学生村官，还有第一书记、科技特派员、扶贫协调员等人员，如何把任务规范，真正能够帮老百姓解决实际问题而不是搞形式，确实是个问题。我最担心的是流于形式，不仅坏了名声，影响了工作开展，而且给老百姓添了负担，给基层添了负担。

首先要把人选好。我们要求对驻村工作队人员的选调，要选有能力、有感情，懂农民的人。现在有一些机关的同志到农村去不会说话，不会和群众打交道，不会动员，不会做群众工作，久而久之和群众产生了隔阂，甚至搞瞎指挥，劳民伤财。

另外要定规则，谁来派，怎么管，做什么，这些都要有相对统一的规定规范。我们的基本想法是，驻村工作队坚决不搞形式主义，不摆架子，不搞官僚主义。杜绝那些走一走，晃一晃，架子挺大，不干活还要专人陪着，搞一些不切实际的东西，非但不帮忙反而帮倒忙的现象。此外，对驻村工作队也有个考核的问题，要加强监督，谁出问题就问谁的责。

**要唤起社会力量参与扶贫的意识**

**中国新闻周刊：**不久前，全国扶贫开发金融服务工作电视电话会议中谈及金融扶贫的重要性，当前农村金融扶贫工作的现状与难点是什么？

**刘永富：**农村贷款难，贫困村、贫困户贷款更难，这是世界难题。有关金融部门也一直在想办法解决，目前国家开发银行做得很好，尽管地方分支机构少，但对地方经济发展的帮助很大。地方金融机构中，农信社做得很好，80%以上的支持三农信贷靠农信社，农发行和农行也做了不少工作。今年4月，人民银行会同有关部门下发了《关于全面做好扶贫开发金融服务工作的指导意见》。

但是总的看，金融扶贫还有很大的提升空间。国家财政专项扶贫资金每年也就400个亿，摊到1亿贫困人口，平均每人400块钱。即使算上交通、水利、教育、卫生、产业等综合扶贫资金，每年大约4000亿，也仅相当于一人4000块钱。按照广东的脱贫经验数据，人均需要2万块钱，4400块钱明显不够。据各地上报的情况，去年财政扶贫贴息贷款到户的只有430亿元，贫困村互助资金只有49.6亿元。

尽管现在农村生产经营环境有所改善，但融资难、融资贵的问题还没有根本解决，贫困人口就更难贷着钱了。按照经济规律，金融资本的逐利属性决定了哪赚钱往哪走，这无可厚非。民生的事，扶贫的事，是政府该干的事，在金融扶贫方面，就是要政策引导，提供贴息，防范风险。

**中国新闻周刊**：在你看来，金融机构参与扶贫的空间还是很大的？

**刘永富**：很大，尤其是地方金融机构。三中全会决定要普惠金融，所谓普惠金融就是你该享受的你要享受到。但对贫困人口而言，普惠金融是不够的，按照市场规则，还需要有选择、有竞争、可持续的特惠金融。

下一步，我们将配合金融部门，在实施普惠金融的基础上，对贫困人口实施特惠金融政策。我们建议，对建档立卡贫困户发展产业提供扶贫小额信贷，即贫困户申请5万元以下、3年以内的贷款，金融机构按国家基准利率放贷，中央和省级财政扶贫资金贴息，县级建立风险资金和扶贫小额信贷保险，开展贫困户信用评级，实行“免担保、免抵押”的办法，支持其发展产业、增加收入、激发内生动力、实现脱贫致富。贷款发放严格履行本人申请、村里审核、乡里审查、县里汇总、银行审批程序，金融机构按照基准利率收取利息。金融机构虽然少赚一点，但保证不赔。政府补点，农民好用贷款但要真正干活。这样，商业金融机构参与扶贫就放心了，也解决了贫困户的信贷难题。

这意味着要改善涉农金融环境，一要给政策，二要政府贴息，三要降低进入门槛和对金融机构监管的容忍度。此外，要给足够的额度，还要建立风险化解机制。

今年扶贫办要打造贷款到村到户的新平台，营造金融扶贫大环境。配合金融部门在贫困地区建立贫困村、贫困户诚信体系，健全风险分散和补偿机制，防控金融风险，特别是要组织做好项目论证，努力形成“贷得出、用得好、还得上”的良性机制。

对于有的观点认为可以成立专业的扶贫银行在贫困地区提供金融支持，我个人认为没必要再搞扶贫银行，目前地方金融机构完全可以胜任。

**中国新闻周刊**：目前社会对争抢贫困县帽子颇有微词，对于贫困县摘帽退出机制，你有何考虑？如何打破“扶贫—脱贫—返贫—再扶贫”的恶性循环？

**刘永富**：这实际上是说扶贫精准管理机制与退出机制，贫困县经过帮扶发展了，富裕了，该退出的时候就应该退出。现在为什么没有退出来，一方面是绝大多数没有真正脱贫，另一方面确实贫困帽子的政策含金量比较高，和非贫困县比有几个亿资金支持的差距，吸引力比较大。

社会上对贫困县有看法可以理解，但贫困县并不是说没有退啊，我们一直在做这个工作，先后调整过 3 次，只是我们宣传不够，社会上不了解。第一次是在 1994 年，第二次是 2001 年，第三次是在 2011 年。其中，2011 年那次调出了 38 个重点县，调进了 38 个更贫困的县。

扶贫工作最根本的就是两条，一是脱贫致富，二是国家的支持政策真正惠及到穷人身上，惠及到基层，不是锦上添花，而要雪中送炭。把钱花到最穷的人的身上，这是我们要做的事情。已经富裕了的县摘掉贫困帽子，不是愿不愿意退的问题，而是该不该退的问题。

此外，社会上的“年年扶贫年年贫，越扶越贫”的说法不够严谨。返贫实际上是没有真正脱贫。原因主要是贫困人口的生存和发展环境没有根本改变，第一年风调雨顺，帮扶一下就脱贫了，第二年年景不好，又返贫了，说明贫困区域的自然环境和公共设施相当脆弱，需要一定的时间去解决。当然也有一些因天灾人祸的返贫，但这只是少数，实际上没有那么高的返贫率。

**中国新闻周刊**：你谈到目前社会力量参与扶贫还很有限，在你看来社会力量参与扶贫最大的难点是什么，该如何突破？

**刘永富**：社会力量参与扶贫需要一个过程。目前的趋势是，社会力量对共同富裕的认识正在逐步提高，富裕阶层也愿意承担帮扶责任。但问题在于动员引导不够，缺乏平台。

此外，民营经济、社会组织和公民个人担心捐助的钱用的不公开不透明，使用效率不好。而且参与了也没有什么好处，得不到应有的尊重。从政策上来看，企业家捐了一个亿，还要缴税，就觉得憋气，本来是做好事帮助穷人，你一收税他就积极性不高了。

政府对社会扶贫的作用就是要倡导、鼓励、引导，绝对不要搞摊派，搞强迫命令，要创造社会力量主动参与的氛围，要逐步做，不能过于理想化。国家要出台政策，给予荣誉和足够的尊重。

我希望社会力量参与扶贫，支持扶贫，理解扶贫，多为贫困地区、贫困群众着想。我认为，唤起社会力量参与扶贫的意识，营造扶贫的氛围，比简单地募集一点钱更重要。

（2014 年 7 月《中国新闻周刊》第 669 期
记者：席志刚）

# 河南华英农业发展股份有限公司

2014 年，河南华英农业发展股份有限公司扶贫物资发放现场。

河南华英农业发展股份有限公司派出养殖专家辅导贫困户对鸭苗进行防疫。

河南华英农业发展股份有限公司“网上养鸭”项目。

河南华英农业发展股份有限公司速冻调理品生产车间。

河南华英农业发展股份有限公司向留守贫困儿童开展爱心捐赠活动。

# 湖北省鄂西生态文化旅游圈投资公司

湖北省鄂西生态文化旅游圈投资公司领导到扶贫联系点调研旅游扶贫情况。

当地村民导游、湖北省劳动模范谭桂英在恩施大峡谷景区向游客讲解景点。

恩施大峡谷景区吸收了周边大量的贫困村村民从事旅游服务工作。图为景区中的村民轿夫。

恩施大峡谷旅游商铺，带动贫困村民走上致富路。

恩施大峡谷旅游商铺一隅。

恩施大峡谷中极具民族风情的“农家乐”。

# 安徽天鹅集团

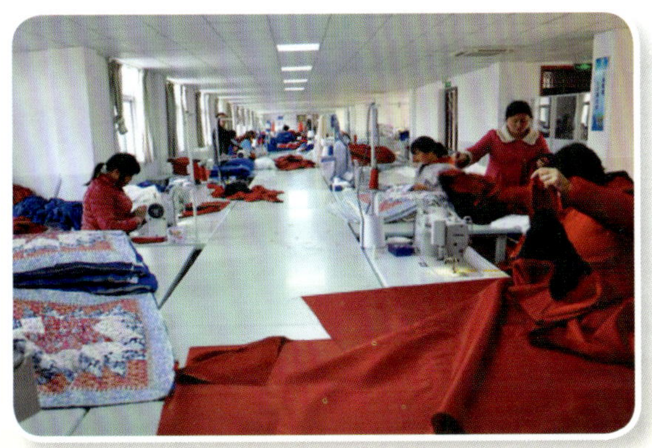

留守妇女们在安徽天鹅集团手工艺被绗缝车间从事生产加工。

安徽天鹅集团职工技能培训班考试现场。

安徽天鹅集团开展旅游扶贫，图为天鹅集团扶持的大别山彩虹瀑布景区的“农家乐”。

安徽天鹅公益服务中心为贫困留守儿童发放“智慧书包”。

由安徽天鹅集团创办的岳西县奖助优秀大学生协会的奖助学金颁发大会现场。

国家贫困地区产业发展基金会有限公司人员到安徽天鹅集团调研，并深入农户考察。

## 安徽绿之洲农业发展有限公司

安徽省太湖县种植业管理局局长在安徽绿之洲农业发展有限公司构树母穗园指导构树苗种植。

绿之洲杂交构树扶贫示范基地。

种植业专家在指导贫困村民种植构树。

贫困村民在绿之洲苗木基地种植。

绿之洲苗木基地。

四川省甘孜藏族自治州加强基础设施建设，为贫困村修建通村道路。

新建成的便桥，解决了贫困村民出行难的问题。

实施易地扶贫搬迁项目后的农民新居。

太阳能热水器商家与贫困农户对安装好的太阳能热水器进行通水试验。

加紧建设中的贫困村村道。

与世隔绝的自然村，在实施了基础设施建设后与行政村联通。

# 四川省旺苍县

旺苍县高阳镇虎垭村实施秦巴山区连片扶贫项目后的民居风貌。

旺苍县 2014 年实施整村推进项目建成的农田灌溉渠道。

旺苍县普济镇洪江村综合治贫项目实施改造后的射香坝。

旺苍县科技扶贫综合试点项目——标准化茶园。

旺苍县县委书记张尚华深入贫困村现场指导编制综合治贫规划。

旺苍县县长刘亚洲深入普济镇综合治贫公路整治现场调研指导。

2014 年 9 月 10 日，旺苍县召开第二批金融创新（扩面）工作座谈会。

2014 年 9 月 30 日，旺苍县县委常委、常务副县长杜非主持召开全县干部驻村帮扶工作动员大会。

# 福建省宁德市

全国扶贫第一村——福建省宁德市赤溪村。

赤溪村茶园。

赤溪村街景。

赤溪村发展旅游产业，畲族群众通过经营土特产专营店，走上致富路。

移民搬迁集中安置点——柘荣县东源乡移民新村风貌。

搬迁群众在工业园区就近就业。

宁德市贫困村发展海上渔排产业观光扶贫项目。

宁德市畲族群众发展葡萄种植产业扶贫项目。

剑川县华丛山村大力发展光伏扶贫。

剑川县开展产业扶贫，图为奶牛发放现场。

美丽乡村示范村——剑川县杨家村大佛殿自然村新貌。

剑川县马登镇特困户建设新房。

国务院扶贫办调研组在剑川县老君山镇调研贫困村灾后恢复重建工作。

剑川县弥沙乡实施旅游扶贫项目。

河仁慈善基金会成立大会现场。

曹德旺先生捐赠35.49亿元等值股票，成立河仁慈善基金会。

河仁慈善基金会为吉林省延边州贫困归侨援建住房。

河仁慈善基金会援建的新疆维吾尔自治区策勒县托帕中学落成仪式现场。

河仁春蕾圆梦行动助学金发放仪式现场。

藏区贫困牧民家庭用河仁慈善基金会捐赠的便携式电视机收看节目。

# 重庆市扶贫开发协会

重庆市扶贫开发协会主办的关爱帮扶贫困山区农村留守儿童的“公益重庆·爱心之旅”活动现场。

重庆市扶贫开发协会承办的大学生村官励志电视大赛节目。

重庆市扶贫开发协会会长张家万看望留守儿童。

重庆市扶贫开发协会会长张家万慰问空巢老人。

雨露工程资助贫困村建档立卡大学生，图为资助金发放现场。

雨露工程项目管理培训班现场。

重庆市扶贫开发协会会长张家万深入贫困村考察扶贫项目。

重庆市扶贫开发协会组织开展书画义卖活动。义卖款项拨付到 12 个贫困村实施扶贫项目。

# 重庆市武隆县

打开“天路”奔小康——武隆县土地乡天生村村道。

武隆县发展乡村旅游，游客参观瓜果长廊。

武隆县双河乡万亩蔬菜扶贫示范基地。

重庆市委促成建设的江口水电站。

武隆县利用信息化扶贫成果，实现扶贫产业远程视频监控。

全国首个扶贫智能服务终端在武隆县开发成功，方便了贫困户办证咨询。

武隆县实施饮水工程，解决贫困山区群众饮水难问题。

武隆县发展现代烤烟产业，促进农户增收。

达州市达川区精准扶贫动员暨扶贫开发立档建卡工作会议现场。

达州市深入帮扶村开展扶贫助学活动。

达州市市长慰问贫困老党员。

达州市紫溪乡桑树坝村活动中心向贫困户发放米、油等慰问品。

达州市开江县宝塔坝村实施扶贫开发后新貌。

大山深处的特困村——达州市大竹县神合乡张堂村新貌。